国家出版基金项目
NATIONAL PUBLICATION FOUNDATION

海上絲綢之路文獻集成

總主编　陳支平　陳春聲

民間譜牒編

21

主编　林楓

海峽出版發行集團
THE STRAITS PUBLISHING & DISTRIBUTING GROUP
福建人民出版社

本册目次

〔福建厦門〕石塘謝氏家乘三十一卷（廿紀卷一至廿紀卷三）　〔清〕謝果稟
謝邦忠等纂修……………………………………………………一

〔福建厦門〕石塘謝氏家乘三十一卷

（世紀卷一至世紀卷三）

〔清〕謝果稟　謝邦忠等纂修

〔福建廈門〕《石塘謝氏家乘》三一一卷，清謝果廩、謝邦忠等纂修。編修時間未詳，所記最晚爲同治壬戌（一八六二）。石塘謝氏以東山爲肇基祖，其生卒不詳，按第六世秋福生於明洪武二十三年（一三九〇）推算，其始祖大致生活於南宋理宗年間。首卷先敍總紀，載肇基始祖及二、三世，餘卷分派條紀，間記族人生平事跡。謝氏族人於明末清初時多有往臺灣及東南亞者，如十四世貞、楝、旺、潔等「往臺灣」，十五世山「葬臺灣府南門外仙草寮」；十三世又達，十五世安、廷奏等「葬咬留吧」；十七世光壤、祈應，十八世傳書、登山等「葬梹榔嶼」；十六世任壽、十九世石蘇「葬在暹羅」；十六世光諧、騰雲「葬柔佛」等。家乘修成，檳榔嶼、實叻各藏一部。據清木活字本影印，闕卷五、六，卷一〇、一二爲抄本。

謝氏肇基石塘世系總紀卷一

肇世祖考東山公　妣宣徽孺人周氏生卒年月日時失載

合葬在畬坑内土名真武踏龜坐　向

衍派爲二長道明次道舉

東山公長子第二世

道明公號德齋　祖妣林氏生卒年月日時失載合葬

嵩嶼石獅庵下石路左邊坐戌向辰兼庚戌庚

辰分金　生子六長孝次友三睦四婣五任六恤

東山公次子第二世

道舉公號逸齋　祖妣王氏生卒失載合葬樓山大石

謳下坐癸向丁每歲八月初四日係公祭日

生子四長榮次華三富四貴

道明公長子第三世

孝公字惟順　祖妣顏氏生卒葬俱失載

生子一國和

道明公次子第三世

友公字惟恭　祖妣顏氏　公當元季抽軍本戶推公前

去南京留守中衛着伍留一子添定在閩其後裔衛德

移居同安東林復遷中平後埔頭

道明公三子第三世

陞公字惟和　祖妣鍾氏生卒葬所失載

生子一添榮

道明公四子第三世

嫻公字惟惠　祖妣江氏生卒失載葬英厝渡船頭

生子二長添順次添從

道明公五子第三世

任公字惟信　祖妣林氏生卒失載合葬東山邊坐乾向

巽兼戌辰明嘉靖辛丑年清明節重脩

生子三長添富次添貴三添壽

道明公六子第三世

恤公字惟憫　祖妣周氏生卒失載合葬坑罔坐艮向坤

今稱大背人墓是也

生子一添賜

道舉公長子第三世

榮公字惟宗　祖妣邱氏生卒失載葬壠裡罔中坐　向

彔

生子一原泰

道舉公次子第三世

華公字惟國　祖妣蔡氏當軍北京生卒失載

生子二長蘭宗次桂宗

道舉公三子第三世

富公字惟麗　祖妣顏氏生卒失載葬在畬坑樟仔脚馬寨

邊左坐南向北

生子一冀

道舉公四子第三世

貴公字惟顯　祖妣李氏生卒失載合葬畬坑道士石前

生子一某

孝公長房分派世系條紀

浡公傳子第四世

國和公字　祖妣蘇氏生卒失載合葬在山狗崆蛤蟆

酉充於大明隆慶二年清明節重脩

生子一雅德

國和公傳子第五世

雅德公字　祖妣林氏生卒失載合葬山狗崆坐對嘔腰

亙今之浮塟大墓是也

生子三長秋福次夏祉三傑祉

雅德公長子第六世

秋福字逸樂號敏登生洪武二十三年庚午八月十七日卒
成化十三年丁酉十二月三十日壽八旬有六配本社西
山王氏生洪武二十四年辛未十月初九日卒天順八年
甲申八月廿五日壽七旬有三合葬本處凉傘石下坐
坤向艮
生子二長史次饒。

雅德公次子第六世
夏祉字　號敏華生永樂四年丙戌六月初六日卒成化
二十二年丙午六月初一日壽八旬有一葬報恩山後
回龍穴坐丑向未配林氏生永樂九年辛卯正月初三

日卒成化十三年丁酉三月十二日壽六旬有七葬畓坑
石眉前坐艮向坤、
　生子四長續次昭三賜四尾
雅德公三子第六世
傑祉字敏俊生失載卒　　四月廿六日葬山狗崆
榕樹下坐　向　配山北劉下尾林氏生失載卒
四月廿八日塟山狗榕崆樹下今白匏裏是也
　生子三長思崇次再興三勝興
秋福長子第七世
史字允武生宣德十年乙卯正月十五日卒正德八年癸酉

二月廿二日壽七旬有九配馬氏生正統元年丙辰十
月十三日卒成化十年甲午十一月二十日合葬李坑墘
坐亥向巳

生子三長專次顯三政

秋福次子第七世

饒字允顯號樂野生正統六年辛酉十月初六日卒正德九
年甲戌三月十一日壽七旬有四配黃氏生正統六年
辛酉十月初二日卒嘉靖元年壬午三月十七日壽八
旬有二合葬大片園內坐壬向丙

生子四長巖次政三魏四滿

旻祉長子第七世

纘字思璧生卒失載葬涼傘石下溝墘配吳貫慮氏生卒失

載葬涼傘石下　伯父敏登壙上

生子二長俊次重

旻祉次子第七世

昭字思明生正統六年辛酉二月廿一日未時卒弘治十七

年甲子三月初九日壽七旬配本社西山王氏生正統

八年癸亥二月廿五日午時卒成化十八年壬寅二月

初六日合葬田曆上坐　向

生子一勝

夏祉三子第七世

賜字思美生正統十四年己巳正月初十日卒正德十六年辛巳八月廿六日壽七旬有二配楊氏生卒失載續配山北止閭林氏生卒失載與楊氏仝葬山狗崆浮莽大墓邊側室　氏生子留馨十歲而殁　公於弘治二年己酉前往北京隆慶右衛幹旋本戶祖軍澤被後人宜配饗

始祖以報之

公當弘治二年　詔下名家右族各簽一人頂衛　王宫族人悚然莫敢膺其任時公不私其身率其親眷向

戕男往詣盛京隆慶右衛補伍俾當時族人安居樂業
共享無事之福此皆　公一人力也由是族人戴德祀
公於
始祖右非特報有功且以勵後人也
本房姪孫亦垣敬誌

夏祉四子第七世

尾字思　生景泰七年丙子十月十六日　時卒嘉靖十九
年庚子四月廿七日壽八旬有七配林氏生景泰七年
丙子七月十九日　時卒正德十二年丁丑四月十八
日壽六旬有二合葬囷山下溝仔邊坐　向

傑祉長子第七世

思崇字　配吳買氏生卒塟所俱失載

生子二長伯次科

傑祉次子第七世

再興生正統十年乙丑九月十一日　時卒弘治十六年丁巳十二月初九日壽五旬有一葬石𦙶內坐寅向申配楊氏生正統十四年己巳四月十二日　時卒嘉靖五年丙戌五月十一日壽六旬有九葬石𦙶內坐艮向坤

生子二長元次才

傑祉三子第七世

勝興字　生娶卒葬俱失載

生子二長喬松次喬頂

史長子第八世

專字秉權生景泰六年乙亥十月初三日　時卒嘉靖十年

辛卯正月十三日壽七旬有七配山塂蔡氏生景泰四

年癸酉十二月廿九日　時卒嘉靖十一年壬辰六月

初一日壽八旬合葬山塂坐壬向丙

生子一懷

史次子第八世

顯字秉文生成化二年丙戌八月初九日卒嘉靖十年辛卯

七月十一日　時壽六旬有七配許氏生成化二年丙戌十二月初二日　時卒嘉靖二十二年癸卯二月廿四日
時壽七旬有九合葬畓坑内坐未向丑
生子三長仁次富三標

史三子第八世
正字秉公生成化八年壬申二月廿三日　時卒嘉靖二十六年丁未七月十六日　時壽六旬有八配孫氏生卒失載
恰葬東山邊坐戌向辰
生子二長智次全

饒長子第八世

巖字素鎮生天順五年辛巳三月廿八日　時卒嘉靖二十七
年戊申二月初四日壽八旬葬田裏坐辛向乙配山北
劉下尾林氏生成化三年丁亥正月初一日　時卒
三月廿九日葬坑園山坐　向　續配山北周氏
生成化八年壬辰三月廿九日　時卒嘉靖九年庚寅
十月十三日　時壽五旬有九葬園山坐甲向庚
生子四長艮次藝三賢　俱林氏出四性　周氏出

饒次子第八世

政字秉衡生天順七年癸未十二月初五日　時卒嘉靖十
六年丁酉三月廿三日壽七旬有五配吳貫林氏生天

順六年壬午十一月十七日　時卒嘉靖二十年辛丑八月初八日　時壽八旬有一合壟崆裏坐坤向艮

生子三長仲鴻次仲麟三仲鯉

饒三子第八世

巍字秉堯生成化八年壬辰十二月二十日　時卒嘉靖八年己丑十一月廿七日　時壽六旬有二配漸尾許氏生成化十四年戊戌三月廿八日　時卒嘉靖二十七年戊申十一月廿八日　時壽七旬有一合壟山墘岡內坐壬向丙

生子一敬

饒四子第八世

潇字堯克　配黄氏生卒俱失載合葬囷山邊坐甲向庚

生子二長天爵次二爵

俊字章偉生景泰七年丙子七月初一日　時卒正德五年

續長子第八世

庚午二月初三日　時壽五旬有五配水頭史氏生卒

失載合葬涼傘下溝墘園　坐　向

生子三長卿次移三[illegible]

續次子第八世

重字章鎮　配　氏生卒葬所俱失載

生子一相　出居漳城南門外桂林村

昭傳子第八世

勝字章隆生成化二年丙戌十月初八日亥時卒嘉靖二十年辛丑正月十七日　勝壽七旬有七配吳貫章氏生成化六年庚寅九月廿四日　卒嘉靖三十二年癸丑二月十七日　時壽八旬有三合葬

生子四 長　次勢 三環 四長

賜傳子第八世

留馨　殀殁

尾長子第八世

伯字世規　配石倉林氏生弘治二年己酉十月十二日　時

卒正德十二年丁丑九月廿三日　時葬石厝前坐艮

向坤

生子堂

尾次子第八世

科字世魁生弘治五年壬子八月廿五日　時卒嘉靖六年

丁亥七月初二日配埭頭黃氏生弘治五年壬子十月

初七日　時卒嘉靖六年丁亥三月初六日合葬大

埔田墘坐乾向巽

生子一實

思宗傳子第八世

再興長子第八世

元字大育生成化三年丁亥十一月十一日　時卒嘉靖十年
辛卯十月初二日　時壽六旬有五葬石階前坐艮向
坤配曾氏生成化十年甲午年十一月廿一日　時卒嘉
靖三十六年丁巳正月二十二日　時壽八旬有五葬石
厝前坐甲向庚

生子二長犀次殷

再興次子第八世

才字大英生成化二十三年丁未十一月十七日　時卒隆慶

元年十二月初六日　時壽八旬配山頭下尾陳氏生弘

治三年庚戌四月初七日　時卒

生子五長廉次爵三三四四五完

勝興長子第八世

喬松字

勝興次子第八世

生子一菘按

喬頂字

專傳子第九世

懷字朝清生成化十九年癸卯十月初七日　時卒嘉靖四
十二年癸亥七月初二日　時壽八旬有一配山頭朱氏
生弘治三年庚戌八月初七日未時卒
生子二長禎次祥

顯長子第九世

仁字德渦生弘治二年己酉十一月廿九日　時卒嘉靖四
十一年壬戌三月十二日　時壽七旬有四葬東山邊
坐戌向辰配楊氏續配山頭吳氏生正德九年甲戌七
月廿四日　時卒

生子一梅

顯次子第九世

富字　淸生弘治十五年壬戌正月廿五日　時卒

配山頭朱氏生

弘治十六年癸亥正月十四日

生子二長洪次濬

顯三子第九世

標字　達淸生正德二年丁酉閏正月二十日　時卒嘉靖廿

八年己酉十月廿三日　時壽四旬有九葬番坑山仔內

坐未向丑配前店林氏正德五年庚午正月廿日　時

卒塟失載　生子二長松次竹

正長子第九世

智字性清生娶卒葬俱失載

正次子第九世

全字一清　生子二長沖次式

巖長子第九世

艮字秩清生弘治二年己酉十一月十一日　時卒嘉靖四

十一年壬戌三月初十日　時壽七旬有四葬崆後坐

乙向辛配盧氏生弘治四年辛亥三月初三日　時
卒隆慶元年丁卯七月初七日　時壽七旬有八葬龍門
坑坐壬向丙
生子二長滔次二滔
巖次子第九世
藝字智清生弘治六年癸丑九月廿六日　時卒嘉靖四十
一年壬戌四月初八日　時壽七旬葬李坑後山仔上
坐癸向丁配長與後厝李氏生弘治六年癸丑八月十
五日　時卒嘉靖十一年壬辰六月初九日　時葬囷山
邊坐甲向庚續配溫氏生弘治十八年乙丑四月十八

曰　時卒嘉靖四十五年丙寅閏十月初一日　時壽六

旬有二葬

生子五長龍潛次龍歸　俱李氏出三龍震四墳五虎

巖三子第九世

覽字

巖四子第九世

性字道清生正德二年丁卯正月十九日　時

配李氏生正德五年庚午二月二十日　時

生子一鎰

政長子第九世

仲鴻字致任生弘治十一年戊午十一月十八日　時卒嘉靖二十七年戊申五月十一日　時壽五旬有一葬水頭獺尾配長與李氏生弘治十三年庚申正月十九日　時卒隆慶五年辛未十一月十七日壽七旬有二葬崆內坐坤向艮

生子二長曰表次曰輪

政次子第九世

仲麟字秩任生弘治十五年壬戌正月廿三日　時卒嘉靖十三年甲午閏二月初五日　時葬大片園裏坐壬向丙

配山北許氏生弘治十五年癸亥八月初九日　時卒萬

曆六年戊寅正月十四日辰時夫婦合葬

生子一寧馨

政三子第九世

仲鯉字寫任生正德二年丁卯五月十八日　時卒萬曆二

十年壬辰十月十三日壽八旬有七配陳氏生弘治十

七年甲子七月廿六日卒嘉靖四十年辛酉十月廿五

日　時合葬崚裡坐丁向癸

生子二長寧福次寧篤

魏傳子第九世

敬字秩禮生弘治十七年乙丑九月初四日　時卒嘉靖四

十年辛酉九月廿二日　時壽五旬有七

配樓山朱氏生正德四年己巳十月初十日卒嘉靖三二

十一年壬子九月廿二日　時葬大埔田下坐卯向酉

生子四長昂次參三軫四箕

滿長子第九世

天爵字仕淸生娶卒葬失載

生子一喬早殀

蒲次子第九世

二爵字仕貴生娶卒葬失載

生子一端

俊長子第九世

卿字朝富生成化二十一年乙巳二月廿四日　時卒

葬龍門坑坐　向　配吳貫林氏生失載卒

四月十二日葬園山邊坐　向

生子二長進次應

俊次子第九世

移字朝

俊三子第九世

[illegible]字朝傑生弘治十二年己未二月初九日　時卒

七月初七日　時葬龍門坑坐　向配　氏

生子一長悠次坤

重傳子第九世

栩字朝助　出居漳城南門外桂林村

生子一　璋

勝長子第九世

菽字朝鑾生弘治六年癸丑正月初二日辰時卒

配埭頭林氏

生弘治五年壬子十一月初一日未時卒嘉靖十七年

戊戌七月初七日午時

生子三長錫次祿三國藩

勝次子第九世

勢字統鑾生弘治十三年庚申八月十一日卒嘉靖三十九年庚申　月　日　時葬困山邊坐　向　配馬鑾氏

環

勝三子第九世

早殀

勝四子第九世

長字統尙

留馨傳子第九世

伯傳子第九世

堂宇孔賢

科傳子第九世

生子二長鳴岐次懿

賔宇孔烈生正德八年癸酉九月初九日時嘉靖三十八年己

未六月廿五日時埔魚無回

生子一棟

元長子第九世

犀宇乾監　生娶卒葬俱失載

元次子第九世

晙宇乾煥生正德六年辛未八月初三日嘉靖三十八年己

未六月廿五日埔魚無回　生子一天寵

才長子第九世

廉字乾涡生正德六年辛未五月十九日亥時卒

配鄭氏生正德九年甲戌十一月廿

七日寅時卒　生子一椿

才次子第九世

爵字乾貴生正德十年乙亥十月初二日丑時卒

配李氏生嘉靖二年癸未十月廿四日酉時

才三子第九世

三字仕品生正德十五年庚辰二月初十日丑時卒嘉靖二十

六年丁未九月十四日　時卒日本配　氏

生子一復春

才四子第九世

四字仕載生嘉靖二年癸未九月初五日丑時

配許氏生嘉靖七年戊子十一月十四日亥時

生子二長天順、次天從

才五子第九世

完字仕足生嘉靖十年辛卯九月廿六日申時卒

配陳氏生嘉靖十六年丁酉七月廿九日未時

生子一復陽

喬松傳子第九世

乾拔字　配　氏生卒葬所失載

喬頂傳子第九世

懷長子第十世

禎字福慶生正德七年壬申十月初九日亥時卒

配李氏生正德十年乙亥十二月廿四

日巳時卒嘉靖三十三年甲寅十一月十六日　時葬

生子二長友直次友諒

懷次子第十世

祥字餘慶生正德十三年戊寅六月十三日申時卒嘉靖四
十年辛酉　配李氏
生子三長掌次審三伴　出嗣堂兄洪
仁傳子第十世
梅字　生嘉靖三十三年甲寅十二月初四日　時卒
富傳子第十世
洪字悠慶一字桂林生嘉靖五年丙戌三月十六日辰時
配洪坑許氏生嘉靖六年丁亥九月十
四日卯時卒
側室張氏

嗣子件係堂兄祥三子庶子甲

富次子第十世

滄字

標長子第十世

松字茂慶生嘉靖十一年壬辰正月初一日　時卒嘉靖

四十五年丙寅十二月廿七日葬山仔尾坐內向壬配高

浦所百戶方諱元公三女

生子一欒

標次子第十世

竹字苞慶生嘉靖二十二年癸卯八月十八日

配鄭氏生嘉靖二十七年戊申十月廿八日

生子一　期徵

智傳子第十世

全長子第十世

冲字廷秀生嘉靖十六年丁酉八月十二日

全次子第十世

式字廷法生嘉靖三十二年癸丑十月十三日配顏氏

生子一　期召

艮長子第十世

滔字邦望　　生子一新治

艮次子第十世

二滔字邦傳

藝長子第十世

龍潛字在淵生娶卒葬失載

藝次子第十世

龍歸字雲瑞生嘉靖八年己丑正月十四日子時卒嘉靖四

十年辛酉十二月初六日　時葬園山邊坐甲向庚酉

氏　　生子一祿

藝三子第十世

龍農字雲聚生嘉靖十二年癸巳七月十九日戌時

配馬氏生嘉靖十年辛卯十一月初七

日巳時　生子二長慶次法

藝四子第十世

早殀

埴

彝五子第十世

麃字雲和生嘉靖二十三年甲辰十月廿一日未時

配　氏　生子二長六叔公次適

賢傳子第十世

性傳子第十世

鎰字雲王生嘉靖十二年癸巳八月廿八日　時卒

配陳氏生嘉靖二十一年壬寅正月十三日戌時卒

仲鴻長子第十一世

日表字邦旦生正德十六年辛巳十二月初二日亥時卒萬曆十五年丁亥十一月十九日　時壽六旬有七葬樓山埔坐甲向庚配孫氏生嘉靖二年癸未九月初七日時卒嘉靖三十七年戊午五月十二日　時葬崍內坐未向丑續配李氏生嘉靖　年四月十二日寅時卒萬曆二十年壬辰十二月初四日　時與夫同穴

生子二 長宗孟 次宗正 俱孫氏出

仲鴻次第十世

月輪字邦輝生嘉靖九年庚寅九月初九日　配劉氏　無傳

仲麟長子第十世

宗馨字存芳生嘉靖三年甲申十月初三日亥時卒萬歷三

十二年甲辰十一月初八日壽八旬有一配東坑林氏

生嘉靖四年乙酉閏十二月二十日　時卒萬曆三十

五年丁未四月二十日壽八旬有四合葬報恩前池内

娘仔墓邊坐坤向艮

生子四 長琛 次珈 三瑜 四珏

仲鯉長子第十世

寧福字邦祉生嘉靖八年己丑二月廿六日　時卒萬曆二十二年甲午九月初六日卯時龍山北許氏生嘉靖十一年壬辰十一月廿四日　時卒萬曆二十六年戊戌九月初十日申時合葬畬坑本園內坐庚向甲

仲鯉次子第十世

寧篤字邦靖生嘉靖十七年戊戌二月初二日　時卒萬歷三十年壬寅二月初五日　時壽六旬有七配康氏生嘉靖二十四年乙巳二月二十日　時卒萬曆二十四年丙申十二月十一日　時壽五旬有二合葬芹山邊

坐甲向庚　生子二 長璧 次玫

敬長子第十世

昂字拱辰一字玉林生嘉靖五年丙戌十一月初十日子時

卒　配長嶼柯氏生嘉靖十三年甲午

閏二月十一日亥時卒

生子一應魁

敬次子第十世

參字拱燦生嘉靖十七年戊戌十一月初七日丑時卒

敬三子第十世

軫字拱昭生嘉靖二十年辛丑十一月初十日寅時卒嘉靖四

十一作壬戌十月三十日時卒

敬四子第十世

箕字拱漢生嘉靖二十五年丙子十一月二十日丑時卒

天爵傳子第十世

喬

早殀

二爵傳子第十世

湍

卿長子第十世

進字國顯生正德六年辛未八月十八日午時嘉靖三十八年己未六月廿五日埔魚無回配史氏

謝氏家乘一　卷一　十四

卿次子第十世　生子二長聰　早殀次哲

應字國從生嘉靖四年乙酉七月十五日　時卒嘉靖二十四年乙巳

騶長子第十世

乾字國健生嘉靖二年甲申七月十三日　時卒

生子一語

騶次子第十世

坤字國順

相傳子第十世

璋字　出居漳城南門外桂林村

蔵長子第十世

錫字國拱一字近梅生正德九年甲戌十二月廿四日未時

卒嘉靖二十五年丙午五月　日外殁配鍾氏

生子一可　早殀

蔵次子第十世

祿

蔵三子第十世

國淄字碧源生嘉靖七年戊子七月廿四日卯時配金門俞

氏續漳城市尾鄭氏生嘉靖三十年辛亥八月初八日辰時

隆慶二年闔族房長舉公增脩舊譜陳平所贊云　孝
友彰聞才學蘊藉門[illegible]見齒於鄉宗師表裴馳於外
邑譜牒重脩能使彝倫攸敘而規模大畧可觀皆君之
裁定也

勢傳子第十世

環傳子第十世

辰傳子第十世

堂長子第十世
鳴岐字國鳳　生子一公換
堂次子第十世
懿字國臧
賓傳子第十世
棣字　生失載嘉靖四十五年丙寅埔魚無回
犀傳子第十世
倣傳子第十世

天龍字愛芳生嘉靖十九年庚子十二月十三日酉時卒

　廉傳子第十世

椿字殊芳生嘉靖十三年甲午九月十七日子時卒

　　　　配林氏生嘉靖十九年庚子十月十六

　日午時

　　　　生子一皇

　爵傳子第十世

　三傳子第十世

復春字仍芳生嘉靖二十年辛丑八月初八日巳時卒

配曾氏生嘉靖二十一年壬寅八月

十一日時卒　生子二長穆次和

四長子第十世

天順字　生嘉靖三十八年己未九月廿八日卯時卒

四次子第十世

天從字　生嘉靖四十五年丙寅九月廿二日卯時卒

完傳子第十世

復陽字光被一字振東生嘉靖三十六年丁巳九月廿八日

子時卒　配陳氏續配洪氏

生子四長宗韓次宗柳　陳氏出三宗歐四宗燕洪

氏出

乾挨傳子第十世

禎長子第十一世

友直字宜侃一字榕沙生嘉靖十二年癸巳十月十四日卯

時配衛禮主簿陳諱一忠公長女生嘉靖十六年丁酉

十一月　日　　生子二長經次繡

禎次子第十一世

友諒字宜信生嘉靖十四年乙未九月廿一日未時卒

配王氏生嘉靖十七年戊戌十二月廿九日

午時卒

祥長子第十一世

掌字

祥次子第十一世

審字

祥三子第十一世

伴　出嗣

梅傳子第十一世

洪嗣子第十一世

伴字　生嘉靖三十年辛亥七月初八日午時卒

洪傳子第十一世

甲字鳳台生嘉靖四十三年甲子正月二十日辰時卒

配　氏　生子一趨

松傳子第十一世

舉字　生嘉靖四十三年甲寅六月廿二日申時卒

配　氏　生子一國標

竹傳子第十一世

期徵字　生隆慶元年丁卯七月初二日　時卒

沖傳子第十一世

式傳子第十一世

期名字　生隆慶元年丁卯三月十三日　時卒

滔傳子第十一世

新治字　生嘉靖三十一年壬子八月十六日巳時卒

二滔傳子第十一世

龍濟傳子第十一世

龍歸傳子第十一世

麟字　生嘉靖三十七年戊午三月十八日寅時卒

生子一　王公　治

龍震長子第十一世

度字生嘉靖三十四年乙卯十一月二十三日未時卒

葬山狗崆坐　向　兼　配　氏生　卒

生子三　長屬金　次屬木　三屬冬

龍震次子第十一世

法字　生嘉靖三十九年庚申十二月初十日酉時卒

配　氏　生子二　長先進　次梁惠

填傳子第十一世

篪長子第十一世

六叔公字　生娶卒葬失載　生子一屬峙

篪次子第十一世

廸宗字我音生娶卒葬失載　生子一鍇

鍇傳子第十一世

日表長子第十一世

宗孟字宜從一字少田生嘉靖二十九年庚戌十二月廿七

日戌時卒萬曆十九年辛卯七月十一日　時葬大片

圍內坐壬向丙配黃庭林氏生嘉靖四十五年丙寅

八月廿三日午時卒永曆二年戊子正月十二日　時

壽八旬有三葬畬坑中洲圍裡坐庚向甲

生子一紹裘

日表次子第十一世

宗正字

月輪傳子第十一世

寧馨長子第十一世

琛字

生嘉靖二十八年己酉九月廿六日寅時卒

寧馨次子第十一世

生子涼亭

珈字　生嘉靖

生子二長六次七

寧馨三子第十一世

瑜字　生嘉靖三十四年乙卯三月廿四日巳時卒萬曆三十年壬寅三月初七日配水頭王氏生嘉靖四十三年甲子二月十一日寅時卒萬曆十七年己丑四月初一日　時合葬大片園裏坐壬向丙

生子二長潤次湑

寧馨四子第十一世

珵字

宗禮傳子第十一世

宗篤長子第十一世

璧字宜環生萬曆四年丙子十一月十五日酉時卒天啟七年

丁卯八月十五日　時壽五旬有二葬岸山邊坐艮向

坤配康氏生萬曆九年辛巳十一月廿五日丑時卒康

熙二年癸卯正月初八日巳時與夫仝穴坐向同

生子四長汲次汤三澹四溥

宗篤次子第十一世

玖字宜佩一字東泉生萬曆八年庚辰十二月十七日巳時
卒順治乙未年正月十四日巳時壽七十六葬山仔
墘坐坤向艮配曾氏生萬曆十五年丁亥七月十四日
卯時卒萬曆四十五年丁巳七月十四日丑時葬芹山
本鄉丙坐艮向坤續配吳氏生萬曆十四年丙戌十一
月廿五日卯時　生子一國滿
是爲傳子第十一世
應魁字　生萬歷二年二月初八日　時卒
戊午年九月初九日未時配史氏
生子一榮[illegible]

參傳子第十一世

軫傳子第十一世

箕傳子第十一世

進長子第十一世

聰宇　生嘉靖十八年己亥十二月十五日　時卒嘉靖
四十一年壬戌正月十一日　時

進次子第十一世

哲字　生嘉靖三十六年丁巳十月初一日酉時卒康熙
甲辰年二月初二日　附葬隴口山仔墘石頭下坐乾向
巽配水頭史氏生　　年　月　日卒
年十一月十一日　附葬壠口山仔墘石頭下
生子三長一龍次二龍三三龍

應傳子第十一世

誠傳子第十一世

詰字宜默生嘉靖二十八年己酉六月廿三日　附卒

坤傳子第十一世

璋傳子第十一世

三珩公字　郡庠生配　氏生卒葬所失載

生子一臨

錫傳子第十一世

叫

早殀

祿傳子第十一世

國藩傳子第十一世

鳴岐傳子第十一世

懿傳子第十一世

楝傳子第十一世

天寵傳子第十一世

椿傳子第十一世

公換

皇字　生萬歷五年丁丑十月初三日巾時卒崇禎十二

年己卯六月十六日未時壽六十三葬山狗崆坐乾向巽配林氏生萬曆十年辛巳五月十三日酉時卒崇禎十三年庚辰十月初三日亥時葬山狗崆坐乾向巽

生子四長三次四三五四結

復春長子第十一世

穆字祖石

生子一維紹

復春次子第十一世

和字允石

生子二長維先次維贊

天順傳子第十一世

天從傳子第十一世

復陽長子第十一世

宗韓字

復陽次子第十一世

宗柳字鳳栖 配 氏生卒俱失載合葬畲坑園裡

生子二長聖壽次聖妙

復陽三子第十一世

宗歐字亦明生失載卒呂宋配江氏被虜全節不辱投河而沒

生子一聖亨

復陽四子第十一世

宗蘇字冲守　生子一聖全

友直長子第十二世

經字克濟生嘉靖三十四年乙卯閏十一月初九日亥時卒

友直次子第十二世

緯字　生嘉靖四十一年壬戌九月十九未時卒

友諒傳子第十二世

掌傳子第十二世

審傳子第十二世

伴傳子第十二世

甲傳子第十二世

趨字

攀傳子第十二世　生子二長瑞次祥

國標字

期徵傳子第十二世　生子一正盛

朗召傳子第十二世

新治傳子第十二世

祿傳子第十二世

壬公治

度長子第十二世

屬金字麗南生萬歷十年壬午九月初五日子時卒崇禎十二年己卯十一月初九日　時卒於呂宋壽五旬有八配蘇氏生萬歷十八年庚寅　月　日　時卒順治丁

酉年十月十二日酉時葬上坑燈火石下深潭墘坐
向　側室張氏生萬歷二十五年丁酉十一月初九日
時卒　生子四長澔次洙三泗四湡三人俱出庶

度次子第十二世
屬木字生卒失載葬內岑山配翁氏
生子二長台次二台

度三子第十二世
屬冬字　生卒失載葬上坑燈火石配埭頭林氏
生子三長暢次二惜三三惜

澔長子第十二世

先進
法次子第十二世

梁惠
六叔公傳子第十二世

鳳峙字仰關
生子一陶娘
迪傳子第十二世

福字
宗孟傳子第十二世

紹裘字克綿一字耀箕生萬曆十七年己丑九月廿八日亥

時卒順治六年壬辰六月初三日壽六旬有四配[illegible]妣
楊氏生萬曆二十年壬辰六月十六日辰時卒康熙二年
癸卯五月十二日亥時壽七旬有二合葬崆裏
生子四長正參次正賜三正由四正蕥

宗正傳子第十二世

琛傳子第十二世
生子三長嬰哥次二嬰三艮蔭

涼亭
珈長子第十二世
生子一治

六宇

珈次子第十二世

七字

瑜長子第十二世

潤諱克胖字念九生　年十二月初五日午時卒順

治九年壬辰六月初三日未時配蘇氏生

年三月初六日未時卒　年四月初四日亥

時合葬吳貫廟兜厝地坐　向

生子三長宸楚次宸琴三宸榜

瑜次子第十二世

淯字　配楊氏

玨傳子第十二世　生子一吉六

汲

璧長子傳十二世

生失載卒　年四月初四日　時葬上坑與

叔墳側左邊石頭下坐艮向坤

湯

璧次子第十二世

生　年正月十一日卒　年七月

十四日　時葬芹山坐丑向未配　氏生卒失載葬

禁山仔渦溝本園內坐庚向甲

璧三子第十二世

滄字質恒生萬歷四十年壬子正月十一日丑時卒順治九年甲午十月廿一日　時葬上坑坐艮向坤配馬氏生萬歷四十五年丁巳七月廿四日　時卒康熙二十六年丁卯二月廿四日巳時與夫合葬上坑本山脚園內坐艮向坤　生子二長仲次用

璧四子第十二世

溥　生　配楊氏

生子一嵩

玖偶子第十二世

國藩生萬曆四十七年己未六月廿四日未時卒崇禎十七年
甲申八月十八日申時葬山墘坐庚向甲配施氏
應魁傳子第十二世
榮春字　生萬曆二十八年六月廿三日未時卒　戊
午年三月初五日未時葬樓山埔配盧坑盧氏生
己巳年十一月廿九日巳時卒　年七月廿五
日寅時　生子一大業
聰傳子第十二世
皆長子第十二世

一龍字明宇生萬曆十四年丙戌八月十八日　時卒康熙
三年甲辰六月初四日午時壽七旬有五附葬　父墳
左壠口山仔壠石頭下坐乾向巽配蔡嶺鍾氏生萬
曆庚子年四月十一日　時卒康熙四年乙巳九月十
七日亥時壽六旬塟壠裏大石下坐丁向癸
生子四長愛次二愛三三愛四四愛

哲次子第十二世
二龍

哲三子第十二世
三龍

語傳子第十二世

三奇公傳子第十二世

臨字　生　年　月　日卒　年月

日葬北關外武廟右邊塚上近柯家灰墓坐　向　兼

配方氏

生子一胤

可傳子第十二世

公換傳子第十二世

皇長子第十二世

三　皇次子第十二世

四　皇三子第十二世

五字　生順治二年甲申五月初二日未時往呂宋而歿配鼎尾柯氏生順治七年己丑四月廿三日寅時卒康熙甲午年十月初三日申時葬山仔內坐坤向艮

生子二長宋次漸

結
皇四子第十二世
穆傳子第十二世
維紹字　生卒葬所與配林氏俱失載
生子一胤昌
和長子第十二世
維先字持碧生萬歷乙巳年七月廿八日寅時卒
配林氏生萬歷辛亥年四月初四日
時卒　葬岸山邊坐　向
生子一豫治

和次子第十二世

維贊字

宗韓傳子第十二世

宗柳長子第十二世

聖壽字祝萬配陳氏生卒失載合葬畬坑坐　向

生子二長懷次正瑞

宗柳次子第十二世

聖妙

宗歐傳子第十二世

聖亨
宗蘇傳子第十二世

聖全
經傳子第十三世

緯傳子第十三世

趨傳子第十三世

壖字

生子一泒

趨次子第十三世

祥字

國標傳子第十三世

正盛字　生康熙十八年庚辰二月十九日寅時卒康熙

六十一年壬寅七月初三日午時配楊氏生康熙甲午

年七月初七日巳時卒乾隆壬申年四月十四日巳時

合葬畲坑新墓坐戌向辰兼乾巽

生子一文煥

王公治傳子第十三世

屬金長子第十三世

准 諱友治字凝及生萬曆丙辰年三月初三日亥時卒

年　月　日葬

配杜氏生卒失載續配龔氏生萬曆巳未年十二月十

六日戌時

生子一補

屬金次子第十二世

洙 諱愛治字凝讀生　年七月二十日午時配吳氏生

年　月　日時

生子一寬使

屬金三子第十三世

泗諱嬰治　往呂宋於　年二月初七日

時卒

屬金四子第十三世

湯諱祐治字凝章生崇禎四年辛未六月初九日卯時配曾

氏生崇禎六年癸酉十二月初七日寅時卒雍正二年

十月初三日子時葬落山蛇坐甲向庚

生子二長寶次都

屬木長子第十三世

台字

屬木次子第十三世

二台

嗣子烝

屬冬長子第十三世

暢

屬冬次子第十三世

二惜

屬冬三子第十三世

三惜

先進傳子第十三世

梁悳傳子第十三世

厲峙傳子第十三世

福傳子第十三世

陶娘

紹裘長子第十三世

正参名治字淑興生萬歷四十二年甲寅正月廿一日　時

卒康熙三年甲辰八月廿一日　時壽五旬有一配山

妣楊氏生萬曆四十五年丁巳三月十五日　時卒康熙三年甲辰十二月初一日子時合葬長泰縣東門外溪東大岸尾坐　向　生子一陳

紹裘次子第十三世

正賜字君錫生天啟二年壬戌正月初五日　時卒康熙三年甲辰五月初五日時葬長泰縣溪東大岓尾配李氏

紹裘三子第十三世

正由字甫升生崇禎元年六月初六日丑時卒康熙三十七年戊寅四月初七日丑時葬上坑山仔頭坐庚向甲配盧氏生崇禎十二年正月廿二日寅時卒康熙五十三年

甲午九月初四日時葬上坑猪母石後坐艮向坤兼寅申辛丑辛未分金　生子三長侃次侈三在

紹裘四子第十三世

正雍字　生崇禎四年辛未四月十三日　時卒康熙三年甲辰三月廿六日戌時葬長泰縣溪東大岸尾配吳氏

凉亭次子第十三世

嬰哥

凉亭次子第廿三世

二娶

涼亭三子第十三世

良蔭

六傳子第十三世

治安

七傳子第十三世

生子一升

潤長子第十三世

宸楚字爾晉生天啓二年壬戌三月廿一日巳時卒康熙三

十四年十二月十六日戌時葬遲內坐辛向乙配許氏生
天啓三年癸亥十月十七日辰時卒康熙二十九年七
月十六日巳時葬吳曾社后烏東石邊坐戌向辰兼
生子一潛槐

潤次子第十三世
宸琴字

潤三子第十三世
宸榜字
配林氏
生子一謄

湑僔子第十三世

吉六字懷佳生卒葬所與配蘇氏俱失識
　生子三長起郡次和三裕 早殀

汲傳子第十三世

沕傳子第十三世

澹長子第十三世

仲諱正續生崇禎七年甲戌五月廿二日寅時卒康熙四
三年六月初十日酉時葬上杭賴灣大坵園內坐辛向
乙

澮次子第十三世

用諱正續字甫長生順治七年己丑十二月初八日寅時卒康熙五十九年庚子二月廿四日未時壽七十二年葬吳貴廟兜社後土名楓樹裡坐午向子兼丁癸配馬埔頭蘇氏生康熙九年庚戌十月初五日丑時卒乾隆十五年庚午六月初六日酉時葬上坑　祖墓右邊坐艮向坤兼寅申

生子七長才次寶三盤四果五貴六馮七每

溥傳子第十三世

嵩　被虜

國藩傳子第十三世

榮春傳子第十三世

大英諱大成字建德生天啓二年壬戌六月廿四日巳時卒康熙戊辰年二月二十日酉時配葉氏生天啓四年正月初五日酉時卒順治五年正月十一日葬大片裡坐北向南續配郭氏　生子二長文次武

一龍長子第十三世

燮諱正興字兆穎生萬曆四十五年丁巳正月廿三日時

卒康熙四年乙巳七月廿六日亥時與　祖父同葬在壠口山仔墘石頭下坐乾向巽配蔡嶺鍾氏生萬歷四十六年戊午四月初三日　時卒康熙四年乙巳六月初七日巳時葬壠裡大石下坐　向

生子二長澄汶次澄濟

一龍次子第十三世

二愛諱正鱗生卒葬與配何氏俱失載

二龍傳子第十三世

三龍傳子第十三世

臨傳子第廿三世

胤諱昌嗣以長子賜進士　例贈文林郎生康熙壬子年十月十七日戌時卒康熙庚子年九月十一日辰時葬北山後寮池坐　向　兼　配林氏　例贈太孺人生康熙癸亥年二月初八日時卒乾隆戊辰年九月十九日時葬新亭寮仔山坐　向　兼　。

生仔五長天祿次馬麟三接聰四應權五

蘭生

魁　祖父生而純孝雅善孺子慕更好學不倦爲先輩

徐子丹所雅重因祖母家以官事累自是家破穉齒無以自存於是逐什一爲生計然猶夜讀書聲琅琅若出金石雖貧不忍輟業逮生　先君乃取其書閱之并向所讀書束之慨然曰不在吾身必在子孫謝家有書何必自我讀也詳載　先君紀聞紀畧　祖母林氏處士復泰公長女有高德士大夫咸愛重之威畧將軍吳公故交　公既貴不敢加於復泰公延至其署凡大事諮焉享年百有五歲八旬始生　太孺人不　爲庸人婦見　先太封孝謙選而與之　太封早喪　太孺人卒皆敎誨　先君兄弟等倫嘗荼蓼辛無難色皆　復泰公

之教也

三傳子第十三世

四傳子第十三世

五傳子第十三世

宗字　生康熙乙卯年八月初八日未時卒康熙丙戌年
十一月十一日亥時卒
配鄭氏生康熙丙辰年三月初六日巳時卒
生子二長謀次疊

[illegible]次子第十三世

漸　卒呂宋

結傳子第十三世

維紹傳子第十三世

胤昌

維先傳子第十三世

豫治　生崇禎庚辰年十二月廿八日　時卒

維肇傳子第十三世

聖壽長子第十三世

愷

聖壽次子第十三世

正瑞諱德生字　生康熙四年乙巳十一月十九日辰時卒

乾隆丙辰年十月初二日巳時葬上坑樓山埔圍裏坐

北向南配新安郎氏生康熙十七年戊午三月初三日

寅時卒雍正二年癸卯六月十四日酉時

生子三長挺次騰三倦

聖妙傳子第十三世

聖亭傳子第十三世

聖全傳子第十三世

瑞傳子第十四世

派字

出居江西

生子四長興次郎三才四成

祥傳子第十四世

出居江西

正盛傳子第十四世

文煥字　生康熙丁酉年十月初八日辰時卒乾隆戊申年七月十六日巳時葬𡋭坑內田仔墘坐乾向巽配王氏生康熙辛丑年十一月廿五日辰時卒　生子一梁

補字

准傳子第十四世　生康熙壬寅年八月十八日辰時卒康熙四十五年十二月初九日申時葬金山邊岡內坐　向　配康氏生康熙辛酉年七月初三日午時卒　生子一容治

洙傳子第十四世

寬使

泗傳子第十四世

湯長子第十四世

賽諱澄瓏字　生康熙四年乙巳正月初一日亥時卒雍正八年庚戌十月初二日巳時葬岸山腳坐乾向巽兼亥巳配青浦陳氏生康熙十八年己未四月十八日未時卒康熙五十四年二月廿三日未時葬龍門亭坐亥向巳兼壬丙

生子三長郡次滇三潛

湯次子第十四世

都諱澄瑞字　生康熙七年戊申二月廿五日寅時卒

台傳子第十四世

二台嗣子第十四世

暢傳子第十四世

焘

二惜傳子第十四世

三惜傳子第十四世

陶娘傳子第十四世

正參傳子第十四世

陳宅　寓居福州府

正賜傳子第十四世

正由長子第十四世

侃諱澄芝字及三生康熙十一年壬子十月初一日戌時卒
乾隆十六年辛未九月十一日寅時與陳氏葬馬內坑
園中配樓山翁氏生康熙十六年丁巳八月十八日卯
時卒康熙四十一年壬午九月十　日辰時葬上坑勢
茨山脚坐乾向巽續配內坑陳氏生康熙十一年壬子
九月廿二日寅時卒乾隆十一年丙寅八月廿八日丑
時合葬馬內坑後壁園中坐子向午兼壬丙
生子六長巖翁氏出　次喬
三賞四泒五銳六鵲

及三公　甫公長子也數世行善及身爲八又能尊

歸重道持己以恭接人以敬內外親屬莫不欽仰以此後嗣克遵　先訓炳賞公銳公學雖未酬而没然其年勵志經史馳名亦篤學之一徵也至若喬公沛公植謹溫柔內外和睦洵足令人歎賞矣茲三世孫焌國當幼冲時已自言笑不苟及長惟芸窗勵志雜事不擾正所謂兩耳不聞窗外事一心專向聖賢書祖孫相承好看爲善獲報蘭桂流馨矣

潘光彩誌

正由次子第十四世

俊諱澄蘭字及馨生康熙十四年乙卯八月廿三日亥時卒

康熙三十七年戊寅　月　日　時葬上坑園上坐向

正由三子第十四世

在諱澄桂字及馥生康熙十七年戊午九月十六日亥時卒乾隆十七年壬申七月十六日丑時配鍾棣蔡氏生康熙三十年辛未五月十七日卯時卒乾隆戊子年十一月初二日巳時合葬三魁嶺界址前坐申向寅兼

生子六長鍜次天三位四瑶五妹六結

正雍傳子第十四世

髮哥傳第十四世

二嬰傳子第十四世

艮蔭傳子第十四世

治傳子第十四世

升字

宸楚傳子第十四世

澄槐字　生康熙壬子年十月廿八日寅時卒康熙乙未年八月十九日未時葬吳貫丘坑尾坐坤向艮甌山尾林

氏生康熙庚申年十月初三日酉時卒康熙壬辰年十
月初二日未時葬廟兜石橋頭坐癸向丁繼配王氏生
康熙二十九年九月十七日午時卒
生子五長戰次江三山四明俱林氏出　五歷王氏出

宸梦傳子第十四世

宸棬傳子第十四世

謄宗

言六長子第十四世

吉六次子　第十四世

和諱登龍字爻麟生順治四年丁亥九月二十日亥時辛康

熙四十四年乙酉四月初七日未時葬龍門亭落山蛇

本山坐卯向酉配新安馬氏生康熙十六年丁巳十月廿

一日丑時

生子一華生

吉六三子第十四世

裕

早殀

仲傳子第十四世

用長子第十四世

才諱登憑字儀士生康熙二十七年戊辰二月十七日申時卒乾隆三十八年癸巳九月廿七日酉時配內坑馬氏生康熙二十八年己巳七月初十日午時卒乾隆十一年八月初廿日戌時合葬上坑內質恒公墓側左邊坐艮向坤兼寅申辛丑辛未分金續配唐氏生康熙四十六年丁亥正月廿七日丑時卒乾隆三十一年丙戌五月十八日申時葬禁山仔本園內坐坤向艮兼辛未辛丑分金

生子二長順次璵

用次子第十四世

寶諱登鰲字潛士生康熙三十二年癸酉九月廿八日未時卒雍正三年乙巳七月初十日亥時葬禁山仔坐坤向艮配埭頭馬氏生康熙三十四年乙亥正月廿七日未時卒乾隆二十八年癸未九月十二日寅時與夫合葬　生子二長海次巖

用三子第十四世

藍諱登虬字聃士生康熙三十五年丙子二月初五日亥時卒乾隆五年庚申二月初七日戌時葬岸山園內附祖墳右邊坐甲向庚兼卯酉庚寅庚申分金配浦南李

氏生康熙戊寅年四月廿一日辰時卒乾隆丙申年九
月十九日巳時葬嶺腳園裏坐　向
生子四長乞次習三樣四眼

用四子第十四世

果諱登鵬字雲士生康熙四十一年九月十二日未時卒乾
隆三年戊午五月廿九日午時葬上坑口本園內坐艮
向坤兼丑未左右有舊墳　公墳居中配楊氏生康熙
癸巳年二月十八日寅時卒乾隆丁丑年　月初六日
戌時葬上坑口芹山邊坐寅向申兼艮坤
生子一智

用五子第十四世

貴諱登麟字　生康熙四十四年乙酉五月初二日酉時卒　配西寧坑王氏生康熙四十四年乙酉六月十五日卯時卒雍正七年己酉六月十八日寅時葬芹山本圍丙坐向　生子一扶

用六子第十四世

馮諱登鸞字神士生康熙四十八年己丑八月十七日亥時卒乾隆三年戊午二月十五日巳時葬咬𠺕吧配溫氏生康熙己丑年五月廿三日亥時卒乾隆己巳年六月初十日戌時葬禁山仔坐酉向卯兼庚甲

用七子第十四世　生子一囯連

每諱鵝字　生康熙壬辰年九月廿六日未時卒乾隆辛酉年七月初四日巳時葬　配排頭黃氏生康熙巳亥年六月十九日巳時卒

嵩傳子第十四世　生子一鶴

大英長子第十四世

文諱澄孔字及聖生順治丙戌年八月初二日子時卒康熙

乙酉年閏四月廿四日寅時與　父合葬吳貫廟兜坛
上高店嶠裡坐壬向丙配施氏生順治十四年十二月
廿四日寅時卒　生子一猛

大英次子第十四世

武諱澄孟字及賢生康熙元年壬寅十二月初三日午時卒
康熙三十四年乙亥四月初九日戌時葬三魁嶺塘下
田上坐北向南配溪頭洪氏　生子一富

愛長子第十四世

萬億諱澄汶字及祉生崇禎十四年辛巳九月初九日戌時
卒雍正二年甲辰正月十七日未時壽八十五葬從埭
圍中坐庚向甲兼酉卯配鄭氏生順治四年丁亥八月
初三日辰時卒康熙五十五年丙申十二月二十日午
時葬吳貫廟兜南山邊坐午向子兼丙壬
生子二長慶次成
光斗舊讚云　公杖履優游丘園自好擬古香山耆僊
九老
慶次子第十四世
清諱澄濟字及明生順治二年乙酉二月十三日戌時卒康

熙四十一年壬午十月廿六日辰時葬吕宋判事亭前

配長泰侍郎坂戴氏生康熙二年癸卯八月十八日酉

時卒乾隆五年庚申二月十三日戌時與次子赫合塟

壠裡　祖墳邊坐丁向癸兼未丑

生子四長祥次赫三鑾四道

及明大兄久處外城一家之中長幼得宜毫無可議非

賢嫂施訓有方安能如是　讚曰坤配乾功陰助陽績

教子成才耕讀各適質古名婦豈伊異昔閨門宗範彰

彰厥德　光斗舊識

二愛傳子第十四世

胤公長子第十四世

天祿公字百何號漢閣雍正壬子經元乾隆壬戌進士生康
熙戊寅年十二月初九日未時卒乾隆戊辰年十月廿八
日　時葬東門新亭寮仔山附　祖母林氏坐　向
兼配鄭氏　誥授孺人以次子必捷文林郎　例贈
太孺人生康熙壬辰年四月　日　時卒乾隆戊戌
年三月十六日　時卒
生子二長必魁次必捷
先君生性孝友為人巖正不屑近權貴惟以　讀爲

事遊　先君門下者不下數百其遊泮而登鄉會者指
不勝屈其學問文章小子未能蠡測營域新亭同年蔡
太師葛山公贈駢語云蕺水戀烏私千古夜臺猶膝下
蘗砧先鶴化百年眉案在山頭門人賜進士江韡觀公
亦贈駢語云于塲恍惚聞師訓君衾依稀見古封孺人
鄭氏稟性柔慈事舅姑至孝待兒女未嘗見其怒色
今緣脩譜追念生平不禁依依膝下潸然墜淚矣

胤公次子弟十四世

馬麟字　生康熙　年　月　日　時卒
年　月　日　時葬北門塚上坐　向　配丁氏

生子一顕

胤公三子第十四世

接思字　往臺

胤公四子第十四世

應權字

胤公五子第十四世

蘭生字芳谷邑廪生生雍正丁未年　月　日　時卒乾
隆　年　月　日　時配許氏生雍正丙
午年　月　日　時卒乾隆　年　月　日　時
合葬本社和尚墓下坐　向

生子一和

謀

宗長子第十四世

生康熙三十八年己卯二月初九日戌時卒

生子一種

叠

宗次子第十四世

生康熙三十九年庚辰十月十八日申時卒

生子一光裕

漸傳子第十四世

亂昌傳子第十四世

豫治傳子第十四世

愷傳子第十四世

正端長子第十四世

𨑨諱澄志生康熙三十五年丙子六月初八日丑時卒乾隆十四年己巳七月三十日丑時葬臺灣崁仔脚坐　向

配東市莊徐氏生康熙庚辰年七月十八日巳時卒乾隆癸酉年九月十四日未時葬上坑嶺脚圍頭坐艮

□□□五未　生子一鳳

正瑞次子第十四世

騰諱澄奮生康熙四十三年十一月廿六日辰時卒雍正乙卯年六月十二日寅時葬臺灣中路交重營盤後

正瑞三子第十四世

倦諱澄勤生康熙庚寅年九月十八日未時卒乾隆己卯年六月十八日　時葬臺灣　配李氏

興

派長子第十五世

派次子第十五世

郎

派三子第十五世

才

派四子第十五世

成

文煥儞子第十五世

染字

生乾隆己巳年十月十八日辰時卒

補傳子第十五世

容治

生康熙甲申年二月十一日未時卒乾隆

五十二年五月廿八日寅時葬金山邊園内坐子向
午兼　庚子庚午分金配余氏生康熙五十二年癸
巳九月十五日午時卒乾隆戊申年八月廿六日午
時葬金山園内坐　向　兼　庚子庚午分金
生子三長外次竹三儒

寬使傳子第十五世

賽長子第十五世

郡字　生康熙四十六年正月廿六日寅時卒乾隆二十
五年五月初十日戌時葬東山邊坐　向　配青浦頭

氏生康熈五十五年丙申九月廿五日巳時卒乾隆癸
卯年十二月廿三日巳時葬東山邊坐北向南
生子三長文韜次東三淮

蓮

賽次子第十五世
生康熈四十八年己丑五月廿四日寅時卒乾隆
二十四年二月廿九日寅時葬東山邊坐亥向巳兼壬
丙配瓊口蘓氏生雍正元年癸卯正月十二日丑時卒
乾隆二十六年六月十八日巳時與夫合葬
生子二長掐次水

賽三子第十四世

潛

生康熙五十二年癸巳二月初六日申時卒乾隆三十三年二月十七日酉時葬東山邊坐　向

配前庵江氏生雍正二年甲辰七月初六日丑時卒乾隆丁未年十月廿七日巳時葬東山邊　任公墓左山仔坐癸向丁兼丑未庚子庚午分金

生子三長眷次池三序出嗣

都傳子第十五世

焘傳子第十五世

陣傳子第十五世

侃長子第十五世

巖諱世傑字永豪生康熙三十九年庚辰正月初六日酉
時卒雍正四年丙午六月廿六日午時葬上坑燈石
坐艮向坤
生子二長攀龍次子松　係胞弟嵩次子

侃次子第十五世

喬諱世英字　生康熙四十四年乙酉十二月初十日
丑時卒乾隆戊戌年七月初七日午時葬在附坑蜈虹

穴面前坐艮（向坤兼寅申分金辛未辛丑）配吳貫盧氏生康熙戊子年十月初八日巳時卒乾隆癸未年五月初五日午時埜山狗崆園申坐寅向申兼甲庚

生子二長篤次察

倪三子第十五世

賞諱世爵字列五生康熙四十七年戊子五月十五日丑時卒乾隆十四年己巳十一月十六日巳時葬上坑燈火石坐寅向申兼甲庚配鍾林美蔡氏生康熙四十四年己丑五月十一日巳時卒乾隆壬申年八月廿五日酉時葬大寨窟口坐子向午兼癸丁

生子一明逵

倪四子第十五世

沛諱世澤字贊恩生康熙辛卯年三月初六日丑時卒乾隆辛丑年五月十九日巳時配樓山翁氏生康熙五十五年丙申十月十一日寅時卒乾隆三十二年丁亥正月廿二日巳時合葬畬坑內坐庚向甲兼酉卯分金丁酉丁卯生子四長安國次定宇出嗣胞弟銳三友慶四忠信

倪五子第十五世

銳諱世明字先機生康熙五十三年八月初八日戌時卒乾隆四年正月十七日巳時葬上坑三魁嶺麥芡山仔裡

坐艮向坤兼丑未

嗣子定宇係胞兄沛次子

侃六子第十五世

鵠諱世貞生康熙五十七年戊戌正月十三日辰時卒嘉慶十一年丙寅十月二十日未時配東寧坑林氏生雍正五年丁未二月十六日未時卒嘉慶元年六月初六日辰時合葬三卿嶺打石坑大石下坐寅向申兼甲庚庚寅庚申分金

生子四長里仁次子松　出嗣長胞兄巖三廣寧

四漢東

俊傳子第十五世

在長子第十五世

鍛諱世美生康熙四十八年己丑八月十九日酉時卒

配東亭坑林氏生康熙五十六年丁酉二月十五日酉時卒乾隆丁未年六月初四日巳時葬大片田墘坐子向午兼癸丁

生子二長倡次强瑞　出嗣四胞弟瑤

在次子第十五世

天諱世顯生康熙五十年辛卯十二月十七日酉時卒乾隆

甲辰年六月三十日午時與胞兄慶葵大片坐子向
午兼癸丁配埭頭林氏生康熙五十三年甲午九月廿
六日寅時卒乾隆辛卯年十月廿二日辰時葬壠底坐
未向丑兼坤艮　嗣子辟軒係胞弟位次子
在三子第十五世
位七名慶諱世德字又周生康熙五十八年己亥正月十二
日丑時卒乾隆甲辰年六月廿九日巳時與胞兄天
葵大片園坐子向午兼癸丁配朱氏生雍正戊申年
十二月十四日卯時卒嘉慶己巳年正月廿四日未
時葵大片園附伯夫坟右邊坐壬向丙兼子午辛亥辛

已分金
生子三長騰飛次辟軒出繼胞兄天三江然
在四子第十五世
瑶諱世　字　生康熙六十一年壬寅六月十五日寅
時卒乾隆十年乙丑五月初三日酉時葬楚茭山坐
酉向卯兼辛乙　嗣子瑞係長胞兄鍛次子
在五子第十五世
琳諱世興字　生雍正三年乙巳十月初八日戌時卒嘉
慶十年乙丑十一月十七日亥時葬打石坑坐丁向
癸兼丑未庚午庚子分金配蔡氏生雍正十三年乙

卯十二月三十日巳時卒乾隆壬寅年十二月十二日
午時葬壠底坐丁向癸兼未丑續配林氏生乾隆甲
戌年十二月初八日戌時卒道光癸巳年九月廿二日
午時葬在壠口大埔山坐未向丑兼坤艮續配徐氏生
乾隆丙戌年五月初一日巳時卒嘉慶丁丑年四月廿
七日戌時葬在三脚嶺山側室　氏茶姐生乾隆巳卯
年卒道光辛巳年九月十三日寅時葬在鳩尾山
生子八長四和次承宗三雙四對五水林出六棟林出七
隱林出八念徐出
在六子第十五世

結諱世榮生雍正七年戊申五月廿五日寅時卒嘉慶九年甲子十月廿三日未時葬寮仔脚北勢坐坤向艮兼丑未丁丑丁未分金配陳氏生乾隆元年丙辰四月十四日巳時卒嘉慶壬申年十二月廿四日未時葬在飯匙不後　生子二長五湖次四海

升傳子第十五世

澄槐長子第十五世

戰　生康熙庚辰年六月二十日丑時卒乾隆癸酉年正月十四日丑時葬馬坐山羊毛坑頂坐亥向巳兼

江　山

配楊氏生康熙庚辰年五月廿四日午時卒乾隆丙寅年三月廿三日寅時葬廟兜宅後坐巽向乾兼巳亥

生子一宗福

澄槐次子第十五世

生康熙甲申年十一月二十日丑時卒乾隆巳未年八月初六日辰時葬東山園坐庚向甲兼申寅酉

朱氏

生子一御

澄槐三子第十五世

生康熙丙戌年九月廿五日亥時卒雍正甲寅年八月十二日未時葬臺灣府南門外仙草寮坐東

明

向西　生子繼盛

澄槐四子第十五世

生康熙庚寅年三月初一日亥時卒乾隆甲午年五月初三日巳時葬

配楊氏　生子一木生

歷

澄槐五子第十五世

生康熙乙未年四月廿七日申時卒乾隆壬午年五月初九日申時葬廟兜社後坐午向子兼下癸

配翁氏　生子二長壽次愛

騰傳子第十五世

起郡傳子第十五世

和傳子第十五世

華諱廷獻生康熙丙子年七月十六日午時卒乾隆己巳年
五月十四日卯時葬諸羅縣火燒朱北勢湖坐南向北
配田氏生康熙庚申年七月十六日申時卒
生子一魁

裕傳子第十五世

才長子第十五世

順諱世治字可平生康熙四十五年丙戌十一月廿一日丑時卒乾隆二十七年壬午五月廿六日申時葬上坑父墳左邊坐寅向申兼艮坤丙寅丙申分金配張坑藍氏生康熙四十五年丙戌十二月初八日未時卒乾隆二十七年壬午九月初十日寅時與夫合葬上坑坐向同

生子二長廷訓次廷詔出嗣胞弟爽

才次子第十五世

爽諱世安字靜夫生康熙五十九年庚子九月初六日寅時卒乾隆五年庚申八月廿一日辰時葬咬𠺘吧

嗣子廷詔係胞兄順次子

寳長子第十五世

海諱世法字君行生康熙五十三年甲午六月十八日亥時
卒乾隆五年庚申八月廿三日未時葬咬𠺕吧

寳次子第十五世

巖諱世則字　生雍正元年癸卯十月十九日酉
時卒乾隆三十二年丁亥十一月十一日辰時葬上坑
口禁山仔𡼖内坐申向寅兼庚甲配溫氏生雍正癸
丑年十一月廿九日午時卒乾隆乙巳年十二月十四
日酉時葬嶺脚園裡

乞　生子一承宗

藍長子第十五世

生康熙五十八年己亥十月十六日酉時卒

年　月　日　時葬坑仔腳

習

藍次子第十五世

生康熙六十一年壬寅八月初三日辰時卒

雍正二年正月初七日巳時卒

樣

藍三子第十五世

生雍正六年戊申八月廿八日寅時卒乾隆

十九年甲戌八月十二日巳時卒

眼

藍四子第十五世

生雍正十一年癸丑十二月初二日巳時卒乾隆庚戌年八月十五日葬臺灣崁仔脚 配許氏生乾隆辛酉年正月十七日子時卒嘉慶丙子年正月廿七日巳時葬在嶔山坐寅 申兼甲寅分金庚寅庚申

生子一 皆

智

枽傳子第十五世

生乾隆十二年丁卯二月十八日午時卒

扶

貴傳子第十五世

馮傳子第十五世

生雍正壬子十年七月初二日未時卒乾

田連

隆丙午年五月十九日未時葬

配氏生雍正甲寅年十二月二十日酉時卒乾隆癸丑

年十一月初九日酉時葬禁山仔內山脚內坐申向

寅外坐坤向艮兼申寅

生子二長來次意

每傳子第十五世

鶴諱世文生乾隆戊午年十一月初九日未時卒乾隆壬

辰年三月初五日寅時葬臺灣鹿仔港配鍾林羨蔡

氏生乾隆己未年六月十一日未時卒乾隆戊申年
十一月十三日巳時葬三魁嶺腳園裡
生子一 廣富

文傳子第十五世
猛諱元興生康熙三十二年癸酉八月廿八日申時卒
配新安許氏生康熙四十四年乙酉五月十二日未時

武傳子第十五世
富諱岦裕字饒永生康熙三十一年壬申七月初五日巳時
配蔡嶺陳氏生康熙三十九年庚辰四月初五日酉
時
生子一 倫

萬億長子第十五世

虔諱全忠字元亨生康熙十四年乙卯十二月初十日酉時卒康熙五十八年己亥十二月初五日未時葬內　藍家墳左坐坤向艮兼申寅配長泰南門外吳莊張坑楊氏生康熙十七年戊午四月十五日巳時卒乾隆二十五年庚辰十二月初八日巳時葬後埭圍裡坐酉向卯兼辛乙　生子三長新次長三亮

萬億次子第十五世

成諱全義字元美生康熙十七年戊午七月初十日戌時卒乾隆壬戌年二月廿五日未時配排頭黃氏生康熙二

十五年丙寅八月初七日卯時卒乾隆壬戌年四月
初十日午時合葬後埭岡裡　父塆右邊坐申向寅
彔坤艮
生子七長興次盛三崑四宣五佐六命七叟

清長子第十五世
祥諱亦禎字子端生康熙二十年辛酉六月十三日辰時
卒康熙四十四年乙酉九月廿三日酉時葬上坑樓山
埔園中坐北向南

清次子第十五世
赫諱亦瑄字兮上生康熙二十五年丙寅二月廿二日寅時

卒乾隆九年甲子六月十五日辰時與妣合葬壙
祖坐丁向癸兼未丑配鍾林美蔡氏生康熙二十
四年乙丑七月廿四日巳時卒乾隆壬申年十月十
九日巳時葬壠內坐丙向壬兼巳亥側室翁氏生康
熙三十九年庚辰八月十二日戌時卒乾隆戊寅年八
月廿四日寅時葬壠底園裡坐申向寅兼庚甲
生子三長詩次禮　嫡出三語　庶出

渭三子第十五世

公諱亦璀字次和生康熙二十八年己巳十月二十日寅時
卒乾隆八年五月十八日辰時配錦宅林氏生康熙

二十一年正月十四日申時卒乾隆庚辰年十二月
初一日寅時合葬內墘仔內三片石上坐丙向壬兼
午子
生子四長約次東三尚皇四尚振

清四子第十五世

道諱亦弘字次脩生康熙三十九年庚辰四月十九日辰時
卒雍正九年辛亥十月初九日申時葬鶴嘴石內園坐
巳向亥兼壬丙配邱曆邱氏生康熙四十一年壬午五
月初六日酉時卒乾隆五年庚申十月十六日酉時與
夫合葬　生子一潘賢

天祿公長子第十五世

必魁字士杓邑庠生生雍正己酉十二月初二日未時配
靖邑庠生許諱綿麟公長女生雍正戊申年三月廿
八日酉時卒乾隆丁丑年七月十一日辰時葬本社
形半月沉江坐　向　兼　　續配佛曇橋楊氏生乾
隆癸亥年六月初九日　時卒
生子四長紹德次紹庭三南岳四淼

天祿公次子第十五世

必捷字聯仲號魯齋乾隆辛卯科舉人生雍正乙卯年四
月　日　時卒乾隆丁未年十一月　日　時

葬西街李家秀才山離家三里坐　向　配明大學士
黃石齋公裔適孫女生乾隆壬戌年　月　日
時卒　生子一兆亨
馬麟傳子第十五世
接惠傳子第十五世

顯

應權嗣子第十五世
必捷字聯仲號魯齋乾隆辛卯科舉八
蘭生傳子第十五世

和字

謀傳子第十五世

種

叠傳子第十五世

光裕

挺傳子第十五世

鳳諱世儀生雍正十三年乙卯十一月廿六日未時卒嘉慶壬戌年五月十五日卯時葬嶔山祖坟左邊坐子向午兼壬丙丙子丙午分金配周氏生乾隆癸亥八年六月初九日未時卒道光壬午年正月廿九日午時葬

山仔尾祖墓遷坐坤向艮兼未丑分金丁未丁丑

生子一華元

騰傳子第十五世

倦傳子第十五世

興傳子第十六世

郎傳子第十六世

才傳子第十六世

成傳子第十六世

染傳子第十六世

雙寬

容治長子第十六世

外

生乾隆庚申年十一月廿四日卯時卒乾隆
戊申年二月廿三日午時葬金山園內坐北向南配
劉氏生乾隆壬申年八月廿一日午時卒

生子一三合

竹　容治次子第十六世
生乾隆乙丑年十月初七日巳時卒道光癸未年十二月廿五日巳時合葬在岑山坐艮向坤兼丑未丁丑丁未分金配王氏癸酉年七月二十日午時卒道光癸未年三月初五日亥時　生子二長治次抱出嗣子浩

儒　容治三子第十六世
生乾隆丁卯年十一月廿一日戌時卒　年十一月三十日　時葬在嶔山鄉

郡長子第十六世

文韜　生失載卒乾隆二十四年八月十二日未
時葬東山邊坐　向

郡次子第十六世
文東　生失載卒乾隆二十五年四月初七日卯
時葬東山邊坐　向

郡三子第十六世
准　生乾隆己巳年二月十七日卒失載

連長子第十六世
招　生卒葬所失載

連次子第十六世

水
生卒葬所失載
潛長子第十六世
眷
生乾隆乙亥年六月廿九日申時往吉礁配
氏
生子二
潛次子第十六世
池
生康熙己卯年七月初六日寅時卒道光丁
亥年三月廿六日午時葬在東山墨山仔頂坐子向
午兼壬丙配前庵埭頭林氏生乾隆壬辰年七月廿一
日巳時卒道光甲辰年九月十六日酉時葬在欽山前
坐戌向辰兼乾巽庚戌庚辰分金

生子二長藝次若水

巖長子第十六世

攀能

巖次子第十六世

子松諱元茂生乾隆丙子年十月十四日辰時卒道光辛卯年十二月廿八日申時葬在本山猪妣石後繼父墓左坐艮向坤兼寅申分金辛丑辛未

配李氏生乾隆丙子年五月廿四日戌時卒道光己丑年九月廿二日酉時葬在吳厝墓坐午向子兼丁癸分金庚子庚午　生子三長尚光次就光三便光

喬長子第十六世

篤諱元厚生乾隆乙丑年十一月廿三日子時卒道光戊子年六月初八日巳時合葬打石坑坐子向午兼癸丁

配姚氏生乾隆甲戌年七月初五日戌時卒嘉慶己巳年六月初五日寅時卒

生子七長湛次彭三夏四贊五力六旺七興

喬次子第十六世

察諱元省生乾隆壬申年正月十三日寅時卒

賞傳子第十六世

明遠諱元哲生乾隆丙寅年六月廿七日戌卒道光庚寅年

五月初十日戌時合葬在墓武鎮坐壬丙向子午

配顏氏生乾隆丁丑年正月廿六日申時卒道光辛

巳年九月十二日巳時

生子三長季路次由三畧

沛長子第十六世

姿國諱元輔字靜而生乾隆壬戌年十二月初八日午時卒

嘉慶十二年戊辰四月廿六日辰時葬本山嶺路下

北坪坐乙向辛兼卯酉丁卯丁酉分金配瓊口葉氏生

乾隆丙寅年十一月十三日午時卒道光丁亥年七

月初三日未時葬在壠裡坐辛向乙兼戌辰

生子四長孟庵次佛賜三德二四越西

沛次子第十六世

定宇　出嗣

沛三子第十六世

友慶諱元祥字乃終生乾隆癸酉年五月十七日亥時卒

嘉慶丙子年八月三十日未時葬在山仔內樟仔腳

坐申向寅兼庚甲分金庚申庚寅

配邱氏生乾隆丁丑年十月廿八日亥時卒道光戊子

年十一月初五日巳時葬在上坑內坐辛向乙兼戌辰

生子三長龍彰次錦秀三文質

沛四第十六世

忠信諱元祿生乾隆丁丑年十一月二十日申時卒嘉慶丙子年二月初三日亥時合葬在山狗空石頭邊

配李氏生乾隆已丑年四月十九日丑時卒嘉慶辛未年五月廿二日巳時　坐寅向申兼甲庚分金庚寅庚申生子一長繼志

銳嗣子第十六世

定宇諱元鎮生乾隆丙寅年六月二十日亥時卒嘉慶甲子年八月初九日午時葬三腳嶺庵仔下坐西北向東南定巽乾兼辛乙辛酉辛卯分金

配溫氏生乾隆戊辰年七月十一日子時卒嘉慶庚辰年九月廿三日巳時葬在打石坑頂坐丑向未兼癸丁分金丁丑丁未生子二長石奇次冉溪

鵬長子第十六世

里仁諱元羡生乾隆辛未年二月廿二日未時卒嘉慶庚辰年六月十九日子時葬在上坑豬母石後坐癸向庚兼子午配溫氏生乾隆辛未年十二月十三日申時卒道光壬午年十月初七日卯時葬在上坑豬母石

生子三長公轉次公文出嗣城弟廣業三公雅

鵬次子第十六世

子松　出嗣

鵠三子第十六世

廣寧諱元大生乾隆庚辰年十一月十五日子時卒乾隆

年　月　日　時葬內坑坐乙向辛兼辰戌

嗣子公文係胞兄里人次子公卿生父漢東

鵠四子第十六世

漢東諱元傑生乾隆庚寅年四月廿一日未時卒道光丁

未年六月廿一日申時合葬在內坑社後石后定口

坐丁向癸兼午子分金庚午庚子配黃氏生乾隆甲

午年十一月十四日午時卒道光丁未年七月初三

日午時葬　生子五長公惜次公卿三公謹四公寬五合

鍛長子第十六世

倡諱元和生乾隆辛酉年三月廿三日亥時卒乾隆庚戌年正月廿九日寅時葬湖尾園坐卯向酉兼乙辛配蔡氏生乾隆庚午年九月廿八日午時卒嘉慶元年丙辰八月初九日未時葬三鄉嶺山腳東坪坐西北向東南寔係坐乾向巽兼戌辰丙戌丙辰分金　生子一羕

鍛出嗣子第十六世

强瑞　天嗣子第十六世

辟軒　生乾隆甲申年十二月初五日戌時卒嘉慶庚辰年九月十七日午時合葬在大片裡本園內坐壬向丙兼亥巳

配江氏生乾隆己丑年十二月初五日酉時卒嘉慶庚辰年九月十六日午時葬

生子一　義全

騰飛　位長子第十六世

生乾隆戊寅年六月廿二日亥時卒乾隆

癸丑年八月初七日酉時

位次子第十六世

辟軒　出嗣

位三子第十六世

江然　生乾隆戊子年九月初五日巳時卒嘉慶十三年十月十七日未時葬三郴嶺下坐辛向乙兼酉卯丁酉丁卯分金配陳氏生乾隆壬寅年十一月十五日丑時卒

嗣子光道係軒四子

瑤嗣子第十六世

强瑞　生乾隆甲子年六月十七日卯時卒乾隆
壬子年八月廿九日申時葬山仔內坐丁向癸兼未丑
庚午庚子分金配劉氏生乾隆丙子年正月初七日卯
時卒乾隆六十年乙卯十一月十二日酉時與夫合葬
同穴坐向分金仝
生子一　萊

妹長子第十六世
四和諱元順生乾隆庚辰年十月十二日丑時卒嘉慶庚申年
十一月十六日卯時葬與坪坐東向西　配蔡氏生乾隆
癸未年二月十一日未時卒乾隆壬子年四月十一日

寅時葬　續配黃氏生乾隆戊寅年四月初
一日午時卒道光己丑年十一月二十日丑時葬在與
平坐寅向申兼甲庚
生子三長光團次嫣助三厚
妹次子第十六世
承宗諱元生乾隆戊子年十月十四日子時配黃氏生乾
隆丙戌年九月初七日午時卒
生子一長光喜
妹三子第十六世
生乾隆乙未年五月初九日酉時卒
雙

對

妹四子第十六世

生乾隆乙未年十一月十九日午時 配樓山

翁氏生乾隆丙申年正月十三日寅時卒

妹五子第十六世

水

生乾隆甲辰年正月十九日辰時卒道光辛

巳年六月初三日未時葬在吧 配黃氏生乾隆癸

卯年十二月十二日丑時卒嘉慶乙亥年十月十五日

午時葬在鴣尾山

生子三長熾鉄 次熾登本生公棟三 大約本生父念

妹六子第十六世

棟　生乾隆戊申年九月廿八日辰時卒道光庚寅年五月初六日巳時葬在塢尾山坐子向午兼壬丙　配林氏生嘉慶丁未年八月十六日寅時卒道光戊申年十月初七日戌時葬在壠口大埔坐未向丑兼坤艮分金丁未丁丑

生子二長媽發出嗣水次大樹本生父念

隱　妹七子第十六世

生乾隆辛亥年正月十一日辰時卒

念　妹八子第十六世

生嘉慶辛酉年正月初一日戌時配林氏生

嘉慶庚午年二月廿二日子時
生子三長大講次大約出嗣本三大樹出嗣棟
結長子第十六世
五湖諱
生乾隆庚辰年十月廿七日未時卒道光乙
酉年十二月廿二日亥時葬在打石坑坐戌向辰兼
乾巽配胡氏生乾隆戊子年十月初十日卯時卒道
光甲午年十一月初七日卯時葬在松仔脚與翁合葬
生子二長添壽次添珠篤八子
結次子第十六世
四海
生乾隆癸巳年十月初六日申時卒嘉慶甲子

年十二月初四日子時葬三腳嶺下坐辛向乙兼戌
辰丙戌丙辰分金配李氏生乾隆乙未年十一月初九
日申時再出　生子一光沉
戰傳子第十六世
福　生　年　月　日　時
生子一高
江傳子第十六世
御諱　生乾隆
山傳子第十六世
繼盛諱　生乾隆

明傳子第十六世
水諱　生乾隆
曆傳長子第十六世
壽　生乾隆
曆次子第十六世
愛諱　生乾隆
華傳子第十六世
魁諱　生乾隆
順長子第十六世
廷訓諱恩詰生雍正甲寅年四月十七日未時卒乾隆戊申

年七月廿三日未時葬舖脚坐東北向西南配黃亭
林氏生乾隆辛酉年十二月廿三日酉時卒乾隆三十
二年丁亥三月廿九日寅時葬土坑山左邊坐亥向
巳兼壬丙辛亥辛巳分金續配李生乾隆乙丑年四月
廿六日戌時卒道光癸巳年十二月十一日巳時葬在
格仔墓坐艮向坤兼丑未　生子二長知次哲

順次子第十六世

廷詒 出嗣

璵嗣子第十六世

廷詔諱恩謨生乾隆庚申年十月初八日寅時卒乾隆乙
未年五月初九日子時葬上坑架仔墓坐子向午兼
庚甲配陳氏生乾隆壬戌年九月廿四日申時卒嘉
慶丁丑年三月十九　巳時葬在上坑口格仔山坐
子向午兼壬丙分金丙子丙午
生子一綿盛

海傳子第十六世

巖傳子第十六世

承宗
生乾隆乙酉年十月初十日午時卒嘉慶

巳卯年二月十一日戌時葬在三魁嶺鄉坐丑向未兼癸丁分金丁丑丁未配蘇氏生乾隆丁亥年二月初五日午時卒道光辛卯年三月廿四日巳時葬在嶺鄉坐癸向丁兼丑未　生子四長水次興三提四琛

乞傳子第十六世

習傳子第十六世

樣傳子第十六世

皆

眼傳子第十六世

生乾隆丙申年三月初二日申時卒嘉慶庚辰年正月廿九日戌時葬在內禁山坐酉向卯兼庚甲分金丁酉丁卯

配再出　　生子一本

智傳子第十六世

扶傳子第十六世

田連長子第十六世

來

生乾隆丁未年七月初七日巳時卒

意

田連次子第十六世

生乾隆戊寅年二月十八日寅時卒乾隆丁

未年　月　日　時葬吉礁

生子一佛助

鶴傳子第十六世

廣富

生乾隆丙戌年十一月十二日戌時卒

猛傳子第十六世

富傳子第十六世

倫　生雍正庚子年十月十五日戌時卒

生子二長頗次春

度長子第十六世

新諱獻璋字文伯生康熙四十年辛巳十二月初七日寅

時卒乾隆三十三年戊子五月十二日丑時葬山仔

內坐坤向艮兼申寅配長興李氏生康熙三十九年庚

辰六月初二日巳時卒乾隆戊申年十月初四日寅

時葬山仔內坐庚向甲兼酉卯與夫墳相近

生子三長周公次爾飄三偉列

新姪素行孝友義草情深鶺鴒念切身自拮据經營以

爲躬亮讀書實爲孝友于大節可嘉視彼世之萋苴然
僨者奚啻霄壤　　　　　叔士杓贊
長諱獻珹生康熙四十八年己丑十一月十一日巳時卒
配皇亭林生康熙五十年辛卯六月初五日巳時卒乾
隆九年甲子二月十三日巳時葬大寮窩虎崆上大
石盤上坐子向午兼壬丙
　　　　　　　生子一聘
庱三子第十六世
亮諱獻琦字遜韓生康熙五十三年甲午五月初七日丑時

卒乾隆十七年壬申四月廿八日午時葬山仔內本園
裡坐坤向艮兼未丑配西亭坑王氏生康熙辛丑年十
二月十五日巳時卒嘉慶辛未年八月初九日寅時
葬山仔內　生子二長復旦次秉翰

成長子第十六世

興諱猷瑞生康熙四十五年丙戌十二月十八日申時卒乾
隆二十七年壬午十一月廿八日巳時葬後埭園裡
坐申向寅兼　配新安邱氏生康熙四十七年己丑
八月初二日丑時卒乾隆己亥年十二月十二日辰時
附葬夫墳坐申向寅兼坤艮丙申丙寅分金

成次子第十六世　　生子二長顯次縱

盛諱獻璧生康熙五十年辛卯九月初二日巳時卒乾隆
二年丁巳十二月十九日丑時葬后埭圍中坐庚向甲
兼酉卯　　嗣子元曆係胞弟崑次子

成三子第十六世

崑諱獻瑚生康熙五十五年丙申三月初四日辰時卒乾隆
辛卯年七月廿八日午時葬后埭埔圍裡坐西向東
配后浦陳氏生雍正己酉年十月廿五日亥時卒乾隆
己丑年八月初六日巳時葬后埭埔圍裡坐辛向乙兼

酉兼丁酉丁卯分金

生子三長炳雲次元曆出嗣胞兄盛　三魯生

宣諱獻瑚生康熙五十六年丁酉八月廿一日丑時卒乾隆庚子十一月十四日巳時配店前陳氏生雍正癸丑年十月十六日未時卒乾隆戊戌年正月初七日巳時合葬后埭埔坐辛向乙兼酉卯丁酉丁卯分金

成四子第十六世

生子一洸

佐諱獻珍生康熙五十九年庚子正月廿五日巳時卒乾

成五子第十六世

隆丙子年六月初十日未時葬內坑后庵仔下坐壬
向丙兼子午　嗣子春係胞弟命長子
歲六子第十六世
命諱獻珠生康熙六十一年壬寅正月二十日辰時卒乾隆
戊申年四月廿四日子時葬寨仔腳南坪坐丑向未
無癸丁配黃氏生乾隆五年庚申正月十五日午時卒
道光丁亥年二月廿三日巳時葬畬坑內寨仔腳坐
癸向丁兼子午
生子五長春出嗣胞兄後　次汝纘出嗣胞弟叟　三宋沂　四
東波　五富貴

成七子第十六世
是諱獻琛生雍正二年甲辰二月廿六日戌時卒乾隆二十
一年丙子五月廿七日辰時塟后埭埔園前坪坐庚向
甲兼酉卯庚甲庚寅分金
嗣子汝翼係胞兄命次子

詳慱子第十六世

赫長子第十六世
詩字伯起生康熙五十四年乙未四月十九日午時卒雍正
九年辛亥正月廿四日寅時葬隴裡父墳左坐　向

赫次子第十六世

禮字仲立生康熙五十八年己亥十二月十六日酉時卒葬在番邪

配廈門潘氏　生子一登山

赫三子第十六世

誥字　生雍正四年丙午七月廿八日卯時卒乾隆壬寅年十一月十四日未時葬鶴嘴石後坐南向北兼申寅分金丙申丙寅配楊氏生乾隆己未年二月初九日酉時卒嘉慶壬申年六月十六日巳時葬在壠裡坐丁向癸兼丁未

生子二長文水次文運

約字

鑾長子第十六世

生康熙五十七年戊戌十二月廿六日午時卒
乾隆庚戌年二月初八日寅時葬東山邊坐亥向巳兼
壬丙配前庵江氏生雍正四年丙午七月廿三日酉時
卒乾隆丁丑年正月廿三日戌時葬
續配馬氏生雍正丙午年十月廿七日亥時卒乾隆甲
午年四月十九日酉時葬犁角頭山裡再續配楊氏
生雍正元年二月初一日辰時卒嘉慶戊午年三月
初七日午時葬東山邊與夫合葬

兆亨

生乾隆乙未年　月　日

和傳子第十六世

種傳子第十六世

光裕傳子第十六世

鳳傳子第十六世

華元

生乾隆丙戌年二月廿七日子時卒道光

丁亥年三月廿三日酉時外亡

配林氏生乾隆丁酉年九月初三日寅時卒道光丁未年十月三十日巳時葬上坑飯匙石邊坐壬向丙兼子午分金辛亥辛巳生子長高山

卷一終

孝公長房分派世系條紀卷二

雙寬傳子第十七世

外傳子第十七世

三合　生乾隆甲辰年正月初十日未時卒

竹長子第十七世

治　出嗣

竹次子第十七世

抱　生乾隆辛亥年三月初七日巳時卒葬失載

配陳氏生嘉慶庚申年五月廿七日酉時卒道光壬

午年八月十八日丑時葬在琴山脚續配　氏生嘉慶
己未年五月廿五日未時卒道光癸巳年三月十二
亥時葬在東山邊
生子一烏角

儒傳子第十七世

文韜傳子第十七世

文東傳子第十七世

准
傳子第十七世

招
傳子第十七世

水
傳子第十七世

眷長子第十七世

所有三子俱係胞歿序四五六還繼

真木
生嘉慶辛酉年正月十九日卯時卒

眷次子第十七世

縈水　生嘉慶甲子年七月初八日卯時卒
眷三子第十七世
淸水　生嘉慶丙寅年八月十三日巳時卒
池長子第十七世
蘂　生乾隆辛丑年七月廿八日寅時卒葬失載
池次子第十七世
若水　生嘉慶乙丑年九月初五日戌時卒
嗣孫光㘯本生父伯份
攀龍傳子第十七世

子松長子第十七世

尚光　生乾隆辛丑年三月初八日申時

配林氏生乾隆癸卯年二月二十日巳時卒道光

丁未年六月十三日丑時葬在石后定內畬石坐乾向巽分金庚戌亥巳庚辰

生子三長恰顏次開生出嗣三遇生

子松次子第十七世

就光　生乾隆癸卯年十二月初五日未時卒道

光丁酉年四月十二日寅時葬在坐午向子兼丙壬分金丙午丙子

配蔡氏生乾隆癸丑年十月初四日申時

生子三長志士次月三蒲出嗣便

便光　子松三子第十七世
生乾隆丙午年閏七月十六日辰時卒道
光乙酉年九月初七日丑時葬在吳厝墓坐南向北兼丁癸分金丙午庚子
嗣子三長生本生父尚次蹝三蒲本生父就

湛　篤長子第十七世
生乾隆壬辰年二月廿九日戌時卒葬在墳

榔與

彭　篤次子第十七世
生乾隆甲午年九月初三日未時卒葬在畓
邦配周氏生乾隆丁未年二月初九日未時出

生子一 近

篤三子第十七世

夏

生乾隆己亥年二月廿二日未時卒道光癸卯年閏七月十六日亥時葬在上坑鯉魚朝天邊坐酉向卯兼辛乙分金辛酉辛卯配江氏生乾隆丁未年六月十八日巳時卒嘉慶丁丑坐艮向坤兼丑未分金丁丑丁未年四月初八日亥時葬在三鄉嶺續配黃氏生乾隆庚子年七月十二日 時卒道光丙午年十月十七日卯時葬在內坑山仔頂坐丑向未兼艮坤分金辛丑辛未

生子一 庸德

篤四子第十七世

贊　生乾隆壬寅年三月十九日酉時卒葬在番邦

篤五子第十七世

生乾隆甲辰年九月初三日子時卒葬在番邦

力

篤六子第十七世

生乾隆甲寅年七月初三日酉時卒道光乙巳

年八月二十日午時葬上坑坐艮向坤兼丑未丁丑丁

未分金配楊氏生嘉慶庚申年七月十五日午時卒嘉

旺

慶庚辰年七月十三日辰時葬在內坑山仔頂坐癸向丁兼子午分金丙子丙午

續配翁氏生嘉慶壬戌年七月廿九日亥時

生子二長望次同

篤七子第十七世
光興　生嘉慶戊午年三月十六日申時卒葬在
檳榔嶼

察傳子第十七世

明達長子第十七世
季路　生乾隆壬寅年十月十四日戌時卒道光
庚子年六月十二日午時葬在茄注山穴坐戌向辰
兼乾巽丙戌丙辰分金配李氏生乾隆庚戌年八月
十八日巳時

生子五長南宮次南胎三粒四試五細

由

明遠次子第十七世

生乾隆乙巳年十一廿三日未時卒道光戊戌年十二月　日　時葬在番邦配林氏生乾隆乙卯年九月初七日卯時卒道光乙未年五月十七日巳時葬在虎頭山

昇

明遠三子第十七世

生乾隆己酉年十二月初九日戌時卒嘉慶己卯年正月十四日午時葬在大寨堀坐戌向辰兼乾巽丙戌丙辰分金配李氏生乾隆辛亥年正月十一日

申時卒道光丙午年九月廿七日未時葬在本山鼎武鎮坐子向午兼癸丁分金庚子庚午

生子一南容

安國長子第十七世

孟庵諱芳春生乾隆庚寅年二月廿七日申時卒嘉慶元年四月十七日辰時外亡蘇祿

嗣子長伯份係胞弟長子　次淡本生父龍章　三養本生父傳三　四葵本生父堯五　株生父質

安國次子第十七世

佛賜諱芳棡生乾隆壬辰年九月廿七日未時卒道光丁

亥年閏五月初四日酉時葬石從定內

配許氏生乾隆癸卯年十月廿二日酉時卒道光丙午

年十月十五日午時葬三魁嶺腳

生子六長伯芬出嗣　次邦鐵三和丹

四和貴五和泰六和祿

安國三子範十七世

得三諱芳詩生乾隆甲辰年十月廿九日申時卒咸豐丁

巳年十二月初六日巳時葬鶴嘴石內大埔斜坐未

向丑兼丁癸分金庚午庚子

配周氏生嘉慶丁巳年十二月廿四日子時卒道光

庚子年十二月廿一日午時葬打石坑坐艮向坤兼

寅甲　生子七長餐出嗣孟廖　次傑出嗣悅西　三諆出

嗣致忠　四利　五鮮出嗣芳策　六極　七普淵出嗣傳授

安國四子第十六世

越西諱芳亭生乾隆丁未年正月廿九日酉時卒道光戊

子年九月初八日子時葬上坑內坐乾向巽兼亥巳

配林氏生乾隆乙卯年七月十七日寅時

嗣子二長傑本生父得三　次原

定宇長子第十七世

友慶長子第十七世

龍彰　生乾隆壬寅年二月廿五日亥時卒道光丙申年十二月廿四日卯時　配林氏生乾隆庚戌年四月廿六日未時卒道光己酉年八月廿四日卯時合葬在三魁嶺灣坐巳向亥兼巽乾分金丁巳丁亥　生子六長公要次悻三淡四蔭五糟出嗣六位

友慶次子第十七世

錦秀　生乾隆甲辰年十一月十一日酉時卒道光乙巳年四月十一日未時葬在馬寨山堀仔前坐申向寅兼坤艮分金丙申丙寅配溫氏生嘉慶丁巳年

十一月十五日巳時卒道光丙午年七月廿五日未
時葬在內壠山土名蜈虹穴內
生子長嫣葵出嗣孟庠　嗣子糟

文質

友慶三子第十七世
生乾隆丁未年八月廿三日辰時卒道光
乙巳年十一月初一日戌時葬在壠屌山坐乾向巽兼亥巳分金庚戌庚辰
配盧氏生嘉慶庚申年閏四月初十日午時
生子長株出嗣　次蓋　三斗

繼志

忠信長子第十七世
生乾隆戊戌年二月廿六日辰時卒道光

癸未年七月十七日巳時葬在山狗空後坐艮向坤兼寅申分金辛丑辛未

配李氏生乾隆丁未年四月廿九日申時

生子長勇次曉出嗣三開出嗣本頭登長

定宇長子第十七世

石奇

生乾隆癸巳年十月十三日酉時卒道光丙

午年三月廿五日寅時葬在內坑埕田中坐戌向辰兼乾巽分金庚戌庚辰

配楊氏生乾隆辛丑年九月初九日申時卒道光己

酉年閏四月初四日未時葬在內坑埕坐乾向巽兼亥巳分金庚戌庚辰

生子長至常次至滔三淑寅

定宇次子第十七世

冉溪

生乾隆丁酉年三月初一日寅時卒道光壬寅年七月十三日丑時葬在上坑坐戌向辰兼辛乙分金丙戌丙辰配蔡氏生乾隆壬寅年五月廿二日未時卒道光丁未年十月廿五日巳時葬在大片裡坐癸向丁兼丑未分金庚子庚午

生子長全司次河聰三清南四光賓五達昌

里仁長子第十七世

公轉

生乾隆丁酉年九月十八日辰時卒道光丙午年二月初五日子時葬在馬內坑後壁坐甲向庚兼寅申分金丙寅丙申配周氏生乾隆戊申年五

乙

月初四日酉時卒道光乙酉年七月廿三日子時葬在
本山黃蜂出壽面前坐壬向丙兼子午分金辛亥辛
巳續配林氏生乾隆戊申年十月初三日卯時
生子長造端次樣三綿四梗五呂

里仁次子第十七世
公文　出嗣

里仁三子第十七世
公雅　生乾隆庚戌年十二月十八日酉時
嗣子重本生父輕

廣寧嗣子第十七世

公文　生乾隆癸卯年十一月初七日卯時卒道
光庚子年二月廿二日吉時葬在番邦

公卿　廣寧次嗣子第十七世
生嘉慶辛酉年三月廿七日巳時卒道光己
酉年九月廿七日子時葬在塢尾山坐子向午兼壬丙分金丙子丙午
配温氏生嘉慶戊辰年九月廿五日寅時
生子四長盾次東出嗣寬三重出嗣雅四血

漢東長子第十七世

公惜　早喪

漢東次子第十七世

公卿　生嘉慶辛酉年三月廿七日巳時

公謹　漢東三子第十七世

生嘉慶乙丑年七月三十日巳時

配鄭氏生嘉慶庚午年五月十三日酉時

生子二長鵬次屋

公寬　漢東四子第十七世

生嘉慶戊辰年正月初七日子時卒道光

丙午年十月初三日酉時葬在塲尾山坐艮向坤兼丑

未分金丁丑丁未　嗣子東

漢東五子第十七世

公合　生嘉慶庚午年二月廿八日巳時卒咸豐戊午年九月十三日酉時葬在寨仔山脚坐申向寅兼坤艮分金甲申甲寅配林氏生嘉慶庚午年三月廿二日午時　生子二長琴次琶

倡傳子第十七世

美　生乾隆庚子年十一月廿三日酉時卒嘉慶丙寅年六月初十日未時外亡檳榔嶼

辟軒長子第十七世

戩全　生乾隆己酉年二月廿一日午時卒嘉慶庚午年二月十一日午時葬在三魁嶺下坐癸向丁

葬丑未分金庚子庚午　嗣子順治本生父華

辟軒次子第十七世

公白　生嘉慶庚申年三月初四日丑時卒道光壬辰年五月廿六日未時葬坐艮向坤兼未分金丁丑丁未　嗣子壹

辟軒三子第十七世

公華　生嘉慶壬戌年九月十一日戌時卒道光甲辰年三月初五日子時葬在內坑埕坐辛向乙兼戌辰分金辛酉辛亥配林氏生嘉慶乙丑年十月二十日子時　生子長一出嗣白次順治出嗣義全三腦

辟軒四子第十七世

公道　出嗣

騰飛傳子第十七世

公道

江然嗣子第十七世

生嘉慶戊辰年九月初三日未時

配林氏生道光甲申年五月初八日寅時卒道光丁未年六月三十日丑時葬在大片裡本園內坐壬向丙兼亥巳

生子一葱

強瑞傳子第十七世

萊

生乾隆庚子年十二月廿二日戌時卒葬在

酋邦　配吳氏生乾隆癸卯年六月十五日
辰　未時卒嘉慶庚申年九月十八日亥時葬在大寨堀
辰　坐亥向巳兼壬丙　生子一烏酋
光團　四和長子第十七世　生乾隆丙午年十月廿五日午時
四和次子第十七世、
媽叻　生嘉慶癸亥年三月初九日辰時
四和三子第十七世
厚　生嘉慶　年三月初九日未時卒道光乙巳
年七月初六日戌時葬上坑猪母石後　坐子向午兼壬丙　分金丙子丙午

承宗傳子第十七世

光喜　生乾隆庚戌年七月初四日寅時

雙傳子第十七世

對傳子第十七世

苗水長子第十七世

嫣鈇　生嘉慶丁丑年三月廿三日申時

苗水嗣次子第十七世

嫣登　生道光壬午年十一月十五日辰時

萳水嗣三子第十七世

大約　生道光戊戌年七月廿七日未時

棟長子第十七世

媽登　出嗣

棟次子第十七世

大樹　生道光辛丑年閏三月廿三日巳時

隱傳子第十七世

念長子第十七世

大講　生道光己丑年五月初十日寅時

配周氏生道光辛丑年十月十五日巳時

念次子第十七世

大約　出嗣

念三子第十七世

大樹　出嗣

添壽✓　五湖長子第十七世

生乾隆癸丑年十一月廿四日寅時卒道

光己亥年九月初十日亥時葬在鯉魚朝天下坑仔

墘　配魏氏生嘉慶丁巳年五月廿九日

午時　生子三長省次趄三裕

五湖次第十七世

添珠　生嘉慶庚申年十二月十六日申時卒道
光丙午年八月十二日寅時葬在山仔內坐未向丑兼
丁癸分金丁未丁丑　配周氏生嘉慶甲子年九月十
一日申時卒咸豐庚申年三月十六日子時葬在山
仔內坐未向丑兼丁癸分金丁未丁丑
生子二長狀次沙

光沉　四海傳子第十七世
生嘉慶壬戌年二月十九日巳時

高　福傳子第十七世
生乾隆

御傳子第十七世

繼盛傳子第十七世

水傳子第十七世

壽傳子第十七世

愛傳子第十七世

魁傳子第十七世

廷訓長子第十七世

夘諱麗水生乾隆戊戌年六月初六日酉時卒葬在畨邦

廷訓次子第十七世

哲諱　生乾隆庚子年二月廿八日巳時卒道光辛卯
年四月廿一日酉時葬在格仔墓坐艮向坤兼寅申
配周氏生嘉慶戊午年十一月十三日寅時卒道光
庚寅年二月廿八日亥時葬在格仔墓坐艮向坤兼寅
申　生子二長媽成次媽愛

廷紹傳子第十七世

綿盛　生乾隆丙戌年五月十二日午時卒葬在

嗣子一簡昌

承宗長子第十七世

喬邦

生卒失載

承宗次子第十七世

水

生卒失載

承宗三子第十七世

與

生卒失載

承宗四子第十七世

提

琛　生嘉慶已巳年五月初七日丑時

配周氏生嘉慶庚申年四月廿一日寅時

生子三長坪次貝出嗣本三爐

皆傳子第十七世

本　生卒失載　嗣子貝生父琛

來傳子第十七世

意傳子第十七世

佛助　生乾隆辛卯年

廣富傳子第十七世

頫

倫長子第十七世

生乾隆壬申年二月廿三日午時

倫次子第十七世

生乾隆丙子年七月廿七日卯時

春

新長子第十七世

周諱重昌字德盛生雍正壬子年十四月八日丑時卒乾隆辛巳年正月廿三日午時葬山仔內園裡坐未向丑兼丁癸配吳貫林氏生乾隆元年丙辰七月初七日未時卒嘉慶丁卯年九月十七日巳時

新次子第十七世　生子一祖仰
爾飄諱重發字德風生雍正十二年乙卯十一月廿四日丑
時卒嘉慶乙丑年十一月廿三日巳時葬烏鴉下田坐
酉向卯兼辛乙辛酉辛卯分金配娉蠏廣林氏生乾隆
四年己未六月十九日卯時卒道光丁亥年閏五月十
二日午時葬過坑墓邊

新三子第十七世　生子一光彩
偉烈諱重輝字德煌生乾隆五年庚申十二月初八日辰時

卒嘉慶癸亥年十二月十八日亥時葬內禁本厝內坐坤向艮兼申寅辛未辛丑分金配大埕何氏生乾隆丙子年九月十一日未時卒嘉慶戊寅年九月廿一日申時葬山仔內

生子四長真次博三獅四豹

長傳子第十七世

聘

生乾隆元年丙辰二月初十日巳時卒乾隆壬寅年八月廿九日酉時葬內禁山坐西向東配廈門楊氏生乾隆己未年四月廿四日子時卒乾隆甲午年十月十七日酉時葬內禁坐西向東

生子一　祈

亮長子第十七世

復旦諱重華生乾隆十年乙丑八月十二日亥時卒嘉慶辛

未年三月十八日丑時葬山仔內坐坤向艮兼申寅分

金辛未辛丑配樓山陳氏生乾隆癸酉年五月二十日未

時卒道光甲午年八月初四日巳時葬山仔內

生子四長登淵次登錐三登棒四登綬

亮次子第十七世

秉翰諱重篠生乾隆十四年己巳十一月十四日亥時卒

嘉慶庚午年　月　日　時外亡

配鼓浪嶼李氏生乾隆壬申年三月初十日卯時卒道光乙未年九月廿四日未時

生子二長光回次光贊

顯諱重開生乾隆戊午年七月初四日申時查失

興長子第十七世

縱諱

興次子第十七世

生乾隆十三年戊辰九月初四日未時查失

盛嗣子第十七世

元曆

生乾隆

崑長子第十七世

炳雲　崑次子第十七世　生乾隆十六年辛未四月十五日戌時

元曆　出嗣

魯生　崑三子第十七世　生乾隆廿三年丙戌六月初五日未時

洮　宣傳子第十七世　生乾隆乙亥年四月十八日午時

春　佐嗣子第十七世　生乾隆己卯年十一月二十日寅時卒道光乙未年十月初四日未時葬寨仔腳坐子向午兼癸丁

分金庚子庚午配磁窑郭氏生乾隆丙子年九月廿二
日未時卒道光辛巳年九月廿一日丑時葬寨仔脚
坐亥向巳兼乾巽
生子三長光潭次光帶三光慍

命長子第十七世
春
出嗣

命次子第十七世
汝龔
出嗣

命三子第十七世
宗沂
生乾隆己丑年十一月廿五日巳時卒道

光壬寅年八月十一日巳時葬東山邊坐乾向巽兼辰戌分金庚戌庚辰配許氏生乾隆丙申年十月初五日未時卒咸豐癸丑年三月廿六日丑時葬東山邊坐乾向巽兼辰戌分金丙戌丙辰　生子一添心出嗣

東波

命四子第十七世

生乾隆丙申年七月二十日寅時卒道光丙戌年九月廿九日戌時葬寨仔脚硼石裡坐癸丁兼子午配洪坑張氏生乾隆庚戌年九月廿五日辰時卒道光庚戌年六月廿一日丑時葬寨仔脚坐寅向

申兼艮坤分金丙寅丙申　　生子二長玉振次銀

富貴

命五千第十七世　　生乾隆庚子年七月初二日寅時卒道光

已亥年十一月廿一日　時葬在檳榔嶼

配磁窰郭氏生乾隆辛亥年二月廿六日申時

卒道光丙申年十月十四日丑時葬畬坑內寨仔腳坐

癸向丁兼丑未分金庚子庚午　　生子二長笑次賽

叟嗣子第十七世

汝巽　生乾隆丙戌年八月初二日寅時卒嘉慶乙
丑年九月廿二日未時外亡槟榔嶼
嗣子添心
詩傳子第十七世
禮傳子第十七世
登山　生乾隆甲戌年八月十六日子時
誥長子第十七世
文水　生乾隆甲午年七月廿五日卯時卒葬在六崑
誥次子第十七世

文運

生乾隆辛亥年十一月十三日未時卒道光甲申年閏七月十七日辰時葬在壠裡鶴嘴石後山仔腳坐丁向癸兼午子分金丙子丙午配林氏生慶慶丁巳年十一月廿八日子時

生子三長光捧次勸水三景山嗣

約長子第十七世

庶民

生乾隆辛未年四月初四日酉時卒乾隆壬辰年十一月初九日戌時葬東山邊坐西向東

約次子第十七世

茂乙

生乾隆癸酉年十月十七日亥時卒葬失載

約三子第十七世

陳

生乾隆辛巳年七月初四日酉時卒葬沓邦

東傳子第十七世

尚皇傳子第十七世

尚振傳子第十七世

潘賢傳子第十七世

紹德傳子第十七世

紹庭傳子第十世

南岳傳子第十七世

淼傳子第十七世

兆亨傳子第十七世

華元傳子第十七世

高山　生嘉慶乙丑年三月廿三日巳時卒道光戊申年十一月初九日酉時葬上坑猪母石後坐丑向未兼艮坤分金辛丑辛未配張氏生嘉慶己巳年五月初二日巳時

生子四長灶次明三窮四兜

三合傳子第十八世

治傳子第十八世

抱傳子第十八世

烏角

真水傳子第十八世

縈水傳子第十八世

淸水傳子第十世

藝傳子第十八世

若水傳子第十八世　嗣孫光夘

尚光長子第十八世
生嘉慶己巳年四月初六日未時

怡顏

配林氏生嘉慶戊寅年九月初九日寅時卒咸豐丙
辰年九月初二日戌時葬三魁嶺坐甲向庚兼卯酉分
金庚寅庚申　生子二長光吻次扶持

尚光次子第十八

開生　出嗣

尚三子第十八世

遇生　生嘉慶乙亥年正月二十日寅時

就光長子第十八世

志士生嘉慶壬申年八月十四日午時卒嘉慶庚申年九月
廿六日酉時葬東山邊坐乾向巽兼亥巳分金庚戌庚辰

就光次子第十八世

月　生嘉慶庚辰年十一月十三日戌時
配林氏生道光丁酉年三月初三日寅時
生子二長嫣賢次嫣厦

就光三子第十八世

蒲　出嗣

開生

便光嗣子第十八世

生嘉慶辛未年十二月二十日寅時

配李氏生道光丁亥年五月廿五日戌時卒咸豐庚申年十月初三日巳時葬內坑庵仔下坐巽向乾兼辰戌分金丙辰丙戌　生子二長糞掃次真隆

躚

便光次子第十八世

生道光甲午年十月初十日寅時卒葬外域

蒲

便光嗣子第十八世

生道光丙戌年九月初六日戌時

配林氏生道光丁酉年三月初三日戌時

湛傳子第十八世

近

彭傳子第十八世

生嘉慶癸酉年七月廿七日未時

庸德

夏傳子第十八世

生嘉慶丁卯年十一月初一日亥時

配鍾氏生嘉慶己卯年閏四月初四日酉時

生子二長盛次乳

贊傳子第十八世

元僚子第十八世

旺長子第十八世

生道光丙申年三月廿四日丑時

夔

旺次子第十八世

生道光甲辰年八月廿一日丑時

同

季路長子第十八世

南宮

生嘉慶甲戌年十一月廿六日未時卒葬

外域

季路次子第十八世

南胎　生嘉慶庚辰年七月二十日丑時

配陳氏生嘉慶己卯年八月十五日申時

生子二長寧次習

粒　季路三子第十八世

生道光甲申年八月十六日丑時

配李氏生道光壬辰年十一月初二日子時

試　季路四子第十八世

生道光戊子年正月初九日酉時生子一聰能

細　季路五子第十八世

生道光壬午年二月十三日戌時卒咸豐癸丑

年二月廿五日卯時外域

由傳子第十八世

南容

署傳子第十八世

生嘉慶甲戌年二月十四日巳時

配李氏生嘉慶庚辰年十月初四日午時

生子三長緯次前三服

伯芬

孟庵嗣子第十八世

生嘉慶癸亥年二月初六日寅時卒咸豐戊

午年十一月廿三日戌時葬東山邊任公墓後坐乎向

午熙癸丁分金丙子丙午配薛氏生嘉慶戊寅年二月
十四日午時
生子二長媽墁次光剏出嗣君木爲孫

淡
孟庵次嗣子第十八世
生嘉慶甲戌年六月廿一日午時卒咸豐己
未年三月十三日酉時葬樟仔脚坐午向子兼丁癸
分金庚午庚子

養
孟庵三嗣子第十八世
生嘉慶丙子年五月廿五日丑時

孟庵四嗣子第十八世

葵

生嘉慶丁丑年十月初五日午時

孟庵五嗣子第十八世

生道光甲申年七月十二日丑時

株

佛賜長子第十八世

伯芬

出嗣

佛賜次子第十八世

生嘉慶甲子年七月廿二日午時卒咸豐

邦畿

庚申年九月廿九日辰時葬三魁嶺飯匙石前

配顏氏生嘉慶戊寅年九

月三十日未時卒道光戊申年七月十九日午時葬三

魁嶺老婆献鮮𡌿坐乾向巽兼亥巳分金丁亥丁巳
續配洪氏生嘉慶丙子年五月初九日子時
生子炳求

和丹
佛賜三子第十八世
生嘉慶丁卯年四月初六日申時卒葬外域

和貴
佛賜四子第十八世
生嘉慶庚午年十一月初八日寅時
配蘇氏生道光丙戌年九月廿一日子時
生子一閏

佛賜五子第十八世

和泰　生嘉慶乙亥年七月初一日寅時

配林氏生嘉慶己卯年三月十六日寅時

生子一格宏

佛賜六子第十八世

和祿　生嘉慶丁丑年十一月十六日辰時

得三長子第十八世

養　出嗣

得三次子第十八世

傑　出嗣

得三三子第十八世

諆　出嗣
得三四子第十八世
生道光庚寅年二月十九日申時

利
配許氏生道光辛丑年十二月初六日寅時

鮮
得三五子第十八世
出嗣

極
得三六子第十八世
生道光丁酉年正月廿三日未時

普淵　出嗣
得三七子第十八世

越西嗣子第十八世
傑　生道光辛巳年三月初四日寅時
配林氏生道光辛卯年四月十九日戌時
生子一妙

越西次子第十八世
恩　生道光癸未年九月初三日巳時

龍彰長子第十八年
光要　生嘉慶戊辰年七月初六日午時卒道光丁
未年八月廿七日申時葬樟仔腳坐午向子兼丙壬分
金丙午丙子

悖

龍彰次子第十八世

生嘉慶壬申年七月十七日酉時

淡

龍彰三子第十八世

出嗣

蔭

龍彰四子第十八世

生道光乙酉年十二月初三日寅時

龍彰五子第十八世

出嗣

位

龍彰六子第十八世

生嘉慶丙子年六月十二日午時卒道光乙

巳年三月十九日午時葬茄洼山尾坐艮向坤兼丑未分金丁丑丁未

嫣　錦秀長子第十八世

葵　出嗣

糟　錦秀次子第十八世

生道光己丑年二月廿七日申時

株　文質長子第十八世

出嗣

蓋　文質次子第十八世

生道光庚寅年十月初十日子時

斗
文質三子第十八世
生道光乙未年十月十七日午時

勇
繼志長子第十八世
生嘉慶戊辰年六月初三日戌時
配唐氏生道光癸巳年　月　日　時卒咸豐
庚申年二月初五日戌時葬上坑口石頭壠坐艮向坤
兼寅申分金丁丑丁未
嗣子鳳標

曉
繼志次子第十八世
出嗣

繼志三子第十八世

開　出嗣

石奇長子第十八世

至常　生嘉慶辛酉年六月二十日酉時卒道光丙午年十月初八日未時葬壠口園中坐乾向巽兼戌辰分金丙戌丙辰配黃氏生嘉慶壬申年六月十七日寅時　生子二長林生次育舜

石奇次子第十八世

至滔　生嘉慶庚午年二月二十日寅時

配陳氏生嘉慶壬申年正月廿四日子時

生子三長省次陶三威

淑寅

石奇三子第十八世

生嘉慶癸酉年二月初二日丑時卒咸豐戊午年

二月二十日未時葬打石坑頂坐乾向巽兼戌辰分金

丙戌丙辰配温氏生道光壬午年四月廿七日酉時

生子四長紫如次紫昊三紫徵出嗣四紫經

至可

冉溪長子第十八世

生嘉慶乙丑年六月初二日亥時卒道光

戊申年十月廿五日　時葬外域

冉溪次子第十八世

和倉　生嘉慶庚午年正月十五日子時卒道光丁未年八月初二日申時葬大片裡坐癸向丁兼丑未分金庚子庚午

生子一委

冉溪三子第十八世

濟南　生嘉慶甲戌年五月廿九日丑時卒道光丁未年十月十二日酉時葬大片園內

冉溪四子第十八世

光賓　生嘉慶己丑年三月初八日酉時卒咸豐辛亥年十二月初十日　時葬外域

丹溪五子第十八世
達昌
生道光癸未年八月廿三日巳時

公轉長子第十八世
遣端
生嘉慶丁卯年十二月十三日戌時卒咸豐乙卯年四月十五日巳時葬外域

公轉次子第十八世
恰樣
生嘉慶己巳年九月初一日亥時

公轉三子第十八世
綿
生嘉慶壬申年十二月十九日丑時
配杜氏生道光壬午年九月十三日寅時

生子一 狗王

梗

公 轉四子第十八世

生嘉慶己卯年六月廿一日辰時卒道光己酉年閏四月十九日申時葬三魁嶺頭坐未向丑兼丁癸分金丁未丁丑

呂

公 轉五子第十八世

生道光壬午年八月廿四日卯時卒道光戊戌年十月初七日申時葬打石坑坐子向午兼壬丙分金丙子丙午

公 文傳子第十八世

重

公雅嗣子第十八世

生道光癸卯年九月十六日卯時

公惜傳子第十八世

盾

公卿長子第十八世

生道光戊子年五月初九日寅時

公卿次子第十八世

冬

出嗣

公卿三子第十八世

重　出嗣
公卿四子第十八世
生道光戊申年十一月初八日亥時

血
公謹長子第十八世
生道光壬辰年四月廿一日巳時

鵝
公謹次子第十八世
生道光庚戌年三月廿一日巳時

屋
公寬嗣子第十八世

冬
生道光癸巳年十二月初八日寅時卒咸豐
己未年九月十八日未時葬打石坑坐丁向癸兼午子

琴

分金丙午丙子

公合長子第十八世

生道光庚子年七月廿二日戌時

配林氏生道光庚子年十月十七日巳時

生子一正原

琶

公合次子第十八世

生道光乙巳年六月廿六日未時

配邱氏生道光戊申年五月廿七日巳時

美傳子第十八世

順治

義全嗣子第十八世

生道光癸巳年八月初九日寅時

配江氏生道光辛丑年十月廿四日寅時

生子一光盼

壹

光白嗣子第十八世

生道光丁亥年十一月初七日子時卒異域

生子二長德生次習生

壹

光華長子第十八世

出嗣

光華次子第十八世

順治　出嗣
光華三子第十八世
生道光辛丑年正月十三日辰時

順韶
光道傳子第十八世

慈
萊傳子第十八世
生道光丙申年四月廿四日午時

烏嵤
光團傳子第十八世

嫣助傳子第十八世

厚傳子第十八世

光喜傳子第十八世

媽鉄傳子第十八世

媽登傳子第十八世

大約傳子第十八世

大樹傳子第十八世

大講傳子第十八世

雀

添壽長子第十八世

生道光甲申年正月二十日未時卒葬外殁

添壽次子第十八世

起

生道光乙酉年十一月十三日酉時卒葬外殁

添壽三子第十八世

裕

生道光辛巳年二月廿五日寅時

配魏氏生道光壬辰年正月十七日酉時

生子一拿

狀

添珠長子第十八世

生道光庚寅年十一月初十日午時卒葬外殁

添珠次子第十八世

生道光甲午年八月廿九日卯時

沙

配周氏生道光辛丑年十月廿二日亥時

生子一讓

高傳子第十八世

炯傳子第十八世

嫣成
哲傳子第十八世
生嘉慶癸酉年八月二十日寅時卒咸豐己未年十月廿五日　時葬外域
配黃氏生嘉慶乙亥年五月十四日巳時
生子五長廣生次育生三九難出嗣　四杭出龔

嫣愛
哲次子第十八世
生道光辛巳年十二月十九日寅時卒葬

楨榔與

綿盛傳子第十八世

簡昌　生嘉慶丙辰年九月初五日午時卒道光

己丑年五月廿五日未時葬嶺脚樓山埔坐艮向坤兼

寅申　　生子一　馮圖

水傳子第十八世

興傳子第十八世

提傳子第十八世

坪
琛長子第十八世
生道光壬寅年九月十三日戌時

貝
琛次子第十八世
出嗣

爐
琛三子第十八世
生咸豐己未年八月十一日巳時

本嗣子第十八世
生道光庚戌年十月廿二時巳時

貝
佛助傳子第十八世

頗傳子第十八世

春傳子第十八世

周傳子第十八世

祖仰諱高山生乾隆庚辰年十月初二日未時卒道光戊申年六月初一日酉時葬樟仔腳坐丁向癸兼未丑分金庚午庚子配漸尾許氏生乾隆戊子年八月廿五日丑時卒嘉慶乙亥年二月十三日巳時葬山仔內坐

丁向癸兼未丑分金庚子庚午
生子七長光恩次光英三光聳四光石五光磚六光
礦七光貨

光彩

爾飄長子第十八世
生乾隆甲午年二月初四日酉時卒道光
戊申年四月廿六日申時葬本山畲坑內坐甲向庚
兼卯酉分金庚寅庚申配陳氏生乾隆庚子年九月
十二日亥時卒道光丙午年十月十三日亥時葬山
狗崆坐艮向坤兼寅申分金辛未辛丑
生子三長景福次本三位

真
偉烈長子第十八世
生乾隆乙未年五月十九日申時卒嘉慶丙
寅年　月　日　時外亡浮爐
嗣子一聖本生父博

博
偉烈次子第十八世
生乾隆丁酉年十二月廿五日巳時卒道光
乙巳年十月初三日寅時葬東山邊
配周氏生乾隆辛亥年六月十
八日未時卒嘉慶丙子年六月廿六日丑時葬內禁山
續配黃氏生乾隆

癸丑年四月初七日戌時　生子二長崇次聖出嗣

獅　偉烈三子第十八世　生乾隆辛亥年八月初八日亥時

豹　偉烈四子第十八世　生乾隆乙卯年正月廿八日亥時卒葬外殁

祈　聘傳子第十八世　生乾隆壬辰年四月二十日子時卒葬查失

登淵　復旦長子第十八世　生乾隆丁酉年五月廿七日丑時卒道光

乙未年閏六月十二日卯時葬办內坐亥向巳兼壬丙分金辛亥辛巳配林氏生乾隆乙巳年十二月初七日酉時　生子五長江隨次江提三江霞四江琛出嗣綏五六

後旦次子第十八世

登錐

生乾隆己亥年六月廿七日戌時卒道光乙未年九月初十日戌時葬办內坐癸向丁兼子午分金壬子壬午配周氏生乾隆己酉年九月廿七日巳時卒嘉慶乙卯年八月廿七日寅時葬办內坐癸向丁兼子午分金丙子丙午續配林氏生乾隆乙卯年十一月

初八日辰時卒道光戊戌年正月初三日丑時葬田仔庵　生子二長淼次八

登棒

復旦三子第十八世

生乾隆辛丑年八月廿九日寅時卒道光乙未年八月廿三日酉時葬寨仔腳坐癸向丁兼子午分金丙子丙午配林氏生乾隆壬子年九月十六日辰時卒道光甲午年四月十四日午時與夫合葬

生子一淑夜

登綏

復旦四子第十八世

生乾隆辛亥年三月二十日辰時卒道光丁

亥年二月初七日未時葬大片裡坐壬向丙兼子午
配李氏生乾隆乙亥年三月初三日
酉時　嗣子一江琛本生父登淵
秉翰長子第十八世
光回　生乾隆庚子年正月十五日子時卒[illegible]
庚午年　月　日　時葬外殁
秉翰次子第十八世
光贊　生乾隆庚子年十一月十七日戌時
顯傳子第十八世

縱傳子第十八世

元厯傳子第十八世

炳雲傳子第十八世

魯生傳子第十八世

洸傳子第十八世

光潭
彝長子第十八世
生乾隆甲寅年九月廿七日巳時卒葬杳失

光帶
春次子第十八世
生乾隆乙卯年九月十二日丑時卒葬外發

光愠
春三子第十八世
生卒葬檳榔嶼

添心
宗祈傳子第十八世
出嗣

玉振
東波長子第十八世
生嘉慶戊辰年十二月廿三日未時卒葬失載

銀

東波次子第十八世

生嘉慶壬申年五月廿四日酉時

配周氏生道光乙酉年正月初二日未時卒道光戊申年九月廿二日戌時葬寨仔鄉坐艮向坤兼寅申分金辛丑辛未續配吳氏生嘉慶辛未年三月廿九日午時

生子一尾

笑

富貴長子第十八世

生嘉慶壬申年十月廿九日酉時卒道光辛丑年四月廿四日　時葬異域

嗣子一湖本生父沐心

賽

富貴次子第十八世

生道光壬午年十二月廿二日丑時

配葉氏生道光辛卯年十月二十日亥時

生子二長蒲次水拱

汝巽嗣子第十八世

添心

生嘉慶丙寅年六月十一日酉時卒咸豐

戊午年七月十五日酉時葬東山邊坐戌向辰兼乾巽

分金丙戌丙辰配魏氏生嘉慶甲戌年十一月初五

日未時　生子五長乞次湖出嗣矣三漲四灣五音

登山傳子第十八世

文水傳子第十八世

光棒

文運長子第十八世

生嘉慶乙亥年六月十三日巳時

配潘氏生道光己丑年二月廿二日午時

生子一清風

勸水

文運次子第十八世

生嘉慶戊寅年九月廿三日巳時

配蔡氏生道光丁酉年十月初八日酉時

景

文運三子第十八世

出嗣

庶民傳子第十八世

茂傳子第十八世

陣傳子第十八世

灶

高山長子第十八世

生道光丁亥年十二月十四日戌時

明　高山次子第十八世

生道光壬辰年四月十一日寅時

配溫氏生道光乙未年十一月初八日酉時生子一　水雲

窮　高山三子第十八世

生道光辛丑年十月十三日巳時

兜　高山四子第十八世

生道光丁未年九月廿九日巳時

烏角傳子第十九世

君水嗣孫第十九世

光炤

生道光庚戌年七月廿六日午時

怡顏長子第十九世

生道光甲辰年九月十六日丑時

光吻

怡顏次子第十九世

生道光戊申年七月十三日辰時

扶持

遇生傳子第十九世

志士傳子第十九世

月長子第十九世

媽賢　生道光己酉年正月初十日戌時

媽能　月次子第十九世　生咸豐辛酉年三月十五日未時

糞掃　開生長子第十九世　生咸豐辛亥年七月初三日酉時

真龍　開生次子第十九世　生咸豐丁巳年十月三十日子時

　　　蹤傳子第十九世

　　　蒲傳子第十九世

近傳子第十九世

庸德長子第十九世

光盛

生道光乙巳年八月廿一日丑時

庸德次子第十九世

光乳

生咸豐戊午年七月廿七日戌時

夢傳子第十九世

同傳子第十九世

南宮傳子第十九世

寧
南胎長子第十九世
生道光庚戌年六月十六日未時

晉
南胎次子第十九世
生咸豐庚申年七月初四日子時

粒傳子第十九世

試傳子第十九世

聰能　生咸豐己未年五月初五日卯時

細傳子第十九世

緝

南容長子第十九世

生道光己酉年四月初三日巳時

前

南容次子第十九世

生咸豐辛亥年二月廿九日亥時

服

南容三子第十九世

生咸豐戊午年二月初一日巳時

伯芬長子第十九世

燋璣　生道光丙申年十月二十日午時

佰芬次子第十九世

光知　出嗣

淡傳子第十九世

餐傳子第十九世

葵傳子第十九世

株傳子第十九世

邦畿長子第十九世

炳求　生道光甲辰年八月初六日未時

和丹傳子第十九世

和貢長子第十九世

潤　生道光庚戌年十一月初五日戌時

和泰長子第十九世

格宏　生咸豐壬子年十月十三日戌時

和祿傳子第十九世

利傳子第十九世

極傳子第十九世

傑長子第十九世

生咸豐庚申年四月廿三日寅時

愿傳子第十九世

妙

光要傳子第十九世

悻傳子第十九世

蔭傳子第十九世

位傳子第十九世

糟傳子第十九世

蓋傳子第十九世

斗傳子第十九世

勇嗣子第十九世

生道光戊申年九月十八日辰時

鳳標

至常長子第十九世

生道光己丑年十二月十八日申時

林生

配顏氏生道光己亥年九月十九日未時生子一嫣建

至常次子第十九世

生道光壬寅年正月十七日寅時

欲舜

省　至滔長子第十九世
生道光癸巳年十二月初四日卯時
配林氏生道光丁酉年八月初八日子時
生子一　帆

陶　至滔次子第十九世
生道光庚子年正月廿一日巳時

威　至滔三子第十九世
生咸豐丙辰年四月廿三日子時

紫炟　淑寅長子第十九世
生道光辛丑年十二月廿六日酉時

紫景
淑寅次子第十九世
生道光癸卯年八月十八日巳時

紫徵
淑寅三子第十九世
生道光庚戌年正月三十日酉時

紫經
淑寅四子第十九世
出嗣
至可傳子第十九世

委
和倉長子第十九世
生道光丁未年二月廿五日子時

渭南傳子第十九世

光寶傳子第十九世

達昌傳子第十九世

造瑞傳子第十九世

怡樣傳子第十九世

綿長子第十九世

狗王

生咸豐癸丑年八月十八日巳時

梗傳子第十九世

呂傳子第十九世

重傳子第十九世

盾傳子第十九世

血傳子第十九世

鵝傳子第十九世

屋傳子第十九世

冬傳子第十九世

琴傳子第十九世

生咸豐己未年十一月廿一日未時

琶傳子第十九世

光盼
順治長子第十九世
生咸豐戊午年十月廿九日丑時

德生
壹長子第十九世

壹次子第十九世

習生
順腦傳子第十九世

慈傳子第十九世

烏甾傳子第十九世

雀傳子第十九世

起傳子第十九世

裕長子第十九世

拿

生咸豐甲寅年六月初五日酉時

狀傳子第十九世
沙長子第十九世
生咸豐戊午年十一月二十日巳時
讓
爲成長子第十九世
生道光壬辰年七月廿九日亥時
廣生
爲成次子第十九世
生道光丁酉年十二月初七日申時卒咸豐
音生
丙辰年正月初七日戌時葬婆山坐甲向庚兼寅申分
金內寅丙申

九難
媽成三子第十九世
出嗣
媽成四子第十九世
生道光丁未年十月廿九日酉時

杭
媽成五子第十九世
生咸豐乙卯年四月廿六日巳時

龔
媽愛傳子第十九世

媽圍
簡昌長子第十九世
生道光癸未年十月初二日午時

坪傳子第十九世

爐傳子第十九世

貝傳子第十九世

祖仰長子第十九世

光恩

生乾隆己酉年三月十二日卯時卒道光乙巳年十月初二日未時葬樟仔腳坐坤向艮兼未丑分金丁未丁丑配李氏生乾隆壬子年九月初四日寅

時

生子四長應銓次應善出繼石三秀出嗣碑四雪

光榮

祖仰次子第十九世

生乾隆庚戌年十二月初二日亥時卒道光丙戌年八月十二日寅時外歿配蔡氏生嘉慶己未年十二月廿五日申時

光聳

祖仰三子第十九世

生子一開

生乾隆壬子年十一月十三日申時卒道光庚寅年十月初七日子時葬山仔內坐坤向艮兼甲寅分金辛未辛丑配楊氏生嘉慶辛酉年十二月廿

七日午時　生子二長忠次惟

光石

祖仰四子第十九世

生嘉慶丁巳年九月初四日寅時卒嘉慶丁

丑年九月初二日　時葬檳榔嶼

嗣子一善本生父愿

光磚

祖仰五子第十九世

生嘉慶甲子年九月初三日寅時卒道光丙

戌年八月十二日寅時葬失載

嗣子一秃本生父愿

祖仰六子第十九世

光儀　丹老

生嘉慶丁卯年十一月初五日酉時外亡

嗣子一天賜本生光貨

光貨　祖仰七子第十九世

生嘉慶壬申年十一月十二日酉時

配顏氏生道光辛巳年六月廿六日申時

生子二長天賜出嗣儀　次天基

景福　光彩長子第十九世

生嘉慶甲子年十月十三日卯時

配溫氏生嘉慶丁丑年七月十九日酉時

生子四長媽放出嗣位次媽學三媽榜出嗣本四媽比

本位

光彩次子第十九世
生嘉慶癸酉年七月初一日辰時卒道光戊申年十二月廿一日辰時葬畬坑內坐丑向未兼癸丁分金丁丑丁未
嗣子一　榜本生父景福

光彩三子第十九世
生嘉慶丙子年正月十八日寅時卒道光丙申年六月初九日卯時葬田仔底
嗣子一　媽放本生父景福

真嗣子第十九世

聖

生道光丙戌年七月廿九日辰時

配周氏生道光癸丑年二月十八日酉時

崇

傳長子第十九世

生嘉慶甲申年四月十八日辰時卒葬外殺

博次子第十九世

出嗣

聖

獅傳子第十九世

豹傳子第十九世

祈傳子第十九世

江隨

登淵長子第十九世

生嘉慶癸亥年六月十四日酉時

江提

登淵次子第十九世

生嘉慶乙丑年正月十二日戌時卒葬外殁

配陳氏生嘉慶甲戌年十一月初二日寅時

生子一媽俞

江霞

登淵三子第十九世

生嘉慶己巳年七月十二日巳時卒道光

乙巳年十月廿六日未時葬寮仔脚

配蘋氏生道光壬午年八月廿九日戌時卒道光壬寅年十月廿六日未時葬東山邊

嗣子一 韭萊 本生父江琛

江琛 登淵四子第十九世 出嗣

江六 登淵五子第十九世 生嘉慶庚申年六月十七日丑時卒咸豐乙卯年　月　日　時葬外殁

淼
登錐長子第十九世
生嘉慶辛未年八月十七日寅時卒道光壬寅年十二月廿九日酉時葬梹榔嶼

八
登錐次子第十九世
生嘉慶丙子年七月十二日未時卒道光甲辰年十一月十二日卯時葬亦內坐子向午兼癸丁分金庚子庚午
生子一　添梓

淑夜
登棒長子第十九世

登緩嗣子第十九世

江琛　生嘉慶戊寅年五月廿九日未時

配蔡氏生道光丙戌年二月廿八日寅時

生子一韮萊出嗣江寂

光回傳子第十九世

光贊傳子第十九世

光潭傳子第十九世

光帶傳子第十九世

光愠儔子第十九世

玉振儔子第十九世

尾

銀長子第十九世

生道光丙午年正月廿六日亥時

笑嗣子第十九世

湖

生道光壬寅年三月初四日寅時

賽長子第十九世

澔　生道光戊申年六月初一日辰時

賽次子第十九世

永拱　生咸豐辛酉年三月初六日酉時

添心長子第十九世

乞　生道光己亥年六月初九日未時

添心次子第十九世

淵　出嗣

添心三子第十九世

漯　生道光甲辰年七月廿四日寅時

添心四子第十九世

灣

生道光戊申年正月初五日寅時

添心五子第十九世

音

生道光庚戌年十月二十日戌時

光棒長子第十九世

清風

生咸豐辛亥年九月初四日午時

勸水傳子第十九世

灶傳子第十九世

明傳子第十九世

水雲　生咸豐辛酉年七月十六日辰時

窮傳子第十九世

皃傳子第十九世

光列傳子第二十世

光吻傳子第二十世

扶持傳子第二十世

嫣賢傳子第二十世

媽能傳子第二十世

糞掃傳子第二十世

真龍傳子第二十世

光盛傳子第二十世

光乳傳子第二十世

寧傳子第二十世

習傳子第二十世

聰能傳子第二十世

緝傳子第二十世

前傳子第二十世

服傳子第二十世

媽瓊傳子第二十世

光知傳子第二十世

炳求傳子第二十世

潤傳子第二十世

格宏傳子第二十世

妙傳子第二十世

鳳標傳子第二十世

棣生傳子第二十世

嫣建　生咸豐庚申年十一月廿八日午時

欲舜傳子第二十世

帆

省傳子第二十世
生咸豐戊午年十一月十三日寅時

陶傳子第二十世

威傳子第二十世

紫如傳子第二十世

紫景傳子第二十世

紫徵傳子第二十世

紫經傳子第二十世

委傳子第二十世

狗王傳子第二十世

正源傳子第二十世

光盻傳子第二十世

德生傳子第二十世

習生傳子第二十世

彝傳子第二十世

讓傳子第二十世

廣生傳子第二十世

音生傳子第二十世

九難傳子第二十世

杭傳子第二十世

冀傳子第二十世

媽圖傳子第二十世

應銓

光恩長子第二十世

生道光丙子年五月初一日丑時卒咸豐

己未年三月廿九日辰時葬異域

配楊氏生道光戊子年十月初三

日申時

生子二長裕次葛出嗣秀

應善

光恩次子第二十世

出嗣

光恩三子第二十世

秃　出嗣

光恩四子第二十世

應雪　生道光庚寅年六月十四日亥時

配林氏生道光丁酉年九月　日　時卒咸豐丁巳

年九月廿九日亥時葬壠𡋨坐壬向丙兼子午分金

辛亥辛巳

光榮長子第二十世

開　生嘉慶庚辰年八月初四日午時卒葬外域

配李氏生道光癸未年十二月初七日未時

生子一柳

忠
聳長子第二十世
生道光甲申年二月十五日午時
配邱氏生道光己亥年七月十二日巳時

惟
聳次子第二十世
生道光庚寅年六月初九日亥時
配楊氏生道光乙未年十二月初八日子時
生子一朝金

應善
石嗣子第二十世
生嘉慶庚辰年九月初四日午時

配林氏生道光庚寅年二月十六日午時卒咸豐辛亥年六月十四日戌時葬山仔內坐未向丑兼丁癸分金丁未丁丑

續配周氏生道光辛巳年八月初五日　時卒咸豐戊午年六月廿一日未時葬硯石坐寅向申兼艮坤分金丙寅丙申再續配曾氏生道光辛丑年六月十五巳時　生子二長啟明出嗣禿次啟品

磚嗣子第二十世

禿

生道光丙戌年八月初八日丑時卒道光丙午年九月二十日亥時葬山仔內坐未向丑兼丁癸分金

丁未丁丑　　　　　　　嗣子一敬明

礎嗣子第二十世

天賜　　生道光已酉年八月十四日未時

貨長子第二十世

天賜　出嗣

貨次子第二十世

天機　生咸豐丙辰年五月十三日丑時

景福長子第二十世

媽放　出嗣

景福次子第二十世

嬀學　生道光乙巳年正月十二日戌時

景福三子第二十世

嬀榜　出嗣

景福四子第二十世

嬀比　生咸豐壬子年十月初二日子時

本嗣子第二十世

嬀榜　生道光丁未年十月廿八日子時

位嗣子第二十世

嬀放　生道光庚子年十二月廿六日巳時

聖傳子第二十世

崇傳子第二十世

江隨傳子第二十世

江提長子第二十世

媽會

生道光丙申年十二月十二日酉時

江霞嗣子第二十世

韮萊

生咸豐壬子年五月十一日丑時

江六傳子第二十世

淼傳子第二十世

八長子第二十世

添梓

生道光己亥年九月初二日午時

淑夜傳子第二十世

江琛長子第二十世

詵萊

出嗣

居傳子第二十世

湖傳子第二十世

潚傳子第二十世

水拱傳子第二十世

乞傳子弟二十世

漲傳子第二十世

澳傳子第二十世

音傳子第二十世

清風傳子第二十世

水雲傳子第二十世

媽建傳子第廿一世

帆傳子第廿一世

俗

應銓長子第廿一世

生道光庚戌年七月十三日巳時

葛

應銓次子第廿一世

出嗣

應雪傳子第廿一世

柳

渠傳子第廿一世

生咸豐己未年三月十二日未時

忠傳子第廿一世

惟長子第廿一世
朝金　生咸豐己未年二月十八日戌時

應善長子第廿一世
啟明　出嗣

應善次子第廿一世
啟品　生咸豐庚申年十一月初三日辰時

堯嗣子第廿一世
葛　生咸豐癸丑年四月廿六日巳時

堯次嗣子第廿一世
啟明　生咸豐乙卯年六月初十日未時

天賜傳子第廿一世

天機傳子第廿一世

嫣學傳子第廿一世

嫣比傳子第廿一世

嫣榜傳子第廿一世

嫣放傳子第廿一世

媽會傳子第廿一世

韮萊傳子第廿一世

添梓傳子第廿一世

俗傳子第廿一世

朝金傳子第廿二世

啟品傳子第廿二世

菖傳子第廿二世

啟明傳子第廿二世

柳傳子第廿二世

卷二終

謝氏肇基石塘世系總紀卷三

肇世祖考東山公　妣宣徽孺人周氏生卒年月日時失載
合葬在畬坑内土名真武踏龜坐　向
衍派爲二長道明次道舉

東山公長子第二世
道明公號德齋　祖妣林氏生卒年月日時失載合葬
蒿與石獅庵下石路左邊坐　向　兼
生子六長孝次友三睦四婣五任六恤

東山公次子第二世
道舉公號遜齋　祖妣王氏生卒失載合葬樓山大石

龜下坐癸向丁每歲八月初四日係公祭日

生子四長忠次惠三富四貴

道明公長子第三世

孝公字惟順　祖妣顏氏生卒葬所失載

生子一國和

道明公次子第三世

友公字惟恭　祖妣顏氏　公當元季抽軍本戶推公前

去南京留守中衛着伍留一子添定在閩其後裔衛德

移居同安東林復遷中呼後埔頭

道明公三子第三世

䏁公字惟和　祖妣鍾氏生卒葬所失載

生子一　添榮

道明公四子第三世

娟公字惟惠　祖妣江氏生卒失載葬乾埕渡船頭

生子二　長添禎　次添從

道明公五子第三世

任公字惟信　祖妣林氏生卒失載合葬東山邊坐乾向

巽兼戊　民明嘉靖辛丑年清明節重脩

生子三　長添富　次添貴　三添壽

道明公六子第三世

謝氏家乘卷三

恤公字惟憫　祖妣周氏生卒失載合葬坑園坐艮向坤

今稱大厝人墓是也

生子一添賜

道舉公長子第三世

粲公字惟宗　祖妣郎氏生卒失載合葬壠裡厝中坐　向

燕

生子一原泰

道舉公次子第三世

華公字惟國　祖妣蔡氏當軍北京生卒失載

生子二長蘭宗次桂宗

道舉公三子第三世

富公字惟麗　祖妣顔氏生卒失載葬畬坑樟仔脚馬
寨邊左坐西南向東北
生子一冀
道舉公四子第三世
貴公字惟顯　祖妣李氏生卒失載合葬畬坑消土石
前
生子一某

友公第二房分派世系條紀

道明公次子第三世

友俊字惟恭　祖妣顏氏元季抽軍本戶推公前去南京留守中衛着伍留一子在閩名添定

友公次子第四世　長子從公北直留此子在閩

添定字　生娶卒葬失載

生子一成德

添定傳子第五世

成德字　生娶卒塟失載遷居于同安東林後復遷中平後頭埔

生子二長胡高次胡大

成德長子第六世

胡高字　生卒失載葬在庄厝後園裡坐巳向亥

妣范氏生卒失載葬在胡裡園中坐甲向庚續娶劉氏

生卒失載葬在岩坑仔園裡坐癸向丁

生子四長安和次安琦三安靜四安傳

成德次子第六世

胡大字　生娶卒葬失載　住在下陳

生子一安續

胡高長子第七世

安和字　生娶卒葬失載

胡高次子第七世

安琦字　生卒娶失載葬在頭巾石圍裡坐甲向庚

生子二長元嗣次元和

胡高三子第七世

安靜字　生卒娶葬未詳

生子一元吉

胡高四子第七世

安傳字　生娶卒葬失載

生子二長元祥次元美

胡大傳子第七世

安續字　生娶卒葬失載

生子二長伯倉次伯弘

元嗣字

安琦長子第八世

生卒失載葬在寨仔後園裡坐癸向丁

配吳氏生卒亦失載葬在岩坑仔山大石下坐東向西

生子四長國清次國忠三國章四國靜

安琦次子第八世

元和字

生娶卒葬失載

安靜傳子第八世

生子二長國謨次國義

元吉字　生娶卒葬失載

生子一國宰　遷居烏石浦今居周山窑

安傳長子第八世

元祥字　生娶卒葬失載

生子四長國明次國烈三國英四國仰

安傳次子第八世

元美字　生娶卒塟失載

生子二長國遠次國全

安續長子第八世

伯倉字　生弘治四年　月　日　時卒

年七月廿四日　時配盧氏生弘治七年　月
日　時卒年七月廿六日合葬後壁山仔坐寅
生子一端明

安續次子第八世
伯弘字　入東林之系厥後不記有兒孫遷住南澳十有
餘人家甚饒裕有進泮者在下陳有孫名來

元嗣長子第九世
國清字　生娶卒葬失載
生子一欽宗

元嗣次子第九世

國忠字　生失載卒　年七月十八日　時配王氏生
亦失載卒　年九月初七日　時合葬大安山坐
丙壬　子三長欽廷次欽文三欽德

元嗣三子第九世
國章字生娶卒葬失載
生子一欽舜

元嗣四子第九世
國靜字　生娶卒葬失載
生子二長欽奇次欽錫

元和長子第九世

國謨字　生娶卒葬失載

生子二長欽弘次欽艮

元和次子第九世

國義字　生娶卒葬失載

生子

元吉傳子第九世

國宰字　生娶卒葬失載

生子一惟臧

元祥長子第九世

國時字　生娶卒葬失載

生子

國明公德行可嘉而才藝亦優夫何天奪其後惜哉但

公之嘗祭不絕則無後猶有後也

元祥次子第九世

國烈字　生娶卒葬失載

生子二長子濟次子寬

元祥三子第九世

國英字　生娶卒葬失載

生子

元祥四子第九世

國仰字　生娶卒失載與妻合葬在庄厝坐西北

生子四長欽賢次欽榮三欽允四欽義

元美長子第九世

國遠字　生娶卒失載葬在大安山坐南配　氏葬在安

仔裡坐東　生子一欽進

元美次子第九世

國全字　生娶卒葬失載

生子三長欽仁次欽老三欽総

伯倉傳子第九世

端明字　生失載卒　年十月廿八日　時配歐

氏卒于　年正月十三日　附合葬在下陳坐南

生子三長繼勳次繼賢三繼艮

國清傳子第十世

欽宗字　生娶卒葬失載

生子一世脩

國忠長子第十世

欽廷字　生弘治己未年四月初二日巳時卒萬曆壬

午年十二月廿九日未時配陳氏生　壬戌年卒

辛酉年九月十四日　附合葬大安山坐丙

生子三長世集次宗三而宗

公嘗家節儉垂裕後昆生平勗子課孫輒曰善事思貪

惡事莫聞緬厥芳規令人企仰

國忠次子第十世

欽文字　生失載卒　年五月初二日　時配

吳氏卒　年五月廿八日　時合葬在坂塘

園中　生子一世貴

國忠三子第十世

欽德字　生失載被夷所獲卒　年四月十五日

時配黃氏卒　年十月初一日　時葬下

埔園中坐癸　生子一世彭

國章傳子第十世

欽舜字　生嘉靖丁酉年十月十二日　時卒萬曆甲辰年十月廿三日午時葬頭巾石下坐丑向未兼癸丁配梁氏生嘉靖癸卯年八月十二日丑時卒崇禎己巳年六月十六日辰時葬在頭巾石下坐甲

生子四長世富次世逸三世業四世旺

國靜長子第十世

欽奇字　生　己酉年卒　己亥年九月初十日　時

配林氏生　己酉年卒　己亥年五月廿二日

時合葬在後壁山仔坐東北

生子二長世選次一荐

國靜次子第十世

欽錫字　生　丙辰年卒　年七月十六日　時

配楊氏生　癸亥年卒　年三月　日　時

合葬下埔園裡坐癸

生子．長次四五俱無後獨有三子名三哥寄育

在白石林家

國謨長子第十世

欽弘字　生嘉靖乙酉年三月十九日寅時卒萬曆三

十九年九月初九日亥時葬崎後園中坐南向北兼

配林氏生嘉靖癸卯年六月廿六日　時卒萬曆三十六年正月廿六日寅時葬坂塘地中坐南

生子三長一忠次世和三世祥

國謨次子第十世

欽良字　生嘉靖廿一年壬寅卒萬曆廿五年正月十五日　時配吳氏生嘉靖十九年四月初一日子時卒萬曆四十六年二月初三日合葬坂塘西邊

生子二長世禎次世懋

國寀傳子第十世

惟臧字　生失載卒　年七月十四日配王氏卒

年十二月十四日合葬在後埔　生子三長拔次二拔三世讓

子濟字國烈長子第十世　生子一世樂

子寬字國烈次子第十世　生子一世䶵

欽賢字國仰長子第十世　生嘉靖癸丑年六月二十日　時卒萬曆丁未

年正月初四巳　時葬上宅蘇東邊坐北向南乘
配陳氏生嘉靖甲辰年七月初十日　時卒
年十一月初五日葬上宅蘇坐西北
生子三長世慶次世恩三世山

國仰次子第十世
欽榮字　生嘉靖丙午年七月廿六日　時卒　年
四月廿四日　時配　氏生嘉靖甲寅年五月廿六
日　時卒　年四月廿四日
生子一世盛遷居在同安樹下

國仰三子第十世

欽允字　生嘉靖辛亥年　時卒　年二月十九日
時葬水頭山坐南向北　配歐氏生萬曆丁巳
年十二月廿八日　時卒　年九月初五日埜崎
後坐東　生子二長世魯次世華

欽義字
國仰四子第十世
生子三長世善次世政三世合

國遠傳子第十世
欽進字　生嘉靖壬寅年五月廿五日　時卒　年
十二月十五日與父合葬　時配　氏生嘉靖甲辰

年九月十四日　時卒　年九月初九日姑婦合葬

生子二長世坤次世祥

國全長子第十世

欽仁字　生嘉靖壬寅年九月廿八日　時卒

年七月二十日　時配陳氏生嘉靖丙午年十月

十五日　時卒　年十二月初四日　時合葬莊厝

坐西　生子一世聚

國全次子第十世

欽老字　生娶卒葬失載

生子二長忠　遷居天真衛　次二忠　年七歲寄

養石碼

國全三子第十世

欽總字　生娶卒葬失載

生子

端明長子第十世

繼勳字　生娶卒葬失載

生子一世過

端明次子第十世

繼賢字　生嘉靖辛卯年八月初十日子時卒萬曆庚

戌年八月廿三日午時配林氏生嘉靖甲午年十月

廿八日酉時卒萬曆丙申年九月初一日午時合葬
在白山邊坐丁向癸
　　生子二長世禮次秋發
端明三子第十世
繼良字　生娶卒葬失載
　　生子三長世傳次世興三世立
欽廷長子第十一世
世集字　生嘉靖乙酉年十一月十一日戌時卒萬歷
丁酉年三月廿五日巳時配陳氏生嘉靖甲申年四
月十一日午時卒萬歷丁酉年四月廿六日申時合

葬寮仔後園中坐癸

生子一諱直

公素溫厚處族以和待客以禮百凡公務每出私囊未嘗錙錙較短長至若課勗兒曹率以義方又其餘耳厥後有善人之旌宜哉

欽文傳子第十一世

世貴字　生失載卒　年二月十二日　時葬下埔園中　配顏氏卒　年三月初二日　時葬崎后園中　繼娶林氏卒　年五月廿二日　時葬坂塘地中

生子二長讓信次讓明

欽德傳子第十一世

世彭字　生　年正月十八日　時卒　年正月

十二日　時葬下埔園中坐癸配陳氏　時卒　年

正月二十日　時葬西山山中坐東北

生子一讓齊

欽舜長子第十一世

世富字　生嘉靖甲子年八月廿三日子時卒崇禎辛

未年正月十三日亥時葬頭巾石坐甲配張氏生

癸酉年正月廿三日丑時

生子二長讓珠係世旂第三子　次讓恭

欽舜次子第十一世

世逷字　生萬歷辛巳年五月十七日辰時配董氏生

萬曆辛巳年八月初二日酉時

生子一應誥

公生平友孝宗族鄉黨咸稱焉於本原之地洵無愧矣

欽舜三子第十一世

世俊字　生萬曆己卯年九月十九日戌時配蘇氏生

萬曆丙戌年十二月廿二日寅時

生子三長二元次助三尾

欽舜四子第十二世

世旺字　生萬曆丁亥年五月初四日申時配王氏生萬

曆辛卯年二月廿九日亥時

生子一酉公

公淡薄營家寬厚處衆其本房譜系則協力惟勤特表

而出之

欽奇長子第十二世

世選字　生萬曆甲戌年正月十三日　時　移居白

礁

欽奇次子第十一世

一荐字　　未娶而卒
欽錫傳之第十一世
三哥字　生萬歷癸酉年十一月廿一日配施氏
生子寄育白石林家今居丙塘
欽弘長子第十一世
一忠字
欽弘次子第十一世
世和字　生萬歷癸酉年九月初一日寅時配翁氏生萬
歷戊寅年七月十三日
生子五長愛次讓進三育四成五尾

欽私三子第十九世
世祥字　生萬曆丁丑年正月十二日酉時配蔡氏生
萬曆癸未年卒　年三月初七日葬曹壠坐東續配
許氏生萬曆壬午年三月初七日　生子

欽良長子第十一世
世禎公字　以孫吉左都督　誥贈榮祿大夫生嘉靖癸
亥年正月十二日亥時卒萬曆戊申年正月十四日巳
時附葬父墳配在坂凌氏　誥贈一品夫人生隆慶戊
辰年三月十八日
生子三長讓朝次讓璋三讓珠出嗣世富

欽良次子第十一世

世懋字　生萬曆乙亥年十二月初八日寅時卒崇禎戊辰年五月初八日子時葬崎石后坐南配杜氏生萬曆丁丑年五月十五日子時

生子二長讓恩次讓仁

惟臧長子第十一世

拔　字　生娶卒葬失載

生子

惟臧次子第十一世

二拔字　生娶卒葬失載

生子

惟臧三子第十一世

世讓字　生萬歷己亥年九月廿二日巳時卒崇禎甲戌

年十一月初八日卯時葬加栖林配吳氏生萬曆乙

亥年七月廿三日丑時

生子二長希耀次希燦

子濟傳子第十一世

世道字　生娶卒葬失載

生子一讓秉

子寬長子第十一世

世樂字　生娶卒葬失載　　生子

子寬次子第十一世

世就字　生娶卒葬失載

生子

欽賢長子第十一世

世慶字　生隆慶辛未年十一月初一日戌時卒崇禎乙亥年八月初二日寅時葬田邊園裡坐北

配　氏生萬曆丙子年卒　年十二月廿四日葬合壁山仔坐北

續配陳氏生隆慶壬申年七月十三日巳時　生子

丕友于性生躬世恩早世孤讓平方三歲耳公拮据撫
成愛猶己出視彼煑豆燃箕奚啻天壤

欽賢次子第十一世
世恩字　生萬歷甲戌年卒　年六月廿五日葬岩
坑仔山裡坐東　配王氏生萬歷己卯年
生子一讓平

欽賢三子第十一世
世山字　生萬歷辛巳年九月初七日　時卒
年七月初九日葬岩坑仔園中坐北配余氏生萬歷
辛卯年三月十六日未時

生子三長傳次艮三華
余氏賦性柔婉妙年遂失所天茹荼食蓼且勤女紅以佐子讀書洵女流中罕覯者
欽榮傳子第十一世
世盛字　生萬歷庚辰年九月三十日
生子一讓親
欽允長子第十一世
世曾字　生萬歷辛卯年正月初七日亥時配鄭氏生萬曆辛丑年正月廿五日丑時
生子三長掐次伴三隨

公嚴君早世奉養慈闈夙興夜寐定省未嘗稍懈可
謂孝矣

欽允次子第十一世

世華字　生萬曆甲午年十一月廿八日子時配曾氏生
萬曆己亥年十一月廿八日巳時
生子四長推次頼三家四定

欽義長子第十一世

世善字　生萬歷己卯年十一月十六日巳時配施氏生
萬歷癸巳年續配劉氏生萬歷丁酉年
生子一六

欽義次子第十一世

世政字　生萬曆丁亥年十一月二十日巳時配林

氏生萬曆丁酉年五月十三日巳時

生子一七

公經史不諳而待斯文彬彬有禮世嘗奇之

欽義三子第十一世

世合字　生娶卒葬失載　移居沈宅上庭

生子

欽進傳子第十一世

世坤字　生萬曆己卯年六月十　日未時卒失

載配林氏生萬歷癸未年正月初一日丑時卒
年八月廿六日葬安仔裡續配鄭氏生萬歷壬午年卒
年十月廿三日葬安仔裡又續蔡氏生萬歷乙
酉年十二月廿七日
生子一讓樂林氏出
欽進次子第十一世
三祥字　生娶卒葬失載
生子
欽仁傳子第十一世
世聚字
生萬曆丁亥年二月十四日　時卒

年七月二十日葬胡裡園中坐東　配陳氏生萬歷
戊子年六月初二日丑時
生子一讓惠
繼勳傳子第十一世
世逈字
生娶卒葬失載
生子一妹
繼賢長子第十一世
世禮字
生萬曆辛巳年三月廿二日寅時
配康氏生萬歷戊子年正月十五日亥時
嗣子一不、係世與公三子

繼賢次子第十一世

秋發字　生嘉靖癸亥年七月十三日未時卒天啟年六月十三日辰時配陳氏生隆慶辛未年十月十九日寅時卒崇禎甲申年二月廿九日巳時合葬在白山邊坐丁向癸

生子二長福振次福華

繼艮長子第十一世

世傳字　生萬曆乙亥年十二月廿六日配王氏生萬歷癸酉年六月初六日

生子一讓洪

繼艮次子第十一世

世與字　生娶卒葬失載

生子三長　次　三五出嗣世禮

世集傳子第十二世

讓直諱侃字梅春生嘉靖癸亥年五月初六日亥時卒萬曆

丁亥年七月廿三日巳時

配朱氏生隆慶己巳年二月十一日卯時卒萬歷丁

酉年四月廿二日丑時葬楓仔林園中坐東向西

續配角里林氏生隆慶丁卯年五月廿一日巳時卒天

啟丁卯年七月初一日巳時

生子二長正元朱氏出　次正朗林氏出

公生平循朴淳厚本保當事及生員張姓者白于邑侯以旌之其邑侯批詞云查得謝讓直家非温厚門戍罹熙室有先後藹於調琴予有前繼歡如同胞蘆絮之怨無聞菽水之歡益篤侯當奬勸以勵風俗　贈匾語云　直道挽頹風耕讓畔行讓路取與讓豐庶幾三代遺直春和翔爾室邑贈扁鄉贈評君子贈言足占四野生春

世貴長子第十二世

讓信字　生娶卒葬失載　移居南安葬在南安山中

生子

世貴次子第十二世

讓明字　生娶卒失載　與母合葬坂塘園中

生子

世彭傳子第十二世

讓齊字　生萬歷癸酉年十二月初八日午時

配高氏生萬曆庚辰年卒　年六月二十日附

葬黃婆下埔地中坐癸向　續配歐氏生萬歷己酉年

三月十三日丑時

生子二長良明高氏出繼右　次永義歐氏出

世富長子第十二世

讓珠字　生萬曆庚子年四月初四日巳時

配連氏 生萬曆丙午年七月廿二日辰時

生子三長新奇次主公三廷公

世富次子第十二世

讓恭字　生萬曆戊申年二月初二日亥時

配張氏生萬曆戊午年十一月十一日午時

兄弟叔姪俱移居胡頭

生子

世逸傳子第十二世

應詔字　生萬曆乙卯年六月初六日戌時配

氏　生子

世業長子第十二世

生萬曆辛亥年九月廿二日未時　生子

二元字

世業次子第十二世

生天啟癸亥年七月初七日丑時

生子

助

世業三子第十二世

生天啟丁卯年三月初六日丑時

生子

尾

酉

世旺傳子第十二世

生崇禎戊辰年二月十二日酉時卒　丁酉年七月初十日午時配沐氏生崇禎辛未年三月初二日寅時卒　丙辰年四月十六日未時合葬頭巾石下坐酉向卯　生子一蔭

世選傳子第十二世

一蓉傳子第十二世

三哥傳子第十二世
一忠傳子第十二世
世和長子第十二世
生萬歷丁酉年十一月初九日巳時卒
爰
年四月初六日　時葬塔邊配　氏生　年
月　日卒　年　月　日
生子
世和次子第十二世

讓進字　生萬歷丁未年八月十五日子時配

氏生萬歷乙卯年四月廿二日巳時

生子

育

世和三子第十二世

生萬曆庚戌年閏三月十八日酉時

生子

成

世和四子第十二世

生萬曆壬子年九月初四日午時

生子

世和五子第十二世

尾　生萬歷丁巳年十月二十日子時　生子

世禎長子第十二世

議朝字　生萬曆乙酉年四月十六日午時

配蘇氏生萬歷乙酉年三月初八日子時　生子

公治家有節隆師課子全不吝費及脩譜牒毅然倡率

此謂知本

世禎次子第十二世

讓璋公字　以子吉左都督　誥贈榮祿大夫

生萬歷癸巳年七月十七日午時配劉氏生萬歷辛丑年七月廿一日子時卒崇禎甲戌年七月初五日酉時
葬后壁山仔坐東
生子二長懿次二懿
世禎三子第十二世
讓珠字　出嗣
世懋長子第十二世
讓恩字
生萬曆己亥年九月初二日寅時配陳
氏生萬歷己亥年十一月初三日午時
生子三長興次興二三興三

世懋次子第十二世

讓仁字　生萬曆丙辰年正月廿九日寅時卒
丙辰年七月十七日未時配黃氏生萬曆戊午
年七月初一日申時卒　壬申年十一月廿四日
未時合葬在吳貢考塘山裡坐丙向壬
生子四長立順次立京三立穎四立陞

拔傳子第十二世

二拔傳子第十二世

世讓長子第十二世

希耀字　生萬歷戊戌年四月十三日卯時配蔡

氏生　年四月十四日申時

生子一在哥

世讓次子第十二世

希燦字　生萬曆庚子年七月廿八日巳時配朱氏

生萬曆甲辰年七月十一日卯時

生子

世道傳子第十二世

讓秉字

生娶卒葬失載

生子

世樂長子第十二世

世樂次子第十二世

世就傳子第十二世

世恩傳子第十二世

讓平字　生萬歷甲辰年二月二十日申時

配李氏生萬歷庚戌年九月初八日午時

生子一　蔡哥

傳

世山長子第十二世

生萬歷丙辰年七月初十日巳時配　氏

生子

艮

世山次子第十二世

生萬歷己未年五月廿五日午時

生子

華

世山三子第十二世

生　癸亥年正月十八日巳時

生子

世盛傳子第十二世

讓親字　生娶卒葬失載

生子

世魯長子第十二世

招字

生崇禎戊辰年七月十四日丑時

生子

世魯次子第十二世

伴字

生　辛未年五月十八日丑時

生子

世魯三子第十二世

隨字

生崇禎乙亥年六月十九日丑時卒康熙戊申年九月初一日巳時葬胡裡山坐乙向申

配洪氏生崇禎己卯年九月廿七日申時卒康熙辛卯年六月十五日午時葬在巖坑坐壬向丙兼亥巳

生子二長贊次照

推字

世華長子第十二世

生天啟甲子年正月十八日戌時

生子一宗

世華次子第十二世

頼字

生　丙寅年七月十五日申時

生子一吉

世華三子第十二世

寀字

生崇禎癸酉年八月廿八日亥時卒康熙壬戌年十月初六日戌時配許氏生順治丁丑年二月初二日辰時卒康熙丙申年五月十九日申時合葬在油庵裡坐甲向庚

生子一賢

世華四子第十二世

定字

生崇禎丙子年六月初六日午時

生子

六字

世善傳子第十二世

生娶卒葬失載

生子

七字

世政傳子第十二世

生娶卒葬失載

生子

世合長子第十二世

世合次子第十二世

世坤傳子第十二世
讓樂字　生　壬子年正月初七日亥時
配陳氏生戊午年十一月廿六日
生子
世祥傳子第十二世
世聚傳子第十二世
讓愚字　生　己酉年十一月初二日午時
配林氏生戊午年十二月初二日午時
生子一　院

公嚴君早世而善事慈闈時有祖母陳氏在堂公事之
皆無鈌失故誌之以埀後昆
世適傳子第十二世
妹字　生　甲戌年正月十七日子時
配陳氏生癸未年十月十二日酉時
生子一掌
世禮嗣子第十二世
五字　生天啟丙寅年十二月初四日戌時
生子一文
秋發長子第十二世

福振字　生卒葬失載
配鄭氏生萬曆己巳年七月廿五日亥時卒康熙辛
酉年九月十九日子時　生子二長應次瑞

秋發次子第十二世
福華字　生萬曆壬寅年十月十四日巳時卒順治
己丑年三月初六日辰時配蕭氏生萬歷戊申年八月
十七日丑時卒康熙辛未年七月十三日卯時合葬在
祖墓邊　生子一光宗

世傳傳子第十二世

讓洪字　生萬歷辛亥年正月十二日酉時

配吳氏生萬歷丙辰年九月初一日寅時

生子

世興長子第十二世

世興次子第十二世

世興三子第十二世

出嗣

五

生子

讓直長子第十三世

正元諱艮寅字月池生萬曆庚寅年正月廿一日戌時

配曾氏生萬曆戊戌年九月初九日酉時

生子二長天嘗次天就係承輝斗第三子

讓直次子第十三世

正朗諱艮辰字輝斗生萬歷壬寅年六月十九日申時卒順治壬辰年八月十一日戌時葬在坂塘園中坐乙向辛乘辰戌分金配李氏生萬歷戊申年十一月十三日戌時卒順治戊戌年十一月初九日辰時附葬祖墳後寮仔后坐癸向丁兼子午分金

生子三長天性次天胤三天虓出嗣胞兄月池

讓信傳子第十三世

讓明傳子第十三世

讓齊傳子第十三世

喜諱示錢　生　乙丑年十二月十八日午時

生子

讓珠長子第十三世

新奇字　生天啟壬戌年十月三十日亥時

讓珠次子第十三世

主

字　生　娶卒葬失載

生子

讓珠三子第十三世

廷

字康甫生崇禎癸未年正月十五日亥時卒康熙癸巳年正月廿六日未時配陳氏生崇禎乙酉年八月初七日未時卒康熙庚午年十月廿八日酉時合葬在廟兜坑內倒照松山坐乙向辛

生子一　山渡

讓恭傳子第十三世

詒傳子第十三世

二元傳子第十三世

助傳子第十三世

尾傳子第十三世

酉傳子第十三世
蔭　字
生萬曆己丑年八月初一日酉時卒順
治乙酉年七月初五日午時葬在廟兜土名磨東西坐
丙向壬兼巳亥分金配　氏
生子一　國英
愛傳子第十三世
讓進傳子第十三世
育傳子第十三世

成傳子第十三世

尾傳子第十三世

讓朝傳子第十三世

長　字　生娶卒葬失載

生子

讓瑋傳子第十三世

懿　字　生娶卒葬失載

生子

讓璋次子第十三世

二懿公諱吉字貞甫號　協鎮江南江北維揚等處地方左
都督　誥授榮祿大夫生崇禎庚午年三月十七日酉
時卒康熙壬午年九月廿八日寅時葬在同安縣安嶺
保石狗山鳳冠崙後坐乾向巽兼亥巳庚戌庚辰分金
　配鄭氏誥封一品夫人生崇禎己卯年四月十
二日未時卒　辛亥年七月廿八日寅時續配楊
氏　誥封一品夫人生順治丁亥年十一月廿五日
亥時

生子四長國璣次國瑞三國球四國珍

貞甫兄當榮任之時致贄延予到署待以西席予嘗作詩以贈兄令兄已謝客仙逝矣玆逢脩譜將舊作囑録譜中亦以見兄弟相契至於死生不忘也詩曰

長戈大纛擁貔貅江北金湯克壯猷虎帳風徽揮劍戟龍旗日暖映綫旒躬膺王命藏兵甲簡在宸衷顯帶裘别墅吾家傳將種好將氣質廣陵州　弟豫章贈

讓恩長子　第十三世

興

字　生娶卒葬失載

生子

讓恩次子第十三世

二興字　　生娶卒葬失載

　生子

讓恩三子第十三世

三興字　　生娶卒葬失載

　生子

讓仁長子第十三世

立順字　　生崇禎乙亥年十二月初五日酉時卒

康熙丁亥年十月初一日子時配蔡氏生崇禎戊寅年

三月十八日子時卒康熙乙未年十一月三十日卯時

合葬吳貫北墓內坐子向午兼癸丁

生子一國望

讓仁次子第十三世

玄京字

生崇禎戊寅年正月廿九日寅時卒康

熙丙申年十一月十四日丑時配陳氏生順治戊子

年　月　日　時卒康熙壬申年十月十二日酉時

生子一國珠

讓仁三子第十三世

玄陞字

生順治元年乙酉七月廿九日丑時卒

康熙丙子年五月十五日午時配林氏生康熙二年六

月廿八日戌時卒康熙甲申年二月十六日午時合葬

在吳貫北墓內園中坐坤向艮兼申寅

生子一國鼎

希耀長子第十三世

在哥字

生娶卒葬失載

生子

希耀次子第十三世

二在字

生娶卒葬失載

生子

希燦傳子第十三世

讓秉傳子第十三世

讓平傳子第十三世

孫哥

傳傳子第十三世

艮傳子第十三世

華傳子第十三世

讓親傳子第十三世

招傳子第十三世

伴傳子第十三世

隨長子第十三

贊

字　生順治己亥年九月初四日巳時卒康

熙壬戌年三月廿三日午時葬在報恩院口坐壬向丙

配　氏生　生子二長育次萬

隨　次子第十三世　生康熙甲辰年正月初一日子時

照　字

配王氏生康熙庚戌年十一月十三日申時　生子二長宗次通

推　傳子第十三世

宗　字　生娶卒葬失載

生子

頪　傳子第十三世

吉　字　生娶卒葬失載
生子

家傳子第十三世
賢　字　生康熙乙卯年十月廿六日丑時配鄭氏
生康熙丁丑年二月初四日辰時
、生子二長彩次凱

定傳子第十三世

六傳子第十三世

七傳子第十三世

讓樂傳子第十三世

讓熙傳子第十二世

生崇禎丙戌年七月初七日寅時卒康

熙乙未年十月十八日午時葬胡裡山園中坐甲向庚

配張氏生順治戊子年十月廿四日寅時

生子二長河次猛

院

字

妹傳子第十三世

享字　生康熙丙午年十月廿九日巳時
配林氏生康熙庚申年八月十二日未時
生子一寶

五傳子第十三世
文字　生康熙戊申年十月廿三日戌時
配柯氏生康熙乙卯年閏六月廿四日酉時
生子二長助次總

福振長子第十三世
應字　生崇禎己卯年三月廿九日子時卒康
熙壬辰年八月十五日亥時配陳氏生順治丁亥年三

月十九日子時卒康熙壬辰年十一月初六日午時

生子一院

福振次子第十二世

瑞字

生崇禎辛巳年配鄭氏

生子二長柳次桂　移居鑑州

福華傳子第十三世

光宗字

生崇禎辛未年五月廿七日辰時卒康

熙丁丑年十二月初四日亥時配許氏生崇禎戊寅年

七月廿二日辰時卒康熙癸丑年十月廿一日子時

續配陳氏生崇禎戊寅年正月廿三日丑時卒康熙庚

午年十二月初三日丑時仝葬在比山坐丑向未兼坤艮　生子三長顯盛次顯華三顯德

讓洪傳予第十三世

正元長子第十四世

天賞字　生娶卒葬失載　生子

正元次子第十四世

天就字　生崇禎己卯年八月初一日辰時卒康熙辛丑年六月廿四日申時葬在塔前土地公后坐癸向丁兼丑未分金配陳氏生崇禎辛卯年二月初四日辰

時卒康熙辛丑年七月廿六日未時葬在塔前土地公
后坐癸向丁兼子午分金
生子三長乾次坤三滿堂

正朗長子第十四世
天性字　生崇禎庚午年十一月十二日寅時卒康
熙乙巳年三月廿六日午時配　氏生崇禎　年
日　時卒康熙　年十二月廿七日
生子三長成業次成行三亦

正朗次子第十四世
天胤字　生崇禎甲戌年八月廿九日丑時卒順治

戊戌年七月初十日午時配　氏

生子

喜傳子第十四世

康甫傳子第十四世

山渡諱裕生康熙壬戌年十二月初九日申時卒

年　月　日　時配蔡氏生康熙庚辰年八月

十七日辰時　生子三長露次興宗三壽

蔭傳子第十四世

轉　字　生康熙乙丑年十一月初七日丑時卒
康熙戊戌年五月初五日巳時
嗣子一勤
長傳子第十四世

大娘　字　生子
懿傳子第十四世

二懿公長子第十四世
周　字國璣太學生生順治庚子年十一月廿七日未時卒康熙辛

丑年十二月廿九日巳時葬在同安大崙山配陳氏生
康熙乙巳年八月初十日酉時
生子一繼芳
二懿公次子第十四世
田
字國瑞太學生生康熙已酉年七月十四日酉時卒
康熙辛丑年十二月廿九日巳時葬在同安東溪頭
土名雉雞山園中坐壬向丙兼巳亥分金配陳氏生
康熙戊申年十月廿一日戌時
生子二長繼業出嗣第四弟國珍次繼萱
二懿公三子第十四世

聰

字國球太學生生康熙壬子年二月十四日亥時配陳
氏生康熙壬子年八月廿四日酉時
生子二長繼茂次繼華

明

二懿公四子第十四世
字國珍太學生生康熙己未年二月初八日未時卒康
熙丁丑年五月廿二日寅時
生子一繼業係第二兄國瑞長子

興傳子第十四世

二興傳子第十四世

三興傳子第十四世

立順傳子第十四世

生康熙乙卯年五月十六日寅時

國望字

配陳氏生康熙癸酉年正月初二日卯時配　氏

生子二長廷宗次再興

立京傳子第十四世

生康熙辛酉年十一月十七日酉時

國珠字

配鄭氏生康熙壬申年五月十一日卯時

生子一初

玄陞傳子第十四世

生康熙己巳年十二月十七日巳時

國將字

生子

在哥傳子第十四世

二在傳子第十四世

贊長子第十四世

育　字

生康熙癸酉年十二月十六日未時

生子

萬　字　贊次子第十四世

生康熙戊子年七月初七日亥時

生子

寧　字　眺長子第十四世

生康熙丙子年四月十三日酉時

配方氏生康熙壬午年十一月十五日子時

生子

通　字　眺次子第十四世

生娶卒葬失載

生子

賢長子第十四世

彩　字　生康熙甲午年六月十四日辰時

生子

賢次子第十四世

凱　字　生康熙己亥年六月十五日辰時

生子

掌傳子第十四世

寶　字生康熙甲戌年三月十七日卯時

生子

文長子第十四世
玏　字　生康熙戊寅年八月十七日辰時
配呂氏生康熙壬午年十一月十三日未時
生子

文次子第十四世
總　字　生康熙丁亥年七月初十日卯時
配李氏生康熙丙戌年十月廿二日辰時
生子

應傳子第十四世
院　字　生康熙辛亥年八月初四日子時卒

年　月　日　時配張氏生康熙甲戌年
十月十二日申時
生子三長通次武三眼

柳
瑞長子第十四世
字　生
生子

桂
瑞次子第十四世
字　生
生子

光宗長子第十四世

顯盛字　　生康熙乙巳年二月廿八日未時卒

年　月　日　時配王氏生康熙壬子年

十一月初八日亥時　　生子四長長次聰三朱四胥

顯華字　光宗次子第十四世　　生康熙甲辰年七月初九日寅時卒

年　月　日　時配曾氏生康熙己酉年

二月廿九日子時　　生子二長讓次權

光宗三子第十四世

顯德字　生康熙辛亥年十一月十九日丑時

年　月　日　時配劉氏生康熙癸丑年

十月初九日丑時

生子二長寬次裕

天賞傳子第十五世

天就長子第十五世

乾字成功生康熙丁巳年九月廿九日未時卒乾隆丙子

年十一月初六日戌時配張氏生康熙戊辰年十一月

初八日酉時卒乾隆乙酉年八月廿三日申時合葬在

廟墘山土名院口園中坐辛向乙兼酉卯丁酉丁卯分

金

生子五長明次龍三岳四敬出嗣胞弟坤　五德

公素性質樸淳厚孝友天成訓子有方至其淡泊營家

寬厚待衆特其餘事也

天就次子鎮十五世

坤

字成斐生康熙癸亥年九月初十日酉時卒康熙戊

戌年　月　日　時葬在暹羅國

嗣子一敬係胞兄龍第四子

天就三子第十五世

滿堂字章生康熙壬申年五月初十日酉時卒乾隆壬戌年十二月十八日未時配林氏生康熙庚申年十月十六日午時卒乾隆壬午年六月廿七日午時葬在廟兜山園內土名院口

生子三長舉次黨三衆

天性長子第十五世

妙賜字成業生順治癸巳年七月廿三日巳時卒康熙庚寅年九月廿六日卯時葬廟兜山土名院口坐北向南配張氏生康熙癸丑年十二月初三日辰時卒雍正壬子年九月廿九日寅時葬在下尾坑土名石盤內

坐午向子兼丁癸分金

生子五長全次勤出嗣　三用四仕五奉

天性次子第十五世

祐

字成名生順治庚子年八月廿二日酉時卒雍正丙

午年十月廿九日　時葬在厦門港赤嶺下園中坐

西北向東南配曾氏生康熙丁巳年六月廿八日丑時

生子三長世珍次燦三世榮

天性三子第十五世

亦

字　生

生子

天胤傳子第十五世

山渡長子第十五世

鏐字成美生康熙己亥年二月廿一日辰時

配陳氏生乾隆丙辰年七月廿六日酉時

生子一光意

山渡次子第十五世

興宗字成玉生雍正乙巳年十月初五日酉時

生子

山渡三子第十五世

詩

字成金生雍正甲寅年六月初七日亥時

配盧氏生乾隆庚申年八月初七日亥時　生子

轉嗣子第十五世

勤

字　生康熙己亥年十二月十二日卯時卒

乾隆甲辰年三月十六日子時配盧氏生康熙丙戌年

五月廿八日子時卒乾隆辛卯年三月十三日丑時

葬在郭坑園崎坐巳向亥兼巽乾分金

生子三長次次雍正三瑞生

大娘傳子第十五世

國璣傳子第十五世

繼芳字　生康熙己巳年十一月廿七日未時

配徐氏生康熙己巳年九月廿八日

生子

國瑞次子第十五世

繼菖字　生康熙壬午年六月廿三日午時

生子

國球長子第十五世

繼茂字　生康熙辛未年七月初一日酉時

配許氏生康熙癸酉年十二月廿一日丑時
生子一君祿

繼華字
國球次子第十五世
生康熙己丑年八月廿六日寅時
生子

繼棻字
國珍嗣子第十五世係國瑞長子
生康熙壬申年七月十三日子時
配王氏生康熙壬申年十二月
生子一壯發

國望長子第十五世

廷宗字　生康熙壬辰年九月十一日子時

生子

國望次子第十五世

丙興字　生康熙戊戌年十一月廿一日子時

生子

國珠傳子第十五世

初　字　生康熙壬寅年七月初三日寅時

生子

國鼎傳子第十五世

育傳子第十五世

藹傳子第十五世

寧傳子第十五世

通傳子第十五世

彩傳子第十五世

凱傳子第十五世

寶傳子第十五世

助傳子第十五世

総傳子第十五世

通字

總次子第十五世

武字

總三子第十五世

眼字

院傳子第十五世

柳傳子第十五世

桂傳子第十五世

顯盛長子第十五世

長字
顯盛次子第十五世

聰字
顯盛三子第十五世

朱字
顯盛四子第十五世

胥字
顯華長子第十五世

讓字
顯華次子第十五世

權　字　顯德長子第十五世

寬　字　顯德次子第十五世

祐　字　乾長子第十六世

光明字世德生康熙庚寅年九月廿七日未時卒乾隆丁酉年十二月初二日巳時葬院口坐甲向乙兼酉卯分金娶陳氏生康熙辛卯年九月十二日酉時

生子二長盛次陳

堂

乾次子第十六世

字　世良生康熙癸巳年十月初六日寅時卒乾隆辛

巳年六月廿四日寅時葬吉礁配陳氏生雍正癸卯

年十一月二十日酉時卒乾隆丁未年七月初一日

午時葬在廟堄坑內大埔口大石空內坐北向南

生子三長禮次冀三冷

岳

乾三子第十六世

字　生康熙丙申年七月廿六日巳時卒乾隆辛

卯年七月廿一日未時葬在廟堄坑內土名虎啼頭

園中坐北向南配陳氏生雍正辛卯年三月廿一日

亥時　　生子三長尚次忠三正

乾四子第十六世

敬
字　　出嗣

乾五子第十六世

德
字世仁生雍正甲辰年八月初八日午時卒乾隆甲
申年十二月十五日戌時葬在吉礁配陳生雍正氏庚
戌年七月初九日寅時卒嘉慶庚辰年六月初二日
午時葬在院兜坐艮向坤兼丑未丁丑丁未分金
生子二長祥麟次天然

坤嗣子第十六世

敬字世信生康熙辛丑年正月廿八日酉時卒嘉慶丙寅年五月廿三日戌時與妻合葬　配鄭氏生雍正己酉年五月十八日寅時卒嘉慶丙寅年九月廿六日戌時與夫合葬　崎頂伽羅石上坐東向西兼酉卯丁酉丁卯分金

生子三長志次思三涂

滿堂長子第十六世

舉

字世錦生雍正戊申年正月十一日亥時卒乾隆辛巳年六月初一日午時葬在廟兜土名院口坐北向南

生子一永進

滿堂次子第十六世

黨字　生雍正癸丑年九月廿五日戌時卒乾隆甲寅年八月廿五日未時葬在院口坐北向南配陳氏生乾隆乙丑年五月初九日巳時卒乾隆戊申年四月初四日辰時葬院口祖墓邊坐北向南

生子三長元在次仍三祐

蒲堂三子第十六世

衆字　生乾隆庚申年七月十五日巳時

妙賜長子第十六世

全字世美生康熙癸酉年三月廿三日巳時卒康熙庚子年四月廿九日未時葬院口坐西北向東南配蕭氏

生子一兆宗

妙賜次子第十六世

勤　出嗣

妙賜三子第十六世

用　字世竭生康熙戊寅年九月十三日戌時卒乾隆辛卯年六月初二日午時葬在石盤外坐午向子兼丙午丙子分金配祈氏生康熙庚寅年四月初二日午時卒雍正乙未年九月廿五日未時葬在邱坑園中坐午向子兼丙寅分金續配李氏生康熙戊子年九月初一日辰時卒乾隆丙申年七月廿五日寅時葬下尾山坵

墓口坐艮向坤兼丑未分金

生子四長緝次熙三等四祿

仕

妙賜四子第十六世

字世忠生康熙庚辰年九月二十日辰時卒乾隆乙丑年十月十五日未時葬在下洋崎西面坐丙向壬兼子午分金配楊氏生康熙壬辰年七月十九日辰時

生子二長壽次再興

奉

妙賜五子第十六世

字世義生康熙癸未年十一月十四日丑時卒乾隆丙申年五月廿六日午時葬在許厝山坐壬向丙兼

子午分金配林氏生康熙丁酉年八月十二日子時
卒乾隆甲午年六月廿五日卯時與公合葬
生子三長甫次紱三番

應
妙祐長子第十六世
字世珍生康熙甲戌年五月二十日巳時
配蔡氏生康熙己卯年
生子一和

燦
妙祐次子第十六世
字　生康熙己丑年正月廿四日丑時

妙祐三子第十六世

榮字　生康熙甲午年四月廿五日亥時

亦傳子第十六世

光宣

露傳子第十六世

生乾隆丁丑年　月　日巳時

生子一珩

興傳子第十六世

壽傳子第十六世

次　字　勷長子第十六世　生乾隆丙辰年十二月廿二日丑時卒
乾隆　年三月十九日葬畨邦吉礁
生子一　傳

雍　字　勷次子第十六世　生乾隆辛酉年二月初二日巳時卒乾
隆己卯年十一月初一日巳時葬畨邦吉礁
嗣子一　來係緝第五子

瑞　字　勷三子第十六世
生娶卒葬失載

繼芳傳子第十六世

繼菖傳子第十六世

繼茂傳子第十六世

君祿字

生康熙癸巳年二月初五日午時

繼華傳子第十六世

繼業傳子第十六世

壯發字

廷宗傳子第十六世

再興傳子第十六世

初傳子第十六世

通傳子第十六世

武傳子第十六世

眼傳子第十六世

長傳子第十六世

聰傳子第十六世

朱傳子第十六世

胥傳子第十六世

讓傳子第十六世

權傳子第十六世

寬傳子第十六世

裕傳子第十六世

光明長子第十七世

字輝茂生乾隆戊午年九月初三日酉時

盛

暕
光明次子第十七世
字輝譜生乾隆丙寅年七月初八日酉時卒乾隆庚寅年十月十六日　時葬在番邦吉礁
生子一艮

禮
隆長子第十七世
字輝章生乾隆乙丑年十二月初三日酉時

龔
隆次子第十七世
字輝墻生乾隆己巳年七月初八日巳時

領
隆三子第十七世
字輝綱生乾隆巳卯年三月初七日辰時

岳長子第十七世

尚　字輝齊生乾隆乙亥四月十五日辰時

岳次子第十七世

甲　字輝庸生乾隆己卯年正月廿三日戌時

岳三子第十七世

正　字輝端生乾隆丁丑年十月初十日午時

德長子第十七世

祥麟　字輝昭生乾隆甲戌年三月廿一日酉時卒嘉慶戊辰年七月十一日巳時合葬院灣坐丑向未兼艮坤

配新安邱氏生乾隆庚寅年十一月廿八日卯時卒道

光丙申年六月廿五日寅時與公同穴

生子一　涵風

德次子第十七世

天然字輝理生乾隆庚辰年四月十八日丑時卒嘉慶丁丑

年五月十八日葬在浮爐

配瀰美許氏生　乙未年八月初一日戌時改節

敬長子第十七世

志字輝道生乾隆壬申年十月十六日巳時卒葬在檳榔

嶼配龍塘社溫氏生乾隆己卯年四月十七日辰時卒

道光壬寅年八月十九日辰時葬院灣裡坐申向寅

兼辛未辛丑分金
生子五長光胄次光教三光亮四光遠五光受

敬次子第十六世

思字　直生乾隆乙亥年八月廿二日丑時卒嘉慶丙子
年四月十六日巳時葬土地公裡坐甲向庚兼卯酉
配厦島鼓浪嶼鄭氏生乾隆甲申年十一月廿二日申
時卒嘉慶丁卯年二月初十日未時葬院口坐亥向巳
兼壬丙丁亥丁巳分金續配邱氏生乾隆癸巳年七月
初三日巳時卒道光乙巳年四月初七日子時葬院
裡坐北向南

生子五長光乞次光耶三光廷四光品五光成

敬三子第十七世

涂

字輝山生乾隆丙戌年七月十七日丑時

配鉄灶後林氏生乾隆庚寅年五月十一日寅時卒嘉

慶戊辰年正月廿二日寅時葬院口坛頂坐艮向坤兼

寅甲辛丑辛未分金

生子五長光球次光瑞三光秀四光琢五在

舉傳子第十七世

永進字輝勝生娶卒葬失載

黨長子第十七世

元在字輝存生乾隆丙戌年六月初六日

黨次子第十七世

仍　字輝貫生乾隆甲午年三月廿四日辰時

黨三子第十七世

祐　字輝報生乾隆癸卯年三月廿五日巳時

衆傳子第十七世

全傳子第十八世

兆宗諱承祖生康熙丁酉年五月廿五日未時配　氏卒

葬失載

用長子第十七世

緝諱輝綿字　生雍正癸丑年七月廿四日未時

卒嘉慶丙子年七月廿一日辰時葬北臺口茄藜石

下坐未向丑兼丁癸丙午丙子配過海楊氏生乾隆甲

子年六月初五日戌時卒道光甲申年七月十六日午

時葬石盤下薊帕田墘

生子六長招次貴三扶四起五來出嗣六羅

用次子第十七世

絀諱輝康字　生乾隆庚申年八月十七日戌時卒乾隆

乙亥年八月十八日寅時葬在沓邦吉磔

箏　輝繼字　用三子第十七世　生乾隆甲子年二月廿五日巳時

祿　輝奉字　用四子第十七世　生乾隆戊辰年九月初九日寅時

詩　輝福字　仕長子第十七世　生乾隆戊午年正月初八日卯時

再興　輝榮字　仕次子第十七世　生乾隆癸亥年二月二十日午時

甫　輝仲字　奉長子第十七世　生乾隆辛酉年二月十四日巳時

奉次子第十七世

紱　輝遲字

奉三子第十七世

崙　輝彩字　生乾隆己巳年正月初五日子時

應傳子第十七世

和　輝睦字　生雍正甲辰年十月十二日亥時

燦傳子第十七世

榮傳子第十七世

光意傳子第十七世

生乾隆辛丑年四月十五日巳時

珩

次傳子第十七世

傳

字

雍嗣子第十七世

來

字敬辛生乾隆癸卯年二月廿一日丑時

瑞傳子第十七世

君祿傳子第十六世

壯發傳子第十七世

盛傳子第十八世

陳傳子第十八世

良

啟嘉字　生乾隆丁亥年四月初四日巳時
卒嘉慶丙子年二月初二日戌時葬土地公前坐戌向
辰兪乙辛酉東與李氏生乾隆癸巳年七月十一日丑
時卒咸豐癸丑年六月廿六日未時葬院內坐北向南
生子五長光允次桃三財四主五六

禮傳子第十八世

龔傳子第十八世

領傳子第十八世

尚傳子第十八世

中傳子第十八世

正傳子第十八世

祥麟傳子第十八世
生嘉慶乙丑年十月三十日卯時

清風
天然傳子第十八世
志長子第十八世

光晉
啟謙字遜讓生乾隆甲辰年七月初八日
巳時卒　年三月初三日　時葬楨椰與
配邱氏生乾隆丁未年十二月初三日亥時卒嘉慶

辛未年八月十七日巳時葬院灣坐丑向未兼癸丁分金丁丑丁未　生子一猛

光教　志次子第十八世　啟恭字主容生乾隆　年　月　日　時

光亮　志三子第十八世　啟遜字長庚　生乾隆　年　月日時

光達　志四子第十八世　啟順字日陞　生乾隆　年　月日時

志五子第十八世

光受　生乾隆癸丑年十一月初三日亥時卒咸豐丙辰年十一月初五日　時葬量裡配林氏生嘉慶甲戌年五月廿八日戌時
生子三長捷次順三曰
志六子第十八世

貪　生　年　月　日　時
生子三坪
思長子第十八世

光乞　啟元字魁士　生乾隆甲辰年三月十七日酉時卒道光丁酉年三月初一日巳時葬院灣裡配楊

氏生乾隆乙巳年八月廿三日未時卒道光壬午年二月初一日寅時葬院灣裡坐艮向坤兼未丑分金丁丑丁未　生子一光磚

思次子第十八世

光眼　啟亭字文榜生乾隆壬子年七月廿六日申時卒葬在沓邦浮爐

思三子第十八世

光廷　啟江　生乾隆甲寅年七月二十日子時卒葬在高淵　配楊氏生乾隆甲寅年八月廿三日未時

生子一天著

光品
思四子第十八世
生嘉慶辛酉年十月初九日未時卒葬在
淡水

光成
思五子第十八世
生嘉慶乙丑年二月廿二日戌時

光吉
思六子第十八世
生嘉慶丁卯年二月初十日午時卒
年六月十三日辰時葬在檳榔嶼

光球
涂長子第十八世
啓春字肇陽生乾隆壬子年八月初七日

丑時卒道光己酉年五月十八日未時葬在院內坐
乾向巽兼戌辰分金丙戌丙辰配邱氏生乾隆辛亥年
十二月十二日子時
生子四長朝次彩三平四大

涂次子第十八世
光瑞　啟夏字祥徵生嘉慶甲子年九月十九日巳時

涂三子第十八世
光琇　啟秋字充耳　生嘉慶丁卯年二月初十
日午時

涂四子第十八世

光琢　啟冬字追章生　年　月　日　時

光在　淥五子第十八世　生嘉慶甲子年九月十四日巳時

配林氏生道光辛巳年二月廿六日寅時　生子一　文質

永進傳子第十八世

元在傳子第十八世

仍傳子第十八世

祐傳子第十八世

兆宗傳子第十八世

緝長子第十八世

招

啓甲字

生乾隆戊子年七月二十日酉時

卒咬𠺕吧

嗣子一軟 係胞弟啓孝

緝次子第十八世

貴

啟丙字　生乾隆辛卯年十二月廿二日未時卒道光甲辰年十月廿九日申時葬茄藜石下坐艮向坤兼寅申分金辛未辛丑配黃氏生乾隆癸卯年正月十二日子時　生子五長光覽次軟出嗣洛三熇四典五琢出嗣羅

緝三子第十八世

扶

啟茂字　生乾隆壬申年五月廿二日申時卒道光辛巳年正月　九日未時配李氏生乾隆甲辰年十一月廿一日戌時卒嘉慶庚辰年四月廿四日午時合葬石盤下蓟帕田墩坐丙

向壬兼午子分金辛巳辛亥

生子二 長檜 次刻

緝四子第十八世

起

啓庚字

生乾隆己亥年五月初五日申時

卒道光己酉年十月初十日卯時配邱氏生乾隆甲

辰年十一月廿一日戌時卒道光戊申年七月十五

日子時合葬石盤下蒴帕田墘

生子三 長劍 次帶 出嗣 三真

緝五子第十八世

來

出嗣

嗣子帶係胞兄起姿子

緝六子第十八世

縱

啓壬字

生乾隆戊申年九月初六日巳時卒

道光己丑年七月十四日巳時葬石盤祖墓邊

嗣子一琢本生父賁

熙傳子第十八世

等傳子第十八世

祿傳子第十八世

壽傳子第十八世

再興傳子第十八世

甫傳子第十八世

紱傳子第十八世

畓傳子第十八世

和傳子第十八世

傳傳子第十八世

來傳子第十八世

艮長子第十九世

光允

生乾隆癸丑年二月十五日未時

艮次子第十九世

桃

生嘉慶丁巳年六月初二日巳時

艮三子第十九世

生嘉慶庚申年七月廿三日酉時

財

艮四子第十九世

生嘉慶己巳年十月初一日亥時

主

配顔氏生道光己丑年九月初九日巳時

艮五子第十九世

生嘉慶乙亥年三月十三日寅時卒咸豐戊

六

午年七月廿七日未時葬院內坐北向南配杜氏

生子一壘

清風傳子第十九世

猛

光胥長子第十九世

生嘉慶丁卯年九月十五日寅時卒

年閏七月十四日丑時葬在吧東新枝

光教傳子第十九世

光亮傳子第十九世

光遠傳子第十九世

光受長子第十九世
提
生道光甲午年十月二十日子時卒道光癸
丑年十月十三日亥時葬虎苔頭坐西北向東南

光受次子第十九世
等
生道光丁酉年九月初七日丑時

光受三子第十九世
日
生道光庚子年十月十八日卯時

倉長子第十九世
三坪

光乞傳平第十九世

光碼

光眼傳子第十九世

光廷傳子第十九世

天著

生道光戊子年五月廿九日午時

配盧氏生道光己亥年十二月十三日亥時

光品傳予第十九世

光成傳子第十九世

光吉傳下第十九世

朝　光球長子第十九世

生嘉慶壬申年八月廿三日巳時卒道光癸卯年十二月初二日戌時葬院内坐亥向巳兼壬丙分金辛亥辛巳

嗣子嫣穀

彩　光球次子第十九世

生道光乙酉年九月廿四日寅時卒道光戊申年正月廿七日午時葬院内裡坐乾向巽兼巳亥分

金辛巳辛亥

光球三子第十九世

平

生道光庚辰年九月十八日戌時卒道光戊申年七月廿七日卯時葬院內坐亥向巳兼丙壬分

金辛亥辛巳

光球四子第十九世

犬

生道光乙未年十二月廿六日未時

配盧氏生道光丁酉年十月廿八日戌時

生子一毅 出嗣朝

光瑞傳子第十九世

光琇傳子第十九世

光琢傳子第十九世

光在傳子第十九世

文質

生道光辛丑年六月十一日子時

招嗣子第十九世

軟

生嘉慶癸亥年七月廿八日子時卒道光辛丑
年十一月初九日酉時葬許厝山仔內坐子向午兼癸

丁分金丙子丙午配黄氏生嘉慶壬申年四月　日

時卒　年十月初六日　時

生子二長沓著次田

貫長子第十九世

光覽字大觀　生嘉慶庚申年十月初五日未時

配楊氏生嘉慶戊辰年九月初九日辰時

生子一佳角

貫次子第十九世

歎　出嗣

貫三子第十九世

焗
生嘉慶己巳年十月廿三日丑時
貴四子第十九世

典
生嘉慶癸酉年四月十一日未時
配陳氏生道光丁亥年　月　日　時
生子一對
貴五子第十九世

琢
出嗣
扶長子第十九世

光儈
生嘉慶丁卯年十月初三日寅時
扶次子第十九世

劍　生嘉嘉庚午年年四月　日　時

配賴氏生道光甲申年五月廿四日午時卒道光甲
辰年十二月初六日卯時葬山仔頭坐乾向巽兼戌
辰分金丙戌丙辰　生子一寶宗

劍
起長子第十九世
生嘉慶壬申年十二月十五日寅時卒咸豐
庚申年十一月二十日丑時葬石盤下荊帕裡坐南
向北　配林氏生道光乙未年四月十一日　時
生子一天送

起次子第十九世

帶　出嗣

起三子第十九世

生道光丙戌年七月十三日子時

真

配盧氏生道光乙未年十月十七日卯時

生子一天生

羅嗣子第十九世

生嘉慶乙丑年十月初四日　時

琢

來嗣子第十九世

生道光丙子年八月初十日寅時卒道光戊

帶

戌年八月廿七日　時葬董迴

光允傳子第二十世　生子一天財

桃傳子第二十世

財傳子第二十世

主傳子第二十世

六長子第二十世

豐　生咸豐甲寅年二月廿六日酉時

猛傳子第二十世

捷傳子第二十世

等傳子第二十世

日傳子第二十世

三坪傳子第二十世

光磚傳子第二十世

天著傳子第二十世

朝嗣子第二十世

媽殺　生咸豐丁巳年十一月十八日寅時

彩傳子第二十世

平傳子第二十世

犬長子第二十世

媽毅

出嗣

文質傳子第二十世

欽長子第二十世

畨蕃

生道光丁酉年九月廿五日未時

欽次子第二十世

田

生道光庚子年十月初一日寅時

佳角
光覽長子第二十世
生道光辛丑年二月廿七日寅時
熇
熇傳子第二十世
對
典
典長子第二十世
生咸豐辛亥年二月初六日酉時
光倫傳子第二十世
寶宗
列長子第二十世
生道光　年　月　日　時

劍長子第二十世

天送　生　年　月　日　時

真長子第二十世

天生　生咸豐乙卯年十月廿七日午時

琢傳子第二十世

帶長子第二十世

天財　生道光丙午年五月十一日午時

壘傳子第廿一世

嫣毅傳子第廿一世

皆著傳子第廿一世

田傳子第廿一世

佳朋傳子第廿一世

對傳子第廿一世

寶宗傳子第廿一世

天送傳子第廿一世

天生傳子第廿一世

天財傳子第廿一世

卷三終

海上絲綢之路文獻集成

總主編　陳支平　陳春聲

民間譜牒編

22

主編　林楓

海峽出版發行集團
THE STRAITS PUBLISHING & DISTRIBUTING GROUP
福建人民出版社

国家出版基金项目
NATIONAL PUBLICATION FOUNDATION

本册目次

〔福建厦門〕石塘謝氏家乘三十一卷（世紀卷四至世紀卷七）　〔清〕謝果稟　謝邦忠等纂修……一

〔福建廈門〕石塘謝氏家乘三十一卷

（世紀卷四至世紀卷七）

〔清〕謝果稟　謝邦忠等纂修

睦公字惟和　祖妣鍾氏生卒葬所失載

生子一添榮

道明公四子第三世

嫺公字惟惠　祖妣江氏生卒失載葬英厝渡船頭

生子二長添順次添從

道明公五子第三世

任公字惟信　祖妣林氏生卒失載合葬東山邊坐乾向

巽兼戌辰明嘉靖辛丑年清明節重脩

生子三長添富次添貴三添壽

道明公六子第三世

恤公字惟憫　祖妣周氏生卒失載合葬坑園坐艮向坤

今稱大胥人墓是也

生子一添賜

道舉公長子第三世

榮公字惟宗　祖妣邱氏生卒失載葬壠裡園中坐　向

缺

生子一原泰

道舉公次子第三世

華公字惟國　祖妣蔡氏當軍北京生卒失載

生子二長蘭宗次棋宗

道舉公三子第三世

富公字惟麗　祖妣賴氏生卒失載葬在[illegible]樟仔[illegible]
寨邊左坐南向北
生子一驥

道舉公四子第三世

貴公字惟顯　祖妣李氏生卒失載合葬畲坑道士石前
生子一某

睦公第三房分派世系條紀

道明公三子第三世

睦公字惟和生卒葬失載配鍾氏

生子一添榮

添榮字

睦公傳子第四世

生娶卒葬失載

生子一思貫

思貫字

添榮傳子第五世

生娶卒葬失載

生子四長良次月三得四應

惠貴長子第六世

艮　字　生卒失載葬在上杜後湖大路邊坐乙向辛妣曾氏生卒失載葬在後湖厝後尾樟仔樹下坐甲向庚　生子二長向週次向福

惠貴次子第六世

月　字　生娶葬失載

惠貴三子第六世

得　字　生娶葬失載　生子二長元和次元福

惠貴四子第六世

應　字　生娶卒葬失載

良長子第七世

尚週字　生卒失載配鍾氏合葬在後坡口坐未

向丑　生子一維廣

良次子第七世

尚祊字　生卒失載配蘇氏合葬在夕陽

生子一維泰

月傳子第七世

得長子第七世

元和字　生卒失載配　氏合葬在西坑地角坐
西向東　生子一　民璞
得次子第七世
元福字　生卒失載配　氏合墓在西嶺仔後坐
南向北　生子一　達
應傳子第七世
尚週傳子第八世
維廣字　生[illegible]配[illegible]城口下店
浦[illegible]　生子二長和次合

尚祐傳子第八世

維泰字

生卒失載配陳氏合葬在深青驛後

生子三長温次秉三順

元和傳子第八世

艮璞字

生娶卒葬失載

生子二長明次高

元福傳子第八世

達字

生娶卒葬失載

生子一璣

維廣長子第九世

和字　生卒失載葬在後路上坐巳向亥

配[illegible]氏失載葬在後路口坐卯向酉合葬

生子三長有寶次有鎮三有靖

合字　維廣次子第九世

生卒失載配林氏合葬在上杜茂林宅

內坐未向丑兼癸丁

生子二長有標次有梅

淵字　維泰長子第九世

生卒失載配王氏合葬在南安

生子二長有慶次有度

維泰次子第九世
柔字　生卒失載配郭氏合葬在崎壠坐辛向乙
生子一有協　出祖南京

維泰三子第九世
順字　出祖温氏
生子一有疊

良璞長子第九世
明字　生娶卒葬失載

良璞次子第九世
高字　生娶卒葬失載

生子一昆玉

璣　字
達傳子第九世
生娶卒葬失載
生子一魁玉

有寔字
和長子第十世
生卒失　配陳氏合葬在塘仔後坐艮
向坤
生子一奇迪

有鎮字
和次子第十世
生嘉靖丁亥年七月初一日丑時卒萬

曆丙申年十月十七日子時配王氏生嘉靖癸巳年
十月十三日卯時卒萬曆庚戌年閏三月廿二日酉
時合葬在石角路上崎壠尾坐乙向辛
　　生子一　奇遷
和三子第十世
有請字　生嘉靖辛巳年五月廿九日寅時卒萬曆
庚寅年七月廿六日申時葬在山口三官塘上蛇山
坐北向南配吳氏生嘉靖戊子年二月初十日子時
卒萬曆癸巳年十二月廿九日卯時葬在塘仔後坐
辛向乙

生子六長奇煇次奇紛三奇標四奇一五奇鴻六奇曠

合長子第十世

有標字 生卒失載配黃氏合葬在牛角坡坐乙向

卒 生子一奇峯

合次子第十世

有梅字 生卒失載配劉氏合葬在石橋頭坐北

向南

溫長子第十世

有遷字 生卒失載配劉氏合葬在石橋頭坐北

向南 生子一從平

温次子第十世
有慶字　生卒失載配林氏合葬在後坡口頂坐
北向南　生子一台
柔傳子第十世
有協字　出祖南京
順傳子第十世
有璺字　出祖温州　配李氏合葬在松柏山坐東向西
有子住在江西
明傳子第十世

高禮子第十世

昆玉字　生卒葬失載

生子一子

機備子第十世

魁玉字　生卒載本譜　年五月十九日葬

在西嶺仔後坐東向西北龍　娶王卒葬失載

生子一男

有宴衛子第十一世

尚廸字宗漢娶鍾氏生卒俱失載　葬土名埔頭坐庚

崇甲　生子一大

有鎮傳子第十一世

奇選字宗秩生萬曆己巳年九月十六日卯時卒康熙丁亥年二月廿二日酉時配林氏生　壬申年三月初十日丑時卒順治戊子年八月廿六日酉時合葬在長泰恭順裡螺坑垻仔林山坐乙向申

生子四 長二 次五 三六 四尾

有靖長子第十一世

奇輝字宗和生萬曆辛巳年十月廿六日卯時卒萬歷丁未年七月初六日辰時配鄭氏生萬曆壬午年八月十三日子時卒崇禎乙酉年十月廿六日子時夫婦附葬

妣侯氏葬[illegible]後[illegible]同穴

生子一　天錫

有靖次子第十一世

奇謨字[illegible]生萬曆丙申年十月十八日未時卒崇禎乙酉

年十二月廿九日巳時配胡氏生萬曆己亥年八月二

十日巳時卒宗禎乙亥年正月廿三日辰時合葬在府

城山荔枝林墓地坐酉向卯

生子三　長二　次三　三大

有靖三子第十一世

奇標字宗振

有靖四子第十一世

奇一字宗明　居臺灣

有靖五子第十一世

奇鴻字宗沛　居海豐縣長圳墟

有靖六子第十一世

奇晚字宗援

有標傳子第十一世

奇峉字宗儀生卒失載配林氏合葬在山坂尾

生子一四

有梅傳子第十一世

有𢈧傳子第十一世

從平字宗耀諱奇與生卒失載配陳氏合葬南安縣四石檻嶺上坐東向西

生子二長長次尾

有慶傳子第十一世

台字奇南配莊氏生卒俱失載合葬在石橋頭林家田坐坐東向西

生子一陳

有惕傳子第十一世

有萱傳子第十一世

昆玉傳子第十一世

子　字　生娶卒葬失載

生子一汞登

魁玉傳子第十一世

男　字　生娶卒葬失載

生子二長瑾次鏷

奇迪傳子第十二世

大字漢順生萬曆庚辰年八月十五日申時卒崇禎乙酉

年七月初三日酉時配鍾氏生萬曆壬子年五月初二
日寅時卒康熙壬寅年八月廿二日亥時合葬在上
杜潭坐北向南　　生子一四

奇選長子第十一世
二　字毓相生萬曆庚子年　月　日　時卒失載配
楊氏生卒葬亦失載
生子一辰

奇選次子第十二世
五　字毓宰生萬曆癸卯年六月十三日丑時卒康熙己
未年正月廿六日申時配曾氏生萬曆丁未年十一

月初一日酉時卒康熙壬申年七月十五日巳時合
葬在莿內林建國公墓下樓仔山坐艮向坤
生子一乞

奇選三子第十二世
六
字　生萬曆乙巳年　月　日　時卒
康熙癸巳年六月廿七日子時配吳氏生卒失載合
葬在員山裡坐北向南

奇選四子第十二世
尾
字毓美生萬曆乙卯年正月二十日寅時卒康熙乙巳
七月廿九日子時葬在上杜山坂尾坐坤向艮配曾

氏生萬曆戊午年十一月初七日寅時卒康熙戊子年

正月十六日辰時葬在布槍頭山坐甲向寅

生子三長貴次寶三疇

奇輝傳子第十二世

天錫字漢炳生萬曆癸巳年七月廿五日酉時卒康熙乙

巳年八月廿四日寅時配吳氏生萬曆癸卯年正月

十七日巳時卒順治己丑年十月廿六日巳時同附

葬在　奇輝公墓側坐　向

生子三長興次暢三連

奇紛長子第十二世

二

字漢齊生崇禎二年三月廿二日子時卒康熙九年十月十三日未時配黃氏生崇禎三年四月十八日未時卒康熙壬申年　月廿二日子時葬在大宅內坐東南向西北　生子二長友次淑

三

啇紛次子第十二世

字漢讓生崇禎戊辰年七月十五日　時卒順治癸巳年八月廿一日巳時配陳氏生天啟庚申年二月十八日戌時卒康熙乙酉年正月十九日丑時葬在墓林山坐乾向巽

生子二 長汞 次盛

大

奇紛三子第十二世

字滿[illegible]生萬曆戊申年二月廿五日午時卒康熙丁

亥年十月廿五日申時配李氏生萬曆壬申年六月

初九日丑時卒康熙辛卯年三月廿一日午時合葬

在石橋頭山坐坤向艮

生子二 贊 次福

奇標傳子第十二世

奇一傳子第十二世　出居臺灣

奇鴻傳子第十二世　出居海豐長州圳壢

奇晚傳子第十二世

奇略傳子第十二世

四

字漢助生萬曆癸卯年七月初一日寅時卒康熙元年壬寅九月三十日　時配林氏生萬曆甲午年三月初十日巳時卒崇禎二年一月初三日巳時合葬在山坂坐卯向酉

生子三長惜次愛三熒

從平長子第十二世

長　字　生娶卒葬失載

生子一潤

從平次子第十二世

尾　字漢科生崇禎己巳年八月十六日亥時卒康熙丙戌

年正月十三日亥時葬在石塘深溝上坐卯向酉配陳

氏生萬歷庚辰年　月　日　時卒萬歷庚申年

九月十二日未時葬在臺灣

生子二長立次標

白傳子第十二世

𨻶　字漢泉生順治戊子年　月　日　時卒康熙

庚寅年　月　日　時配李氏生康熙癸卯年三

月十四日酉時　出居泉州南門

生子四長富次寅三孟四五哥

子傳子第十二世

永登字　生失載卒萬曆　年十月初五日丑

時葬在西坑園頭坐西向東配　氏生失載卒萬曆

年十二月初七日午時葬在水吼園坐西向東

生子三長應治次應奎三應尾

男長子第十二世

瑾　字　生卒失載墓在苧溪橋內鰲堀兆坐西
向東配　氏　生子一礽

男次子第十二世

臻　字　生失載卒十月廿五日子時配陳氏生
失載卒二月廿　日寅時合墓在墩上
生子一四

大傳子第十三世

四　字守冲生萬曆壬子年五月初五日酉時卒順治戊

子年二月初二日申時葬在余厝埔配林氏生萬曆丁巳年二月十一日戌時卒康熙乙亥年十二月十一日丑時葬在崎壠山坐東向西

生子二長郄次三

二傳子第十三世

辰

字對亭生崇禎甲戌年　月　日　時卒順治癸巳年六月十一日配陳氏生崇禎乙亥年四月廿四日辰時卒順治丁酉年四月廿四日酉時合葬在接嶺山坐南向北

生子一壽

乞

五傳子第十三世

字對鴻生崇禎丁丑年五月十九日午時卒康熙壬辰年十月廿九日未時配貫氏生崇禎丁丑年四月廿六日申時卒雍正乙卯年二月十七日丑時合葬在廟兜畬不邊坐庚向甲

生子三長換次丑三選

貴

尾長子第十三世

字對迎生崇禎庚辰年四月初八日亥時卒康熙甲辰年十一月初一日午時配林氏生順治丁亥年八月十四日申時卒康熙己卯年四月十三日卯時合葬

在墓庵崎坐巳向亥

生子四長忠次聖三仁四道

尾次子第十三世

二貫字對用生崇禎辛巳年九月十六日寅時卒康熙乙丑年六月十二日戌時葬在破埔山坐北向南配陳氏生順治丙戌年十月十六日辰時卒康熙乙亥年四月廿四日戌時

生子三長伯次仲三祖

尾三子第十三世

字對明生順治戊戌年十月十四日丑時卒乾隆乙丑

崎

年十月初六日申時葬在水頭社尾鯉魚嘴坐巽向乾兼戌辰丙戌丙辰分金配陳氏生康熙甲寅年八月初三日未時卒乾隆癸酉年十月十七日未時葬在崩溪頂坐坤向艮兼丑未分金

生子四長喜次朝三固四佺

興

天錫長子第十三世

字國珍生天啟乙丑年六月廿九日午時卒康熙甲戌年七月廿四日巳時配陳氏生天啟乙丑年十月初二日酉時卒康熙壬戌年十一月廿四日酉時葬在後垵口坐庚向甲

生子一傳

暢

天錫次子第十三世

字國福生崇禎戊辰年九月三十日申時卒康熙癸巳

年閏五月十五日酉時附葬在後垵口兄嫂墓巽坐辛

向乙配王氏生崇禎辛未年八月廿六日辰時卒康熙

戊戌年八月廿八日巳時與長子合葬在上杜裡坐

乾向巽兼亥巳分金

生子二長甫次熹

璉

天錫三子第十三世

字國選生崇禎丙子年七月初六日寅時卒康熙乙未

年六月十三日酉時葬在吳曾大廟前園坐巳向亥配
吳氏生順治癸巳年七月十三日巳時卒乾隆乙丑年
七月廿三日丑時公後遷合葬在水頭山仔後坐壬向
丙兼子午分金
生子四長祐次綧三煥四華

二長子第十三世
友
字
生娶卒葬失載
生子

二次子第十三世
淑
字國泰生順治丙戌年十一月十七日未時卒雍正庚

戌年四月廿二日亥時配張氏生順治丙戌年十月十二日巳時卒康熙丁丑年十月廿三日未時葬在漳城田只社土名坑尾坐乙向辛兼辰戌分金

生子一　意

永

三長子第十三世

字國註生順治丙戌年二月初八日卯時卒雍正丙午年六月廿七日辰時配朱氏生順治庚子年十二月二十日未時卒雍正乙卯年正月初五日未時合

在山坂尾坐乾向巽兼戌辰

生子二長蔭次老

盛

三次子第十三世

字國德生順治戊子年九月廿一日子時卒康熙壬午年六月十四日申時葬在破埔山坐甲向庚配王氏生順治癸巳年十一月初八日　時卒康熙戊午年十一月初六日巳時葬在山坂尾坐東向西

生子一陣

贊

大長子第十三世

字國安生康熙丁未年十一月初六日卯時卒雍正丙午年九月初七日辰時配林氏生康熙辛酉年十二月廿四日丑時卒乾隆己丑年十一月初八日酉時

葬在杜與大埭墘坐卯向酉兼丁酉分金
生子四長清次艮三相四雄

大次子第十三世

福

字國靖生康熙庚戌年十月十二日卯時卒乾隆乙丑年八月初十日辰時配陳氏生康熙戊辰年九月初三日亥時卒乾隆辛酉年十一月十二日酉時合葬在大宅山坐癸向丁兼子午分金
生子三長報次佳三光

四長子第十三世

惜

字守清生萬曆戊午年七月十二日申時卒順治癸巳

年九月初六日卯時配吳氏生萬曆庚申年正月十五
日寅時卒　年　月　日　時合葬在
山坂　生子一進

四次子第十三世
愛　字守禮生崇禎甲戌年十一月初二日子時卒順治己
亥年四月十九日戌時葬在本處上杜保山茹坂坐辛
向乙配林氏生崇禎乙亥年十月十七日申時
生子一續

四三子第十三世
葵　字守白生順治乙酉年閏六月初三日未時卒康熙庚

午年正月廿七日丑時葬在大宅山祖墳邊坐寅向
申配張氏生順治庚寅年正月初五日丑時
　　生子一榮
長傳子第十三世
潤
字漢武生天啟　年十月十六日申時卒
五月廿一日未時配陳氏生天啟　年十一月十三
日未時卒　年九月十二日申時葬在本都
塘頭石門內石鼓後林府山坐巽向乾
　　生子二長和次尊
尾長子第十三世　廈門尾頭

立　字對行生順治丁酉年十二月十四日寅時卒雍正甲寅年十二月十八日寅時葬在厦門半山堂官廳上坐北向南癸丁兼丑未配蔡氏生順治丁酉年三月廿五日酉時卒雍正丁未年九月初十日酉時葬在厦門虎溪巖前坐乙向辛兼卯酉分金

生子一成

尾次子第十三世

標　字

陳長子第十三世

富　字　生康熙乙卯年

陳次子第十三世

寅　字　生康熙壬戌年

陳三子第十三世

孟　字　生康熙丁卯年

陳四子第十三世

五哥　字　生康熙己巳年

自富兄弟四人俱往泉城

永登長子第十三世

應治字　生崇禎壬寅年十一月初十日戌時卒

康熙己丑年八月初六日寅時葬在新墓地角坐西

北向東南配施氏生失載卒康熙甲午年五月十二日
子時葬在西嶺仔地坐北向南
生子一蔭
永登次子第十三世
應奎字　生崇禎辛亥年六月十八日寅時卒康熙
甲戌年五月十八日酉時配李氏生崇禎戊午年十月
十七日丑時卒康熙辛未年閏七月初十日未時合
在上杜大宅內坐士向丙
生子一愛
永登三子第十三世

應尾字　生失載卒康熙　年四月初十日葬
在喜禾竹坑配　氏
生子一傳
瑾傳子第十二世
礽字　生卒失載配　氏合葬在厲頭尾社田
墘坐北向南
生子一賞
臻傳子第十三世
四字世春生崇禎辛巳年二月初一日戌時卒順治乙亥年
九月廿七日午時葬在舊鋪坐東西配許氏生失載卒
順治　年十一月初六日酉時葬在姜與真隱堂

邊坐北向南　　生子二長七次戌

四長子第十四世

郯　字應恩生崇禎丙子年三月初二日丑時卒康熙癸

未年二月初十日寅時配　氏生卒失載合葬在崎

壠　妣林氏墓側

生子一八

四次子第十四世

三　字應情生崇禎甲申年五月初二日酉時卒順治甲辰

年八月廿三日未時葬在後埈口坐坤向艮兼丑未分

金配王氏生卒葬所失載

壽　辰傳子第十四世　生子一興

字應長生順治乙酉年配劉氏　生子一繼

換　乞長子第十四世

字應拔生順治丁酉年五月十八日申時卒康熙癸巳年三月十五日酉時配李氏生康熙辛亥年十月十七日酉時卒乾隆己未年二月初九日戌時合葬在頭巾石裡坐丙向壬　生子二長欽次燦

乞次子第十四世

丑　字應鳳生康熙壬寅年十一月廿三日丑時卒康熙壬寅年四月十四日辰時配羅氏生康熙丙辰年九月二十日酉時卒乾隆癸亥年十月初六日酉時合葬在東坑仔山裡坐巳向亥兼乾巽分金

生子二長應次台

乞三子第十四世

選　字應麟生康熙丁未年正月初十日戌時卒乾隆壬戌年三月十三日酉時配陳氏生康熙甲寅年正月十八日子時卒乾隆乙丑年十一月十一日寅時合

葬在石盤下坐丁向癸兼未丑分金

生子三長亮次賢三雅

貴長子第十四世

忠諱應信字心正生康熙辛亥年八月十四日丑時卒雍正丙午年十二月廿八日酉時葬在本海邊灣角坐南向北配陳氏生康熙乙丑年二月十三日酉時卒乾隆壬午年十一月十五日寅時葬在灣角坐午向子兼丁癸分金

生子三長貫次春三秋

貫次子第十四世

聖諱應文字心明生康熙戊午年八月初八日午時卒乾隆

甲子年三月初四日寅時葬在蘇東石坐巽向乾兼辰戌分金配黃氏生康熙甲戌年正月十五日寅時卒乾隆己巳年二月廿九日未時葬在蘇東石坐乾向巽

生子四長龍次虎三志四啟

貴三子第十四世

仁諱應德字心德生康熙壬戌年七月廿七日辰時卒乾隆丁丑年五月廿四日巳時配林氏生康熙乙亥年三月廿七日辰時卒乾隆癸未年十一月十五日巳時合葬在斧頭斜石後坐丁向癸兼未丑分金

生子三長宗次清三孝

道

貴四子第十四世

字應遷生康熙甲子年九月廿三日午時卒乾隆戊子年九月初三日未時配王氏生康熙丁丑年七月初二日申時卒乾隆辛丑年六月十四日午時合葬在大廟前坐丙向壬兼午子辛巳辛亥分金

生子四長法次達三吉四定

伯

二貫長子第十四世

字應成生康熙戊子年四月廿四日午時卒康熙辛亥年十二月廿八日辰時葬在同安東進保礤尾山下坐東向西配陳氏生康熙甲子年四月初八日子時

生子二長[illegible]次鳳

仲

二貴次子第十四世

字應相生康熙庚戌年　月　日　時配王氏

生康熙辛丑年二月十八日申時　出嗣臺灣

生子四長四次時三八四節

柤

二貫三子第十四世

字

喜

晧長子第十四世

字應艮生康熙壬午年四月十八日亥時卒乾隆辛未

年閏五月廿一日申時葬在番石後坐丁向癸兼未

丑分金配林氏生康熙癸未年正月二十日卯時卒
乾隆丙戌年四月二十日未時葬在番石後坐丙向
壬兼午子分金　生子一升

朝

疇次子第十四世
字應恭生康熙丙戌年五月初六日丑時卒乾隆丁
卯年四月廿二日未時葬在臺灣承天府三塊厝坐
北向南配　氏
生子二長陳次程

疇三子第十四世

固

字應泰生康熙庚寅年十月初五日丑時卒乾隆庚子年九月十四日未時葬在臺灣灰窑潭岈坐庚向甲兼卯酉分金配吳氏生康熙壬寅年八月廿三日未時卒乾隆戊戌年閏六月廿五日巳時葬在脩吳垵裡坐壬向丙兼巳亥分金

生子一　有

位

晴四子第十四世

字應奇生康熙乙未年十二月初二日卯時卒乾隆己丑年十一月初二日未時葬在吳貫南山邊坐坤向艮兼未丑分金配吳氏生雍正甲辰年十一月廿七日

未時卒乾隆壬子年四月廿四日卯時葬在南山灣坐
申向寅兼坤艮分金
生子二長抱次揆
興傳子第十四世

傳
字
暢長子第十四世

甫
字繼元生順治辛卯年十二月初十日未時卒康熙辛
丑年十月廿一日申時葬在上杜園裡坐乾向巽兼亥
巳分金配鄭氏生康熙甲申年五月十四日午時卒
康熙壬寅年正月初七日未時葬在石橋頭坐寅向申

兼艮坤　生子七長展次開三文四武五玉六位七廣

暢次子第十四世

燾

字繼瑞生康熙庚戌年二月初九日申時卒康熙壬寅年二月廿六日辰時葬在石橋頭坐寅向申兼艮坤

配鄭氏生康熙己未年五月廿二日辰時卒乾隆庚午年二月初九日酉時葬在破埔內坐卯向酉兼乙辛辛卯辛酉分金

生子二長夏次遷

連長子第十四世

祔

字繼美生康熙辛亥年二月初六日酉時卒康熙辛
卯年九月十五日辰時葬在石橋頭園坐癸向丁兼丑
未分金配莊氏生康熙辛酉年正月初九日亥時卒
乾隆丙寅年六月初六日未時葬在院口坐乾向巽
兼戌辰分金
生子二長本次蒲

經

進次子第十四世
字繼綸生康熙丙辰年二月十一日寅時卒康熙丁丑
年九月廿三日子時葬在大宅內坐壬向丙配　氏
嗣子哲係胞弟華第四子

連三子第十四世

煥

字繼祥生康熙甲子年七月十三日午時卒乾隆戊寅年十一月十七日巳時配林氏生康熙癸亥年四月初六日未時卒乾隆庚寅年十月十六日未時合葬在吳與祖坐乾向巽兼亥巳分金

生子五長總次老三衛四天生五天德

連四子第十四世

華

字繼祺生康熙丁卯年二月廿三日寅時卒乾隆丁亥年九月二十日亥時配陳氏生康熙壬申年九月初十日巳時卒乾隆戊寅年二月十三日巳時合葬在猫孔

石吳垵裡坐壬向丙兼亥巳分金

生子四長梧次遍三顯四哲出嗣胞兄經

友傳子第十四世

淑傳子第十四世

意愿字繼陳生康熙庚午年十月十四日未時

配　氏生康熙壬申年十月廿二日未時

生子

永長子第十四世

蔭　字繼松生康熙庚午年正月初九日午時

妣陳氏生康熙辛巳年十月十九日卯時
生子二長奪奕次三元

永次子第十四世
老
字繼齡生康熙己卯年九月初四日午時

盛傳子第十四世
陣
字繼客生康熙乙卯年十月十七日午時卒康熙戊子
年六月十二日辰時葬在茂林山坐庚向甲後遷葬在
烏厝埔塚山坐艮向坤兼寅申分金配江氏生康熙甲
子年九月廿五日丑時
生子一求

贊長子第十四世

清

字繼祖生康熙癸未年十月初三日卯時卒乾隆庚寅年三月初一日午時葬在樓山埭圻頭坐東向西

配林氏生康熙己亥年六月十四日巳時卒乾隆乙未年六月十四日戌時葬在落水龜坐東向西

生子一天賜

贊次子第十四世

民

字繼信生康熙丙戌年四月初三日卯時卒　年

月　日　時

贊三子第十四世

相

字繼智生康熙甲午年十二月廿七日卯時卒乾隆甲辰年八月二十日午時葬長嶺坐辰向戌兼乙辛丙辰丙午分金配余氏生康熙甲辰年十一月初四日酉時卒乾隆壬子年七月廿五日辰時葬落水龜坐東向西

生子二長天禎次挑

贊四子第十四世

雄

字繼議生康熙壬寅年　月　日　時卒

年　生子

福長子第十四世

報

字繼明生康熙辛卯年十月十三日寅時卒乾隆丁未

年十二月十九日巳時葬山姑坂坐申向寅兼庚甲
分金配孫氏　生子一 齊

佳
福次子第十四世
字繼白生康熙戊戌年十一月十四日丑時卒乾隆甲
辰年三月初七日酉時葬在後垵山坐坤向艮兼未丑
分金配楊氏生雍正庚戌年十一月廿八日酉時卒乾
隆丁未年十月初八日卯時葬在大宅坐癸向丁兼子
午分金　生子三 長石士 次察 三院
福三子第十四世

光　字繼明生雍正癸卯年十一月十八日亥時

惜傳子第十四世

進諱應雄字莫強生順治己亥年十月廿六日辰時卒雍正庚戌年三月初二日丑時葬在山坂尾　高祖墓邊坐辛向乙兼酉卯分金娶林氏生康熙庚戌年二月十二日巳時卒乾隆甲子年九月十七日戌時葬在後垵口坐庚向甲兼卯酉分金

生子二長仁次合

愛傳子第十四世　在長泰

字應傑生順治己亥年正月初三日申時卒雍正己

續

酉年四月初七日寅時葬在長泰縣恭順里中約鼎山
樹社土名吉埧崙坐壬丙兼子午辛亥分金配詹氏
生康熙癸丑年八月十七日子時卒康熙癸未年六月
廿八日酉時塟在本處山坂坐艮向坤兼寅申分金
生子五長泰次卿三寬四郎五親

榮

英儁子第十四世

字應和生康熙乙卯年二月初二日酉時卒康熙丁
酉年六月初五日巳時葬在臺灣烏松配莊氏生康熙
乙丑年七月廿九日　時卒康熙己亥年四月廿二日
丑時塟在山坂尾坐　向

生子二長種次第

潤長子第十四世

和　字　生娶卒葬失載

潤次子第十四世

尊　字繼來生康熙辛亥年三月十八日　時

年　月　日　時配陳氏生康熙甲申年三月

廿五日酉時　生子一順

立傳子第十四世　廈門尾頭

成　字繼接生康熙癸酉年正月初七日戌時配林氏生

康熙辛巳年十月十四日巳時

生子四長媽祐次神助三孟宗四載生

標傳子第十四世

富傳子第十四世

寅傳子第十四世

孟傳子第十四世

五哥傳子第十四世　自富兄弟四人俱住泉城

應治傳子第十四世

蔭　字

應奎傳子第十四世

愛　字仁理生崇禎庚辰年十一月初二日卯時卒康熙庚寅年三月廿九日辰時配施氏生崇禎癸未年正月十二日子時卒康熙丙辰年四月廿一日寅時合葬在水吼祖墓右邊

生子二長乞次丁

應美傳子第十四世

傳　字繼世生順治壬午年二月十五日午時卒康熙丙辰年六月十八日午時葬在下店洪岑田仔頂坐東向西

配連氏生康熙丁未年七月初九日未時卒年　月　日　時葬在東埔墩上塚山邊坐北向南兼　分金

生子五長連次招三中四喜五登

礽傳子第十四世

賞　字　生娶卒葬失載

生子一奇

七

四長子第十四世

字有德生崇禎戊寅年五月十九日巳時卒康熙己亥
年十月十五日午時葬在小磨髮山獅嘴上牛欄內湖
坐子向午配郭氏生崇禎癸未年六月廿二日未時
卒康熙辛酉年十一月十六日子時葬在姜與大路下
嶺仔前坐北向南穴　分金

生子一助

戊

四次子第十四世

字有在生崇禎辛巳年八月廿二日戌時卒康熙甲
午年十一月十三日戌時葬在姜與大路下西坑尾

坐南向北配李氏生崇禎丁酉年十二月廿四日酉時

卒　年　月　日　時葬在姜嶺大路

頂月仓鄉坐東北向西南

生子一　求

自賞七戌三八俱在

郝傳子第十五世

三傳子第十五世

興

字啟亮生康熙庚辰年八月初十日巳時

配陳氏生康熙庚辰年九月十四日酉時卒

生子三長彝次雄三達

壽傳子第十五世

繼　字

換長子第十五世

欽　字啟陽生康熙壬申年九月二十日子時卒乾隆甲午年十月二十日寅時配陳氏生康熙辛巳年十二月初十日寅時卒乾隆庚申年正月初十日子時葬在頭巾石坐南向北續配賴氏生康熙己卯年九月初七日　時卒乾隆甲辰年三月初五日酉時與公合葬在頭巾石坐坤向艮兼未丑分金

生子三長求次豫三陳　係陳氏出

燦

換次子第十五世

字啟智生康熙丙戌年正月十五日卯時卒乾隆

年　月　日　時配林氏生康熙己亥年正月

初五日　時卒乾隆乙亥年四月十六日寅時葬在頭

巾石坐子向午

生子二長漢次招

應

丑長子第十五世

字啟恩生康熙丙子年十二月廿九日辰時卒雍正己

酉年十二月初八日寅時葬在院口土地公庵後坐

癸向丁兼子午分金配劉氏生康熙己卯年十月初一日巳時卒乾隆癸巳年二月廿六日寅時葬在枋樹山坐酉向卯兼庚甲分金

生子二長富次崇

台

丑次子第十五世

字啟成生康熙癸巳年八月十五日辰時卒乾隆癸巳年正月十一日酉時葬在枋樹山坐坤向艮兼未丑丁未丁丑分金配陳氏生雍正乙未年十月十八日辰時卒嘉慶丙寅年二月十一日戌時葬楓樹[illegible]山坐丑兼丁癸丁未丁丑分金

生子六長權山次瀾三波四宇五偶宿六愛

選長子第十五世

亮　字啓明生康熙辛未年七月廿九日巳時卒康熙己未年九月初九日巳時葬在鄉坑尾長腳配卓氏

生子二長頂次嗣子奪係胞弟賢第三子

選次子第十五世

賢　字啓英生康熙丙子年七月廿五日巳時卒乾隆己丑年十二月初七日寅時配陳氏生康熙庚辰年九月廿三日未時卒乾隆癸巳年二月十二日午時合葬在北墓內邱坪裡坐辛向乙兼戌辰辛酉辛卯分金

生子三長雄次壯三奪出嗣阿兄亮、

雅

選三子第十五世

字敬才生康熙己卯年五月十六日午時卒乾隆甲申
年八月十六日未時葬在本山大營裡坐癸向丁兼
子午分金配林氏生康熙乙酉年五月初八日酉時
卒乾隆戊甲年六月初八日　時葬在大營裡楊厝
前園坐酉向卯兼戌辰辛酉辛卯分
生子五長勇次匪三專四參九加

忠長子第十五世

字

貫

春　忠次子第十五世
字啟先生康熙甲午年二月初六日寅時

秋　忠三子第十五世
字啟後生康熙辛丑年九月廿一日未時

龍　聖長子第十五世
字啟天生康熙戊戌年六月廿四日子時
生子一　謹

虎　聖次子第十五世
字啟山生雍正元年二月十五日戌時

聖三子第十五世

志　字啟冬

聖四子第十五世

啓　字啟成

仁長子第十五世

宗　字啟遠生康熙丙申年七月初九日辰時卒乾隆癸丑年七月廿六日未時配邱氏生雍正庚戌年四月十七日子時卒乾隆庚戌年八月十一日巳時合葬在廟兜社後坐坤向艮兼申寅辛未辛丑分金

生子三長輝次三三安

仁次子第十五世

清　字啓近生康熙戊戌年十二月十七日子時卒乾隆
丁未年九月十二日卯時葬在塗樓下坐丁向癸兼未
丑庚子庚午分金配李氏生雍正甲寅年五月廿三
日午時卒乾隆辛巳年十一月十七日辰時葬在斧
頭石后園裡坐丁向癸兼丑未分金
生子二長廣次祐

仁三子第十五世

孝　字啓慕生雍正己酉年十一月廿一日巳時卒乾隆
戊申年七月廿五日寅時葬在本山廟兴社後塗樓下
坐坤向艮兼申寅辛巳辛亥分金配葉氏生乾隆己

未年十一月初二日未時
生子四長水次美三黙四誠

道長子第十五世

法

字啓得生康熙壬寅年五月十五日午時卒乾隆戊申
年四月廿三日丑時配陳氏生乾隆丙辰年十二月廿
四日酉時卒乾隆丁丑年六月十二日巳時葬在海墘
河仔上續配吳氏生雍正癸丑年正月初三日寅時卒
乾隆丁未年五月初二日未時與公合葬在蔡嶺面前
下斗山坐巽向乾兼辰戌丙辰丙戌分金
生子二長頂出嗣陳氏次項係吳氏出

道次子第十五世
達　字啓白
道三子第十五世
吉　字啓慮生雍正庚戌年十月初八日酉時卒乾隆戊申
年三月廿二日未時葬在庵仔后虎牢兜厝邊配鄭
氏生乾隆辛酉年十月初六日寅時
生子五長蔭次懊三典四和五順
道四子第十五世
定　字啟安生雍正癸丑年十月初五日酉時卒乾隆庚
寅年六月廿二日未時葬在本鄉海墩河上厝配林氏

生乾隆壬戌年五月二十日巳時
生子二長光義次光成

鸞
伯長子第十五世
字啟智生康熙壬午年四月廿九日午時
配黃氏生康熙甲申年十一月初三日未時
生子一藝

鳳
伯次子第十五世
字啟信生康熙辛卯年二月十二日卯時

四
仲長子第十五世
字

時
字
仲次子第十五世

仲三子第十五世

八
字
仲四子第十五世

節
字
祖傳子第十五世

喜傳子第十五世

升
字啟育生雍正甲寅年四月十八日寅時卒嘉慶卒未

年三月十二日寅時葬斜石坐丙向壬兼巳亥配許氏
生乾隆癸亥年四月廿五日未時卒道光辛巳年三
月初六日卯時葬下尾前畬石坐丙向壬兼巳亥丁巳
丁亥分金　　生子一光富

陳　朝長子第十五世
字啓明生乾隆戊午年正月廿二日巳時卒乾隆戊
子年二月廿五日亥時葬在臺灣

程　朝次子第十五世
字啟敬生乾隆辛酉年三月初二日未時　住臺灣

固傳子第十五世

有
字啟基生乾隆壬申年九月初六日午時卒乾隆癸丑年八月十六日未時葬在臺灣坎仔腳謝厝寮潭岓祖配許氏生乾隆庚辰年七月十三日寅時
位長子第十五世

抱
字啟拱生乾隆庚午年正月十五日未時卒乾隆壬子年閏四月廿六日未時葬在番邦丁加盧配盧氏生乾隆庚辰年正月初九日戌時卒　　年　月　日　時葬歸得里石壁山腳大莿崙虎形後坐東南向西北　　生子一心意
位次子第十五世

揆

字啓恭生乾隆癸未年三月十五日未時卒嘉慶丁
未年三月十一日戌時
配阮氏生乾隆乙未年　月　日　時
生子一盾
儁傳子第十五世

展

甫長子第十五世
字伯翼生康熙辛酉年十月廿六日寅時卒乾隆丁
巳年四月十六日申時配張氏生康熙乙丑年五月初
一日巳時卒乾隆戊辰年閏七月初二日酉時

生子三長拱次朗三細

甫次子第十五世

開　字伯蜚生康熙癸亥年十二月廿一日子時卒康熙庚子年八月十三日酉時葬在大宅內坐坤向艮配　氏

生子一頂

甫三子第十五世

文　字伯旭生康熙丁卯年九月十五日亥時

甫四子第十五世

武　字伯鎮生康熙甲戌年二月初九日卯時

甫五子第十五世

玨　字伯禎生康熙丙子八月初一日酉時
甫六子第十五世
位　字伯在生康熙己卯年正月初三日辰時
甫七子第十五世
廣　字伯志生康熙辛卯年正月廿六日卯時
燕長子第十五世
覓　字伯山生康熙己卯年七月初八日亥時卒乾隆乙巳
年十二月十三日未時配潘氏生康熙甲申年十二月
初五日酉時合葬在破埔山坐申向庚兼寅申分金
生子三長所次鈌三著

選

燾次子第十五世

字伯海生康熙壬辰年六月初五日午時

配張氏生雍正甲辰年九月廿一日辰時

生子三 長蒲 次宜 三高

本

燾長子第十五世

字伯論生康熙癸未年十月廿九日巳時卒乾隆辛未年八月十八日申時葬在貓孔石員坡裡配楊氏生康熙己亥年十一月十四日午時卒乾隆己酉年四月二十日卯時葬在面前山番石下

生子二 長長 次國

蒲

祏次子第十五世

字伯亭生康熙丙戌年十二月廿一日亥時卒乾隆丁未年九月廿八日丑時葬在楊厝前坐乾向巽兼亥巳分金配吳氏生康熙丁酉年九月廿七日卯時

生子三長罕次盛三佛賜

哲

經嗣子第十五世

字伯濬生雍正壬子年四月初二日亥時卒乾隆甲戌年八月十二日寅時配林氏生雍正己未年十月初五日寅時

嗣子一慶係同胞梧兄三子

總

煥長子第十五世

字伯元生康熙乙酉年四月十四日酉時卒乾隆戊寅年十月二十日午時葬在石盤山邊崎坐丁向癸兼亥巳午子分金配柯氏生康熙戊子年六月廿三日丑時卒乾隆甲辰年十一月廿五日巳時葬本社前山仔裡坐辰向戌兼乙辛分金

生子五長唱次背三良出嗣鵬叔老四科五馮出嗣鵬叔衡

老

煥次子第十五世

字伯安生康熙庚寅年閏七月十三日酉時卒雍正壬子年四月十八日申時

衛

嗣子一良係胞兄總三子

燦三子第十五世

字伯遠生康熙壬辰年十一月十三日申時卒乾隆戊
午年四月十八日巳時配蕭氏生康熙癸巳年七月十
六日申時卒乾隆戊申年五月十一日未時葬在土樓
石崁後坐坤向艮兼申寅分金

生子月嗣子馮係胞兄總五子

天生

燦四子第十五世

字伯祿生康熙己亥年四月廿九日寅時卒乾隆乙酉
年十一月初八日卯時葬在院口坐子向午兼壬丙分

金配楊氏生康熙癸卯年十一月廿七日　卒乾隆
辛亥年七月十七日卯時葬在貓孔石坐午向子兼
丁癸分金生子五長泰次雲英出嗣天德三川四玉五崑

煥　五子第十五世

天德字伯福生雍正癸卯年四月初七日卯時卒乾隆乙
丑年七月初二日酉時葬在貓孔石坐丁向癸兼未丑
分金　嗣子一雲英係煥次子

華長子第十五世

梧　字伯玉生康熙壬寅年十一月十九日辰時卒乾隆丙
申年十一月二十日午時葬在貓孔石坐癸向丁兼子

子午分金配楊氏生康熙丙午年十月十五日午時卒
乾隆庚戌年三月廿二日亥時葬在貓孔石坐甲向庚
兼酉卯分金
生子三長瑞次泰三慶出嗣哲

遍

華次子第十五世
字伯禮生雍正乙巳年十月十九日亥時卒乾隆庚
寅年正月廿三日酉時葬在斜石前坐酉向卯兼乙辛
分金配陳氏生乾隆丁巳年八月十五日寅時
生子二長扶次南

華三子第十五世

顯　字伯禧生雍正己酉年七月十四日巳時卒乾隆辛未年八月廿六日未時　生子一田

哲　華四子第十五世　出嗣

意愿傳子第十五世

蔭長子第十五世

奚　字

蔭次子第十五世

三元字

老傳子第十五世

陣傳子第十五世

求字長來生康熙壬辰年六月初二日午時

配陳氏生雍正元年十一月初六日酉時

生子二長士次主

清傳子第十五世

天賜字

民傳子第十五世

相長子第十五世

天祐字

相次子第十五世

桃　字伯選

生子一金英

雄傳子第十五世

報傳子第十五世

齊　字伯脩生乾隆癸亥年十月初十日巳時卒

配杜氏生乾隆丁卯年八月十九日亥時
生子五 長海 次南 三照 四北 五和

佳長子第十五世
士
字伯儒生乾隆甲戌年閏四月十七日申時

佳次子第十五世
察
字伯詳生乾隆癸未年十月十九日巳時

佳三子第十五世
院
字伯寺生乾隆己丑年二月廿八日午時

光傳子第十五世

仁

進長子第十五世

字啓德生康熙乙亥年七月十四日卯時卒雍正甲寅年七月十二日午時葬在大宅內坐寅向申兼甲庚分金配陳氏生康熙庚辰年九月廿七日辰時

生子二　長興祖　次佛印

合

進次子第十五世

字啓和生康熙丁丑年十月十一日亥時卒乾隆丙寅年正月十二日巳時葬在山坂尾埭內坐艮向坤兼丑未分金配黃氏生康熙四十年十月初十日未時

生子四　長招　次法　三學　四凰

續長子第十五世

泰

字

續次子第十五世　在長泰

卿

字啓出生康熙庚午年十月初七日午時卒乾隆乙亥年八月十五日午時配林氏生康熙戊寅年正月初一日亥時卒乾隆乙亥年九月初八日子時合葬在君田裡坐癸向丁兼子午分金

生子一　祜

續三子第十五世　在長泰

寬

字敬入生康熙癸酉年五月十七日辰時卒雍正甲

寅年三月初八日酉時葬在同安縣安八里上杜山
姑坂坐辛向乙兼戌辰分金配陳氏生康熙辛巳年
三月廿五日辰時卒乾隆甲午年二月初一日亥時葬
在恭順里　山樹社土名周厝坐戌向辰兼乙辛分金
生子三長熊次衍三勅
續四子第十五世　在長泰

郎

字啟來生康熙己卯年十月初二日亥時卒乾隆辛丑
年五月十五日卯時葬在恭順里古洋社土名岩後坐
亥向巳兼乾巽丁亥丁巳分金配楊氏生康熙甲戌年
三月初九日申時卒康熙壬寅年十一月十二日申

時葬在冀山樹社下林坑坐寅向申兼甲庚庚寅庚申分金續配詹氏生康熙丙戌年二月十三日子時卒乾隆己丑年九月廿五日子時葬在恭順里擬嶺社土名深田後坐未向丑兼坤艮辛未辛丑分金

生子三長琴次錯三竊

續五子第十五世

親

榮長子第十五世

種

字

生康熙甲申年四月十三日未時

生子一天奇

第
榮次子第十五世
字生康熙己丑年十月十九日卯時卒乾隆丁卯年十
二月十四日申時葬在古洋社杉林内配林氏生康熙
甲午年十月廿二日卯時卒乾隆丙申年八月初二日
申時葬在方城里
生子一　機
和傳子第十五世
尊傳子第十五世
順
字廡章

成長子第十五世

嫣祐字應神生雍正戊申年三月初九日申時卒乾隆

年七月廿六日巳時葬尾頭山坐丁向癸配翁氏

生雍正辛亥年十二月廿四日　時卒乾隆　年正

月三十日申時葬在尾頭山坐丙向壬

生子二長朝宗次得意

成次子第十五世

神助字　生雍正辛亥年十月十六日辰時卒乾

隆壬申年五月十四日戌時

成三子第十五世

孟宗字生雍正甲寅年十二月廿五日酉時卒乾隆戊寅年十一月初十日子時

成四子第十五世

戴字　生乾隆戊午年十月初七日 時卒乾隆癸卯年十一月初九日巳時葬在尾頭山坐甲向庚配林氏生乾隆丙寅年三月十五日辰時卒乾隆甲午年十二月初三日辰時葬在小官廳坐癸向丁

生子一顯祖

兄弟四人俱住厦門尾頭

蔭傳子第十五世

乙

愛長子第十五世

字心晛生康熙己酉年二月初七日戌時卒康熙戊申年十月廿五日巳時配施氏生康熙癸丑年八月十九日丑時卒康熙丙申年正月初九日戌時續配洪氏生康熙丙辰年七月初三日戌時

生子三長喆次習三品

丁

愛次子第十五世

字心燿生康熙辛亥年八月初六日戌時卒康熙丙申年二月十五日寅時配潘氏生康熙癸亥年十二

月初九日午時　生子一老

傳長子第十五世

連　字　生康熙乙丑年八月廿三日未時

配花氏生康熙辛巳年五月十九日巳時

生子二長博次果

傳次子第十五世

掊　字　生康熙戊辰年五月十九日寅時

傳三子第十五世

中　字澤民生康熙辛巳年八月十三日寅時

傳四子第十五世

喜　字　生康熙丙子年三月初四日午時
傳五子第十五世
叠　字　生康熙己卯年閏七月廿一日巳時
賞傳子第十五世
竒　字　生康熙丁亥年十二月十七日申時
七傳子第十五世
助　字生康熙丙午年七月初九日卯時卒　年
八月廿五日戌時葬在姜與垻仔頂覆灶坪坐西向東
配劉氏生康熙乙卯年十一月初一日午時
生子六長隆次光三來四侍五寀六和

戍傳子第十五世

求字　生康熙甲戌年八月十七日巳時

配陳氏生康熙己卯年七月初五日午時

生子二長光次民

奇助求三人俱在姜與

興長子第十六世

奪字

興次子第十六世

雄字

興三子第十六世

達字
繼傳子第十六世
欽長子第十六世
求字
生子一山
欽次子第十六世
豫字
生子一海
欽三子第十六世

陳　字
燦長子第十六世
生子二長佛送次嫣宣

漢　字
燦次子第十六世

掐　字
應長子第十六世

富　字文財生雍正戊申年八月初三日午時卒乾隆乙亥年五月十三日巳時葬在頭巾石坐丁向癸兼丑未分金
嗣子一寬敏係崇孝

崇　應次子第十六世

字文高生雍正己丑年三月初八日寅時卒乾隆
年　月　日　時葬在嵩邦宋腳配蔡氏生乾隆
甲子年九月十一日巳時卒　年十二月廿
七日寅時葬土地公後坐子向午丙子丙午分金
生子四長苞次寬敏出嗣富三入四邑

權山　白長子第十六世

字文宣生乾隆丁卯年二月廿七日卯時卒嘉慶元
年丙辰六月十九日　時外殁配林氏生乾隆戊辰
年五月十三日寅時卒道光癸未年三月初一日午

時葬在下厝社后郭厝大巢子宅后坐申向寅兼坤艮

分金丙申丙寅

生子二長掌次沃

台次子第十六世

瀾

字文壆生乾隆辛未年六月初十日未時卒失載葬

在畬邦吉礁配郭氏

生子一纘

台三子第十六世

波

字慶文生乾隆甲戌年九月初五日亥時卒乾隆

年正月初八日　時葬在吉礁

生子二長緒次欝

台四子第十六世

宇

字文愿生乾隆丁丑年六月初二日酉時卒嘉慶辛未年十一月廿一日未時葬仙人抱碧山坐丁向癸兼午子分金丙子丙午配翁氏生乾隆丁亥年五月初十日巳時卒　年　月　日　時葬廟兜坑石濟嶺頭坐乾向巽兼戌辰丙戌丙辰分金

生子二長果次侯

台五子第十六世

偶

宿字文禮生乾隆庚辰年五月二十日辰時卒嘉慶甲戌

卒五月廿二日午時葬枋樹山與母同穴坐未向丑兼
丁癸丁未丁丑分金配林氏生乾隆丁亥年二月十七
日丑時卒道光壬寅年十月廿七日申時葬土樓裡
坐坤向艮兼未丑分金丁未丁丑
生子二長建條次心正

台六子第十六世

愛

字文友生乾隆庚寅年七月十九日辰時卒嘉慶癸
亥年六月十九日　時葬在畨邦配李氏生乾隆庚子
年正月初九日寅時卒道光壬午年三月三十日未時
葬大煌裡坐乾向巽兼戌辰丙戌丙辰分金

生子一　論

亮長子第十六世

頎　字

亮次子第十六世

奪　字文標生雍正甲寅年十二月初七日巳時卒乾隆乙
酉年四月十五日寅時葬在沓郛吉蕉浮廬配顧氏
生乾隆甲子年十二月初一日　時
生子二長送來係雄孝子次考

賢長子第十六世

雄　字文傑生康熙壬寅年二月廿八日寅時卒乾隆癸巳

年五月十九日寅時葬在沓邦培蟻配陳氏生雍正己酉年五月初十日未時卒嘉慶丁卯年十一月二十日辰時葬頭巾石坐丑向未兼癸丁丁丑丁未分金

生子二長經綸次送來出嗣李

賢次子第十六世

壯

字文略生雍正甲辰年九月十六日未時卒乾隆乙酉年五月初三日子時葬在沓邦吉礁港口舊甲厝後

配邱氏生雍正甲寅年三月廿三日戌時卒乾隆己丑年十二月初三日寅時葬在北臺內邱坪裡坐西向東

生子二長茂林次馨宜

奪　賢三子第十六世　出嗣

勇　雅長子第十六世

字文湄生雍正甲辰年九月初十日丑時卒乾隆癸卯年三月十四日寅時葬在畨邦浮盧配黃氏生雍正壬子年十一月十四日辰時卒葬失載

生子三長澤次景三水出嗣臨勇雁

雁　雅次子第十六世

字文傳生雍正乙卯年二月初九日卯時卒乾隆戊寅年六月十一日寅時葬在畨邦吉礁

嗣子一木（保勇三子）

雅三子第十六世

專　生卒失載

雅四子第十六世

参　字文彬生乾隆甲子年二月十三日卯時卒乾隆

年正月初四日辰時葬番邦吉熊

生子一天成

雅五子第十六世

加　字文仁生乾隆己巳年五月十二日酉時卒乾隆

年　月　日　時葬在番邦吉熊

貫傳子第十六世
生子一天養
春傳子第十六世
秋傳子第十六世
龍傳子第十六世
謹
字文玉生乾隆癸酉年
生子三長就次梓三弁

虎傳子第十六世

志傳子第十六世

啟傳子第十六世

宗長子第十六世

輝

字文彩生乾隆庚午年七月十四日午時卒葬臺灣

宗次子第十六世

三

字文德生乾隆甲戌年五月廿一日子時卒乾隆丁

未年十月十六日午時配黃氏生乾隆辛未年六月廿七日寅時卒乾隆丙午年五月廿八日卯時合葬在池内坐庚向甲兼申寅丙寅丙申分金

生子二長汝漢次汝淮

宗三子第十六世

燮

字文建生乾隆辛巳年十月十六日卯時卒嘉慶庚辰年八月十五日巳時配邱氏生乾隆丙申年十二月十九日丑時卒道光甲午年七月初六日戌時合葬廟兜社後斜石裡坐申向寅兼坤艮辛未辛丑分金

生子五長公由次江水三露珠四純賓五文瑞

清長子第十六世　廣

字文脩生乾隆癸酉年五月廿二日巳時卒乾隆戊申年五月十九日酉時葬在下尾前海墘灣角坐坤向艮兼未丑分金配龔氏

生子二長萬出嗣　次億

清次子第十六世　祐

字文旦生乾隆戊寅年十月二十日卯時卒道光庚寅年四月廿一日巳時葬泥樓下坐未向丑兼丁癸配邱氏生乾隆丁亥年四月廿四日卯時卒道光庚戌年九月初四日寅時葬海墘坐丁向癸兼子午丙子丙午分

金　生子三長梓細次添丁三添蘭

水
孝長子第十六世
字文渥生乾隆己卯年十月十一日亥時卒嘉慶丁巳年八月初一日卯時葬梨灣配盧氏生乾隆壬午年十二月初四日巳時卒嘉慶庚辰年八月十二日未時葬下尾面前泥樓裡坐申向寅兼坤艮丙寅丙申分金
生子一光渤

羡
孝次子第十六世
字文禧生乾隆乙酉年六月廿四日未時卒道光庚子年二月初三日戌時葬鉄樹鷄坐庚向甲兼寅申

庚寅庚申分金配林氏生乾隆己丑年二月十四日
卯時卒嘉慶癸亥年四月二十日未時葬松仔內坐坤
向艮兼未丑
生子一　媽撫

孝三子第十六世
默　字文光生乾隆戊子年十月廿五日午時卒嘉慶丁
卯年四月十五日午時葬檳榔嶼

孝四子第十六世
試　字文遠生乾隆壬辰年十二月初四日巳時卒嘉慶丁
卯年十一月十五日午時葬檳榔嶼

項
法長子第十六世
字文賢生乾隆己卯年六月初一日亥時卒葬臺灣
配陳氏生乾隆癸未年三月初二日未時卒乾隆乙卯
年十月三十日午時葬海墘河仔頂坐巳向亥
生子一　光在

項
法次子第十六世
字文誦生乾隆丁亥年正月廿六日巳時卒道光癸
卯年八月十九日未時葬坑口坐子向午兼壬丙丙
午年丙子分金配邱氏生乾隆庚寅年九月十一日丑時
卒道光丙午年八月廿九日未時葬海墘坐　向

生子六長奇英次君三媛四記五壽六魁出嗣義

達傳子第十六世

蔭

吉長子第十六世

字文登生乾隆戊寅年三月初十日巳時

懊

吉次子第十六世

字文喜生乾隆癸未年十二月廿一日丑時

典

吉三子第十六世

字文裁生乾隆丁亥年八月廿六日酉時卒道光辛巳年七月十九日巳時

生子一　奇南

和　吉四子第十六世
字文合生乾隆丁酉年五月廿七日午時

順　吉五子第十六世
字文怡生乾隆庚子年八月廿六日酉時

光　定長子第十六世
義字文英生乾隆壬午年五月廿四日未時卒道光辛
丑年八月廿五日午時葬廟墘山仔坐癸向丁兼丑
未配楊氏生乾隆庚戌年九月初七日午時卒嘉慶
戊寅年六月廿三日未時葬在廟墘山仔土地公後坐

艮向坤兼寅申丙寅丙申分金

生子二長茂珍出嗣胞弟成 次嗣子源魁本生父頊

定次子第十六世

光成字文顯生乾隆庚寅年五月廿一日戌時卒乾隆乙卯年九月廿六日戌時葬廟兜山仔坐丁向癸兼未丑

嗣子茂珍本生父義

鸞傳子第十六世

藝字

鳳傳子第十六世

四傳子第十六世

時傳子第十六世

節傳子第十六世

升傳子第十六世

光富字文祐生乾隆戊子年九月廿六日未時

配許氏生乾隆甲午年六月十七日巳時

陳溥子第十六世

程傳子第十六世

有傳子第十六世

抱傳子第十六世

心意字生乾隆庚戌年八月初九日寅時卒道光辛丑年九月十三日卯時葬鉄樹雞外坐申向寅鍼庚甲庚申庚寅分金配邱氏生嘉慶辛酉年六月十七日酉時

生子五長某次國出嗣三將四必五禎祥

㮮傳子第十六世

拱　展長子第十六世
字文恊生康熙甲申年十一月十二日巳時
配卓氏生康熙五十二年正月廿七日辰時

朗　展次子第十六世
字文貴生康熙己丑年六月廿一日午時

細　展三子第十六世
字文英生康熙庚子年九月初二日亥時
配林氏生雍正十年四月初十日亥時

生子三長高明次悠久三

頂

開傳子第十六世

文傳子第十六世

武傳子第十六世

王傳子第十六世

位傳子第十六世

廣傳子第十六世

所

夏傳子第十六世

字文然生雍正乙卯年五月十七日丑時卒乾隆甲申年二月廿一日巳時葬在鳶翼山坐壬向丙兼子午分金　生子一盛

鈌

夏次子第十六世

字文秦生乾隆己未年十一月初六日未時卒乾隆丁未年八月十三日巳時葬在居垵口山坐丙向壬兼己亥分金配柯氏生乾隆己亥年八月十九日酉時

生子二長壽舜次溫彔

夏三子第十六世

著　字文現生乾隆庚午年五月初二日未時卒乾隆壬辰年十一月廿一日寅時

生子一寬諒

遷長子第十六世

蒲　字文蓍

遷次子第十六世

宜　字文得

遷三子第十六世

高　字文明

本長子第十六世

長　字文上生乾隆壬戌年十二月廿八日丑時卒失載

葬在海墘灣角塚

本次子第十六世

國　字文家生乾隆乙丑年七月廿四日　時卒乾隆丁

未年十一月十五日卯時葬在社前山仔裡斜面下

蒲長子第十六世

罕　字文毅生乾隆丁巳年十一月十一日巳時卒乾隆

甲午年十二月初四日午時葬番邦嘛六呷配翁氏

生乾隆己巳年十月十八日寅時

生子一 西

蒲次子第十六世

盛

字文興生乾隆乙丑作六月十三日巳時卒乾隆年正月廿七日午時葬在院口

蒲三子第十六世

佛賜

字　生乾隆甲戌年十二月初一日卯時卒乾隆癸丑年六月十九日　時葬麻六甲樓周總配楊氏生乾隆乙未年十一月初二日寅時卒道光甲辰年　月十八日未時葬山仔頭坐南向北

生子一搢搯

慶

哲嗣子第十六世

字文喜生乾隆癸未年三月初四日酉時卒嘉慶丙子年正月廿一日寅時配陳氏生乾隆丙午年三月廿三日午時卒道光乙巳年九月十七日申時葬磨東石坐壬向丙兼亥巳辛亥辛巳分金

生子五長周次寡三再四魁沂獺

唱

總長子第十六世

字文魁生雍正庚戌年三月三十日酉時卒嘉慶乙丑年正月初一日寅時葬在磨東石坐

配朱氏生雍正甲寅年十二月廿九日巳時卒乾隆
乙未年十一月廿五日申時葬在山邊崎坐巳向亥兼
丙壬分金續配邱氏生乾隆戊辰年七月十一日巳
時卒嘉慶甲子年四月廿九日未時葬斧頭石坐丙向
壬兼巳亥丁巳丁亥分金
生子三長立次提三得係朱氏出

総次子第十六世

肯
学文榮生雍正辛亥年六月十八日未時卒乾隆甲
寅年九月十七日卯時葬在許厝山本戸園內坐癸向
丁兼子午丙子丙午分金配陳氏生乾隆丙辰年正月

十三日辰時續配邱氏生乾隆戊辰年七月十二日巳時卒嘉慶甲子年四月廿九日未時葬社前土名斧頭倉坐丙向壬兼巳亥丁巳丁亥分金

生子五 長海 次鎮 三知 四切 五錐 出嗣馮

艮

総三子第十六世

出嗣

科

總四子第十六世

字文勇生乾隆戊辰年二月廿三日丑時卒乾隆甲寅年四月廿七日子時葬檳榔嶼配周氏生乾隆己卯年六月廿六日卯時卒道光乙巳年三月廿四日丑時葬

上行坐午向子兼壬丙分金丙午丙子

生子一　琴

總五子第十六世

出嗣

馮　老嗣子第十六世

良　字文忠生乾隆乙丑年二月初九日寅時卒乾隆辛

卯年六月廿七日午時魂在番邦吉礁配盧氏生乾

隆庚午年十月十二日巳時卒　年十月初五

日　時葬磨東石坐北向南

生子二長瑤次恭

衞長子第十六世

月

字文碧生乾隆戊午年十一月十三日午時卒乾隆戊子年十二月廿七日巳時葬在畓邦沙弄配邱氏生乾隆己未年十月初五日未時卒嘉慶癸亥年五月初九日巳時葬土樓裡坐未向丑兼坤艮辛未辛丑分金　生子一正

衞嗣子第十六世

馮

字　生乾隆辛未年八月初八日寅時卒乾隆辛丑年三月廿五日未時葬在畓邦金交椅與

嗣子一錐係曾孝　生子一任

天生長子第十六世

秦

字文書生乾隆丁卯年八月十八日子時卒乾隆辛亥年十月初六日　時葬沓邦吉礁配林氏生乾隆丁卯年十月廿一日申時卒乾隆戊申年正月十九日丑時葬在院口坐子向午兼壬丙分金

生子二 長鶴 次光案

天生次子第十六世

雲英

出嗣

天生三子第十六世

川

字文泉生乾隆癸酉年十一月初一日卯時

配黃氏生乾隆癸酉年　生子一朝陽

天生四子第十六世

玉　字文珠生乾隆丙子年　配顧氏

生子二長容次寮

天生五子第十六世

崑　字文崙生乾隆己卯年十一月初二日戌時卒嘉慶丁

卯年二月廿四日未時葬土坑後坐壬向丙兼亥巳配

陳氏生乾隆戊子年八月廿三日酉時卒道光乙巳年

十月初十日寅時葬　坐申向寅兼坤艮丙申丙寅

分金

生子四長要次名三逃四動

天德嗣子第十六世

雲莢字文龍生乾隆庚午年七月十四日未時

配邱氏生乾隆乙酉年二月十八日寅時

生子二長審次深泉

梧長子第十六世

瑞　字文暢生乾隆辛未年九月十八日寅時

梧次子第十六世

泰　字文岩生乾隆丙子年八月十八日辰時

梧三子第十六世

慶　出嗣

遍長子第十六世

扶　字文特生乾隆戊寅年

遍次子第十六世

南　字文石生乾隆庚辰年正月十三日午時

顒傳子第十六世

田

奚傳子第十六世

才　主

三元傳子第十六世

求長子第十六世

求次子第十六世

天賜傳子第十六世

天祐傳子第十六世

挑傳子第十六世

金爽

齊長子第十六世

海

文瀾生乾隆庚寅年四月廿三日酉時

配許氏生乾隆　年二月初七日未時

生子

齊次子第十六世

南

字文薰生乾隆甲午年六月初七日卯時

齊三子第十六世

照

字文耀生乾隆丁酉年四月初十日亥時

齊四子第十六世

北　字文極生乾隆甲辰年正月廿四日亥時

齊五子第十六世

和　字文凤生乾隆壬子年六月廿五日戌時

士傳子第十六世

祭傳子第十六世

院傳子第十六世

仁長子第十六世

興祖字文春生雍正二年八月二十日未時　　年
月　　日　　時配張氏生雍正四年三月十三日申
時卒乾隆　　年　　月　　日　　時續配周氏生
雍正己亥年八月初八日酉時
生子一華

仁次子第十六世

佛印字文秋生雍正八年八月十四日戌時
配陳氏生乾隆二年二月十四日卯時
生子四長孝次娘三正四九娘

拾

合長子第十六世

字文夏生康熙五十五年九月十九日未時卒

年　月　日　時配盧氏生雍正己酉年

七月十一日辰時卒　年　月　日

時葬在倉頭塚坐丑向水兼艮坤分金

生子四長一次脩三艮四意

法

合次子第十六世

字　生雍正六年十月十五日午時

配邱氏生雍正癸丑年二月十二日丑時

生子二長全次約

合二子第十六世
學字生乾隆元年十一月初一日未時卒乾隆
戊申年四月二十日未時葬臺灣配陳氏生乾隆四年
十一月初二日辰時
生子四長清次深三壇四侍

合四子第十六世
鳳字生乾隆五年十月十六日未時卒乾隆
甲辰年九月初五日未時葬在倉頭塚坐寅向申配陳
氏生乾隆戊午年六月初十日午時
生子一寧

泰傳子第十六世

祐

卿傳子第十六世

字文奇生雍正壬子年五月十七日申時卒乾隆乙

酉年十二月初二日巳時葬在吳田寨後壠坐坤向艮

癸未丑分金配薛氏

生子三長武次聘三等

能

寬長子第十六世

字文熙生康熙乙巳年三月廿二日申時

配盧氏生乾隆丙辰年九月廿六日未時

生子三長行次位三同

竹

寬次子第十六世

字文萊生雍正戊申年十月初二日酉時配薛氏生乾隆己未年十月初十日酉時卒乾隆丙午年正月十七日戌時葬在吳田寨後壠坐辛向乙兼戌辰辛酉辛卯分金

生子三長沛次稟三把

勅

寬三子第十六世

字文整生雍正癸丑年三月初三日戌時卒乾隆戊戌年六月十六日寅時葬在恭順大壇塚龜仔山坐東向西配蔡氏生乾隆己巳年六月廿九日申時卒乾

隆辛丑年十一月廿五日午時葬在恭順里大壇塚山

生子一卞

郎長子第十六世

瑟

字文瑟　生康熙壬寅年八月十八日巳時卒乾隆辛

亥年九月初五日酉時葬在恭順里龔山倒社土名

大坡裡坐向內丑未兼艮坤外艮坤兼丑未丁丑丁未

分金配吳氏生雍正乙卯年七月初六日亥時

生子五長聰次遂三屛四曷五兩寸

郎次子第十六世

錯

字　生雍正癸丑年正月廿一日巳時卒乾

隆辛亥年九月初五日葬在恭順裡叢山樹社土名大墘坐癸向丁兼子午丙子丙午分金配戴氏生乾隆戊午年十月十九日巳時卒乾隆己酉年十二月三十日申時與夫合葬

生子二長記明次傑

竊

郎三子第十六世　自祐至此俱在長泰

字　生乾隆壬戌年正月二十日子時卒乾隆乙巳年二月初七日未時葬在恭叢裡順山樹社土名內溪口坐酉向卯兼辛乙辛酉辛卯分金配鄭氏生乾隆甲子年七月廿二日亥時

親傳子第十六世　生子二　長楠　次湍

種傳子第十六世

天奇

第傳子第十六世

機

字文會生乾隆庚申年二月三十日戌時卒乾隆庚戌年三月初二日戌時葬吳田寮後壠配蔡氏生乾隆丙寅年八月十二日丑時

生子一張

順傳子第十六世

朝宗字

媽祐傳子第十六世

生乾隆甲戌年八月初一日巳時

配林氏生乾隆壬辰年六月廿一日辰時

生子一清河

得意字

媽祐六子第十六世

生乾隆辛卯年六月十五日寅時

神助傳子第十六世

孟宗傳子第十六世

載傳子第十六世

自朝宗至此俱住厦門犀頭

顯祖字

生乾隆癸未年十月廿一日卯時

乞長子第十六世

喆

乞次子第十六世

習

乞三子第十六世

品　丁傳子第十六世

老　逹長子第十六世

博　連次子第十六世

果　招傳子第十六世

中傳子第十六世

喜傳子第十六世

登傳子第十六世

奇傳子第十六世

助長子第十六世

隆

生子一會

允

助次子第十六世

生子四　長日　次地　三碧　四瑗

來

助三子第十六世

生子一　錢

侍

助四子第十六世

生子二　長烈　次惓

助五子第十六世

家　助六子第十六世

和　求[illegible]子第十六世

光　求次子第十六世

民　奪傳子第十七世

雄傳子第十七世

達傳子第十七世

山

求傳子第十七世

嗣子一粒積

海

豫傳子第十七世

陳長子第十七世

佛送

陳次子第十七世

嫣意

掐傳子第十七世

漢傳子第十七世

富嗣子第十七世

寬敏字　生乾隆丁亥年閏七月廿七日亥時卒

嘉慶元年丙辰六月十九日　時葬外殁

嗣子一現係苞孚

崇長子第十七世

苞　字　生乾隆甲申年七月初四日戌時卒道
光癸卯年十一月初十日未時葬大[illegible]社路邊坐癸向
丁兼丑未庚子庚午分金配林氏生乾隆丁亥年十月
初七日戌時卒嘉慶乙丑年六月十五日寅時葬楓樹
山坐辰向戌兼巽乾庚辰庚戌分金
生子三長九笑次現出嗣寬敏三整勅

崇次子第十七世

寬敏　出嗣

崇三子第十七世

入　字　生乾隆壬辰年六月十三日未時
崇四子第十七世

邑　字　生乾隆丁酉年五月廿三日丑時
權山長子第十七世

掌　字韜珠生乾隆乙未年五月十二日子時卒嘉慶己
卯年十月廿三日巳時配邱氏生乾隆戊戌年五月
初八日卯時卒道光乙巳年九月十八日午時合葬
楓樹山後壠郊灣坐癸向丁兼子午分金丙子丙午
生子五長君水次源遠三元亨四利貞五夢昌出嗣
灌山次子第十七世

沃

字韜潤生乾隆癸卯年四月廿二日午時卒道光癸卯
年八月初四日亥時葬下尾社前番石坐巽向乾兼辰
戌分金丙辰丙戌配黃氏生乾隆[illegible]五月初七
日辰時卒道光己丑年十一月廿四[illegible]葬下尾
社前番石坐壬向丙兼子午分金辛亥辛巳
生子四長允老次成三凍四和尚

潤傳　第十七世

纘

字　生乾隆丁酉年九月廿二日午時卒嘉慶
乙丑年九月廿四日申時葬槙榔與配蘇氏生
生子二長茂祥次榮昌生父掌

緒 波長子第十八世

贊 波次子第十七世

字韜玉 生嘉慶庚申年十二月十二日未時卒葬檳榔嶼 嗣子一牛講本生父建條

宇長子第十七世

果 字韜貫生乾隆丙午年四月二十日午時卒葬檳榔嶼

配盧氏生乾隆丁未年七月初七日寅時卒道光辛巳年正月初十日[illegible]時葬仙人抱碧山坐坤向艮兼申寅辛丑辛寅分金

生子二 長龍 次添

侯　字次子第十七世

字　生乾隆丁未年　月　日

時卒葬梹榔嶼配張氏生乾隆癸丑年六月三十日巳

時卒咸豐辛酉年正月初八日巳時葬許厝大埔塚坐

南向北

偶宿厝子第十七世

建條字韜吉生乾隆癸丑年二月十六日午時

配黃氏生乾隆癸丑年十月十五日申時

生子六 長輝 次讓 三斗 四白 五嶺 六牛 講 出嗣賢

偶宿次子第十七世

心正字韜端生嘉慶丙寅年十月初五日巳時

配張氏生嘉慶丙子年六月二十日寅時

愛傳三　男十七世

論字　生嘉慶戊午年十月初七日卯時卒咸

豐癸丑年九月廿九日戌時葬大煌裡坐亥向巳兼

乾巽分金辛亥辛巳配鄭氏生嘉慶庚午年七月初

一日卯時

生子三長眉次沛三位出嗣

頂傳子第十七世

奮嗣子第十七世

送來字　生乾隆壬辰年八月初九日卯時卒

年五月十八日　時葬

配鄭氏生乾隆丙午年正月廿五日寅時

嗣子一榮顯 係經綸八子

奮次　第十七世

考字　生乾隆丁酉年十一月廿四日午時卒

雄長子第十七世

經綸字　生乾隆丙子年八月十四日酉時卒

年十月二十日　時葬檳榔嶼配邱氏生乾隆
己卯年十月廿四日寅時卒道光乙巳年十月初一
日　時葬頭巾石
生子八長媽和次媽交三媽喬四粒積出嗣山
西公佐六整勅七慷慨八榮顯出嗣
雄次子第十七世
送來　出嗣
壯長子第十七世
茂林字　生乾隆己卯年三月廿三日巳時
壯次子第十七世

馨宛字　生乾隆辛巳年正月初九日子時

湧長子第十七世

澤[illegible]　生乾隆庚辰年十月十一日未時卒嘉慶丙寅年正月三十日巳時葬山仔頂頭坐乙向辛兼辰戌配顏氏生乾隆癸未年十一月初四日寅時卒乾隆壬寅年十一月初十日子時葬在本社前山仔裡坐乙向　兼　分金續配邱氏生乾隆庚辰年七月初六日寅時卒乾隆甲寅年九月十八日申時葬下尾社前山仔坐乙向辛兼卯酉辛酉辛卯分金

生子三長元順次事親出嗣景　三肯

湧次子第十七世

景字　生乾隆甲申年五月初五日午時卒乾隆

辛亥年正月十七日未時葬在臺灣水堀頭坐亥向巳

娶乾[illegible]　刃金

嗣子一事親　保澤次子

湧三子第十七世

水　出字

匯嗣子第十七世

水字　生乾隆戊子年三月十八日酉時

專傳子第十七世

參傳子第十七世

天成　加傳子第十七世

天餐　謹長子第十七世

就　謹次　第十七世

梓　謹三子第十七世

弁

輝傳子第十七世

三長子第十七世

汝漢生乾隆壬寅年四月十六日午時卒道光　年

月　日　時

嗣子一光達本生父汝淮

三次子第十七世

汝淮生乾隆甲辰年九月廿一日未時卒咸豐戊午年十

月初三日午時葬壠池內坐庚向甲兼申寅丙寅丙申

金分配吳氏生乾隆乙巳年八月廿四日丑時卒道

光丙午年五月廿三日亥時葬打鼓香頂鍾仔田下
坐西南向東北
　　生子一　光達出嗣

公由
發長子第十七世
　　生乾隆乙巳年六月初九日午時卒嘉慶
丙寅年九月十七日寅時葬廟兜后斜石坐庚向甲
兼申寅一　　嗣子一　嫣到本生父江水

江水
安次子第十七世
　　生乾隆丁未年十一月二十日戌時卒咸
豐戊午年九月廿八日卯時葬鉄樹雞坐乙向辛兼

酉丁卯丁酉分金配李氏生嘉慶戊午年十一
三日午時　生子六長媽到出嗣由次媽二三媽霜
四媽爾出嗣撫江五媽茶六媽牛出嗣淳
安三子第十七世

露珠
生嘉慶丁巳年四月初二日巳時配陳氏生
嘉慶丁丑年七月廿五日巳時
生子四長地次坑三柏四倚
安四子第十六世

純膭
生嘉慶壬戌年五月初十日巳時卒咸豐己
未年二月初十日丑時葬鐵樹雞坐未向丑兼丁癸丁

未丁丑分金配莊氏生嘉慶辛未年五月初十日酉時
生子三長和同次和氣三和連
安五子第十七世
文瑞生嘉慶乙丑年閏六月十六日辰時
廣長子第十七世
萬 出嗣
廣次二第十七世
億
祐長子第十七世
梓細生

祐次子第十七世

添丁生嘉慶壬戌年五月十六日戌時

祐三子第十七世

潑蘭生　嘉慶甲子年十二月廿四日酉時

配盧氏生道光丁亥年三月初五日酉時

生子一自生

水傳子第十七世

光浡

嗣子一牛本生父江木

羙傳子第十七世

媽撫生乾隆壬子年六月初一日　時卒咸豐丙辰年十
月廿二日　時葬松仔內坐戌向辰兼乾巽
配許氏生嘉慶甲申年正月二十日申時
嗣子二長雍本生父江木次得川

默傳子第十七世

試傳　第十七世

項傳子第十七世

光在

項長子第十七世

奇英

項次子第十七世

君生

項三子第十七世

媛生嘉慶壬戌年三月十八日　時卒道光　年三月

初八日　時葬畨邦

項四子第十七世

記生嘉慶丙寅年六月廿三日未時

項五子第十七世

詩　生嘉慶戊申年六月廿五日亥時

魁　出嗣

項六子第十七世

蔭傳子第十七世

懊傳子第十七世

典傳子第十七世

奇南

和傳子第十七世

頎傳子第十七世

光義傳　第十七世

茂珍

出嗣

光義次嗣子第十七世

魁

生嘉慶癸酉年七月初四日辰時卒道光乙巳年十一月初七日酉時葬海墘河仔頂坐巳向亥兼乾巽配邱氏生道光壬午年四月十六日巳時

生子一　光甜

光成嗣子第十七世

茂珍　生乾隆癸丑年九月十七日亥時卒道光甲午年八月初六日辰時葬番邪丹圭滬仔裡

生子一貞與

藝傳子第十七世

光富子第十七世

心意長子第十八世

生道光甲申年正月初九日巳時卒

三月十三日　時葬丹老

國

心意次子第十七世

生道光庚寅年三月十二日巳時

配陳氏　生道光戊戌年十月廿四日午時

將

心意三子第十七世

生道光丁酉年七月初五日巳時

必

心意四子第十七世

生道光己亥年三月十八日亥時

禎祥

心意五子第十七世

生道光辛丑年九月初五日酉時

拱傳子第十七世

朗傳子第十七世

細長子第十七世

高明　住臺灣

細次一第十七世

悠久　住臺灣

頂傳子第十七世

盛

所傳子第十七世

鈌長子第十七世

堯舜

生乾隆丁酉年九月廿八日酉時

鈌次子第十七世

溫柔字

生乾隆丁未年十二月廿六日戌時

著傳子第十七世

寬諒

生乾隆庚子年五月十五日亥時

蒲傳子第十七世

宜傳子第十七世

高傳子第十七世

長傳子第十七世

國傳　第十七世

嗣孫能便本生父酉

罕傳子第十七世

字　生乾隆丙□□年十月十一日

氏生乾隆戊戌年七月廿四日亥時卒道光丁
九月二十日辰時葬山仔頭坐庚向甲兼酉卯辛酉
辛卯分金
生子五長耳標次能便三鉗老四呂五梗

盛傳子第十七世

佛賜傳子第十七世

沓昭

生嘉慶丁巳年三月十八日　時卒咸豐
丁巳年閏五月初九日戌時葬大營裡坐乾向巽兼
亥巳庚戌庚辰分金

周　寡　孖

配洪氏生嘉慶壬戌年　月　日　時卒道光

辛丑年[illegible]五日卯時葬大營裡楊厝前坐亥向

巳兼乾巽丁亥丁巳分金

生子一　尙願

慶長子第十七世

嗣子一　尊

慶次　第十七世

慶三子第十七世

慶四子第十七世

熾

慶五子第十七世

獺　字　生嘉慶乙亥年三月十七日寅時卒道光

甲辰年九月廿五日卯時葬磨東石塔艮向坤兼丑未

唱長子第十七世

立　字　生乾隆乙酉年三月初二日未時卒嘉慶

年閏三月　日　時配李氏生乾隆乙未年

四月廿六日戌時卒

生子一開

唱次子第十七世

提

字　生乾隆戊子年六月初一日巳時卒嘉

[redacted]月十八日未時葬山邊崎坐　向兼

丙壬酉陳氏生乾隆[illegible]丑年七月十五日巳時

生子三長受次渾三坛出繼

唱三子第十七世

得

肯長子第十七世

生乾隆辛巳年十二月初二日巳時

海

肯次子第十七世

生乾隆甲申年十二月初八日戌時

年五月廿四日

嗣子一垓 本生父提

絅

肯三子第十七世

生乾隆庚寅年十月十八日戌時

蛃

肯四子第十七世

生乾隆乙未年十月十七日申時

錐

肯五子第十七世

出嗣

科傳子第十七世

琴

生乾隆戊戌年閏六月十二日巳時卒道光丙
午年四月初八日亥時葬蔓頭垵配胡氏生乾隆辛
未年五月初一日巳時
嗣子一位
良傳子第十七世

瑶

良次　第十七世

恭

生　卒六月十八日酉時李氏生乾隆丙申年
八月十六日　時卒道光丙午年九月三十日卯時葬
磘東石坐未向丑兼坤艮　辛未辛丑分金

生子一

正

月傳子第十七世

生乾隆乙酉年七月十七日寅時卒道光丁酉年一月十八日戌時葬塗樓裡坐坤向艮兼未丑丁未丁丑分金配林氏生乾隆庚寅年二月十八日午時卒道光乙巳年十月廿八日卯時葬塗樓裡坐坤向艮兼未丑丁未丁丑分金

生子一出

錐

馮嗣子第十七世

生乾隆己亥年七月十七日未時

任
馮次子第十七世

鶴
秦長子第十七世
生乾隆己亥年十一月廿九日午時

[illegible]条
泰次子第十七世

川長子第十七世

朝陽
生乾隆丁酉年正月初一日寅時

王長子第十七世

賓 [illegible] [illegible]子第十七世

卷四終

謝氏肇基石塘世系総紀卷七

肇世祖考東山公　妣宣徽孺人周氏生卒年月日時失載

合葬在畬坑内土名真武踏龜坐　向

衍派爲二長道明次道舉

東山公長子第二世

道明公號德齋　祖妣林氏生卒年月日時失載

嵩與石獅庵下石路左邊坐　向子兼

生子六長孝次友三曉四淵五任六恤

東山公次子第二世

道舉公號逸齋　祖妣王氏生卒失載合葬樓山大石

龜下坐癸向丁每歲八月初四日係公祭日

生子四長榮次華三富四貴

道明公長子第三世

公字惟順　祖妣顏氏生卒葬所失載

生子一國和

道明公次子第三世

友公字惟恭　祖妣顏氏　公當元季抽軍本户推公前

去南京留守中衛着伍留一子添定在閩其後裔衛德

移居同安東林復遷中平後埔頭

道明公三子第三世

睦公字惟和　祖妣鍾氏生卒葬所失載

生子一添榮

道明公四子第三世

娟公字惟悳　祖妣江氏生卒失載葬莊厝渡舡頭

生子二長添順次添從

道明公五子第三世

任公字惟信　祖妣林氏生卒失載合葬東山邊[illegible]向

巽兼戌辰明嘉靖辛丑年清明節重脩

生子三長添富次添貴三添壽

道明公六子第三世

恤公字惟憫　祖妣周氏生卒失載合葬坑園坐艮向坤

今稱大背人墓是也

生子一添賜

道舉公長子第三世

榮公字惟宗　祖妣邱氏生卒失載葬壠裡園中坐　向

衆

生子一原泰

道舉公次子第三世

華公字惟國　祖妣蔡氏當軍北京生卒失載

生子二長蘭宗次棣宗

道舉公三子第三世

富公字惟麗　祖妣顏氏生卒失載葬在畬坑樟仔脚馬寨邊左坐南向北

生子一冀

道舉公四子第三世

貴公字惟顯　祖妣李氏生卒失載合葬在畬坑道士石前

生子一某

任公第五房分派世系條紀

道明公第五子第三世

任公字惟信祖妣林氏生卒年月日時失載合葬在東山

邊坐乾向巽兼戌辰明嘉靖辛丑二十年清明節[illegible]世

孫夢彩重脩

生子三長添富次添貴三添壽

任公長子第四世

添富公字　祖妣吳氏生卒年月日時失載合葬在山

仔內園裡頭左邊坐未向丑

生子四長松初次檜初三橈初四梓初

公制行端謹述無忝先人有遺貲綸是大有光於前後
者也

任公次子第四世
添貴公字　祖妣　氏生卒葬所失載
生子二長仕初次盛初

任公三子第四世
添壽公字　祖妣　氏生卒葬所失載
生子一爵初

添富公長子第五世
松初公字　祖妣　氏生卒失載合葬在山壩坐癸向

丁今有松木墳蔭外向北手向丙兼子午

丶生子二長誨孫次眺孫

添富公次子第五世

檜初公字　祖妣埭頭林氏　公於大明洪武丙寅

年前往南京留守中衛當役補伍至永樂間隨王過北

再撥北京龍驤右衛時公婆向義俱往今祖祠內有匾

云　檜初公者　添富公次子也爰逢　皇王下令

謂有智勇當軍以衛王宮者爲名門右族　公與父謀

謂已敢膺斯任遂挈其妻子詣神京補伍咄嗟古來貝

酒食以速族人肴漢有疏廣受唐有韋綬置義田以濟

族人者宋有范仲淹非不震世豪舉願一點義氣特不吝財耳而　公獨不吝身家浩然長往俾族增重誠千百代僅見者也其世世配享

肇基祖側宜哉

添富公三子第五世

澆初公字蘭生生洪武十四年辛酉四月十五日巳時卒景泰三年壬申八月初六日壽七旬有二祖妣鍾氏生洪武十九年丙寅三月初八日午時卒景泰三年壬申七月十四日壽六旬有七合葬在報恩山坐未向丑

生子一　史孫

添富公四子第五世

梓初公字　生娶卒葬失載

生子一義端

添貫公長子第五世

仕初公字　生娶卒葬失載

生子二長孟孫次仲孫

添貫公次子第五世

盛初公字慶生生洪武二十九年丙子十月廿八日申時

卒天順七年癸未正月廿三日壽六旬有八祖妣許氏

生洪武廿六年癸酉七月初七日　時卒成化三年

丁亥八月十三日壽七　有六合葬在東埔園內坐辰
向戌　生子四長順孫次義孫三惠孫四敏孫
添壽公傳子第五世
辟初公字　生娶卒葬失載
生子二長孝孫次新孫
松初公長子第六世
誨孫字義政號桓圃生洪武廿九年丙子十二月二十日寅
時卒景泰三年壬申正月初七日壽五旬有七葬在山
瓏坐　向　配　氏生永樂六年戊子十二月二十
二日午時卒成化元年乙酉十二月二十五日壽五旬

有八葬在鶴石前坐甲向庚　生子二長文宗次儀宗

松初公次子第六世

眺孫字義脩生永樂五年丁亥四月二十三日　時卒正統六年辛酉二月初二日壽三旬有五葬在山墘坐向　配王氏生永樂七年己丑七月十六日子時卒弘治十年丁巳九月二十七日壽八旬有九葬在三魁嶺號黃蜂出岫坐乾向巽　生子一岳宗

橈初公傳子第六世

史孫字敦誠生宣德元年丙午十二月十六日戌時卒弘治五年壬子閏五月二十一日壽六旬有七葬在東山灣坐巽向乾配柴氏生宣德十年丁未二月十三日時卒弘治十年丁巳七月十二日壽七旬有二葬在外埔園墘旺厝前妾蘇氏一乳而生兩子長璇次璣再乳而生兩子三珠四傑

梓初公傳子第六世

義端字　生年月日時失載卒　年二月十二日　時配埭頭黃氏生年月日時失載卒　年十月十二日　時葬所俱失載

生子二長尚乙次尚遠

仕初公長子第六世

孟孫字義謙生娶卒葬俱失載

生子二長郁次順

仕初公次子第六世

仲孫字義宗生娶卒葬俱失載

生子四長恒產次恒德三恒乾四恒舉

盛初公長子第六世

順孫字德彥生卒葬失載配黃氏生永樂十九年辛丑正月

廿四日　時卒成化二年丙戌十一月十四日

生子三長胤剛次胤淵三胤助

盛初公次子第六世

義孫字德宜生永樂十九年辛丑十一月十七日　卒

治十一年戊午六月初一日壽七旬有九葬在馬巢山

脚鶴石內坐坤向艮配林氏生弘熙元年乙巳十一月

初十日　時卒成化十年甲午六月廿八日壽五旬

葬在平山仔大埔墘坐庚向甲

生子二長遂述次遂傳

盛初公三子第六世

惠孫字純智生弘熙元年乙巳正月十三日巳時卒正德

元年丙寅三月初十日壽八旬有一葬在後溝背邊
坐巽向乾配陳氏生宣德二年丁未八月十六日
時卒弘治十五年壬戌三月初二日壽七旬有六葬在
後溝園坐巽向乾
生子二長夏表次龜齡娶鄭氏所出

盛初公四子第六世
敏孫字德瓚生娶卒葬俱失載
生子二長志寬次志肅

爵初公長子第六世
孝孫字義諧生卒失載葬在英坑裏坐　向　配張氏生

辛巳年五月十四日　時卒　丙午年五月
三十日壽二旬有七葬在報恩山坐艮向坤
生子三長添盛次添厚三添成

爵初公次子第六世

新孫字義明生娶卒葬俱失載無傳

誨孫長子第七世

文宗字明質生正統九年甲子六月十三日丑時卒弘治
九年丙辰十月廿四日壽五旬有三葬在山墘坐乾
向巽配王氏生正統八年癸亥正月初一日　時卒
成化七年辛卯十月初九日壽二旬有九葬在坑園

山坐癸向丁　生子二長瑞器次琛器

諱孫次子第七世

儼宗字明溫生景泰元年庚午四月二十日子時卒正德三年戊辰九月初三日壽六旬有一葬在山墘祖墳西邊坐癸向丁配蔡氏生景泰元年庚午十二月廿六日時卒嘉靖十一年壬辰四月二十日壽八旬有三葬在外埔坐庚向甲　生子二長啟次暢

時有填築上坑瀨族人水利乃公之力也

眺孫傳子第七世

岳宗字明峰謚惠叟生宣德四年己酉二月初六日未時卒弘治七年甲寅十一月廿二日壽六旬有六配東坑林氏謚懿慈生宣德七年壬子三月廿八日酉時卒弘治十四年辛酉十月十一日合葬在山墘

生子五長碩次崇三三四四五紀

曳孫初乳長子第七世

璇字在玉　無傳

曳孫初乳次子第七世

璣字在珩生景泰四年癸酉七月廿九日辰時卒嘉靖八

年己丑　月　日壽七旬有六葬在山墘園內

坐壬向丙配張氏生景泰三年壬申十一月初三日

時卒弘治十四年辛酉六月初三日壽五旬葬在困山

頭坐艮向坤

生子二長閏次鑑

史孫再乳三子第七世

珠字在明　無傳

史孫再乳四子第七世

傑字在中生天順七年癸未十二月十一日戌時卒嘉靖廿

八年己酉十一月初二日壽八旬有六葬在山坪後埔

壟坐戌向辰配林氏生天順四年庚辰十月初十日

時卒嘉靖二十年辛丑九月十三日與長婦同葬園

山坛頭上坐壬向丙

生子二長鋼次錬

義端長子第七世

尚一字　生正統七年壬戌正月廿七日午時卒弘治六

年癸丑正月初八日壽五旬有八葬在山墘坐　向

配盧氏生正統八年癸亥正月初六日　時卒嘉

靖七年戊子十二月二十日壽八旬有六葬在山仔

內添富公墳左坐未向丑

生子七長肇元次奇讓三奇榮
四肇讓五奇蒲六奇元七奇爵

義端次子第七世

尚遠字　生娶卒葬俱失載

生子一宗文

孟孫長子第七世

郁字文周生娶卒葬俱失載

生子一弘運

孟孫次子第七世

順字從周　無傳

仲孫長子第七世

恒產諱新生娶卒葬俱失載

生子三長燭理次復理三高理

仲孫次子第七世

恒乾字　生娶卒葬俱失載　生子二長棟次達

仲孫三子第七世

恒德字　生娶卒葬俱失載　生子一肯旋

仲孫四子第七世

恒舉乳名六生天順六年壬午五月廿一日未時卒嘉靖

十二年癸巳十月廿九日壽七旬有二葬在大埔田坐

酉向郊配吳氏生天順六年壬午六月十七日酉時卒
嘉靖十八年已亥正月廿七日午時壽七旬有八葬在
龍門坑口坐　向
生子一雄
順孫長子第七世
佩剛字　生娶卒葬俱失載　生子二長見夏次見貞
順孫次子第七世
佩淵字　生正統十一年丙寅六月初四日　時卒正德
十五年庚辰　月　日壽七旬有五葬在抽否
坐乾向巽配黄氏生正統十一年丙寅十月十八日

卒嘉靖七年戊子正月十八日壽八旬有三葬在大埔
田內坐酉向卯　生子一同
順孫三子第七世
亂助字　生娶卒葬俱失載　生子昌早故無傳
義孫長子第七世
遂述　無傳
義孫次子第七世
遂傳字承廸生天順四年庚辰閏十一月十六日　時卒正
德元年丙寅三月十八日壽四旬有七葬在大埔田上
鞋樣石下坐辛向乙配黃氏生天順四年庚辰閏十

二月十六日　時卒嘉靖廿四年乙巳二月廿三日

壽八旬有六與次婦王氏同葬山墘園坐癸向丁

生子三長坦次彭三亘

惠孫嫡出長子第七世

夏表　葬山墘無傳

惠孫庶出次子第七世

龜齡字介孚生弘治九年丙辰十月初五日丑時卒嘉靖

四十三年甲子十二月初八日壽六旬有九葬在父墳

左配　氏生卒葬所失載

生子三長穎次晃三定

敏孫長子第七世

志寬　無傳

敏孫次子第七世

志肅　無傳

孝孫長子第七世

添盛字廣增生年月日時失載卒丙寅年七月初四日時配張氏生年月日時失載卒丁卯年正月二十日合葬在山墘坐癸向丁

生子三長周達次周德三周正

孝孫次子第七世

添厚字廣薦生宣德三年戊申正月三十日申時卒弘治十五年壬戌四月廿四日壽七旬有二配　氏生宣德六年辛亥八月初九日午時卒嘉靖三年甲申二月十四日壽九旬有四合葬在東山邊坐坤向艮
生子四長周權次周亨三周誠四周樽
孝孫三子第七世
添成字膺宿生娶卒葬失載無傳
文宗長子第八世
瑞器諱仲出成化三年丁亥　月初三日　時卒嘉靖九年庚寅正月初八日壽六旬有四葬在牛埔後坐

乙向　娶酉林氏生成化四年戊子十一月廿一日

時卒嘉靖三十一年壬子　月　日壽八旬有

六葬在　坐　向

生子一台

文宗次子第八世

琢器字　生娶年月日時失載卒六月初一

日　時葬在漳州雙路口

生子四長鄒次翌三開四四

儀宗長子第八世

啟字嶽猷生成化十二年丙申正月十七日亥時卒嘉靖七

年戊子十二月十六日壽五旬有三葬在大埔田坐
乾向巽配山頭朱氏生成化十四年戊戌二月廿四日
時卒嘉靖三十四年壬子十一月十三日　時
葬在　坐　向
生子四長魁次驪三里四璺

儼宗次子第八世
暢字巍通生成化十四年戊戌八月初十日　時卒嘉靖
四年乙酉正月廿一日壽四旬有八配劉氏生成化
十四年戊戌十二月十四日　時卒嘉靖三年甲申八
月廿六日壽四旬有七合葬在山墩坐艮向坤

生子二長武惠次武略

岳宗長子第八世

碩字奇博生景泰五年甲戌三月十五日巳時卒嘉靖元年壬午二月初七日壽六旬有五葬在畲坑園裏坐庚向甲配黃氏生天順元年丁丑正月十六日　時卒正德三年戊辰八月初四日壽五旬餘葬在坂上坐甲向庚　生子三長豫次龥三康侯

岳宗次子第八世

崇字喬博生天順元年丁丑二月十一日午時卒嘉靖九年庚寅八月初三日壽七旬有五配埭頭林氏生天順元

年丁丑九月二十日午時卒嘉靖九年庚寅十二月
十一日壽七旬有五合葬在山仔内坐申向寅
生子四長川次澤三淵四浪

岳宗三子第八世

三字容博生景泰二年辛未九月十三日戌時卒弘治六
年癸丑二月廿一日壽四旬有四葬在東山邊坐戌
向辰配排頭楊氏生天順二年戊寅二月十六日戌
時卒嘉靖十六年丁酉四月十七日壽八旬有一葬在
田厝上坐辛向乙嘉靖三十六年二墳並脩
生子四長沃次國三闕四撓

岳宗四子第八世

四字普博生成化二年丙戌十二月十七日辰時卒嘉靖七年戊子五月十八日壽六旬有三葬在山墘坐庚向甲配嘉禾　氏隨友往同安而卒葬在彼處夕洋　生子一錄

岳宗五子第八世

紀字惟博生成化五年己丑十月初四日未時卒弘治十年丁巳六月廿三日壽二旬有九附　祖母王氏葬三魁嶺埔上坐乾向巽配埭頭林氏諡貞操生成化八年壬辰七月廿二日戌時卒正德十六年辛巳十月十九日

壽五旬葬塘上坐辛向乙生男鍾英遺腹子也林氏勤劬教養撫子成立弋取泮芹於昔熊丸荻畫之課庶幾焉

璣長子第八世

淵字寶重生成化九年癸巳五月初九日卒弘治十四年辛酉五月初六日壽二旬有九葬囷山坐艮向坤娶陳氏生成化十四年戊戌七月初二日卒弘治十六年癸亥九月三十日壽二旬有六遷葬東山邊坐　向

生子一高漢

璣次子第八世

鑑字寶漏生成化十九年癸卯十二月初七日卒嘉靖四十一年壬戌七月十五日壽八旬配劉氏生弘治十四年辛酉二月十五日卒嘉靖三十六年丁巳十二月十三日壽五旬有七合葬在犁角頭坐丑向未

生子二長書星次書顯

傑長子第八世

鋼字齊寶生成化二十三年丁未正月十一日卒嘉靖二三十四年甲寅九月十八日壽六旬有八葬在山坪後埔邊坐戌向辰配林氏生成化二十年甲辰十一月十六日卒嘉靖二十年辛丑十二月十七日壽五旬有八與

姑林氏同葬囷山坛頭一
生子五長天祥二天章三天昌四天秤早世五天倫早世
傑次子第八世
錬字平寶生娶卒葬失載無傳
尚乙長子第八世
肇元字　生天順五年辛巳十二月十七日未時卒弘
治五年壬子正月十二日壽三旬有二葬東山邊坐
乾向巽配林氏生天順八年甲申五月初三日申時卒
正德十年乙亥正月十一日壽五旬有二葬山前坐壬
向丙　生子一斐

尚乙次子第八世

奇讓字　生成化三年丁亥三月初七日卒嘉靖二十三年甲辰八月十四日壽七旬有八配林氏生成化四年戊子五月廿五日卒嘉靖二十六年丁未七月初四日壽八旬合葬山墘坐坤向艮

生子三長略次猛三富

尚乙三子第八世

奇榮字　生成化五年己丑八月初四日戌時卒嘉靖十一年壬辰十月初八日壽六旬有四配張氏生成化十二年丙申十月初五日亥時卒嘉靖三十六年丁

巳十月廿四日壽八旬有一合葬東山邊坐乾向巽

生子三長大謀次大宗三大相

尚乙四子第八世

肇讓字　生成化十二年丙申二月初九日丑時卒嘉靖三十六年丁巳四月初七日壽八旬有二配梁氏生成化十七年辛丑三月初七日巳時卒嘉靖三十六年丁巳四月十五日壽七旬有七合葬馬渠頭坐庚向甲

生子二長嬰哥次棄側出

尚乙五子第八世

肅　生子一成

尚乙六子第八世
奇元　生子一大發

尚乙七子第八世
奇爵　生子一進財早故無傳

尚遠傳子第八世
宗文　出居漳州　生子二長賢早故次薦綸

郁傳子第八世
弘運　生子一徹

恒產長子第八世
燭理　生子一貳早故無傳

恒産次子第八世

後理　無傳

恒産三子第八世

高理　無傳

恒乾長子第八世

棟字甫材生成化十五年乙亥九月十五日卒嘉靖二十八

年己酉三月十五日壽七旬有一葬失載

生子二長寬次險

恒乾次子第八世

垂字甫賢生弘治元年戊申八月十五日卒嘉靖十二年癸

巳八月十五日壽四旬有六[illegible]坐辰[illegible]

丁巳八月十　日卒嘉靖二十三年甲辰十月初六日

壽四旬有六合葬燈火石下坐坤向艮

生子一　香

恒德傳子第八世

甫旋字　卒　年三月十八日配西山王氏卒

年五月初二日葬龍門亭角

生子一　天松

禮舉傳子第八世

雄字甫陽生弘治十年丁巳四月十五日戌時卒葬失載

配後曆李氏生弘治十四年辛酉二月廿一日寅時卒

葬失載　生子三長恪次聘三遷

僙剛長子第八世

見夏　無傳

僙剛次子第八世

見貞　無傳

僙淵傳子第八世

回字碩雍生成化十一年乙未三月二十六日卒正德十三

年戊寅七月初八日壽四旬有四葬大埔田口坐酉向

[illegible]卒嘉靖四

十一年壬戌四月初六日壽八旬有九葬 門坑坐庚
向甲　生子四長福次海三河四湧
遂傳長子第八世
坦字朴亭生成化十五年己亥三月初六日卒嘉靖十六年
丁酉九月二十一日壽五旬有九葬山墘園内坐壬
向丙配鍾氏生成化十七年辛丑十月十四日卒嘉靖
三十二年癸丑七月二十七日壽七旬有三葬龍門坑
坐癸向丁　生子一春
遂傳次子第八世
彭字朴元生弘治三年庚戌九月初五日卯時卒

年　月　日　時葬　坐　向　配王氏生
弘治九年丙辰正月十六日卒嘉靖元年壬午九月十
七日壽二旬有七葬山墘園内坐癸向丁生子長肅續
配潘氏生弘治五年壬子八月十六日卒嘉靖四十年
辛酉九月廿四日壽七旬附葬茹黃氏穴左生子次彥
遂傳子三子第八世

旦字朴章生弘治六年癸丑五月十八日巳時卒
年　月　日　時葬　坐　向　配黃氏生
弘治八年乙卯二月初六日卒嘉靖二十七年丁未
正月廿一日壽五旬有三葬山乾園内坐子向午

龜齡長子第八世

昶字萬照生正德十年乙亥七月十八日子時卒嘉靖四十年辛酉二月十一日壽四旬有七葬龍門坑坐艮向坤配林氏生嘉靖元年壬午四月初四日卯時葬所失載　生子四長贊次賞三坤側出四陟

龜齡次子第八世

晃字萬星客死配　氏　生子一有期

龜齡三子第八世

定字萬安客死配　氏　生子一一新

添盛長子第八世

周達　無傳

添盛次子第八世

周德諱長仁生　年　月　日　時卒

年六月十八日配朱氏生　年　月

日　時卒　年正月二十日葬所俱失載

生子一欽

添盛三子第八世

周正　無傳

添厚長子第八世

周權諱典行生卒失載附葬東山邊父墳下配林氏
生子一古

周亨字　添厚次子第八世
生弘治元年戊申八月廿三日午時卒
年　月　日　時葬　坐　向　配
陳氏生弘治二年己酉九月十六日子時卒嘉靖二十
四年乙巳五月廿六日葬港園陳山坐辛向乙
生子三長盤祿次盤貴三盤孝

周誠諱真生娶葬所失載卒
添厚三子第八世
年九月廿六日

生子一良循

添厚四子第八世

周轉諱產生弘治七年甲寅十月廿六日卒嘉靖十四年乙未十月三十日壽四旬有二配緋頭黃氏生弘治十年丁巳九月廿三日卒嘉靖十七年戊戌十月廿六日壽四旬有一俱葬囷山邊　生子二長麟鑄次盤達

瑞器傳子第九世

台宇大都生弘治十五年壬戌八月二十日卒嘉靖三十三年八月十八日卒廣東壽五旬有三配鍾氏生弘治十七年甲子三月初八日卒[illegible]戊

生子二長陽回次陽震

琢器長子第九世

鄒字宜寵　葬芹山頭　生子一昇

琢器次子第九世

翌字宜興生弘治九年丙辰十二月廿九日配張氏

生子　賜早故無傳

琢器三子第九世

閑字宜德　生子三長佛次祈三三仔

爻子出居同安縣內東門兜

琢器四子第九世

爾字用興生弘治十八年乙丑配　氏生正德八年癸酉
生子一瓊
魁字聖都生弘治十年丁巳十二月十二日卒嘉靖六年
啟長子第九世
丁亥十一月初三日壽三旬有一葬外埔　祖母墳
左坐庚向甲配林氏諡勤淑生弘治十二年己未八
月廿四日子時卒年月日時葬所失載　魁遺腹子
爾林氏守制撫養成立
啟次子第九世
[illegible]字賢都生[illegible]十五年[illegible]壽[illegible]十九

年庚子三月十四日壽三旬有九配水頭史氏生正
德二年丁卯七月十九日卒嘉靖二十八年己酉六月
十三日壽四旬有三合葬東山邊坐乙向辛
生子二長尔陵次尔屺

啓三子第九世

理字仁都生弘治十八年乙丑正月廿八日卒嘉靖三十三
年甲寅　月　日壽五旬葬牛埔後坐癸向丁配
山頭許氏生正德四年己巳十二月初十日葬
坐　向　生子三長尔岳次尔表三尔湖

啓四子第九世

壘字哲都生正德三年戊辰七月二十日卒葬失載配長與
李氏生正德七年壬申九月初七日卒嘉靖十八年
己亥七月廿八日壽二旬有八葬崠內坐未向丑生長
子尔需續配曾氏生正德十六年辛巳正月十七日卒
葬失載生次子尔輅三尔莘四尔類早故

暢長子第九世

武惠字漢國　無傳

暢次子第九世

武略字文都生正德六年辛未二月二十日卒嘉靖三十九
年庚申四月廿六日壽五旬葬馬槼頭坐庚向甲配

陳氏生正德十一年丙子九月三十日卒嘉靖三十八年己未正月初十日壽四旬有四葬山墘園東角坐癸向丁生子尔傑早故無傳遺下田種乙斗五升坐落畬坑付與魁疆里壘等輪耕忌祭永爲香火之需不許混占

碩長子第九世

豫字文軫生成化二十一年乙巳八月二十日卒嘉靖四年九月十七日壽四旬有一葬畬坑園内坐庚向甲配鄭氏生成化二十三年丁未十月廿三日卒嘉靖三十三年甲寅十一月廿五日壽六旬有八葬畬坑園坐

庚向甲　　生子一瑗

碩次子第九世

顓字文景生弘治二年己酉十二月三十日卒嘉靖二十六年丁未九月十一日壽五旬有九葬小埔田上虎頭山坐酉向卯配洪氏生弘治四年辛亥三月初四日卒正德六年辛未九月廿一日壽二旬有一葬番坑坐庚向甲生長子思續配鍾氏生弘治十二年己未十二月初八日寅時卒葬失載生次子善三信四魏

碩三子第九世

康侯字彝節生弘治十年丁巳十月十八日卒嘉靖十六年

丁酉九月初二日壽四旬有一葬大片園内坐甲向庚
配林氏生弘治十五年壬戌八月二十日寅時卒葬
失載　　　　生子一東晉
崇長子第九世
川字朝濟生成化十三年丁酉十月二十三日酉時卒嘉靖
二十二年甲辰十月十六日卯時壽六旬有七配排頭
黄氏生年月日時失載卒　　　年九月十七日葬田
仔内在夫穴左坐坤向艮生子一褱續配龍店陳氏生
成化十七年辛丑十一月初十日丑時卒嘉靖三十五年
丙辰十一月廿六日寅時壽七旬有六與夫暨長子褱

合葬山仔內穴在黃氏之右坐向同

生次子美櫝三美枳四美棣五美樸早世

崇次子第九世

澤字朝潤生成化十六年庚子十一月初六日丑時卒嘉靖四年乙酉十二月初八日壽四旬有六配劉氏生成化二十年甲辰十二月十九日卒嘉靖三年癸未十二月初七日壽四旬合葬山墘內山仔上坐甲向庚

生子三長瑯次二瑯三瑯

崇三子第九世

十月三十日壽三旬有八葬山坪園坐丙向壬配埭頭
林仲亮長女生弘治七年甲寅六月十五日丑時卒
嘉靖四十一年壬戌八月廿三日壽七旬葬嶝上山仔
頭號向天獅坐丁向癸
生子四長育次首三撰四憲
林氏夫卒年方三十餘矢志柏舟更逢舅姑淪喪備
嘗荼苦卒能撫子成立寧弟其節可風抑亦古稱賢
淑其不愧也已
崇四子第九世
浪字朝波生弘治八年乙卯十一月初四日酉時卒

年十二月廿九日葬　坐　向　配石滄林氏生　年十

弘治十二年己未十月廿六日未時卒

一月十四日合葬大片灰墓坐子向午

生子四長周南次召南三邵四衛

三長子第九世

沃字文輔生成化二十一年乙巳九月初三日卒嘉靖十

六年丁酉四月初八日壽五旬有三葬龍門坑口坐辛

向乙配温氏生弘治元年戊申九月初六日卒嘉靖

三十六年丁巳八月十八日壽七旬葬揀碎石坑園

三次子第八世

國字文卿生弘治六年癸丑七月十五日卒嘉靖二十二年
癸卯八月廿六日壽五旬葬東埔官路下坐丙向壬配
朱氏生弘治六年癸丑七月初八日卒隆慶元年丁卯
十月初三日壽七旬有六與夫同穴

生子二長天賦次天貧

三三子第九世

閼字文廣生弘治十一年戊午十一月廿六日卒嘉靖三
十六年丁巳十一月廿一日壽六旬配嘉禾楊氏生
弘治十三年庚申九月廿八日卒嘉靖三十五年丙辰

七月十五日壽五旬有七合葬崆裏坐午向子兼丁癸
生子一天鳳

三四子第九世

橈字文盛生弘治十四年辛酉三月十八日寅時卒葬所失
識配東坑鄭氏生弘治十七年甲子四月廿八日卯
時卒葬失載
生子二長薦次趙

四傳子第九世

録字文集生弘治八年五月廿一日卯時卒隆慶二年戊
辰四月二十日壽七旬有四附葬山仔內岳丈墳左坐
未向丑配朱氏生弘治十一年戊午五月廿九日戌

時卒嘉靖四十五年丙寅八月初九日壽六旬有九附
葬山塆祖墳左邊坐庚向甲
生子二長天均次天環
紀遺腹子第九世
鍾英字文繡郡庠生生弘治十年丁巳十月初八日卯時卒
失識葬與何氏同穴配横山尾何氏生弘治十三年庚
申二月十八日巳時卒嘉靖四十五年丙寅十月廿四
日酉時壽六旬有八葬在庵邊坐丁向癸
生子二長秦次楚
閏傳子第九世

高漢字太字生弘治十五年戊午四月十二日酉時卒嘉靖三十九年庚申六月廿一日壽六旬有三葬失載
配張氏生弘治十一年戊午正月十一日戌時卒葬失載

生子二長龍韜次豹韜

鑑長子第九世

書呈字必采生嘉靖五年丙戌十一月十五日卒嘉靖四十年辛酉八月初二日壽三旬有六葬芹山頭坐艮向坤

配邱氏生嘉靖八年己丑八月初七日未時卒　年　月　日　時葬土墩尾坐壬向丙

生子三長尚志次鵬志三雲志

鑑次子第九世

書顯字必著號次郊生嘉靖十年辛卯七月廿五日辰時卒

嘉靖四十四年乙丑壽三旬有四與父合葬犂角頭岨

東坑鄭氏生嘉靖十五年乙未十一月廿八日亥時

生子一　達觀

次鄭公學行兼優人也邑庠陳孚所輓云溫潤之姿純

博之學可愛可欣式金式玉族黨推誠生平足録何當

盛年天符催促從茲以往伊誰云續

鋼長子第九世

天祥字仕烱生正德二年丁卯閏正月二十日卒嘉靖三十

五年丙辰七月初六日壽五旬葬馬渠頭坐丁向癸

生子一郇

鋼次子第九世

天章字仕煥生正德五年庚午九月十五日卒嘉靖二十七年戊申十一月初十日壽三旬有九配李氏生正德八年癸酉七月廿六日卒嘉靖二十七年戊申二日二十日壽三旬有六與夫合葬山坪後埔邊穴居其右

生子一鑽

鋼三子第九世

天昌字仕烘生子一五郎早故無傳

肇元傳子第九世

斐字啓章生成化二十三年丁未十二月廿四日子時卒嘉靖三十九年庚申八月十九日壽八旬有四葬　坐　向　配鍾氏生弘治四年辛亥十一月初七日未時卒葬失載　生子三長錀次鑛三鋭

旂讓長子第九世

略字啓謨生弘治七年甲寅正月廿一　卯時卒嘉靖十六年丁酉十一月十六日壽四旬有四葬山仔上坐乾向巽配林氏生弘治十年丁巳三月十二日卒嘉靖三十三年甲寅三月廿六日壽五旬有八葬坑園山墘坐　癸向丁　生子二長享次侯

奇讓次子第九世

猛字啓勇生弘治十三年庚申二月初六日丑時卒嘉靖十七年戊戌十二月十二日壽三旬有九葬囷山邊坐乾向巽配林氏生正德五年庚午十月初五日辰時

生子一 顯

奇讓三子第九世

富字啓祿生弘治十六年癸亥八月初六日卒嘉靖四十五年丙寅九月初十日壽六旬有四葬　坐　向

配黃氏生正德二年丁卯三月二十二日辰時卒葬失載

生子三 長山 次添 三挺

奇榮長子第九世

大謀諱祖生弘治十一年戊午八月初四日午時卒嘉靖三十七年戊午五月十五日壽六旬有一葬在龍門坑坐巽向乾兼巳亥配吳氏生弘治十四年辛酉三月三十日卒葬失載　生子二長清瑜次清瑾早故

奇榮次子第九世

大宗諱祀生卒葬所失載配林氏生子一建寄養江西

奇榮三子第九世

大相諱官生正德十四年己卯十一月初六日亥時卒嘉靖三十八年己未七月初二日客死壽四旬配李氏

生子一六早故無傳

肇讓嫡出長子第九世

嬰哥字啓文號南山生正德九年甲戌六月初四日酉時

卒隆慶五年九月廿九日葬牛埔後大灰墓坐壬向

丙配嵩嶼李氏生正德九年甲戌二月二十日亥時卒

萬曆癸巳年二月三十日酉時葬同穴

生子三長回春次回龍三商元

肇讓庶出次子第九世

棄字順正生正德十四年己卯十二月十四日亥時卒葬

失載配　氏　續配嵩嶼李氏生嘉靖十一年壬

辰十一月廿一日丑時卒葬失載

生子一應望

奇滿傳子第九世

大發諱昧生娶卒葬俱失載

生子一滿遲出居同安

宗文長子第九世

賢字　生卒失載早故無傳

宗文次子第九世

篤綸諱掌字秉政生成化二年正月十五日卯時卒嘉靖

氏生成化元年十二月初八日巳時卒嘉靖三十一年
十月十五日寅時與夫合葬
生子六長敦魯次敦楚三敦齊
四敦晉五敦傑六敦賢

弘運傳子第九世

徹字伯通生成化二十二年丙午三月廿三日卒嘉靖四十
年辛酉六月廿四日壽七旬有六葬大埔田墘林氏卒
嘉靖七年戊子三月初二日葬水頭狗仔田上
生子一進宗

倲長子第九世

寬字斌裕生弘治十七年甲子七月十九日寅時卒葬失
載配　氏生正德十一年丙子十月廿二日寅時卒葬
失載　生子三長旺次盖三五

險字斌危生正德五年庚午六月廿九日丑時卒葬失載配
棟次子嗣九世
朱氏生正德九年甲戌九月二十日戌時卒葬失載
生子一獲

達傳子嗣九世

香字斌儀生正德十年乙亥九月十七日申時卒葬失載

戩　生子三長惠次瑊三武

甫旋傳子第九世

天松字斌善生正德八年癸酉十二月初八日卒嘉靖四十一年壬戌九月初一日壽五旬葬東山邊坐庚向甲配翁氏生正德十二年丁丑十二月初三日戌時卒葬失載　生子五長渭次涇三淇四五五七

雄長子第九世

恪字斌儼生嘉靖六年丁亥十二月廿五日子時卒葬失載配王氏生嘉靖十七年戊戌正月初二日卒葬失載　生子一續

雄次子第九世

聘字斌禮生嘉靖十年辛卯八月廿一日戌時

出寓浙江定海

雄三子第九世

遷字斌盛生嘉靖二十一年壬寅九月初六日配梁氏生

嘉靖二十八年己酉　月　日　時卒葬俱失

義無傳

回長子第九世

福字曰祥生弘治十一年戊午二月十五日卒嘉靖四十四

年乙丑□月廿六日壽六十有八葬　坐　向

配黃氏生弘治十四年辛酉九月廿四日卒嘉靖三十
三年甲寅　月　日　時壽五旬有四葬壠坑
槁坐丁向癸　生子二長鷟次賜

回次子第九世

海字曰洼生弘治十三年庚申九月十一日子時卒
年　月　日　時葬　坐　向　配林
氏生正德元年丙寅正月初十日卒嘉靖三十九年
庚申正月廿五日葬小埔田内坐癸向丁
生子二長約次糾

回三子第九世

河字日清生正德七年壬申四月初八日子時卒葬失載配
曾氏生正德十五年庚辰四月十一日子時卒葬失載
生子一東升

回四子第九世
湧字日涼生正德九年甲戌十一月廿三日卒嘉靖四十一
年壬戌十一月十一日壽四旬有九葬東山邊坐酉向
巽配林氏生正德十六年辛巳九月廿一日卯時卒葬
失載　生子一東魯

坦傳子第九世
泰字朝紀生正德三年戊辰正月初七日卒嘉靖二十四年

壬寅正月廿八日壽三旬有五與夫同葬山墘配陳氏
生正德四年乙巳六月廿五日卒嘉靖四十年辛酉
十二月十二日壽五旬有三葬山墘園内坐癸向丁
生子四長希孔次希稷三希舜四希顏

彭長子第九世
肅字明嚴生正德十三年戊寅三月廿四日丑時卒失載
葬廟兜社外坐　向　兼　配林氏生正德
年九月廿三日戌時缺出娶黃氏生子一楠林黃氏與
夫合葬

彭次子第九世

彥字明儒生嘉靖五年丙戌十二月初二日卒葬失載配林
氏生嘉靖七年戊子九月初一日戌時卒葬失載
生子三長桂次樞三桂

旦長子第九世
新法字明越生嘉靖三年甲申　月　日　時卒葬
失載配王氏生卒葬所失載
生子二希魯

旦次子第九世
新民字明愛生嘉靖十一年壬辰十月十六日寅時卒葬
失載配劉氏生嘉靖十七年戊戌七月十七日亥時

生子一躬

祀長子第九世

贊字懋政生卒日時不紀犯義受刑而死無傳

祀次子第九世

賞字懋功生嘉靖二十年辛丑十二月二十日午時配林氏
生嘉靖二十七年戊申十月二十日卯時卒葬俱失載

生子一承考

祀三子第九世

坤生嘉靖三十五年丙辰三月廿五日申時

祀四子第九世

陟生嘉靖四十年辛酉六月初一日亥時

晃傳子第九世

有期　生嘉靖二十九年庚戌九月十八日未時

定傳子第九世

一新　生　年　月　日　時

周德傳子第九世

欽字艮詞生弘治十年丁巳五月廿六日辰時配林氏生弘治十三年庚申十二月廿六日巳時卒葬俱失載妾翁氏　生子二長六一次六八

古字盤宙　無傳

周亨長子第九世

盤祿諱助生正德十一年丙子五月廿九日申時配周氏生

圂

正德十五年庚辰十一月十一日寅時　出居同安港

生子四長強次二三飬四四

周亨次子第九世

盤貴　無傳

周亨三子第九世

盤孝　無傳

周誠傳子第九世

良循　卒　年七月十九日配林氏卒
年十月廿三日生長子殿纘配吳氏生嘉靖三年
甲申四月初十日　生子次宣三三四四

周轉長子第九世

盤鑄諱鍾　無傳

周轉次子第九世

盤達　生嘉靖九年庚寅正月十八日戌時

台長子第十世

陽回字復旦生嘉靖六年丁亥六月廿一日配長與李氏生
嘉靖十二年癸巳二月十二日卒葬俱失載

台次子第十世

陽震字時轉生嘉靖十年辛卯二月十二日寅時卒嘉靖四十五年丙寅客死壽三旬有五配再醮無傳

鄒傳子第十世

昇字君進配　氏生卒葬所俱失載

生子二長元祖寓居月港次仲山

閑長子第十世

佛早故無傳

閑次子第十世

祐字天相配黃氏合葬在同安縣長興二都安嶺保中山仔

山頂頭坐甲向庚生子一應賓　出寓同安東門

閑三子第十世

寓同安東門

三

四傳子第十世

瓔字君麗生嘉靖二十三年甲辰六月初五日配許氏生嘉

靖三十一年壬子十月初九日卒葬失載

生子一應徵

魁遺腹子第十世

尒帖字孚嚴生嘉靖七年戊子　月　日　時卒

甲子　月　日　時　生子二長一誥次一諟

驪傳子第十世

尔屺字君昇生嘉靖二十六年丁未九月初六日配鄭氏生嘉靖二十六年丁未八月初九日

里長子第十世

尔岳字孚崧生嘉靖十四年乙未正月十五日卒嘉靖四十二年癸亥十二月廿七日葬坑園山墘　無傳

里次子第十世

尔表字　生嘉靖二十年辛丑三月十三日

里三子第十世

尔湖　生嘉靖二十七年庚戌十月初六日

壘長子第十世

尔需字君取生嘉靖十一年壬辰十月廿九日卒嘉靖三
十七年戊午五月初一日壽二旬有七葬崆裏坐乙
向辛配黃氏　生子二長一菓次一苗

壘次子第十世

尔輅字君　生嘉靖十九年庚子七月初七日卒
年　月　日　時配鄭氏生嘉靖二十年壬寅
十月初六日　生子二長一錦次一田

壘三子第十世

尔華字君聚生嘉靖二十五年丙午正月十八日配朱氏生嘉靖二十九年庚戌十一月初八日
生子
璬傳子第十世
瑗字君佐生正德十一年丙子十月廿三日卯時配朱氏生正德十二年丁丑十二月二十日丑時
生子一一言
顲長子第十世
恩字君懷生正德十二年丁丑十一月廿九日酉時配　氏生嘉靖元年壬午十二月十四日戌時

生子一任

顥次子第十世

譆字君慶　時往定海未回

顥三子第十世

信字君定生嘉靖六年丁亥十一月廿四日寅時配鍾氏生
嘉靖九年庚寅十二月初九日巳時
生子二長一場次一堵

顥四子第十世

魏字君純生嘉靖十二年癸巳十一月十九日子時配林氏
生嘉靖十五年丙申十月初九日戌時

生子一　一度

康侯傳子第十世

東晉字君睿生嘉靖四年乙酉九月十九日午時配朱氏生

嘉靖五年丙戌十二月初六日申時

生子三長一琉次一諧三一科

川長子第十世

禀字京友號月溪生弘治十八年乙丑六月十二日申時卒

嘉靖二十七年戊申十月十二日酉時壽四旬有四

與父合葬山仔內穴居右邊配陳氏生正德二年丁卯

六月廿六日卒嘉靖三十二年癸丑七月十一日未

時壽四旬有七葬　坐　向

生子三長宸次寔娶洪氏生三子宿

月溪處事才高一時本海泥泊乃彼當官告歸樓山廟

宇乃彼崇衆重建　陳乎所舊識

川次子第十世

美櫝字朋梧號次溪　生正德十三年戊寅六月十二日丑

時配埭頭林氏生正德十一年丙子十月十九日丑時

娶盧氏　生子二長應虎次應時

川三子第十世

美[illegible]字朋壽號石溪生正[illegible]十六年辛巳二月十七日酉時

配馬氏生嘉靖二年癸未五月初二日寅時
生子二長應郁次應圖

川四子第十世
矣棣字朋蘭號瓊山生嘉靖五年丙戌正月初七日卯時
配柯氏生嘉靖八年己丑三月十三日午時
生子二長儒隆次儒奇

澤長子第十世
鄉字艮友生弘治十八年乙丑八月十五日卯時卒嘉靖三
十五年丙辰十二月初二日壽四旬葬龍門坑坐卯向
寅配柯氏生正德二年丁卯正月初五日酉時

生子四長曰親次曰幸三曰就四曰强

澤次子第十世

二瑯字雍友號雲峯邑庠生生正德三年戊辰十月廿三日戌時配本社西山王氏生　年　月日　時　生長子曰壯妾王氏生子次曰堅三曰毅四曰弘

雲峯公磊落不羣見義勇爲當丙辰丁巳倭寇邊海當道延募衝敵公慨然就道未幾潢池警息上功幕府至庚申辛酉邊海復警上司仍委公平之渠魁隨已殲滅

乎所識

澤三子第十世

三瓊字巽友生正德十年乙亥八月十九日子時配朱氏生正德十一年丙子六月廿二日未時卒嘉靖三十九年庚申壽四旬有七葬坑園山坐　向　續配王氏生嘉靖六年丁亥三月初二日午時卒　年　月

日　時葬　坐　向

生子一敏

淵長子第十世

育字體望生正德十二年丁丑八月初六日卒嘉靖三十八

年己未二月廿九日壽四旬有三配李氏生正德十
三年戊寅三月十四日卒　年　月　日
時葬　坐　向　生子二長延浚次延澤

淵次子第十世

首字體選號平山生正德十六年辛巳三月初十日酉時
萬曆十四年丙戌十二月初五日壽六旬有六配王氏
生嘉靖元年壬午十月初七日戌時卒萬曆二十三年
乙未四月初四日巳時壽七旬有四合葬壠內崠上
坐乾向巽

撰字體潔號石峰生嘉靖五年丙戌九月二十日辰時配梁

氏生嘉靖六年丁亥七月廿六日亥時生子長延泗妻

馬氏　生子次延濵三延洙

淵四子第十世

懸字體律號次峯生嘉靖九年庚寅正月十二日辰時配

朱氏生嘉靖十二年癸巳七月廿四日寅時

生子二長延派次延滄

浪長子第十世

周南字可習生嘉靖四年乙酉三月廿五日亥時卒

年五月廿九日葬　坐　向　配陳氏生嘉
靖四年乙酉十月十四日申時卒　年
月　日葬　坐　向
生子三長一代次一性三一滕

浪次子第十世
名南字可誦號藍田生嘉靖七年戊子三月廿九日巳時
卒　年五月廿三日　時配長與李氏生嘉
靖十四年乙未十月十四日寅時卒　年
月　日合葬坪埕面前園灰墓有石碑坐　向

伯祖母李氏端莊静一雖暮年見諸孫婦肅容如故於
四四裕如也其懿範堪與曹大家並垂女史
天立識

浪三子第十世
卿字可肆生嘉靖十七年丁酉七月初六日丑時卒
年　月　日　時葬　坐　向　配魏氏生
嘉靖十六年丙申九月十一日午時
生子二長叶熊次叶羆

浪四子第十世
衛可化號浴渠生嘉靖十九年己亥十月初六日丑時配林

氏生嘉靖二十二年癸卯十一月十七日亥時

生子三長安國次翌國三愛國

沃長子第十世

天保字光友生正德四年己巳八月廿二日寅時配吳氏生正德九年甲戌四月廿四日辰時

生子三長一默次一靜三一語

沃次子第十世

天養　無傳

國長子第十世

卒嘉靖四十年正月初七日酉時配朱氏生嘉靖元年
壬午五月廿二日戌時　生子二長泮次洲
平郊公素敦倫誼志存譜牒議建祠宇不幸以京選
歿京師有志未逮惜夫至扶櫬還鄉附葬父墳

國次子第十世
天賞字民資生嘉靖十年辛卯十月初九日巳時卒
年　月　日　時葬　坐　向　配赤
坑陳氏生嘉靖十一年壬辰三月十六日辰時卒嘉
靖四十三年甲子閏二月十四日壽三旬有二葬崆
口園內坐辛向乙配李氏生嘉靖十九年庚子八月十

八曰朱時　係續娶

闕傳子第十世

天鳳字民靈生嘉靖四年乙酉五月初二日亥時卒

年　月　日　時葬　坐　向　配嘉

禾楊氏生嘉靖九年庚寅十二月初三日午時卒

年　月　日　時葬　坐　向

生子二長汀早故次汴

橈長子第十世

薦字君哉生嘉靖十四年甲午正月初三日亥時卒

氏生嘉靖十五年乙未十二月初三日卯時卒葬失載
生子二長沙次淥

槐次子第十世
趦字君擢生嘉靖十八年己亥四月十六日巳時配莊氏生
嘉靖廿四年乙巳二月廿九日未時卒　　年
月　日　時　生子一㬋

録長子第十世
天均字欽宰生正德十五年庚辰三月初三日辰時於嘉
靖二十四年四月初六日客死妻再醮無傳

録次子第十世

天環字欽璧生嘉靖十四年乙未二月廿二日酉時卒嘉靖
四十一年壬戌九月初十日壽二旬有八葬東山邊坐
乾向巽娶再醮　生子二長係嘉次係協

鍾英長子第十世

秦字欽化鄉飲大賓生嘉靖元年壬午十月十二日巳時卒
年　月　日　時葬　坐　向　配翁
氏生嘉靖四年乙酉九月初七日巳時卒嘉靖三十年
辛亥三月廿一日壽二旬有七葬山仔上坐壬向丙
生子長曰檀　續配洪氏生嘉靖十六年丁酉十

鍾英次子第十世

楚字欽勝國子監生生嘉靖十四年乙未五月廿六日戌時卒　年　月　日葬岸山坐寅向申配西山王氏生嘉靖十八年己亥十月初七日亥時卒嘉靖四十四年乙丑十二月十九日午時壽二旬有七葬馬寮坐申向寅

生子二長曰梓次曰楷

高漢長子第十世

龍韜字以策號瑶塘生嘉靖五年丙戌八月廿三日卯時卒　年　月　日　時葬　坐　向　配柯

氏生嘉靖十三年甲午閏二月廿六日酉時卒

年　月　日　時葬　坐　向

生子四長侍御次侍老三侍敎四侍侯

高漢次子第十世

豹韜字以籌生嘉靖七年戊子十月廿三日卯時卒於嘉靖

四十三年甲子　月　日　時卒於廣壽三旬有

七配曾氏　生子一侍俸

書呈長子第十世

尙志字　生嘉靖二十七年戊申七月廿三日丑時卒

坐乾配　氏生　年十一月十九日　時卒
年十一月十九日　時葬山坪後過溝溝邊園後
坐東向西　生子三長侍黼次侍黻三侍鑾
書呈次子第十世
鵬志字　生嘉靖二十九年庚戌九月十三日子時卒
年　月　日　時配　氏
生子一侍　傳有孫早世今無傳
雲志字拔庸生嘉靖四十年辛酉正月廿五日子時卒
書呈三子第十世
年正月廿三日壽九旬有六葬亭內許厝山脚坐

寅向申兼甲庚有石碑爲記配薛氏生　　年
月　日　時卒　　年三月初十日
時壽九旬葬大片園坐東向西寅申兼甲庚
生子四長侍袍次侍旒三侍詰四侍詥

書顯傳子第十世

達觀字員山生嘉靖四十二年癸亥十二月廿五日午時卒
年五月廿三日葬吳貫向廟兜有石碑配陳氏
生　年　月　日　時卒　　年
月　日　時葬　坐　向

天祥傳子第十世

仰字以顯生嘉靖八年己丑八月廿九日亥時配　氏生
嘉靖十九年庚子十一月初六日子時　無傳

天章傳子第十世

鎖字以燧號次山生嘉靖十三年甲午三月初三日辰時
卒　年三月廿九日葬上坑寨仔脚園内坐
向　配曾氏生嘉靖二十二年癸卯十月二十日亥
時卒　年九月初八日葬壠坱
生子五長應奎次應參三應軫四應房五應宿

斐長子第十世

鑰字京鍛生正德十一年乙亥八月廿九日辰時卒

年　月　日　時葬　坐　向

配林氏生正德十六年乙亥十月十二日戌時卒

年　月　日　時葬　坐　向

生子四長開次墾三標四凝

斐次子第十世

鑨字崇垣號前塘生嘉靖元年壬午二月十七日辰時卒隆

慶二年戊辰三月初五日壽四旬有七附葬東山邊祖

墳左坐　向　配長與柯氏生嘉靖二年癸未六月

年　月　日　時

坐　向　　生子三長望魁次望喬三望鎮

斐三子第十世

鋭字崇僩生嘉靖十三年甲午正月廿八日申時卒

年　月　日　時葬　坐　向　配劉

氏陳氏生嘉靖十三年甲午二月廿八日酉時卒

年　月　日　時葬　坐　向

生子一演

畧長子第十世

享字以脩生正德十四年己卯四月廿八日亥時卒

年　月　日　時葬　坐　向　配劉

氏生嘉靖六年丁亥九月三十日卒嘉靖三十七年戊

午七月十五日壽三旬有一葬山墘內坐西向東續配

黃氏生嘉靖六年丁亥四月十四日卯時卒葬失載

生子一果矣

署次子第十世

侯字以新生嘉靖七年戊子十月十六日申時卒

年　月　日　時葬　坐　向　配林氏

生子長鸞仔乞養馬壠　續配林氏生嘉靖二十

年辛丑二月十一日戌時卒　年　月

日　時葬　坐　向　生子次果芳

猛傳子第十世
顯字以禮生嘉靖十年辛卯十月十二日亥時卒
年　月　日　時葬　坐　向　配曾氏生
嘉靖十一年壬辰八月初四日丑時卒　年
月　日　時葬　坐　向
生子一東銘

富長子第十一世
山字喬峙生嘉靖十一年壬辰正月十四日酉時卒
年　月　日　時葬　坐　向配柯氏
生嘉靖十七年戊戌十月十一日辰時卒　年

月　日　時葬　坐　向　生子一果芘

富次子第十世

添字喬錫生嘉靖十六年丁酉三月十三日寅時卒

年　月　日　時葬　坐　向　配王

氏生嘉靖十九年庚子十月十六日未時卒

年　月　日　時葬　坐　向

生子三長果華次果茂三果

富三子第十世

挺字　生嘉靖三十年辛亥十二月二十日卒

年　月　日　時葬　坐　向　配

氏生　年　月　日　時

生子

大謀傳子第十世

淍瑜字京偉生正德十二年戊寅十月廿三日辰時卒

年　月　日　時葬　坐　向　配盧氏

生正德十五年庚辰十二月廿七日申時卒

年　月　日　時葬　坐　向

生子一惟長

嬰哥長子第十世

囘春字復卿號東園生嘉靖十三年甲午七月廿五日巳時

卒　年　月　日　時葬吳貫報恩院邊

配林氏生嘉靖十二年癸巳二月十九日巳時卒

年　月　日　時葬　坐　向　妾黃

氏　生子六長師誨次師道三師德四師言

五師哲六師謙　生子偕慎無傳

嬰哥次子第十世

回龍字復騰號次園生嘉靖十六年丁酉四月初六日未時

卒　年九月十四日葬畓坑田裡坐　向

配黃氏生嘉靖二十一年壬寅七月初六日寅時卒

嘉靖三十五年戊子七月廿一日與祖父母仝葬焉

寨頭穴居左續配天保蕭氏生嘉靖廿四年乙巳七月
廿八日卯時卒　年十二月初五日合葬崙
坑田裡
生子四長師敎次師範三師　三四無傳

學哥三子第十世
商元字學時生嘉靖三十三年癸丑七月廿一日辰時卒
崇禎四年十二月十六日卯時葬下店園裡坐艮向
坤配江氏生嘉靖三十七年戊午五月十三日戌時卒萬
曆三十三年六月廿五日葬曾邊園坐亥向巳無出
續配鄭氏生隆慶二年十月廿八日午時卒順治癸巳

年四月十三日申時與江氏合葬坐向同

生子一宗卿

應望

秉傳子第十世

生嘉靖四十年辛酉正月初八日巳時卒

年　月　日　時葬　坐　向

配林氏生　年　月　日　時卒

年　月　日

生子二長襄榮次六

大發傳子第十世

衛星　出寓同安縣

薦綸長子第十世

敦魯諱東字子伯生成化二十二年丙午正月廿二日戌時卒隆慶元年丁卯九月初一日寅時配勤氏生成化二十三年正月初十日戌時卒嘉靖四十五年五月十一日戌時與夫合葬在塔邊坐艮向坤

生子一純淑

薦綸次子第十世

敦楚諱郢字子爵生弘治元年戊申三月十五日子時卒隆慶二年戊辰十一月初一日寅時葬在象鼻西高墓下南角坐丑向未兼癸丁配蔡氏生弘治五年壬子七

月十三日辰時卒隆慶五年辛未九月初八日寅時
葬在公穴右坐向同　生子一純樸

薦綸三子第十世

敦齊諱治字子國生弘治三年正月廿一日午時卒隆慶四
年七月初一日丑時葬在鼎西敦楚公墓左坐艮向坤
配　氏生卒失載葬在公穴側坐向同
生子

薦綸四子第十世

敦晉諱沃字子侯生弘治五年二月十一日未時卒萬曆
元年四月初八日丑時葬花廟兜大坵園西角坐丑向

未兼癸丁配柯氏生弘治九年六月十二日卯時卒隆慶六年十月十一日卯時葬在晉公墳右坐向同

生子一純強

敦傑　萬綸五子第十世

其詳載在水頭譜中

生子二長魁植次魁玉

萬綸六子第十世

敦賢　分居同安

徹傳子第十世

進宗字丕顯生嘉靖元年壬午十一月廿二日巾時卒葬俱失

載配林氏生嘉靖七年戊子五月廿一日戌時卒葬

俱失載

寬長子第十世

旺字丕定生嘉靖十二年癸巳二月初一日卒隆慶元年丁

卯八月廿六日葬東山邊坐亥向巳配再醮生失載

生子

寬次子第十世

藎字丕教生嘉靖二十二年癸卯六月廿三日亥時卒葬俱

失載配朱氏生嘉靖二十八年己酉八月十四日卒

葬俱失載

生子

寬三子第十世

五字　生嘉靖二十九年庚戌三月初五日申時卒葬失

載配　氏

險傳子第十世

獲字丕登生嘉靖二十四年乙巳十二月初三日子時卒葬

俱失載配朱氏生嘉靖三十一作壬子九月初三日亥

時卒葬失載

香長子第十世

惠字丕仁生嘉靖二十四年乙巳七月廿二日丑時卒葬俱

失載配李氏生嘉靖三十年辛亥十月十八日卯時卒

葬俱失載

香次子第十世

臧生嘉靖三十一年壬子三月廿六日亥時卒葬俱失載

配　氏生卒葬失載

香三子第十世

武字　生嘉靖三十七年戊午九月初三日申時卒葬失載

天松長子第十世

渭字廷沚生嘉靖十七年戊戌九月廿九日丑時配鍾氏生

嘉靖二十二年癸卯二月二十日酉時卒葬俱失載

天松次子第十世

涇字廷極生嘉靖二十四年甲辰六月十六日丑時配王
氏生嘉靖二十六年丁未二月十六日卒葬俱失載
天松三子第十世
淇字廷　生嘉靖二十六年丁未十一月十三日丑時卒葬
俱失載配王氏生嘉靖二十七年戊申四月十一日丑
時卒葬俱失載　　生子
天松四子第十世
五字　　生嘉靖二十九年庚戌五月初五日卒葬俱失
載配　氏生卒葬俱失載
天松五子第十世

七字　生嘉靖三十五年丙辰八月初四日丑時卒葬
俱失載
格傳子第十世
續　生　丙戌年三月初三日　時卒順治庚子年
五月十八日葬漳州東門外潮陽盧坑山大潭上坐
向　配林氏生失載卒　年十一月廿五日
葬岑山仔內坐　向
生子三長振宗次標宗
福長子第十世
鶴字求益生嘉靖二年癸未十二月初九日酉時卒　失載葬

三魁嶺坐乾向巽配林氏生嘉靖四年乙酉七月初六日巳時卒葬俱失載

生子三長觀秋次觀時三觀辰

福次子第十世

賜字求殖　無傳

海長子第十世

約字求省生嘉靖九年庚寅十月初七日卒葬俱失載配林氏生嘉靖十八年己亥　月　日卒葬俱失載

生子三長英德次英仁三英俊

海次子第十世

糾字求察　無傳

河傳子第十世

東升字　生嘉靖三十四年乙卯十一月廿二日午時卒

彪俱失載

湧傳子第十世

東魯字　生嘉靖三十年辛亥十一月廿二日寅時卒

奠俱失載

春長子第十一世

希孔字務學生嘉靖七年戊子十月十四日卒嘉靖四十三年甲子十二月初十日壽三旬有七配長與何氏生

嘉靖十年辛卯九月廿八日卒嘉靖四十一年壬戌
𠤎月廿五日壽三旬有一合葬山墘園坐癸向丁
生子一　禱
春次子第十世
希稷字務業　無傳
春三子第十世
希舜字　生嘉靖十七年己亥八月廿二日亥時卒葬
俱失載配林氏生嘉靖二十五年乙巳九月十五日
酉時卒葬俱失載無傳
春四子第十世

希頴　無傳

肅傳子第十世

桷字信華生嘉靖四十四年乙丑六月初一日戌時卒失

載葬在大片園後坐　向　配蔡氏生嘉靖四十四年

十月　日　時卒隆慶元年正月初二日巳時葬

曾邊石頭仔邊坐　向　生子一錫昌

彥長子第十世

桂字生嘉靖三十一年壬子八月廿一日申時卒葬俱失載

彥次子第十世

極字　生嘉靖四十年辛酉七月十七日未時卒

葬俱失載配　氏生卒葬俱失載

彦三子第十世

柱字　生嘉靖四十四年乙丑四月廿四日寅時卒葬

俱失載

新法傳子第十世

希魯　生嘉靖二十六年丁未九月十六日丑時卒葬

俱失載

新民傳子第十世

弟　生嘉靖四十二年癸亥十一月廿四日寅時卒葬

俱失載

賞傳子第十世

承考字　生隆慶元年丁卯八月二十日丑時卒葬俱

失載

排　子第十世

陟　子第十世

有期子第十世

一新子第十世

欽長子第十世

六一字　生嘉靖三十六年丁巳四月十六日辰時卒

葬俱失載

欽次子第十世

六八字　生嘉靖四十二年癸亥十二月廿七日辰時

卒葬俱失載

盤祿長子第十世

強字　生嘉靖二十三年甲辰二月廿九日酉時卒葬

俱失載配張氏生嘉靖三十年辛亥七月初七日寅時

卒葬俱失載

盤祿次子第十世

生嘉靖二十六年丁未十二月初一日酉時卒葬

俱失載

二字

盤祿三子第十世

生嘉靖三十三年甲寅六月十二日午時卒葬

俱失載

養字

盤祿四子第十世

生嘉靖四十年辛酉十一月初一日巳時

四字

以上宅號四八俱居同安紫閣

艮循長子第十世

熙字　生嘉靖二年辛丑正月初九日亥時卒葬失載配

鄭氏生嘉靖二十六年丁未十月二十日卒葬俱失載

艮循次子第十世

宣字

艮循三子第十世

三字　生卒葬俱失載

艮循四子第十世

四字　生卒葬俱失載　生子一康山

盤達傳子第十世

陽回傳子第十二世

昇長子第十一世

元祖字　生嘉靖十九年庚子九月十七日子時卒葬失

載配鄭氏生嘉靖二十一年壬寅十二月初二日巳

時　出居月港

昇次子第十一世

仲山字　生嘉靖三十七年戊午十二月廿六日戌時卒

葬俱失載配鄭氏生卒失載與祖妣朱氏合葬

坐子向午　生子夢熊

𥙿傳子第十一世

應賓字　生嘉靖戊午年正月初八日子時配李

氏合葬在同安縣長興里二都爻嶺保大泉上

生子二長瑞中次貫中

瓔傳子第十一世

應徵字　生失載卒崇禎辛未年四月初十日戌

時配李氏生嘉靖己未年八月廿九日丑時卒崇禎丁

丑年七月初八日未時合葬在長興里中山仔大泉上

坐卯向酉

尓帖長子第十一世

一諧字　生嘉靖三十三年甲寅二月十六日亥時卒

葬俱失載

尓帖次子第十一世

一讀字　生嘉靖四十三年甲子閏　月廿二日戌時卒

葬俱失載

尓岊傳子世裔在此

尓表傳子世裔在此

尔湖傳子世裔在此

一巢字　尔需長子第十一世　生嘉靖三十三年甲寅七月初二日卒葬俱失載

一苗字　尔需次子第十一世　生嘉靖三十五年丙辰二月廿七日卒葬俱失載

一錦字　尔輅長子第十一世　生嘉靖四十年辛酉十二月初六日卒葬俱

失戴

尓輅次子第十一世

一田宇．生嘉靖四十五年丙寅九月十二日卒葬俱失戴

尓華傳子世斋在此

瑗傳子第十一世

一言　生嘉靖三十一年壬子十月廿五日戌時與妻卒

卒葬俱失　生子一宗

恩傳子第十一世

一任　生嘉靖二十四年乙巳九月初六日丑時卒葬失

信長子第十一世

一塲字　生嘉靖三十八年己未六月十三日未時卒
年六月十一日葬失載配朱氏生卒失載四月
十三日葬失載　生子一曰九

信次子第十一世

一堵字　生隆慶元年丁卯五月十七日戌時卒
年十月十七日卒葬失載配鍾氏生　卒
年五月初五日葬失載　生子一曰辰

魏傳子第十一世

一慶字　生嘉靖三十八年己未五月十九日未卒葬失

東晉長子第十一世

一疏字廷眷生嘉靖二十五年丙午七月初七日子時卒葬失載配陳氏生嘉靖二十七年戊申卒葬失載

東晉次子第十一世

一諧字廷和生嘉靖二十八年己酉四月廿九日巳時卒葬失載配林氏生卒葬俱失載

橐嫡出長子第十一世

一宸字垂任號次塘生嘉靖十五年乙未六月廿三日申時卒葬失載配楊氏生嘉靖十八年戊戌七月廿一日戌時卒葬失載　生子二長履中次納中

寰嫡出次子第十一世

寔字幸倫生嘉靖十九年庚子十一月初三日戌時外卒嘉
靖四十一年壬戌四月十六日壽二旬有三配曾氏生
卒葬失載　生子一道中

寰庶出三子第十一世

宿字幸緯生嘉靖二十六年丁未十月廿五日丑時卒葬失
載配吳氏生嘉靖二十八年己酉二月十三日申時
卒合葬在坑園山下園裡坐艮向坤　生子一繼中

美櫝長子第十一世

應虎字行寅生嘉靖三十一年壬子六月十六日申時卒

葬失載

美櫃次子第十一世

應時字行九生嘉靖三十三年甲寅二月廿四日巳時卒葬

失載配林氏生嘉靖三十五年丙辰九月十三日卯

時卒葬失載　生子一思中

美枳長子第十一世

應郁字行周號前圃生嘉靖二十三年甲辰正月廿九日申

時卒葬失載配曾氏生嘉靖二十六年丁未十一月廿

九日申時卒葬失載

美枳次子第十一世

應圜字行舉生嘉靖三十八年己未十月初一日亥時卒葬
失載
美棣長子第十一世
儒隆字行徵生嘉靖三十年辛亥四月廿五日亥時卒葬
失載配李氏生嘉靖三十四年乙卯十月十九日卯
時卒葬失載　生子三長允忠次允孝三允廉
美棣次子第十一世
儒奇字生隆慶元年丁卯五月初二日巳時卒葬失載
鄉長子第十一世
日親字君懿生嘉靖十七年戊戌六月初七日午時卒葬

失載配山頭朱氏生嘉靖二十一年壬寅五月初六日酉時卒葬俱失載　生子二長榮中次華中

曰幸　卿次子第十一世　早世無傳

曰就字　卿三子第十一世　生嘉靖二十二年癸卯正月廿七日卯時卒葬失載配林氏生嘉靖二十九年庚戌正月廿二日丑時卒葬失載　生子一富中

曰強字　卿四子第十一世　無傳

二郎嫡出長子第十一世

曰壯字君燮號石塘邑庠生生嘉靖十一年壬辰閏月廿六日丑時卒葬失載配長與柯氏生嘉靖十五年丙申十二月初九日戌時卒葬失載生子建中

二郎庶出次子第十一世

曰堅字君雅號員塘生嘉靖三十年辛亥八月初二日辰時卒葬失載配排頭黃氏生嘉靖二十五年丙午五月廿九日卯時卒葬俱失載

生子三長用中次虛中三誠中

二郎庶出三子第十一世

曰叙字君曾生嘉靖三十八年己未八月初七日戌時卒葬
俱失載
二耶庶出四子第十一世
曰弘字君參生嘉靖四十年辛酉十一月十四日子時卒葬
俱失載
三耶傳子第十一世
曰敏字　生嘉靖四十三年甲子八月廿二日寅時卒葬
俱失載
育長子第十一世
延浚字君澄生嘉靖二十五年丙午九月廿三日未時卒葬

葬俱失載　生子瞻大景　今俱無傳

育次子第十一世

延洚字君源生嘉靖三十二年癸丑閏三月廿六日卒

年十月十七日葬內岑坐　向　配邱氏生嘉

靖丙寅年七月二十日卒　年八月廿九日

葬上坑寨仔下坐　向

生子二長錫祖次錫琯

首長子第十一世

延洪字君泰號知吾生嘉靖二十五年丙午二月廿二日

子時卒葬失載配長與李氏生嘉靖二十八年己酉三
月二十日丑時卒葬俱失載
生子三長詢忠次景祉三景堯

首次子第十一世
延禧字君明生嘉靖三十一年壬子二月廿四日戌時卒
年三月初四日配漸尾洪氏生嘉靖三十四年
乙卯十月十一日午時卒　年九月初三日
合葬在坑園山大墓裡坐艮向坤兼丑未
生子三長景論次景應三景從

首三子第十一世

延湘字君立生嘉靖三十三年甲寅九月初十日亥時卒葬
失載配山頭許氏生嘉靖三十二年癸丑八月廿七日
子時卒葬失載　生子二長景遜次景建
首四子第十一世
延漸字若陶生嘉靖三十八年己未八月十四日戌時卒
崇禎丁丑年正月廿四日配馬氏生嘉靖四十二年癸
亥二月廿九日申時卒崇禎戊辰年七月十七日合
葬壠山仔坐丁向癸
生子三長景瑗次景言三景乾
撰嫡出長子第十一世

廷泗字君尼生隆慶元年丁卯十一月初九日卒葬失載配

氏生卒葬俱失載　生子二長模次格

撰　庶出次子第十一世

廷濱字君夷生隆慶二年戊辰二月廿二日卒葬失載配

氏生卒葬失載　生子一士標

撰　庶出三子第十一世

廷洙字　無傳

憲長子第十一世

廷泒字　生嘉靖四十二年癸亥十月廿一日　時

卒葬失載

……第十一世

延滄

周南長子第十一世

一代字　生嘉靖二十四年乙巳十二月十六日巳時卒

葬失載配水頭顏氏生嘉靖二十七年戊申七月初八

日丑時卒葬失載　生子二長明燮次明

周南次子第十一世

一性字　生嘉靖三十六年丁巳三月二十日卒葬失載

配　氏生卒葬俱失載　生子一仲式

周南三子第十一世

一滕字志文生隆慶元年丁卯二月初十日申時卒順治己丑年七月初十日未時葬　坐　向　配翁氏生隆慶庚午年十一月十三日卒　年四月十八日合葬畬坑山上生巾石下坐　向　生子四長仲曉次仲晃三仲典四仲春

名南長子第十一世

叶麟字志孔生失載卒　年六月廿八日配盧坑林氏生失載卒　年三月十二日　時諡勤慈合葬東山邊尾灰墓有碑坐癸向丁兼子午　生子二長艮次賁

召南次子第十一世

叶鳳字志岐生卒失載葬坑園山上坐　向　配李氏生卒
失載葬畬坑内園裡坐子向午續配許氏生卒失載葬
坑園山上坐　向　　生子一亨

召南三子第十一世

叶鶴字志揚生卒失載葬畬坑馬寮園裡石頭右坐丁向癸
配李氏生卒失載葬坑園山上坐　向
生子三長臨次泰三乇

卿長子第十一世

叶熊字　　生子一從實

卿次子第十一世

叶羆字　生子二長從　次從育

衛長子第十一世

爕國字　生嘉靖四十年二月初十日戌時卒葬失載

生子一五

衛次子第十一世

翌國字　生嘉靖四十五年丙寅十月初二日午時卒

葬失載　生子一八

衛三子第十一世

愛國

天保長子第十一世

一黙字廷謹生嘉靖十二年癸巳九月初一日酉時卒葬
失載配蘇氏生嘉靖十九年庚子三月十五日亥時
卒葬失載　生子一應雄

天保次子第十一世

一静字廷肅生嘉靖十九年庚子三月十五日戌時卒葬失
載配張氏生嘉靖二十八年己酉九月廿三日卒葬
失載

天保三子第十一世

一語字廷　生嘉靖二十二年癸卯十月二十日戌時卒

葬失載
天賦長子第十一世
泮公諱夢星字毓鰲號庠軒萬曆癸酉科武魁中式第三十
名生嘉靖二十一年壬寅十月二十六日亥時卒葬
失載配馬鑾邑庠生周應夢女生嘉靖二十七年戊
申九月初十日寅時卒葬失載
生子一牧忠
天賦次子第十一世
洲字
生嘉靖三十五年丙辰二月二十二日卯時卒
葬失載配長嶼何氏生嘉靖庚申年四月初三日亥

時卒失載合葬山墘祖墳坐　向

生子一姖忠

天質傳子世裔在此

天鳳傳子第十一世

汴字廷宋生嘉靖三十八年己未四月廿一日亥時卒失載

葬在山墘內祖墳左坐未向丑兼丁癸配　氏生卒葬

所失載

生子一曰呂

鷹長子第十一世

沙字　生嘉靖三十五年丙辰正月初六日丑時卒葬失

薦次子第十一世

泳字　生隆慶元年丁卯三月十三日酉時卒葬失載

趙傳子第十一世

惺字　生嘉靖四十二年癸亥九月初二日寅時卒葬失

天環長子第十一世

僚嘉字　生嘉靖三十六年丁巳十二月初十日卒葬失

天環次子第十一世

繚協字　生嘉靖四十年辛酉七月初五日卒葬失載

泰長子第十一世

田檀字　生嘉靖二十七年戊申七月初三日未時卒

年八月廿四日配林氏生　　年三月廿
一日合葬東埔坐南向北
生子三長心亮次心碧三心寅
秦次子第十一世
曰榜字　生嘉靖四十二年癸亥二月十四日丑時卒
葬失載
秦三子第十一世
曰樵字　生嘉靖四十四年乙丑十月初六日卒葬失
楚長子第十一世
曰梓字振篪生萬曆己卯七年四月初九日卯時卒康熙

癸卯二年四月初八日辰時壽八旬有五附葬在庵邊
祖墓側右邊配李氏生萬曆壬午年十月二十日
卒順治庚子十六年三月初二日壽七旬有九葬山
狗崆坐東向西　生子二長紀祥次紀瑞

楚次子第十一世

曰楷字振吾生萬曆十一年癸未十一月初六日戌時卒
天啟五年乙丑八月初一日子時壽四旬有三配高氏
生萬曆十三年乙酉十二月初二日午時卒順治七
年辛卯三月十六日酉時壽六旬有七合葬在壠坪裡
坐酉向卯　生子二長紀瓚次紀璋

龍韜長子第十一世

侍御字　生嘉靖二十九年庚戌六月初六日寅時卒

葬失載　生子一曰六

龍韜次子第十一世

侍老字　生嘉靖三十一年壬子四月十八日未時卒葬

失載　生子一曰五

龍韜三子第十一世

侍敎字　生嘉靖三十八年己未七月十三日戌時卒萬

曆二十七年九月初八日葬深溝上坐郊向酉配李氏

生失載卒　年五月三十日葬深溝上坐郊向

酉　生子三長三台次耀崑三明崑

龍韜四子第十一世

侍侯字　生嘉靖四十年辛酉十一月初八日戌時卒葬失

豹韜傳子第十一世

侍俸字元珍生嘉靖四十一年壬戌五月十八日子時配張氏續配李氏時倭寇猖獗挈家避居同安白石鄉卒失載合葬在同安白石鄉連厝社前土名寮仔尾坐向失載　生子二長華園次華國

尚志長子第十一世

侍黼字　生失載卒　年三月初八日葬在園

山園坐丑向未配黃氏生失載卒康熙甲辰三年四月廿六日子時坐後溝園婆祖墓邊坐東向西

生子三 長嗣亨 次三

尚志次子第十一世

侍嶶字　生卒失載葬壠裡第二坵園頭坐甲向寅配氏生失載卒　年五月廿八日葬畬坑底園後岸坐壬向丙俱早世無傳

尚志三子第十一世

侍鑿字　生萬曆二十二年甲午卒崇禎十五年壬午三月廿二日戌時葬在呂宋配華丹溪劉氏生萬曆

三十四年丙午卒順治九年壬辰十二月廿三日亥
時葬在壠裡第三坵園頭坐申向寅
生子一　嗣振

雲志長子第十一世
侍袍字燦九生卒失載葬在呂宋配山頭隆武二年武狀元
許諱滾沃公胞妹許氏生卒葬俱失載
生子一　嗣芳

雲志次子第十一世
侍旒字省九生失載卒　年五月廿四日　時葬
失載配東坑社林氏生失載卒　年五月廿

五日　時葬失載　　生子一嗣惠

雲志三子第十一世

侍誥字輝九生失載卒　年九月廿一日　時葬

失載配樓山陳氏生失載卒順治十六年二月初十日

巳時葬在大片園坐北向南大官山子午兼癸丁

生子一嗣茂

雲志四子第十一世

侍詔字　九生卒葬俱失載配郭氏生卒葬俱失載

生子一嗣藩

達觀長子第十一世

侍燕字我賓生卒葬俱失載配　氏生卒葬俱失載
生子一嗣泰

達觀次子第十一世
侍幣字　無傳

達觀三子第十一世
侍拱字　無傳

達觀四子第十一世
侍辰字　生卒葬所失載配陳氏生萬曆丁未年八月初十日未時卒康熙甲辰年九月初三日午時葬在福州府長樂上湖山脚坐酉向卯兼辛乙

生子二長純次開

達觀五子第十一世

侍鳳字朝陽生卒失載葬在呂宋配　氏生卒葬所俱失載

生子三長唐次奕三定

鑽長子第十一世

應奎字　生嘉靖三十八年己未八月初一日未時卒

葬失載配　氏生卒葬俱失載

生子三長維岳次維宗三維泰

鑽次子第十一世

應參字　生嘉靖四十一年壬戌九月十三日寅時卒

葬失載　無傳

鑽三子第十一世

應房字　生隆慶元年丁卯七月二十六日亥時卒葬

失載　無傳

鑽四子第十一世

應軫字　生卒葬俱失載配　氏生卒葬俱失載

生子二長維紀次維績

鑽五子第十一世

應宿字　生　己丑年正月初五日辰時卒康熙壬寅

年六月二十日午時壽七旬有三葬李坑湖內坐甲向

[illegible]戌生　己亥年三月初六日丑時卒[illegible]
郊年九月初四日戌時壽六旬有四葬李坑湖內坐
向　生子四長維緷次三四俱早世無傳
鑰長子第十一世
開字
生嘉靖二十二年癸卯正月廿二日辰時卒葬失
載配林氏生嘉靖二十二年癸卯十月初十日寅時卒
葬所失載　生子三長守威次守謙三守嚴
鑰次子第十一世
鑿字
生嘉靖二十五年丙午正月十五日辰時卒失
葬在大坑尾額頭坐子向午兼壬丙配林氏生嘉靖

二十六年丁未正月初七日丑時卒隆慶元年丁卯
月　日與夫合塟
生子三長守傑次守儁三守巽

鑰三子第十一世

標字質素生嘉靖二十九年庚戌十月十七日酉時卒天啟
七年丁卯八月廿一日戊時壽七旬有八配林氏生嘉
靖三十二年癸丑五月初二日辰時卒崇禎十五年壬
午十一月十三日辰時壽九旬合葬在本社前東埔山
馬鞍園裡坐巳坐亥
生子三長守貞次守寀三守孚

鑰四子第十一世

凝字　生嘉靖三十七年戊午六月十四日戌時卒葬

失載

鑛長子第十一世

望魁字　生嘉靖二十五年丙午六月十一日子時卒葬

失載配鄭氏生嘉靖二十六年丁未七月十七日巳

時卒葬失載

鑛次子第十一世

望喬字　生嘉靖二十九年庚戌四月廿四日寅時卒

樊失載

鑛三子第十一世

望鎮字　生嘉靖三十六年丁巳十一月初五日丑時

卒葬失載

鋭長子第十一世

演字　生嘉靖三十四年乙卯十月初二日未時卒葬

失載配　氏生卒葬俱失載

生子二長守棟次守世

鋭次子第十一世

字　生嘉靖四十年辛酉四月十三日午時卒葬失

字　生嘉靖四十四年乙丑八月廿五日未時卒葬失

享長子第十一世

果矣字　生嘉靖三十八年己未十一月廿四日巳時

卒葬失載　生子三叔公

侯長子第十一世

鶯　生卒葬俱失載

侯次子第十一世

果芳字　生嘉靖四十三年甲子正月廿五日子時卒

葬失載

顯傳子第十一世

東銘字　生嘉靖三十年辛亥十二月十二日午時卒

壟失載

山傳子第十一世

杲芘字　生嘉靖四十四年乙丑十二月十三日巳時

卒葬失載

添長子第十一世

杲華字　生嘉靖三十八年己未十一月初二日午時卒

葬失載

添次子第十一世

杲茂字　生嘉靖四十二年癸亥六月廿五日巳時卒葬失

挺傳子世斋在此

清瑜傳子第十一世

惟長　生卒葬俱失載

回春長子第十一世

師詢　生卒葬失載　生子二長偕萱次偕香

回春次子第十一世

師道　生卒葬失載　生子一偕藩

回春三子第十一世

師德　生卒葬失載　生子二長偕矩次偕榮

回春四子第十一世

師言字子敬生萬曆甲申年六月初六日卒康熙二年癸卯十一月十五日巳時葬失載配陳氏生萬曆甲申年八月十三日卒康熙二年癸卯八月廿八日葬失載

生子一偕芳

回春五子第十一世

師哲

生卒葬俱失載

配李氏

生卒葬俱失載

生子一鳳

回龍長子第十一世

師敘字論台邑庠生生正德庚午年七月初九日未時卒

崇禎壬午年六月十一日巳時配柯氏生正德辛未年四月初八日卒崇禎癸未年三月十二日合葬曾邊園坐亥向巳　生子二長偕蘭次偕芝

師範

回龍次子第十一世

無傳

回龍三子第十一世

師

商元傳子第十一世

無傳

宗嚮字賚麟生萬曆三十三年七月十五日卯時卒順治己亥年五月廿八日亥時葬山坪園坐壬向丙配林氏

生萬曆三十五年六月二十一日未時卒順治庚子年五月廿一日寅時葬大埔田石白左坐　向

生子四長偕薇次偕穰三偕虆四偕椿

應望長子第十一世

生子一英姐　今無傳

字衷榮

應望次子第十一世

生卒葬俱失載

六字

敦魯傳子第十一世

純淑諱慶字魁瑞生弘治十七年六月十八日夘時卒隆慶五年十月初六日未時葬在橋頭園第三個坐乾向巽

配林氏生　年五月十二日戌時卒
年四月十三日丑時葬失載
生子三長舜艮次舜孕三舜善

敦楚傳子第十一世
純樸諱確字魁允生正德十年正月二十日卯時卒萬曆
二十二年七月初一日丑時葬灣坵園申坐乙向辛兼
卯酉配林氏生正德九年十二月初八日寅時卒萬曆
十八年四月初八日寅時與夫合葬
生子三長舜美次舜仁舜禧

敦晉傳子第十一世

純強諱壯字魁元生正德十三年七月廿九日子時卒萬
曆十一年十月廿一日丑時葬在東坑山配陳氏生正
德十六年六月十五日卯時卒萬曆十九年四月十
三日寅時葬庵兜柯家墓後坐丑向未續配　氏生
卒葬西邊長坵園坐艮向坤　　生子一舜英

敦傑長子第十一世

魁植諱鏗字直叟生嘉靖十九年庚子四月十三日戌時卒
天啟三年十一月初二日　時葬失載配陳氏生嘉
靖丙午二十五年九月廿七日戌時卒萬曆辛丑二
十九年九月廿七日未時合葬本社墓後園坐甲向庚

生子一楠

敦傑次子第十一世

魁玉生失載卒　年九月初二日葬臺後園坐甲向

庚附胞兄墳側配埭頭黃氏生失載卒　年七

月初四日葬失載　生子二長一商次一岳

敦賢傳子第十一世　分居同安縣

進宗傳子第十一世

旺傳子第十一世

藎傳子第十一世

五傳子第十一世

獲傳子第十一世

臧傳子第十一世

武傳子第十一世

渭傳子第十一世

涇傳子第十一世

淇傳子第十一世

五傳子第十一世

七傳子第十一世

續長子第十一世

振宗字　生萬歷己未年九月二十五日午時卒失載配

游氏生崇禎乙亥年八月二十八日申時卒失載俱葬

在禁山内　嗣子一繼盛

續次子第十一世

標宗字　生天啟癸亥年十月初十日辰時卒葬失載

鶱長子第十一世

觀秋字　生嘉靖三十三年癸丑十二月二十二日戌時

卒葬失載　無傳

鸞次子第十一世

觀時字茂基生嘉靖三十六年丁巳六月十九日丑時卒崇禎十八年乙酉五月廿三日配黃氏生嘉靖四十一年壬戌　月　日卒順治己丑六年三月十七日合葬擺裡坐丑向未

生子三長崑璧次宛璧三君璧

鸞三子第十一世

觀辰字　生隆慶元年丁卯九月初一日卯時卒葬失載　無傳

約長子第十二世

英德字　生嘉靖三十七年戊午八月初九日酉時卒
葬失載
約次子第十一世
英俊字　生嘉靖四十年丙寅十月十二日丑時卒葬
失載
約三子第十一世
英仁字　生嘉靖四十三年甲子閏二月十一日辰時
卒葬失載
東升傳子第十一世

東魯傳子第十一世

希孔傳子第十一世

禱字祈吾生嘉靖三十四年乙卯十月廿四日寅時卒天啓
年五月廿七日壽六旬有八葬芹山邊大石下坐
向　配李氏生嘉靖三十五年丙辰四月廿九日卒
年五月廿三日壽八旬有四葬芹山邊坐
向　生子四長挺漢次挺白三士昆四四

楠傳子第十一世

錫昌字盛吾生嘉靖壬辰年十月十六日卒順治丙申年二月十七日酉時配許氏生嘉靖乙巳年三月廿一日酉時卒康熙癸卯年五月十八日合葬曾濃石頭仔園裡坐辛向乙

生子四長士紘次士統三士繼四士綱

桂傳子第十一世

樞傳子第十一世

柱傳子第十一世

希魯傳子第十一世

躬傳子第十一世

承考傳子第十一世

坤傳子第十一世

陟傳子第十一世

有期傳子第十一世

一新傳子第十一世

六一傳子第十一世

六八傳子第十一世

强傳子第十一世

二傳子第十一世

養傳子第十一世

四傳子第十一世

盤祿長孫第十一世

六字

生萬曆三十三年乙未　月　日卒順治十三年八月初十日　時葬吳貫山坑內坐乾向巽配周

氏生萬曆二十八年辛丑六月廿九日卒順治十八年
五月十二日巳時葬在禁山仔內坐坤向艮
生子四長顯魁次顯明三顯圓四顯尾

盤祿次孫第十一世

五字　生卒葬俱失載　配　氏生卒葬俱失載
生子一顯松

盤祿三孫第十一世

八字　生卒葬俱失載　配　氏生卒葬俱失載
生子二長顯有次顯吉

殿傳子第十一世

宣傳子第十一世

三傳子第十一世

四傳子第十一世

康山字　生卒葬俱失載　配　氏生卒葬俱失載

生子一興宗

盤達傳孫第十一世

陽回傳孫第十二世

仲山傳子第十二世

夢熊公字漢亘天啟壬戌年武進士生卒失載配　氏生卒
失載合葬吳貫廟垙山石頭下背地裡坐酉向卯
生子三長運次梅三菊　出居廣西

元祖傳子第十二世　寓居月港

應賓長子第十二世

瑞中字　生嘉靖己未年　月　日卒天啟　年

八月廿六日配　氏生失載卒天啓　年八
月廿九日合葬在同安中山後壁坐東北向西南
生子二長昌祉次昌禧

應賓次子第十二世
貫中字　生卒塟所失載　配　氏生卒葬所失載
生子一昌祚

應徵傳子第十二世

一誥傳子第十三世

一讀傳子第十二世

尔屺傳孫第十二世

尔表傳孫第十二世

尔湖傳孫第十二世

一蘋傳子第十二世

一苗傳子第十二世

一錦傳子第十二世

一田傳子第十二世

尔華傳孫第十二世

一言傳子第十二世

宗　生萬曆戊寅年　月　日卒

年七月初七日葬失載配洪氏生失載卒順治
辛卯年十月廿八日葬失載　生子一曰順

一任傳子第十二世

一瑒傳子第十二世
乞字士韜生萬曆戊申年十一月廿七日卒康熙辛丑年六
月十四日葬失載配林氏生天啟辛酉年二月初十
日卒康熙辛丑年六月初一日葬失載
嗣子一正係辰長子

一堵傳子第十二世

扆字　生失載卒臺灣葬失載配陳氏生卒葬所失載

生子二長正次二

一度傳子第十二世

一疏傳子第十二世

一諧傳子第十二世

寢長子第十二世

履中字

生嘉靖四十一年壬戌十一月初五日酉時卒

燊失載

宸次子第十二世

納中字　生卒葬所失載

寔傳子第十二世

道中字　生嘉靖三十八年己未九月廿八日丑時卒

燊失載

宿傳子第十二世

繼中字心葵生失載卒　年三月十三日配許氏

生失載卒　年八月十一日合葬在門前山坐

庚向甲　生子四長玉堦次玉壎三玉墀四玉[illegible]

應虎傳子第十二世

應時傳子第十二世

思中　生卒葬所失載

應郁傳子第十二世

應圖傳子第十二世

儒隆長子第十二世

允忠字　生卒葬所失載

儒隆次子第十二世

允孝字　生卒葬所失載

儒隆三子第十二世

允廉　生卒葬所失載

儒奇傳子第十二世

日親長子第十二世

榮中字　生嘉靖四十二年癸亥七月二十八日卯時

卒葬所失載

日親次子第十二世

聿中字　生卒葬所失載
曰就傅子第十二世
富中字　生卒葬所失載
曰壯傅子第十二世
建中諱士集字克藎　産生生嘉靖三十九年庚申七月
廿五日午時卒葬失載配林氏生嘉靖甲子年二月廿
二日酉時卒葬失載
曰堅長子第十二世
用中字　生卒葬所失載
曰堅次子第十二世

虛中字　生卒葬所失載

曰堅三子第十二世

鉞中字士棟　生卒葬所失載

生女名三娘許配楊應鈞鈞往呂宋萬曆癸卯值呂宋之變身殞異城時三娘聞訃志存楊家守節母拒之欲別字八號慟久之閉門自縊年纔十六耳死之夕楊家女夢見應鈞娶婦素衣侍立床前蓋其魂先往夫家矣邑令姚之蘭旌以匾曰正氣天植

卷七終

国家出版基金项目
NATIONAL PUBLICATION FOUNDATION

海上絲綢之路文獻集成

總主編　陳支平　陳春聲

民間譜牒編 23

主編　林　楓

海峽出版發行集團
THE STRAITS PUBLISHING & DISTRIBUTING GROUP
福建人民出版社

本册目次

〔福建厦門〕石塘謝氏家乘三十一卷（世紀卷八至世紀卷一〇）　〔清〕謝果廩　謝邦忠等纂修……一

〔福建廈門〕石塘謝氏家乘三十一卷

（世紀卷八至世紀卷一〇）

〔清〕謝果稟　謝邦忠等纂修

任公第五房分派世系條紀卷八

曰穀傳子第十二世

曰弘傳𠰌第十二世

曰敏傳𠰌第十二世

壽彩公𠰌台萬曆辛夘科武舉人　銅山總陛溫州府城

守生卒失載配孺人○氏　生子

延洚長子第十二世

錫祖字景質一字錦宇生萬曆癸未年九月十五日卒順治

謝氏家乘　卷八

□氏生萬曆乙未年　月　日卒康熙甲[illegible]

正月初三日午時葬府城東門外塘頭土墩山坐艮向

坤兼丑未

生子五長吉甲次吉履三吉艮四吉慶五吉志

延禧三子傳十二世

景從字瑞許號□字必矩生萬曆壬辰二十年正月初十日寅

時卒康熙癸卯二年七月初十日申時壽七旬有二娶

山仔墘坐壬向丙兼子午配柯氏生萬曆壬寅三十

年十二月十九日丑時卒康熙元年壬寅六月初六日

巳時壽六旬有一葬大片園裡坐艮向坤兼寅申

延湘長子第十二世

景□　無傳

延湘次子第十二世

景建字　生卒葬所失載　生子二長吉馥次吉瑞

延漸長子第十二世

景瑗字諒字生□□乙酉年四年廿四日卒　年

十月十三日葬坑園坐　向　配蘇氏生　辛卯

年九月十三日卒　癸卯年九月初六日葬失載

生子二長吉耀次吉燦

仲曉字心旭生萬曆辛卯年十月初四日申時卒崇禎庚午年十一月二十日未時葬落山蛇園祖坐　向　配林氏生萬曆甲辰年六月初九日戌時

生子一明燦

一勝次子第十二世

仲晃字觀一　無傳

一勝三子第十二世

仲典字章宇　生卒葬所失載配林氏生卒失載葬龍門嶺內坐　向

生子二長明瑶次明艶

一勝四子第十二世

仲春字挺宇生萬曆甲辰年三月初八日丑時卒康熙
年二月初七日未時葬潮州三河壩東門埔赤塗墻墳
上有灰墓左右有大石墳前是溪配陳氏生萬曆巳酉
年正月十八日丑時卒順治　年十一月初九日
未時葬落山蛇園裡坐　向　生子一明煌

叶麟長子第十二世

艮字而崑一字維石生萬曆癸巳年十月　日卒康熙壬
寅年三月初五日　時壽七旬葬大片園裡坐甲向
庚配李坑馬氏生失載卒康熙癸卯年五月初十日葬
畲坑內寨仔下園裡坐癸向丁

生子六長玉次珥三珪四璋五璜六琥

叶麟次子第十二世

貢字而燧生萬曆癸卯年四月十七日辰時卒康熙辛丑年十二月十六日戌時壽六旬配東坑林氏生萬曆庚戌年四月十七日戌時卒康熙辛丑年八月二十日亥時壽五旬有二合葬洪坑社上河灰墓有碑記坐丙向壬　生子三長瓊次瑩三珵

叶鳳傳子第十二世

亨字　生萬曆己酉年　月　日卒順治戊子年八月十二日巳時葬壠口園裡坐戌向辰配杜氏生卒葬

所失載　生子一瑀
叶鶴長子第十二世
臨字　生萬曆癸卯年　月　日卒順治戊子年
月　日葬坑園山上坐　向配李氏生卒葬所失載
生子二長璨次璉
叶鶴次子第十二世
泰字　生萬曆癸卯年　月　日　時卒順治
戊子年　月　日葬坑園上坐　向　向配黃
氏生卒葬所失載　生子二長綿次
叶鶴三子第十二世

乇字　無傳

叶熊傳子第十二世

從寅字　生卒葬所失載　配李氏生卒葬所失載

生子二長諒次元

叶羆長子第十二世

從　生卒葬所失載

生子二長永啓次二永俱無傳

叶羆次子第十二世

從育　生卒葬所失載　生子二長涼次務

叜國傳子第十二世

五諱仲謀生萬曆庚子年五月初十日戌時卒　丁酉年
十二月十二日亥時配林氏生失載卒　年
八月初五日與婆祖合葬在壠莢裡續配許氏生萬曆
壬子年正月初七日亥時卒　癸卯年六月初四日
酉時合葬在本地乾山坐癸向丁
生子五長一次二三三四四五順
翌國傳子第十二世
八諱　生卒葬所失載　配　氏生卒葬俱失載
生子一正
愛國傳子第十二世

一黙傳子第十二世

應雄字　生嘉靖四十年辛酉三月十三日丑時卒

戊子年七月十九日葬落山蛇園裡坐夘向酉配

氏生失載卒　戊子年九月初五日葬亭後山脚坐

甲向庚　生子一界

一静傳子第十二世

一語傳子第十二世

汴長子第十二世
牧忠字　生隆慶六年壬申十一月初七日申時卒葬失
泮次子第十二世
慶牧字　生萬曆己卯年正月初十日　無傳
洲　子第十二世
姮忠　生卒葬所失載
天質傳孫第十二世
沐傳子第十二世
呂字　生萬曆癸未年四月十五日巳時卒　己亥

年正月初三日配蘇氏生萬曆丙戌年十月十八日卒
壬辰年七月十四日巳時合葬山墘內坐未向丑
生子三長吉念次三三宗艮

沙傳子第十二世

泳傳子第十二世

一慳傳子第十二世

傺嘉傳子第十二世

僚協傳子第十二世

曰檀長子第十二世

心亮　生娶卒葬俱失載

生子二長宗巖次宗寶

曰檀次子第十二世

心碧字紀廉生萬曆己卯年二月十六日卒順治十七年辛丑六月初七日葬在芹山坐東向西配排頭林氏生萬曆二十三年乙未十月十四日卒康熙三年甲辰四

月廿八日葬在犀田仔上坐西向東

生子五長宗正次宗琳三宗聖四宗哲五宗超

曰檀三子第十二世

心寅　生娶卒葬俱失載

生子五長宗順次宗衡三宗倘四宗廣五宗興

曰榜傳子第十二世

曰樵傳子第十二世

曰梓傳子第十二世

紀祥字用臧生萬曆四十二年甲寅六月十六日子時卒康熙二年癸卯五月廿七日亥時壽五旬葬在芹山坐向　配姚氏生卒葬所失載生男盛早故續配蘇氏生天啓四年甲子二月初二日午時卒康熙二十一年壬戌正月初六日辰時壽五旬有九生子外因遷移被虜不知去向三子祐

日楷長子第十二世

紀瓚字誠及生萬曆四十六年戊午三月廿二日丑時卒康熙二年癸卯四月十六日巳時壽四旬有六葬在壠裡山仔邊坐丑向未兼癸丁配寧店李氏生萬曆四十五

年丁巳六月十一日辰時卒順治十一年乙未三月十
三日午時壽四旬有九葬在壠裡山仔坐南向北
生子三長宗元次宗標三宗利續配內
坑周氏生子三四宗德五宗瑜六宗雅　其宗德係胞
叔紀璋因遷移棄子而存養之者

日楷次子第十二世

紀璋字誠玉生天啟四年甲子五月廿六日巳時卒康熙四
十九年庚寅八月廿三日寅時壽八旬有七葬芹山
裡坐寅向申兼艮坤配馬氏生崇禎五年壬申九月十
四日申時卒康熙三十九年庚辰六月廿三日寅時壽

六旬有九葬壠裡山仔坐丙向壬

生子二長宗陽次宗眺　其宗陽被虜

援誠玉叔素行孝友與人無競及康熙癸卯年因遷移

携眷往臺時乏船費夫婦對泣度不能兩全思其兄已

卒不可棄其兒乃將其親子乞養於石溪黃潤官撫養

兄子以至成立此固行人之所不能行者也後黃亦善

待其子娶媳李氏生二男一女嘉　叔行誼只留一人

餘一男一女送歸本家此固黃氏之良心亦吾叔之德

報也

承恩識

侍御傳子第十二世

六字飛所生卒葬所失載配　氏生卒失載與長婦葬在東
埔坐丁向癸　生子三長曰新次曰六三曰八
侍老傳子第十二世
五字　生娶卒葬所失載　生子一曰志
侍教長子第十二世
文善字三台生萬曆十六年七月三十日戌時卒順治癸卯
年正月初八日辰時壽七旬歿在廟炎下灣坵裡坐巽
向乾配余氏生萬曆二十二年六月十六日子時卒
壬寅年九月十七日丑時葬坑園山隔上與男仝穴坐
癸向丁兼丙子分金　生子一宸爵

侍敎次子第十二世

耀崑諱文英生萬曆癸巳廿一年二月十二日巳時卒康熙壬寅年五月初十日申時配林氏生　壬寅年九月廿三日卯時卒　癸卯年七月初六日酉時合葬在西街墓埕上坐坤向艮

生子一宸綬

侍敎三子第十二世

明崑字　配陳氏生卒俱失載合葬在畲坑田撰内坐向

生子一愿

侍侯傳子第十二世

侍俸長子第十二世

華圃　生卒葬所失載　配　氏生卒葬所失載

生子一青階

侍俸次子第十二世

華國字光榮生卒葬所失載配徐氏生卒失載葬與公仝

次子青鰲媳婦連氏合葬在同安白石鄉土名牛角

壠坐酉向卯兼辛乙辛酉辛卯分金

生子二長青基次青鰲

侍黼傳子第十二世

嗣亨字賛揚生萬曆庚午二十八年七月廿一日戌時卒
康熙二年七月廿八日巳時葬寨仔下山裡配黄氏
生萬曆辛亥三十九年正月廿五日卒順治十六年十
二月三十日子時葬在困山園坐東北向西南
生子一汝德
侍鑾傳子第十二世
嗣振字資萬生崇禎壬午十五年九月廿一日午時卒康熙
丁酉五十六年七月廿五日申時葬在後溝尾園後岍與
祖墓平列有大石碑坐巽向乾配劉氏生順治戊戌十
五年二月初三日酉時卒康熙五十一年二月二十日

未時葬在上坑槩仔下本山脚大灰墓有石碑坐坤向艮

生子六長汝艮次汝材三汝澤四汝慎

五汝元六汝耀

侍袍傳子第十二世

嗣芳公乳名長生萬曆丁巳年以武經中式隆武二年武進士出身卒順治七年葬在畬坑坐子向午兼癸丁配

張氏生卒葬所失載

侍旒傳子第十二世

嗣惪諱愛生失載卒　年八月十五日葬在湖州

府道場山配張氏生卒葬所失載

嗣子一　汝陞係嗣茂孥

侍課傳子第十二世

嗣茂諱麟字子盛生崇禎乙亥年五月十四日丑時卒康
熙庚子年二月初三日戌時壽八旬有六葬本社石龜
後坐酉向卯兼庚甲配後庵楊氏生順治癸巳六月
廿六日申時卒康熙二十八年己巳十二月廿五日
亥時壽三旬有七葬在坑園裡坐乙向辛

生子四長汝隆次汝陞出嗣嗣惠　三汝
隨四汝陵

嗣茂公剛正自持凡有建議是是非非毫無欲口至遭

困哲莫告者不啻身當其事此又其發於天良者也

侍詒傳子第十二世

嗣藩諱宗字生卒葬所失載配　氏生卒葬所俱失載

生子二長汝楫次汝梅

侍燕傳子第十二世

嗣泰字　生卒葬所失載　配　氏生卒葬俱失載

生子二長曰庵次汝鳳

侍辰長子第十二世

純字　生卒葬所失載

侍辰次子第十二世

開字　生卒葬所失載　配馮氏湖州府

生子一天相

唐　侍凰長子第十二世

無傳

奕　侍凰次子第十二世

生卒塟所失載

定　侍凰三子第十二世

無傳

維岳字　應奎長子第十二世

生卒葬所失載　配張氏生卒葬所失載

生子一蔭

應奎次子第十二世

維宗字　生卒葬所失載　配朱氏生卒葬所失載

續配林氏生卒葬所失載

生子一　外出不知方向

應奎三子第十二世

維泰字　生卒葬所失載　配楊氏生卒葬所失

載　生子一　亂中被虜不知方向

應軫長子第十二世

維紀字理諧生　甲寅年五月廿三日卒康熙癸卯年九

月十一日未時葬大路邊園裡坐　向　配林氏生
已未年十月初十日丑時
生子二長宗和次宗稔
應軫次子第十二世
維績字生　庚午年二月十五日卒葬失載配劉氏生
卒葬所失載
生子四長汝輔次汝隅三汝盈四汝礪
應宿傳予第十二世
維經字勤常生萬曆戊午年十月十八日卯時卒葬失載
配黃氏生卒葬所失載續配林氏生卒葬所失載

生子一日立

開長子第十二世

守威　生娶卒葬所失載

開次子第十二世

守謙　生娶卒葬所失載

開三子第十二世

守巖　生娶卒葬所失載

墾長子第十二世

守傑字前池生失載卒　年十二月初二日配黃

氏生失載卒　年七月初三日合葬在神臺

前坐癸向丁兼子午　生子二長宸祚次宸猷

壄次子第十二世

守俊字盖庭生失載卒　年二月初八日葬鬼庵山

石頭下坐癸向丁配林氏生失載卒年二月廿八日葬

在前山坐亥向巳　生子三長宸傑次宸訓三宸謨

壄三子第十二世

守巽字仰塘生卒失載葬坪前坐丑向未兼艮坤配許氏

生卒葬所失載　生子四長宸次宸欽三宸贊四宸

標長子第十二世

守貞諱三字　生隆慶五年辛未九月廿七日卒崇禎

十七年十月廿五日配張氏生萬曆十年壬午九月十
七日卒順治十年癸巳六月廿三日巳時合葬本社前
東埔山官路上園裡坐丙向壬兼午子
　生子五長士顯次士榮三士心四士章五士身
標次子第十二世
守家諱四字乾崗生失載卒崇禎十五年五月二十日葬在
山仔墘坐寅向申配許氏生失載卒順治十六年正月
初一日卯時與夫仝葬大片山仔墘　生子一十鵬
標三子第十二世
守宇諱十字茂岳一字茂林生萬曆十二年甲申十一月三

十日酉時卒順治四年丁亥八月廿二日巳時葬東埔官路上坐丙向壬兼巳亥配翁氏生萬曆廿四年丙申九月十三日卯時卒康熙元年壬寅十二月初一日辰時葬東埔官路下園裡坐丙向壬

生子三長士攀次士忠三士信

凝傳子第十二世

望魁傳子第十二世

望喬傳子第十二世

望鎮傳子第十二世

演長子第十二世

守棟　生卒葬所失載　配　氏生卒葬所俱失載

生子二長論次啓

演次子第十二世

守世　生卒葬所失載　配　氏生卒葬所俱失載

生子一曰聖

鋭次子之子第十二世

銳三子之子第十二世

果美傳子第十二世

三叔公別號仙柑生卒葬所失載配　氏生卒葬所失載

生子一曰妹

果芳傳子第十二世

東銘傳子第十二世

果芘傳子第十二世
果華傳子第十二世
果茂傳子第十二世
果　傳子第十二世
攑傳孫第十二世

惟長傳子第十二世

師譱長子第十二世

偕萱字懷淵生卒葬所失載配盧氏生卒葬所失載

生子三長次三又龍

師諭次子第十二世

偕香字　生卒葬所失載配　氏生卒葬所失載

生子一又震

師道傳子第十二世

偕藩　生卒葬所失載　生子二俱無傳

師德長子第十二世

偕矩　無傳

師德次子第十二世

偕榮字　生卒葬所失載　生子一佛勇

師言傳子第十二世

偕芳公諱嘉祉授潮州副總兵職生崇禎庚午年二月廿八日卒康熙己未年九月廿九日亥時葬失載配温氏例封恭人生崇禎庚辰年十月十四日卒康熙己卯年十二月初三日寅時葬失載

生子二長晉次旗

師哲傳子第十二世

鳳公字　授總兵官都督同知職銜駐浙江湖州府生天啓丁卯年十一月初八日卯時卒康熙　年七月初三日午時葬失載配林氏　例封恭人生崇禎己卯年八月廿八日辰時卒康熙廿七年二月廿八日酉時葬失載　生子三長亨次祚三文

公仗義疎財時際播遷宗親流散多受撫恤使宗族得以安全者於　公寔有力焉

師敎長子第十二世

偕蘭字馥蓁生萬曆庚寅年　月　日卒失載葬坑

園山犂頭標坐　向　配陳氏生卒失載夫婦合葬

生子二長又安次又泰

師教次子第十二世

偕芝字白馥生萬曆壬寅年十二月初九日亥時卒順治己丑年六月初一日巳時壽四旬有八葬山狗崆園坐壬向丙兼子午配王氏生萬曆辛丑年八月初十日卒順治辛丑年十月廿二日申時壽六旬有一葬大片園裡坐子向午

生子三長又立次又彩三又爵

宗偶長子第十二世

偕薇字紫伯生崇禎戊辰年七月初三日午時卒康熙四十

三年甲申十月十六日戌時壽七旬有七葬東坑狗
仔田山上坐壬向丙兼亥三分配蔡氏生崇禎丁丑年
二月十一日丑時卒康熙五十一年壬辰十二月十
二日未時壽七旬有六

生子三長文榮次學列三文選

紫伯公爲人磊落方正不群舊譜載之詳矣無庸再紀
然觀其臨終遺囑不無可議焉

宗卿次子第十二世

偕藻字公許生崇禎辛未年十一月初九日　時卒葬失
載配林氏生順治五年丁亥十二月十九日午時卒

癸失截生長子又逵續配林氏生順治辛卯年七月
二十日戊時卒葬失截
生子次又運三又遂四又道
昔公遺囑曰吁又逵汝來前聽汝父命汝手中空乏
兼汝年紀未多故雖念切言旋不得如願今病至此悔
靡及矣吾殁以後凡諸喪事須稱家有無至於誦經拜
讖汝父生平所不欲也可恪遵之汝兄弟當和睦友
愛勿傷先人一本之脉居家須以孝慈爲急處鄉族
當以尊卑爲序誇詐虛僞汝宜絕之禮敎信義汝宜崇
之逝蕩害事也汝不可以偶爲賭博傾身也汝不可

以或蹈勿以善小而不爲勿以惡小而爲之若夫詩書
俱是聖賢成法汝須令子弟攻苦其中不可聽且儧焉
不知嗚呼汝勉之栽汝觀名門望族莫不由祖先忠孝
勤勞以成立莫不由子孫頑梗奢淫以覆敗汝誠能
無違吾命則成立有望吾亦安心於九原之下已

宗賜三子第十二世

偕縶字

生順治甲申年七月廿七日卒康熙三年五月

廿六日　時葬失載

宗賜四子第十二世

偕椿字

生順治乙酉年　月　日卒葬失載配

氏生卒葬所失載　生子一又逵

純淑長子第十二世

舜艮諱好生嘉靖四年三月十五日子時卒萬曆二十年五月十一日寅時葬在橋頭園第五個坐乾向巽兼戌辰配李氏生嘉靖六年六月十五日卯時卒萬曆十九年十一月十二日丑時葬橋頭園第一個坐乾坐巽兼亥巳　生子二長曰魁次曰春

純淑次子第十二世

舜全諱明字一福生卒葬所失載

配　氏生卒葬所俱失載

純淑三子第十二世

舜善諱十二生卒失載葬在庵兜陳家墓邊坐丑向未兼寅

肀配林氏生卒失載與公合葬

生子一曰喜

純朴長子第十二世

舜美諱虞生嘉靖二十年四月初八日酉時卒萬曆四十八年九月十四日卯時配李氏諡慈温生嘉靖三十七年九月初八日寅時卒天啟七年十二月廿一日子時合葬在象與長垅園下坐甲向庚兼卯酉

生子二長曰哲次曰叔

純朴次子第十二世

舜仁諱里生嘉靖二十二年四月十一日子時卒萬曆四十七年十月十二日丑時葬庵兜大坵園圳角坐丑向未兼癸丁配郭氏生嘉靖二十七年六月十三日亥時卒萬曆四十五年七月初一日子時葬埭隙頭園坐艮向坤兼巳亥　生子曰尾

純朴三子第十二世

舜禱諱鴻生卒失載葬[illegible]比坐巽向乾配　氏生卒失載葬公墓側右邊坐向同

生子一曰二

純強傳子第十二世

舜英諱智守一俊生嘉靖二十年五月初十日戌時卒萬

曆三十八年十一月十二日子時塟橋頭園第七個坐

乾向巽兼亥巳配陳氏生嘉靖二十一年二月十三日

戌時卒萬曆三十六年三月十八日卯時與公合葬

生子二長維新次維五

魁楦傳子第十二世

一楠字舜潭别字背山生嘉靖乙丑四十四年四月廿四日

卒順治丙戌三年三月初四日巳時配周氏生隆慶壬

申年二月初八日卒順治丁酉年十二月廿八日午時

合葬本社前山坐乾向巽
生子四長曰燦次曰和三曰明四曰科

一商字台山生卒葬所失載
魁玉長子第十二世
配吳氏生卒葬所失載
生子二長曰勝次曰亮

一岳字振盈生卒葬所失載
魁玉次子第十二世
配蘇氏生卒葬所失載
生子二長曰旭次曰晃

六傳子第十二世
迸亂被虜不知方向

進宗傳孫第十二世

旺傳孫第十二世

盖傳孫第十二世

五傳孫第十二世

獲傳孫第十二世

惠傳孫第十二世

臧傳孫第十二世

武傳孫第十二世

[illegible]傳孫第十二世

涇傳孫第十二世

淇傳孫第十二世

五傳孫第十二世

七傳孫第十二世

振宗嗣子第十二世

繼盛字宜隆生順治戊戌年三月二十一日未時卒康熙乙亥年十二月廿四日寅時葬在禁山內坐酉向卯

兆穿乙配張氏生康熙丁未年八月廿九日酉時卒

葬失載

標宗　子第十二世

觀時長子第十二世

崑璧字華美生萬曆癸未年二月十七日卒康熙癸卯年五月初七日戌時壽八旬有一葬壠內坐丑向未配曾氏生萬曆丁酉年正月廿三日卒順治乙未年九月初六日戌時壽五旬有九葬壠內岑山仔頂坐未向丑

生子四長弘綸次弘紀三弘緒四弘經

觀時次子第十二世

宛璧字印潭生卒葬所失載　生子一其珍　無傳

觀時三子第十二世

君璧字華及生卒葬所失載　生子一維文　無傳

效德傳子第十二世

英仁傳子第十二世

英俊傳子第十二世

東升傳孫第十二世

東魯傳孫第十二世

禱長子第十二世

挺漢字尚九生萬曆庚辰年八月廿八日卒順治戊戌年十月廿三日壽七旬有九配許氏生萬曆癸未年四月初七日戌時卒康熙癸卯年五月初二日合葬大片坂額坐　向　生子三長獻賓次廷賓三光賓

禱次子第十二世

挺白字尚戴生萬曆癸未年十月初四日卒失載瘞坑園

山坐　向　配陳氏生卒葬所失載

生子二長用賓次成賓

禱三子第十二世

士昆字登比　無傳

禱四子第十二世

四字　生卒葬所失載　配鄭氏生卒葬所失載

生子一位賓

錫昌長子第十二世

士絃字　生天啟癸亥三年二月十四日卒康熙壬寅年

二月十五日葬埭頭半山園裡坐　向　配林氏生卒

葬所失載　生子一焘　幼時被虜往北京

錫昌次子第十二世

士統字子元生天啟乙丑五年十一月廿七日寅時卒康熙癸卯年六月初九日葬太高伢山脚坐　向　配柯氏生天啟甲子年十月十七日午時卒康熙甲午年十月十四日辰時葬畲坑口路上園中坐申向寅

生子二長廷欽次廷壯

錫昌三子第十二世

士繼字　外出無歸

錫昌四子第十二世

士綱字惠玉生崇禎壬申年七月初三日午時卒康熙戊辰年九月十三日酉時葬在大屏山后吳貫大坑口坐申向寅兼庚甲配周氏生崇禎壬午年二月初一日辰時卒雍正辛亥年九月廿一日子時葬在曾邊坐辛向乙有石碑

生子四長天恩次聰三錦四養

惠玉公孝友成性勤儉傳家於祖先建置祭田生平教人率以積德當先其內助周氏事舅姑亦以孝聞今孫曾繁衍積善餘慶信有然矣

桂傳孫第十二世

樞傳孫第十二世

柱傳孫第十二世

希魯傳孫第十二世

彰傳孫第十二世

承考傳孫第十二世

坤傳孫之子第十二世

陟傳孫之子第十二世

有期傳孫之子第十二世

一新傳孫之子第十二世

六一傳孫第十二世

六八傳　孫第十二世

强傳孫第十二世

二傳孫第十二世

餐傳孫第十二世

四傳孫第十二世

殿傳孫第十二世

宣傳孫第十二世

三傳孫第十二世

六長子第十二世

顯魁字伯會生萬曆庚戌年七月廿五日巳時卒康熙庚戌年十月初五日丑時随葬壠江寨仔山坐寅向申兼

艮坤　　生子二長爵次攀

六次子第十二世

顯明字　生萬曆四十六年戊午四月初六日子時卒
康熙五年六月初二日午時壽五旬葬臺灣永康裡
嵛仔坐庚向甲配洪氏生天啟二年壬戌十月廿三
日辰時卒康熙癸丑年九月十九日戌時葬臺灣崙
[illegible]丁向癸　生子三長曰尚次曰賢三曰稚

六三子第十二世

顯圖　生萬曆四十七年己未九月初九日子時卒失
載葬呂宋澗頭配柯氏生崇禎四年辛未十一月初

八日午時卒康熙三十七年三月廿四日申時壽六旬

有七葬曾邊坐辛向乙　生子一曰建

六四子第十二世

顯尾字藏脩生天啟辛酉元年二月初七日申時卒康熙

辛亥年六月十八日未時葬臺灣配李氏生崇禎二

年十一月廿六日酉時卒康熙丁酉年十二月初七

日酉時葬曾邊園坐乙向辛

生子一仕明

五傳子第十二世

顯松

生卒葬所失載

八長子第十二世　生卒葬所失載

顯有

八次子第十二世　生卒葬所失載

顯吉

康山傳子第十二世

興宗字藏脩生天啟辛酉年二月初七日申時卒康熙辛亥年六月十月十八日未時葬失載配李氏生卒葬所失載　生子二長廷楝次廷樑

陽回傳孫之子第十三世

[illegible]震傳孫之子第十三世

夢熊公長子第十三世

璡公諱　字　生卒葬所失載貴州監道生

配　氏生卒葬所失載

夢熊公次子第十三世

梅字　生卒葬所失載配　氏生卒葬所失載

夢熊公三子第十三世

菊字　生卒葬所失載配　氏生卒葬所失載

兄弟俱族廣西全州

瑞中長子第十三世

昌祉諱登字　生崇禎戊辰元年四月初九日午時卒康熙辛未年十一月初六日巳時配鄭氏生崇禎乙亥八年正月廿四日申時卒康熙戊辰廿七年二月初五日戌時合葬三魁嶺龍坑山公路往吳貫路邊坐丙向壬　生子三長輔次超三興

瑞中次子第十三世

昌禧字　生卒葬所失載配　氏生卒葬失載　生子一全

貫中傳子第十三世

昌祚字　生卒葬所失載配　氏生卒葬所失載

生子一助

應徵傳孫第十三世

一誥傳孫第十三世

一讀傳孫第十三世

尔𡵆傳孫第十三世

尔表傳孫之子第十三世

尔淵傳孫之子第十三世

一巢傳孫第十三世

一苗傳孫第十三世

一錦傳孫第十三世

一田傳孫第十三世

尔表傳孫之子第十三世

一言傳孫第十三世

順諱啟字通伯生崇禎戊寅年三月初一日午時卒康熙乙丑年七月廿二日未時葬內禁山下園坐未向丑兼坤艮配　氏生順治癸巳年八月廿五日辰時卒康熙丙戌年九月十八日酉時葬上坑燈火石下園裡坐寅向申兼艮坤　生子二長乞次伴

一任傳孫第十三世

一場傳孫第十三世

正字　生順治辛卯年十月十七日卒在建寧

嗣子一曰次（係登樞孝）

辰長子第十三世

正　出繼士韜

辰次子第十三世

二諱登樞生崇禎癸未年十月初七日卒康熙戊子年四月廿九日寅時葬水頭狗仔林石坐甲向庚配岱氏生

康熙甲辰年正月初一日邺時

生子二長曰陣次曰次出繼正

一廡傳孫第十三世

一琉傳孫第十三世

一諸傳孫第十三世

履中傳子第十三世

納中傳子第十三世

道中傳子第十三世

繼中傳子第十三世

玉堦諱錦守樹生生卒失載配蔡氏生失載卒年

十月十一日合葬坑園上山深溝上半山坐乙向辛

生子一曰清

應虎傳孫第十三世

思中傳子第十三世

應郁傳孫第十三世

應圜傳孫第十三世

允中傳子第十三世

允孝傳子第十三世

允廉傳子第十三世

儒奇傳孫第十三世

榮中傳子第十三世

華中傳子第十三世

富中傳子第十三世

建中傳子第十三世

用中傳子第十三世

虛中傳子第十三世

誠中傳子第十三世

曰毅傳子第十三世

曰弘傳子第十三世

曰敏傳子第十三世

錫祖長子第十三世

宗翰字國藩生萬曆丁巳年三月十五日酉時配張氏早

世無出續配葉氏生崇禎庚午年四月初一日子時

卒康熙己巳年十月初六日卯時合葬上坑園裡

錫祖次子第十三世

宗英字　生天啟乙丑年五月廿一日卯時卒康熙癸亥

年八月廿五日酉時配林氏　早世續配林氏生崇
禎庚午年五月十五日午時卒康熙丙戌年十月十
二日戌時　生子一宗

錫琯長子第十三世

宗彬字維性生萬曆辛亥年十二月廿六日卒葬失載配
余氏　無傳

景堯傅子第十三世

喜娘　生卒葬所失載

景諭長子第十三世

吉香字馥臨生萬曆甲寅年　月　日卒康熙甲辰

年四月初八日葬府城東門外塘頭土墩山坐癸丁
配柯氏生萬曆丁巳年　月　日卒康熙甲辰
年六月十八日葬府城赤嶺關帝廟前坐　向
生子一汝璋
景論次子第十三世
吉丙字巽臨生萬曆丙午年　月　日卒崇禎癸未
年二月廿二日外殁配許氏生失載卒　年
七月廿二日葬東山邊坐西向東
景論三子第十三世
吉譪　無傳

景論四子第十三世

吉彩字其韜生萬曆壬子四十年七月初二日寅時卒康熙甲戌三十三年正月十一日巳時葬山頭社邊坐申向寅丙申丙寅分金配曾氏生天啟癸亥三年六月十一日亥時卒康熙辛巳四十年十一月十九日辰時夫婦俱享耄年葬水頭山牛前坑坐辛向乙兼戌辰

生子二長仕俊次仕祿

其韜公恬淡寡營不爲利誘不爲名牽所稱抱德而隱者是其人也且年享耄耋夫子所云仁者壽此又足徵其素矣冢君秀甫洵有父風并誌

景論五子第十三世

吉元字　生天啟辛酉年　月　日　時卒葬失載　無傳

景論六子第十三世

吉羨字其銓生天啟甲子四年九月初八日未時卒順治丙申十二年六月十六日巳時葬坑園山坐　向

配[illegible]失載　生子一仕偉

景論七子第十三世

吉芳字　生天啓丁卯年　月　日卒葬失載無傳

景應長子第十三世

吉甲　生卒葬所失載

景應次子第十三世

吉履　生卒葬所失載

景應三子第十三世

吉艮　生卒葬所失載

景應四子第十三世

吉慶　生卒葬所失載

景應五子第十三世

吉章字　生崇禎戊寅年五月初六日卯時卒康熙癸酉年五月初三日午時葬金山下園裡坐癸向丁兼午

子配王氏生卒葬所失載

生子一仕顯

晏從傳子第十三世

三八諱吉會字其期生崇禎己巳年二月廿四日辰時卒康熙壬申三十一年三月初三日巳時壽六旬有四葬大片園裏附　母墳左邊形雙燕歸巢坐寅向申兼[illegible]配[illegible]氏生[illegible]年月日失載卒　年六月初一日　時葬瀨[illegible]坐庚向甲續配許氏生崇禎五年壬申十一月廿三日戌時卒康熙二十二年癸亥五月初五日巳時壽五旬有三葬大片上園裡坐癸丁兼

丑未　生子一　羡許氏出

景建長子第十三世

吉馥　生卒葬所失載

景建次子第十三世

吉瑞　生卒葬所失載

景瑗長子第十三世

吉耀字其慧生萬曆壬子年閏十一月二十一日卒康熙

年　月　日葬同安界郭坂坐　向　配李氏生

萬曆己未年六月初四日　時卒塋失載

生子三長愈次静三聽

景瑗次子第十三世

吉燦字其繹生萬曆戊午年四月十六日辰時卒葬失載

配姚氏生天啟乙丑年九月十三日卒康熙壬寅年三月廿九日葬深溝上坐癸向丁續配鄭氏生天啟丁卯年四月十四日未時卒康熙五十二年癸巳五月十七日寅時葬坑園裡坐癸向丁兼丑未

生子二 長懿姚氏出 次誦鄭氏出

景[illegible]十三世

吉掐[illegible]生崇禎甲戌年閏八月十七日未時卒康熙甲子年九月十二日巳時葬山狗路坐卯向酉兼乙辛

辛卯辛酉分金配陳氏生崇禎辛巳年九月廿九日

寅時卒乾隆丁巳年十月十一日未時葬岑山頂坐

丑向未兼艮坤辛丑辛未分金

生子一𤔡麟

景乾長子第十三世

吉星字其北生天啟五年乙丑六月廿三日卯時卒康熙二

十七年戊辰六月十一日辰時葬坑園山下坐丑向

未兼艮坤配馬氏生失載卒　年十月初四

日葬東埔烏山仔脚坐　向

生子二長孟次浦

吉辰
景乾次子第十三世
生卒葬所失載配曾氏生卒葬所失載
生子一維

吉和字
景乾三子第十三世
生崇禎丙子年六月初一日卯時卒康熙甲
寅年十一月十九日葬深溝頂坐　向　配馬氏生
卒葬所失載　生子二長德次萬

熚字
士模長子第十三世
生卒葬所失載　配　氏生卒葬所失載
生子二長振次佐

士模次子第十三世

熉字　生卒葬所失載

士模三子第十三世

㷍字　生卒葬所失載　生子一長

士模四子第十三世

煋字　生卒葬所失載　生子一參

士模五子第十三世

煒字　生卒葬所失載

士模六子第十三世

兌字　生卒葬所失載　生子一琟

士標傳子第十三世
烱字　生卒葬所失載　生子二長陳次妹

延泒傳孫第十三世

延滄傳孫第十三世

明燮長子第十三世
應鍾字　生萬曆甲辰年　月　日卒失載葬壠
坱園裡坐　向　配何氏生卒葬所失載
生子一汝榮

明晏次子第十三世
尙鍾字　生萬曆己酉年　月　日配翁氏生卒
葬所失載　生子二長汝恭次汝賜
仲式長子第十三世
興字　生卒塟所失載
仲式次子第十三世
巧字　生卒葬所失載配黃氏生卒葬所失載
生子一掐
仲曉傳子第十三世
明燦字　生天啟丙寅年九月廿八日戌時卒康熙丙

寅年二月十一日辰時葬芹山內坐卯向酉配王氏
生崇禎壬申年十月十五日寅時卒康熙丙戌年十
一月廿七日未時葬崙坑頭巾石坐辛向乙
生子二長弘道次弘德
仲典長子第十三世
生崇禎辛未年九月廿九日子時卒葬失載
明瑶字[illegible]子第十三世
明艷字
生崇禎丙子年卒葬失載　無傳
伯春傳子第十三世
明煌字
生崇禎庚辰年二月初九日辰時卒康熙丙

子年七月廿二日午時葬翁坑園裡坐酉向卯酉林
氏生順治甲午年七月十一日巳時卒康熙丙寅年
十一月十二日丑時葬山頭社邊園裡石揀上坐庚向
甲　　生子三長天次芳三厚
艮長子第十三世
玉字楚材生天啟丁卯年八月初七日卒康熙癸卯年四月
初　曰配長與吳氏生崇禎己巳年　月　日
時遷移畫界被虜不辱而死時在康熙癸卯年四月
曰　生子一汶
按吳氏素端莊慎持康熙間遷移外地時寇賊頻仍

夫婦並爲賊所虜氏窺賊立意不善急奪利刀刎頸全身時在亂中節烈凛凛永垂青史惜夫後禁材亦卒及於難

民次子第十三世

珏字　生卒葬所失載

民三子第十三世

琪字　生卒葬所失載

民四子第十三世

璋字　生卒葬所失載

民五子第十三世

生卒葬所失載
艮六子第十三世
璈守　生卒葬所失載　兄弟俱殁亂中今無傳
貢長子第十三世
瓊字燕山一字伯瑶生崇禎庚午年十一月廿九日辰時
卒康熙辛巳年八月十二日申時配林氏生崇禎丁
丑年五月十六日酉時卒康熙辛丑十月廿九日午
時葬山亭社后坐丁向癸續配楊氏生順治戊子年
十月廿五日卯時卒葬失載
生子二長毓熾次毓煌俱楊氏出

貴次子第十三世

瑩字元琇生崇禎戊寅年八月十六日川時卒康熙癸丑年十一月十四日巳時卒江西廣信河口葬在建寧府水杉園金龜頭配長與李氏生崇禎壬午年七月初六日卯時卒康熙壬寅年八月廿六日巳時葬畬坑園裡坐酉向卯兼寅申　嗣子一毓滋

[illegible]

珵字季[illegible]生萬曆甲申年四月初四日申時配黃氏生康熙庚子年　月　日卒康熙十八年己未十月廿四日與嫂李氏處仝

亭傳子第十三世

琇字　生卒葬所失載

臨長子第十三世

璨字　生卒葬所失載

臨次子[illegible]十三世

璉字　生崇禎辛巳十四年正月十三日酉時卒康熙五十五年丙申三月廿一日辰時配毛氏生順治丁丑年　月　日卒康熙壬戌年二月廿八日合葬狗路頭坐乾向巽兼戌辰丙戌丙辰分金

生子二長掐次興宗

黍長子第十三世

綿字　生卒葬所失載

泰次子第十三世

從寅長子第十三世

諒字　生卒葬所失載

從寅次子第十三世

元字　生卒葬所失載

從　長子第十三世

永啓　生卒葬所失載

從　次子第十三世

二汞　生卒葬所失載

從育長子第十三世

涼字　生卒葬所失載

從育次子第十三世

務字　生卒葬所失載

五長子第十三世

一字　生卒葬所失載

五次子第十三世

二字　生卒葬所失載

五三子第十三世

三諱永叔字烱善生崇禎戊寅年十月初四日戌時卒康熙乙酉年四月廿八日子時葬攏英園裡坐卯向酉兼乙辛配曾氏生順治戊子年二月初七日酉時卒雍正丁未五年十一月十一日午時葬失載

生子二長彩次謹

五四子第十三世

四諱永昌字烱文生崇禎壬午年五月十一日巳時卒康熙乙亥年九月初六日酉時葬本地畬坑口山仔內坐丁向癸兼未丑配賴氏生順治丁酉年七月十二日

卯時卒乾隆丙辰元年二月二十日葬畬坑口坐坤
向艮　　生子三長百齡次贊三宣
五五子第十三世
順字　生卒葬所失載
八傳子第十三世
比諱日輝字子邪生崇禎癸酉年三月廿二日巳時卒康熙
戊子年七月初十日申時葬新安下楊余厝巷坐西向
東配楊氏生崇禎辛巳年三月初七日巳時卒康熙
丁酉年十月廿九日戌時葬新安下楊蔡厝尾坐東
向西　　生子三長會次裕三典

界字

應雄傳子第十三世

生失載卒　丙戌年八月初三日葬亭後山

配向寅向申兼甲庚配　氏生卒葬所失載

生子一台

一静傳孫第十三世

一語傳孫第十三世

牧忠傳子第十三世

姬忠傳子第十二世

天質傳孫第十三世

呂長子第十三世

吉念字　生崇禎辛亥年三月廿四日午時卒康熙甲辰年九月初三日寅時葬臺灣桶盤層配林氏生崇禎甲寅年三月廿一日卒康熙己卯三十八年十月初六日午時與臺灣諸羅縣開化里赤山并新社仔東勢坐丙向壬兼午子

生子三長酉次惟三愛出嗣宗良

呂次子第十三世

三字吉美生崇禎甲寅年六月初一日配楊氏俱卒臺灣

呂三子第十三世

宗良字

生崇禎丙寅年十二月廿二日卒順治甲寅年十二月初二日辰時娶呂宋郎陳氏生崇禎十三年七月初五日巳時卒康熙四十八年正月初九日辰時葬狗路頭園內坐酉向卯

生子二長愛係吉余三子次京

沙傳孫第十三世

涑傳孫第十三世

一愷傳孫第十三世

倏嘉傳孫第十三世

僚協傳孫第十三世

心亮長子第十三世

宗巖字　生卒葬所失載　生子一两

心亮次子第十三世

宗寶字　生卒葬所失載　生子一興

心碧長子第十三世

宗正字　生卒葬所失載配龎氏生卒失載葬東尾横

山頭　生子二長廸次送

心碧次子第十三世

宗琳字　生卒葬所失載配王氏生卒葬所俱失載

生子一遜

心碧三子第十三世

宗聖字　生卒葬所失載配龔氏生卒塟所俱失載

生子一四

心碧四子第十三世

宗哲字伯虎生崇禎八年乙亥七月初七日卒康熙十九

年庚申三月初六日寅時歿臺灣目加留灣配陳氏

生順治四年　月　日卒塟失載

生子二長元和次興住臺灣

心碧五子第十三世

宗超諱結字伯雄生崇禎十二年已卯十二月初三日戌時

配西橋顏氏生順治十四年丁酉　月　日卒

康熙戊子年九月十四日申時葬岑山坐寅向申兼艮
坤　公享年九十於雍正五年丁未五月初十日卯
時卒葬所失載　　生子四長惠次仲三義四秦
宗趉公孝行人也時當冠警父病在床衆各鳥獸散公
獨依依膝下賊刀加身終不之顧

心寅長子第十三世

宗[illegible]十

心寅次子第十三世

宗衡　生卒葬所失載

心寅三子第十三世

宗尚　生卒葬所失載

心寅四子第十三世

宗廣　生卒葬所失載

心寅五子第十三世

宗興　生卒葬所失載

曰榜[illegible]第十三世

曰椹傳孫第十三世

紀祥長子第十三世

盛　早卒

紀祥次子第十三世

外　因遷移被虜

紀祥三子第十三世

祐字　生順治十四年丁酉四月十七日寅時卒葬失

戴配蔡氏生順治年二月日卒葬所失載

生子四長茂次俊三耀四傑

住江西建昌府新城縣

紀瑞傳子第十三世

紀瓚長子第十三世

宗元字　生崇禎十三年庚辰閏正月初五日辰時卒康熙二年癸卯五月初八日午時葬壠裡父親墳側配蘇氏生崇禎十五年壬午八月十五日子時

嗣子銓 係胞弟宗標之子

紀瓚次子第十三世

宗標字伯揚生順治三年丙戌十一月廿九日丑時卒康熙三十八年己卯六月廿八日寅時葬五通嶺內土名黃岳坑外林家山坐壬向丙配莊氏生順治十一年乙未五月初五日戌時卒雍正癸丑年十月初二日

寅時葬在大槊堀口坐癸向丁側室張氏生康熙六
年丁未五月十五日巳時卒康熙庚寅年十月廿三日
卯時葬水頭隨宮坐艮向坤
生子七長斌次斂三博四厚五高六明
宗金出嗣與胞兄宗元　長次四六嫡出

紀瓚三子第十三世

紀瓚四子[illegible]十三世

宗利　被[illegible]

宗德諱璧字伯岐生順治十一年乙未十一月十一日亥時
卒雍正三年乙巳正月十五日戌時壽七十一葬廟兜

深溝巷園裡坐壬向丙兼子午配王氏生康熙七年
戊申十一月初十日申時卒康熙四十八年己丑十
二月十三日巳時[illegible]丑[illegible]未兼癸丁
生子[illegible]

紀瓚五子第十三世
宗俞　被虜

紀瓚六子第十三世
宗雅　被虜

紀璋長子第十三世
宗陽　被虜

紀璋次子第十三世

宗眺諱安守　生順治十三年丁酉八月十六日亥時卒

康熙三十五年丙子六月初十日酉時葬岑山裡坐

寅向申配李氏生卒葬所失載

生子三長貞次棟三乾俱住臺灣

六長子第十三世

新字　生卒葬所失載

六次子第十三世

生子一元

大三子第十三世

八字　生卒葬所失載配史氏生卒失載葬西街墓埕
上坐丑向未　生子一魁　住江西新榆縣
四傳子第十三世
志字　生卒葬所失載
生子一蘭　住公澤水口
三傳子第十三世
宸爵字倣天生萬曆四十一年癸丑十月初十日戌時卒
順治癸巳年八月廿五日巳時葬坑園山上與母余
氏仝穴配李氏生萬曆四十一年癸丑七月初四日
卯時卒康熙　年八月初四日辰時葬古浪與烏

埭裡洪家華表墓下坐　向
生子四長震孟次震程三震孚四震茂
耀崑傳子第十三世
宸綬諱高字縉臣生順治乙酉年九月十四日巳時卒康熙
甲午年十一月廿二日亥時葬西街墓埕坐坤坐艮
[illegible]卯年二月廿三日午時卒
葬所失載[illegible]
明崑傳子第十三世
願字　生卒葬所失載　生子
侍侯傳孫第十三世

華圃傳子第十三世
青階字贈字配黃氏生卒俱失載合葬灌口白石劉厝牛
角壠圖叅　向　生子二長應秋次應龍
華國長子第十三世
青基字　生年月日時失載卒　年九月十七
日配　氏生卒失載合葬在同安白石鄉牛角壠癸
墳左邊坐　向　生子一應明
國次子第十三世
青鰲字朝凝謚振堂生萬曆十四年丙戌九月廿四日午時

卒順治十七年辛丑九月十七日辰時配白石鄉蓮
氏生萬曆十五年丁巳三月初八日申時卒順治十
五年己亥九月十二日丑時夫婦附葬父墳坐向分
金仝　生子三長應龍次應冲三應惟
嗣亨傳子第十三世
汝德
生卒葬所失載　生子一正
侍徽傳孫第十三世
嗣振長子第十三世
汝良諱轉字思悅生康熙十三年甲寅六月初八日巳時

卒康熙五十年辛卯十一月十九日卯時葬許坑內下壠病石頭下園裡坐丁向癸兼午子配排頭黃氏生康熙十七年戊午三月廿三日午時卒乾隆二十七年壬午十月十二日寅時葬上坑燈火石後園裡坐　向

生子二長勇次力

嗣擬玟子第十三世

汝材諱來字思賢生康熙二十七年戊辰二月十七日卯時卒康熙五十二年癸巳三月十六日葬在呂宋配山北林氏生康熙二十七年戊辰七月初七日未時卒葬所失載

嗣振三子第十三世
汝澤諱正字日叢生康熙二十九年庚午九月初三日巳時卒乾隆九年甲子十月十五日未時壽五十四配海滄山仔社陳氏生康熙三十三年甲戌九月廿一日戌時卒乾隆三十七年壬辰五月廿三日未時壽七十九合葬犁角頭與祖墳毗連坐艮向坤兼寅申
生子五長濟次凝三猷四儀五燮
嗣振四子第十三世
汝元諱善字思鄉生康熙三十三年甲戌十一月初五日戌時卒乾隆二十一年丙子十二月廿一日巳時配白礁

王氏生康熙三十二年癸酉十月十四日丑時卒乾隆二十八年癸未六月廿七日午時壽七十一合葬山坪園后圻南邊坐巽向乾兼巳亥

生子二長黨次燕三國

嗣振五子第十三世

汝慎諱記字思信生康熙三十六年丁丑八月十八日午時卒乾隆五年庚申八月廿五日卯時配下楊社楊氏生康熙三十七年戊寅六月廿六日寅時卒乾隆二十年乙亥正月十三日丑時合葬山坪頂坵園坐巽向乾兼巳亥

生子四長顏次淵三照四王

嗣振六子第十三世

汝耀諱心字思敬生康熙三十九年庚辰十月十八日丑

時卒乾隆十九年甲戌六月十三日卯時葬臺灣山

坱仔脚坐東向西配陳氏生康熙四十四年乙酉十月

初一日巳時卒雍正四年丙午正月十五日寅時

嗣芳傳子第十三世

嗣愳傳子第十三世

汝陞諱妙字　生康熙十二年甲寅正月十九日戌時

卒雍正十二年甲寅正月十七日未時葬在吱嚁吧

吉力石配　氏生卒葬所失載

生子二長國柱次國樑

嗣茂長子第十三世

汝隆諱報字恂盈生康熙十年戊申六月十二日丑時卒

康熙五十二年癸巳十月初四日子時葬失載配馬

壠劉氏生康熙六年丁未十二月十五日巳時卒康

熙三十三年甲戌三月初一日亥時葬壠埔田上園

𡍼坐艮向坤兼寅申

生子二長邦佐次國榕係胤爹汝陵四子

嗣茂次子第十三世

汝隨諱斗字思偉生康熙十六年丁巳十二月廿一日卯時卒康熙四十四年乙酉閏四月初二日卯時葬樓山廟後坐未向丑兼坤艮配蔡氏生卒葬所失載

生子一國棟

嗣茂三子第十三世

汝陵諱朝字峻人[illegible]熙二十一年壬戌十一月廿三日戌時卒乾隆[illegible]年壬戌正月廿五日丑時壽六十一葬蔡嶺后庵頭坐申向寅兼庚甲庚申庚寅分金配洪社洪氏生康熙三十四年乙亥六月初一日亥時卒乾隆三十二年丁亥七月廿四日寅時葬廟龜尾坐酉向

卯葬庶甲下酉丁卯分金

生子五 長國梃 次國榛 三國楨

四國榕 出嗣胞兄啟隆 五國楯

嗣潘長子第十三世

汝楫字 生卒葬所失載 生子一

嗣藩次子第十三世

汝梅字 生卒葬所失載 生子一大寶

嗣藩三子第十三世

汝栢字 生卒葬所失載 生子一

嗣泰長子第十三世

塤字　生順治三年丁亥　月　日卒葬失載
生子
嗣泰次子第十三世
汝凰字　生順治　年正月廿五日丑時卒康熙
年十一月十四日未時葬壠块園裡坐辰向戌
巽乾外向巽乾
生子一管
絖傳子第十三世
開傳子第十三世
天相　生卒葬所失載

唐傳子第十三世

奕傳子第十三世

定傳子第十三世

維岳傳子第十三世

蔭字　生卒葬所失載

維紀長子第十三世

宗和字　生崇禎戊寅年八月十九日申時卒葬失載

維紀次子第十三世

宗稔字　生崇禎癸未年七月十六日寅時卒葬失載

維績長子第十三世

汝㢸字思諧生康熙丁未年五月廿九日寅時卒雍正五
年丁未四月廿六日巳時葬狗路頭園內坐酉向卯兼
辛乙配林氏生康熙十三年甲寅八月十五日寅時卒
乾隆九年甲子五月初十日申時葬湖尾坐乙向辛
兼卯酉

生子七長長次雄三著四寔
五道六佛出嗣胞弟汝輔七廣

維績次子第十三世

汝輔諱程生康熙九年庚戌正月十五日寅時卒雍正十一年癸丑八月初一日壟在呂宋娶林氏生康熙二十一年壬戌八月十六日亥時卒乾隆二十四年己卯十一月十九日子時葬上坑園裡坐庚向甲兼申寅　嗣子一佛係胞兄汝弼六子

汝盈諱用生康熙十三年甲寅十一月十一日辰時卒康熙五十六年丁酉十一月十二日丑時葬上坑燈火石下坐甲向庚兼寅申配　氏生卒葬失載　生子一民仁

維續三子第十三世

汝礪
維績四子第十三世
生卒葬所失載
維經傳子第十三世
立
生卒葬所失載
守威傳子第十三世
守謙傳子第十三世
守巖傳子第十三世

守傑長子第十三世

宸祚字　生卒葬所失載配史氏生卒葬所俱失載

生子二長元斗次元瑜

守儀次子第十三世

宸猷字萱茹號　己亥年七月十三日卒　壬寅年

月　日葬山仔前坐巽向乾配李氏生

辛丑年六月十二日午時卒康熙五年十一月

初一日子時葬蔡嶺後石邊坐　向

生子四長元奎次元瑋三元珍四元琨

守俊長子第十三世

宸儀字賓山生　庚子年八月二十日卒　甲辰年
五月初三日申時配鍾氏生　辛丑年十一月初
三日卒　甲辰年五月廿八日巳時全葬漳城坐
向　生子三長元璋次元瓔三元琠
守俊次子第十三世
宸訓字　生卒失載葬在吱嵧吧配張氏生卒失載葬
自己園頭鬼庵山坐寅向申
生子二長元瑛次喜
守俺三子第十三世
宸謨字　生卒葬所暨配　氏　生子俱失載

守巽傳子第十三世

宸欽字勅我生卒葬所失載　配林氏生卒失載葬黄墓

簫坐　向　　生子一　擴

守貞長子第十三世

士顯　生卒葬所失載

守貞次子第十三世

士榮　生卒葬所失載

守貞三子第十三世

士心諱惜字鳳卿生萬曆四十二年甲寅十月　日

卒康熙四年乙巳四月十六日配王氏生萬曆三十

九年辛亥十二月廿四日卒康熙三年甲辰七月十
二日巳時合葬大片園裡坐壬向丙兼亥巳
生子三長趙宗次趙淑三趙璧
守貞四子第十三世
士章　生卒葬所失載
守貞五子第十三世
士身　生卒葬所失載
守家傳子第十三世
士鵬字飛萬生萬曆丙午年十月十五日戌時卒康熙二年
癸卯六月十七日申時葬本社東埔山園裡坐巳向

亥配林氏生萬曆庚申年十一月十二日辰時卒康熙己丑年十一月十七日寅時葬扶搖後普亭院壠甲坐庚兼寅申向丙　生子二長超章次超次

守字長子俏十三世

士舉諱遂字朝龍別字麟卿生天啟三年癸亥二月十七日辰時卒康熙二十年辛酉八月初二日酉時葬在建陽縣地方土名王墩社江師山帳裡孩兒形坐卯向酉兼乙辛配李氏生天啟四年甲子七月初六日辰時卒康熙三十九年庚辰八月初十日申時葬在本社山仔下穴孩兒鬚欄坐辛向乙辛酉辛卯分金

生子二長趙聰次趙明

守字次子第十三世

士忠字靜卿生崇禎己巳年七月廿八日戌時卒康熙丁未年八月十五日子時殁於呂宋配吳氏生卒葬失識

生子一趙曆

守字三子第十三世

士信字義卿生崇禎辛未年十二月三十日酉時卒康熙九年庚戌十一月廿六日過洋而殁配郭氏生崇禎六年癸酉十二月初八日卒康熙三年甲辰五月十九日葬本社畓坑內田上第三坵園裡坐酉向卯兼庚甲

生子二長趋華次福出嗣從叔文彩

凝傳孫第十三世

望魁傳孫第十三世

望傳孫第十三世

望鎮傳孫第十三世

守悚長子第十三世

論字　生卒葬所失載　配　氏生卒葬俱失載
生子
守棟次子第十三世
啓字　生卒葬所失載　配　氏生卒葬俱失載
生子
守世[illegible]子第十三世
聖字　生[illegible]載　配　氏生卒葬俱失載
生子三　往臺灣
銳次子之孫第十三世

銳三子之孫第十三世

三叔公傳子第十三世

生崇禎戊寅年　月　日卒葬失載配妹字

氏生卒葬所失載　生子一發

果芳傳孫第十三世

東銘傳孫第十三世

果茈傳孫第十三世

果華傳孫第十三世

果茂傳孫第十三世

果　傳孫第十三世

椎傳孫之[illegible]世

椎長傳孫第十三世

萱傳子第十三世
[illegible]葬所失載
傳子第十三世
孜
[illegible]生天啟丁夘年六月廿三日子時卒康熙三
巳夘三月十二日巳時葬失載配黃氏生崇
[illegible]九月廿五日亥時卒康熙　年十二月
初八日辰時葬失載續配　氏生卒葬所失載
生子一成
偕藩傳子第十三世

偕矩傳子第十三世

偕榮傳子第十三世

佛勇字　生卒葬所失載配　氏生卒葬所失載

生子三長盱次畝三潔

偕芳公長子第十三世

又祥諱晉字瑞光生順治己亥年十月廿一日申時卒康

熙丙戌年九月初九日巳時葬落山蛇邊坐甲向

庚庚寅庚申分金配李氏生康熙二年癸卯十一月二

十日卯時卒乾隆十五年庚午二月初七日未時附
葬下店祖墳左坐甲向庚兼卯酉
生子二長悅次從

偕𠆧次子第十三世
生卒葬所失載

旗

鳳公長子第十三世
住北京

又亨字

鳳公次子第十三世
又禎字爾興生康熙七年正月初一日未時卒葬所失載

配　氏生卒葬所失載
生子

鳳公三子第十三世

又祿字爾嘉廣西梧州協右營把總生康熙九年三月初三日未時卒葬失載　配羅氏生卒塟所失載

生子三長鎮次安三陳

偕蘭長子第十三世

又安字復生生天啓元年辛酉六月初六日寅時卒康熙二十五年閏四月十九日丑時葬曾邊園坐　向配陳氏生天啟　年　月　日卒　乙巳年六月初一日葬在嶺兜坐　向　續配丁氏生　丙戌年十二月二十日酉時卒康熙五十九年辛丑二

月廿七日酉時葬山頭湖裡坐戌向辰

生子二長崇陛次崇社

後生公爽年卓犖從　叔贊戎湖州軍務之暇輒以

投壺雅歌爲事亦一時雅品也

偕蘭次子第十三世

又泰字　生崇禎庚午年　月　日卒葬失載

偕芝長子第十三世

又立字字玉生萬曆庚申年九月初八日子時卒葬失載

配陳氏生萬曆庚午年　月　日卒葬失載

偕芝次子第十三世

又彩字孔章生崇禎壬申年十一月二十五日卒在廣海時康熙乙巳年五月廿一日葬失載配蔡氏生卒葬所失載　嗣子一福係土信孥

偕芝三子第十三世

又觴公字彥青生崇禎丙子年十一月二十日丑時卒康熙四十八年己丑五月廿五日子時壽七十四葬牛埔上堀裡坐壬向丙兼子午配蘇氏生順治乙酉年十二月廿二日辰時卒康熙六十年六月初三日酉時壽七十七合葬牛埔上堀裡坐向仝

生子六長崇璽次崇墩三崇垣

四崇墉五崇坡六崇墀
彥青素蒞幾務曾授廣海衛水師叅將之職陞朝議移
鎮遠方即投幘而退優游里居焉
撮紫辰舊識

偕薇長子第十三世
又榮諱妹字　生康熙庚戌年九月三十日巳時卒康
熙乙丑年正月初八日未時葬湖州道場山

偕薇次子第十三世
學烈諱寧字以淸邑庠生生康熙十二年癸丑三月初二
日辰時卒年失載配大觀後社蘇氏生康熙十二年

癸丑正月初六日子時卒康熙三十六年丁丑五月
初七日子時葬吳貫弘山上坐乾向巽續配寧店　氏
生康熙癸亥年十月廿五日巳時卒塟失載
生子三長艮蘇氏出次拔三田　氏出女二長僭娘
蘇氏出適田裡庠生王必祿次秀娘　氏出
以涵公稟性純厚賦資淵衆處族黨間未嘗稍露其賢
智至遇事定疑決策絕無坐觀成敗少存退諉之思所
云賢者不可測其在是乎
偕薇三子第十三世
又選諱恩字季趍生康熙丁巳年五月十一日未時卒康

熙四十六年丁亥五月初二日辰時葬下店園裡坐
丑向未兼癸丁酉鍾林尾蔡氏生康熙乙卯年九月
廿二日戌時卒葬失載
生子三長篤次敦三秉
季赴公夫婦俱以孝聞里黨咸重焉追公歿蔡氏乳姑
荻教更有賢德足稱
偕藻長子第十三世
又達諱智字淡遠生康熙庚戌年十月廿六日戌時卒康
熙戊寅年八月初八日丑時葬吱嚁吧西壠劊灰埕
大墓配大觀後社蘇氏生康熙乙卯年正月初一日午

時卒葬失載　生子一懷生

淡逵公性至孝平曰惟依依孺慕菽水承歡而已凡

辱親之事皆不為也

偕藻次子第十三世

又運諱哲字燭幾生康熙庚申年八月廿二日戌時卒康

熙五十年辛卯四月廿九日戌時葬吳貫都恩院邊

山仔下坑口上坐　向　配鼓浪嶼黃氏生　甲

子年十二月廿三日辰時卒葬失載

生子二長考生次廣生

黃氏孀居奉親孝育子勤晨夕織紝不辭艱辛古稱

季氏之婦不淫其殆庶幾焉

偕藻三子第十三世

又遂諱侃字剛夫生康熙壬戌年十二月初二日酉時卒

康熙甲申年六月初二日未時葬咬𠺘吧吉力石

偕藻四子第十三世

又道諱就字正夫生康熙庚午年五月十五日酉時卒葬

失載配鍾林厝蔡氏生　癸酉年六月初八日丑

時卒葬失載　生子三長莆生次爽生三載

偕椿傳子第十三世

又遠諱祐生康熙庚辰年十二月初十日子時卒葬失載

蘗傳子第十三世

恩　生康熙十六年丁巳五月十一日午時卒葬失載

英姐傳子第十三世

舜良長子第十三世

魁　字曰元生嘉靖二十六年二月十一日未時卒崇禎十六年四月十三日丑時葬在橋頭園第六個坐乾向巽兼戌辰配李氏生嘉靖二十六年正月十六日午時卒崇禎十五年五月初七日巳時與夫合葬

生子一　邇適

舜良次子第十三世

春字曰暖配　氏生卒俱失載合葬在橋頭園前岓坐乾向巽兼戌辰

舜全傳子第十三世

舜善傳子第十三世

喜字　生卒失載葬在西邊大灰墓前左手坐乾向巽

舜美長子第十三世

哲字曰彦生萬曆二十五年三月初一日辰時卒順治十二年九月初八日辰時葬庵兜大埗園角坐丑向未

兼癸丁配馬氏謚慎恭生萬曆三十七年十二月初一日戌時卒順治十年正月廿一日未時與夫合葬

生子一暢

舜美次子第十三世

淑字日熈生卒失載葬灣圻園南頭坐卯向酉兼甲庚從與暢姪墳共爲一首配　氏生卒葬所失載

舜仁傳子第十三世

犀字日成生卒失載葬象嶼大岸頭坐丑向未兼癸丁配郭氏生卒失載葬西邊河頭園坐乾向巽兼戌辰

生子一攀

舜禧傳子第十三世

二字曰再生萬曆三十四年十月十四日卯時卒順治十年

十月十一日寅時配蔡氏生卒失載合葬庵兜大埏

園下角坐癸向丁兼子午

生子一祿

舜英長子第十三世

維新字曰初生卒與配　氏俱失載合葬在同安深青

生子三長采次倘三周

舜乾次子第十三世

維五字曰中生娶卒葬俱失載

一楠長子第十三世

曰燦字蒼耀生萬曆十九年辛卯十月十二日辰時卒順治十四年丁酉十一月三十日未時葬黃坑內坐艮向坤配林氏生失載卒　年七月二十日葬臺後山坐東向西　生子二長朝謙次朝讓

一楠次子第十三世

曰和字仰陽生萬曆乙未年八月十四卒　年十月二十日葬本社東邊坪園裡坐乙向辛配葉氏生失載卒　年三月十五日葬內地郭山　生子四長喜次暢三祐四春

一楠三子第十三世

曰明字贊揚生萬曆己亥年五月三十日丑時卒順治四年正月初二日卯時葬前，坐乾向巽附父墳側配陳氏生失載卒　年七月十五日葬本社西邊柯園坐北向南

生子三長朝禎次朝祥三朝詰

一楠四子第十三世

曰科字郊泗生萬曆己酉年十月二十日丑時卒康熙甲年九月廿三日未時配許氏生泰昌乙卯年四月十六日辰時卒康熙乙巳年十月廿一日酉時合葬廟

兆社塔前垅坐壬向丙

生子四長朝猷次朝齋三朝珍四朝璉

公惟純厚與人無爭蓋鄉老成人也自分宗至此奕世

繁衍芝蘭挺秀可謂積善餘慶長發其祥

一商長子第十三世

曰勝字達宇生萬曆庚子年　月　日卒

年十月廿六日葬所失載配關氏生卒葬所失載

生子一怨

一商次子第十三世

曰亮字朝紅生　甲寅年卒　年十月廿四日

葬失載配盧氏生卒葬所失載
生子二長郡次豫

一岳長子第十三世
日旭　生卒葬所失載

一岳次子第十三世
日晃　生卒葬所失載

繼盛長子第十三世
信諱恩任字　生康熙乙丑年六月廿三日辰時卒康
熙庚子年六月初七日酉時葬失載配洪氏生康熙
己巳年七月廿二日申時葬吳貫塔山坐丙向壬兼

生子二長天送次天碩

繼盛次子第十三世

遠諱思容字　生康熙辛未年九月初三日巳時卒雍正己酉年八月初六日葬臺灣配鄭氏生康熙戊寅年十月初三日巳時卒乾隆壬申年八月廿一日午時葬

在禁山仔　嗣子一成祖

繼盛三子第十三世

敬諱思恭字　生康熙壬辰年十二月十四日酉時卒乾隆戊午年七月廿三日外亡配　氏生康熙

年　月　日　時卒葬失載

嗣子一傳宗

標宗傳孫第十三世

崑璧長子第十三世

弘綸字乇以生萬曆己未年九月廿四日卒康熙甲辰年八月　日葬失載配柯氏生　年八月初八日卒葬失載　生子二長添次厚

崑璧次子第十三世

弘紀字贊雄生天啟癸亥年三月初七日辰時卒康熙壬寅年四月初六日巳時葬失載配黃氏生卒葬所失載

生子一祖早世嗣子一紹

崑璧三子第十三世

弘緒字贊宏生崇禎庚午年十二月初九日未時卒康熙甲申年九月廿九日子時葬在曾溪田上坐辛向乙兼戌辰辛酉辛卯分金配楊氏生崇禎戊寅年月　日卒甚失載續配王氏生崇禎庚辰年閏正月廿七日巳時卒雍正甲寅年五月初四日午時葬三魁嶺龍舌山坐乾向巽兼亥巳丁亥丁巳分金

生子二長光祥次光鄉

崑璧四子第十三世

弘綱字贊維生崇禎八年正月初三日巳時卒康熙七年

月　日葬失載　嗣子一永

英德傳孫第十三世

英仁傳孫第十三世

英俊傳孫第十三世

東升傳孫第十三世

東魯傳孫第十三世

挺漢長子第十三世

獻賓字寬我生萬曆壬寅年八月廿一日卒葬失載配葉氏生萬曆丙午年　月　日卒葬失載

生子一聞馨

挺漢次子第十三世

廷賓字觀我生萬曆甲辰年九月初九日酉時卒戊午年九月廿六日酉時配陳氏生萬曆庚戌年八月初五日卒康熙甲辰年六月十五日未時合葬在岸山上

坐寅向甲　　生子二長聞賢次聞超

挺漢三子第十三世

光賓字觀昇生萬曆四十八年庚申六月初四日午時卒康熙三十九年庚辰三月初七日丑時葬在蔡嶺面前山濮胎山坐乙向辛酉黃氏生天啟三年癸亥五月十六日卒康熙二年癸卯七月初九日辰時葬廟數裡坐艮向坤續配郭氏生崇禎六年癸酉二月十五日卒康熙四十三年甲申正月廿五日寅時與夫合葬

生子三長聞宗次聞纘黃氏出三珍郭氏出

挺白長子第十三世

用賓　生天啟戊午年　月　日配李氏生卒葬所失載　生子一補早世無傳

挺白次子第十三世

成賓字　生卒葬所失載配李氏生卒葬所失載　生子一奨　亂中被母舅林三賣在廣

四傳子第十三世

位賓字　生卒葬所失載配張氏生天啟丁卯年二月廿五日卒順治戊申年十二月　日葬在內坑坪上山仔頭坐庚向甲　生子二長蕃次欽

士統長子第十三世

廷欽字非逸生順治庚寅年四月廿二日亥時卒康熙丁酉年七月初六日酉時葬在埭頭半山園坐　向

配翁氏生康熙辛丑年十一月廿一日未時卒雍正辛亥年五月十二日丑時葬在塢后園內坐　向

生子四長光倫次光儀三光佐四光

士統次子第十三世

廷岳字君衡生順治乙未年十二月廿七日巳時卒康熙辛卯年九月十二日午時配李氏生康熙癸卯年十一月初五日戌時續配劉氏生康熙乙巳年四月十七

日巳時卒康熙丙申年十月初六日巳時合葬在廖坑山園内坐　向　生子二長光仁次光義

士繼傳予第十三世

士綱長子第十三世

甫諱天忠字君龍生順治庚子年正月廿一日戌時卒乾隆丁卯年二月廿八日巳時壽九十二配蔡氏生康熙己巳年七月廿二日酉時卒康熙癸酉年五月廿五日未時續配林氏生康熙庚戌年三月廿一日丑時卒乾隆乙丑年八月廿七日巳時壽七十六三人合葬在坑

內澼菩石下大垢園后坐壬向丙兼子午
生子四長富蔡氏出次縣三鎮四應林氏出

士綱次子第十三廿
聰字立峯生康熙己酉年八月初五日亥時卒乾隆庚申
年正月廿四日卯時葬在塢尾園內壠坐庚向甲兼
酉卯配吳氏生康熙辛亥年正月廿八日戌時卒乾
隆辛酉年十月初十日寅時葬內壠仔坐未向丑兼丁
癸　生子三長伯次仲三叔
立峯爲人慷慨性喜交遊所云座上客常滿樽中酒不
空是也其子伯亦才智過人曾遊京師遇知簡王倫

員宗入府乃立峰式穀之貽謨也

士綱三子第十三世

錦字尚文生康熙壬子年十月十五日未時卒康熙己卯年四月十四日午時葬會邊園內坐　向　配洪氏生康熙乙卯年三月十一日丑時卒葬失載

生子一德

士綱四子第十三世

養諱天賚字君典生康熙甲子年五月廿八日酉時卒雍正庚戌年十月初一日巳時葬禽坑口路上園墘坐庚向甲兼酉卯配蔡觀鍾氏生康熙庚午年十二月十

九日卯時卒乾隆甲午年十一月十三日子時壽八
十有六葬牛埔山坐寅向申兼艮坤丙寅丙申分金二
墳俱有石碑　　生子二長蔭次然

爵　顯魁長子第十三世
　　生卒葬所失載

攀　顯魁次子第十三世
　　生卒葬所失載

尚　顯明長子第十三世
　　生卒葬所失載

　　顯明次子第十三世

賢　生卒葬所失識

雄　顕明三子第十三世

生卒葬所失識

建德字　顕圓傳子第十三世

生崇禎庚寅年五月廿六日寅時卒康熙辛丑

年　月　日葬吕宋班隘配周氏生康熙甲辰

年十一月初二日酉時卒乾隆丁巳年閏九月初八日

予時葬磨石坑口祖墓邊

生子二長秉國次秉翰

顕房傳子第十三世

仕明字　生康熙辛亥年十二月廿五日午時卒乾隆庚申年三月初四日酉時葬曾還山坐乙向辛
配陳氏生康熙辛酉年六月初十日丑時卒乾隆丙子年九月廿七日未時葬失載
興宗長子第十三世
廷楝　生卒葬所失載
興宗次子第十三世
廷樑字　生卒葬所失載
配　氏生卒葬所失載
生子五長勸次順三奇四安五恩

蓮蒨子第十四世　出居廣西全州

菊傳子第十四世　出居廣西全州

梅傳子第十四世　出居廣西全州

昌祉長子第十四世

昌祉次子第十四世

生卒葬所失載

超

輔字

生康熙丁未年六月初一日辰時卒乾隆丁巳

年九月初十日葬岑山　坐亥向巳配温氏生
康熙丁巳年二月廿九日酉時卒乾隆戊辰年八月初
九日葬歃山坐癸向丁
生子三長合次實隆三外祖
昌祉三子第十四世
興　生卒葬所失載
昌禧傳子第十四世
全字　生卒葬所失載　配　氏生卒葬所失載
生子一寬
昌祚傳子第十四世

助　生卒葬所失載

正傳子第十四世

次字　生康熙庚辰三十九年十一月廿八日卒乾隆乙巳五十年三月初二日辰時配楊氏生康熙庚辰三十九年正月初十日午時卒乾隆癸卯四十八年七月初五日巳時合葬竹仔林石坐庚向甲兼酉卯

生子一陞老

二傳子第十四世

陞字　生康熙辛未年十二月初九日辰時卒葬失載

順傳子第十四世

伴字成功生康熙丙寅年三月十五日戌時卒康熙丙申年
四月廿四日卯時葬燈火外園裡坐艮向坤兼寅申
配林氏生康熙丁卯年十一月廿六日亥時卒康熙壬
寅年九月十三日申時葬上坑園裡坐庚向甲兼酉
卯　　生子二長孔次夫早世

錦傳子第十四世

淯字澄世別字明周生崇禎戊寅年二月廿一日卯時卒康
熙壬午年正月初十日午時壽六十有五葬坑園山
上坐艮向坤兼寅申配李氏生崇禎庚辰年八月十
五日寅時卒康熙己亥年十一月十一日丑時葬吳

貫下尾壠上石盤丙坐巳向亥兼丙壬續配曾氏生
順治丙申年閏五月廿二日子時卒康熙丙申年四
月廿一日子時葬深溝上山頂坐乙向辛兼卯酉
生子二長元貴李氏出　次元華曾氏出

宗翰傳子第十四世

喜字仕麟生康熙戊申年十一月初二日亥時卒雍正丁
未年七月初四日未時外亡配林氏生康熙辛未年
正月初六日戊時卒乾隆辛丑年正月十三日巳時
葬上坑石頭邊坐丁向癸兼未丑
生子一忠

謝氏家乘　卷八

卒雍正六年戊申七月二十日申時壽七十有三葬牛埔山坐艮向坤兼丑未配楊氏生順治十七年辛丑閏七月廿二日丑時卒康熙六十年辛丑閏六月初二日寅時壽六十有二葬典貿塔山内亥巳兼壬丙外坐乾向巽兼亥巳

生子五長存次澤三尚四親五提

吉彩次子第十四世

仕祿字　生順治十五年巳亥十二月十五日辰時卒康熙四十九年庚寅十一月十九日寅時葬牛埔山下烏甜石坐寅向申配郭氏生卒葬所失載

生子二長偫中次時五

吉元傳子第十四世

吉羨傳子第十四世

仕偉字建猷生順治八年壬辰十二月十一日卯時卒康熙四十三年甲申正月初五日午時葬在山頭社外園裡坐辛向乙壽五十有三配郭氏生康熙乙年庚戌正月初四日巳時卒乾隆十二年丁卯八月廿八日寅時壽七十有八葬在猪母坪山裡坐卯向酉兼乙辛

生子二長及次弟

吉芳傳子第十四世

吉甲傳子第十四世

吉履傳子第十四世

吉艮傳子第十四世

吉慶傳子第十四世

吉章傳子第十四世

仕顯諱會字撫德生康熙十五年丙辰二月十四日寅時卒乾隆戊午年十月初八日酉時葬上坑大松埔坐酉向卯兼庚甲配黃氏生康熙二十年辛酉八月廿七日丑時卒乾隆十二年丁卯十月初四日巳時葬欽山裡坐丑向未兼癸丁

生子三長廣次雍三旺

三八傳子第十四世

美字仕傑一字秀民鄉飲大賓生康熙九年庚戌三月十九日卯時卒雍正十三年乙卯二月廿一日丑時壽六

十有六配嚴氏生康熙十六年丁巳七月十八日巳時卒乾隆十七年壬申九月廿五日酉時壽七十有六合葬長興頭園裡坐壬向丙兼子午亥辛巳分金　生子六長待次祐三富四貴五敬六嚴

吉馥傳子第十四世

吉瑞傳子第十四世

吉耀長子第十四世

愈　生卒葬所失載

吉耀次子第十四世　佳巔州府西門外

静字　生順治癸巳九年四月初九日未時卒塟失載

配楊氏生康熙丙午年十二月初四日申時卒葬失

載　生子三長豸次春三觀

吉耀三子第十四世

聽　生卒葬所失載

吉燦長子第十四世

懿字　生卒葬所失載　配　氏生卒葬所失載

生子一元

吉燦次子第十四世

誦字仕降生康熙十年辛亥正月十一日戌時卒雍正八年庚戌十月初一日巳時葬深溝上園裡坐甲向庚兼寅申配鄭氏生康熙二十七年戊辰五月初四日午時卒乾隆六年辛酉十二月初八日巳時葬坑園祖墳邊坐癸向丁兼丑未

生子四長享次誠三興四孝

書招傳下第十四世

權讓字以祥生康熙十五年丙辰七月初二日辰時卒乾隆十七年壬申九月十六日丑時附葬母墳配劉氏生康熙十九年庚申八月初五日卯時卒康熙五十三年甲

午二月廿五日午時葬欽山裡坐夘向酉續配新安翁氏生康熙二十五年丙寅八月廿九日酉時卒乾隆三十七年壬辰二月十一日未時葬在山狗路坐夘向酉兼乙辛辛夘辛酉分金　生子三長壽劉氏出　次南三山翁氏出

吉星長子第十四世

孟字

生順治六年己丑寅六月十三日戌時卒康熙十九年庚申五月廿三日戌時葬坑園裡附父壙穴側配黄氏生順治十六年庚子六月初八日酉時卒雍正五年丁未十二月十五日辰時葬石門內山脚園裡坐子

向午兼壬丙丙子丙午分金
生子二長添次致

蒲字

吉星次子第十四世
仕弘生康熙八年己酉四月廿六日午時卒康熙五十年辛卯九月十五日戌時葬欽山內坐丑向未兼艮坤配洪氏生康熙十年辛亥正月十三日寅時卒雍正二年甲辰正月十六日巳時葬狗仔田上毛坑內四房公山坐乾向巽兼戌辰
生子三長蚤次然三理

洪氏夫歿四壁淒其卒能撫子成立不愧賢淑之稱

吉辰傳子第十四世　住江西新城縣
維字　生康熙丙辰年　月　日　時卒葬失
載配　氏生卒葬所失載
吉和長子第十四世
德字　生康熙十年辛亥　月　日　時卒葬失
載配　氏生卒葬所失載
吉和次子第十四世
萬字　生康熙　年　月　日卒乾隆
八年癸亥二月初八日巳時葬失載配林氏生康熙
二十一年壬戌九月廿二日巳時卒康熙四十六年

丁亥葬山頭社尾坐丁向癸兼未丑續配魏氏生康
熙丁卯年　月　日卒康熙　年
月　日葬亭外路上園裡坐　向
生子二長周林氏出 次禮魏氏出
燁長子第十四世　佳處州府瑞昌縣
振字　生卒葬所失載
燁次子第十四世
佐字　生崇禎癸未年九月十四日未時卒康熙三十
七年戊寅七月十五日丑時葬失載配李氏生順治
五年己丑五月十四日丑時卒康熙三十六年丁丑

七月廿五日子時葬失載

生子二長角次洒　角住贛州府南門外

熕傳子第十四世

煸傳子第十四世

長字　生康熙　年　月　日卒葬失

截配　氏生康熙　年　月　日卒葬失載

煋傳子第十四世

参字　生康熙　年　月　日卒葬失載

配　氏生康熙　年　月　日卒葬失

煒傳子第十四世

兌傳子第十四世

瑺字　生康熙　年　月　日卒葬失載

配　氏生康熙　年　月　日卒葬失

㶠長子第十四世

陳字邦祿生順治庚子年五月十四日辰時卒康熙辛巳年四月初三日巳時葬金山邊坐　向配張氏生卒葬所失載　生子一鄉

㶠次子第十四世

妹字　生康熙丙辰年七月初二日戌時卒康熙戊子
年十月十八日辰時葬失載

汝[illegible]　倘鍾長子第十四世
生卒葬所失載

汝賜字　倘鍾次子諱十四世
生卒葬所失載

汝榮字　應鍾傳子第十四世
生卒葬所失載

七傳子第十四世

興傳子第十四世

巧傳子第十四世

招字　生卒葬所失載

明瑶傳子第十四世

明艷傳子第十四世

明燦長子第十四世

弘道諱三喜生康熙元年壬寅十月廿一日卒乾隆十一年

丙戌三月初三日辰時壽八十有五配楊氏生康熙十二年癸丑十二月初十日寅時卒乾隆廿二年丁丑十二月廿二日巳時壽八十有五合葬樓山后頭坐辛向乙兼戌辰　生子三長逆次傳三殷

明燦次子第十四世

弘德諱閏喜生康熙十一年壬子十二月十七日寅時卒乾隆八年癸亥十月廿五日酉時壽七十有二葬畲坑山頂坐辛向乙兼酉卯配蔡氏生康熙十四年乙卯六月三十日卒康熙五十七年戊戌五月廿二日巳時葬同安縣山頭社下尾河上坐酉向卯兼甲庚

生子二長公乞次嫣祐

明煌長子第十四世

天德字　生康熙辛酉年四月廿四日巳時卒雍正十三年乙卯十月初七日酉時配陳氏生康熙三十一年壬申三月初三日未時卒乾隆十八年癸酉八月初八日寅時壽六十有二合葬太頭珠嶺內坐未向丑兼丁癸　生子六長盾次葛三碩四障五從六誕

明煌次子第十四世

芳字　生康熙辛未年正月初四日巳時卒乾隆丁丑十二年七月廿七日寅時葬大屏山裡坐寅向申兼艮

坤配下楊楊氏生康熙庚辰三十九年九月廿一日
寅時卒雍正辛亥九年十月十四日卯時葬番坑園裡
坐坤向艮兼未丑續配吳貫下河林氏生康熙壬午
四十一年九月初十日戌時卒乾隆己巳二十四年
正月十五日戌時與夫合葬
生子三長感次拱照三專生

明煌三子第十四世
生卒葬所失載

厚字

玉傳子第十四世
生卒葬所失載

汶字

玨傳子第十四世

珪傳子第十四世

璋傳子第十四世

璜傳子第十四世

琥傳子第十四世

任公第五房分派世系條紀卷九

瓊長子第十四世

毓熾諱貞生康熙壬戌二十一年十月十三日亥時卒乾隆丙子二十一年閏九月廿四日寅時葬東山邊坐乾向巽兼亥巳配黃氏生康熙癸亥二十二年七月初二日亥時卒雍正甲辰二年二月初八日午時葬亥向巳兼乾巽丁亥丁巳分金續配邱氏生康熙壬申三十一年正月十二日寅時卒雍正辛亥九年十月廿六日子時葬東山邊田墘坐亥向巳兼壬丙

生子五長沛次燿三歆四統俱黃氏出　五降邱氏出

瑀次子第十四世

毓燦諱秀生康熙己巳年十月十八日巳時卒乾隆庚辰年八月初三日巳時葬翁坑園裡　墳右邊坐癸向丁兼癸午配吳氏生康熙甲戌年九月初七日辰時卒乾隆壬午年四月十三日酉時葬馬寨頭坐丑向未兼癸丁　生子一寶

瑩傳子第十四世

毓滋字澄臣生康熙戊申年八月初八日申時卒葬失載配新安楊氏生康熙戊午年二月初五日巳時卒葬失載

生子六長果次艮三翰匹帝

珵傳子第十四世

瑪傳子第十四世

琛傳子第十四世

璉長子第十四世

招定　生康熙丙申年七月二十日丑時卒乾隆丁卯年正月廿六日丑時葬失載配田氏生卒葬所失載

嗣子一大韜

璉次子第十四世
興宗字　生康熙丙子年七月初十日寅時卒乾隆乙
丑年九月初八日辰時殁葬臺灣配吳氏生康熙甲申
年十月廿一日戌時卒乾隆庚寅年十二月十四日
亥時葬犁角頭坐寅向申兼甲庚
生子二長媽朝次大韜出嗣胞兄貽

綿傳子第十四世

謙傳子第十四世

元傳子第十四世

永啟傳子第十四世

二永傳子第十四世

涼傳子第十四世

務傳子第十四世

一傳子第十四世

二傳子第十四世

三長子第十四世

彩諱廷芳字幼安生康熙壬子年二月十四日卒乾隆戊寅年二月初二日辰時配楊氏生康熙乙卯年十月廿六日巳時卒乾隆癸酉年五月初七日午時合葬壠迴坐甲向庚兼卯酉

生子四長雲次霧三光四司

三次子第十四世

諱廷萬字　生康熙壬戌年十二月初四日午時卒乾
隆己卯年四月初十日卯時配李氏生康熙辛未年
四月初七日酉時卒乾隆癸酉年四月十九日寅時
合葬大屏山坐子向午兼癸丁
生子一　理

四長子第十四世

百齡諱廷英字　生康熙甲子年七月廿四日巳時卒
葬在上饒縣配李氏生康熙乙丑年十月初六日亥
時卒乾隆癸亥年三月二十日寅時葬壠口坐未向

丑穴坤艮　　生子二長長次富

四次子第十四世

諧字廷彦　生康熙庚午年十二月初七日子時卒葬

失載配王氏生康熙丁丑年八月十八日子時卒葬

失載

四三子第十四世

意諱廷艮字秀誠生康熙甲戌年正月廿四日巳時卒乾

隆癸未年九月十九日子時塟欽山邊坐艮向坤兼

寅申酉陳氏生康熙庚辰年十一月廿五日寅時卒

乾隆丁酉年四月初三日戌時葬欽山禮坐艮向坤

兼丑示　　生子三長仁和次得利三濟廉

順傳子第十四世

正長子第十四世

會諱文輔字仁佐生康熙癸丑年八月十八日巳時卒

丙子年十一月廿四日辰時配曾氏生康熙戊

午年七月十九日丑時卒　戊寅年八月三十日

未時合葬上坑山狗路園裡坐乙向辛兼辰戌

生子四長齊次瑰三秦四燮

正次子第十四世

裕諱文龍生康熙庚申年十月初七日寅時卒雍正
年十月初七日外亡配李氏生康熙乙丑年十月十
一日辰時卒乾隆丙辰年五月廿五日寅時葬燈火
石外坐艮向坤　　　　生子三長宣次威三嚴
正三子第十四世
典諱文宗生康熙癸亥年五月十七日子時卒乾隆庚申年
十月十一日巳時葬嫁橋頭坐子向午兼壬丙酌葬
氏生康熙辛未年七月初九日酉時卒雍正乙巳年九
月廿七日酉時葬下洋崎路頭坐巳向亥兼巽乾續
配吳氏生康熙辛未年七月初十日子時卒乾隆戊

寅年十二月初七日戌時葬上坑坐　向

生子四長恭次儉三讓四信

界傳子第十四世

台字居輔一字君宰生崇禎庚辰年六月初十日巳時卒康

熙辛丑年四月初五日巳時葬亭頭嶺內園裡坐東

向西配顏氏生康熙丙午年九月初五日亥時卒康熙

壬午年閏六月十三日辰時葬曾邊園裡坐庚向甲兼

酉卯　生子三長在次元三晚

吉念長子第十四世

億萬諱酉字惟慎生順治六年庚寅七月二十日酉時卒

康熙四十年五月廿五日酉時歿亡配梁氏生順治
十三年丁酉正月廿五日寅時卒葬失載
生子三長潛次琴三棋

吉念次子第十四世
生卒葬所失載

惟字

三傳子第十四世

宗艮長子第十四世

思明諱愛字　生順治丁酉年正月十一日午時卒康
熙丙申年六月廿七日酉時葬水頭王公庵後右邊

山（小字：酉山）　禮坐乾向巽配葉氏生順治十六年庚子十月初三
日寅時卒葬失載　生子一賢
宗民次子第十四世
思　昶諱京字　生康熙辛亥年五月十一日寅時卒康熙
庚寅年三月廿五日卯時葬臺灣配王氏生卒葬所
失載　生子一欲騰
宗嚴傳子第十四世
两　生卒葬所失載
宗寶傳子第十四世
興　生卒葬所失載

迎

宗正長子第十四世

生卒葬所失載

送

宗正次子第十四世

生卒葬所失載

遜

宗琳傳子第十四世

生卒葬所失載

四

宗聖傳子第十四世

生卒葬所失載

宗哲長子第十四世

鵬字元和　生卒葬所失載配　氏生卒葬所失載

生子二長乞次段住臺灣

興　宗哲次子第十四世

住臺灣

思諱元仁字　宗超長子第十四世　生康熙十五年丙辰十月初七日辰時

卒　年六月廿九日寅時葬在壠口坐壬向

丙兼亥巳配埭頭林氏生康熙廿二年癸亥七月初五

日辰時卒康熙辛卯年十一月十九日酉時葬坑內烏

石上坐甲向庚兼寅申續配吳貫林氏生康熙十五年

丙辰七月初三日未時卒葬失載

生子二長概前林氏出　次蘭後林氏出

宗趙次子第十四世

仲諱元祿字　生康熙十七年戊午十二月初六日亥

時殁于吕宋

宗趙三子第十四世

義諱元瓏字又文生康熙二十四年乙丑三月廿七日午時

卒乾隆丙戌年十二月廿九日酉時葬龍門亭下報恩

山後坐午向子兼丁癸配陳氏生康熙三十三年甲

戌十月十八日子時卒乾隆四十年乙未十月十九

日申時葬山頭園路上坐辛向乙兼戌辰

生子六長雀次寅三雁四冉五宣六猛

宗超四子第十四世

桊諱元智字　生康熙廿六年丁卯四月初八日酉時

卒乾隆廿三年戊寅九月初十日申時葬龍門亭外

埕前尾坐南向北配吳貫林氏生康熙三十三年甲戌

九月十六日酉時卒乾隆三十一年丙戌三月廿八

日戌時葬在坑園坐　向

生子三長揆次龍三程

宗順傳子第十四世

宗衙傳子第十四世

宗尚傳子第十四世

宗廣傳子第十四世

宗興傳子第十四世

盛傳子第十四世

允傳子第十四世

祐長子第十四世

茂字　生康熙　年　月　日卒葬失載配

氏生卒葬所失載　生子四長

祐次子第十四世

俊字　生卒葬所失載

祐三子第十四世

傑字　生卒葬所失載

祐四子第十四世

耀字　生卒葬所失載

宗元傳子第十四世　住浙江嘉興府王店鎮

錀諱克昌字　生康熙十四年乙卯九月十九日辰時

卒葬失載配梁氏生康熙廿六年丁卯　月

日卒葬失載　生子七長完次勝三文四魁

五五六六七七

宗標長子第十四世

斌諱克明字均仲生康熙癸亥廿二年六月初八日丑時

卒雍正八年庚戌六月十九日寅時葬山仔頂園裡坐

庚向甲兼酉卯酈坑內葉氏生康熙二十年辛酉十二

月初二日子時卒乾隆七年壬戌十一月廿二日戌
時葬坑園山東石敨內坐辛向乙兼酉卯
生子二長和次木

宗標次子第十四世
敏譚克類字亦仲生康熙廿四年乙丑十月十七日卯時卒
乾隆廿一年丙子十二月廿四日未時葬內坑壠石
敨內坐艮向坤兼丑未丁丑丁未分金配鍾林尾蔡氏
生康熙廿六年丁卯十月十七日卯時卒康熙庚寅年
閏七月初二日寅時葬九頭園內坐申向寅續配溫氏
生康熙廿八年己巳四月廿三日酉時卒乾隆三十一

年丙戌十月廿八日未時與夫合葬坐向仝

生子四長芙次珩三耆四求出嗣勝衡明

宗標三子第十四世

博諱克讓字謙仲生康熙廿八年己巳四月廿五日卯時

卒乾隆十一年丙寅二月廿二日巳時葬落山蛇坐乾

向巽配吳貫蔡氏生康熙三十三年甲戌正月初九日

卯時卒乾隆卅九年五月初五日　時葬在落山蛇坐

乾向巽

生子二長成次宗琪

宗標四子第十四世

原諱克仁字希仲生康熙三十二年癸酉六月初九日午時

卒乾隆二年丁巳十一月廿七日午時配鍾林尾蔡氏
生康熙三十四年乙亥九月初一日午時卒乾隆十
八年癸酉三月初四日戌時合葬廟兜下尾前坐丁
向癸兼午子丙午丙子分金
生子四長寶次永三盛四隨
宗標五子第十四世
高諱克禮字儀仲生康熙三十二年癸酉十月初六日戌
時卒乾隆三年戊午三月廿四日申時葬失載配排
頭林氏生康熙壬午年十一月廿七日寅時卒乾隆
二十年乙亥十一月三十日酉時葬落山蛇坐寅向

申兼卯酉　　生子一　陳

宗標六子第十四世

明諱克智字文仲生康熙三十三年甲戌十二月初二日

寅時卒乾隆四年己未二月初二日葬在吉力石配

嘉興府王店鎮姚氏生康熙三十四年乙亥六月初

六日丑時卒乾隆三十三年戊子四月十七日午時

葬狗路頭坐寅向申兼甲庚丙寅丙申分金

嗣子一　求 係胞兄敏四子

宗利傳子第十四世

宗德長子第十四世

暢諱克順字常仲生康熙二十二年癸亥七月初五日丑時卒乾隆十三年戊辰十二月初一日子時壽六十有六葬廟兜梯堂內園裡坐乙向辛兼辰戌配新圩吳氏生康熙廿五年丙寅八月初四日子時卒乾隆三十七年壬辰四月初五日巳時壽八十有七葬廟兜松仔內園裡坐壬向丙兼子午辛亥辛巳分金

生子四長全次質三楚四連

宗德次子第十四世

賜諱克信字乎仲生康熙三十六年丁丑二月初三日申

時卒乾隆四年己未二月初二日　時葬吉力石配長
娘柯氏生康熙四十一年壬午七月廿七日酉時卒
葬失識
宗瑜傳子第十四世
宗雅傳子第十四世
宗陽傳子第十四世
宗眺長子第十四世住臺灣

貞字　生康熙　年　月　日　時卒葬失載

配　生卒葬所失載　生子

宗眺次子第十四世住臺灣

棟字　生康熙　年　月　日　時卒葬失載

配　氏生康熙　年　月　日　時卒葬失

載　生子

宗眺三子第十四世

乾　生卒葬所失載

新傳子第十四世　住江西新榆縣

元字　生康熙　年　月　日　時卒葬失載

配　氏生康熙　年　月　日　時卒葬失

載　　生子

六傳子第十四世

八傳子第十四世　魁字

生順治辛卯年　月　日卒康熙辛丑年

正月廿八日巳時葬在西街巢上坐丑向未配洪氏生

康熙　年　月　日卒葬失載

生子一連

志傳子第十四世　住公澤水口

闌字　生康熙　年　月　日卒葬失載配

氏生康熙　年　月　日卒葬失載

生子

宸爵長子第十四世

宸孟諱盛字玉齡生崇禎癸酉年十月十四日辰時卒康熙

丁丑年六月廿一日丑時塟三魁嶺上坐辛向乙配

蘇氏生崇禎甲戌年十月十三日酉時卒康熙壬辰

年九月廿一日巳時塟山尾社後園裡坐甲向庚兼寅

申

生子五長奕棟次奕樑三奕樞

四奕柱五奕標

王齡公素以尊　祖敬宗睦族爲念其後昆元亮身在
外域凡宗族中事一一慕義而行皆公夙昔庭訓之
詒也

震程
宸爵次子第十四世
生卒葬所失載

震孚
宸爵三子第十四世
生卒葬所失載

震茂字莊苑生順治癸巳年九月初八日丑時卒康熙壬
宸爵四子第十四世
辰年八月初八日申時葬在潮州澄海縣蓬洲所城

之酉土名走盤珠山坐癸向丁兼丑未三分庚子庚

午分金配黄氏生康熙丙午年十一月廿六日子時

卒葬失載　生子五長應聯次應捷三應甲

四應魁五應相

宸綬傳子第十四世

震興諱維宇文遠生康熙乙亥年十二月初十日巳時卒

葬失載配張氏生康熙甲申年九月廿五日子日

卒葬失載　生子一賢

顧傳子第十四世

青階長子第十四世

應秋諱春　生崇禎十年丁丑三月初四日卒康熙十六年丁巳三月初八日葬在山口廟後蓮山坐寅向申兼艮坤配蔡氏生失載卒　年正月廿八日葬在白石劉厝牛角壠園

生子二長梓次楠

青階次子第十四世

應龍　生卒葬所失載

青基傳子第十四世

應月諱亥字　生失載卒　年三月初八日葬失載配

石氏生失詎卒　年正月廿五日合葬在
牌頭社坐　向　生子四長路次桂三三四四

青鰲長子第十四世

應龍諱武字君德鄉飲大賓生崇禎十三年庚辰七月廿一
日未時卒康熙四十九年庚寅十月廿二日午時壽七
十有一　娶吳貫南山邊坐坤向艮兼　配廣東潮
州張氏生順治九年癸巳十月十九日辰時卒雍正八
年庚戌九月初二日子時壽七十有八葬嘉禾裡太
保公山下坐申向寅兼坤艮丙申丙寅分金
生子三長焘次乞三郞

公當滄桑之變避居廣東潮州府入贅張家至海宇已
寧思祖宗父母墳墓并遺下田業即偕妻孥胞弟歸
居鷺門

青鼇次子第十四世

應沖　生失載卒　年七月廿一日葬在廈門

太師墓邊坐　向

青鼇三子第十四世

應生　少被虜

汝德傳子第十四世

配　氏生卒葬所失載　　生子

汝艮長子第十四世

勇字光略生康熙三十五年丙子四月廿九日戌時卒乾隆十七年壬申七月廿五日申時配上馬社馬氏生康熙三十四年乙亥十二月十五日巳時卒乾隆二十五年庚辰十月十二日卯時合葬在上坑寨仔山坐庚向甲兼申寅

生子三長答次台三標

汝艮次子第十四世

力字光韜生康熙三十九年庚辰八月十一日卯時卒乾隆

四十六年辛丑十一月廿三日巳時壽八十有一葬土坑山裡坐庚向甲兼申寅庚申寅分金配馬埭頭蘇氏生康熙四十四年乙酉七月初三日酉時卒乾隆十年乙丑五月十八日申時葬上坑寨仔山頂坐坤向艮兼未丑續配排頭李氏生康熙四十四年乙酉六月初十日寅時卒乾隆五十年乙巳八月初一日午時葬鷄樓山東埭角坐東向西

生子四長生次扶三香四晉俱蘇氏出

汝材傳子第十四世

汝澤長子第十四世

潛字光逵生康熙五十一年壬辰七月廿七日卒乾隆四十年乙未十月初九日午時葬欽山脚坐丑向未兼癸丁丁丑丁未分金配鍾林尾蔡氏生康熙六十一年壬寅六月十八日辰時卒乾隆四十一年丙申十月十四日未時葬上坑墘仔脚園坐辛向乙兼酉卯甲戌甲辰分金　生子三長浩次蘭三齊

汝澤次子第十四世

凝字光桂生康熙五十四年乙未三月十七日卯時外亡卒葬失識配樓山翁氏生雍正十年壬子正月十二

日寅時卒乾隆十四年己巳九月初五日酉時

完葬坐丑向未兼艮坤　生子一　丙

汝澤三子第十四世

猷字光謨生康熙五十九年庚子七月廿七日辰時卒乾

隆四十七年壬寅十一月十五日午時壽六十有三葬

在臺灣菝仔脚坐東向西配暗厰余氏生雍正七年己

酉五月初五日未時卒嘉慶丁巳年八月初二日寅

時葬上坑寨仔脚坐坤向艮兼未丑丁丑丁未分金

生子四長鳳次鑾三祥四就

汝澤四子第十四世

儀字光烈生雍正二年甲辰　月　日卒于外年月日
時失載配田邊薛氏生雍正十三年乙卯八月初三
日午時卒乾隆二十九年甲申三月廿九日卯時葬
上坑寮仔脚園裡坐東向西
生子一懷安

汝澤五子第十四世
雙字光昌生乾隆元年丙辰十月十七日巳時卒嘉慶甲子
年十二月二十日午時葬
配邱氏生乾隆六年辛酉三月初六日巳時卒乾隆五
十二年戊申五月初十日亥時葬上坑寮仔脚坐坤向

艮兼甫寅丁未丁丑分金續配鹽水下陳氏生乾隆二十三年戊寅三月初七日酉時卒道光戊申年二月廿九日寅時葬欽山

生子三長　愳　次　邉　田氏出　三　光房

汝元長子第十四世

黨字光碧生雍正三年乙巳二月十八日寅時卒乾隆二十二年丁亥二月初十日邺時葬在欽山園裡與祖墳平連坐丑向未兼癸丁配林厝薛氏生雍正七年己酉五月十四日辰時卒乾隆五十年乙巳十一月十三日巳時葬在上坑虎溝上山脚坐庚向甲兼申寅丁酉丁

郊分金　生子二長權次德

汝元次子第十四曰

燕字光龍生雍正六年戊申十一月初三日丑時卒嘉慶
乙丑年十月十一日午時葬山平頂公園祖坐子向
午兼癸丁庚子庚午分金配蔡嶺鍾氏生雍正十三年
乙卯十一月初八日酉時卒嘉慶戊寅年二月廿四
日丑時葬廟兜面前
生子三長諒次遼三彙出嗣堂兄瑱

汝元三子第十四世

國字光鑽生雍正九年辛亥八月十九日巳時卒乾隆五十

三年戊申七月十二日申時葬深溝頂

配東坑陳氏生乾隆三年戊午六月廿九日巳時卒乾隆五十八年癸丑正月十三日酉時㘈在上坑虎溝上山脚坐　向　兼

生子五長應次道三惟四信五若

汝慎長子第十四世

穎字光宗　生康熙六十一年壬寅十月初五日寅時卒乾隆十九年甲戌五月廿六日巳時葬在山坪頂園裡與父墳比連坐巽向乾兼巳亥配前庵江氏生卒葬所失載

嗣子一　泉係堂弟燕三子

汝慎次子第十四世

淵字光明生雍正四年丙午　月　日　時往吉礁

配廈門黃氏生卒葬所失載

汝慎三子第十四世

照字光耀生雍正十年壬子　月　日往吉礁身故

汝慎四子第十四世

玉字光代生雍正十三年乙卯　月　日客死臺灣

汝耀傳子第十四世

然　生卒葬所失載　嗣子一標本生父勇

汝陞長子第十四世

邦彥諱祐字國桂生康熙三十八年己卯十二月廿六日未時卒乾隆二十四年己卯六月廿四日未時葬在深溝頂坐　向　兼乙辛辛卯辛酉分金配灌口陳氏生康熙四十六年丁亥八月初七日未時葬在深溝頂與夫墳毗連坐向仝　生子一抱

汝陞次子第十四世

邦

字國樑　住吧城

汝陞長子第十四世

邦基諱月郎字　生康熙丙寅年八月十五日未時歿于吧城

汝隆次子第十四世

鄰字國榕生雍正九年辛亥九月十二日巳時卒乾隆二十六年辛巳八月十五日未時葬在吉礁

汝隨傳子第十四世

邦佐諱晏字國棟生康熙丙戌四十五年二月廿七日亥時卒乾隆三十三年戊子十一月廿七日卯時葬在埕角頭坐東向西配樓山陳氏生康熙五十三年甲午六月初三日酉時卒乾隆二十年乙亥七月十八日申時葬在坪仔項祖墳邊坐未向丑兼坤艮辛未辛丑分金

生子一誇

汝陵長子第十四世

實基諱臺字國𨔵生雍正元年癸卯十一月十三日寅時卒乾隆三十三年戊子十一月廿七日卯時葬吉𣗳配陳氏生雍正十二年甲寅十二月初八日寅時卒乾隆二十年乙亥七月十九日申時葬在埭墘坐東北向西南

汝陵次子第十四世

沃字國榛生雍正四年丙午十一月廿四日申時卒乾隆五十三年戊申七月初五日未時配嚴氏生雍正九年辛亥六月二十日寅時卒乾隆五十四年己酉三月

十九日酉時合葬在廟后坐酉向卯兼庚甲丁酉丁卯

分金　　生子二長夏運次光畚

汝陵三子第十四世

陟字國楨生雍正七年己酉九月二十日丑時　住臺灣

汝陵四子第十四世

鄒字國榕　出嗣與胞兄汝隆

汝陵五子第十四世

亞字國楯生乾隆三年戊午六月十八日巳時卒葬失載

配廈門　氏生卒葬所失載

生子一任水

汝楫傳子第十四世

汝梅傳子第十四世

大寶字　生卒葬所失載　配　氏生卒葬所失載

汝柏傳子第十四世

天相傳子第十四世

埙傳子第十四世

汝恩傳子第十四世

詹字　生卒葬所失載　配　氏生卒葬所失載

蔭傳子第十四世

宗和傳子第十四世

招　生卒葬所失載

宗稔傳子第十四世

生卒葬所失載

海

汝郷長子第十四世

長字民俊一字君選生康熙三十年辛未二月十八日未

時卒乾隆元年丙辰十二月廿二日午時配大官后
蔡氏生康熙三十三年甲戌十月廿八日酉時卒雍
正十三年乙卯十一月廿三日辰時合塟青浦石后社
內灣仔上坐丑向未兼癸丁丑丁未分金續配蘇
氏生康熙四十一年壬午五月廿九日巳時卒乾隆
三十年乙酉三月二十日寅時葬狗路頭坐辛向乙
兼戌辰庚戌庚辰分金

生子二長轄前出 次軒後出

汝弼次子第十四世

雄字民英生康熙三十五年丙子四月廿二日申時卒雍

正八年庚戌三月初九日巳時葬在山仔墘坐酉向卯
兼庚甲配下洋楊氏生康熙四十二年癸未正月初
一日寅時卒乾隆五十二年丁未十一月十四日寅
時葬在上坑寨仔脚園裡石頭前祖墳邊坐甲向庚兼
寅申丙寅丙申分金

生子一持

汝陟三子第十四世

著字氏救生康熙三十八年己卯二月初五日寅時卒雍正
二年甲辰四月廿五日卯時葬在上坑寨仔下坐坤向
艮兼申寅

嗣子一威係敝侯實次子

汝弼四子第十四世

實字民俗生康熙四十一年壬午九月初四日亥時卒乾隆十年乙丑十二月十六日巳時葬在亭前山脚坐亥向巳兼乾巽丁亥丁巳分金配吳賢黃氏生康熙四十六年丁亥正月十二日亥時卒乾隆四十六年辛丑二月初七日寅時合葬夫墳亭前園裡

生子三長猛次威出嗣與胞兄著三武

汝弼五子第十四世

道字民偉生康熙八年己酉閏四月十一日亥時卒雍正五年丁未四月十二日酉時葬上坑園后岍坐戌向辰

汝鵬大子第十四世

廣字君侯生康熙五十一年壬辰二月初八日酉時卒乾隆十一年丙寅九月初二日戌時仝母葬湖后園坐乙向辛兼卯酉配江頭黃氏生康熙五十二年癸巳九月初三日卒乾隆五十年乙巳三月初十日戌時葬在樓山埭墘坐子向午兼癸丁

生子一光興

汝輔嗣子第十四世

佛字民協生康熙四十八年己丑十月初八日亥時于乾隆二十三年戊寅九月廿六日辰時卒咬留吧配坑邊陳

氏生康熙三十九年庚辰八月十七日寅時卒乾隆三十九年甲午七月十一日子時葬在燈火石坐東向西　生子四長明次報三建四雅

汝盈傳子第十四世

汝礪傳子第十四世

立傳子第十四世

元斗字　生卒葬所失載
宸祚次子第十四世
元瑜　生卒葬所失載
宸猷長子第十四世
元奎字華紫生萬曆四十八年庚申九月初九日卒
年五月初五日丑時葬在江西新城縣坐　向
配林氏生天啟元年辛酉七月廿二日寅時卒康熙
九年庚戌五月初五日丑時葬在新城縣湯家窠子山
午向兼癸丁　生子二長道寧次道安
宸猷次子第十四世

元璋字華碧生天啟六年丙寅九月初六日未時卒康熙三十七年戊寅九月十八日巳時壽七十有四葬在排頭嶺下坐艮向坤兼未丑配陳氏生崇禎四年辛未十一月初六日申時卒康熙四十九年庚寅八月初三日酉時葬在朱嶺公山坐申向庚兼寅甲

生子二長德衿次德礽

公少時輕財重義然諾必踐至老成日用云為皆足為子弟法

宸猷　三子第十四世

九年庚戌四月十三日酉時葬在永春縣公孫棗下
松柏園義塚山坐西向東有立碑配馬氏生順治三
年丁亥　月　日卒　年五月初一
日葬江西新城縣　生子一德𧚄
宸猷四子第十四世
元珢　生卒葬所失載
宸訓長子第十四世
元瑛字華瓊諱寅生崇禎八年乙亥九月十二日寅時卒康
熙二十年甲子八月十三日寅時葬在水頭前坑內
山裡大石左邊坐癸向丁兼丑未配郭氏生崇禎十

六年癸未七月初十日卯時卒葬失載
生子六長德裕次德禧三德祉
四德福五德禔六德祐
宸訓次子第十四世
生卒葬所失載
宸僕長子第十四世
喜
元瓊諱艮字華瑶生崇禎八年乙亥六月廿九日未時卒
康熙二十二年癸亥十一月二十日未時葬玉瓜廟後
績葬山坐癸向丁配林氏生崇禎十四年辛巳五月

公合葬　　生子六長德祺㈡德袖㈢德祥
　　　　　　㈣德祐㈤德禎㈥德祚
華瑤夫婦皆以孝聞至敦手足睦妯娌教督兒曹一門
雍雍倫常之道庶無愧焉
宸僎次子第十四世
元璋字　生　戊辰年十月廿一日子時卒
年七月廿七日亥時葬失載
宸僎三子第十四世
元瑛諱漣字萃珩生崇禎己卯年四月初八日申時卒康熙
庚午年五月初二日巳時葬在排頭嶺仔口坐艮向坤

配鍾氏生崇禎十六年癸未十月十九日亥時卒雍正六年戊申四月初一日未時葬在前山坐辰向戌兼辛乙　生子一德禮

宸謨傳子第十四世

宸欽傳子第十四世

換字　生卒葬所失載　往呂宋

配　氏生卒塟所失載

士顯傳子第十四世

士榮傳子第十四世

士心長子第十四世

趙崇諱老　生卒塟所失誌

士心次子第十四世

趙淑字謂和生順治五年戊子九月十六日酉時卒康熙

庚寅年八月廿一日丑時配鄭氏生順治十六年己

亥二月廿四日巳時卒康熙十八年己未六月十八日

巳時塟在嶺后殿山邊園坐酉向卯乘辛乙續配石尾

黃氏生順治十三年丁酉十月十六日卯時卒康熙五

十四年乙未七月三十日酉時合葬在屏山尖石下
坐乾向巽内兼亥巳庚戌庚辰分金外兼戌辰丙戌
丙辰分金　生子四長德諒鄭氏出次啟泰三啟亨
四啟哲　亥一適白礁王理官

趙璧

士心三子第十四世
生卒葬所失紀
士章傳子第十四世
士身傳子第十四世

士鵬長子第十四世

超享諱孟字　生崇禎九年丙子七月初五日辰時卒

康熙二年癸卯十一月十六日巳時因遷移不知葬

所配葉氏生崇禎十二年己卯十一月初九日子時卒

康熙六年丁未正月初二日葬失載

生子二長彬次韜

士鵬次子第十四世

超次

生卒葬所失識

士攀長子第十四世

超聽諱說字聽德生順治元年乙酉七月初七日卒康熙二

十四年乙丑十二月初七日寅時葬在建寧府三門坐向　配陳氏生順治九年癸巳十二月十四日卒康熙十六年丁巳十二月初八日卯時葬在建寧府南

香續配陳氏生康熙三年甲辰正月初九日午時卒康熙二十四年乙丑九月十三日未時葬在建寧府坐向失載　嗣子啟裔係超明第四子

士擎次子第十四世

超明諱坦字視德生順治十六年庚子正月廿八日辰時卒康熙四十七年戊子九月初四日巳時葬田邊覆

配周氏生康熙四年乙巳十

一月廿一日未時卒康熙二十四年乙丑八月初十
日巳時葬建寧府三門社東林壇坐巳向亥兼丙壬
續配楊氏生康熙六年丁未十一月十三日寅時卒
乾隆八年癸亥十月初七日卯時葬本社前東埔坐
丙向壬兼午子
生子五長啟宗高氏出　次啓宸三啓宗四啓斎出嗣胞
兄超聰　五啟宛出嗣堂叔超膺

士忠傳子第十四世

超膺諱艉字　生康熙十一年壬子二月初一日　時
卒葬失載　嗣子啟宛係堂兄超明五子

士信長子第十四世

趋華諱雄字　生順治八年壬辰正月初三日子時卒

康熙十六年丁巳九月十六日丑時葬在東田山灣後

門虎沙邊坐　向　配　氏生卒葬所失載

嗣子

士信次子第十四世

福字錫皇　出嗣與又彩

論傳子第十四世

啟傳子第十四世

聖長子第十四世

聖次子第十四世

聖三子第十四世

妹傅子第十四世

發公諱莢授新安城守生康熙辛亥年　月　日卒

娶失載配　氏生康熙　年　月　日卒葬

失識　生子一連

又龍傳子第十四世

又震傳子第十四世

成字　生康熙　年　月　日卒葬失識配

氏生康熙　年　月　日卒葬失識

生子一全

借藩傳孫第十四世

旺字
佛勇長子第十四世住臺灣
生康熙壬午年二月十六日辰時卒葬失載配黄
氏生康熙癸未年十月廿五日子時卒葬失載
生子一喜

蚿字
佛勇次子第十四世住臺灣
生康熙癸未年四月初八月辰時卒葬失載配
陳氏生康熙乙酉年十二月初八日丑時卒葬失載
生子一光耀

潔字
佛勇三子第十四世住臺灣
生康熙丙申年五月十三日午時卒葬失載配

氏生康熙　年　月　日　時卒葬失
載　生子
又祥長子第十四世
悅字　生康熙　年　月　日　時卒葬失
載配　氏生康熙　年　月　日　時卒
葬失載　生子
又祥次子第十四世
從字隨行生康熙乙亥年十月十七日子時卒乾隆辛未年
九月初二日未時附葬下店祖墳右邊坐甲向庚兼卯
酉配劉氏生康熙壬午年三月十三日未時卒乾隆丁

巳年十二月十四日酉時葬在大縈山禮坐向

乘續配黄氏生康熙乙未年十二月十五日酉時卒

乾隆四十年十月初七日酉時葬在本社東埔園内坐

午向子兼丙壬丙午丙子分金　　生子二長愿次達

旗傳子第十四世

又亨傳子第十四世

又禎傳子第十四世

又祿長子第十四世

鎮字　生娶卒葬失識

又祿次子第十四世

妥字　生娶卒葬失識

又祿三子第十四世

陳字　生娶卒葬失識

又妥長子第十四世

崇陛字　諱博生康熙六年丁未七月三十日午時卒康

熙三十五年丙子二月　日葬咬𠺕吧配　氏生

崇祉諱諓生康熙癸丑年十一月廿八日未時卒乾隆壬戌

年二月初二月未時配李氏生康熙乙亥年十二月

廿八日子時卒乾隆辛卯年八月十九日丑時合葬

在曾邊園坐辛向乙兼戌辰辛酉辛卯分金

生子二長疇次興祖

又泰傳子第十四世

又立傳子第十四世

又彩嗣子第十四世

崇基諱福字錫皇生康熙元年壬寅三月初六日巳時卒乾隆六年辛酉六月初九日巳時葬埭頭巷口坐亥向巳兼乾巽配蕭氏生康熙乙卯年正月十七日卯時卒康熙甲午年八月初十日子時葬在窯坑樟樹下坐辛向乙兼酉卯　生子二長傳次允

又皭長子第十四世

崇璽諱叟字仲璋生康熙丁未年五月十一日亥時卒康熙戊寅年六月初二日亥時葬廣東上春坐　向

配陳氏生康熙辛亥年正月初七日丑時卒雍正五年

丁未六月十八日丑時葬狗仔田上毛坑內坐

生子三長雲次贊三參

孝婦承歡孰與俱賢哉陳氏姪從姑聊將舊誌翻新

譜付與閨中作楷模

又曦次子第十四世

景巖諱建字仲侯生康熙癸丑年正月初三日丑時卒雍

正壬子年正月十六日寅時葬坑園山堀裡牛埔上

父墳前壽六旬配黄氏生康熙甲寅年十二月初二

日亥時卒乾隆丁卯年八月十九日卯時壽七十有

四與夫合葬側室林氏生康熙三十六年丁丑十一

月二十日未時卒乾隆十三年戊辰閏七月廿四日丑
時葬在坑園山牛埔坪褪坐　向　兼
生子七長彭 次煒 三佛 嫡出 四元 五嵩
六魁 出嗣與服弟崇墉 七祝　庶出

又鑾　三子第十四世

崇垣諱省字仲藩生康熙十六年丁巳正月初三日戌時卒
康熙五十九年庚子正月廿六日巳時配蘇氏生康
熙十九年庚申二月十二日亥時卒雍正十年壬子
七月廿二日子時合葬秀才公墓前園前岸坐乾向
繼配葉氏生康熙丙寅年正月廿六日亥時卒乾隆

乙丑年十一月廿六日子時葬失載

生子四長麟次廣三雷四陳

又爵四子第十四世

崇墉諱妙字仲祿生康熙己未年正月十八日巳時卒雍正戊申年三月三十日巳時壽四十有九葬下店坐甲向庚兼寅申丙寅丙申分金配東宰坑洪氏生康熙庚申年九月十九日亥時卒乾隆丁亥年六月廿一日辰時壽八十有八葬在下店與長子宏材長婦蔡氏同穴坐癸向丁兼丑未

生子三長東次耀三魁係胞兄崇擢六子

又鰟五子第十四世

崇坡諱璇字仲言生康熙壬戌年十二月廿三日亥時卒乾隆壬午年十二月廿一日酉時葬本山會邊坐亥向巳兼壬丙辛亥辛巳分金配長與柯氏生康熙甲子年八月廿十日亥時卒乾隆癸巳年十月二十日寅時附葬夫墳右邊坐向分金同

生子六長喬次禹三亮四光五政六純隆

仲言享壽八十一　皇恩頂帶鄉有評論

又鰟六子第十四世

辛乾隆十八年癸酉正月初八日未時壽五十有九

葬在本山狗仔田內坐亥向巳兼乾巽丁亥丁巳分金

配林氏生康熙丁卯年三月十二日申時卒乾隆乙

未年七月初二日丑時壽八十有九葬在秀才公墓下

坐亥向巳兼壬丙辛巳辛亥分金

生子五長卿次臨三三四世五瞎

又榮傳子第十四世

學烈長子第十四世

良諱兆俊字仲溫生康熙三十四年乙亥十月初六日酉

時卒康熙五十三年甲午六月廿七日戌時葬失識
配林氏生康熙　年　月　日卒葬失識
生子一近光
學烈次子第十四世
拔諱兆位字山仲生康熙四十五年丙戌正月初九日寅
時卒乾隆庚申年八月十九日葬在咬嵧吧配邱氏
生康熙乙酉年十月初六日寅時卒雍正辛亥年八月
初二日戌時葬在本社后埭園坐酉向卯兼庚甲
生子二長民次鶴鳴
學烈三子第十四世

瞓諱兆脩字若雲生康熙壬辰年八月二十日子時卒乾
隆丙申年十月初五日寅時配吳贊林氏生康熙辛
卯年十月十九日卯時卒乾隆戊申年十一月　日
子時合葬在二婆石下坐西北向東南
生子二長典謨次訓誥
又選長子第十四世
篤諱兆偉字　生康熙癸酉年三月十七日子時卒康
熙戊戌年六月　日往吧而歿配陳氏生卒葬失載
又選次子第十四世
敎諱兆傑字　生康熙庚辰年六月初一日酉時卒乾

隆戊子年六月廿九日葬在本山鳥若石脚坐乙向辛
兼卯酉配蔡氏生康熙壬午年四月十八日巳時卒
乾隆戊子年六月廿八日卯時與夫合葬
生子二長三友次天瑞
又選三子第十四世
秉諱兆儀字　生康熙甲申年七月初七日丑時卒乾
隆戊午年七月廿三日丑時吧國淹歿配黃氏生康熙
四十二年癸未十二月三十日寅時卒乾隆三十一年
丙戌九月廿三日戌時葬龍華塘邊坐巽向乾兼辰
戌丙辰丙戌分金　生子二長祈長次顯昭

客死卒葬失識

又運長子第十四世

考生諱兆佺字　生康熙己丑年正月初九日丑時卒

乾隆壬午年九月廿四日殁在上北玉山

又運次子第十四世

廣生諱兆仁字　生康熙庚寅年十二月初二日寅時

客死卒葬失識

又遂傳子第十四世

又道長子第十四世

甫生諱兆倫字子端生康熙丙申年八月廿六日亥時卒乾

隆戊戌年十一月十四日未時葬在曾遷祖墓傍右

遷坐壬向丙兼亥巳丁亥丁巳分金配莊氏生卒葬所

失載　　生子三長伯順次郁三慶郎

又道次子第十四世

爽生諱兆精字　　生康熙己亥年八月初三日卒乾隆丁

亥年八月初八日外亡配水頭施氏生卒葬所失載

生子一彩彰

又道三子第十四世

戩生諱兆廣字　生康熙六十一年壬寅五月初一日

酉時卒乾隆五十一年丙午四月初三日辰時葬龍

門亭坐　向　兼　　配陳氏生乾隆己未年二月

廿四日午時卒葬失載

生子一忠信

又道四子謝十四世

魏諱兆閂字　生卒葬所失載　　歿於臺灣淡水生

娶失載

生子一開生

又道五子第十四世

闢諱兆祿字　生雍正庚戌年二月十八日戌時卒乾
隆戊子年五月初六日寅時外亡吉樵
又達傳子第十四世
魁傳子第十四世
四字邇適　生卒葬所失載配林氏生卒失載葬橋頭
國第二個坐乾向巽兼戌辰續配林氏在建寧府來
元村　生子六長大孫次二孫三三孫四紅五常六璉
春傳子第十四世

臺傳子第十四世

哲傳子第十四世

暢諱朝綱字懷常生崇禎七年甲戌十二月廿一日丑時卒康熙五十六年丁酉十月廿九日辰時葬灣坵園南頭坐巽向乾兼辰戌今與淑弟脩爲一首配陳氏生崇禎十二年己卯十月初十日亥時卒康熙六十年辛丑十二月初八日巳時葬庵兜下坵園頭坐丑向未兼癸丁　生子一儔

淑傳子第十四世

尾傳子第十四世　出居興化府北門

孳諱朝鄉生崇禎癸未年　月　日　時卒葬失載

配鄭氏生卒葬所失載

生子二長外次添

二傳子第十四世

綠諱朝勳生卒失載葬附父母墳坐向同配朱氏生卒葬所

失載

生子一爵　住漳州城北門外茶園保高坑社

維新長子第十四世

采諱朝班　　外出

維新次子第十四世　　出居建寧

尚諱朝望字丙聯生順治壬辰年九月廿八日酉時卒雍

正壬子年六月初六日丑時葬在橋頭園裡坐亥向巳

兼壬丙配陳氏生順治庚子年三月十五日巳時卒

康熙壬寅年二月十六日子時葬在建寧朝天門外

馬坟路邊滿墓下

生子二長立次滔

維新三子第十四世　　出居建

周

生卒葬所失載

配吳氏生卒葬所失載

維伍傳子第十四世

朝謙

日燦長子第十四世

生卒葬所失載

朝讓

日燦次子第十四世

生卒葬所失載

喜

日和長子第十四世

生卒葬所失載

日和次子第十四世

生卒葬所失載

謝氏家乘　卷九

生子五長洲次龍三參出嗣胞弟朝甯四鵬五祇

日科次子第十四世

朝萬字獻英生順治丁亥年二月初五日申時卒　已

巳年六月十五日寅時葬瓜園裡坐壬向丙配林氏生

順治庚寅年三月十九日午時卒康熙壬子年二月

十八日卯時葬內地山邊大坪西山

嗣子一參係胞弟朝猷三子

日科三子第十四世

朝珍字幼奎生順治乙未年二月廿九日巳時卒在外地

配張氏生順治庚子年四月十五日午時卒葬失識

生子一興祖

日科四子第十四世

朝建字次瑚生順治丁酉年九月三十日亥時卒康熙癸巳

年九月初二日巳時葬臺尾尖園坐壬向丙配陳氏

生康熙五年丙午十月廿二日亥時卒乾隆癸亥年

閏四月初七日午時葬在排頭鎮坪前園坐乙向辛兼

卯酉　生子三長琦次巽三嚴

日勝長子第十四世　住江西省城內

恕　生卒葬所失載

曰勝次子第十四世

豫　出嗣

曰亮長子第十四世

郡　生卒塟所失載

曰亮次子第十四世

豫諱基興生順治己丑年三月初十日丑時卒在吕宋年月

日時失載配王氏生順治十八年辛丑四月初八日未

時卒康熙辛丑年九月廿三日寅時塟臺尾本園坐亥

向巳　生子一專

曰旭傳子第十四世

日晃傳子第十四世

信長子第十四世

天送字蘭桂生康熙庚寅年六月廿四日卒乾隆癸酉年

九月初九日卒在外地

信次子第十四世

天碩字蘭芳生康熙己亥年四月初四日辰時卒乾隆己

卯年十月初八日巳時葬禁山仔坐坤向艮兼未丑

配楊氏生雍正癸丑年九月十四日午時卒葬失載

生子二長前定次

遠傳子第十四世

成祖字生雍正丙午年四月初　日未時卒葬失載

敬傳子第十四世

傳宗字祈祥生雍正甲寅年十一月廿三日寅時卒葬失載配蔡氏生乾隆丁卯年十月初九日卒葬失載

弘綸長子第十四世

添字　生康熙　年　月　日卒葬失載配　氏生康熙　年　月　日卒葬失載　生子一連

弘綸次子第十四世

厚字　生卒葬所失載

弘紀長子第十四世

祖字　生卒葬所失載

弘紀次子第十四世

紹字　生順治辛卯年十月十二日卯時卒在呂宋配陳

氏生順治己亥年三月廿四日丑時卒乾隆壬戌年九

月廿四日辰時葬在下店坐丑向未兼艮坤

生子二長輿次成

弘緒長子第十四世

丙辰二月初八日未時葬在　配陳氏生康熙
亥年十月初三日亥時卒乾隆壬戌年二月廿七日
寅時附葬壠裡坐艮向坤兼丑未
生子一堯

弘緒次子第十四世
望字光鄉生康熙癸丑年七月初三日亥時卒康熙癸巳年
三月十一日辰時葬在壠英裡坐寅向申　配梁氏生
康熙甲寅年十一月廿四日亥時卒乾隆丁卯年正月
廿四日寅時合葬壠英坐　向
生子二長躍次燦

弘綱傳子第十四世

永字　生康熙　年　月　日　時卒葬失載

猷賓傳子第十四世

聞馨字　生康熙　年　月　日　時卒葬失載

配　氏生卒葬所失載

生子一　儀

廷賓長子第十四世

聞賢字繼祖生崇禎己卯年十一月初六日酉時卒康熙辛未年七月十九日寅時葬在湖尾坐乙向辛兼卯酉

年十月三十日子時葬牛埔上坐癸向丁兼子午

生子五 長昂 次景 三都 出嗣 超 四晃 五昱

廷賓次子第十四世

聞超字繼　生順治癸巳年正月廿三日戌時卒康熙戊辰年九月十四日卯時葬蔡嶺社後右邊田上大石下坐甲向庚兼寅申

嗣子一都 係賢三子

光賓長子第十四世

聞宗字　生順治辛卯年五月廿一日巳時卒雍正十三年乙卯十一月十八日未時配林氏生康熙辛亥年八月初八日辰時卒乾隆己卯年二月初三日未

時合葬三湖潭邨背向巽兼亥巳
生子五長爾交 二享三諒 四蒲 五聯 出嗣　贊

光賓次子第十四世
聞譽諱贊　生順治　年六月十二日午時卒雍正戊
申年十二月廿三日巳時葬在岸山坐寅向申兼艮
坤配馬氏生失識卒　年八月十四日　時
葬失識　生子二長泰 次聯 係聞宗五子

光賓三子第十四世
珍字爵男生康熙十二年九月初一日辰時卒乾隆十三
年八月廿六日辰時葬大片裡坐壬向丙兼亥巳丁

亥丁巳分金配蔡氏生康熙丙寅年四月二十日午時
卒乾隆元年九月初七日辰時葬光員山三湖小二
婆石下坐亥向巳兼乾巽
生子一章老

補　用賔傳子第十四世
生卒葬所失載

獎　賔誠傳子第十四世
被賣廣東

蔭　位賔長子第十四世
生卒葬所失載

位賓次子第十四世

欽字聞信生順治己丑年十一月十四日子時卒康熙壬辰年十二月十九日子時葬在蔡嶺福場坐辰向戌兼乙辛配吳氏生康熙己酉年六月十七日酉時卒雍正辛亥年七月廿八日未時葬蔡嶺福場坐亥向巳兼壬丙辛亥辛巳分金

生子二長興次祐

廷欽長子第十四世

恕

生卒葬所失載

廷欽次子第十四世

昭字光倫一字紀伯生康熙庚午年八月十三日戌時卒葬

塟失載配施氏生康熙壬戌年七月初五日巳時卒葬

俱失載　生子三長莊次興三旺

廷欽三子錫十四世

潤諱光儀字象仲生康熙丙寅年九月初五日申時卒康

熙辛丑年十月初二日午時葬漳城南門外萬善庵

後東庵山坐丑向未配鄭氏生康熙癸未年十二月

初六日亥時卒葬失載　生子一耀

廷欽四子[illegible]

誥贈光佐字艮叔生康熙乙亥年十月十九日巳時卒乾隆
丙寅年五月廿七日子時與蔡合葬埭頭社外坪仔頂
坐寅向申兼艮坤配顏氏生康熙乙亥年三月初四日
丑時卒乾隆己亥年十一月十六日子時葬漳洲南門
外洪厝井穴坐辰向戌兼乙辛丙辰丙戌分金
生子三長庇次顯三保

廷臣長子第十四世
陳諱光仁字汝榮生康熙辛酉年四月廿六日戌時卒癸
失配何氏生康熙癸亥年四月二十日戌時卒康熙
己亥年十二月廿四日酉時葬在章城南門外新塘社

後坐　向　生子三長吉次贊三麟

廷臣次子第十四世

愛諱光義字汝由生康熙庚午年九月初三日申時卒康熙
丙申年正月初八日葬山頭廟仔前園內坐　向　配
洪氏生康熙甲戌年六月廿九日戌時卒葬失載
生子二長科次甲

甫長子第十四世

富字家騏生康熙戊辰年三月初十日酉時卒乾隆己巳年
九月初三日酉時配何氏生康熙[illegible]
[illegible]

外園内坐卯向酉外坐辰向戌庚辰庚戌分金

生子五長易次詩三問四金五波

甫次子第十四世

縣學家駟生康熙丙戌年八月十七日酉時卒乾隆丁未年十二月廿二日辰時配王氏生康熙乙酉年三月初三日卯時卒雍正己酉年十二月初一日酉時葬在艾邊園坐卯向酉兼乙辛續配楊氏生　丙戌年十一月二十日寅時卒乾隆丙午年閏七月廿四日巳時合葬山頭園坐　向　兼　生子二長琢次習

甫三子第十四世

鎮宇家驊生康熙己丑年十月廿二日寅時卒乾隆五十
三年戊申二月初四日巳時葬在坑内坐壬向丙兼
子午辛亥辛巳分金配江氏生康熙戊子年十二月
十四日巳時卒乾隆辛未年七月十六日子時葬禁山
仔内坐辛向乙兼酉卯丁酉丁卯分金
生子四長伍次寀三玖四一

聰長子第十四世

伯譚家驥字洲生康熙己巳年十月廿三日亥時卒乾隆丙
戌年四月廿九日[illegible]時葬[illegible]
生[illegible]

月十六日申時卒乾隆甲午年二月初五日申時葬壠仔內坐巽向乾兼巳亥與辰戌分金續配張氏生康熙庚寅年十一月初三日巳時卒乾隆丙午年八月十三日未時葬壠仔內園裡坐未向丑兼癸丁

生子三長機次越王氏出　三和張氏出

公長子詞賦入京應選雍正元年恩取録用宗人府供事官後授廣東高州府茂名縣巡檢司

聰次子踰十四世

仲諱家駿字千臣生康熙己卯年二月十八日戌時卒雍正五年三月廿七日卯時葬在蔡嶺社前園中坐壬向

乾隆辛酉年十月初二日丑時葬內壠仔坐丁向癸兼未丑　生子二長聯次談

聰三子第十四世

叔諱家駒字千子生康熙丙戌年十一月初十日寅時卒乾隆辛未年三月初四日亥時壽五十有二葬在吧城坐向失載配楊氏生康熙癸未年七月十三日辰時卒乾隆甲辰年二月十三日酉時葬壠仔內園裡坐南向北　生子二長西次諧

錦傳子第十四世

德諱克明字次民生康熙丙子年四月十二日丑時卒葬
失載配陳氏生康熙乙酉年正月初一日卯時卒葬
失載　　生子一志
養長子第十四世
蔭諱家飛字千侯太學生生康熙戊子年十一月十三日酉
時卒乾隆乙亥年八月初一日寅時壽四十有八與答
伯合葬埭頭社外坪仔頂坐寅向申兼甲庚
分金配后井社陳氏生康熙戊子年十一月廿九日
寅時卒乾隆丙辰年八月三十日未時葬蔡嶺石厝上
海蜆坐戌向辰兼辛乙丙戌丙辰分金續配漳城趙氏

年十二月廿七日酉時葬牛埔山坐乙向辛兼辰戌辛卯辛酉分金有碑記側室陳氏生康熙戊戌年正月初十日　時卒乾隆戊申年正月初一日申時葬在太高仔公園後岐坐　向　嫡配陳氏生卒葬所失載

生子四長鳳岐次賜三宋四疊

側室生子一色

養次子錫十四世

然諱家駱字千欣生康熙甲午年十一月初一日申時卒乾隆乙未年八月初四日巳時壽六十有二與姪震容合

葬在山頭庵邊坐酉向卯兼庚甲丁酉丁卯分金郎黄
亭社楊氏生康熙甲午年六月十七日寅時卒乾隆
乙卯年九月廿二日子時葬太高山園中
側室楊氏生乾隆庚申年十二月廿九日酉時卒乾隆
丙午年二月廿四日未時葬在下店園坵坐艮向坤
兼丑未丁丑丁未分金
嫡生子二長劍次两庶生子二三永成四永立
爵傳子第十四世

偕傳子第十四世

賢傳子第十四世

椎傳子第十四世

建德長子第十四世

秉國守　生康熙辛酉年八月廿八日卯時卒康熙庚辰年十一月廿六日葬在呂宋配陳氏生康熙

年　月　日　時卒葬失載

生子一儉

建德次子第十四世

秉翰字屏八生康熙丙寅年五月初五日寅時卒康熙壬寅年四月廿三日子時葬東坑牛路巷園中坐酉向卯配蔡氏生康熙戊辰年八月初二日酉時卒乾隆甲戌年正月初二日卯時葬東坑宮仔前

生子三長英次雄三傑

蔡氏夫歿遺孤尚幼雙親垂老氏苦志守貞婦道母道兼盡曆嘗艱辛百折不磨國史莫知紀載家乘豈可遺

仕明長子第十四世

勸字克隆　出嗣

仕明次子第十四世

順字克成　出嗣

仕明三子第十四世

啇字克章生康熙丙戌年十月十四日巳時卒乾隆戊午年

七月廿三日丑時葬失載

嗣子一天麟係胞弟安長子

仕明四子謝十四世

安字克恭生康熙丙申年　月　日卒乾隆

年十二月十三日酉時葬在臺灣配陳氏生康熙戊
戌年六月初一日卯時卒乾隆癸卯年六月初六日
卯時葬在曾邊
生子二長天麟出嗣胞兄奇　次光灝

鳳
仕明五子第十四世
生卒葬所失識
廷禎嗣子第十四世

勱字克隆生康熙己卯年閏七月廿一日子時卒乾隆甲子
年八月廿二日　時葬在廣東高州府吳川縣梅鹿
年十二月初八日酉時卒乾隆己

未年七月十二日未時葬大累山脚坐酉向東續配郭
氏生康熙甲午年十一月十一日卒乾隆戊申年五
月十二日丑時葬大累山脚坐癸向丁兼子午庚子
庚午分金

生子三長永次用鍾氏出　三永宗郭氏出

廷樑嗣子第十四世

順字克成生康熙癸未年十一月二十日子時卒乾隆戊
寅年正月初四日酉時葬湖尾山坐壬向丙兼亥巳
配林氏生康熙壬辰年十一月三十日丑時卒乾隆
甲寅年六月初九日巳時葬坑園山脚

生子二長添元長文淑

趙傳子第十五世

輔長子第十五世

合諱以和字伯魚生康熙己卯年七月二十日未時卒葬

失載配吳貫田邊吳氏生康熙庚辰年八月廿四日

巳時卒乾隆辛丑年九月十九日辰時葬上坑猪母石

內坐艮向坤兼寅申辛丑辛未分金

生子一傳祖

賓際諱以成生康熙丙戌年十二月二十日未時卒葬失
載配大埕何氏生康熙己丑年六月初七日寅時卒
雍正癸丑年八月廿七日丑時葬欽山下園祖坐子
向午兼壬丙續配郭氏生康熙乙未年十一月二十
日子時卒乾隆辛卯年九月廿六日巳時葬在大埕坪
祖　坐丑向未兼艮坤

生子二長燦次徹

輔三子第十五世

天府諱以海生康熙壬辰年九月初三日丑時卒葬失載
配邱氏生康熙戊戌年七月十二日丑時卒乾隆丁

丑年三月初五日丑時葬上坑猪母石坐甲向庚兼
卯酉　生子一發

興傳子第十五世

全傳子第十五世

寬字　生卒葬所失載

助傳子第十五世

次傳子第十五世

陞字　生乾隆戊午年五月廿四日辰時卒葬隱丙申

年十月廿八日午時葬在梧石坐庚向[illegible]

陣傳子第十五世

乞傳子第十五世

伴傳子第十五世

清長子第十五世

孔字　生康熙庚寅年　月　日　時卒葬失載

阿郎字元貴生康熙乙卯年七月初六日卯時卒康熙丙申

年七月十六日申時葬在深溝土坐寅向申兼甲庚

配翁氏生康熙己丑年五月初七日丑時卒乾隆壬午年七月十一日申時葬在彌勒肚上坐艮向坤兼申寅　生子三長光次士ヨ開

清次子第十五世

榮字元華生康熙癸酉年二月十四日未時卒乾隆己卯年三月初四日丑時葬在彌勒肚坐丑向未兼艮坤配陳氏生康熙丁丑年七月初一日申時卒雍正己卯年九月初八日酉時葬在門門前山掛嘴石后坐庚向甲兼申寅續配王氏生康熙乙酉年三月十三日申時卒乾隆丙子年五月廿七日午時附葬夫墳

喜傳子第十五世

思宇　生康熙丁亥年十一月十四日卯時卒乾隆乙未年三月十八日寅時葬在山狗崎山頂坐子向午妣癸丁配黃氏生康熙庚子年十一月廿九日卯時卒乾隆丙午年正月十九日丑時葬在山坪頂坐　向

生子二長造次媽悅

宗傳子第十五世

汝璋傳子第十五世

重傳子第十五世

仕儂長子第十五世

存謂時魁字斗元生康熙甲子二十三年七月廿一日申時卒康熙辛卯五十年壽二十有八葬在丁家奴配陳氏生康熙甲子二十三年十月廿八日亥時卒乾隆丙子二十一年八月十二日未時壽七十有二葬在畲坑園祖坐子向午兼癸丁

生子一爵

陳氏年甫廿餘[illegible]
課子義方苦節多年惜韜軒未遇家乘豈可有遺

仕俊次子第十五世

澤諱時懋字勲賞生康熙己巳二十八年九月廿六日申時
卒乾隆辛未十六年十月十九日午時壽六十有三配
蔡氏生康熙己巳二十八年六月廿四日子時卒乾
隆壬申十七年六月二十日午時壽六十有四合葬
在山頭園裡坐甲向寅兼庚甲庚寅分金側室
陳氏生康熙戊戌五十七年十月十八日卯時卒乾
隆戊申五十三年四月二十日巳時壽七旬有一葬

在牛埔山坐乙向辛兼辰戌辛卯辛酉分金

生子五長排次宣三潔蔡氏出　四傑五沛源陳氏出

仕俊三子第十五世

尚諱時庸字舜發生康熙壬申三十一年四月初六日午時

卒乾隆辛酉六年七月初八日午時壽五旬葬山頭湖

上坐坤向艮兼未丑配賴氏生康熙丙子三十五年

七月廿八日辰時卒乾隆辛卯三十六年五月十九

日午時合葬山頭湖上坐向仝

生子二長集次高鍾

仕俊四子第十五世

親諱岺僅字　生康熙乙亥三十四年五月二十日未時
卒葬失識
仕俊五子第十五世
提諱時携字幼三生康熙癸未四十二年十二月初六日申
時卒乾隆庚午十五年二月三十日子時壽四旬有八
葬山頭湖園裡坐申向寅兼坤艮配陳氏生康熙甲申
四十三年五月十二日戌時卒乾隆甲寅五十九年正
月十二日丑時壽九十有一葬在落山蛇山腳裡坐
卯向酉兼甲庚丁卯丁酉分金
生子三長國佐次端章三自信

仕祿傳子鏘十五世

泮諱時立字　生康熙戊子四十七年六月十二日巳時

卒乾隆戊辰十三年十一月十八日未時葬在烏甜石

山祖父墳石頭邊坐寅向申兼艮坤配江氏生康熙丁

酉年十月初八日卯時卒葬失載

生子四長哲次錦三庇四蓮

仕祿次子第十五世

諱時中字　生卒葬所失載

仕偉長子第十五世

反諱時邁字　生康熙己巳年十月初三日寅時卒康

嗣子一進（係聰第時行次子）

仕傑次子第十五世

弟諱時行字閃聰生康熙丁丑三十六年十二月三十日時卒乾隆辛未十六年五月廿七日午時壽五十有二葬在深溝上山脚坐乙向辛兼卯酉配藍氏生康熙庚辰三十九年九月初四日亥時卒乾隆戊午三年二月十九日辰時壽三十有九葬在壠裡坐辛向乙兼戌辰　生子二長容次進（出嗣與聰兄時邁）

仕顯長子第十五世

曆諱時龍字　　生康熙五十一年壬辰八月廿二日亥

時卒　　年　月　日　時葬

配　氏生康熙壬辰年四月

廿七日戌時卒雍正癸酉年七月初二日未時葬大

松埔坐亥向巳兼壬丙

生子二長廉次武

仕顯次子第十五世

雍諱時虎字　　生康熙五十三年甲午十月二十日寅時

卒乾隆五年庚申八月十九日　時葬

配　氏生康熙癸巳年七月初

七日酉時卒乾隆丙辰年三月廿二日未時葬

大榕埔園裡內酉卯兼辛乙外酉卯兼庚甲

仕顯三子第十五世

旺諱時豹字　生康熙乙亥年正月廿七日亥時卒葬

失識

仕傑長子第十五世

待字時亨　字曰可生康熙三十三年甲戌二月初二日

巳時卒乾隆二十八年癸未四月初五日酉時壽七

旬葬大片園裡坐寅向申兼甲庚配徐氏生康熙三

十四年乙亥四月初一日寅時卒雍正三年乙巳十

一月初四日寅時葬水頭坪前坐丑向未兼艮坤續
配李氏生康熙四十年辛巳九月廿四日戌時卒乾
隆十七年壬申七月十八日酉時壽五十有二葬山
仔墘坐子向午兼壬丙再續配王氏生康熙四十一
年壬午十二月初七日卯時卒乾隆五十五年庚戌
四月廿二日寅時壽八十有九葬大樑埔園裡坐
向　兼

生子五長芽次芭三選四來俱徐氏出　五加祿李氏出

仕傑次子第十五世

祐字時雨一字曰昆生康熙四十三年甲申四月十一日

[illegible]

旬配徐坑徐氏生康熙四十六年丁亥四月廿三日卯
時卒雍正九年辛亥十一月初二日申時葬虎壠尾山
上坐巽向乾兼辰戌續配李氏生康熙六十年辛丑十
月初五日卯時卒乾隆二十三年戊寅二月初二日巳
時與夫合葬坂裡洋田坐壬向丙兼子午辛亥辛巳分
金再續配黃氏生康熙五十七年戊戌七月十五日午
時卒乾隆乙卯年十二月初八日戌時葬落山蛇下蛤
仔山坐甲向庚兼寅申丙寅丙辛分金
生子三長岳次杜三育俱李氏出

時雨爲八公正族多侵用公銀彼自本房清欠還公由親及疎無有遺漏即將公銀營築埭塭渡頭若干利以爲宗祖祀費可謂光前裕後矣

仕傑三子第十五世

富字時芳一字曰鰲鄉飲大賓生康熙四十六年丁亥十一月十一日午時卒嘉慶二年丁巳七月十八日戌時壽九十有一葬內坑社後石護碇頂坐乾向巽兼戌辰丙戌丙辰分金配周氏生康熙四十四年乙酉正月廿六日寅時卒乾隆二十四年己卯五月十六日午時壽五十有三附葬瀨灣園裡祖妣邱氏墳邊坐庚向甲兼申

德續配陳氏生康熙五十二年癸巳十二月廿七日
子時卒乾隆二十八年癸未五月廿一日巳時葬大
榕埔坐艮向坤兼寅申　再續配楊氏生康熙五十
一年壬辰五月廿二日未時卒乾隆五十九年甲寅正
月廿八日卯時葬屏山上坐甲向庚兼卯酉丙寅丙申
分金壽七十有八
生子四長諧次瑶三監四蔭俱周氏出
五福首壽壽者樂境也然冥靈五百度湖三千年有大
小必如何而後可稱壽惟公年逾於耋將屆乎耄期
頤可擬此樂何極況乎桂蘐蘭芽班衣舞彩又可謂福

壽愈優者矣　　弟必魁拜祝

仕傑四子第十五世

貴字時哉一字曰虬生康熙四十六年丁亥十一月十一日未時卒乾隆九年甲子四月廿五日巳時葬在吧城

配周氏生康熙四十四年乙酉正月廿六日寅時卒乾隆四十七年壬寅九月初三日申時壽七十有八

葬大屏山上坐　向　兼

生子一高堂

仕傑五子第十五世

敬字時出一字曰祥生康熙五十年辛卯五月初五日子

時卒乾隆四十八年癸卯五月廿六日子時壽七十

有三葬狗路頭園裡坐酉向卯兼辛乙配陳氏生康

熙四十九年庚寅三月廿三日巳時卒乾隆五十年

乙巳八月初四日辰時壽七旬有六葬狗路頭坐酉

向卯兼辛乙　　　　生子二長君侯次衆

仕傑六子第十五世

巖字時春一字日然生康熙五十八年己亥十一月十三

日巳時卒乾隆五十七年壬子十月初二日戌時壽

七十有四葬大榕埔山裡坐辛向乙兼戌辰配林氏生

康熙五十九年庚子七月初六日申時卒嘉慶元年

丙辰八月初二日未時從夫合葬坐向分金同側室

氏生雍正十三年乙卯八月十三日子時卒乾隆

四十四年己亥十一月廿二日亥時葬山狗路頂坐

甲向庚兼卯酉庚寅庚申分金

生子四長江河次懷字嫡出　三耀任四青元庶出

愈傳子第十五世

静長子第十五世

豸諱勝龍字御天生康熙甲子年六月初六日亥時卒

日時卒

生子一長

静次子第十五世

春諱時惪字瑞周生康熙戊寅年二月十二日寅時

配周氏生康熙己卯年十月初十日

未時

生子

靜三子第十五世　兄弟三人俱住贛州府西門內

觀諱時鵬字振南生康熙壬午年五月廿八日巳時

配王氏生康熙己卯年十月初十日

米時

生子

聽傳子第十五世

謐傳子第十五世

元

生康熙　年　月　日時

誦長子第十五世

享諱韻生字世禮生康熙四十三年甲申九月十一日戌

卒乾隆十八年癸酉四月初三日卯時葬琴山裡坐丑

向未兼艮坤辛丑辛未分金配李氏生康熙己丑年

十月十二日子時卒乾隆戊戌年五月初三日卯時

葬本家坑園坐丑向未兼艮坤辛丑辛未分金

生子三長纂次蜂三文

誦次子第十五世

誠字世貞生康熙庚寅年九月初十日辰時卒乾隆甲申

年八月初十日巳時葬深溝上坐卯向酉兼

分金卯酉配林氏生康熙乙未年六月初一日亥時
卒乾隆辛亥年十二月十七日子時葬深溝頭坐甲
向庚兼卯酉庚寅庚申分金
生子四長元次求三寳四方

諱三子第十五世
興字世敬生康熙乙未年九月初二日亥時卒嘉慶丁巳
年十二月廿八日寅時葬坑園裡坐癸向丁兼子午
丙子丙午分金配吳氏生康熙己亥年　月
日時卒乾隆庚寅年十二月廿四日巳時葬在坑

園坐癸向丁兼子午丙子丙午分金續配吳氏生雍
正丁未年六月十七日　時卒乾隆癸丑年六月十
七日午時葬在欽山坐癸向丁兼子午丙子丙午分
金　　生子四長再次鍼三齊四陳

諱四子第十五世

孝字世斌生雍正癸卯年五月十九日巳時卒乾隆丙申
年十月初十日寅時葬深溝頂坐甲向庚兼卯酉己
卯己酉分金配林氏生雍正戊戌年九月初一日未
時卒乾隆壬申年四月廿七日戌時葬坑園山上坐
巽向乾兼巳亥庚辰庚戌分金續配李氏生雍正乙

巳年四月廿六日酉時卒乾隆甲申年五月初五日

酉時葬坑園裡坐　向　　　　繼配林氏生

　丁卯年三月廿三日子時卒嘉慶庚午年十一

月廿四日卯時葬屏山坐巳向亥兼乾巽丁巳丁亥

分金　　生子五長佛智林氏出　次牛李氏出

　　　　三向四老五雜俱林氏出

權麟長子第十五世

諱永年字崇齡生康熙四十二年癸未九月廿九日酉時

卒乾隆三十五年庚寅二月廿六日巳時壽六十有八

[illegible]分金配[illegible]氏生

康熙四十二年癸未七月初七日未時卒乾隆四十
五年庚子十月初九日午時壽七十有八葬坑園裡
園後岈坐甲向庚兼卯酉庚寅庚申分金
生子六長舜次嵩三文諒四武經五光茂六輌璽
權麟次子錫十五世
南諱永祚字崇福生康熙丙戌年五月初二日巳時卒乾
隆戊戌年五月初三日午時葬欽山後坐巳向亥兼丙
壬辛巳辛亥分金配鄭氏生康熙五十八年己亥十
月廿四日酉時卒乾隆五十七年壬子六月廿一日
午時葬本社後覆門金坐巳向亥兼巽乾丁巳丁亥分

金　　生子二長聰明次寬裕

權麟三子第十五世

山諱永秀字崇五生雍正癸卯年八月十二日戌時卒乾隆
戊申年八月初五日寅時葬塘英裡空殼墓前坐艮向
坤兼寅申醞內坑周氏生雍正丙午年四月初六
日午時卒嘉慶四年己未正月廿三日午時葬大屏山
心裂隔頂坐壬向丙兼亥巳辛亥辛巳分金

生子五長水次朱珍三泰卿四開懷五開通

孟長子第十五世

添諱精運字匪開生康熙三十三年甲戌四月廿三日巳

時卒乾隆三十七年壬辰十一月廿一日未時葬在龍
門本山土坐丁向癸兼未丑丁未丁丑分金配黄氏生
康熙三十四年乙亥五月廿四日戌時卒乾隆三十二
年丁亥正月初二日午時與夫合葬

生子三長回次答三椎

孟次子第十五世

致諱時伸字亦芳生康熙三十六年丁丑八月廿四日未時
卒乾隆三十六年辛卯十二月廿七日巳時葬在狗路
園裡坐辛向乙兼戌辰配陳氏生康熙四十二年癸未
八月初四日寅時卒乾隆四十年乙未二月初八日

于時葬龍門亭嶺坐　向

生子四長求次國三纇四貞

蒲長子第十五世

蛋字家寶生康熙三十九年庚辰七月十五日亥時卒乾隆二年丁巳正月廿一日巳時葬崙坑山仔內園裡坐丑向艮兼未丑辛未辛丑分金配吳貲吳氏生康熙四十六年丁亥八月十六日午時卒乾隆二十八年癸亥十一月十二日未時與夫同穴

生子二長天全次淵

蒲次子第十五世

然字　生康熙四十四年乙酉十二月初四日卯時卒

雍正八年庚戌五月十七日午時葬臺灣盛天府南門

頭鬼仔山坐北向南

　　嗣子一輝龍係胞弟理次子

蒲三子第十五世

理字家珍生康熙四十八年己丑九月初五日未時卒乾

隆五十年乙巳十月十九日未時葬在龍門亭後本山

佳城內坐丑向未兼艮坤配龍店李氏生康熙五十七

年戊戌十二月初二日丑時卒乾隆五十七年壬子二

月初十日戌時葬禽坑山仔內坐庚向甲兼酉卯庚寅

庚申分金　生子五長騰次輝龍出嗣與鵬昇然三彩鳳四朝陽五長珠

維傳子第十五世

德傳子第十五世

萬傳子第十五世

生娶卒𦵏所失載

振傳子第十五世　住處州府瑞昌縣

周

甬

佐長子第十五世　住贛州府南門外

生卒葬所失載

洒

佐次子第十五世

生康熙　年　月　日　時

配　氏生　年　月　日　時

生子一　招

長傳子第十五世

參傳子第十五世

瑨傳子第十五世

暕傳子第十五世

生康熙　年　月　日　時

瑯

󠄀妹傳子第十五世

汝恭傳子第十五世

汝賜傳子第十五世

汝榮傳子第十五世

拾傳子第十五世

弘道長子第十五世

逸字友直生康熙戊寅年七月廿六日丑時卒雍正甲寅

年四月初五日未時葬下厝河上坐庚向甲兼酉卯

配　氏生卒葬所失識
生子一顯
弘道次子第十五世
摶字
生康熙四十一年壬午十一月初九日酉時卒
乾隆四十六年辛丑七月廿二日酉時壽八旬配陳
氏生康熙五十二年癸巳五月初十日寅時卒乾隆
三十六年辛卯九月廿五日未時合葬后頭坐辛向
乙兼酉卯丁酉丁卯分金
生子四長註次錠出嗣與胞弟段三聽四中
弘道三子第十五世

彧字　生康熙甲申年十一月廿七日未時卒雍正戊午
年五月十六日戌時終亡
嗣子一錠係胞弟搏次子

弘德長子第十五世

公乞字　生康熙庚寅年二月初七日寅時卒乾隆丁
丑年十一月廿九日巳時葬大屏山禮坐亥向巳兼
乾巽配楊氏生康熙己亥年九月初五日寅時卒乾
隆戊寅年十月初八日寅時葬坑園山虎啼石頂坐
亥向巳兼壬丙辛亥辛巳分金
生子二長元亨次江水出嗣與胞弟嫣旂、

弘德次子第十五世

媽祐字　生康熙壬辰年六月十六日寅時卒乾隆辛酉年七月十二日辰時葬

嗣子一江水係瑞見公乞次子

天長子第十五世

盾字　生康熙甲午年五月初五日午時卒乾隆乙酉年二月廿一日巳時葬在山頭坐未向丑兼丁癸丁未丁丑分金配廈門東邊山蔡氏生雍正庚子年十月十七日子時卒嘉慶己未年八月十二日丑時葬山頭巷口坐坤向艮兼申寅辛未辛丑分金

生子四長馬生次清雲三吹四輝出嗣與兩弟碩

藹字

天次子第十五世

生康熙丙申年十月十七日酉時卒乾隆三十

七年壬辰正月廿七日未時葬在畲坑園坐庚向甲

兼酉卯配楊氏生康熙戊申年十月廿三日子時

生子三長此次沙出嗣脫弟從　三阮

天三子第十五世

碩字

生卒葬所失載

嗣子一輝係胞兄藹四子

障字　天四下第十五世
生卒葬所失載

從字　天五子第十五世
生康熙戊申年十二月十五日午時卒

嗣子一沙係胞兄漢孚

誕字　天六子第十五世
生卒葬所失載

戚字　芳長子第十五世
聯桂生雍正丙午年十月初六日寅時卒乾隆丁卯

年十二月初六日未時葬坑園山虎啼石頂坐　向
癸　配黃氏生卒葬所失載
生子一宗成
芳次子第十五世
拱照字錫福生雍正丙午年二月廿五日申時卒嘉慶九年
甲子九月十三日巳時從妻合葬坐向分金同配厦門
林氏生乾隆丁巳年十月十八日酉時卒乾隆壬辰年
五月廿八日巳時葬在山頭庵仔后坐乾向巽兼辰戌
丙戌丙辰分金
生子三長水次諒三高

芳三子第十五世

專生　生乾隆己未年七月十三日未時

厚傳子第十五世

汶傳子第十五世

毓熾長子第十五世

沛字邦後生康熙丁亥年十二月廿四日戌時卒乾隆丁酉年七月廿三日寅時葬大片坐子向午兼癸丁配邱

氏生康熙己丑年六月初十日寅時卒乾隆丙午年十月廿四日丑時葬東山邊坐　向　俱

生子二長可次健

毓熾次子第十五世

耀字邦　生康熙己丑年十一月二十日　時卒乾隆癸巳年正月十一日酉時葬臺灣配李氏生康熙庚寅年八月初五日申時卒乾隆壬寅年八月初七日酉時葬東山邊坐乾向巽兼壬丙

生子四長庇次邻三甚四葵出嗣與堂弟實

毓熾三子第十五世

歆字　生卒葬所失載

毓熾四子第十五世

統字邦彥生康熙辛丑年十月二十日辰時卒乾隆戊戌年十月十九日卯時葬犁角頭坐　向　配戴氏生康熙丙申年七月十八日辰時卒乾隆辛丑年三月十五日酉時葬犁角頭坐東向西

生子一兆

毓熾五子第十五世

降字邦哲生雍正己酉年八月十七日丑時卒乾隆癸丑年五月廿五日寅時葬東山邊坐西向東配林氏生

乾隆壬戌年十一月初七日亥時卒
生子二長焚次聖賢
毓煌傳下第十五世
生雍正癸丑年正月十八日巳時卒乾隆丙戌
年五月十八日寅時葬舊港
寶字
嗣子一葵係堂兄耀四子
毓滋長下第十五世
果諱文爵字君恩生康熙己卯年七月廿一日卯時卒

毓滋次子第十五世
艮諱文福字君達生康熙壬午年七月十八日未時卒

毓滋三子第十五世
翰諱文祿字君近生康熙甲申年十二月廿三日巳時卒

毓滋四子第十五世
帝諱文壽字君世生康熙丁亥年十月十九日丑時卒

毓滋五子第十五世

王諱文舉字君禮生康熙辛卯年七月初十日辰時卒

撫嗣子爵十五世

大韜　生乾隆庚申年　月　日　時卒

興宗傳子第十五世

媽調生雍正甲辰年四月初七日午時卒乾隆庚子年八月廿二日寅時葬犁角頭坐寅向申兼甲庚配翁氏

生　年九月十九日酉時卒嘉慶己巳年十月廿八日戌時葬大片頂附在　祖墳

生子四長睦鄰次坤三四利出嗣孝公派

四廣川五廣富出嗣與孝公派

彩長子第十五世

雲字玉盛生康熙乙亥年六月初十日卒雍正甲辰年閏

四月十一日戌時葬咬𠺕吧配康氏生康熙甲戌年

八月初二日戌時卒雍正癸丑年八月十五日巳時

葬英裡坐卯向酉兼甲庚

生子三長南次北三武

彩次子第十五世

璘諱聯登字玉成生康熙戊寅年十一月十一日卯時卒乾

隆癸酉年二月初四日未時配蔡氏生康熙辛巳年八月十六日巳時卒乾隆戊申年正月十五日午時

葬同在烏尾後坐丑向未

生子二長佛蔭次喬士係堂侢得利次子

彩三子第十五世

允諱聯信字玉順生康熙辛巳年十二月初二日

臺灣　嗣子一寶松

彩四子第十五世

可諱聯時字玉壽生康熙丙戌年九月十九日丑時卒

配陳氏生康熙癸巳年九月十一日酉時卒乾隆己丑年六月廿一日寅時葬后溝尾坐東向西

生子一神祐

謹傳子第廿五世

理字聯科生雍正癸丑年二月十五日酉時卒乾隆壬午年正月廿八日戌時葬犁角頭坐寅向申兼甲庚配黄氏生卒葬失載

生子一盛

百齡長子第十五世

長諱聯甲字正直生康熙乙酉年三月廿五日戌時卒乾隆

己巳年五月廿九日卯時葬狗路頭坐申向寅兼庚甲
配許氏生康熙戊子年三月廿六日卒乾隆丁丑年
二月廿二日申時葬大片園頭坐辛向乙兼酉卯
生子二長鳴岐次高扳
百齡次子第十五世　出居上遷縣
富諱聯興字　生康熙庚寅年正月廿三日丑時卒
瓚傳子第十五世
意長子第十五世

八和　生雍正甲辰年八月十四日寅時卒乾隆辛未
年八月十四日葬
配吳氏生卒葬所失載
生子二長獻奇次獻章
得利
意次子第十五世
生雍正己酉年十二月廿一日酉時卒乾隆丁
未年三月廿一日申時葬欽山裡坐甲向庚配江氏
生乾隆壬戌年十月廿七日酉時卒
生子二長思通次喬士出嗣與堂兄露
意三子第十五世

廟諱曉隆生雍正甲寅年十一月初一日酉時卒乾隆癸
未年六月初十日葬在臺灣
生子一天奇
會長子第十五世
齊字聯昌生康熙己卯年十一月十三日巳時卒雍正甲
辰年正月廿六日辰時葬　坐巽向乾兼辰
戌配楊氏生康熙甲申年　月　日　時卒
會次子第十五世
魏字聯盛生康熙壬午年七月初四日亥時卒乾隆戊午

年三月初四日巳時葬崙坑山紗帽石坐辛向乙兼
酉卯配新安田邊張氏生康熙乙酉年四月廿七日
酉時卒乾隆四十七年壬寅三月初三日酉時葬崙
坑山紗帽石坐辛向乙兼酉卯
生子一　求

曾三子第十五世

秦諱聯國生康熙乙酉年四月二十日丑時卒乾隆庚申年
三月十六日葬在暹羅配邱氏生康熙甲午年六月
廿八日卯時卒嘉慶九年甲子八月廿六日寅時葬
廟兜鶯哥石山裡坐丙向壬兼午子辛巳辛亥分金

生子三長德瑞次通喜三魁山

會四子第十五世

變字聯通生康熙辛丑年三月十八日亥時卒乾隆丙午年
八月初五日葬吉雞配李氏生雍正癸丑年七月十六
日卒乾隆戊申年六月初十日酉時葬樓山埭墘坐
北向南　生子一佛泗

裕長子第十五世

宣諱聯顯字炳煥生康熙癸巳年十月三十日寅時卒乾
隆辛卯年七月初五日亥時葬吉雞配翁氏生康熙
甲午年十一月十六日亥時卒乾隆庚子年十月初

六日巳時葬上坑山狗路坐艮向坤兼寅申
生子四長遠次榮祿三次四侯

裕次子第十五世
威諱聯儀字　生康熙丙申年八月十九日辰時卒乾
隆丙申年三月初一日酉時葬燈火石園裡坐艮向
坤兼寅申配林氏生雍正壬子年九月初三日戌時
卒乾隆戊申年五月初五日卯時葬上坑燈火石坐
向　兼
生子二長恩次樣

裕三子第十五世
嚴諱聯謹字　生康熙辛丑年三月　日　時卒乾隆

戊午年九月初九日未時葬臺灣中路

恭諱聯謙字　典長子第十五世　生康熙庚寅年十二月初六日申時卒

典次子第十五世

儉諱聯　字　生康熙丙申年五月廿二日未時卒葬

隆壬戌年十月廿二日　時葬在臺灣中路

典三子第十五世

讓諱聯遜字　生康熙己亥年七月廿七日未時卒乾

隆甲戌年四月初八日辰時葬在屏山坐甲向庚兼

郇酉

典四子第十五世

信諱聯　生雍正甲辰年三月廿一日未時卒乾隆乙亥

年二月初四日申時葬在臺灣中路

台長子第十五世

在字光遠生康熙辛酉年九月廿四日巳時卒　　年

月　　日　　時葬

配魏氏生康熙己巳年十一月初七日卯時

卒

生子三長初次次三壘

台次子第十五世

元字光昌生康熙壬申年九月二十日巳時卒

白三子第十五世

晚字光裕生康熙戊寅年八月　日　時卒

酉長子第十五世

潜字　生康熙丁巳年正月十六日寅時卒康熙辛未

年八月十七日寅時葬

酉次子第十五世

璆字聲一諱廷奏生康熙庚申年十月十九日卯時卒雍正
辛亥年四月廿一日子時葬吱嗂吧配黄氏生康熙
乙丑年十二月廿七日寅時卒康熙丙戌年十二月
十五日酉時葬店仔頭園裡坐戊向辰續配黄氏生
康熙己巳年七月廿三日丑時卒
生子二長明珠前黄氏出　次敦後黄氏出

酉三子第十五世
棋諱廷宣字　生康熙癸亥年九月初二日卯時卒乾隆
庚辰年五月初五日未時葬呂宋配林氏生康熙己
卯年九月十二日卯時卒乾隆癸亥年七月初一日

西畔嶺唐仔頭園內坐戌向辰兼乾巽

生子二長純次治

惟傳子第十五世

愛傳子第十五世

賢諱欲立字而達生康熙丙辰年八月廿九日丑時卒

配梁氏生康熙甲子年十月廿八日子時卒

生子二長連次蔭

京傳子第十五世

騰字　生康熙　年　月　日　時卒葬失載

两傳子第十五世

興傳子第十五世

迎傳子第十五世

送傳子第十五世

通傳子第十五世

四傳子第十五世

鵬長子第十五世

乞字　生康熙　年　月　日　時卒葬失載

鵬次子第十五世生臺灣

叚字　生康熙　年　月　日　時卒葬失載

興傳子第十五世

愿長子第十五世

概字正權生康熙丁亥年三月廿五日申時卒雍正甲寅年

八月初八日申時葬

配林氏生卒葬所失載

生子一山

蘭字

惠次子第十五世

生康熙丁酉年三月初九日卯時卒

配

氏生卒葬所失載

生子二長春光次梅光

仲錫子第十五世

義長子第十五世

崔字天奇生康熙甲午年二月十三日未時卒

義次子第十五世

寅字天曆生康熙乙未年十月廿一日寅時卒乾隆丙寅年

八月廿一日戌時葬東浮大明福濟寺後配林氏生

康熙丁酉年六月廿一日戌時卒乾隆壬午年五月

廿五日巳時葬坑園裡坐北向南

生子一鞭

義三子第十五世

鷹字天球生康熙丁酉年十一月初八日申時卒乾隆甲午年四月十二日子時葬山頭園路仔上坐西向東配埭頭林氏生康熙丙申年三月十一日　時卒乾隆戊申年五月初四日巳時葬山頭園坐西向東

生子六長光根次自得三光宗四光荐五光賞六光贊

義四子第十五世

冉字天植生雍正乙巳年八月十九日寅時卒乾隆癸巳

年三月初六日酉時葬山頭園裡坐西向東

義五子第十五世

諠字天　生雍正己酉年六月初八日丑時卒乾隆庚午年

正月廿九日未時葬咬嵧吧

義六子第十五世

猛字天　生雍正癸丑年正月廿四日丑時卒乾隆丁未

年八月十三日子時葬坑隊裡坐西向東

配邱氏生卒葬所失載

生子三長娥次献三碧

秦長子第十五世

援字天培生康熙戊戌年九月廿九日寅時卒

秦次子第十五世

龍字

生康熙辛丑年十一月十一日卯時卒乾隆戊

申年二月　　日　　時葬在坑園裡坐巽向乾兼巳亥

配羅氏生雍正壬子年正月廿二日未時卒乾隆丙戌

年正月初四日酉時附葬夫壙坐向仝

生子二長俊賢次淮水

秦三子第十五世

程字

生雍正甲辰年閏四月廿五日子時卒乾隆癸

卯年二月廿九日巳時葬吳貫打石坑口坐丁向癸兼

乙亥庚午庚子分金配鼓浿蘇黃氏生卒葬所失載

生子二長璉次臨出嗣伍堂兄廷譔

茂長子第十五世

茂次子第十五世

茂三子第十五世

茂四子第十五世

茂五子第十五世

俊傳子第十五世

傑傳子第十五世

耀傳子第十五世

益長子第十五世

元祥　雍熙　生　月　日　時　卒失載

益次子第十五世

勝字　生康熙　年　月　日　時卒葬失載

益三子第十五世

文字　生康熙　年　月　日　時卒葬失載

益四子第十五世

魁字　生康熙　年　月　日　時卒葬失載

益五子第十五世

五字　生康熙　年　月　日　時卒葬失載

益六子第十五世

六字　生康熙　年　月　日　時卒葬失載

七子　　鎰七子第十五世

生康熙　年　月　日　時卒葬失記

兄弟七八俱住浙江嘉興府王店鎮

斌長子第十五世

和諱廷聘字　　生康熙甲申年五月廿七日寅時卒乾隆

戊辰年九月廿八日戌時葬坑園山東石莿丙坐辛

向乙辛酉卯配周尾王氏生康熙乙酉年八月十五

日丑時卒乾隆壬辰年十月初六日酉時壽六十有

八葬欽山坐寅向申兼艮坤丙寅丙申分金側室葉氏

二月廿一日卯時葬山仔頭坐申向艮兼未丑

生子五長萬欽嫡出次延庶出三加四陣

嫡出五閣庶出

斌次子第十五世

本諱廷謨字　生康熙丙戌年六月十九日丑時卒

配新安邱氏生康熙庚寅年八月廿八日申時卒乾

隆丁未年十一月廿九日辰時葬芹山坐寅向申兼

艮坤丙寅丙申分金

生子三長天顧次天玉三臨係堂弟繩次子

敏長子第十五世

奕諱廷圭字爾兗生康熙甲午年十一月初九日亥時卒乾隆戊申年九月廿四日寅時壽七十有五配溫氏生康熙戊戌年正月廿二日亥時卒乾隆丙申年九月廿八日寅時合葬山仔內坐丁向癸兼午子

生子四長即戎次吾宗三昂出嗣與欣第蒼四救

敏次子第十五世

珩諱廷志字爾璋生康熙丙申年九月初八日酉時卒乾

月十八日酉時卒[illegible]庚申六月初一日辰時
葬大片禮坑墩坐甲向庚兼酉卯庚寅庚申分金
生子五長開隆次珠三煥出嗣伯叔弟老品裒五真
敏三子第十五世
生康熙壬寅年十二月十二日巳時卒乾
耆諱廷　字
隆庚午年八月初四日午時葬諸葛樵林
嗣子二長煥係次兄珩三子次昂係長　笑三子
敏四子第十五世
求諱廷超　出嗣

[illegible]

成諱　生康熙壬寅年三月廿六日未時卒乾隆癸酉年
五月十三日辰時葬屏山東石坎坐戌向辰兼乾巽
兼戌庚辰分金
博次子第十五世
宗琪　生雍正己酉年十二月廿二日丑時卒
厚長子第十五世

生子三長寬次石俊出嗣與陶秀陵三賜

厚次子第十五世

永諱廷而　生康熙辛丑年九月十五日亥時卒

厚三子第十五世

興盛諱廷懷字　生雍正辛亥年九月初九日子時卒

乾隆壬午年六月初四日午時葬學仔頂岡頭坐甲

向酉兼甲庚配赤石黃氏生雍正[illegible]戊年[illegible]

圖理坐庚向甲兼酉卯庚申庚寅分金

生子二長通生次世榮

厚四子第十五世　生雍正癸丑年正月初六日酉時卒

興隨諱廷　字

乾隆己卯年正月廿三日申時葬吳貫山黃山頂坐

辰向戌兼巽乾

嗣子一石俊係陶弼實次子

高備子第十五世

陳諱廷　字　生康熙壬寅年九月初六日戌時卒

來雄延趣[illegible]

六月十六日丑時葬山仔內坐坤向艮兼未丑配林氏

生乾隆丁巳年五月初四日未時卒嘉慶十四年已巳

十一月十四日未時葬

生子二長翰生次殖芳

卷九終

任公第五房分派世系條紀卷十

暢長子第十五世

全諱廷獻字幼源生康熙四十五年丙戌七月十八日卯時

卒乾隆五十六年辛亥九月廿五日卯時壽八十有六

葬東山邊田中坐壬向丙兼亥巳丁亥丁巳分金配梁

坪陳氏生康熙四十七年戊子閏三月十三日申時卒

乾隆五十三年戊申九月初七日丑時壽八十有一

葬山仔内坐未向丑兼坤艮辛未辛丑分金

生子三長泰山次助三偶強

幼源秉正不阿族所取重其才智亦甚過人公私輙以

身任時族有公項多為經跟公不避[illegible]
逐項清出興工填築西埭及營置渡坛税釐位若干利
于今春秋匪懈廟貌增光者公與有力焉其子偶經後
先濟美是年重脩譜系舍厥身家任勞不怨亦族所罕
覯者

暢次子第十五世

質諱廷對字幼璇生康熙五十一年壬辰十月十六日子
時卒乾隆十五年庚午十一月廿一日酉時葵山内
坐巳向亥兼巽乾配李氏生康熙五十五年丙申五月
廿五日寅時卒乾隆二十三年丁丑二月廿二日寅時

葬山仔坐未向丑兼　分金辛未辛丑
生子四長越國次得祿三咸陽四偉郎

暢三子第十五世

草諱廷諍字為善生康熙五十八年己亥七月初八日寅時卒乾隆三十年乙酉正月初六日亥時葬山仔頂坐丑向未兼癸丁丑丁丑丁未分金配坂尾林氏生雍正二年甲辰十一月廿七日巳時卒嘉慶三年戊午十月十五日未時葬本社東埔庵邊坐丙向壬兼巳亥丁巳丁亥分金側室洪氏生乾隆丁巳年八月十五日子時

生子三長佛賛次三摠嫡出三三喜

暢四子第十五世

連諱廷蘭字捷三生康熙六十一年壬寅正月初一日辰時卒嘉慶五年庚申十二月二十日卯時葬長江朽厝埔坐丑向未兼艮坤辛丑辛未分金配廟兜盧氏生雍正五年丁未十月初一日子時卒嘉慶十一年丙寅十一月初六日子時葬福塲庵仔後坐巳向亥兼丙壬辛巳辛亥分金

生子三長王寬次千紅三達

賜傳子第十五世

貞傳子第十五世

楝傳子第十五世

乾傳子第十五世

福傳子第十五世

元長子第十五世

元次子第十五世

魁傳子第十五世

生康熙　年　月　日　時卒葬失載

連

蘭傳子第十五世　住公澤水口

震孟長子第十五世

松諱奕揀字元佐鄉飲大賓生康熙辛丑年五月初一日巳

時卒乾隆壬申年十月廿七日巳時葬

配翁氏生康熙丙辰年十月初八
日申時卒乾隆已丑年九月初八日申時葬
生子六長狷次成出嗣胞弟漣三普
四興五瓊六賞

震孟次子第十五世
協諱奕樑字元英生康熙己酉年八月初四日辰時卒雍正
甲寅年三月初五日未時配林氏生康熙戊午年十
月初三日亥時卒乾隆壬午年二月十一日巳時合
葬太高山上坐甲向庚兼卯酉
生子四長騰次潘出嗣胞弟旭三位四壯

元亮不吝私囊重脩譜系功綦偉矣然身在異域非元
佐元英二兄在家經營董理何以聿觀厥成可謂難兄
難弟矣

震孟三子第十五世

通諱奕樞字元亮鄉飲大賓生康熙壬子年正月初九日
未時卒乾隆己巳年十二月十二日午時配何氏生康
熙壬戌年十一月十四日亥時卒康熙己丑年二月初
四日巳時續配田氏生康熙辛未年七月廿七日巳
時卒雍正乙巳年八月十三日子時合葬曾邊洋
宮仔前田裡坐子向午兼壬丙丙子丙午分金

生子五長篆次徽何氏出嗣胞弟旭
三禧四理五煥田氏出

元亮身在異域志切宗支向來所脩公譜多出私囊
然從前譜序載之詳矣無庸更紀抑余所聞軼事更有
足取焉時有同在吧者為帶銀數百回家匿而不出
迨元亮旋日並不言及則其度量過人遠矣至為兄弟
营建手足之敦依然尊宗敬祖之念此屬常理何用驚
怪　　弟士杓識

震孟四子第十五世

旭諱奕柱字元和生康熙乙卯年八月初八日辰時卒康熙

丙戌年七月十七日巳時葬三把壠新塚裡配　氏

生卒葬所失載

嗣子二長潘係奕樑次子次微係奕樞次子

震孟五子第十五世

達諱奕標字　　生康熙戊午年三月十八日未時卒康

熙壬午年七月十四日辰時葬坪仔頂坐未向丑配

氏生卒葬所失載

嗣子一成係奕棟次子

震程傳子第十五世

震孚傳子第十五世

應聯字子明生康熙壬戌二十一年正月初八日巳時卒

震茂長子第十五世

配黃氏生康熙甲子年三月廿二日申時卒

生子四長勇次忠三肇四享

震茂次子第十五世

應揑字元啟生康熙丁卯年十月廿四日辰時卒

配林氏生康熙壬申年五月廿六日辰時卒

生子四長嚴次傳三高四堅

震茂三子第十五世

應甲字元贊生康熙庚午年九月十九日卯時卒

震茂四子第十五世

應魁字元會邑庠生生康熙丁丑年正月廿七日寅時卒雍正二年四月廿九日子時葬

配黄氏生康熙丁丑年六月十四日

酉時　生子二 長孝 次灝

震茂五子第十五世

應相字元肇生康熙癸未年十二月廿三日午時卒

配蕭氏生康熙癸未年十一月十五日寅時卒

震興長子第十五世

賢字恩孔生康熙辛丑年六月廿二日申時卒乾隆辛未

年十一月十一日子時葬在呂宋配　氏生卒葬所

失載　　生子一伯奮

震興次子第十五世

歎字恩品生雍正甲辰年十二月十二日午時卒乾隆己巳年六月初七日申時吧叮淹歿

生子一長茂

應秋長子第十五世

梓字　生卒葬所失載

應秋次子第十五世

楠字耀山生康熙庚戌九年九月十一日申時卒乾隆壬申十七年十月十旨寅時壽八十有三配廖氏生失載

卒　年正月十六日戌時葬東澳虎仔山坐向

續配林氏生康熙壬申三十一年九月十六日亥時

卒乾隆癸巳三十八年四月初八日午時壽八十有

二合葬東坪山虎形崙坐丁向癸兼未丑庚午庚

子分金　生子六長廖次天三增四歲五月六麟

應明長子第十五世

路字　生康熙庚申十九年十一月初八日未時卒乾

隆乙丑十年十一月初五日子壽六十有七葬本社

面前塘山埭墘坐坤向艮配林氏生　壬子年

閏七月初十日巳時卒　庚子年八月十六日未

時葬龍門亭坐乾向巽兼亥巳

生子六長鳳次麒三傳四預五語六𡘙

應明次子第十五世

卷字

住台灣生娶卒葬所失載

生子一孝

應明三子第十五世

三字

住台灣配黄氏生卒葬俱失載

生子一長

應明四子第十五世

四字生　年月日時失載卒　年八月初一日葬
本社畨坑内坐向分金失載
麐龍長子第十五世
焘諱天奕住嘉禾里生卒年月日時失載葬嘉禾里水磨坑
坐　向　配　氏生卒葬所失載
生子一智
麐龍次子第十五世
乞諱天錫字永候鄉飲大賓住康熙庚午二十九年七月十
五日亥時卒乾隆丙辰元年十一月二十日子時葬嘉
禾里東坪山后仔頭石崙坐卯向酉兼甲庚丁卯丁酉

分金配廈門官都陳氏生康熙壬申三十一年正月十二日亥時卒乾隆甲申二十九年八月十七日未時壽七十有三與夫合葬東山坪

生子二長傑次明

應龍三子第十五世

郄諱天錄生康熙癸酉三十二年　月　日　時卒

葬失載配王氏生卒葬所失載

生子二長進次佛

應冲傳子第十五世

正傳子第十五世

光畧長子第十五世

答字廷彦生雍正癸卯元年　月　日　時卒葬失

光畧次子第十五世

台字廷茅生雍正乙卯十三年　月　日　時卒葬

失載配　氏生卒葬所失載

光畧三子第十五世

標字廷鵰　出嗣

光韜長子第十五世

生字廷龍生雍正丁未五年　月　日　時卒葬失
光韜次子第十五世
扶字廷鳳生雍正己酉七年八月十一日酉時卒嘉慶己未年十月初十日戌時葬上坑坐乾向巽兼巳亥庚辰庚戌分金配厦門徐氏生乾隆辛酉六年八月十八日辰時
光韜三子第十五世
香字廷傑生雍正乙卯十三年　月　日　時卒葬失
光韜四子第十五世
管字廷訓生乾隆庚申五年五月十八日戌時歿在舊港配

氏生卒葬所失載

生子二

光遠長子第十五世

浩字廷佐生乾隆甲子年十一月初三日　時卒

光遠次子第十五世

蘭字廷梅生乾隆壬申年四月　日　時卒

光遠三子第十五世

齊字廷賢生乾隆庚辰年五月十八日　時卒

凝傳子第十五世

兩字廷　生乾隆甲子年十二月　日　時卒

配陳氏生乾隆癸酉年六月廿五日未時卒

生子二長光典次桃生

猷長子第十五世

瓊鳳字廷試生乾隆戊辰年七月初五日寅時卒乾隆庚

戌年八月十三日寅時葬台湾崁仔脚坐　向　配

内坑周氏生乾隆丁丑年五月十九日子時卒道光辛
巳年九月十八日辰時葬乚坑寮仔脚坐坤向艮兼未
丑辛未辛丑分金
生子二長治次奪

猷次子第十五世
瓊鸞字廷薦生乾隆癸酉年十二月十三日酉時卒乾隆癸
卯年七月廿三日申時葬台湾崁仔脚坐　向　配下
洋楊氏生乾隆庚辰年六月十二日子時卒

猷三子第十五世

璦祥字廷戩生乾隆乙亥年十月十八日寅時卒

配蘇厝杜　氏生卒葬所失載

猷四子第十五世

璦龍字廷勵生乾隆己卯年正月十八日寅時卒

儀傳子第十五世

懷字廷　生乾隆丁丑年六月　日　時卒

傻長子第十五世

牛字廷茅生乾隆乙酉年十二月十六日寅時卒

年六月初六日　時葬

配大觀后蘇氏生乾隆丙申年七月

十二日未時卒道光戊申年二月廿三日巳時葬欽

山裡

生子三長振次貫嗣暹三六

雙次子第十五世

暹字廷祿生乾隆己丑年七月廿五日巳時卒乾隆壬子

年七月初五日未時

嗣子貫本生父牛

卷十　第十三頁

雙三子第十五世

光房字廷　生乾隆庚戌八月二十日辰時卒

𡈽長子第十五世

權字廷猷生乾隆丁丑年四月廿二日申時卒乾隆戊申年

二月二十日酉時葬上坑寨仔山坐南向北

𡈽次子第十五世

自字廷寔生乾隆癸未年九月十五日巳時卒

配槎山陳氏生乾隆戊子年九月十六日寅時卒

燕長子第十五世

寬諒字廷直生乾隆丁丑年七月十二日午時卒乾隆乙卯年七月十四日申時葬山平頂坳園後岸東邊坐子向午兼癸丁庚子庚午分金配山仔社陳氏生乾隆乙酉年八月十七日巳時卒道光壬寅年十二月初二日巳時葬山坪頂坐巽向乾兼巳亥丁巳丁亥分金

生子二長荷潒次春木本生父寬遼

燕次子第十五世

廷遼字廷輝生乾隆辛巳年三月初二日巳時卒道光己丑

年五月初一日午時葬山平頂坐巳向亥兼乾巽

配西亭坑王氏生乾隆壬辰年十月廿四日寅時

卒道光辛丑年五月十七日酉時葬大屏山尾坐艮

坤兼丑未丁丑丁未分金

生子五長秋水次春木出嗣諒

三夏至出嗣有信四冬菊五霜降

燕三子第十五世

國長子第十五世

寬柔字廷順　出嗣

有應字廷忠生乾隆戊寅年五月初六日戌時卒葬失載

國次子第十五世

有道字廷瑞生乾隆甲申年正月廿六日寅時卒乾隆辛亥年十一月初六日酉時葬在虎溝上山脚坐西南向東北配廈門海岸裡陳氏生葬所失載

國三子第十五世

有維字廷玉生乾隆己丑年十二月十五日戌時卒葬失載

國四子第十五世

有信字廷孚生乾隆癸巳年三月十一日巳時卒葬失載

嗣子一夏至

國五子第十五世

有若字廷哲生乾隆丙申年十二月十六日午時卒葬失載

顏嗣子第十五世

覔柔字廷順生乾隆辛卯年十二月廿六日丑時卒乾隆

戊申年九月廿八日申時葬山平頂坵園后岸坐巽

向乾兼巳亥　　生子一補

渊傳子第十五世

照傳子第十五世

王傳子第十五世

標
然傳子第十五世
生卒葬所失載

抱字
邦彥傳子第十五世
生卒葬所失載

誇
邦佐傳子第十五世
生乾隆辛酉年二月二十日亥時卒乾隆庚子年四月十五日辰時葬在埭墘坐東北向西南配黃氏生卒葬所失載
生子一懿

邦基傳子第十五世

賓基傳子第十五世

沃長子第十五世

夏蓮　　生乾隆乙酉年閏二月廿三日丑時卒道光戊
戌年正月初四日午時葬空壳墓坐癸向丁兼丑未辛
丑辛未分金配林氏生乾隆戊子年五月廿七日酉時
卒道光丙　年正月十六日酉時葬倒嵌後坐艮向坤
兼丁丑辛丑辛未分金

生子三長永利次子卿三子琴

沃次子第十五世

儒盎

生乾隆甲午年七月十八日未時卒

陟傳子第十五世

郯傳子第十五世

丕傳子第十五世

任子

生卒所失葬

大寶傳子第十五世

營傳子第十五世

招傳子第十五世

海傳子第十五世

長長子第十五世

轄字振華生雍正己酉年六月初五日亥時卒乾隆甲戌年

八月　日　時葬蘇祿配黄亭揚氏生雍正庚戌
年五月三十日午時卒
生子二長揚元次明德
長次子第十五世
軒字振邁生雍正辛亥年正月十九日子時卒乾隆庚子
年七月三十日未時葬燈火石坐甲向庚兼卯酉
雄長子第十五世
徐正振祚生雍正乙巳年十二月廿八日卯時卒乾隆庚寅
年十月廿六日丑時葬狗路頭園内坐酉向卯兼庚甲
丁酉丁卯分金配鍾林尾蔡氏生雍正癸丑年八月廿

一日巳時卒

生子二長伯達次江和

茗嗣子第十五世

威字振成生乾隆　年　月　日　時卒葬失載

配坂尾林氏生乾隆辛未年正月廿三日酉時卒乾隆庚子年四月十一日卯時葬在亭面前坐戌向辰

兼乾葬

生子一淋

賓長子第十五世

猛字振高生雍正壬子年　月　日　時卒葬失載

配　氏生卒葬所失載

賓次子第十五世

武字振宗生乾隆乙丑年　月　日時卒葬失載

配　氏生卒葬所失載

道傳子第十五世

廣傳子第十五世

光興字振發生乾隆甲子年十一月廿一日卯時卒

配林氏生乾隆戊寅年十月十八日　時卒乾隆壬

辰年七月初二日巳時葬上坑坐東向西

生子一聖宗

佛長子第十五世

明字　生雍正甲寅年　月　日　時卒葬失載

佛次子第十五世

報字　生卒葬所失載

佛三子第十五世

建字　生卒葬所失載

佛四子第十五世

挺字　生卒葬所失載

元斗傳子第十五世

元瑜傳子第十五世

元奎傳子第十五世

道寧　生卒葬所失載

元奎次子第十五世

道安　生卒葬所失載

元瑋長子第十五世

德衿字克紌諱滿生順治十七年辛丑四月初九日辰時

卒雍正四年丙午十月初一日申時葬呂宋甲馬力

配黄氏生康熙五年丙午七月廿四日巳時卒乾隆

五年庚申九月廿七日寅時葬山仔頂坐乙向辛兼辰
戌　　生子一仁澤
元瑋次子第十五世
德祁字克經諱甲生康熙四年乙巳二月初五日申時卒康
熙三十六年丁丑六月初八日酉時葬吕宋配顏氏生
康熙十三年甲寅十二月初五日寅時卒乾隆六年辛
酉九月十一日未時葬山仔后坐亥向巳兼乾巽
　　生子一仁傳
元珍傳子第十五世
德裱諱色字克鋐生康熙乙巳年十一月初四日酉時卒

配林氏生康熙丙辰年十一月十一日亥時卒

元珉傳子第十五世

元瑛長子第十五世

德裕諱甫字克綿生康熙五年丙午九月十二日辰時卒康熙五十八年己亥五月廿九日辰時葬本社赤崎尾山坐亥向巳兼壬丙配黃氏生康熙九年庚戌八月初三日卯時卒乾隆己巳年九月廿三日巳時葬

石仔坑坐壬向丙兼亥巳

生子二長仁標次仁標

元瑛次子第十五世

德禧諱椽字吉人生康熙十三年甲寅三月十九日卯時卒雍正十一年癸丑正月十四日午時葬雷打石上坐甲向庚兼卯酉配施氏生康熙二十四年乙丑八月初九日寅時卒乾隆三十一年丙戌五月廿四日未時與夫合葬

生子四長權次卿三寵四誦出嗣胞弟壽

元瑛三子第十七世

德柆諱壽字静山生康熙十六年丁巳十月二十日巳時卒康熙五十三年甲午二月十五日亥時葬后墓坐庚向甲兼甲寅丙申丙寅分金配陳氏生康熙丁卯二十六年七月廿五日酉時卒康熙壬辰五十一年八月二十日寅時葬本社后墓山坐酉向卯兼辛乙

嗣子一誦（係胞兄裕四子）

元瑛四子第十五世

德福諱富字維五生康熙十七年戊午年七月初七日辰時卒乾隆四年丙午九月初十日午時葬前坑内珠嶺仔上坐子向午兼癸丁配温氏生康熙三十二年癸酉二月十

一日辰時卒雍正七年己酉正月十二日酉時葬
石仔坑長𡒄坪西坐午向子兼丁癸
生子三長智次遠三千

元瑛五子第十五世

德禔諱貴字子安生康熙二十年辛酉十二月初四日申時
卒乾隆二十一年丙子二月廿八日酉時葬目兜石邊坐
巽向乾兼辰戌配李氏生康熙三十九年庚辰正月初
九日巳時卒乾隆四十六年辛丑十一月廿四日巳時
葬水頭山仔頂坐壬向丙兼亥巳丁亥丁巳分金
生子四長渭次俊三祜四輝

元瑛六子第十五世

德祜諱德字篤周生康熙二十二年癸亥九月初七日戌時

卒雍正十三年乙卯十二月初八日辰時葬吱嚁吧

配王氏生康熙三十三年甲戌五月廿一日丑時卒

乾隆十九年甲戌七月初六日巳時葬石仔坑山坐

辛向乙兼酉卯

生子二長偉次任

喜傳子第十五世

元瓊長子第十五世

德祺諱長字克絢生順治十四年戊戌九月廿八日丑時卒

康熙三十八年己卯十月廿六日未時葬大泥國配鄭

氏生康熙五年丙午六月廿七日巳時卒乾隆十六年

辛未六月廿三日丑時葬山仔前坐壬向丙兼巳亥丁巳

丁亥分金

生子三長勤次榮三睿

元瓊次子第十五世

德袖諱都字克紈生康熙丙午正月初二日辰時殁在

呂宋

元瓊三子第十五世

德祥諱鳳字克綵生康熙七年戊申六月三十日巳時卒
乾隆八年癸亥七月初三日子時葬石仔坑尾坐子
向午兼壬丙配張氏生康熙十七年戊午十月十四
日巳時卒乾隆十七年壬申正月廿二日酉時葬山
仔前坐辰向戌兼乙辛庚辰庚戌分金
生子二長喬次哭
元瓊四子第十五世
德祐諱盛字自天生康熙十四年乙卯十月初三日丑時卒
乾隆廿九年甲申四月十八日戌時葬隨宮坐北向南
配陳氏生康熙三十年辛未五月十九日巳時卒乾隆

乾隆四十八年癸卯三月初二日未時葬山頂脚坐丁
向癸兼未丑庚午庚子分金
生子四長養次仕三親四賜

元瓊五子第十五世

德禎諱香字餘其生康熙二十年辛酉二月廿二日未時卒

葬失載

元瓊六子第十五世

德祚諱月字國脩生康熙二十二年癸亥七月廿六日亥時
卒乾隆九年甲子八月十四日酉時葬前山坐戌向辰
兼辛乙配翁氏生康熙三十二年癸酉三月初六日亥

時卒乾隆七年壬戌八月廿一日辰時與夫合葬

生子三長韓次魏三秦

元瑋傳子第十五世

元瑛傳子第十五世

德禮諱建字　生康熙七年戊申八月廿二日辰時卒

康熙五十二年癸巳正月初十日酉時葬隨宮坐丑

向未兼癸丁配黃氏生康熙十九年庚申九月十一日

酉時卒雍正元年癸卯六月廿九日巳時葬尾頭后

河仔上坐壬向丙兼亥巳

生子二長祖次全

換傳子第十五世

超崇傳子第十五世

超淑長子第十五世

德諒諱麒字　生康熙十八年己未五月廿五日午時卒康熙三十三年甲戌二月十五日巳時葬在山兜泥甫墓右邊坐艮向坤　配陳氏生卒葬所失載

嗣子一六海係啟亨次子

起淑次子第十五世

啟泰諱裕字饒夫平台加功授浙省台州府黃岩鎮都閫府生康熙二十九年庚午六月廿一日辰時卒乾隆二十七年壬午六月十四日巳時配陳氏例封宜人生康熙三十年辛未閏七月廿五日辰時卒康熙五十七年戊戌年九月初十日亥時葬吳貴下尾坵坑壠坐丙向壬兼午子辛巳辛亥分金續配林氏生康熙癸酉三十二年三月廿一日寅時卒乾隆甲午三十九年七月廿一日午時與公合葬壠尾園裡坐壬向丙兼子午辛亥辛巳分金側室蔡氏生康熙三十九年庚辰八

二

八月十四日寅時卒乾隆二十六年辛巳十一月廿二
日酉時葬本社龍門山嶺内園坐卯向酉兼甲庚
丁卯丁酉分金
生子三長應溪次應洲廳出三應淞嫡出
超淑三子第十五世
啟亨諱僩字次元生康熙三十四年乙亥十月初十日亥
時卒乾隆三十八年癸巳十一月初四日巳時壽八
旬塟東山邊山仔頂園裡坐壬向丙兼子午辛亥辛巳
分金配揚氏生康熙三十四年乙亥十二月初一日寅
時卒乾隆四十八年癸卯十一月初十日戌時葬

大𫝆頂桃莆墓下右邊坐丑向未兼丁丁丑丁未分金

生子七長宣湖次六海出嗣德諒三潭四應浩五登泮六登憲七宗灩

超淑四子第十五世

啟哲諱逸字次明生康熙三十六年丁丑閏三月初三日丑時卒乾隆二十一年丙子閏九月初九日巳時葬在湖尾山園裡坐卯向酉兼甲庚丁卯丁酉分金配林氏生康熙三十五年丙子五月初六日巳時卒乾隆二十二年丁丑十月廿一日巳時與公合葬

生子三長旺龍次旺虎三蔡

趙璧傳子第十五世

趙享長子第十五世

彬諱德桃字尧繩生順治十三年丙申十月初十日亥時卒
康熙五十三年甲午十二月十四日辰時壽五旬有九
葬在泥甫大墓邊坐艮向坤兼丑未配海滄陳氏生
康熙六年丁未十二月十八日卯時卒乾隆十年乙丑
十二月十五日卯時壽七旬有九葬在廟兜上報恩院
山彌勒肚形坐辛向乙兼酉卯
生子五長總次相三強四在五前

超享次子第十五世

生卒葬所失載

韜

超聰嗣子第十五世

啟裔諱崇生康熙三十七年戊寅二月初七日巳時卒雍

正二年甲寅十月十七日戌時葬東山邊園裡坐

向　兼

配林氏生卒所失載

生子一　世寬

超明長子第十五世

啓宗諱推字爾彰生康熙二十三年甲子十月初一日未時

卒康熙五十一年壬辰正月初四日辰時葬在台湾

配李氏生康熙二十三年甲子七月初十日午時卒
乾隆十九年甲戌四月十三日巳時葬在大厝園裡
坐艮向坤兼寅申
生子二長興隆次興祖

超明次子第十五世
啟宸諱石字登山生康熙三十年辛未二月十三日未時卒
乾隆二十四年己卯十二月初五日午時壽六旬有九
配張氏生康熙三十二年癸酉八月廿八日午時卒
乾隆二年丁巳十一月十七日卯時合葬山頭園裡
坐酉向卯兼庚甲

生子六長署次崑三端四奭五梓六錫

超明三子第十五世

啟寀諱玐字次同　出嗣超萃

超明四子第十五世

啟喬諱棠　出嗣超聰

超明五子第十五世

啟宛諱光綬　出嗣超睿

超睿嗣子第十五世

啟宛諱光綬生康熙四十二年癸未四月初七日亥時卒

乾隆二十二年丁丑七月十六日巳時葬外地港口

啟

趙莘嗣子第十五世

家諱勁字次同康熙三十三年甲戌二月十三日亥時

卒乾隆三十四年己丑九月十二日酉時壽七十有

六葬下庵園裡坐癸向丁兼子午配翁氏生康熙四

十二年癸未十月十六日丑時卒乾隆五十年乙巳

月　日　時葬與夫同處坐癸向丁兼丑未

生子二長才次壯

發傳子第十五世

連字

生康熙　年　月　日卒葬失載

成傳子第十五世

全字　生卒葬所失載

旺傳子第十五世

敵傳子第十五世

潔傳子第十五世

恍傳子第十五世

從長子第十五世

愿諱錫福字　生雍正庚戌年正月初六日辰時卒乾隆癸卯年八月初七日酉時葬東埔尾園裡坐丁向癸兼午子丙午丙子分金配林氏生乾隆丙辰年四月十九日午時卒乾隆壬辰年六月初四日午時葬曾邊園后岸坐辛向乙兼酉卯丁酉丁卯分金續配蔡氏生乾隆乙丑年五月廿七日午時卒乾隆乙巳年二月初七日戌時與夫合葬

生子四長殿揚次果珍三水四賢

從次子第十五世

達諱錫祿字　生乾隆甲子年十月廿五日寅時卒乾隆

甲辰年十二月廿七日卯時葬曾邊園后岸坐辛向乙兼戌辰配姚氏生乾隆十一年丙寅四月初十日未時

生子四長湘溶次湘潤三湘浦四湘浮

鎮傳子第十五世

安傳子第十五世

陳傳子第十五世

崇隆長子第十五世

俊字　生康熙　年　月　日時卒葬失載

崇隆次子第十五世

永老諱宏長字綿遠生康熙辛卯年十月十三日子時卒乾
隆三年戊午正月廿八日酉時葬咬嚁吧

嗣子一蚌　係興祖三子

崇社長子第十五世

疇諱宏發字洪範生康熙辛丑年七月廿七日巳時卒乾
隆丁酉年十一月初一日亥時葬嘛吠呷配陳氏生雍
正乙巳年十一月初五日子時

生子一雙文

崇社次子第十五世

興祖諱宏周字振宗生雍正戊申年五月十九日巳時卒乾隆辛丑年六月初四日未時附葬親壙配李氏生乾隆丙辰年十二月二十日子時卒乾隆戊申年六月廿四日酉時葬坑園山閣屏内坐　向　兼

生子四長乞次把三蚌出嗣堂兄永老四茅

崇基長子第十五世

傳諱宏度字正順生康熙甲申年九月十一日寅時卒乾隆

丙申年十月三十日未時葬橋頭井園裏坐亥向巳兼乾巽丁亥丁巳分金配吳氏生康熙壬午年十月三十日子時卒乾隆丙子年十一月廿六日午時葬曾邊園裡坐乾向巽兼亥巳庚戌庚辰分金

生子五長岑次衍三廷四詿五吉

崇基次子第十五世

先諱宏覺字啟恭生康熙丁亥年十一月初一日戌時卒乾隆乙亥年七月初十日吉時葬三寶壠配馬氏生康熙戊寅年八月廿二日丑時卒乾隆五十四年正月初四日巳時葬抗內大山腳園裡坐　向　兼

生子二長德次鳳隨

崇璽長子第十五世

雲諱宏仁字尚卿生康熙乙亥四月廿七日子時卒乾

隆乙未年九月廿七日子時葬

配李氏生康熙丙子年七月廿七

日巳時卒乾隆庚子年九月十六日葬曾邊洋坐

向　兼　生子一盛光

崇璽次子第十五世

參諱宏義字一貫生康熙戊寅年六月廿三日子時卒康

熙戊戌年十月十七日戌時葬閣屏山坐寅向申兼

兼艮坤

嗣子一瑪壽係胞弟贊次子

崇壐三子第十五世

贊諱宏志字有成生康熙四十一年壬午四月廿六日子時卒乾隆三十一年丙戌八月十六日未時葬吧城新塚裡配王氏生康熙乙酉年十二月初一日子時卒乾隆庚寅年八月廿六日亥時葬曾平三斗坵園後坐酉向卯兼庚甲

生子四長瑪蔭次瑪壽出嗣胞兄參三瑪看四瑪紫

崇壢長子第十五世

鵬諱宏禮字文冲生康熙三十七年戊寅七月初六日子

時卒乾隆三年戊午二月廿一日未時葬三寶墘配
温氏生康熙四十一年壬午十月廿六日卯時卒乾
隆甲子年十一月廿一日寅時葬曾邊田墘坐乾向
巽兼戊辰
生子三長仕俊次仕傑出嗣胞弟輝三仕朝
崇壪次子第十五世
輝諱宏智字文發生康熙三十九年庚辰九月廿五日辰
時卒雍正元年癸卯六月二十日巳時外亡配康氏生
康熙四十一年壬午六月廿九日午時

嗣子一仕傑係胞兄鵬次子

崇巖三子第十五世

佛諱宏信字文忠生康熙四十六年丁亥十月十七日卯時

卒乾隆三十五年庚寅四月初六日巳時葬曾邊名

伯公壙右內坐酉向卯兼庚甲外坐辛向乙兼酉卯

辛酉辛卯分金配顏氏生康熙甲午年四月廿九日

子時卒乾隆丁酉年二月初九日午時葬曾邊毗連

夫壙坐辛向乙兼戌辰辛酉辛卯分金

生子一承祚

崇巖四子第十五世

元諱宏美字文起生康熙丁酉年十月三十日吉時卒
乾隆乙丑年五月十六日　時葬吉礁
配　氏生卒葬所失載　　生子一定國

崇巖五子第十五世
嵩諱宏璞字文岳生雍正元年癸卯六月初十日戌時卒嘉
慶四年已未十月廿九日丑時享壽七旬有七葬
　　配陳氏生雍正十一年癸丑九月十
九日未時卒嘉慶八年癸亥六月初四日卯時與公
合葬在曾邊牛磨后坐亥向巳兼壬丙辛巳辛亥分
金　　生子二長登記次光背

公長女清娘許字比市林譚待年二十有六譚外歿訃至父母秘之議欲別婚清娘聞知自縫衣裳乘夜投河以全名節先一夕家人聞有鼓樂聲蓋魂已先往林家也惜林家式微無有迎其柩以歸者私謚守貞葬在大屏山必列隔上犁頭冲對面坐西向東乾隆己丑年二月初六日酉時其生日也乾隆甲寅年四月廿一日戌時其卒日也立主置產弟姪輪流祭祀迨咸豐八年旌表入節烈祠此潛德幽光無微不彰者也

贊曰山川清淑鍾毓無常閨門節烈忠義同光當時雖隱後世褒揚貞魂可慰萬代馨香

族姪賓南識

崇壩六子第十五世

魁諱　出嗣崇墉

崇壩七子第十五世

祝諱宏蕙字文誦生雍正九年辛亥十二月二十日子時

辛嘉慶九年甲子八月初九日辰時塟

配顏氏生乾隆六年辛酉三月廿一日寅時卒

生子三長碧韜次碧略三碧和

崇垣長子第十五世

麟諱宏瑞字質仁生康熙庚辰年九月十五日酉時卒雍正癸丑年正月十二日未時葬廣東省配劉氏生康熙癸未年十一月十九日子時卒乾隆癸卯年正月廿九日戌時葬秀才公墓前田墘園前岸坐　向兼

生子二長君次華係雷三子

崇垣次子第十五世

廣諱宏瑋字振雄生康熙四十二年癸未八月十六日戌時卒雍正八年庚戌十月初一日巳時葬

嗣子一養係雷長子

崇垣三子第十五世

雷諱宏瑛字振烈生康熙乙酉年九月初一日子時卒乾隆癸卯年正月廿一日卯時配賴氏生康熙辛卯年十月初五日午時卒乾隆壬寅年七月廿三日酉時合葬學仔前坪仔頂園後岸坐　向　兼

生子三長姜出嗣胞兄賡次勝三華出嗣胞兄麟

崇垣四子第十五世

陳諱宏瑶字振山生康熙丁亥年七月廿九日午時卒乾隆丁卯年二月廿五日寅時葬廣東北門荔宮山坐　向

配魏氏生康熙辛卯年十二月初八日寅時卒乾隆

戊戌年九月廿六日子時葬牛埔山上坐子向午兼
壬丙丙子丙午分金
生子二長起次榮

崇墉長子第十五世

東諱宏材　字春谷太學生生康熙己丑年二月廿七日
亥時卒乾隆丁丑年十月初五日未時壽四十有九配鍾
林尾蔡氏生康熙辛卯年九月初六日寅時卒乾隆
六十年乙卯閏二月廿五日午時與夫同母洪氏合
葬下店坐癸向丁兼丑未庚子庚午分金配側室林氏
生康熙庚子年十月初十日戌時卒嘉慶十三年戊

辰三月十二日午時葬下店四斗坵田上園后岸坐
艮向坤兼寅申辛丑辛未分金
生子五長熙次軻出嗣胞弟耀三講出四喈出嗣胞弟魁五泰庶出
宏材生平慷慨樂施豈第親朋戚屬感壹飧之惠澄志
所載三魁嶺築亭一節以蔭行人幾與甘棠之誦並
傳千古矣
崇墉次子第十五世
耀諱宏藝字瑞輝生康熙甲午年十一月廿二日午時卒雍
正四年丙午二月二十日巳時葬學仔前園裡

嗣子一軻係宏村次子

崇墉三嗣子第十五世

魁諱宏桂字貴元生雍正五年丁未四月初一日巳時卒

乾隆十字乙丑四月初八日酉時外葬咬嚁吧

嗣子喈係宏村四子

崇坡長子第十五世

喬諱宏棟字榮遷生康熙丁亥年九月十一日巳時卒乾

隆丁丑年二月十一日　時客死安南配黄氏生康

熙丁亥年九月十二日巳時卒乾隆壬寅年五月初

三日丑時葬牛埔狗仔田上坐子向午兼癸丁庚子

庚午分金　　　　　生子一密生
崇繖次子第十五世
字諱宏桂字　生康熙己丑年九月初五日巳時卒
崇繖三子第十五世
量諱宏樑字　生康熙壬辰年正月初四日寅時卒乾隆
戊午年七月廿三日子時葬嘛吠呷配蔡氏生康熙
庚寅年十月十七日子時卒乾隆乙巳年十一月十七
日巳時葬曾邊園坐　向
生子二長縱次翰

崇坡四子第十五世

光諱宏極字瑞彩生康熙甲午年九月初五日寅時卒乾隆丙辰年六月十一日未時葬曹邊坐　向　兼

崇坡五子第十五世

正諱宏樞字遜中生康熙丁酉年十月廿一日寅時卒乾隆丙申年五月初六日申時葬曹邊田墘坐庚向甲兼酉卯庚申庚寅分金配陳氏生雍正五年丁未十二月廿九日巳時卒乾隆五十一年丙午三月廿七日午時葬曹邊許家墳左內坐亥向巳兼壬丙外坐壬向丙兼巳丁亥丁巳分金

嗣子一光璉係堂兄琳五子

崇坡六子第十五世

純龍諱宏誼字瑞珍生雍正丁未年十二月初十日酉時卒乾隆己亥年五月初六日酉時葬在吉礁配林氏生雍正乙卯年十月十三日辰時卒乾隆庚子年六月廿一日未時葬曾邊園

生子二長玉山次天送

崇坡長子第十五世

仰諱宏春字向高生康熙庚寅年七月初六日卯時卒雍正十年壬子閏五月廿一日戌時葬咬噹吧舊塚

嗣子二長軒係肥弟琳長子次瓊

崇墀次子第十五世

琳諱宏泰字良寶生康熙五十四年乙未八月十九日卯時卒乾隆三十七年壬辰正月初五日午時壽五十有八葬屏山狗仔田父墳右坐　向　兼　配河山兜許氏生康熙六十一年壬寅八月廿五日未時卒嘉慶二年丁巳十月廿八日酉時葬下店鼎臍河田上園后岸坐辰向成

生子五長軒出嗣肥兄仰次鄒

三魯出嗣肥弟五四伯五璉出嗣堂弟正

崇墀三子第十五世

威諱宏泰字三甫生康熙五十八年己亥九月廿七日卯時

卒嘉慶五年庚申三月廿六日申時葬秀才公下巷仔

口田上與蔡氏同穴坐亥坐巳兼乾巽丁亥丁巳分金

配寨上陳氏生雍正九年辛亥二月初八日申時卒

乾隆四十七年壬寅六月十二日辰時壽五十有二

葬屏山牛埔上坐子向午兼癸丁庚子庚午分金續

配鍾林尾蔡氏生乾隆七年壬戌八月初九日亥時

卒嘉慶二年丁巳正月初拾日酉時從夫合葬坐向

全仝再續配莊氏　甲子年四月十四日未時

生子五長遇次顯三令四印五柄

崇墀四子第十五世

充諱宏奉字而精生雍正元年癸卯四月廿六日酉時卒乾
隆二十八年癸未六月初七日寅時葬桑佛水頭莊
氏生雍正十年壬子四月初十日酉時卒嘉慶十三
年戊辰六月三十日酉時葬坑園山牛埔上坐　向

生子三長琴次語出嗣肫弟五三帶

崇墀五子第十五世

五諱宏理字而極生雍正二年甲辰二月廿三日巳時卒乾

隆四年己未正月廿八日巳時葬曾邊田墘園前坐

向　嗣子二長魯次龍兄琳三子次語四胞兄光次子

良傳子第十五世

覲公諱嗣熙字悅情生康熙甲午年九月初五日寅時卒

乾隆己亥年六月初七日寅時葬本社后壁埔坐

向　配王氏生康熙丁酉年十一月十六日丑時卒

生子一成祖

拔長子第十五世

民諱嗣綿字子來生雍正己酉年正月初五日未時卒乾

隆庚午年正月廿七日　時葬吱嚁吧

嗣子一光暹係訓誥三子

拔次子第十五世

鶴鳴諱嗣衍字聲聞生乾隆己未年九月初十日子時卒

典諱嗣騏字賡揚生乾隆己未年六月二十日午時卒

（典旁注：謨）

田長子第十五世

乾隆癸卯年五月初十日未時葬二姿石下坐西北

向東南配吳氏生乾隆丙子年四月初七日未時卒

生子二長淵泉次帝眷

田次子第十五世

訓

詰諱駉安字重開生乾隆戊辰年六月十二日午時卒

配江氏生乾隆癸酉年十二月廿四日寅時卒

生子三長光韡次光昶三光遲出嗣堂兄民

篤傳子第十五世

敦長子第十五世

三友諱嗣騏字益夫生雍正癸丑年五月十三日卯時卒乾隆丁亥年七月十五日午時葬在吉礁配康氏生雍正十三年乙卯九月初一日午時卒

生子二長高陞次迭山

敦次子第十五世

天瑞諱嗣祥字弘德生乾隆三年戊午三月廿一日未時卒乾隆三十六年辛卯六月十六日未時外亡

秉長子第十五世

祈長諱嗣平字望安生雍正己酉年九月十九日巳時卒乾隆

丁亥年八月十五日午時葬吉礁

秉次子第十五世

顯昭諱嗣明字亦彰生雍正十三年乙卯三月初一日辰時

卒乾隆三十六年四月十九日寅時葬台湾配　氏

生卒塟所失載　　　生子二長振茂次振祿

懷生傳子第十五世

考生傳子第十五世

廣生傳子第十五世

莆長子第十五世

伯頎諱嗣驥字元通生乾隆乙丑年十月十二日亥時卒

配吳氏生乾隆辛巳年二月十九日亥時卒乾隆戊申

年五月十五日巳時葬洪坑下尾

莆次子第十五世

慶郎諱嗣仲字君才生乾隆　年　月　日　時

卒乾隆　年　月　日　時葬失載

莆三子第十五世

郁諱嗣季字文儀生乾隆戊寅年二月初四日丑時卒

奭傳子第十五世

彩章諱嗣明字物華生乾隆戊辰年九月三十日丑時卒

戴傳子第十五世

忠信諱嗣享字善道生乾隆丁亥年十月初九日寅時卒

魏傳子第十五世

開諱嗣富字献章生乾隆　年　月　日　時卒

葬失載

爵傳子第十五世
邇適長子第十五世
大孫　生卒葬所失載
邇適次子第十五世
二孫　生卒葬所失載
邇適三子第十五世
三孫　生卒葬所失載
邇適四子第十五世
紅　生卒葬所失載

邇適五子第十五世

生卒葬所失載

常

暢傳子第十五世

疇字世賚一字愧伯生康熙乙卯年正月十九日寅時卒

乾隆戊寅年十二月十八日卯時配郭氏生康熙丙

子年十二月十五日戌時卒乾隆丙申年十二月十

一日卯時合葬在菴頭洋坐癸向丁兼子午

生子六長頏裕次曉升三儒豹

四士彪五明虎六家駒

攀長子第十五世

外字　生康熙　年　月　日　時卒葬失載

攀次子第十五世

添字　生康熙　年　月　日　時卒葬失載

祿傳子第十五世

爵字世龍　生康熙　年　月　日　時

配王氏生

生子一　和

住漳州北門外茶園保高坑社

釆傳子第十五世

尚長子第十五世

立字世沐生康熙辛酉年九月廿八日辰時卒雍正壬子年

九月十六日子時附葬父墳配鄭氏生康熙辛未年十

二月廿九日辰時卒康熙壬辰年正月十二日午時葬

西邊橋頭坐　向　兼

生子一煇

尚次子第十五世

洵字　生卒葬町失載

周傳子第十五世

朝謙傳子第十五世

朝讓傳子第十五世

嘉傳子第十五世

暢傳子第十五世

祐傳子第十五世

生卒葬所失載

蔭

春傳子第十五世

忠字　生康熙壬子年九月廿五日未時卒

朝禎傳子第十五世

朝祥傳子第十五世

朝詰傳子第十五世

朝猷長子第十五世

洲諱世求生康熙丁未年三月初九日寅時　殁呂宋

朝猷次子第十五世

龍諱世綬生康熙庚戌年十月初三日巳時卒

朝猷三子第十五世

參諱世榮　出嗣朝藹

朝猷四子第十五世

鵬諱世組生康熙戊午年四月初六日酉時卒雍正壬子年

三月廿七日巳時葬后壁園坐艮向坤兼丑未丁丑丁

未分金配楊氏生康熙甲戌年七月十七日亥時卒

乾隆庚辰年九月初七日午時葬東勢塘裡山頂坐乙向辛兼卯酉

生子五長興仁次國讓三美常四嘉綱五永瑞

朝猷五子第十五世

福諱世錫字歡卿生康熙甲子年十一月十五日未時卒乾隆辛酉年五月廿一日巳時葬后壁園石路頂坐艮向坤兼寅申配黃氏生康熙丁丑年六月初十日辰時卒乾隆壬午年六月初十日巳時與夫合葬

生子二長顏生次瓊

朝才嗣子第十五世

參諱世棠生康熙癸丑年九月初三日卯時生歿在呂宋

朝珍傳子第十五世

興祖字世邦生康熙甲午年五月初二日未時卒乾隆丁酉年九月十四日寅時葬后壁坐卯向酉兼乙辛配林氏生康熙甲午年二月廿九日卯時卒乾隆戊戌年三月二十日午時葬埭仔頂山坐艮向坤兼寅申

生子二長閒次清河

朝璉長子第十五世

琦諱世輔字左卿生康熙乙丑年十月十二日巳時卒乾隆己未年正月十五日未時葬撑石頂坐未向丑兼丁

癸配刘氏生康熙辛未年十二月三十日亥時卒乾
隆壬辰年十月十五日丑時葬坪前園坐甲向庚兼
寅申　　生子二長雄次維

朝璉次子第十五世
異諱世偉字署卿生康熙庚午年正月廿一日酉時卒乾
隆已未年十一月初二日午時葬安南配黄氏生
康熙甲戌年十一月廿二日丑時卒乾隆廿九年
十二月初六日戌時葬水尾埭園坐亥向巳兼壬丙
　　生子三長麟章次鸞彩三飛熊

朝璉三子第十五世

巖諱世弼字右卿生康熙戊寅年五月初五日亥時卒雍正
癸　年十二月十二日辰時葬石壁園坐丑向未兼
艮坤配陳氏生康熙庚辰年三月廿一日亥時卒雍正
戊申年十二月十二日午時葬　　　　　　　坐丑
向未兼癸丁續配陳氏生康熙壬午年十月初二日
己時卒乾隆庚寅年八月廿六日午時葬台後坐乙
向辛兼卯酉　　　生子二長騰次起

九如
怨長子第十五世　　住江西省城
　生卒葬所失載
怨次子第十五世

六壽　生卒葬所失載

郡傳子第十五世

豫傳子第十五世

專諱世顯字良哉生康熙戊辰年五月初八日酉時卒乾
隆癸未年九月十四日丑時葬台後四角坵園坐壬向
丙兼子午辛亥辛巳分金配陳氏生康熙丁丑年七月
十八日未時葬後路尖石頭園坐艮向坤兼丑未丁
丑丁未分金

生子五長墳次羆三潤四葉五咸

天送傳子第十五世

天碩長子第十五世

前定字承謨生乾隆乙亥年二月廿四日未時卒

天碩次子第十五世

生卒塋所失載

未

成桓傳子第十五世

傳宗傳子第十五世

添傳子第十五世

連　生康熙　年　月　日　時卒葬失

配　氏生康熙　年　月　日　時卒葬失

厚傳子第十五世

祖傳子第十五世

紹長子第十五世

典字　生康熙癸亥年二月十九日卯時卒康熙癸巳年

二

六月十七日葬在呂宋配施氏生康熙辛丑年五月
初五日午時卒乾隆丙戌年七月初三日午時葬在
捿山　　生子一　天助
紐次子第十五世
成字　生康熙甲申年七月二十日酉時卒　乙丑
年七月初九日　時葬失載
光祥傳子第十五世
堯字唐侯一字君實生康熙戊辰年八月十八日寅時卒乾
隆甲戌年八月十四日酉時葬台灣配何氏生康熙戊
辰年四月十九日丑時卒乾隆乙未年十月初九日巳時

葬埭頭螺角頭坐西北向東南
生子四 長郡 次昇 三應岐 四桔

躍字
光鄉長子第十五世
生康熙庚辰年五月廿五日巳時卒乾隆戊辰年
五月廿一日卯時葬台灣配楊氏生康熙庚辰年十月
初五日寅時卒乾隆己亥年六月廿七日丑時葬螺角
頭坐癸向丁兼子午丙子丙午分金
生子二 長尊賢 次顯宗 出嗣燦

燦字
光鄉次子第十五世
生　壬辰年八月廿七日亥時卒　乙卯

年五月十二日申時葬失載
　嗣子一　纘宗本生父

永傳子第十五世

聞磬傳子第十五世
　生康熙　年　月　日　時卒葬失載

俊字

配　氏生康熙　年　月　日　時卒葬失載

聞賢長子第十五世

昂諱有慶字亦璋生康熙己酉年三月廿九日巳時卒康熙
癸酉年十月初七日巳時葬光員山東坑坪山頂坐丑

向未配許氏生卒葬所失載

生子一榮

閩賢次子第十五世

景諱有爵字亦卿生康熙辛酉年七月初六日未時卒乾隆庚午年十一月初五日子時葬

配鍾氏生康熙戊辰年八月廿九日丑時卒乾隆乙未年十二月十八日酉時合葬廟鞍裡坐亥向巳兼乾巽丁亥丁巳分金

生子四長全次道三福四祿

閩賢三子第十五世

二

昱諱有祿字亦昭生康熙癸亥年十一月初七日巳時卒
雍正乙卯年四月十四日巳時葬山頭湖坐乾向巽兼
戌辰配李氏生康熙己巳年三月初七日寅時卒乾隆
己酉年九月初四日寅時葬山頭湖坐甲向庚兼卯酉
生子五長盛次龍三虎四文貴五光胤

閭賢四子第十五世

晃諱有光字亦輝生康熙戊辰年二月廿九日戌時卒乾隆
戊午年七月廿三日　時葬在廣東洋
配鍾氏生康熙甲戌年八月廿四日丑時卒乾隆戊子
年八月廿七日巳時壽七十有五塟石户碇內園裡坐

寅向甲兼艮坤丙寅丙申分金

生子三長聞次法三眼

聞超嗣子第十五世

都諱有容字亦寬生康熙癸丑年九月初六日申時卒乾隆乙丑年正月二十日巳時配洪氏生康熙甲寅年四月廿八日寅時卒乾隆壬戌年五月廿五日　時合葬在東山邊坐壬向丙兼子午辛亥辛巳分金有石碑

生子三長國次宗三明德

聞宗長子第十五世

角字朝彥生康熙甲戌年九月十三日子時卒乾隆庚午年

二

九月初二日寅時葬台灣配朱氏生康熙丙戌年十一月初八日辰時卒乾隆壬午年三月初二日辰時葬大屏山坐甲向庚兼卯酉

生子二長乾山次報老

聞宗次子第十五世

响字朝傑生康熙己卯年三月二十日子時卒乾隆辛巳年七月十二日未時葬牛埔山坐丙向壬兼午子丙午丙子分金配何氏生康熙癸未年七月初二日未時葬南安祖妣壙左坐艮向坤兼寅申

生子四長銳次漢三盌四持

閬宗三子第十五世

亮字朝俊生　年　月　日　時卒

年八月十八日　時葬

閬宗四子第十五世

滿字朝選生　年　月　日　時卒

閬贊長子第十五世

年十一月廿一日　時葬

聯字朝联生康熙　年　月　日　時卒乾隆

年四月初四日　時葬

配　氏生卒葬所失載

生子一漢奇

聞贊次子第十五世

泰字朝泰生康熙　年　月　日　時卒　年月日

時葬　　嗣子撩係章次子

聞芽傳子第十五世

章字有斐生康熙壬寅年正月十九日辰時卒乾隆丁未

年四月初一日酉時附葬父墳大片裡坐壬向丙兼亥

巳丁亥丁巳分金配李氏生康熙甲辰年九月二十日戌

時卒嘉慶十二年丁卯十一月初四日巳時葬坑園

山坐艮向坤兼寅申丙寅丙申分金公父子遷移改

葬蔡嶺山社前山三世合坟坐向同

生子三長惠次榜嵩泰三潭

補傳子第十五世

奬傳子第十五世

蔭傳子第十五世

欽傳子第十五世

興字有祥生康熙丙子年十月初一日寅時卒乾隆乙丑年十二月廿八日巳時葬後壠興中興父墳毗連坐乙向

辛兼卯酉配陳氏生康熙丁丑年十一月十七日丑時卒乾隆乙亥年九月十四日丑時附葬後壠坐乙向

辛兼卯酉

生子二長周次萬

欽次子第十五世

祜字有祚生康熙戊子年五月十五日酉時卒

配林氏生康熙壬寅年四月初二日巳時卒

生子一明賜

昭長子第十五世

莊字集雲諱登龍生康熙庚辰年五月十八日午時卒

配陳氏生康熙癸未年四月廿七日子時卒

生子三長壽次福三久

昭次子第十五世

興諱登鳳字　生康熙癸未年九月十八日午時卒乾隆

己未年十一月初十日寅時葬漳城北門外大坑頭

牛道内坐辛向乙兼酉卯配周氏生康熙戊子年三月廿六日巳時卒乾隆戊申年十月初二日申時與夫合葬

生子五長恭次寛三任四團五結

昭三子第十五世

旺諱登鰲字

生康熙己丑年八月十五日丑時卒

生子二長德盛次松茂

昭四子第十五世

潤傳子第十五世

耀諱登榜字　生康熙甲午年七月廿四日寅時卒

生子二長明珠次明球

答長子第十五世

宗庇字振岩生康熙丙申年十二月初三日卯時卒乾隆

子年八月十九日巳時葬北門寶珠源（潼城）禹居士墓上

坐乾向巽兼亥巳庚戌庚辰分金配邱氏生康熙丙

申年五月初一日卯時卒嘉慶戊辰年四月十二日

申時葬漳洲蘭花南靖地下莊社平枝山坐乾向巽

兼亥巳庚戌庚辰分金

生子三長鍾次劍鋒三英

荅次子第十五世

顯榮字　生康熙壬寅七月十七日寅時卒乾隆庚寅年六月三十日酉時配石氏生雍正丙午年七月十五日寅時卒乾隆辛未年九月廿八日子時合葬在漳城北門北邊高山坐西向東兼

生子一崑玉

荅三子第十五世

士保字　生雍正壬子年四月十四日巳時卒乾隆癸巳年三月初七日巳時葬漳城南門外一面旗山坐

向　配蘇氏生乾隆辛酉年十月廿八日子時卒
生子一吾
陣長子第十五世
吉諱國珍字　生庚熙庚辰年六月廿八日午時卒
陣次子第十五世
贊諱國球字　生康熙癸未年十二月初十日酉時卒
陣三子第十五世

麟諱國瑯字　生康熙乙酉年十一月十五日申時卒

生子一懷

爱長子第十五世

生康熙乙未年二月初四日辰時卒

生子三長水源次貴源三宗進

科

爱次子第十五世

甲諱　生康熙壬寅年二月十六日寅時卒

恕傳子第十五世

富長子第十五世

易諱經元字登俊生康熙甲午年十月廿六日申時卒嘉慶

年二月初七日丑時葬太高山坐東向西

配林氏生康熙乙未年十一月廿一日丑

時卒嘉慶丁巳年四月初三日寅時與夫合葬

生子四長深次遇三衛出嗣胞弟鼎四燦

富次子第十五世

詩諱經魁字登崇生康熙丙申年九月初四日巳時卒乾

隆辛未年　月　日　時歿在外地

配黃氏生卒塟所失載

生子一積

富三子第十五世

鼎諱大器字象九生康熙壬寅年五月初二日丑時卒乾

隆十六年四月十三日戌時歿在外地

嗣子一衛係肥兄易三子

富四子第十五世

金諱　字經綸生雍正甲辰年十二月初二日辰時卒乾

隆戊申年七月初四日申時葬在坑內坐北向南

配黄氏生雍正己酉年八月廿六日午時

卒

生子二長月生次明亮

富五子第十五世

生雍正乙卯年六月十三日戌時卒乾隆丁酉

年五月初八日酉時葬太高仔山公園坐東北向西

南配陳氏生乾隆　年　月　日　時卒葬

波字

失載

生子二長要祖次審光

縣長子第十五世

珠諱嗣玉生乾隆戊午年十二月初二日辰時卒乾隆甲

辰年二月十四日酉時附葬父墳山頭坐　向　兼

配揚氏生乾隆甲子年十月初三日戌時卒乾隆乙

巳年八月初二日巳時葬山頭宅仔前坐酉向卯兼

庚申

生子五長春次海出嗣胞弟習

三溪四港五泉出嗣堂兄𤦺

縣次子第十五世

習諱嗣儫生乾隆甲子年三月十三日寅時卒乾隆己丑年

七月十六日未時葬在外地坐向失載

嗣子一海係胞兄球次子

應傳子第十五世

鎮長子第十五世

伍諱嗣雄生雍正壬子年九月初七日丑時卒乾隆戊申年八月廿三日午時葬巷仔口園後坐戌向辰兼乾巽庚戌庚辰分金配陳氏生雍正乙卯年十一月廿八日巳時卒

生子三長抄次朝順三光籃

鎮次子第十五世

宰諱嗣傑生乾隆戊午年十月十八日亥時卒乾隆戊子年十月初二日丑時葬曾邊坐辛向乙兼戌辰配李氏

生乾隆壬戌年七月二十日午時卒嘉慶戊寅年正月初十日丑時葬田墘

生子三長叅次泉係球五子

鎮三子第十五世

九諱嗣佐生乾隆辛酉年六月廿一日辰時卒嘉慶己巳年三月廿三日未時葬增坪田墘園石頭脚坐壬向丙兼亥巳辛亥辛巳分金配鄭氏生乾隆丙寅年九月初三日寅時卒乾隆庚戌年九月初七日酉時葬田墘園石頭脚坐壬向丙兼亥巳丁亥丁巳分金

生子三長廣次紹出嗣胞弟己三光愛

鎮四子第十五世

壹諱嗣佑生乾隆甲子年三月廿一日酉時卒乾隆庚寅

年三月十二日寅時葬馬長

嗣子一紹係九次子

伯長子第十五世

機諱嗣茅生康熙壬寅年二月初十日辰時卒乾隆丙午年

十月廿二日巳時葬巄仔内園裡坐南向北配陳氏生

雍正己酉年九月廿一日戌時卒乾隆丁酉年七月初

八日巳時葬巄仔内石龟下坐南向北

生子六長麟次元三及出嗣堂弟諧四命五喜六珍

伯次子第十五世

越諱嗣果生雍正庚戌年十二月初八日丑時卒乾隆三十年二月初十日午時葬内壠仔大石後坐巽向乾兼辰戌配江氏生雍正甲寅年七月十三日亥時卒

生子二長水次東

伯三子第十五世

和字致中生雍正甲寅年九月初四日丑時卒嘉慶戊辰年七月十三日寅時葬寨仔山脚内壠内三六八坐坤向艮兼未丑丁未丁丑分金

配蘇氏生乾隆己未年六月廿六日午時卒乾隆癸丑年

四月初九日辰時葬壠仔内園裡坐未向丑兼丁癸
生子四 長福壽 次泰岩 三應拔 四應超

仲長子第十五世
联諱嗣苞生雍正癸卯年十一月廿一日酉時卒乾隆庚午年十二月廿七日酉時葬在吧城
配　氏生卒葬所失載
嗣子一郎 係肥弟長子

仲次子第十五世
羨諱積生雍正丙午年十月二十日未時卒嘉慶丙辰
年十月十八日未時 葬内壠仔

配陳氏生雍正癸丑年五月初十日卯時卒
年五月初四日　時葬内壠仔
生子五長郎出嗣胞兄睽次榮華三萬石
四忠信五孝友六美

叔長子第十五世
西諱嗣堅生雍正乙卯年九月廿一日午時卒乾隆庚午年
十一月初七日戌時葬内壠仔大石後坐巽向乾兼辰
戌

叔次子第十五世
諧諱嗣逵生乾隆丁卯年六月廿四日[illegible]

嗣子一及係機三子

德傳子第十五世

蔭長子第十五世

鳳岐諱嗣彩字瑞文生雍正丙午年十二月初二日亥時卒

嘉慶辛酉年九月十四日丑時葬

配下河林氏生雍正丁未年正月廿五日巳時卒乾

隆丙午年正月初七日酉時壽六旬夫婦合葬烏尾

園内坐癸向丁兼子午丙子丙午分金

生子五 長省老 次建生 三潭老 四淵清 五淵湧

薩次子第十五世

鳳詔諱嗣映字輝東生雍正巳酉年八月初九日酉時卒嘉慶甲子年六月二十日辰時葬台高山坐辰向戌兼乙辛丙辰丙戌分金配寧居李氏生雍正甲寅年八月二十日戌時卒嘉慶乙亥年正月廿四日時卒 初五日未時、葬失載 側室夏蓿生乾隆庚午年四月十四日時卒嘉慶甲辰年七月十二日辰時葬台高山園內坐卯向酉兼乙辛

生子四 長獻琛 次峰嶸 三啣環無出 四奪標

蔭三子第十五世

㫷求諱嗣輝字元賓生雍正壬子年六月廿九日申時卒
嘉慶戊午年正月十八日丑時葬任公墓烏尾園坐
癸向丁兼丑未　　　配海滄林氏生雍正庚戌
年十一月廿五日丑時卒嘉慶庚午年四月十二日
巳時與夫合葬側室林氏生乾隆庚午年十月十五
日午時卒道光戊戌年閏四月十八日辰時葬曾坪
坐癸向丁兼辛乙辛酉辛卯分金
　　生子四長為龍次騎鯨三講四長發

蔭四子第十五世

鳳疊諱嗣炳字震容生雍正乙卯年三月十五日子時卒乾
隆丙戌年十月初九日巳時葬山頭庵仔邊坐庚向甲
兼酉卯配吳貴林氏生雍正乙卯年八月十二日午時
卒嘉慶丙子年十一月廿七日寅時葬曾坪坐辛向
乙兼戌辰辛酉辛卯分金
生子二長武略次靜光

蔭五子第十五世

鳳色諱嗣煌字　生乾隆戊午年七月十一日戌時卒
乾隆丁未年十二月初十日　時葬太高仔公園後坐
向
配長江李氏生乾隆戊辰年七月初十日巳時

卒乾隆　年六月初二日　時葬下厝園後坐
向　生子一貫通

然長子第十五世

劍歸諱嗣寶字巨厥生乾隆辛酉年十一月初十日未時卒
乾隆乙巳年正月廿四日午時葬下厝園內坐　向
兼　配坂尾林氏生乾隆辛酉年十月初三日寅
時卒嘉慶十五年庚子十一月十五日卯時葬畬坑
口坐甲向寅兼庚甲庚申庚寅分金
生子二長瑞琳次豬光

然次子第十五世

兩諱嗣熠字雲祥生乾隆甲子年八月十四日亥時卒嘉
慶元年丙辰正月初七日丑時葬太高山坐卯向酉
兼乙辛辛卯辛酉分金配西寧坑王氏生乾隆丙寅年
五月初九日未時卒嘉慶十五年庚午五月廿七日
卯時葬失載
生子三長江漢次澤元三新民
然三子第十五世
永成諱嗣風字獨步生乾隆丙戌年十二月廿九日申時卒
道光庚子年十月十九日巳時葬山頭湖坐乾向巽
兼未丑配陳氏生乾隆庚寅年十二月十六日酉時

卒道光庚子年十月十五日未時與夫合葬
生子二長光裕次光勝出嗣立

永立諱然四子第十五世
字生乾隆甲午年三月初六日卯時卒嘉慶
庚午年四月十八日申時葬檳榔嶼
嗣子二長光勝本生父戚次光寧

俊諱秉國傳子第十五世
生康熙　年　月　日　時卒葬失載

英諱元愈秉翰長子第十五世
生康熙丙申年七月廿三日寅時卒

秉翰次子第十五世
雄諱孚生康熙壬寅年七月廿一日亥時卒
秉翰三子第十五世
傑　生康熙　年　月　日　時卒葬失載
奇嗣子第十五世
天麟　生卒葬所失載
安傳子第十五世
光灝諱嗣訖生乾隆甲戌年三月初六日申時卒嘉慶戊午

年四月二十日丑時葬曽坪坐乙向辛兼戌辰辛卯
辛酉分金配柯氏生乾隆辛卯年十月廿六日辰時
卒
　　生子一瑪定
鳳傳子第十五世
勸長子第十五世
朱諱嗣德生卒葬所失載
勸次子第十五世
用諱嗣育生卒葬所失載

勸三子第十五世

永宗諱嗣發生乾隆癸亥年八月初四日戌時卒嘉慶乙

丑年正月十六日　時往台湾外亡

配許氏生乾隆壬午年九月十五日子時卒

順長子第十五世

添元諱嗣極生乾隆庚申年　月　日　時卒葬失載

順次子第十五世

文淑諱嗣振生乾隆丁卯年十一月廿一日丑時卒道光己

丑年十二月十一日辰時葬下厝石頭仔脚

配許氏生乾隆癸酉年正月
初五日丑時卒道光甲午年七月廿一日子時葬坑
園裡坐艮向坤兼丑未
生子四長瑪湛次瑪恩三清四晴
合傳子第十六世

傳祖　生卒葬所失載

寶隆長子第十六世
生乾隆丁巳年九月廿一日巳時卒乾隆壬
午年正月廿二日未時外殁葬失載
賓隆次子第十六世

徹
生卒葬所失載
天府傳子第十六世
癸
生乾隆丙寅年　月　日　時卒葬失
寬傳子第十六世
陞傳子第十六世
孔傳子第十六世
卸長子第十六世

光

字維屏一字提夫生康熙丙戌年九月十七日巳時卒乾隆丙午年五月十二日巳時葬深溝頂坐向
葉　配朱氏生康熙丙戌年十二月二十二日丑時卒雍正甲寅年九月初五日午時葬坑園山頂坐
卯向酉兼甲庚續配許氏生康熙庚寅年四月十四日卒乾隆己丑年七月廿九日巳時葬深溝頂坐癸
向丁兼子午

生子五長宙次豹朱氏出三造四庇五東許氏出

郎次子第十六世

士字維翰生康熙己丑年十一月十六日辰時卒在台灣諸

羅縣崁仔脚坐　向　兼　配康氏生康熙癸巳年十月廿五日丑時卒乾隆丁丑年三月廿一日葬深溝上坐　向　兼

生子二長郁次少

郎三子第十六世

闈字維城生康熙壬辰年十月初十日午時卒

元華長子第十六世

韜字維藩生康熙丁丑年六月初七日辰時卒乾隆丙子年十月十一日未時外亡配周氏生康熙庚子年三月

十五日寅時卒乾隆乙未年二月廿三日丑時葬七
坑底坐庚向甲兼卯酉
生子二長漢寧次福順係肥弟署次子

元華次子第十六世
略字維垣一字遜其生康熙庚子年七月初四日寅時卒
乾隆乙巳年十月三十日葬丁加奴配江氏生雍正庚
戌年三月初十日巳時卒嘉慶十二年丁卯九月十六
日寅時葬深溝頂山坐乙向辛兼辰戌辛酉辛卯分金
生子二長仍春次福順出嗣肥兄緝

元華三子第十六世

胆字　生雍正乙巳年三月十三日未時卒

元華四子第十六世

舉字　生雍正辛亥年二月十九日辰時卒

元華五子第十六世

伯　生卒葬所失載

忠長子第十六世

造字家恩，生乾隆庚申年十月初三日未時卒乾隆乙未年

六月十三日戌時葬上坑坐丙向壬兼午子，配張氏生

乾隆癸亥年十一月三十日未時卒乾隆辛卯年二月十八日巳時葬上坑坐丁向癸兼午子續配蔡氏生乾隆庚申年九月初十日戌時卒

生子一　協都

忠次子第十六世

媽恍字家惠生乾隆甲子年十二月廿二日辰時卒嘉慶壬申年六月初十日卯時葬

配洪氏生乾隆己巳年四月初二日寅時卒嘉慶庚辰年十一月初一日未時合葬上坑石頭仔坐酉向卯

兼辛乙辛酉辛卯分金

生子四長江次廩三明四如然

左傳子第十六世

爵字良貴生康熙丁亥四十六年八月初三日卯時卒乾隆己巳十四年正月初二日卯時配許氏生康熙辛卯五十年十月初九日酉時卒乾隆己卯二十四年七月初二日夫婦附葬番坑園裡母墳坐子向午兼癸丁

生子三長約次川位三徹鳳

澤長子第十六世

排諱良騏字愧樊生康熙丁酉五十六年二月初一日子

時卒乾隆戊午三年三月十三日申時葬在山頭坐庚
向甲兼申寅丙申丙寅分金配院前顏氏生康熙丁酉
五十六年正月初三日卯時卒乾隆戊申五十三年
七月初八日巳時壽七十有二葬在夫穴右邊
遺腹子遺宗
顏氏夫歿年甫二十餘　腹三月矢志栢舟及免身
拊蓄顧復曲盡艱辛惟臭呱呱成立以報良人於地下
耳此其水雪為心松筠著節誠足揚休彤管達節
金門自傷卑賤未能致如姑咏五律以誌不朽云　早
歲曾無偶懷孤誓不違但憐君一脉豈哭雁分飛

晝荻當嚴訓捐華守素幃古稱賢節婦顏氏其庶幾乎咸豐八年

旌表入節孝祠額曰彤管流清

澤次子第十六世

宣諱良騏字郁文生康熙辛丑六十年十月廿五日亥時卒乾隆戊申五十三年六月廿五日巳時壽六旬有八葬山頭園裡坐丁向癸兼午子配温氏生康熙壬寅六十一年八月十四日巳時卒乾隆乙丑十年正月十一日巳時葬番坑內坐癸向丁兼丑未續配黃氏生雍正甲辰二年正月廿一日辰時卒乾隆己亥

五十四年六月十九日辰時葬山頭夫墳六左坐向

同　　生子一儀宗

澤三子第十六世

潔諱良駜字希一生雍正壬子十年九月廿三日巳時卒乾隆辛卯三十六年八月初一日申時葬嘛吠呷配許氏生卒葬所失載

生子二長茅英係堂兄集五子次偕生

澤四子第十六世

傑諱良駃字次豪生乾隆七年癸亥六月十九日亥時卒嘉慶十三年戊辰八月十七日未時葬山頭曾祖墳

邊坐坤向艮兼未丑配江氏生乾隆十四年庚午十二月初四日丑時卒乾隆五十三年戊申六月初二日巳時與夫合葬續配楊氏生乾隆十三年戊辰五月初二日巳時卒嘉慶二十四年己卯八月初二日寅時壽七十有二葬山頭坐甲向庚兼卯酉庚寅庚申分金

生子五長仰趾次文獻出嗣胞弟沛源三蒼皎四暘日出嗣堂兄高鍾五

澤五子第十六世

沛源諱良騶字文川生乾隆十一年丁卯二月廿二日午時卒乾隆四十二年丁酉七月十五日未時葬在吉礁

嗣子一文獻係肥兄傑次子

尚長子第十六世

集字良騄生雍正甲辰二年二月十六日卯時卒乾隆庚子四十五年五月廿九日葬在坑園裡坐卯向酉兼

配江氏生雍正丁未五年十月廿三日寅時卒乾隆甲辰四十九年八月十二日戌時葬落山蛇坐甲向庚兼卯酉嘉慶十二年公迁葬在江氏坟側坐乙向辛兼卯酉丁卯丁酉分金

生子五長郭次麟三才出嗣高鍾四八仕五萃英出嗣結

尚次子第十六世

高鍾字良駒生雍正壬子十年六月初三日巳時卒乾隆
年六月初三日　時葬暹羅
配温氏生卒葬所失載
嗣子仁長紹才係肥兄三子次暘日係堂弟傑四子
親傳子第十六世
提長子第十六世
國佐字良輔生雍正乙卯十三年十一月十四日寅時卒
乾隆庚午十五年九月廿四日酉時葬畲坑園裡坐
向
生子一繼盛本名商係肥弟端章次子

提次子第十六世

端章字良華生乾隆己未四年十一月十六日辰時卒嘉慶十年乙丑十一月廿九日辰時葬𡶶山蚝園坐乙向辛兼卯酉丁卯丁酉分金配蔡氏生乾隆辛未十六年二月廿九日午時卒乾隆癸丑五十八年九月初八日寅時葬龍門亭前坐亥向兼乾巽丁亥丁巳分金續配林氏生乾隆二十七年壬午九月初十日巳時

生子五長綿次商出嗣國佐蔡氏出三白出嗣自信四沛出嗣集五芋林氏出

提三子第十六世

自信字良植生乾隆癸亥八年正月初十日戌時卒乾隆

辛卯三十六年十月十三日巳時附葬母墳

嗣子一繼業本名白傢肥兄瑞章三子

泮長子第十六世

哲字　生乾隆乙卯年八月十五日卯時外亡年月日

時失載

泮次子第十六世

錦字　生乾隆丁巳年九月十二日卯時卒乾隆癸卯

年十二月三十日午時葬牛埔山脚坐辰向戌

泮三子第十六世
庇字　生乾隆庚申年十一月十六日　時卒
泮四子第十六世
達字　生乾隆丁卯年三月初三日　時外亡
及嗣子第十六世
進字良佐生雍正甲辰二年七月初三日子時卒乾隆戊申五十三年八月初二日未時壽六旬有五配康氏生雍正丙午四年九月廿五日未時卒乾隆戊申五十三年七月廿四日辰時壽六旬有三合葬在嶺尖

酉向卯兼辛乙

生子二長欽還繼本生祖次湖

弟長子第十六世

容字良鄉生康熙壬寅六十一年七月二十日辰時卒乾隆丙戌三十一年九月初七日卯時葬三寶壠配黄氏生雍正甲寅年十一月廿一日酉時卒嘉慶五年庚申六月廿六日辰時葬深溝頂坐卯向酉兼乙辛

生子一祖

弟次子第十六世

進字良佐生卒葬所失載

配康氏生卒葬所失載
生子一欸

時賡傳子第十六世
生卒葬所失載
嗣子一秋月係苞三子

廩

時雍傳子第十六世

時旺傳子第十六世

待長子第十六世

芧字汝拔生康熙丁酉五十六年九月廿二日丑時卒乾隆戊午三年七月三十日亥時壽二十有二葬瀨灣裡坐酉向卯兼庚甲

嗣子一秋蘭係苞次子

待次子第十六世

苞字汝茂生康熙庚子五十九年六月十二日　時卒乾隆己二十六年五月初二日巳時壽三旬葬水頭坪前坐　向　兼　配林氏生康熙庚子五十九年七月初一日卯時卒嘉慶六年辛酉三月十九日巳時葬欽山脚裡坐癸向丁兼丑未庚子庚午分金

生子三長菊次秋蘭出嗣胞弟茅三秋月出嗣從弟廉

待三子第十六世

選字汝舉生雍正甲辰二年六月廿八日　時外出

配陳氏生雍正丁未五年五月廿一日卒乾隆甲寅

五十九年四月十　日　時葬大榕埔山裡坐　向

兼　生子二長恭次殿出嗣胞弟加祿

待四子第十六世

來字汝柏

待五子第十六世

加祿字汝揚生雍正壬子十年二月初三日巳時卒乾隆辛

巳二十六年四月初二日子時壽三旬配邱氏生雍正癸丑十一年正月初一日子時卒乾隆辛巳二十六年四月初二日寅時合葬大榕埔坐庚向甲兼申寅

生子二長提次殿係胞兄選次子

邱氏年十八歸謝週年夫病故屍猶在牀未殮沐浴更衣投井死事載縣誌邑令王諱作霖公給匾云烈婦可風

良人玉碎復珠沉苫席猶嫌義未深紗扇僅將披半面玉臺早許結同心陶嬰有曲遥堪續孝婦承懽尚易任最是捐生能遂志千秋彤管不如今

必魁誌

咸豐八年

旌表入節孝祠額曰彤管流清

祐長子第十六世

岳字汝峻生雍正乙卯十三年九月初一日巳時卒乾隆

辛巳二十六年七月初八日戌時壽二十有七外出

配許厝后林氏生雍正乙卯十三年九月廿八日戌時

卒嘉慶辛未年正月廿四日卯時葬東山邊山仔頂

坐戌向辰兼乾巽庚戌庚辰分金

生子三長彩次邊三福係胞弟有之子

咸豐八年

旌表入節孝祠額曰彤管流清

杜字汝岐生乾隆戊午三年十月初八日子時卒嘉慶二年

祐次子第十六世

丁巳十月十六日子時壽六旬與妻合葬架橋頭園裡

坐庚向甲兼酉卯庚申庚寅分金配新安邱氏生乾隆

辛酉六年二月初七日寅時卒乾隆壬子五十七年四

月初七日酉時壽五十有二與夫合葬坐向分金同續

配蔡氏生乾隆己卯二十四年六月十五日未時卒

道光六年丙戌二月十五日子時葬土坑坐戌向辰

兼乾巽庚戌庚辰分金　側室邱氏生乾隆戊寅

二十三年九月十四日午時卒嘉慶庚午年四月十一

日巳時葬排頭山坐　向

生子四長招次企嫡出三益湛四儼然庶出

祐三子第十六世

育字汝賢生乾隆辛酉六年四月廿四日卯時卒嘉慶己未

四年六月十七日午時葬曾邊園脚內坐乾向巽兼戌

辰丙戌丙辰分金外坐戌向辰兼乾巽庚戌庚辰分金

配寧店李氏生乾隆壬戌七年十二月廿五日亥時卒

乾隆丙申四十一年六月廿二日亥時壽三旬有五葬

狗路頭園內坐酉向卯兼庚甲丁酉丁卯分金續配宋

氏生乾隆甲戌十九年四月廿九日未時卒嘉慶丙子年七月初六日　時葬狗路頭坐庚向甲兼酉卯庚申庚寅分金　側室李氏生乾隆乙亥二十年正月初八日子時卒道光庚子年十二月初五日巳時葬後頭園坐辛向乙兼戌辰分金

生子六長兼次拔三福李氏出出嗣胞兄岳四封贊五封猷盧出六封疆朱氏出

富長子第十六世

詰字汝典生雍正己酉七年五月十三日午時卒乾隆辛巳二十六年七月廿八日巳時壽三旬有三葬坑園山腳

大墓邊坐子向午兼癸丁庚子庚午分金配吴氏生雍正
壬子十年六月二十日午時卒乾隆庚戌五十五年正
月二十日巳時壽五旬有九葬欽山園裡坐艮向坤
兼丑未丁丑丁未分金
生子二長衛次惠

富次子第十六世
瑶字汝訓生雍正壬子十年十一月初一日辰時卒乾隆
巳丑三十四年五月十八日酉時壽三旬有八葬欽
山裡上坑口坐癸向丁兼子午
配楊氏生雍正壬子十年十一月初三日未時卒嘉

慶五年庚申九月十九日巳時從葬夫側坐子向午兼癸丁庚子庚午分金内兩坟並列中一壟壽六十有九　生子三長志賓次溪𤇆三天養

富三子第十六世

監字汝謀生乾隆辛酉六年十二月初七日未時卒嘉慶十年乙丑五月初七日酉時葬摟山廟後後頭坐辛向乙兼戌辰辛酉辛卯分金　配洪氏生乾朝隆癸酉十八年二月初六日寅時卒道光辛巳年五月廿八日酉時與夫合葬

生子四長子敎次熙三榮四宜

富四子第十六世

蔭字汝鄉生乾隆乙丑十年正月初一日寅時卒嘉慶二十三年戊寅七月十七日寅時葬本杜前樓仔後坐乙向辛兼辰戌辛卯辛酉分金配林氏生乾隆庚辰二十五年三月廿二日寅時卒道光二十一年辛丑四月十五日卯時與夫合葬

側室陳氏生乾隆丙子二十一年九月十六日午時卒嘉慶二十五年庚辰六月廿八日午時葬相連河後

生子七長初學次懇義三傳受四歟祥五吉徵六致中七方策

公孝友成性見義勇為自親至疏咸依賴焉而尤善睦族和鄉凡所處置一以息事寧人為務同異姓賴以安者數十年余於　公之殁也不勝老成凋謝之感然至今猶聞人樂道盛德弗衰則　公雖殁不朽矣余與　公交久素悉其生平茲適館　公家為　公課數少子暇曰披閱家譜附跋數語於後以誌景仰

清溪宗愚弟亨拜題

道光甲申歲

貴傳子第十六世

高堂字汝峙生乾隆戊午三年三月廿九日辰時卒乾隆

戊戌四十三年九月初八日申時外亡配李氏生乾隆丁卯十二年十月廿八日酉時卒道光癸未年八月十五日戌時葬虎鯑石上坐壬向丙兼子午丙子丙午分金

生子三長亨漏次段龍三瓜生

咸豐八年

旌表入節孝祠額曰彤管流清

敬長子第十六世

君侯字汝獻生乾隆庚申五年三月廿四日巳時卒乾隆戊戌四十三年三月初一日巳時外亡配陳氏生乾隆壬

戌七年十二月廿一日寅時卒嘉慶七年壬戌五月初七日寅時葬大嶝埔裡坐寅向甲兼艮坤丙寅丙申分金

生子二長雨水次塗老出嗣胞弟衆

敬次子第十六世

衆字汝盛生乾隆十五年庚午月日時失載卒乾隆三十四年己丑四月廿六日子時葬坑內山脚坐　向

嗣子一塗老係胞兄君侯次子

嚴長子第十六世

江河字汝漢生乾隆七年壬戌十月廿五日丑時卒乾隆

十八年癸酉九月初六日酉時葬坑内山裡坐癸向
丁兼丑未庚子庚午分金
嚴次子第十六世
懷寧字汝瓊生乾隆二十一年丙子二月廿九日未時卒
乾隆五十四年己酉十一月廿八日巳時葬大榕埔山
裡坐酉向卯兼乙辛分金辛酉辛卯配何氏生乾隆二
十八年癸未二月十六日巳時卒道光癸未年四月
十五日未時藝坑内坐　向
生子一申伯

咸豐八年

十

搉表入節孝祠額曰彤管流清

嚴三子第十六世

耀任字汝霖生乾隆三十二年丁亥五月十六日亥時外歿

嚴四子第十六世

青元字汝挺生乾隆三十七年壬辰二月廿弍日寅時外歿

嗣孫仁杖本生父申伯

爹傳子第十六世

長諱以聘字文珍生康熙癸未年三月初七日戌時

配鄭氏生康熙壬午年三月廿九日未時

春傳子第十六世

觀傳子第十六世

元傳子第十六世

享長子第十六世

黨字光國生雍正甲寅年三月十七日巳時卒嘉慶十年乙丑十月初二日申時葬坑園裡坐丑向未兼癸丁

丁丑丁未分金配蔡氏生雍正辛亥年五月廿七日戌時卒乾隆壬寅年十二月廿九日午時葬園裡附

葬母坟坐丑向未兼艮坤辛丑辛未分金續配黃氏
生乾隆庚申年九月初九日寅時卒嘉慶丁卯年五月
十七日　時葬落山蛇坐東南向西北
生子三長貴次逺三川

享次子第十六世

蜂字光彩生乾隆庚申年十月十九日巳時卒乾隆甲辰年
六月三十日葬欽山脚園裡坐戌向辰兼辛乙丙戌丙
辰分金配李氏生乾隆丙戌年十二月廿四日未時卒
嘉慶戊辰年正月初一日未時葬窩裡石脚坐甲向庚
兼卯酉

生子三 長潭 次遂 三楝

享三子第十六世

文字光煥生乾隆丁卯年七月廿九日巳時卒乾隆壬子年二月十九日未時葬欽山裡坐壬向丙兼亥巳丁亥丁巳分金陳氏生乾隆甲戌年七月廿九日午時卒道光丙辰年正月廿四日午時葬欽山裡坐子向午兼癸丁

生子二 長旺 次順 係族兄楫四子

誠長子第十六世

元字光亨生乾隆丙辰年十一月初四日巳時卒乾隆庚

戌年三月初四日寅時葬在外地

配林氏生卒葬所失載

嗣子一鍾（係胞弟求三子）

誠次子第十六世

求字光利生乾隆己未年十二月廿一日亥時卒乾隆六十年乙卯十月初七日巳時葬欽山脚坐壬向丙兼亥巳丁亥丁巳分金配朱氏生乾隆癸亥年十一月初二日午時卒

生子六：長帥　次長　三鍾（出嗣胞兄元）　四路　五香　六吉

誠三子第十六世

保字光榮生乾隆壬戌年八月初二日　時卒

誠四子第十六世

芳字光耀生乾隆丙子年二月廿五日丑時卒

興長子第十六世

載字　生乾隆戊辰年七月十二日午時卒乾隆丁未
年七月廿七日午時葬欽山坐癸向丁兼子午丙子
丙午分金配周氏生乾隆乙丑年正月廿六日未時

卒嘉慶丁巳年十二月初八日丑時葬欽山裡坐艮

向坤兼

生子一仲

興次子第十六世

鍼字

生乾隆辛未年九月十三日巳時卒

興三子第十六世

齊

生乾隆甲戌年十一月十六日未時卒

興四子第十六世

陳

生乾隆丁丑年八月初三日午時卒

智

孝長子第十六世

生乾隆庚申年二月廿四日卯時外亡

嗣子一爵 係弟牛長子

牛

孝次子第十六世

生乾隆己卯年五月廿一日丑時卒嘉慶丁丑年三月廿六日巳時葬坑園母左平坐癸向丁兼丑未庚子庚午分金配黃氏生乾隆丙子年三月廿一日亥時卒道光乙酉年十月廿二日戌時葬坑園裡

坐向

生子三長爵出嗣胞兄智次攀三子使

孝三子第十六世

向字光發生乾隆乙酉年八月十八日酉時卒嘉慶庚辰

年六月廿七日卯時

配陳氏生乾隆丙申年十月十三日巳時卒乾隆甲

寅年十一月初七日未時葬欽山裡坐寅向申兼艮

坤續配林氏生乾隆癸巳年十一月廿二日酉時卒

道光丙午年八月十二日未時

生子二長家喜次家緣

老

孝四子第十六世

生乾隆己丑年七月十八日酉時卒道光戊子年二月十八日巳時葬上坑石頭仔下坐庚向甲兼申寅配林氏生乾隆壬寅年八月初一日卯時

生子五長媽長次故三送四作五利

維

孝五子第十六世

生乾隆乙未年三月初五日寅時卒道光辛巳年十月廿五日辰時葬在吉礁配周氏生嘉慶戊午年十一月二十日　時

生子二 長畨 次賞 伏

壽長子第十六世

舜字榮宗生雍正癸卯年十一月十六日寅時卒乾隆丙戌年十月廿九日戌時葬亭後坐甲向庚兼卯酉配陳氏生雍正甲辰年閏四月十八日巳時卒乾隆乙亥年八月十五日未時葬山狗路坐東向西續配莊氏生雍正甲辰年七月廿五日子時卒乾隆戊寅年正月十二日未時葬亭後坐東向西再續配蔡氏生雍正癸卯年九月十七日巳時卒乾隆丁酉年十二月二十日寅時葬

深溝頂坐艮向坤兼寅申辛丑辛未分金
生子四長林放次賓梁陳氏出三珖莊氏出四品蔡氏出

壽次子第十六世

嵩字榮國生雍正丙午年五月十四日未時卒乾隆庚子年七月十五日午時葬在亭後壁坐甲向庚兼卯酉配翁氏生雍正辛亥年十月二十日卯時卒乾隆丁亥年六月廿三日午時葬亭后壁坐甲向庚兼卯酉續配洪氏生雍正癸丑年五月十九日辰時卒嘉慶十年乙丑十月十二日巳時葬龍門亭前半山坐子向午兼壬丙

生子五長九咏次瓜姐翁氏出
三孫仰四孫賔五帝光洪氏出

壽三子第十六世
諒字榮富生雍正辛亥年二月廿二日戌時卒乾隆戊申年
正月十六日丑時葬亭後坐　向

壽四子第十六世
武經字榮貴生雍正甲寅年正月初五日寅時卒乾隆乙酉
年閏二月二十日卯時葬深溝山坐甲向庚兼卯酉
配郭氏生乾隆戊午年正月廿三日未時卒嘉慶九
年甲子十一月初六日辰時葬欽山脚園裡坐子向午

兼壬丙庚子庚午分金
生子二長淺次布

壽五子第十六世
允茂字榮華生乾隆丁巳年六月廿四日酉時卒乾隆癸丑年四月初六日巳時葬坑園坐癸向丁兼子午丙子丙午分金配陳氏生乾隆乙丑年十一月廿三日子時卒乾隆庚子年七月三十日未時葬山狗路坐卯向酉兼乙辛續配李氏生乾隆甲戌年十月廿六日巳時卒道光辛巳年九月十九日未時合葬坑園
生子三長壹陳氏出次萬成李氏出

三登橋 係堂弟木五子

壽六子第十六世

科仲字榮爵生乾隆辛酉年七月廿九日巳時卒乾隆庚
年三月初一日未時葬龍門亭外過溝坐東向西

南長子第十六世

聰明字榮顯一字生質生乾隆壬戌年九月廿五日未時
往暹羅卒葬失載

配顏氏生乾隆丙寅年六月廿九日巳時卒道光癸
未年十二月廿九日寅時葬山狗路坐　向
生子二長有讓次有當係能弟覺裕五子

南次子第十六世

寬裕字榮仁一字亦柔生乾隆十四年庚午十二月十一日辰時卒嘉慶九年甲子十二月十三日戌時合葬母墳覆鼎金坐向分金同配漸尾許氏生乾隆十六年壬申八月十六日丑時卒道光巳丑年八月十九日巳時葬覆鼎金與夫仝穴

生子七 長清 次桃 三忠政 四盛德 清冷 五有當出嗣胞兄聰明 六朝聘 七朝英

山長子第十六世

水字榮祿生乾隆丙寅年五月十四日巳時卒嘉慶丙子

年七月十二日巳時葬落山蛇坐甲向庚兼卯酉庚寅庚申分金　配坂尾林氏生乾隆丙寅年四月廿四日未時卒嘉慶甲戌年十一月初二日酉時葬落山蛇三男左坪坐卯向酉兼乙辛辛丑辛未分金

生子五：長登海，次登耀，三登漢，四登銓出嗣，五登橋出嗣堂兄允茂

能弟開懷

山次子第十六世

珠珍字榮奇，生乾隆乙巳年七月十六日丑時，卒乾隆癸巳年七月廿九日，外殁。配院前黄氏，生乾隆辛未年八月廿四日寅時，卒乾隆甲辰年五月廿四日未時，葬空壳

墓坐艮向坤兼寅申辛丑辛未分金

生子二長昆時次昆禮

山三子第十六世

太卿字縈舒生乾隆壬申年三月三十日卯時卒乾隆丙午年四月初八日　時葬廣東配紅坑内李氏生乾隆甲戌年七月十四日申時卒嘉慶乙亥年二月三十日戌時葬大屏山坪巷頂坐亥向巳兼乾巽丁亥丁巳分金

生子二長江池次天賜

山四子第十六世

開懷字縈祖生乾隆戊寅年正月初八日亥時殁在吉礁

嗣子一登銓 係肥元水四子

山五子第十六世

閎通字榮朝生乾隆壬午年十一月初九日辰時卒嘉慶

壬午年十月初一日未時葬亭面前坐壬向丙兼午子 子辛亥辛巳分金 配厦門曹氏 生乾隆丙戌年

十一月十七日午時卒嘉慶辛未年四月十九日未時

葬亭面前坐亥向巳兼乾巽丁亥丁巳分金

生子三 長壘 次講 三揖

添長子第十六世

生康熙丙申年九月廿三日卯時卒乾隆

回字

年　月　日　時葬在吧城配黄氏生康熙戊戌

年十月廿三日卒乾隆戊申年五月廿三日寅時葬在

上磘山嶺内坐東向西

生子二長俊次宰

添次子第十六世

答字

生康熙庚子年　月　日　時卒葬在吧

生子一喜

添三子第十六世

惟字

卒葬在吧

致長子第十六世

求字　生雍正戊申年十一月初一日子時卒嘉慶辛未
年七月初二日午時葬落山蛇坐巽向乾兼巳亥庚辰
庚戌分金配吳貫林氏生雍正癸丑年十二月十四日
辰時卒嘉慶乙丑年五月初七日寅時葬落山蛇蛤仔
山坐　向
嗣子一盤 係騰三子

致次子第十六世
國字　生雍正壬子年　月　日　時卒葬失載

致三子第十六世
蘇字　生乾隆丁巳年　月　日　時卒葬失載

致四子第十六世
貞字　生乾隆己　年　月　日　時卒葬吉
礁
早長子第十六世
天全字　生雍正癸丑年　月　日　時卒葬失載
早次子第十六世
淵字　生雍正乙卯年十二月廿九日戌時卒乾隆戊申
年十月廿七日巳時葬㘵坑坐申向寅兼庚甲配周
氏生乾隆己未年　月　日　時卒乾隆己酉
年七月初十日午時葬海滄煙墩下坐北向南

生子三長水次愠三市

然嗣子第十六世

煇龍字天祥生乾隆乙丑年十月初七日卯時卒嘉慶二年丁巳三月十一日酉時葬龍門亭後半山坐乙向辛兼辰戌卒卯辛酉分金配洪坑鄭氏生乾隆甲子年九月廿七日子時卒嘉慶戊寅年三月十五日巳時葬嶺内坐甲向庚兼寅申丙寅丙申分金

生子二長右三軒

理長子第十六世

騰字天晃生乾隆己未年二月十七日亥時卒乾隆戊申年

四月十七日巳時葬在嶺内坐乙向辛兼辰戌辛卯
辛酉分金配吳貫吳氏生乾隆癸亥年十月廿五日
巳時卒嘉慶甲子年十一月廿六日酉時葬亭後山
土猪母坪坐丁向癸兼午子丙子丙午分金
生子五長着次論三盤出嗣從兄求四安五勇

理次子第十六世
輝龍　出嗣

理三子第十六世
奉字天瑞生乾隆十六年辛未十二月三十日丑時卒嘉慶
癸亥年六月二十日　時葬嘛吠呷

配亭店李氏生乾隆二十六年辛巳六月十七日巳時
卒道光壬寅年八月十一日未時葬蓂坪過橋頭坐未
向丑兼丁癸丁未丁丑分金
嗣子二長字係彥兄庇四子次請光係胞弟陽四子
理四子第十六世
朝陽字天政生乾隆甲戌年八月廿六日亥時卒道光壬
辰年正月十六日寅時葬亭後辟土坐辰向戌兼乾巽
庚辰庚戌分金配廈門陳氏生乾隆甲申年八月初
八日戌時卒道光壬寅年九月初五日酉時合葬夫
坟
生子五長同次榮三典四請光出嗣五登

理五子第十六世

珠字天福生乾隆辛巳年六月初八日辰時卒乾隆壬子年十二月初二日丑時葬嶺内園坐卯向酉兼乙辛辛卯辛酉分金配潮尾洪氏生乾隆丁亥年十二月初六日寅時卒道光辛丑年八月廿三日寅時葬亭下山脚坐丙向壬兼巳亥丁巳丁亥分金

生子一象

周傳子第十六世

角傳子第十六世　住贛州南門外

拙

洒傳子第十六世

生康熙　年　月　日　時卒葬失載

瑯傳子第十六世

維傳子第十六世

卷十終

国家出版基金项目
NATIONAL PUBLICATION FOUNDATION

海上絲綢之路文獻集成

總主編　陳支平　陳春聲

民間譜牒編 26

主編　林　楓

海峽出版發行集團
THE STRAITS PUBLISHING & DISTRIBUTING GROUP
福建人民出版社

本册目次

〔福建厦門〕石塘謝氏家乘三十一卷（世紀卷一六至世紀卷一七）　〔清〕謝果廩　謝邦忠等纂修……一

〔福建廈門〕石塘謝氏家乘三十一卷
（世紀卷一六至世紀卷一七）

〔清〕謝果稟　謝邦忠等纂修

任公第五房分派世系條紀卷十六

公秋傳子第十八世

漏

牛長子第十八世

允恭

生嘉慶癸酉年十月十二日未時卒道光乙巳

年二月初八日　時葬檳榔嶼塚山

生子一文載

高傳子

第十八世

七如

生嘉慶丁丑年九月初一日亥時卒道光丙午年

八月初四日午時往廈門被水標流配蕭氏生道光壬

七年十一月廿七日寅時
生子一文韮

有用
有晟子行第十八世
生嘉慶己卯年正月十四日巳時配林氏生道光
戊子年十月十五日子時
生子一紅蟳

有茂
阿瀾次子第十八世
出嗣

有茂
光帶傳孫第十八世
生道光壬寅年六月十四日午時配黃氏生道光

甲辰年十月二十日申時
克念傳子第十八世
道光　生嘉慶己巳年九月初五日酉時
生子
開傳子第十八世
高傳子第十八世
豬傳子第十八世

且傳子第十八世

□傳子第十八世

志泮傳子第十八世

及池傳子第十八世

由泗傳子第十八世

遷居隋侯起

染柳傳子第十八世

鰲選傳子第十八世

拾得長子第十八世

隋侯

拾得次子第十八世

孟春

斗聰傳子第十八世

[illegible]惟鍊子第十八世

[illegible]諱運燦生乾隆甲辰年十一月十一日辰時卒葬失載

天興長子第十八世

媽意　生嘉慶己巳年六月初七日辰時

天與次子第十八世

媽現　生嘉慶戊寅年十二月十七日辰時配蔡氏生卒失載續配蔡氏生道光乙酉年七月初十日未時

生子二長古生次古順

天與三子第十八世

媽田　生道光癸未年三月初二日卯時配周氏生道光乙未年八月初二日子時

生子

天與四子第十八世

媽外　生道光丁亥年五月廿八日申時卒咸豐己未年十二月廿四日　時葬在番邦

生子

天與五子第十八世

媽寬　生道光丙午年二月十一日未時

貢露　生乾隆甲午年正月初八日子時卒葬失記

尼傳子第十八世

廠生

欣長子第十八世

生嘉慶辛酉年正月十六日午時配顏氏生嘉慶

丁卯年十一月十二日戌時

生子七長巷次印三岸四沙五底出嗣六財七寡

文郁傳子第十八世住臺灣

文宗傳子第十八世 住蘆濟

搴傳子第十八世

發長子第十八世

廠生　出嗣

發次子第十八世

華生　生嘉慶癸亥年五月十九日午時卒咸豐壬子年三月廿六日　附葬番邦

生子

遥傳子第十八世

竹心

光排長子第十八世

生道光甲申年十二月初八日卯時配鍾氏生

道光癸未年八月初十日午時

生子三長點次華三樓永

欉

光排次子第十八世

生道光乙酉年六月廿九日巳時

竹拔

光排三子第十八世

出嗣

光排四子第十八世

竹葉 生道光辛卯年正月初五日卯時配蘇氏生道光

戊戌年十二月初十日未時

生子

竹爲 光排五子第十八世

生咸豐甲寅年六月初二日酉時

光愿嗣子第十八世

竹拔 生道光戊子年六月廿五日戌時

閏傳子第十八世

淙淋傳子第十八世

宗尔傳子第十八世

繼宗傳子第十八世

謀嗣子第十八世

鼠

艮字若淄生乾隆丙申年八月十七日寅時卒 道光壬辰年

七月初一日午時葬墓後坐東向西配張氏生乾隆庚
戌年十月初八日丑時
生子二長緘次盛
怡長子第十八世
艮
出嗣
怡次子第十八世
於紳字大書生乾隆甲辰年五月十九日辰時卒乾隆癸丑
年十月廿九日丑時葬石仔坑坐艮向坤兼寅申
生子
怡三子第十八世

近傳子第十八世

輪傳子第十八世

光裔

民傳子第十八世

志傳子第十八世

菊傳子第十八世

古生　生嘉慶戊寅年六月初六日未時

嗣子一瓶　本生父厰生

訪傳子第十八世

提傳子第十八世

卞傳子第十八世

讓水　生嘉慶壬戌年五月廿七日戌時卒　葬失識

白傳子第十八世

謝氏家乘　卷十六

陶長子第十八世

文統字建業生乾隆壬午年十一月廿一日午時卒乾隆甲

寅年八月廿五日辰時葬丁加宜

配楊氏生乾隆癸巳年五月十三日

酉時卒道光甲辰年七月廿一日申時葬排頭嶺坐東

向西

生子二長丹成次聲

陶次子第十八世

文納字建總生乾隆戊子年十月廿三日酉時卒乾隆癸丑

年　月　日　時葬丁加宜

陣長子第十八世

書軒字建安生乾隆丙戌年三月十一日卯時卒嘉慶庚辰

年九月廿八日午時葬番邦配林氏

生子

陣次子第十八世

克昌　生乾隆乙未年三月廿一日亥時卒道光乙酉年

三月廿一日亥時葬番邦

陟長子第十八世

亭　生乾隆丙申年十二月廿一日戌時卒道光甲辰

午分金配黃氏生乾隆壬子年八月廿一日午時卒道光丁未年八月十四日寅時葬排頭山坪坐癸向丁兼子午丙子丙午分金

生子二長錫次照出嗣胞弟治

陟次子第十八世

治

生乾隆己亥年八月初八日午時卒嘉慶丙子年五月初十日巳時外歿

嗣子二長照本生父享次巧言本生父涯

陟三子第十八世

孔
生乾隆甲辰年十一月廿四日巳時卒道光丁亥年
八月初十日午時葬排頭山坪
陽四子第廿八世
甬字忠海生乾隆戊申年二月十四日戌時卒道光癸卯年
五月初八日卯時葬排頭山白莰坐辰向戌兼乙辛
丙辰丙戌分金配蔡氏生嘉慶己未年十一月初二
日寅時卒道光乙酉年八月初九日午時風鄒坪坐向
失續配李氏生嘉慶甲子年七月初九日巳時卒咸豐
戊午年六月廿一日未時葬石仔坑坐卯向酉兼丑未
丁丑丁未分金

紀

陟五子第十八世

生乾隆辛亥年三月初六日未時卒道光乙巳年八月十八日寅時葬朱嶺山坐西南向東北配李氏生嘉慶癸亥年十二月十四日未時

生子二長樣次哮

涯

陟六子第十八世

生乾隆癸丑年九月廿八日戌時卒道光辛丑年十月十三日酉時葬山坪頂坐東向西配蔡氏生嘉慶丁卯年十月初七日丑時卒咸豐戊午年六月十七日巳時

葬廣南山坐辛向乙兼戌辰辛酉辛卯分金
生子三長巧言出嗣次近三陶

萍

女長子第十八世
生乾隆丙午年八月廿五日丑時卒道光己酉年八月十七日未時葬在鳳髻尾坐丑向未兼艮坤辛丑辛未分金配林氏生嘉慶乙丑年　月　日　時卒道光丁未年十二月廿九日巳時葬在石頭尖坐艮向坤兼寅申辛未辛丑分金
生子二長元旦次上元

女次子第十八世

七月廿六日卯時葬在朱嶺山坐丑向未兼癸丁丁丑

丁未分金配林氏生嘉慶丁丑年七月廿七日午時卒

咸豐丙辰年八月初六日寅時葬在鳳髻尾坐甲向庚

兼寅申庚寅庚申分金

生子二長邊次乞

女三子第十八世

光裁

生乾隆癸丑年七月初六日巳時卒道光甲辰年

九月初三日巳時葬在朱嶺山坐南向北

簡傳予第十八世

胆傳子第十八世

侯傳子第十八世

溪水字清流生乾隆壬辰年十一月十五日戌時卒道光癸卯年十月廿一日巳時葬在排頭嶺坐西向東配黃氏生乾隆乙巳年三月初八日戌時卒乾隆辛亥年五月初一日午時葬在後壁園坐艮向坤兼

續配黃氏生乾隆癸巳年三月初八日亥時卒道光甲辰年正月十七日巳時塟排頭嶺

生子五長光信次直三老四四五歡

瓜傳子第十八世

訂光

生乾隆丁未年十一月十九日戌時卒道光辛巳
年九月十七日寅時葬在番邦配黃氏
生子一礦

洽長子第十八世

義

生乾隆丁酉年三月初七日戌時卒道光甲午年八
月十二日酉時葬在王公庵後山坐亥向巳兼壬丙
配灦氏生乾隆戊申年正

月初七日寅時卒嘉慶乙亥年十月廿七日未時葬在
王公庵後基林右畔坐子向午兼壬丙丙子丙午分金
續配溫氏生乾隆丁未年七月十四日未時卒道光丙
午年十二月廿八日巳時葬在廟後坐子向午
生子三長掌次富三屋

洽次平第十八世

情

生乾隆己亥年四月十四日未時卒道光辛丑年
十二月十七日寅時葬在石仔溪坐丑向未兼艮坤辛
丑辛未分金配林尾薛氏生乾隆辛亥年四月廿七
日巳時卒道光癸卯年七月初六日亥時葬在朱仔

生子一乳

洽三子第十八世

丕

生乾隆甲辰年四月初四日午時卒道光乙未年九月十四日亥時葬在王公廟後坐北向南

生子

泒嗣子第十八世

流芳

生乾隆己亥年十月十六日酉時卒道光辛巳年三月廿七日寅時葬在番邦

生子

趍

念長子第十八世

生乾隆庚戌年九月初七日午時卒咸豐癸丑年七月廿二日未時葬在石仔溪坐戌向辰兼乾巽庚戌庚辰分金配林氏生嘉慶癸亥年六月廿六日辰時卒道光丙戌年十月廿五日未時葬臺後坐東向西續配廖氏生嘉慶己巳年三月十三日寅時卒道光己丑年正月初三日卯時葬在石仔溪坐乾向巽再續配張氏生乾隆乙卯年九月初十日戌時卒咸豐庚申年二月十八日戌時葬在石仔溪坐戌向辰兼乾巽庚戌庚辰分金

念次子第十八世
君
生乾隆壬子年十一月十一日午時
念三子第十八世
光宿
生嘉慶丁巳年十二月廿九日巳時卒道光甲辰年十二月初九日丑時葬在壙後坐東向西配顏氏生道光壬申年九月三十日卯時
生子三長刊次羅三寅
念四子第十八世
光肇
生嘉慶甲子年五月初十日寅時

光硯

念五子第十八世

生嘉慶丁卯年四月廿六日午時卒道光癸巳年

十一月十八日卯時葬在亳後坐東向西兼坤艮

生子

光著

念六子第十八世

生嘉慶辛未年六月廿六日戌時配郭氏生嘉慶

己卯年三月廿四日戌時

生子四長螺次老三梅四鬃

光忍長子第十八世

華字忠源生歿除壬子年四月廿六日午時卒咸豐辛亥年

八月廿三日亥時葬在王公庵後坐北向南配周氏生
嘉慶丙寅年十二月初四日寅時卒咸豐辛亥年九月
廿五日巳時葬王公庵後與夫合葬
生子一明
翠元傳子第十八世
楊垂傳子第十八世
陣傳子第十八世

聖傳子第十八世

蒲長子第十八世

炳字士章生乾隆壬辰年十月十五日午時卒葬失載

生子

蒲次子第十八世

眷　還繼本生祖第四房

蒲三子第十八世

石字士珍生乾隆庚子年九月廿二日巳時卒嘉慶九年

正月廿二日　時葬梹榔嶼

才字士玉生乾隆癸卯年六月初四日寅時卒葬失載

生子

講長子第十八世

元芳字士蘭生乾隆辛未年閏五月廿八日申時卒嘉慶丁卯年七月十六日巳時葬桋榔埯配周氏生乾隆甲戌年七月十四日午時卒嘉慶庚午年八月廿四日未時葬埭墘坐酉向卯兼庚甲丁酉丁卯分金側室蔡氏生乾隆甲辰年正月十四日未時卒道光甲午年四月初四日午時葬西邊

生子二長恒義嫡出次恒孝庶出

講次子第十八世

媽吉字士意生乾隆癸酉年十一月十九日丑時卒嘉慶己未年三月廿九日巳時葬山頭湖坐西向東配蔡氏生乾隆庚辰年正月初三日卯時卒道光己亥年八月廿二日亥時葬海墘

生子三長光傚、次江水出嗣出鶴三光所

講三子第十八世

海量　出嗣

講四子第十八世

年十二月十一日未時葬山頭湖石頭脚坐北向南
嗣子一 江水
講五子第十八世
勝寬字士柔生乾隆戊子年十二月十八日丑時卒道光乙
未年六月二十日亥時葬西邊
配廈門張氏生乾隆己亥年二月十七日午時
生子五 長夏賞 次夏烟 三夏侯 四夏益 五夏刋
廷長子第十八世
某
出嗣

宇

廷次子第十八世

生乾隆癸未年十月廿七日酉時卒葬失載

地

廷三子第十八世

生乾隆乙酉年十一月廿六日子時卒嘉慶壬戌年

正月十四日未時葬後頭坐酉向卯兼庚甲辛酉辛卯

分金配黃氏生乾隆庚寅年四月廿四日子時

生子四長掌次搶三碧三出嗣甜四霸

俊

廷四子第十八世

生乾隆己丑年五月二十日丑時卒葬失載

廷五子第十八世

生乾隆辛卯年十月廿六日巳時卒嘉慶十

崑長嗣子第十八世

海豐字仕弘生乾隆丙子年十月廿二日丑時卒嘉慶丁卯年十月十六日卯時葬埭頭坐向未配李氏生乾隆丁亥年十一月十八日卯時

生子二長文鷟次芰

崑次嗣子第十八世

某生乾隆庚辰年十二月初三日酉時卒乾隆戊申年四月十一日卯時葬坑園山毛山頂坐卯向酉兼乙辛辛卯辛酉分金配盧氏生乾隆壬午年九月初十日子

[illegible]隆戊申年五月廿二日未時與夫合葬

生子二長岱次寶

蒲次子第十八世　此係還繼本生祖第四房

生乾隆丙申年十二月三十日寅時卒葬失載

生子

脊

尙長子第十八世

帶字士紳生乾隆癸卯年五月廿二日申時卒咸豐丁巳年

六月十二日酉時葬樓山廟鞍坐壬向丙兼亥巳丁亥

丁巳分金配溫氏生乾隆丁巳年十二月十八日未時

卒咸豐丁巳年十月十七日子時與夫合葬

生子四長存忠
三存汚出嗣四存黨出嗣

尙次子第十八世
總字士梂生乾隆丁未年二月初十日卯時卒道光己丑年
十一月十七日未時塟梹榔嶼
嗣子一存汚本生父帶

尙三子第十八世
彈字士揮 出嗣

使長子第十八世
居中諱大狗生乾隆癸卯年正月廿三日卯時卒咸豐乙卯

年十二月廿四日未時葬廈揚山黄牛山坐艮向坤兼寅川庚寅庚申分金配蔡氏生乾隆庚戌年十一月廿八日亥時卒道光乙未年十二月十六日未時葬東山邊坐辰向戌兼乙辛丙辰丙戌分金

生子二長惡次存黨本生父帶

探長子第十八世

含笑字士聲生乾隆庚辰年十月初三日卯時卒嘉慶庚辰年九月廿二日午時葬母墳坐卯向酉兼甲庚丁卯丁酉分金配康氏生乾隆戊子年六月廿六日戌時卒嘉慶丙子年七月十八日未時葬在湖尾山坐申向庚

癸卯酉庚寅庚申分金
生子二長嫣敬本[illegible]曾次嫣詰

探次嗣子第十八世
分字士振生乾隆癸巳年七月十九日巳時卒道光丁亥年
七月初十日酉時外殁配李氏
生子二長錦昌次[illegible]

瀡長子第十八世
甜生乾隆丁亥年六月廿三日午時卒嘉慶元年丙
辰六月廿四日未時葬埭墘坐寅向申
配李氏生乾隆壬辰年八月廿四日巳時卒咸

壽七十□年四月廿八日巳時葬□

己亥庚辰兼戌分金

生子一　碧彩　係堂弟地三子

齊次子第十八世

生乾隆庚申年七月十三日卯時卒乾隆戊申年

限

五月初八日未時葬山頭湖維北向南

生子。

齊三子第十八世

生乾隆甲午年八月廿六日申時卒外歿

月水

龐長子第十八世

陳氏生乾隆己亥年六月廿三日酉時卒咸豐丙辰年
七月廿三日未時葬在海墘坐辛向乙兼酉卯辛酉辛
卯分金
生子三長發情次發富

沙
龐次子第十八世
生乾隆丁亥年七月二十日未時卒外殁

浮
龐三子第十八世
生乾隆己丑年十月十二日酉時外殁
品長子第十八世

生乾隆庚寅年五月初二日丑時外殁配蔡氏生
乾隆己亥年十一月廿八日辰時卒道光壬辰年閏
九月十六日未時葬頭前山
生子二長允得次允應出嗣緣

品次子第十八世
出嗣

品三子第十八世
出嗣

臏傳子第十八世

分

緣

緣．生乾隆庚戌年十月初五日亥時卒葬梹榔嶼

嗣子一　應

祥長子第十八世

春

生乾隆癸巳年十二月十六日午時卒葬失識

祥次子第十八世

進好

生乾隆戊戌年二月十三日辰時卒嘉慶丙寅年

五月十一日巳時葬山頭湖坐北向南

生子

親長子第十八世

生乾隆辛卯年六月十七日午時卒嘉慶己卯年
九月二十日申時葬失載

郁

親次子爵十八世
生乾隆丙申年十月初一日巳時卒道光己亥年正
月初八日辰時葬海墘坐辛向乙兼戌辰配張氏生乾
隆甲辰年八月初二日寅時卒道光己未年二月初一
日未時與夫合葬
生子四長通老次智三孔暨申嗣裕水四孔雀

象

親三子爵十八世
生乾隆辛丑年十二月十七日子時卒葬失載

遠

生乾隆丙申年七月十三日午時卒葬失載外殁

英次子第十八世

生乾隆乙巳年十一月十五日酉時卒葬失載

巖

英三子第十八世

生乾隆壬子年八月廿七日未時卒道光丁未年十一月初七日戌時葬廟鞍配田邊張氏生嘉慶辛酉年六月十三日寅時卒咸豐甲寅年七月廿一日巳時葬在海墘坐向失

傑

生子六長蓮次紂三米四遂五收六棒出嗣怡慶

行傳子第十八世

岳長子第十八世

摯字凌雲生乾隆丁酉年正月十五日戌時卒嘉慶壬申年二月十九日寅時葬埭嘰坐辛向乙兼酉卯丁酉丁卯分金配李氏生乾隆甲寅年十一月十八日酉時　生子一清順

岳次子第十八世

位嗣子第十八世

述字繼芳生乾隆戊戌年十二月十五日卯時卒道光乙酉年八月十三日巳時葬檳榔嶼配周氏生乾隆辛亥年六月十二日寅時卒嘉慶乙亥年三月初十日未時葬山頭湖坐酉向卯兼庚甲丁酉丁卯分金續配鄭氏生乾隆乙卯年七月初八日　時卒咸豐丙辰年十二年十六日寅時葬在湖尾山坐申向寅兼卯酉庚寅庚申分金

生子一廣嗣孫香木生父媽敬

扶傳子第十八世

隅傳子第十八世

賢侯傳子第十八世

霖傳子第十八世

料理嗣子第十八世

遠祖
生乾隆丙申年十一月十六日午時卒道光庚寅

嗣子一樣 本生父仕忠

清傳子第十八世

通文傳子第十八世

媽記長子第十八世

遠祖

出嗣

媽記次子第十八世

家和

生乾隆己亥年九月初四日寅時卒塟失載

熾韶三子第十八世

三及　生乾隆巳酉年五月初五日申時卒葬失載

耀長子第十八世

華珍字士瑶生乾隆庚子年二月廿八日巳時卒嘉慶甲
子年二月十七日　時葬在梹榔嶼

田王儒子第十八世

南貞長子第十八世

仕忠　生乾隆丙辰年八月廿一日巳時配水頭顏氏生
嘉慶丁卯年二月初四日巳時卒道光辛巳年十二月

廿日午時

生子七長兆次欉出嗣漳祖三謨

四掩五名六麥七腈

南貞次子第十八世

仕獅

生嘉慶己巳年三月廿一日巳時卒葬檳榔嶼

南貞三子第十八世

水萍

出嗣

光典傳子第十八世

才登傳子第十八世

華與　生乾隆辛丑年　月　日　時卒塟失載

才登次子第十八世

字　生乾隆　年　月　日　時

九嗣子第十八世

水萍　生嘉慶庚午年十月二十日未時卒葬梹榔嶼

振嗣子第十八世

龍　生乾隆丁亥年九月初十日未時

冀長子第十八世

娘字、　生乾隆庚子年四月十四日巳時卒道光甲午年

趌長子第十八世

彩字文煥生乾隆乙酉年六月廿六日亥時卒嘉慶甲子年三月廿九日午時葬嚾咖錫郿王氏生乾隆壬辰年五月廿二日巳時卒道光丙午年十月十三日亥時葬在山頭湖坐巽向乾兼巳亥

生子二長預次助

趌次子第十八世

謔 出嗣

趌三子第十八世

生乾隆己亥年四月十二日巳時卒嘉慶丙寅年六
月廿二日未時葬山頭湖　生子

顯長子第十八世

出嗣

合

顯次子第十八世

敦字文篤生乾隆甲午年三月初七日巳時卒道光庚子年
正月十六日酉時葬西邊園內坐子向午兼癸丁外坐
壬向丙兼子午配長江李氏生乾隆庚子年十月廿
五日辰時卒道光庚戌年九月十六日午時葬在東

箭字

生子三長登科次登陣三登麗

顯三子第十八世

生乾隆戊戌年正月初一日未時卒道光丙戌年

十二月初八日未時葬內坑斂仔頭坐壬向丙兼子午

配排頭高氏生乾隆丙午年四月初七日未時卒嘉慶

丙寅年十一月初二日子時葬大埭墩水燭頂坐西南

向東北續配漸美洪氏生乾隆癸卯年七月　日巳

時

生子三長登燦次登艷三登養本生父合

儀字文羽生乾隆辛丑年九月十九日寅時卒道光甲辰年九月十三日未時葬西邊坐子向午兼壬丙丙子丙午分金　配田背堀蘇氏生乾隆己酉年二月初五日卯時卒嘉慶壬申年四月廿五日寅時葬埭墘坐酉向卯兼庚甲丁酉丁卯分金續配厲坑許氏生乾隆辛亥年四月初二日午時卒道光己酉年九月十六日卯時葬西邊

生子六長永朝次永顯三永受四永得五永安六和生

善字

生乾隆丙午年九月初六日卯時卒道光丙申年
十月十九日寅時葬烏尾山坐乙向辛兼卯酉配鼓浪
嶼內厝澳黃氏生乾隆庚戌年十月廿五日申時卒咸
豐丁巳年九月十三日申時葬內坑後壁
生子二長海次錐

添嗣子第十八世

合水

生乾隆辛卯年四月初九日午時卒道光辛卯年
五月十二日酉時葬內坑墩仔頭坐亥向巳兼乾巽配吳
貫祁氏生乾隆辛丑年十月十三日辰時

生子五長登香次登顏三光羅
四光聞五礦出嗣簡

厲水

生傳子第十八世
生乾隆甲申年九月十六日巳時
嗣子二長嫣芸本生父承永次嫣雍本生父逢巽

進治

庇傳子第十八世
生乾隆丙午年正月初一巳時卒道光乙巳年五月十四日申時葬在埭墘
生子

土長子第十八世

三月廿六日未時葬樓山廟下石頭脚園坐壬向丙兼
亥巳丁亥丁巳分金配霞陽社楊氏生乾隆辛亥年二
月廿六日戌時卒咸豐丁巳年十月初一日戌時葬橋
頭山坐子向午兼壬丙丙子丙午分金
生子二長媽趁次媽芸出嗣属水

逢巽
土次子第十八世
出嗣

逢巽
坡嗣子第十八世
生乾隆辛巳年七月初十日酉時卒道光戊申

年十月初六日戌時葬東嶼坪坐酉向卯兼庚甲丁酉
丁卯分金配石困社林氏生嘉慶壬戌年七月廿四日
午時卒咸豐丁巳年十月初一日辰時葬橋頭山坐子
向午兼壬丙丙子丙午分金

生子三長媽雅出嗣房木次媽獺三媽允

堂傳子第十八世

輝嗣子第十八世

生乾隆辛卯年六月廿四日未時

長與

志傳子第十八世

金奇　生道光戊子年四月初一日巳時

墳四子第十八世

得露　生道光壬辰年二月十七日寅時

媽良傳子第十八世

光騰長子第十八世

桑領　字一　生嘉慶丁巳年正月廿六日戌時配寧坑林

氏　生嘉慶戊辰年四月廿五日未時

生子四長拱次烏三坑四降

光勝公下第十八世

附領字一　生嘉慶戊午年七月初一日午時外殁配溫厝
社溫氏生嘉慶癸亥年九月廿七日未時
生子二長錦澤次錦篠

同生
士水長子第十八世
生嘉慶庚午年十月十四日午時配寧坑林氏生
道光丁亥年六月十一日酉時
生子三長光唱次光箕三清泉

財生
士水次子第十八世
生嘉慶辛酉年十月初九日寅時配內坑周氏生

道光丁亥年五月初十日丑時卒道光丁未年十月
二十日酉時葬大片上坐壬向丙兼子午申亥辛巳分
金續配後井周氏　生子一文選

王來

士水三子第十八世

士水四子第十八世

樣

生道光辛巳年八月十四日酉時配溫厝社溫氏生
道光壬辰年七月十四日辰時
生子二長新次光國

吟石字有咏生嘉慶二十一年丙子六月初八日寅時配內
坑周氏生道光丁亥年十二月廿一日酉時
生子四長登耀次登孟三登碭四登科
真寶次子第十八世
應魁生嘉慶二十四年己卯　月　日　時葬
海墘四斗裡園頭早亡無傳
真寶三子第十八世
循厚字一敦生道光四年甲申十一月十四日亥時配馬壠
劉氏生道光十四年己丑七月十四日寅時

生子一皆俗·

真寶四子第十八世

怡厚字得春生道光七年丁亥八月初五日巳時卒道光二十一年辛丑六月三十日酉時葬後頭四斗園頭海墘

真寶五子謝十八世

等厚字一禮生道光十六年丙申八月十八日辰時配内坑周氏生道光二十年庚子十二月十八日寅時卒咸豐十年庚申十月廿四日酉時葬後頭海墘坐坤向艮兼申寅辛丑辛未分金續配坂尾林氏生道光廿一年辛丑十月初一日午時

两厚字一新 生道光十九年己亥二月初七日辰時

佛

菊長子第十八世

生嘉慶丙戌年正月初七日丑時卒咸豐庚申年十

二月廿六日　時葬外域

生子一　月理

嬰

菊次子第十八世

生嘉慶丁丑年八月十七日午時配下楊社楊氏生

道光壬午年四月十一日巳時卒道光丁未年十一月

初五日寅時葬廟鞍祖墓邊

續配溫氏生道光壬午年四月初四日午時
生子三長正立次正界三正談

菊三子第十八世
光聘　生道光癸未年十月廿七日戌時

菊四子第十八世
光鉗　生道光丙戌年十二月初二日酉時

菊五子第十八世
員治　生道光己丑年六月初十日巳時

江淮傳子第十八世

允棟字一　生乾隆癸丑年七月十七日巳時卒嘉慶乙亥年六月廿七日酉時葬坑園山脚坐乙向辛兼卯酉丁卯丁酉分金配樓山陳氏生嘉慶壬戌年正月廿六日戌時

生子

戊寅長子第十八世

占魁字一　生嘉慶戊辰年十二月廿六日酉時

戊寅次子第十八世

振榮

生嘉慶壬申年十一月廿八日戌時卒道光庚子

子年四月廿三日戌時葬在番邪

振盛

戊寅三子第十八世

三閣傳子第十八世

九思傳子第十八世

納光傳子第十八世

光壤傳子第十八世

花章傳子第十八世

篤生　生乾隆乙卯年四月廿三日戌時卒道光辛丑年三月十三日戌時葬梹榔嶼配樓山陳氏生嘉慶壬戌年正月廿六日戌時

生子四長夏以次夏宗三夏泉四夏賞

壹傳子第十八世

尊敬　生乾隆辛丑年十月初五日申時卒道光庚子年十月廿六日戌時葬山腰裡坐東向西配蔡氏生乾隆甲辰年十一月廿二日卯時卒嘉慶丁卯年九月廿八

乙巳年三月初七日辰時卒道光庚戌年三月廿三日寅時葬後壠坐辰向戌兼乙辛丙辰丙戌分金

生子六長水次鯨三慨四香五保六芳

媽蔭

秋傳子第十八世

生嘉慶丙辰年十月廿六日巳時卒道光庚戌年十月廿一日子時葬定吵配洪氏生嘉慶乙丑年正月初八日午時卒道光丁未年六月十七日巳時葬福塲裡坐壬向丙兼子午辛巳辛亥分金

生子二長文義次文禮

添丁早卒無傳

富傳子第十八世

海傳子第十八世

尚長子第十八世

光摶

生嘉慶癸亥年四月初四日未時卒道光乙巳年十一月廿六日寅時葬坑園山坐子向午兼癸丁庚子庚午分金配馬埭頭蘇氏生嘉慶己卯年七月初七日午

蛙

尙次子第十八世

生卒葬所失載

嗣子一元 本生父光樽

琲

尙三子第十八世

生嘉慶辛未年八月十五日丑時卒道光丁未年

十二月十一日卯時葬山坪頂

嗣子二 長光禀 本生父樽 次德性 本生父掌

烏淡

尙四子第十八世

生嘉慶乙亥年六月廿四日戌時

烏掌　生道光辛巳年正月廿四日戌時配寧坑林氏生道光庚寅年九月十三日寅時

生子二長得静次得性出嗣胞兄乖

佛賜　煥章長子第十八世

生乾隆　年　月　日　時

佛恩　煥章次子第十八世

生乾隆　年　月　日　時

春友　文瑞儒子第十八世

生乾隆　年　月　日　時

開春 生乾隆 年 月 日時

朝山傳子第十八世

澤長子第十八世

孟春諱志傑生乾隆乙未年十二月廿八日卯時

與傳子第十八世

峪山長子第十八世

而立字志誠生乾隆壬寅年七月二十日午時卒道光戊戌

配王氏生失載卒道光壬子年九月
十四日丑時葬在廈深田內
生子三長允泉次允吉三允江

嵩山傳子第十八世

東寧諱金海住臺灣

岱山長子第十八世

永昌諱雙喜生乾隆乙卯年二月初一日申時卒嘉慶己卯
年七月十一日午時葬在廈西山仙草坪
嗣子一丁財

允使　生嘉慶乙丑年九月十四日酉時配陳氏生
生子一火
景山次子第十八世
榮陞　生嘉慶癸酉年八月廿七日寅時
燕山傳子第十八世
有信　生嘉慶壬戌年三月十五日酉時配陳氏生乾
隆丁丑年十月十五日未時
生子二長僉隨次僉慶就魏山公承嗣孫
峰山傳子第十八世

魏山傳子第十八世　嗣孫一僉慶本生父有信

臨淵傳子第十八世

惠州傳子第十八世

天助傳子第十八世

聰明　生乾隆　年　月　日　時

生子

天來傳子第十八世

天紅傳子第十八世

天忠傳子第十八世

煖傳子第十八世

海元　早卒

碧次嗣子第十八世

強清

生嘉慶壬申年四月初一日未時卒咸豐庚申年

三月初一日未時葬漳城南門外璞陽金坐西向東兼

辛酉配楊氏

生子一添樹

池水

碧三子第十八世

生　丙戌年六月十九日午時配洪氏生

壬辰年十月十三日巳時卒道光庚戌年五月初三

[illegible]山坐東向西[illegible]配[illegible]氏生

丁亥年五月廿八日辰時

生子一　秋出嗣

強清　貴長子第十八世

出嗣

強安　貴次子第十八世

出嗣

甲寅　貴三子第十八世

生嘉慶戊寅年十二月廿五日巳時配蔡氏小

辛卯年九月十四日巳時

貴四子第十八世

強深　生道光己丑年五月廿一日巳時配蔡氏生道光

己亥年六月廿六日丑時

生子一木是

田嗣子第十八世

強安　生　乙亥年十二月初五日卯時配林氏生

乙未年四月十二日未時

生子二長溥出嗣清水次泉

伍長子第十八世

伍次子第十八世

清水　生道光己丑年五月初七日子時卒道光戊申年十月初四日巳時葬漳城西門外

嗣子二長秋香本生父池水次湧泉本生父門[illegible]

伍三子第十八世

知水　生　庚戌年四月廿二日巳時

浩長子第十八世

振茂　早卒無傳

仁咏嗣子第十八世

柏傳子第十八世

和尚　出嗣

祥長子第十八世

源海　出嗣

祥次子第十八世

辛酉　早卒無傳

祥三子第十八世

建基　早卒無傳

祥四子第十八世

丙辰年八月十一日未時

生子四長大福次勤儉三德杏四太抱

孝義傳子第十八世

嫣燕傳子第十八世

天求嗣子第十八世

生咸豐辛亥年十二月初三日卯時

天從長子第十八世

行

[illegible]　生道光丙午年五月十八日酉時

佳　天從次子第十八世
生道光戊申年五月十六日午時

仁　天從三子第十八世
出嗣

光審　天明長子第十八世
生咸豐癸丑年四月廿四日未時

光柿　天明次子第十八世
生咸豐己未年四月十六日申時

倚玉長子第十八世

生咸豐己未年十月初八日子時
玉次子第十八世
行筆　生咸豐辛酉年五月初三日申時
光送傳子第十八世
光駿長子第十八世
錦衣諱尚綉生道光乙酉年三月廿六日戌時卒咸豐甲
寅年七月廿九日　時葬梹榔嶼配廟兜盧氏生道光
癸巳年十一月十六日子時
生子一允馨

錦禣諱尙清生道光甲午年四月十三日巳時卒道光丁未
年九月初二日巳時葬內壠與五叔仝墳
生子
光駿三子第十八世
天詿字尙賢生道光癸卯年五月廿六日寅時配厦門港莊
氏生道光辛丑年十一月廿九日子時
生子
光馬長子第十八世
遜讓字尙謙生道光癸卯年九月廿六日巳時

光馬次子第十八世
石頭字尚玉生咸豐癸丑年九月二十日未時
光黎長嗣子第十八世
天維字尚慶生道光甲辰年十月廿七日丑時
光黎次子第十八世
天福字尚得生咸豐壬子年四月十六日卯時
光鋪嗣子第十八世
業宗字尚金生咸豐壬子年九月三十日酉時
忠漢長子第十八世

道光丁酉年五月十一日卯時卒咸豐戊午年三月
初五日子時葬內壠
忠漢次子第十八世
清萊　生道光甲午年七月初二日未時配水頭社黃氏
生道光辛丑年十月十八日未時
生子
忠漢三子第十八世
清雨　生道光辛丑年二月初十日酉時
光所長子第十八世
光所次子第十八世

天相字尙對生道光丁未年八月二十日未時

光所次子第十八世

白雪字尙霜生咸豐己卯年五月廿五日亥時

讀書長子第十八世

八音　生道光庚子年正月十九日卯時

讀書次子第十八世

天維　出嗣

樹豆傳子第十八世

光敏傳子第十八世

甬傳子第十八世

籃田傳子第十八世

茶湖　生嘉慶甲子年五月初七日酉時卒

年　月　日　時葬坭塆

逢旦傳子第十八世

發科傳子第十八世

貫通傳子第十八世

如冰傳子第十八世

國棟傳子第十八世

初興傳子第十八世

棻傳子第十八世

壽山　生嘉慶丁未年二月初二日戌時配廈門蔡氏生
嘉慶甲子年八月十二日酉時
生子二長保麟次倩雲

王智傳子第十八世

竭力長子第十八世
閏　生嘉慶辛酉年十一月廿五日卯時卒葬在蓬仔

竭力次子第十八世
瓜生　生道光乙未年二月廿一日午時

[illegible]　生咸豐[illegible]年十月初[illegible]日

回頭傳下第十八世

海源　生咸豐甲寅年七月初一日申時

清冷長子第十八世

黄牛　生咸豐壬子年三月廿七日未時

清冷次子第十八日

蘊　生咸豐己未年五月十三日巳時

霜雪傳子第十八世

石竹傳子第十八世

元琶傳子第十八世

怡情傳子第十八世

御賜長子第十八世

綿芳　生道光庚戌年十月廿一日子時

御賜次子第十八世

運捷　生咸豐癸丑年九月廿三日未時

御賜三子第十八世
綿樂　生咸豐庚申年十月十二日戌時
同章傳子第十八世
長經長子第十八世
朝便　生咸豐辛亥年七月初七日午時
長經次子第十八世
朝川　生咸豐乙卯年七月十六日寅時
長經三子第十八世
朝等　生咸豐戊午年六月十三日申時

嵩龍　生道光乙酉年十二月十二日申時

媽順傳子第十八世

朝細　生咸豐乙卯年五月廿六日寅時

媽戟傳子第十八世

文田　生同治壬戌年九月初三日亥時

三茂傳子第十八世

媽鉗傳子第十八世

孟起傳子第十八世

光随傳子第十八世

秋水長子第十八世

金榜　生咸豐辛亥年正月三十日辰時

秋水次子第十八世

金樹　生咸豐甲寅年正月廿六日子時

光柳長子第十八世

應松　生道光乙巳年十二月廿五日戌時

應心　生咸豐壬子年九月初六日寅時
光柳三子第十八世
應陶　生咸豐甲寅年九月初八日辰時
光柳四子第十八世
應粒　生咸豐己未年正月廿六日卯時
沙傳子第十八世
光然傳子第十八世

恩波長子第十九世

天送

生乾隆丁未年十二月十三日午時卒道光庚戌年二月十六日申時葬深溝頂坐卯向酉兼乙辛辛卯辛酉分金配林氏生乾隆己未年四月三十日寅時卒道光庚戌年十月十四日戌時葬松柏山脚坐甲向庚兼卯酉丙寅庚申分金

生子四長全次智三欄四慈

恩波次子第十九世

天受

生乾隆壬子年十一月廿六日巳時配蔡氏生乾隆辛酉年十月十四日巳時

恩波三子第十九世

子娘　生嘉慶丙辰年十一月初十日巳時卒道光丙午年十月初十四巳時葬榕柏山坐卯向酉兼乙辛辛卯辛酉分金配坂尾林氏生嘉慶庚午年十二月初九日寅時

生子四長正對次營三盤四嗣起承四敵舜

恩波四子第十九世

永生　生嘉慶己未年八月十九日卯時配東嶼李氏生嘉慶辛未年八月十八日巳時

恩錫傳子第十九世　生子二　長萊頭　次烏賴

三吳傳子第十九世

五常傳子第十九世

禄傳子第十九世

黄河傳子第十九世

光衍傳子第十九世

嫣慶傳子第十九世

嫣葵傳子第十九世

康泰傳子第十九世

清傳子第十九世

重悅傳子第十九世

天池傳子第十九世

天録長子第十九世

�邑

生嘉慶丙辰年十二月初十日戌時卒道光戊戌年六月初九日巳時葬笙亮墓右抨坐夘向酉兼乙辛

嗣子一　扳佳

天録次子第十九世

辛巳九月十四日未時葬空壳墓祖右坪坐卯向酉號
乙卒　　　　　　　　生子
瑞鵬長子第十九世
鈿生字應金生嘉慶庚申年九月初一日辰時配後井社陳
氏生嘉慶癸亥年八月初五日巳時卒道光丙戌年七
月初二日午時葬牛埔山坐亥向巳兼乾巽續配楊厝
社楊氏生嘉慶己巳年三月初九日酉時卒道光戊戌
年九月初八日戌時葬在盒抗坐
再續配漸尾社許氏生

嘉慶甲戌年二月初四日巳時卒道光戊申年十月
初七日巳時葬山頭祖墓邊右坪坐坤向艮兼未丑辛
未辛丑分金又再續配吳坂社吳氏生嘉慶壬申年三
月廿三日子時側室　氏生嘉慶癸酉年九月初七日
子時　生子七長淑如次克毓三凌雲四凌飱
五凌品六凌乾七凌翰

和生

瑞鵰次子第十九世
生嘉慶乙丑十年六月廿九日午時
傳子三在兴崑

湍生

生嘉慶十五年庚午正月廿三日申時

傳子三在六崑

紀生

瑞鵬四子第十九世

生嘉慶壬申年七月廿四日未時卒道光癸卯
年三月廿七日未時葬三寶壠配西門社徐氏生嘉慶
己卯年十二月初四日酉時

生子二長扳桂出嗣超色次占梅

建寅

瑞椿嗣子第十九世

生嘉慶十一年丙寅五月廿二日亥時卒咸豐己

永年四月初七日戌時葬山頭
配樓山社翁氏生嘉慶庚午年五月初四日巳
時卒道光己亥年六月初二日酉時葬樓山社西邊巷
口坐子向午兼壬丙續配盧坑社高氏生嘉慶甲戌年
四月十五日寅時
生子四長江陵次江峻三江水
四江魚出嗣胞弟仲突
瑞謙長子第十九世
建寅出嗣
瑞謙次子第十九世

生道光甲午年三月初三日午時

嗣子一江魚（本生父建寅）

登山長子第十九世

堅持　早卒

登山次子第十九世

巧笑　出嗣

登山三子第十九世

巧言　生道光庚子年正月十七日寅時

瑞草嗣子第十九世

媽喜　生道光二十八年戊申五月十九日未時卒葬失載

進作　瑞海長子第十九世　生道光己酉年六月初七日辰時卒葬失載

媽喜　盡忠長子第十九世　出嗣

媽旺　盡忠次子第十九世　生咸豐丙辰年十二月廿二日酉時

光丙傳子第十九世

光枰傳子第十九世

瑞氣長子第十九世

苞竹

生道光丁亥年十一月廿三日寅時配院前社

顏氏生道光丁酉年　月　日　時

生子一江吾

瑞氣次嗣子第十九世

巧笑字哂春生道光乙未年十一月廿三日辰時配廈門

吳厝巷陳氏生道光丁酉年十二月廿二日寅時

生子一江耀

永安

瑞鼠長子第十九世

生道光戊申年十一月廿八日戌時

瑞鼠次子第十九世

永利

生咸豐己未年六月初六日巳時

光守傳子第十九世

克發

光彪傳子第十九世

福

管治傳子第十九世
生咸豐壬子年十一月廿四日巳時

追傳子第十九世

光諒傳子第十九世

光豹傳子第十九世

光閈傳子第十九世

玉根傳子第十九世

文厲傳子第十九世

君陣長子第十九世

光煥　生嘉慶己卯年三月十七日卯時配溫氏生嘉慶庚辰年十月十一日寅時

生子二長六英出嗣胞弟萍次豆頭出嗣胞弟聲

[illegible]

甲申年八月初五日申時

生子二長筎鍊次筎剪出嗣胞弟蚵

光萍　君陳三子第十九世

生道光乙酉年四月初八日巳時卒道光戊申

年十月十二日戌時葬壠尾坐戌向辰兼辛乙庚戌

庚辰分金配李氏生道光乙酉年十一月初八日酉時

嗣子二長大英次大義

君陳四子第十九世

光聲 生道光壬辰年八月廿四日未時卒咸豐癸丑年
五月廿七日辰時葬梹榔嶼
嗣子一荳頭 本生父旗

君陣五子第十九世
光蚵 生道光丙申年十月廿三日巳時卒咸豐元年辛
亥年十月廿三日亥時葬牛埔
嗣子一篩剪 本生父渺

君陣六子第十九世
光料 生道光乙未年三月廿五日巳時配郭氏生道光
己亥年五月初八日卯時

君陞七子第十九世

滿樣　生道光戊戌年十月初六日子時

義長子第十九世

紅咩　生嘉慶乙亥年十二月初二日寅時配林氏生

道光癸巳年十一月初十日未時

生子

義次子第十九世

紅柑　生嘉慶丙子年十一月初九日午時卒道光甲申

年七月十六日午時葬

嗣子一天音本生父紅

紅柿
義三子第十九世
生嘉慶庚辰年十月初六日丑時配林氏生道光
庚子年正月廿五日子時
生子一天音出嗣胞兄紅

紅笑
義四子第十九世
生道光甲申年九月初五日子時配林氏生道
光丙申年十一月十一日未時
生子一媽興

義五子第十九世

丁酉年二月廿七日酉時

生子一　可若

君迎長子第十九世

媽錢

生道光丁亥年四月初二日巳時配楊氏生道光

丙戌年四月廿六日午時卒道光己酉年三月二十日

酉時葬東山邊

嗣子二 長粒 次鐵 本生父不

君迎次子第十九世

媽拋

生道光戊子年十月廿三日巳時卒咸豐丁巳年

六月十四日午時配林氏生道光戊子年十一月廿二日申時卒道光戊申年八月八月初一日戊時葬東山邊

續配何氏生道光辛卯年七月十二日卯時

生子一綿化

君迎三子第十九世

媽不

生道光壬辰年三月初三日巳時配楊氏生道光丙申年正月初九日寅時

生子一光鐵出嗣胞兄媽錢

甲傳子第十九世

講傳子第十九世

志傳子第十九世

登科傳子第十九世

嫣要長子第十九世

生道光甲辰年三月十八日酉時

嫣要次子第十九世

爾

伕　生道光辛卯年九月十三日巳時

雁行長嗣子第十九世

正答　生嘉慶丙子年三月十一日酉時卒道光丁酉
年八月　日　時外亡
生子一　頂旺

雁行次嗣子第十九世

蘇　生道光乙酉年二月十八日卯時卒道光丙午年六
月初三日寅時葬在暹羅
生子

雁行三嗣子第十九世

未年七月十一日子時　生子一天平出嗣

雁行四嗣子第十九世

正父　生道光丙申年九月廿六日子時

汪長子第十九世

正答　出嗣

汪次子第十九世

正達　生道光己丑年四月廿五日午時卒道光戊戌年

六月廿六日未時外歿

嗣子一天平未生父韭

正韭
汪三子第十九世
出嗣

正蘇
墀長子第十九世
出嗣

正窓
墀次子第十九世
生道光癸巳年十一月二十日巳時配陳氏生
道光戊戌年八月初七日巳時
生子

墀三子第十九世

埤四子第十九世

倫

出嗣

埤五子第十九世

松

生道光壬寅年七月十四日辰時

真長嗣子第十九世

倫

生道光辛丑年七月初一日巳時配邱氏生道光

庚戌年十一月二十日巳時

生子

爐長子第十九世

正看

生嘉慶甲戌年七月廿九日酉時卒咸豐丙辰年八月初九日　時外殁配蔡氏生嘉慶丁丑年四月廿五日酉時卒道光丙申年十一月三十日酉時葬在鍾厝山坐申向寅兼排艮丙申丙寅分金續配吳氏生嘉慶丙子年四月十二日巳時卒道光庚子年三月初四日丑時葬在相邇河坐　向

生子

爐次子第十九世

正立

生道光丁丑年四月廿九日未時卒咸豐丁巳年八月廿六日　時外殁配陳氏生　甲申年七月十

生子一曰[illegible]繼提

爐三子第十九世

正提　生道光甲申年六月廿九日未時卒道光乙未年

五月初九日午時葬在相連河坐巳向亥兼丙壬字巳

辛亥分金

生子二　長博　次旦　本生少立

爐四子第十九世

正直　生道光甲午年六月廿七日巳時配邱氏生道光

己亥年二月初三日辰時

生子一蒲

正鵠

老長子第十九世

生道光乙酉年六月十九日申時配邱氏生道光甲午年二月初八日酉時卒咸豐丁巳年三月十七日未時葬在相連河

續配葉氏生道光已亥年四月廿日九午時

生子一任

老次子第十九世

正着

生道光丙申年十月初十日卯時

老三子第十九世

辦長子第十九世

正威　生道光庚寅年閏四月廿五日午時配顏氏生

道光癸巳年五月初一日未時

生子二長妙卿次榮皆

辦次子第十九世

正講　生道光己亥年六月二十日午時

基長子第十九世

正勳　生道光辛卯年九月廿三日寅時卒咸豐丁巳年

六月十一日午時葬梹榔嶼配周氏生道光己亥年十

一月十一日寅時
生子一　果
基次子第十九世
正習
生道光癸丑年正月二十日巳時
西傳子第十九世
定長子第十九世
如遠
生道光丙午年六月廿八日巳時
錦奪傳子第十九世
正尋
生嘉慶辛未年八月十二日酉時卒年月日時

八佾長子第十九世

正褏

生嘉慶辛未年九月廿九日卯時配林氏生道光壬午年八月二十日酉時

生子二長南庸次南墉

八佾次子第十九世

正圍

生嘉慶丙子年十二月初五日巳時卒咸豐己未年八月廿一日子時外歿

生子

華國傳子第十九世

必魁長子第十九世

正岱　生道光乙酉年正月初六日辰時

必叠傳子第十九世

必愿長子第十九世　往南旺

正泰

必愿次子第十九世

文卿

必愿三子第十九世

謝氏家乘　世紀卷一六

紹周長子第十九世

如衍　生嘉慶戊寅年四月十六日巳時配林氏生道光丁亥年六月初六日酉時側室林氏生道光癸未年十一月初二日未時

生子四長敏從次敏續三敏鬼四敏武

紹薰長子第十九世

如出　出嗣

紹薰次子第十九世

如荷　生道光丙申年八月廿四日未時配蔡氏生道光

己亥年九月初八日酉時

生子

紹康長子第十九世

如萊　出嗣

紹康次子第十九世

如勤　生道光辛丑年二月十九日未時

紹康三子第十九世

如白　生道光癸卯年十一月初十日卯時

紹科長子第十九世

如毛　生道光辛卯年十月十六日辰時

[illegible]　生道光丙申年正月廿二日巳時配林氏生[illegible]

丙申年二月廿六日辰時

生子一丁文

如清　紹科三子第十九世

出嗣

如邑　紹科四子第十九世

生道光乙巳年三月廿一日申時

如義　紹科五子第十九世

生道光丁未年六月廿二日未時

如信
紹科六子第十九世
生道光己酉年十月十九日申時

如石
紹科七子第十九世
生咸豐乙卯年二月十二日巳時

如磋
紹禎長子第十九世
生道光丙申年十一月十四日未時配長興李氏
生道光己卯年二月廿三日午時
生子一丁蒲

紹禎次子第十九世
如得
出嗣

紹亭次子第十九世

如上　出嗣

紹亭次子第十九世

如蒜　生道光庚子年九月初三日酉時

紹亭三子第十九世

如乾　生道光庚戌年五月初四日寅時

紹亭四嗣子第十九世

如郁　生道光己酉年六月廿四日子時

紹亨五嗣子第十九世

清江 生咸豐癸丑年十月初二日丑時

如曲 紹充長嗣子第十九世

生道光辛卯年九月廿一日巳時卒咸豐戊午年六月廿八日巳時葬在山仔内

配林氏生道光辛卯年六月初七日午時 生子三長咸次發三杉

如萊 紹充次嗣子第十九世

生道光乙未年十月十八日戌時配梁氏生道光戊戌年十月廿一日子時

紹充三嗣子第十九世

知清　生道光戊戌年六月廿四日未時配何氏生道
光己亥年六月初八日未時
生子

紹充四嗣子第十九世

知上　生道光己亥年五月廿六日未時配楊氏生道光
甲辰年二月初九日未時
生子

紹充五嗣子第十九世

如得　生道光已亥年正月初二日辰時

紹充六嗣子第十九世

如慈　生道光辛丑年九月二十日午時

紹充七嗣子第十九世

如祿　生道光丙午年七月初七日卯時

紹充八嗣子第十九世

憑郁　生咸豐庚戌年正月十九日卯時

紹欣長子第十九世

清波　生道光已亥年四月廿八日巳時

紹欣次子第十九世

紹欣三子第十九世

如盛　生道光丁未年九月初六日戌時

紹欣四子第十九世

如郁　出嗣

紹欣五子第十九世

青江　出嗣

紹欣六子第十九世

青舜　生咸豐辛亥年六月十五日午時

紹欣七子第十九世

如龍 紹欣八子第十九世 生咸豐乙卯年十月初十日巳時

西豹 紹欣九子第十九世 生咸豐戊午年八月廿五日酉時

仙冬 紹鵰長子第十九世 生咸豐丙辰年五月初九日申時

如祿 紹鵰次子第十九世 出嗣

如木 紹鵰三子第十九世 生道光丁未年二月十四日巳時

光合長子第十九世

正本　生道光五年乙酉十二月十三日寅時在梹榔嶼配辛氏　生道光甲午年二月廿六日申時

生子一　朝陽

光合次子第十九世

正玉　出嗣

光合三子第十九世

正樞　字咸　生道光十九年己亥五月初四日申時

光造長子第十九世

正對　出嗣

光造次子第十九世

正源字亨　生道光二十二年壬寅四月十八日午時配林

氏生道光二十三年癸卯五月初八日亥時

生子

光造三子第十九世

正乞　出嗣

光運長嗣子第十九世

正玉

生道光九年己丑十二月初七日巳時配楊氏生

道光十八年戊辰　月　日　時

正埶　生道光十九年己亥十月十九日卯時

光化傳子第十九世

正傳　出嗣

光聖長子第十九世

正廣　生道光二十三年癸卯九月二十日巳時

光秦長子第十九世

正叻　生道光二十四年甲辰正月初七日酉時

光秦次子第十九世

正獺　生咸豐七年丁巳閏五月初五日午時

正牽

光齊長子第十九世

生道光三十年庚戌十一月廿二日午時配黄

氏生道光二十一年辛丑　月　日　時

正乞

光齊次嗣子第十九世

生道光二十八年戊申三月初四日戌時

光嬰傳子第十九世

果能傳子第十九世

正佃

生道光壬寅年八月廿六日巳時

振雍長子第十九世

振雍次嗣子第十九世
純冷
生咸豐辛亥年六月十三日未時

啟銳長子第十九世
純冷
出嗣

啟銳次子第十九世
戩
生咸豐戊午年十月廿二日午時

自強傳子第十九世

光平嗣子第十九世

正益　生道光戊子年八月廿四日寅時
光挺傳子第十九世
正益　出嗣
光寵傳子第十九世
光實傳子第廿九世
光衍長子第十九世
正輪　生道光乙未年六月初七日未時卒咸豐戊午年
二月初二日辰時外歿

天鼎　光衍三子第十九世　生道光戊申年五月初七日酉時

天秩　光衍四子第十九世　生道光己酉年十一月十四日申時

天想　光睦傳子第十九世　生咸豐癸丑年七月十二日申時

正德　光報長子第十九世　生道光乙巳年八月初一日酉時

光報次子第十九世

正龐　生咸豐甲寅年三月廿四日亥時

光衙傳子第十九世

雙碧傳子第十九世

双石長子第十九世

高明　生道光辛丣年九月廿六日寅時配楊氏生道光甲午年六月廿八日丣時卒咸豐甲寅年十月廿一日巳時葬山頭湖坐　向

生子

高屏　双石次子第十九世
生道光辛丑年四月廿六日午時卒咸豐辛亥年
四月二十日巳時葬大屏山脚
生子

通　光貿長子第十九世
早卒

潤澤　光貿次子第十九世
生道光戊戌年十月十八日巳時配徐氏生道光

庚子年五月二十日寅時卒咸豐戊午年三月十三日
戌時葬後頭三斗園下
續配李氏生道光己亥年十二月初九日午時
生子
光質三子第十九世

得遲
生道光乙巳年六月初六日辰時
光諧傳子第十九世

正呂
光註傳子第十九世

生道光丁未年閏月初三日未時

光班長子第十九世

媽床　生咸豐庚申年九月十五日未時

光煥長子第十九世

媽品　生咸豐丁巳年八月十五日未時

光斷長子第十九世

純吉　生道光乙未年六月廿二日　時卒咸豐己未年

七月十二日　時葬呂宋

光斷次嗣子第十九世

啟種　生道光辛丑年十月十二日卯時配邱氏生道光辛丑年八月初四日卯時

光輝長子第十九世

妙梯　生道光巳亥年九月

光訓長子第十九世

啓種　出嗣

光訓次子第十九世

雙覧　生道光甲辰年六月十五日子時

光訓三子第十九世

高陞　生咸豐辛酉年三月廿五日未時

妙傳子第十九世

鶴明傳子第十九世

性发傳子第十九世

如厚長子第十九世

生道光壬寅年三月初十日申時配林氏生道光

韞藏

癸卯年十一月十八日酉時
生子一紫垣

韞盛
如厚次子第十九世
生道光丁未年十一月初一日卯時

松傳子第十九世

華傳子第十九世

起成
餘慶長子第十九世
生道光戊申年十二月初八日未時卒道光癸卯

生子一　金盤

起陣

餘慶次子第十九世

生道光癸未年三月廿一日　時卒道光壬辰年

二月初一日酉時葬大屏山脚九樣松栢邊

生子

起昌

餘慶三子第十九世

生道光己丑年十一月十六日巳時配陳氏生道

光壬辰年五月初一日酉時

生子

餘慶四子第十九世

起趋　生道光庚子年八月初一日寅時

餘慶五子第十九世

起凤

餘標長子第十九世

才　生道光癸未年十二月十九日寅時卒道光乙巳年十月初六日申時葬虎綿石後

嗣子一　排烈本生父問

餘標次子第十九世

問　生道光丙戌年十月初七日巳時配林氏生道光癸

生子三長[illegible]烈[illegible]次[illegible]排[illegible]排地

泉

餘標三子第十九世

生道光庚寅年三月廿二日戌時配李氏生道光

子年二月廿八日申時

生子

向

餘標四子第十九世

生道光甲午年九月廿二日戌時配李氏生道光

寅年五月十六日未時

生子

餘標五子第十九世

極

生道光丁酉年四月廿九日申時

餘標六子第十九世

旺

早卒

餘標七子第十九世

邦棟

生道光辛丑年七月廿四日卯時

淑意傳子第十九世

大艷長子第十九世

純緝

生道光丙午年九月廿七日丑時

生道光戊申年十月十三日酉時

大道傳子第十九世

大川長子第十九世

陶潛

生道光壬午年三月廿四日戌時配林氏生道光

戊戌年二月十九日辰時

生子

大川次子第十九世

知遡

出嗣

大哲長嗣子第十九世
卿過 生道光乙未年十月廿六日亥時

大哲次嗣子第十九世
正柱 生道光丁未年七月廿三日申時

即是正淮

大成長子第十九世
正柱 出嗣

大成次子第十九世
正漏 生咸豐甲寅年三月十八日寅時

大茂長子第十九世
純赫 生道光乙未年八月三十日亥時配陳氏生道光

大茂次子第十九世

敞諒　出嗣

大茂三子第十九世

純江　生道光戊申年二月初二日丑時

大茂四子第十九世

純經一　生咸豐丙辰年十月初八日子時

大情長子第十九世

拱照　生道光丙午年三月十五日午時

大情次子第十九世
純裕　生道光庚戌年十月廿五日巳時
錦田長子第十九世
鄉黨　生道光甲午年九月初三日巳時配楊氏生道光甲辰年六月初七日卯時
生子
錦田次子第十九世
鄉陳　生道光乙巳年九月十六日申時
媽熊長子第十九世
敬諧　生道光丙午年二月初九日丑時

簡仲　生道光丙午年二月初三日丑時

媽獅長子第十九世

春租　出嗣

媽獅次子第十九世

春檻　生道光戊申年四月十六日午時

彪嗣子第十九世

春租　生道光　年　月　日　時

鳳傳子第十九世

虎長子第十九世
及時
生道光辛丑年六月二十日午時

匯長子第十九世
榜
生道光己酉年三月三十日未時

象傳子第十九世

興傳子第十九世
啟綜
生道光丁未年三月十四日巳時

繼善長子第十九世
啟育
生咸豐己未年三月廿八日戌時

協九　生道光廿一年辛丑二月廿八日子時配林氏生
道光廿六年丙午九月初五日巳時
生子
佳音次嗣第十九世
協應　生道光十四年甲午四月廿五日辰時卒咸豐戊
午年六月初六日未時葬坑内山墘坐寅向申兼艮坤
丙寅丙申分金
生子
開先長子第十九世

協力　出嗣

開先次子第十九世

協應　出嗣

開先三子第十九世

協魯

生道光三十年庚戌十月十六日戌時

媽戴傳子第十九世

媽承傳子第十九世

媽循傳子第十九世

煥傳子第十九世

嗣孫長吟本生父啟達

喬木傳子第十九世

焉深傳子第十九世

怡夏傳子第十九世

焉念傳子第十九世

溥典傳子第十九世

啟湖
大有長子第十九世
出嗣

啟諒
大有次嗣子第十九世
生道光二十四年甲辰十一月十九日卯時

啟延
大有三嗣子第十九世
生咸豐三年癸丑正月初四日酉時

大有四子第十九世

叨陪長子第十九世

啓東字耀西生道光己亥年六月初六日午時配溫厝社溫

氏生道光二十三年癸卯十一月十七日寅時

生子

叨陪次嗣子第十九世

啓湖字　生道光二十二年壬寅四月廿九日未時配陳

氏生道光庚辰年十月十七日未時

生子

清霞長子第十九世

啟象　生道光二十四年甲辰二月十七日巳時

清霞次子第十九世

啓春　生道光二十九年己酉九月十二日午時

滄霞三子第十九世

啓恬　生咸豐八年戊午正月十二日亥時

溥淵傳子第十九世

溥泮傳子第十九世

昆傳子第十九世

喬[illegible]傳子第十九世

喬追傳子第十九世

節用傳子第十九世

生道光十七年丁酉九月十四日巳時配黃氏生

啟達

道光二十三年癸卯八月初一日午時

生子一長吟承嗣煥爲孫

貽謀長子第十九世

錦添　生咸豐　年　月　日時

貽佐傳子第十九世

貽在傳子第十九世

貽墹傳子第十九世

貽賛傳子第十九世

觧先傳子第十九世

嫣沙傳子第十九世

守篇長子第十九世

生卒葬所失載

守卜傳子第十九世

正曹

守其傳子第十九世

增雄傳子僯十九世

佛斤　生道光壬辰年十月十八日寅時卒咸豐戊午年十一月初十日未時葬割翌石坐辛向乙兼戌辰辛酉辛卯分金配陳氏生道光己亥年十一月廿七日巳時

嗣子一硯本生父天送

增賢長子僯十九世

天送　生道光戊子年十月初三日卯時配李氏生道光己亥年三月十三日午時

生子二長目硯出嗣弟佛斤

天賞　生道光戊戌年二月廿四日巳時卒道光丙子

年八月廿四日未時葬九欉松栢脚坐　向

生子

先固傳子第十九世

仁杖傳子第十九世

春傳子第十九世

可

藏長子第十九世

生道光辛丑年十二月十五日辰時

卒

藏次子第十九世

生道光甲辰年七月廿二日申時

清吉

梅長子第十九世

生咸豐戊午年十月初六日巳時

果

岱傳子第十九世

大棟長子第十九世

駠

生道光己丑年正月十四日申時配顏氏生道光己

助

大樑次子第十九世

生道光戊戌年六月初三日巳時配林氏生道光丁未年八月十四日卯時

生子

大棍長子第十九世

良明字順化生道光丁亥年五月十一日丑時卒道光甲辰年十月十一日酉時葬燈火石坐寅向申兼甲庚寅庚申分金

生子一 全信

大棍次子第十九世
良新
生道光庚子年八月廿九日未時

大棍三子第十九世
良補
生咸豐己酉年十二月初六日午時

大桂傳子第十九世

光暖傳子第十九世
懷
生道光乙巳年八月十五日午時

媽朝長子第十九世

媽朝次子第十九世

奚　生道光丁酉年十月廿三日戌時

光典長子第十九世

金栽　生道光己丑年十月二十日巳時

光問長子第十九世

金蘭　生道光丙午年正月初四日辰時

光問次子第十九世

金戚　出嗣

光問三子第十九世

金仲　出嗣
光順嗣子第十九世
生道光戊申年十一月十三日午時

金仲
光尚長子第十九世
生道光庚寅年六月十九日戌時配林氏生道光壬寅年十一月廿六日寅時

昆　生子
光尚次子第十九世

壬生
光尚三子第十九世
生道光丙辰年十月廿四日辰時外殁

九十三

光佝四子第十九世

無嗣

佝

光艷嗣子第十九世

生咸豐辛亥年正月十五日申時

佝

光陶傳子第十九世

光岓長嗣子第十九世

金咸

生道光乙巳年十一月廿七日午時

光民長子第十九世

良眦　生道光丙申年正月十七日酉時配馬氏生道光
丁亥年八月初八日戌時
生子
光民次子第十九世
良諒　生道光庚子年十二月廿三日巳時
光民三子第十九世
良郄　生道光丙午年十月廿七日亥時
光民四子第十九世
良鋒　生道光戊申年二月初五日未時
仕菊儕子第十九世

仕秈長子第十九世

天養　生咸豐己未年三月廿六日未時

仕荐傳子第十九世

仕隨傳子第十九世

仕旦傳子第十九世

大力傳子弟十九世

晩仲傳子第十九世

椗傳子第十九世

應傳子第十九世

橋傳子第十九世

玉傳子第十九世

天源傳子第十九世

天泉傳子第十九世

笑傳子第十九世

得意長子第十九世

光能

生嘉慶庚申年八月廿四日未時配青礁過田顏

氏生道光壬午年二月初二日未時

生子一嫣淑

得意次子第十九世

滿硏

生道光丙戌年七月廿九日寅時

得意三子第十九世

光那

生道光癸巳年十月十八日寅時

得意四子第十九世

烏徑

生道光丙申年六月初四日午時

得意五子第十九世

烏硃

生道光庚子年十月初四日酉時

得意六子第十九世

生[illegible]年十二月十九日午時

塔

翁長子第十九世

生道光己丑年九月十九日午時配六社鹿尤氏生

道光戊戌年十月初七日午時

生子

翁次子第十九世

枰

生道光癸巳年十月十六日寅時

翁三子第十九世

生道光癸巳年二月廿八日寅時

更

翁四子第十九世

墡　生咸豐辛亥年十月初十日寅時

瀾長子第十九世

新英　生道光壬寅年四月廿二日辰時

瀾次子第十九世

烏圓　生道光丁未年三月廿二日申時

瀾三子第十九世

烏柱　生道光庚戌年　月初六日巳時

光參長子第十九世

嫣揺　出嗣

光參次子第十九世

卒道光乙巳年

六月廿二日戌時葬在山狗崆坐癸向丁庚寅庚申分金

生子

泌

光參三子第十八世

生道光壬寅年九月十三日辰時配樓山社楊氏生

道光辛丑年九月十五日戌時

生子

約

光納長子第十九世

生道光甲午年十一月十四日戌時配水頭黃氏生道

光戊戌年十一月初七日未時

韮
光納次子第十九世
出嗣

嫣搖
光猜嗣子第十九世
生道光癸未年六月初一日戌時

光財傳子第十九世

光不傳子第十九世

光掃嗣子第十九世

韮
生道光丁未年八月初六日未時

盾

石晶子第十九世

生道光戊申年十一月十五日午時

道

磚嗣子第十九世

生咸豐丙辰年八月十四日巳時

盾

娘長子第十九世

出嗣

道

孃次子第十九世

出嗣

帆

娘三子第十九世

生咸豐庚申年十月廿九日寅時

歲

沙長子第十九世

生咸豐壬子年十二月廿四日巳時

鉗

新塗長子第十九世

生道光己亥年八月廿五日午時

有福

新塗次子第十九世

生咸豐辛酉年六月廿九日子時

夜傳子第十九世

脩傳子第十九世

勸傳子第十九世

糴傳子第十九世

濺傳子第十九世

買傳子第十九世

光僭長子第十九世

敎充

生嘉慶庚申年七月三十日卯時卒咸豐辛酉年

二月初七日丑時葬亭面前山坐[illegible]巳兼丙壬[illegible]亥丁巳分金配水頭社吳氏生道光庚午年九月初[illegible]日亥時

生子四長媽舍出嗣媽挑次滋三葛獺出嗣胞弟四荔

光僭次子第十九世

啟撐

生嘉慶庚辰年正月初八日巳時

光僭三子第十九世

啟治

生道光癸未年十二月廿二日戌時配鍾林房社蔡氏生道光丁酉年三月初十日酉時

獺

光僣四子第十九世

生道光丁亥年十月十六日酉時卒葬三寶壠

嗣子一萬本生父啟充

卷十六

任公第五房分派世系條紀卷十七

芽

光協長子第十九世

生道光元年辛巳七月十六日未時卒道光戊申年二月十七日巳時葬亭尾前山坐向分金失

乏子

貨

光協次子第十九世

生道光　年正月三十日酉時卒葬柩嶼過港

樣

光協三子第十九世

出嗣

芸長子第十九

丕顯傳子第十九世

先進

大振長子第十九世

生道光乙酉年五月廿三日午時配何氏生道光

癸巳年十一月十五日酉時

生子二　爪

先朧

大振次子第十九世

生道光戊子年六月廿二日戌時配黃氏生道

光庚子年八月三十日子時

生子

光墉　生道光庚寅年十二月廿四日寅時

大振四子第十九世

光門　生道光乙未年正月廿一日未時卒咸豐癸丑

年三月初三日酉時葬龍門亭前公坛仔尾石頭邊

大振五子第十九世

大振六子第十九世

大使　生道光壬寅年十月十四日酉時

淑汝長子第十九世

嫣軒　生道光壬寅年十二月十九日酉時

淑汝次子第十九世

嫣宮　生咸豐甲寅年十一月初三日巳時

淑汝三子第十九世

皆得　生咸豐庚申年閏三月十三日巳時

樹長子第十九世

司厚　生道光庚戌年四月初九日卯時

子第十九世

苛枚　生咸豐乙卯年正月二十日午時

發彊　生道光丙戌年三月初一日子時配[illegible]

生道光戊子年四月十二日巳時

生子一　文擇出嗣

安溪次子第十九世

鈞隆　生道光己丑年二月十六日申時配赤石魏氏

生道光辛丑年六月十三日酉時

生子

安溪三子第十九世

胆水　生道光壬辰年六月初六日午時

安溪四子第十九世

壬挪　生道光戊戌年五月廿一日酉時卒咸豐癸丑年六月廿五日午時葬覆鼎金

嗣子一　文賂（木生父強）

祝水　安溪五子第十九世　生道光庚子年十二月初三日巳時

金印　安溪六子第十九世　生道光癸卯年四月十三日巳時

昭達　心泉長子第十九世　生道光庚寅年正月初七日巳時

昭贊　生道光甲戌年十二月初三日亥時配鄭氏生道
光戊戌年八月十五日酉時
生子
昭眺
水泉三子第十九世
生道光壬寅年二月初三日亥時配周氏生道光
壬寅年九月初九日戌時
生子
落霜長子第十九世
起仁
生道光己亥年正月廿二日巳時

落霜次子第十九世

馮佔　生道光壬寅年十月廿五日子時

落霜之三子第十九世

馮維　生道光戊申年四月初三日戌時

落電長子第十九世

文慶　生道光辛亥年六月廿一日未時

落電次子第十九世

文提　生咸豐壬子年九月十七日寅時

落電三子第十九世

文祿　生咸豐乙卯年九月初二日卯時

爪冰　生道光癸巳年七月廿九日卯時配黄氏生道光

己卯年八月十五日未時

生子

光藝次子第十九世

爪智　生道光丁酉年六月廿二日午時

光藝三子第十九世

爪乞　生道光辛丑年七月初四日寅時

芊朋傳子第十九世

郡傳子第十九世

白雪長子第十九世

陳使

生道光庚戌年十二月十八日未時

光兵長子第十九世

寀

生咸豐戊午年十一月廿三日寅時

光盛傳子第十九世

光圖傳子第十九世

光或長子第十九世

媽寡　生咸豐甲寅年五月初一日午時

光管傳子第十九世

光廟傳子第十九世

光什傳子第十九世

錦雲長子第十九世

進傑　生道光庚子年四月廿四日子時

錦雲次子第十九世

進交

欽長子第十九世

烏甜　生道光庚子年十月十三日寅時

欽次子第十九世

烏棠　生道光癸卯年五月初五日寅時

欽三子第十九世

文章　生道光丁未年二月廿二日丑時

淵泉

真次子第十九世

生咸豐庚申年七月十九日寅時

惺傳子第十九世

龍傳子第十九世

萬成長子第十九世

流界

生道光辛丑年三月初九日申時

任萃長子第十九世

養泉

生道光乙巳年九月十一日辰時

哞長子第十九世

萍

生咸豐丙辰年三月初九日巳時

哞次子第十九世

喬

生咸豐庚申年二月十八日寅時

清和傳子第十九世

韓傳子第十九世

光秋傳子第十九世

光華嗣子第十九世

小君

生道光癸卯年十一月廿八日子時

光名傳子第十九世

光都嗣子第十九世

右春

生道光癸卯年十二月廿八日子時

光份長子第十九世

小君　出嗣

光務次子第十九世

右春　出嗣

光要傳子第十九世

光汗傳子第十九世

祝賀長子第十九世

豆　出嗣

乞

生道光己丑年正月廿七日午時配鄭氏生道光庚

子年五月廿五日辰時

生子一 德發

祝觀三子第十九世

仁福

生咸豐戊申年正月十三日午時

祝韜長嗣子第十九世

生道光辛卯年四月廿五日巳時卒道光乙巳年

豆

七月十五日未時葬嶺內坐艮向坤兼寅申辛丑辛

未分金

祝韜次嗣子第十九世

光棹　生道光乙未年十二月十六日戌時

祝定長子第十九世

光棹　出嗣

祝定次子第十九世

揔　生咸豐甲寅年六月廿一日午時

祝來傳子第十九世

盆　生道光壬寅年三月十九日酉時

祝佐傳子第十九世

祝筠長子第十九世

文肇　生咸豐辛亥年六月十七日辰時

嫣岙長子第十九世

清源字錦瑞生道光乙未年四月十三日寅時配樓山社林

氏生道光庚子年九月十五日寅時

生子

嫣岙次子第十九世

清標字錦章生道光壬寅年正月廿四日未時

媽益三子第十九世

清傑字錦德生道光庚[illegible]月初一日酉時

光忍傳子第十九世

光錐傳子第十九世

光两傳子傳十九世

堪傳子第十九世

光要傳子第十九世

登山傳子第十九世

登清傳子第十九世

登安傳子第廿九世

銀傳子第十九世

光榜傳子第十九世

光碩長嗣子第十九世

光

生咸豐丁巳年七月廿六日戌時

烏卉嗣子第十九世

世經

生道光癸卯年十一月十一日辰時

光鐵長子第十九世

世經

出嗣

烏术傳子第十九世

光弄傳子第十九世

文旦　生同治壬戌年閏八月十三日戌時

光鬆傳子第十九世

光　出嗣

啟鋙傳子第十九世

啟友傳子第十九世

有信傳子第十九世

使

新泉傳子第十九世

秋水嗣子第十九世

生道光丁亥年　月　日　時配林氏生道

光庚子年五月廿一日午時

生子

萬成傳子第十九世

萬壽傳子第十九世

磚　碩

羨石傳子第十九世

王樹嗣子第十九世

生咸豐辛亥年正月十一日卯時

騰交長子第十九世

生道光丁酉年八月廿二日巳時配林氏生道光庚

子年四月十五日巳時

生子一　榮通

騰交次子第十九世

硝　生道光丙午年四月十二日巳時

騰交三子第十九世

磚　出嗣

騰交四子第十九世

硫　生咸豐壬子年八月十三日巳時

蟳傳子第十九世

一義傳子第十九世

生道光甲辰年十月十五日巳時

池

奕泰傳子第十九世

安清傳子第十九世

慶雪　生道光　年　月　日　時

安深傳子第十九世

慶秀　生道光癸卯年八月十四日申時

安淋傳子第十九世

慶南　生咸豐庚申年三月初四日巳時

安瓊傳子第十九世

安祈嗣子第十九世

慶天　生咸豐戊午年六月初九日辰時

慶齊　安留長子第十九世

　生咸豐乙卯年九月初八日巳時

慶天　安留次子第十九世

　出嗣

安祥傳子第十九世

安成傳子第十九世

安福傳子第十九世

姿祿傳子第十九世

姿壽傳子第十九世

安佳傳子第十九世

乖傳子第十九世

銀祥

生咸豐　年　月　日　時

予新傳子第十九世

韋治傳子第十九世

光愛傳子第十九世

望傳子第十九世

善繼長子第十九世

乾巽

生道光乙未年十月初二日酉時

善繼次子第十九世

年四月十六日戌時葬壠口山仔脚坐壬丙兼亥巳

生子

善繼三子第十九世

乾角

生道光壬子年五月十五日辰時

天海傳子第十九世

天香傳子第十九世

香英傳子第十九世

善發傳子第十九世

善述傳子第十九世

福慶傳子第十九世

灶傳子第十九世

扶傳子第十九世

贊傳子第十九世

一鄉長子第十九世

明雁

生道光辛卯年八月廿二日辰時配邱氏生道光

丁酉年十月廿八日未時

生子

一鄉次子第十九世

明盾

生道光癸巳年三月廿三日丑時

一鄉三子第十九世

明法　生道光庚寅年正月廿八日戌時

文蘭長子第十九世

嫣信　生道光壬寅年三月初九日戌時配坂尾林氏生

道光甲辰年十一月初八日戌時

生子

文蘭次子第十九世

子龍　生咸豐乙卯年九月三十日巳時

文蘭三子第十九世

春華　生咸豐丙辰年十月十二日巳時

道脩長子第十九世

辛丑年九月初九日卯時

生子一　若

道脩次子第十九世

生道光丁未年四月初七日丑時

大宗

萬成長子第十九世

生咸豐庚申年　月　日　時

仁美

萬福傳子第十九世

萬叻傳子第十九世

耀傳子第十九世

萬勝傳子第十九世

闖傳子第十九世

潯湧長子第十九世

奉擇

生道光己丑年二月廿八日申時

潯湧次子第十九世

滋嗣子第十九世

雨

銳智長子第十九世

幸遇

早卒

銳智次子第十九世

幸然

生道光辛卯年十一月廿五日戌時配顏氏生道

光戊戌年十月初六日酉時

生子一慷慨

銳智三子第十九世

幸前　生道光乙未年二月廿六日申時
　銳智四子第十九世
幸約　生道光癸卯年六月初五日巳時
　銳智五子第十九世
幸雨　出嗣
　一卿傳子第十九世
　一永傳子第十九世
　永瑞傳子第十九世

永佐傳子第十九世

佛水長嗣子第十九世

嫣栽字元培生道光丁亥年八月廿一日申時配石甲頭周

氏生道光己丑年十一月二十日申時

生男二長拱□次克字

佛水次嗣子第十九世

嫣衎字元賁生道光壬寅年六月廿九日巳時

潭墘長子萬壯乞上

升殿長子第十九世
榜字文標生道光丁未年五月十五日辰時
升殿次子第十九世
松江字文淮生道光丙辰年四月廿四日卯時
升財長子第十九世
秦闓
生道光壬子年十月初六日申時
升株長子第十九世
以柄
生咸豐己未年四月廿九日未時
深問長子第十九世

仙奇　生道光辛丑年四月初十日申時
深問次子第十九世

仙鄰　生咸豐庚申年六月廿五日辰時
深種傳子第十九世

仙礎　生同治壬戌年閏八月廿六日巳時
添椆長子第十九世

忠勸　生道光丙申年八月十三日巳時
添樹次子第十九世

上元　生道光己酉年十一月廿四日寅時
添圖三子第十九世

添柳傳子第十九世

光塔

添樣長子第十九世

生道光乙酉年十二月初一日巳時配新安林氏

生道光甲午年十月廿九日午時

生子二長登儀次登庇

光遠

添樣次子第十九世

生道光庚子年十二月初二日巳時

添林傳子第十九世

光乞　生道光戊子年五月廿七日酉時

添木傳子第十九世

欲脩傳子第十九世

欲正傳子第十九世

振嵛傳子第十九世

十一品

振現長子第十九世

振環次子第十八世

尚抱　生咸豐乙卯年二月廿六日

振發長子第十九世

福泰　生道光壬寅年四月初四日時

壬寅年二月初十日亥時

生子

振發次子第十九世

福乾　生道光甲辰年四月初八日寅時

振發三子第十九世

福來　生道光己酉年八月廿六日寅時

福明　振發四子第十九世

生咸豐戊午年七月初十日寅時

振根傳子第十九世

振英傳子第十九世

倉琴傳子第十九世

根節長子第十九世

光敵
倉斷嗣子第十九世
生道光巳卯年十月

光敵
倉亮長子第十九世
出嗣

光唱
倉亮次子第十九世
生咸豐乙卯年十月十三日寅時

元生
崑山嗣子第十九世
呵蟾傳子第十九世

貳

桃山傳子第十九世

胆吾長子第十九世

生乾隆丙午年八月廿二日午時卒道光辛丑年十一月十一日巳時葬西鷄嶺坐未向丑兼丁癸配馬氏生嘉慶壬戌年十一月十四日酉時

生子一元

咅次子第十九世

樫乞

生乾隆甲寅年九月十八日午時卒道光丁酉

配蔡氏生嘉慶辛未年十一月廿八日寅時卒道光壬寅年六月初六日戌時葬橋頭坐巳向亥兼丙壬

生子二長朗次夫出嗣牘

葵傳子第十九世

頂山傳子第十九世

生乾隆庚戌年五月初二日未時卒道光庚子年正月三十日子時葬東埔坐巽向乾兼巳亥配劉氏生

徵

嘉慶庚申年十一月廿五日寅時卒咸豐戊午年六月
廿七日戌時　生子五長族次份三兒四鎮五添
大有傳子弟十九世
同人傳子弟十九世
中水傳子弟十九世
四鄰傳子弟十九世

花吟傳子第十九世

鳳山傳子第十九世

天助傳子第十九世

諧白傳子第十九世

斗水長子第十九世

扳桂　生嘉慶丁丑年十一月廿一日辰時配林氏生道
光戊戌年七月初九日子時
生子一　鎰
斗水次子第十九世
川位　生嘉慶庚辰年三月廿七日卯時
寶藏傳子第十九世
傳受
聖恩傳子第十九世
觀濤傳子第十九世

觀波傳子第十九世

朝春　生嘉慶辛未年三月二十日卯時卒咸豐庚申年四月初四日巳時葬定叻配芽氏生嘉慶丙子年六月二十日午時

少懷長子第十九世

慷慨　出嗣

少懷次子第十九世

風雅　生乾隆甲辰年六月初九日　時卒葬於戚

少塘[illegible]二房十九世

任光　水苗嗣子第十九世
生乾隆丁未年　月　日　時卒葬失載

慷慨　觀澤傳子第十九世
生乾隆庚子年正月初八日巳時卒葬失載

福　景長子第十九世
生乾隆戊戌年九月廿四日未時

漢　景次子第十九世
生乾隆辛丑年正月三十日酉時

淵泉　生乾隆辛亥年八月廿九日辰時

贊傳子第十九世

財傳子第十九世

元傳子第十九世

三奇傳子第十九世

成宗傳子第十九世

炎傳子第十九世

佐傳子第十九世

生乾隆癸丑年十一月十九日亥時

碧傳子第十九世

海傳子第十九世

燦然傳子第十九世

承字傳子第十九世

承宙傳子第十九世

承家傳子第十九世

承宇傳子第十九世

承寶傳子第十九世

承守傳子第十九世

承癸傳子第十九世

承定傳子第十九世

承寵傳子第十九世

承宣傳子第十九世

承容傳子第十九世

承宗傳子第十九世

承寬傳予第十九世

承富傳予第十九世

承寅傳予第十九世

圖徽傳予第十九世

文成傳予第十九世

泉起

登山嗣子第十九世

泉諱思源生乾隆丙午年十月廿四日酉時

登衍長子第十九世

思泉　出嗣

登衍次子第十九世

循

生乾隆乙卯年十二月初七日丑時卒道光壬辰年正月廿四日巳時葬草頭尾坐北向南

生子一先

如林長子第十九世
蔡生　生嘉慶庚申年十月初七日巳時卒道光戊子年十一月十三日巳時葬排頭嶺路下
塗
如林次子第十九世
生嘉慶丁卯年八月廿八日戌時配林氏生嘉慶己卯年十二月廿八日卯時
生子一斷
忠泉傳子第十九世

光鐵　往番邦

雙胎傳子第十九世

梧傳子第十九世

秋長子第十九世

蔭

生嘉慶壬申年十月初二日申時卒道光己酉年

九月初六日巳時葬草頭尾坐壬向丙配黃氏生道光

妾邴年　月　日　時卒咸豐戊午年七月初

生子

樟

秋次子第十九世

生道光乙酉年五月二十日午時卒咸豐乙卯年十

一月十六日未時葬草頭尾坐壬向丙

淀

芳長子第十九世

生道光癸未年十一月十一日巳時卒咸豐丁巳年

九月初三日寅時葬山仔後坐北向南

針

澇次子第十九世

生道光丙戌年七月初二日未時配林氏生道光戊

時葬山仔後石頭尾坐子向午兼癸丁庚子庚午分金
續配阮氏生道光乙未年十二月廿四日酉時
生子一　朝銓
笑長子第十九世

光套

生乾隆癸卯年九月初七日戌時卒咸豐甲寅年六
月十一日巳時葬鳳髻尾坐寅向申兼甲庚庚寅庚申
分金配王氏生乾隆己酉年十二月三十日未時卒嘉
慶庚申年九月初六日未時葬鳳髻尾坐東向西續配
黃氏生乾隆丁酉年七月廿七日　時卒道光乙巳年

二月初七日辰時葬山仔前坐巳向亥兼巽乾丁巳丁亥分金　　生子一　檜

心歡傳子第十九世

里傳子第十九世

閣傳子第十九世

海星　道長子第十九世

道濟弟第十九世

宗　生卒葬所失識

文獻長子第十九世

著　生卒葬所失識

武略傳子第十九世

武經傳子第十九世

武松傳子第十九世

清
光典長子第十九世
旗　生嘉慶戊午年十月廿六日子時卒葬嵜邪
嗣子一嫣忠本生父檜
學傳子第十九世
三吉傳子第十九世
葵傳子第十九世

清

拔傳子第十九世

斗長子第十九世

生嘉慶壬申年六月廿一日未時卒咸豐戊午年九

月十八日申時奚賊石馬下坐東北向西南配蔡氏生

道光己丑年六月十五日午時

生子一　順

贊長子第十九世

金科　出嗣

贊次子第十九世

儘字思孟生嘉慶己巳年八月初一日午時卒道光己酉年

五月初四日　時葬把東鬼仔閩配李氏生道光辛未

年三月十六日卯時

生子二長佛送次佛杖

果

公僕長子第十九世

生嘉慶甲子年三月初十日酉時配邱氏生嘉慶乙

丑年五月廿七日午時

生子二長嘉喜次頴

廣財　生嘉慶庚辰年九月十七日巳時卒咸豐甲寅年
七月十四日酉時葬檳榔嶼
生子一聰明
公倓三子第十九世
廣收　生失載卒道光癸未年七月初一日巳時葬谷鄉
獅嗣子第十九世
金科　武學國元生乾隆甲寅年九月廿七日午時卒道
光辛巳年六月廿八日卯時葬坪頂坐艮向坤兼寅申
配蔡氏生乾隆戊午年九月十二日　時卒道光戊申

年正月十一日巳時葬坪頂與夫合塋
生子二長丙喜次槑

陳傳子第十九世

朱珍傳子第十九世

兟傳子第十九世

王長子第十九世
生道光己亥年　月　日　時

牒

參　生道光庚子年　月　日　時

混傳子第十九世

由天嗣子第十九世

笑　生道光壬寅年五月廿一日午時配林氏

生子

壯長子第十九世

笑　出嗣

壯次子第十九世

媽沙　生道光癸巳年七月十四日亥時配林氏生道
光壬寅年八月十九日巳時
生子
牡三子第十九世
媽武　出嗣
牡四子第十九世
媽笑　生道光辛丑年十月廿七日未時
牡五子第十九世
媽寶　出嗣
牛嗣子第十九世

壬寅年六月十五日卯時

生子

復旦長子第十九世

嫣忠　生道光乙巳年三月初三日未時

復旦次嗣子第十九世

嫣寶　生道光己酉年十一月初五日丑時

第傳子第十九世

周　生失載

三元傳子第十九世

蘇

生卒葬所失載

奪傳子第十九世

琛傳子第十九世

龐傳子第十九世

求長子第十九世

慱

生嘉慶乙亥年四月初二日亥時卒道光丁未年七月十二日卯時葬隨宮坐北向南

登

生道光己丑年　月　日　時卒道光丁未

年十一月初六日申時

顯傳子第十九世

洸傳子第十九世

煦長子第十九世

康

出嗣

照次子第十九世

柱　生嘉慶乙卯年二月廿八日　卒道光丙申年九
月初三日酉時葬朱仔嶺坐西南向東北
生子

烓　照三子第十九世
生卒葬所失載

排　敦傳子第十九世
生嘉慶壬戌年六月廿四日　時卒道光乙巳年
五月廿九日丑時葬朱仔嶺坐西南向東北
生子

正長嗣子第十九世

月十四日午時葬排頭嶺背東坐西向[illegible]

生子二長長成次漢出嗣萬爲孫

房懷

正次子第十九世

生卒葬所失載

徽長子第十九世

生卒葬所失載

萬傳子第十九世

劍長子第十九世

項欽　生嘉慶丙辰年十月十三日未時卒道光辛巳
年八月初五日酉時葬咬𠺕吧
劍次子第十九世

步　生嘉慶庚午年三月初五日子時配蔡氏生道光辛
巳年五月十三日寅時
生子二長要次遇
省長子第十九世

勇　生卒葬所失識
牛傳子第十九世

允傳子第十九世

盞

察長子第十九世

生卒葬所失載

鐘

察次子第十九世

生道光丁亥年 月 日 時

瓶

察三子第十九世

生卒葬所失載

孕
聘長子第十九世
出嗣
聘次子第十九世
出嗣

孚
丕嗣子第十九世
生嘉慶壬午年十一月初一日酉時
變傳子第十九世

賓
燊長子第十九世
生道光丙申年正月初一日寅時

寸

生道光戊戌年八月廿二日酉時

吉傳子第十九世

添長子第十九世

磚

生道光辛卯年十二月初十日未時

添次子第十九世

忠

生道光甲辰年十月十七日丑時

吾嗣子第十九世

帆

生道光乙未年九月初四日午時

看傳子第十九世

班傳子第十九世

梆

舵傳子第十九世

生卒葬所失載配　氏生卒葬所失載

生子

船傳子第十九世

嫣實

生道光壬辰年七月初八日辰時配楊氏生道光

壬辰年七月初十日酉時

船次子第十九世

其澳　生道光甲午年五月廿八日未時配蔡氏生道光

戊戌年十月初六日未時

生子一如榮

艇長子第十九世

文賢　生道光癸巳年三月初七日辰時配楊氏生道光

乙未年十一月初三日辰時卒咸豐丙辰年十二月廿

二日未時葬本社花園坐東南向西北續配蔡氏生道

光丁酉年八月三十日申時

生子二 長雙啟 次雙禧

文包
艇次子第十九世
生道光辛丑年八月十八日亥時

文弟
艇三子第十九世
生道光乙巳年九月初九日戌時

有國
秲長子第十九世
生道光癸卯年六月初八日酉時

有仁
秲次子第十九世
生道光丁未年十一月十六日午時

秲三子第十九世

琦四子第十九世

有才

生咸豐癸丑年正月初七日巳時

枝傳子第十九世

生道光丁亥年玖月初六日未時卒道光甲辰年

八月三十日巳時葬朱氏嶺坐北向南

再澗

金和傳子第十九世

玉長子第十九世

生道光癸未年十一月十四日寅時

興

三綱傳子第廿九世

銓傳子第廿九世

沛長子第廿九世　往澳門

公孫傳子第廿九世

令孩傳子第廿九世

醉
生嘉慶己卯年七月十四日亥時
註次子第十九世
生道光壬辰年十月二十日申時
栽
註三子第十九世
生道光壬寅年二月廿三日午時
坦
充傳子第十九世
乜傳子第十九世

料傳子第十九世

文培傳子第十九世

陞傳子第十九世
生道光癸卯年十二月廿九日戌時

磋

川迎傳子第十九世

相傳子第十九世
生咸豐乙卯年十一月廿九日子時
卒光緒己酉年九月廿四申時
葬在番地仰光山
配蔡氏生同治甲子年二月十九日未時卒光緒癸巳年五月初日
未時葬在大基山近宋仔[illegible]

烏鍾

茯蓉　生咸豐己未年六月初九日戌時卒光緒辛巳年八月

十六日巳時葬在宋仔嶺山坐　向

道傳子第十九世　出嗣

配楊氏生光緒丁丑

生同治庚午年九月初八日未時卒

龍金

年五月十一日卯時卒

衡傳子第十九世

清池

巇傳子第十九世　出嗣

生同治甲子年五月十二日戌時

福慶

什長子第十九世

樞　生嘉慶甲戌年二月初八日丑時配林氏生道光甲

申年五月三十日丑時
生子

壬

什次子第十九世
生嘉慶庚辰年五月二十日卯時卒道光己酉年正
月十九日子時葬後路上坐艮向坤兼寅申辛丑辛未
分金配林氏生道光辛卯年三月十三日未時卒咸
豐丁巳年九月十四日巳時葬在後路與夫同壙
生子一　嫣報

盤傳予第十九世

鎰傳子第廿九世

烟傳子第十九世

董傳子第廿九世

并

生道光己亥年八月廿五日巳時配許氏生道光

乙巳年五月十七日申時

生子

新祐

樹蘭長嗣子第十九世

生嘉慶庚辰年四月廿四日巳時卒咸豐癸丑年六月初四日未時葬泥甫墓坐壬向丙兼亥巳丁亥丁巳分金配蕭氏生道光戊子年十月廿二日寅時

生子二長明德次明元

伯儀

樹蘭次子第十九世

生道光辛巳年十二月初五日巳時配林氏生道光癸未年七月初九日寅時

生子三長聰明次聰周三聰智

官蘭傳子第十九世

振文傳子第十九世

兆傳子第十九世

來傳子第十九世

鉗傳子第十九世

乞傳子第十九世

恭傳子第十九世

恭乳傳子第十九世

媽纜

生道光甲辰年九月廿七日寅時

青龍傳子第十九世

六勇傳子第十九世

大典傳子第十九世

大用傳予第十九世

勃然傳予第十九世

長盛長子第十九世

棕紗

生子二長鶴直次鶴明本生必濂能

長盛次子第十九世

椅必

長盛三子第十九世

漢能　生嘉慶壬申年四月廿四日辰時卒道光戊申年
十月初一日丑時葬割墓石脚
配蔡氏生道光壬午年四月廿二日寅時
生子三長鶴明出嗣棕紗次光燦三明言出嗣棕青

長盛四子第十九世

棕青　生嘉慶甲戌年十一月十四日卯時卒道光己
酉年十月十三日酉時葬塗甫墓
配鍾氏生道光壬辰年九月廿三日巳時
生子二長明言本生父漢能次明鎮

新祔

出嗣

長蔭傳子第十九世

芳總傳子第十九世

芳衛傳子第十九世

芳衙傳子第十九世

等鸞傳子第十九世

下鸞傳子第十九世

耆傳子第十九世

宗禮傳子第十九世

世經傳子第十九世

嫣惜　生道光癸卯年七月初五日巳時配溫氏生道光
乙巳年五月廿八日辰時　生子
世劃次子第十九世
嫣愛　生道光己酉年九月廿九日巳時
世長偏子第十九世
萬青　生道光甲辰年八月初五日子時
倩傳子第十九世

秀傳子第十九世

水傳子第十九世

賜傳子第十九世

聖傳子第十九世

開登傳子第十九世

光等　生嘉慶庚申年十二月廿二日辰時配[illegible]
慶癸酉年六月廿四日子時卒道光乙巳年十月初十
日丑時葬東埔坐巽向乾兼巳亥
續配莊氏生道光壬午年三月初五日子時
生子一宗保

光明
天庇次子第十九世
生嘉慶甲子年八月初十日巳時卒
年三月廿四日　時葬在梹榔嶼

天庇三子第十九世

光看　生嘉慶丙寅年十一月初五日卯時
　生子

光正　天庇四子第十九世
　生嘉慶己巳年十二月廿七日酉時
　生子二長書聲次書榮

光桃　天庇五子第十九世
　生嘉慶癸酉年四月十二日巳時外殁

光理　天庇六子第十九世
　生嘉慶丙子年七月廿一日丑時配高氏生道
　光丁酉年八月廿一日午時

天庇七子第十九世

柑窯

生道光辛巳年二月廿五日戌時卒道光丙申年六月十五日未時葬山狗吼下楊溝墘坐子向午兼癸丁

福來傳子第十九世

添龍傳子第十九世

瑪寧傳子第十九世

佛致

永發傳子第十九世

懷安傳子第十九世

仲謨傳子第十九世

朝陽傳子第十九世

通國長子第十九世

世翰　生乾隆甲寅年六月廿九日丑時卒道光乙巳年
正月廿一日午時葬畬坑禁山仔坐子向午兼壬丙丙
子丙午分金
生子一　九吉

通國三子第廿九世

九梅　生嘉慶戊午年七月初六日巳時卒道光癸卯
年五月初八日未時葬梹榔嶼醮溜氏生嘉慶壬戌年
十月十六日巳時

生子一瑞彬

伏傳子第十九世

淼傳子第十九世

踏長子第十九世

諒　生卒葬所失載

沓次子第十九世

陳　生嘉慶癸酉年三月廿二日　時

塡房傳子第十九世

得靈　生卒葬俱未詳

仁聘傳子第十九世

仁蘭傳子第十九世

仁亭傳子第十九世

小艷嗣子第十九世

冬瓜　生咸豐丙辰年七月廿七日午時

仁澤傳子第十九世

仁潘傳子第十九世

仁汀傳子第十九世

仁志傳子第十九世

木本傳子第十九世

欽玉

生道光丙午年九月廿一日巳時

有道傳子第十九世

木笑傳子第十九世

明輪　生卒葬所失識

歸來長子第十九世

永吾　生道光戊申年九月廿八日丑時

歸來次子第十九世

高升　生咸豐辛亥年十二月初四日丑時

無憂長子第十九世

員外　生咸豐辛亥年十二月初十日酉時

無憂次子第十九世

冬瓜　出嗣
叟群長子第十九世
生嘉慶戊寅年七月初八日巳時卒咸豐戊午年

清玉
六月初九日戊時葬樓山廟後邊坐乾向巽兼戊辰丙
戊丙辰分金配李氏生道光癸未年七月十七日申
時　生子一文魁

叟群次子第十九世
清對
生道光庚寅年七月初二日巳時

叟水長子第十九世
清音
生道光甲申年九月廿五日午時配温氏生道光

日戌時葬山頭巷墘

繼配蔡氏生道光丁亥年八月廿七日未時

生子二長能通次能交

清存

艮水次子第十九世

生道光戊子年五月廿六日巳時配林氏生道光

壬辰年十月初二日辰時

生子

清蕪

艮水三子第十九世

生道光乙未年七月初二日巳時卒葬外垵

艮水四子第十九世
涓妙　生道光丁酉年十一月初一日寅時
光轍傳子第十九世
振璀傳子第十九世
振麟長子第十九世
元寶　生道光壬寅年正月三十日午時配林氏生道
光甲辰年十月三十日午時
生子一　天壽

金德　生道光壬寅年五月初五巳午時

振麟三子第十九世

元燕　生道光甲辰年正月十九日申時

振麟四子第十九世

金意　生咸豐丙辰年三月十三日未時

振麟五子第十九世

元經　生咸豐丙辰年十月廿四日巳時

振香長子第十九世

佛記　生道光戊戌年九月初九日丑時配林氏生道光

庚子年正月廿七日戌時

生子一天賜

佛象　振香次子第十九世

生道光乙巳年九月初六日丑時

佛印　振香三子第十九世

生道光己酉年二月廿四日辰時

佛結　振香四子第十九世

生咸豐甲寅年二月十二日丑時

佛傳　振香五子第十九世

生咸豐庚申年三月十二日巳時

汉源利止

樹　泉

清羨長子第十九世

生咸豐丁巳年十月廿五日戌時

清　次子第十九世

生咸豐十年庚申八月十八日巳時

清晃傳子第十九世

清來傳子第十九世

壹傳子第十九世

光不傳子第十九世

光論傳子第十九世

光諒傳子第十九世

後生

生咸豐乙卯年正月廿八日巳時

尚文傳子第十九世

德和傳子第十九世

嫣看傳子第十九世

振德傳子第十九世

振潘傳子第十九世

振偏傳子第十九世

振泰傳子第十九世

振禄傳子第十九世

天生傳子第十九世

康傳子第十九世

佳祥傳子第十九世

新巖傳子第十九世

典旗傳子第十九世

管仲傳子第十九世

光武傳子第十九世

光忠傳子第十九世

典兵傳子第十九世

光輕長子第十九世

慶憐　生道光壬辰年十月十四日巳時

光周長子第十九世

慶雲　出嗣

慶[illegible]　生道光[illegible]

光應長嗣子第十九世

慶雲　生道光壬寅年七月廿五日子時

光應次嗣子第十九世

徵竹　生道光甲辰年二月十三日巳時

光遜長子第十九世

徵竹　出嗣

光遜次子第十九世

徵翰　生道光丙午年正月初五日午時卒咸豐壬子年

八月廿三日巳時葬壇邊園

光遜三子第十九世

徽梱

生道光庚戌年四月初三日未時

光遜四子第十九世

徽芬

生咸豐乙卯年六月十八日未時

光宙傳子第十九世

慶星字元福生道光庚戌年十一月廿三日午時

六賽傳子第十九世

寶閂長子第十九世

光盾　生道光戊申年七月初七日酉時

寶種傳子第十九世　住吕卞

宝贊長子第十九世

光吉　生咸豐癸丑年九月十一日午時

宝贊次子第十九世

光碗　生咸豐丙辰年四月廿八日戌時

寶川傳子第十九世

嫣爾長子第十九世

文進　生道光甲辰年三月初六日申時

嫣爾次嗣子第十九世

文雅　生咸豐庚申年十一月初五日辰時

嫣艮傳子第十九世

文雅　出嗣

嫣氣傳子第十九世

添泉長子第十九世

昭群　生道光戊申年八月十九日午時

[illegible]　生咸豐[illegible]年十二月廿四日酉時

添安傳子第十九世

永求

生道光己酉年四月十四日申時

添意傳子第十九世

添要傳子第十九世

綱養

生咸豐丙辰年十一月廿七日丑時

貽澤傳子第十九世

佳會傳下第十九世

添存傳子第十九世

昭思

生道光甲辰年二月初二日午時

添能傳下第十九世

尊苟傳子第十九世

貽勢傳子第十九世

叅錦傳子第十九世
紹蘭傳子第十九世
紹別傳子第十九世
紹憐傳子第十九世

嫣客傳子第十九世

光圓傳子第十九世

廣平傳子第十九世

永盛傳子第十九世

訓志傳子第十九世

賜麟傳子第十九世

賜宝傳子第十九世

英蔚傳子第十九世

英偉傳子第十九世

振祥傳子第十九世

振畲傳子第十九世

振發傳子第十九世

仙機傳子第十九世

文欣傳子第十九世

文鶱次子第十九世

光界　生咸豐壬子年三月廿四日子時

文鶱三子第十九世

光平　生咸豐庚申年二月十六日寅時

珠然傅子第十九世

珠恩傅子第十九世

光草長子第十九世
和尙
生道光戊申年九月初七日酉時

光井長子第十九世
萊
生咸豐辛亥年五月初八日亥時

瑞隆長子第十九世
文凭
生道光甲申年十二月廿二日午時

瑞隆次子第十九世
文欽
早卒

瑞池長子第十九世
文選
生道光己亥年十一月初十日午時

文烈　生道光[illegible]年[illegible]月初[illegible]日[illegible]時

壬癸長子第十九世

文傳　生道光乙巳年七月初七日申時

壬癸次子第十九世

文傅　生道光丙午年十二月廿七日酉時

壬癸三子第十九世

文遠　生道光己酉年六月十六日丑時

榮長子第十九世

文秀　生道光己酉年八月十四日子時

文甲

𥼶次子第十九世
生咸豐甲寅年十二月初六日丑時

光領傳子第十九世

光左傳子第十九世

得意傳子第十九世

淑夜傳子第十九世

糖霜
生道光庚戌年九月廿七日子時

季隨長子第十九世

九順　生咸豐辛亥年十一月廿二日申時

季隨次子第十九世

从福　生咸豐己未年八月十七日巳時

嫣愛傳子第十九世

得勝傳子第十九世

玉騰傳子第十九世

漏傳子第十九世

允恭傳子第十九世

文載

生道光己亥年十月十一日申時

允如傳子第十九世

文韭

生道光廿四年甲辰十二月廿四日午時

有用傳子第十九世

紅蜉

生咸豐癸丑年六月十三日酉時

道光傳子第十九世

隋傒傳子第十九世

孟春傳子第十九世

善傳子第十九世

媽意傳子第十九世

遂以古生起

古生

媽現長子第十九世

生咸豐壬子年正月十二日亥時

媽現次子第十九世

古順

生咸豐乙卯年五月十九日寅時

媽田傳子第十九世

媽外傳子第十九世

黄露傳子第十九世

厥生長子第十九世

生道光乙酉年九月初十日酉時配黄氏生道光

庚子年五月初七日巳時

生子

厥生次子第十九世

生道光戊子年正月十六日酉時

卷

卯

炘

厰生三子第十九世

生道光辛卯年八月廿七日辰時配王氏生道光

乙巳年八月廿八日 時

生子

沙

厰生四子第十九世

生道光甲午年四月廿四日巳時卒咸豐辛酉年

五月廿九日巳時葬在石仔坑坐西向東

泜

厰生五子第十九世

出嗣

厰生六子第十九世

寡　黠　華

廠生七子第十九世

生咸豐壬子年二月十四日戌時

萃生傳子第十九世

竹心長子第十九世

生咸豐壬子年正月廿六日丑時

竹心次子第十九世

生咸豐甲寅年十二月初七日午時

竹心三子第十九世

樓永　生咸豐丁巳年七月十三日子時

竹檥傳子第十九世

竹榘傳子第十九世

竹爲傳子第十九世

猗拔傳子第十九世

鼠傳子第十九世

緘

生嘉慶戊寅年十月初二日未時卒道光丁未年

二月二十日巳時葬在埭仔頭

長次子第十九世

盛

生道光丙戌年十一月初四日卯時

於紳傳子第十九世

光淺傳子第十九世

光斎傳子第十九世

古生嗣子第十九世

生道光己亥年三月廿三日戌時

𣱼

讓水傳子第十九世

文統長子第十九世

生嘉慶丁巳年十二月二十日酉時卒道

丹成

光癸未年四月初十日寅時葬在梹榔嶼

文統次子第十九世

太

戊午年十一月十八日寅時卒道光庚子年五月廿

三日未時葬在珠仔嶺坐南向北　生子

文納傳子第十九世

書軒傳子第十九世

克昌傳子第十九世

錫

亨長子第十九世

生嘉慶辛未年二月十一日戌時配顏氏生嘉慶甲

戌年九月十一日巳時卒道光丙午年七月初二日午

時葬山坪坐乾向巽兼山寅庚申庚寅分金續配顏氏

生道光辛巳年十二月初四日子時

生子四長溝次眞三右四慶

照

亨次子第十九世

出嗣

治長嗣子第十九世

戊辰年六月初十日申時
生子一慈
治次嗣子第十九世
生道光丁亥年正月十五日丑時配黃氏生道光
巧言
乙未年十二月初七日午時
生子一嘉石
孔傳子第十九世
甫長子第十九世

寬　生道光甲申年十一月二十四日申時
生子一再成

東夏
爲次子第十九世
生道光壬辰年三月初二日未時配葉氏生道
光庚子年三月初一日子時
生子一媽蘇

傳
爲三子第十九世
生道光庚子年九月初六日戌時卒咸豐己未年正
月初八日戌時葬在石鼓坑尾穴坐艮向坤兼辛乙辛
卯辛酉分金

樣　生道光己丑年十二月初三日戌時

紀次子第十九世

生道光癸卯年八月廿四日子時

哮　涯長子第十九世

巧言　出嗣

涯次子第十九世

逝　生道光辛丑年十月初七日丑時配黄氏生道光

庚子年五月初一日子時

涯三子第十九世

陶　生道光戊戌年七月廿八日巳時

萍長子第十九世

元旦　生道光辛卯年五月十六日　時

萍次子第十九世

上元　生道光丁酉年五月廿四日　時

光抄長子第十九世

邊　生道光丁亥年九月十六日丑時

光抄次子第十九世

乞　生道光己酉年二月初六日午時

光栽傳子第十九世

光信　生嘉慶丙辰年十二月十一日申時卒咸豐壬子年六月廿六日　時葬排頭嶺坐辛向乙兼戌辰辛酉辛卯分金配蔡氏生嘉慶乙丑年七月十三日巳時卒道光丁未年六月初六日未時葬後壁園坐丑向未兼艮坤辛丑辛未分金

生子

溪水次子爵十九世

直　生嘉慶癸亥年四月十一日酉時卒道光己亥年七

月初五日巳時葬在石仔坑坐坤向艮兼寅申辛丑辛
未分金
溪水三子第十九世
老
生嘉慶戊辰年正月十六日戌時配翁氏生嘉慶丙
子年十一月初七日　時卒道光庚戌年九月十七
日申時葬過坑仔坐東北向西南
生子二長永文次錦蘭
溪水四子第十九世
四
生嘉慶庚午年七月初七日酉時
溪水五子第十九世

汀光傳下第十九世

礎

生嘉慶己未年六月初四日未時

發長子第十九世

生嘉慶辛未年二月初五日酉時卒道光癸巳年二

掌

月十四日　時葬梹榔嶼

發次子第十九世

生嘉慶癸酉年七月廿六日　時卒道光丙戌年

富

十一月初五日戌時葬在廳後坐北向南

發三子第十九世

屋
生道光乙酉年七月廿六日午時
情傳子第十九世
乳
生乾隆庚辰年十一月初一日亥時卒道光乙未年
十月廿一日辰時與父合葬
丕傳子第十九世
流芳傳子第十九世
彥
趋傳子第十九世
生道光癸巳年十一月十三日巳時配杜氏生道光

君傳子第十九世

光宿長子第十九世

刊

生道光己卯年十月初一日卯時配林氏生道光癸

卯年八月十六日寅時

生子

光宿次子第十九世

維

生道光己亥年八月廿五日巳時

光宿三子第十九世

寅

生道光丁酉年六月十九日戌時卒咸豐壬子年四
月廿四日　時葬在番邦

光筆傳子第十九世

光硯傳子第十九世

螺

光茗長子第十九世
生道光庚子年九月十三日酉時

考

光茗次子第十九世
生道光壬寅年七月十四日子時

明止

梅

生道光庚戌年三月十四日丑時

光茗四子第十九世

生咸豐乙卯年六月廿七日丑時

鬃

華傳子第十九世

生道光甲辰年六月初九日亥時卒咸豐乙卯年四

月十四日戌時終在番邦

明

炳傳子第十九世

奢傳子第十九世

石傳子第十九世

牙傳子第十九世

元芳長子第十九世

恒義

生乾隆癸卯年三月初七日申時卒失載

元芳次子第十九世

恒孝

生乾隆戊申年五月廿五日酉時卒道光丙申年

八月廿六日未時葬西邊

嫣吉長子第十九世

光佐　生乾隆丁未年六月廿五日午時卒咸豐己未年九月三十日丑時葬山頭湖坐乾向巽兼亥巳庚戌庚辰分金配林氏生嘉慶戊辰年三月廿六日午時卒道光丙戌年八月廿四日巳時葬在海墘

續配楊氏生乾隆己酉年正月廿二日申時

生子一烏雁

嫣吉次子第十九世

江水　出嗣

媽吉三子第十九世

光所　生乾隆癸丑年五月十一日辰時

由鶴嗣子第十九世

江水　生乾隆己酉年九月廿四日子時卒道光乙巳年十月十八日午時葬後頭坐辛向乙兼戌辰辛酉辛卯分金配潘胃潘氏生嘉慶丁巳年五月初十日戌時　生子二長光長次光再

勝寬長子第十九世

夏賞。　生嘉慶庚申年正月十二日酉時

勝寬次子第十九世

十二月廿一日　時卒　柩[illegible]墩

勝寬三子第十九世

夏侯　生嘉慶戊辰年九月初五日丑時卒道光己亥年

十二月二十日　時配厦門陳氏生嘉慶庚午年二月二

十四日辰時

生子一天博

勝寬四子第十九世

夏盈　生嘉慶壬申年九月初六日丑時卒道光丁未年

月初二日　時葬窟叻

勝寬五子第十九世

夏刊　生嘉慶乙亥年六月十二日子時配內坑周氏生

道光乙酉年八月廿六日寅時

生子一自當

宇傳子第十九世

地長子第十九世

掌　外殁

地次子第十九世

廠黎　生嘉慶丁巳年八月十七日子時卒咸豐壬子年

郊分金配埭頭馬氏生嘉慶辛未年六月初九日未時
卒咸豐己未年十二月二十日未時葬山頭湖坐乾向
巽兼辛巳丁亥慶辰分金
生子三長遺次條

地三子第十九世

碧衫

出嗣

地四子第十九世

能霸

生嘉慶壬戌年七月十七日午時

俊傳子第十九世

廬傳子第十九世

海疊長子第十九世

文鸞　生乾隆辛丑年五月十一日辰時卒葬失載

海量次子第十九世

艾　生嘉慶庚申年三月初一日丑時卒道光丁亥年九月廿二日子時葬失載

海疊三嗣子第十九世

存忠、　生道光乙酉年九月十三日未時

俗

生乾隆甲辰年十一月廿七日午時

實

琪次子第十九世

生乾隆丁未年四月十一日午時早殁

眷儒子第十九世

蛟

璫長子第十九世

生嘉慶己卯年八月廿三日卯時卹後山尾陳氏生

道光戊子年八月十一日午時

生子

帶次子第十九世
存忠　出嗣

帶三子第十九世
存汚　出嗣

帶四子第十九世
存黨　出嗣

總嗣子第十九世
存汚
生道光丁亥年十二月初三日戌時配長嶼李氏
生道光辛丑年六月廿八日申時
生子

居中次嗣子第十九世

存蕉　生道光癸巳年十一月初一日丑時配石潯林氏
生道光辛丑年三月十六日丑時
生子

含笑長嗣子第十九世

嫣敬　生乾隆癸丑年五月十一日寅時卒道光
年正月廿八日　時葬在畓邦配埭頭林氏生嘉慶辛
酉年十二月廿五日巳時

生子一香 出嗣叔述

會英次子第十九世

媽諾
生乾隆甲寅年正月初六日寅時

錦昌
分長子第十九世

振聲
分次子第十九世

碧
甜嗣子第十九世
生嘉慶庚申年五月廿一日午時娶鍾山社蔡氏
生嘉慶癸酉年十二月初七日寅時

明傳[illegible]第十九世

月水傳子第十九世

溪水長子第十九世

法情

生嘉慶甲子年九月初八日午時外殁

溪水次子第十九世

法富

生嘉慶丁卯年三月初一日戌時

沙傳子第十九世

浮傳子第十九世

水經長子第十九世

允得諱和尚生嘉慶戊辰年十二月廿六日巳時配長嶼李氏生嘉慶庚辰年四月初八日戌時卒咸豐庚申年十二月初六日午時葬東山邊坐乾向巽兼戌辰丙戌丙辰分金

生子二長芊卯次漏軒

水經次子第十九世

允應　出嗣

外庶

生嘉慶癸酉年九月十六日未時卒道光

年四月初七日　時葬槟榔嶼

春傳子第十九世

連好傳子第十九世

裕水傳子第十九世

郁長子第十九世

通老　生嘉慶丁卯年十一月初八日寅時外殁

郁次子第十九世

智

郁三子第十九世

孔暨　出嗣

郁四子第十九世

孔雀　外殁

象傳子第十九世

遺傳子第十九世

嚴傳子第十九世

傑長子第十九世

允蓮　生道光辛巳年九月廿六日未時卒葬梹榔嶼

傑次子第十九世

允紂　生道光乙酉年六月初七日子時

傑三子第十九世

允米　生道光戊子年正月初七日卯時配林氏生道光丙午年四月廿八日寅時

生子

允瑞　傑四子第十九世
生道光乙未年十月三十日子時

允收　傑五子第十九世
生道光戊戌年六月三十四子時

允梓　傑六子第十九世
出嗣

攀傳子第十九世

清順

述傳子第十九世

樸

述傳子第十九世　嗣孫一香本生父嫣敬

遠祖嗣子第十九世

生道光丙戌年八月廿六日卯時卒咸豐辛亥年十一月廿九日亥時葬山頭湖

家和傳子第十九世

三及傳子第十九世

華珍傳子第十九世

兆

仕忠長子第十九世

生道光甲申年正月十七日未時配翁氏生道光己

亥年四月十四日子時　生子

儀

仕忠次子第十九世

出嗣

羨

仕忠三子第十九世

生道光甲午年九月廿七日卯時配廟兜盧氏生道

生子

淹

仕忠四子第十九世

名

仕忠五子第十九世

生道光壬寅年十月十九日卯時

麥

仕忠六子第十九世

生道光丙午年六月初五日卯時

腯

仕忠七子第十九世

生道光庚戌年十月十八日卯時

仕獅傳子第十九世

華興傳子第十九世

彌傳子第十九世

水萍傳子第十九世

兟傳子第十九世

頑

彩長子第十九世

生乾隆辛亥年九月十五日辰時卒葬失載

生子二盤

助

彩次子第十九世

生嘉慶甲午年十一月十二日戌時卒道光己酉年

八月十七日寅時葬東埭橋邊坐坤向艮兼未丑辛永

辛丑分金

生子一壹

簡傳子第十九世

敦長子第十九世

登科　生嘉慶癸亥年八月初七日午時卒咸豐丁巳年七月十五日午時葬在番邦配許氏生嘉慶甲子年八月初七日丑時

生子二長保次煥

敦次子第十九世

登陣　生嘉慶戊辰年五月初七日子時卒咸豐壬子年三月廿六日戌時葬東埔

配吳貫林氏生嘉慶　年四月廿六日寅時

敦三子第十九世

登熙

生嘉慶壬申年九月十六日亥時配坂尾林氏生

嘉慶乙亥年十二月廿七日子時

生子二長嫣葵次堅

登燦

箭長子第十九世

生嘉慶甲子年十月十七日子時卒葬尖龍

艷

箭次子第十九世

生嘉慶壬申年七月十六日午時

生子一檻

篩三嗣子第十九世
礒　生道光壬午年十月十六日巳時
儀長子第十九世
永朝　生早喪
儀次子第十九世
永順　生嘉慶戊寅年二月十三日子時
儀三子第十九世
永愛　生道光辛巳年三月十五日酉時卒道光乙巳年
九月廿一日戌時
嗣子一傳歆

永得　生道光壬午年十一月廿四日巳時配上擴楊

氏生道光甲申年九月十一日子時

生子一傳意出嗣永安次傳書出嗣和生

儀五子第十九世

永安　生道光丁亥年五月廿一日卯時配厦門陳氏生

道光己丑年十一月十二日酉時

生子三長大追次大松出嗣和生三大遼

儀六子第十九世

和生　生道光乙未年六月十四日辰時卒道光丙辰年

四月廿二日寅時葬後頭坐酉向卯兼辛乙辛酉辛卯分

分金

嗣子二長傳書本生父永得次大松本生父永安

海

善長子第十九世

生卒葬所失載

諳次子第十九世

生道光壬辰年五月初十日未時配溫氏生道光癸

錐

卯年二月十五日寅時

生子

合水長子第十九世

年十一月十三日　時葬祑榔嶺

合水次子第十九世

登顏　生嘉慶丁卯年九月十九日巳時卒道光丙申年

十一月初二日卯時葬內坑墩仔頭坐亥向巳兼壬丙

配吳貫林氏生嘉慶丙戌年十一月初七日丑時卒道

光乙未年八月廿五日亥時葬與夫同續配山尾林氏

生嘉慶戊辰年十一月廿七日卯時

生子一埕

合水三子第十九世

光縉
生嘉慶癸酉年九月十五日酉時配古浪嶼黄氏
生嘉慶壬申年五月十六日午時
生子一萍

光閘
合水四子第十九世
生嘉慶戊寅年八月十九日巳時配排頭社黄生
道光壬辰年五月十三日子時
生子一石

合水五子第十九世
出嗣

礒
屬水長嗣子第十九世

年三月十五日辰時葬

配寧坑林氏生道光辛卯年七月十四日未時

生子一光瑤出嗣媽超

厲水次嗣子第十九世

媽雍

生道光甲申年三月廿四日寅時卒咸豐己未年

七月十七日　時葬槟榔嶼配新安邱氏生道光丁亥

年十二月十四日酉時

生子

進治嗣子第十九世

承水長子第十九世

媽趖

生嘉慶乙亥年十月初一日酉時卒道光己酉年八月初五日未時葬與坪坐山向寅兼庚甲庚申庚寅分金

嗣子二長瑤本生父媽芸次斷

承水次子第十九世

媽芸　出嗣

逢巽長子第十九世

媽雍　出嗣

逢巽次子第十九世

媽獺

生道光乙酉年七月廿六日子時出廈門黃氏生

逢巽三子第十九世

嫣光　生道光癸巳年十一月十八日寅時配長巽王

氏生道光甲午年六月初六日戌時

生子一　光守

長興傳子第十九世

金聲傳子第十九世

金屋傳子第十九世

金竒傳子第十九世

得露傳子第十九世

秉領長子第十九世

生道光戊子年六月三十日子時

拱

秉領次子第十九世

生道光壬辰年十月十五日戌時卒咸豐壬子年

坑

烏

秉領三子第廿九世

生道光乙未年十一月十七日子時卒咸豐己未年

十月初四日　時葬谿邦

降

秉領四子第廿九世

生道光癸卯年正月三十日戌時

附領長子第廿九世

錦澤

生道光己酉年十一月初四日寅時配鍾山社

蔡氏生道光丙申年十月十二日酉時

生子二長綏次磚

附領次子第十九世

錦籐　生道光壬寅年四月初一日巳時

同生長子第十九世

光唱　生道光甲辰年十二月廿三日戌時

同生次子第十九世

光質　生咸豐辛亥年四月初十日午時卒咸豐庚申年八月初二日戌時葬在埔墘

同生三子第十九世

清泉　生咸豐丙辰年五月廿二日巳時

財傳子第十九世

道光丙午年拾月廿二日未時
生子

汪來傳子第十九世

樣長子第十九世
光新
生咸豐丙辰年十一月十五日子時

樣次子第十九世
光國
生咸豐庚申年二月初六日巳時

吟石長子第十九世

登耀字品築生道光甲辰年九月廿四日巳時

吟石次子第十九世

登孟字品連生道光二十九年己酉四月初五日巳時

吟石三子第十九世

登碭字品掄生咸豐三年癸丑三月初九日酉時卒咸豐己

未年十一月初一日寅時葬山頭

吟石四子第十九世

登科字品喜生咸豐六年丙辰十一月初十日卯時

應魁傳子第十九世

[illegible]生[illegible]月初八日午時

怡厚傳子第廿九世

箏厚傳子第廿九世

两厚傳子第廿九世

佛傳子第廿九世

用理

生道光甲辰年六月廿五日子時

正苽
嬰長子第十九世
生道光甲辰年十一月初一日申時

正界
嬰次子第十九世
生咸豐辛亥年八月十六日辰時

正談
嬰三子第十九世
生咸豐己未年七月廿三日巳時

光興
傳子第十九世

光鉗
傳子第十九世

允棟傳子第十九世

占魁傳子第十九世

振榮傳子第十九世

振盛傳子第十九世

卷十七終

国家出版基金项目
NATIONAL PUBLICATION FOUNDATION

海上絲綢之路文獻集成

總主編　陳支平　陳春聲

民間譜牒編

25

主編　林　楓

海峽出版發行集團
THE STRAITS PUBLISHING & DISTRIBUTING GROUP
福建人民出版社

本册目次

〔福建厦門〕石塘謝氏家乘三十一卷（世紀卷一四至世紀卷一五）　〔清〕謝果廩　謝邦忠等纂修……………………一

〔福建厦門〕石塘謝氏家乘三十一卷

（世紀卷一四至世紀卷一五）

〔清〕謝果㲫　謝邦忠等纂修

任公第五房分派世系條紀卷十四

元仁長子第十七世

講字學明生雍正己酉年九月初三日巳時卒嘉慶十八年癸丑正月三十日寅時葬樓面前西邊墓身邊坐戌向辰兼乾巽庚戌庚辰分金配鍾氏生雍正辛亥年六月十七日辰時卒嘉慶廿二年丁丑八月初四日戌時與夫合葬

生子五長芳次緒吉出嗣彪男崑五鶴

元仁次子第十七世

廷字學謹生雍正辛亥年九月初十日巳時卒乾隆戊申年
五月廿一日戌時葬山頭湖坐戌向辰兼乾巽庚戌
俺妣金配龔氏生雍正癸丑年五月十五日酉時卒乾
隆己酉年六月初十日寅時葬山頭湖園中坐庚向甲
兼酉卯庚申庚寅分金
生子五長基出嗣胞叔崑
次宇三地四儉五廬

元仁三子第十七世二

崑字學璞生雍正甲寅年十二月二十日寅時卒乾隆庚辰
年八月十三日午時配蔡氏生乾隆癸亥年六月十四

日辰時卒乾隆辛巳年五月廿五日午時合葬杉湖本
山坐癸向丁兼丑未
嗣子二長量係胞兄講二子次棐係胞兄廷長子
元仁四子第十七世
蒲　出嗣
光仁五子第十七世
尚字學義生乾隆乙丑年二月十六日寅時卒嘉慶二十二
年丁丑七月十四日申時葬樓山廟鞍坐壬向丙兼亥
巳丁亥丁巳分金配楊氏生乾隆甲戌年五月廿六
日未時卒道光壬辰年九月初九日丑時與夫合葬

生子三長帶次總三彈

元仁六子第十七世

學聖生乾隆丙子年二月廿二日丑時卒乾隆甲辰年八月廿四日未時葬嘛吠呷配楊氏生乾隆己未年正月廿三日酉時卒乾隆甲寅年九月十三日未時葬海邊後頭坐庚向甲兼酉卯丁酉丁卯分金

生子一居中

道長子第十七世

探字學賾生乾隆乙丑年七月初三日丑時卒乾隆庚寅年四月十一日丑時葬嘛吠呷配蔡氏生乾隆己未年十

二月廿一日卯時卒嘉慶庚辰年九月廿六日寅時葬
胡尾坐東向西與長子合葬
生子二長含笑次分光係胤錫嵒次子

道次子第十七世

齊字學集生乾隆戊午年三月廿三日午時卒乾隆壬寅年
十二月初六日未時葬廟鞍裡園内坐乾向巽兼亥巳
庚戌庚辰分金配李氏生乾隆己未年正月二十日卯
時卒嘉慶十五年庚午二月廿一日申時葬廟鞍與夫
左邊坐乾向巽兼亥巳庚戌庚辰分金
生子三長蚶次限祖三月水

道三子第十七世
龐字學純生乾隆庚申年九月廿五日酉時卒乾隆戊申年
四月十七日午時附葬父墳坐向分金全配楊氏生乾
隆癸亥年十一月三十日酉時卒嘉慶丙子年二月
十六日寅時葬坑園山坐乾向巽兼亥巳庚戌庚辰分
金　生子三長溪水次沙三浮
道四子第十七世
品字學器生乾隆壬戌年八月初八日寅時卒乾隆乙卯年
四月十五日未時葬長江嶺坪裡水燭上坐西南向東
北配林氏生乾隆戊辰年七月十四日寅時卒嘉慶九年

甲子八月十四日丑時葬坑門山尪婆石下坐北向南

生子三長水绎次分光出嗣胞兄探

三霜緣出嗣胞弟仙

道五子第十七世

朧字學吳生乾隆甲戌年三月初三日寅時卒葬失識配

林氏生乾隆乙亥年八月十二日寅時卒乾隆癸丑

年八月廿八日寅時葬山頭湖坐西向東分金

道六子第十七世

仙字

生乾隆己卯年七月廿八日辰時卒乾隆乙巳年

七月廿八日　時葬嘛吠岬

嗣子一霜緣 係胞兄品次子

福長子第十七世

祥字學端生乾隆庚申年八月十六日酉時卒乾隆戊申年

七月十二日酉時葬官仔嶺園後坐　向

配李氏生乾隆庚申年六月十九日

卯時卒乾隆丙戌年十月初九日申時葬官仔墓園後

坐　向　續配何氏生乾隆

辛酉年二月廿四日子時卒嘉慶丁丑年四月初二日

丑時葬失載　生子二長春次蓮好

福次子第十七世

親字學賢生乾隆壬戌年八月初八日酉時卒嘉慶庚申年
七月十三日午時葬後頭坐酉向卯兼庚甲丁酉丁卯
分金配許氏生乾隆甲子年八月十八日寅時卒乾隆
戊申年六月十三日申時葬海墘官仔墓后園坐西向
東　　生子三長猪次郁三象

福三子第十七世

英字學榮生乾隆壬申年十一月廿四日午時卒道光丁亥
年十二月十四日午時葬廟安坐壬向丙兼亥巳丁亥
丁巳分金配何氏生乾隆壬申年六月初七日丑時卒
道光丙申年三月廿四日酉時葬庙安坐亥向巳兼壬

丙　　生子三長遺水次巖三仲傑

旺字

福四子第十七世

生乾隆丙子年十一月廿九日卯時

行字

福五子第十七世

生乾隆庚辰年十月初五日戌時

岳字學禮

祿長子第十七世

生乾隆戊辰年七月二十日卯時卒嘉慶十一年丙寅正月廿六日寅時葬廟鞍坐乾向巽兼亥巳庚戌

庚辰分金配楊氏生乾隆丙子年十一月十一日亥時
卒嘉慶五年庚申九月十七日戌時葬埭邊坐坤向艮
兼申寅丙申丙寅分金
生子二長嵩攀次述出嗣胞弟位

祿次子第十七世
位字　生乾隆辛未年五月十四日辰時外歿嘉慶元
年丙辰五月　日　時
嗣子一述係胞兄嵩次子

祿三子第十七世
捷字學連生乾隆甲戌年八月廿九日子時

盛傳子第十七世

麐字

龍長子第十七世

俁字

龍次子第十七世

清字

出嗣

龍三子第十七世

晧字

虎嗣子第十七世

料理　生乾隆戊寅年九月初十日丑時卒乾隆乙未年閏十月初七日午時葬坑園山頂坐子向午兼癸丁

嗣子一遠祖係嫣記長子

文貴嗣子第十七世

淵雲字

光胤傳子第十七世

開長子第十七世

通文　生乾隆癸亥年二月初四日未時卒葬楨榔嶺

開次子第十七世

媽記

生乾隆甲子年十二月廿二日未時卒嘉慶壬戌年三月初五日戌時葬坑園山坐乾向巽兼辛卯辛酉分金配蔡氏生乾隆癸酉年九月初七日辰時卒嘉慶戊寅年七月廿二日未時葬坑園山

生子三長遠視山碉料理次家和三三及

光耀

閑三子第十七世

生乾隆丁卯年八月十三日巳時卒嘉慶丁巳年九月廿六日丑時葬梹榔嶼配張氏生乾隆壬申年九月十五日寅時

生子一華珍

鬧四子第十七世

田王　生乾隆己巳年十月初一日巳時

鬧五子第十七世

南貞　生乾隆丙子年二月十二日寅時卒嘉慶丙子年閏六月二十日子時葬泥墩尾坐癸向丁兼丑未配吳貸娘氏生乾隆戊戌年正月廿五日寅時卒道光己丑年七月十八日申時與夫仝穴

生子三長仕忠次仕獅三水萍出嗣九王

鬧六子第十七世

料理　出嗣

振求　生雍正戊申年十月十二日巳時卒乾隆甲戌
年正月二十日卯時葬山頭湖坐西向東
嗣子一光就係胞弟超次子

國次子第十七世

龔字資華生雍正癸丑年十二月初二日辰時卒乾隆丁酉
年八月初五日葬湖坐東向西配陳氏生乾隆戊午年七
月初四日巳時卒乾隆乙巳年正月十二日葬内坑后
過溪仔　生子一娘生

國三子第十七世

超字資拔生乾隆丙辰年十月廿七日亥時卒乾隆甲寅年七月廿二日巳時葬大屏山毛仔山前坐甲向庚兼寅申丙寅丙申分金配排頭黃氏生乾隆甲子年十月廿六日巳時卒嘉慶辛未年六月十六日午時葬大埭水積上坐庚向甲兼酉卯庚寅庚申分金

生子三長光彩次光就出嗣胞兄振步三光簡

國四子第十七世

顯字資明生乾隆庚申年五月十九日午時卒嘉慶壬申年十月初九日午時葬胡尾園裡坐辰向戌兼巽乾庚辰庚戌分金配楊氏生乾隆乙丑年十月十八日巳時卒

嘉慶辛未年七月廿八日未時與夫合葬

生子五長合水出嗣胞弟添次敦光

三輸光四子儀五諧

國五子謝十七世

添字資成生乾隆丁卯年四月廿四日巳時卒乾隆丙申年

十月十九日　時葬湖尾坐東向西

嗣子一合水係胞兄觀長子

宗長子第十七世

生字資坤生乾隆甲寅年八月初二日未時卒乾隆庚寅年

三月初一日午時葬內坑社後坑仔墘園坐壬向丙

兼子午兼亥辛巳分金配邱氏生乾隆戊午年十二月初二日子時卒嘉慶戊寅年正月十九日寅時葬丙坑後過坑坐壬向丙兼子午辛亥辛巳分金

生子一　屬水

宗次子第十七世

庇宇資祜生乾隆辛酉年八月十四日午時卒乾隆乙未年六月十七日酉時葬飛蠟配陳氏生乾隆己巳年九月十七日酉時卒道光辛卯年九月初三日未時葬蓮坪坐申向寅兼坤艮

生子一　進治

宗三子第十七世

土字資金生乾隆癸亥年九月廿六日未時卒嘉慶元年四月廿一日巳時葬長嶺坪大埭墘坐西向東配蔡氏生乾隆辛未年閏五月初七日辰時卒乾隆巳酉年閏五月初三日未時葬大墓堀口園裡坐子向午兼壬丙丙子丙午分金續配林氏生乾隆乙亥年六月十五日未時卒道光乙酉年六月十四日未時葬鵝頭坪

生子二長神水次逢興出嗣四胞家坡

宗四子第十七世

坡字資禮生乾隆丙寅年九月初二日午時卒乾隆丙午年

六月廿六日酉時葬大寨堀口園裡坐壬向丙兼子午辛亥辛巳分金

嗣子一逢巽係胞兄士次子

同字資良生乾隆己巳年二月廿三日巳時

宗五子第十七世

輝字資英生乾隆庚申年十一月廿三日亥時卒乾隆癸巳年三月初十日未時葬吉礁配李氏生乾隆癸亥年四月廿八日巳時卒乾隆戊申年五月廿一日未時葬山

明德長子第十七世

頭湖坐西北向東南

嗣子一　長興

明德次子第十七世

志字資傑生乾隆甲子年五月廿五日巳時卒乾隆丁酉年十月廿六日巳時葬內坑社後坑仔墘園坐子向午兼壬丙配林氏

乾山傳子第十七世

寧茂

報嗣子第十七世

真字　生乾隆壬寅年十一月廿一日寅時卒道光乙未

年十一月初四日寅時葬坑園山坐甲向庚兼寅申配
山仔陳氏生乾隆甲寅年六月初七日午時卒道光丁
未年四月廿八日未時葬番坑內
生子四長金聲次屋三可四德霖

鋭長子第十七世
嫣良字世傑生乾隆癸酉年十一月廿三日酉時

鋭次子第十七世
江淮　出嗣

鋭三子第十七世

光騰字世滔生乾隆甲申年十月十三日午時卒道光庚子年十二月初一日丑時葬蔡嶺對面公山坐巳向亥兼巽乾乙巳乙亥分金配上孫楊氏生乾隆丁酉年五月初六日巳時卒嘉慶四年己未九月初二日巳時葬廟穀坐寅向申兼艮坤丙寅丙申分金續配溫氏生乾隆丙戌年正月十一日午時卒道光庚戌年六月初一日申時葬蔡嶺對面公山坐甲向庚兼寅申

生子二 長汞領 次附領 俱楊氏出

銳四子第十七世

士永字世露生乾隆辛卯年六月廿八日子時卒道光

年十月初十日酉時葬蔡嶺對面公山坐巳向亥兼丙

壬配温氏生乾隆壬寅年二月初四日酉時卒咸豐甲

寅年九月廿七日丑時葬蔡嶺對面公山坐卯向酉兼

乙辛丁卯丁酉分金

生子四長同次財三王來四樣

鋭五子第十七世

真寶字世宜生乾隆四十一年丙申八月廿九日辰時卒咸

豐二年壬子十月初九日酉時葬內坑後壁坐甲向庚

兼卯酉庚寅庚甲分金配馬內坑馬氏生乾隆五十六

年辛亥六月廿四日寅時卒道光三年癸未二月初十

日酉時葬內坑後壁坐甲向庚兼卯酉庚寅庚申分金
續配馬壠劉氏生嘉慶七年壬戌五月廿七日亥時卒
咸豐六年丙辰十月二十日卯時葬樓山菴前右平
坐寅向申兼甲庚庚寅庚申分金
生子六長吟石次應魁馬氏出三純厚
四怡厚五篤厚六兩厚劉氏出

漢傳子第十七世

益傳子第十七世

菊字

徐長子第十七世

生乾隆己亥年正月十一日寅時卒道光癸卯年十月十九日午時葬到茨後坐甲向庚兼卯酉庚寅庚申分金外向甲庚寅甲丙寅丙申分金配樓山陳氏生乾隆癸丑年十一月廿九日寅時卒道光甲辰年十二月初九日亥時葬到茨後與夫合葬

生子五　長佛　次嬰　三興　四鉗　五員治

徐次子第十七世

出嗣

填

漢哥嗣子第十七世

江淮字　生乾隆丙子年　月　日　時卒乾隆乙未年十一月初一日　時葬坪仔頂園聯叔公穴右

榜長子第十七世

壬癸字　生乾隆戊戌年十一月廿二日午時卒乾隆壬子年閏四月十八日戌時葬坑門山坐卯向酉兼甲庚丁卯丁酉分金　生子一光棟

榜次子第十七世

戊寅字　生乾隆癸卯年八月初三日巳時卒道光丁酉年二月初五日寅時葬埭頭坪

配官井張氏生乾隆丁未年七月初四日午時卒道光

乙巳年十一月十二日酉時與夫合葬

生子二 長振榮 次振盛

榜三子第十七世

三淵

惠長子第十七世

尢思字世明生乾隆癸巳年十月廿一日戌時卒嘉慶庚

午二月十七日 時葬鹿賴

惠次子第十七世

納光字 生乾隆丁酉年四月廿八日丑時

思三子第十七世

光壤字　生乾隆癸丑年六月廿二日未時卒道光甲午年三月十一日　時葬柄榔嶼配鍾山蔡氏

生子一智

潭長子第十七世

花草　生乾隆癸丑年五月廿八日卯時

生子一篤生

周長子第十七世

壹諱天啟生乾隆丙子年九月廿八日未時卒嘉慶丁丑年

十月廿七日巳時葬後壠坐辰向戌兼巽乾辛卯辛酉
分金配黃氏生乾隆丙申年三月十九日酉時卒道光
庚子年九月十六日未時葬後壠與夫合葬
生子一尊敬

秋諱

周次子第十七世
生乾隆甲申年五月初九日酉時外歿
配陳氏生乾隆丙申年十二月十九日子時卒道光辛
丑年閏三月十九日戌時葬　坐巽向乾兼
巳亥丁巳丁亥分金　生子一嫣蔭
周三子第十七世

祈應諱　生乾隆己丑年六月十四日酉時卒嘉慶辛

未年三月十三日未時葬檳榔嶼

配張氏生乾隆甲午年正月十九日午時

生子一　添丁

萬長子第十七世

富諱　生乾隆　年十月初三日寅時外歿

萬次子第十七世

海諱　生乾隆　年十二月十四日亥時外歿

賜傳子第十七世

尚諱敬在生乾隆己亥年十一月十一日寅時卒咸豐己

未年九月廿二日未時葬象灘裡

配蔡氏生乾隆己亥年十二月二十日午時卒道光乙

巳年三月初五日巳時葬坑園山坐子向午兼癸丁庚

子庚午分金

生子五長光樽次光蚌三垂四淡五学

壽嗣子第十七世

煥章諱天基生乾隆壬申年七月十四日未時

配范氏生乾隆庚　年十二月十一日未時

生子二長佛賜次佛恩

福長子第十七世

文瑞字　生乾隆庚午年十月十五日子時

配陳氏生乾隆丁丑年三月初八日巳時

生子一春友

福次子第十七世

出嗣

福三子第十七世

祐彩字馨遠生乾隆戊寅年八月二十四日午時

配陳氏生乾隆乙酉年七月十五日丑時

生子一開春

久傳子第十七世

朝山諱天理生乾隆甲午年十月二十日午時

瓊玉長子第十七世

澤諱　生乾隆丙子年九月初九日寅時卒乾隆丁未年
二月初五日午時葬覆鼎金坐　向
配陳氏生乾隆丁丑年正月二十日
申時
生子一孟春

瓔玉次子第十七世
璵諱天旋生乾隆戊子年十月廿一日丑時
配楊氏生乾隆丙申年九月十八日卯時

寬長子第十七世

峪字天祿生乾隆癸酉年正月初五日巳時卒乾隆甲辰年七月廿七日　時葬外域配楊氏生乾隆癸酉年十月十四日寅時卒葬失載

生子一而立

寬次子第十七世

嵩字天祐生乾隆丙子年正月初二日巳時

配陳氏生乾隆丙子年九月十四日丑時卒葬失載

生子一東第　過臺灣

寬三子第十七世

岱諱天佐生乾隆戊寅年十一月初七日巳時卒嘉慶辛未
年十二月十九日辰時葬廈門深田内
配王氏生乾隆癸巳年十一月廿
一日子時卒咸豐元年辛亥五月初七日午時葬廈門
白鶴嶺尖石脚
生子一雙喜

寬四子第十七世

景字天爵生乾隆辛巳年九月廿五日巳時卒道光辛巳
年九月廿三日辰時

配陳氏生乾隆辛亥年六月廿六日辰時卒咸豐癸亥
年二月廿六日酉時
生子二長有使次榮生

寬五子第十七世
燕字天祈生乾隆丙申年九月廿四日亥時卒嘉慶丙寅年
十月十五日酉時葬潼城金後大園角
配李氏生乾隆己亥年八月初六日未時卒道光癸巳
年十二月十九日亥時葬北鎮頭
生子一有信

寬六子第十七世

峯字天寵生乾隆戊子年二月廿一日辰時卒葬失載

寬七子第十七世

魏諱天禎生乾隆癸巳年五月十二日亥時卒道光己丑年十二月廿一日酉時葬厦門西山仙草坪

嗣孫一益慶本生殳有信

臨淵字天職生乾隆辛巳年十月十六日辰時

任傳子第十七世

配曾氏生乾隆丁亥年七月初六日丑時

團長子第十七世

惠州諱天監生乾隆甲午年二月十三日寅時

配蘇氏生乾隆戊戌年十一月廿七日午時

結傳平弟十七世

德盛長子第十七世

天助諱天賜生乾隆乙酉年十月二十日卯時

配陳氏生乾隆戊子年九月初十日卯時

生子一　聰明

德盛次子第十七世

天生諱天眷生乾隆壬辰年三月初二日酉時

德盛三子第十七世

天來諱天感生乾隆甲午年十月初三日酉時

德盛四子第十七世

天紅諱天庇生乾隆丁酉年十一月三十日酉時

德盛五子第十七世

天忠諱天敍生乾隆乙巳年十一月三十日戌時

松茂傳子第十七世

明珠傳子第十七世

明球傳子第十七世

鍾長子第十七世

煖字　生乾隆癸巳年九月十七日卯時卒咸豐癸丑年四月初五日巳時葬南門外南寺後山劍鳥石邊坐東向西配鄭氏生乾隆戊戌年正月二十日辰時卒嘉慶甲寅年三月初三日酉時葬南門外璞門金

峰長子第十七世

碧字　生乾隆癸巳年十一月十八日亥時卒嘉慶戊午年八月廿六日卯時葬漳城南門外璞門金

嗣子三長源海本生父禎祥次强湑本生父三貴三池水本生父五貴

峯次子第十七世

祥字　出嗣

峰三子第十七世

貫字　生乾隆庚子年正月初六日酉時卒咸豐丙辰年五月初六日丑時葬漳城南門外竹仔橋楊厝山配毛氏生乾隆丁未年十二月廿八日卯時卒咸豐戊午年十月十八日未時葬漳城南門外璞鳴金坐丁向癸兼丑未丁未丁丑分金

生子四長強清出嗣碧次強燮出嗣五三甲寅四強深

峰四子第十七世

田字　生乾隆癸卯年十一月初十日亥時卒嘉慶丙子年閏六月廿二日午時葬漳城南門外一面旗路下坐辛向乙兼戌辰辛酉辛卯分金

嗣子一強安係胞兄貴次子出

峰五子第十七世

伍字　生乾隆丁未年三月十二日卯時

配鄭氏生嘉慶己未年五月廿六日酉時卒道光丁酉年八月初五日未時葬漳城西門

續配黃氏生　年　月　日　時

生子三長池水出嗣碧次淵水三知水

浩字

英長子第十七世

生乾隆癸巳年五月初一日巳時卒嘉慶己卯年

二月廿九日酉時葬漳城南門外開仔坑坐癸向丁兼

辛巳辛巳辛亥分金配邱氏

生子一振茂

英次子第十七世

柏字　出嗣

崑玉長子第十七世

仁詠　生乾隆丙申年十月三十日酉時卒乾隆
年十月廿三日未時葬失載
嗣子一和尙本生父栢
崑玉次嗣子第十七世
柏字仁智生乾隆辛丑年十二月十九日子時卒嘉慶壬午
年八月初四日申時葬在漳城南門外一面旗山坐南
向北配顏氏
生子一和尙出嗣胞兄仁詠
吾嗣子第十七世
祥字　生乾隆丙申年十一月廿一日亥時卒咸豐乙卯

年十一月廿三日未時葬漳城南門外土名石碑山坐
巽向乾兼巳亥丙辰丙戌分金配鄭氏
生子四長源海出嗣碧次辛酉三建基四有諒

懷傳子第十七世

孝義

水源長子第十七世
生乾隆庚子年八月十四日辰時

貴源傳子第十七世

宗進傳子第十七世

深傳子第十七世

遇傳子第十七世

光燦傳子第十七世

積傳子第十七世

衞傳子第十七世

月傳子第十七世

亮傳子第十七世

要祖傳子第十七世

畱傳子第十七世

春傳子第十七世

溪傳子第十七世

港傳子第十七世

海傳子第十七世

抄傳子第十七世

朝順傳子第十七世

光鑑傳子第十七世

叅傳子第十七世

泉傳子第十七世

媽葵

生道光辛巳年三月十五日卯時卒咸豐庚申年七月十四日　時葬鬼仔巒

廣傳子第十七世

愛長子第十七世

天求　生嘉慶壬申年十一月廿九日卯時

嗣子一仁本生父天從

愛次子第十七世

天從　生嘉慶甲戌年四月十九日卯時

配李氏生道光乙酉年十月十五日辰時

生子三長成次佳三仁出嗣天求

愛三子第十七世

天明

生嘉慶丁丑年十二月初三日巳時

配溫厝溫氏生道光癸巳年二月初六日辰時

生子二長光審次光柿

愛四子第十七世

倚玉

生道光丁亥年五月廿三日申時

配樓山陳氏生道光辛丑年四月二十日寅時

生子二長英宗次行筆

紹傳子第十七世

麟傳子第十七世

元傳子第十七世

俞傳子第十七世

光送　喜傳子第十七世
生嘉慶戊辰年八月廿一日辰時卒葬外域

光駿　珍長子第十七世
字克明生嘉慶甲子年十一月初三日卯時卒道光
壬寅年正月廿一日　時葬把東
配鐵赤後林氏生嘉慶丁卯年八月廿四日未時卒咸
豐戊午年九月十四日未時葬內壠山坐巽向乾兼巳
亥庚辰庚戌分金
生子三長錦衣次錦禣三天註

珍次子第十七世

光馬字克娑生嘉慶乙亥年十二月初八日戌時

配温厝温氏生嘉慶己卯年十一月初五日辰時

生子　長遜讓 水石頭

珍三子第十七世

光黎字克寶生嘉慶丁丑年八月初八日戌時

配温厝温氏生道光乙酉年八月初九日巳時

生子　長天維本生父讀書　次天福

珍四子第十七世

光所　出嗣

珍五子第十七世

光鋪字克廣生道光甲申年正月初一日酉時卒道光丙午

年九月廿二日未時葬內攏山

嗣子一琹宗本生父邱良心

水傳子第十七世

東傳子第十七世

忠漢　生乾隆辛亥年六月十七日酉時

配鍾山蔡氏生嘉慶戊辰年五月十四日申時卒咸豐
丁巳年七月十五日未時葬小山脚坐壬向丙兼子午
丙子丙午分金

生子三長清約次清萊三清雨

福壽傳子第十七世

泰岩傳子第十七世

應拔嗣子第十七世

光所字克新生道光辛巳年十二月廿二日子時

配田邊楊氏生道光甲申年九月初六日午時

生子二長天雙次白雪

應趈傳子第十七世

郎傳子第十七世

榮華傳子第十七世

萬石傳子第十七世

忠信長子第十七世

諱書　生嘉慶丙辰年正月初八日酉時

配尾頭陳氏生嘉慶甲子年十月十六日午時卒咸豐戊午年五月初十日酉時葬內壠山坐巽向乾兼巳亥庚辰庚戌分金

生子二長八音次天維出嗣黎

樹豆　忠信次子第十七世
生　年　月　日　時外殁

光敏　忠信三子第十七世
生嘉慶癸亥年八月二十日巳時

角　忠信四子第十七世
生　年　月　日　時卒
年三月初五日　時外殁

孝友儔子第十七世

矣傳子第十七世

及傳子第十七世

省長子第十七世

鑑田諱維玉生乾隆癸巳年二月十九日午時卒嘉慶癸酉年五月初六日巳時變失載配陳氏生乾隆丙申年十月廿一日戌時卒嘉慶丙寅年三月廿三日巳時葬埭頭坪頂坐寅向申兼甲庚

生子一 芬淵

建長子第十七世

逢旦諱維元字企周生乾隆癸巳年正月初一日丑時卒嘉
慶庚申年十一月廿五日寅時葬太高山公園後坐鄉
向酉兼辛卯辛酉

曼長子第十七世

發科諱維　生乾隆己亥年九月廿六日未時卒葬失載

曼次子第十七世

貫通　生卒葬所失載

淵湧傳子第十七世

如冰諱維寵生乾隆壬寅年十一月十八日卯時卒嘉慶庚
午年五月初八日巳時
淵湧嗣子第十七世
國棟諱　生卒葬所失識
献琛傳子第十七世
峥爍傳子第十七世
含環長子第十七世
初興　早卒

含環次子第十七世
系　生　年　月　日　時
奪標傳子第十七世
為龍傳子第十七世
光籌　生乾隆　年八月十五日辰時卒安南配排頭
高氏生乾隆丁酉年十月十四日丑時卒嘉慶己卯
年二月十二日亥時葬曾坪
生子一壽山
騎鯨長子第十七世

王智　生乾隆辛亥年十月初十日亥時卒嘉慶丁卯年七月廿五日卯時葬山頭潮坐坤向艮兼申寅辛未辛丑分金一粒珠做無碑

騎鯨次子第十六世

竭力　生乾隆丙午年九月初二日酉時卒葬外域

生子二　長潤　次瓜生

講傳子第十七世

長發長子第十七世

回露　生嘉慶庚辰年十二月十四日午時

配鍾山蔡氏生道光壬辰年七月廿四日卯時

生子一海源

清洽

長發次子第十七世

生道光癸未年六月二十日寅時

配廈門李氏生道光乙未年四月廿三日寅時

生子二長黃牛次蘊

長發三子第十七世

霜雪 生道光丙戌年五月十七日寅時卒道光丁未年七月廿四日未時葬埭墘

長發四子第十七世

石竹 生道光戊子年十月廿七日子時卒道光庚子年六月廿一日酉時葬埭墘

長發五子第十七世

元鎰 生道光丙申年六月初十日午時

長發六子第十七世

元琶 生道光己亥年六月十二日申時

配石困林氏生道光庚子年六月初七日午時

武器傳子第十七世

静光傳子第十七世

賢通傳子第十七世

瑞琳傳子第十七世

猪光長子第十七世

情怡　生嘉慶己巳年十一月廿六日戌時卒咸豐壬子年正月初十日　時葬梹榔巔

猪光次子第十七世

御賜　生嘉慶丙子年七月初八日子時

配厦門洪氏生道光丁亥年九月廿三日　時

生子三長綿芳次連捷三綿樂

猪光三子第十七世

同章　生道光癸未年八月初十日戌時卒道光乙巳年八月十五日未時葬埭墘坐亥向巳兼乾巽丁巳丁亥分金

江漢傳子第十七世

麗元傳子第十七世

新民傳子第十七世

長經
光裕長子第十七世
生嘉慶丁丑年九月初五日子時卒咸豐己未年
七月　日　時外殁配前菴江氏生道光壬辰年
九月初七日酉時
生子三長朝便次朝川三朝等

媽鐵
光裕次子第十七世
生道光甲申年四月初六日未時
配吳貫社林氏生道光甲午年十月初十日戌時卒咸
豐戊午年六月廿二日午時葬壠口
續配赤石林氏生道光癸巳年四月

初八日申時

生子一　朝散

媽順

光裕三子第十七世

生道光丁亥年正月二十日卯時

配前庵埭頭林氏生道光乙未年四月十八日酉時

生子一　朝細

有戟

光裕四子第十七世

生道光己丑年八月初十日戌時

配前庵埭頭林氏生道光庚子年十二月初九日午時
生子一　文甲

三茂
光勝長子第十七世
生道光戊子年八月廿三日寅時

媽鉗
光勝次子第十七世
生道光辛丑年十月初六日寅時
配廈門劉氏生道光己亥年六月初八日午時

孟起

光勝三子第十七世

出嗣

孟起

光寧嗣子第十七世

生道光丙申年五月十四日寅時

瑪定嗣子第十七世

光隨

瑪湛長子第十七世

生嘉慶己巳年十一月初三日戌時卒道光辛

丑年五月　日　時外歿

秋水

瑪湛次子第十七世

生嘉慶乙亥年七月初五日亥時

配林氏生道光戊子年十月初七日申時

生子　長金榜次金樹

光柳

瑪恩傳子第十七世

生嘉慶乙亥年七月十九日午時

配林氏生道光壬午年五月廿三日酉時
生子　長應松　次應心　三應陶　四應粒

沚
瑪清長子第十七世
生道光癸巳年六月初六日午時

光然
瑪清次子第十七世
生道光辛丑年四月十五日巳時

瑪猜傳子第十七世

宙長子第十八世

恩波字廷麗生乾隆辛未年正月初一日寅時卒道光元年辛巳九月十五日寅時葬上坑石頭仔坐申向寅兼庚甲丙申丙寅分金配　氏生乾隆丙戌年正月廿九日未時卒道光癸巳年二月初五日戌時葬深溝頂坐卯向酉兼甲庚

生子四長天送次天愛三予娘四永生

宙次子第十八世

恩錫字廷鰲生乾隆丙子年九月廿六日酉時卒道光乙酉

年十一月廿一日未時葬深溝頂坐卯向酉兼乙辛

生子

寅三子第十八世

三吳字廷擇生乾光乙酉年正月初三日丑時

生子

寅四子第十八世

五常字廷記生乾隆丁亥年十一月初五日丑時卒嘉慶十

六年辛未九月初三日午時葬深溝頂坐乙向辛兼辰

戊辛卯辛酉分金

配張氏，生乾隆丙午年四月初八日未時　生子

造傳　子第十八世

禄　庇長子第十八世

生乾隆辛卯年正月初四日丑時，卒嘉慶壬戌年

六月十四日寅時，葬碎石邊，坐酉向卯兼庚甲，丁酉丁

卯分金　生子

黄河　庇次子第十八世

生乾隆乙亥年四月廿一日亥時

生子

東傳子第十八世

郁傳子第十八世

少長子第十八世

光衍

生乾隆甲辰年七月初七日巳時

生子

少次子第十八世

嫣慶

生乾隆丙午年八月初六日巳時

少三子第十八世

嫣葵　生乾隆戊申年十一月初一日戌時

生子

漢寧傳子第十八世

福順傳子第十八世

仍春傳子第十八世

協都傳子第十八世

江傳子第十八世

廩長子第十八世

康泰

生嘉慶乙亥年十二月廿六日卯時卒咸豐戊

午年十月十五日　時葬檳榔嶼

生子

廩次子第十八世

崑

出嗣

廩三子第十八世

善　出嗣

　　廩四子第十八世

清

　　生道光庚寅年九月十六日申時

　生子

明傳子第十八世

如然傳子第十八世

約傳子第十八世

重悅

　生乾隆　年　月　日　時

川位長子第十八世

天池字　生乾隆　年　月　日　時卒葬失

生子

川位次子第十八世

天綠　生乾隆辛卯年八月初三日辰時卒

年七月十一日巳時外殁配黄氏生乾隆己亥年十二

月初五日酉時卒道光甲辰年六月廿七日寅時葬空

壳墓坐艮向坤兼丑未

生子二長趨邑次趨羣

迭鳳傳子第十八世

遺宗長子第十八世

瑞鵬字飛鳴生乾隆辛巳年九月十四日酉時卒道光辛巳年六月廿二日亥時葬汝南另葬衣冠在山頭湖祖墓邊坐庚向甲兼申寅丙申丙寅分金配陳氏生乾隆丁未年七月初二日辰時卒道光庚申年七月廿八日巳時葬山頭湖祖墓邊夫右邊坐庚向甲兼申寅丙申丙寅分金

生子四長鈿生次和生三潚生四紀生

遺宗次子第十八世

瑞椿　生乾隆己丑年正月初八日卯時卒乾隆戊申年
正月初八日卯時葬在牛埔山下坐東北向西南
嗣子一　建寅係胞弟瑞謙長子

瑞謙　遺宗三子第十八世
生乾隆癸巳年三月初二日辰時卒道光丁
未年十月廿一日酉時葬山頭坐丙向壬兼巳亥丁
巳丁亥分金配蕭氏生乾隆戊戌年八月廿二日寅時
卒咸豐丁巳年五月初三日申時葬山頭祖墓邊坐
庚向甲兼申寅丙申丙寅分金
生子二　長建寅出嗣胞兄瑞椿　次建突

儀宗傳子第十八世

偕傳子第十八世

萃英傳子第十八世

仰趾嗣子第十八世

登山

生嘉慶庚午年十一月十一日子時卒道光辛丑年十一月初三日酉時葬外域梹榔嶼新塚配前港頭林氏生嘉慶甲戌年十二月初一日未時

生子三長堅持次巧笑三鞠瑞　三　言

蒼皎傳子第十八世

朝宗傳子第十八世

文獻長子第十八世

瑞草

生嘉慶庚午年四月十六日未時卒道光癸巳年十二月初七日亥時葬在三寶壠山內日

生子一嫣喜

文獻次子第十八世

瑞海　生嘉慶乙亥年十二月廿八日酉時卒道光壬寅

年十月廿七日　時

生子一　進作

文献三子第十八世

盡忠　生嘉慶丁亥年二月初八日辰時

配廈門吳厝巷吳氏生道光庚寅年七月三十日寅時

卒咸豐乙卯年七月十九日午時葬[illegible]亭坐乾向

巽兼戌辰丙戌丙辰分金續配山邊社李氏生道光癸

四十七

未年十二月廿五日寅時

生子一　媽旺

庶長子第十八世

光两　生道光　年　月　日　時外殁

生子

庶次子第十八世

光果　生道光　年　月　日　時卒葬空壳

墓　生子

庶三子第十八世

光枰　生道光　年　月　日　時卒葬空亮墓
生子
郭炽傳予第十八世
玉麟傳予第十八世
八仕傳予第十八世
紹才傳予第十八世

賜日長子第十八世

登山　出嗣

賜日次子第十八世

瑞氣字呈祥生嘉慶甲戌年二月初四日未時卒道光丙申年五月廿九日子時葬崎頂坐申向寅兼卯酉配錦里社林氏生嘉慶己卯年二月十八日午時卒道光丙申年五月十七日辰時與夫合葬

嗣子二長苞竹次巧笑本生父登山

賜日三子第十八世

瑞鼠

生道光戊子年六月十五日午時配鍾山社蔡氏

生道光庚寅年六月初七日午時
生子二長永安次永利

商長子第十八世
光守字一先生嘉慶己未年二月初六日寅時卒嘉慶癸酉年三月十一日午時葬空亮嶺坐卯向酉兼乙卯辛卯辛酉分金
生子一克發

商次子第十八世
光尨字一壯生嘉慶乙丑年八月廿二日巳時卒葬失載
生子

商三子第十八世

用力　生卒葬所失載
生子
商四子第十八世
閒　出嗣
商五子第十八世
管治字和尚生嘉慶丙子年六月初二日午時配陳氏生道
光丁亥年四月初六日丑時
生子一福
商六子第十八世
追　生嘉慶戊寅年十二月三十日巳時

綿長子第十八世

光諒字一貞生乾隆壬子年八月廿五日子時

綿次子第十八世

光豹字一炳生嘉慶己巳年十一月廿四日未時

綿三嗣子第十八世

光閘　生卒葬所失載

白長子第十八世

玉根字瑞珠生道光辛丑年三月初三日酉時配上瑤社楊

氏生道光癸卯年六月十七日巳時

生子

白次子第十八世

玉葉　出嗣溫厝社

芊傳子第十八世

文廣　生道光壬辰年十一月廿九日卯時配顏氏

生子

用傳子第十八世

湖嗣子第十八世

君陣　字一行生乾隆丁巳年九月十七日亥時配楊氏生嘉

慶戊午年十月初二日子時卒道光癸丑年十一月廿

生子五長紅泥次紅柑三紅柿
四紅美五水應

欵長子第十八世

君陣　出嗣

欵次子第十八世

君廻字一禮生乾隆壬子年十一月廿七日亥時配温氏生
嘉慶乙丑年四月十六日午時卒道光丙午年十月初
三日午時葬　坐巳向亥兼巽乾丁巳丁亥分
金　生子三長媽錢次媽拋三媽石

秋月長子第十八世

甲字一聯生乾隆乙卯年十月廿三日未時

生子

講

秋月次子第十八世

生

生子

志

秋月三子第十八世

生

生子

秋欄卿子第十八世

菊傳子第十八世

發科字一舉生乾隆巳亥年六月十六日寅時卒葬失載

生子

恭傳子第十八世

𤏪要字一約生乾隆庚子年八月二十日卯時卒道光丁亥年閏五月初九日子時葬在廟東配陳氏生嘉慶辛酉年二月初七日巳時

生子二長爾次伏

提傳子第十八世

殿傳子第十八世

探蓮長子第十八世

雁行字叔襄生乾隆戊申年十二月初一日戌時卒嘉慶辛酉年五月廿三日戌時葬坑園裡坐郊向酉兼甲庚辛卯辛酉分金

嗣子四長正答係胞侄汪長子

次正蘇係胞弟墀長子三正韮係胞弟汪三子四正[illegible]係胞弟墀次子

探選次子第十八世

汪字惟量生嘉慶丙辰年十一月初六日卯時卒咸豐甲寅

年閏七月初一日巳時葬　坐乙向辛兼卯酉
丁卯丁酉分金配關氏生嘉慶庚申年八月初六日子
時卒道光丁未年八月十六日[illegible]時葬坑圍裡坐辰向
戊兼巽乾庚辰庚戌分金側室[illegible]氏生[illegible]巳年正
月廿四日辰時卒道光辛卯年十一月初一日卯時葬
坐乙向辛兼辰戌辛卯辛酉金分
生子三長[illegible]答[illegible]熊兄雁行次[illegible]無出
[illegible]珏[illegible]熊兄雁行

係璉三嗣[illegible]世
丹墀字步蟾生乾隆辛酉年七月三十日子時卒道光丁未

十二[illegible]日[illegible]葬[illegible]浦河[illegible]向[illegible]兼巳亥[illegible]辰

庚戌分金配楊氏生嘉慶乙丑年三月十二日丑時

生子五長正蘇出嗣胞兄雁行次窓三趣出嗣

胞兄雁行四倫出嗣胞弟寘五松

採蓮四嗣子第十八世

丹真　生嘉慶戊辰年十月初三日子時卒道光丁未

年十一月初一日巳時葬坑園裡坐乙向辛兼辰戌辛

卯辛酉分金配温氏生嘉慶壬申年十二月十三日

子時

嗣子一倫

暹長子第十八世

鱸字惟唱生乾隆壬子年四月十七日午時卒咸豐丙辰年

八月初九日酉時葬內禁山坐庚向甲兼申寅丙申丙

寅分金配劉氏生乾隆甲寅年八月初三日卯時

生子四長看次立三捷四直

暹次子第十八世

耆字惟安生嘉慶己未年五月初十日子時卒咸豐戊午年

二月初六日未時葬塗鬼墓邊坐乾向巽兼亥巳庚戌

庚辰分金配蕭氏生嘉慶癸亥年二月廿二日午時

卒道光乙巳年九月十七日辰時葬相邇河坐巳向亥

乾巽兼丁巳丁亥分金

生子三長鵠次着三骸

邉三子第十八世

邉四子第十八世

丹墀　出嗣

辨字惟德生嘉慶乙丑年十一月廿五日未時卒道光乙未

年九月十一日卯時葬內禁山坐申向寅兼庚甲庚申

庚寅分金配楊氏生嘉慶己巳年八月初七日卯時

生子二長正威次正講

文福長子第十八世

肇基字建成生嘉慶己未年三月十九日未時卒道光己亥年二月初七日巳時葬內禁山坐午向子兼丁癸庚午庚子分金配周氏生嘉慶辛酉年九月二十日寅時卒咸豐庚申年閏三月十八日戌時葬坑園山坐乙向辛兼卯酉丁卯丁酉分金側室周氏生嘉慶甲戌年十一月廿二日未時卒道光甲辰年五月初三日亥時葬大屏山坐　向

生子二長正勤次正習無出

文福次子第十八世

生卒葬所失載

西

文福三子第十八世

光定字天寶生嘉慶丙寅年八月廿六日寅時卒道光丁未年十月初五日子時葬坑園裡

配周氏生嘉慶丁卯年二月十九日戌時卒道光丁酉年十二月初七日寅時葬活璧石山坐乾坐巽兼戌辰丙戌丙辰分金續配蔡氏生嘉慶甲戌年十月十八日辰時卒道光辛卯年十月初七日寅時葬坑園裡坐　向

再續配黃氏生　甲申年二月初三日午時

招長子第十八世
錦鑾字惟偶生乾隆甲辰年十二月廿二日午時卒道光甲
辰年十月廿二日酉時葬後頭園裡坐　向
配排頭張氏生乾隆甲辰年八月十
二日午時卒咸豐丁巳年九月廿一日子時葬後頭山
坐　向　　嗣子一　正壽
招次子第十八世
八佾字庭列生乾隆丁未年五月初八日卯時卒道光丙戌
年七月二十日未時葬東埔園裡坐巳向亥兼子午辛

配[illegible]金龍浦李氏生乾隆辛亥年十月初十日子時卒道光乙巳年九月廿二日酉時葬東埔坐向分金與夫仝

生子二長𡙇次國

招三子第十八世

華國

生乾隆甲寅年十月三十日子時卒葬外殘

生子

招四子第十八世

必魁

生嘉慶戊午年三月初四日未時卒咸豐丁巳年十一月十一日午時葬板楨鄉邊

生子一代

招五子第十八世

必登　生嘉慶庚申年十一月廿三日未時卒道光戊子

年正月廿五日巳時葬東埔裡

生子

招六子第十八世

必應　生嘉慶癸亥年十月十八日未時配在南旺居住

生子三　長正泰　次文卿　三文理

企長子第十八世

紹周字維新生乾隆癸丑年七月初五日申時卒道光癸未年

十月廿七日未時葬槟榔嶼猫抵萬章配林氏生乾隆癸丑年十一月初一日丑時卒嘉慶丙子年正月十八日丑時葬與續配林氏仝墳分金同續配林氏生乾隆己酉年九月初十日酉時卒道光庚寅年四月廿六日未時葬亭仔頭坐乙向辛兼卯酉丁卯丁酉分金

生子一　如竹

企次子第十八世

紹薰　生嘉慶丙辰年十一月廿三日寅時卒道光丁未年六月　日　時在外亡配溫氏生嘉慶辛酉年十月廿一日辰時

生子三長如[illegible]次荷

企三子第十八世

紹康字惟仁生嘉慶己未年十一月初二日午時配葉氏生

嘉慶丙寅年十一月廿一日酉時公卒咸豐辛酉年十一月初三日戌時葬在石后[illegible]仔坐壬向丙兼亥巳分金丁亥丁巳

生子三長如[illegible]男充次如勤三如自

企四子第十八世

紹科　生嘉慶辛酉年十二月初九日卯時配邱氏生嘉

慶壬申年三月十一日未時[illegible]側室王氏生嘉慶癸

酉年十二月十七日亥時

生子四長[illegible]次松三澍四[illegible]男充

紹禎

企五子第十八世

生嘉慶乙丑年五月初十日亥時卒道光辛丑年七月廿五日子時外亡配何氏生嘉慶乙亥年九月初十日寅時

生子三長如磋次如得出嗣胞弟紹亨三正麟

紹亨

企六子第十八世

生嘉慶戊辰年十月初四日午時卒道光壬寅年八月廿二日巳時葬東山嶺裡坐酉向卯兼庚甲丁酉丁卯分金配邱氏生嘉慶壬午年閏三月十一日未時

[illegible]生嘉慶庚辰年五月初一日午時
生子五　長如上 出嗣胞弟紹洸　次如蒜
三如乾　四如郁 本生父紹欣　五濟江 本生父紹欣

企七子第十八世

紹充　生嘉慶戊辰年十一月十六日寅時卒道光甲午
年五月初三日子時葬在梹榔嶼亡
嗣子八　長由 本生父紹勳　次萊 本生父紹康
三濟 本生紹科　四相 本生紹豬　五得 本生父紹觚
六慈 本生父紹欣　七樂 本生父紹篤　八憑郁 本生父紹篤

企八子第十八世

紹欣

生嘉慶甲戌年三月十五日丑時配溫氏生道光壬午年二月十九日未時側室溫氏生道光己亥年二月廿二日未時繼娶側室辛氏生道光庚寅年十月廿四日亥時

生子九長清波次如慈三盛四郁出嗣胞兄充五順六江出嗣猪七龍八豹九仙當無出

紹鵝

企九子第十八世

生嘉慶丁丑年二月十四日亥時配邱氏生道光乙酉年十月二十日丑時

生子三長祿出嗣胞兄充次財三旭

益湛長子第十八世

光合字玉扶生嘉慶丙寅年八月廿五日午時卒咸豐丙辰年九月十四日午時壽五旬有一葬杜鵑河仔頂園後坐丑向未兼艮坤分金辛丑辛未配劉氏生嘉慶丙寅年四月初六日戌時

生子三長正本出嗣胞弟光運

次正玉出嗣三正樞

益湛次子第十八世

光造字瑞端生嘉慶庚午年二月初二日戌時卒咸豐戊午年七月廿三日丑時壽四旬有九葬

配温氏生嘉慶壬申年八月初六日戌時　生子三長正對出嗣胞叔光運次正源三正乞出嗣胞弟光齊

益湛三子第十八世

光運

生嘉慶壬申年六月廿六日丑時卒道光乙未年五月十三日辰時葬虎溝鐵樹裡坐庚向甲兼酉卯

嗣子二長正本本生父光合次正對本生父光造

益湛四子第十八世

光化

生嘉慶甲戌年閏二月初七日巳時卒在番邦

生子一正溥

益湛五子第十八世

光聖　生嘉慶戊寅年五月廿三日巳時配何氏生道光

辛巳年六月十五日寅時

生子一　正廣

益湛六子第十八世

光秦　生道光癸未年九月廿九日未時卒咸豐戊午年

七月十四日卯時壽三旬有六葬狗路頭尾田上坐巽

向乾兼巳亥戊辰庚戌分金配劉氏生道光丙戌年八

月十四日午時卒道光戊申年三月初五日卯時壽二

旬有三葬相連河頂園後圻坐辰向戌兼巽乾庚辰庚

戌分金續配李氏生道光丁亥年五月廿三日寅時

生子二長助次獺

光齊

益湛七子第十八世

生道光己丑年十月廿一日寅時卒道光丙午

年六月十四日未時壽一旬有七葬狗路頭尾田上坐

丙向壬兼巳亥分金丁巳丁亥

生子二長正鉞次正乞本生父光造

光嬰

儼然長子第十八世

生嘉慶甲戌年六月十二日申時

生子

果能

儼然次子第十八世

生嘉慶乙卯年九月廿一日戌時卒道光乙酉年

三月十七日巳時葬　坐坤向艮兼未

丑丁未丁丑分金

生子一亞佃

振珊

儼然三子第十八世

生道光辛巳年八月十八日寅時卒道光戊申年

九月廿一日子時葬上坑園內坐庚向甲兼申寅丙申

丙寅分金

生子二長可行次冷係胞弟銳長子

儼然四子諭十八世

啟銳　生道光癸未年八月廿八日丑時配張氏生道光

丙辰年八月初七日亥時

生子二長冷出嗣胞兄雍次再

儼然五子第十八世

自強　生道光乙酉年六月廿六日巳時卒咸豐庚申

年正月初四日寅時葬食棗庵邊坐巽向乾兼辰戌

丙辰丙戌分金

生子

余長子第十八世

光平字天培生乾隆乙酉年四月廿一日巳時卒嘉慶乙巳
年五月廿二日酉時葬山頭湖坐庚向甲兼乾巽丁巳
丁亥分金
嗣子一正盆係胞弟挺長子

光挺
維次子第十八世
生乾隆癸丑年十月十五日寅時卒道光癸卯年
七月廿四日辰時葬欽山裡坐丑向未兼艮坤配徐氏
生乾隆乙卯年三月十四日辰時卒咸豐癸丑年正月
廿二日戌時葬柑樹河上次妍公園頭坐巳向亥兼丙
壬分金辛巳辛亥

兼三子第十八世

光寵　生乾隆丁巳年正月初三日卯時卒道光

年三月十一日　時在三寶壠亡

生子

兼四子第十八世

光習　生嘉慶壬戌年十月十三日卯時卒在耆邦亡

生子

兼五子第十八世

光衍字慶孫號進餘生嘉慶甲子年十月十三日子時配林

氏生嘉慶乙巳年七月十九日未時卒道光乙未年六

月初十日未時葬坑園土地公園頭坐壬向丙兼亥巳
丁亥丁巳分金續配黃氏生嘉慶癸丑年十月初七日
未時　生子四長論林氏出次爵三秩四賞黃氏出

光陸
兼六子第十八世
生嘉慶壬申年五月初十日寅時
生子

光報
兼七子第十八世
生嘉慶乙未年正月十九日未時配林氏生道光
丁亥年五月廿一日寅時

生子二長德次龐

乘八子第十八世

光衡　生嘉慶丁丑年四月廿二日丑時卒道光辛卯年

十二月初六日卯時葬大屏山脚

生子

拔長子第十八世

雙碧　生嘉慶辛酉年五月初一日辰時卒道光戊子

年四月十二日未時葬滄海墘地

生子

拔次子第十八世

光石字韞山生嘉慶己巳年四月初九日巳時卒道光
年十二月初四日　時葬在番邦配周氏生嘉慶辛未
年十月廿四日戌時卒咸豐戊午年正月廿四日辰時
葬山頭湖坐酉向卯兼辛乙丁酉丁卯分金
生子二長高明次高彤

贊長子第十八世

光質
生嘉慶丁卯年九月十三日子時卒咸豐乙卯年
五月初二日酉時在西洋海中亡配江氏生嘉慶戊辰
年八月廿七日子時卒道光壬辰年六月初八日未時
葬後頭坐辛向乙兼酉卯　分金

續配李氏生嘉慶丙寅年十二月初五日寅時

生子三長通次澤三遲

贊次子第十八世

光諳字粹夫生嘉慶癸未年正月初六日卯時卒道光己酉年六月廿九日巳時葬相連河次妍公園後岈坐丙向壬兼午子辛巳辛亥分金配劉氏

生子一正呂

贊三子第十八世

光註

早亡

封猷長子第十八世

光允　生嘉慶甲戌年十月初八日戌時卒咸豐
年　月　時葬碧邦配蔡氏生嘉慶乙亥
年二月十二日亥時　生子一嫣前

封猷次子第十八世

光班　生嘉慶丁丑年四月初四日巳時配蘇氏生嘉慶
丁丑年十月廿二日辰時卒道光丙午年十月初四日
午時葬相連河次妍公園後坐巽向乾兼巳亥庚辰庚
戌分金續配羅氏生嘉慶甲申年十一月初五日辰時
生子一嫣床

封猷三子第十八世

光煥　生嘉慶辛巳年七月廿九日酉時配何氏生道光辛卯年六月初十日子時

生子一嫣品

封疆長子第十八世

光斷　生嘉慶壬申年十二月十二日辰時卒道光丙申年正月廿七日未時葬畓邦配李氏生嘉慶丙子年三月十七日酉時卒咸豐乙卯年二月初四日子時葬在本山割翠石下坐坤向艮兼申寅辛未辛丑分金

生子二長古次種係胞弟訓長子

封疆次子第十八世

光輝　生嘉慶丁丑年十二月十八日子時卒道光乙巳年六月初八日亥時葬馬內坑石獲定前坐壬向丙兼子午辛亥辛巳分金配吳氏生道光巳卯年八月十八日未時　生子一　欽

封疆三子第十八世

光訓字學之一字八傑太學生生嘉慶庚辰年四月廿九日未時配顏氏生道光辛巳年十二月廿四日卯時

生子三長種出嗣胞兄光斷次寬三陞

衛長子第十八世

佔字一魁生乾隆丙午年二月十七日辰時外歿

生子

妙字一元生乾隆戊申年十月十一日申時外歿

衛次子第十八世

生子

鵲鳴字一皐生乾隆辛亥年二月十四日酉時外歿

衛三子第十八世

生子

生亥字一静生乾隆乙卯年九月廿五日子時外歿

衛四子第十八世

生子

衛五子第十八世

如厚　生　年　月　日　時卒咸豐己未年九月十二日未時葬龍門亭落山蛇坐甲向庚兼卯酉庚寅庚申分金配黃氏生道光乙酉年六月初六日未時　生子二長韞藏次韞盛

衛六子第十八世

松　早亡

衛七子第十八世

華　早卒

生子

惠長子第十八世

餘慶字一賀生乾隆壬子年六月初四日巳時卒咸豐己未年
五月十四日戌時葬潮門白石村後福建塚坐艮向坤
兼丑未辛丑辛未分金配蔡氏生嘉慶辛酉年五月二
十日巳時側室　氏

生子五長起成次起陣三起昌四起趙五起鳳

惠次子第十八世

餘標字一枝生乾隆甲寅年十一月初二日申時配李氏生
嘉慶辛酉年十二月初一日酉時

生子七長寸次問三泉四向五極六旺七邦棟

志賓長子第十八世

淑賞字一誠生乾隆壬寅年十一月廿三日戌時外殁

生子

志賓次嗣子第十八世

大艷字一輝生嘉慶己巳年十月廿八日子時卒道光丁未

年十二月初六日亥時葬坑園裡山東石坎邊坐子向

午兼壬丙丙子丙午分金配林氏生道光乙酉年三月

十五日酉時

生子二長純緝次純步

志賓三嗣子謝十八世

大道　生嘉慶庚辰年八月十八日子時配江氏生道光丁酉年五月廿三日戌時　生子

溪泗長子第十八世

大川字一濟生嘉慶己未年七月初五日巳時卒道光庚子年七月初二日巳時葬吧東新基配張氏生嘉慶辛酉年六月十八日午時卒咸豐辛酉年八月十二日巳時葬嶼坪中埭圻邊坐巳向亥兼丙壬

生子二長陶潛次知過

溪泗次子第十八世

大哲字一明生嘉慶丁卯年十二月十四日酉時卒道光壬辰年六月初五日亥時葬廣東

生子

溪泗三子第十八世

大成

生嘉慶丁丑年九月初八日丑時配坂尾林氏

生道光甲申年十一月十五日午時

生子二長正淮次正漏

溪泗四子第十八世

大道

出嗣

天養長子第十八世

大茂字一盛生嘉慶丙寅年十月十八日寅時配林氏生嘉慶丁卯年十月初十日寅時卒同治壬戌年六月廿一日申時葬鼕鼓社後坐申向寅兼庚甲庚申庚寅分金

側室林氏生道光癸巳年九月初六日未時

生子四長純赫次啓諒出嗣三純江四純經庶出

天養次子第十八世

大艷　出嗣

天養三子第十八世

大有　出嗣

天養四子第十八世

大情

生嘉慶丁丑年三月廿五日卯時卒道光乙酉年九月十一日申時葬畬坑內寨仔山腳坐艮向坤兼丑未丁丑丁未分金配溫氏生道光丁亥年九月十七日巳時卒道光戊申年十二月十二日巳時葬畬坑內寨仔腳坐艮向坤兼丑未丁丑丁未分金續配蘇氏生道光辛卯年三月廿五日申時　生子二長拱照次純字

子敎長子第十八世

錫田字一千生嘉慶丁巳年正月初六日未時卒道光甲辰年六月三十日未時葬鹿賴柴郡配林氏生嘉慶辛未年

七月初九日寅時　生子二長鄉黨次鄉陳

子敎次子第十八世

媽熊字一占生嘉慶丁卯年三月二十日未時卒道光丙申

年六月初六日申時葬三寶壠　生子一啟諧

子敎三子第十八世

媽羆　生嘉慶癸酉年正月初七日午時配黃氏生道光

癸未年正月廿五日辰時　生子一簡仲

㷆獅

熙郎長子第十八世

生嘉慶辛未年　月　日　寅時卒

年九月廿九日申時葬三寶壠配楊氏生嘉慶乙亥

年五月十一日未時

生子二長春租出嗣彪次春楹

彪

熙郎次子第十八世

生嘉慶癸酉年十一月廿七日酉時卒道光癸巳年

四月十三日申時葬東石坎石後坐丑向未兼艮坤

嗣子一春租

熙郎三子第十八世

[illegible]　早卒

熙郎四子第十八世

興　出嗣

脩榮長子第十八世

媽虎　生嘉慶己巳年十二月十五日戌時卒道光癸巳
年十二月初八日未時葬彌力肚坐子向午兼卯酉
生子一　及時

脩榮次子第十八世

媽匪　生嘉慶甲戌年正月廿三日戌時配楊氏生道光
庚寅年九月廿三日午時

生子一榜

象

脩榮三子第十八世

早卒

生子

興

威儀嗣子第十八世

生　　年　　月　　日　　時卒

年九月初六日　　時

生子一啟鍾

繼啓

威儀次子第十八世

生道光丁亥年五月初六日未時卒咸豐己未年

二月十三日時外故配廈門林氏生道光甲午年十
一月初二日未時　生子一啓首

訪學長子第十八世
佳音字一聲生嘉慶三年戊午六月廿三日丑時卒嘉慶乙
亥年十一月十一日　時
嗣子二長協力次協應二生俱開先

初學次子第十八世
生嘉慶十二年丁卯八月初二日未時卒道光十
開先
五年丁未二月廿九日申時葬內坑社後蜈蚣穴後坐

謝氏家乘卷一

癸向丁乘子午丙子丙午分金配李氏生嘉慶十六年辛未六月十三日酉時
生子三長協力次協應俱出嗣胞兄佳音三協魯

媽深
初學三子第十八世
出嗣

媽戴
初學四子第十八世
生道光十二年壬辰正月初五日戌時
生子

媽承
初學五子第十八世
生道光十八年戊戌二月初九日巳時

配林氏生　生子
初學六子第十八世
媽循　生道光廿一年辛丑正月初六日巳時
生子
懸義長嗣子第十八世
煥字　生道光三年癸未十一月廿二日子時卒道光二
十六年丙午十月初一日子時葬坑内山穴坐艮向坤
兼丑未丁丑丁未分金
嗣孫一吟　係姪啟達長子

喬木　懇義次嗣子第十八世
生道光八年戊子三月十四日亥時
生子

嫣深　懇義三嗣子第十八世
生道光九年巳丑十二月初一日丑時卒道光二十六年丙午閏五月十四日巳時葬大寨山脚坐辛向乙兼戊辰辛酉辛卯分金
生子

貽夏　懇義四嗣子第十八世
生道光十四年甲午十月初一日辰時

配溫氏生
生子

懋義五嗣子第十八世

媽念
生道光十八年戊戌七月初十日寅時配周氏生
道光十八年戊戌四月初八日未時
生子

懋義六嗣子第十八世

溥典
生道光二十三年癸卯十月廿三日丑時配周氏
生道光甲辰年十月初五日巳時
生子

傳授長嗣子第十八世

太有字守謙一字同章太學生生嘉慶十七年壬申十一月廿五日丑時配李氏生嘉慶二十年乙亥二月廿四日巳時卒道光巳酉年三月廿九日戌時葬馬肉坑社後鍾林美社蔡祖嶴蜈蚣穴後坐壬向丙兼子午縫

配李氏生道光十三年癸巳三月初四日寅時

生子四 長啟湖出嗣胞叔叨陪 次啓諒本生父大茂 三啟延本生父乎 四啓就

傳授次子第十八世

叨陪字洪庚生嘉慶二十二年丁丑正月十八日午時卒道

光十九年己亥四月初五日巳時葬樓山庵前塔腳坐艮向坤兼寅申丁丑丁未分金配石甲頭社周氏生嘉慶二十五年庚辰九月廿三日酉時

生子二長啟東次啟湖係胞兄大有長子

傳授三子第十八世

清霞字澄元一字漢章號笑波邑庠生生道光二年壬午五月十九日戌時配吳氏生道光四年甲申閏七月二十日午時

生子三長啟象次啟春三啟恬

傳授四子第十八世

溥淵　生道光二十年庚子十一月廿二日丑時配蔡氏
生道光二十二年壬寅十月初六日未時
生子
儕授五子第十八世
溥典
出嗣
儔授六子第十八世
溥泮
生道光二十六年丙午正月初一日寅時
生子
厥祥長嗣子第十八世
昆
生嘉慶庚辰年六月初二日未時卒道光乙

未年六月初九日辰時葬相連河後　生子

喬木

厥祥次子第十八世　出嗣

喬翼

厥祥三子第十八世　生道光十七年丁酉八月初二日丑時配李氏生

道光二十四年甲辰二月初七日丑時

喬追

厥祥四子第十八世　生子

生道光二十六年丙午正月初七日寅時

生子

吉徽長子第十八世
節用字從檢生嘉慶二十二年丁丑九月初十日酉時卒道
光壬寅年十月十七日戌時葬棹嵗後坐乙向辛兼辰
戌辛卯辛酉分金
生子一啟蓮

吉徽次子第十八世
煩
出嗣

致忠長嗣子第十八世
輪謀字從政生道光二年壬午十一月廿九日卯時配周氏

生道光戊戌年七月十三日未時卒咸豐辛亥年五月初七日戌時葬大屏山脚坐艮向坤兼寅申辛丑辛未分金續配廣東陳氏生道光戊戌年六月初五日子時

生子一　錦添陳氏出

貽佐

致忠次子第十八世

生道光十四年甲午七月廿八日午時配溫氏生道光十八年戊戌二月廿三日寅時卒咸豐庚申年正月初六日卯時葬大屏山脚坐寅向申兼艮坤丙寅丙申分金

生子

貽夏　致忠三子第十八世
出嗣

貽在　致忠四子第十八世
生道光十七年丁酉二月十四日辰時
生子

貽瓊　致忠五子第十八世
生道光十九年己亥四月十七日申時卒道光二十七年丁未九月初六日戌時葬虎綿石後
生子

致忠六子第十八世

貽贊　生道光二十五年乙巳十月十三日午時

生子

方策長嗣子第十八世

維先　生道光甲午年八月十六日巳時卒道光二十八年戊申十一月初九日卯時葬亭仔頭曰鼇公公園裡坐艮向坤兼丑未丁丑丁未分金

生子

方策次子第十八世

嫣忩　出嗣

方策三子第十八世

媽唱　生道光二十一年辛丑二月十七日子時

生子

媽沙

方策四子第十八世

生道光二十三年癸卯三月十六日申時

生子

亨漏傳子第十八世

叚龍傳子第十八世

守篇字一全　生乾隆六十年乙卯八月廿五日午時配劉氏

俱外歿　生子一　正曹

段龍次子第十八世

守卜　生乾隆壬寅年四月初六日辰時卒嘉慶丁卯年十一月初六日酉時葬槟榔嶼　生子

瓜生傳子第十八世

守其　早亡

雨水長子第十八世

曾賢　出嗣

雨水次子第十八世

曾雄字一偉生嘉慶五年庚申八月廿四日辰時配林氏生

嘉慶甲戌年二月十六日巳時　生子一　佛根

知飲嗣子第十八世

曾賢字一瀏生嘉慶三年戊午三月十四日亥時卒道光癸

卯年四月十六日亥時葬劉翠石邋坐乾向巽兼戌

辰丙戌丙辰分金配楊氏生嘉慶戊辰年九月初六

日戌時　生子二長天送次天賞

申伯長子第十八世

仁杖　出嗣

先固

用伯次子第十八世

生道光壬寅年十一月十五日巳時

仁杖

青元嗣孫第十八世

生道光壬辰年十月廿八日子時配邱氏生道光

丁酉年七月初三日申時

生子

貴傳子第十八世

遠傳子第十八世

川傳子第十八世

潭傳子第十八世

永瑞傳子第十八世

春

生　年　月　日　卒葬在檳榔嶼

套棟傳子第十八世

得旺長子第十八世

藏字

生嘉慶戊辰年七月十九日酉時卒道光己酉

年十一月廿六日戌時葬欽山裡坐癸向丁兼丑未
分金庚子庚午配樓山陳氏生嘉慶庚辰年九月十
六日午時
生子二長可次卒

梅

得旺次子諱十八世
生道光癸未年九月十六日亥時配鍾林尾蔡氏生
道光甲申年十一月廿二日卯時
生子一清吉

岱

得順傳子第十八世
生卒番邦

生子三長果

鍾長子第十八世

大棣字一厚生嘉慶壬戌年八月初七日丑時卒咸豐癸丑年八月初三日子時葬在龍門廷園坐丑向未兼癸丁辛丑辛未分金配鄺氏生嘉慶甲子年七月廿五日未時

生子二長璐次助

鍾次子第十八世

大棍字一純生嘉慶丙寅年十月十七日丑時卒咸豐戊午年七月廿二日巳時葬山狗路坐艮向坤分金寅申辛丑辛未分金配徐氏生嘉慶丁卯年十二月廿九日

卯時卒道光丁未年六月十八日酉時葬在燈火石坐
寅向申兼甲庚庚寅庚申分金續配葉氏生道光乙酉
年七月初六日寅時
生子三長艮能次新三艮補

大柱
鍾三子第十八世

鍾四子第十八世

光民
出嗣

帥長子第十八世

光暖字一陽生嘉慶戊午年七月十六日戌時配林氏生道

光乙酉年十月初一日午時

生子一懷

帥次子第十八世

嬀朝字一宗生嘉慶壬戌年十二月十八日丑時卒道光壬寅年十月廿三日亥時葬虎瀨尾坐未向丑兼坤艮辛未辛丑分金配鄭氏生嘉慶庚午年二月十二日酉時

生子二長沃次奚

長長子第十八世

光典字一謨生嘉慶庚申年九月初六日申時卒道光丙午年七月十六日戌時葬石坑田仔墘坐庚向甲兼酉

卯庚甲兼寅分金配李氏生嘉慶庚午年十月十九日
戌時卒道光乙未年八月十八日申時葬石坑田仔墘
坐酉向卯兼庚甲丁酉丁卯分金
生子一栽
長次子第十八世
光問字一考生嘉慶乙丑年七月十五日未時卒咸豐乙未
年二月初七日卯時葬坑園裡坐　向
配吳氏生道光壬辰年二月十九日
巳時
生子三長金蘭次金咸出嗣胞弟岸三金仲出嗣胞弟順

長三子第十八世

光圻字一月　出嗣

長四子第十八世

光順字一青生嘉慶甲戌年十二月初一日午時卒道光丙

午年七月廿八日寅時葬亭前山坐戌向辰兼辛乙丙

辰丙戌分金配盧氏生道光壬午年三月初四日戌時

卒道光丙午年十月初七日午時與夫合葬

嗣子一金仲本生光問

顏路長子第十八世

光尚字一書生嘉慶丁卯年三月十三日亥時配邱氏生嘉

慶庚午年十一月十七日巳時卒道光甲午年二月十四日丑時葬松仔溝坐申向乙兼戌辰辛酉辛卯分金續配溫氏生嘉慶丁未年二月初四日未時卒道光乙巳年七月十四日辰時葬虎溝尾坐庚向甲兼申寅丙申丙寅分金再續配溫氏

生子四長昆邱氏出次王三傳溫氏出四約溫氏出出嗣胞弟艷

光艷

顏路次子第十八世

生嘉慶壬申年十二月二十日午時卒葬在三寶壠

嗣子一約本生父元尚

光陶
顏路三子第十八世
生道光戊子年八月十三日巳時配李氏生道光
癸卯年十一月廿四日卯時

吉長嗣子第十八世
光忻
生嘉慶庚午年三月初四日巳時
嗣子一長金成本生父光問

吉次嗣子第十八世
光民字一臣生嘉慶乙卯年七月廿四日申時配許氏生嘉
慶辛卯年正月初七日申時
生子四長艮眼次艮諒三艮郄四艮鍂

仲傳子第十八世

仕菊
香長子第十八世
生嘉慶丙子年九月十五日巳時
生子

仕和
香次子第十八世
生道光辛巳年九月廿一日寅時配李氏生道光
甲午年十月十一日戌時
生子一　天養

香三子第十八世

仕荐　生道光丙戌年十二月廿一日申時卒道光壬寅年九月十九日未時葬石頭仔坐甲向寅兼坤艮丙申丙寅分金

生子

仕隨　香四子第十八世

生道光己丑年十月初五日巳時

生子

仕旦　香五子第十八世

生道光丙午年七月初七日午時早亡

生子

爵傳子第十八世

攀傳子第十八世

大力

子使傳子第十八世

嘉喜傳子謝十八世

嘉緣傳子第十八世

媽長長子第十八世

晚仲　生道光己亥年十一月初三日未時卒咸豐戊午年九月初一日酉時葬石頭仔邊園裡坐向分金失

生子

媽長次子第十八世

椗　生道光乙巳年十一月廿八日巳時

媽長三子第十八世

應　生道光庚戌年五月十八日未時

媽故傳子第十八世

媽送傳子第十八世

橋

媽作長子第十八世

生咸豐丙辰年六月廿三日未時

玉

媽利長子第十八世

生道光癸卯年十二月廿九日申時

番賞傳子第十八世

天源

伏長子第十八世

生咸豐丁巳年二月十二日辰時

伏次子第十八世
生咸豐庚申年九月初十日未時

天泉
林放傳子第十八世
生乾隆乙巳年十月十四日巳時卒葬失戠

笑
高傳子第十八世

岱傳子第十八世

品傳子第十八世

九咏長子第十八世

得萱字逢春生嘉慶丁巳年七月廿五日申時配魏氏生嘉慶庚申年六月十四日卯時卒咸豐辛亥年八月十三日卯時葬在後頭山園坐乾坐巽兼亥巳庚辰庚戌分金

生子六長光能次蒲研三光邦四烏磴五烏砵六烏籃

九咏次子第十八世

富翁字志貴生嘉慶癸亥年二月初三日亥時配鍾林寬社蔡氏生嘉慶戊辰年十一月廿四日卯時卒道光丙午

年七月初七日申時葬在落山蛇坐卯向酉兼乙辛丁卯丁酉分金續配李氏生嘉慶戊申年五月十八日未時

生子四長墻生次坪生三更生四增

九咏三子第十八世

得澗

生嘉慶壬申年五月初九日戌時卒道光庚戌年十月初七日戌時葬後頭山園坐戌向辰兼辛乙丙戌丙辰分金配衙裡內坑社周氏生道光丙子年十一月初四日巳時

生子三長新英次烏員三烏桂

光參　瓜姐長子第十八世
生乾隆辛亥年十二月初三日午時卒咸豐丙辰年十二月十六日巳時葬芹脚山仔丙坐未向丑兼丁癸丁未丁丑分金配李氏生嘉慶壬戌年十月十九日亥時卒咸豐丁巳年十一月十三日亥時與夫合葬
生子三長搖出嗣次會三沁

光納　瓜姐次子第十八世
一　生乾隆乙卯年九月十五日午時配成巖蕭氏生嘉慶丁卯年八月十八日酉時
生子二長鈞次蓮出嗣

任公第五房分派世系條紀卷十五

錦雲

昆時長子第十八世

生嘉慶癸亥年正月初十日寅時卒葬檳榔嶼

配山仰社陳氏生嘉慶己卯年六月初七日午時

生子二長進傑次進交

欽

昆時次子第十八世

生嘉慶丙寅年二月廿七日子時卒咸豐癸

丑年五月廿二日巳時葬龍門亭前坐乾向巽兼戌

辰丙戌丙辰分金配冬柱社黄氏生嘉慶丙戌年九月

十二日辰時卒道光丙辰年十月初五日亥時葬深

海頂坐甲向庚兼卯酉庚寅庚申分金續配內坑周氏

生嘉慶丙子年正月廿一日未時

生子三長烏甜次烏蘖三文亨

冀

昆時三子第十八世

生嘉慶己巳年十一月廿二日戌時配水頭黃

氏生道光丙戌年正月初六日酉時

生子二長白兎次淵泉

昆時四子第十八世

出嗣

光斷

昆時五子第十八世

愠　生嘉慶丁丑年八月初四日酉時

昆時六子第十八世

龍　生道光辛巳年十一月初七日卯時

生子

昆禮長子第十八世

萬成字發育生嘉慶壬申年四月初六日亥時配後井陳氏

生道光庚辰年八月初六日寅時

生子一流界

昆禮次子第十八世

任禁[illegible]　生嘉慶乙亥年十二月初三日丑時

生子一泉

哖　江池嗣子第十八世

生嘉慶己卯年四月廿二日巳時配東麻社

錢氏生道光辛卯年八月初十日子時

生子二長萍次喬

登銓傳子第十八世

哖　天賜長子第十八世

出嗣

壘傳子第十八世

講傳子第十八世

旗長子第十八世

涌和　生　年　月　日　時

生子一

俊長子第十八世

韓　生乾隆　年　月　日　時卒葬失載

生子

俊次子第十八世

湝　生乾隆　年　月　日　時卒葬失誌

宰嗣子第十八世

光秋字守金生嘉慶癸亥年七月十八日酉時卒葬梹榔嶼

生子

喜傳子第十八世

盤長子第十八世

光華　生嘉慶甲子年七月初二日未時卒道光乙未年

八月廿一日申時葬落山蛇坐丁向癸兼未丑庚午庚

子分金　嗣子一小君本生父份

光各

盤次子第十八世

生嘉慶丙寅年九月十五日卯時卒葬槟榔嶼

光都

盤三子第十八世

生嘉慶己巳年六月十三日午時卒咸豐己未年六月廿三日寅時葬槟榔嶼塚山裡

嗣子一右春係胞弟份次子

光份

盤四子第十八世

生嘉慶壬申年六月十二日戌時配張氏生道光丁亥年五月廿三日卯時

生子二長小君出嗣胞兄華次右春出嗣胞兄都

盤五子第十八世

光耍　出嗣

盤六子第十八世

生嘉慶丁丑年十月初六日　時卒道光癸卯年六月初七日酉時葬亭下坐巽向乾兼辰戌庚辰庚戌分金

汗

永傳子第十八世

愠傳子第十八世

市傳子第十八世

后嗣子第十八世

祝賀　生嘉慶甲子年九月廿六日未時配黃氏生嘉慶甲子年九月十六日巳時

生子三長豆出嗣胞弟韜次乞三福

軒長子謝十八世

祝賀　出嗣

軒次子第十八世

祝韜　生嘉慶己巳年二月十八日丑時卒道光甲

午年十一月廿七日未時葬嶺內山坐甲向庚兼寅申

丙寅丙申分金配林氏生嘉慶甲戌年五月十二日酉

時卒道光壬寅年十一月十九日寅時與夫合葬

嗣子二長豆次棹

軒三子第十八世

祝定

生道光癸未年二月十三日未時配林氏生嘉慶

己夘年十二月十五日辰時

生子二長棹出嗣胞兄豆次揔

軒四子第十八世峙

祝來

生嘉慶戊寅年正月十四日寅時卒咸豐丁巳年

十一月十七日戌時葬亭面前山坐乾向巽兼巳亥
分金庚戌庚辰配楊氏生道光丁亥年八月廿四日
亥時　　　　　　　　生子一　益

佐

軒五子第十八世
生道光壬午年二月初六日丑時卒道光己亥年
八月十五日未時葬嶺內山脚坐卯向酉兼乙辛辛卯
辛酉分金

悅

軒六子第十八世
生道光壬午年二月初六日寅時配葉氏生道光
壬辰年七月廿三日午時

軒七子第十八世

鉋　生道光甲申年七月十六日寅時配顏氏生道光丙

申年十一月十二日午時

生子一文筆

着長子第十八世

媽益字守謙生嘉慶辛酉年五月十六日酉時配樓山社

林氏生嘉慶癸酉年十二月十二日未時側室楊氏

生嘉慶丙子年　月　日　時卒咸豐辛亥年閏

八月十八日巳時葬梹榔嶼新塚裡

生子三長清元次清標三清傑

諭長子第十八世

光秋　出嗣

諭次子第十八世

光忍　生嘉慶丙寅年九月廿九日卯時卒道光己酉年正月初十日子時葬亭下溝仔墘坐巽向乾兼辰戌丙辰丙戌分金

諭三子第十八世

光錐　生卒葬所失載幼殁

諭四子第十八世

光丙　出嗣水頭

湛

次長子第十八世

生嘉慶壬申年七月廿七日未時配

年　月　日　時

生子

光要

勇嗣子第十八世

生嘉慶甲戌年七月初十日夘時配霞陽社楊氏

生道光戊戌年十月十三日夘時

生子

登山

字長子第十八世

宇次子第十八世

登清
宇三子第十八世

登安
請長子第十八世

銀
生道光甲午年五月十五日午時
生子

光榜
請次子第十八世
生道光己亥年八月廿二日亥時
生子

謝氏家乘　卷三

桐長子第十八世

光鐵　出嗣

桐次子第十八世

光碩　生嘉慶乙亥年九月廿七日戌時卒咸豐丁巳年二月廿八日戌時葬落山蜓坐巽向乾兼巳亥庚辰庚戌分金配余氏生道光丁亥年十一月十四日申時

嗣子一九　本生父鬆

桐三子第十八世

烏升　生道光甲申年六月十五日午時卒道光戊戌年七月十一日午時葬　坐巳向亥兼乾巽丁

巳丁亥分金　　生子一世經本生父光鐵

光鐵

榮嗣子第十八世

生嘉慶庚午年九月廿八日未時配瓜井社張氏

生嘉慶乙卯年正月初九日　時卒咸豐戊戌年六

月廿八日未時葬曾平坐戌向辰兼辛乙丙戌丙辰分

金續配周氏生嘉慶丁亥年八月初一日酉時

生子一世緈出繼胞兄爲井

烏术

與長子第十八世

生道光己丑年三月十五日戌時配周氏生道

光辛丑年二月十七日巳時

光弄

典次子第十八世

生道光甲午年十二月廿八日丑時配淵厝社瀛

氏生道光己亥年六月十八日申時生子一文曰

光綜

典三子第十八世

生道光丁酉年十一月廿三日子時配魯氏生

年　月　日　時

生子一允出嗣堂兄頌

啓語

典四子第十八世

出嗣

發嗣子第十八世

啟語　生道光辛丑年十一月初六日辰時　生子

啓友　登次子第十八世　生道光庚子年十月十七日未時　生子

有信　象長子第十八世　生道光戊寅年三月十六日寅時　生子

光來傳子第十八世

新泉　春帶長子第十八世
生嘉慶壬申年八月十八日午時卒葬在番邦

秋水　春帶次子第十八世
生道光丁亥年六月初二日巳時卒咸豐癸丑年六月廿五日子時葬番邦
生子一使

光海　傳子第十八世

繼祖　傳子第十八世

五倫傳子第十八世

滿諒傳子第十八世

純愛傳子第十八世

溪良傳子第十八世

講和傳子第十八世

倞傳子第十八世

全傳子第十八世

泠嗣子第十八世

萬成 生道光乙巳年正月廿七日寅時配林氏生道光丁未年十一月初十日巳時

永言傳子第十八世

克用長子第十八世

萬成　出嗣

萬壽

克周次子第十八世

生咸豐壬子年正月十三日寅時

生子

國財傳子第十八世

麒麟傳子第十八世

石傳子第十八世

尊法偏子第十八世

文銓偏子第十八世

宇山傳子第十八世

政鑾傳子第十八世

羨石　生道光壬寅年十一月初六日午時　生子

國珍嗣子第十八世

玉國　生嘉慶丙寅年十二月十八日寅時卒咸豐甲
子年八月初三日　時葬在番邦配林氏生失載卒
道光甲辰年十一月十二日　時葬東山邊
嗣子一磚本生父炎

騰交
文彔長子第十八世
生乾隆乙亥年十二月二十日卯時配鄭氏生嘉
慶丙子年三月十二日巳時卒咸豐巳未年六月初八
日亥時葬烏亞下田坐子向午兼壬丙丙子丙午分
僉續配
生子四長碩次碧三磚四硫

文東次子第十八世

倜　出嗣

佊攺傳子第十八世

貴傳子第十八世

治傳子第十八世

杌傳子第十八世

蟳　生道光丁酉年正月初八日午時配林氏生道光

丙午年五月十一日丑時　生子

有志傳子第十八世

天賜傳子第十八世

長傳子第十八世

天下傳子第十八世

一義　生嘉慶丙寅年十二月十八日卯時卒咸豐丁巳

年七月初五日　時葬楨榔與配顏氏生道

九月十四日巳時

生下一池

鵬傳子第十八世

賜吉傳子第十八世

安泰

生嘉慶乙亥年十一月初十日　時卒道光乙巳

年十月十五日午時合葬母墳配蘇氏生嘉慶壬辰

年二月初八日亥時卒道光庚戌年十月初五日巳時

葬下坑尾坐向分金失

生子一慶宇

發涌

宝全長子第十八世

生嘉慶甲戌年十一月初九日巳時配陳氏生

道光辛巳年六月十六日寅時

生子一慶雪

發深

寶全次子第十八世

生嘉慶庚辰年五月十二日　時卒咸豐己未

年十二月初七日未時繼室改配王氏生道光辛巳年

五月廿六日酉時卒咸豐甲寅年六月十六日未時

生子一慶秀

寶珍長子第十八世
安林
生道光丁酉年二月十二日酉時配許氏生道光
乙巳年十一月廿八日亥時
生子一慶南

寶珍次子第十八世
安瓊
生道光己酉年九月初四日申時
生子

寶榮長子第十八世　仕實叻
安祈
生道光丁亥年四月十五日戌時配曾氏生道光
癸巳年十二月初九日戌時

嗣子一慶天 本生父安留

安留　寶榮次子第十八世　生道光辛卯年正月廿二日寅時配李氏生道光乙未年五月初二日□時　生子二 長慶齊 次慶天 出嗣胞兄安祈

安祥　宝榮三子第十八世　生道光甲午年四月初十日丑時配曾氏生道光乙未年十一月十八日辰時

安淋　寶榮四子第十八世　出嗣

安成
寶榮五子第十八世
生道光庚子年七月十三日未時配周氏生道光
甲辰年六月十三日巳時
生子

安福
寶榮六子第十八世
生道光辛丑年十二月廿六日申時配黃氏生道
光甲辰年五月廿五日丑時
生子

安祿
寶榮七子第十八世
生道光壬寅年十二月十九日申時

寶綮八子第十八世

安壽　生道光甲辰年二月初二日寅時

寶興傳子第十八世

安佳　生道光乙未年十一月初四日酉時

壯傳子第十八世

玭　生道光己丑年十二月廿一日巳時配江氏生道光丁酉年六月十七日酉時

生子一　銀祥

聖傳子第十八世

子新

王傳子第十八世

韋治

𤎆傳子第十八世

光愛

微傳子第十八世

雪傳子第十八世

公西傳子第十八世

望

公罕傳子第十八世

公淑傳子第十八世

公爽傳子第十八世

大道傳子第十八世

映傳子第十八世

善繼

江水嗣子第十八世

生嘉慶己卯年十一月十五日辰時配白漈王氏

生道光甲申年十月初十日未時

生子三長乾巽次乾甲三乾角

奉花傳子第十八世

新祥傳子第十八世

秋忠傳子第十八世

讀書傳子第十八世

極傳子第十八世

隅傳子第十八世

涓親傳子第十八世

渭北傳子第十八世

天海
文理長子第十八世
生道光戊申年正月廿四日巳時
生子

天香
文理次子第十八世
生咸豐丙辰年二月初十日午時
生子

香炭
文理三子第十八世
生咸豐戊午年十二月初十日未時

善登
光陶長嗣子第十八世
生卒葬所失載

光陶次子第十八世

善繼　出嗣

光陶三子第十八世

善述

心在長子第十八世

善發　出嗣

心在次子第十八世

福慶　生卒葬所失載

心在三子第十八世

福澤　出嗣

心在四子第十八世

禱賞

出嗣

光傳子第十八世

有燦嗣子第十八世

灶

生道光戊戌年二月初七日丑時

生子

漢椿長子第十八世

嫣贊

出嗣

漢椿次子第十八世

嫣灶　出嗣

漢椿三子第十八世

生道光甲辰年九月十三日寅時

扶　漢棲嗣子第十八世

贊　生道光甲午年十月十九日巳時

生子

有餘長子第十八世

卿　生嘉慶癸亥年八月廿七日寅時卒道光丙午年十一月廿六日卯時葬內坑埕田坐戌向辰兼乙辛丙辰丙戌分金配吳氏生嘉慶癸酉年五月初八日酉

昉
有餘次子第十八世
生子三長匡次盾三明發

道脩
有餘三子第十八世
出嗣

文瀾
生嘉慶戊辰年十月廿四日巳時配楊氏生道
光癸未年七月初十日子時卒咸豐甲寅年十月廿五
日未時葬吾貫過房公墓邊坐乙向辛兼
續配蔡氏生道光丁亥年十一月初六日丑時
生子三長媽信次主隆三春華

有昌嗣子第十八世

道脩　生嘉慶丙寅年二月十五日戌時卒咸豐丁巳年九月十九日戌時葬壠口坐癸向丁兼午子庚午庚子分金配林氏生道光壬午年二月十三日戌時　生子二長美次宗

有財傳子第十八世

藕水嗣子第十八世

萬成　生道光丙戌年九月廿四日午時配楊氏生道光壬寅年五月初九日午時　生子一仁

萬福
挺元長子第十八世

萬力
挺元次子第十八世
生道光辛卯年十二月廿三日亥時

萬成
允棟長子第十八世
出嗣

允棟次子第十八世

羅
生卒葬所失載

允棟三子第十八世

萬勝　生道光癸巳年十月初五日午時配邱氏生道光

丙午年二月廿二日卯時

生子

錦鱗傳子第十八世

啓義傳子第十八世

六傳子第十八世

七使傳子第十八世

一士傳嗣子第十八世

閫　生道光壬寅年正月廿七日亥時

生子

存質傳子第十八世

闓　出嗣

有濟長子第十八世

銳智　出嗣

有濟次子第十八世

尋湧　生嘉慶庚午年八月廿四日戌時配坂尾林氏生

道光壬午年十月十二日戌時
生子二長梓次追

滋
有濟三子第十八世
生嘉慶乙亥年二月初一日戌時卒道光辛丑年
九月初九日　時葬畓邦
嗣子一雨本生父銳智

銳智
有潮長嗣子第十八世
生嘉慶丁巳年十月十三日丑時配山後蘇氏生
嘉慶丙寅年二月初四日寅時卒咸豐丁巳年九月十
三日子時葬在壠口坐亥向巳兼

生子五長幸遇次幸然三幸前

四幸緒五幸雨出嗣　胞弟滋

一卿

有潮次嗣子第十八世

生嘉慶辛未年七月廿七日酉時卒道光丁亥年

十一月廿一日午時葬欽山坐向分金失

有浥長子第十八世

一卿

出嗣

有浥次子第十八世

一永

生嘉慶癸亥年五月十五日午時卒道光戊子

年正月三十日　附葬嵩邦

有浥三子第十八世

永瑞字一長生嘉慶己卯年十月初九日卯時配廟兜盧氏

生嘉慶己卯年九月二十日酉時

生子一鉗

有浥四子第十八世

永佐字一源生道光癸未年十月二十日辰時配鄒氏生道

光乙未年十月廿八日子時生子

有潑長子第十八世

佛水

生失卒　年九月廿九日　時葬芹裡

坐艮向坤兼丑未丁丑丁未分金

有浥三子第十八世

永瑞字一長生嘉慶己卯年十月初九日卯時配廟兜盧氏

生嘉慶己卯年九月二十日酉時

生子一鉗

有浥四子第十八世

永佐字一源生道光癸未年十月二十日辰時配鄧氏生道

光乙未年十月廿八日子時生子

有瀠長子第十八世

佛水　生失卒　年九月廿九日　時葬芹裡

坐艮向坤兼丑未丁丑丁未分金

有渥次子第十八世

番嬰字一昌生嘉慶丁丑年七月二十日午時卒葬失載

嗣子一嫣識係胞兄之子

有濕嗣子第十八世

升殿字一宫生道光壬午年八月十二日卯時配埭頭尤氏

生道光乙酉年六月十三日午時卒道光丙午年十一

月十二日寅時葬壠裡園坐乾向巽兼亥巳丙戌庚辰

分金續配何氏生道光乙酉年五月十七日丑時

生子二長榜次松江

有漸長子第十八世

升殿　出嗣

有漸次子第十八世

升財字一德生道光八年戊子五月廿二日卯時配蔡氏生

道光十年庚寅十二月十四日午時

生子一秦闖

有漸三子第十八世

升株字一和生道光十四年甲午四月十四日酉時配寧抗

社胡氏生道光辛丑年六月十五日午時

生子一以柄

有汪長子第十八世

深汶字一知生嘉慶戊寅年六月十三日寅時配寧店郭氏
生嘉慶己卯年八月初八日戌時
生子二長仙奇次仙鄰
深種字一美生道光甲申年二月十六日申時配厦門李
氏生道光辛巳年十二月初二日戌時
生子一仙儀
有汪次子第十八世
添樹字一玉生嘉慶丁卯年十二月初十日寅時配徐氏生
嘉慶戊辰年十一月十二日巳時
子張長子第十八世

子張次嗣子第十八世

生子三長忠勸次上元三旋辛

添柳

子廩長子第十八世

添樣字一金生嘉慶十四年己巳九月初九日戌時配邱氏

生嘉慶辛未年二月廿一日午時

生子二長光搭次光遠

子夏長子第十八世

添柳

出嗣

子夏次子第十八世

添林字一茂生嘉慶甲戌年十月初五日寅時配樓山社林
氏生道光丙午年七月初五日寅時
生子一光乞
添木字一盛生嘉慶丁丑年十一月初十日子時
子夏五子第十八世
生子
欲脩字一身生嘉慶十三年戊辰十二月十九日午時
子細長子第十八世
子細次子第十八世
欲正

清可長嗣子第十八世
振沓　生嘉慶丙子年九月初四日寅時卒道光癸卯
年閏七月初一日未時葬泥墩尾坐亥向巳兼壬丙辛
亥辛巳分金配蘇氏生嘉慶巳卯年正月十八日戌時
卒道光丙午年二月初九日巳時與夫合葬
生子一品
清可次嗣子第十八世
振現字一見生道光壬午年七月初二日午時配王氏生道
光丙戌年二月初一日申時
生子二長尚綱次尚抱

淯堯長子第十八世
振發字一有生嘉慶癸酉年八月初二日巳時配林氏生道
光庚寅年六月十八日巳時
生子四長福泰次福乾三福來四福明
淯堯次子第十八世
振沓
出嗣
淯回長子第十八世
振現
出嗣
淯回次子第十八世

振根　生卒葬所失載

濤岡三子第十八世

振爽　生道光壬辰年正月初十日丑時

生子

濤時長子第十八世

倉婆　早卒葬泥墩裡坐戌向辰兼乾巽庚戌庚辰分金

生子

濤時次子第十八世

根節字賓生道光己丑年正月初一日寅時配廈門吳氏生

道光丁亥年八月二十日寅時

生子一嫣帶

倉斷
清談長子第十八世
生道光甲申年十二月二十日　時卒道光戊申年十二月十二日　時葬下坑尾
嗣子一澤係胞弟長子

倉亮字一維
清談次子第十八世
生道光丁亥年五月初十日辰時配厦門王氏
生道光甲午年九月十九日寅時
生子二長澤出嗣胞兄斷次唱

郝傳子第十八世

開長子第十八世

崑山字彥青生乾隆辛酉年　月　日　時卒葬失載

嗣子一元

開次子第十八世

阿蟾字彥碩生乾隆庚午年六月初九日午時卒葬失載配

郭氏生乾隆丁丑年四月十九日子時卒乾隆乙亥年

正月初十日戌時葬犁角頭坐北向南

生子

啓傳子第十八世

讓傳子第十八世

桃山字彦周生乾隆丁丑年　月　日　時卒葬失

祿傳子第十八世

鐘傳子第十八世

胆英字彦雄生乾隆己卯年九月廿七日午時卒道光辛卯年五月初一日午時葬山頭湖坐巽向乾兼巳亥配顏氏生乾隆己卯年十二月十二日酉時卒乾隆乙卯年十二月廿三日巳時葬過橋頭坐南向北續配陳

氏生乾隆甲戌年十二月十一日午時卒道光辛卯年
二月初九日寅時葬坪仔卷坐巽向乾兼巳亥
生子二長二次乙
參長子第十八世
葵
生卒葬所失誌
參次子第十八世
頴山
生乾隆庚辰年十二月十七日酉時卒道光戊子
年二月十五日卯時葬東埔祖墓邊坐巽向乾兼辰
戌配林氏生乾隆丁丑年十一月十一日丑時卒嘉慶
庚申年正月十六日寅時

生子一徵

福長子第十八世

大有字彥尊生乾隆庚午年　月　日　時卒乾隆

年　月　日　時葬犁角頭坐北向南

生子

福次子第十八世

同人字彥發生乾隆癸未年　月　日　時卒葬舊港

福三子第十八世

中水字彥趙生乾隆癸未年五月　日　時卒葬夫載

楊傳子第十八世

四備字彥思生乾隆戊辰年七月二十日辰時卒乾隆癸卯

年七月廿二日戌時葬犁角頭坐北向南

生子一　諸生

蝶傳子第十八世

花吟　生卒葬所失載

守傳子第十八世

鳳山字彥瑞生乾隆癸巳年十二月廿八日卯時卒葬失載

生子

堅傳子第十八世

論傳子第十八世

天助　生乾隆癸巳年十二月廿八日卯時

生子

璋傳子第十八世

綽傳子第十八世

絨傳子第十八世

藕傳子第十八世

宗傳子第十八世

炎傳子第十八世

化傳子第十八世

諧白字彥時生乾隆癸巳年閏三月廿一日未時外殁

化次子第十八世

斗水字彥輝生乾隆丁酉年五月廿二日卯時卒道光辛卯
年三月初七日子時葬西鷄墓坐丁向癸兼未丑配蔡

謝氏家乘　卷十五

步長子第十八世

寶藏字彥珍生乾隆癸未年　月　日　時卒乾隆丁未年四月　日　時

生子一　傳受

步次子第十八世

聖恩字彥祥生乾隆辛巳年六月初三日卯時卒乾隆丁未年三月　日　時

照長子第十八世

觀濤字彥冏生乾隆丙子年　月　日時

照次子第十八世
觀波字彦容生乾隆壬午年九月初三日酉時卒道光辛
卯年三月初八日丑時葬西街嶴坐未向丑兼坤艮配
林氏生乾隆辛卯年十月初三日午時卒道光乙未
年九月初九日子時
生子一朝春
照三子第十八世
觀澤　出嗣
照四子第十八世
長興　出嗣

世環傳子第十八世

世瓚傳子第十八世

光藝長子第十八世

少懷字彥深生乾隆辛未年十月十三日戌時卒乾隆丙午年七月廿五日辰時葬東埔水堀上祖墓邊坐丙向壬兼巳亥配　氏生

生子二長慓慨出嗣胞弟永苗次風雅

光藝次子第十八世

少堪字彥沆生乾隆癸酉年十月初四日丑時卒乾隆戊申年五月十三日丑時葬東埔與兄墳比連
生子一任光

光藝三子第十八世

水苗字彥洪生乾隆丁丑年十二月初二日午時卒乾隆壬寅年十月　日　時葬吉礁
嗣子一慷慨係胞兄少慷長子

岩嗣子第十八世

觀澤字彥禮生乾隆戊子年三月二十日巳時卒葬失誌

昌傳子第十八世

景星

振傳子第十八世

生乾隆乙亥年九月廿七日巳時卒葬失載配林氏生乾隆丙子年十月初十日丑時卒乾隆戊申年四月廿七日酉時葬失載續配蘇氏生乾隆庚辰年十月二十日辰時卒葬失載

生子三長福次漢俱林氏出三淵

悅傳子第十八世

潤傳子第十八世

合傳子第十八世

贊

全傳子第十八世

生卒葬所失載

宜傳子第十八世

財

生卒葬所失載

審傳子第十八世

魁長子第十八世

元　生乾隆己卯年　月　日　時卒葬失載

生子

魁次子第十八世

成宗　出嗣

魁三子第十八世

三奇　生乾隆己亥年九月初二日戌時卒葬失載

生子

鉉長嗣子第十八世

成宇　生乾隆　年正月廿二日亥時卒葬失載

生子

炎

鉉次嗣子第十八世

生乾隆辛卯年十一月十六日子時

生子

佐

輝長子第十八世

生乾隆己丑年正月初七日子時卒葬失載配周氏

生乾隆癸巳年二月廿九日寅時卒葬失載

生子一丕

炎

輝次子第十八世

出嗣

輝三子第十八世

宙　生卒葬所失載

偧傳子第十八世

姝傳子第十八世

成傳子第十八世

麟長子第十八世

瑞諱承家生卒葬所失載

麟次子第十八世

瑞酉諱承寀生卒葬失載

𬭁三子第十九世

瑞脩諱承室

𥃩鶱傳子第十八世

晧長子第十八世

鐘林諱承守生乾隆丙午年七月十三日子時卒葬失載

𣊾次子第十八世

録崑諱承安生乾隆己酉年三月初四日辰時卒葬失載

疇三子第十八世

承定　生卒葬所失載

漳長子第十八世

郁文諱承憲生乾隆己酉年八月初八日酉時卒葬失載

生子

漳次子第十八世

煥文諱承宗　出嗣

漳三子第十八世

博文諱承寵生卒葬所失載

漳四子第十八世

篔文諱承宣生卒葬所失載

水長子第十八世

恩清諱承寬　出嗣

水次子第十八世

承容　生卒葬所失載

椿長嗣子第十八世

煥文諱承宗生乾隆辛亥年十月初一日亥時卒葬失載

生子

椿次嗣子第十八世

恩消諱承寬生乾隆壬子年十月初二日子時卒葬失載

生子

培長子第十八世

慶鈔諱承富生乾隆癸丑年五月廿九日丑時卒葬失載

生子

培次子第十八世

承寅　生卒葬所失載

登科傳子第十八世

登對傳子第十八世

允宙傳子第十八世

允收傳子第十八世

允主傳子第十八世

爽傳子第十八世

庶民傳子第十八世

龍傳子第十八世

媽贊長子第十八世

圍 徽　生咸豐庚辰年八月廿一日辰時

生子

榮得傳子第十八世

錦士傳子第十八世

白雪傳子第十八世

文成
白發長子第十八世
生道光庚戌年三月初八日未時
生子

文蓮
白發次子第十八世
生咸豐辛亥年　月　日　時
生子

正行傳子第十八世

有爲傳子第十八世

有諒傳子第十八世

繼興傳子第十八世

南傳子第十八世

南傳子第十八世

傳長子第十八世

佳登山起

登山　生乾隆丁卯年七月廿二日戌時卒乾隆丁酉年十二月廿七日丑時葬山仔後鹽埕頂坐乾向巽兼亥巳　嗣子一泉係登衍長子

傳次子第十八世

登衍諱忠彩生乾隆己卯年三月初六日寅時卒乾隆丁亥年十二月初七日卯時葬福塲坐東南向西北配瀰氏生乾隆丁亥年十二月初七日卯時卒道光庚子年二月十五日丑時葬草頭尾坐西北向東南　生子二長思泉出嗣登山次光循

顯長子第十八世

如林諱忠茂生乾隆丁丑年九月廿六日亥時卒道光己亥年十一月十六日未時葬石頭仔尾後坐北向南配厦門蔡氏生乾隆戊子年三月初六日酉時卒道光戊戌年三月十六日申時葬排頭嶺後坐西向東

生子二長蔡生次泥生

顯炎子第十八世

忠泉諱深淵生乾隆庚辰年五月十七日未時卒乾隆丁未年四月十四日卯時葬丁機宜

生子

顯三子第十八世

溥氷諱忠生乾隆癸未年正月十六日寅時卒葬失載配林
頭黄氏生乾隆甲辰年十月廿三日酉時卒葬失載
生子一光鐵

雙胎
顕四子第十八世
生乾隆己丑年七月十九日未時卒葬失載
生子

梧諱忠生乾隆丁亥年八月十三日未時卒乾隆癸卯年十
溥長子第十八世
一月十五日辰時葬山仔後坐東向西
生子

卒乾隆丙午年五月十八日丑時葬本社口後　地坐坤
向艮兼甲寅
生子一　光套

機次子第十八世
心歡
諱忠正生乾隆庚午年十月廿四日丑時卒嘉慶庚辰
年六月廿九日辰時葬後厝地坐西向東配馬氏生乾
隆辛巳年三月初七日未時卒嘉慶乙丑年七月十三
日寅時葬在朱仔嶺坐南向北

機三子第十八世
道
出嗣

機四子第十八世
里諱忠敏生乾隆丙子年七月廿七日丑時卒葬失載
生子
機五子第十八世
闍諱忠坐生乾隆庚辰年四月初四日亥時卒嘉慶辛酉年
六月廿三日丑時葬鳳髻尾坐向失
生子一海生
用嗣子第十八世
道諱忠立生乾隆癸酉年八月十二日丑時卒乾隆癸卯年
五月廿一日午時葬鳳髻尾坐寅向申兼甲庚庚寅庚

申分金　生子二長接次宗

顯長子第十八世

文獻諱忠賢生乾隆癸酉年正月十七日巳時卒乾隆乙巳

年九月十二日未時葬榕仔項坐乾向巽兼亥辰　生子一著

顯次子第十八世

武畧諱忠益生乾隆丁丑年　月　日　時卒暹羅

葬失載　生子

顯三子第十八世

武經諱忠振生乾隆甲申年六月十八日亥時卒葬失載

顯四子第十八世

武松諱忠景生乾隆丁亥年六月廿三日丑時卒葬失載

生子

昂長子第十八世

光典諱忠信生乾隆癸未年十二月二十四日申時卒嘉慶戊辰年十月初三日卯時葬石仔坑榕仔頂坐辛向乙兼戌辰辛酉辛卯分金配黄氏生乾隆乙亥年二月十八日戌時卒嘉慶甲戌年十二月十四日未時與夫合葬

生子一清旗

昂次子第十八世

學諱忠黙生乾隆甲午年十月二十日巳時卒嘉慶甲子年六月廿九日　時葬樓舟線坐向失　生子
紹長嗣子第十八世
三吉諱忠貞生乾隆甲戌年八月廿五日未時卒葬失載　生子
紹次嗣子第十八世
葵諱忠向生乾隆甲午年五月二十日午時卒葬失就　生子
耀長子第十八世

三吉　出嗣

耀次子第十八世

石諱忠惠生乾隆戊戌年三月初九日未時卒葬失載

生子

瑞長子第十八世

拔諱忠萃生乾隆丁亥年十月廿八日丑時卒葬失載

生子

逮長子第十八世

葵　出嗣

逮次子第十八世

斗諱忠濵生乾隆己亥年五月廿八日丑時卒道光丙午年九月初五日巳時葬在前山王公面前坐北向南配劉氏生嘉慶乙酉年十月十六日寅時卒道光丙午年正月初七日卯時與夫合葬

生子一　湧

承長子第十八世

贊諱忠輔生乾隆乙酉年十二月十一日寅時卒道光庚寅年四月十五日子時葬蔡嶺社大石邊南平坐戌向辰兼辛乙丙戌丙辰分金配陳氏生乾隆乙未年三月廿三日亥時卒嘉慶丙辰年八月初三日子時葬山仔前

坐乾向巽兼戌辰續配盧氏生乾隆庚寅年四月廿二
日申時卒道光庚寅年七月初五日寅時與夫合葬
生子二長金科出嗣三房衙次儘

承次子第十八世

光侯諱忠勇生乾隆戊子年十一月廿三日丑時卒道光
丁亥年正月初六日巳時葬排頭山後邊崎坐艮向坤
兼丑未配黃氏生乾隆己酉年五月十三日酉時
生子三長果次廣財三廣收

承三子第十八世

獅諱忠經生乾隆壬寅年四月廿一日未時卒嘉慶甲子

年六月廿六日亥時葬坪頂坐乾向巽兼戌辰

嗣子一　金科 本生父贊

春長子第十八世

陳諱忠瑶生乾隆壬辰年六月初二日亥時卒嘉慶丙辰

年八月初五日寅時葬山仔前坐庚向甲兼申寅

生子

春次子第十八世

混　出嗣

本傳子第十八世

瓜傳子第十八世

珠珍
潑長子第十八世
生乾隆壬子年正月初七日申時早卒

就
潑次子第十八世
生嘉慶丁巳年十二月廿六日酉時
生子

王
潑三子第十八世
生嘉慶戊午年九月十四日寅時卒道光甲辰年
十一月十三日亥時葬朱嶺山坐西向東

生子一碟

瀅四子第十八世

貨

生嘉慶甲子年四月廿五日寅時卒道光戊申年五

月廿一日午時葬朱嶺山坐西向東

生子一參

立嗣子第十八世

混諱忠琅生乾隆壬寅年八月廿一日酉時卒塟畨邨

生子

應前傳子第十八世

詩嗣子第十八世

由天　生乾隆戊申年正月廿七日未時卒道光辛巳年

八月初五日丑時塟在番邦

嗣子一笑本生父某

對長子第十八世

由天　出嗣

對次子第十八世

生乾隆癸丑年正月十七日巳時配蔡氏生乾隆

牡　辛未年三月初八日辰時

生子五長媽笑出嗣胞兄由天次媽砂三媽武

出嗣胞弟午四媽美五媽寶出嗣胞弟復旦

牛

對三子第十八世

生乾隆庚申年三月廿六日卯時卒葬在沓郷

嗣子一媽武生卒本牡

復旦

對四子第十八世

生嘉慶丁卯年三月十七日寅時卒道光乙巳年

十月初九日午時葬在朱嶺仔坐西向東配周氏

生子二長媽忠次媽寶本生卒牡

弟諱忠及

强嗣子第十八世

生乾隆丙戌年九月廿八日巳時卒嘉慶丙辰年

正月初六日子時葬珠嶺仔
配賀氏生乾隆癸巳年四月廿三日申時卒葬失載
生子一周
周長子第十八世
三元諱忠節生乾隆癸未年正月初八日未時卒嘉慶癸卯
年九月廿六日卯時葬赤崎尾附母墳左邊配何氏生
乾隆丁亥年九月初二日子時卒嘉慶己未年六月廿
七日巳時葬前山
生子一蘇
周次子第十八世

第　出嗣

國三子第十八世

桊　生乾隆辛丑年六月廿五日卯時卒葬咬𠺕吧

生子

答長子第十八世

琛譚忠美生乾隆甲午年九月十六日未時卒道光辛巳年

七月廿四日未時葬前山背北向南配陳氏生乾隆

癸卯年六月十二日辰時卒葬失載

生子

答次子第十八世

龐

生乾隆戊戌年六月初八日卯時卒道光壬寅年十
一月十五日申時葬石仔坑
配英肖黃氏生乾隆壬子年十二月十二日寅時卒嘉
慶丁丑年八月廿二日未時葬坪前坐艮坐坤兼寅
未丁丑丁未分金
生子

答三子第十八世

張

生乾隆庚子年五月初十日卯時卒道光乙未年六
月廿四日寅時葬賓塘內坐北向南配顏氏生乾隆丙
辰年十一月十四日酉時卒道光戊戌年十二月廿

三日未時與夫合葬

生子二　長轉　次登

題

答四子第十八世

生乾隆壬寅年九月初一日亥時卒道光用辰年五月廿九日未時葬番邦

答五子第十八世

洗

生乾隆壬子年三月十一日寅時卒葬番邦

聖長子第十八世

照諱忠星生乾隆己卯年十二月初九日寅時卒嘉慶甲戌年　月　日　時葬番邦配許氏生乾隆丙戌年

九月十九日寅時卒嘉慶丁卯年四月十八日丑時葬
石仔坑坐北向南　生子三長康出嗣胞弟正次桂三灶
聖次子第十八世
出嗣
微
聖三子第十八世
敦諱忠吉生乾隆乙酉年十二月廿三日亥時卒道光癸
未年二月初七日卯時葬排頭嶺坐乙向辛兼卯酉丁
卯丁酉分金配吳氏生乾隆乙未年閏十月十八日巳
時　生子一耕

聖四子第十八世

正諱忠湉生乾隆壬辰年七月初五日巳時卒嘉慶丁丑年六月廿七日未時葬賊石尾坐乙向辛兼辰戌辛卯辛酉分金配徐氏生乾隆甲午年七月三十日酉時卒道光癸巳年四月廿八日卯時葬排頭嶺坐南向北

生子二長康本生公拱照派房

錦嗣子第十八世

徵諱忠雲生乾隆壬午年十二月二十日午時卒嘉慶丁巳年四月初八日戌時葬番邪配馬氏

生子一懷

群傳子第十八世

萬　生乾隆己丑年八月十五日申時卒道光辛丑年五月廿九日酉時葬朱仔嶺坐西南向東北

生子

爵傳子第十八世

劍諱忠珠生乾隆乙酉年六月十八日卯時卒道光壬寅年七月廿九日未時葬排頭嶺脚坐寅向申兼甲庚庚寅庚申分金配黄氏生乾隆丁酉年六月初六日卯時卒乾隆甲寅年十月初八日未時葬朱仔嶺坐寅向申兼甲庚續配盧氏生乾隆乙未年二月廿二日酉時卒道

光壬寅年九月初七日巳時㙯排頭嶺與夫合葬

生子二長頂欽次步

禮傳子第十八世

省字忠悔生乾隆丁酉年三月初五日寅時卒嘉慶壬戌年

正月初十日辰時葬珠仔嶺坐寅向申兼艮坤丙寅丙

申分金配史氏

生子一勇

禮次子第十八世

牛

生乾隆己酉年十二月十二日戌時卒道光乙巳年

五月初二日酉時葬石仔坑坐北向南配歐氏生嘉慶

辛酉年十月初一日子時卒道光壬寅年十月十九日
子時與夫合葬
生子

燃
爽傳子第十八世任臺灣

允
籃傳子第十八世
生乾隆己亥年三月廿五日卯時卒葬失載配陳氏
生子

寮
監次子第十八世
生乾隆癸丑年十月廿六日卯時卒咸豐丁巳年

七月二十日寅時葬大旗山坐東北向西南配葉氏、
生嘉慶辛酉年正月十六日午時卒道光庚子年四月
十八日寅時葬大旗山腹向東北向西南
生子三　長蠡　次鐘　三瓶

騁

求長子第十八世
生乾隆辛丑年十月初九日子時卒道光癸卯年
八月廿九日卯時葬嵩林坐北向南配蔡氏生嘉慶辛
酉年正月初九日寅時
生子二　長孕　出嗣　次帆　出嗣

求次子第十八世

石　出嗣
求三子第十八世
生乾隆乙卯年九月初三日戌時卒葬失載

不
求四子第十八世
生嘉慶庚申年四月三十日辰時卒道光壬辰年五

變
月十三日　時葬失載
生子
求五子第十六世
生嘉慶甲子年三月十八日酉時卒咸豐壬子年六

棐
月十五日午時葬大旗山坐北向南配蘇氏生嘉慶甲

戌年四月十二日卯時

生子二 長寅 次寸

吉

扶長子第十八世

生乾隆己酉年正月十三日酉時卒嘉慶癸未年

三月廿三日酉時葬珠仔嶺後坐向分金失

添

扶次子第十八世

生嘉慶庚申年五月初二日巳時卒咸豐辛亥年八

月廿九日辰時葬石仔坑尾坐亥向巳兼壬丙辛亥辛

巳分金配林氏生嘉慶壬申年五月廿四日巳時

生子二 長礴 次忠

石

桃嗣子第十八世
生乾隆癸丑年十月廿五日寅時卒葬失載
生子　帆

看

佐長子第十八世
生乾隆壬子年八月廿二日午時卒葬番邦
生子

班

佐次嗣子第十八世
生嘉慶戊午年九月初六日丑時卒葬珠仔嶺坐東向西

三子第十八世

舵

開嗣子第十八世

生嘉慶戊午年五月初六日子時卒道光乙酉年

七月十八日巳時葬大旗山坐向金分失

生子一柳

舵

攺長子第十八世

出嗣

船

攺次子第十八世

生嘉慶辛酉年十月廿八日酉時卒道光丙申年十

二月初二日午時葬大旗山坐壬向丙無子午配林氏

生嘉慶丙子年八月十七日辰時
生子二長媽實次其澳

舵

次三子第十八世
生嘉慶甲子年七月初四日卯時配施氏生嘉慶丁丑年六月十五日寅時
生子三長文賢次嗣子文包三文弟

將

次四子第十八世
生嘉慶戊辰年三月廿四日卯時卒道光丙申年十二月初二日卯時葬檳榔嶼配蔡氏生道光乙酉年九月初八日辰時

生子四長有國次有仁三有才四有助

殿傳子第十八世

杕

薰長子第十八世

生乾隆甲寅年二月初五日辰時卒嘉慶甲戌年五月初八日申時葬廣東省白雲山腳下景泰門口坐東向西

生子再遇

金和

薰次子第十八世

生嘉慶壬申年五月初一日未時卒道光癸巳年九月十九日巳時葬珠仔嶺坐巳向亥兼丙壬丁巳丁

玄分金　生子

玉
露長子第十八世
生乾隆壬子年十月十七日未時卒葬失載
生子一提

班
露次子第十八世
出嗣

三綱
露三子第十八世
生嘉慶丙寅年十一月初六日申時卒道光辛巳年二月初五日戌時葬杳仔坑中坐西南向東北
生子

銓

韜長子第十八世

生乾隆壬子年八月十七日辰時卒道光丙申年四月廿三日辰時葬石壘下坐癸向丁兼丑未

生子

沛

韜次子第十八世

生嘉慶乙卯年　月　日　時配

生子

公孫

葛長子第十八世

生嘉慶元年丙辰六月廿一日戌時卒葬外殁

生子

嵩次子第十八世

俞孜　生嘉慶癸亥年十月十五日亥卒葬外殁

生子

厘傳子第十八世

塔傳子第十八世

參傳子第十八世

敢嗣子第十八世

梅長子第十八世

文培　生卒葬所失載

梅次嗣子第十八世

陸　生嘉慶丁卯年五月十二日戌時卒咸豐戊午年三月初二日卯時葬珠仔嶺坐北向南　生子一　磋

選傳子第十八世

經傳子第十八世

賞傳子第十八世

質傳子第十八世

衆傳子第十八世

猛傳子第十八世

圳進　生嘉慶丁卯年正月初八日丑時卒咸豐癸丑年九月初三日巳時葬草頭尾坐東向西

生子

蘊傳子第十八世

海量傳子第十八世

南海傳子第十八世

九洽長子第十八世

相

生道光癸巳年十二月廿八日申時（壽四十三歲卒同治癸亥年三月十一日戌時葬在番嗵咖）配史氏生道光

辛卯年六月初三日下時卒光緒辛卯年二月初二日申壽六十一歲（葬在大旗山）

生子一烏鐘

泉

九治次子第十八世

生道光乙酉年三月初三日丑時配楊氏生道光丁酉年七月初九日酉時卒光緒己卯年九月廿五日戌時葬在吳柄山圍坐卯向酉兼乙辛

卒光緒辛巳年六月廿四日戌時葬在大旗山脚

生子一茯苓出嗣　次福慶　三龍金　四天培

道

九治三子第十八世

生道光甲午年五月十六日巳時配楊氏生道光丁未年十二月廿九日寅時卒光緒甲午年七月廿八日卯時葬在朱仔山頂後圍

卒同治庚午年十二月廿八日葬在畚地咽啦

生子一嗣龍金

衡

九治四子第十八世

生道光己亥年正月初六日戌時配楊氏葬在大旗山脚

卒光緒辛巳年正月十一日午時

生子一清池　次清源　三清田

懺

允治五子第十八世

生道光辛丑年九月初四日子時卒同治壬戌年五月十九日寅時 壽廿三歲 葬在番地暹吡

生子一嗣福慶

什

談長嗣子第十八世

生乾隆辛亥年六月十二日辰時卒道光丁未年

七月初四日丑時葬後路上坐寅向申兼艮坤丙寅丙

申分金配李氏生嘉慶戊午年十一月初五日酉時

卒道光戊戌年十二月廿八日申時葬在後路上坐乙

向辛兼卯酉辛卯辛酉分金

生子二長樞次干

盤　談次嗣子第十八世

生乾隆乙卯年三月十八日未時卒葬失載

從　談三子第十八世

生嘉慶癸酉年九月廿一日戌時卒道光辛丑年二

月初四日丑時葬後路上園內坐東向西

生子

詛長子第十八世

出嗣

什　記次子第十八世

岔諱中匣生嘉慶庚申年正月廿八日未時卒道光丁未

年三月廿三日酉時葬排頭嶺坪脚坐東南向西北配

陳氏生嘉慶辛未年二月十六日卯時卒道光乙巳年

十一月廿九日未時葬排頭嶺坐西北向東南

生子

讀長子第十八世

盤

出嗣

讀次子第十八世

悃

生嘉慶甲子年九月廿三日丑時卒失載

讀三子第十八世

董

生嘉慶丁卯年三月初一日子時配楊氏生嘉慶丁

郊年四月廿六日未時　生子一井

鎮傳子第十八世

聯水長子第十八世

樹蘭字芳調生乾隆癸卯年十月初十日子時卒

年　月　日　時葬楨榔頭　生子二長新祐次伯儀

聯水次子第十八世

官蘭字芳順生乾隆戊申年二月初十日子時卒葬失載

生子

聯提傳子第十八世

振文字芳殿生乾隆辛亥年八月廿二日未時

生子

光玉傳子第十八世

光瑜傳子第十八世

光琛傳子第十八世

光紹傳子第十八世

兆

光榮長子第十八世

生嘉慶丁巳年七月十九日未時卒嘉慶丙子年八月十九日未時葬失載

生子

來

光榮次子第十八世

生嘉慶甲子年八月初三日戌時卒葬失載

鉗

光璉傳子第十八世

生卒葬所失載

光著長子第十八世
乙
生嘉慶乙丑年六月廿九日午時

光著次子第十八世
恭
生嘉慶癸酉年六月初九日子時卒葬失識

光著三子第十八世
恭乳
生嘉慶丙子年十二月十六日午時配白氏生道
光甲申年十一月初九日巳時
生子一媽續

光著四子第十八世
青龍
生道光壬午年三月廿三日子時卒塟失識

聯魁長子第十八世

大勇字芳力生乾隆庚寅年六月廿五日子時卒葬番邦　生子

聯魁次子第十八世

大興字芳強生乾隆甲午年六月十四日亥時卒嘉慶乙亥年九月廿七日巳時

配許氏生乾隆丙午年十一月初四日申時卒葬失載　生子

聯魁三子第十八世

大用字芳恭生卒葬所失載

聯魁四子第十八世

勃然字芳成生乾隆甲辰年九月十五日辰時卒葬失載

國傳子第十八世

綿遠長子第十八世

長盛字芳泰生乾隆壬辰年三月十九日卯時卒咸豐甲寅年十二月初四日子時葬東埔坐

配黃氏生乾隆庚子年十月初九日巳時卒道光丁未年九月初七日丑時與夫合葬

生子五長棕沙次椅必三漢能

四 棕青 五 新祐 [illegible]

緗遠次子第十八世

長蔭字芳進生乾隆甲午年八月十六日寅時卒葬失載

聯甲長子第十八世

芳德　生卒葬所失載

聯甲次子第十八世

芳衛　生卒葬所失載

聯甲三子第十八世

芳衔　生卒葬所失載

聯彩長子第十八世

符鶱字芳泰生乾隆癸丑年六月初六日午時卒葬番邦

聯彩次子第十八世

下鶱

國器傳子第十八世

斗傳子第十八世

生嘉慶辛酉年七月十五日寅時

生子

膂

祿傳子第十八世

福傳子第十八世

光贊傳子第十八世

宗禮字芳寧生乾隆戊戌年十月十六日辰時卒虛失載

光衍傳子第十八世

光麗傳子第十八世

光緩傳子第十八世

光立傅子第十八世

光恩傅子第十八世

光爝傅子第十八世

光詠傳子第十八世

光倠長子第十八世

世輕

生嘉慶辛酉年正月十七日申時

世 光佳次子第十八世
劃 生嘉慶丙寅年二月初九日酉時配朱氏生嘉慶
庚辰年正月廿二日丑時
生子二長媽惜次媽愛

世 光佳三子第十八世
長 生嘉慶癸酉年十月廿八日巳時配林氏生道
光壬辰年四月十一日卯時
生子一萬青

光鵬傳子第十八世

科長子第十八世

猜字兆仁生乾隆甲子年八月初八日子時卒嘉慶己卯年正月二十日酉時葬樓山塔脚坐東北向西南配翁氏生乾隆癸未年十月十五日卯時卒嘉慶丙寅年五月初五日午時葬嶺坪大排墘坐西南向東北

生子

科次子第十八世

秀字兆俊生乾隆十五年庚午七月初三日卯時

生子

科三子第十八世

水

巽長子第十八世

賜

生乾隆甲申年七月初五日午時卒葬失紀

巽次子第十八世

聖

巽三子第十八世

生乾隆丁亥年正月廿五日辰時外殁

福來

全傳子第十八世

出嗣

舉長子第十八世

開登　生乾隆丁丑年八月十四日子時卒葬失載

舉次子第十八世

天庇字禹忠生乾隆己丑年十一月十四日未時卒道光丙申年八月廿四日未時葬山狗空下楊溝坐癸向丁兼丑未丁丑丁未分金配陳氏生乾隆丁酉年十一月十五日辰時

生子七長光等次光明三光看四光正五光桃六光理七柑密

舉三嗣子第十八世

福來　生乾隆壬辰年正月初一日子時外歿

舉四子第十八世
添龍　生乾隆丙申年二月二十日午時外歿
降長子第十八世
瑪宇　生乾隆乙酉年正月十三日辰時卒葬失詳
降次子第十八世
永發　生乾隆庚寅年三月初二日辰時卒嘉慶乙丑年六月廿九日卯時葬在嶺坪大埭墘坐酉向卯兼辛酉帶卯分金
生子一佛致
定長子第十八世

懷沒　生乾隆己丑年十月廿三日子時卒道光壬午
年六月初十日未時葬在山狗岦禁山仔脚坐
定泱子第十八世

仲漢　生乾隆壬辰年二月十三日戌時
定三子第十八世

朝陽　生乾隆癸卯年二月初十日午時卒道光庚寅年
三月廿二日丑時葬在冀坪大埭墘坐西向東
生子
棟傳子第十八世

喜傳子第十八世

愷傳子第十八世

列傳子第十八世

熊傳子第十八世

逞元傳子第十八世

滙國字兆春生乾隆癸酉年六月廿六日酉時卒嘉慶戊辰

年四月廿七日戌時葬後頭埔仔河後園裡坐酉向卯
兼庚甲丁酉丁卯分金配楊氏生乾隆丁丑年十月廿
八日酉時卒乾隆己酉年十月廿一日酉時與夫合塟
續配長與李氏生乾隆辛巳年五月初五日酉時卒嘉
慶丙子年十月初五日酉時葬塔脚坐艮向坤兼丑未
丁丑丁未分金

生子二　長儒成　楊氏出　次世翰　三九梅

儀長子第十八世

伏字兆佐生乾隆丙子年十一月初八日子時卒葬失載配
林氏生乾隆戊子年九月初九日丑時卒乾隆壬子年

九月十四日巳時葬長嶺坪大埭水墘從坐申向寅兼
庚甲庚寅庚申分金續配寮上陳氏生乾隆丙戌年
二月廿四日寅時
生子
儀次子第十八世
淼字兆益生乾隆壬子年九月十八日子時卒葬外殺
儀三子第十八世
杳字兆青生乾隆戊子年四月廿七日子時卒嘉慶丁丑
年正月十三日卯時
配薛氏生乾隆乙未年九月廿七日未時卒道

光壬辰年十二月廿六日子時卒葬在塔脚坐癸向丁兼
丑未　生子二長諒次陳
映嗣子第十八世
填房字兆艮一字繼盛生乾隆庚寅年六月廿六日卯時卒
嘉慶丙寅年九月初七日未時葬失識
生子一得露
孝傳子第十八世
齊傳子第十八世

神助傳子第十八世

馬力傳子第十八世

仁轉　生乾隆壬辰年八月十三日未時配

生子

雙碧傳子第十八世

加傳子第十八世

生傳子第十八世

向傳子第十八世

保旺傳子第十八世

國禎長子第十八世

仁蘭　生乾隆己亥年十月初二日巳時卒葬失載

國禎次子第十八世

仁亨　生乾隆壬寅年二月十三日未時卒卒失識

國禎三子第十八世

小艷　生嘉慶癸酉年五月初十日寅時卒道光丁未年九月十四日酉時葬山頭胡
嗣子一冬瓜本生仔賽

賽傳子第十八世

仁澤

蒲嗣子第十八世

仁澤　生乾隆庚戌年三月初一日寅時卒葬梹榔嶼

忍嗣子第十八世
生子

仁潘　生乾隆癸丑年十一月廿四日寅時卒孫失載

生子

薰傳子第十八世

萬順長子第十八世

仁汀　生乾隆己亥年九月廿一日午時卒葬失祀

萬順次子第十八世

仁志　生乾隆丙午年正月十七日寅時卒道光癸丑年

五月初四日丑時葬後頭坐向分金失

生子

萬順三子第十八世

仁澤　出嗣

萬順四子第十八世

仁潘　出嗣

其誠長子第十八世

木本

生嘉慶壬戌年八月十四日酉時卒咸豐庚申年五月十九日卯時葬巷仔口坐坤向艮兼未丑丁未丁丑分金配郭氏生嘉慶己卯年正月初一日卯時卒道光丁未年十一月十四日卯時葬東山邊坐乾向巽兼戌辰續配洪氏生嘉慶辛未年十二月十六日未時

生子一以玉

有道　其誠次子第十八世　生嘉慶癸亥年十二月初四日午時卒道光癸巳年三月廿四日寅時葬東山邊坐乾向巽兼戌辰　生子

水癸　其誠三子第十八世　生嘉慶辛未年五月廿五日未時卒道光乙酉年三月廿六日寅時葬梹榔嶼　生子一明倫

其誠四子第十八世

小艷　出嗣

其誠五子第十八世

生嘉慶癸酉年十一月初二日酉時配何氏生道

歸來

己丑年六月廿四日戌時

生子二長永吾次高陞

其誠六子第十八世

無憂

生嘉慶丙子年六月廿一日午時配何氏生道光

壬辰年八月初二日辰時

生子二長員外次冬瓜出嗣胞兄小艷

其心長子第十八世

謝氏家乘　卷十五

振雍　生嘉慶乙丑年二月廿三日丑時卒葬失載

芳次子第十八世

振麟　生嘉慶丙寅年十月十二日戌時配葉氏生嘉慶

戊寅年二月初四日寅時

生子五長元實次元燕三金德四金意五元經

振香　芳三子第十八世

生嘉慶己巳年十二月三十日戌時配林氏生嘉

慶甲戌年十月三十日寅時

生子五長佛記次佛象三佛印

四佛姑五佛傳

仁轉出

仁轉

求傳子第十八世

生乾隆丁酉年九月初十日寅時卒葬失載配亭坑林氏生乾隆辛亥年八月初八日未時卒葬失載

生子一源利

清羨

先知傳子第十八世

生嘉慶二十年乙亥三月初九日午時配林氏

生道光十四年甲午五月十九日丑時

生子二長樹次泉

清來

先知次子第十八世

出嗣

清晃　先知三子第十八世

生道光七年丁亥五月初四日寅時卒道光甲辰

年七月二十日卯時

生子

先覺嗣子第十八世

清來　生嘉慶戊寅年九月十五日寅時

生子

先致傳子第十八世

仰傳子第十八世

壹

光丕
孔章長子第十八世
生道光二年壬午閏三月初七日戌時配
生子

光論
孔章次子第十八世
生道光五年乙酉正月廿九日未時配蘇氏生道
光乙未年二月廿七日酉時
生子

光諒
孔章三子第十八世
生道光庚寅年正月廿三日巳時配邱氏生道光

庚子年十月廿二日酉時

生子一　後生

孔章四子第十八世

尚文

生道光戊戌年七月初十日酉時配

生子

龐傳子第十八世

光盼長子第十八世

徽美

光盼次子第十八世

德和
光盼三子第十八世
光盻四子第十八世
媽看
景興傳子第十八世
生道光壬寅年八月廿二日巳時
振德
騰彪長子第十八世
生道光甲辰年十月十六日巳時
騰彪次子第十八世

振潘　生咸豐辛亥年閏八月初十日亥時

協興長子第十八世

振偏　生道光乙巳年二月廿二日辰時

協興次子第十八世

振泰　生道光戊申年二月廿九日辰時卒咸豐丙辰年十月十五日戌時葬山頭

協興三子第十八世

振祿　生咸豐辛亥年十月十七日巳時

田傳子第十八世

位傳子第十八世

天生
楫瑞長子第十八世
生道光乙巳年十二月廿二日卯時卒咸豐丙辰年十月初六日戌時葬西家巷

康生
楫瑞次子第十八世

正君
光燿傳子第十八世
生道光丁未年七月初七日巳時卒咸豐丁巳年六月初十日未時葬西街巷

佳祥

光威長子第十八世

生咸豐癸丑年十月廿二日午時

光懷傳子第十八世

光萬傳子第十八世

光燦傳子第十八世

泗宗傳子第十八世

新巖
四體長子第十八世
生嘉慶乙丑年八月十八日午時卒道光癸卯
年閏 月初八日子時葬水尾園
生子

與旗
四體次嗣子第十八世
生道光己亥年六月十五日午時
後傳子第十八世

管仲
青山傳子第十八世
生乾隆甲辰年三月十三日卯時卒葬梹榔嶼

青芳長子第十八世
光武　生乾隆壬戌年八月廿六日　時卒葬吧東

青芳次子第十八世
光忠　生乾隆庚午年十二月十三日申時

寬棻長子第十八世
典旗　出嗣

寬棻次子第十八世
典兵　生道光癸卯年六月初十日申時

青啟長子第十八世
光輕字朝等生嘉慶丁巳年九月初　四午時卒道光巳

夘年七月十八日　時外歿
生子一慶憐
青啓次子第十八世
光周字朝東生嘉慶甲子年二月初三日辰時配吳貫鄭氏
生嘉慶甲戌年十一月廿五日夘時
生子二長慶雲出嗣胞弟光應次慶同
青啟三子第十八世
光應字朝右生嘉慶丁夘年十一月初二日亥時卒道光
己亥年五月十四日巳時葬增平丁仔墓邊右平坐
戌向辰兼乾巽

嗣子二長慶雲本生父光周次微矜本生父逐

青啟四子第十八世

光逐字朝謙生嘉慶庚午年十一月十九日戌時配周氏生

道光壬午年二月初七日午時

生子四長微竹出嗣光應次微翰

三微梱四微芬

青啟五子第十八世

光宙字朝力生嘉慶癸酉年十一月初六日丑時配周氏生

道光庚辰年九月十九日酉時卒咸豐辛酉年四月廿

三日申時葬在食菜庵邊左平坐巳向亥兼丙壬辛巳

辛亥分金　　生子一慶生

青啟六子第十八世

六賽字朝藝生嘉慶丙子年十一月初　日卯時卒道光乙巳年八月十五日卯時葬澹坪園裡祖墓邊左平坐戌向辰兼辛乙丙戌丙辰分金配邱氏

生子

孟侯傳子第十八世

四祈傳子第十八世

雍熙傳子第十八世

君深傳子第十八世

若水傳子第十八世

雙柑傳子第十八世

雙桃傳子第十八世

天生傳子第十八世

營傳子第十八世

禹帝傳子第十八世

汪傳子第十八世

結象傳子第十八世

應時長子第十八世

寶澗

生嘉慶丙子年四月廿五日未時卒道光壬寅年四月初八日午時葬山仔頂坐艮向坤兼丑未癸丑辛未分金配江氏生嘉慶壬辰年八月初八日丑時卒道光庚戌年九月二十日丑時葬大屏山坐寅向申兼甲庚庚寅庚申分金

生子二長光感次光盾

應時次子第十八世

寶種

生嘉慶己卯年四月初八日未時配番邦

生子

應時三子第十八世

寶贊　生道光癸未年七月二十日午時卒咸豐丁巳年十月三十日亥時葬下店坐　向

配顏氏生道光乙未年九月廿二日寅時

生子二長光吉次光碗

應泰僻子第十八世

有斐長子第十八世

宝川　生道光己丑年二月廿二日午時配黃氏生道

光己亥年十二月初六日丑時
生子

媽爾
有膽長子第十八世
生道光癸未年十一月十一日酉時卒葬宋脚
生子二長文進次文雅本生父媽良

媽良
有膽次子第十八世
生道光辛卯年正月初九日寅時配朱氏生道光
己亥年九月十五日未時
生子一文雅出嗣胞兄媽爾

有膽三子第十八世

嫣氣　生道光癸巳年五月廿九日申時配杜氏生道
光戊戌年正月初九日寅時
生子
發強傳子第十八世
添泉　生道光丙戌年三月初六日寅時配李氏生道
光甲申年十月廿四日寅時
生子二長昭群次昭陣
剛義傳子第十八世
添安　生道光丙戌年十一月三十日午時配楊氏生道
光丁亥年三月廿三日丑時卒道光乙巳年四月十六

日卯時葬在增坪洋三斗園前田墘坐癸向丁兼丑未庚子庚午分金續配林氏生道光壬午年十二月初五日寅時卒咸豐庚申年閏三月十四日寅時葬下店坐艮向坤兼丑未丁丑丁未分金再續配林氏生道光辛卯年九月十五日申時　生子一水求

忠敬長子第十八世

添寵　生道光丙戌年六月初五日寅時

生子

忠敬次子第十八世

添要　生道光丁酉年十二月初五日丑時配顏氏生
道光壬戌年八月十四日未時
生子一　綱養

貽澤　忠敬三嗣子第十八世
生道光戊戌年七月廿三日寅時配楊氏生道光
甲辰年六月十五日丑時
生子

喜會　忠敬四嗣子第十八世
生道光癸卯年二月十九日巳時
仁生傳子第十八世

添存

生道光丁亥年四月廿六日辰時配周氏生道光戊子年七月廿五日丑時卒咸豐癸丑年九月十九日丑時葬在　屏山坐丑向未兼丑未丁亥丁巳分金續配黃氏生道光戊戌年四月十九日　時

生子一　昭思

仁鑾長子第十八世

添能

生道光癸巳年六月廿一日午時配蔡氏生道光辛丑年二月廿六日巳時

生子

仁鑾次子第十八世

貽澤　出嗣

仁鑾三子第十八世

尊芍　生道光辛丑年十一月二十日巳時

生子

仁鑾四子第十八世

貽勢　生道光巳酉年正月十五日　時

仁悅長子第十八世

嘉會　出嗣

仁悅次子第十八世

秦漢　生咸豐壬子年七月初十日寅時

生子

仁悅三子第十八世

秦錦　生咸豐　年九月十五日戌時

生子

仁美長子第十八世

紹蘭　生道光戊申年十月十九日子時

生子

仁美次子第十八世

紹剏　生咸豐丙辰年七月廿七日酉時

生子

紹憐
仁羡三子第十八世
生咸豐丁巳年十月十五日申時
生子

光約傳子第十八世

讓水傳子第十八世

媽吝
西沛長子第十八世
生道光丁未年六月十六日巳時

西沛次子第十八世

光圓　生道光丁未年九月初一日申時

雨露長子第十八世

廣平字朝章生道光丁酉年六月廿一日未時配陳氏生道

光庚子年十月十五日丑時

生子

雨露次子第十八世

永盛　生道光辛丑年十一月十三日巳時

雨露三子第十八世

訓志　生道光乙巳年五月廿二日巳時

尙亦長子第十八世

賜麒　生咸豐壬子年七月十八日巳時
尚亦次子第十八世

賜麟　生咸豐丙辰年六月二十日巳時
尚亦三子第十八世

賜寶　生咸豐丙辰年八月初五日巳時
懷玉傳子第十八世

光回傳子第十八世

文川長子第十八世

英奇

文川次子第十八世

英偉

文旦傳子第十八世

文禮長子第十八世

振祥

文禮次子第十八世

振僉

文勅傳子第十八世

景昌傳子第十八世

文斌傳子第十八世

文察傳子第十八世

振發

文治傳子第十八世

文雅傳子第十八世

生傳子第十八世

觀前傳子第十八世

瑪成傳子第十八世

仙機

士長子第十八世

文欣

生嘉慶戊辰年三月十六日亥時卒道光丁亥

年五月初四日辰時葬山仔頂坐向失

士次子第十八世

文騫　生嘉慶戊寅年十月初三日午時配李氏生嘉慶
庚辰年八月廿九日午時
生子三長光斗次光界三光平

大海傳子第十八世

克廉長子第十八世

珠然　生嘉慶庚申年七月初三日亥時卒道光
年八月十三日　時葬沓邦
生子

珠恩　克廉次子第十八世
生嘉慶甲子年八月廿五日未時卒道光
年　月　日　時葬番邦
生子

光草　克廉三子第十八世
生嘉慶癸酉年十一月初八日寅時配林氏生嘉
慶乙亥年十月初九日寅時
生子一和尚

光井　克廉四子第十八世
生嘉慶己卯年五月初四日亥時配温氏生道

光戊子年七月廿九日酉時

生子一 萊

士偉傳子第十八世

士志傳子第十八世

予張長子第十八世

瑞隆字朝昌生嘉慶戊辰年十一月廿六日戌時卒道光甲辰年九月廿四日子時葬大學頂坐

配蕭氏生嘉慶己巳年十二月初四

日未時卒道光庚戌年十月十五日戌時葬大學頂
生子二長文凴次文欽
子張次子第十八世
瑞池字朝翰生嘉慶癸酉年十月廿七日卯時配溫氏生
嘉慶癸酉年七月廿七日酉時
生子二長文選次文列
子張三子第十八世
壬癸字朝丙生嘉慶乙亥年十月初四日　時配李氏
生子三長文傳　文傳三文遠

江流傳子第十六世

石獅傳子第十八世

光孕傳子第十八世

榮
生道光壬午年七月初九日未時配林氏生道光
丁亥年六月初一日午時
生子二長文秀次文甲

應得傳子第十八世

光領

有傳子第十八世

左　生道光乙酉年十月初十日辰時配陳氏生道光壬

寅年三月十三日午時

生子

麗水嗣子第十八世

得意　生道光辛巳年　月　日　時卒

年六月初五日　時葬番邦

生子

慶水長子第十八世

淑夜　生道光壬午年十月初七日子時配陳氏生道光

壬辰年三月十五日寅時
生女一糖霜

淑夏
慶水次子第十八世
生道光甲申年四月廿八日午時

季隨
慶水三子第十八世
生道光丁亥年五月初五日子時配江氏生道光
丙辰年七月初七日酉時
生子二長允順次双福

嫣愛
新州傳子第十八世

八和長子第十八世

得意　　出嗣

八和次子第十八世

得勝　　生道光甲申年二月十九日　時

公儀傳子第十八世

公保傳子第十八世

玉騰

卷十五終

国家出版基金项目
NATIONAL PUBLICATION FOUNDATION

海上絲綢之路文獻集成

總主編 陳支平 陳春聲

民間譜牒編 24

主編 林楓

海峽出版發行集團
THE STRAITS PUBLISHING & DISTRIBUTING GROUP
福建人民出版社

本册目次

〔福建厦門〕石塘謝氏家乘三十一卷（世紀卷一一至世紀卷一三）　〔清〕謝果廪　謝邦忠等纂修……一

〔福建廈門〕石塘謝氏家乘三十一卷
（世紀卷一一至世紀卷一三）

〔清〕謝果稟　謝邦忠等纂修

任公第五房次派世系條紀卷十一

逸傳子第十六世

顯字　生雍正甲辰年十二月初四日亥時卒乾隆[illegible]亥年七月廿四日未時葬坑園山坐壬向丙兼[illegible]

嗣子二長光來係堂弟註次子次春世

傳長子第十六世

誌字　生雍正癸丑年六月廿七日亥時卒[illegible]年十二月初五日辰時葬吉祥記配蘇氏生嘉慶癸[illegible]六月初七日辰時

生子二長光海次光來出嗣堂兄顯

[illegible]

傳次子第十六世

錠字　出嗣

傳五子第十六世

聽字

生乾隆戊午年八月十五日戌時卒[illegible]

年　月　日　時葬吉　配李氏[illegible]隆丙寅

年七月廿[illegible]　日午時卒嘉慶乙丑年十月廿九日寅

時葬坑園石紫艮向坤兼丑未丁丑丁未分命

生子一　繼祖

傳四子第十六世

中字

生乾隆[illegible]年十二月[illegible]

配翁氏生乾隆癸酉年十二月廿一日寅時卒乾隆己亥年六月二十日巳時葬樓山埭墘西邊園坪坐亥向巳兼壬丙辛亥辛巳分金

生子一　五倫

段嗣子第十六世

錠字

生雍正乙卯年十一月廿四日午時卒嘉慶十一年丙寅八月廿二日未時葬後頭壟辛向兼戌辰辛酉辛卯分金配楊氏生乾隆丁卯年九月初　日寅時卒嘉慶九年甲子正月廿三日戊時葬後頭左

生子三 長浴量 次春帶

公瓷傳下第十六世

元亨字 生乾隆庚午年六月十九日午時卒

年六月初二日 時葬失載

配陳氏生乾隆庚辰年九月十八日子時卒道光辛

卯年六月初五日巳時葬後頭坐辛向乙兼辰戌

生子二 長溪艮 次滿和

媽祐嗣子第十六世

江水字 生乾隆戊寅年二月十二日丑時

盾長子第十六世

馬生　生乾隆壬申年　月　日　時卒葬失載

盾次子第十六世

青雲字　生乾隆乙亥年八月廿五日未時卒嘉慶庚辰年十月二十日亥時葬山頭湖坐坤向艮兼申寅

配馬氏生乾隆庚寅年六月二十日酉時卒道光乙未年六月廿六日卯時葬山頭湖

生子五長冷次固財出嗣吹三彩鸞出嗣水生而永顏五克用

盾三子第十六世

吹　生乾隆己卯年八月初一日申時

嗣子一固財係奇雲次子

盾四子第十六世

輝字　乏嗣

葛長子第十六世

此字　生乾隆庚辰年八月廿二日申時卒嘉慶己巳

年七月二十日辰時葬畬坑坐向失識

配楊氏生乾隆甲申年二月十三日巳時卒道光甲

午年五月十七日子時葬山仔內頂黑寮頭　坤向
艮兼未丑　生子四長許次宇山出嗣從弟諒
三石四葉出嗣次老
葛次子第十六世
沙字衍中　出嗣
葛三子第十六世
阮字衍時生乾隆乙酉年十月廿八日未時卒嘉慶十三
年戊辰六月三十日葬坑門山坐壬向丙兼亥巳丁
亥丁巳分金配何山兜林氏生乾隆辛丑年十月午
三日午時卒咸豐辛酉年四月初三日午時葬畬坑坎

謝氏家乘

內坐坤向艮兼丑未丁丑丁未分金
生子二長尊法次帆出嗣睦麟

碩嗣子第十六世
生乾隆壬午年十月十五日卯時

輝字

障傳子第十六世

從嗣子第十六世

沙字
衍中生乾隆癸未年六月初十日寅時

誕傳子第十六世

宗成

感長子第十六世

生乾隆丙寅年十二月廿六日未時卒乾隆庚子年五月廿五日午時葬臺灣太西配楊氏生乾隆戊辰年三月廿八日亥時卒道光丙申年四月二十日巳時葬西街巷

生子一傳生

拱照長子第十六世

水字耀川生乾隆己卯年二月初十日亥時卒嘉慶壬戌

謝氏家乘卷十一　五

年十月廿三日　時外亡吉預曾不回者[illegible]

巳年七月廿七日未時卒道光廿[illegible]申年九月廿一日申時

葬壠口

嗣子彩鑾係堂兄竹雲三子

咸豐八年

拱照次子第十六世

旌表入節孝祠額曰彤管流清

諒字耀宗生乾隆壬午年四月初六日卯時卒乾隆　年

月　日　時葬

嗣子宇山係從兄此次子

拱照三子第十六世

高字耀明生乾隆甲申年十一月初八日巳時

果傳子第十六世

艮傳子第十六世

翰傳子第十六世

帝傳子第十六世

王傳子第十六世

沛長子第十六世

恰字曰可生雍正癸丑年七月十八日亥時卒乾隆丁未年正月廿九日午時葬樓山東埭墘坐西南向東北配蕭氏生乾隆巳巳年三月初一日巳時卒道光丁亥年三月廿三日未時葬烏鴉下田坐癸向丁兼丑未庚子庚午分金　生子二長國珍次文東

沛次子第十六世

健字　生乾隆丙辰年八月十五日丑時卒乾隆甲寅年七月初五日午時葬臺灣北路茨仔脚謝厝寮分金失配周氏生乾隆乙亥年五月初五日午時卒道光乙酉年十一月廿七日午時葬所失載

生下一位正

耀長子第十六世

庇字　生雍正庚戌年十一月十一日辰時卒嘉慶五年庚申九月初六日申時葬在公垅墘坐坤向艮配林氏生乾隆壬申年九月廿五日辰時卒道光戊戌年十月十二日未時葬東[illegible]邊坐乾向巽兼庚申

生子四長有餘出嗣[illegible]房[illegible]不傳

次出嗣東坑楫弟三桂四字出嗣兩房奉

耀沢子第十六世

郅字

生雍正壬子年十一月十六日卯時卒葬臺灣

耀三子第十六世

斟字

生雍正甲寅年十二月十五日丑時卒葬臺灣

亦仔脚

耀四子第十六世

葵字

出嗣

歆傳子第十六世

統傳子第十六世

兆字　生乾隆癸酉年五月十八日寅時

降長子第十六世

英字　生乾隆壬午年七月廿六日酉時

配曾氏生乾隆戊戌年二月初五日寅時

降次子第十六世

聖賢字 生乾隆戊子年十月初三日午時卒乾隆
年十月廿五日午時葬臺灣坎仔脚
嗣子一治係族兄竹長子

葵字
寶嗣子第十六世
生乾隆乙亥年十二月二十日未時卒葬臺灣

大韜傳子第十六世

睦鄰
嫣調長子第十六世
生乾隆壬申年七月十六日　時

昆

嫣調次子第十六世

嗣子一帆 係阮次子

生乾隆丁丑年三月初三日　時

四和

嫣調三子第十六世

出嗣

廣川

嫣調四子第十六世

生乾隆癸未年五月初六日　時

配龍門社胡氏生乾隆辛亥年十二月十七日午時

嫣調五子第十六世

出嗣

廣富

雲長子第十六世

南諱正陽生康熙丁酉年四月初四日亥時卒吧城年月日

時失載　嗣子一有志

雲次子第十六世

北諱

生康熙巳亥年九月廿八日辰時

雲三子第十六世

武諱　生康熙壬寅年十一月　四日巳時

露長子第十六世

佛蔭　生卒年月失載葬臺灣

露次子第十六世

喬士　生乾隆戊戌年九月廿六日戌時

允儁子第十六世

寶松　生雍正辛亥年六月十二日未時卒乾隆甲戌年

八月廿六日卯時葬壠苑裡坐[illegible]

生子一天賜

可傳子第廿六世

神祐

理傳子第十六世

盛

長長子第十六世

鳴岐

寓居上懸

長次子第十六世

高扳

寓居上懸縣

富傳子第十六世

贊傳孫第十六世

仁和長子第十六世

獻奇

仁和次子第十六世

獻章

得利長子第十六世

思通

生乾隆癸巳年八月初四日戌時

得利次子第十六世
喬士　出嗣
廉傳子第十六世
天祈
齊傳子第十六世
魏傳子第十六世
求字發應生雍正辛亥年三月廿四日未時卒乾隆四十
九年甲辰三月廿二日申時葬東埔坐　向

配黄氏生乾隆癸亥年六月十五日子時卒嘉慶壬戌年正月廿一日未時葬上坑燈火石外　生子三長長次夏三鵬

秦長子第十六世

德瑞字發玉生乾隆癸亥年十一月　日　時

秦次子第十六世

通喜字良卿生乾隆庚辰年七月廿八日午時卒道光癸巳年正月廿二日未時葬嘛吠呷山土名亞逸麗羅配周尾胡氏生乾隆戊子年八月初八日未時卒道光己酉年七月初四日戌時葬番坑口芹蘭寔吻配邱氏生乾

隆壬辰年七月廿九日卯時卒道光戊午年六月廿九日未時與夫合葬側室林氏生乾隆甲午年七月初二日卯時卒失載葬山狗路山

生子五長四吉次寶泉邱氏出三寶珍胡氏出四寶欒邱氏出五宝興庶出

秦三子第十六世

魁山字占梅生乾隆辛丑年四月初七日午時

變傳子第十六世

佛賜字　生乾隆　年　月　日時卒葬吉穴

宣長子第十六世

遠字　生乾隆戊午年十二月十四日酉時卒葬吉穴

宣次子第十六世

榮祿字　生乾隆甲子年正月十一日寅時卒乾隆庚寅年十年初二日辰時葬吉穴

宣三子第十六世

次老字　生乾隆戊辰年正月廿三日寅時卒道光辛巳年六月十五日未時葬山狗路坐乙向辛兼辰戌

辛卯辛酉分金配長江李氏生乾隆己卯年十二月十

九日寅時卒乾隆癸卯年八月十六日午時葬上坑山

狗路坐卯向酉兼甲庚丁卯丁酉分金

嗣子一　㲼　係覺衡此四子

威長子第十六世

恩字　生乾隆乙丑年八月二十日未時

威次子第十六世

樣字　生乾隆庚辰年六月初一日巳時

嚴傳子第十六世

恭傳子第十六世

儉傳子第十六世

讓傳子第十六世

信傳子第十六世

在長子第十六世

初字士奉生康熙庚寅年四月廿一日亥時

在次子第十六世

纍字　生康熙辛丑年十一月初四日辰時

元傳子第十六世

晚傳子第十六世

琴長子第十六世

明朱字　琴次子第十六世

欽諱崇禮字　生康熙庚寅年三月廿五日未時卒乾隆戊戌年九月初一日丑時葬嶺內坐東向西配江氏生康熙丙申年二月初二日卒乾隆乙巳年七月廿二日午時葬嶺內毗連夫墳

生子五長聖次王三橋四徵五雪

琴三子第十六世

厚字

潛傳子第十六世

棋長子第十六世

純字信仁生康熙丁亥年七月十二日辰時卒乾隆壬辰年十二月廿七日酉時葬廣東配馬氏生康熙壬辰年三月廿六日寅時卒乾隆癸未年八月初一日未時葬禁山內祖墳石邊坐庚向甲兼酉卯

生子三長公酉次公罕三公淑

棋次子第十六世

洽字生康熙辛卯年二月初三日午時卒乾隆己巳年四月廿三日午時葬亭下坐東南向西北

生子一　公爽

賢長子第十六世

連諱　字　生康熙丁亥年十月十三日未時

賢次子第十六世

蔭　生康熙庚寅年五月十九日未時

騰傳子第十六世

概傳子第十六世

[illegible]字

春　蘭長子第十六世

蘭次子第十六世

梅　雀傳子第十六世

寅傳子第十六世

鞭字　生乾隆甲子年　月　日時

生子一　大道

鳳長子第十六世

光棍字玉石生乾隆甲子年九月廿五日申時

鳳次子第十六世

自得字　生乾隆丙寅年　月　日時

鳳三子第十六世

有慶字

鳳四子第十六世

光寀字玉永生乾隆乙亥年三年十七日子時

鷹五子第十六世

光荐字玉戩生乾隆己卯年十二月廿八日酉時

鷹六子第十六世

光賞字玉志生乾隆乙酉年八月十八日子時

鷹七子第十六世

光贊字玉樹生乾隆辛卯年七月初八日酉時

冉傳子第十六世

誼傳子第十六世

宬字

猛長子第十六世

生乾隆壬辰年九月十八日丑時

猛次子第十六世

獻字

生乾隆乙未年十二月廿九日丑時

猛三子第十六世

碧字　生乾隆庚子年正月廿六日丑時

揆傳子第十六世

寵長子第十六世

俊賢字　生

寵次子第十六世

淮水字

程長子第十六世

璉字

臨字

程次子第十六世　出嗣

乞傳子第十六世　往臺灣

股傳子第十六世　往臺灣

元傳子第十六世

勝傳子第十六世

文傳子第十六世

魁傳子第十六世

五傳子第十六世

六傳子第十六世

七傳子第十六世

和長子第十六世

萬欽字于青生雍正十年壬子七月十一日午時卒乾隆三十三年戊子二月初二日午時葬山仔頂坐庚向甲兼酉卯庚申庚寅分金配長與李氏生乾隆十一年丙寅三月初三日亥時卒乾隆丙申年十月廿八日酉時

葬落山蛇坐東向西

生子

和次子第十六世

延字　生乾隆四年己未　月　日　時

和三子第十六世

家字子陽生乾隆七年壬戌二月初十日丑時卒嘉慶丁丑
年正月初二日子時
配陳氏生乾隆二十五年庚辰四月
廿九日巳時
和四子第十六世
陣字　早卒
和五子第十六世
閤字于倫生乾隆十三年戊辰十二月初五日午時卒嘉慶
十二年丁卯五月十八日未時葬水頭社西坑口坐艮
向坤兼丑未丁丑丁未分金配林氏生乾隆二十九年

甲申九月初九日戌時卒道光戊戌年五月初三日巳

時葬岸裡坐酉向卯兼庚甲

生子二長江水次奉花

本長子第十六世

天固字　生乾隆庚申年　月　日　時外殁

本次子第十六世

天玉字　生乾隆乙丑年八月廿五日申時外殁

本　三子第十六世

臨字　生乾隆戊戌年二月初九日未時外殁

笑長子第十六世

郎戎字干翰生乾隆癸亥年十二月十三日戌時外殁

配厦門歐陽氏生乾隆癸酉年十月廿三日未時卒

嘉慶癸酉年三月廿二日酉時葬 尾山坐癸向丁

兼丑未庚子庚午分金

生子二 長新祥 次秋

歐陽氏琚娘者碣石鎮 敏公女孫鷺江千總 禧

公長女也賦姿貞靜義命自安身出宦族瓌瑰玉佩藉

何妝飾逮歸我謝淡如也幾乎丈夫失魄使歸無禪

矣而琚娘卒糟糠不厭及夫久處異域艱辛倍甚兒

女糊口悉出女紅拮据經營落 之狀亦復誰能遣此

憶昔元微之悼其夫人韋蕙叢詩云野蔬充膳甘長
落葉添薪仰古槐斯情斯境是誠可痛琚娘絕無怨
色嗚呼達人知命終古有幾今兹巾幗反勝鬚眉豈非
女中賢哲乎況之伯鸞之孟光鮑宣之少君不克過之
無不及也

叔必魁拜撰

笑次子第十六世

吾宗字于晉生乾隆十三年戊辰十一月初二日巳時外殁

笑三子第十六世

昂字于照　出嗣

笑四子第十六世

九字于拔生乾隆二十四年己卯十二月廿五日寅時卒
年九月十六日　時葬屠山

珩長子第十六世

開隆字于豐生乾隆八年癸亥九月廿一日未時卒乾隆
五十四年己酉十一月初三日巳時葬大屏山裡東石
亥坐乾向巽兼戌辰庚戌庚辰分金配郭厝陳氏生乾
隆九年甲子九月初三日丑時卒乾隆四十三年戊戌
閏六月十三日辰時葬落山蛇向郊向酉兼乙辛辛卯
辛酉分金續配黃氏生乾隆癸亥年二月三十日子時
卒失載

生子三長讀書次格三隅

珩次子第十六世

珠字于蚌生乾隆丙寅年二月十七日子時外發

珩三子第十六世

煥字于發　出嗣

珩四子第十六世

衷字于中生乾隆戊寅年八月初七日丑時卒嘉慶十二年戊辰三月二十日辰時葬龍門亭土名落山蛇坐乙向辛兼卯酉　配李氏生乾隆戊戌年八月廿二日午時卒嘉慶戊辰年三月三十日辰時

葬龍門亭落山蛇坐乙向辛兼卯酉

生子二長渭北次渭親

珩五子第十六世

生乾隆辛巳年八月廿五日卯時

真字

老長嗣子第十六世

煥字于發生乾隆十六年辛未閏五月初六日未時卒乾

隆四七年壬寅三月初四日申時葬欽山坐庚向甲

兼

老次嗣子第十六世

昂字于照生乾隆二十一年丙子三月初五日申時卒嘉慶

十年乙丑十一月十六日辰時葬水頭社口西圳口坐艮向坤兼丑未丁丑丁未分金配前宅新樓裏李氏生乾隆癸巳年十二月十六日酉時卒道光癸卯年十二月十九日巳時葬　尾山坐丁向癸兼午子丙午丙子分金

生子

成傳子第十六世

宗琪傳子第十六世

寶長子第十六世

意字于如生乾隆六年辛酉正月廿一日酉時卒乾隆四十年乙未五月廿八日亥時葬欽山坐癸向丁兼丑未配郭厝陳氏生乾隆十二年丁卯三月廿五日辰時卒嘉慶甲戌年十二月十二日午時合葬欽山坐艮向坤兼寅申平丑辛未分金

鸞分鏡破望歸魂瘦骨支床一息存矢志霜天悲獨鶴
傷心月夜淚啼猨熊丸自昔當嚴訓烏哺如今可報
恩君得採風賢太史應將苦節達

叔必魁撰

金門

生子二長光淘次心在

寶次子第十六世

石峻　出嗣

寶三子第十六世

賜者字應堂生乾隆十七年壬申七月十四日丑時卒嘉慶五年庚申二月二十日外亡王店

配水頭莊氏生乾隆二十七年壬午二月廿一日丑時卒乾隆五十九年甲寅七月初八日酉時葬尾山仔坐　向

生子一光　現住王店

永傳子第十六世

興盛長子第十六世

通字

生乾隆二十六年辛巳六月初三日辰時卒道光己丑年八月初七日巳時葬厝樹脚石頭邊坐甲向寅兼坤艮庚申庚寅分金配潘尾許氏生乾隆二十七年壬午閏五月廿九日戌時卒道光庚子年十月三十日寅時葬狗路頭坐庚向甲兼申寅

生子三長有燦次漢椿出嗣世榮三漢樓

興盛次子第十六世

世榮字　生乾隆二十八年癸未九月十五日戌時卒

葬失載　嗣子一漢椿本生爻道

興蘆嗣子第十六世

石崚諱于秀字立堂生乾隆十三年戊辰十一月廿四日酉時卒嘉慶十四年己巳九月初五日戌時

配坂尾林氏生乾隆己巳年十一月廿三日卯時卒嘉慶十四年己巳十月十四日酉時葬壠口園坐壬向丙兼亥巳丁亥丁巳分金

生子三長有餘次有昌係庶長子三有十

陳傳子第十六世

求長子第十六世

翰林字于朝生乾隆二十六年辛巳六月十七日酉時卒道光壬辰年閏九月初十日巳時葬大片墘坐艮向坤兼丁未配林氏生乾隆三十七年壬辰八月十九日午時卒道光丙午年十一月初五日巳時葬大片園墘

生子七長藕水次挺元三允棟四錦鱗五啟慮六六使七七使

求次子第十六世

貞芳字于尚生乾隆三十三年戊子六月十二日辰時卒道

光壬辰年四月十二日巳時葬狗路頭坐庚向甲兼申
寅配林氏生乾隆甲午年十一月廿八日酉時卒道
光辛巳年九月十三日巳時葬狗路頭坐申向寅兼庚
甲　　生子二長志士次仲突
全長子第十六世
泰山諱子岳字巖士生雍正十三年乙卯三月十九日午時
卒乾隆四十七年壬寅四月初九日午時葬山仔內
坐甲向庚兼卯酉配新安邱氏生乾隆五年庚申二
月初四日午時卒道光乙酉年十二月十一日寅時葬
東山邊田中坐壬向丙兼亥巳丁亥丁巳分金

生子四長有濟次有潮三有浥四有汪出嗣三胞

仝次子謝十六世

公助字干佐生乾隆五年庚申五月廿三日寅時卒乾隆五十八年癸丑正月初一日寅時葬山壠裡內坐丑向未外艮坤兼丑未辛丑辛未分金配與尾李氏生乾隆八年癸亥九月十七日酉時卒乾隆乙卯年十二月十四日卯時與夫合葬

生子四長有潑次有渥三有濕四有漸

仝三子謝十六世

媽強諱于剛字

生乾隆十年乙丑十一月廿一日午時

卒嘉慶四年己未六月廿八日寅時與妻合葬坐向
分金全配大埕何氏生乾隆壬申十七年十二月廿
一日亥時卒乾隆五十五年庚戌正月十二日戌時
葬山仔内坐壬向丙兼癸丁丁亥丁巳分金
嗣子一有汪 係長胞兄泰山四子

質長子第十六世
越國字　生乾隆丙辰年　月　日　時外歿

質次子第十六世
得祿字　生乾隆庚申年　月　日　時外歿

質三子第十六世

咸陽字于雍生乾隆七年壬戌六月十四日辰時卒嘉慶癸
酉年正月初六日寅時葬　尾山付祖媽仝墳坐酉
向卯兼庚甲丁酉丁卯分金配樓山陳氏生乾隆十
年乙丑十一月初一日子時卒乾隆五十年丙午十
月十九日午時葬中山坐坤向艮兼未丑辛未辛丑
分金　生子四長子張次子廩三子旻四子細

質四子第十六世

委郎字　生乾隆戊辰年　月　日　時外歿

草長子第十六世

勃贊字　生乾隆己巳年　月　日　時外歿

生子一清可

草次子第十六世

三槐字干佑生乾隆十九年甲戌正月廿九日申時卒道光甲申年四月初九日　時合葬妻墳

配蘇氏生乾隆二十七年壬午五月初三日寅時卒嘉慶十二年丁卯七月十六日未時葬鐵灶后鍾厝山後凹裡坐坤向艮兼申寅辛未辛丑分金

生子一青堯

草三子第十六世

三喜字干樂生乾隆二十七年壬午八月廿二日丑時卒道

光己酉年六月初三日未時附葬　房祖左邊東埔坐
丙向壬兼巳亥　配坂尾林氏生乾隆
三十二年丁亥二月廿二日寅時卒道光壬寅年三
月廿二日巳時葬芹裡坐巽向乾兼辰戌
生子一　清回

連長子第十六世
王寬字于恭生乾隆十八年癸酉七月廿二日辰時卒嘉
慶四年己未七月十七日午時葬在梹榔嶼山
配廟兜盧氏生乾隆十八年癸酉四月初一日丑時
卒嘉慶己未年七月十七日午時葬東山邊山坐亥

向巳兼乾巽丁亥丁巳分金

生子二長清時次清談出嗣

進次子第十六世

千紅字生乾隆丁丑年六月廿四日辰時卒乾隆辛亥年十

月十六日辰時葬淡水山

嗣子一清談係胞兄王寬次子

連三子第十六世

逵字

生乾隆三十二年丁亥八月十五日亥時卒嘉

慶八年癸亥六月二十日辰時外亡

生子一郡

奕棟長子第十六世

卿諱廷芝字秀三生康熙癸酉三十一年七月十九日卯時卒乾隆庚申年八月十九日子時葬吱嚕吧新塚祖坐　向　配郭氏生康熙乙亥年十二月初六日未時卒乾隆巳亥年九月十八日亥時葬樓山埭墘坐　向　生子四長開次啟三讓四全祿

奕棟次子第十六世

誠諱廷莪　出嗣奕標

奕棟三子第十六世

普諱廷蕙字樹百生康熙丙戌年八月初四日子時卒乾
隆丁巳年十一月初三日午時葬吱嚁吧大橋頭新塚
裡坐南向北配許氏生康熙庚寅年正月十九日亥時
卒嘉慶丙辰年三月十三日巳時葬大埔墘坐樓山
塔看戲棚坐北向南
生子一鐘

奕棟四子第十六世

興諱廷芷生康熙戊子年十月十六日子時卒失祿葬在
吱嚁吧配張氏生康熙庚戌年十月廿三日　時卒
乾隆甲午年二月十一日戌時葬犁壁角頭坐艮向坤兼

丑未　生子一参

奕棟五子第十六世

瓊諱廷葵生康熙辛卯年六月初三日午時卒失載葬在咬

噹吧坐　向

奕棟六子第十六世

賁諱廷蒨生康熙甲午年正月廿九日酉時

配江氏生卒葬失載

奕樑長子第十六世

騰諱廷蘭字登雲生康熙丁丑年十月十一日卯時卒雍正戊申年四月廿一日卯時葬廟兜社塔前園坐壬向丙兼亥巳丁亥丁巳分金配林氏生康熙丁丑年四月十四日午時卒乾隆乙未年三月廿一日辰時葬塟在廟兜報恩内考塘園中坐巳向亥兼丙壬外兼巽乾

生子三長福次揚三蝶出嗣胞弟位

奕樑次子第十六世

藩諱廷英　出嗣

奕樑三子第十六世

位諱廷芳字素其生康熙丁亥年正月初九日卯時卒雍正
丙午年八月十六日酉時葬水頭嶺仔上坐壬向丙
配許氏生卒葬所失載
嗣子一蝶 係胞兄騰三子

奕禖四子第十六世
壯諱廷芹生康熙己亥年十二月十一日子時卒乾隆戊
寅年十一月廿八日辰時葬西街墓埕坐　向　兼
丙寅丙申分金配李氏生康熙辛丑年十一月
十九日午時卒嘉慶己未年三月廿七日子時
生子三 長首 次堅 三論

奕樞長子第十六世

篴諱廷萱字如竹太學生生康熙庚辰年六月初一日午時卒乾隆乙未年正月初七日寅時葬坪仔頂坐丁向癸兼未丑庚午庚子分金配李氏生康熙戊寅年四月十八日未時卒雍正庚戌年三月十九日卯時葬山尾社后壁園中坐丁向癸兼午子丙子丙午分金續配翁氏生康熙庚寅年六月初三日酉時卒乾隆丙午年十月十九日寅時與夫合葬側室温氏生康熙乙酉年正月十六日申時卒乾隆丁酉年十月初十日寅時葬坑山虎䂥石上坐丑向未兼艮坤辛未辛

丑分金　生子十長章次綽李氏出三綖四藕溫氏出五宗六炎七仕翁氏出八快溫氏出出嗣鯉九褒十江龍翁氏出

奕樞次子第十六世

徽諱廷藻　出嗣

奕樞三子第十六世

熙諱廷蔚生卒失載葬在外域

奕樞四子第十六世

鯉諱廷蓉字仲奚生卒年月日俱失載殁嘛吠呷配江氏

生康熙庚子年十月初一日酉時卒乾隆甲申年正

月初三日未時葬曾邊宮仔前元亮公墳右
生嗣子二長快次雙發

奕樞五子第十六世
煥諱廷蕃生卒失載往番而歿

奕柱長嗣子第十六世
藩諱廷英字屏垣生康熙辛巳年四月初五日巳時卒雍正
乙巳年三月十四日寅時與微合葬廟兜壠仔內園
裡配江氏生康熙庚辰年六月初八日丑時卒乾隆丁
未年十一月廿六日合葬夫墳
生子二長步次照

奕柱次嗣子第十六世

徽諱廷藻字仲采生康熙乙酉年六月初二日亥時卒雍正甲辰年八月廿六日亥時葬廟兜壠仔內園裡配方氏生康熙乙酉年　月　日　時

生子二長暹次

奕標嗣子第十六世

誠諱廷莪字純一生康熙甲申年五月初五日酉時卒乾隆庚申年二月廿二日未時葬坪仔頂坐坤向艮兼未丑配林氏生康熙丙戌年八月初七日酉時卒乾隆辛未年五月初一日戌時與夫合葬

勇　應聯長子第十六世　生子一光藝

忠　應聯次子第十六世

肇　應聯三子第十六世

　　應聯四子第十六世

享　應捷長子第十六世

巖
應捷次子第十六世

傳
應捷三子第十六世

應捷四子第十六世

高
應甲傳子第十六世

堅
應魁長子第十六世

專
應魁次子第十六世
校
應魁三子第十六世
灝
應相傳子第十六世
賢傳子第十六世
伯奮
歁傳子第十六世

長茂
嗣子一岩本生炎壯
光楠長子第十六世
廖諱　生康熙癸酉年　月　日　時卒雍正
年十一月十三日酉時葬西山小坪崙坐亥向
巳兼乾巽丁亥丁巳分金
生子一昌
光楠次子第十六世
天諱重明生康熙己卯年七月十六日辰時卒雍正丙午
年四月十二日未時配詹氏生康熙壬午年　月

日時卒雍正癸丑年五月十四日申時合
葬廈門西山社后御屏山坐寅向申兼艮坤丙寅丙
申分金
生子三長振次悅三閒
光楠三子第十六世
增諱重顯生康熙辛巳年五月初九日亥時卒雍正庚戌
年六月初九日未時葬高讀岩後石笠坐庚向甲兼
申寅
光楠四子第十六世
歲諱重晏生康熙癸未年四月廿二日申時卒乾隆甲戌

年八月十一日戌時葬廣東配林氏生康熙乙酉年
月　日　時卒乾隆庚子年八月十二日丑
時
生子四長合次全三宜四富

光楠五子第十六世
月諱雲龍同安邑庠生生康熙丁亥年四月初十日亥時
卒乾隆戊子年七月廿九日辰時葬東坪山社莉帕
林嶺坐寅向申兼艮坤丙寅丙申分金配林氏生康
熙己丑年九月初四日午時

生子五長魁次鉉三輝四明五聯

麟

光楠六子第十六世

鳳

路長子第十六世

生年月日時失載卒年七月十四日葬

本社上坑坐　向

麒

路次子第十六世

生康熙丙子年六月廿五日辰時卒乾隆壬午年

五月初五日寅時壽六十有七葬臺灣崁仔脚寮頭

坐東北向西南配馬氏生康熙甲申年二月二十日

子時卒乾隆乙未年六月廿二日丑時葬本社利頭山裡坐　向　生子三長趙次朝三撰

傳　路三子第十六世

生康熙己卯年三月初九日巳時卒

年九月十二日子時葬臺灣配陳氏生康熙庚寅年十月三十日酉時　生子二長俊次妹

禎　路四子第十六世

生年月日時失載卒　年十二月

十三曰蕤臺灣

語 路五子第十六世 住臺灣

犇 路六子第十六世 住臺灣

孝 巷傳子第十六世 住臺灣 生子一成

長 三傳子第十六世 住臺灣

四傳子第十六世

天奕傳子第十六世

廷智　住嘉禾里

天錫長子第十六世　住嘉禾里

傑諱廷俊字遜千生康熙丙申年十月十七日寅時卒乾隆

辛酉年六月初六日子時葬嘉禾里東坪山破滑崙

坐　向　生子二長翥鵷係廷英四子次翥鸞

天錫次子第十六世　住嘉禾里

明諱廷英字遜賢太學生生雍正壬子年二月廿八日寅時

卒乾隆壬辰年六月廿八日未時
配厦門陳氏生乾隆丙辰年三月
初六日申時
側室蔡氏生乾隆壬戌
年五月初五日午時
生子六長蓊鶴嫡出次蓊鴻庶出三蓊鵬庶出
四蓊鴒出嗣廷俊嫡出五蓊鷺庶出六蓊鸝嫡

天錄長子第十六世　住嘉禾里
廷進
生康熙壬寅年　月　日　時
天祿次子第十六世　住嘉禾里

廷佛　生雍正己卯年　月　日　時

答傳子第十六世

台傳子第十六世

生傳子第十六世

扶傳子第十六世

香傳子第十六世

管傳子第十六世

浩傳子第十六世

蘭傳子第十六世

齊傳子第十六世

兩長子第十六世

光典　生乾隆乙未年九月廿六日卯時

丙次子第十六世

桃生　生乾隆戊申年六月十二日卯時

瓊鳳長子第十六世

治　生乾隆己亥年十月初五日丑時卒道光辛丑

年六月初六日巳時葬楨榔與配林氏生乾隆丁巳

年七月十二日卯時

生子二長登科次登對

瓊鳳次子第十六世

套　出嗣

瓊鑾嗣子第十六世

套　生乾隆癸卯年正月初三日戌時卒嘉慶庚辰年三月初一日丑時

瓊祥傳子第十六世

瓊就傳子第十六世

懷安傳子第十六世

振
愚長子第十六世
生乾隆癸丑年九月廿三日午時卒葬失識

貫
愚次子第十六世
出嗣

六生
愚三子第十六世
生子三長允寅次允收三允主

賤
邃嗣子第十六世
生嘉慶丙辰年十二月初六日子時

配顏氏生嘉慶庚辰年十月廿八日子時

生子一爽

光房傳子第十六世

光權傳子第十六世

自得傳子第十六世

寬諒長子第十六世

簡添　生乾隆壬子年五月初八日未時卒　道光乙未
年十月廿四日巳時
配蔡氏生嘉慶丙辰年七月十五日辰時卒　咸豐丙
辰年十月初六日申時
生子一　世民

寬諒次子第十六世

春木　生嘉慶辛酉年三月初九日　時
生子一　龍生

寬遼長子第十六世

秋水　生嘉慶戊午年七月廿六日未時

配林氏生嘉慶己巳年二月十五日巳時

生子三長媽贊次榮得三錦士

春木　寬遼次子第十六世

出嗣

夏至　寬遼三子第十六世

出嗣

冬菊　寬遼四子第十六世

生嘉慶戊辰年八月廿九日寅時卒葬外殁

寶遼五子第十六世

霜降　生嘉慶乙亥年六月廿九日戌時卒道光□年八月初二日未時葬山崩頂坐巽向乾兼巳亥

應傳子第十六世

道傳子第十六世

惟傳子第十六世

詩嗣子第十六世

夏至　生嘉慶癸亥年五月

若傳子第十六世

寬桑傳子第十六世

補

生卒失載

標傳子第十六世

抱傳子第十六世

誇傳子第十六世

懿　生乾隆丁酉年四月十七日辰時

永利　夏蓮長子第十六世

生乾隆癸丑年十月十一日辰時卒道光己丑年

十一月廿三日　時外歿

子紳　夏蓮次子第十六世

生嘉慶己未年五月廿三日未時卒道光己酉年

七月十五日酉時葬廟後坐未向丑兼丁癸丁未丁丑

分金配裴氏生嘉慶甲戌年五月廿四日寅時

生子二長有爲次有諒

夏蓮三子第十六世

子
娶

生嘉慶戊辰年八月廿七日未時卒道光戊子

年五月初三日未時葬深溝頂坐甲向庚兼卯酉庚

寅庚申分金

生子一繼興

益傳子第十六世

任水傳子第十六世

轄長子第十六世
揚元　生乾隆甲戌年四月廿八日辰時
轄次子第十六世
明德字志仁生乾隆癸未年六月十八日亥時
配厦門內柴市鄭氏生乾隆戊戌年十月初十日午
時
軒傳子第十六世

徐長子第十六世

伯蓮字志厚生乾隆甲戌年二月廿五日卯時卒葬失載

徐次子第十六世

江河　生乾隆甲申年三月廿四日巳時卒道光丙戌年十一月初十日巳時葬亭面前坐乾向巽兼巳亥配莊氏生乾隆己卯年三月初六日辰時卒嘉慶壬戌年九月廿六日戌時葬埭墘坐西南向東北

生子二長南次祐

威傳子第十六世

淋

猛傳子第十六世

武傳子第十六世

光興長子第十六世

聖宗

生乾隆辛卯年八月初八日戌時

明傳子第十六世

報傳子第十六世

建傳子第十六世

挺傳子第十六世

道寧傳子第十六世

道叟傳子第十六世

德衿傳子第十六世

仁澤起

仁澤字惠民生康熙癸酉年九月廿六日辰時卒康熙丁酉年七月廿七日午時葬山仔項坐酉向卯兼戊辰配張氏生康熙乙亥年十二月十六日未時卒康熙己亥年三月廿五日寅時坐福塲邊坐巽向乾兼巳亥

生子一　傳祖

德祕傳子第十六世

仁傳字習夫生康熙戊寅年九月初四日辰時卒乾隆癸酉年四月廿九日巳時葬山仔后白鷺上坐壬向丙兼亥巳配安溪劉氏生康熙戊子年八月十九日未時卒乾隆丙申年二月初九日寅時葬山仔后白

鷺鶯上坐壬向丙兼亥巳

生子三長應聰次應龍三應標

德祿傳子第十六世

德祺長子第十六世

勳諱仁材字次賢生康熙甲子年正月初七日酉時卒康熙辛丑年五月初十日巳時葬山仔前坐巳向亥兼巽乾配林氏生康熙壬申年九月十二日未時卒乾隆壬辰年正月初五日巳時葬山仔前土園中坐巽向乾兼辰戌丙辰丙戌分金

生子二長機次用

德祺次子第十六世

榮諱仁提字勝三生康熙戊辰年十月初八日卯時卒乾隆丙戌年七月初六日戌時葬山仔前坐辰向戌兼巽乾

配顏氏生康熙戊寅年十二月廿九日酉時卒乾隆壬申年五月初四日丑時葬山仔前坐辰向戌兼乙辛

生子二長顯次昂

德祺三子第十六世

睿諱仁明字亞聰生康熙壬申年八月十九日巳時卒乾隆庚辰年八月廿五日午時葬崎峻山坐戌向辰兼乙

弍庚戌庚辰分金配柯氏生康熙辛巳年八月十五日辰時卒康熙乙巳年九月初十日亥時葬赤崎尾坐子向午兼癸丁續配劉氏生康熙乙酉年五月廿五日巳時卒乾隆丁酉年九月十五日寅時葬庵邊坐亥向巳兼壬丙

生子四長紹次耀三瑞四逮

德袖儕子第十六世

德祥長子第十六世

喬諱仁立字　生康熙丁亥年九月廿九日丑時卒乾

隆丙辰年八月初二日未時葬山仔頂坐乾向巽兼
戌辰配莊氏生康熙戊子年六月初五日巳時卒乾隆
辛丑年十月廿六日酉時葬山仔前坐乾向巽兼戌
辰　生子一承

德祥次子第十六世
奕諱仁佐生康熙乙未年正月初五日卯時卒乾隆乙亥年
月　日　時葬嘛吶呷

德祐長子第十六世
養諱仁敎生康熙壬辰年六月十八日午時卒乾隆乙亥
年正月十三日未時葬坪前坐甲向庚兼寅申配劉氏

生康熙庚寅年二月初二日寅時卒乾隆丁酉年二月十七日戌時葬詩宫坐北向南

生子三長春次本三立出嗣天賜

德祐次子第十六世

仕諱仁任生康熙壬寅年十二月十五日申時卒乾隆五十九年甲寅十月十七日卯時葬山仔前坐乙向辛

配陳氏生雍正癸丑年四月廿九日戌時卒乾隆丙申年五月十一日酉時葬山仔項坐東向西兼巽乾

德祐三子第十六世

生子一瓜來

親諱仁澤生雍正丙午年三月廿八日未時卒嘉慶辛未
年八月廿三日未時葬鯉魚口山仔後
配朱氏生乾隆丁巳年十二月廿四日巳時卒嘉慶十
年乙丑十月十二日寅時葬隨宮裡坐子向午兼壬丙
丙子丙午分金
生子一潑

德裕四子第十六世
天賜
生雍正癸丑年七月廿一日午時卒乾隆丁丑年
六月廿六日未時葬港口
嗣子一立係叢三子

德禎傳子第十六世

德祚長子第十六世

韓諱仁傑生康熙丙申年十二月初九日巳時卒乾隆壬戌年五月廿四日辰時配翁氏生康熙戊戌年四月廿三日午時卒乾隆辛酉年二月初四日巳時合葬水尾埭上虎羅裡坐壬向丙兼子午

生子

德祚次子第十六世

魏諱仁候生卒葬所失載

德祚三子第十六世

泰諱仁伯生雍正丙午年六月廿三日巳時卒乾隆丁亥年三月十四日辰時葬隨宮坐亥向巳兼壬丙辛亥辛巳分金配陳氏生雍正癸丑年八月初四日巳時卒嘉慶戊辰年五月廿三日寅時葬前山坐乾向巽兼戊辰丙戌丙辰分金

生子二長詩次對

德禮長子第十六世

祖諱仁武生康熙壬午年六月十八日子時卒乾隆壬辰年十一月十一日巳時葬坪前坐艮向坤兼丑未丁丑

丁未分金配陳氏生康慶丁亥年三月十一日巳時
卒乾隆丁未年十月廿二日辰時葬王公械尾坐癸向
丁兼子午丙子丙午分金

生子二長强次固

德禮次子第十六世

全諱仁備生康熙甲申年九月廿四日丑時卒乾隆乙酉
年三月十六日巳時葬隨宫坐丑向未兼癸丁配柯
氏生康熙乙未年八月二十日寅時卒乾隆甲寅年
三月十五日卯時葬隨宫坐丑向未兼癸丁丁丑丁
未分金

生子一答

德裕長子第十六世

朝諱仁標字愧宰生康熙戊寅年七月初一日未時卒乾隆丁酉年六月廿六日戌時葬石仔坑坐乾向巽兼亥巳兼戊庚辰分金配林氏生康熙壬午年十月廿四日酉時卒乾隆壬午年正月初四日酉時葬石仔坑坪坐乾向巽兼戊辰丙戌丙辰分金

生子二長聖次錦

德裕次子第十六世

佛諱仁標生康熙辛巳年四月初八日卯時卒乾隆戊戌年四月初三日未時葬大旗山頂坐艮向坤兼寅申配

楊氏生康熙戊子年十一月廿六日子時卒乾隆戊辰年九月十七日丑時葬石仔坑山申坐壬向丙兼丑未丁丑丁未分金

生子一羣

德禧長子第十六世

權諱仁楷字愧模生康熙甲申年十月十一日亥時卒乾隆庚午年九月廿三日未時葬石仔坑尾長潁坪坐壬向丙兼子午配莊氏生康熙丙申年正月二十日卯時卒乾隆乙巳年七月十二日午時葬石仔坑園上坐乾向巽兼戌辰

生子四長爵次禮三爽四盤

德禧次子第十六世

鄉諱仁梓生康熙丁亥年二月初三日酉時卒乾隆辛未年五月廿七日子時葬吞仔坑尾坐壬向丙兼亥巳

配陳氏生康熙庚子年八月初三日亥時卒乾隆甲寅年九月廿五日寅時葬珠嶺坐甲向庚兼寅申丙寅丙申分金

生子四長求次扶三桃四用出嗣廷洪

德禧三子第十六世

龍諱仁厚生康熙己丑年七月十四日酉時卒乾隆庚寅年

二月初三日辰時葬大旗山坐癸向丁兼子午丙子丙午分金配薛氏生雍正甲辰年四月初七日辰時卒乾隆甲寅年十月初九日未時從葬夫墳左邊坐向分金仝　生子六長佐次攻三開四殿五薰六露

德祉嗣子第十六世

誦諱仁杞生康熙辛卯年十月二十日酉時卒乾隆乙巳年九月十九日申時葬雷打石上坐甲向庚兼卯酉庚寅庚申分金配洪氏生雍正戊申年十一月初二日寅時卒乾隆己酉年九月十二日酉時葬雷打石頂園中

坐申向庚兼寅申丙寅丙申分金

生子五長滔次葛三壐四塔五參

德福長子第十六世

智諱仁相生康熙甲午年二月初五日亥時卒乾隆甲午

年十一月十一日午時葬黃茂山脚坐酉向卯兼辛

乙配湄氏生康熙辛丑年正月廿九日申時卒嘉慶

五年庚申正月廿一日辰時葬珠嶺山石將軍後坐

甲向庚兼寅申丙寅丙申分金

生子三長敢次胡三眷出嗣胞叔壬

德福次子第十六世

遠諱仁智生康熙辛丑年七月二十四未時卒乾隆乙未年八月廿九日子時葬大旗山前坐艮向坤兼丑未辛丑辛未分金配黃氏生雍正壬子年三月初三日未時卒嘉慶辛未年十二月十五日未時

生子二長梅出嗣胞弟千次音

德福三子第十六世

千諱仁禄生雍正丙午年五月初十日卯時卒乾隆丁亥年正月廿七日酉時葬吉礁

嗣子二長眷係胞兄智三子次梅係胞兄遠長子

德禔長子第十六世

謂諱仁壽生康熙辛丑年四月初二日午時卒乾隆甲子年四月初二日午時葬暹羅

生子三長選係俊次子次緯三賞

德禩次子第十六世

俊諱仁風生雍正戊申年十月十八日亥時卒乾隆丙申年十二月初七日酉時葬大旗山中面坐丑向未兼艮坤辛丑辛未分金配黃氏生乾隆丙辰年十一月廿四日寅時卒乾隆己丑年五月初七日午時葬石仔坑居坐亥向巳兼乾巽續配王氏生乾隆庚申年三月十三日酉時卒嘉慶壬戌年正月廿八日酉時葬目投石

頂坐乙向辛兼卯酉丁卯丁酉分金

生子五長質次選出嗣胞兄謝三衆四猛五蘊

德褆三子第十六世

佑諱仁庇生雍正辛亥年六月廿二日辰時卒乾隆甲辰

年十二月十七日巳時葬大旗山坐艮向坤兼寅申

配黃氏生乾隆庚申年八月初十日卒乾隆乙巳年正

月初二日亥時附葬大旗山

生子二長鼎次海

德褆四子第十六世

雙輝諱仁樸生乾隆庚申年正月廿一日亥時卒嘉慶壬戌

年四月初一日酉時葬串熊尾坐寅向申兼艮坤丙
寅丙申分金配史氏生乾隆庚午年四月廿七日酉
時卒道光壬辰年九月二十日丑時與夫合葬

生子一　亿

德祐長子第十六世

偉諱仁棟字士魁生康熙辛丑年三月初八日午時卒乾隆
辛卯年九月廿三日子時葬廣鹽山脚園中坐子向午
兼癸丁庚子庚午分金配馬氏生雍正丙午年十二
月十三日酉時卒嘉慶甲戌年九月初七日巳時葬
在石仔坑坐辛向乙兼酉卯丁酉丁卯分金

生子四長談次詎三讀四鎮出嗣胞弟任

德祐次子第十六世

任諱仁松生雍正己酉年四月十四日未時卒乾隆壬午年

七月十八日巳時歿港口

嗣子一鎮

德諒嗣子第十六世

海字波仲生康熙庚子年二月二十日卯時卒乾隆癸未

年十二月二十日丑時葬東山邊任公墳左坐辛向

乙兼戌辰丙戌丙辰分金配前庵江氏生雍正癸卯

年正月廿六日未時卒乾隆己酉年九月十二日申

時合葬泥甫墓坐寅向申兼甲庚寅庚申分金

生子二長駢水次駢提

啟泰長子第十六世

應溪諱世芳字薦馨生雍正甲辰年十二月初六日申時

卒乾隆丁丑年十一月初五日寅時葬吳貫下尾垢坑

壠園裡母陳氏墳右坐丙向壬兼午子辛巳辛亥分

金配林氏生雍正丁未年十月初二日子時卒嘉慶

戊辰年六月廿四日寅時葬在東埔三嬸左邊坐甲

向庚兼卯酉

生子二長光玉次光瑜

啟秦次子第十六世

應洲諱世韡字　生雍正戊申年九月初七日子時卒乾隆己丑年六月十三日子時外歿配李氏生乾隆丁巳二年九月廿九日未時卒乾隆己酉五十四年九月廿四日午時葬東埔園內坐卯向酉兼甲庚丁卯丁酉分金外申寅兼寅申丙寅丙申分金

生子三長光琛次光紹三光榮

啟泰三子第十六世

應淅諱世薰字䏭蕃生雍正己酉年二月初一日未時卒嘉慶庚申年十一月初四日午時葬在東埔山石堆下

坐甲向庚兼寅申丙寅丙申分金配前庵江氏生雍正甲寅年正月廿六日子時卒乾隆乙亥年十一月初一日卯時葬曾邊園右坐辛向乙兼酉卯丁酉丁卯分金續配徐氏生雍正癸丑年五月廿九日酉時卒乾隆辛巳年十月十八日卯時葬本社龍門亭后山坐甲向庚兼寅申再續配葉氏生雍正癸丑年六月廿二日午時卒嘉慶戊辰年六月十八日午時葬在東埔坐甲向庚兼卯酉辛卯辛酉分金

生子二長光璉次光箸

啟亭長子第十六世

宣湖諱世達字若聞生康熙丙申年五月初八日寅時卒乾
隆甲子年八月初九日未時葬東埔官路下坐巽向乾
兼辰戌配林氏生康熙庚子年九月廿二日酉時卒乾
隆丁卯年三月十六日酉時與夫合葬
生子一聯魁

啟亭次子第十六世

海　出嗣

啓亭三子第十六世

濰諱世通生康熙壬寅年三月廿六日辰時卒乾隆乙亥年
九月廿五日午時殁呂宋

嗣子一國長

啟亨四子第十六世

桔諱世偉生雍正乙巳年七月初十日寅時卒乾隆乙丑年
七月初九日未時外殁滸口配陳氏別適

生子一綿遠

啟亨五子第十六世

泮諱世昌字樂水生雍正己酉年十一月初九日申時卒乾
隆辛巳年五月初四日卯時葬東山邊任公墳東邊坐
辛向乙兼戌辰丙戌丙辰分金配馬氏生雍正癸丑年
十月廿八日寅時卒嘉慶癸酉年六月十七日午時葬

在任公山夫右邊坐戌向辰兼辛乙丙戌丙辰分金

生子二長聯甲係鄉四子次聯彩

啟亭六子第十六世

獻諱世寵生雍正壬子年七月十八日丑時卒乾隆戊寅年七月初三日巳時葬鶴嘴石下園裡坐酉向卯兼庚甲丁酉丁卯分金

嗣子一國器

啟亭七子第十六世

灎諱世瀚生乾隆戊午年三月十一日申時卒乾隆丁亥年四月初八日巳時葬大片頂桃甫墓下右邊坐丑向

未兼癸丁辛丑辛未分金配周氏生乾隆庚申年五月廿乙日子時卒乾隆癸丑年九月初八日酉時葬虎頭山園坐癸向丁兼子午丙子丙午分金

生子三長斗次樂三福

啟哲長子第十六世

旺龍諱世雲字岫山生雍正丁未年八月二十日巳時卒嘉慶丙辰年七月廿七日午時葬失載配周氏生雍正戊申年三月廿四日寅時卒乾隆辛卯年十月初八日未時葬本社后溝相連河上園裡坐巽向乾兼巳亥庚辰庚戌分金續配陳氏生雍正丁未年三月初三日亥

時卒乾隆甲辰年十一月初六日戌時葬上坑內園
中坐庚向甲兼酉卯寅申庚寅分金
生子六長光贊次光恩出嗣胞弟旺
三光衍四光慶五光援六光立

啟哲次子第十六世

旺虎諱世俊生雍正己酉年十一月廿六日未時卒乾隆
乙丑年十一月十四日申時葬后溝尾相連河上園裡
坐巳向亥兼巽乾
嗣子二長光恩係胞兄旺龍子次光熾係胞弟蔡生長子

啟哲三子第十六世

榮生諱世傑生雍正癸丑年七月十三日酉時卒嘉慶丙申年正月初二日未時葬在山狗孔坐亥向巳兼乾巽丁亥丁巳分金配陳氏生乾隆丁巳年八月初八日丑時卒嘉慶戊寅年八月初二日午時葬在與坪橋頭

生子四長光煥出嗣胞兄旺虎次光詠三光佳四光鵬

德祧長子第十六世

總諱世耀字榮予生康熙庚午年十一月廿一日子時卒乾隆甲午年七月初六日辰時壽八十有五葬龍門后猪母坪上尖石下坐午向子兼丁癸庚午庚子分金配李氏生康熙甲戌年三月初九日亥時卒乾隆

辛丑年八月十三日巳時壽八十有八葬山狗崆山下
坐子向午兼癸丁庚子庚午分金
生子三長科次巽三全
德祧次子第十六世
相諱世朗字非林生康熙癸酉年十二月廿三日寅時卒乾
隆辛巳年三月初八日巳時壽七旬葬報恩院彌勒肚
形坐　向　兼　辛酉辛卯分金配厦門楊氏生
康熙庚辰年十月初七日寅時卒乾隆癸卯年正月
初五日丑時壽八十有四葬東埔官路下園中坐巳向
亥兼丙壬辛巳辛亥分金

生子四長舉次隆三定四棟

德祧三子第十六世

強諱世澤生康熙丙子年七月十七日未時卒乾隆己巳年五月初九日未時壽五十有四葬水頭石仔坑房坐丑向未兼癸丁丁丑丁未分金配翁氏生康熙丙戌年十二月十五日申時卒乾隆癸酉年八月廿六日午時合葬水頭山坐向分金同

生子四長喜次愷三烈四能

德祧四子第十六世

作諱世章字文子生康熙己卯年閏七月廿七日未時卒乾

隆乙未年七月廿八日戌時壽七十有七葬石戶碇內虎頭山坐壬向丙兼亥巳丁亥丁巳分金酬鐵赤后社李氏生康熙乙酉年十一月廿五日寅時卒乾隆壬寅年十一月初三日卯時壽七十有八與夫合葬坐向分金同

生子三長逞元次儀三映

德祧五子第十六世

前諱世光字亦華生康熙乙酉年十一月十一日寅時卒乾隆壬辰年四月廿一日午時壽六旬有八配黃氏生康熙甲午年四月十二日子時卒乾隆庚子年三月十

八日午時壽六十有七合葬山狗崆公山裡坐亥向
巳兼壬丙辛亥辛巳分金
生子二長孝次齊

韜傳子第十六世

啟裔傳子第十六世

寬諱世寬生康熙六十一年壬寅正月廿二日丑時卒乾隆
八年四月初五日子時附葬父墳在東邊園裡坐
向　兼　丙辰丙戌分金
配　氏另適

生子一神助

啟宗長子第十六世

興隆諱世著生康熙丁酉年二月十七日寅時卒乾隆丙午年五月廿九日未時葬社前東山邊園坐庚向甲兼辛乙配蘇氏生康熙丙申年五月十一日申時卒乾隆丁酉年十月初五日巳時葬六角頭坐寅向申兼艮坤

生子三長媽力次雙碧三加

啟宗次子第十六世

興祖諱世祖生康熙壬寅年四月十一日辰時

配陳氏生雍正辛亥年二月初四日申時

生子二長生次向

啟宸長子第十六世

畧諱世儀字匪韜生康熙乙未年十一月廿二日申時卒乾
隆庚子年十一月十三日巳時葬山頭庵邊坐丁向
癸兼丑未庚午庚子分金配曾氏生康熙己亥年二月
初八日戌時卒乾隆壬寅年五月二十日亥時葬山頭
園石簇下坐坤向艮兼申寅

生子四長保旺次國楨三薰出嗣世肅四賽

啓宸次子第十六世

崑諱世玉生康熙庚子年八月廿九日午時卒乾隆甲辰年十二月初一日巳時壽六旬有三配朱氏生康熙庚子年十一月十八日未時卒乾隆甲辰年八月十八日未時合葬山頭園裡坐甲向庚兼卯酉

生子三長萬順出嗣世肅次蒲三忍

啓宸三子第十六世

端生諱世肅生康熙壬寅年十二月十三日戌時卒乾隆戊辰年十月初一日巳時葬山頭園裡坐酉向卯兼庚甲

嗣子二長薰係世儀三子次萬順係世玉長子

啟寢四子第十六世

文爽諱世則生雍正庚戌年五月十六日子時卒乾隆壬午年七月廿三日寅時葬東山邊園裡坐庚向甲兼辛乙　嗣子一誠（係胞弟世祥次子）

啟寢五子第十六世

景祥諱世祥生雍正壬子年閏五月廿二日辰時卒嘉慶乙丑年十二月廿一日巳時葬山頭園內坐坤向艮兼甲寅辛未辛丑分金配陳氏生乾隆辛酉年十月廿六日子時卒乾隆己丑年正月廿五日亥時葬山頭園墓坐申向寅兼坤艮續洪氏生雍正庚戌年正月廿

六日酉時卒嘉慶庚午年四月十六日巳時葬在山頭
本園內坐申向寅兼庚甲分金庚寅庚申
生子二長心次誠出嗣胞兄世則

啟宸六子第十六世
天錫諱世錫生雍正乙卯年八月三十日辰時卒乾隆庚
午年十一月廿三日辰時葬山頭園裡坐申向寅兼
卯酉

啟宛傳子第十六世

啟宋長子第十六世

十諱世法生雍正乙巳年十月十九日丑時卒乾隆戊申年七月十四日午時葬下店園裡坐子向午兼癸丁庚子庚午分金配黃氏生雍正甲寅年九月廿三日巳時卒乾隆辛巳年九月廿一日卯時葬東埔官路下園裡坐丁向癸兼午子丙午丙子分金續配陳氏生雍正乙卯年三月初七日丑時卒乾隆三十五年十二月廿二日午時葬下店園裡坐丑向未兼癸丁丁丑丁未分金丙續配柯氏生雍正丙午年七月十四日巳時

側室陳氏生乾隆庚午年十二月十四日申時

上

生子五長其求出嗣胞叔朝壯次其賓
三其意四其逮五其芳

啟家次子第十六世
朝壯諱世　生乾隆戊午年十一月廿五日戌時卒乾隆己
卯年十月廿一日巳時葬下店園裡坐癸向丁兼子
午丙子丙午分金
嗣子一其求係胞兄才長子

連傳子第十六世

全傳子第十六世

錫福長子第十六世

殿揚諱光鑾字榮寵生乾隆丙子年十一月初六日寅時卒乾隆乙卯年正月初七日酉時葬坑內園腳坐　向

配翁氏生乾隆辛巳年二月廿六日子時卒嘉慶戊寅年八月初七日午時葬渡頭

生子三長先知次先覺三先致

錫福次子第十六世

果珍諱光淡

生乾隆丁亥年十月初十日午時卒道光庚子年七月初七日卯時葬渡頭坐坤向艮兼未丑

配黃氏生乾隆辛卯年三月
十五日辰時卒道光癸未年五月十九日辰時葬渡
頭坐坤向艮兼未丑續配黃氏生乾隆辛卯年三月十
六日午時卒嘉慶乙亥年正月廿七日酉時葬象頭
坐坤向艮兼未丑
生子四長仰次孔章三龐四聆

錫福三子第十六世
永諱光全生乾隆丙申年七月廿六日戌時卒嘉慶十年乙
丑正月　日　時葬楨榔頭

錫福四子第十六世

志賢諱光艷生乾隆辛丑年四月初一日亥時卒道光辛卯
年四月廿七日亥時葬梹榔嶼配黃氏生乾隆庚戌
年五月二十日巳時卒嘉慶乙卯年九月廿七日午時
葬埔仔頂坐乾向巽兼亥巳庚戌庚辰分金續配葉氏
生乾隆己酉年十月十三日寅時卒道光癸卯年六月
廿一日戌時葬渡頭內坐巳向亥兼丙寅外坐丙向壬
兼午子丙午丙子分金生子三長景興次協興三騰彪

錫條長子第十六世

湘容諱光煥生乾隆丙戌年五月廿四日午時卒道光辛巳
年七月十五日午時葬渡頭平坐丁向癸兼午子

配上窖楊氏生乾隆甲午年二月初七日辰時卒道光丙午年十月廿二日寅時葬象與坐辰向戌兼辛乙丙戌丙辰分金

生子二長田次位

錫祿次子第十六世

湘潤諱光邑生乾隆戊子年八月廿八日寅時卒失載葬占澤汶

嗣子一樟瑞本生父符

錫祿三子第十六世

湘符諱光合生乾隆丙申年四月初二日辰時卒道光辛

丑年二月初十日午時

配黃氏生乾隆乙卯年三月十四日酉時

生子六 長梈瑞 出嗣湘瀾 次光燦 出嗣湘浦

三耀 四威 五光懷 六萬生

錫祿四子第十世

湘浦諱光集生乾隆辛丑年正月十八日未時卒道光壬

辰年九月十五日未時葬

嗣子一光燦 本生父梈

後溥子第十六世

宏長傳子第十六世

蚌諱光佑字天庇生乾隆癸巳年七月十五日　時

宏發傳子第十六世

雙文諱光彩字　生乾隆庚辰年九月十三日丑時卒

乾隆四十五年八月十九日巳時葬吉礁

生子一　泗宗

宏周長子第十六世

乞

宏周次子第十六世
把諱光首生乾隆庚寅年正月十三日亥時
宏周三子第十六世
出嗣
蚌
宏周四子第十六世
芽諱光台生乾隆丙申年　月　日　時
宏度長子第十六世
吟諱挺芳生雍正甲辰年十月十七日酉時卒乾隆乙丑

年三月十三日午時葬三寶壠
嗣子一四禮係胞弟註長子

宏度次子第十六世

衍諱挺國生雍正戊申年九月二十日酉時卒乾隆壬午
年二月十五日寅時葬吉礁配陳氏生雍正己酉年
七月廿四日子時卒乾隆辛卯年八月初十日子時
葬曾遼園坐戌向辰兼乾巽丙戌丙辰分金
生子一後生

宏度三子第十六世

廷諱挺光生乾隆丙辰年七月廿四日寅時卒乾隆丁亥年

五月二十日巳時附葬母墳會邊園配葉氏生乾隆庚
申年三月初二日子時卒道光乙未年閏六月十四日
午時葬埭頭庵邊坐甲向庚兼卯酉
生子三長青[illegible]次青啓出嗣胞弟尾結三青峰
宏度四子第十六世
註諱挺顯生乾隆己未年九月廿二日亥時卒嘉慶六年
辛酉八月廿四日巳時葬橋頭井在父右平坐子向午
兼癸丁庚子庚午分金配康氏生乾隆甲子年三月
二十日巳時卒道光辛卯年六月十八日午時與夫
合葬

生子二長四禮出嗣胞兄吟次寬衆

宏度五子第十六世

尾結諱挺威生乾隆癸亥年六月初五日午時卒乾隆甲午

年　月　日　時葬吉穴

嗣子一青敢係胞兄廷孝

宏寬長子第十六世

德諱挺成生雍正壬子年十一月初六日酉時

配邱氏生雍正乙卯年三月初六日巳時

生子二長孟侯次四祈

宏寬次子第十六世

鳳隨諱挺瑞生乾隆癸亥年三月十六日巳時

配周氏生乾隆甲子年八月廿八日申時卒乾隆壬辰

年七月十一日寅時葬大屏山脚坑仔上石頭脚坐

向　生子一雍熙

宏仁偉子第十六世

盛諱光焰生雍正二年八月初五日戌時卒乾隆乙未年三

月初七日子時葬勅厲配李氏生　年

月　日　時卒乾隆　年　月　日　時
葬曾邊坐　向
生子二長若深次君水
宏義嗣子第十六世
瑪壽諱光享生雍正丙辰年三月廿六日寅時卒乾隆己亥年六月十七日辰時葬牛埔上彥青公墳左坐　向
配溫氏生
宏忠長子第十六世
生子二長雙柏次雙桃

瑪蔭諱光實生　年　月　日　時卒乾隆

年　月　日　時葬嘛吠呷

宏忠次子第十六世

出嗣

瑪壽

宏忠三子第十六世

瑪看諱光露生乾隆辛酉年六月十五日酉時卒乾隆丙戌

年七月廿八日巳時葬吉樵

宏忠四子第十六世

瑪紫諱光霞生乾隆　年　月　日　時卒乾隆

年　月　日　時葬吉樵

宏禮長子第十六世
仕俊諱光秀生　年　月　日　時卒
年　月　日　時往臺灣歿
宏禮次子第十六世
仕傑　出嗣
宏禮三子第十六世
仕滔　生卒葬所失載
宏禮四子第十六世
仕朝諱光勵生雍正庚戌年　月　日　時卒乾隆
年　月　日　時葬

宏智嗣子第十六世
仕傑諱光芳字權翊生雍正甲辰年九月初一日　時卒乾隆壬午年六月廿七日巳時葬大屏山脚虎苔石上坐東向西配林氏生乾隆戊午年九月初八日寅時卒乾隆己卯年八月三十日未時葬鄭上社南門后坐北向南　生子一天生
宏信傳子第十六世
承助諱光齊生乾隆辛未年　月　日　時
配溫氏生乾隆丙子年三月十二日午時卒道光辛

巳年二月初八日卯時

生子四長營次禹帝三汪四結象

宏美傳子第十六世

定國諱光濤生乾隆庚辰年二月十九日　時卒乾隆

年　月　日　時往柔佛別遷淹歿

宏璞長子第十六世

登詛諱光綸字乃詳生乾隆戊寅年三月十一日辰時卒嘉

慶十　年丙寅四月十七日酉時葬吱嚁吧

配李氏生乾隆巳卯年正月初五日午時卒嘉

慶十八年癸酉九月十六日酉時葬在山頭湖坐庚向

甲兼酉卯分金

生子三長應時次應蓁三有斐

宏璞次子第十六世

肯諱光來字乃誠生乾隆辛卯年三月廿六日巳時卒嘉

慶十八年癸酉五月初四日　時葬在下店埭岈頭田

墘坐　向　配廟兜龐氏生乾隆

四十三年戊戌正月廿六日卯時卒道光己丑年十

二月初五日未時葬下店坐癸向丁兼子午

生子一有膽

宏惠長子第十六世

碧韜諱光隱字應文生乾隆丁亥年八月初一日巳時卒道光甲午年九月初二日未時葬下店坐艮向坤兼寅申

配許氏生乾隆壬辰年八月初二日亥時卒道光辛巳年七月廿八日未時葬下店坐艮向坤兼寅申續配蔡氏生乾隆庚戌年十月廿五日申時卒道光庚戌年十一月十二日亥時葬本社口東埔坐坤向艮兼丑未辛丑辛未分金

生子七長發強次剛義三忠敬四仁生五仁鑾六仁悅七仁笑

宏悳次子第十六世

碧畧諱光椎字應武生乾隆辛卯年九月十四日未時卒道
光辛巳年七月廿六日丑時葬曾邊榞仔脚石揀邊
坐向失載配廈門曾氏生乾隆四十七年壬寅五月
初一日午時卒道光癸卯年十二月十一日亥時葬下
店坐丑向未兼艮坤辛丑辛未分金
生子三長光約次讓水三西沛

宏惠三子第十六世

碧和諱光悅字應避生乾隆丁未年二月初四日戌時卒
咸豐丁巳年八月廿八日申時葬水頭社口山仔前鯉
魚穴坐巳向亥兼丙壬辛巳辛亥分金

配北市林氏生乾隆五十六年辛亥二月十九日丑時
卒道光己酉年五月廿六日未時同穴合葬
生子二長雨露次餡亦
宏瑞長子第十六世
君諱光諧字仁懷生雍正庚戌年三月廿一日酉時卒乾隆
丙子年五月十五日巳時葬彔佛
宏瑞次子第十六世
韡諱光邦字文清生乾隆乙丑年六月十六日卯時卒乾
隆丁亥年八月廿二日未時葬吉祺
宏偉嗣子第十六世

姜諱光理字渭顯生　年　月　日　時卒
年　月　日　時葬丁機宜
生子一懷玉

宏瑛長子第十六世
出嗣

姜
宏瑛次子第十六世
勝諱光卓字維握生雍正己未年十二月廿六日未時卒
年　月　日　時葬丁機宜配康氏生
乾隆癸酉年五月廿五日巳時

生子一　光回

宏瑛三子第十六世

出嗣

華

宏瑶長子第十六世

起諱光喜字志發生乾隆己未年八月廿四日　時卒

年　月　日　時葬沙弄

宏瑶次子第十六世

榮諱光禎字殊品生乾隆壬戌年三月廿三日　時

宏材長子第十六世

照諱光被字愧明生乾隆戊午年六月初四日辰時卒嘉慶
丙子年十二月廿八日午時葬下店坐癸向丁兼子
午丙子丙午分金配潘氏生乾隆辛酉年八月十二
日未時卒道光癸未年五月廿五日未時葬下店與夫
左邊坐癸向丁兼子午丙子丙午分金側室溫氏生
乾隆丙寅年正月十五日巳時卒乾隆己酉年閏五
月十二日辰時葬學仔前園裡左邊坐酉向卯兼庚
甲丁酉丁卯分金

生子五長文川次文旦三文禮庶出
四文斌出嗣講五文勅庶出

宏材次子第十六世

軻　出嗣

宏材三子第十六世

講諱光澤字習侯生乾隆壬戌年八月十五日寅時卒乾
隆戊戌年　月　日　時葬吉無

配康氏生

嗣子一文斌係胞兄照四子

宏材四子第十六世

嗜　出嗣

宏材五子第十六世

泰諱光炎字寬夫生乾隆丙寅年九月初十日辰時卒乾

隆　年十月初十日辰時葬沙弄

嗣子一文雅係胞兄次子

宏藝嗣子第十六世

軻諱光表字守謙生乾隆己未年十二月十六日酉時卒乾

隆壬午年四月廿一日辰時葬吧城大南門外舊塚配

黃氏生乾隆壬戌年四月初六日辰時卒乾隆壬午年

六月初六日午時葬書館前園坐坤向艮兼申寅

生子一景昌

宏桂嗣子第十六世

嗜諱光宗字子和生乾隆甲子年九月廿八日辰時卒嘉慶辛酉年五月廿二日酉時葬下店黃家祖墓右邊坐癸向丁兼丑未庚子庚午分金配葉氏生乾隆丁卯年八月廿六日丑時卒嘉慶十年乙丑二月初三日巳時葬下店與夫墳並列坐向分金仝

生子三長文察次文雅出嗣胞叔泰三文治

宏棟傳子第十六世

容諱光遜字蜂襄生雍正壬子年十一月十七日子時卒乾隆丙申年　月　日　時葬吉礁配李氏生乾隆丁巳年七月十二日巳時卒乾隆辛丑年八月

十二日子時葬會邊園後岍

生子一　權前

宏桂傳子第十六世

宏樑長子第十六世

縱諱光任生乾隆巳未年八月十九日子時卒乾隆丙子

年三月十三日寅時葬嘛吠呷

宏樑次子第十六世

翰諱光亨生乾隆　年　月　日　時卒乾隆

年　月　日　時葬吉礁

宏櫨傳子第十六世

宏樞傳子第十六世

璉諱光潚生乾隆戊寅年九月十七日申時卒乾隆辛亥年四月十九日午時葬梹榔嶼

宏謹長子第十六世

玉山諱光昭生乾隆甲戌年九月二十日午時卒乾隆癸卯年七月十六日巳時外出淹歿

宏謹次子第十六世

天送諱光岳生乾隆　年　月　日時

仰嗣子第十六世

軒諱光時生乾隆丁卯年八月十八日巳時卒乾隆戊申年八月十八日巳時葬吱嘮吧配郭氏生乾隆丁丑年二月初一日卯時

嗣子一媽成係次弟瓊三子

仰次子第十六世

瓊諱光英生乾隆庚午年五月初七日子時卒嘉慶庚辰年四月廿八日巳時葬巷仔口眉埽左平坐亥向巳兼乾巽丁亥丁巳分金配石碼頭蔡氏生乾隆甲戌年四月廿四日未時卒乾隆庚戌年九月十七日子時葬曾灣

園裡坐　向
續配五龍巖黃氏生乾隆甲戌年三月十四日酉時
卒道光壬辰年六月十四日未時葬
生子三長士次大海三媽成出嗣長兄軒

琳長子第十六世
出嗣
軒

琳次子第十六世
鄒諱光兆生乾隆己巳年二月初十日巳時卒乾隆辛卯年
三月初二日辰時葬丁機宜
嗣子一克廉係三胞弟晉長子

琳三子第十六世

出嗣

魯

琳四子第十六世

伯諱光禮生乾隆甲戌年十二月初三日巳時卒乾隆己酉年十月初三日未時葬吉礁配后柯柯氏生乾隆甲申年九月初六日辰時卒道光戊戌年閏四月初九日申時葬田仔頂坐卯向酉兼甲庚丁卯丁酉分金

生子二長士偉次士志

璉

琳五子第十六世

出嗣

威長子第十六世

遇諱光濱字渭叟生乾隆癸酉年七月廿七日申時卒道光

辛巳年七月初二日申時葬在曾邊水尾園裡坐　向

享壽六旬有九配田邊

張氏生乾隆癸酉年二月初二日辰時卒道光丙戌

年十三月初九日寅時享壽七旬有四葬在曾邊三斗

園前岓續配陳氏生乾隆己亥年九月廿六日寅時

生子三長牛出嗣胞叔柄次子張三石獅

威次子第十六世

顯　諱光揚字子明生乾隆丁丑年八月十七日寅時卒道光辛巳年九月十三日亥時葬埔仔頂

配寨上社陳氏生乾隆庚辰年八月初一日酉時卒嘉慶己卯年十二月二十日戌時葬埔項坐辰向戌兼亥巳丁亥丁巳分金

生子三長公亂次應得三有光

威三子第十六世

介　諱光肅字　生乾隆己卯年十月初十日未時卒嘉慶二年丁巳四月廿二日巳時葬檳榔嶼塚山裡

配白礁王氏生乾隆癸未年十二月初六日未時卒

道光廿一年辛丑十月十四日未時葬新墓坐亥向
巳兼壬丙辛亥辛巳分金内坐亥向巳兼乾巽丁亥丁
巳分金　生子四長麗水次歷水三新州四人和
威四子第十六世
印諱光權字持衡生乾隆戊子年五月十五日午時卒嘉
慶九年甲子五月十五日午時葬曾坪埔仔頂坐
向　配莊上社李氏
生乾隆丁酉年五月初四日午時卒嘉慶甲戌年九
月廿一日寅時葬埔仔頂夫人邊坐戌向辰兼辛乙
丙戌丙辰分金

生子三 長公儀 次公保 三公秋

威五子第十六世

楊諱光斗生乾隆辛卯年　月　日　時卒乾隆甲

午年三月初六日寅時葬會隴三斗𡊨□後坐　向

嗣子一牛 係長胞兄遇得子

充傳子第十六世

學諱光和生乾隆癸酉年八月廿八日寅時卒葬丁機宜

生子一蒲

充沢子第十六世

譜　由　嗣

充三子第十六世

帶諱光唐生乾隆癸未年四月十五日辰時卒嘉慶壬戌年九月初一日巳時葬暗塵山坐寅向申兼艮坤丙寅丙申分金　嗣孫一有茂本生父阿滿

五嗣子第十六世

魯諱光參生乾隆壬申年六月廿九日未時卒嘉慶十二年丁卯正月二十日戌時葬下店四斗坵田上園後岸內坐卯向酉兼乙辛辛卯辛酉分金外向兼甲庚丁卯丁酉分金配長與李氏生乾隆丙子年六月二十日巳時卒乾隆辛丑年九月十六日未時葬山頭庵

後坐辛向乙兼酉卯分金丁酉丁卯續配排頭黃氏生
乾隆丙子年三月初三日辰時卒嘉慶丁丑年十一月
十六日卯時葬下店右邊坐　向　兼寅申甲庚分金
生子二長克廉出嗣胞兄鄒次克念

五嗣子第十六世
語諱光談生乾隆庚辰年十二月十四日卯時卒葬失載

近傳子第十六世
成祖諱騰開生乾隆甲戌年十月十七日巳時

民傳子第十六世

光暹諱騰高生乾隆癸丑年八月初五日巳時

鶴鳴傳下第十六世

淵泉諱騰才生乾隆癸丑年十二月廿二日寅時

典謨長子第十六世

帝眷諱騰飛生乾隆丁酉年九月初六日申時

典謨次子第十六世

謝氏家乘　卷十一　八十七

光曄諱 訓詁長子第十六世 生乾隆癸巳年六月十五日亥時

光昶諱 訓詁次子第十六世 生乾隆庚戌年正月廿八日辰時

光暹 訓詁三子第十六世 出嗣

高陞諱篤 三友長子第十六世 生乾隆甲戌年八月十五日寅時卒乾隆四十

年九月初五日巳時葬臺灣夾仔脚顔厝寮

三友次子第十六世

迭山諱騰闇生乾隆甲申年九月廿六日巳時

配周氏生乾隆癸未年三月初一日辰時

生子一貌

天瑞傳子第十六世

祈長傳子第十六世

顯昭長子第十六世

振茂諱騰雲生乾隆辛巳年十二月廿四日辰時卒乾隆

甲辰年八月　日　時葬宗佛

顯昭次子第十六世

振緣諱　生乾隆　年　月　日　時

伯順傳子第十六世

應郎傳子第十六世

郁傳子第十六世

彩章傳子第十六世

忠信傳子第十六世

開傳子第十六世

大孫傳子第十六世

二孫傳子第十六世

三孫傳子第十六世

紅傳子第十六世

常傳子第十六世

長子鏘十六世

頎裕諱俊蘊生康熙甲午年九月初十日申時卒乾隆癸巳

年十一月初二日戌時葬庵頭塔脚三斗種后坐向　配洪氏生康熙丁酉年九月廿五日酉時卒乾隆甲辰年五月十五日酉時葬象鼻灣埍園南坐辰向戌兼乙辛　生子六長初登次至泮三及池四遊泗五染柳六鰲選

疇次子第十六世

曉升諱俊明生康熙丁酉年六月廿八日申時卒乾隆戊子年七月十七日未時葬象鼻灣埍園頭右邊坐巳向亥兼巽乾配馬氏生康熙辛丑年八月初一日酉時

卒嘉慶庚申年三月初七日卯時葬肚與破河頭坐
東向西　生子一什得
疇三子第十六世
儒豹諱俊才生康熙庚子年七月十四日戌時卒乾隆壬
辰年九月初一日巳時葬象與灣垣園頭右邊坐巳向
亥繼巽乾配陳氏生雍正丙辰年四月初八日酉時
卒乾隆辛卯年七月十一日子時葬庵頭巷邊大垣
園頭坐　向　生子一斗聰
疇四子第十六世

士彪諱俊秀生雍正乙巳年七月廿八日寅時卒乾隆巳
酉年閏五月廿一日午時葬臺灣蕭壠下營社北勢坐
向失稽配翁氏生乾隆癸亥年　月　日
時　生子一景行

疇五子第十六世　住臺灣諸羅縣蕭壠下營社

明虎諱俊舉生雍正戊申年九月廿七日戌時
配王氏生雍正甲寅年　月　日　時
生子一文雅

疇六子第十六世

家駒諱俊翰生乾隆丁巳年六月十六日申時卒嘉慶辛酉年三月初三日午時葬土地公兜埭墘坐癸向丁兼丑未庚子庚午分金配蔡氏生乾隆庚午年八月十四日酉時卒嘉慶壬申年二月初四日戌時葬塔脚埭墘園坐子向午兼壬丙丙子丙午分金　生子一天與

外傳子第十六世

添傳子第十六世

爵傳子第十六世

子和

立傳子第十六世

輝諱俊英生康熙庚寅年十二月十二日辰時卒乾隆已

巳年十月廿三日午時葬西邂河仔頭坐乾向巽

號亥巳配楊氏生康熙戊戌年二月廿四日巳時

生子一文韜

洵傳子第十六世

蔭傳子第十六世

思傳子第十六世

洲傳子第十六世

讓傳子第十六世

鵬長子第十六世

興仁諱俊榮生康熙乙未年二月初一日寅時卒嘉慶己未

年十一月廿五日寅時葬石仔坑坐子向午兼癸丁庚子庚午分金配曾氏生雍正甲寅年九月初九日寅時卒嘉慶丁卯年二月初七日丑時葬石仔坑坐東向西　生子三長慶次欣出嗣胞弟嘉嗣三發

鵬次子第十六世　住臺灣漳化縣學官田番社口

國讓諱　生康熙丁酉年七月廿七日辰時

配呂氏生　生子二長文郁次宗老

鵬三子第十六世

美常　生康熙庚子年八月十六日巳時

鵬四子第十六世

嘉綱　諱俊毅生雍正甲辰年正月十五日寅時卒乾隆壬午
年正月初三日酉時葬在仔坑坐丑向未兼艮坤配陳
氏

嗣子一欣　係兄興仁次子

鵬五子第十六世

永瑞　生雍正戊申年五月廿九日巳時卒乾隆
年十一月廿一日　時葬在仔坑坐　向

沚江氏生　辛酉年
七月十九日子時
生子二長蹇次塾出嗣堂叔瓔

顏生
福長子第十六世
生康熙辛丑年十二月初八日申時卒乾隆丁丑
年九月廿二日戌時葬石仔坑山脚坐乾向巽兼丑
未

瓔
福次子第十六世
生雍正己酉年十一月廿九日　時卒乾隆
丁亥年九月十六日午時葬石仔坑公山裡坐丑向

未兼癸丁

參傳子第十六世

嗣子一塾 係堂兄永瑞次子

興祖長子第十六世

開諱俊孝生乾隆

年七月十八日巳時卒乾隆戊戌

年四月初十日巳時葬埭仔頭埔頂山坐艮向坤兼寅

申辛丑辛未分金配林氏

嗣子一光排 係胞弟清河次子

興祖次子第十六世

清河諱俊圖生乾隆庚辰年十月二十日戌時卒嘉慶辛未
年十月二十日戌時葬沓邦
配黃氏生乾隆庚寅年九月十五日未時卒道光丁
酉年十二月十二日卯時葬巷口坐乾向巽兼巳亥
生子二長光愿次光排出嗣胞兄開

琦長子第十六世

椎諱俊英字雲碩生康熙壬辰年四月十五日未時卒乾
隆癸未年十月廿八日戌時葬后壁園坐卯向酉兼
乙辛配李氏生康熙壬辰年正月初三日亥時卒乾
隆丁卯年十二月初八日午時葬后壁園頭坐卯向酉

兼乙辛續配林氏生雍正　年正月十一日酉時

生子四長閏光次宗泰三宗林四宗禰

琦次子第十六世

維諱俊華生康熙己亥年六月廿七日巳時卒乾隆癸亥年

十二月初十日午時葬后壁園坐乙向辛兼卯酉外卯

酉兼乙辛

配陳氏生卒葬所失載

生子一繼宗

異長子第十六世

麟章諱俊藻生康熙辛丑年正月廿二日午時卒乾隆壬午

年七月初二日酉時外殁配李氏生雍正甲辰年四
月廿八日丑時卒嘉慶十二月丁卯七月十六日午時
葬臺后坐乙向辛兼卯酉丁卯丁酉分金
生子四長謀次恰三近四輪

巽次子第十六世

鸞彩諱俊蕙生雍正丙午年正月十三日亥時卒乾隆丙
申年八月初四日戌時葬埭頭埔松柏山中坐寅向申
兼艮坤配林氏生乾隆戊午年七月十七日申時卒
乾隆戊申年六月十一日卯時與夫合葬
生子三長民次志三菊

配陳生

生下一換

巖次子第十六世

起諱俊翅生乾隆辛酉年五月廿九日亥時

配劉氏生　年　月　日　時

九如傳子第十六世

六壽傳子第十六世

專長子第十六世

塡生諱俊華字逊玉生康熙乙未年十二月二十日巳時卒乾隆壬寅年正月廿七日巳時葬王公庵邊松仔脚坐乾向巽兼戌辰丙戌丙辰分金配鍾氏生康熙甲午年四月初四日申時卒乾隆甲午年五月初二日午時葬石仔坪坐甲向庚兼卯酉庚寅庚申分金

生子四長陶次陣三洽出嗣胞弟業四陟

專次子第十六世

熙生諱俊叶生康熙辛丑年八月廿八日酉時卒乾隆甲辰年七月廿二日酉時葬石仔坑坪頂下頭坐艮向坤兼

寅申辛丑辛未分金配黃氏生雍正戊申年十二月初八日未時卒乾隆癸未年六月十二日巳時葬鳳髻尾園裡坐寅向申兼艮坤丙寅丙申分金續配蘇氏生雍正辛亥年八月廿七日卯時卒嘉慶乙丑年七月廿九日辰時葬鳳髻山祖墓右邊畔坐艮向坤兼寅申庚寅庚申分金　生子三長理次簡三姐

專三子第十六世

潤諱俊德生康熙壬寅年十一月三十日丑時卒乾隆甲申年八月十三日戌時葬于宅尾園裡坐甲向庚兼寅申丙寅丙申分金配黃氏生雍正丁未年五月廿

七日丑時卒乾隆癸丑年十月初十日子時葬后壁
園坐艮向坤兼丑未丁丑丁未分金
生子三長陞次派出嗣胞弟業三瓜

傳四子謝十六世
葉生諱俊茂字遜蓁生雍正丁未年十一月十八日卯時
卒乾隆甲子年九月十四日午時葬石仔坑裡坐丑
向未兼艮坤
嗣子三長洽係胞兄填長子次派係胞兄潤次子三念係胞弟威長子

傳五子第十六世

咸生諱俊育生雍正辛亥年十二月二十日卯時卒嘉慶
戊午年十月初七日丑時葬石坑六角井頂坐辰向
戌兼乙辛丙辰丙戌分金配周氏生雍正甲寅年十
二月廿一日丑時卒嘉慶庚午年正月廿九日午時葬
台尾尖後坐甲向庚兼卯酉庚寅庚申分金
生子二長念出嗣胞兄葉次光忍

前定傳子第十六世

來傳子第十六世

漣傳子第十六世

典傳子第十六世

天功成傳子第十六世

堯長子第十六世

郡字子山生康熙庚寅年五月初七日辰時卒乾隆己亥年六月廿七日辰時葬六角頭坐癸向丁兼子午分金丙子丙午配何氏生康熙甲午年十月初三日酉時卒乾

隆年癸[illegible]年正月初三日丑時葬壙裡坐

生子一碧光

昇

堯次子第十六世

生康熙壬辰年十一月初

堯三子第十六世

吉呆

應期

堯四子第十六世

桔

生雍正壬寅年七月三十日丑時卒乾隆年

求年閏五月廿二日卯時

躍長子第十六世

肇賢　生雍正辛亥年六月初二日午時卒乾隆

甲戌年四月十四日亥時

躍次子第十八世

暎宗字　生雍正乙卯年六月廿三日未時卒葬失載

配黃氏生乾隆癸亥年九月十四日未時卒葬失識

生子一隨楊

燦傳子第十六世

任公第五房分派世系條紀卷十二

俊傳子第十六世

昂長子第十六世

榮字其安生康熙辛未年十月十八日酉時卒雍正丙午年正月十四日午時配林氏生康熙戊寅年五月三十日酉時卒雍正丁未年十一月初四日丑時合葬棲山廟鞍裡坐壬向丙兼亥巳

生子三　長陣次聖三蒲

景長子第十六世

甲十月初九日申時葬坑園山三湖裡坐亥向巳兼壬
丙外壬丙兼亥巳配高氏生康熙己丑年十一月廿
三日子時卒乾隆丙寅年二月十八日子時葬坑園山
三湖裡坐壬向丙兼亥巳續配曾氏生康熙乙未年
正月二十日丑時卒乾隆丁酉年九月廿三日未時
葬廟鞍園内坐亥向巳兼乾巽
生子六長講次廷三崑四蒲出嗣榮
五尚俱高氏出六使

景次子第十六世

道字元德生康正壬辰年二月初十日寅時卒乾隆丙午年二月廿四日酉時葬大屏山三湖内坐甲向庚兼卯酉庚寅庚申分金配陳氏生康熙丙申年十二月廿四日午時卒乾隆丙申年十一月十二日酉時葬山頭海墘園裡坐申向寅兼庚申庚寅分金

生子六　長揉　次齊　三龐　四品　五騰　六仙

景三子第十六世

福字元美生康熙己亥五月初八日寅時卒乾隆六十年乙卯九月初十日未時葬坑園山坐乙向辛兼卯酉配朱氏生康熙乙亥年二月廿一日丑時卒乾隆

卯酉庚寅庚申分金

生子五 長祥 次親 三英 四旺 五行

景四子第十六世

祿字元章生康熙壬寅年十二月廿二日丑時卒乾隆乙亥年八月廿四日丑時葬廟鞍園裡坐乾向巽兼亥巳

配周氏生雍正乙巳年九月廿五日酉時卒乾隆丁酉年八月初五日酉時葬廟鞍坐亥向巳兼乾巽

生子三 長岳 次位 三捷

昱長子第十六世

臧字 坐康熙 年 月 日 時卒乾隆十
年正月十二日 時葬欽山頂坐 向
配施氏生康熙 年 月
日 時卒
生子一廛

昱次子第十六世
龍字 生康熙 年 月 日 時卒乾隆
年 月 日 時淹歿海洋配康氏生康
熙 年 月 日 時
生子三長侯 次清出嗣文貴 三路

虎字元炳生康熙乙未年八月二十日　時卒乾隆丁亥年
四月初五日寅時葬山頭湖坐申向寅兼酉卯
嗣子一料理係堂弟閙六子

昱四子第十六世
文貴字　生康熙壬寅年　月　日　時卒乾隆
年　月　日　時歿外域
嗣子一清係龍次子

昱五子第十六世
光胤字元祚生雍正　年　月　日　時

六七

閣峯元初生康熙辛丑年正月初九日卯時卒乾隆乙卯年八月十一日申時附葬石後碶内坐艮向坤兼寅申辛丑辛未分金配何氏生雍正癸卯年十月初十日寅時卒嘉慶辛酉年七月十四日辰時附葬夫墳右邊坐向分金同

生子六　長通文　次媽訒　三老輝　四田王　五南貞　六料理出嗣虎

晃次子第十六世

法峯元　生　年十月廿六日酉時

卯年三月廿八日申時葬大屏山坐丑向未兼癸丁
　生子二長光典次才發

晃三子第十六世
眼字元長生雍正丁未年三月廿八日未時卒葬暹羅
配陳氏生雍正戊申年十二月初六日未時卒乾隆
戊申年五月十八日未時葬内坑社後石碇内園裡
坐艮向坤兼寅申辛丑辛未分金
　生子一狗

都長子第十六世

國字邦材生康熙戊寅年五月廿三日酉時酉時卒乾隆己
丑年十一月初三日　時葬東山邊園坐　向
配马氏生康熙乙酉年
四月三十日午時卒乾隆庚子年五月二十日　時葬
東山邊園坐　向
生子四長冀次起三顕四添
原有長子振求因早世無傳故失之
今則立繼矣須編入
都次子第十六世
宗字邦器生康熙丙戌年九月十乙日辰時卒乾隆丁未年

日申時卒乾隆丁酉年八月初九日辰時葬東山邊園
内坐壬向丙兼亥巳丁亥丁巳分金夫婦仝穴
生子五長生次庇三土四坡五同
都三子第十六世
明德字邦氏生康熙癸巳年九月廿六日卯時卒乾隆巳丑
年十月廿二日午時葬湖尾園内坐子向午兼壬丙配
洪氏生康熙己亥年九月廿九日巳時卒乾隆戊申年
五月廿二日午時葬山頭湖坐西北向東南
生子二長輝次志

俌長子第十六世

乾山字　生雍正辛亥年十月　日　時

俌次子第十六世

報字　生乾隆辛未年　月　日　時卒乾隆癸

卯年四月初三日　時葬吉礁

嗣子一塤係持次子

响長子第十六世

鋭字邦智生雍正丙午年九月十八日卯時卒乾隆乙巳年

十月初九日巳時葬坑門山二婆石邊坐乙向辛兼

卯酉配李氏生雍正乙卯年二月十八日午日卒嘉

生子五長馬良次江淮出嗣漢奇
三光騰四士水五真寶

响次子第十六世

漢

响三子第十六世

盍字邦銘生雍正癸丑年三月初一日申時卒乾隆　年
六月初三日歿外域

响四子第十六世

梓準　生雍隆丙辰年八月十二日未時卒乾隆戊申
年七月初七日申時葬𡎖鞍裡祖墓邊坐甲向庚兼卯
酉丁卯丁酉分金配江氏生乾隆甲戌年四月十八
日未時卒嘉慶辛未年八月廿三日寅時葬蔡嶺社前
山坐甲向庚兼寅申
生子二　長菊　次填出嗣報

亮傳子第十六世

菊傳子第十六世

少吉字生雍正己酉年八月十九日亥時卒乾隆丙戌年十一月廿五日亥時葬欽山

嗣子一　江淮　係銳次子

泰嗣子第十六世

榜字　生乾隆戊辰年九月初四日未時卒乾隆丙午年九月十五日辰時葬淡水配林氏生乾隆丙子年六月初七日寅時卒道光壬寅年四月二十日巳時葬坑園山

生子三　長癸　次寅　三潤

章長子第十六世

惠字　生乾隆甲子年八月初十日辰時卒嘉慶元年二月廿四日午時仝祖父合葬蔡嶺社前山生甲向庚兼卯酉庚寅庚申分金配陳氏生乾隆壬申年二月廿六日戌時卒道光戊子年四月十二日巳時葬蔡嶺面前山雙胎山坐辰向戌兼巽乾庚辰庚戌分金

生子三　長九恩　次納　三讓

章次子第十六世

榜　出嗣

章三子第十六世

配黃氏生乾隆庚寅年十一月廿一日寅時卒乾隆乙卯年正月廿一日巳時與夫合葬坑園山三湖內坐艮向坤兼丑未丁丑丁未分金

生子一花草

興長子第十六世

周宇中文生雍正丁未年閏三月二十日巳時卒乾隆庚戌年七月廿八日辰時葬鍾坑內山腰坐乙向辛兼卯酉

配柯氏生雍正己酉年六月廿六日戌時

卒嘉慶壬申十月廿四日酉時葬後埔本處內坐

巽向乾兼辰戌

生子三長壹次欽三祈應

興次子第十六世

萬宇中　生乾隆丁巳年十二月廿九日辰時卒乾隆乙巳

年二月廿一日酉時葬山腳裡坐乙向辛兼辰戌

配林氏生乾隆丁卯年五月初三日巳時

生子二長光贊一居富次海

祐傳子第十六世

生子一尚

莊長子第十六世

壽字應仁生雍正甲辰年六月十五日戌時卒乾隆乙酉年
八月初三日寅時葬南院右金面曾厝大墓前坐巳
向亥兼丙壬配陳氏生雍正　年　月　日
時　嗣子一煥章係胞弟福次子

莊次子第十六世

福字澤夫生雍正壬子年三月十五日酉時卒乾隆癸卯年

二月初十日寅時葬臺灣府　　　　配蔡生雍正
癸卯年十一月十二日丑時
　　生子三長文瑞次煥章出嗣壽三祐彬

莊三子第十六世
　久諱越字其挺授建寧鎮右營中軍府生乾隆丁巳年十月
初一日子時卒乾隆丙申年十二月十八日亥時葬
漳城北門外北廟九榕山坐庚向甲兼　丁酉丁卯
分金配李氏生乾隆庚申年九月初二日午時

興[illegible]十六世

恭諱應琛字瓊玉　生雍正戊申年二月十七日亥時卒

配韋氏生雍正戊申年七月廿一日丑時卒乾隆甲申年七月廿三日寅時葬一面旗山坐坤向艮兼甲寅辛未辛丑分金續配陳氏生乾隆丙辰年九月廿六日寅時

生子二　長天澤　次天興

興次子第十六世

□諱庚璟字□□號□生雍正己酉年十一月十九日巳時卒
嘉慶元年丙辰十一月二十日丑時葬漳城南門外
竹仔橋桂花崙坐子向午兼癸丁　配陳
氏生雍正乙卯年八月廿四日丑時卒乾隆乙巳年
十月廿五日辰時葬漳州南外梅溪員山上吳厝山
岩仔頂坐辛向乙兼戌辰庚戌庚辰分金
生子七長峪山　次嵩山　三岱
四景山　五燕山　六峰山　七巍山

興三子第十六世

任諱應聘字用三生乾隆戊午年正月初八日巳時

子年十月廿七日卯時葬漳州一面旗山坐　向
生子一臨淵
興四子第十六世
園諱應球生乾隆　年四月十九日子時卒乾隆乙巳年
四月十一日申時葬南院後金面坐　向
配　氏生卒葬所失載
生子一惠州
興五子第十六世

絽字
旺長子第十六世
德盛諱應瑞字企禮生乾隆庚申十一月十一日戌時
配曾氏生乾隆甲子年九月一日辰時
生子五 長天助 次天生 三天来 四天紅 五天忠
旺次子第十六世
松茂字
耀長子第十六世

燦次子第十六世

明球字

宗庇長子第十六世

鍾字　生乾隆辛酉年十二月十二日寅時卒乾隆癸

丑年十二月廿一日卯時葬南門金面坐南向北丁

癸兼午子丙午丙子分金配李氏生乾隆戊辰年十

月廿三日辰時卒　　年　　月　　日　　時

葬　　生子一　煖

宗庇次子第十六世

年二月廿四日卯時葬漳城南門外內寮山坐坤向艮
兼申寅辛未辛丑金配鄭氏生乾隆戊辰年三月初
五日未時卒道光乙丑年十月廿五日寅時葬漳城
南門外間仔坑坐酉向東兼申寅辛未辛丑分金
生子五長碧次祥出嗣三貴四田五伍

宗庇三子第十六世

英字

生乾隆戊辰年十二月初八日寅時卒乾隆庚戌
年三月廿三日午時葬南門內　山坐　向
配陳氏生乾隆辛未年

生子二　長浩　次柏出嗣崑玉

顯榮長子第十六世

崑玉字　生乾隆戊辰年十月初六日午時卒乾隆丙申年十二月廿八日巳時葬北門外礬山嶺後占山仔坐甲向庚兼卯酉庚寅庚申分金配蔡氏生乾隆甲戌年十一月初二日酉時卒嘉慶甲寅年八月十八日子時葬漳城南門外一面旗坐南向北

嗣子一　柏係英次子

士保傳子第十六世
吾字　生乾隆丙戌年二月十五日寅時卒乾隆甲辰年
六月初六日亥時葬
嗣子一祥係峯次子

吉傳子第十六世

賛傳子第十六世

麟傳子第十六世
懷字

水源字鵬海生乾隆乙巳年五月十五日未時卒乾隆癸丑年六月初九日葬臺灣配林氏生乾隆辛未年十月十五日酉時

生子一孝義

科次子第十六世

貴源字　生乾隆己丑年二月初八日辰時

科三子第十六世

宗進字　生乾隆壬午年十一月廿二日卯時

甲傳子第十六世

易長子第十六世

深字世謨生乾隆丙辰年八月十九日卒乾隆戊子年二月初六日酉時葬過亭坐　向

易次子第十六世

遇字世會生乾隆甲子年二月廿一日寅時卒乾隆辛丑年五月初八日巳時葬太高山公園後

易三子第十六世

易四子第十六世

光燦字世彰生乾隆乙亥年十二月廿五日酉時

詩傳子第十六世

積字　生乾隆丁卯年六月十三日　時

鼎嗣子第十六世

衛字世敀生乾隆丁夘年三月初三日巳時卒乾隆乙巳年八月十五日子時葬太高仔公園後坐東向西

金長子第十六世
月生　生乾隆戊寅年六月初一日午時

金次子第十六世
亮字　生乾隆戊子年十二月初十日巳時

波長子第十六世
要祖字　生乾隆　酉年十一月　日　時

波次子第十六世

審　　生乾隆　年　月　日　時

春字　珠長子第十六世　生乾隆丙戌年六月二十日巳時

海　珠次子第十六世　出嗣

溪字　珠三子第十六世　生乾隆丁酉年七月初三日辰時

港字　珠四子第十六世
生乾隆己亥年十一月初四日亥時

泉　珠五子第十六世
出嗣

海字　習嗣子第十六世
生乾隆辛卯年六月十五日午時

秋字　伍長子第十六世
生乾隆丙戌年八月廿三日子時　早殀

伍次子第十六世

朝傾　字世平　生乾隆癸巳年二月初三日午時

伍三子第十六世

光籃　字　生乾隆丁酉年九月初九日子時

宰長子第十六世

叅　字　生乾隆辛巳年十二月十六日戌時卒乾隆庚子年正月初四日巳時葬山頭湖

宰嗣子第十六世

泉　字　生乾隆壬寅年十月三十日酉時卒道光戊子年

十二月二十日子時外殁配水頭許氏生乾隆甲寅
十一月初二日戌時
生子媽葵
九長子第十六世
廣字　生乾隆丙戌年十一月十七日子時卒嘉慶甲
子年四月十三日酉時葬太高山向酉
配楊氏生乾隆壬辰年正月初四日戌時卒乾隆甲寅
年六月十四日申時葬太高山公園坐東北向西南
九次子第十六世

九三子第十六世

愛字　生乾隆己亥年十月初八日寅時卒嘉慶乙亥

年四月廿七日巳時葬田墘坐戌何長兼乾巽庚戌庚

長分金配樓山林氏生乾隆己酉年三月二十日巳

時卒道光丁未年四月十四日巳時巷口

生子四長天求次天從三天明四倚玉

壹嗣子第十六世

紹字　生乾隆庚寅年四月二十二日卯時

機長子第十六世

麟字　生乾隆癸酉年十二月十五日未時早亡

機次子第十六世

元字　生乾隆丁丑年七月廿三日子時外歿

機三子第十六世

及　出嗣

機四子第十六世

命字　生乾隆甲申年二月廿一日寅時外歿

喜字
機五子第十六世
生乾隆丁亥年二月十六日酉時卒嘉慶壬申年
十月初四日巳時葬梧椰嶼
生子一光送
珍字
機六子第十六世
生乾隆己丑年六月廿三日寅時卒咸豐庚申
年六月十二日未時
配山後蘇氏生乾隆甲辰年
三月廿九日辰時卒道光庚戌年八月十六日未時葬

內壠坐丁向癸兼未丑庚午庚子分金
生子五　長光駿　次光馬　三光黎
四光所出嗣應拔　五光鋪

越長子第十六世
水字
生乾隆丙子年十一月　日午時卒乾隆乙
未年正月十五日酉時葬壠仔內石頭腳坐南向北

越次子第十六世
東字
生乾隆庚辰年十一月十四日辰時卒嘉慶壬申
年十一月十四日午時葬內壠坐巳向亥兼丙壬配顏
氏生乾隆乙亥年十月初四日未時卒道光乙酉年

九月初八日亥時葬烏尾山坐酉向卯兼辛乙辛酉
辛卯分金　　　生子一忠漢
和長子第十六世
福壽字世海生乾隆乙亥年五月初九日酉時卒乾隆甲辰
年五月十二日巳時葬外域
和次子第十六世
泰岩字世邦生乾隆甲申年九月廿二日子時卒乾隆戊申
年五月廿二日午時葬太高山脚園裡坐東北向西
南
和三子第十六世

應拔字世顯生乾隆丙戌年十二月廿二日寅時卒嘉慶乙巳年十二月十五日酉時葬拱樹巢
嗣子一光所本生父珍
和四子第十六世
應趍字世犀生乾隆己丑年十一月初二日寅時
朕嗣子第十六世
郎字世中生乾隆甲戌年十二月初五日戌時卒乾隆己亥年三月廿九日未時葬外域
羨長子第十六世

羲次子第十六世

榮華字世曜生乾隆丙子年五月初五日未時卒葬失載

羲三子第十六世

忠信字成篤生乾隆丙戌年二月十二日卯時卒道光己酉

年正月十六日寅時葬內壠坐未向丑兼丁癸丁未

丁丑分金配海澄鍾氏生乾隆甲午年正月廿七日

戌時卒道光乙巳年八月十四日戌時葬內壠坐丁

何癸兼午子丙午丙午分金

生子四長讀書次樹豆三光閔四角

羲三子第十六世

萬石字成碧生乾隆壬午年十二月廿一日戌時卒菡港

羲五子第十六世

孝友字　生乾隆甲午年六月初三日丑時卒乾隆癸丑年九月十一日午時葬太高仔坐東向西

羲六子第十六世

美字成仁生乾隆辛卯十一月十三日寅時卒嘉慶丙辰年十一月初一日丑時葬太高山坐東向西

西傳子第十六世

諱鼎三第十六世
生乾隆庚辰年八月廿四日子時卒乾隆戊申年
四月廿二日辰時葬太高山脚園裡坐東北向西南
及字
鳳岐長子第十六世
諱世治字希三生乾隆己巳年九月初四日巳時卒葬失
載
配阮蔚顏氏生乾隆己巳年六月廿四
日酉時卒道光癸未年十月十二日丑時葬坑園山脚
生子一藍田
鳳岐次子第十六世

建字成章諱世勲生乾隆壬申年九月初八日戌時卒嘉慶
　己巳年正月初二日寅時葬坑園囝墘與妻左邉坐丑
　向未兼艮坤配同邑劉五店劉氏生乾隆甲戌年七月
　初七日酉時卒嘉慶丙寅年十月初五日巳時葬坑園
　坐艮向坤兼丑未丁丑丁未分金
　　生子一　逢旦
鳳岐三子第十六世
曇諱世渊字碧澄生乾隆丙子年正月二十日卯時卒乾
　隆壬子年四月廿四日丑時葬臺灣法華寺邉坐
　向　　　　　　　　　　　配長與李氏

鳳岐四子第十六世

淵清諱世潔字若深生乾隆戊寅年九月初五日巳時卒乾隆丙午年五月二十日申時葬三魁嶺飯匙石邊坐癸向丁兼 丙子丙午分金配排頭黃氏生乾隆辛巳年十一月十一日 時卒乾隆戊申年正月廿七日亥時葬太高山下公園後坐 向

生子一如冰

鳳岐五子第十六世

淵湧諱世 字長源生乾隆甲申年七月廿七日午[illegible]

隆丙午年七月初七日丑時淹歿

嗣子一國棟

鳳詔長子第十六世

獻琛諱世珍字希寶生乾隆庚午年十一月初四日未時卒

乾隆丙午年五月二十日申時葬三魁嶺下飯匙石

邊生癸向丁兼子午丙子丙午分金

配洪氏

鳳詔次子第十六世

峥嵘字　生乾隆甲申年十二月初八日丑時卒乾隆己

酉年閏五月十六日巳時葬坑尾坐　向

鳳詔三子第十六世
啣環諱世章生乾隆甲午年十二月初六日丑時卒葬失
載配陳氏生乾隆丙申年九月廿二日未時卒道光辛
巳年九月初九日酉時葬牛埔山
生子二長初興次棨
鳳詔四子第十六世
奪標　生乾隆丁酉年十一月廿五日亥時卒乾隆戊
申年十一月十一日　早殀
鳳宋長子第十六世
為龍諱世虎字雲從生乾隆丙子年十月廿四日子時

卒乾隆壬辰年八月廿二日午時葬山頭湖裡坐丁向
癸兼午子　生子一光籌
鳳宗次子第十六世
騎鯨諱世英字　生乾隆己卯年七月初三日子時卒
乾隆壬寅年五月十五日寅時葬下店坐　向
配黃氏生乾隆　年四月廿六日
寅時卒乾隆戊戌年八月十六日辰時葬牛埔山坐
向　續配薛氏生乾隆庚辰
年九月十九日巳時卒道光戊戌年十月十六日戌時
葬劉崎尾坐丑向未兼艮坤

講

鳳宋三子第十六世

生乾隆己亥年十一月初四日亥時卒嘉慶

年三月初十日未時葬烏尾石後碇内

長發

鳳宋四子第十六世

生乾隆辛亥年五月初三日午時卒咸豐辛酉年

正月十九日酉時葬樓山廟石龜脚坐艮向坤配陳氏

生嘉慶庚申年十月十六日巳時

生子六長回露次清令三霜雪

四石竹五元益六元琶

凰疊長子第十六世

武畧諱世輻字　生乾隆丙子年閏九月二十日未時

歿吉熊配吳氏生乾隆戊寅年　月　日　時卒

乾隆辛丑年十月初七日酉時葬麒麟山邊公園内

坐　向

凰疊次子第十六世

靜光諱世恬字　生乾隆己卯年十二月初九日寅時

凰色傳子第十六世

貫適字　生乾隆丙戌年七月廿三日寅時

劍號長子第十六世

瑞琳字　生乾隆癸未年十月初八日未時卒葬失載

劍號次子第十六世

豬光諱世華　生乾隆丙申年四月十五日申時卒道光甲辰年十二月十九日未時葬番坑口坐酉向卯兼庚甲丁酉丁卯分金配赤石溫氏生乾隆乙巳年十一月廿二日子時卒道光丁未年十月初一日未時葬埌皖

兩長子第十六世

江漢字朝宗　生乾隆丙戌年十二月初八日寅時卒

葬畬邦

兩次子第十六世

麗元諱世澤　生乾隆甲午年十二月初十日卯時卒

葬外殁

兩三子第十六世

新民字　生乾隆庚子年四月初九日亥時卒葬外殁

永成長子第十六世

光裕字　生乾隆庚戌年九月初六日子時卒咸豐辛

亥年五月廿八日巳時葬大屏山後石獅腩銑甲
祖墓又邉坐坤向艮兼未丑丁未丁丑分金配廈門
陳氏生嘉慶己未年五月廿一日卯時
生子四　長長经　次媽鈌　三媽順　四有戦
永成次子第十六世
光勝
出嗣
永立長子第十六世
光勝
生嘉慶丙辰年九月廿九日丑時卒道光乙未年
十二月廿八日辰時葬坑園山脚坐艮向坤兼丑未配

東渡黄氏生嘉慶庚申年正月廿四日子時
生子三　長三茂　次媽鉗　三孟起出嗣光寧

永立次子第十六世
光寧
生嘉慶丁丑年　月　日　時卒道光甲申年九月十一日戌時葬山頭祖墓邊
嗣子一孟起本生父勝

俊傳子第十六世

英傳子第十六世

雄傳子第十六世

傑傳子第十六世

天麟傳子第十六世

光灝長子第十六世

瑪定　生乾隆辛亥年八月廿七日酉時卒道光甲申年十月十八日酉時葬埭墘

嗣子

來傳子第十六世

用傳子第十六世

永宗長子第十六世

漆元傳子第十六世

文淑長子第十六世

瑪湛諱政和生乾隆丁酉年八月廿九日午時卒道光丁
未年九月十一日申時葬曾坪亥向巳兼乾巽庚辰
庚戌分金配孫氏生乾隆戊申年八月廿二日戌時卒
嘉慶戊寅年六月初六日辰時葬莫坪坐未向丑兼
坤艮辛未辛丑分金　生子二　長光迶　次秋水
文淑次子第十六世
瑪恩諱　生乾隆庚子年七月初八日辰時卒嘉慶巳
卯年七月廿三日巳時葬坑園山
配江氏生乾隆辛亥年十月初一
日巳時卒咸豐戊午年六月十九日巳時葬曾平

生子一光榔

文淑三子第十六世

瑪清諱　生乾隆丁未年十月初十日丑時

配顏氏　生嘉慶丙辰年七月廿三日午時卒道光丙

戌年三月廿二日未時葬與坪坐坤向艮兼申寅

續配埭頭林氏生嘉慶辛酉年六月十七日子時

生子二　長次　次允然

文淑四子第十六世

瑪晴諱　生乾隆壬子年三月初四日丑時　早亡

傳祖傳子第十七世

燦傳子第十七世

徹傳子第十七世

發傳子第十七世

光長子第十七世

宙字

生雍正庚戌年二月十二日卯時卒乾隆戊申年十二月十五日寅時葬大屏山腳坐卯向酉兼乙辛配吴氏生雍正辛亥年八月十五日亥時卒嘉慶八年癸亥四月十五日卯時葬深溝頂山坐巳向亥兼巽乾丁巳丁亥分金

生子四 長恩波 次恩錫 三三梧 四五常

光次子第十七世

豹字

生雍正壬子年十二月十二日卯時

光三子第十七世

造字
光四子第十七世
庇字　生乾隆辛酉年三月初四日巳時外歿
配鄭氏生乾隆辛未年三月廿七日酉時卒道光丙
戌年十二月十四日寅時葬溪溝頂松柏山脚坐卯向
酉兼乙辛　生子二 長祿次河
光五子第十七世
東
士長子第十七世
郁字　生雍正乙卯年　月　日　時往暹

士次子第十七世

火字　生乾隆丙寅年十一月十五日午時卒葬失載

配宋氏生乾隆戊寅年十一月廿六日寅時卒乾隆癸卯年二月三十日巳時葬臺灣灰窯潭坎片裡坐西南向東北續配林氏生乾隆丁亥年六月廿九日寅時卒葬失載

生子三　長光衍　次馬慶　三馬葵

閘傳子第十七世

輜長子第十七世

濱尊字　生乾隆乙丑年四月初十日巳時

韜嗣子第十七世

福順字　生乾隆戊寅十月十一日子時

畧傳子第十七世

仍春字　生乾隆辛未年閏五月十五日子時

胆傳子第十七世

舉傳子第十七世

伯傳子第十七世

造傳子第十七世

協都字　生乾隆乙酉年十月初三日殁吉礁

媽悦長子第十七世

江字芳氾生乾隆丙申年五月廿五日寅時卒嘉慶乙丑年六月初五日午時葬上坑母右邉坐西南向東北

媽悦次子第十七世

廩字　生乾隆戊戌年八月初五日卯時卒道光乙酉年十二月初三日亥時葬松仔頂坐丑向未兼癸丁丁丑丁未分金配洪氏生乾隆甲寅年四月初二日卯時

生子四　長康泰　次昆出嗣閼常三善出嗣維儀四清

媽悅三子第十七世

明字　生乾隆辛丑年七月廿二日卯時外亡

媽悅四子第十七世

如然字　生乾隆丁未年九月廿六日巳時外亡

爵長子第十七世

約字邑榮生雍正癸丑十一年十月初十日酉時卒乾隆癸
未廿八年三月十九日辰時葬壠英園裡坐　向
配蔡氏
生子一重愰

爵次子第十七世
川位字邑賜生乾隆壬戌年　月　日　時卒嘉慶
十二年丁卯二月　日　時葬異域梹榔嶼
配陳氏生乾隆庚申五年正月十五日寅時卒乾隆乙
未四十年正月十六日子時葬壠英園裡坐丑向未
兼癸丁　生子二長天池次天錄

毼三子第十七世

迭鳳字啓龍生乾隆甲子九年　月　日　時卒葬

失載

排遺腹子第十七世

遺宗字啓錫生乾隆戊午三年十月廿九日未時卒乾隆癸

巳年六月十九日巳時葬外域配何氏生乾隆己未

四年三月廿一日卯時卒嘉慶己卯年十二月十七日

戌時葬在山頭園坐庚向甲兼申寅丙申丙寅分金

生子三　長瑞鵬　次瑞椿　三瑞謙

宣傳子第十七世

儀宗字君拔生乾隆乙巳年六月十五日午時卒葬失載

滐傳長子第十七世

萃英字君俊生乾隆丙戌年　月　日　時卒葬失

瀠滐次子第十七世

儲字君　生乾隆辛卯三十六年八月初三日　時卒葬失

傑長子第十七世

仰止字君明生乾隆辛卯三十六年八月十三日酉時卒嘉

慶六年辛酉九月十九日巳時葬異域棺槨與本頭公

嗣子一登山係胞弟暘日長子

傑次子第十七世

傑三子第十七世

蒼皎字君如生乾隆庚子四十五年九月初一日午時卒

乾隆戊申年七月廿五日未時葵失載

傑四子第十七世

賜日　　出嗣

傑五子第十七世

朝宗字君廟生乾隆五十七年壬子十一月廿二日巳時

卒葬失載

沛源嗣子第十七世

文猷字君徵生乾隆丙申四十一年十月廿五日子時卒道光丁亥年四月廿五日戌時葬在本山泰膏仔山坐甲向庚兼寅申丙寅丙申分金配廈門東門外吳厝巷吳氏生乾隆四十八年癸卯十一月十八日巳時

生子三　長瑞草　次瑞海　三盡忠

集長子第十七世

郭字　生乾隆戊戌年　月　日　時

集次子第十七世

玉麟字君瑞生乾隆庚年　月　日時

集三子第十七世

紹才　出嗣

集四子第十七世

八士字启祥

集嗣子第十七世

庶字启恩生嘉慶五年庚申十一月廿二日巳時卒道光二
十三年癸卯二月十一日巳時葬在宫亮墓坐寅向申
兼艮坤丙寅丙申分金配林氏生嘉慶十五年庚午
六月廿一日未時

生子三長光丙次光杲三光枰

集五子第十七世

華英　出嗣

高鍾長嗣子第十七世

紹才字居耀生乾隆壬申年六月初十日申時卒乾隆壬辰年九月十六日巳時葬牛埔山坐乙向辛兼卯酉

高鍾次嗣子第十七世

暘曰字居晃生乾隆癸卯四十八年十月初五日戌時卒道光乙酉年八月十七日午時合葬在山頭坐庚向甲兼申寅丙申丙寅分金配寧坑林氏生乾隆五十二年丁未四月廿四日未時卒道光二十二年丙午十二月

初十日戌時壽六旬有二葬在山頭坐庚向甲兼酉卯
庚申庚寅分金
　　生子三　長登山出嗣　次瑞氣　三瑞鼠
國佐嗣子第十七世
啇字居賛生乾隆三十七年壬辰九月初二日巳時卒嘉慶
二十五年庚辰九月十六日巳時壽四旬有九葬在空
壳墓坐卯向酉兼乙辛丁卯丁酉分金配馬壠社刘氏
生乾隆四十年乙未三月十七日巳時卒嘉慶十八年
癸酉三月廿五日亥時葬在龍門亭下坐巽向乾兼
巳亥丁巳丁亥分金續配樓山社林氏生乾隆四十

四年己亥九月十七日午時卒道光庚寅年九月廿
九日丑時葬在空壳墓坐卯向酉兼乙辛
生子六長光守次紫微三用力
四閘出嗣胞兄綿五管治六追

端章長子第十七世

綿字居時生乾隆戊子三十四年二月十四日午時卒嘉慶
五年庚午四月三十日享壽四旬有三葬在牛埔墓左
平仝穴坐乙向辛兼辰戌分金庚辰庚戌配陳氏生
乾隆三十五年庚寅十一月十四日戌時卒嘉慶己
巳年十二月十二日丑時葬在牛埔山坐乙向辛兼

錦傳子第十七世

庇傳子第十七世

達傳子第十七世

進傳子第十七世

湖宇　生乾隆丙子年十二月十二日丑時卒乾隆壬

辰年正月廿四日子時葬深溝頂坐　向

嗣子一　君陣（係欽長子）

容傳子第十七世

祖字君顯生乾隆丁卯年十二月十九日酉時卒乾隆戊申

年四月廿七日未時葬深溝上園裡坐　向

配郭氏生

生子一　義傳

進傳子第十七世

欽字萊倏生乾隆甲戌十九年正月初四日酉時卒嘉慶

四年己未五月廿六日午時葬山頭坐辛向乙兼戌辰

辛酉辛卯分金配林氏生乾隆丙戌年四月廿九日申

[illegible]

辰兼辛乙丙戌丙辰分金

生子二　長君陣出嗣湖　次君迎

廉嗣子第十七世

秋月字文鸾生乾隆戊寅年十一月初十日亥時

配翁氏生乾隆壬午年五月初四日午時

生子三　長甲使　次講使　三志使

芓嗣子第十七世

秋蘭字文麟生乾隆乙亥年七月初十日未時
午年閏七月二十日巳時葬大榕埔山腳裡坐酉向卯
兼辛乙辛酉辛卯分金
苞長子第十七世
菊字文鳳生乾隆丁卯年九月十二日亥時卒乾隆辛丑年
八十八日酉時外歿
生子一登科
苞次子第十七世
秋蘭　出嗣
苞三子第十七世

秋月　出嗣

選長子第十七世

恭字文龍生乾隆丙寅十一年十月廿九日午時卒乾隆

戊申年九月初五日未時葬大榕埔坐　向

配鄭氏生乾隆丙子年

八月二十日卯時卒乾隆乙巳年十月三十日未時葬

大榕埔坐　向

生子一媽要

選次子第十七世

出嗣

殿

來傳子第十七世

加祿長子第十七世

提

生卒葬所失載

加祿次子嗣第十七世

殿字文奇生乾隆二十四年己卯十一月初一日酉時外

出

岳長子第十七世

彩字文載生乾隆三十年乙酉五月初二日未時卒乾隆

六十年乙卯二月十一日酉時葬葉山仔内坐申向

寅兼庚申配江氏生乾隆三十一年丙戌十一月廿二
日戌時卒道光　年四月廿七日寅時葬相連河
後坐寅向申兼甲庚庚寅庚申分金側室江氏生
年八月十四日子時卒道光丁未年四月二十日午
時
生子四長雁行次丹翁三丹墀係還三子
四丹溱係本房心在弟四子

咸豐八年
旌表入節孝祠額曰彤管流清
岳次子第十七世

邉字文遠生乾隆三十三年[illegible]
壬辰年二月初十日戌時葬李山奎鬼臺坐壬向丙兼
子午丙子丙午分金配温氏生乾隆三十八年癸巳
五月十八日申時卒道光乙巳年九月廿四日午時葬
狗路頭坐壬向丙兼亥巳丁亥丁巳分金　側室林
氏生年月日時卒道光丙申年八月初十日未時葬
相連河後坐巽向乾兼巳亥庚辰庚戌分金
生子四　長鱸　次維蕃　三丹墀出嗣　四光[illegible]庶出

岳三子第十七世
福字文啟生乾隆三十九年甲午十二月廿六日寅時卒

道光丁未年十月十五日[illegible]
巽乾丁巳丁亥分金配李氏生乾隆乙未年閏十月初六
日寅時卒道光乙巳年五月十三日申時葬劉翠石項
坐乾向巽兼戌辰丙戌丙辰分金
生子三　長兆基　次兆西　三光定

杜長子第十七世
格字文明生乾隆二十九年甲申五月十一日申時卒嘉慶
癸亥八年四月十四日辰時壽四旬葬樓山廟石龜項
坐巽向乾兼巳亥庚辰庚戌分金配鍾林尾蔡氏生乾
隆三十二年丁亥二月初四日午時卒道光丙戌年十

二月初四日未時葬東埔園坐巳向亥兼巽乾辛巳辛亥分金側室蔡氏生乾隆丙申年二月廿一日午時卒道光乙巳年十月十四日卯時葬後頭坐辛向乙兼戌辰辛酉辛卯分金

生子六　長錦奪　次八侑　三華國　四必魁　五必耆　六必愿

杜次子第十七世

企字文蔚生乾隆三十五年庚寅八月廿二日巳時卒道光元年辛巳九月二十日子時葬東埔園內坐巳向亥兼巽乾丁巳丁亥分金配鍾林尾蔡氏生乾隆三十五

年庚[illegible]五月十八日[illegible]時卒道光己[illegible]年[illegible]
亥時葬大寨湖虎坑內坐辛向乙兼戌辰辛酉辛卯分
金側室蔡氏生乾隆庚子年三月初四日亥時卒道光
丙午年九月廿九日酉時葬山頭湖坐酉向卯兼庚
甲

生子九　長紹周　次紹勲　三紹康　四紹科　五紹精
六紹亨庶出　七紹充　八紹欣庶出　九紹鵠庶出

杜三子第十七世

益湛字文友生乾隆四十七年壬寅四月初七日未時卒道
光乙未年六月廿一日午時葬內坑山大柏內坐戌向

向長康亭乙丙戌丙辰分金配尊埔劉氏生乾隆四
十七年壬寅十二月初一日午時卒道光戊申年九
月廿九日卯時與夫合葬
側室刘氏生嘉慶丙辰年六月十五日午時卒咸豐
辛酉十一年七月初九日未時壽六旬有六葬在杜輿
園與長子合葬分金同
生子七　長光合　次光造　三光運
四光化　五光聖　六蘇秦　七七齊　庶出

杜四子第十七世

儼然字文威生乾隆五十三年戊申八月初八日亥時卒道

年　年三月二十日　[illegible]江氏

生乾隆五十七年壬子十一月廿八日午時卒嘉慶丁
丑年九月廿五日酉時葬上坑虎溝尾園內坐坤向
艮兼未丑分金續配蔡氏生乾隆甲寅年八月初七日
亥時卒咸豐丁巳年十二月十九日酉時葬上坑虎溝
尾園內坐庚向甲兼酉卯分金
生子五　長光嬰江氏出　次杲能　三振雍
四啟銳　五伯強

育長子第十七世

兼字文山生乾隆三十三年戊子五月十九日午時卒道光

丁丑年三月十九日辰時葬坑園裡土地公園前岸
坐壬向丙兼亥巳丁巳亥分金配京口中書諱文傍公
長女葉氏生乾隆三十四年己丑二月十九日辰時
卒嘉慶丁卯年六月十九日午時卒嘉慶丁卯年六
月十九日午時與夫合葬
續配埭頭社馬氏生乾隆壬子九月初二日　時卒
嘉慶戊寅年七月廿四日　時葬欽山裡坐艮向坤兼
丑未丁丑丁未分金　側室葉氏生乾隆生乾隆丁酉
年五月十五日午時卒道光丁未年九月十一日寅時
葬坑園裡土地公園頭

生子八長公平次公拔三公龍四公寔
俱葉氏出五公衍庶出六公六馬氏出
七公投庶出八公衡馬氏出

育次子第十七世

拔字文萃生乾隆三十五年庚寅十二月廿三日巳時卒道光丁亥年十一月廿八日寅時葬廣東

配周氏生乾隆三十七年壬辰四月初八日申時卒乾隆甲寅七月廿七日午時葬狗路頭園內石頭邊坐酉向卯兼庚申續配林氏生乾隆甲午年十二月廿二日巳時卒道光甲午年二月初三日午時葬山頭湖生申

向寅兼庚申甲寅分金　生子二[illegible]有材

育三子第十七世

福字文啟　出嗣

育四子第十七世

贊字文襄生乾隆四十二年丁酉五月廿三日巳時卒嘉慶壬申年二月初七日丑時葬本山狗路頭坐庚向甲兼酉卯分金　配溫氏生乾隆壬寅年六月初七日子時卒嘉慶辛酉年七月初五日午時葬

續配馬壠刘氏生乾隆癸卯年九月廿一日酉時卒

側室劉氏生乾隆辛亥年四月二十
日午時
生子三 長光職 次光詣 俱刘氏出 三光註 庶出
育五子第十七世
封猷字文嘉生乾隆五十六年辛亥六月廿四日亥時卒道
光乙酉年七月十四日亥時葬壠尾園內生子向午
兼壬丙分金　配馬壠刘氏生乾隆癸卯年
九月廿一日酉時卒嘉慶辛未年十一月初十日辰
時葬後頭園

續配山後杜蘇氏生乾隆辛亥年二月十四日寅時卒
道光乙巳年十月二十日巳時葬壠尾園内與夫合葬
生子三　長光允刘氏出　次光班
三光煥俱蘇氏出

育六子第十七世

封疆字文翼生乾隆五十六年辛亥九月十六日辰時卒道
光丙申年五月十九日寅時葬馬内坑山石護定前配
温厝温氏生乾隆辛亥年九月廿二日酉時卒道光己
亥年十月廿七日申時與夫合葬
生子三　長光斷　次光輝　三光訓

諸長子第十七世

衛字文雄生乾隆二十一年丙子八月初一日申時外殁

配康氏生乾隆二十九年甲申八月初三日巳時卒嘉

慶十一年丙寅十二月十五日戌時葬弥勒肚山坐夘

向酉兼乙辛辛夘辛酉分金

生子七長佁次妙三鶴鳴四性安

五如右六松七草

諸次子第十七世

惠字文繒生乾隆二十三年戊寅九月初七日辰時卒嘉慶

十年乙丑五月二十日未時葬大墓頂坐夘向酉兼乙

辛辛夘辛酉分金配陳氏生乾隆三十五年庚寅十二
月初三日未時卒道光二十三年癸夘三月廿九日午
時葬割犁石後坪仔頂坐亥向巳兼乾巽丁亥丁巳分
金　　　　生子二長怡慶次怡標
咸豐八年
旌表入節孝祠額曰彤管流清
瑤長子第十七世
志賓字文用生乾隆二十八年癸未十月廿九日丑時卒乾
隆四十九年甲辰三月初五日丑時葬坑園山裡坐壬
向丙兼亥巳亥辛巳分金
辛

生子三 長淑意 次大[illegible]
本生父天養三大道 本生父溪泗

瑤次子第十七世

溪泗字文淮　生乾隆三十一年丙戌七月廿[illegible]日卯時卒
道光丁亥年閏五月十四日申時葬樓山塔脚坐申向
寅兼卯酉庚寅庚申分金配黄氏生乾隆丁酉年七月
十二日寅時卒嘉慶辛未年十月三十日巳時與夫合
葬續配蔡氏生乾隆四十二年戊戌十一月十五日午
時卒咸豐丙辰年六月十四日申時葬劄翠石後坪仔
頂生申向寅兼坤艮丙申丙寅分金

生子四　長大川　次大哲　俱黃氏出　三大成
四大道　出嗣胞兄志賓蔡氏出

瑤三子第十七世

天養字文炳生乾隆三十四年己丑四月廿二日申時卒嘉慶丁丑七月初七日亥時葬山平頂相連河後坐巽向乾兼巳亥庚辰庚戌分金配王氏生乾隆四十一年丙申七月廿一日酉時卒嘉慶九年甲子五月廿五日午時葬坑園大墓頂坐甲向庚兼卯酉丁卯丁酉分金續配許氏生乾隆四十九年甲辰九月初四日子時卒道光己酉年六月廿四日亥時葬馬內坑社後山仔頂

生子四長大茂王氏出次大駿出嗣老賓
三大有出嗣四大情俱許氏出

監長子第十七世

子教享文聲生乾隆三十八年癸巳二月十八日酉時卒嘉
慶甲戌年七月十八日亥時葬四里末配翁氏生乾隆
乙未四十年八月初三日亥時卒嘉慶四年己未五月
十六日酉時葬渡嶼裡坐　向
續配薛氏生乾隆四十四年己亥正月初九日卯時卒
道光癸巳年十一月廿二日戌時葬欽山公園裡坐丑

生子三

監次子第十七世

榮熙字文華生乾隆四十四年己亥十一月初一日辰時卒
道光辛巳年九月初十日酉時葬樓山社後頭坐庚向
甲兼酉卯庚申庚寅分金配翁氏生乾隆癸卯四十八
年十月十一日巳時卒道光甲辰年九月十六日未時
葬
生子四長媽獅次彪三鳳四興出嗣胞弟芳儀

監三子第十七世

□宗字文□□□□□□
光辛巳年九月初十日酉時葬後宅埔田仔生酉向卯
兼乙辛辛酉辛卯分金配陳氏生乾隆五十一年丙
午十月廿六日巳時卒咸豐辛亥年四月初八日申時
葬後頭坐乾向巽兼亥巳庚戌庚辰分金
生子三長媽虎次媽厓三象

監四子第十七世
芳儀字文式生乾隆五十七年壬子七月十六日戌時卒嘉
慶乙亥年十月十五日未時葬後頭坐西向東配林
氏生乾隆六十年乙卯十一月初一日戌時卒道光

丙午年十月初五日戌時葬後宅埔生酉向卯兼庚申
丁酉年丁卯分金
嗣子二　長興本生父榮熙次　継善本生父廩
咸豐八年
旌表入節孝祠額曰彤管流清
蔭長子第十七世
初學字文機生乾隆三十八年癸巳年十一月初二日子時
卒道光二十三年癸卯閏七月初六日申時葬內坑社
右坐子向午兼壬丙丙子丙午分金配陳氏生乾隆
甲午年四年十四日辰時卒道光六年丙戌十月初六

日未時葬内坑社后坐子向午兼壬丙丙子丙午分金
續配顏氏生嘉慶十二年丁卯二月初九日巳時
生子六長佳音次開光陳氏出三媽深
出嗣胞弟懇義出媽戴五媽承六媽循顏氏出
蔭次子第十七世
懇義字文禮生乾隆四十九年甲辰八月廿五日寅時卒乾
隆五十九年甲寅十月十一日卯時葬大屏山脚坑内
嗣子六長煥本生父吉徽次喬木本生父啟祥
三媽深本生父初學四貽夏本生父致忠

五媽念本生父芳策六溥典本生父傳授

蔭三子第十七世

傳授字良法一字權衡號東鈞太學生生乾隆五十三年戊申五月十八日申時卒道光二十六年丙午九月初九日亥時葬内坑山金斗内山仔尾坐庚向甲兼酉卯戊申戊寅分金配馬壠社刘氏生乾隆五十四年己酉八月十八日申時卒咸豐二年壬子四月廿三日巳時葬馬内坑蜈蚣穴右坐壬向丙兼子午辛亥辛巳分金側室林氏生查失葬在澳門側室莫氏生嘉慶五年庚申六月十二日未時卒道光十六年丙申四月十二

向選秉亥巳側室刘氏生嘉慶十七年丙寅四月十八日午時卒咸豐二年癸丑九月廿八日寅時葬内坑社後蜈蚣穴後坐癸向丁兼子午丙子丙午分金

生子六　長大有本生父天養次叨涪嫡出

三清霞莫氏出四溥淵本生父得三五溥典

出嗣彤兄懇義六溥洋俱庶出

良法族兄火讀書以親老多弟兄賈于粤經營家計毋私積延名師課季弟衍五不惜厚聘計五年而業成弟學行爲都人士所重亦不負長者望又好結納慷慨濟

人游粤時與高要縣黄秀峯契金蘭適黄秀峯子琴山先生德峻將北上公車絀於財揮金助之遂登第後酬先甚厚先有子六人長大有能繼父志見義力為家衛小康三清霞小游泮為吾族勤公事餘諸子諸孫林立見之獲報豈有艾哉賦四言詩六韵以遺後人

雍雍雅度　藹藹深情　養親撫弟　服賈營生

學勉予季　卒成厥名　揮金助友　報禮殊榮

有子肯構　吾族揚聲　綿延未艾　允宜褒旌

族弟鴻猷謹誌

蔭四子第十七世

潤祥字文禎生乾隆五十六年辛亥二
咸豐元年辛亥九月初八日丑時葬樓山社塔腳坐
向　配右井陳氏生
嘉慶二年丁丑九月十三日寅時卒道光十五年乙未
八月初三日未時葬樓山庵前塔腳坐寅向申兼甲庚
續配楊氏生嘉慶十六年辛未十月廿四日酉時
生子四長昆次喬木出嗣胞兄懇義
陳氏出三喬翼四喬追楊氏出

蔭五子第十七世

吉徵字文廸一字權德太學生生乾隆五十八年癸丑十二
月十五日寅時卒道光二十六年丙午十月初三日寅
時葬相連河後坐長向戌兼乙辛丙辰丙戌分金配
江氏生嘉慶三年戊午四月廿二日午時
側室江氏生嘉慶庚午年十二月二十日酉時卒咸
豐辛亥年三月廿一日未時葬相連河後坐艮向坤
兼丑未丁丑丁未分金
生子二長節用次煥出嗣胞兄懇義
蔭六子第十七世

琱中字文和生嘉慶[illegible]

十八年戊申正月十七日辰時葬內桀山仔頂坐

向　　配温氏生嘉

慶五年庚申八月廿三日辰時卒道光二十四年甲

辰九月廿五日午時葬大寨山坐辛向乙兼酉卯丁酉

丁卯分金續配蔡氏生嘉慶十七年壬申七月初四日

巳時

側室温氏生嘉慶己巳年七月十六日午時

生子六　長貽謀本生文德三次貽佐庶出

三貽夏出嗣彤光懇義四貽在五貽瓊

俱溫氏出六賽蔡氏出

蔭七子第十七世

方策字衍五一字家駒號皈亭咸豐乙卯科恩貢生生嘉慶十一年丙寅年正月初六日丑時卒咸豐十一年辛酉五月十九日巳時葬

配邱氏生嘉慶十七年丙寅十一月十一日辰時

側室邱氏生嘉慶戊寅年三月廿七日午時

生子四長解先本生父得三次媽念嗣出彤懇義

三媽倡四媽汝蕉出

行五族兄火聰慧髫年失怙事母湯藥必親母所心
嚮毋逆其志而承之終其身毋稍拂昆弟六人怡怡如
也有不給輒私與知交有告貸者亦常如其意以去
年幾及舞勺而十三經畢業十歲能文弱冠列膠庠
第一壯食餼試冠軍適遇拔科幾中選竟副焉鄉闈四
薦不售幾隹矣又見斥終不變志居里族間常為人
和事火弗平族有與鄉構鬬者弗止者兄極言釋之
勿敢違卒之日知兄者咸嗟悼焉所謂善人者非耶賦
四言詩韻以為後世勵

生而聰慧　秀拔超群　髫齡克孝　稱齒能文
誦可過目　試常冠軍　家有主宰　族火紛紜
窮親貧友　苦共甘分　一經白首　萬里青雲
瞑目而逝　道路痛聞　蓋棺論定　善人其云
族弟鴻猷謹誌

亨瀉字文　高堂長子第十七世　生乾隆三十一年丙戌十二月廿四日巳時
卒失載

高堂次子第十七世
啟龍字文　生乾隆巳丑三十四年十月初一日未時卒

道光丙戌年七月廿八日申時葬虎𪏭石前坐　向
配李氏生乾隆戊戌年
正月廿九日丑時卒嘉慶十三年戊辰七月十七日
未時葬虎𪏭石頂坐　向
生子二長守篇次守卜
高堂三子第十七世
㕫生字文　生乾隆三十九年甲午五月十四日酉時卒
道光甲午年正月初四日卯時葬虎𪏭石後配　氏生
乾隆甲午年二月初七日卯時卒道光癸卯年十月
廿八日申時葬虎𪏭石坐向

居侯長子第十七世
兩水守文斕生乾隆二十九年甲申十一月十七日巳時
卒道光辛卯六月二十日卯時葬東山邉坐　向
配楊氏生乾隆己丑年十
一月二十日辰時卒道光丙午年十月十二日午時葬
東山邉坐　向
生子二長增賢出嗣奎次增雄
居侯次子第十七世
奎字知欽文　出嗣

衆嗣子第十七世

奎字文　生乾隆三十六年辛卯四月初二日午時卒

乾隆六十年乙卯正月廿七日卯時葬大榕埔

嗣子一增賢本生父丙水

江河傳子第十七世

懷寧傳子第十七世

申伯字文　生乾隆四十八年癸卯九月廿六日申時卒

道光丁未七月初九日酉時葬十屏山脚坐　向

配楊氏生嘉慶辛酉年

五月十六日未時

生子二長仁杖出嗣叔青元次先固

耀任傳子第十七世

青元傳子第十七世

嗣子一仁杖

長傳子第十七世

黨長子第十七世

貴字　生乾隆丙子年十一月十

子年十一月廿九日　時葬吉礁

黨次子第十七世

遠字　生乾隆己丑年二月十六日酉時卒葬番邦

黨三子第十七世

川字　生乾隆辛卯年八月十二日卯時卒乾隆癸丑年

四月初一日巳時葬欽山園裡

蜂長子第十七世

潭字　生乾隆甲戌年十一月十八日　時卒乾隆辛丑

年六月十一日巳時葬欽山戌向長兼　庚戌

庚辰分金

蜂次子第十七世

遂字君拔生乾隆壬辰年三月十八日辰時卒道光壬寅年十二月十四日寅時葬深溝頂何落山蚘

配方氏生乾隆乙巳年七月初七日巳時

生子一春

蜂三子第十七世

棟字君有生乾隆己亥年九月十八日申時卒葬梧郡鎮

文長子第十七世

旺字居仲生乾隆庚子年正月初七日巳時卒道光甲申年八月廿五日酉時葬上坑石頭仔裡

配林氏生乾隆庚戌年三月廿四日酉時卒咸豐丙辰年十月十三日卯時葬欽山裡坐亥向巳兼壬丙辛亥辛巳分金

生子二長藏次梅

文次嗣子第十七世

順字居通生乾隆壬寅年十一月廿六日寅時卒嘉慶乙丑年八月十五日巳時葬梹榔嶼

生子一遠

光嗣子第十七世

鍾字君秀生乾隆壬辰年十月十五日未時卒道光戊申年正月初四日丑時葬燈火石坐卯向酉兼乙辛

配余氏生乾隆四十三年戊戌五月初二日辰時卒咸豐庚申五月十三日寅時與夫合葬

生子四長大棟次大棍三大柱四大民

求長子第十七世

帥字君壽生乾隆乙酉年正月廿三日未時卒嘉慶九年甲子正月廿八日巳時葬蔡嶺社後峏石右坐酉向卯兼

配李氏生乾隆庚寅年正

月廿二日戌時卒道光丙申年正月廿七日巳時葬
榕仔脚坐庚向甲兼酉卯
生子二長光暖次媽朝
求次子第十七世
長字居琴生乾隆丙戌年十一月廿八日丑時卒道光辛
巳年正月十五日未時葬坑園裡坐癸向丁兼子午丙
子午分金配葉氏生乾隆癸巳年八月初三日酉時卒嘉
慶元年丙辰三月廿五日申時葬欽山裡坐艮向坤
兼丑未丁丑丁未分金　續配何氏生乾隆三十九
年甲午正月初九日未時卒嘉慶庚辰年二月初十

[redacted]

生子四　長光典　次光閅　三光岍　四光順

求三子第十七世

鍾字　出嗣

求四子第十七世

路字居喜　生乾隆甲午年九月初五日巳時

配黃氏　生乾隆五十一年丙午二月初二日亥時卒道

光庚戌年二月初五日寅時葬虎溝尾世房公山腳坐

辛向乙兼戌辰辛酉卒卯分金　生子三　長光何　次光艳　三光陶

求五子第十七世

香字君得生乾隆己亥年五月十二日酉時卒道光壬寅年三月十三日未時葬石頭坐申向寅兼艮坤丙申丙寅分金配林氏生乾隆五十五年庚戌十一月廿七日辰時卒咸豐甲寅年四月初九日未時葬石頭仔坐申向寅兼艮坤丙申丙寅分金

生子五長菊次和三荐四隨五旦

求六子第十七世

吉字君平生乾隆丙午年三月廿五日丑時卒嘉慶乙亥年五月廿三日亥時葬亭面前半山坐乾向巽兼戌辰庚

戌庚辰分金　嗣子二長光岸本生父長升次光民本生父應

保傳子第十七世

芳傳子第十七世

載嗣子第十七世

香字君得

鍼傳子第十七世

齊傳子第十七世

陳傳子第十七世

智嗣子第十七世

爵守　生乾隆甲辰年八月十九日午時卒嘉慶乙亥年五月十二日葬屏山脚

牛長子第十七世

爵　出嗣

牛次子第十七世

攀字　生乾隆丁未八月十五日未時卒葬宗脚

配林氏生嘉慶丁巳年五月初十日巳時卒道光丙申
年五月十八日戌時葬欽山腳坐卯向酉兼乙辛
生子一大力

牛三子第十七世

子使

生喜慶己卯年十一月十四日子時卒咸豐辛酉
年八月初十日卯時葬禁山仔園頭
配林氏生道光辛卯年十二月廿九日酉時卒咸豐己
未年十一月十二日亥時葬內禁園仔頭

向長子第十七世

家喜

生慶嘉乙丑年九月十八日辰時卒道光辛卯

年十月十七日未時葬石頭仔園角

伺次子第十七世

家緣

老長子第十七世

媽長字　生嘉慶辛酉年十月二十日寅時卒咸豐癸丑

年十月初六日午時葬石頭仔邊坐丁向癸兼未丑庚

午庚子分金配顏氏生慶嘉戊寅年六月十六日亥時

生子三　長晚仲次樝　三應

老次子第十七世

家良字　生嘉慶己巳年九月初三日卯時早喪

老三子第十七世

媽故　生嘉慶辛未年四月十一日未時

送

老四子第十七世

生嘉慶甲戌年五月廿一日戌時

作

老五子第十七世

生嘉慶戊寅年二月廿七日亥時

甌[illegible]生道光戊子年八月廿一日卯時卒咸豐甲寅年十月廿五日戌時葬石頭仔過坐坤向艮兼未丑辛未辛丑分金續配林氏生道光己丑年八月十三日未時

生子一橋

老六子第十七世

媽利

生嘉慶庚申年十月廿七日丑時卒葬在梧梛

奐

生子一玉

維長子第十七世

畬賁

生嘉慶戊寅年十一月廿四日酉時道光乙

巳年十一月廿五日戌時葬鐵山園

維次子第十八世

伏

生道光乙酉年四月初六日巳時

配王氏生道光庚寅年四月初八日子時

生子二　長天源　次天泉

舜長子第十七世

林放字

生乾隆壬申年三月廿六日　時卒乾隆丙子

年正月三日　時葬吉礁配楊氏生乾隆癸未年

生子一笑

舜次子第十七世

高字　生乾隆乙亥年　月　日　時卒乾隆乙

未年八月十一日未時

舜三子第十七世

岱字　生乾隆戊寅年正月十二日巳時

舜四子第十七世

品字　生乾隆巳邜年四月十三日酉時

嵩長子第十七世

九咏字　生乾隆己卯年閏六月初一日亥時卒嘉慶庚申年五月初四日巳時葬大庄園坐癸向丁兼丑未　配江氏生乾隆癸巳年九月十六日丑時卒道光癸卯年正月廿二日巳時合葬夫墓

生子三　長得意　次富翁　三得潤

嵩次子第十七世

攸妲字　生乾隆辛巳年九月廿四日戌時卒道光丙戌年十一月初九日卯時葬亭面前山坐壬向丙兼亥

巳丁亥丁巳分金配黃氏生乾隆癸巳年十一月廿九
日酉時卒道光癸未年十二月初五日未時葬亭面前
山坐壬向丙兼子午
生子七長參次納三猜四礡出嗣堂弟乙
五財六不七掃

嵩三子第十七世
孫仰字　生乾隆己丑年十二月廿五日未時卒嘉慶甲
戌年十一月十八日戌時葬亭面前山坐亥向巳兼乾
巽分金丁亥丁巳配林氏生乾隆戊戌年八月廿三日
申時卒道光己酉年七月十二日午時葬內棠山坐坤

生子三長光石次光磚三光樑

萬四子第十七世

孫牘字　生乾隆辛卯年二月廿六日子時卒道光癸巳年十一月初五日卯時葬亭面前山頂坐申向寅兼酉卯　配溫厝社溫氏生乾隆戊戌年十一月初五日寅時卒嘉慶丙辰年七月初十日申時葬赤石埔園中坐東南向西北　續配籃尾社薛氏生乾隆甲辰年九月初八日申時卒咸豐甲寅年五月二十日巳時葬鴉仔墓坐壬向丙兼

生子二　長沙　次頭係薛氏出

嵩五子第十七世

帝字　生乾隆癸巳年十月初十日子時卒道光甲申年

二月十二日午時葬禁山仔坐未向丑兼坤艮分金辛

未辛丑　配吳貫祁氏生乾隆丙申年八月廿四日酉時

卒道光乙巳年九月廿四日寅時葬龍門亭前坐壬

何丙兼子午辛亥辛巳分金

生子六　長光夜　次光脩　三光勸

四耀濺　六馮

武經長子第十七世

淺字志賢生乾隆己卯年十月十七日巳時卒嘉慶戊寅

年七月十九日午時葬狗路頭坐　向

配楊氏生乾隆癸未年十一

月初九日申時卒道光丙辰年正月十五日未時葬

狗路頭坐　向

生子三　長光偕　次光協　三光云出嗣胞弟布

武經次子第十七世

布字志𢧐生乾隆癸未年六月三十日辰時卒道光戊戌年
三月初八日寅時葬欽山裡坐　向
配黄氏生乾隆庚寅年十二月
廿九日酉時卒道光丁未年八月初九日戌時葬欽山
裡坐　向
嗣子一光云係胞兄減三子
允茂長子第十七世
乚字志士生乾隆乙酉年十月十四日夘時卒嘉慶癸酉年
十一月初五日寅時
配林氏生乾

隆乙酉年五月初八日酉時卒嘉慶四年己未四月廿
九日酉時葬龍門前坐乾向巽兼亥巳庚辰庚戌分金
續配李氏生乾隆四十一年丙申正月廿一日未時卒
嘉慶八年癸亥九月廿二日未時葬龍門亭前坐乾向
巽兼戌辰丙戌丙辰分金
嗣子一光轉 係堂兄辰姐四子

允茂次子第十七世
萬成字　生乾隆戊子年十月初四日未時

允茂三嗣子第十七世

科仲傳子第十七世

聰明長子第十七世

有讓字志兼生乾隆戊子年三月十五日戌時外殁

聰明次嗣子第十七世

有當字　生乾隆戊申年八月十四日午時卒嘉慶庚

長年八月初八日巳時葬龍門亭後

配劉氏生乾隆戊子年四月十二日午時

生子二　長　班菊　次　丕顯

寬裕長子第十七世

清桃字志元生乾隆壬辰年七月廿七日午時卒道光癸卯年八月初十日申時葬後溝尾覆鼎金樓仔角坐巽向乾兼巳亥庚辰庚戌分金配寨上社陳氏生乾隆四十二年丁酉七月廿九日酉時卒道光丙午年十月十四月卯時與夫合葬

生子三　長　振郎　次　淑汝　三　樹

寬裕次子第十七世

寬政字志勤生乾隆甲午年十月十一日未時卒道光丙午年十月初五日子時葬長與社口坐艮向坤兼丑未丁丑丁未分金配埭頭林氏生乾隆四十五年庚子正月十八日申時卒道光己酉年六月廿二日酉時葬長與社口坐艮向坤兼丑未丁丑丁未分金側室　氏

生子四　長寒溪次水泉三落霜四落雹

寬裕三子第十七世

盛德字志豐生乾隆戊戌年十月十一日子時卒道光甲辰年十二月十二日卯時葬

六日巳時卒嘉慶十六年辛未六月十八日巳時葬
山狗路坐丑向未兼癸丁丁丑丁未分金續配林氏生
乾隆甲辰年九月十二日　　時卒道光甲辰年七月
初二日未時葬虎溝尾坐庚向甲兼申寅丙申丙寅
分金　　生子二　長光藝次芋朋
寬裕四子第十七世
清令　字志潔生乾隆壬寅年二月廿九日子時卒道光庚
戌年十一月廿八日未時葬亭後壁坐甲向庚兼卯酉
庚寅庚申分金配林氏生乾隆乙巳年七月初三日未

時卒嘉慶甲子七月廿八日未時

續配顏氏生乾隆壬子年正月

初九日申時卒嘉慶癸酉年四月十二日巳時葬山

狗路坐寅向申兼甲庚庚寅庚申分金再續配林氏生

嘉慶壬子正月十九日戌時卒道光己酉年閏四月

十四日未時葬亭後坐艮向坤兼丑未丁丑丁未分

金　　　　　　　　　　　　　坐子一郡

寬裕五子第十七世

有當字　　出嗣

寬裕六子第十七世

朝聘字志覲　生乾隆辛亥年十月初二日酉時卒道光庚申年九月初十日丑時葬槊仔墓山坐子向午兼癸丁庚子庚午分金配林氏生嘉慶丙辰年十月初九日申時

生子四長白雪次兵三學四圍

寬裕次子第十七世

朝英字志坂生乾隆甲寅年十一月初九日卯時

配楊氏生嘉慶壬戌年十二月初一日酉時卒道光丁酉年四月十八日巳時葬山狗路

生子四長光沛次光彧二光管四光廟

水長子第十七世

登海字　生乾隆丙戌年五月廿八日未時卒失載葬落山蛇坐卯向酉兼乙辛辛卯辛酉分金

水次子第十七世

登耀字　生乾隆己丑年八月初七日卯時卒嘉慶戊寅年三月三十日午時葬落山蛇坐乙向辛兼卯酉辛卯辛酉分金配埭头林氏生乾隆四十三年戊戌八月廿

山蛇坐乾向巽兼亥巳庚戌庚辰分金
生子一光什

水三子第十七世
登漢字　生乾隆辛卯年十二月初二日未時卒嘉慶
甲戌年十月廿四日巳葬落山蛇

水四子第十七世
登銓　出嗣

水五子第十七世
登橋　出嗣

昆時字志道生乾隆庚寅年十二月二十日亥時卒道光癸
卯年五月廿七日辰時葬大翁婆石西坪二穴坐丑向
未兼艮坤辛丑辛未分金配李氏生乾隆己亥年十二
月廿三日子時卒道光丁未年十月廿六日未時葬大
翁婆石西坪與夫合葬
生子六長錦雲次錦衾三真
四斷出嗣芳姜五塭六朗

珠珍次子第十七世
昆禮字志雄生乾隆癸巳年三月廿八日巳時卒道光甲辰

年[illegible]
寅庚申分金配周氏生乾隆丙午年四月廿八日酉時
卒嘉慶庚午年五月廿五日子時葬亭面前坐亥向巳
兼乾巽丁亥丁巳分金續配陳氏生乾隆庚子年九月
十八日申時卒道光乙巳年八月廿四日巳時葬在
綦仔脚坐未向丑兼坤艮辛未辛丑分金
生子二長萬生次任萃

太卿長子第十七世

江池字　生乾隆庚子年正月初五日巳時卒嘉慶十
年乙丑八月初十日戌時葬大屏山必裂崗頂坐北

太卿次子第十七世

天賜字　生乾隆乙巳年十一月初十日午時卒道光庚寅年正月初三日丑時葬龍門前坐巽向乾兼辰戌

配前庵林氏生乾隆乙卯年十一月廿四日丑時卒道光癸未年二月十二日卯時葬山狗路尾坐壬向丙兼子午辛亥辛巳分金續配郭氏生嘉慶乙卯年十一月十一日寅時

生子一　哞 出嗣胞兄江池

開通長子第十七世

登銓字　生乾隆癸巳年十二月十九日午時

開通次子第十七世

壘字　生乾隆己酉年九月十八日午時

開通三子第十七世

講字　生乾隆癸丑年十二月廿六日卯時

生子一清和任臺灣

回長子第十七世

倹字　生乾隆庚申五年　月　日　時卒葬失

配顔氏生

生子二長韓次藩

回次子第十七世

寀字　生乾隆癸亥年　月　日　時卒葬失載

嗣子一光秋係可論長子

咨傳子第十七世

喜字　生乾隆壬申年　月　日　時

惟傳子第十七世

求嗣子第十七世

盤字廷佐生乾隆甲午年十月初二日酉時卒道光甲申年九月廿六日午時葬落山蛇生巽向乾兼辰戌丙辰丙戌分金配吴貫林氏生乾隆丙午年正月廿九日未時卒道光戊戌年十二月十七日巳時葬落山蛇生戌向長兼乾巽庚戌庚辰分金

生子六　長光華　次光名　三光都
四光份　五光耍　六汗

國傳子第十七世

蘇傳子第十七世

貞傳子第十七世

天全傳子第十七世

淶長子第十七世

水字　生乾隆己卯年七月初六日巳時

淵次子第十七世

愠字　生乾隆甲申年二月初六日丑時

淵三子第十七世

市字　生乾隆癸巳年六月初五日辰時

輝龍長子第十七世

生乾隆壬辰年十一月十五日酉時卒乾隆戊申
年八月初四日巳時葬嶺內園裡坐卯向酉兼甲庚丁
卯丁酉分金

嗣子一 祝賀 係胞弟軒長子

輝龍次子第十七世

軒字廷翰生乾隆丙申年九月十一日申時卒道光庚子年
三月初八日寅時葬亭下坐卯向酉兼乙辛丁卯丁酉
分金配揚氏生乾隆甲辰年八月初四日丑時卒道光
丙午年十一月十六日午時葬亭下山與翁合葬

生子六 長 祝賀 出嗣右 次 祝輪 三 定

四來五悅六鎔

騰長子第十七世

肴字廷位生乾隆乙酉年八月廿八日未時卒道光丁亥年五月初八日未時葬亭下園裡坐未向丑兼坤艮丁未丁丑分金配溫厝溫氏生乾隆辛卯年八月十九日寅時卒道光乙巳年九月廿六日卯時葬龍門亭前坐戌向辰兼辛乙丙戌丙辰分金

生子一媽蓋

騰次子第十七世

閏字廷玉生乾隆辛卯年九月初四日寅時卒道光丙戌年

辛夘辛酉分金配漸美洪氏生乾隆庚子年十二月
初十日丑時卒道光丁未年八月初十日午時葬亭
下山坐午向子兼丁癸庚午庚子分金
生子四　長光秋出嗣峯
次光恩　三光鏈　四光兩出嗣

騰三子第十七世

盤字　出嗣

騰四子第十七世

安字廷仁生乾隆丁酉年七月初七日午時卒道光庚子年

三月十七日午時葬亭下園田墘坐丙向壬兼巳亥丁
巳丁亥分金配黃氏生乾隆壬子年九月初三日未時
卒咸豐辛亥年三月廿一日寅時葬山頭坐未向丑兼
坤艮辛未辛丑分金
生子一堪

播五子第十七世
勇字
生乾隆壬寅年十二月十七日卯時卒道光庚寅
年十一月十五日丑葬亭下本山坐辰向戌兼乙辛
丙辰丙戌分金配李氏
嗣子一要本生父盤

春字字　生乾隆壬子年十月十三日酉時卒葬梹榔嶼
生子三長登山次登清三登安
奉次嗣子第十七世
請光字　生乾隆丁未年正月廿九日寅時
配排頭社黄氏生嘉慶戊辰年四月十四日午時
生子二長銀次撈
暢長子第十七世

漳字廷衍生乾隆丙午年七月初二日未時卒道光戊子年七月十四日未時葬廣東配康氏生乾隆己酉年七月廿三日未時卒道光丙午年二月初四日巳時葬亭下山坐丙向壬兼午子辛巳辛亥分金

生子三　長光鐵出嗣榮次光石三卅

陽次子第十七世

榮字　生乾隆己酉年十一月廿五日卯時卒嘉慶辛未年四月十二日戌時葬拱榔嶼

嗣子一光鐵本生父深澧

陽三子第十七世

配溫厝社溫氏生嘉慶庚申年十一月廿二日寅時
卒道光戊申年八月十九日卯時葬龍門亭下坐巽
向乾兼辰戌丙戌丙辰分金續配黃氏生嘉慶丙寅年
七月十六日亥時
生子四長烏本次弄三鬆四訂出嗣登

陽四子第十七世

諸光

出嗣

淄五子第十七世

深登　生嘉慶丙寅年十一月初五日

配蕭氏生嘉慶丁巳年十二月十四日亥時卒咸豐戊午年九月十五日亥時葬曾平坐戌向辰兼辛乙丙戌丙辰分金續配陳氏生嘉慶己卯年五月十三日午時　嗣子二　長啟鋙　次啟友

珠傳子第十七世

象享　生乾隆丙午年八月廿四日亥時卒道光丙申年十二月十二日午時葬嶺內坐乙向辛兼卯酉

[illegible]

生子一信

拓傳子第十七世

顯長嗣子第十七世

光來字　生乾隆壬辰年七月廿二日巳時

顯次子第十七世

春帶　生乾隆戊戌年正月初一日巳時卒道光戊子年

五月初七日戌時葬

配何山舁何氏生[illegible]

時卒嘉慶十一年丙寅年十二月十四日辰時葬象與

埭頭坑坐甲向庚兼寅申庚寅庚申分金續配前宅李

氏生乾隆己酉年九月廿四日子時

生子二　長新泉　次秋水

光海

註長子第十七世

生乾隆戊子年十一月初十日子時

註次子第十七世

聽傳子第十七世

繼祖　生乾隆丙申年十月十三日午時卒嘉慶己巳年九月廿一日寅時葬象與堠墘坐甲向庚兼寅申庚寅庚申分金

中長子第十七世

伍倫　生乾隆乙未年六月廿二日午時

中次子第十七世

錠長子第十七世
潘諒
生乾隆癸未年九月廿三日戌時

錠次子第十七世
春帶
出嗣

錠三子第十七世
純爰
生乾隆己酉年五月十三日申時

元亨長子第十七世
漢良
生乾隆甲辰年三月初九日午時卒葬失載

講和
生乾隆壬子年十二月初二日午時卒葬失載
元亨三子第十七世

偉
生卒葬所失載
元亨四子第十七世

全
生嘉慶辛酉年八月廿一日戌時
江水傳子第十七世

媽生傳子第十七世

青雲長子第十七世
岑孚　生乾隆丁未年九月廿四日午時卒道光戊申年十月廿三日　時
嗣子一萬成
青雲次子第十七世
園財　出嗣
青雲三子第十七世
彩鸞　出嗣
青雲四子第十七世
永顏　生嘉慶壬戌年五月廿八日巳時卒道光戊申

生子二　長萬成出嗣仝次萬壽

青雲五子第十七世

克用字　生嘉慶戊辰年八月廿六日巳時

配吳氏生道光戊子年五月十一日辰時

次嗣子第十七世

固財字　生乾隆甲寅年十一月廿五日子時卒道光

戊申年十月廿三日　時葬失載

此長子第十七世

麒麟　字舜　生乾隆戊申四月十五日子時

此次子第十七世

字山　出嗣

此三子第十七世

石字　生乾隆乙卯年十二月十九日辰時

此四子第十四世

葉字　出嗣

尊法字　生嘉慶丁巳年七月十七日戌時
阮次子第十七世
帆字　出嗣
輝傳子第十七世
汝傳子第十七世
宗成長子第十七世
文銓　生乾隆辛卯年九月初九日酉時卒嘉慶丁卯年

九月初九日酉時外亡吉穮
宗戎次嗣子第十七世
宇山字
水嗣子第十七世
彬鳶字
生嘉慶丁巳年九月十五日酉時卒道光己酉
年二月廿六日丑時
配林氏生嘉慶庚辰年二月十八日卯時卒咸
豐癸丑年八月廿八日未時葬馬寨山坐丁向癸兼
未丑辛未辛丑分金
生子一羕石

諒嗣子第十七世

宇山　生乾隆壬子年四月十七日巳時

高傳子第十七世

恰長子第十七世

國珍字元寶生乾隆丙申年正月二十日戌時卒葵番邦

嗣子一玉樹係胞弟文東次子

恰次第十七世

文東字　生乾隆辛卯年二月十二日申時卒道光丁未

年六月十八日巳時葬東山邊坐壬向丙兼子午配張氏生乾隆壬子年　月　日　時卒道光己丑年四月初三日巳時

續配鄭氏生乾隆庚戌年正月十三日卯時卒咸豐戊午年七月廿一日未時葬內山壠坐戌向辰兼乾巽庚戌庚辰分金

生子二　長騰交　次玉樹　出嗣胞兄國珍

健傳子第十七世

位正字　生乾隆乙巳年七月十九日未時

有餘　出嗣

庇次子第十七世

字　出嗣

庇三子第十七世

貴子　生乾隆庚戌年十月廿三日午時

庇四子第十七世

守　出嗣

鄒傳子第十七世

斟傳子第十七世

兆傳子第十七世

英傳子第十七世

聖賢嗣子第十七世

治字

生乾隆戊午年七月初八日巳時

睦鄰嗣子第十七世

恍字　生嘉慶庚申年十月初四日亥時卒咸豐辛亥年五月廿二日戌時葬失載配黄氏生嘉慶丙子年九月廿三日丑時卒道光庚子年三月廿五日申時葬外内坑仔墘分金失載續配蔡氏生嘉慶庚辰年七月廿二日巳時卒道光辛丑年九月廿二日巳時葬山頭分金失載

生子一　蟳

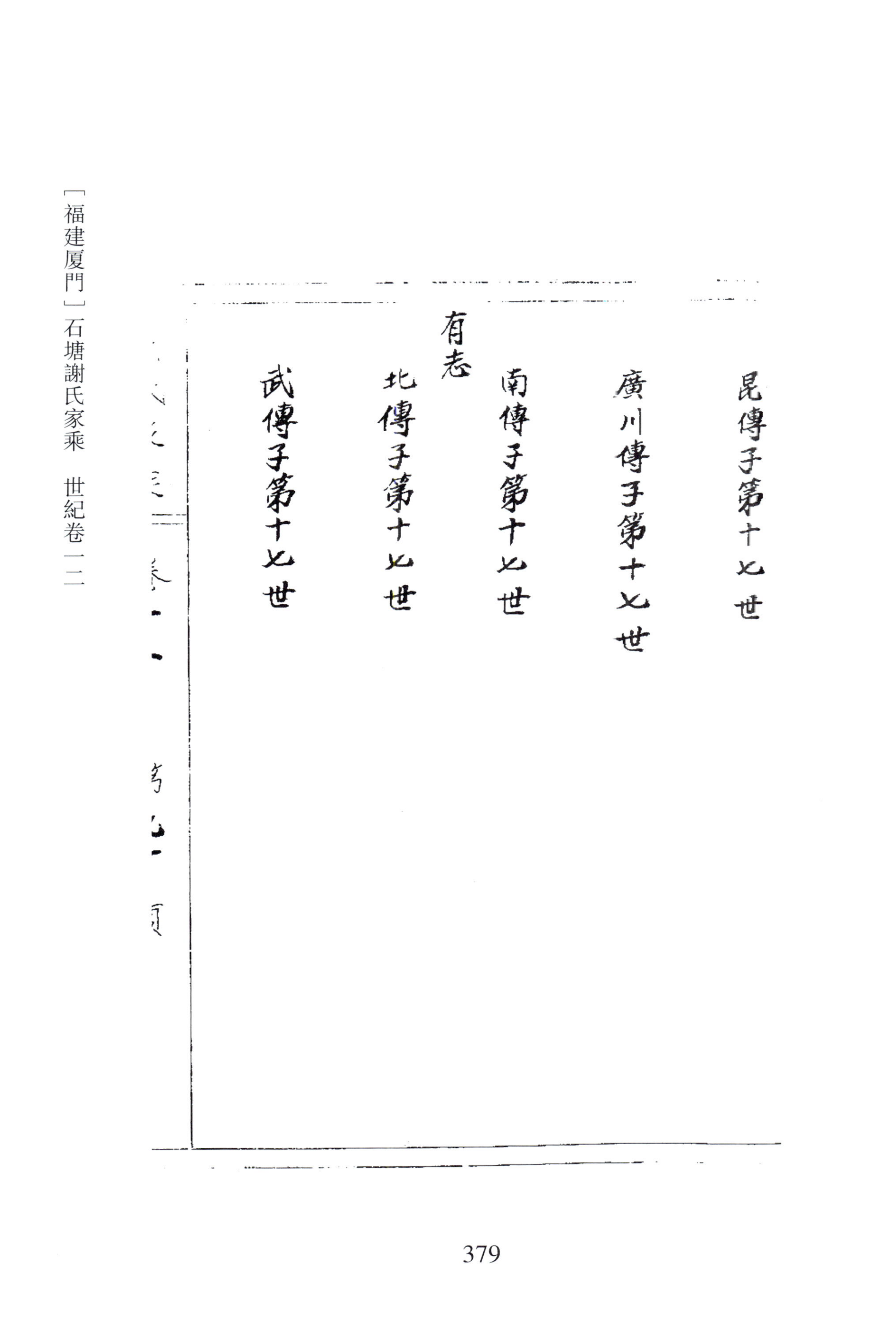

昆傳子第十七世

廣川傳子第十七世

南傳子第十七世

有志

北傳子第十七世

武傳子第十七世

喬士傳子第十七世

天賜

寶松傳子第十七世

神佑

寶松傳子第十七世

天賜

盛傳子第十七世

鳴岐傳子第十七世

高攀傳子第十七世

猷奇傳子第十七世

猷章傳子第十七世

恩通傳子第十七世

求長子第十七世

長字　生乾隆乙酉年正月十八日巳時卒乾隆

年十二月初二日未時葬吉礁

求次子第十七世

天下字金聲生乾隆戊子年十一月十二日寅時卒嘉慶癸

亥年六月十九日　時外亡配樓山林氏生乾隆丁酉

年十一月廿一日辰時卒道光丁未年六月十八日

酉時葬東埔山坐丙向壬兼巳亥丁巳丁亥分金

生子一遇

求三子第十七世

鵬字　生乾隆壬辰年九月十七日戌時卒嘉慶丁巳

年十月廿五日未時外亡

德瑞傳子第十七世

通喜長子第十七世

心志一名賜吉字士道生乾隆己酉年四月十八日午時卒

道光辛巳年四月十七日午時葬番邦配楊氏生乾隆

辛亥年五月二十日巳時卒道光乙巳年九月廿九

金

通喜次子第十七世

元寶一名寶全字仕澤生乾隆癸丑年四月初七日未時卒道光甲午年八月十一日未時葬東埔坐巽向乾兼長戌

配李氏生乾隆壬子年三月廿六日辰時卒道光甲午年十二月初五日巳時葬办口坐壬向丙兼亥巳

生子二長安清次安深

通喜三子第十七世

寶珍字仕華生嘉慶戊午年十月廿三日申時卒道光辛丑
年十月初五日子時葬塚亭後
配楊氏生嘉慶丁丑年九月廿五日寅時
生子二　長安淋本生父宝桒次　安源

通喜四子第十七世
任寔叻

宝桒字仕顯生嘉慶甲子年三月廿一日子時卒咸豐甲寅
年三月廿八日亥時葬寔叻山新塚山對面配何氏
生嘉慶丁卯年六月初八日寅時
生子八　長安祈　次安留　三安祥　四安淋出嗣胞
兄宝珍　五安成　六安福　七安禄　八安壽

寶興傳子第十七世

寶興字仕振生嘉慶丁卯年十二月初四日巳時

生子一安佳

魁山傳子第十七世

佛賜傳子第十七世

光遠傳子第十七世

榮祿傳子第十七世

次老嗣子第十七世

葉字　生嘉慶庚申年七月十五日酉時

生子一乖

光胡傳子第十七世

恩傳子第十七世

曰樣傳子第十七世

初傳子第十七世

顯傳子第十七世

明朱傳第十七世

敦長子第十七世

聖

生乾隆丁巳年七月廿五日亥時卒乾隆丙

戌年八月十八日申時

生子一新

敦次子第十七世

王

生乾隆庚申年八月初四日戌時卒乾隆丙

戌年八月十八日申時

生子一聲治

敦三子第十七世

嬌

生乾隆癸酉年四年廿二日　時乾隆丙

申年三月初二日未時

生子一光愛

敦四子第十七世

敦五子第十七世

雪　生乾隆辛巳年十月初十日辰時

學傳子第十七世

純長子第十七世

公西　生雍正癸丑年十二月廿六日　時卒失載葬

暹羅

純次子第十七世

公罕

純三子第十七世

公淑　生乾隆甲　年　月　日　時

配張氏生乾隆甲午年十一月十七日卒乾隆癸巳年十月十六日寅時葬龍門亭外坐　向

續配陳氏生乾隆己巳年七月十四日巳時卒乾隆壬寅年十一月廿四日巳時葬龍門亭下坐東南向西北

公　生子一望

洽傳子第十七世

藔傳子第十七世

蓮傳子第十七世

山傳子第十七世

春傳子第十七世

梅傳子第十七世

鞭傳子第十七世

大道

光棍傳子第十七世

自得傳子第十七世

有慶傳子第十七世

光寧傳子第十七世

光荐傳子第十七世

光賁傳子第十七世

光賛傳子第十七世

娥傳子第十七世

献傳子第十七世

碧傳子第十七世

俊賢傳子第十七世

淮水傳子第十七世

璉傳子第十七世

萬欽傳子第十七世

延傳子第十七世

家傳子第十七世

湕傳子第十七世

閣長子第十七世

江

水字有漢生乾隆甲辰年九月初二日戌時卒嘉慶己卯

年九月廿七日申時葬異域
嗣子一善繼
闊次子第十七世
奉花字　生乾隆壬子年七月初二日午時卒道光庚
寅年六月廿八日酉時
天固傳子第十七世
天五傳子第十七世
臨傳子第十七世

即戎長子第十七世

新祥字　生乾隆辛丑年十一月廿四日辰時外殁

即戎次子第十七世

秋忠字　生乾隆乙巳年四月廿一日辰時

吾宗長子第十七世

吾宗次子第十七世

敉傳子第十七世

開隆長子第十七世

讀書字有　生乾隆戊子年十二月三十日丑時外歿

讀書開隆次子第十七世

格字有感生乾隆辛卯年九月廿八日丑時卒嘉慶乙亥年

三月廿九日申時葬

開隆三子第十七世

渦字有康生乾隆癸巳年八月廿九日子時卒乾隆癸丑年

八月十九日未時葬落山蛇坐　向

珠傳子第十七世

衷傳子第十七世

渭北字階卜　出嗣

衷次子第

渭親字階親生嘉慶癸亥年三月十一日巳時外殁

真嗣子第十七世

渭北字階卜生嘉慶己未年三月十六日丑時外殁

卷十二終

任公第五房分派世系條紀卷十三

煥傳子第十七世

昂傳子第十七世

文理字　生嘉慶癸酉年四月初六日戌時

配草仔厝林氏生道光丙戌年五月十二日卯時

生子三長天海次天香三香英

意長子第十七世

光　生嘉慶己未四年　月　日　時外殁

通長子第十七世

光燦字　生乾隆丁未年九月三十日未時卒嘉慶丙子

年五月初一日子時外殁

嗣子一嫣灶本生父椿

通次子第十七世

漢椿字階　出嗣

通三子第十七世

漢植字階　生嘉慶辛酉年七月廿五日卯時卒道光乙未

年五月廿一日未時葬欽山坐艮向坤兼未丑

嗣子一　媽贊本生父漢椿

漢椿

世榮嗣子第十七世

生嘉慶戊午年十月廿六日子時卒道光乙巳年

九月初三日辰時葬尾山坐丁向癸兼子午丙子丙午

分金配埭頭温氏生嘉慶甲戌年八月廿三日巳時

生子三長媽贊出嗣漢樓次媽灶出嗣光燦三媽扶

有餘

石峻嗣子第十七世

字佩玉生乾隆丙申年九月廿四日未時卒嘉慶己

卯年五月十一日　時葬猫抵萬章山

配長與李氏生乾隆乙未年十月初五日申時卒道光丙午年十月十八日亥時葬食菜庵邊坐壬向丙兼巳亥丁巳丁亥分金

生子三長一鄉次一脩出嗣胞弟三一鄉

石峻次子第十七世

有昌字

生乾隆乙巳年六月十三日酉時卒嘉慶辛酉年六月初一日　時外亡王店鎮

嗣子一脩係胞兄次子

石峻三子第十七世

有才字

生嘉慶元年丙辰十一月十六日寅時

翰長子第十七世

藕水字如波生乾隆辛亥年九月廿二日子時卒嘉慶辛卯

年三月初九日　時葬異域

嗣子一萬成本生父允棟

翰次子第十七世

挺元字　生乾隆甲寅年正月十八日卯時卒道光庚戌

年十二月廿四日　時葬番邪昭鍾山社蔡氏生嘉慶

丙寅年十二月　日寅時卒道光己酉年八月初

九日酉時

生子二長萬福次萬曆

翰三子第十七世

允標　生嘉慶元年丙辰十月初三日辰時卒道光甲辰年十一月十一日卯時葬大片坑墘

配坑裡葉氏生嘉慶戊辰年九月廿四日申時

生子三長萬成出嗣藕水次耀三勝

翰四子第十七世

錦鱗字一　生嘉慶壬戌年三月廿六日辰時外殁

翰五子第十七世

啟愚　生嘉慶丁卯年十月廿四日戌時

翰六子第十七世

六

翰七子第十七世

七使　生嘉慶丁丑年九月初六日　時

閏芳長子第十七世

一士字　生嘉慶戊午年十月初一日寅時外殁

嗣子一閏　本生父一奐

鼎芳次子第十七世
一奚字　生嘉慶己巳年五月十六日戌時
配厦門山林氏生道光丁亥年十二月初二日辰時
生子一　閩出嗣胞兄山土

泰山長子第十七世
有濟字　生乾隆乙酉三十年九月初四日酉時卒道
光庚子年七月廿二日寅時葬芹裡馬寨山脚坐壬
向丙兼子午辛亥辛巳分金配陳氏生乾隆丁酉年十

辛丑辛未分金配山仔社陳氏生乾隆丁酉年八月初六日未時卒道光甲午年五月廿九日巳時葬欽山坐艮向坤兼寅申

生子二長佛水出嗣三房次潭水

光助次子第十七世

有渥字

生乾隆壬辰三十七年十二月十六日未時卒道光五年乙酉四月十六日戌時壽五旬有三葬馬內坑壠仔內與虎頭山附近在三片石坐申向寅兼庚甲丙申丙寅分金配衙裡內坑社周氏生乾隆乙巳年四月廿三日午時卒道光丙午年十月十九日子時與夫

合葬

生子二長速嬰次審嬰

光助三子第十七世

有濕字　生乾隆乙未四十年七月初五日酉時卒嘉慶壬戌七年七月廿九日酉時外亡

嗣子二長佛水係胞兄長子次升殿本生父有漸

光助四子第十七世

有漸字　生乾隆甲辰四十九年閏三月初三日寅時卒咸豐戊午年六月廿五日寅時葬

配楊氏生嘉慶己未年十二月廿八日寅時卒道光己酉年三月十六日酉時葬

生子三長升殿出嗣胞兄有濕次升財三升株

媽強嗣子第十七世

有汪字　生乾隆辛丑四十六年十月廿六日申時卒

道光戊子年十一月初七日丑時

配馬內坑馬氏生乾隆甲寅年五月

初四日午時

生子二長一汶次一種

日國傳子第十七世

德祿傳子第十七世

咸陽長子第十七世

子張諱有文生乾隆壬辰年十一月廿二日子時卒嘉慶十二年丁卯五月廿六日戌時葬大片裏園內土名坑墘坐寅向申兼艮坤丙寅丙申分金配東坑鄭氏生乾隆壬寅年十二月初七日寅時卒道光己酉年九月廿八日酉時葬尾山仔前祖墓邊坐巳向亥兼巽乾丁巳丁亥分金

生子二長添樹次添柳係胞弟長字

咸陽次子第十七世

有廪字有維生乾隆乙未年七月初八日巳時卒道光戊子年十月十二日子時葬大片裡坑墩坐丑向未兼艮坤辛丑辛未分金配水頭施氏生乾隆丁未年七月初八日亥時卒道光丙戌年五月廿二日戌時葬大　裡長寮坑坐艮向坤兼寅申辛丑辛未分金

生子一　添樣

咸陽三子第十七世

有夏字有春生乾隆丁酉年十月初二日午時卒道光丙申

初七日卯時卒道光癸巳年九月初四日未時合葬爺
坑園裡坐戌向辰兼辛乙丙戌丙辰分金
生子三長添柳出嗣胞兄次添棣三添木

咸陽四子第十七世
有詳守有細生乾隆壬寅年二月十七日卯時卒嘉慶庚辰
年二月初一日卯時葬廣東路老龍山配東選李氏生
乾隆丙午年九月十八日午時卒嘉慶己卯年三月十
四日未時
生子二長一脩次欲正

委郎傳子第十七世

佛贊傳子第十七世

淸可字生乾隆庚寅年正月十四日　時卒乾隆庚戌

年十二月初三日未時葬欽山坐丑向未兼艮坤辛

丑辛未分金

嗣子二長振畓本生父青蕘次振現本生父淸同

三槐長子第十七世

青蕘字瀛州生乾隆壬寅年十月十七日丑時卒道光辛巳

年十月二十日午時葬猪母石後過溝仔坐寅向申兼

[illegible]

年七月廿八日巳時卒道光己亥年正月初二日子時
葬芹裡山脚坐亥向巳兼壬丙
生子二長振發次振谷出嗣寄可

三喜傳子第十七世

清回字階　生乾隆五十五年庚戌十二月廿九日午時
配黃亭埭頭林氏生乾隆五十七年壬子三月初七
日卯時卒嘉慶乙亥年十一月二十日寅時葬欽山
裡祖墓邊坐東北向西南續配黃亭埭頭林氏生乾隆
甲寅年十一月十二日酉時卒道光癸卯年閏七月十

五日丑時葬滏墩坑壠坐巳向亥兼巽乾

生子三長振現出嗣清可次振根三振英

王寬長子第十七世

清時字有容生乾隆庚子年二月初十日戌時卒道光乙巳

年九月十九日卯時葬岸腳坐艮向坤兼寅申辛丑辛

未分金配官潯李氏生乾隆壬子年八月十二日卯時

生子長一琴次根[illegible]

王寬次子第十七世

千紅嗣子第十七世

清談字階　生乾隆四十九年甲辰九月廿七日戌時卒咸豐丁巳年十一月十三日亥時葬芹裡坐巳向亥兼巽乾配鄭邊鄭氏生乾隆戊午年三月廿三日　時卒咸豐戊午年五月初二日戌時葬東埔坐午向子兼丁癸庚午庚子分金

生子二長倉斷次倉亮

達傳子第十七世

郑字階　生嘉慶五年庚申八月初四日寅時

卿長子第十七世

開字世琛生康熙壬辰年正月廿六日未時卒乾隆丙申年七月廿七日寅時葬沙弄配黃氏生康熙壬辰年二月初十日巳時卒乾隆丁未年七月廿八日未時葬樓山埭頭坐丑向未㸃癸丁

生子二長崑山次阿蟾

卿次子第十七世

啟字世琦生康熙　年　月　日　時卒　年　月　日　時葬吱嚁吧

卿三子第十七世

讓字世瑗生康熙戊戌年八月十一日巳時卒乾隆丁亥年七月十六日未時葬咬𠺕吧

配林氏生卒葬所失載

生子一桃山

㻏四子第十七世

全祿字世璉生

普傳子第十七世

鍾諱世壽生雍正壬子年五月廿一日未時卒嘉慶丙辰年五月十三日　時葬沓邦

配陳氏生乾隆庚申年九月初八日辰時卒道光甲申

年十二月廿八日卯時葬棚仔項坐未向丑兼坤艮

生子一胆吾

興傳子第十七世

參諱世攀生雍正戊申年十月廿四日酉時卒乾隆丙戌年

四月初五日巳時葬內埕塚裡坐　向

配　氏

生子二長澤葵次夷山

璦傳子第十七世

賞傳子第十七世

騰長子第十七世

福諱世祿字疇五生康熙丁酉年三月廿四日酉時卒乾隆己丑年二月初六日寅時葬洞坭配林氏生康熙壬寅年十一月廿六日午時卒乾隆乙巳年三月廿一日戌時葬樓山埭墘塔前坐子向午兼癸丁

生子三長大有次同八三水

騰次子第十七世

揚諱世振字其昌生康熙壬寅年十月十八日卯時卒乾隆丁酉年正月初七日午時葬沙弄配陳氏生雍正己

十三

酉年　月　日　時卒乾隆丁未年五月十二

日　時葬樓山埭墩坐西向東

生子一四鄰

騰三子第十七世

蝶　出嗣

位嗣子第十七世

蝶諱世　字　生

配溫氏生　年　月　日　時卒乾

隆　年　月　日　時葬

花吟

壯長子第十七世

守諱世芳生乾隆壬戌年正月廿七日子時卒乾隆甲申年正月初三日酉時殁舊港

生子一恩山

壯次子第十七世

堅諱世強字　生乾隆丙子年六月十八日寅時卒乾隆　年　月　日　時殁舊港

壯三子第十七世

論諱世琰生乾隆丁卯年十一月二十日寅時卒乾隆乙未年九月初十日戌時葬西埭后犁角頭坐　向

壯四子第十七世　生子一天助

出嗣

岩

纂長子第十七世

璋諱世　生失載卒　年十月初一日巳時葬東

坑港口淹殁

纂次子第十七世

綽諱世　往吉礁生卒失載

纂三子第十七世

七月廿一日巳時葬暹羅
生子二
藕諱世
篆四子第十七世
生卒失載葬吉礁
宗諱世
篆四子第十七世
生卒失載葬日本
炎諱世
篆六子第十七世
生卒失載葬落賴
化諱世珂字全和生乾隆庚申年閏六月十二日辰時卒道
篆七子第十七世

光丙戌年十一月二十日寅時合葬妻墳
配林氏生乾隆辛未年十一月初五日未時卒道光丙
申年九月十七日戌時葬西雞墓坐坤向艮兼申寅
生子二長諧白次斗水
纂八子第十七世
快　出嗣
纂九子第十七世
褒諱世　生乾隆丙寅年四月十四日未時

江龍諱世　生乾隆壬申年四月初八日卯時

禧傳子第十七世

理嗣子第十七世

快諱世　生卒失載娶吉樵

理次子第十七世

雙發諱世　生

煥傳子第十七世

潘長子第十七世

步諱世玳字直卿生康熙壬寅年十二月十六日申時卒乾
隆戊申年三月初一日戌時葬坑園山深溝坐東北向
西南配林氏生雍正乙巳年六月廿四日寅時卒乾
隆戊辰年二月初九日未時
續配李氏生雍正己酉年正月十九日酉時卒乾隆
乙亥年正月十三日未時與林氏附葬夫墳再續配王
氏生雍正己酉年　月　日　時卒乾隆丁未
年三月十五日[illegible]時葬[illegible]乾[illegible]平水[illegible]后坐西向

球　生子二長寶藏林氏出次聖恩王氏出

瀟次子第十七世

照諱世珪生雍正戊申年七月初十日辰時卒乾隆乙未年

閏十月初十日寅時葬犁角頭坐北向南

配李氏生雍正己酉年七月十九日寅時卒嘉

慶戊寅年二月十四日辰時

生子四長觀濤次觀波三觀澤出嗣嵩四長興出嗣光耀

薇長子第十七世

世環

高傳子第十七世

堅傳子第十七世

專傳子第十七世

校傳子第十七世

顯傳子第十七世

伯奮傳子第十七世

長茂嗣子第十七世

岩諱世琰生乾隆戊寅年十月十一日戌時卒乾隆甲辰年

十一月二十日寅時葬臺灣西門外塚山坐　向

嗣子一觀澤本生父照

廖傳子第十七世

昌

天長子第十七世

振諱敦樸生康熙壬寅六十一年正月初十日午時卒乾隆
癸巳年六月初七日申時葬塔頭社口海墘園坐丁向
癸兼午子丙午丙子分金配林氏生雍正乙巳三年五
月初七日辰時卒乾隆丁未年二月廿四日酉時壽
六十有三
生子一景
天次子第十七世
早喪無傳
悅
天三子第十七世

增傳子第十七世

合
歲長子第十七世

全
歲次子第十七世
生子一贊

宜
歲三子第十七世
生子一財

歲四子第十七世

富

月長子第十七世

魁字子英生雍正癸丑十一年五月初六日亥時卒乾隆壬
寅年二月廿六日辰時葬西山虎崆崙配陳氏生乾
隆丁巳年十一月二十日　時卒乾隆戊申年七月十
十七日寅時

生子三長元光次成宗出嗣胞叔鋐三三房

月次子第十七世

年四月十六日酉時
嗣子二長成宗係胞兄魁孳次子次炎係胞弟煇次子
月三子第十七世
煇字企煌生乾隆癸亥年十一月十二日寅時卒乾隆辛亥
年十一月十八日寅時
配林氏生乾隆癸亥年六月廿三日午時卒乾隆甲寅
年二月十六日申時
生子四長佐次炎出嗣胞兄鈜三碧四海
月四子第十七世
明字　州同生乾隆丙寅年五月廿二日寅時

配黄氏生乾隆己巳年五月初八日午時卒乾隆庚戌年四月十六日未時

續配馬氏生乾隆癸未年七月十八日午時

生子二長超然次爍然

聯字

月五子第十七世

生乾隆己巳年八月廿三日戌時

鳳傳子第十七世

麒長子第十七世 住臺灣

趙字　生雍正壬子年九月廿八日亥時

麒次子第十七世

朝字　生乾隆戊午年七月廿八日亥時

麒三子第十七世

謝氏家乘　卷十三

晴諱藹鶴生乾隆辛巳年八月初二日申時卒乾隆辛亥年二月十四日午時葬厦門獅山坐　向

配蔡氏生乾隆甲申年二月二廿日未時

側室　氏生乾隆辛卯年　月　日時

生子三長承守次承安三承定

明次子第十七世

漳諱藹鴻字漸逵生乾隆甲申年十一月廿三日亥時

配王氏生乾隆丁亥年三月廿六日卯時

側室杞氏生乾隆辛卯年十月十七日酉時卒乾隆壬
子年八月十八日午時葬半山堂邊溪仔墘坐　向
生子四長承憲次承宗出嗣胞弟棒
三承龍四承宣

明三子第十七世

水諱翥號字觀瀾生乾隆丁亥年閏七月廿六日未時
配楊氏生乾隆辛卯年三月初七日戌時

麟

明四子第十七世

生子二長承寬出嗣胞弟椿次承容

出嗣

椿諱翥鶯生乾隆己丑年十月初四日亥時卒乾隆丁未年七月廿三日丑時葬虎豁巖前城仔脚坐甲向庚兼酉卯庚寅庚申分金

明五子第十七世

嗣子二長承宗係胞兄濂次子次承寬係胞兄麟長子

明六子第十七世

培讚諱著鸝　字滋植生乾隆壬辰年二月十八日未時

配黄氏生乾隆丙申年十二月初五日申時

生子二長承富次承寅

廷進傳下第十七世

廷佛傳子第十七世

答傳孫第十七世

合傳孫第十七世

生傳孫第十七世

扶傳孫第十七世

香傳孫第十七世

媽凉傳子第十七世

錦闓傳孫第十七世

家齊傳孫第十七世

光興傳子第十七世

桃老傳子第十七世

光治長子第十七世

登科　生嘉慶壬申年二月初十日辰時

登對　先治次子第十七世

生道光戊子年八月十三日戌時

配白氏生道光癸卯年二月廿二日酉時

光套傳子第十七世

瓊祥傳孫第十七世

瓊號傳孫第十七世

懷安傳孫第十七世

振傳子第十七世

六長子第十七世

允宙

長六次子第十七世

允收　六三子第十七世

允主　貫傳子第十七世

生道光辛丑年六月廿九日子時

配鄭氏生道光甲辰年十二月廿六日子時

爽　房傳孫第十七世

光權傳　第十七世

自得傳孫第十七世

簡添傳子第十七世

庶民

生嘉慶己卯年十一月廿九日巳時卒咸豐壬子年十二月初三日　時葬梹榔嶼

春木傳子第十七世

龍生

秋水長子第十七世

嫣贊　生道光壬辰年十一月十三日午時

配顏氏生道光癸卯年七月十七日申時

生子一　闔徽

榮得　秋水次子第十七世

生道光己亥年四月初一日亥時

錦士　秋水三子第十七世

生咸豐辛亥年九月初七日亥時

神應傳孫第十七世

有維傳孫第十七世

夏至傳子第十七世

冬菊傳子第十七世

霜降傳子第十七世

有若傳孫第十七世

補傳子第十七世

白雪　生卒失載

補次子第十七世

白發　生嘉慶壬申年二月初七日卯時卒咸豐乙卯年八月廿四日未時葬上坑坐坤向艮兼未丑辛未辛丑分金配楊氏生道光辛巳年七月廿九日未時

生子二長文成次文蓮

標傳孫第十七世

抱傳孫第十七世

憲傳子第十七世

任水傳孫第十七世

永利傳子第十七世

正行　生嘉慶丁亥年五月初五日午時

有爲

子鼎長子第十七世

生嘉慶癸未年五月初七日午時

有諒

子鼎次子第十七世

生咸豐甲寅年十一月廿二日辰時

繼興生

子孯儒子第十七世

南

揚元傳子第十七世

明德傳子第十七世

伯達傳子第十七世

江河長子第十七世

江河次子第十七世

二祖起

東林傳子第十七世

聖宗傳子第十七世

恩傳子第十七世

傳諱應受生康熙己丑年十二月十八日申時卒隆隆癸卯年四月廿四日未時葬山仔前坐巽向乾兼巳亥庚戌庚辰分金配陳氏生康熙辛丑年七月十三日巳時卒乾隆戊申年六月十五日寅時葬山仔後坐　向

生子二長登山次登衍

報長子第十七世

顯諱應聰字士哲生雍正己酉年七月初七日未時卒乾隆甲辰年五月初九日酉時葬吱嚕吧配李氏生乾隆庚申年十月初五日戌時卒嘉慶庚寅年二月初六日未時葬石頭尾後合葬

生子四次申茂次深淵三冰四胎

報次子第十七世

溥諱應龍字周士生乾隆丁巳年二月二十日酉時卒乾隆戊申年七月初七日戌時葬串頭尾

配楊氏生乾隆甲子年六月廿二日午時

生子三長梧次秋三芳出嗣胞弟元郎

報三子第十七世

元郎諱應榞生乾隆丁卯年十一月廿八日巳時

嗣子一芳係胞兄三子

勤長子第十七世

機諱應辰生康熙丙申年九月十八日未時卒乾隆丙午年

九月十八日丑時葬後尾埭園裡坐酉向卯兼乙辛

卒酉辛郊分金配陳氏生雍正癸卯年十月廿二日亥時卒嘉慶丙子年九月十四日巳時葬山仔前坐南坐北　生子五長笑次歡三道出嗣勝第用四里五閣

勤次子第十七世

用諱應珩生康熙丁酉年四月十八日辰時卒乾隆辛巳年四月十八日辰時葬臺灣新庄

嗣子一道係勝兄機三子

勝長子第十七世

顯諱應圭生康熙辛丑年九月初一日亥時卒乾隆辛卯年[illegible]時葬[illegible]坐辰向戌兼乙辛丙辰丙

戌分金配許氏生雍正辛亥年八月十二日　時卒乾
隆癸　年二月廿八日丑時與夫跳連
生子四長文献次武畧三武經四武松

榮次子第十七世
昂諱應璋生雍正乙卯年七月初四日午時卒乾隆甲午年
十一月十八日亥時葬松仔項坐辛向乙兼戌辰
配邱氏生乾隆甲子年十二月十九日酉
時卒道光己丑年七月初九日未時葬石仔坑松仔後
坐戌向辰兼乾巽
生子二長典次學

睿長子第十七世

紹諱應平生雍正戊申年正月廿四日時卒乾隆壬　年

六月十四日子時往安南淹歿配楊氏生乾隆甲子年

月　日　時卒葬失識

嗣子二長吉係胞叔耀長子次葵係胞叔逮長子

睿次子第十七世

耀諱應熙生雍正癸丑年九月十二日亥時卒乾隆戊申年

六月廿七日午時配周氏生乾隆丁巳年八月十四

日酉時卒乾隆甲辰年閏三月初五日子時合葬廣

南嶺坐艮向坤兼丑未

生子二長吉出嗣胞兄紹次石

曆三子第十七世

瑞諱應福生乾隆丁巳年正月十四日酉時

配許氏生乾隆戊辰年十二月十五日　時

生子一拔

曆四子第十七世

逮諱應州生乾隆壬戌年八月十四日酉時卒嘉慶九年甲

子五月初十日巳時葬隙園裡坐庚向甲兼申寅丙

申丙寅分金配林氏生乾隆辛未年六月廿一日午
時卒嘉慶十年乙丑十一月初五日酉時
生子二長葵出嗣胞兄紹次斗

喬傳子第十七世

承諱應長生乾隆丁巳年正月初七日寅時卒嘉慶丁巳年
十一月初五日午時葬坪頂坐艮向坤兼寅申辛丑
辛未分金配史氏生乾隆丙辰年十二月初一日戌時
卒乾隆甲申年十月廿四日酉時葬山仔頂坐辰向戌
兼乙辛續配劉氏生乾隆己未年十二月廿三日亥時

卒道光辛巳年九月初六日寅時葬排頭山仔尖石
坐子向午兼壬寅
生子三長贊次淵三獅
奕傳子第十七世
養長子第十七世
春諱應發生乾隆癸亥年八月初二日寅時卒乾隆壬寅年
十一月廿七日申時葬坪前坐庚向甲兼申寅配陳氏
生乾隆辛未年二月十二日子時卒道光甲申年十
一月初四日戌時葬坪前山坐甲向庚兼卯酉

生子二長陳次混出嗣立

養次子第十七世

本諱應豐生乾隆己巳年十月廿三日戌時

養三子第十七世

立諱應昌出嗣

仕傳子第十七世

爪來諱應泰生乾隆戊子年　月　日　時

親傳子第十七世

潑諱應時生乾隆癸未年五月廿一日未時卒道光壬寅年

九月十三日酉時葬山仔頂坐辰向戌兼乾巽庚辰庚
戌分金配黃氏生乾隆癸巳年十二月廿七日未時卒
道光壬寅年九月廿九日巳時與夫合葬
生子四長珠珍次就三王四貨

天賜嗣子第十七世
立諱應昌生乾隆壬申年七月十一日午時卒乾隆癸巳
年八月初六日未時葬坪前園裡坐　向
嗣子一混係春次子

韓傳予第十七世
前諱應　早喪無傳

魏傳子第十七世

泰長子第十七世

詩諱應珍生乾隆壬申年十一月廿六日巳時卒乾隆辛卯年八月十一日寅時葬隆宮裡坐　向

嗣子一由大（係聯房對長子）

泰次子第十七世

對諱應庭生乾隆戊寅年八月十五日申時卒嘉慶庚辰年九月初七日午時葬前山系宮坐子向午兼癸丁配林氏生乾隆丁亥年十月初三日子時卒道光壬寅年

八月初一日申時葬山前裡坐戌向辰兼辛乙丙戌丙辰分金

生子四長由天出嗣胞兄詩次壯三士四復旦

祖長子第十七世

強諱應時生雍正甲寅年三月初三日巳時外出

嗣子一第係胞弟固次子

祖次子第十七世

固諱應今生乾隆庚申年二月初八日午時卒乾隆辛丑年十月廿八日酉時葬王公庵後山頂坐癸向丁兼子午丙子丙午分金配黃氏生乾隆庚申年二月初五日巳

時卒嘉慶辛酉年十二月二十日戌時葬赤崎尾坐艮
向坤兼寅申辛丑辛未分金
生子三長元次第出嗣胞兄強三奪

全傳子第十七世

啓諱應慧生乾隆乙丑年正月初七日子時卒道光癸未年
二月廿九日卯時葬黃坑內坐甲向庚兼寅申丙寅丙
申分金配蔡氏生乾隆乙亥年四月十四日亥時卒
道光辛丑年十一月十二日辰時與夫合葬
生子五長琛次龐三求四題五洗

朝長子第十七世

聖諱應奚生雍正戊申年六月十一日酉時卒乾隆戊申年五月初三日亥時葬排頭嶺坐丑向未兼癸丁丁丑丁未分金配馬氏生乾隆丙辰年八月十五日辰時卒道光乙酉年十二月廿一日未時葬石古山坐乾向巽兼戌辰

生子四長照次徽出嗣胞弟錦三敦四正

朝次子第十七世

錦諱應麟生乾隆丁巳年九月十四日寅時卒乾隆癸巳年四月初二日巳時葬吉[illegible]配蘇氏生乾隆丁卯年十月初十日寅時

嗣子一微係胞兄聖欲子

佛傳子第十七世

羣諱應邑生雍正丁未年八月十七日子時卒乾隆丁未年十二月初五日未時葬山仔頂坐乾向巽兼亥巳配林氏生乾隆戊辰年七月初八日寅時卒道光甲申年正月十三日寅時葬山仔後坐壬向丙兼亥巳丁亥丁巳分金　生子一萬

權長子第十七世

爵諱應聘生雍正甲寅年十一月初五日丑時卒乾隆庚子年十月初一日子時葬社上山石仔坑坐戌向辰兼辛

乙酉黄氏生乾隆丙辰年六月十六日卯時卒嘉慶庚辰年三月初五日卯時葬排頭嶺坐亥向巳兼乾巽丁亥丁巳分金

生子一劍

權次子禮十七世

禮諱應文生乾隆辛酉年六月十二日寅時卒嘉慶甲戌年二月十三日巳時葬大旗山坐甲向庚兼寅申丙寅丙申分金配張氏生乾隆戊辰年七月初八日寅時卒嘉慶辛酉年十一月十九日巳時葬大旗山坐甲向庚兼寅申丙寅丙申分金續配康氏生乾隆戊寅年十

扶諱應時生乾隆庚午年十一月十三日巳時卒嘉慶庚
辰年五月廿二日卯時葬石符坑狗仔田坐亥向巳兼
壬丙配陳氏生乾隆辛卯年九月十六日巳時卒道光
甲辰年八月十七日巳時葬草頭尾坐癸向丁兼子午
生子二長吉次添丁

卿三子第十七世

桃諱應鍾生乾隆癸酉年十月十一日丑時卒乾隆戊戌年
八月廿五日戌時葬吉樵
嗣子一石係胞兄史次子

卿四子第十七世

印　出嗣廷泮

龍長子第十七世

佐諱應德生乾隆戊辰年十月二十日未時卒嘉慶丁巳年七月初六日丑時葬隨宮裡坐癸向丁兼子午丙子丙午分金配陳氏生乾隆丙戌年九月廿五日申時卒乾隆丙午年十二月初四日巳時葬朱嶺山石將軍邊坐艮向坤兼寅申續配楊氏生乾隆癸未年三月初八日酉時

生子二長看次班

龍次子第十七世

攺諱應器生乾隆辛未年八月十二日寅時卒道光丁亥年
六月廿二日辰時葬大旗山坐癸向丁兼子午
配王氏生乾隆辛卯年正月初七日子時卒道光癸巳
年七月廿二日未時與夫合葬
生子四長水次舵出嗣開三船四艍
寵三子第十七世
開諱應樑生乾隆甲戌年三月初二日未時往暹羅
嗣子一舵老係攺次子
寵四子第十七世
殿

寵五子第十七世

薰諱應功生乾隆庚辰年八月廿二日寅時卒道光辛巳年四月廿六日申時葬石仔坑坪坐寅向申兼艮坤配林氏生乾隆癸巳年十一月初三日酉時卒乾隆甲寅年八月廿七日酉時葬珠巖坐寅向申兼甲庚庚寅庚申分金續配廈門蔣氏生乾隆癸巳年三月初七日丑時

生子二 長杖 次金和

寵六子第十七世

露諱應雲生乾隆癸未年二月廿六日寅時卒嘉慶丁卯年

十月十九日辰時葬珠嶺坐甲向庚兼寅申庚寅庚申

分金配黃氏生乾隆甲午年二月廿七日戌時卒咸豐

辛亥年十一月十五日寅時葬山仔前坐南向北

生子三長玉次班出繼三綱

誦長子第十七世

韜諱應界生乾隆庚午年十二月十三日寅時卒嘉慶辛未

年十二月十七日亥時葬雷打石頂坐甲向庚兼卯酉

配蔡氏生乾隆丁亥年十二月十四日亥時卒道光甲

辰年八月十四日卯時葬隨宮坐北向南

生子二長光銓次沛

諱次子第十七世

萬諱應諸生乾隆甲戌年十月十二日寅時卒嘉慶己卯年
四月三十日辰時與兄合葬雷打石配厦門葉氏生乾
隆辛巳年十一月廿五日亥時卒道光壬寅年十月初
二日巳時葬珠嶺山坐南向北
生子二長公孫次令孜

諱三子第十七世

厘諱應旺生乾隆戊寅年七月十四日酉時卒乾隆甲寅年
五月初四日巳時葬大旗山坐東坐西

諱四子第十七世

塔諱應登生乾隆乙酉年七月初七日巳時

誦五子第十七世

參諱應科生乾隆壬辰年二月初七日戌時

智長子第十七世

敢諱應瑞生乾隆癸亥年四月初九日申時卒乾隆庚辰年

四月十六日未時葬朱嶺黃墓山脚園裡坐戌向辰

嗣子一註係賀長子

智次子第十七世

胡諱應祥生乾隆庚午年九月廿七日未時卒乾隆丁酉年
十二月初二日寅時葬咬𠺕吧
嗣子一充 係賛次子

智三子第十七世

賛　出嗣
遠長子第十七世

梅　出嗣
遠次子第十七世

音諱應恭生乾隆丁亥年十一月十九日酉時卒道光甲辰
年十月十九日　時葬珠嶺山坐東向西配厦門卓

氏生乾隆乙未年十月十七日午時卒道光丁未年正月初一日丑時葬前山坐亥向巳兼壬丙辛亥辛巳分金　生子二長陞出嗣梅次七

千長嗣子第十七世

賛諱應通生乾隆丁丑年六月廿六日丑時卒嘉慶庚辰年十月初二日卯時葬前坑內朱嶺園　配李氏生乾隆甲申年五月廿七日申時卒道光己丑年正月初八日未時與夫合葬　生子三長註出嗣敢次充出嗣朗三料

千次子第十七世

梅諱應讓生乾隆辛巳年十一月十二日午時卒嘉慶丁巳
年正月廿一日未時葬咬𠺘吧
生子二長文培次嗣子隆係音長子

諱長嗣子第十七世

撰諱應儉生乾隆己卯年二月廿五日丑時

諱次子第十七世

經諱應

諱三子第十七世

贊諱應

俊長子第十七世

質諱應守生乾隆丁丑年五月廿四日亥時卒於臺灣

俊次子第十七世

選　出嗣

俊三子第十七世

衆諱應標生乾隆丙戌年八月三十日未時

俊四子第十七世

猛諱應表生乾隆壬辰年十一月十八日戌時卒道光辛巳

年七月廿五日午時葬大旗山坐子向午兼壬丙配林

頭洪氏生乾隆丁未年二月十三日辰時卒道光己亥
年十二月初六日寅時葬蔡瑶頂坐東向西
生子一　川漣

倹五子第十七世
蘊諱應泰生乾隆乙未年正月廿一日辰時卒道光辛巳
年八月初二日巳時葬草頭尾坐東向西

祐長子第十七世
海量諱應江生乾隆庚寅年九月初五日未時

祐次子第十七世

南海諱應西生乾隆己亥年十一月初九日丑時

雙輝傳子第十七世

九諱應陞生乾隆庚戌年八月廿四日卯時卒咸豐壬子年
十二月廿九日戌時葬蔡瑤頂坐東北向西南配洪氏
生嘉慶己未年八月十六日子時卒咸豐庚申年六月
初一日辰時葬蔡瑤頂坐乙向辛兼卯酉丁卯丁酉
分金　生子五長相次泉三道四衡五儀

偉長子第十七世

談諱應清生乾隆戊辰年七月廿二日巳時卒乾隆丙戌年

嗣子捌拾係記長子次盤係讀長子

偉次子係十七世

記諱應鷫生乾隆丁丑年七月十八日戌時卒嘉慶己卯年正月初一日寅時葬廣南山坐壬向丙兼子午配李氏生乾隆癸未年七月十六日子時卒道光丁亥年十月廿五日丑時葬廣南坐壬向丙兼子午

生子二長捌拾出嗣讀次盆

偉三子第十七世

讀諱應書生乾隆庚辰年十一月初十日亥時卒道光癸卯

配黃氏生乾隆丁亥年二月十七日午時卒道光辛丑
年九月十三日申時與夫合葬
生子三長盤出嗣、談、次悃三董
偹四子第十七世
出嗣
任嗣子第十七世

鎮

鎮諱應　生乾隆　年　月　日　時
海長子第十七世
勝水諱國家生乾隆丁丑年八月初六日卯時卒乾隆甲寅

申兼甲庚庚寅庚申分金配前庵江氏生乾隆丙子年十一月廿五日未時卒乾隆庚戌年正月十八日午時葬大片園裡坐壬向丙兼子午辛亥辛巳分金續配石甲頭周氏生乾隆己丑年五月廿三日酉時

生子二長樹蘭次官蘭

海次子第十七世

聯捷諱國齊生乾隆壬午年七月廿七日子時卒年四月廿六日　時葬檳榔嶼

配陳氏生乾隆己丑年五月廿六日寅時卒嘉慶丁丑
年二月十四日卯時葬在禁山仔泥甫嶺下坐寅向申
兼艮坤丙寅丙申分金
生子一　振文

溪長子第十七世
光玉諱國輔生乾隆壬申年九月廿三日巳時
配林氏生乾隆庚辰年三月三十日午時

溪次子第十七世

洲長子第十七世

光琛諱國瑶生乾隆己卯年五月十四日午時卒乾隆

年　月　日　時葬吉礁

洲次子第十七世

光紹諱國瑞生乾隆甲申年九月十五日午時

洲三子第十七世

光榮諱國琳生乾隆丁亥年十一月二十日寅時卒嘉慶己卯

金本月十五日亥時葬在板櫃頭

配馮氏生乾隆庚子年九月十九日子時

生子二長兑次來

淅長子第十七世

光璉諱國用生乾隆甲申年三月廿八日戌時卒嘉慶丁卯

年三月初二日未時葬在板櫃頭

生子一鈿

淅次子第十七世

光著諱國慱生乾隆丙戌年十一月初二日戌時卒道光甲

配顏氏生乾隆庚申年九月三十日申時卒道光戊子年四月十八日寅時葬在東埔坐甲向庚兼寅申丙寅丙申分金

生子四長乞次恭三恭乳四淸龍

湖傳子第十七世

聯魁諱國珍生乾隆戊午年十月二十日午時卒乾隆乙巳年十一月十七日巳時葬東山鼈園裡坐子向午兼癸丁庚午庚午分金配王氏生乾隆乙丑年十二月廿八日寅時

生十四長大勇次大典三用四勃然

潭嗣子第十七世

國長

桔傳子第十七世

綿遠諱國璋生乾隆乙丑年正月十七日午時卒嘉慶丙子

年二月廿六日寅時葬在泥甫嶺

配楊氏生乾隆辛未年五月初二日酉時

卒道光庚寅年五月初九日卯時葬在泥甫墓邊坐

壬向丙兼子午

生子二長長盛次長蔭

聯甲諱國治生乾隆丁丑年五月初五日午時卒乾隆壬寅年八月初二日寅時葬吉礁
生子二長芳衛次芳衙

泮次子第十七世

聯彩諱國平生乾隆辛巳年二月十九日子時卒嘉慶丁卯年　月　日　時葬在梹榔礁

配周氏生乾隆癸巳年三月十七日酉時卒道光癸卯年七月初五日卯時葬在山仔頂東山邊坐癸向丁兼子午庚子庚午分金

獻嗣子第十七世

國器

灉長子第十七世

斗諱國堅生乾隆庚辰年十月二十日卯時卒葬橫鄉與配

林氏生乾隆壬辰年七月初八日巳時卒道光丁亥年

正月廿四日丑時葬失載

生子一奢

灉三子第十七世

祿諱國政生乾隆甲申年十月初六日申時

瀧三子第十七世

福諱國致生乾隆丁亥年二月廿三日酉時卒乾隆癸未年四月廿一日巳時葬在東山邊坐壬向丙兼子午辛亥辛巳分金

旺龍長子第十七世

光贊諱國仗生乾隆丁卯年二月初九日酉時卒乾隆癸卯年十一月初九日寅時葬湖尾園頭山仔坐丙向壬兼午子辛巳辛亥分金配李氏

生子一宗禮

光恩　出嗣

旺龍三子第十七世

光衍諱國衍生乾隆丁丑年九月初七日申時

旺龍四子第十七世

光慶諱國慶生乾隆丁丑年九月初七日申時

旺龍五子第十七世

光綬諱國綬生乾隆辛巳年六月廿一日巳時

旺龍六子第十七世
光立諱國立生乾隆戊子年十二月十六日寅時

旺虎長子第十七世
光恩諱國棟生乾隆壬申年九月初六日寅時卒乾隆戊戌年四月十八日申時葬湖尾園頭山坐丁向癸兼午子丙午丙子分金

旺虎次子第十七世
光焕諱國煥生乾隆己卯年十一月初一日子時卒乾隆庚

辰戌

蔡長子第十七世

光煥　出嗣

一蔡次子第十七世

光詠諱國　生乾隆壬午年七月廿八日酉時

蔡三子第十七世

光佳諱國華　生乾隆丙戌年十月初八日寅時卒嘉慶丁丑

年十月二十日巳時葬在過橋頭坐午向子兼丁癸庚

時卒道光丙午年十月十三日酉時葬在湖尾園頭山

生子三長世輕次世刪三世長

蔡四子第十七世

光鵬諱國　生乾隆庚寅年正月十二日丑時

總長子第十七世

科諱應甲字聯登生康熙甲午年八月十五日丑時卒乾

隆乙酉年十一月廿六日戌時壽五十有二葬吉雞壟

翁氏生康熙戊戌年十月三十日子時卒乾隆辛丑

裡坐坤向艮兼未丑丁未丁丑分金

生子三長猜次秀三水

總次子第十七世

巽諱應縉生雍正丁未五年九月廿一日戌時卒乾隆甲辰年四月初六日辰時壽五十有八葬樓山庵前大埭墘坐癸向丁兼子午壬子丙午分金配何氏生乾隆甲子年三月十五日亥時卒嘉慶丙子年十一月初十日寅時葬在塔脚埭墘夫合穴右坪坐癸向丁兼子午丙子丙午分金

總三下第十七世

全諱應給　生卒失載無傳

相長子第十七世

舉諱應選字元庆生雍正乙巳三年五月廿一日寅時卒嘉慶丁巳年九月廿九日酉時葬在山狗空下楊滿墘坐癸向丁兼丑未丁丑丁未分金配江氏生雍正壬子年九月廿九日寅時卒乾隆戊申年十月十三日未時壽五旬有七葬山狗崆園裡坐癸向丁兼丑未丁丑丁未分金續配陳氏生乾隆壬戌年三月初二日巳時卒

墘坐丑向未兼艮坤

生子四長開登次天庇三瑞來四添龍

相次子第十七世

降諱應星生雍正丁未五年七月初八日亥時卒嘉慶丙辰年十二月廿七日巳時附葬母親東埔坪棺路溝坐巳向亥兼丙壬辛巳辛亥分金配黃庭林氏生雍正甲寅十二年八月廿一日未時卒嘉慶庚辰年九月廿七日寅時塟茭坑山頂坐丙向壬兼子午辛巳辛亥分金

生子二長瑪寧次永法

定諱應醉字伯苗生雍正乙卯十三年十月廿六日巳時卒
嘉慶癸酉年正月初十日未時葬在蔡嶺山里塭湖
坐西向東配長嶼李氏生乾隆戊辰年四月十八日寅
時卒乾隆壬子年五月初九日戌時葬蔡嶺山坡墘裡
坐乙向辛兼卯酉丁卯丁酉分金
生子三長懷安次仲謨三朝陽

相四子第十七世

棟諱應禎生乾隆戊午年八月十五日午時殁嘛吠呷卒年
月日時失識配洪氏生乾隆壬戌年十一月三十日

申時卒乾隆癸卯年九月初四日亥時葬山狗峚坐
丑向未兼艮坤

喜
強長子第十七世

愷
強次子第十七世

烈
強三子第十七世

熊
強四子第十七世

逞元諱應龍生雍正丙午十二月十一日丑時卒乾隆戊戌年正月初六日酉時壽五十有三歲　配墩上社陳氏生雍正乙卯年九月初十日寅時卒嘉慶癸亥年六月初九日未時葬在樓山社南塔邊坐癸向丁兼丑未庚子庚午分金　生子一涌國

在次子第十七世

儀諱應麟生雍正己酉七年八月十九日未時卒乾隆辛丑年三月十八日辰時壽五十有三葬象鼻尾河後園中

坐寅向申兼艮坤丙寅丙申分金[illegible]

九年六月初一日卯時卒嘉慶丁卯年十二月初五日

戌時葬失載

生子四長伏次淼三沓四房出嗣聰第映

在三子第十七世

映諱應拔生雍正壬子十年十二月廿八日寅時卒乾隆己

丑年六月十二日申時葬暹羅城外

嗣子一塤房係儀四子

前長子第十七世

孝

齊
寬傳子第十七世
神助
興隆長子第十七世
馬力諱其勇生乾隆癸亥年十一月廿四日酉時
配林氏生乾隆庚午年三月廿一日巳時
生子一光喜

雙碧諱其　生乾隆乙丑年十二月初七日酉時

興隆三子第十七世

加諱其　生乾隆甲戌年三月十一日酉時卒乾隆辛卯

年八月廿二日寅時附葬父墳

興祖長子第十七世

生諱其　生乾隆乙亥年十二月廿一日丑時

興祖次子第十七世

睪長子第十七世

保旺諱其美生乾隆己未年二月十五日申時外殁

睪次子第十七世

國禎諱其興生乾隆辛酉年九月初七日未時

配林氏生乾隆丙子年九月初七日未時卒道光辛丑年四月初五日丑時葬山頭庵仔邊坐丁向癸兼午子丙午丙子分金

衆三子第十七世

其薰　出嗣

衆四子第十七世

賽諱其盛生乾隆戊辰年二月十四日未時卒乾隆己酉年二月初四日子時葬東山邊園裡坐庚向甲兼辛乙配林氏生乾隆戊子年八月初四日巳時卒隆隆丁未年十月初五日辰時葬山頭處邊園裡坐　向

崑長子第十七世

崑次子第十七世

蒲諱其昌生乾隆壬申年正月初二日未時

嗣子一仁澤 係萬順三子

崑三子第十七世

忍諱其商生乾隆甲戌年九月十四日子時外歿

嗣子一仁潜 係萬順四子

端長嗣子第十七世

其薰生乾隆丙寅年六月十七日巳時外歿

端次房子第十七世

萬順諱其祐生乾隆己巳年五月十一日申時卒道光四年甲申四月初四日申時葬山頭附母墳右邊坐申向寅兼艮坤配李氏生乾隆庚辰年九月十八日未時卒嘉慶十年乙丑十月廿一日辰時葬下店坐辰向戌兼乙辛丙辰丙戌分金

生子四長仁汀次仁志三仁澤出嗣四仁潘出嗣

文嗣子第十七世

其誠

生乾隆丁亥年九月廿一日卯時卒道光癸巳年十一月三十日寅時葬山頭坐申向寅兼庚甲庚申庚寅

卒嘉慶癸酉年十一月廿六日巳時葬下店坐甲向庚
兼寅申丙寅丙申分金側室龔氏生乾隆乙巳年二月
十九日午時
生子六長木本次有道三木笑四小艷
出嗣五歸來六無憂

其心

景祥長子第十七世
生乾隆乙酉年正月初八日丑時卒道光壬午年
正月初五日戊時葬山頭祖墓邊坐申向寅兼庚甲庚

卒道光戊申年九月十七日寅時合葬山頭
生子二長叟羣次艮水

景祥次子第十七世
其誠　出嗣

天錫傳子第十七世

才長子第十七世
其求　出嗣

才次子第十七世

寅年六月初九日午時葬下店園裡坐癸向丁兼子午
丙子丙午分金
才三子第十七世
其意　生乾隆己丑年七月十四日未時卒乾隆乙卯年
八月初十日未時葬下店坐子向午兼癸丁庚子庚
午分金配林氏生乾隆庚子年三月初二日未時
才四子第十七世
其逮　生乾隆壬辰年八月初八日辰時卒嘉慶己巳年

[illegible]月初三日[illegible]

巳分金配山后林氏生乾隆辛丑年五月初三日午時

生子一 光轍

其芳

才五子第十七世

生乾隆庚子年九月十三日巳時卒塟番邦

配石囷林氏生乾隆甲辰年十一月十二日午時卒

咸豐癸丑年十一月十一日辰時葬同安地相樹山坐

子向午兼癸丁

生子三 長振雍 次振麟 三振香

其求止

其求　生乾隆丙子年五月十二日辰時外殁

生子一仁轉

殿揚長子第十七世

先知諱仕誠生乾隆壬寅年八月廿七日丑時卒道光戊子

年十月初九日午時葬度尾沙芸後坐艮向坤兼寅申

配盧氏生乾隆乙卯年十一月初六日戌時

生子三長清謙次清來出嗣三清晃

殿揚次子第十七世

年五月十二日　時葬樓山埭岍

嗣子一清　來

殿揚三子第十七世

先致諱仕齊生乾隆甲寅年二月十三日未時卒道光癸未

年七月三十日　時

果珍長子第十七世

妣諱仕碧生乾隆戊申年九月初六日巳時卒

年正月十七日　時葬柢榔

生子一壹

孔章諱仕霞生乾隆壬午年九月十一日巳時卒道光甲辰

年十一月初九日未時葬慶嶺坐乾向巽兼辰戌丙戌丙辰分金

配林氏生嘉慶壬戌年

十月十五日午時

生子四長不次論三諒極穴

果珍三子第十七世

龍諱仕元生嘉慶己未年三月十四日戌時卒

年四月初七日　時

果珍四子第十七世

光曉　生嘉慶[illegible]年六月二十二日巳時

配邱氏生　年　月　日時

生子四長德美次德和

水傳子第十七世

志賢長子第十七世

生嘉慶辛未年八月廿六日巳時卒咸豐甲寅年

景興

五月廿二日巳時葬蓬仔配溫氏生嘉慶庚午年七月

廿九日未時卒道光壬辰年三月廿六日未時葬

丙子年四月初八日酉時　生子一嫣看

志賢次子第十七世

騰彪　生嘉慶甲戌年十一月廿七日戌時卒咸豐甲寅年十二月廿二日午時葬

配顏氏生嘉慶甲戌年十月初十日寅時

志賢三子第十七

生子二長振德次振藩

[illegible]字作同生嘉慶丁丑年四月初五日寅時卒道光戊
申年九月初七日卯時葬度蕻配顏氏生嘉慶己卯年
十二月初二日子時
生子三長振偏次振泰三振禄

湘容長子第十七世
田字　生嘉慶三年戊午五月初六日巳時

湘容次子第十七世
位　生嘉慶癸酉年二月廿二日辰時

楫瑞　生嘉慶壬申年十二月初六日午時
配周氏生道光己丑年十月十三日巳時
生子二長天生次康

楫瑞
湘符長子第十七世
出嗣

光燦
湘符次子第十七世
出嗣

湘符三子第十七世

光燿　生道光甲申年五月初五日亥時卒葬失載

生子一　正若

湘符四子第十七世

光威　生道光丁亥年九月二十日午時卒咸豐丙辰年五月廿二日　時　葬番邦

生子一　家祥

湘符五子第十七世

光懐　生道光十四年甲午正月初一日午時

光萬　生道光丁酉年四月廿八日巳時卒咸豐己未

年八月　日　時葬失載

湘浦嗣子第十七世

光燦　生道光辛巳年九月初八日午時

蚌傳子第十七世

雙文傳子第十七世

泒宗諱仕錄生乾隆乙巳年七月十三日未時

乞傳子第十七世

把傳子第十七世

茅傳子第十七世

吟嗣子第十七世

匹體諱仕開生乾隆庚寅年五月廿二日未時卒道光乙巳年七月二十日未時葬曾平水尾田

隆癸巳年十一月初二日申時卒道光甲午年十二
月廿三日巳時與夫合葬
生子二長新巖次典旗本生裕寬家

衍傳子第十七世
後生諱仕高生乾隆丙子年八月二十日寅時

廷長子第十七世
青山諱仕端生乾隆壬午年四月三十日未時卒乾隆戊
申年十月十五日　時葬丁機宜配李氏生

生子一　胥仲

廷次子第十七世

青啓　出嗣

廷三子第十七世

青峰諱仕俊生乾隆丁亥年三月廿一日丑時卒道光壬寅年七月二十日酉時葬曾平園坐戌向辰兼丙戌丙辰分金配山尾社林氏生乾隆四十四年巳亥五月初七日丑時卒道光癸未年十一月十二日丑時葬曾平園裡坐戌向辰兼丙戌丙辰分金續配陳氏生乾隆己亥

葬曾平水尾田上坐辛向乙兼戌辰辛酉辛卯分金
生子二長光武次光忠
諱長子第十七世
四體　出嗣
諱次子第十七世
寬泰諱仕香生乾隆壬寅年十一月廿九日亥時卒道光丙午年九月十八日亥時葬曾平水尾園坐戌向辰兼辛乙丙戌丙辰分金配魏氏生嘉慶壬戌年十一月廿六日卯時

生子二長典旗出嗣四体次典兵

尾吉嗣子第十七世

青啟諱仕賢生乾隆甲申年二月十八日巳時卒咸豐甲寅
年十一月十六日未時葬山仔頂田

配林氏生乾隆壬辰年十一月初四日卯時卒道
光己酉年七月十九日未時葬埭頭園坐子向午兼壬
丙丙子丙午分金

生子六長卿次周三應四遜五宙六陞

德長子第十七世

孟侯諱仕珍生乾隆己卯年二月初七日寅時

德次子第十七世

四圻諱仕永生乾隆　年　月　日　時

鳳隨傳子第十七世

維熙諱仕有生乾隆　年　月　日　時

盛長子第十七世

若深諱仕猛生乾隆甲申年　月　日　時卒乾隆

年　月　日　時葬溪頼

盛次子第十七世

若水諱仕典生乾隆　年　月　日　時

雙柏諱仕聰生乾隆　年　月　日　時卒乾隆
五十八年癸丑十月　日時
瑪壽次子第十七世
雙桃諱仕賚生乾隆　年　月　日　時隨母溫
氏往安溪山內
瑪蔭傳子第十七世
瑪肴傳子第十七世

俊傳子第十七世

滔傳子第十七世

朝傳子第十七世

傑傳子第十七世

天生諱仕貫生乾隆　年　月　日時

管諱仕先生乾隆　年　月　日　時

承助次子第十七世

禹帝　生乾隆乙未年九月廿四日未時卒失載

承助三子第十七世

汪

承助四子第十七世

緒象

定國傳子第十七世

應晴諱仕館字[illegible]號[illegible]乾隆[illegible]辰年十二月初六日[illegible]時卒道光

年三月廿四日　時葬宋脚配曾庵江氏生乾

隆甲辰年四月廿六日巳時卒道光甲辰年十一月十

九日丑時葬店仔頭庵龍眼園坐辛向乙兼戌辰側室

江氏生嘉慶己未年十月廿一日未時卒咸豐丙辰

年二月初十日未時葬田墘坐戌向辰兼辛乙丙戌丙

辰分金

生子三長寶周次寶種三寶贊

登記次子第十七世

應泰諱　生乾隆　年　月　日　時

登龍三子第十七世

有斐諱仕君生嘉慶四年己未七月廿四日亥時卒咸豐壬子年九月廿六日巳時葬楨榔嶺配鹽水下李氏生嘉慶丙寅年四月十五日午時卒道光甲辰年十一月初四日亥時葬田墘坐乾向巽兼戌辰庚戌庚辰分金

生子一　宝川

肯傳子第十七世

有膽　生嘉慶四年己未十二月廿五日巳時卒道光癸巳年九月初五日巳時葬三把壠

生子三 長嫣爾 次嫣艮 三嫣氣

碧韜長子第十七世

發强諱仕勇生乾隆辛亥年八月三十日辰時卒道光丙辰年五月初六日寅時葬蘇條

生子一 添泉

碧韜次子第十七世

剛義字仕偉生乾隆癸丑年十二月初三日子時卒道光己丑年十月廿九日亥時葬下店坐艮向坤兼寅申配江氏生失載卒道光庚寅年正月初七日 時合葬下

碧韜三子第十七世

忠敬字仕敦生嘉慶戊午年九月初七日子時卒道光庚子年十月廿六日寅時葬三吧壠牛烏山坐癸向丁兼丑未庚子庚午分金

生子四長添章次添要三怡澤

本生父仁鑒四佳會本生父仁悅

碧韜四子第十七世

仁生字仕直生嘉慶辛酉年七月初二日丑時卒道光辛巳年七月廿二日未時葬田墘坐甲向乙兼戌辰

碧韜五子第十七世

仁鑾字仕蒼生嘉慶丁卯年二月十八日子時卒道光庚子年十月廿一日申時葬三把壠新塚佳菴山坐庚向甲庚申庚寅分金配林氏生嘉慶甲戌年九月廿五日卯時

生子四長添能次怡澤出嗣三尊苟四怡勢

碧韜六子第十七世

仁悅字仕志生道光甲申年八月初五日戌時

配[illegible]氏生道光甲申年七月十八日巳時

生子三長佳會出嗣次秦漢三秦錦

碧韜七子第十七世

仁美字仕華生道光辛卯年五月初一日申時卒咸豐丁巳年閏五月十七日丑時葬後頭山坐向分金失載配蔡氏生道光丙申年七月廿一日寅時

生子三長紹蘭次紹別三紹麟

碧畧長子第十七世

讓水　碧畧次子第十七世
生嘉慶壬申年三月初二日午時卒道光戊子年
四月十五日巳時葬曾邊坐向分金失戢

西沛字仕然　碧畧三子第十七世
生嘉慶甲戌年十一月初六日巳時
配徐氏生道光壬午年六月十五日酉時

碧和長子第十七世

雨露字洪渥生嘉慶壬申年九月十六日酉時卒道光丙午

年十月十八日酉時葬倒簸後坐寅向申兼甲庚庚寅

庚申分金配林氏生嘉慶己卯年十一月初二日巳時

側室　氏生道光甲申年　月　日　時

生子三長廣平次永盛三訓志無出

碧和次子第十七世

尚亦字仕榮生道光戊子年十月初十日申時卒咸豐戊午

失職配林氏生道光己丑年八月十八日酉時

側室　氏生道光丁酉年　月　日　時

生子三長賜麒次賜麟庶出三賜宝

君傳子第十七世

華傳子第十七世

姜傳子第十七世

勝傳子第十七世

光回諱仕闕生乾隆甲午年十月十五日未時

起傳子第十七世

榮傳子第十七世

照長子第十七世

文川諱仕元生乾隆戊寅年七月廿二日未時卒乾隆癸

艮向坤兼寅申辛丑辛未分金

生子二長英許次英偉

照次子第十七世

文旦諱仕彰生乾隆庚寅年六月廿五日酉時卒嘉慶四年

己未三月廿一日寅時葬廣東省漳州義山地名百湧

山坐亥向巳兼乾巽辛亥辛巳分金併立石上刻霞漳

澄邑石塘文旦謝公之墓

照三子第十七世

文禮諱仕煥生乾隆辛卯年二月廿三日寅時卒道光戊子

[illegible]八日[illegible]店

配長江李氏生乾隆壬寅年八月二十日未時卒嘉慶二十五年庚辰二月初七日午時葬下店坐寅向申兼甲庚庚寅庚申分金

生子二長振祥次振益

照四子第十七世

文斌　出嗣

照五子第十七世

文勅諱仕封生乾隆辛丑年二月二十日申時

景昌諱仕晃生乾隆丙戌年九月十二日卯時

講嗣子第十七世

文斌諱仕達生乾隆壬辰年六月廿六日子時卒道光辛巳年七月初八日酉時葬下店與兄文川合葬四斗坵田上園後岸坐艮向坤兼寅申辛丑辛未分金配陳氏生乾隆乙卯年七月初五日戌時卒咸豐丁巳年九月廿七日戌時葬下店坐癸向丁兼子午丙子丙午分金

生子一　振發

文祭諱仕縉字君詳生乾隆辛卯年四月十二日寅時

嗜次子第十七世

文雅　出嗣

嗜三子第十七世

文治諱仕綿字精華生乾隆丙午年九月初十日午時

泰嗣子第十七世

文雅諱仕紳字爾温生乾隆庚子年十二月廿四日子時

銮傳子第十七世

觀蘭諱仕庇生乾隆壬辰年五月初三日午時

縱傳子第十七世

翰傳子第十七世

璉傳子第十七世

玉山傳子第十七世

天送傳子第十七世

軒嗣子第十七世

瑪成諱仕簪生乾隆庚戌年九月十七日酉時卒道光丁酉年二月十九日寅時葬巷仔口坐乾向巽兼戌辰配黃氏生嘉慶庚申年二月初二日寅時卒道光壬寅年十一月初七日未時葬田仔頂

生子一仙機

廿諱仕學生乾隆乙未年七月初六日申時卒道光癸未年
六月初七日　晴葬
配鐵赤后林氏生乾隆丁未年四月二十日巳時
卒道光戊申年十月三十日酉時葬巷仔口坐辰向戌
兼巽乾丙辰丙戌分金
生子二長光欣次文鸞

瓔次子第十七世

大海諱仕溯生乾隆戊戌年六月初七日辰時卒嘉慶七年
壬戌二月初三日寅時葬竹籬網

璵三子第十七世

瑪成　出嗣

鄒嗣子第十七世

克廉諱仕潔生乾隆癸巳年八月初七日寅時卒道光庚寅
年三月初四日戌時葬牛埔頂坐丑向未兼癸丁配排
頭林氏生乾隆四十五年庚子十月廿四日亥時卒咸
豐己未年二月廿六日子時葬下店向巽向乾兼辰戌
丙戌丙辰分金

生子四長珠然次珠恩三光草四光井

佰長子第十七世

伯次子第十七世

士志

遇長子第十七世

生

出嗣

遇次子第十七世

予

張諱仕魁生乾隆庚子年七月廿八日丑時卒道光辛巳

年七月二十日丑時壽四旬有二

配長園蕭氏生乾隆癸卯年四月廿

八日寅時卒道光辛巳年七月廿一日酉時壽三旬有

側室陳氏生乾隆甲寅年正月初九日申時卒咸豐戊午年六月十七日未時葬大學頂坐庚向甲兼卯酉庚申庚寅分金

生子四長瑞隆次瑞池三壬癸四江流庶出

遇三子第十七世

石獅諱仕　生乾隆壬子年十一月廿七日辰時

顯長子第十七世

孚諱仕懷生乾隆庚戌年六月二十四日巳時卒咸豐乙卯年九月二十日巳時葬下店坐艮向坤兼寅申辛丑辛未分

金配高瀛王氏生乾隆辛亥年二月初四日未時卒咸
豐丙辰年九月廿七日酉時葬後地埔坐酉向卯兼
辛乙辛酉辛卯分金
生子一榮
顯次子第十七世
應得諱仕能生乾隆癸丑年三月十八日卯時卒
年四月廿四日　時葬檳榔嶼
生子一領
顯三子第十七世
有光諱仕信生嘉慶七年壬戌十二月廿五日巳時卒咸豐

子丙午丙子分糸配陳氏生嘉慶癸丑年六月廿七日

酉時　　生子一左

令長子第十七世

麗水諱仕金生乾隆丁未年三月廿八日亥時卒嘉慶十

四年己巳二月十八日酉時葬在宋脚

嗣子一得賞（本生父仁和）

令次子第十七世

夔水諱　生乾隆壬子年四月廿五日未時卒道光庚戌

月初一日子時卒咸豐七年丁巳十月初一日未時葬
埔仔頂坐乾向巽兼亥巳庚戌庚辰分金
生子三長淑夜次淑夏三季隨
合三子第十七世
新州　生乾隆五十九年甲寅四月十五日　時卒葬楨
榔奠　生子一嫣愛
合四子第十七世
八和字仕貴生嘉慶丙辰年十月十八日亥時卒道光辛卯
年二月廿四日酉時葬坪仔頂坐丁向癸兼未丑庚午

庚子分金配許氏生嘉慶辛酉年八月廿七日午時卒

道光乙未年十一月廿五日辰時葬曾平

生子二長得意出嗣胞兄麗泉公 得勝

印長子第十七世

公儀諱仕千生乾隆壬子年九月初七日寅時

印次子第十七世

公保諱　生乾隆五十九年甲寅十二月廿五日卯時卒

嘉慶乙亥年十二月初二日未時

生子一玉騰

公秋諱　生嘉慶九年甲子七月初十日午時卒道光庚
寅年十月初三日戌時葬埔仔頂坐乾向巽兼亥巳
生子一漏
柄祠子第十七世
生諱仕賢生乾隆戊戌年七月廿三日午時卒道光甲申年
六月二十日亥時葬壇坪三斗後圻
配寮店李氏生乾隆五十一年丙午
九月十三日卯時卒咸豐甲寅年七月廿九日辰時葬
壇坪三斗前岸坐酉向卯兼辛乙辛酉辛卯分金

琴儒子第十七世

滿諱　生乾隆丁未年三月廿九日辰時卒咸豐甲寅年

七月十一日午時葬學頂坐西向東用子分金配埭頭

林氏生乾隆壬子年十二月二十日巳時

生子二長有用次有茂出嗣帶爲孫

帶嗣孫第十七世

嗣孫有茂未生子滿

魯長子第十七世

魯次子第十七世

克念諱仕心生乾隆乙未年十月廿七日戌時卒嘉慶丙子
年十二月初六日巳時葬下店
配水頭黃氏生乾隆五十年乙巳十二月初三日
戌時　生子一光道

語傳子第十七世

成祖傳子第十七世

光遲傳子第十七世

淵泉傳子第十七世

帝眷傳子第十七世

光曄傳子第十七世

光昶傳子第十七世

高陞傳子第十七世

迭山傳子第十七世

貌諱　生乾隆　年　月　日　時

振茂傳子第十七世

振祿傳子第十七世

頗長子第十七世

初登止

初登字應文生乾隆乙卯年三月初八日亥時卒乾隆甲午年六月廿八日酉時葬諸羅縣北路溪心仔庄牛埔

配洪氏

頗次子第十七世

志泮字應鑾生乾隆壬戌年七月初十日午時卒乾隆戊戌年十月　三日戌時葬象鼻河仔頭坐東南向西北

頗三子第十七世

及池字應鳳生乾隆丙寅年十一月廿三日戌時

配王氏

由泗字應昌生乾隆庚午年四月十四日酉時卒吉礁

頗五子第十七世

棻柳字　生乾隆癸酉年　月　日　時卒乾隆

癸巳年六月廿八日亥時葬庵潭下坐東向西

頗六子第十七世

鰲選字　生乾隆丁丑年四月　日　時

曉儔子第十七世

得字　生乾隆己卯年　月　日　時

配楊氏生乾隆辛卯年　月　日　時

生子二　隋傑 孟春

孺傳子第十七世

斗聰字　生乾隆丁丑年　月　日　時

仕傳子第十七世

景字　乾隆　年　月　日　時

虎傳子第十七世　住諸羅縣蕭壠下營社

文雅字應朝生乾隆丁酉年　月　日　時

配楊氏生乾隆　年　月　日　時

生子一　善

駒傳子第十七世

[illegible]三日亥時卒咸豐壬子
年三月十二日午時葬土地兜地墩坐子向午兼壬
丙丙子丙午分金配內坑周氏生乾隆庚戌年十二月
初四日戌時卒道光丙午年九月廿七日亥時葬杜嶺
坪坐乙向辛兼辰戌辛卯辛酉分金
生子五長媽賞次媽現三媽田四媽外五媽寬
子和傳子第十七世
輝儔子第十七世
文韜字應天生雍正丙辰年九月廿一日卯時卒乾隆丁未

南配陳氏　生子一桂露

慶字　興仁長子第十七世

生乾隆丁丑年十一月廿三日巳時

興仁次子第十七世

欣　出嗣

興仁三子第十七世

發字

生乾隆丙戌年正月三十日寅時卒道光乙巳年

李氏生乾隆丁亥年九月十二日巳時卒嘉慶乙丑年十一月初五日辰時葬石仔坑頂坐艮向坤兼丑未丑辛未分金　生子二長廠出嗣欣次華

國讓長子第十七世住臺灣

郁文

國讓次子第十七世住臺灣

宗垝

美常傳子第十七世

欣字　生乾隆辛巳年十月廿三日申時卒嘉慶丁卯
年二月初六日申時附葬母墳同穴坐東向西
嗣子一敝係發長子

蹇
永瑞長子第十七世
生乾隆庚寅年八月十四日戌時

永瑞次子第十七世
出嗣

埶
顏生傳子第十七世

墊　生乾隆甲午年三月初四日戌時

閶嗣子第十七世

排　生乾隆壬子年四月廿六日未時卒道光辛未年十二月廿九日亥時葬後頭山坐卯向酉兼庚甲丁卯丁酉分金配林氏生乾隆丁未年十一月二十日申時卒咸豐戊午年十一月十二日酉時葬坪山坐北向南續配林氏生嘉慶己未年十一月二十日申時

生子五長竹心次㯪三竹拔出嗣光恩

清河長子第十七世

光愿　生卒葬所失識

嗣子一竹拔（本生父光排）

清河次子第十七世

光排　出嗣

雄祖長子第十七世（住臺灣）

鬪宇應運生乾隆戊午年十月廿八日戌時

雄祖次子第十七世　住諸羅縣蕭壠下營社

雄祖三子第十七世往臺灣
宗林字應懷生乾隆甲戌年正月十六日戌時
雄祖四子第十七世
宗爾字應森生乾隆丁丑年九月初二日申時
雄傳子第十七世
繼宗字應志生乾隆辛酉年六月二十日寅時卒乾隆己酉
年七月初四日午時葬臺灣配林氏生乾隆癸酉年
七月初七日辰時卒乾隆癸丑年四月初十日午時葬
後壁園坐　向

生子一艮

麟璋長子第十七世

謀字應策生乾隆壬戌年六月廿五日申時卒乾隆乙酉年

十月廿五日子時葬石仔坑坐艮向坤兼丑未

嗣子一艮係胞弟怡長子

麟璋次子第十七世

怡郎字應和一字以忠生乾隆戊辰年十月廿三日酉時卒

道光己丑年十二月初八日卯時葬合後坐東向西

配盧氏生乾隆己卯年八

月十七日卯時卒乾隆戊申年十一月初十日酉時

菊字　生乾隆癸巳年四月廿六日巳時卒嘉慶庚辰年
八月廿九日申時葬黄墓山腳坐坤向艮兼未丑丁未
丁丑分金配陳氏生乾隆甲辰年三月初一日酉時卒
道光甲午年正月廿二日亥時葬在大旗山大埔頂
坐北向南
生子一古
飛熊長子第十七世
訪字應瞻生乾隆丁丑年八月初七日丑時卒乾隆甲辰年
十一月廿六日寅時外歿

飛熊次子第十七世

提字應偕生乾隆庚辰年十一月十七日丑時

辨字

飛熊三子第十七世

生乾隆己丑年十月廿九日卯時卒嘉慶甲戌年十月廿一日戌時葬行路井上大山頂坐東向西配內坑周氏生乾隆乙未年七月廿一日午時

生子一讓水

白字

飛熊四子第十七世

生乾隆己亥年六月初八日戌時

換

起儁子第十七世

塡長子第十七世

陶字應舉生雍正乙卯年八月初十日午時卒乾隆丙申年七月十六日未時葬排頭嶺坪前內卯酉兼乙辛外坐乙向辛兼卯酉丁卯丁酉分金配吳氏生乾隆丙辰年四月十一日酉時卒嘉慶丙辰年七月十八日戌時葬排頭嶺與夫合葬

填次子第十七世

陣字應烈生乾隆壬戌年九月初一日辰時卒嘉慶己未年七月十八日午時葬本山庵後井仔與公媽合塟同穴

配黃氏生乾隆甲子年四月十五日酉時卒嘉慶五年庚申八月廿二日卯時葬王公庵邊左畔坐丑向未兼艮坤辛丑辛未分金

生子二長書軒次克昌

填三子第十七世

洽字應周　出嗣

陟字應賜生乾隆庚午年十月廿一日丑時卒乾隆癸丑年
十月初十日酉時葬石仔坑坪坐艮向坤兼寅申丙寅
丙申分金配黃氏生乾隆丁丑年正月十八日巳時卒
道光乙未年八月十五日丑時葬墓鹽山坐癸向丁兼
丑未庚子庚午分金
生子六長亨次治三孔四角五紀六涯

羆長子第十七世

理字應泰生乾隆辛未年二月廿二日卯時卒道光丙戌年
十月十九日巳時葬風後坐辛向乙兼戌辰丁酉丁

娶分金酉張氏生乾隆[illegible]年十一月初三日亥時

卒道光壬寅年十一月初一日寅時葬應髻尾坐甲向

庚兼申寅丙申丙寅分金

生子三長萍次抄三裁

羆次子第十七世

簡字應回生乾隆甲戌年八月初十日卯時

羆三子第十七世

胆字應達生乾隆壬午年正月初三日寅時卒葬臺灣

潤長子第十七世

[illegible]月初五日酉時卒乾隆丙申年
八月初七日未時葬排頭嶺後園裡坐辛向乙兼酉卯
丁酉丁卯分金配黃氏生乾隆癸酉年二月十八日未
時卒道光己亥年八月十二日午時葬排頭嶺坐乾向
巽兼亥巳庚戌庚辰分金
生子一 溪水

潤次子第十七世
沠字應源 出嗣

潤三子第十七世
爪字應祈生乾隆癸未年十一月初六日丑時卒乾隆乙巳

年九月廿四日丑時葬后壁園庵邊坐艮向坤兼丑未
丁丑丁未分金　生子一訂光
張嗣子第十七世
洽字應周生乾隆丁卯年十一月廿五日卯時卒乾隆甲寅
年九月廿三日寅時葬王公庵後坐壬向丙兼子午辛
亥辛巳分金配張氏生乾隆壬申年七月初五日巳時
卒乾隆甲午年三月初九日未時葬王公庵后坐壬向
丙兼子午丁亥丁巳分金續配薛氏生乾隆戊辰年三
月廿八日卯時卒嘉慶己卯年十二月十九日未時

謝氏家乘卷十三

棐次嗣子第十七世

派字應源生乾隆癸丑年六月廿四日丑時卒乾隆丙申年八月初七日未時葬排頭嶺后園裡坐辛向乙兼酉卯丁酉丁卯分金

生子一　流芳

棐三嗣子第十七世

念字應玆生乾隆癸未年十月初一日丑時卒嘉慶丁丑年六月初五日辰時葬石仔坑尾大片田頭秧埕裡坐乾向巽乘亥巳庚戌庚辰分金配龔氏生乾隆己丑年正

月十七日午時卒道光甲辰年十二月十八日寅時葬
石背坑與夫合葬
生子五長趋次君三光宿四光肇五光硯六光茗
咸長子第十七世
念字應慈　出嗣
咸次子第十七世
光丕字應尋生乾隆癸未年十月初一日丑時卒嘉慶庚
申年十月十八日寅時葬庵后墓林左畔坐艮向坤
兼丑未丁丑丁未分金配楊氏生乾隆辛卯年十二
月廿四日丑時

天助傳子第十七世

郡傳子第十七世

碧元字　生乾隆乙丑年正月初三日丑時

生傳子第十七世

應期傳子第十七世

[illegible]傳子第十七世

尊賢傳子第十七世

顯宗傳子第十七世

随楊字　生乾隆丙戌年九月初五日寅時

榮長子第十七世

陣字

榮次子第十七世

榮三嗣子第十七世

蒲字學昌生乾隆丙辰年十二月初九日酉時卒乾隆乙卯年二月廿五日巳時葬後頭坐酉向卯兼庚甲丁酉丁卯分金配楊氏生乾隆丙寅年八月廿六日卯時卒嘉慶辛酉年十一月初一日卯時葬後頭孫厝墓邊坐酉向卯兼庚甲丁酉丁卯分金

生子四長屏次香還繼本生部第四房三子[illegible]

卷十三終

国家出版基金项目
NATIONAL PUBLICATION FOUNDATION

海上絲綢之路文獻集成

總主編　陳支平　陳春聲

民間譜牒編

29

主編　林楓

海峽出版發行集團
THE STRAITS PUBLISHING & DISTRIBUTING GROUP
福建人民出版社

本册目次

〔福建厦門〕石塘謝氏家乘三十一卷（世紀卷二二至世紀卷二三）　〔清〕謝果凜
謝邦忠等纂修……………………………………………………………………………………一

〔福建厦門〕石塘謝氏家乘三十一卷（世紀卷二二至世紀卷二三）

〔清〕謝果廩　謝邦忠等纂修

恤公第六房分派世系條紀卷二十二

計

頂五子第十六世

生乾隆四十五年庚子三月初七日巳時外殁

配紀氏生乾隆五十七年壬子七月初十日酉時卒道

光丙戌年七月十二日未時葬狗仔匪坐辛向乙兼庚

甲　生子

善長子第十六世

降

諧次子第十六世

生乾隆丙辰年十月十七日夘時卒乾隆壬子年七

燦

月初七日未時葬横頭坐寅向申兼甲庚丙寅丙申分

金配李氏生乾隆三十年十一月廿七日寅時卒道光

己丑年十二月十八日未時

生子四長吻次瑗三擇四

善三子第十六世

點

國長子第十六世

生乾隆　年九月初四日子時卒乾隆乙亥年至

藝

月　日　時葬在外城

國次子第十六世

王　剩　皆

國三子第十六世

恩傳子第十六世

詹傳子第十六世

贊長子第十六世

贊次子第十六世

卜　生乾隆辛巳年六月初六日午時配許氏生乾隆丁
亥年二月廿九日戌時　生子一徑

君齊　補傳子第十六世
生乾隆癸未年六月廿七日丑時

勇長子第十六世
安樂　生乾隆庚寅年五月三十日戌時配李氏生乾隆
甲午年十一月初一日卯時
生子一應茂

勇次子第十六世

畏可　生乾隆丙午年十二月廿一日辰十

科宗長子第十六世

牛　生乾隆丁酉年九月初九日寅時

日成傳子第十六世

登魁　生乾隆己亥年八月十四日申時卒嘉慶癸酉年

二月十三日寅時葬在娘媽宮坐癸向丁兼丑未庚子

庚午分金配鍾氏生嘉慶三年戊午二月十七日巳時

生子二長樹次池

東傳子第十六世

務　生雍正甲寅年十二月十四日未時卒嘉慶甲戌年

二月廿二日未時葬横廂尾坐亥向巳兼壬丙辛亥辛
巳分金配林氏生乾隆戊辰年十月廿四日辰時卒
乾隆庚子年正月初八日未時葬横廂尾坐壬向丙
兼巳亥丁亥丁巳分金
生子二長田次行

西傳子第十六世

南傳子第十六世

中傳子第十六世

正傳子第十六世

程使長子第十六世

拔諱邦振字子趋生乾隆七年壬戌十月初十日卯時卒嘉慶癸酉十八年三月十六日辰時壽七旬有二葬廣東省福建塚坐向分金失載配陳氏生乾隆十六年辛未七月初六日辰時卒道光癸未三年十月十四日巳時壽七旬有三葬東坑坪坐向分金失載

生子四長祖寬次溪係嗣胞叔港三孝四金

程使次子第十六世

閣諱邦基　　出嗣

程使三子第十六世

淵諱邦璉生乾隆丙寅年九月十五日巳時卒乾隆癸丑年十一月廿一日子時葬東坑坪坐巳向亥兼壬丙辛巳辛亥分金配蔡氏生乾隆丙子年三月初一日巳時卒乾隆庚戌年五月初十日卯時葬對面園　于樂公墓邊坐西向東後改葬東坑坪坐巳向亥兼丙壬

生子二長酒淵次公受出嗣朋舅嗣

程使四子第十六世

約諱邦博生乾隆十五年庚午五月初五日巳時卒乾隆五

十八年癸丑十一月初六日酉時葬東坑坪坐巳向亥
兼丙壬辛巳辛亥分金配蔡氏生乾隆二十五年庚辰
六月十八日子時卒道光甲辰年七月初八日丑時葬
在東坑坪坐辰向戌兼巽乾分金庚辰庚戌
　　生子三長公歆次公園三公順

程使五子第十六世
港諱邦論生乾隆二十二年丁丑九月廿五日未時卒乾隆
三十年乙亥八月十九日巳時
　　嗣子一公纘係胞兄拔次子

程使六子第十六世

海諱邦潤生乾隆二十八年癸未十月十五日寅時卒乾隆
四十五年庚子十一月廿一日丑時葬對面園坐酉向
卯兼庚甲丁酉丁卯分金
嗣子一　公堡係胞兄湖次子

鳴長子第十六世
尋諱邦傑字次豪生乾隆戊辰年八月廿四日寅時卒嘉慶元
年丙辰四月廿五日辰時葬本社邊宅仔園裡坐艮向
坤兼寅申辛丑辛未分金配林氏生乾隆十九年甲戌
八月十四日未時
生子二長秋蘭次虎豹

鵬次子第十六世

唱　出嗣

挺嗣子第十六世

閣諱邦基字　生乾隆乙丑年正月十二日午時卒嘉慶九年甲子九月十四日辰時葬東坑坪坐巽向乾兼巳亥庚辰庚戌分金配馬氏生乾隆二十年乙亥十二月十八日卯時卒乾隆五十六年辛亥八月廿二日寅時葬本社前過巷園中坐坤向艮兼申寅辛未辛丑分金一

生子三長永和次言三永笑

卿嗣子第十六世

唱諱邦睦生乾隆甲戌年十月初十日丑時卒嘉慶十一年
丙寅七月廿七日巳時葬本處對面園坐庚向甲兼酉
卯庚申庚寅分金配黃氏生乾隆壬午年二月初四
日申時卒道光辛酉年正月初一日未時葬本社東
坑坪大山坐癸向丁兼丑未庚子庚午分金
生子六長慶軼次光稅三春逃
四應綢五鍾六廣

質使傳子第十六世

嘉長子第十六世

俊諱邦智生康熙四十八年己丑四月廿三日辰時卒乾隆

壬戌年十二月初一日亥時葬三寶壠佛塘

嗣子一石麟 係胞弟仿次子

嘉次子第十六世

仿諱邦彥字用之生康熙五十四年乙未八月廿五日辰時

卒乾隆壬寅年三月初五日未時配鍾山蔡氏生康熙

六十年十二月廿五日酉時卒乾隆乙巳年十月初十

日卯時合葬本鄉宅仔坐東向西

生子二 長逢時 欠 石麟 出嗣胞兄俊

祿長子第十六世

儕諱如錫生康熙壬寅年正月十五日午時

祿次子第十六世

倩諱如金字孟三生康熙　年十一月廿九日巳時

生子二長奕次

偲諱邦輔生雍正辛亥年十一月十四日亥時殁寧波

寶長子第十六世

佇諱邦依生雍正甲寅年九月初五日戌時

寶次子第十六世

仁傳子第十六世

義傳子第十六世

廉傳子第十六世

啟明傳子第十六世

長庚長子第十六世

皇諱登輿字　生雍正十三年乙卯二月初四日卯時

配潘氏生乾隆辛未年十一月廿六日亥時

生子

長庚次子第十六世

水諱登貫字　生乾隆辛酉年九月廿三日寅時

長庚三子第十六世

淮諱登發字　生乾隆辛未年正月初七日午時

華傳子第十六世

罕傳子第十六世

世維傳子第十六世

坤長子第十六世

陳諱文祿生乾隆七年壬戌十一月初六日卯時卒乾隆五十一年丙午十月初五日午時葬庵仔山頂北邊坐巳向亥兼丙壬辛巳辛亥分金配許氏生乾隆己巳十四年九月廿三日巳時卒道光丁亥年七月初三日巳時葬庵仔山坐乙向辛兼辰戌

生子二長艶宗次花宗

坤次子第十六世

彥諱文壽生乾隆十年乙丑正月十四日卯時卒乾隆三十七

年壬辰二月初八巳　時葬吉蕉

坤三子第十六世

權諱文衡生乾隆十六年辛未三月十五日丑時卒道光戊
子年正月十一日未時壽七旬有八葬庵仔脚坐辰
向戌兼乙辛配黃氏生乾隆二十六年辛巳十一月十六
日丑時卒道光癸卯年七月二十日未時葬庵仔山坐
癸向丁兼丑未丁丑丁未分金

生子一　象宗

坤四子第十六世

學　出嗣

坤五子第十六世

固諱文名生乾隆二十五年庚辰正月廿二日卯時外夷

坤六子第十六世

白諱文清字純結生乾隆二十九年甲申十二月廿二日戌時卒道光丙申年七月廿七日辰時葬庵仔山坐壬向丙兼子午配吳貫庙兜林氏生乾隆三十八年癸巳三月十六日酉時卒乾隆五十九年五月十六日戌時葬兜仔營大石脚坐乾向巽兼巳亥庚戌庚辰分金續配楊氏生乾隆三十九年甲午二月十八日巳時卒道光二十七年丁未正月初五日丑時葬庵仔山頂坐壬

向丙兼子午丙子丙午分金

生子四長寬裕次寬意三強宗

係堂侃軒次子四孟宗

坤七子第十六世

細諱文裕生乾隆三十二年丁亥九月十二日寅時卒葬宋

脚　　生子

坤八子第十六世

勃字文希生乾隆三十七年壬辰二月廿八日巳時在宋脚

回長子第十六世

霜諱文降生乾隆二十年乙亥六月十四日午時配厦門羅

氏生乾隆三十二年丁亥六月初六日午時卒葬失載

佪次子第十六世

出嗣

高

佪三子第十六世

盾諱文趙生乾隆二十七年壬午九月初九日子時卒道光

六年丙戌三月十七日未時葬横廂

配温氏生乾隆四十七年壬寅三月初六日未

時卒咸豐辛亥年十一月初九日未時葬後門仔日坐

癸向丁兼丑未丙子丙午分金

生子四長光泉次光幬三光卿四度微

回四子第十六世

治　一　出嗣

回五子第十六世

出諱文思生乾隆三十九年甲午九月初二日子時卒葬外

發

達傳子第十六世

鐶諱文洽生乾隆二十一年丙子十二月十二日卯時

戎嗣子第十六世

治諱文平生乾隆三十年乙酉九月初二日子時

位嗣子第十六世

學諱文脩生乾隆二十二年丁丑十月廿八日酉時

鍾傳子第十六世

琛諱

生乾隆六年辛酉十一月廿四日丑時卒葬外域

田嗣子第十六世

禹諱文上生乾隆二十四年己卯四月廿八日子時

孔傳子第十六世

爟

天傳子第十六世

管傳子第十六世

及諱文至生雍正元年癸卯八月十七日辰時卒乾隆十八年癸酉十二月十五日未時葬後埭仔荔枝林坐北向南　嗣子一慱係堂弟麟次子

仲長子第十六世

虬龍字　生雍正十二年甲寅三月初五日丑時卒嘉慶三年戊午七月十二日未時葬庵仔山後坐庚向甲兼酉卯庚申寅分金配吳氏生乾隆二年丁巳二月初五日丑時卒乾隆甲寅五十九年十月初九日申時葬犁角頭東邊坐乾向巽兼戌辰丙戌丙辰分金續配林氏生乾隆二年丁巳二月初八日巳時卒嘉慶二十

一年甲子四月廿四日辰時葬田墘四嬸左邊坐乾向
巽兼亥巳庚戌庚辰分金　生子三長川次義三擴

仲次子第十六世
葉　出嗣

仲三子第十六世
江諱文深生乾隆十年乙丑三月三十日卯時卒嘉慶戊辰
年九月初四日丑時葬庵仔深巷邊坐壬向丙兼亥巳
丁亥丁巳分金配長嶼曾氏生乾隆二十八年癸未四
月廿八日辰時

生子一融

仲四子第十六世

晃諱文春生乾隆十三年戊辰正月廿五日酉時外殁

仲五子第十六世

麟諱　生乾隆十五年庚午九月初五日卯時卒嘉慶十二年丁卯十一月十二日丑時葬鬼仔營坐辰向戌兼乙辛丙辰丙戌分金配許氏生乾隆三十三年戊子二月廿八日巳時卒道光乙巳年十一月廿六日酉時葬鬼仔營坐　向

生子四長光凜次轉出嗣堂兄癸三嬰使四歎

晏嗣子第十六世

葉諱

生雍正十三年乙卯八月十三日酉時卒乾隆四十五年庚子五月廿二日卯時葬

配陳氏生雍正十三年乙卯十二月廿四日亥時卒乾隆五十八年辛亥九月初六日巳時葬覆鼎金坐戌向辰兼乾巽丙戌丙辰分金

生子一郎

舉長子第十六世

軒諱

生乾隆七年壬戌五月廿七日辰時卒嘉慶十年乙丑十月初十日丑時葬荔支林坐乾向巽兼戊

辰丙戌丙辰分金配陳氏生乾隆甲子年十月十五日申時卒乾隆三十一年丙戌正月十八日寅時葬荔支林坐亥向巳兼　續配鄭氏生乾隆　年　月　日　時卒嘉慶九年甲子三月廿五日丑時葬荔支林附姑墳左邊坐　向

生子三長光盞次強宗出嗣堂叔白三請

舉次子第十六世

牙諱　生乾隆九年甲子七月廿一日亥時

舉三子第十六世

填諱　生乾隆十一年丙寅五月廿三日子時

舉四子第十六世

然諱　生乾隆十三年戊辰六月初五日寅時

堯長子第十六世

帝諱　生乾隆八年癸亥七月十七日酉時卒嘉慶十二
年丁卯六月十三日午時葬鬼仔營坐東向西配李氏
生乾隆十八年癸酉三月初三日巳時卒乾隆甲辰年
五月廿三日巳時葬鬼仔營坐卯向酉兼乙辛辛卯辛
酉分金續配陳氏生乾隆丙子年八月十七日未時卒
嘉慶二十五年庚辰十月廿一日未時葬艾坪山右邊
坐甲向庚兼卯酉

生子三長汝水次涌水李氏出三謹陳氏出

堯次子第十六世

仁諱

生乾隆十四年乙巳六月初六日戌時卒葬失誌

堯三子第十六世

恭諱

生乾隆十七年壬申七月廿八日午時配鼓浪嶼

洪氏生乾隆三十一年丙戌正月初四日寅時卒葬失

六長子第十六世

輝

生乾隆庚午年六月廿一日未時卒嘉慶九年甲子

九月廿四日戌時葬鬼仔營坐甲向庚兼卯酉庚寅庚

申分金配吳貫山尾林氏生乾隆三十年乙酉三月廿

三日亥時　　生子二長光哲次羨

六次子第十六世

狀諱　生乾隆二十二年丁丑九月三十日巳時卒葬

失載

隨傳子第十六世

陣傳子第十六世

進傳子第十六世

光遠
特傳子第十六世
生乾隆丙申年十二月十八日酉時卒乾隆五十
八年癸丑葬失誌

宋郊
載傳子第十六世
生乾隆五十四年九月十八日戌時卒葬番邦配洪
氏生嘉慶辛酉年七月十四日戌時
生子三長顯次厚三佛

爵傳子第十六世

藺長子第十六世

羆諱宗熊生乾隆己亥年十二月初一日巳時

藹次子第十六世

衍諱宗盈生乾隆四十七年七月初九日辰時卒葬失載

生子一　光樣

藹三子第十六世

在　出嗣

藹四子第十六世

便　出嗣

覲嗣子第十六世

便　生乾隆五十七年七月十五日卯時卒道光庚寅年

四月廿五日卯時葬鬼仔營坐寅向申兼甲庚

累長子第十六世

嫣生　出嗣

累嗣次子第十六世

在字　生乾隆五十四年己酉三月廿八日卯時外殁

嗣子一親迎本生父嫣生

累三子第十六世

嫣騰　生乾隆六十年乙卯九月十六日巳時

參傳子第十六世

嫣生　生乾隆壬寅年九月十六日子時卒道光戊申年

四月廿五日巳時壽六旬有七葬艾邊山坐巽向乾兼辰戌丙辰丙戌分金配楊氏生乾隆甲寅年八月十六日子時

生子二長光梅次親迎出嗣在

媽夏

撓長子第十六世

生嘉慶丁巳年十二月廿三日戌時卒道光戊戌年正月十八日　時葬番邦配王氏生嘉慶丙寅年八月廿五日戌時卒道光己丑年七月廿一日午時葬狗仔田朱嶺坐卯向酉兼丙壬

生子一伯適

捷次子第十六世

夏賞　生嘉慶壬戌年九月十五日寅時卒咸豐庚申年

閏三月初三日　時葬沓邦配蔡氏生嘉慶己巳年

十一月廿六日午時

生子一　光亂

伍傳子第十六世

杭傳子第十六世

潘長子第十六世

過

生嘉慶元年丙辰十月廿二日辰時卒
年九月廿七日　時葬番邦
　　生子一　裕

監

潘次子第十六世
　生嘉慶十一年丙寅九月初三日未時配林氏生道
光壬午年二月廿三日戌時
　　生子一　春來

文秀

潘三子第十六世
　生嘉慶十四年己巳十二月廿三日午時

蔡彌子第十六世

燦傳子第十六世

臨傳子第十六世

啟傳子第十六世

追傳子第十六世

愛

生嘉慶庚午年　月　日　時卒咸豐辛亥年

五月二十日　時葬香港

保　緣長子第十六世

財　緣次子第十六世
生道光己丑年十月初七日午時卒咸豐己未年十月廿八日　時葬沓鄉罡洪氏生道光辛丑年八月廿六日午時
生子一振金

光坪　雪長子第十六世
生乾隆五十九年甲寅八月廿八日申時卒道光辛丑年十月廿八日戌時葬許埭頭坐酉向卯兼辛乙

辛酉辛卯分金　生子一　正研

雪次子第十六世

光深　生嘉慶四年己未五月廿八日卯時卒葬失識

雪三子第十六世

光坑　生嘉慶十二年丁卯三月初六日酉時配鄭氏生

嘉慶丁丑年六月廿一日卯時

生子一　彩英

紂傳子第十六世

兑長子第十六世

光威字　生乾隆三十七年壬辰九月廿七日戌時外殁

兑次子第十六世

光班字　生乾隆四十四年己亥五月廿五日辰時外

殁

兑三子第十六世

墨莊字　生乾隆四十九年甲辰五月十九日戌時外殁

兑四子第十六世

世字　生乾隆五十四年己酉九月十六日丑時卒宋脚

沛傳子爲十六世

光送　逸長子第十六世
生乾隆丙申年十月十一日子時

光两　逸次子第十六世
生乾隆四十五年庚子八月十四日未時

光知　逸三子第十六世

光斷　逸四子第十六世
出嗣

逸五子第十六世

光碧　生嘉慶三年戊午五月廿三日亥時
逸六子第十六世
光羅
出嗣
典傳子第十六世
光里
生乾隆五十二年丁未七月十八日午時
諧嗣子第十六世
光斷
生嘉慶二年丁巳正月十九日戌時
提傳子第十六世
沉傳子第十六世

光陽　生嘉慶五年庚申八月廿三日卯時
芳嗣子第十六世
光羅　生嘉慶癸亥年九月初九日丑時
芳次子第十六世
和尚　生嘉慶辛未年十月十二日寅時卒咸豐庚申年
正月廿二日申時葬梹榔嶼配周氏生道光丁亥年十
一月二十日亥時
生子三長光印次佛葵三佛續
姣傳子第十六世
永利諱長澤生嘉慶四年己未十一月初五日酉時配張氏生

嘉慶丙子年正月廿八日巳時

生子一　雲雁出嗣長石

塗長子第十六世

長水諱長源生嘉慶二年丁巳九月十七日未時外殁

塗次子第十六世

永利　出嗣

塗三子第十六世

長生　生嘉慶九年甲子八月廿八日巳時外殁

塗四子第十六世

長文　生嘉慶十三年戊辰十一月初四日酉時外殁

塗五子第十六世

長石　生嘉慶辛未年十月廿四日巳時卒道光辛卯年

十月廿五日未時葬本鄉鬼仔營父墓下

嗣子一雲匯本生父永利

簡長子第十六世

倰卿諱　生嘉慶十四年己巳十月初一日戌時卒葬在

沿邦失載配溫厝社溫氏生道光五年正月十二日亥

時　生子三長新錦次新榜出嗣胞弟奎三熟

簡次子第十六世

奎諱　生嘉慶壬申年八月廿六日子時卒道光戊戌

年十二月十六日卯時葬在鬼仔營坐東向西

嗣子一新榜係胞兄俊卿次子

慶傳子第十六世

欽傳子第十六世

奕長子第十六世

南生　出嗣

奕次子第十六世

光田　生嘉慶七年壬戌七月十七日巳時卒正月十

一日　時葬柩榔嶼

嗣子二長胞本生父露次巳本生父井

奕三子第十六世

生嘉慶壬申年七月十一日辰時配蔡氏生道光

烏井

丁亥年十二月十九日卯時

生子三長把次現三巳出嗣胞兄田

奕四子第十六世

生嘉慶庚申年七月十一日戌時配蔡氏生道光辛

露

卯年九月廿六日子時

生子二長胞出嗣胞兄田次添存

南生　果嗣子第十六世

生嘉慶五年庚申正月十二日申時卒道光壬寅
年九月十六日未時葬大溪尾坐乾向巽兼戌辰丙戌
丙辰分金配温氏生嘉慶丁卯年十一月廿三日巳時
卒道光壬辰年二月十二日酉時葬狗仔田花會山頂
續配高氏生嘉慶己巳年十二月廿七日子時卒道光
甲辰年十一月初九日酉時葬大溪尾坐戌向辰兼乾巽
庚戌庚辰分金
生子一富

等祖長子第十六世

光松　生嘉慶八年癸亥九月初二日酉時配林氏生嘉
慶乙丑年八月初六日卯時
生子二長長滚次蟳本生父藝

日賓
等祖次子第十六世
生嘉慶十一年丙寅十一月廿二日子時

三千
等祖三子第十六世
生嘉慶十四年己巳六月初五日酉時配林氏生
道光丙辰年四月初四日午時葬

光藝
等祖四子第十六世
生嘉慶甲戌年十一月十七日子時配本社洪氏

生道光乙酉年十月初十日未時

生子三長成章次埒出嗣胞兄松三行

沙賀長子第十六世

光料

生嘉慶八年癸亥八月廿七日午時卒　年

正月初八日　時葬吉礁

生子一紫雲

沙賀次子第十六世

光要

生嘉慶乙丑年十二月廿八日午時卒道光丙午

年閏五月廿七日午時葬四角脊二塗對面園坐西向

卯兼辛乙分金配陳氏生嘉慶丙子年六月十一日巳

時卒咸豐己未年十一月初三日午時壽四旬有六葬
落水龜
生子三長聞次曰長出嗣胞弟罕三偏

沙賀三子第十六世
光罕
生嘉慶戊辰年十一月十六日丑時卒
年九月廿七日　時葬沓邦
嗣子二長曰長本生父乘次曰國本生父光攀

沙賀四子第十六世
光點
生嘉慶甲戌年二月廿一日酉時配黃氏生道光
丙戌年二月二十日巳時

生子一曰芊

沙賀五子第十六世

光爪　生嘉慶丙子年六月廿九日未時卒杷柬

沙賀六子第十六世

光擧　生嘉慶庚辰年正月初十日午時配楊氏生道光

癸卯年六月初六日巳時

生子二長曰國（出嗣胞兄罕）次虎豹（出嗣伯蓮）

沙賀七子第十六世

光八　生道光甲申年七月十三日酉時

沙賀八子第十六世

伯運　生道光丁亥年十月廿一日寅時卒咸豐甲寅年六月廿四日午時葬董裡

嗣子一　虎豹係胞兄光攀次子

勲傳子第十七世

協傳子第十七世

風傳子第十七世

光寧長子第十七世

君子諱若和生嘉慶七年壬戌正月廿七日申時卒咸豐八
年戊午七月廿二日未時壽五旬有五葬在對面園
配郭厝社郭氏生嘉慶二十四年己
卯二月廿七日酉時
生子四長六出嗣胞弟騫
次甲三排四碧出嗣胞弟開

子騫
光寧次子第十七世
生嘉慶十五年庚申九月十六日午時卒道光
十五年乙未十一月廿三日酉時壽二旬有五葬在
梹榔嶼

嗣子一六係胞兄君子長子
光宗三子第十七世
生嘉慶十九年甲戌二月初九日子時卒失載葬
開
在董裡
嗣子一朱碧係胞兄君子四子
光宗四子第十七世
子平
出嗣
通三傳子第十七世
清中
生嘉慶十三年戊辰二月初一日子時卒道光
二年壬午五月十一日申時葬在公山後坐西向東

佐傳子第十七世

續長嗣子第十七世

八鳳諱呈祥字和　生乾隆四十年乙未七月十四日戌時

卒葬暹羅

纘次嗣子第十七世

三狗字錫見生嘉慶三年戊午十一月初六日未時卒葬定

叻

緝長子第十七世

八鸞諱安平字和鳴生乾隆三十七年壬辰五月三七日征

時卒嘉慶庚辰年十月廿二日未時葬庵仔墓前坐壬向丙兼子午配鼓樓王氏生乾隆三辛卯九月三十日未時卒道光癸卯年七月十四時葬樣仔腳坐壬向丙兼子午丙子丙午分金

生子三長光懷次三光弟

緝次子第十七世

八房　出嗣

紱傳子第十七世

魁塘諱　生乾隆四十六年辛丑十月初四日巳時卒道光癸卯年十月廿八日午時葬東坑坪與母合葬坐丁

向癸未丑庚午寅子分金郎鄭氏生　壬戌年四
月初二日卯時
纘長子第十七世
邁塘諱　生乾隆五十一年丙午十月十二日未時卒道
光十六年丙申六月廿七日午時壽五旬有一葬在後
門仔口坐　向
配　氏生卒失載
生子一　媽求
纘次子第十七世
跨塘　生乾隆五十六年辛亥五月初十日戌[illegible]

氏生嘉慶十五年庚午十月初十日未時

生子一桂

紘長子第十七世

夔慶字錫吉生乾隆四十六年辛丑九月廿二日寅時卒道光丙午年五月十一日辰時葬艾坪坐甲向庚兼寅申丙寅丙申分金配盧氏生嘉慶庚申年五月廿八日丑時

生子三長光商次光甚三光桂

紘次子第十七世

夔祝字登華生乾隆五十四年己酉六月廿一日寅時卒道

光戊申年六月十七日未時葬艾坪坐寅向申兼甲庚丙寅丙申分金配石囷林氏生嘉慶丙寅年八月初一日巳時卒咸豐辛亥年六月十一日申時葬東坑坪坐西向東

生子三長香水次俊傑三俊兩

紱三子第十七世

三狗　出嗣

耀長子第十七世

宗玉字蘊山生乾隆三十七年壬辰八月廿五日午時卒道光十七年七月廿三日未時壽六旬有五葬坐[illegible]

宁萬章坐東向西配田邊社張氏生乾隆四十一陳瑞氏
戊戌五月十七日申時卒嘉慶二十三年戊寅七月十四
日申時壽四旬有一葬後門仔口坐艮向坤兼丑未丁
丑丁未分金續配料坑梁氏生乾隆四十四年己亥五
月十九日寅時卒咸豐八年戊午八月初三日未時葬
東坑坪坐　向

生子三長素位出嗣胞弟宗領次雖三陣

耀次子箕十七世

宗領字袖英生乾隆三十九年甲午十月十六日未時卒嘉
慶十四年己巳三月十三日　時葬本山墓山上土名

白鳥山坐艮向坤兼丑未

嗣子一素位係胞兄宗玉長子

耀三子第十七世

宗武字愧文生乾隆四十三年戊戌九月十七日卯時卒道光十年庚寅二月廿三日巳時壽五旬有三葬在本鄉後門仔口園坐艮向坤兼丑未丁丑丁未分金配水頭社黃氏生乾隆五十五年庚戌五月初二日酉時卒道光十四年甲午十一月廿四日戌時壽四旬有五與夫合葬後門仔口

生子五長願安次憐兜三德水四奇虫五皆得

耀四子第十七世

宗義字亦新生乾隆四十七年壬寅八月初九日巳時卒道光十六年丙申五月初七日申時葬梹榔嶼坐　向

配吳貫社吳氏生乾隆辛亥年十一月十一日申時卒道光辛丑年九月廿一日子時壽五旬有一葬墓底山頂

生子三長曰新次淵枝三月極

耀五子第十七世

文華字國祥生乾隆四十九年甲辰十月十九日巳時卒道光元年辛巳四月初四日　時葬在梹榔嶼

配海澄曾氏生卒失載與夫合葬
生子一　有明

耀六子第十七世

方員字純甫生乾隆五十二年丁未九月十四日卯時卒道
光九年己丑正月十一日巳時壽四旬有三塟槟榔嶼
貓守蔦章坐　向　乘

配古樓社張氏生嘉慶五年庚申五月十六日酉時卒
咸豐六年丙辰八月廿七日寅時壽五旬有七葬本鄉
東坑坪牛埔坐　向　乘
生子一　文琴

耀七子第十七世

賛字　生卒失載葬在亞沙阜配彭埕社何氏生嘉慶辛未年十一月二十日丑時卒道光癸卯年十一月二十日丑時葬庵仔山坐乾向巽兼巳亥

生子一蒼俊

成嗣子第十七世

清河字　生乾隆五十六年辛亥七月廿　日巳時

炎長子第十七世

清源　生乾隆五十一年丙午八月初二日巳時卒嘉慶二十四年己卯九月廿一日申時壽三旬有四葬梹榔嶼

清河　燚次子第十七世
出嗣

清田　燚三子第十七世
生嘉慶丙辰年十月廿七日寅時卒道光丁亥年四月十六日申時葬在東坑坪坐酉向卯兼辛乙

清諒　燚四子第十七世
生嘉慶七年壬戌八月初六日辰時卒年月日時失載葬

子平　燚五嗣子第十七世
生嘉慶二十三年戊寅九月初十日未時卒咸豐

年四月十九日寅時葬在梹榔嶼

巳觧子第十七世

逢吉字　生乾隆六十年乙卯十月廿一日酉時

如竹傳子第十七世

如松傳子第十七世

登科　生嘉慶八年癸亥正月初七日未時

堅傳子第十七世

盤旋諱周矩生乾隆六十年乙卯六月初三日卯時卒在吧

東爽　配鄭氏生嘉慶九年癸亥五月

廿九日午時卒咸豐九年己未七日酉時壽五旬有五
葬在庵仔邊坐丑向未兼艮坤丁丑丁未分金
生子二長登勇次登榜

琴傳子第十七世

炳傳子第十七世

天送傳子第十七世

盤旋

出嗣

天福傳子第十七世

若水長子第十七世

眼

若水次子第十七世

捌

南青傳子第十七世

光果諱　生道光丙申年十二月廿八日戌時

朱博長子第十七世

長滋　生嘉慶五年庚申三月二十日酉時卒道光二十

三年癸卯五月廿四日巳時葬在吧東配陳氏生嘉嘉

十年乙丑十一月廿八日未時

生子二長註次登訓

光爲

朱博次子第十七世

生嘉慶九年甲子二月廿二日未時卒道光癸

卯年五月十四日卯時葬吧東貓抵配王氏生嘉慶巳

巳年八月初五日巳時

生子二長隨次尾

川來

朱翁長子第十七世

出嗣

朱翁次子第十七世

川壘

生嘉慶丙寅年十月十七日戌時卒咸豐甲寅年

八月十五日巳時壽四旬有九葬墓底山頂配吳貿社

林氏生嘉慶丁丑年正月初三日寅時

生子一大灶出嗣堂兄贊龍

朱翁三子第十七世

川振

生嘉慶丙子年五月初八日戌時

朱翁四子第十七世

川岕

生嘉慶戊寅年八月廿九日戌時配赤石社蔡氏

生道光丙申年十二月廿四日寅時

生子三長煥次賜三苗

朱翁五子第十七世

川戒　出嗣

朱翁六子第十七世

川池　生道光癸未年十一月廿四日戌時卒道光己酉年正月初四日亥時葬宮仔前三斗頭坐坤向艮號申寅丁未丁丑分金

朱烈長子第十七世

贊龍　生嘉慶十二年丁卯八月十九日丑時

嗣子一　大灶係堂兄川壘長子

朱烈次子第十七世

贊成
朱烈三子第十七世
贊元
朱興傳子第十七世
永盛字　生嘉慶己卯年閏四月初二日　時卒道光己
酉年五月十二日　時葬貓抵配鍾山社蔡氏生道
光己酉年二月初五日午時
生子一啟章
朱衣長子第十七世
川來　生嘉慶戊子年十月廿一日未時卒道光丁酉年

十一月十一日戌時葬外夷

生子

朱衣次子第十七世

川戒　生道光元年辛巳正月廿三日子時卒咸豐辛亥

年四月初八日　時葬外夷

長傳子第十七世

甲傳子第十七世

盧傳子第十七世

光獅　生嘉慶辛未年六月廿四日未時卒咸豐癸丑年三月十七日申時葬後門口
配蔡氏生道光辛丑年十月廿九日戌時卒道光己酉年九月初四日未時與夫合葬

金辦　傳子第十七世

著　傳子第十七世

曲直　生乾隆六十年乙卯九月十五日午時

論　長子第十七世

光諒　生乾隆庚戌年正月初六日巳時

論次子第十七世　出嗣

出直

簡傳子第十七世

立傳子第十七世

磚傳子第十七世

志傳子第十七世

孕傳子第十七世

極傳子第十七世

宗啟傳子第十七世

天生傳子第十八世

葵傳子第十七世

光顯

生乾隆丙午年七月廿九日巳時

鼓　賞長子第十七世
生乾隆戊戌年九月十九日午時卒在沓邦
嗣子二長祐本生父雅次京本生父佑

佑　賞次子第十七世
生乾隆甲寅年正月廿九日亥時

雅　傳子第十七世

柳　傳子第十七世

守　長子第十七世

果珍　生乾隆丙申年六月十九日亥時

求傳子第十七世

詠　生乾隆　年　月　日　時

求次子第十七世

仙　生乾隆四十七年壬寅正月廿六日　時

錫傳子第十七世

瀾傳子第十七世

必長子第十七世

脩

生嘉慶十年乙丑正月初三日戌時卒道光乙酉年十二月廿五日辰時葬横槓鄉配李氏生嘉慶乙丑年十月廿八日子時　生子三長泰次極三昌

笑

必次子第十七世

應元俤子第十七世

應才俤子第十七世

仁

鞍傳子第十七世

生嘉慶九年甲子四月廿六日子時外殁配鄭氏生

嘉慶壬申年十月十三日子時卒道光壬寅年十一月

初十日未時葬店後

生子二長京出嗣鼓　次强

真傳子第十七世

都傳子第十七世

討傳子第十七世

降傑子第十七世

煥長子第十七世

吻

生乾隆庚寅年十一月廿三日辰時卒道光辛卯年七月十三日亥時葬在芝坪坐甲向庚兼寅申配程氏生乾隆四十四年己亥十二月初一日戌時卒道光二年壬午三月廿二日戌時葬在谷山墘坐寅向甲兼艮坤丙寅丙申分金

生子二長秋冬次宗

璉

炯次子第十七世

生乾隆甲午年九月十六日卯時卒道光癸卯年十月十六日戌時葬在後壁山坐乾向巽兼亥巳分金配邱氏生乾隆己酉年五月十三日午時卒道光庚寅年十月初七日丑時葬

生子四長天從次天祐出嗣鼓三天霜四天送

擇

熾三子第十七世

生乾隆庚子年十一月初五日巳時

點傳子第十七世

藝傳子第十七世

王傳子第十七世

剩傳子第十七世

皆傳子第十七世

卜傳子第十七世

徑
生乾隆丁未年八月廿四日戌時

君齊傳子第十七世

安樂傳子第十七世

應茂　生乾隆五十八年癸丑九月廿五日未時

畏可傳子第十七世

牛傳子第十七世

登魁長子第十七世

㑌

發魁次子第十七世

池

務長子第十七世

田

生乾隆丁亥年八月廿九日巳時卒嘉慶壬戌年

十二月初八日　時葬

配顏氏生乾隆三十六年辛卯八月十五日丑時

生子二長岩次傑

務次子第十七世

行

・生乾隆庚寅年八月廿四日寅時卒道光庚寅年三

月初九日未時葬番邦

拔長子第十七世
祖寬字逢榮生乾隆庚寅年七月十一日酉時
拔次子第十七世
溪　出嗣
拔三子第十七世
孝字逢忠生乾隆四十四年己亥九月十五日申時卒嘉慶
九年甲子　月　日　時葬暹羅配吳貫林氏
生乾隆四十八年癸卯二月十八日寅時
生子一此篇
拔四子第十七世

金字雅林生乾隆五十一年丙午三月初七日寅時

　湖長子第十七世

洒洲　生乾隆四十四年己亥四月初十日丑時

　湖次子第十七世

公受　出嗣

　約長子第十七世

公歆　生乾隆甲辰年七月二十日丑時

　約次子第十七世

公團　生乾隆己酉年三月廿四日巳時卒道光乙巳二

十四年三月廿三日　時葬

配陳氏生嘉慶辛酉五年四月廿三日寅
時　生子四長允拜次允養三允邦四允敢
約三子第十七世
公順　生乾隆辛亥年十二月廿九日戌時
港嗣子第十七世
溪字逢金生乾隆三十九年甲午九月三十日寅時卒在舊
港葬　配林氏生乾隆丁酉年七月初七日
申時卒道光壬午二年閏三月初二日寅時壽四旬葬
在東坑坪　生子二長才次用
海嗣子為十七世

公受　生乾隆甲辰年十二月初十日午時

尋偉子第十七世

秋蘭字逢谷生乾隆辛丑四十六年九月初四日巳時

尋次子第十七世

虎豹　生乾隆壬子五十七年八月十六日丑時

閣長子第十七世

永和　生乾隆甲午年十月十五日申時卒乾隆乙巳年

八月初八日卯時葬公山墘

閣次子第十七世

永言　生乾隆癸卯四十八年十二月十二日酉時

閣三子第十七世

永美　．　生乾隆五十六年七月二十日卯時

唱長子第十七世

慶軼字逢文生乾隆庚子四十五年八月十五日酉時卒道光癸巳年二月十四日辰時壽五旬有四葬本鄉坪仔頂與弟應同墓坐壬向丙兼子午辛丑辛未分金配許氏生乾隆甲寅年二月廿五日午時卒咸豐癸丑年七月廿二日午時　　生子四長棟次貼三榮四正

唱次子第十七世

光稅　生乾隆壬寅四十七年六月廿二日丑時卒道光
戊申年十二月廿三日巳時葬
配吳氏生嘉慶乙丑年六月初六日酉時卒道光
丙午年十月十八日丑時葬
生子七長允山次允順三允讚
四允常五允吉六允聘七允全

唱三子第十七世

春逃　生乾隆庚戌五十五年正月初六日酉時卒
配林氏生嘉慶辛酉年十
月廿七日丑時卒道光壬寅年八月廿五日酉時壽

四旬有二葬樓山埭象嶼裡坐癸向丁兼丑未丙子丙午分金續配林氏生嘉慶甲戌年十二月十六日未時

生子五長允添次允潭三允忠四允諒五允儕

唱四子第十七世

應綢

生乾隆壬子五十七年四月廿七日卯時卒道光辛卯年九月初四日寅時壽四旬葬本鄉坪仔頂與兄軼同墓坐壬向丙兼子午辛丑辛未分金配林氏生嘉慶癸亥年三月初六日辰時卒道光乙未年二月十九日丑時壽三旬有三葬

生子二長允石次允佛

唱五子第十七世

漢鍾　生嘉慶辛酉年正月初九日酉時配蕭氏生嘉慶乙丑年十一月廿六日亥時卒道光癸卯年十月廿三日亥時壽三旬有九葬本山沙裡園坐未向丑兼坤艮辛未辛丑分金續配林氏生嘉慶丙子年五月十八日巳時卒咸豐辛亥年五月二十日戌時壽三旬有六葬龍門庭前琴山脚坐乾向巽兼亥巳庚戌庚辰分金再續配林氏生道光壬午年三月初三日辰時

生子五　長允協次允建

三允填蕭氏出四允雀五允報林氏出

廣

唱六子第十七世

生嘉慶九年甲子十月初一日戌時配林氏生嘉慶丁卯年八月初八日寅時卒道光甲辰年七月初三日戌時葬本山東坑坪祖墳左邊坐午向子兼癸丁辰子庚午分金續配　氏生嘉慶庚寅年二月十六日午時卒道光壬寅年九月初三日未時葬內坑園坐乙向辛兼辰戌辛卯辛酉分金再續配林氏生嘉慶戊寅年六月初六日午時

生子五長允福次允祿三度聰四度畨沂允源

俊嗣子第十七世

石麟諱逢祥生乾隆十四年己巳二月初二日辰時卒乾隆三十八年癸巳四月十二日巳時葬癸南

仂長子第十七世

沛然諱逢晴生乾隆十一年丙寅七月廿五日子時卒乾隆己亥年八月十九日辰時配鍾山蔡氏生乾隆十二年丁卯十一月十九日子時

生子二長兆端次碧紗

儕俾子第十七世

奕

倩傳子第十七世

偘傳子第十七世

佇傳子第十七世

垦傳子第十七世

水傳子第十七世

惟傳子第十七世

陳長子第十七世

艶宗字光前生乾隆三十四年己丑十月廿三日戌時卒嘉慶七年壬戌七月初一日子時外出淹歿配顏氏生乾隆四十五年庚子三月二十四日巳時卒道光乙巳年十二月初十日午時葬

生子一　光儒

陳次子第十七世

花宗字　生乾隆五十一年丙午十一月初七日巳時卒

道光乙酉年五月　日　時

嗣子一管仲係胄意四子

彥傳子第十七世

權長子第十七世

生乾隆四十四年己亥八月十七日巳時配梁氏

象宗

生乾隆乙卯年十月廿二日戌時卒道光壬辰年五月

初五日未時葬庵仔後右邊坐北向南

生子二長潮次佑

固傳子第十七世

白長子第十七世

寬裕　生嘉慶丁卯年七月廿七日未時卒

年十月廿三日　時配林氏生嘉慶己巳年六月廿

五日巳時

生子一　拱照

白次子第十七世

寬慰　生嘉慶癸酉年七月十九日未時配顏氏生道光

癸未年四月十四日酉時卒咸豐庚申年七月十四日

酉時葬庵仔山後堂乙向兼辰戌分金羅配何氏生

道光丁亥年三月十五日卯時

生子四長□次宿夜三淑敖四管仲出嗣花宗

白三子第十七世

强宗字

生嘉慶三年戊午十二月初一日卯時卒葬失

白四子第十七世

孟宗

生嘉慶十二年丁卯十月廿三日卯時卒葬失職

細傳子第十七世

勃傳子第十七世

霜傳子第十六世

光泉　盾長子第十七世

生嘉慶六年辛酉十月廿三日酉時卒道光乙酉年九月十七日酉時葬鬼仔營

光幃　盾次子第十七世

生嘉慶十一年丙寅七月廿六日未時卒咸豐丁巳年十一月三十日未時葬後門仔坐癸向丁兼丑未丙子丙午分金配林氏生道光壬辰年九月初十日酉時

生子一

盾三子第十七世

光卿　生嘉慶十七年壬申十二月廿一日戌時配林氏

生道光辛卯年十月初六日寅時卒咸豐甲寅年十一

月初六日午時葬庵仔山坐東向西

盾四子第十七世

慶織　生道光乙酉年正月廿九日寅時

出傳子第十七世

霖傳子第十七世

治傳子第十七世

學傳子第十七世

琛傳子第十七世

高傳子第十七世

懽傳子第十七世

及嗣子第十七世
轉　生乾隆癸丑年十二月初七日戌時卒咸豐戊午年
八月廿四日丑時葬
配李氏生乾隆壬戌年八月十一日酉時
生子二長贊次直出嗣子
虬龍長子第十七世
川字弘傑　生乾隆壬午年二十七年正月廿四日寅時卒葬
沓邦配李氏生乾隆丙申年十一月十一日巳時卒道
光甲辰年十月廿九日子時葬大松柏鄉
生子一得利

義字

虬龍次子第十七世
生乾隆丙戌二十一年十二月十三日丑時卒道
光己亥年十二月初八日戌時葬庵仔山後坐酉向卯
兼辛乙辛酉辛卯分金配吳氏生乾隆戊戌四十三年
五月廿三日巳時卒乾隆六十年乙卯九月十四日午
時葬鬼仔營坐南向北續配莊氏生乾隆四十四年己
亥六月十七日未時卒道光丁未年八月初七日子時
生子二長超群次金賁

擴字

虬巃三子第十七世
生乾隆丁酉四十二年十一月初九日丑時卒道

光丁酉年正月十三日葬檳榔嶼配蘇氏生乾隆四十九年甲辰三月廿三日酉時卒道光辛丑年十月十九日子時葬鬼仔嶺坐艮向坤兼寅申辛丑辛未分金

生子一　興

融字
江長子第十七世

生乾隆壬寅四十七年八月初一日申時卒道光己丑年正月十九日　時葬檳榔嶼配陳氏生乾隆五十年乙巳八月初六日卯時

生子二　長源　次泉

晃儕子第十七世

麟長子第十七世

光源　生乾隆辛亥五十六年五月初三日酉時卒道光甲辰年六月十六日未時葬庵仔山坐丑向未

配蔡氏生嘉慶戊午年二月十九日酉時卒道光丙午年十月十五日未時葬深巷口坐北向南

生子二長言次語三直出嗣

麟次子第十七世

轉　出嗣

麟三子第十七世

學使　生嘉慶二年丁巳二月廿二日酉時卒葬外夷

麟四子第十七世

歎　生嘉慶五年庚申四月初三日戌時卒葬外夷

葉傳子第十七世

仰字　生乾隆辛巳二十六年七月十三日酉時卒乾隆癸丑年二月初一日午時葬鬼仔營坐甲向庚兼卯酉庚寅庚甲分金配廟兜盧氏生乾隆丁亥三十二年五月廿一日丑時　生子一[illegible]水

軒長子第十七世

光謐　生乾隆辛亥年正月廿二日寅時卒葬外夷
軒次子第廿七世
強宗　出嗣
軒三子第廿七世
請
牙傳子第廿七世
填傳子第廿七世
然傳子第廿七世

帝長子第十七世

汝水　生乾隆乙未四十年四月十六日卯時卒葬外埔

帝次子第十七世

清水　生乾隆丙申四十一年十二月初七日卯時卒嘉
慶壬戌年十二月初十日戌時葬鬼仔營西坪

帝三子第十七世

士謹　生乾隆庚戌年十一月初九日辰時配陳氏生嘉
慶甲子年十月初九日辰時
生子六長獅次燕三濕四畜五廚六悅

仁儔子第十七世

恭長子第十七世

輝長子第十七世

光哲

生乾隆五十七年壬子三月初一日丑時卒葬

番邦

輝次子第十七世

姜

生乾隆六十年乙卯八月初三日戌時卒葬檳榔嶼

狀

衡子第十七世

謝氏家乘　卷二上　二十七

光遠房子第十七世

顯

宗郊長子第十七世

生嘉慶丙子年十月廿一日卯時卒道光戊申年廿月十七日未時葬外域配林氏生道光丁亥年九月初十日酉時

生子二長記次榜

厚

宗郊次子第十七世

生道光乙酉年五月初二日辰時配王氏生道光壬

申正月十六日申時
生子二長分次根
宋郊三子第十七世
生道光辛丑年六月十九日未時
佛
羆傳子第十七世
衍傳子第十七世
光樣
生嘉慶戊辰年七月十四日　時
便傳子第十七世

在
嗣子第十七世

親迎
生道光辛巳年正月初十日未時配蔡氏生道光
癸巳年十一月十四日辰時
生子

騰
傳子第十七世

媽
佐長子第十七世

光梅
生嘉慶甲戌年十月初九日卯時配吳氏生道光
甲申年七月十七日卯時
生子一
德音

嫣生次子第十七世

親迎　出嗣

嫣夏長子第十七世

伯适

生道光戊子年十一月十五日卯時

夏賞長子第十七世

光亂

生道光丁未年七月廿九日寅時

遇長子第十七世

祈

藍長子第十七世

春來

文秀傳子第十七世

愛傳子第十七世

保傳子第十七世

財傳子第十七世

振金

光坪傳子第十七世

正研

光深傳子第十七世

光坑傳子第十七世

彩英　生道光癸卯年十月十三日亥時

光威傳子第十七世

光班傳子第十七世

壘莊傳子第十七世

世傳子第十七世

光送傳子第十七世

光陃傳子第十七世

光知傳子第十七世

光碧傳子第十七世

光里傳子第十七世

光斷傳子第十七世

光陽傳子第十七世

光羅傳子第十七世

和尚長子第十七世

光印

生道光己亥年八月初九日午時

和尚次子第十七世

佛葵　生道光己酉年七月初二日寅時

和尚三子第十七世

佛續　生咸豐癸丑年六月廿二日巳時

永利儞子第十七世

雲雁　出嗣

長水儞子第十七世

長生儞子第十七世

長文傳子第十七世

長石嗣子第十七世

雲厓 生道光乙未年六月二十四日未時

卿長子第十七世

新錦諱 生道光二十四年甲辰七月十四日未時

卿次子第十七世

新榜 出嗣

卿三子第十七世

熟使諱 生咸豐壬子年正月初十日未時

屋嗣子第十七世

新榜諱　生道光二十七年丁未七月十八日未時

光田長嗣子第十七世

胞　生咸豐癸丑年七月廿六日亥時

光田次嗣子第十七世

巳　生咸豐戊午年二月廿八日巳時

烏井長子第十七世

把　生道光乙巳年十一月十八日未時

烏井次子第十七世

現　生道光庚戌年九月初一日午時

烏井三子第十七世

巳　出嗣

露長子第十七世

胞　出嗣

露次子第十七世

添存

生同治壬戌年正月十二日戌時

南生傳子第十七世

富

生道光庚子年五月初三日申時

光松長子第十七世

長滚

生道光丙申年八月二十日寅時

光松次嗣子第十七世

蟳　生道光丙午年六月初四日巳時

日賓偁子第十七世

三千傳子第十七世

光藝長子第十七世

成章　生道光癸卯年十二月廿三日午時

光藝次子第十七世

蟳　出嗣

行
光藝三子第十七世
生咸豐乙卯年六月十八日丑時

紫雲
光料傳子第十七世

閒
光要長子第十七世
生失稿卒道光　年五月十四日

曰長
光要次子第十七世
出嗣

偏
光要三子第十七世
生道光癸卯年二月初四日午時

光攀次子第十七世

虎豹　出嗣

光八傳子第十七世

伯蓮嗣子第十七世

虎豹　生咸豐癸丑年十一月初一日巳時

君子長子第十八世

亦　出嗣

君子次子第十八世

甲　生道光甲辰年二月廿八日未時卒咸豐己未年四

月十八日未時葬葛抵山坐北向南
君子三子第十八世
排
生道光庚戌年八月廿八日未時
君子四子第十八世
碧
出嗣
奮嗣子第十八世
六
生道光戊戌年十月廿三日未時
開嗣子第十八世
碧
生咸豐戊午年八月初三日酉時
子平傳子第十八世

清中傳子第十八世

八鳳傳子第十八世

三狗傳子第十八世

八鑾長子第十八世

光懐

生嘉慶己未年九月初九日戌時卒葬外域配貢氏生嘉慶癸亥年十二月十八日寅時卒道光乙酉年

七月廿五日丑時葬棧仔脚坐壬向丙兼子午丙子丙

午分金　生子一錦生

八鑾次子第十八世

八鑾三子第十八世

光弟　生嘉慶癸酉年六月廿九日亥時卒葬外　配楊

氏生嘉慶丙子年七月十二日未時卒道光壬寅年四

月十四日未時葬庵仔山陳厝大墓前　生子一錦帆

魁塘傳子第十九世

嫣求

邁塘傳子第十八世

生嘉慶戊寅年八月初十日卯時配黃氏生道光庚寅年十二月初八日未時卒咸豐乙卯年正月廿九日寅時葬樣仔腳坐子向午兼癸丁庚子庚午分金

生子

桂

跨塘傳子第十八世

生道光戊子年正月十四日午時

夢麗長子第十八世

光商　生嘉慶戊寅年九月廿二日卯時

夢慶次子第十八世

光甚　生道光辛卯年四月廿二日丑時

夢慶三子第十八世

光柱　生道光乙未年七月初七日午時卒葬失載

夢祝長子第十八世

香水　生卒葬所失載

夢祝次子第十八世

俊傑　生道光己亥年七月二十日丑時

夢祝三子第十八世

俊丙　生道光壬寅年十一月十四日巳時
宗玉長子第十八世

素位　出嗣

魁
宗玉次子第十八世
生嘉慶庚辰年九月十三日卯時配林氏生道光癸巳年十月初九日巳時卒咸豐丙辰年二月十三日丑時葬東坑坪坐申向寅兼艮坤丙寅丙申分金

陞
宗玉三子第十八世
生道光戊子年十二月初三日辰時配林氏生道光丁酉年十二月廿七日寅時

生子

宗領嗣子第十八世

素位字所居生嘉慶丁卯年十二月初六日酉時卒道光庚戌年七月初九日未時葬梹榔嶼灣斗廣東塚坐西向東配鄭氏生嘉慶辛未年三月十三日戌時

生子一　吉龍

宗武長子第十八世

顯癸字適情生嘉慶甲戌年八月初八日午時配蘇氏生嘉慶丁丑年二月十一日申時在梹榔嶼配辛氏生道光丙戌年九月二十日亥時

生子五長世傳次世經出嗣胞弟憐兒三世斗四世逞五世邑

憐兒

宗武次子第十八世

生道光壬午年 月 日 時卒葬董裡

嗣子二世經本生父顯安次文置本生父德水

德水

宗武三子第十八世

生道光癸未年八月十七日申時配蘇氏生道光己丑年五月十三日戌時

生子三長初合次文置出嗣胞兄憐兒三大合

宗武四子第十八世

奇生　生道光丙戌年　月　日　時配朱氏

生子

宗武五子第十八世

偕得　生道光戊子年九月十四日辰時配黃氏生道光癸巳年七月十七日寅時卒咸豐庚申年三月二十日寅時葬後門仔口

宗義長子第十八世

日新　生嘉慶丙子年六月初十日巳時配林氏生道光乙酉年六月初八日卯時卒咸豐辛酉年三月廿七日未時葬庵仔邊坐癸向丁兼丑未丁丑丁未分金

生子二長有諧次有珍

淵枝

宗義次子第十八世

生道光丙戌年九月廿八日巳時配陳氏生道光辛丑年五月初九日酉時

生子一和尚

月極

宗義三子第十八世

生卒失識葬墓抵山邊

有明

文華傳子第十八世

生道光辛巳年　月　日　時

生子一賢

文琴
方員傳子第十八世
生嘉慶庚辰年二月十二日子時配蘇氏生道
光庚寅年九月初二日辰時
生子一 慗

蒼俊
賽傳子第十八世
生道光己丑年九月初一日午時

清河傳子第十八世

清源傳子第十八世

清出傳子第十八世

清諒傳子第十八世

子平傳子第十八世

逢吉傳子第十八世

登科傳子第十八世

盤旋長子第十八世

登勇　生道光甲申年七月初　日未時

盤旋次子第十八世

登樣　生道光癸卯年二月廿二日巳時

眼傳子第十八世

捌傳子第十八世

光果傳子第十八世

滋長子第十八世

天註　生道光乙酉年八月初六日寅時卒咸豐甲寅年

五月廿四日午時葬槟榔嶼

登訓　滋次子第十八世

生道光戊戌年十二月廿二日酉時

光爲長子第十八世

隨　生道光壬辰年十二月初五日申時卒失載葬莗

裡　嗣子一綵春本生父尾

光爲次子第十八世

馬　生道光癸巳年二月初二日子時配林氏生道光戊戌年

十二月廿一日酉時生子二 長繇吞 出嗣胞兄 隨次大吞

川豐傳子第十八世

大灶 出嗣

川振傳子第十八世

煥 生咸豐癸丑年　月　日　時

川忻長子第十八世

川岸次子第十八世

天賜 生咸豐乙卯年八月初五日寅時

川岸三子第十八世

苗　生咸豐庚申年十一月十五日未時

川池傳子第十八世

贊龍嗣子第十八世

大灶　生道光丙申年七月廿五日卯時

贊成傳子第十八世

贊元傳子第十八世

永盛傳子第十八世

敬章　生道光丙午年十月初十日申時

川來傳子第十八世

川戒傳子第十八世

光獅傳子第十八世

曲直傳子第十八世

光諒傳子第十八世

祐　京

光顯傳子第十八世

鼓長嗣子第十八世

鼓次嗣子第十八世

佑傳子第十八世

杲珍傳子第十八世

詠傳子第十八世

仙傳子第十八世

脩長子傳十八世

泰

生道光辛卯年四月初十日酉時配楊氏生道光庚子年七月初一日寅時

生子一種出嗣岩

脩次子第十八世

極

生道光丙申年正月初九日酉時　配林氏　生道光丁未年六月三十日申時

生子

昌

脩三子第十八世

生道光甲辰年二月廿七日未時

羨傳子第十八世

仁長子第十八世

京

出嗣

仁次子第十八世

強
生道光壬辰年十月初九日寅時
吻長子第十八世

秋冬
吻次子第十八世

宗
璉長子第十八世

天從
生嘉慶戊辰年十一月十九日戌時卒葬沓邦
嗣子一海浼

天祐
璉次子第十八世
出嗣

璉三子第十八世

天霜　生嘉慶庚辰年八月十六日戌時配蔡氏生道光

丁酉年十二月初六日辰時

生子

璉四子第十八世

天送　生道光丁亥年二月初二日戌時

擇傳子第十八世

徑傳子第十八世

應茂傳子第十八世

樹傳子第十八世

池彌子第十八世

田長子第十八世

岩

生乾隆壬子年七月初十日　時卒葬沓邦

嗣子一種本生父泰

田次子第十八世

傑　生卒葬所失識

行傳子第十八世

祖寬傳子第十八世

孝傳子第十八世

此扁　生嘉慶甲子年八月廿一日未時卒嘉慶庚辰年九月十四日　時葬失識

嗣子一　文薦本生父有用

金傳子第十八世

酒淵儕子第十八世

公歆儕子第十八世

公園長子第十八世

允井

生道光甲申年十二月初九日戌時卒葬舊港

公園次子第十八世

允養

生道光辛卯年十二月廿四日巳時配西亭坑林

氏生道光辛丑年十一月十四日酉時

公團三子第十八世

允鈺 生道光丙申年十一月廿七日寅時

公團四子第十八世

允敢 生道光辛丑年三月初二日卯時

光順傳子第十八世

有才 溪長子第十八世

生乾隆乙卯年十二月十八日未時卒失載葬在

柟柳冀配邱氏

生子三 長文遠 次文爱 三文源

溪次子第十八世

存用字質足生嘉慶戊午年八月廿五日午時卒咸豐戊午年十二月廿二日巳時葬樓山東埔坪頭十二閣河山坐辰向戌兼乙辛丙辰丙戌分金配陳氏生嘉慶丙寅年八月十七日酉時

生子四長文薦出嗣此扁次文習三文準四文印

公受傳子第十八世

秋蘭傳子第十八世

虎豹傳子第十八世

永和傳子第十八世

永言傳子第十八世

永美傳子第十八世

慶軼長子第十八世

允棟　生嘉慶丙子九月十五日午時卒道光壬寅年七

月初八日巳時葬坑內園坐卯向酉兼甲庚丁卯丁
酉分金
嗣子一 紅蝶 本生允帖

慶軼次子第十八世
允帖字晉卿生嘉慶己卯年八月廿一日巳時配郭氏生道
光丁亥年十二月十九日酉時
生子二長紅蝶出嗣胞兄棟次虎獅

慶軼三子第十八世
允榮
生道光戊子年五月十六日午時配胡氏生道光
己亥年九月十四日寅時卒咸豐己未年八月廿三日
卯時葬

生子一有益
慶軼四子第十八世
光正　生道光辛卯年九月十二日午時卒咸豐辛酉年
五月廿三日丑時葬
配盧氏生道光癸卯年四月十六日寅時
生子二長振生次振羨
光稅長子第十八世
光山字敦仁生嘉慶丙子年正月廿一日卯時卒道光戊戌

年五月初九日未時葬龍門亭落山蛇山坐乙向辛兼
卯酉配蔡氏生嘉慶丙子年五月廿二日戌時
生子四長永思次永承
三永興四八溢出嗣胞弟光贊

光稅次子第十八世
光順字有容生嘉慶丁丑年五月廿六日未時卒咸豐甲
寅年閏七月十三日丑時配邱氏
生子一得成

光稅三子第十八世
光贊字光襄生道光乙酉年十一月廿四日卯時配林氏生

道光丙戌年六月廿一日戌時

嗣子一八溢 本生父光山

光稅四子第十八世

光祥字献瑞生道光丁亥年十月廿六日水時卒咸豐癸丑

年七月廿一日午時葬畓邦坐向分金失配陳氏生道

光丁亥年五月十三日未時

生子一得龍

光稅五子第十八世

光吉

生道光丙申年五月廿三日辰時

光稅六子第十八世

允甲　生道光辛丑年八月十二日寅時

光稅七子第十八世

允泉　生道光壬寅年十二月廿四日　時

春逃長子第十八世

允添　生嘉慶己卯年十一月初六日酉時卒道光辛丑

年三月十四日寅時葬廣東　配鍾氏生道

光辛巳年十二月初一日寅時

生子二長仕志次光惜

春逃次子第十八世

允潭字淵如生道光壬午年四月廿六日申時卒咸豐己未

年四月十六日亥時葬定叻舊塚坐壬向丙兼　丙
子丙午分金配周氏生道光乙酉年五月初一日酉
酉時卒道光丙午年五月初七日未時葬在石甲頭
髻山坐辰向戌兼巽乾辰戌庚戌分金續配林氏生
道光癸巳年八月初八日子時
生子三長大墨次振初三振祖

春逃三子第十八世
允忠字文恕生道光丙申年二月初五日寅時

春逃四子第十八世
允諒字文明生道光己亥年三月初五日酉時

春逃五子第十八世

光傑　生咸豐丙辰年四月十四日寅時

應綱長子第十八世

光否字如玉生道光辛巳年九月廿六日午時卒咸豐丙辰年十一月十五日未時配許氏生道光辛巳年九月初三日巳時　生子一紫雲

應綱次子第十八世

光佛字清遠生道光丙戌年四月十三日未時配張氏生道光庚寅年十一月初一日午時

生子三長清江次賞三存熙

允協

漢鍾長子第十八世

生道光甲申年二月十四日寅時配林氏生道光

癸巳年二月十六日未時

生子三長文耀次文理三文進

允建

漢鍾次子第十八世

生道光辛卯年三月十四日寅時卒咸豐癸丑年

四月廿三日亥時葬汶裡園尾坐艮向坤兼申寅辛未

辛丑分金配李氏生道光癸巳年六月初四日申時

生子二長文發次碩

填
漢鍾三子第十八世
生道光壬辰年八月十九日午時配林氏生道光癸巳
年八月十五日午時
生子

鵲
漢鍾四子第十八世
生道光戊申年十二月初八日寅時

報
鍾五子第十八世
生咸豐癸丑年十一月初九日酉時

允福
廣長子第十八世
生道光己丑年七月初七日寅時

賡次子第十八世

允祿　生道光庚寅年十二月廿七日午時卒咸豐丙辰
年十二月初十日寅時葬定叻
生子一　天厚

賡三子第十八世

度聽　生道光丙申年七月十五日戌時卒道光甲辰年
十一月二十日未時葬公山墘
生子一　天送

賡四子第十八世

度眷　生道光戊戌年九月二十日丑時卒道光甲辰年

十月十五日午時葬公墩

生子一　天性

廣五子第十八世

允源

生道光己亥年十月初六日巳時

香麟傳子第十八世

沛然長子第十八世

兆端

沛然次子第十八世

碧沙

奕傳子第十八世

光儦

艷宗傳子第十八世

生嘉慶丁卯年四月初九日巳時卒道光癸卯年六月十六日酉時葬麁仔山坐癸向丁兼丑未庚子庚午分金配余氏生嘉慶庚辰年正月初九日子時　生子二長尚音次烏荳係潮乙子

管仲

花宗嗣子第十八世

生咸豐丙辰年十一月廿一日寅時

象宗房子第十八世

潮　生嘉慶丁丑年正月廿九日辰時配魏氏生道光
己丑年六月廿六日未時
生子二長烏酒次烏荳出嗣光佛

象宗次子第十八世
佑　生嘉慶庚辰年十一月十九日卯時卒咸豐戊午年
月　日　時葬番邦

寬裕長子第十八世
拱照　生道光己亥年六月廿三日未時

寬意長子第十八世
月　生道光壬辰年五月十五日午時

寬意次子第十八世

宿夜

生道光乙巳年十月十三日辰時

寬意三子第十八世

淑敖

生咸豐癸丑年十月初五日丑時

寬四子第十八世

管仲

出嗣

強宗傳子第十八世

孟宗傳子第十八世

螳

光泉傳子第十八世

光幃傳子第十八世

光卿傳子第十八世

度徽傳子第十八世

鬱

轉長子第十八世

生道光壬午年四月初二日寅時外夷失載

轉次嗣子第十八世

直　生道光戊戌年三月初三日戌時

川長子第十八世

得利　生乾隆甲寅年正月廿三日申時卒葬失記

義長子第十八世

趋群　生嘉慶丁巳年十一月初九日子時卒道光庚子年十月廿五日巳時葬庵仔山坐酉向卯兼辛乙辛酉辛卯分金配康氏生嘉慶丙寅年六月二十日寅時

生子三長哖次榮三逢

義次子第十八世

金貿

生嘉慶丙寅年二月初七日巳時卒道光庚戌年

九月十四日子時葬庵仔山後分金失載

擴傳子第十八世

興

生嘉慶甲戌年三月廿六日丑時配孫氏生嘉慶

戊寅年九月廿一日巳時

生子四長嫣血次双滚三潔四清山

融長子第十八世

源

生嘉慶丙子年九月初二日戌時卒道光丙午年

七月廿一日寅時葬

配葉氏生嘉慶戊寅年九月十四日子時卒道光

丁未年十月廿四日未時葬深巷墩

生子一寡

泉

融次子第十八世

生嘉慶己巳年六月初三日辰時外歿

嗣孫一墻本生父寡

言

光瀶長子第十八世

生道光壬辰年十一月廿五日戌時配蔡氏生道光丙申年八月十二日辰時卒咸豐丁巳年七月廿六日午時葬庵仔後坐向失載

光瀶次子第十八世

語　生道光乙未年五月十一日巳時

光漂三子第十八世

直　出嗣

嬰使傳子第十八世

歎傳子第十八世

仰傳子第十八世

懷水　生乾隆庚戌年十一月十八日未時

光盞傳子第十八世

請傳子第十八世

汝水傳子第十八世

清水傳子第十八世

仕謹長子第十八世

生道光壬午年七月初二日午時外歿

嗣子一頊（本生父燕）

獅

燕　仕謹次子第十八世

生道光乙酉年正月廿六日辰時配馬氏生道光丁亥年五月廿六日酉時

生子二長頊出嗣胞兄濕次樟

濕　仕謹三子第十八世

生道光丁亥年四月十九日午時

畜　仕謹四子第十八世

生道光辛卯年六月十九日巳時

廟　仕謹五子第十八世

生道光甲午年九月初九日午時

悅

仕謹六子第十八世

生道光庚子年二月廿八日酉時

光哲傳子第十八世

姜傳子第十八世

顯長子第十八世

記

生道光乙巳年二月廿一日卯時配陳氏生道光乙

巳年五月初五日卯時

生子

顯次子第十八世

金榜

生咸豐戊午年九月廿三日戌時

厚長子第十八世

分

生咸豐甲寅年十月廿七日午時

厚次子第十八世

根

生咸豐庚申年五月初八日巳時

光樣傳子第十八世

親迎彌子第十八世

光梅傳子第十八世
生道光癸卯年八月初十日辰時配顏氏生道
德音
光乙巳年十月廿七日亥時
生子
伯适傳子第十八世
光亂傳子第十八世
祐傳子第十八世

春來傳子第十八世

振金傳子第十八世

正研傳子第十八世

彩英傳子第十八世

光印傳子第十八世

佛嫢傳子第十八世
佛續傳子第十八世
雲雁傳子第十八世
新錦傳子第十八世
孰使傳子第十八世

新榜傳子第十八世

胞傳子第十八世

巳傳子第十八世

把傳子第十八世

現傳子第十八世

添存傳子第十八世

富傳子第十八世

長滾傳子第十八世

蜉傳子第十八世

成章傳子第十八世

行傳子第十八世

紫雲傳子第十八世

聞傳子第十八世

偏傳子第十八世

曰長傳子第十八世

曰國傳子第十八世

曰芊傳子第十八世

虎豹傳子第十八世

甲傳子第十九世

排傳子第十九世

六傳子第十九世

翠傳子第十九世

光懷傳子第十九世

錦生
生道光　年　月　日　時

光弟傳子第十九世

錦帆
生道光丙申年十一月十五日午時

嫣求傳子第十九世

桂傳子第十九世

光商傳子第十九世

光甚傳子第十九世

光桂傳子第十九世

香水傳子第十九世

俊傑傳子第十九世

俊兩傳子第十九世

魁傳子第十九世

陣傳子第十九世

素位傳子第十九世

龍

生道光丁未年正月廿一日辰時

願安長子第十九世

世傳　生道光癸卯年正月十八日卯時

願安次子第十九世

世經　出嗣

願安三子第十九世

世斗　生道光庚戌年二月初二日酉時

願安四子第十九世

世遲　生咸豐辛亥年八月廿五日午時

願安五子第十九世

世色　生咸豐庚申年閏三月初二日未時

憐兒長嗣子第十九世

世經字則典生道光甲辰年五月二十日子時

憐兒次嗣子第十九世

文置　生咸豐己巳年六月初三日辰時

德水長子第十九世

初合　生道光戊申年九月初一日酉時

德水次子第十九世

文置　出嗣

德水三子第十九世

六合　生咸豐辛酉年二月二十日酉時

奇生傳子第十九世

偕得傳子第十九世

日新長子第十九世

有諧

生道光乙酉年三月十八日申時

日新次子第十九世

有珍

生咸豐辛酉年三月廿七日未時

淵枝傳子第十九世

月極傳子第十九世

有明傳子第十九世

賢字寧傑生道光庚戌年正月初九日　時

文琴傳子第十九世

整

生咸豐丁巳年五月十九日酉時

蓉俊傳子第十九世

登勇傳子第十九世

登梯傳子第十九世

天註傳子第十九世

登訓傳子第十九世

隨傳子第十九世

緣吞　生咸豐丁巳年九月十一日申時

罷長子第十九世

緣吞　出嗣

尾次子第十九世

大吞　生咸豐庚申年十月十七日卯時

煥傳子第十九世

天賜傳子第十九世

苗傳子第十九世

大灶傳子第十九世

啓章傳子第十九世

祜傳子第十九世

京傳子第十九世

泰傳子第十九世

種　出嗣

極傳子第十九世

昌僩子第十九世

強傅子第十九世

秋冬傅子第十九世

宗僩子第十九世

天從僩子第十九世

天霜傳子第十九世

天送傳子第十九世

岩嗣子第十九世

生咸豐己未年十二月廿七日巳時

傑傳子第十九世

種

此扁嗣子第十九世

文薦字高陞生道光甲申年四月十三日巳時配林氏生[illegible]

光丁亥年十一月初九日酉時
生子二長媽逐次媽領出嗣晢

光卉傳子第十九世

光養傳子第十九世

光郡傳子第十九世

光敢傳子第十九世

有才長子第十九世

文遠　生道光丁亥年十二月初一日亥時

有才次子第十九世

文愛　生道光辛卯年二月二十日未時

有才三子第十九世

文源　生道光癸巳年四月十四日巳時

有用長子第十九世

文薦　出嗣

有用次子第十九世

文習　生道光癸巳年八月初九日卯時卒道光辛丑年

六月十五日子時葬公山墩大石下

嗣子一嫣領本生父薦

有用三子第十九世

文準字子繩生道光丙申年十一月廿八日亥時配何氏唯

道光丙午年五月初九日辰時

生子

有用四子第十九世

文卿

生道光丙午年八月十三日亥時

光棟嗣子第十九世

紅綠字振傳生道光戊申年十月廿二日戌時

允帖長子第十九世

紅蟳

出嗣

允帖次子第十九世

虎獅字振紗生咸豐乙卯年八月初六日午時

允榮傳子第十九世

有益

允正長子第十九世

振生

允正次子第十九世

拔美

永惠　允山長子第廿九世
生道光戊戌年十一月十六日午時

永承　允山次子第廿九世
生道光庚子年八月初三日子時

永興　允山三子第廿九世
生道光甲辰年正月廿四日巳時

八溢　允山四子第廿九世
出嗣

得成　允順傳子第廿九世
生道光辛丑年二月初一日巳時

允贊嗣子第十九世

八溢　生道光甲辰年三月廿一日巳時

允祥傳子第十九世

得龍　生道光己酉年四月初八日辰時

允吉傳子第十九世

允聘傳子第十九世

允泉傳子第十九世

允添長子第十九世

仕志　字理道生道光戊戌年七月初三日未時

允添次子第十九世

光惜

允潭長子第十九世

大壘　生咸豐庚申年十月廿七日未時

允潭次子第十九世

振初

允潭三子第十九世

振祖

允忠傳子第十九世

允諒傳子第十九世

允傳傳子第十九世

允否傳子第十九世

紫雲 生道光癸卯年正月廿七日丑時

允佛長子第十九世

清江 生道光丁未年六月十一日寅時

允佛次子第十九世

賞　生道光丁未年九月初三日未時

允佛三子第十九世

存照　生咸豐甲寅年十一月十六日卯時

允協長子第十九世

文舉　生道光庚戌年十二月十四日午時

允協次子第十九世

文理　生咸豐乙卯年五月初六日未時

允協三子第十九世

文進　生咸豐庚申年四月十五日未時

文發

允建長子第十九世

生咸豐癸丑年四月初二日酉時

預

允建次子第十九世

生咸豐辛酉年十一月初六日辰時

塡傳子第十九世

鵲傳子第十九世

報傳子第十九世

允福傳子第十九世

允祿傳子第十九世

天厚

度聰傳子第十九世

天送

度嵤傳子第十九世

天性

允源傳子第十九世

兆端傳子第十九世

碧紗傳子第十九世

光偉長子第十九世

尙音

光偉次嗣子第十九世

烏荳

生咸豐十年庚申十一月十八日寅時

潮長子第十九世

烏酒

生咸豐丙辰年三月十八日寅時

潮次子第十九世

烏荳　出嗣

佑傳子第十九世

拱照傳子第十九世

月傳子第十九世

宿夜彌子第十九世

淑敖傳子第十九世

管仲傳子第十九世

螳傳子第十九世

欝傳子第十九世

直傳子第十九世

得利傳子第十九世

哖

超群長子第十九世

生道光丙戌年正月十六日辰時

榮

超群次子第十九世

生道光癸巳年四月十七日巳時

逢

超群三子第十九世

生道光戊戌年十二月十八日丑時

金貿傳子第十九世

興長子第十九世

嫣血　生道光丙申年十一月十七日寅時

興次子第十九世

双滚　生道光甲辰年十一月二十日亥時

興三子第十九世

[illegible]　生道光己酉年十月十九日亥時

興四子第十九世

消山　生咸豐丁巳年三月初八日子時

源傳子第十九世

寡　生道光丁酉年九月十九日酉時配　氏生

生子一墻出嗣泉氏孫

泉傳子第十九世

嗣孫一墻本生父纂

言傳子第十九世

語傳子第十九世

水傳子第十九世

頊

獅嗣子第十九世

生咸豐辛亥年九月廿八日子時

燕長子第十九世

頊

出嗣

燕次子第十九世

瑋

生咸豐辛酉年正月初六日卯時

濕傳子第十九世

畜傳子第十九世

廟傳子第十九世

悅傳子第十九世

記傳子第十九世

金榜傳子第十九世

分傳子第十九世

根傳子第十九世

德音傳子第十九世

錦生傳子第二十世

錦帆傳子第二十世

龍傳子第二十世

世傳傳子第二十世

世斗傳子弟二十世

世逞傳子第二十世

世邑傳子第二十世

世經傳子弟二十世

文宣傳子第二十世

初合傳子第二十世

大合傳子第二十世

有諸傳子第二十世

有珍傳子第二十世

賢傳子第二十世

整傳子第二十世

綠吞傳子第二十世

大吞傳子第二十世

海浼傳子第二十世

種傳子第二十世

文薦長子第二十世
生咸豐壬子年五月十三日未時
媽逐

文薦次子第二十世
出嗣
媽領

文遠傳子第二十世

文爰傳子第二十世

文源傳子第二十世

文智嗣子第二十世

媽頜　生咸豐丙辰年十月十二日酉時

文準傳子第二十世

文印傳子第二十世

紅蟳傳子第二十世

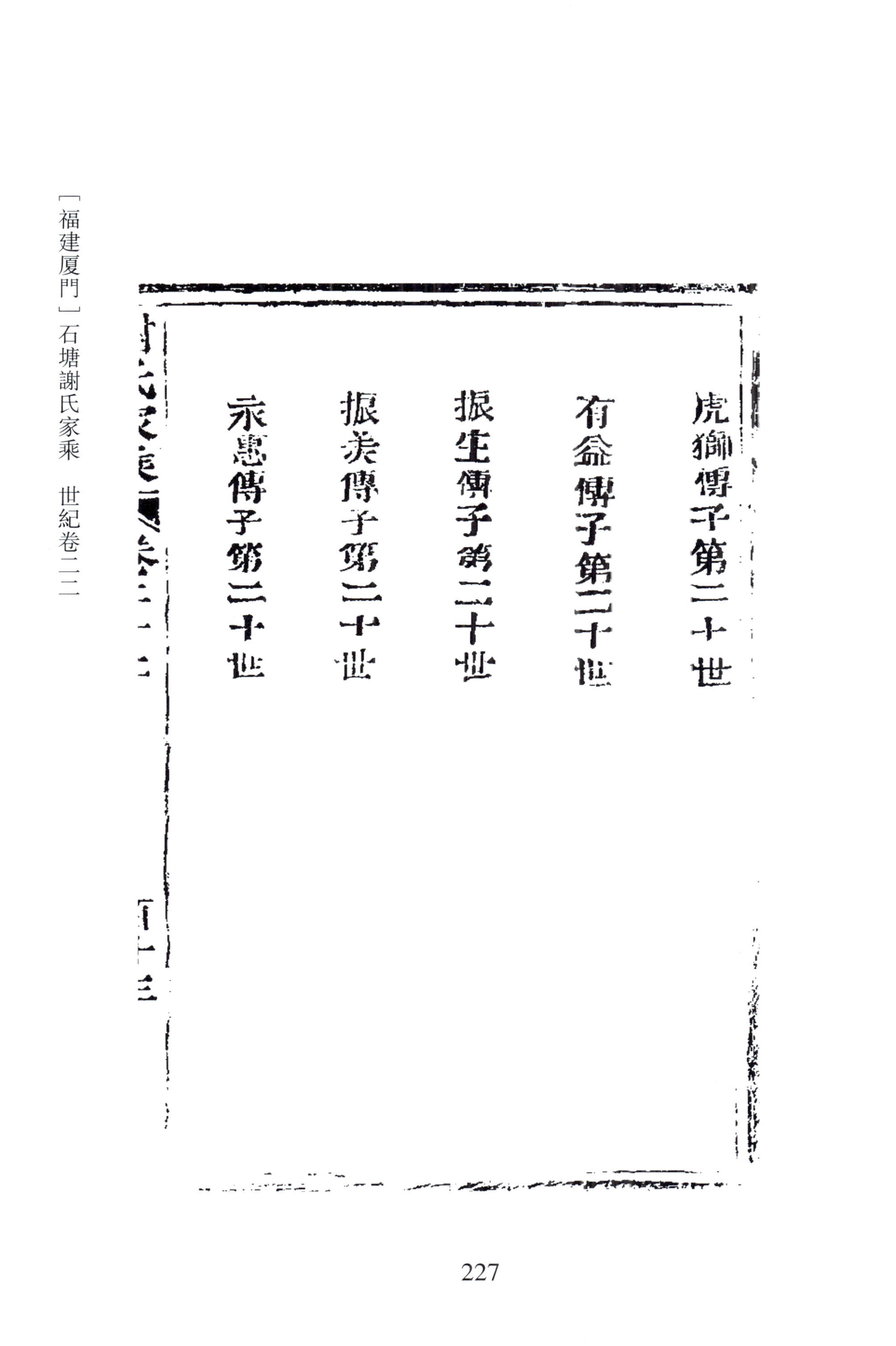

虎獅傳子第二十世

有僉傳子第二十世

振生傳子第二十世

振羡傳子第二十世

永惠傳子第二十世

永承傳子第二十世

永興傳子第二十世

得成傳子第二十世

八溢傳子第二十世

得龍傳子第二十世

仕志傳子第二十世

光惜傳子第二十世

大墨傳子第二十世

振初傳子第二十世

振祖傳子第二十世

紫雲傳子第二十世

清江傳子第二十世

賞傳子第二十世

存熙傳子第二十世

文舉傳子第二十世

文理傳子第二十世

文進傳子第二十世

文發傳子第二十世

預傳子第二十世

天厚傳子第二十世

謝氏家乘　卷二十二　十五

天送傳子第二十世

天性傳子第二十世

倚音傳子第二十世

烏酒傳子第二十世

烏荳傳子第二十世

哖傳子第二十世

榮傳子第二十世

逢傳子第二十世

媽血傳子第二十世

双滾傳子第二十世

溧傳子第二十世

渭山傳子第二十世

寡傳子第二十世

墻　出嗣

泉嗣孫子第二十世

墻　生咸豐庚申年三月廿九日亥時

頊傳子第二十世

樟傳子第二十世

嫣逐傳子第廿一世

嫦頌傳子第廿一世

墻傳子第廿一世

卷二十二終

謝氏肇基石塘世系總紀卷二十三

肇世祖考東山公　妣宣徽孺人周氏生卒年月日時失載

合葬在畬坑内土名真武踏龜坐　向

衍派爲二長道明次道舉

東山公長子第一世

道明公號德齋　祖妣林氏生卒年月日時失載合葬

葛嶼石獅庵下石路左邊坐　向　鄉

生子六長孝次友三睦四[illegible]五任六恤

東山公次子第二世

道舉公號逸齋　祖妣王氏生卒失載合葬欅山大石

謝氏家乘卷二十二

□下坐癸向丁每歲八月初四日係公祭日
生子四 長榮 次華 三富 四貴

道明公孝一　第三世
孝公字惟順　祖妣顏氏生卒葬所失稽
生子一國和

道明公次子第三世
友公字惟恭　祖妣顏氏　公當元季抽軍本戶推公前
去南京留守中衛着伍留一子添定在閩其後裔行徙
移居同安東林復遷中爭後埔頭

少公三子第三世

睦公字惟和　祖妣鍾氏生卒葬所失載

生子一　添榮

道明公四子第三世

姻公字惟忠　祖妣江氏生卒失載葬英厝渡船頭

生子二　長添順　次添從

道明公五子第三世

任公字惟信　祖妣林氏生卒失載葬東山邊坐乾向

巽兼戊辰明嘉靖辛丑年清明節重脩

生子三　長添富　次添貴　三添壽

道明公六子第三世

恤公字惟憫　祖妣周氏生卒失載合葬坑園坐艮向
坤分稱大厝人墓是也
生子一添賜

道舉公長子第三世
榮公字惟宗　祖妣邱氏生卒失載葬壠裡園中坐　向
缺
生子一原泰

道舉公次子第三世
華公字惟國　祖妣蔡氏當車北京生卒失載
生子二長蘭宗次桂宗

道舉公三子第三世

富公字惟攬　祖妣顏氏生卒失載合葬畲坑樟仔脚馬鬃
澂左坐未向丑兼丁癸
生子一冀

道舉公四子第三世

貴公字惟顯　祖妣李氏生卒失載合葬畲坑道士石前
生子一某

欒公傳子第四世

原泰公字　生元至正三十一年癸卯八月廿三日
時淬明正統七年壬戌十二月十五日　時壽八旬零
畲坑象鼻上坐庚向甲至隆武二年丙戌正月廿三日

謝氏家乘　卷二十三　一　三

重脩　祖妣　氏　生子四長敦厚次初厚三應厚四光壽

華公長子第四世

蘭宗字永端住嘉禾

華公次子第四世

桂宗字永福生　年九月十六日亥時卒正統九年二

月初四日寅時葬失載　祖妣張氏生　年

三月初一日丑時卒正統八年四月初三日酉時

生子一澤

富公傒子第四世

冀諱　生娶卒失載合葬樟仔脚馬寨邊左父母墳邊

生子三長紹宗次信宗三起宗

貴公傳子第四世

基諱　生以戶役卒葬省城年月日時失載

生子一弘遠

原泰公長子第五世

敦厚公　生娶卒葬所失載

生子一季長

原泰公次子第五世

初厚公　生娶卒年月日時失載葬龍門嶺報恩寺前

生子一乾

原泰公三子第五世

應厚公　生洪武三十年丁丑九月初六日　時卒景泰五年甲戌十一月廿三日　時葬崙坑石厝前樟仔脚坐庚向甲　生子四長惠觀次惠盛三艮四呆出家

原泰公四子第五世

光齋公

蘭宗公傳子第五世

桂宗公脩子第五世

澤公　生洪武三十二年八月十八日　時卒景泰五年十二月十七日　時祖妣王氏生卒失載葬

生子二　次晚進　次添郎

冀公長子第五世

紹宗公　生娶卒年月日時失載合葬樟仔脚祖墳邊

生子二　長輪峰　次輪岳

冀公次子第五世

信宗公　生娶卒葬所失載

生子一　朝瑞

龔公三子第五世

起宗公生娶卒葬所失載　生子一輪義

某公倂子第五世

弘遠公生永樂丙申年　月　日　時卒成化丁酉年

二月十八日　時壽六旬有二妣翁氏生永樂戊戌

年　月　日　時卒成化丁未年十二月廿八日

時壽七旬合葬報恩寺前坐未向丑

生子四長丕傑次丕爵三丕藏四丕偉

敦厚公倂子第六世

季長字德興生娶卒葬俱失載
　生子一　廣讓

初厚公傳子第六世
乾字德遠生宣德四年己酉二月初二日　時卒正德九年
甲戌六月十八日　時葬畬坑山仔內坐巽向乾配完
女生宣德三年戊申四月二十日　時卒弘治十二年
己未七月十三日　附葬馬寨頭坐未向丑兼坤艮
　生子三長廣泒次承泒三更泒

應厚公長子第六世
惠觀字德欽生永樂十五年丁酉六月十五日　時卒成化

十五年己亥正月初七日　時葬東山邊坐乾向巽

生子三長廣哲次廣祿三廣誠

應厚公次子第六世

顯盛諱德容生卒葬所失載

生子一廣瑞

應厚公三子第六世

良諱

出居郭坂

光斋公傳子第六世

澤公長子第六世

晩進　出居漳城東門外

澤公次子第六世

漈郎　出居漳城北門外

紹宗公長子第六世

輪峰諱　生卒葬所失載

生子二長介扶次介爾

紹宗公次子第六世

輪岳諱　生成化二年戊子十一月初六日　時卒正統

四年己巳十一月初四日　時葬畬坑石厝前坐來向

丑兼丁癸

生子一天華

信宗傳子第六世

朝瑞諱　生卒葬所失載

生子一天賜

起宗公傳子第六世

輪義諱　生卒葬所失載

生子三長中陽次六璋三扁

弘遠公長子第六世

丕傑諱旺號雪齋生正統庚申年　月　日　時卒正

德乙亥年　月　日　時配許氏生正統丁巳

年　月　日　時卒正德乙亥年　月

日　時合葬道士石前坐艮向坤

生子一　環

弘遠公次子第六世

丕爵諱　生景泰元年十一月廿一日卯時卒正德丙戌

年十月廿九日　時葬長泰三峰院前左邊坐癸向

丁配林氏生成化十年乙未二月十六日　時卒嘉

靖十三年甲午二月二十日　時葬山內坐未向丑

生子三長持邦次德明三三

弘遠公三子第六世

丕載諱　生景泰甲戌年　月　日　時卒正德
戊寅年八月初一日　時壽六旬有五葬龍門坑坐宋
同葬配蔡氏生景泰乙亥年　月　日　時卒
正德辛巳年九月廿一日　時壽六旬有七葬龠坑坐
癸向丁　生子二長衍次檜

弘遠公四子第六世

丕偉諱　生天順壬午年　月　日　時卒正德丁
卯年閏正月初六日　時葬馬寨山坐坤向艮配王氏
生天順甲申年　月　日　時卒嘉靖戊戌年
六月初十日　時壽七旬有五葬大埔田內坐坤向艮

生子二長英儁次招賢

季傳子第七世

廣讓諱　生卒葬所失載

生子二長武英次武備　寓居漳城東門外

乾長子第七世

廣派諱　生成化元年乙酉正月初九日　時卒成化二十一年乙巳四月廿四日　時葬馬蒙園內坐申向寅配林氏生失載卒正德十六年辛巳九月十四日時與夫合葬

生子二長高晃次高梟

乾次子第七世

承派　生卒葬所失載

生子一高翰

乾三子第七世

更派　寓居砂兜

惠觀長子第七世

廣哲諱睿生正統九年甲子二月二十日　時卒成化二

十年甲辰五月初二日　時葬東山竈坐卯向乙

生子二長廷勳次廷官

惠觀次子第七世

廣禄諱智生正統十一年丙寅七月初八日　時卒正德
十一年丙子七月二十日　時配楊氏生正統十四年
己巳八月二十日　時卒嘉靖四年乙酉九月十四日
時合葬東山邊坐乾向巽
生子五長尊太次尊和三尊慎四尊續五子和

思觀三子第七世
廣誠諱　生卒葬所失載　出居程溪
生子二長朝良次朝文

思盛傳子第七世
廣瑞諱
生正統十二年丁卯九月十九日　時卒弘治

廿八年乙丑六月初八日　時配陳氏生景泰元年
庚午正月十九日　時卒弘治四年辛亥八月廿一日
時合塟牛埔後坐丙向壬
生子三長協熙次協杲三協昆
貝傳子第七世
晲進傳子第七世
添郎傳子第七世

輪峯長子第七世

介洪

生子一朴

介珦

輪峰次子第七世

生娶卒失載合葬畬坑樟仔腳祖墳邊

生子三長模次格三杉

天華

輪岳獨子第七世

生失載卒　年九月初三日　時葬三

魁頂報恩後山坐辛向乙

生子二長克期次克承

朝端侑子第六世

天賜　生卒葬所失載

輪義長子第七世

中陽　早亡

輪義次子第七世

介璋　生卒葬所失載

輪義三子第七世

扁　出居浙江

丕傑傑子第七世

環字懷璧生成化甲午年　月　日　時卒嘉靖[illegible]

戌年　月　日　時葬所失載

丕爵長子第七世

持邦　無傳

丕爵次子第七世

德明諱目生成化己亥年七月十七日卯時卒嘉靖三十年正月廿六日辰時葬横頭坑土園裡坐艮向坤配陳氏生弘治庚戌年七月廿五日戌時卒嘉靖二十八年己酉三月十八日子時葬後葛茶林邊坐亥向巳

生子一鏗

丕爵三子第七世

三

鎮傳

丕載長子第七世

衍字持真生成化戊戌年　月　日　時卒嘉靖戊

申年五月十四日　時壽七旬有七配吳氏生成化甲

午年　月　日　時卒嘉靖庚申年九月廿六日

時壽八旬有三合葬畲坑寨仔前坐癸向丁

生子二長鐵次銅

丕載次子第七世

檜

丕偉長子第七世

英儁字志懷　無傳

丕偹次子第七世

英寶字懷珍生弘治壬戌年　月　日　時卒嘉靖己未年九月初十日　時配曾氏生弘治癸亥年月　日　時卒萬曆庚辰年五月十一日　時合葬東山渓窟中坐壬向丙　生子三長天蔭次天恩三天典

廣讓長子第八世

武英　生卒葬所失識　生子一欲正

顯讓次子第八世　出居漳城東門外

武倫

廣派長子第八世

[illegible]見諱

生成化十四年戊戌三月二十日　時卒嘉靖
十二年癸巳正月初八日　時葬小崎上坐乾向巽兼
吳氏生成化十四年戊戌二月十五日　時卒正德十
五年庚辰十二月廿五日　時葬山狗崆內園裡坐丑
向未兼艮坤

生子三長惟達次惟偕三惟璉

廣派次子第八世

高杲　生成化十七年辛丑　月　日　時卒正
德十一年丙子十一月廿九日　時葬
配蘇氏生成化十九年癸卯十一月
初七日　時卒嘉靖二十五年丙午五月廿九日
時葬大道石下坐壬向丙
生子二長惟立次惟品
承泒偶子第八世

高翰
生娶卒葬所失載
生子三長惟齒次惟祥三天慶
賡哲長子第八世

諱勲　生成化元年乙酉九月廿三日　時卒正德十年乙亥四月初一日　時配林氏生　乙酉年九月廿五日　時卒正德八年癸酉四月初一日　時合葬東埔本厝後左邊坐乙向辛兼卯酉

生子二長綿仕次二

廣哲次子第八世

廣祿長子第八世

廷官

尊太諱山生成化四年戊子十二月十二日　時卒嘉靖十六年丁酉十一月十五日　時配朱氏生成化九年癸

巳二月初九日　時卒嘉靖十三年甲午九月廿三日
時合葬山狗崆坐癸向丁
生子一英治
廣祿次子第八世
尊和諱睦生成化九年癸巳十一月初二日　時卒嘉靖三十
五年丙辰十二月廿四日　時葬上坑內坐乙向辛陞
娵氏生成化十二年丙申正月十二日　時卒嘉靖三
十五年丙辰六月廿六日　時葬東山邊坐戌向辰
生子三長論次才三篤
廣祿三子第八世

尊慎諱　生成化十二年丙辰九月初一日　時卒嘉
靖二十五年癸卯六月初四日　時葬狗空坐丙向壬
配蘇氏生成化十六年庚子正月十四日　時卒隆慶
元年丁卯四月二十日　時葬上坑內坐乙向辛
生子二長佛進次佛寶

廣祿四子第八世

尊續諱　生失載卒　年十一月廿六日　時葬
失載配　氏生卒葬所失載
生子三長篤信次篤旋三篤俊

廣祿五子第八世

子和　出居高浦

生子二長佛生次佛祐

廣誠長子第八世

朝良

廣誠次子第八世

朝文

廣瑞長子第八世

協熙諱　生成化六年庚寅九月初九日　時卒嘉靖

九年庚寅一月二十日　時配林氏生成化八年壬辰

二月二十日　時卒嘉靖二十五年丙午十二月初七

日　時合葬山嶺外坐壬向丙
生子一天奇
廣瑞次子第八世
協杲諱　生成化十三年丁酉二月初二日　時卒嘉靖
十九年庚子二月初七日　時葬田藏上坐辛向乙配
許氏生成化十四年戊戌十月初十日　時卒嘉靖四
十年辛酉十一月廿五日　時葬山狗空坐甲向庚
生子四長伯維次伯華三伯富四伯盛
廣瑞三子第八世
協昆諱　生成化十八年壬寅二月廿四日　時卒嘉靖

二十七年戊申十二月廿八日　時葬山獅喹坐壬向
丙龍陳氏生成化二十年甲辰九月初八日　時卒正
德十六年辛巳十月初六日　時葬龍門山赤心石坐
艮向坤

生子一伯貴

朴

介玦四子第八世

介珦長子第八世

模

介琱次子第八世

格
介洞三子第八世

杉
天華長子第八世
寬期字
生失載卒　年七月初八日　時合
葬翁坑石臘邊　母墳後大石上坐未向丑兼丁癸配
梁氏
生子二長一鑾次一鳳

克承
天華次子第八世

天賜傳子第八世

介璋傳子第八世

環傳子第八世

持邦傳子第八世

德明傳子第八世

鏗字世季生正德戊辰年　月　日　時卒葬失載

生子一佛娘

出居長泰白帆嶺內跳頭

三傳子第八世

衍長子第八世

鐵牛大任生正德戊辰年　月　日　時卒萬曆辛卯

年四月廿九日卯時配朱氏生正德癸酉年　月

日　時卒嘉靖壬戌年三月十六日　時合葬

山仔內坐庚向甲

生子二長燦次謹

衍次子第八世

鈞字大鐘生正德辛未年　月　日　時卒萬曆丁亥年十二月二十日　時葬

配林氏生正德癸酉年　月　日　時卒萬歷辛丑年正月廿五日　時葬

生子二長勤次勵

檜衡子第八世

瑛儁衡子第八世

招寶長子第八世

天蔭字大祐生嘉靖癸巳年二月初五日　時卒缺

招寶次子第八世

天恩字大惠生嘉靖丙申年　月　日　時卒萬曆癸丑年四月十三日　時葬翁坑仔　祖墳右邊坐寅向申　生子二長甫德次甫仁

招寶三子第八世

天興字大叙生嘉靖壬寅年　月　日　時卒萬曆己未年三月十六日　時配林氏生嘉靖丙午年　月　日　時卒萬曆辛亥年正月十三日　時合葬

吳厝坑內赤心石湖下坐辛向午兼癸丁
生子二長甫道次甫智
武英傳子第九世
欲正諱　生娶卒葬所失載
生子三長氣生次福生三吉生
武偹傳子第九世
高晃長子第九世
惟達字　生弘治十六年癸亥二月十一日時卒嘉靖四
十二年癸亥七月廿九日　時殁廣東配張氏生弘治

十七年甲子九月二十日　時卒嘉靖三十二年己亥
十一月廿一日　時葬馬鬃園內
生子二長綽次緬

尚見次子第九世

惟僧字集正德六年辛未十一月初六日子時卒嘉靖三十九
年庚申七月廿九日　時葬大觀後東澳崗山坐子向
午配蘇氏生正德十二年丁丑二月十四日　時卒萬
曆二十年壬辰三月初一日　時與長婦陳氏合葬舍
坑鬃仔腳坐癸向丁兼子午
生子三長燮次録三迪

高晃三子第九世

惟璉

高杲長子第九世

惟亞諱天叙生正德二年丁卯九月初十日　時卒萬曆十年壬午二月初二日　時葬馬巢祖墳邊配邱氏生正德三年戊辰十一月廿九日　時卒萬曆十一年癸未八月二十日　時殁女家葬漳城西門外

生子三長將次榮三尉

高杲次子第九世

惟品諱天秋生正德九年甲戌十一月十一日　時卒萬曆

二十五年丁酉八月廿六日　時葬畬抗大道石園
內坐壬向丙配李氏生嘉靖十一年丙子十一月初
一日　時卒嘉靖四十三年甲子二月廿五日　時
葬大道石下陂　與翁墓側
生子二長琯次瑫

惟齒
爵翰長子第九世
生卒葬所失載
生子一一貫

惟祥
爵翰次子第九世
生卒葬所失載

生子一　一從

高翰三子第九世

天慶　生嘉靖卅五年丙辰九月十九日　時卒萬曆二十三年九月廿九日　時葬禁山子

配林氏生嘉靖十年辛卯七月廿六日　時卒萬曆二十七年己丑十二月廿六日　時葬犁角頭

生子三　長嘉瑞　次嘉八　三嘉珍

廷勳長子第九世

緬住　生弘治二年己酉十二月初四日　時卒嘉靖三

十五年戊午五月十四日　時　配康氏生弘治三年庚戌六月初五

日　時卒隆慶五年辛未二月初一日　時葬東埔本

脟左逕坐卯向酉兼乙辛　生子二長璇次大璣

二

廷勳次子第九世

廷官傅子第九世

尊大傅子第九世

英治字篤敏生正德八年癸酉十二月初六日　時卒嘉靖
四十二年癸亥正月十七日　時葬上坑内坐乙向辛
配鍾氏生正德九年甲戌九月初二日　時卒萬曆
九年辛巳八月廿三日　時葬上坑内坐丑向未
生子三長檜次柏三梅

尊和長子第九世

論字篤義生弘治十一年戊午　月　日　時卒嘉靖
二十四年乙巳八月廿九日　時外殁配林氏生弘治
十二年己未十二月十七日　時卒萬曆十六年戊子
正月十八日　時葬上坑燈火石與子定同穴坐甲向

廣祖第四　　生子三長選次謨三定

尊相次子第九世

才字節艮生弘治十三年庚申七月廿四日　時卒隆慶三年己巳三月初七日　時葬畬坑馬寨邊坐坤向艮配王氏生弘治十七年甲子十月十九日　時卒萬歷二十三年癸巳七月初一日　時葬畬坑馬寨邊坐申向寅　　生子二長璣次鈺

尊相三子第九世

節齋生正德五年庚午二月廿三日　時卒萬曆十一年癸未

十二月廿五日　時葬東山邊坐戌向辰配黃氏生正
德八年癸酉八月十四日　時卒萬曆十八年庚寅正
月廿七日　時葬山狗崆坐卯向酉
生子一玄

尊愼長子第九世

佛進字孔麟生正德二年丁卯正月初八日　時卒萬曆六
年戊寅三月初七日　時葬東山邊坐辛向乙配林氏
生正德七年壬申八月十五日　時卒萬曆七年己卯
八月廿五日　時葬壠裡祖墳邊坐巽向乾兼巳亥
生子二長興族次興喬

尊慎次子第九世

佛寶

尊續長子第九世

鷀信

尊續次子第九世

鷀旋諱回生正德八年癸酉三月初六日　時卒嘉靖二十一年壬寅六月廿四日　時葬東山邊坐子向午兼壬丙

配史氏生正德十年乙亥十二月廿一日　時卒萬曆二十五年丁未五月十六日　時葬水頭後墓山園坐配向巽

生子二長新痌次新福

篤俊　尊續三子第九世

佛生　子和長子第九世　出居高浦

子和次子第九世

佛祐　朝良傳子第九世

朝文傳子第九世

協熊公子第九世

天爵字伯仁配龍氏生卒葬所俱失載

生子二長仲元次士元

協泉長子第九世

伯築諱景生弘治十五年壬戌十二月廿六日　時卒嘉靖

四十一年壬戌二月十一日　時葬壠坪內坐丁向

癸配翁氏生弘治十七年甲子八月初二日　時卒

嘉靖四十一年壬戌二月十三日　時葬山狗空麓墘

生子二長碩次孝

協杲次子第九世

伯華　生卒葬所失載

生子一　月德

協杲三子第九世

伯富

協杲四子第九世

伯盛字　生正德十二年丁丑十二月十二日　時卒

萬曆二十二年甲午十二月初七日　時葬

配李氏生嘉靖元年壬午正月十三

日　時卒萬曆二十二年正月十六日　時

生子一鳳鳴

協昆傳子第九世

伯資諱炎生弘治十八年乙丑八月初四日　時卒萬歷十一年癸未八月十九日　時配許氏生正德二年丁卯六月廿五日　時卒萬歷十四年丙戌三月廿五日時合葬山狗崆坐癸向丁

生子一友復

朴傳子第九世

模傳子第九世

格傳子第九世

杉傳子第九世

克期長子第九世

一鑾　生卒葬所失載

克期次子第九世

一鳳字及舜生失載卒　年九月廿五日　時配

蔡氏生失載卒　年五月初一日　時合葬

馬寮頭左邊坐丁向癸兼未丑

生子五長曜次晧三昞四暎五伍

克承傳子第九世

鏗傳子第十世

佛娘字世嚮生嘉靖元年辛巳三月十九日丑時卒萬曆
二十年丙申七月十四日丑時葬萬坑欝仔內坐壬向
丙兼亥巳配林氏生嘉靖五年二月十三日亥時卒萬
曆十五年二月廿九日午時葬上園水井兜坐艮向
坤　生子一清保

鐵長子第九世

燦字必熠生嘉靖庚寅年　月　日　時卒萬歷壬辰
年十一月初五日卯時葬
配陳氏生嘉靖壬辰年　月　日　時卒
萬歷壬辰年十一月廿七日巳時葬山仔內坐庚向甲
生子三長汝芳次蘭芳三槐芳

鐵次子第九世

謹字必敬生嘉靖辛亥年　月　日　時卒萬曆庚
子年三月十二日戌時葬畬坑內坐亥向巳配林氏
生嘉靖戊午年　月　日　時卒崇禎癸酉年

三月十一日未時　生子一春芳

銅長子鏘九世

勷諱以韶字寸脩邑庠增生生嘉靖庚戌年　月

日　時卒萬曆乙酉年閏九月初二日　時葬

配曾氏生嘉

靖壬子年　月　日　時卒天啟乙丑年十月

廿九日酉時葬

生子二長曦次曙

銅次子鎊九世

勵字暢脩生嘉靖甲寅年　月　日　時卒崇禎丙
辰年二月十九日　所葬
配高氏生嘉靖癸丑年十二月廿四日　時卒
生子四長曦次暐三晃四昪

天蔭傳子第九世

天恩長子第九世

甫德

天恩次子第九世

甫仁字必深生隆慶壬申年　月　日　時卒萬曆丁

已酉五月三十日□時配翁氏生萬曆癸未年二月
廿四日寅時卒失葬合葬番坑祖墳右邊
生子二長曰榮次曰顯

天典長子第九世
甫道
生子四長曰新次曰休三曰明四曰澄

天典次子第九世
甫智
生子一曰妍

欲正長子第十世

氣生諱君志字　生失載卒隆慶四年庚午正月十三
日　時葬
配馬氏生嘉靖十四年乙未正月廿一日　時卒
生子一旋長
欲正次子第十世
福生
欲正三子第十世
吉生
惟達長子第十世
緯字廷寬生卒葬所失載

配鄭氏生卒葬所失載

生子一學智

維達次子第十世

緬字廷爵生嘉靖十二年癸巳二月初七日　時卒萬曆三十年癸卯六月初七日　時配埭頭黄氏生嘉靖十九年庚子十月十八日　時卒萬曆四十三年乙卯十一月初六日　時合葬畲坑米棧石下坐亥向巳

生子四長學義次學讓三學信四學聖

惟偕長子第十世

沒字廷加陸鰲把總生嘉靖十七年戊戌五月十五日未時

卒萬曆三十九年辛亥十一月廿六日　時配浯滄陳
氏生嘉靖二十五年丙午七月廿八日寅時卒萬曆三
十年壬寅一月廿八日　時合葬畲坑寨仔脚坐癸向
丁兼子午
　生子五長學元次學禮三學淵四學舉五學周
惟偕次子第十世
録字廷諭生嘉靖二十二年癸卯十一月十三日子時卒萬
曆四十六年戊午十一月初十日　時葬
　配李氏生嘉靖三十二年癸丑閏三
月廿六日戌時卒崇禎七年甲戌三月初六日　時葬

生子三 長學儁 次學樂 三學孟

惟偕三子第十世

廸字廷用生嘉靖二十五年丙午九月廿七日子時卒萬曆四十六年戊午二月十七日　時配周氏生嘉靖三十二年癸丑七月初一日亥時卒天啟三年癸亥十月廿三日　時合葬大觀後碰頭園內

生子六 長學贊 次學魯 三學純

四四老 五伍 六六

惟璉傳子第十世

惟立長子第十世
將字廷雄生卒葬所失載
配海滄陳氏生卒葬所失載
生子一學敬
惟立次子第十世
森字廷　生失載卒萬歷二年九月初二日　時葬龍門嶺外
配林氏生卒葬所失載
生子二長學仁次學詩
惟立三子第十世
尉字廷穆生嘉靖三十年辛亥十一月初六日　時卒崇禎

元年戊辰正月二十日　時配林氏生嘉靖三十四年
丙辰十一月十三日　時卒崇禎元年戊辰十月初三日
時合葬東山邊山腳坐乾向巽
生子二長學舜次學順

惟品長子第十世

惟品次子第十世

琼

瑺字廷玉生嘉靖二十七年壬申十二月十四日　時卒萬
曆十三年乙酉閏九月廿一日　時配許氏生卒失識
無出續配王氏生嘉靖三十一年壬子七月廿七日

時卒天啟七年丁卯十二月初六日　時合葬山狗空

坐乙向辛　　生子一學賢

惟菡傳子第十世

一貫字廷通生嘉靖六年戊子十一月廿六日　時卒隆慶

四年庚午二月廿四日　時葬　配柯氏生嘉靖七年己丑二月廿八

日　時卒葬失識

惟祥傳子第十世　生子三長學優次學敏三學顏

一從

天慶長子第十世

嘉瑞

生嘉靖三十九年庚申十一月初六日　時卒

天啟元年辛酉三月十六日　時葬樓山北面河仔

上坐西向東配李氏生萬曆二年甲戌十二月廿八日

時　　　　　生子二長學資次學益

嘉八

天慶次子第十世

嘉珍

天慶三子第十世

綿仕長子第十世

大璇字理耀一字東陵生嘉靖元年壬午七月廿六日　時

卒萬曆十六年戊子七月十四日　時配黃氏生嘉靖

四年乙酉十二月初四日　時卒萬曆三十九年辛

亥十月廿三日　時合葬東埔田上宅仔頭福塲南坐

乙向辛兼卯酉

生子三長一聳次一峰三一岑

綿仕次子第十世

大璣字理炳一字少陵生嘉靖十一年壬辰十二月十二

日　時卒萬曆五年丁丑八月初十日　時葬

配王氏生嘉靖十四年乙未

六月十五日　時卒萬曆二十四年丙申十二月十四

日　時葬樓山青潭上坐乾向巽

生子二長一舉次一昇

二傳子第十世

瑛治長子第十世

英治次子第十世

檜

柏字汝松生嘉靖二十六年丁未　月　日　時卒天

啟七年丁卯十二月廿二日　時葬

配林氏生嘉靖三十一年壬子

月　日　時卒崇禎五年壬申十一月廿九日

時葬

生子三長承寶次英珍三英瑶

英治三子第十世

梅字汝柳生嘉靖三十年辛亥四月廿二日　府殁呂宋配

高氏生卒葬所失載

生子一承美

諭長子第十世

[illegible]字汝傳一字迎山生嘉靖二年癸未六月十二日　時外殁配曾氏生嘉靖三年甲申四月初五日　時卒萬曆三年乙亥五月二十日　時葬東山鑒坐乾向巽

生子一瑚

論次子第十世

漢字汝譽卒　年六月十八日　時外殁

配朱氏生卒葬所失載

生子一守魁　寓居同安小西門楊坂社

論三子第十世

定字汝平生嘉靖二十一年壬寅正月初六日　時卒萬曆

八年庚辰三月初十日　時附葬　考墳配鄭氏生
嘉靖二十七年戊申四月十三日　時卒隆慶五年辛
未四月初五日　時葬山狗崆坐甲向庚續配洪氏生
嘉靖二十三年乙巳九月廿二日　時卒
年十月廿五日　時
生子三長一球鄭氏出次一球三一球
才長子第十世
璣字汝佩　生嘉靖二十年辛丑十二月初七日　時卒萬
曆二十七年己亥五月廿二日　時葬山倂内坐丁向
癸配康氏生嘉靖二十三年甲辰正月二十日　時

卒萬曆□年壬午正月三十月　時葬壠裡坐子向午

生子三長一鎮次一銓三一鏠

才次子第十世

鈺字汝礪生嘉靖二十四年乙巳十一月十六日　時卒

天啟六年丙寅九月十八日　時附葬姑墳配許氏生

嘉靖二十六年丁未七月初六日　時卒天啟四年甲

子正月廿六日　時葬馬寨園內

生子二長一成次一基

鑄侑撰子第十世

一字汝聰生嘉靖十五年丙申六月十二日　時卒嘉靖四

十一年壬戌五月十一日　時葬興化配柯氏生卒葬
所失載
生子一承芳

佛進長子第十世
興旅字汝宗生嘉靖二十四年己巳　月　日　時
卒萬歷五年四月十八日　時葬
配鄭氏生嘉靖二十九年庚戌六月十八日
時卒萬曆二十五年丁酉五月初四日　時葬上坑坐
乙向辛
子二長一遷次一著

佛進次子第十世

興喬
佛寶傳子第十世

篤信傳子第十一世

新裕
篤旋長子第十一世

篤旋次子第十一世

新福
字汝祿　一字少塘　生嘉靖二十四年乙巳閏正月十九

日　時卒崇禎元年戊辰六月十五日　時葬前山烱于後坐乾向巽兼亥巳配林氏生嘉靖三十年辛未十月初六日酉時卒崇禎八年乙亥十一月廿四日亥時附葬夫墳石還坐乾向巽

生子三長一春次一陽三一叢

篤俊傳子第十世

佛生傳子第十世

佛祐傳子第十世

天竒長子第十世

仲元

天竒次子第十世

士元

伯榮長子第十世

碩字國寬生嘉靖五年丙戌九月廿一日　時卒萬曆三年

乙亥七月廿七日　時葬

配朱氏生嘉靖七年戊子八月十七日　時卒萬曆

二十一年癸巳正月廿四日　時葬山狗嶝坐亥向巳

生子二長公祐次公承

伯榮次子第十世

孝字國興生嘉靖二十五年丙午四月廿六日　時卒萬

曆十五年丁亥二月初六日　時

配史氏

生子一文

伯華傳子第十世

月德

徙居潮州泥浦

伯富傳子第十世

伯[illegible]第十世

懋鳴字國儀生嘉靖三十六年丁巳　月　日　時卒

萬曆三十九年辛亥五月廿六日　時葬

配林氏

生子一　主

伯貴傳子第十世

友復字國振生嘉靖十七年戊戌十月二十日　時卒萬曆

二十一年癸巳二月十五日　時葬山狗嶺坐癸向丁

配林氏生嘉靖二十一年壬寅十一月初四日　時卒

萬曆己未年十二月初二日　時與夫合葬

生子三長一斌次一敎三一誨

一鸞傳子第十世

一鳳長子第十世

曜

一鳳次子第十世

晧字元和一字集褒生萬曆十六年戊子十月十四日辰時卒順治十六年戊戌正月十八日戌時配邱氏生萬曆二十六年戊戌七月廿八日寅時卒康熙元年壬寅四月十六日亥時合葬大寨山下內灣山后坐酉向卯

生子二長斯融次斯閩

一鳳三子第十世

昞字　生卒葬所失載

生子一斯輝

一鳳四子第十世

暎字癸向生萬曆二十六年戊戌八月二十日　時卒康熙

元年壬寅三月初一日酉時葬壠坪上湖後園坐

向　配龔氏生萬曆戊申年五月廿四日

丑時卒康熙丁卯年九月十九日未時葬內坑田上坐

乾向巽兼巳亥

生子二長斯朗次斯曄

一鳳五子第十世

位

佛娘傳子第十世

清保字必遠生嘉靖丁未年閏九月十五日丑時卒萬曆

三十五年丁未九月十三日　時葬葛坑　祖墳邊

坐壬向丙

生子二長寬次瑞陞

燦長子第十世

汝芳字時馨生嘉靖癸丑年九月　日　時卒萬曆甲寅

年四月十二日　時葬

配周氏生嘉靖己未年　月　日　時卒崇禎

己巳年十月初十日　時

生子四 長言墀 次獻墀 三奏墀 四俞墀

燦次子第十世

蘭蓀

燦三子第十世

槐芳

謹傳子第十世

春芳字時茂生萬曆辛巳年　月　日　時配黃氏生

萬曆辛卯年八月廿一日子時卒葬俱失載
生子三長啟墀次奮墀三觀墀

勤長子第十世
曮字昆和一字謙孚生萬曆辛巳年三月廿九日酉時
生子一斯振

勤次子第十世
曙字友和生萬曆乙酉年　月　日　時殁吕宋
配陳氏

勵長子第十世
曦字伯和一字壺若生萬曆戊寅年八月十八日寅時卒

配鄭氏生萬曆庚寅年
正月初三日戌時卒　生子一起鰲
勷次子第十世
睟字仲和生萬曆辛巳年正月初六日巳時卒　配陳氏生萬曆己亥年五
月廿八日酉時　生子三長初麟次而鼎三而鼒
勷三子第十世
昃字

勵四子第十世
昇学季和生萬曆壬辰年五月十六日戌時卒
年四月十三日　時配林氏生萬曆甲辰年五月十一
日申時卒　年三月初三日　時合葬東埔
生子三長從駒次而泮三景任

甫德傳子第十世

甫仁長子第十世
曰榮　生卒葬所失載
生子三長長次盛三祥

甫仁次子第十世

日顯
甫道長子第十世

日新
甫道次子第十世

日休
寓蘇州
甫道三子第十世

日明
寓鎮江
甫道四子第十世

日澄

日妍
旅長

甫智傳子第十世

氣生傳子第十一世
生隆慶三年丁卯八月廿六日　時卒萬歷三十
二年甲辰　月　日　時殁呂宋
配龔氏生卒葬所失載
生子二長鳴鑾次鳴麟

福生傳子第十一世

壽生傳子第十一世

綽傳子第十一世

學智　出居漳州北門外

緬長子第十一世

學鐵字士忠生隆慶三年戊辰二月初六日　時卒崇禎二

年己巳九月十七日　時葬

配林氏生萬曆元年癸酉八月廿五

日　時卒

生子四長榮泰次榮暢三榮澤四榮秀

緬次子第十一世

學讓字士遜生萬曆丙申年　月　日　時卒崇禎
甲戌年十二月十一日　時葬馬寨頭坐乾向巽配
林氏生萬曆十三年乙酉六月二十四　時葬所失識
生子二長榮華次榮甫

緬三子第十一世

學信字士實一字質我生萬曆六年七月十七日　時卒天
啟五年乙丑五月廿五日　時葬畬坑園米梭石下坐
壬向丙配許氏生萬曆十四年丙戌十一月初六日
時卒崇禎癸酉年六月初三日未時葬
生子一榮聰

緬四子第十一世
學聖
　　珱長子第十一世
學元
　　珱次子第十一世
學禮字士節生隆慶二年戊辰六月初三日　時卒萬歷三
十六年戊申六月初四日　時葬呂宋配柯氏生萬曆
五年丁丑十月初八日　時卒康熙元年八月廿三日
　　時葬失載
　　　　生子二長榮新次榮紏

發三子第十一世

學淵字士邦生萬歷元年癸酉正月初四日寅時卒萬歷四十五年丁巳七月十九日　時葬大觀後金鈎椅坐　向　配柯氏生萬歷十五年丁亥十一月廿二日未時卒康熙元年壬寅八月廿六日　時與次子榮宸合葬漳城南門外南山寺後館山坐辛向乙　生子二長榮罨次榮宸

發四子第十一世

學畢

發五子第十一世

學倜字鼎從生萬曆十四年丙戌六月初六日　時卒
生子一榮壽
録長子第十一世

學德
録次子第十一世

學樂
録三子第十一世

學孟字振輿生萬曆二十年壬辰十二月初二日　時卒
葬呂宋配柯氏生萬曆四十一年壬子三月廿三日時
卒康熙二年癸卯　月　日　時葬失載

生子一榮快

學貴
廸長子第十一世

學魯
廸次子第十一世

學純
廸三子第十一世

學純字士宏生萬曆十四年丙戌十月廿五日　時卒順治五年戊子十月十六日　時配許氏生萬曆二十五年丁酉正月廿八日　時卒順治五年戊子九月廿八日　時合葬大觀後山坪裡園坐乾向巽

[illegible]子二長榮祿次榮亮

四　迪四子第十一世

五　迪五子第十一世

六　迪六子第十一世

學敬　將傳子第廿一世

森長子第廿一世

學仁　森次子第十一世

學詩　尉長子第十一世

學炯　字士覺一字秀田生萬曆乙酉年八月廿一日時
卒順治八年辛卯六月廿五日時葬
配許氏生萬歷癸巳年九月廿一日
時卒葬失識
生子四長榮友次榮參三榮選四榮標
次子第十一世

學順字士聞一字[illegible]生萬曆己亥年四月十三日　時卒失載葬寨仔腳園內坐子向午兼癸丁配龔氏生萬曆三十三年乙巳正月十九日申時卒康熙廿九年庚午正月廿五日亥時附葬東山邊烏尾後祖墳邊坐辰向戌兼乙辛

生子四長榮寅次榮初三榮錫四興

琯傳子第十一世

瑠傳子第十一世

學賢字士俊一字英晃生萬曆丙戌年四月三十日　時卒

葬失載配林氏生萬曆丙申年　月　日　時
卒葬失載
生子一印

學優　一貫長子第十一世

學敏字　一貫次子第十一世
生娶卒葬所失載
生子四長服次裒三六四八

學顔　一貫三子第十一世

一從傳子第十一世

嘉瑞長子第十一世

學賢

嘉瑞次子第十一世

學益

嘉八傳子第十一世

嘉珍傳子第十一世

大璇長子第十一世

一聳字子岐生嘉靖三十三年甲寅四月初一日　時卒萬

歷三十三年乙巳七月初三日　時葬

配黃氏生嘉靖三十二年癸丑

月　日　時卒葬失識

生子四長孟業次從業三道業四贊業

大璇次子第十一世

一峰字子恒生卒葬所失識

配林氏生卒葬所失識

生子二華業

大璇三子第十一世

一琴字子懷生隆慶戊辰年正月初七日　時卒崇禎元年戊辰十月十八日　時配張氏生萬曆三年乙亥八月初五日　時卒順治七年庚寅二月初二日　時與夫塋長男犂畬坑甕石下第三坵園左邊前橫透左溝坐丑向未兼癸丁

生子三長俊業次巍業三敬業

大璣長子第十一世

一舉字子賢生嘉靖三十三年癸丑　月　日　時卒萬曆二十八年庚子　月　日　時葬海南

配陳生嘉慶丁巳年　月　日時卒葬失載
生子二長師業次弘業
大璣次子第十一世

一昇
檜傳子第十一世
柏長子第十一世

承寶
柏次子第十一世

珍

栢三子第十一世

琛字耀田生萬歷二十一年癸巳　月　日　時卒

缺失載配黃氏生萬曆三十三年乙巳　月

日　時卒葬失載

生子三長昂業次曠業三晶業

公次女二娘歸邑庠李樂只常夜績佐夫誦讀夫病禱以身代卒不起搶地慟哭三日不水飲既暮歸與父母訣曰顧從李生地下父母告其舅姑防之謹乃怡然曰無是也伺稍懈竟自經死顏色不變時年二十有三邑令　陳廷楹旌以扁曰女中文山

邑文學許濵咏　碁年血淚秋霜冷千古貞魂夜月高
宿草荒邱埋不得鴛鴦時見一雙翔
事載縣誌

梅倩子第十一世

承爕字　生萬曆庚辰年　月　日　時卒
丙午年　月　日　時葬嘉禾後西安隩
配林氏生卒葬所失載
生子一　榮祖

選卿子第十一世

一瑚字英璉生嘉靖庚申年卒萬曆壬辰年十一月初五日

時葬失載配鄭氏生卒葬所失載

生子一繼業

淡儒子第十一世

字魁宇朴茂生嘉靖庚戌年正月廿八日申時卒萬曆戊申

年五月三十日申時配林氏生嘉靖庚戌年正月廿八

日申時卒崇禎庚午年六月初四日辰時合葬同禾里

五都土名庄後

生子三長應鶴次應業三應辯

定長子第十一世

一球

定次子第十一世

一球

定三子第十一世

一琜字英玉生萬歷丁丑年庚戌　月　日　時卒呂宋　生子一統業

瓛長子第十一世

一鎮字英權生隆慶二年戊辰四月初四日　時卒萬曆巳酉年六月十二日　時殁呂宋　配馬氏生卒葬所失載　生子三長孟淵次仲淵三季淵

璣次子錫十一世

一錦字英模生萬曆癸未年　月　日　時卒葬失載

配何氏生卒葬所失載

續配莊氏生萬曆庚子年　月　日　時卒葬失

載　生子二長隆業次榮業

璣三子第十一世

一鏘字英衡生萬曆十四年丙戌十月初八日　時卒葬失

載配蘇氏生萬曆戊戌年　月　日　時卒崇禎

庚午年十月廿五日　時葬南面續配林氏生萬曆甲

午年　月　日　時卒葬失載

鈺長子第十一世　生子一承業

鈺次子第十一世

一房

一基字爽潔生萬曆癸未年　月　日　時卒葬失

配蘇氏生卒葬所失載　生子一祖

立傳子第十一世

承芳字　生嘉靖三十五年丙辰　月　日　時卒

萬曆丁未年　月　日　時葬泉城

[illegible]氏生卒葬所失識

續配何氏生嘉靖癸丑年十一月初八日　時卒天

啟七年丁卯八月廿九日　葬菸龍門坑膠討山坐

亥向巳　生子一遵業

興族長子第十一世

一遷

興族次子第十一世

一荐

興喬傳子第十一世

新衍傑子第十一世

新福長子第十一世

一春字守吳生萬曆五年丁丑二月廿三日　時卒崇禎十
四年辛巳正月廿七日　時葬
配馬氏生萬歷八年庚辰五月十一日　時卒
崇禎丙午年八月初一日　時葬後墓
續配許氏生萬曆九年辛巳六月廿三日　時
卒崇禎十六年癸未三月初三日　時合葬排頭後園
坐癸向丁兼子午

生子三長昌胤次昌祚三昌紫

新福次子第十一世

一陽字鬱臺生萬曆十三年乙酉十月十三日辰時卒
戊子正月初五日酉時葬後墓坐庚向甲配史氏生
萬曆乙未年十二月初十日酉時卒崇禎己卯年九月
十一日酉時葬東面新墓前坐艮向坤兼丑未續配林
氏生卒葬所失載

生子三長昌潢次昌沛三昌渤

新福三子第十一世

一叢

仲元傳子第十一世

士元傳子第十一世

碩長子第十一世

碩次子第十一世

公祐

公承字懷彬生隆慶二年戊辰五月初一日　時卒順治五年戊子七月初十日　時配黃氏生萬曆丙子年八月廿一日　時卒　壬辰年十一月初十日　時合葬

興捕瀾岸山頭坐午向子

生子四　長希哲　次希昔　三希褒　四希正

孝傳子第十一世

一支字　生萬曆壬午年　月　日　時卒黎失

娶柯氏生卒葬所失識

生子一希澄

月德傳子第十一世

鳳鳴傳子第十一世

主

友復長子第十一世

一鐵　字懷全生嘉靖丙寅年三月初九日　時卒萬曆庚申年三月廿三日　時娶呂宋配朱氏生隆慶四年庚午九月初九日　時卒崇禎元年戊辰六月十一日　時葬山狗崆坐癸向丁

生子二長希紹次希述

友復次子第十一世

一欽　字懷安生萬曆癸酉年　月　日　時卒葬失配林氏生萬曆乙酉年　月　日　時卒崇禎元年戊辰十一月初五日　時葬山狗空

友復三子第十一世　生子一希提

一海字懷士一字郁南生萬曆九年辛巳六月廿三日　時
卒順治十三年丙申十月十九日　時葬牛埔前水
堀上坐申向寅配陳氏生萬歷二十三年乙未正月
廿九日　時卒康熙二年癸卯五月廿九日　時葬山
猶室坐丁向癸
生子三長希純次希聯三希纘

曜傳子第十一世

晧長子第十一世

斯融字景濟生萬曆丙寅年十月廿八日午時卒康熙五十
年辛卯二月初五日申時葬配山兜施氏生失載卒康
熙四年乙巳正月廿六日寅時葬江西監州府瑞金縣
蕉坊甲石坂塘菜園坎上與田厝相連坐癸向丁續配
曾氏生天啟四年甲子十月十二日　時卒康熙四
十四年乙酉九月十一日　時與夫合葬湖後山仔
下坐艮向坤兼寅申

生子一文參

晧次子第十一世

斯閏字　生卒失載附葬親墳坐酉向卯配黄氏生卒

葬所失載　生子一利

昞傳子第十一世

斯輝字景照謚大實生順治二年乙酉八月廿八日巳時卒

康熙三十二年癸酉四月十七日辰時葬湖尾壟坪上

坐未向丑兼丁癸配郭氏生康熙三年甲辰九月十三

日申時卒葬失載　生子三長脊次田三外

哄長子第十一世

斯朗字景明生天啟七年丁卯二月廿三日子時卒康熙四

十年辛巳八月廿九日寅時配林氏生崇禎九年丙
子正月十七日酉時卒康熙辛巳年八月十一日卯時
合葬大寨山下澗後園坐甲向庚兼卯酉
生子一宗

璩次子第十一世
斯曄字振明生天啓十年庚午 月 日 時卒葬
失載配江氏生卒葬所失載

伍僑子第十一世

清保長子第十一世

騎乾字剛朴生萬歷三年乙亥八月廿七日酉時卒崇禎元年戊辰六月廿七日酉時葬本埕上園祖墳左邊坐甲向庚配李氏生萬曆九年辛巳九月廿一日亥時卒隆武二年丙戌四月廿三日寅時葬溪尾塚山坪頭崙坐甲向庚

生子一　仁

清傑次子第十一世

騎陞字剛直生萬歷乙巳年七月二十日亥時卒康熙癸亥年五月廿二日亥時葬塚山壠仔頭坐艮向坤配歐氏生萬曆己酉年正月初五日申時卒順治丙申年三月

十八日未時附葬溪尾塚山坪頭崙坐乙向辛續配盧
氏生萬曆三十九年四月初六日未時卒康熙丙午五
年十二月十七日□時後頭園後坐酉向卯兼庚甲

生子一　智

汝芳長子第十一世

言埤諱承陞字義對生萬曆庚辰年　月　日　時
卒葬呂宋配劉氏生萬曆庚寅年　月　日
時卒葬失載續配王氏生卒葬所失載

生子一　一鍄

汝芳次子第十一世

獻墀

汝芳三子第十一世

生萬曆壬辰年　月　日　時卒葬失載

配許氏生萬曆甲辰年　月　日　時卒葬失

載　生子二長鏞次鍒

奏墀

汝芳四子第十一世

生萬曆丁酉年　月　日　時卒天啟壬戌

年八月十八日　時葬山仔內

配周氏生卒葬所失載

生子一鈾

俞墀

蘭芳儞子第十一世

槐芳儞子第十一世

春芳長子第十一世

啓墀　生萬曆辛亥年六月廿七日時卒葬失載配黃氏生萬曆己未年七月十九日時卒葬失載

生子一　攀

春芳次子第十一世

奮墀　生天啟丁卯年七月十四日戌時卒葬失載

春芳三子第十一世
覲墀　生崇禎辛未年二月廿六日酉時卒葬失載
曦傳子第十一世
斯拔　生天啓丙寅年五月廿乙日申時卒葬失載
配李氏生卒葬所失識
曙傑子第十一世
曦爾子第十一世
起發　生崇禎己巳年四月十四日丑時卒葬失載
曙晨子第十一世

初麟　生萬曆戊午年六月初四日寅時卒葬失載

睟次子第十一世

而門　生崇禎辛未年二月廿七日未時卒葬失載

睟三子第十一世

爾璣　生崇禎乙亥年十月廿八日午時卒葬失載

曼傳子第十一世

尋長子第十一世

從絢　生天啟甲子年正月廿六日巳時卒順治庚寅年五月廿一日　時葬失載

生子一茂

昇次子第十一世

而泮　生崇禎癸酉年正月廿四日酉時卒康熙丁亥年

四月廿四日寅時葬失識

生子一壽

昇三子第十一世

景任字而剛生萬歷丙子年八月廿四日丑時卒康熙丁卯

年九月初六日子時葬畬坑大辨頭上坐壬向丙兼

子午配許氏生順治庚寅年十二月廿八日寅時卒雍

正癸丑年七月十六日丑時葬渡嶺尾坐丁向癸兼

長　盛　祥

汞五庚字廣子分金　生子三長月次欲楨三元

日榮長子第十一世

日榮次子第十一世

日榮三子第十一世

日顯傳子第十一世

曰新傳子第十一世

曰休傳子第十一世

曰明傳子第十一世

曰澄傳子第十一世

曰姸傳子第十一世

旋長長子第十二世

鳴鑾

生萬曆丙申年五月廿四日　時卒

年十月初六日　時葬呂宋配黃氏生卒葬所失誌

生子一　大孫

旋長次子第十二世

鳴麟

學義長子第十二世

榮太字旭陽生萬曆二十一年癸巳四月初六日　時卒葬

失載配張氏生萬曆二十七年己亥十月初七日　時

卒葬失載

生子三長開復次開範三寧

學義次子第十二世

緒暢字旭日生萬曆二十五年丁酉二月廿四日　時卒葬

失載配林氏生萬曆甲辰年十月十四日　時卒葬

失載

生子二長開田次元哥

學義三子第十二世

緒澤字　生萬曆辛丑年十二月廿四日　時卒葬失載

配魏氏生萬曆戊申年九月廿七日　時卒葬失載

生子三長惜次興三棟

學義四子第十二世

榮秀字　生萬歷甲辰年十月廿四日時卒葬失載配
陳氏生萬歷戊申年二月二十日　時卒葬失載
學讓長子第十二世

榮粹字　生萬歷丙午年九月廿八日　時卒葬失載
配林氏生萬曆己酉年五月十五日　時卒葬失載
學讓次子第十二世

榮宙字　生萬歷戊午年十二月十六日　時卒葬失載
配林氏生天啟癸亥年　月　日　時卒葬失載
生子一　丁娘
學信傳子第十二世

榮聰諡汝協字逵泗生萬曆二十九年癸丑四月廿二日

時卒順治五年戊子十二月廿九日　時葬侖坑大道

石邊　配周氏生萬歷丁巳年

十月初十日子時卒康熙壬辰年八月廿九日卯時

葬壠尾火燒石仔坐酉向卯丁酉丁卯分金

生子二長進娘次漢娘

學聖傳子第十二世

與元傳子第十二世

學禮長子第十二世

榮新字齊目生萬歷辛丑年二月十七日　時卒順治八年十月初九日　時葬失載配洪氏生萬曆庚戌年四月廿六日　時卒順治十五年五月十三日　時葬失載　　生子一大祖

學禮次子第十二世

榮玫字錫疇生萬歷甲辰年四月廿六日　時卒、己卯年十二月初九日　時葬失載配黃氏生萬曆甲寅年十一月十二日　時卒葬失載

生子二二祖

學淵長子第十二世

榮憲字顯卿一字四宜謚文恪生萬歷三十四年乙巳七月初一日寅時卒順治五年戊子八月廿七日　時葬六觀後東崗山邊金鈎椅坐　向

配劉氏生萬曆三十七年己酉七月廿六日時卒康熙二年癸卯九月　日　時葬南面湯洋康暦

生子一自哥

學淵次子第十二世

榮宸諱朝肅字簡卿謚文毅邑庠生生萬曆三十八年庚戌七月十六日寅時卒康熙三年甲辰五月初四日寅時

葬漳州南門外南寺後官館山坐辛向乙配周氏生
萬曆四十年壬子孟月十九日卯時卒康熙十九年庚
申三月初四日辰時葬失載
生子二長賓良次質良

繼業偶子第十二世

學潤偶子第十二世

榮壽字印若生萬曆庚戌年五月十五日　時卒葬失載配
馬氏生天啓壬戌年九月初三日　時卒葬失載
生子一三祖

學儒傳子第十二世

學樂傳子第十二世

學孟傳子第十二世

榮快

學貴傳子第十二世

學魯傳子第十二世

學純長子第十二世
榮祿字縻伯生天啟三年癸亥　月　日　時遷移
與男逃出他鄉卒葬失載
生子一碁
學純次子第十二世
榮亮字　生崇禎十一年戊寅十一月廿六日卯時卒康
熙三十四年乙亥正月　日　時遭火燒山仔下園
角坐南向北
胭傳子第十二世

五傳子第十二世

六傳子第十二世

學旋傳子第十二世

學仁傳子第十二世

學詩傳子第十二世

學知長子第十二世

榮友字汝偹一字貞譽生萬歷丙辰年十一月廿九日 時

配馬氏生萬曆庚申年十一月初八日 時卒葬失

載 生子四長定次静三安出嗣胞弟榮参四歷

學知次子第十二世

榮参字 生萬歷己未年十月初三日 時卒葬失載

配楊氏生天啓癸亥年因遷移卒葬失載

嗣子一安係胞兄榮友三子

學知三子第十二世

榮選字 生崇禎己巳年七月廿七日丑時卒康熙四

十二年癸未四月廿二日申時葬上坑菱洼山仔坐亥
向巳配漸美洪氏生崇禎庚午三年正月初三日戌時
卒康熙四十三年九月三十日卯時葬寨仔下園上坐
艮向坤兼丑未

生子一勇

學知四子第十二世

榮標　生崇禎壬申年三月初六日丑時卒葬失載

學順長子第十二世

榮寅　生天啟乙丑年二月初二日　時卒康熙三十
三年甲戌十月十八日申時葬湖尾壟坪園內坐丙向

壬翁午子配劉氏生崇禎丙子年十一月廿二日酉
時卒康熙己亥年乙月十四日子時與夫合葬
生子四長旭次聚三在四傑

學順次子第十二世
榮初　生崇禎己巳年八月初七日　時卒葬失載
學順三子第十二世
榮錫　生崇禎辛未年閏十一月廿三日　時卒葬失載
學順四子第十二世
榮巽　生崇禎乙亥年八月初四日　時卒葬失載
學賢傳子第十二世

印諱崇興生崇禎乙亥年八月初四日　時卒葬失載

學優嫡子第十二世

學敏長子第十二世

服沖字月初生萬曆乙亥年六月初十日　時卒崇禎八
年乙亥正月初二日　時葬番坑坐　向
配潘氏生萬曆辛巳年四月廿六日　時卒葬失
載

學敏次子第十二世

六

學鍼三子第十二世

學敏四子第十二世

八字振初生萬歷己丑年至天啟丁卯年卒呂宋澗陳氏坐

卒葬所失載

學顏傳子第十二世

生子一順

學資傳子第十二世

學侖偶子第十二世

一聳長子第十二世

孟業

一聳次子第十二世

從業字欽宇生萬歷己卯年七月廿三日　時卒失載葬

坑小埔田口配林氏生萬曆壬辰年五月十八日　時

卒失載葬東埔背地園

生子三長朝佐次朝偉三朝傑

一聳三子第十二世

諸業字　生萬歷癸未年九月十七日　時配林氏生萬歷庚子年三月廿六日　時卒失載合葬畬坑象鼻原泰公墓邊　生子二長愛次治

贊業　一聳四子第十二世

華業　一峰傳子第十二世

　　一岑長第十二世

俊業諱什字柤揚生萬曆二十三年乙未十月十八日　時

卒順治十八年辛丑五月初四日　時附葬親墳在佘
坑甕石下溝上園裡坐癸向丁兼丑未配新安周氏生
萬曆戊申年十二月十七日　時卒康熙元年壬寅十
二月初十日　時葬東埔大厝地坐巽向乾兼辰戌
生子五長初次次三要四在五佑

一岑次子第十二世
敬業字　生萬歷己亥年九月廿三日　時卒葬失載

一岑三子第十二世
魏業字　生萬歷癸卯年正月廿三日　時卒葬失載

一聚長子第十二世

師業

一舉次子第十二世

弘業字　生萬曆甲午年八月廿一日　時卒崇禎癸酉

年十一月初八日　時遇殘呂宋配林氏生卒葬所

失識　生子一　招治　寓居外地

一昇傳子第十二世

承寶傳子第十二世

珍傳下第十二世

瑀長子第十二世

昂業　生崇禎癸酉年十一月初八日　時卒葬失載

瑀次子第十二世

瓚業字　生崇禎戊寅年五月廿七日　時卒葬失載

配李氏生卒葬所失載

瑀三子第十二世

[illegible]業字　生娶卒葬所失載

生子二長藩郎次紹祖

承炎傳子第十二世

榮祖　生娶卒葬失載

生子二長啟運次啟太

一珊傳子第十二世

繼業字振詒生萬曆壬辰年十月十二日　時卒葬失載

配高氏生萬歷乙巳年三月廿七日　時卒葬失載

生子二長朝旌次朝慶

守魁長子第十二世

應鵬字進洋生萬歷癸未年十一月初八日　時卒葬失載

配陳氏生萬歷戊子年十月廿七日　時卒葬失載

生子三長啟章次啟華三啟千
寓居同安小西門楊坂社

守魁次子第十二世
應棨字進廷生萬曆壬辰年七月十二日　時卒葬失載配
陳氏生萬曆戊戌年正月廿五日　時卒葬失載
生子四長啟傳次啟何三啟仕四啟付
寓居同安小西門楊坂社

守魁三子第十二世
應祥字興吾生萬曆壬寅年七月廿三日　時卒葬失載
配吳氏生萬曆丁未年二月十一日　時卒葬失載

生平一敬聽

寓居同安小西門楊坂社

一璘傳子第十二世

一球傳子第十二世

號業

一珠傳子第十一世

謚淵

一鎮長子第十二世

生萬曆戊戌年二月廿五日　時卒順治戊子年

九月十二日　時配江氏生萬歷丙午年五
日　時卒康熙元年八月廿五日辰時合葬舉
社外過山仔坐甲向庚兼寅申
生子三長正志次正貞三正樂

一鎮次子第十二世

仲淵

一頭臣子第十二世

季業字　生萬曆壬寅年六月廿五日　時卒葬失載配
蘇氏生萬曆壬子年正月初九日　時卒葬失載
生子一諒

一銓長子第十二世

隆業字　生天啟壬戌年三月初一日　時卒葬失載

一銓次子第十二世

榮業字　生崇禎庚午年正月初九日　時卒葬失載

一鏻傳子第十二世

承業字振彩生天啟丙寅年六月初一日　時卒康熙辛未年九月初五日　時葬山狗崆園內坐癸向丁兼丑未配李氏生崇禎四年辛未四月十四日　時卒康熙三十八年正月初七日　時葬山狗崆園上坐寅向申兼艮坤

一成傳子第十二世

一基傳子第十二世

祖

承芳傳子第十二世

遵業字　生萬歷辛卯年十一月初四日　時卒葬失載

配黃氏生萬歷甲午年五月十五日　時卒葬失載

一遷傳子第十二世

一著傳子第十二世

一春長子第十二世

昌胤字振備生萬歷丁未年十二月初七日亥時卒康熙二年正月十九日 時葬水頭墾宮本家園裡

春次子傳十二世

昌祚字振南生萬曆三十七年庚戌五月初一日卯時卒康熙已未年二月廿二日亥時配史氏生萬曆乙卯年十二月初一日辰時卒康熙十四年六月初十日午時合葬建陽縣水南黃華山岩仔嶺

生子三長天琦次旋三璣

一春三子第十二世

昌榮字振參生萬曆乙卯年三月十五日卯時卒順治丙申年十一月初一日午時葬水頭社前垂宮本家園裡坐寅向申配徐氏生失諱卒康熙庚午年十月廿九日時葬建寧府甌寧縣小湖程墩鄭家壠

生子五長允聰次允明三允璿四志五迎

一陽長子第十二世

昌潢字贊宇生萬曆甲寅年八月廿六日巳時卒康熙庚午年二月十四日卯時葬前山坐壬向丙兼亥巳配李

氏生天啟辛酉年十月初二日子時卒康熙己未年十
一月十四日申時葬臺灣鬼仔山仙草寮三角潭源
續配林氏生　己亥年正月
十一日□時壽卒康熙十年辛亥二月十三日卯時葬
湯岸頭山坐亥向巳
生子一合

一陽次子第十二世
諱沛字燦宇生崇禎壬申年十二月初九日亥時卒康熙十
年三月二十日□時葬□麓山南旅宮埕坐乾向巽兼亥巳
配林氏生崇禎癸酉年八月十一日丑時卒康熙八年

十一月初五日辰時葬前山坐壬向丙

生子

一陽三子第十二世

昌渤字隆宇生崇禎甲戌年正月初八日子時卒康熙十六

年八月初十日未時葬樓山石龜下坐艮向坤兼丑未

一叢傳子第十二世

公祐傳子第十二世

公承長子第十一世

希哲字而隆生萬曆乙酉年十二月二十日　時卒康熙元年八月廿六日巳時葬大寨山西邊坐戊向辰兼辛乙　生子一郤妹

公承次子第十二世

希哲

公承三子第十二世

希豪字瑞宇生萬歷辛亥年八月廿五日寅時卒康熙三十二年十一月初十日辰時葬壠裡坐乙向辛配楊氏生天啟元年辛酉二月三十日午時卒康熙壬戌年正月二十日巳時葬壠溝上園坐亥向巳

生子二長天鋐次天顯

希正

公承四子第十二世

生卒葬所失載

生子三長城次助三祈

希澄

一文傳子第十二世

主傳子第十二世

推

希紹

一斌長子第十二世

生娶卒葬所失載

生子三長天珠次大蔭三天結

希述
一斌次子第十二世

希捷
一敎傳子第十二世

希純
一誨長子第十二世

希聯
一誨次子第十二世
生卒葬所失載
生子一天胤

一海三子第十二世

希繼

斯融傑子第十二世

佳字文参生順治癸巳年二月二十日寅時卒乾隆元年丙辰正月廿七日丑時葬內壠上坐辛向乙兼戌辰配林氏生康熙庚戌年七月十七日卯時卒葬失載

生子三長通次創三志

斯陶傑子第十二世

利字文謨生康熙十八年己未四月廿七日卯時卒雍正八年庚戌六月廿四日申時葬內壠山祖墓前坐艮向坤

乘宋丑配新岱徐氏生康熙二十六年丁卯十二月廿四日寅時卒雍正十三年乙卯七月初六日子時葬內攏湖

生子三長迎次友三豫

斯燁長子第十二世

春字文錦生康熙壬戌年十一月廿六日卯時卒雍正己酉年九月十四日寅時配蔡氏生康熙壬申年二月廿九日申時卒雍正戊申年四月十六日巳時合葬岸山下本家園內坐西向東

生子二長顥次昂

斯瀍次子第十二世
國宇文顯生康熙二十四年乙丑七月初九日卯時卒康熙
四十四年乙酉九月十一日丑時葬失載
斯瀍三子第十二世
外
斯朗傳子第十二世
寀字希賢生順治十四年丁酉正月初八日寅時卒康熙
三十九年庚辰十月十三日辰時外殁配吳氏生康
熙七年戊申五月初三日巳時卒乾隆三年戊午九
月廿四日丑時葬　坐　向

生子二長賜次固

斯曄傳子第十二世

寬傳子第十二世

生娶卒葬所失載

生子一潲郎

仁字

瑞陞傳子第十二世

生娶卒葬所失載

生子四長祖次隆三堂四品

智字

吉墀傳子第十二世

□字　生萬曆戊午年八月初四日　時卒葬失載

□墀□□十二世

鏘字　奏墀長子第十二世

生天啟壬戌年五月十九日　時卒葬失載

奏墀次子第十二世

□字　生天啟甲子年十月初二日　時卒葬失載

俞墀傳子第十二世

□字　生大啟壬戌年　月　日　時卒葬失載

□墀□子第十二世

攀字

奮揮傳子第十二世

覲揮傳子第十二世

斯振傳子第十二世

起鰲傳子第十二世

新麟傳子第十二世

而問傳子第十二世

而巽傳子第十二世

從駒傳子第十二世

茂字欲正生順治戊戌年十月初十日午時卒雍正庚戌年二月初十日未時葬大寨堀內坐辛向乙兼卯酉配柯氏生康熙庚戌年十二月廿八日午時卒乾隆癸未年七月初三日巳時葬大寨堀內坐乾向巽兼亥巳庚

庚戌庚辰分金

生子五長桓次藏三縈四格五申

而泮傑子第十二世

壽字欲高生康熙戊辰年八月廿四日辰時卒雍正丁未年五月廿六日亥時葬

配陳氏生康熙丁卯年正月廿八日未時卒康熙丁酉年十一月廿九日戌時葬奮抗縈仔下坐子向午

續配王氏生康熙戊寅年六月廿四日巳亥時卒乾隆戊子年三月初六日未時葬

生子六長陣次齊三白三人係陳氏出

四巖五顏六振賢

景任長子第十二世

月字欲楫生康熙己未年十二月十七日丑時卒乾隆庚寅

年六月初一日　時壽九旬有四葬番坑山仔內獅子

壟巡坐西向東配魏氏生康熙庚申年九月初三日卯

時卒乾隆庚申年六月十六日未時葬內坑壠仔內牛

皮石西巡本園內坐子向午兼癸丁

生子五長天培次章三變四填五琳

景任次子第十二世

欲楨

景任三子第十二世

元字欽歷生康熙辛未年正月十三日卯時卒乾隆丁巳年十二月初六日午時葬番坑山狗崆松仔下坐北向南

配林氏生康熙戊寅年八月十八日亥時卒乾隆甲子年十一月初四日辰時葬湖後壟卯向酉兼乙辛

生子四　長啟　次葉　三來　四夏

鳴鑾傳子第十三世

大孫

鳴麟傳子第十三世

一一五

開復　榮太長子第十三世

開範　榮太次子第十三世

宇　榮太三子第十三世

開甲　榮暢長子第十三世

元部　榮暢次子第十三世

惜　與　棟

榮澤長子第十三世

榮澤次子第十三世

榮澤三子第十三世

榮秀傳子第十三世

榮粹傳子第十三世

榮甯傾子第十三世

丁娘

榮聰長子第十三世

進娘字開芳生康熙乙卯年十月初八日子時卒葬失識

嗣子一文苑係胞弟漢七子

榮聰次子第十三世

漢娘字開勳生順治丙戌年七月十四日辰時卒康熙六十
年辛丑十一月廿八日午時葬湖後

配蘇氏生康熙戊申年七月十九日丑時卒雍
正癸丑年六月廿八日未時葬壠裡

生子七長石次英三殿四容五光六城七文英出嗣胞兄進

榮斯傳子第十三世

六祖字　生卒葬所失載　生子一慶

榮玖傳子第十三世

二祖字

榮懸傳子第十三世

自號

榮宸長子第十三世

貴良諱天寵字子嘉號衎菴康熙己酉科舉人授廣西平樂永淳二縣陞橫州知州生崇禎十五年壬午六月十九日丑時卒康熙壬午年十月初二日辰時配　例封孺人陳氏生順治五年戊子十月初三日辰時卒康熙庚寅年六月初四日申時合葬集興保內埔祠頭石甲頭社外南平園裡坐　向　穴

生子五長雲郎次霓郎三霖郎四霆郎五霈

榮宸次子第十三世

貴良諱天宗字子章生順治七年庚寅正月初二日丑時卒康熙　年　月　日　時配許氏生順

治十二年乙未　月　日　時卒失載合葬涵
州東門外葱園坐　向　兼
生子三長鞠次掬三育
榮詩傳子第十三世
三祖
榮快傳子第十三世
榮祿傳子第十三世
綦字
榮亮傳子第十三世

定字　榮友長子第十三世

靜字　榮友次子第十三世

爰字　榮友三子第十三世　出嗣

慮字　榮友四子第十三世

兄弟四人俱因遷移被擄北京

榮參嗣子第十三世

裝字

勇字子德生康熙丙寅年四月十六日丑時卒乾隆辛巳

榮選傳子第十三世

年六月初七日酉時葬烏尾木武鎮山坐子向午兼壬

丙配李氏生康熙己卯年四月十七日辰時卒乾隆癸

卯年十一月廿九日午時葬番坑㙚仔脚坐丑向未

兼艮坤辛丑辛未分金

生子二長講次深

榮標傳子第十三世

榮寅長子第十三世

旭諱天旭字子德生康熙四年乙巳正月初四日寅時卒雍正五年丁未六月初十日午時葬廟兜社外墘裡坐乾向巽配黃氏生康熙庚戌年十二月初四日子時卒乾隆丁卯年五月十六日丑時與夫合葬

生子四　長群　次偕　三孝　四燦

榮寅次子第十三世

聚字

榮寅三子第十三世

槿字子脩生康熙壬子年正月廿三日丑時卒康熙癸巳年四月初二日未時葬塢尾坐乙向辛配李氏生康熙庚辰年五月初十日戌時卒雍正戊申年正月十五日子時葬馬樂頭水武鎮邊坐子向午兼壬丙

生子三長澤次楚三强

榮實四子第十三世

保字子謙生康熙甲寅年六月初六日　時卒乾隆乙丑年十一月十二日卯時葬壠底坐丙向壬兼巳亥配黃氏生康熙壬辰年十二月十六日午時卒乾隆庚寅年六月廿四日寅時葬栗仔腳坐戌向辰兼乾巽

榮初傳子第十三世　生子一 諱老

榮錫傳子第十三世

榮巽傳子第十三世

榮顯傳子第十三世

服沖傳子第十三世

六傳子第十三世

八傳子第十三世

順字

孟業傳子第十三世

從業長子第十三世

頡佐字　生娶卒葬所失識

生子二長陣次長

從業次子第十三世

朝偉字　生歿卒葬所失識

生子二長總次榕

從業三子第十三世

朝傑字

道業長子第十三世

愛

道業次子第十三世

治

贊業傳子第十三世

華業傳子第十三世

俊業長子第十三世

初字天詰生崇禎六年癸酉六月初三日子時卒康熙癸亥年八月二十日寅時配新安周氏生崇禎戊寅年七月廿七日卯時卒康熙辛未年十一月廿八日酉時合葬東埔龍華堂右邊坐丙向壬兼午子

生子一求

俊業次子第十三世

次字天懸生崇禎乙亥年　月　日　時卒康熙
年四月初六日　時葬山狗崆深溝上第二垣圖
俊業三子第十三世
要字天懸一字主衡生崇禎戊寅年十二月十九日寅時卒
康熙乙亥年五月初四日子時葬吳賢廟兜祖外東
邊坐乾向巽兼戌辰配長巖李氏生順治丙戌年正
月初八日午時卒雍正戊申年三月十五日　時葬吳
賢報恩院後　坐　向　兼
生子四長寬次臥三簡四默
俊業四子第十三世

在字　生崇禎壬午年　月　日　時卒葬失載

俊業五子第十三世

佑字天祐生順治五年戊子三月初三日子時卒康熙乙

卯年六月初八日未時葬畬坑甕石上坐西南向東北

配王氏生卒葬所失載

生子一贊

敬業傳子第十三世

巍業傳子第十三世

師業傳子第十三世

弘業傳子第十三世

招治

昂業傳子第十三世

曠業傳子第十三世

晶業長子第十三世

潘郎

晶業次子第十三世

紺祖字天球生康熙庚辰年十一月初六日寅時卒乾隆辛卯年二月十一日寅時葬山狗崆坐癸向丁兼丑未庚子庚午分金配李氏生康熙辛未年十月十九日寅時卒嘉慶元年八月初一日寅時葬山狗空與夫同

生子五長庇次白三賀四準五泰

榮祖長子第十三世

縱運

榮祖次子第十三世

[illegible]
繼業長子第十三世
朝旌
繼業次子第十三世
朝慶　寓漳州東廓宮
生子一應
應業長子第十三世
啟章字　生卒葬所失載
生子一祈宣
應業次子第十三世

啟韮字　生卒葬所失載

生子一連成

應業三子第十三世

啟千字三　生崇禎四年二月初一日巳時卒康熙三年九月

三十日未時葬溪西坐乾向巽與長兄合壙配陳氏生

崇禎四年正月十六日巳時卒康熙四十九年正月十

七日午時葬湖井鶺石上坐坤向艮

生子三長茂次壬三補

應復長子第十三世

啟傳

應復次子第十三世

啟何

應復三子第十三世

啟仕

應復四子第十三世

啟付

應祥傳子第十三世

啓聰

統業傳子第十三世

孟淵長子第十三世

正志

孟淵次子第十三世

正貞　生康熙丁丑年三月廿四日辰時卒康熙癸未年五月十五日亥時葬蔡嶺社前土山園仔至雍正己酉年六月初五日　時廷與鍾氏合葬配鍾氏生崇禎癸未年八月十二日寅時卒雍正己酉年六月初三日巳時葬鰲坑底虎崆口坐酉向卯

生子四長光達次光元三光裕四光祐

孟淵三子第十三世

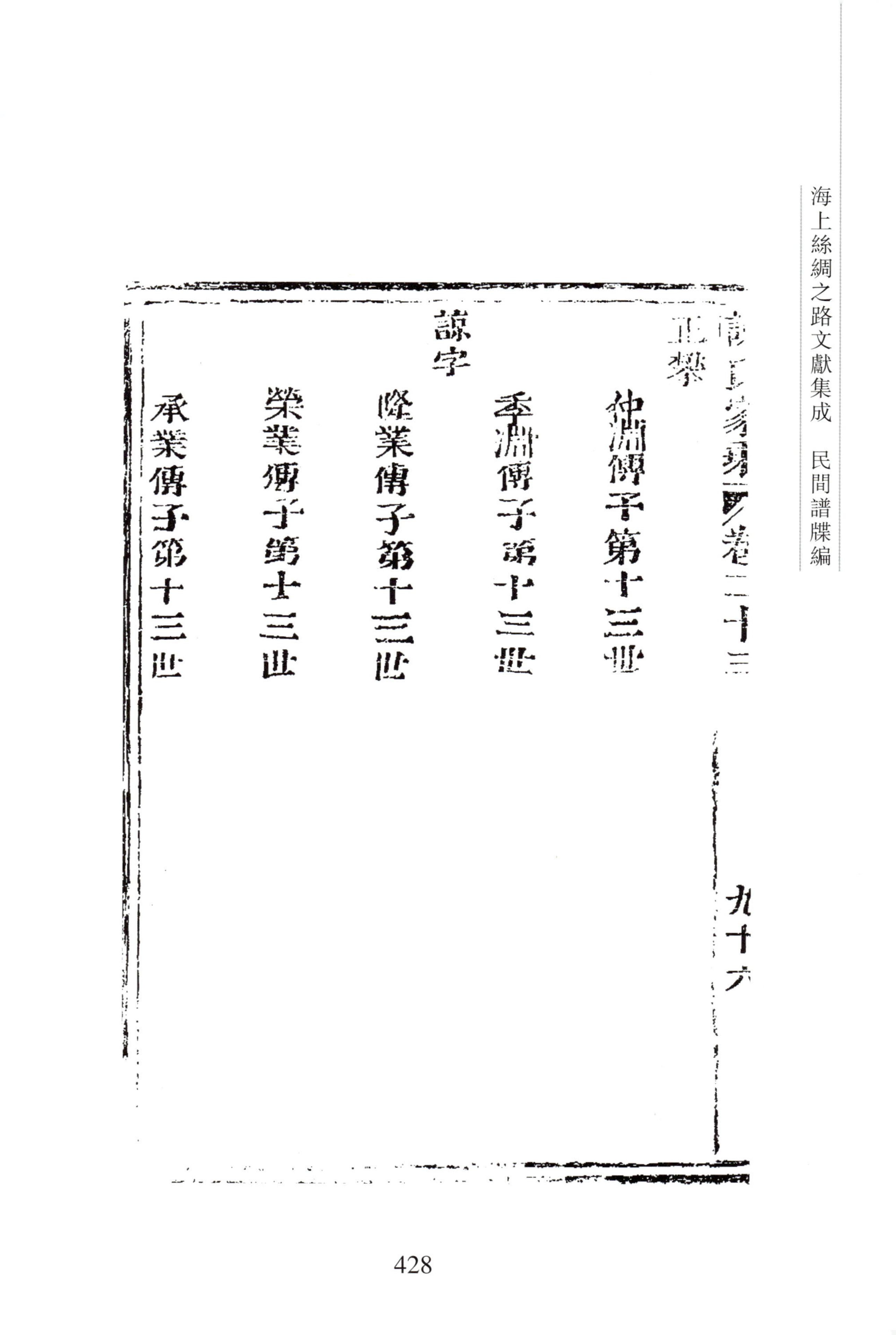

正攀

仲淵傳子第十三世

季淵傳子第十三世

諒字

隆業傳子第十三世

榮業傳子第十三世

承業傳子第十三世

錄字天祥生康熙壬子年正月初八日寅時卒康熙甲申年九月十五日午時葬吧城模塑覽配陳氏生康熙壬子年八月十八日巳時卒乾隆癸亥年十二月十七日午時葬山狗空祖墳邊坐壬向丙兼子未

生子一弁

祖傳子第十三世

遵棻傳子第十三世

昌胤傳子第十三世

昌祚長子第十三世

天琦字景韓生失載卒康熙庚申年八月初五日寅時葬

配林氏生　　甲申年八月廿八

日寅時卒康熙十一年六月廿六日戌時葬建陽縣

水南黃茸山胡國廟後

昌祚次子第十三世

旋

昌祚三子第十三世

祖

昌業長子第十三世
光聰　生康熙癸丑年十月廿五日　時卒葬失載
　　生子一　挺
昌業次子第十三世
光明
昌業三子第十三世
光璘　生卒葬所失載
　配　氏生卒葬所失載
昌業四子第十三世
　　生子五　長國元　次國亨　三國利　四國貞　五國璣

志　昌葉五子第十三世

兄弟五人俱出居建陽

迎　昌洪傳子第十三世

合諱大榮字元顯生康熙戊申年八月十四日酉時卒乾隆戊辰年四月廿九日酉時與四男舜合葬在後墓和壙邊坐酉向卯兼辛乙配林氏生康熙丙辰年正月初五日巳時卒乾隆庚辰年六月初一日未時葬牛前坑山上坐辛向乙兼酉卯

生子五 長冀 次武 三堯 四舜 五禹

昌沛傳子第十三世

昌渤傳子第十三世

希哲傳子第十三世

郜妹

生崇禎十一年戊寅十月十三日辰時卒康熙

三十三年甲戌五月初六日申時葬鑵嘴石下坐庚向

甲兼卯酉配蘇氏生崇禎壬午年十月十一日丑時卒

康熙丙申年二月廿二日巳時與夫合葬坐向同

推傳子第十三世

希紹長子第十三世

天琛　生順治戊寅年正月廿七日巳時卒康熙壬申年
七月初十日申時葬廟兜吳貫都恩院左邊坐辛向乙
兼酉卯丁酉丁卯分金配楊氏生順治戊戌年八月廿
五日巳時卒乾隆甲子年五月廿六日未時葬亭子
頭坐丙向壬

生子二長標次詔

卷二十三終

国家出版基金项目
NATIONAL PUBLICATION FOUNDATION

海上絲綢之路文獻集成

總主編 陳支平 陳春聲

民間譜牒編 28

主編 林楓

海峽出版發行集團
THE STRAITS PUBLISHING & DISTRIBUTING GROUP
福建人民出版社

本册目次

〔福建厦門〕石塘謝氏家乘三十一卷（世紀卷二〇至世紀卷二一）　〔清〕謝果廩
謝邦忠等纂修……一

〔福建廈門〕石塘謝氏家乘三十一卷
（世紀卷二〇至世紀卷二一）

〔清〕謝果稟　謝邦忠等纂修

恤公第六房分派世系條紀卷二十

意長子第十六世

長諱鴻美生乾隆乙丑年四月廿九日巳時卒道光壬午年八月十六日辰時葬在大坑尾坐北向南與妻同穴

配前庵江氏生乾隆辛巳年三月十七日午時卒道光二十四年甲辰二月十六日　時葬在大坑尾坐北向南　生子一葉

意嗣子第十六世

題諱鴻苑生乾隆乙未年七月初七日卯時卒嘉慶丁卯年九月初十日未時葬在大坑尾坐子向午兼癸丁

分金庚子庚午配李氏生乾隆己亥年九月初八日
卯時卒嘉慶丁亥年五月初四日巳時葬在後宮仔
下崩脚坐辛向乙兼戌辰辛酉辛卯分金
生子二長慨次對

桃長子第十六世

秋諱鴻沛生乾隆庚寅年十二月初五日戌時卒嘉慶乙亥
年九月十二日寅時葬在大坑尾坐癸向丁兼子午
丙子丙午分金配阮前顏氏生乾隆甲午年四月午
七日午時卒嘉慶丁卯年五月十九日午時葬在大
坑尾坐丙向壬兼子午分金辛卯辛酉續配柯氏生乾

隆乙未年十一月二十月巳時卒道光辛丑年八月
初五日酉時葬在大坑尾與強叔公同列
生子二長辰次成

桃次子第十六世
出嗣
桃三子第十六世
題
歐諱鴻艮生乾隆丁酉年十月二十日戌時卒道光癸卯
年六月初四日辰時葬在許埭頭園中坐東向甲兼
申寅酉申丙寅分金配陳氏生乾隆丙午年七月十
六日未時卒道光戊子年十二月初二日子時葬在

許埭頭園中坐申向寅兼庚甲分金續配林氏笔娘諱
庚子年正月初十日卯時卒道光丙午年二月廿九
日酉時葬在許埭頭園中坐艮向坤兼丑未辛丑辛未
分金　生子二長鰲次偕

桃四房第十六世

翁諱鴻叟生乾隆庚子年六月十三日酉時卒道光己亥
年十二月十一日戌時葬在大坑尾坐子向午兼癸丁
丙子丙午分金配黃氏生乾隆丙午年五月初六日未
時卒道光癸巳年三月十五日子時葬大坑尾坐戌
向辰兼乾巽分金

生子二 長匯 次此

騰

桃五子第十六世

生乾隆丁未年十一月初六日寅時卒道光二十六年丙午正月廿六日　時葬在狗仔田河内山坐亥向巳兼壬丙丁亥丁巳分金配吳氏生乾隆壬子年十一月初六日寅時卒嘉慶戊寅年四月廿七日亥時葬在芒坑底坐庚向甲兼酉卯庚申庚寅分金續配楊氏生嘉慶丙寅年五月初四日酉時卒道光庚寅年十一月廿九日寅時葬在芒坑底右平二穴相排再續配温氏生嘉慶甲子年　月二十日　時卒道光癸卯年九

月二十日巳時葬芒坑底口坐庚向甲兼申寅丙申丙寅分金

生子二長壆次粗

桃六子第十六世

生乾隆辛亥年七月十七日戌時卒咸豐庚申年十二月廿五日巳時葬大坑尾坐壬向丙兼子午辛亥辛巳分金配顏氏生嘉慶己未年十一月廿五日辰時卒道光戊申年十一月初六日未時葬在大坑尾坐乾向巽兼戌辰庚戌庚辰分金

生子二長磚次沙

佗傳子第十六世

儼傳子第十六世

斗傳子第十六世

漣

生乾隆庚戌年四月初六日午時卒道光十五年

乙未　月　日　時失載葬在梹榔嶼過港山

坐向失載

法長子第十六世

路

生乾隆庚子年正月廿九日戌時卒道光十五年

乙未　月　日　時失諱

法次子第十六世

吟字

生乾隆丙午年正月三十日卯時卒道光庚子年

十一月廿二日午時葬在狗仔田坐辛向乙兼戌辰辛

酉丁卯分金配黃氏生嘉慶丙辰年十月初十日寅

時卒道光庚子年十二月廿五日酉時葬在榛葉石扈

坐辛向乙兼戌辰辛酉辛卯分金

生子一泉

姣長子第十六世

聰

平

姣次子第十六世

生嘉慶乙未年十月十四日寅時卒道光己未年八月十九日未時葬在向内山坐東向西配顏氏生道光九年己丑十二月廿四日酉時

生子三長典次信三和尚

賝

園長子第十六世

生乾隆甲寅年正月初七日酉時卒咸豐甲寅年十一月初七日戌時葬在園斷外祖墓右平坐壬向丙兼子午喰亥辛巳分金配黄氏生嘉慶戊辰年五月初九日午時

生子三長琶出嗣胞叔圖次崇三馬紡

圖次字第十六世

圓字

生嘉慶丁巳年閏六月初一日未時卒道光癸未年十二月十七日酉時葬在後碇山坐壬向丙兼巳亥分金

嗣子二長琶次瓊

圖三子第十六世

調字

生嘉慶庚辰年四月十五日巳時卒咸豐戊午年六月廿一日辰時葬在狗仔田坐辛向乙兼戌辰辛卯辛酉分金配王氏生嘉慶十六年辛未九月十二日午時

生子四長瓊出嗣胞兄圓次理三松四回

福傳子第十六世

笑字

永傳子第十六世

帳

着嗣子第十六

生乾隆癸巳年二月廿四日丑時卒道光乙未年二月初十日戌時葬榛葉石尾坐亥向巳兼壬丙配李氏生乾隆辛丑年二月初四日卯時

生子三長管次問三郡

待長子第十六世

顏諱

生乾隆丁亥年七月二十日辰時卒道光乙巳年九月初七日申時葬水頭山黃坑内坐丑向未兼艮坤辛丑辛未分金配林氏生乾隆己丑年十月二十日丑時卒咸豐己未年四月十六日酉時葬水頭山黃坑内坐癸向丁兼子午丙子丙午分金

生子三長拴次就三擇

帳

待次子第十六世

出嗣

宗

待三子第十六世

生乾隆乙未年十二月初十日丑時卒嘉慶癸亥年

六月十七日巳時葬猫仔空坐艮向坤兼丑未丁丑丁
未分金配蔡氏
生子一親

保
侯長子第十六世
生乾隆戊子年十月初一日巳時卒葬外域

來
侯次子第十六世
生乾隆癸巳年五月十八日酉時卒葬外域

脁
侯三子第十六世
生乾隆丁未年七月初五日申時卒道光丙午年四
月廿九日丑時葬牛路巷坐辛向乙兼戌辰辛酉辛卯

分金配林氏生乾隆庚申年十月十六日申時

生子六長時次牛三家四協五應六湖

盛

侯四子第十六世

生乾隆庚戌年十二月廿六日丑時

健傳子第十六世

偏傳子第十六世

山長子第十六世

合

生乾隆戊子年九月十九日寅時卒道光庚子年

四月初一日巳時壽七旬有三葬遼坑巷口坐酉向卯
兼庚甲丁酉丁卯分金配林東社林氏生乾隆乙未年
十月十二日寅時卒嘉慶庚申年七月十五日巳時葬
鐵口大石頂坐辛向乙兼艮坤丙申丙寅分金續配溫
氏生乾隆癸巳年十一月十五日寅時卒道光丙午
年十二月十六日未時與夫合葬
生子二長奚居次奚取

山次子第十六世

佑字鴻貫生乾隆己丑年四月初一日　時卒
年二月初一日申時葬宋脚

嗣子一金茨係胞弟信次子

山三子第十六世

信字鴻肅生乾隆癸卯年七月十六日午時卒咸豐癸丑年
六月廿八日戌時葬抱壁山頂坐巳向亥兼乾巽丁巳
丁亥分金配陳氏生乾隆甲辰年七月初三日申時卒
咸豐己未年正月十三日寅時與夫合葬

生子四長和次金茨出嗣胞兄佑三以文四蘭馨

佑傳子第十六世

董

生乾隆

前傳子第十六世

甬傳子第十六世

和長子第十六世

不

生乾隆丙午年十月十七日寅時配陳氏生嘉慶庚申年二月十五日寅時卒道光乙未年十一月初五日卯時葬太坑口田仔邊續配蘇氏生嘉慶壬戌年四月十九日戌時卒道光甲辰年八月三十日申時葬窩內山坐寅向申兼甲庚庚寅庚申分金再續配蔡氏生嘉慶丙子年三月二十日巳時

生子三長井次琶三辨

愈傳子第十六世

榜傳子第十六世

陣傳子第十六世

壽傳子第十六世

球傳子第十六世

紹祖
印長子第十六世
生乾隆丁巳年六月廿八日辰時配張氏生乾隆
辛酉年十月十七日寅時
生子四 長舜 次水 三庶民 四蒲成

繼祖
印次子第十六世
生乾隆庚申年十一月廿三日子時配蔡氏生

鰲漏
印三子第十六世
生乾隆己巳年七月初八日辰時卒失載娶吉

印四子第十六世

放生

生乾隆壬申年七月初五日卯時卒失載葬吉礁

陣傳子第十六世

從長子第十六世

笑諱長粲生乾隆庚申年八月三十日　時卒失載葬吉礁

生子一追

從次子第十六世

宰

生乾隆丙寅年五月廿三日亥時卒葬嘛吠呷

孝傳子第十六世

運　生乾隆戊午年十一月初三日丑時卒失載葬飛蠟

配劉氏生乾隆壬戌年九月十八日未時卒乾隆庚

寅年六月廿五日巳時葬鬼仔營山尾坐北向南

生子一　清河

擧長子第十六世

苞字如竹生康熙己亥年四月初九日午時卒乾隆丁未年

四月初四日未時壽六旬有九葬後宮仔後坐未向丑

兼癸丁丁巳丁亥分金配葉氏生雍正乙卯年四月

十八日午時

生子四長劍次邦三芳四共

安　市　尾　品

攀次子弼十六世
外出生卒葬所失載
三子第十六世
外出生卒葬所失載
四子第十六世
外出生卒葬所失載
光儞子第十六世
生雍正癸丑年十二月初三日丑時卒乾隆庚子年
十二月廿九日午時葬宮仔后坐午向子兼丙壬丙午

丙子分金配林氏　生子二長慶次君出祠堂分轄

道傳子第十六世

詠

生乾隆辛丑年六月十七日亥時卒乾隆丁卯年六月十七日亥時葬吉樵

生子一文六

嶽長子第十六世

淵諱若深生雍正八年庚戌八月廿四日丑時卒乾隆三十八年三月十六日戌時葬牛埔上坐壁燈火山坐乾向巽兼戌辰配吳貫林氏生乾隆五年庚申七月廿四日

未時卒乾隆五十年乙巳八月廿六日酉時葬半壁爐
火坐亥向巳兼壬丙辛亥辛巳分金
生子五長天祥次壬三開四寅五圈

瀚
嶽次子第十六世
出嗣
崙嗣子第十六世

瀚
歲嗣子第十六世

池
宴傳子第十六世

烈長子第十六世

魁　生乾隆辛酉年正月三十日午時卒失識葬

烈次嗣子第十六世

継　諱致極生乾隆丙子二十一年十月初八日亥時卒嘉慶十四年己巳二月三十日卯時壽五旬有四葬庵后芦坪坐癸向丁兼子午丙午丙子分金配吳貫社陳氏生乾隆癸巳年八月十九日午時卒咸豐丙辰年七月初一日午時壽八旬有四葬在庵后坐癸向丁兼子午丙午丙子分金

生子二長期次嵩山嗣胞兄蕋

蕋諱　生乾隆壬戌年十二月十七日亥時卒嘉慶二十
四年己卯十一月初四日午時壽七旬有八往遷
嗣子一萬

苗諱
熊次子第十六世
生乾隆戊辰十二年九月初八日亥時卒乾隆甲
寅年正月十四日丑時葬庵後坐子向午兼壬丙丙子
丙午分金配水頭黃氏生乾隆丁未年七月十四日巳
時卒道光丁酉年十月初九日寅時壽六旬有九葬庵
後坐癸向丁兼丑未

生子一[illegible]

熊三子第十六世

出嗣

雜

熊四子第十六世

物諱致格生乾隆壬午二十七年七月初八日亥時卒道光

庚子年五月初四日未時壽七旬有九葬在芦坪坐

子向午兼癸丁配排頭社周氏生乾隆壬寅年二月初

二日寅時

生子三長鵑次萊三江水

熙長子第十六世

年　月　日　時失載

嗣子一君係堂兄品次子

熙次子第十六世

屏諱　生乾隆乙丑十年十二月十六日酉時

佛助長子第十七世

妹諱國祥生乾隆甲子年十二月廿九日辰時卒嘉慶丙寅年三月初六日寅時葬樓山庵前坐甲向庚兼寅申庚寅申分金配蘇氏生乾隆辛未年三月廿九日卯時卒嘉慶丙子年三月初八日午時葬樓山土地公坐

寅向申兼艮坤丙寅丙申分金
生子一承佑
佛助次子第十七世
郭諱國華生乾隆壬申年十一月十九日戌時卒嘉慶庚午
年七月廿三日酉時葬蔡嶺山腰坐艮向坤兼寅申辛
丑辛未分金配鍾氏生乾隆庚辰年七月初六日午時
卒嘉慶壬戌年四月初六日午時葬蔡嶺山腰坐艮向
坤兼寅申辛丑辛未分金
生子四長夏次扶三吉四傳祖
居萬長子第十七世

開宗　居萬次子第十七世
江水　生乾隆己丑年三月十二日戌時
　　配李氏生乾隆己酉年十月初五日戌時
居萬三子第十七世
戾大　肯嗣子第十七世
　　出嗣
戾天　生乾隆己亥年八月三十日丑時
肯次子第十七世

罕周　生嘉慶辛酉年十月初二日子時
配吳氏生嘉慶癸巳年正月初四日
酉時卒道光丙午年閏五月廿六日寅時葬
生子二長瑞次理

遊　厚傳子第十七世
生乾隆己亥年九月初五日寅時

和傳子第十七世

貫　庇長子第十七世
生乾隆丙申四十一年六月初五日巳時卒道光丙

午年五月初三日未時葬破墓坑坐寅向申兼甲庚庚
寅庚申分金配盧氏生乾隆卅辰年九月初九日卯時
卒道光壬午年九月十三日巳時葬公山墩坐壬向
丙兼亥巳續配林氏生乾隆己酉年十一月廿六日
時卒道光辛丑年八月十三日辰時葬公山墩坐子
向午兼壬丙丙子丙午分金
生子三長嫣鉗次助三老
庇次子第十七世
生乾隆壬寅四十七年六月廿九日亥時
訓俌子第十七世

流

媽亨

晚長子第十七世

生乾隆己亥年二月初六日酉時卒道光丁未年十二月初九日午時葬庵仔山坐癸向丁兼子午庚子庚午分金配黃氏生乾隆甲午年二月廿九日酉時卒道光乙未年六月廿八日戌時葬內葉石尾坐卯向酉兼乙辛

生子四長可次銳三出嗣付四温出嗣胞叔謀

光謀

晚嗣子第十七世

生乾隆辛亥年十一月二十日巳時卒葬外域

嗣子一温本生父亨

要長子第十七世

村

生乾隆甲辰年十月初十日巳時卒葬外域配李氏

嗣子二長潤本生父亨次餘本生父泉

要次子第十七世

光謀

出嗣

要三子第十七世

深泉字清流生嘉慶己未年正月初十日午時配陳氏生嘉

慶庚申年八月初五日未時卒道光癸巳年四月初三

日巳時葬學仔後坐乾向巽兼戌辰續配王氏生嘉慶

癸亥年八月十一日巳時卒道光丙午年十一月十九日戌時葬學仔後坐乾向巽兼戌辰再續配李氏生嘉慶戊辰年九月廿五日亥時卒道光丁未年十一月初八日未時葬庵仔山坐癸向丁兼子午庚子庚午分金文再續配蔡氏生嘉慶庚申年七月廿七日酉時

生子五長定次餘出嗣胞兄付陳氏出三文曲李氏出四三浉五照明蔡氏出

典

要四子第十七世

生嘉慶壬申年八月廿六日戌時

抱

生乾隆丁未五十二年九月十六日酉時卒道

光辛巳年三月初七日巳時葬大墓坑邊坐卯向酉兼

甲庚丁卯丁酉分金

嗣子四長壹次荊三文憑本生少俾四掃

黨傳子第十七世

富長子第十七世

雨字時升生嘉慶戊辰年閏五月初五日戌時卒道光甲辰

年九月初九日戌時葬大墓坑下坐寅向申兼艮坤

丙寅丙申分金配林氏生嘉慶己酉年正月初四日
子時卒道光乙巳年十月二十日午時
生子二長金針次筆

富次子第十七世

潤呆
生嘉慶庚午年六月初八日戌時卒咸豐己未年
三月廿七日　時
嗣子一秋

富三子係十七世

律
生嘉慶壬申年十二月廿九日卯時卒道光乙巳年
二月十九日丑時葬破墓坑山坐癸向丁兼子午丙子

丙午分金配李氏生嘉慶丁丑年十一月初十日子
時　生子二長文憑出嗣堂兄拘次友
潤聖
富四子第十七世
生嘉慶乙亥年六月廿三日巳時卒道光乙巳年
正月十三日酉時葬破墓坑山坐癸向丁兼子午丙子
丙午分金配林氏生嘉慶己卯年四月十六日子時卒
咸豐庚申年二月初六日辰時葬河東坑口坐寅向申
兼艮坤丙寅丙申分金
生子一龔掃出嗣抱
學傳子第十七世

自求傳子第十七世

敬傳子第十七世

弁傳子第十七世

崇傳子第十七世

篤長子第十七世

哞
生嘉慶戊辰年十二月廿五日午時

育
篤次子第十七世
生嘉慶辛未年六月十六日巳時卒葬外域

藝
篤三子第十七世
生嘉慶癸酉年十二月廿二日戌時卒葬外域

芬
篤四子第十七世
生道光壬午年二月三十日亥時

道
篤五子第十七世
生道光甲申年十一月初九日巳時

春長子第十七世

振盛

生乾隆壬子年十月三十日戌時卒道光[illegible]
年八月廿八日丑時葬大墓坑山坐甲向庚兼寅申坊
寅丙甲分金續配何氏生嘉慶丙辰年八月初五日
巳時　生子五長角次相出繼胞弟昌
三荆出繼胞兄抱四焕五太

振昌

春次子第十七世
生嘉慶己未年十二月廿五日未時卒
十二月十八日　時配葉氏生嘉慶辛酉年二月
廿三日戌時卒道光壬午年閏三月十三日戌時葬横
廟田墩坐卯向酉兼乙辛辛卯辛酉分金

嗣子二長相本生父盛次掛本生父仍

春三子第十七世

振仍字丕基生嘉慶癸卯年四月初八日未時卒道光乙未
年七月二十日午時葬外域配林氏生嘉慶丙寅年七
月十二日戌時側室　氏生嘉慶甲戌年三月初八
日　時　生子三長掛出嗣胞兄昌次本三各

誕長子第十七世

池水　生嘉慶丙辰年七月十七日亥時配林氏生嘉慶
丙申年九月十八日亥時卒道光庚子年九月廿九日

永將葬本房公山後破墓坑壠坐卯向酉兼庚甲

生子二長天喜出嗣次天牛

誕次子第十七世

藕水

生嘉慶戊午年八月初三日巳時卒道光丁未年七月十一日未時葬沓邦此仔閩配吳氏生嘉慶癸亥年十二月初六日巳時

生子二長天錫次天生

念傳子第十七世

饒長子第十七世

燮然　生嘉慶丙寅年二月十六日酉時卒道光癸巳年
四月十六日酉時葬本處坑園坐子向午兼丙壬丙子
丙午分金配王氏生嘉慶己巳年二月廿六日辰時卒
道光甲辰年七月初九日巳時葬公山破墓坑攢
生子一清波

礢次子第十七世

沛然　生嘉慶戊辰年九月初五日戌時卒葬外域

礢三子第十七世

海參　生道光辛巳年十一月廿二日未時卒咸豐己未
年八月初二日　時時外域配温氏生道光丁亥年十

月廿六日酉時

四癸

礒四子第十七世

生道光乙酉年二月廿六日丑時配邱氏生道光

庚子年九月廿四日　時

都偶子弟十七世

玲

生乾隆甲辰年七月廿四日申時卒道光辛卯年

正月十六日戌時葬坑園頂坐丙向壬兼午子

嗣子一兆吉本生父光莽

雄長子第十七世

光魏

生乾隆壬子年五月初一日巳時

雄次子第十七世

等

雄三子第十七世

光萍

生嘉慶辛酉年十月初六日寅時配蔡氏生嘉慶辛丑年五月初十日未時卒咸豐庚申年十月初六日未時葬公山墘坐亥向巳兼乾巽辛亥辛巳分金

生子四長串次監三吉出嗣四彔出嗣

感嗣子第十七世

代

領長子第十七世

敬

生嘉慶己未年二月十八日亥時卒道光丁未年八月初七日辰時葬庵後坐丑向未兼癸丁丁丑丁未分金

領次子第十七世

斐

領三子第十七世

生嘉慶戊辰年正月廿一日申時卒道光癸卯年九月二十日戌時葬路宅内坐子向午丙子丙午分金

嗣子一壞

企

領四子第十七世

嗣子一 彔本生父萍

懷代沃

領五子第十七世

領六子第十七世 出嗣

麗水㑊子第十七世

生嘉慶乙丑年正月初十日午時配許氏生嘉慶

庚辰年六月廿一日寅時卒道光丙午年六月廿二日

戊時葬貓仔空坐酉向卯兼辛乙辛酉卯分金

造傳子第十七世

龎傳子第十七世

伯

任長子第十七世

出嗣

任次子第十七世

儀

生乾隆辛卯年正月初三日亥時

任三子第十七世

心正

生乾隆辛丑年八月十八日未時

格

任四子第十七世

生乾隆丙午年九月三十日寅時

鎮嗣子第十七世

生乾隆丁亥年十月初一日巳時卒乾隆壬子年四月初八日酉時葬公山園內

伯

伯長子第十七世

帖

生子二長早次朝

買

伯次子第十七世

本

祛傳子第十七世

褡傳子第十七世

乞傳子第十七世

生乾隆癸未年八月廿七日酉時配葉氏生乾隆壬辰年十二月十八日午時卒乾隆癸丑年十月十八日子時葬石狗山脚坐北向南續配蔡氏生乾隆己丑年六月廿七日巳時

生子

尚

祈駝長子第十七世

生乾隆戊午年十二月初八日亥時卒乾隆丙申年八月廿六日子時葬庵墓山坐巽向乾兼辰戌配后唐顏氏生乾隆乙丑年十月二十日午時

生子二長緘次夏出嗣胞弟質

質

祈駝次子第十七世

生乾隆甲子年七月初四日卯時

嗣子一夏係胞兄尚次子

水

祈海長子第十七世

生乾隆丁卯年三月廿七日　時卒乾隆戊申年二

月廿八日巳時配新店王氏生乾隆庚午年九月廿
四日辰時卒乾隆戊申年三月十七日卯時合葬后宮
坐庚向甲兼酉卯
生子一井

兆
新海次子第十七世
生乾隆壬申年正月初十日卯時

欽
武傳子第十七世
住廈門

啟傳子第十七世

標傳子第十七世

恭

疊長子第十七世

生乾隆壬戌年十二月十六日酉時

配陳氏生乾隆辛卯三十六年二月

二十日酉時卒乾隆己酉五十四年十月廿三日寅時

葬石狗山石燭崙

生子四長天鶴次青元

三文昌出嗣胞第絳四文字

疊次子第十七世

寬　生乾隆　年四月十四日酉時配林氏生乾隆
庚午年四月十四日寅時　生子三長哲次燦三尋

裕　叠三子第十七世
生乾隆甲戌年二月十九日酉時卒乾隆丙午年十
月初二日巳時葬尖山仔邊坐西向東
嗣子一文昌係胞兄恭三子

叠四子第十七世

提　出嗣
叠五子第十七世

益　生乾隆辛巳年正月十七日酉時配林氏生乾隆
丁亥年四月廿八日卯時
生子二長廷恩次揪朝

顯長子第十七世
綮　往臺灣

顯次子第十七世
永　生乾隆庚辰年十二月十六日　時卒乾隆丙午
年十二月廿三日寅時葬石狗山脚坐北向南

眼嗣子第十七世
提　生乾隆丁丑年正月十八日戌時

侖
波長子第十七世
生乾隆戊辰年九月廿四日未時配蔡氏生乾隆癸
酉年八月初九日午時卒乾隆癸丑年八月初六日
辰時葬石狗山二崎崙坐午向子兼丙壬
生子三長壤次煥三雙

登
波次子第十七世
生乾隆丙戌年十一月廿九日卯時配陳氏生乾隆
丁亥年四月初八日未時
生子一春喜

波三子第十七世

渺

生乾隆辛卯年五月初六日巳時配梨仔林璉氏生
乾隆庚寅年十二月廿九日辰時
生子一　致成

彥

道長子第十七世
生乾隆丙寅年正月廿九日亥時配王氏生乾隆丁
卯年四月初十日申時卒乾隆己亥年十月十五日未
時葬本社褰仔坐北向南續配林氏生乾隆戊辰年八
月廿二日巳時
生子三長坎次冰王氏出三起

道次子第十七世

晉

生乾隆壬申年四月廿六日巳時配陳氏生乾隆丙
子年三月十六日辰時
生子三 長雲 次騰 三日

照

道三子第十七世
生乾隆乙亥年五月十二日寅時卒乾隆甲午年八
月初十日巳時葬庵仔尾坐西向東

旨

道四子第十七世
生乾隆己卯年正月初一日巳時配葉氏生乾隆丙
戌年七月廿七日亥時
生子一 譽

川

道五子第十七世
生乾隆辛巳年八月十五日申時卒乾隆癸丑年十
月初六日午時葬金交橋後坐北向南配陳氏生乾隆
戊子年四月初九日辰時
生子一得

阮

道六子第十七世
生乾隆甲申年五月二十日巳時配郭氏生乾隆巳
丑年五月十四日巳時
生子一裒

順傳子第十七世

恩傳子第十七世

財傳子第十七世

連傳子第十七世

龍傳子第十七世

勳傳子第十七世

正月初十日未時葬甘餅山仔坐卯向酉兼甲庚丁卯

丁酉分金配唐氏生乾隆丙寅年九月初五日戌時

生子三長賀次魁三遠

鑾長子第十七世

聰明　出嗣

鑾次子第十七世

公偹字兼德生乾隆癸丑年七月初四日寅時配楊氏生嘉

慶戊辰年六月廿六日卯時

生子四長克适次伯随三伯步四伯攺

鑾三子第十七世

錦淑字壯猷生嘉慶丙辰年五月二十日未時卒咸豐己未

年五月初一日午時葬在大坑尾坐壬向丙兼亥巳丁

亥丁巳分金配楊氏生嘉慶丙子年五月廿一日未時

生子三長賽次鳳三念

鑾四子第十七世

萬興字壽千生嘉慶戊午年七月十五日巳時配何氏生嘉

慶庚午年二月初五日酉時

生子二長再填次再傳

鑾五子第十七世

光卿字國佐生嘉慶庚申年十一月十七日未時卒道光癸巳年十一月十七日未時往暹羅外亡

鑾六子第十七世

仁敦字登科生嘉慶乙丑年十月初一日午時卒道光壬寅年十一月十九日亥時葬在牛路巷坐辛向乙兼丙戌丙辰分金配林氏生嘉慶乙丑年六月十七日巳時　生子一涯

鑾七子第十七世

郯生

俊嗣子第十七世

聰明　生乾隆辛亥年正月廿四日寅時卒年月日時失
　　瓶葬在大坑山坐北向南
　　談長子第十七世
旦字　生嘉慶庚申年正月初四日巳時卒咸豐辛酉年
八月初七日巳時葬在牛路巷園裡坐乾向巽兼辰戌
分金丙辰丙戌
　　　　生子一　潭
　　談次子第十七世
　　談三子第十七世
瓜脞

茸順字　生嘉慶丁卯年十二月初七日丑時卒道光
戊申年十一月十四日寅時葬在橫廂尾坑内坐卯向
庚兼寅申分金配周氏生道光壬午年正月十七日酉
時卒道光丙午年八月廿七日未時葬在橫廂尾坑
内山坐寅向申分金丙寅丙申續配楊氏生嘉慶己巳
年十二月廿四日寅時卒咸豐辛酉年八月初八日午
時葬在牛路巷園裡坐乾向巽兼辰戌分金丙辰丙戌
　　生子一壽

才傳子第十七世

哲傳子第十七世

疇傳子第十七世

曾長子第十七世

明字　生嘉慶庚申年五月廿三日戌時卒道光甲辰年十一月廿四日酉時葬在狗仔田芒坑底口坐乾向巽兼亥巳丙戌丙辰分金

生子一　嫣智

曾次子第十七世

雲字

生嘉慶癸亥年十二月初一日午時配葉氏生嘉
慶辛巳年九月廿九日巳時
生子三長扶次求三理

曾三子第十七世

薇字

生嘉慶丁卯年十月廿三日酉時配許氏生嘉
慶甲申年七月三十日辰時
生子二長潛次簡

曾四子第十七世

四字

生嘉慶壬申年五月廿九日戌時配李氏生道光

壬午年十月廿七日未時卒道光巳酉年七月初九日
丑時葬林厝墓園裡坐壬向丙兼亥巳分金丁亥丁巳
續配林氏生道光丁亥年二月廿三日巳時
生子一波

倉五子第十七世

偕

豹傳子第十七世

音傳子第十七世

伯夷　生嘉慶　年　月　日　時

海長子第十七世

淮漢諱　生乾隆乙卯六十年五月廿九日午時配張氏

生嘉慶己未年十一月初一日子時卒咸豐乙卯年九

月廿一日未時葬在榛壠石尾大山脚坐癸向丁兼丑

未分金庚子庚午

生子二長竹次味

海次子第十七世

洙泗　生嘉慶己未年十一月廿一日辰時卒道光乙

巳年七月廿七日午時葬荔支林坐壬向丙兼子午

辛亥辛巳分金配李氏生嘉慶戊辰年正月十四日申

時　生子一濺

海三子第十七世

泮　出嗣

田字　禹長子第十七世

生道光己卯年二月廿八日午時配林氏生道光

丙申年七月十五日辰時

生子

昔字　禹次子第十七世

生道光壬　年正月十九日戌時配邱氏生道光

壬辰年九月十六日丑時

生子一添福

前字
禹三子第十七世
生道光甲午年三月十二日午時

泉字
天長子第十七世
生嘉慶壬戌年四月廿七日酉時配蕭氏生道
光乙亥年十月廿九日丑時
生子一庭衍

泮
天次嗣子第十七世
生嘉慶癸亥年十二月十一日辰時
生子一六鵝

葉

長長子第十七世

生乾隆庚子年三月初七日子時

概字

題長子第十七世

生嘉慶戊午年九月廿九日辰時配楊氏生嘉慶丁巳年十二月十二日寅時卒道光丁酉年七月初九日卯時葬在橫厝尾園中坐西向東續配洪氏生嘉慶己卯年四月廿八日午時

生子四長達次愷三塹四頭員

對字

題次子第十七世

生嘉慶壬戌年　月　日　時卒道光廿

一年辛丑七月十二日　時葬在外東鄖晃氏生嘉慶
辛未年十一月十九日辰時卒道光辛丑年三月廿
四日未時葬大廟園中坐西向東
　　生子一　裕

長字

秋　長子第十七世
　生嘉慶　年　月　日　時卒道光戊
申年三月廿四日卯時葬在狗仔田隊口坐北向南配
薛氏生嘉慶丁卯年九月初六日午時卒道光丙辰年
正月廿六日戌時葬在大坑尾坑口坐北向南
　生子一　得水

秋次子第十七世

成生

歐長子第十七世

鍪字

生嘉慶癸亥年　月　日　時卒道光辛

丑年十月初一日　時葬在外域

歐次子第十七世

偕字

生道光丙子年正月初七日巳時配劉氏生道光

壬午年九月初二日卯時

生子二長友益次黄俊

翁長子第十七世

彥字　生嘉慶丁卯年十二月十三日午時卒道光己
酉年五月初八日寅時葬在外域配楊氏生道光丁
丑年九月廿八日寅時
生子二長心安次心堂
翁次子第十七世
此字　生道光乙丑年四月初一日未時
騰傍子第十七世
學字　生道光　年　月　日　時卒道光二
十八年戊申十月初八日　時
配蕭氏生道光甲申年八月初五日寅時卒道

光乙巳年五月廿二日寅時葬在芒坑底口與妣親同
穴　　　生子一六
騰次子第十七世
粗
貫長子第十七世
碙字　生嘉慶庚辰年八月初七日酉時
貫次子第十七世
沙字　生道光戊子年十月廿九日巳時配溫氏生道光
年　月　日　時
連傳子第十七世

路傳子第十七世

吟長子第十七世

深泉

生嘉慶壬戌年八月三十日申時卒道光壬寅年七月初五日未時葬寓內山坐寅向申兼甲庚寅申分金配藍氏生嘉慶丁丑年十一月初八日戌時卒咸豐庚申年二月廿九日子時葬宮仔后與祖媽墓同列

生子二長弓直次弓聘

聰傳子第十七世

與
平長子第十七世

平欽子第十七世
生道光戊申年十月二十一日未時

信
平三子第十七世

和尚
照長子第十七世

琶
出嗣
照次子第十七世

崇　生道光辛卯年八月初三日戌時卒咸豐戊午年八月初八日未時葬斷園裡坐西向東

嗣子一猪肚（本生父琶）

照三子第十七世

嫣姑　生道光戊戌年十月廿四日未時

圓長嗣子第十七世

琶　生道光丙戌年九月初二日子時配張氏生道光丙申年十二月初二日酉時

生子一猪肚（出嗣弟崇）

圓次嗣子第十七世

瓔　生道光　年　月　日時

調長子第十七世

瓔　出嗣

調次子第十七世

理　生道光　年　月　日時

調三子第十七世

松　生道光　年　月　日時

調四子第十七世

㠯

笑傳子第十七世

管

帳長子第十七世
生嘉慶壬戌年十一月初二日辰時卒道光壬寅年
八月廿八日 時
配林氏生嘉慶丙寅年正月廿三日寅時
生子一得

問

帳次子第十七世
生嘉慶庚午年九月廿五日丑時卒道光己丑年
三月十七日申時葬棕葉石尾坐壬向丙兼亥巳配陳
氏

帳三子第十七世

郡

生嘉慶癸酉年五月十四日辰時卒咸豐甲寅年六
月十七日亥時葬新基配楊氏生嘉慶丙子年三月初
八日巳時

生子二長刋次意

顏長子第十七世

栓

生乾隆丙午年十月廿三日丑時卒道光乙未年六
月初十日酉時葬吉礁坐向分金失配溫氏生乾隆戊
申年十二月初八日未時

生子四長尚次平三萊四納出繼胞弟就

顏次子第十七世

就

生娶卒葬失載

嗣子一納

顏三子第十七世

生嘉慶甲子年八月廿三日巳時卒道光甲辰年七

月初四日子時葬珠嶺花會山坐戌向辰兼辛乙丙戌

擇

丙辰分金配李氏生嘉慶乙丑年十一月十三日辰時

生子二長志次本

宗傳子第十七世

生乾隆己未年四月初五日未時卒道光　年七月

親

十七日卯時葬北仔閣坐向失配周氏生乾隆辛酉年

正月十九日巳時卒道光丁亥年七月廿五日申時
葬后宮仔巷墘坐癸向丁兼丑未
生子二長化次邑

保傳子第十七世

來傳子第十七世

脫長子第十七世
生嘉慶丁丑年十一月廿二日戌時卒咸豐庚申年
四月初三日寅時葬園斷裡坐艮向坤兼申寅辛丑辛

謝

未分金配許氏生道光壬辰年十一月十九日辰時
生子三長珪次件出嗣胞舅應三陣

牛

脫次子第十七世
生嘉慶庚辰年五月初三日酉時

寄

脫三子第十七世
生道光壬午年十二月初五日丑時配林氏生道光
壬辰年九月初十日午時
生子一樓

協

脫四子第十七世
生道光丙戌年十一月十八日卯時配邱氏生道光

己亥年十二月初八日巳時

應

脫五子第十七世

生道光庚寅年正月初八日寅時卒葬番邦

嗣子一件本生父時

胡

脫六子第十七世

生道光己亥年二月十三日卯時

盛傳子第十七世

台長子第十七世

奚居

生嘉慶戊辰年十一月三十日寅時配內坑社

周氏生道光辛巳年五月廿五日子時

生子一　嫣着

合次子第十七世

生嘉慶壬申年八月十三日寅時配李氏生道光

奚取

丁酉年十月廿六日酉時

生子一　福順

佑嗣子第十七世

生嘉慶戊寅年八月十五日巳時配吳氏生道光

金英

戊子年九月初八日申時

生子二　長嫣山嗣　次嫣端

和
信長子第十七世
生嘉慶己巳年十月初一日丑時卒道光乙巳年七
月廿二日戌時
生子一有成

金英
信次子第十七世
出嗣

以文
信三子第十七世
生道光辛巳年正月初六日巳時配林氏生道
光甲午年十月初四日卯時

信四子第十七世

蘭馨　生道光甲申年四月十一日亥時卒咸豐壬子
年十二月廿七日時
嗣子一嫣着
董傳子第十七世

并
不長子第十七世
生道光甲申年五月十三日午時配楊氏生道光丙
申年正月廿六日子時
生子一讚出嗣胞弟甚
不次子第十七世

琶　生娶卒葬所失載
嗣子一[illegible]

辨　丕三子第十七世
生道光丙午年二月十七日丑時

舜　紹祖長子第十七世
生乾隆癸巳年十一月廿四日丑時

水　紹祖次子第十七世
生乾隆乙未年八月廿二日午時

庶民　紹祖三子第十七世
生乾隆甲辰年正月十三日卯時

紹祖四子第十七世

蒲成　生乾隆壬子年五月初五日亥時

繼祖傳子第十七世

鰲漏傳子第十七世

放生傳子第十七世

奘傳子第十七世

生乾隆戊子年七月廿九日辰時

追

宰傳子第十七世

運傳子第十七世

清河　生乾隆庚寅年三月十八日子時外出卒年月日時失載

苞長子第十七世

劍　生乾隆丁丑年正月十八日酉時卒在番邦

苞次子第十七世

邦　生乾隆己卯年六月初八日酉時卒道光戊戌年九月廿一日丑時葬坑内坐艮向坤兼丑未配柯氏生乾

芳

隆丁亥年正月十八日丑時卒道光壬寅年十月十四
日未時葬樓仔後鬼仔營坐北向南
生子四長勳次花三恩四好

苞三子第十七世
生乾隆庚寅年十一月十五日午時卒道光丁亥年
十一月廿五日卯時葬鬼仔營坐子向午兼壬丙配
氏生乾隆甲午年七月二十日午時卒道光壬寅
年七月廿九日午時葬鬼仔營山尾坐癸向丁兼
庚子丙午分金
生子三長梅次鶴三鍊

苞四子第十七世

共

生乾隆癸巳年十一月初四日酉時卒嘉慶辛未年七月十一日未時葬六寛

生子一亂

安傳子第十七世

市傳子第十七世

尾傳子第十七世

品長子第十七世
麗　生乾隆甲午年二月廿二日丑時
品次子第十七世
君　出嗣
諱傳子第十七世
文六　生乾隆　年　月　日　時
淵長子第十七世
天祥諱應瑞生乾隆丁丑年七月十四日酉時配排頭謝氏
生乾隆庚寅年七月初五日丑時
生子一窓曉

壬

淵次子第十七世

生乾隆癸未年三月十七日寅時卒乾隆癸丑年十月十三日午時葬娘仔宮後坐丑向未兼癸丁丁丑丁未分金

開

淵三子第十七世

生乾隆乙酉年十二月十一日子時

寅

淵四子第十七世

生乾隆戊子年十二月初五日丑時

圈

淵五子第十七世

生乾隆辛卯年六月廿三日巳時

瀚傳子第十七世

池傳子第十七世

魁傳子第十七世

雜長子第十七世

生乾隆甲寅年八月三十日酉時卒咸豐辛酉年二月二十日未時壽六旬有八葬在庵后海仔墘坐艮向坤兼丑未庚子庚午分金配溫厝社溫氏生嘉慶乙丑

期

年九月廿一日寅時

生子三長苑次篕三初

蘧傳子第十七世

諸葛諱　生嘉慶己未年四月十六日酉時配樓山社陳

氏生嘉慶辛未年十月十四日寅時

生子三長田次德漳三德古

苗長子第十七世

渺　生乾隆丁未年九月廿五日亥時卒道光壬寅年四

月廿七日亥時葬芦坪坐向分金失覩配東庚社黃氏

生嘉慶辛酉年九月十七日丑時

生子一珍

鵲諱

物長子第十七世

生嘉慶癸亥年九月初七日巳時卒道光甲辰年

七月廿二日巳時葬貓仔宮頭坐艮向坤兼寅申分金

辛未辛丑配晃貫社林氏生嘉慶甲戌年十月十六日

巳時

生子二長有次腹出嗣

萊諱

物次子第十七世

生嘉慶壬申年正月初九日寅時

物三子第十七世

江水諱　生道光七年丁亥六月十四日酉時卒道光
戊申年八月十二日丑時葬芦坪塚山
嗣子一腹

君

輔嗣子第十七世
生乾隆己亥年六月十八日辰時卒嘉慶癸酉年
十一月廿六日亥時壽三旬有五葬在庵後坐向分金
失載　生子一順

屏傳子第十七世

妹長子第十八世

承佑

生乾隆甲辰年九月廿五日酉時配李氏生乾隆
壬子年十二月初二日寅時卒咸豐辛亥年五月初四
日巳時葬石塘畬坑內崎山坐午向子兼丙壬丙午丙
子分金

生子六長萊次抱出嗣夏
三張四慈五圓六加

夏

郭長子第十八世

生乾隆庚子年正月廿八日未時卒嘉慶乙丑年十
二月十七日未時葬外域配江氏生乾隆乙巳年四月
初九日巳時卒咸豐戊午年六月十八日丑時葬鳥

鼠尾坐艮向坤兼寅申庚寅庚申分金
嗣子一抱 本生父承祐

扶
郎次子第十八世
生乾隆辛亥年六月廿五日巳時卒葬在塚山
嗣孫一德 本生父勉

吉
郎三子第十八世
生乾隆癸丑年九月十八日酉時卒咸豐甲寅年辛
二月十二日巳時葬厦門塚山配蔡氏生嘉慶丁巳年
六月初十日巳時卒嘉慶丁丑年正月廿四日未時
嗣孫一鐵椈

郭遠子第十八世

生乾隆辛丑年四月初十日巳時

傳祖

開宗傳子第十八世

江水傳子第十八世

戾天傳子第十八世

宰周長子第十八世

瑞

生道光癸巳年九月十八日戌時

罕周次子第十八世

理

生道光戊戌年八月十八日申時

遊衡子第十八世

嫣鉗

貴長子第十八世

生嘉慶乙丑年十月廿五日巳時配蔡氏生嘉慶癸酉年十月廿四日丑時

生子三長榮次乙出嗣胞弟嫣老三涼

嫣助

貴次子第十八世

生嘉慶戊辰年十一月十九日丑時

生子二長貳次叁

貫三子第十八世

生道光庚寅年正月初九日酉時卒道光辛丑年

嫣老

九月廿九日酉時葬破墓坑

嗣子一乙

流傳下第十八世

嫣亨長子第十八世

可

生嘉慶壬申年正月初一日寅時卒道光戊申年

二月初六日　時葬內埋末

生子一　啓成

銳

媽亨次子第十八世

生嘉慶戊寅年八月廿六日酉時配黃氏生道光

壬辰年七月廿六日酉時

生子一　佃

瀾

媽亨三子第十八世

出嗣

淵

媽亨四子第十八世

出嗣

光謀嗣子第十八世

溫

村長嗣子第十八世

濶

生嘉慶乙亥年四月廿四日午時配李氏生道光己

未年六月初七日寅時

生子一端

村次嗣子第十八世

梓餘

深泉長子第十八世

邑定字金聲生嘉慶庚辰年十一月十五日亥時配陳氏生

道光己未年二月十六日亥時

生子一　竭力

深泉次子第十八世

梓餘　出嗣

深泉三子第十八世

文曲　生道光丁酉年十二月廿四日申時

深泉四子第十八世

三請　生道光丁酉年十一月十八日辰時

深泉五子第十八世

照明字譽智生道光庚戌年六月十三日戌時

典傳子第十八世

喜

抱長子第十八世

荆

抱次子第十八世

文凴

抱三子第十八世

生道光巳亥年二月廿二日未時

掃

抱四子第十八世

生道光癸卯年三月初二日戌時

雨長子第十八世

金針　生咸豐辛亥年六月初七日戌時

雨次子第十八世

筆　生咸豐甲寅年九月廿四日子時

潤涯嗣子第十八世

秋

律長子第十八世

文漇　出嗣

律次子第十八世

友

潤塁傳子第十八世

哞傳子第十八世
育傳子第十八世
藝傳子第十八世
芬傳子第十八世
道傳子第十八世

甬　振盛長子第十八世

字文明生嘉慶甲戌年九月廿五日未時配馬氏生道光辛巳年十一月廿五日巳時卒道光丙午年九月廿四日未時葬破墓坑裡坐辰向戌兼乙辛丙辰丙戌分金續配林氏生道光癸巳年五月十七日未時

生子三長種次斗三敢

相　振盛次子第十八世

出嗣

荊　振盛三子第十八世

出嗣

振盛四子第十八世

嫣安　生道光乙酉年三月三十日酉時

振盛五子第十八世

光太　生道光癸巳年六月十四日寅時配李氏生道

光戊戌年十二月十七日酉時

生子三　長宣　次先　三知

振昌長嗣子第十八世

捐　生嘉慶戊寅年五月十五日亥時卒咸豐庚申年十

一月廿八日　時葬外東

振昌次嗣子第十八世

掛

生道光乙酉年六月十四日巳時卒咸豐癸丑年六月廿二日申時配蔡氏生道光癸巳年五月十三日巳時

生子一 磘

振仍長子第十八世

掛

出嗣

振仍次子第十八世

本

生道光丁亥年正月廿六日戌時

振仍三子第十八世

光吝

生道光甲午年五月初五日申時

池水長子第十八世

出嗣

池水次子第十八世

生道光丙申年十一月廿七日亥時卒咸豐己未

天牛

年十一月初五日　時葬外夷

天錫

藕水長子第十八世

生道光癸未年六月初九日巳時卒道光辛卯年

十二月廿四日丑時葬公山棕葉石尾

藕水次子第十八世

天生

斐然傳子第十八世

清波　生道光壬辰年八月初三日辰時

沛然傳子第十八世

海參傳子第十八世

四美傳子第十八世

玲傳子第十八世

兆吉　生道光辛卯年九月十四日午時

光魏傳子第十八世

等傳子第十八世

串
光萍長子第十八世
生道光丁亥年十一月十五日未時娶吳氏生道光
己亥年九月初十日　時

監
光萍次子第十八世
生道光癸卯年二月十五日辰時

吉
光萍三子第十八世
出嗣

棨　光萍四子第十八世　出嗣

代傳子第十八世

敬傳子第十八世

斐廣子第十八世

墺　企嗣子第十八世

生道光己亥年八月廿一日卯時

蔭嗣子第十八世
生道光乙酉年八月十四日亥時
宗
嚷傳子第十八世
沃傳子第十八世
儀傳子第十八世
心正傳子第十八世

皇朝

格傳子第十八世

伯傳子第十八世

帖長子第十八世

帖次子第十八世

買傳子第十八世

本傳子第十八世

緘

尚長子第十八世

生乾隆甲申年正月二十日午時配西洋劉氏生

乾隆癸巳年十二月廿二日申時

尚次子第十八世

夏

出嗣

質嗣子第十八世

夏

生乾隆戊子年三月初一日亥時

水傳子第十八世

并　生乾隆丁酉年七月十二日酉時

兌傳子第十八世

欽傳子第十八世

恭長子第十八世

天鶴　生乾隆庚子年七月十四日午時

恭次子第十八世

青元　生乾隆甲辰年二月十二日未時

恭三子第十八世

恭四子第十八世
文宇
生乾隆丁未年三月二十日寅時
寬長子第十八世
哲
生乾隆壬寅年十二月廿八日亥時
寬次子第十八世
燦
生乾隆辛亥年十二月初四日亥時
寬三子第十八世
尋
生乾隆乙卯年十一月廿八日丑時
裕嗣子第十八世

文昌 生乾隆丁未年三月二十日寅時
益長子第十八世
連鳳 生乾隆庚戌年九月初五日子時配葉氏生嘉
慶丁卯年九月初二日寅時
生子三長德荃次德時三德秀
益次子第十八世
揪朝
生子二長德成次德柳
素傳子第十八世

永傳子敦十八世

提傳子萸十八世

舍長子第十八世

生乾隆癸巳年十月十九日丑時配汀溪林氏生

壤

乾隆乙未年七月十六日未時

生子六長光義次馮光三元隆

四閏來五盖明六光炳

舍次子第十八世

煥

生乾隆丁酉年十一月初七日戌時配林氏生乾
隆辛丑年六月十一日未時
生子二長瑞香次瑞麟

雙

舍三子第廿八世
生乾隆辛丑年七月廿三日卯時
生子二長暖雀次弁水

春喜

發傳子第十八世
生嘉慶丙辰年十月初十日巳時配陳氏生嘉
慶丁巳年十一月十二日辰時
生子一飲水

淵僊子第十八世

生嘉慶丁巳年二月十八日巳時

致成

彥長子第十八世

生乾隆癸巳年八月三十日未時卒道光壬辰年五

欽

月廿六日寅時葬

生子一合光

彥次子第十八世

生乾隆丁酉年六月初八日未時卒道光庚子年

冰

三月十三日寅時葬

配葉氏生乾隆辛丑年五月廿九日申時

生子一分來

彦三子第十八世

起

生乾隆己酉年二月初五日酉時

生子一來發

晉長子第十八世

雲字忠原生乾隆丙申年八月初八日亥時

嗣子一士琳本生父曰

晉次子第十八世

騰字忠漢生乾隆辛丑年四月廿六日亥時

晉三子第十八世

日字忠提生乾隆甲辰年正月廿六日亥時卒道光己酉年
閏四月十六日亥時配郭氏生乾隆丙午年三月十九
日申時卒道光壬寅年十月廿三日戌時

生子三長士琳出嗣胞兄雲

次文簡出嗣胞兄騰三光士

昭傳子第十八世

昔傳子第十八世

礐　生乾隆丙午年十二月十三日巳時
生子一　文切

得　川傳子第十八世
生乾隆己酉年九月廿八日卯時

衷　阮長子第十八世
生乾隆壬子年八月十五日子時

賀　傳長子第十八世
生乾隆丙戌年十一月十一日辰時

魁　傳次子第十八世
生乾隆己亥年正月廿一日未時

傳三子第十八世

遠　生乾隆乙巳年五月十四日丑時

公偹長子第十八世

克适字智禮生道光癸未年十月初八日午時配陳氏生道

光辛卯年十一月十二日丑時

生子四長嫣所次端選三嫣栽四光聘

公偹次子第十八世

伯随字應成生道光丙戌年十一月廿九日亥時配林氏

生道光　年　月　日時

生子二長榮矯次榮羙

公倫三子第十八世
伯步字登雲生道光辛卯年二月廿四日丑時配李氏生道
光壬寅年八月十八日未時
公倫四子第十八世
伯䀚字入灝生道光癸巳年十二月二十日寅時配陳氏生
道光辛丑年四月十九日巳時
生子
錦淑長子第十八世
光寮字　生道光丙戌年二月初三日未時配林氏生道
光丙申年九月廿二日卯時

生子一光綿

錦淑次子第十八世

鳳

錦淑三子第十八世

素念字 生道光戊子年八月初十日戌時配江氏生道光己巳年二月初十日酉時

生子一光砵

萬興長子第十八世

再填字 生道光辛卯年十月初九日辰時配李氏生道光甲辰年二月初七日 時

生子

萬興次子第十八世

再傳字 生道光壬寅年八月十一日午時

卿傳子第十八世

仁舉傳子第十八世

涯字 生道光丁酉年十二月廿八日申時卒咸豐戊午

年六月初六日 時葬在梹榔嶼塚亭右邊坐西向東

鄉傳子第十八世

旦傳子第十八世

潭字　生道光庚寅年五月二十日巳時配許氏生道光

己亥年三月十二日卯時

生子

瓜瓞傳子第十八世

耳順傳子第十八世

壽字　生道光乙巳年九月初十日午時卒咸豐丁巳年

十月二十日午時葬横廂尾坑内園中坐西向東

媽智　明儕子第十八世

生失載卒咸豐辛亥年十月十八日　時葬狗仔

田坑墘園裡

扶　雲長子第十八世

求　雲次子諦十八世

理　雲三子第十八世

潛　簡　波

[illegible]

薇次子第十八世

四傳子第十八世

偕傳子第十八世

伯夷傳子第十八世

竹

淮漢長子第十八世

生嘉慶己卯年八月初一日酉時配蔡氏生道光癸巳年五月廿三日丑時

生子三長酒盞次酒桶三酒錢

味

淮漢次子第十八世

生道光己丑年二月十三日酉時配林氏生道光癸卯年七月十三日辰時

濺

洙泗傳子第十八世

生道光辛卯年十二月初四日亥時配江氏生道光辛丑年三月二十日辰時

日傳子第十八世

昔傳子第十八世

添福

生咸豐庚申年閏三月廿八日辰時

前傳子第十八世

泉傳子第十八世

庭衍

泮傳子第十八世

六鵝

生道光乙巳年四月初四日午時

葉傳子第十八世

達
慨長子第十八世

惜
慨次子第十八世

墊
慨三子第十八世

頭員
慨四子第十八世

裕

對長子第十八世

長長子第十八世

得水

成傳子第十八世

鍪傳子第十八世

有益

偕長子第十八世

黄俊　偕次子第廿八世

心安　彦長子第十八世
生道光甲午年九月廿三日未時卒道光二十四年甲辰八月十二日子時葬大坑尾與祖同穴

心堂　彦次子第十八世

此傳子第十八世

學傳子第十八世

粗傳子第十八世

磚傳子第十八世

沙傳子第十八世

深泉長子第十八世

号直　生道光　年　月　時

深泉次子第十八世

弓聘　生道光　年　月　日時

興傳子第十八世

信傳子第十八世

和尙傳子第十八世

崇嗣子第十八世

豬肚

嫣姑傳子第十八世

猪

琶長子第十八世
出嗣

璦傳子第十八世

理傳子第十八世

松傳子第十八世

囘傳第十八世

得
營長子第十九世
生道光庚寅年三月廿六日巳時配蔡氏生道光癸
巳年五月廿六日酉時
生子
問傳子第十九世
郡長子第十八世
生道光丙申年九月廿六日未時
刊
郡次子第十八世

[illegible]

尚

銓長子第十八世

生嘉慶辛未年三月二十日午時配林氏生嘉慶癸酉年七月十六日子時卒道光甲辰年十一月初八日辰時葬黃坑內坐艮向坤兼寅申辛丑辛未分金續配許氏生道光壬午年十二月初一日巳時卒道光己酉年九月廿三日午時葬坑內坐艮向坤辛丑辛未分金再續配林氏生嘉慶戊寅年正月十二日丑時

生子四長標次楚林氏出三清斷許氏出四清奏林氏出

平

銓次子第十八世

生嘉慶壬申年十一月十二日辰時配邱氏生嘉慶

壬申年三月初一日巳時側室　氏生失載卒道光

年十一月初十日寅時又側室　氏生失載卒咸豐

丙辰年十月廿四日申時

生子九長啟次因三火四糞五花

六達庶出七棄八裒庶出九通庶出

萊

銓三子第十八世

生嘉慶甲戌年十一月廿六日辰時卒咸豐己未年

八月初一日　葬華沙浪配蔡氏生道光甲午年二月

十五日未時

生子二長閂讓次閂宜

納

銓四子第十八世

出嗣

就嗣子第十八世

納

生道光庚辰年八月十四日午時配林氏

生子一清愷

擇長子第十八世

志

生道光己丑年五月廿五日寅時配洪氏生道光丙

申年七月初二日午時

本

擇次子第十八世

生道光戊戌年十月廿一日巳時配蘇氏生道光

戊戌年四月初二日寅時

生子

化

親長子第十八世

生道光戊寅年八月廿一日午時卒道光戊申年

四月十三日巳時葬檳榔嶼

邑

親次子第十八世

生道光壬午年三月廿九日午時卒咸豐己未年

八月初一日　附葬沙浪

配李氏生道光戊寅年十二月廿四日戌時卒
咸豐戊午年六月廿六日午時葬額頭仔坐辛向乙兼
戌辰辛酉三分金

珪
時長子第十八世
生道光庚戌年正月初七日巳時

件
時次子第十八世
出嗣

陣
時三子第十八世
生咸豐丙辰年九月初九日戌時

牛傳子第十八世

榜

寏傳子第十八世
生咸豐戊午年七月十一日丑時
協傳子第十八世

㒶

廳嗣子第十八世
生咸豐癸丑年六月廿一日戌時
胡傳子第十八世
奚居傳子第十八世

蘭馨嗣子第十八世
媽着 生咸豐戊午年九月十四日丑時
井傳子第十八世
讃 出嗣
琶嗣子第十八世
讃 生道光丙辰年七月廿九日辰時
辨傳予第十八世
舜傳予第十八世

水傳子第十八世

庶民傳子第十八世

蒲成傳子第十八世

追傳子第十八世

清河傳子第十八世

動　花

劍傳子第十八世

邦長子第十八世

生乾隆丁未年十一月十二日未時

邦次子第十八世

生乾隆辛亥年二月廿一日亥時卒道光丁亥年六月廿四日酉時葬後宫邊坐午向子兼壬丙分金配鄭

氏生乾隆癸酉年九月十二日亥時

生子一烏狂

光恩字　生乾隆乙卯年十二月十五日午時配陳氏生
嘉慶己巳年十一月十五日午時
生子一烏番
邦四子第十八世
好字　生嘉慶戊辰年正月廿六日亥時配楊氏生嘉慶
己丑年十月廿八日巳時
生子一光抱
芳長子第十八世
梅

嗣子二 長榜 本生父鶴次沛 本生父鍊

鶴字

芳次子第十八世

生嘉慶丙寅年正月初二日寅時配周氏生嘉慶戊寅年二月二十日子時卒道光癸卯年八月初四日申時葬後宮邊坐午向子分金續配林氏生嘉慶　年十月廿八日未時卒道光甲辰年七月廿一日卯時葬後宮邊與前妻同穴再續配林氏生嘉慶己卯年十一月初四日寅時

生子一 榜出兩嗣兄梅

芳三子第十八世

錬字　生嘉慶庚午年九月十[illegible]日[illegible]時[illegible]

丁丑年七月廿一日丑時

生子五長柿出繼胞兄梅次名三溥四店五傎

芸傳子第十八世

亂字　生嘉慶　年　月　日　時

慶傳子第十八世

文六傳子第十八世

天祥長子第十八世

窓曉　生乾隆壬子年十月十八日巳時

壬傳子第十八世

開傳子第十八世

寅傳子第十八世

圏傳子第十八世

期長子第十八世

双遠諱　生道光[illegible]
氏生道光壬辰年四月十三日辰時
生子二長賞出嗣抱弟盈之捧
盈諱　期次子第十八世
生道光乙未年六月初九日辰時卒道光丁未年
七月初九日午時葬在本山坐面分金失識
生子一賞
期三子第十八世
舍初諱　生道光庚戌年正月初二日戌時
譜葛長子第十八世

錦田諱　生道光甲午年八月十二日丑時配鍾山社蔡
氏生道光甲午年十月十三日巳時
生子一光園
諸葛次子第十八世
德彰諱　生道光丁未年十月初七日巳時
諸葛三子第十八世
德古諱　生咸豐辛亥年十二月十二日申時
渺儞子第十八世
珍諱　生道光戊子年七月廿八日巳時
鵲長子第十八世

佾[illegible]

生道光[illegible]年[illegible]月初[illegible]日[illegible]時

鵲次子第十八世

出嗣

腹

彩傳子第十八世

江水嗣子第十八世

生道光癸卯年八月初二日午時

腹

君傳子第十八世

順

承佑長子第十九世

萊

生嘉慶丁丑年八月廿五日酉時配林氏生道光丙戌年六月初七日巳時卒道光丙午年十一月十五日午時葬西邊大坪坐子向午續配林氏生道光丙戌年四月初九日丑時

生子二長光富次光竭

抱

承佑次子爵十九世

出嗣

張

承佑三子錦十九世

生道光甲寅年八月初十日卯時配許氏生道光己亥年十二月初十日戌時

慈

承佑四子第十九世

生道光丙戌年十二月十一日未時配戴氏生道光

癸巳年八月廿三日子時

生子一光援

圓

承佑五子第十九世

生道光壬辰年九月廿五日戌時配許氏生道光丙

申年十二月初九日酉時

生子

承佑六子第十九世

維

生道光丙申年二月廿二日戌時配蔡氏生道光甲辰年十二月廿八日寅時

生子

抱

夏嗣子第十九世

生道光壬午年十一月初七日酉時配陳氏生道光丁亥年四月二十日亥時

生子二長德出嗣扶爲孫次鐵樹出嗣吉爲孫

扶傳子第十九世

嗣孫德本生父抱

吉傳子第十九世

嗣孫鎮儀

傳祖傳子第十九世

瑞傳子第十九世

理傳子第十九世

媽鉗長子第十九世

榮

生道光壬辰年九月廿二日巳時配周氏 生道光

己亥年九月初五日巳時

生子二長文凴次汙

孫乙　媽鉗次子第十九世

出嗣

媽鉗三子第十九世

貳　孫源　生道光壬子年九月初一日丑時

媽助長子第十九世

媽助次子第十九世

叁　媽老嗣子第廿九世

孫乙　生道光戊戌年三月[illegible]

可長子第十九世

答成　生道光乙酉年九月廿五日申時

銳長子第十九世

佃

温傳子第十九世

潤長子第十九世

端

梓餘傳子第十九世

竭力

邑定傳子第十九世

文曲傳子第十九世

三請傳子第十九世

照明傳子第十九世

喜傳子第十九世

荆傳子第十九世

文憑傳子第十九世

掃傳子第十九世

金針傳子第十九世

筆傳子第十九世

秋傳子第十九世

友傳子第十九世

角長子第十九世

種

角次子第十九世

斗

生道光癸卯年六月初三日未時

角三子第十九世

敢
生道光庚戌年二月初五日戌時卒咸豐癸亥年
八月十四日寅時葬大坑墘
嫣娶傅子第十九世

宣
光太長子第十九世

先
光太次子第十九世

知
光太三子第十九世

相傳子第十九世

掛長子第十九世

孫

生道光乙巳年九月初二日未時

本傳子第十九世

光各傳子第十九世

天牛傳子第十九世

天錫傳子第十九世

天生傳子第十九世

清波傳子第十九世

兆吉傳子第十九世

串傳子第十九世

監傳子第十九世

墺傳子第十九世

柔傳子第十九世

早傳子第十九世

朝傳子第十九世

緘傳子第十九世

夏傳子第十九世

井傳子第十九世

天鶴傳子第十九世

青元傳子第十九世

文傳子第十九世

晳傳子第十九世

燦傳子第十九世

尋傳子第十九世

文昌傳子第十九世

德荃
連鳳長子第十九世

德時
連鳳次子第十九世

德委
連鳳三子第十九世

德成
楸朝長子第十九世

德柳
楸朝次子第十九世

壤長子第十九世

光義

壤次子第十九世

馮光

壤三子第十九世

元隧

壤四子第十九世

聞來

壤五子第十九世

盖明

壤六子第十九世

光炳

煥長子第十九世

瑞香

煥次子第十九世

瑞麟

雙長子第十九世

暖雀

雙次子第十九世

水

飲水
春喜傳子第十九世
致成傳子第十九世
合光
坎傳子第十九世
分來
冰傳子第十九世
起傳子第十九世
來發

雲嗣子第十九世

士琳

騰嗣子第十九世

文簡

曰長子第十九世

士琳

出嗣

曰次子第十九世

文簡

出嗣

曰三子第十九世

光士

鬐傳子第十九世

文切

得傳子第十九世

裒傳子第十九世

賀傳子第十九世

魁傳子第十九世

遠傳子第十九世

克适長子第十九世

嫣所字　生咸豐癸丑年十二月廿七日未時

克适次子第十九世

端選字　生咸豐丙辰年八月十七日午時

克适三子第十九世

嫣裁字　生咸豐己未年五月初一日丑時

克适四子第十九世

光聘字　生咸豐辛酉年八月初七日酉時

伯隨長子第十九世

榮璹字　生咸豐乙卯年十二月十八日戌時

伯隨次子第十九世

榮羙字　生咸豐庚申年五月廿七日未時

伯步傳子第十九世

伯攺傳子第十九世

豪傳子第十九世

光緞字　生咸豐己未年四月廿五日卯時

鳳傳子第十九世

念傳子第十九世

光砵字　生咸豐庚申年五月初三日子時

再埴傳子第十九世

再傳傳子第十九世

涯齋子第十九世

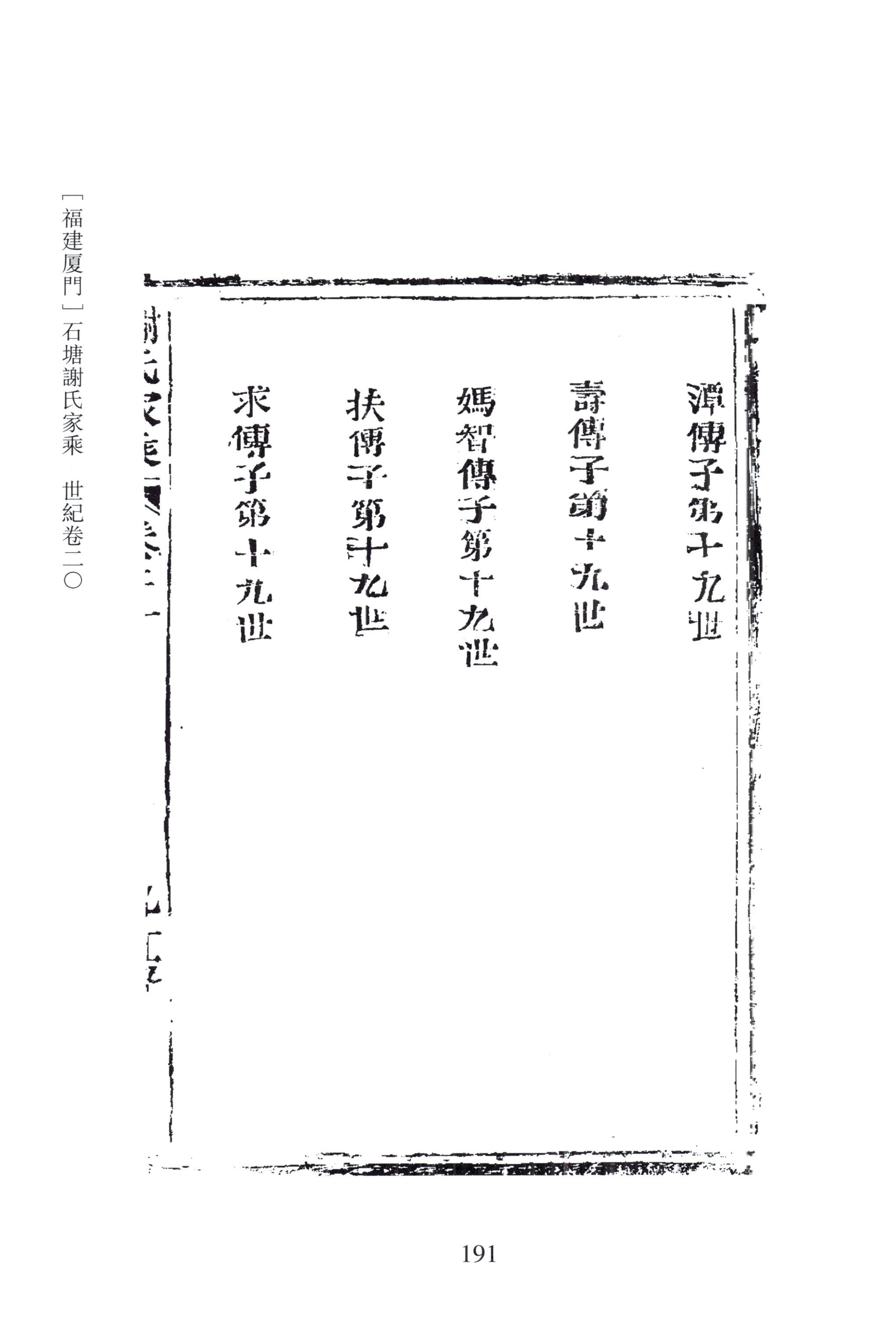

潭傳子第十九世

壽傳子第十九世

媽智傳子第十九世

扶傳子第十九世

求傳子第十九世

理傳子第十九世

潛傳子第十九世

簡傳子第十九世

波傳子第十九世

竹長子第十九世

酒盞　生咸豐辛亥年閏八月初一日午時

竹次子第十九世

酒桶　生咸豐壬午年十二月廿三日子時早卒

竹三子第十九世

酒錢　生咸豐辛酉年八月初二日申時

味傳子第十九世

濺傳子第十九世

添福傳子第十九世

庭衍傳子第十九世

六鵝傳子第十九世

達爾子第十九世

惜傳子第十九世

塹傳子第十九世

頭圓傳子第十九世

裕傳子第十九世

得水傳子第十九世

有爺傳子第十九世

黄俊傳子第十九世

心安傳子第十九世

心堂傳子第十九世

六傳子第十九世

弖直傳子第十九世

弖聘傳子第十九世

猪肚傳子第十九世

得傳子第十九世

刋傳子第十九世

意傳子第十九世

尚長子第十九世

標

生道光丙申年三月初九日亥時

楚
尚次子第十九世
生道光辛丑年十二月廿一日卯時

清斷
尚三子第十九世

清泰
尚四子第十九世
生咸豐庚申年正月初三日未時

啟
平長子第十九世
生道光乙未年八月初一日午時

因
平次子第十九世
生道光戊戌年四月十九日午時

火

平三子第十九世

生道光己亥年十二月初七日午時卒咸豐丁巳年九月二十日寅時葬𦍑坪海坪頂分金失載

冀

平四子第十九世

生道光甲戌年十月廿二日丑時

花

平五子第十九世

生咸豐辛亥年八月十八日寅時

達

平六子第十九世

生咸豐壬子年二月初十日酉時

果　平七子第十九世
生咸豐甲寅年十一月廿八日午時

袁　平八子第十九世
生咸豐乙卯年二月初七日巳時

通　平九子第十九世
生咸豐辛酉年九月三十日丑時

鼎讓　萊長子第十九世
生咸豐癸丑年二月十八日午時

禺宜　萊次子第十九世
生咸豐丙辰年十月初二日巳時

納傳子第十九世

清愷　生咸豐戊午年三月初九日卯時

志傳子第十九世

本傳子第十九世

化傳子第十九世

邑傳子第十九世

蛙傳子第十九世

陣傳子第十九世

楝傳子第十九世

件傳子第十九世

嫣着傳子第十九世

福順傳子第十九世

媽端傳子第十九世

有成傳子第十九世

媽着傳子第廿九世

讚傳子第廿九世

動傳子第十九世

烏花
花長子第十九世
生道光癸未年正月初七日未時

光恩長子第十九世

烏番
生道光癸卯年四月初五日午時

好長子第十九世

光抱
生咸豐癸丑年二月初五日午時

梅長嗣子第十九世

榜
生道光辛丑年四月初五日未時

柿　梅次嗣子第十九世
生道光丙申年五月十九日未時配林氏生道光
癸卯年六月廿四日寅時
生子

榜　鶴長子第十九世
出嗣

柿　鍊長子第十九世
出嗣

昚　鍊次子第十九世
生道光己亥年五月初二日酉時

瀟

錬三子第十九世

生道光乙巳年十月二十日寅時

錬四子第十九世

生道光己酉年三月初二日寅時

店

錬五子第十九世

生咸豐辛亥年十月十一日寅時

亂傳子第十九世

偵

窓曉傳子第十九世

賞

雙遠長子第十九世

出嗣

捧

雙遠次子第十九世

生咸豐庚申年三月廿七日巳時

盛嗣子第十九世

賞

生咸豐癸丑年正月二十日酉時

舍初傳子第十九世

錦田傳子第十九世

光園

生咸豐戊午年六月廿七日寅時

德彰傳子第十九世

德古傳子第十九世

珍傳子第十九世

有傳子第十九世

腹傳子第十九世

順傳子第十九世

光富　萊長子第二十世
生咸豐癸丑年六月廿五日戌時

光竭　萊次子第二十世
生咸豐庚申年二月初廿日申時

張傳子第二十世

光援　慈長子第二十世
生咸豐辛酉年九月初三日午時

圓傳子第二十世

鷄傳子第二十世

抱長子第二十世

德　出嗣

抱次子第二十世

鐵樹　出嗣

扶嗣孫第二十世

德

吉嗣孫第二十世

鐵樹　生咸豐己未年七月十六日申時

榮長子第二十世

文憑　生咸豐庚申年五月廿一日辰時

榮次子第二十世

汗

凉傳子第二十世

貳傳子第二十世

叁傳子第二十世
孫乙傳子第二十世
答成傳子第二十世
佃傳子第二十世
端傳子第二十世

竭力傳子第二十世

種傳子第二十世

斗傳子第二十世

敢傳子第二十世

宣傳子第二十世

先傳子第二十世

知傳子第二十世

碯爾子第二十世

德荃傳子第二十世

德時傳子第二十世

德委傳子第二十世

德成傳子第二十世

德柳傳子第二十世

光義傳子第二十世

馮光傳子第二十世

元隆傳子第二十世

開來傳子第二十世

盖明傳子第二十世

光炳傳子第二十世

瑞香傳子第二十世

瑞麟傳子第二十世

暖雀傳子第二十世

弁水傳子第二十世

飲水傳子第二十世

合光傳子第二十世

癸來傳子第二十世

來發傳子第二十世

士琳傳子第二十世

文簡傳子第二十世

光士傳子第二十世

文切傳子塗二十世

嫣所傳子第二十世

端選傳子第二十世

嫣裁傳子第二十世

光嬰傳子第二十世

榮纏傳子第二十世

榮美傳子第二十世

光緞傳子第二十世

光砵傳子第二十世

酒盞傳子第二十世

酒楠傳子第二十世

酒錢傳子第二十世

標傳子第二十世

楚傳子第二十世

洏斷傳子第二十世

清秦傳子第二十世

啟傳子第二十世

因傳子第二十世

火傳子第二十世

冀傳子第二十世

花傳子第二十世

達傳子第二十世

果傳子第二十世

裏傳子第二十世

通傳子第二十世

鼎讓傳子第二十世

鼎宜傳子第二十世

清愷傳子第二十世

烏在傳子第二十世

烏番傳子第二十世

光抱傳子第二十世

榜傳子第二十世

柿傳子第二十世

咨傳子第二十世

薄傳子第二十世

虎傳子第二十世

傎傳子第二十世

捧傳子第二十世

賞傳子第二十世

光園傳子第二十世

光富傳子第廿一世

光竭傳子第廿一世

光援傳子第廿一世

德傳子第廿一世

鐵樹傳子第廿一世

文遜傳子第廿二世

汗傳子第廿一世

卷二十

謝氏肇基石塘世系總紀卷二十一

肇世祖考尋山公　妣宣徽孺人周氏生卒年月日時失
合葬在畬坑內土名真武踏龜坐　向
衍派爲二長道明次道舉

東山公長子第二世

道明公號德齋　祖妣林氏生卒年月日時失載合葬
[illegible]庵下石將左邊坐　向[illegible]
生子六長孝次友三睦四婣五任六恤

東山公次子第二

道舉公號逸齋　祖妣王氏生卒失載合葬樓山大石

甕下坐癸向丁每歲八月初四日係公祭日

子四長榮次華三富四貴

長子第三世

祖妣顏氏生卒葬所失考

生子一國和

道明公次子第三世

次公字惟恭　祖妣顏氏　公當元季抽軍木戶推公前

去南京留守中衛着伍留一（？）派定在閩其從裔行德

移居同安東林復遷中平後埔頭

道明公三子第三世

睦公字惟和　祖妣鍾氏生卒葬所失載

生子一添榮

道明公四子第三世

[illegible]公字惟忠　祖妣江氏生卒失載葬英厝渡船頭

生子二長添順次添從

道明公五子第三世

[illegible]惟聰　祖妣林氏生卒失載葬鄉東山邊坐乾向

[illegible]戊辰明嘉靖辛丑年清明節重修

生子三長添富次添貫三添壽

道明公六子第三世

卹公字惟憫　祖妣周氏生卒失載合葬坑園坐艮向
坤今稱大厝人墓是也
生子一添賜

道舉公長子第三世

榮公字惟宗　祖妣邱氏生卒失載葬壠裡園中坐、向
缺
生子一原泰

道舉公次子第三世

華公字惟國　祖妣蔡氏當在北京生卒失載
生子二長蘭宗次桂宗

道舉公三子第三世

富公字雅麗　祖妣顔氏生卒失載葬在畬坑樟仔腳馬寨

邊左坐南向北

生子一冀

道舉公四子第三世

貴公字惟顯　祖妣李氏生卒失載合葬畬坑道士石前

生子一集

恤公第六房分派世系條紀卷

道明公六子第三

恤公字惟愍　祖妣周氏生卒失載合葬在坑園坐艮向坤

俗稱大陂从墓是也

生子一　添賜

恤公傳子第四世

添賜字　祖妣林氏生卒失載合葬在徑林尾出水

龜墓名一眉水坐壬向丙

生子一　言志

添賜公傳子第五世

言志公字雅文號簡坡國子監生生洪武戊午十一年三月二十日丑時卒景泰乙亥六年六月十三日　時壽七旬有九妣林氏生洪武丙辰九年十二月廿二日子時卒天順庚辰四年四月廿三日　時壽八旬有六合葬在犁角頭坐未向丑

生子三長仁慈次義惠三禮溫

陳平斷舊譜中載　簡坡公富甲三都田業幾百餘石各揚於郡誠一時傑士也

遡自我祖初年生逢昇平　聖世名列上國賢宮家貲豐裕而規模遠大以創垂為己任遂闢東坑大築祠

宇多置產業留一子以居守石塘餘皆東遷今東之土
地田宅盡入吾家自明迄清歷三四百載至今尚存遺
資數百兩逐年取息以供祭祀乃知陳平所舊誌之言
爲不誣也以後子孫振起衣冠相承遂成不祧之祖矣
茲因重脩譜系支孫願畧表其事以垂不朽歌曰大海
流遠屏山邑蒼家磐聳固土田茫茫念茲創建詒燕之
功何以追報永祀享堂克昌厥後玉樹傳芳

言志公長子第六世

仁慈公字敏愛號崇橋國子監生生洪武戊寅三十一年四
月廿二日未時卒天順壬午六年十二月初五日　時

壽六旬有五配周氏生洪武己卯三十二年六月二十
日酉時卒正統癸亥八年十一月十五日　時壽四旬
有五續配林氏生永樂丁酉十五年三月廿九日　時
卒弘治庚戌三年十月初三日　時壽七旬有五合
葬在坑園坐艮向坤今八房大墓是也
生子八長乾龍次坎龍三艮龍四震龍
五旺龍以上五人俱周氏出六添龍七漸龍
八真龍以上三人俱林氏出

言志公次子第六世

義思字敏和號浩川　配洪坑李氏生卒俱失載合葬坑

園墳在八房大墓上坐艮向坤

生子二 長廷亮 次廷恭

公生於六世之間知 始祖之奕葉繕脩族譜以傳於

後寔有功於宗族其配享 肇基祖側宜哉

言志公三子 邵六世

禮灦字敏柔號剛軒國子監生生永樂癸巳十一年十二月

初八日丑時卒正統乙丑十年三月十三日丑時壽三

旬有三附葬 父母墳中軋沙坂 科進士官授

行人司陳諱 公胞妹生永樂丙申十四年九月廿

四日子時卒正統己巳十四年三月廿六日卯時壽三

旬有四葬三魁嶺下陳林埔上坐未向丑俗稱爲娘

子墓

生子一爵

禮温傳子第七世

爵字思亮號省菴國子監生生正統九年三月廿四日丑

時卒正德六年二月廿二日寅時壽六旬有八配鍾林

厝蔡氏生正統十年七月初十日戌時卒正德五年

十月十八日子時壽六旬有六合葬本處横廂裡坐

寅向申

生子六長昌次隆三詰四暹五盛六麗

爵長子第八世

昌諱景富字樂善生天順七年正月初十日卯時卒嘉靖十一年八月十二日壽七旬配山頭朱氏生成化元年三月初二日午時卒嘉靖二十年二月十五日壽七旬有七合葬本處榕樹後坐乾向巽

生子一柏

爵次子第八世

隆諱景尊生天順八年十二月廿七日卒嘉靖二十五年十一月二十日壽八旬有三葬荒山即庵仔山坐甲向庚配林氏生天順八年十月初三日午時卒嘉靖十四年二月初八日壽七旬有二葬本山墓底坐艮向坤

生子四長梧次椒出嗣胞弟暹三稱四隅

爵三子第八世

詰諱景耀生成化六年二月初五日卯時卒嘉靖十二年三月廿二日　時壽六旬有四配石屏張氏生成化六年十月初九日巳時卒弘治十二年十月十六日　時葬吳貫英坑坐巽向乾續配北溪蔣氏生成化十年正月初九日未時卒嘉靖九年三月初十日壽五旬有七合葬吳貫英坑坐丙向壬

生子四長榕張氏出次檀三三四四

爵四子第八世

暹諱景賢生成化七年卒正德六年六月廿一日配嘉禾楊
氏生卒失載合葬本處橫廊　嗣子一邦係抱兄隆次子

盛諱景維生成化十六年正月廿九日卒嘉靖三十七年五
爵五子第八世
月十五日壽七旬有九配郭氏生卒失載續配月港潘
氏生弘治四年十月廿三日丑時卒嘉靖三十二年七
月廿七日壽六旬有三與夫合葬東坑坪坐癸向丁兼
子午　生子一聯

爵六子第八世

尾諱景熙生成化二十三年八月二十四日子時卒嘉靖四
十四年十月初五日 時壽七旬有九配鍾林尾蔡氏
生弘治二年七月十一日 時卒 年
月 日 時合葬本處下店坐癸向丁兼丑
未庚子庚午分金
生子四長椿次松三杞四柳

昌傳子第九世
柏字俊材生弘治元年十一月初七日 時卒嘉靖三十六
年正月十二日 時壽七旬配山北邱氏生弘治元年
九月初十日 時卒嘉靖三十七年十二月初八日

時合葬本處橫廂前坐東向西　生子二長勇次三勇

隆長子第九世

梧字高材生成化二十三年八月十三日辰時卒嘉靖三十

五年五月初一日　時壽七旬葬破庵山坐申向寅配

龍店李氏生弘治元年八月廿三日　時卒嘉靖三十

六年五月初七日　壽七旬葬本山墓坑底坐艮向排

生子二長烈次四

隆次子第九世

郝　出嗣

隆三子第九世

稱字良材生娶卒葬俱失載

生子一光氣

隆四子第九世

隅字喬材太學生生弘治十八年六月十九日卯時卒嘉靖三十二年八月十七日巳時壽五旬閏嘉禾店前陳氏生弘治十七年二月初十日申時卒嘉靖三十五年正月初五日　時壽五旬有三合葬在庵仔山坐巽向乾

生子四長國祥次國燦三國充四國盛

諧長子第九世

榕字洪材生弘治十一年十二月廿五日　時卒嘉靖三十六年三月廿一日　時壽六旬有一配鍾林尾蔡氏生弘治十六年八月廿八日巳時

生子三長沛次二沛出嗣胞弟三三沛

誥次子第九世

棰字奇材生弘治十八年六月十八日酉時卒嘉靖四十二年正月初五日　時壽五旬有九葬庵山坐申向寅配嘉禾店前陳氏生正德五年九月初四日

生子四長溢權次元三三元四四元

誥三子第九世

三字亨材生正德三年九月十九日未時配山北劉氏生正
德三年九月十一日亥時
嗣子一二沛係晨懋兄樓次子

誥四子第九世
四字茂材生娶卒葬所失識

暹嗣子第九世
邾字仍華一字應宵　出居漳浦縣銅山銅砵避亂遷潮
州復遷南澳今隸籍在詔安縣五都三圖二甲里班

謝仁
盛傳子第九世

聯字魁胤生正德十五年十一月十九日亥時配鍾林居
蔡氏生正德十六年十二月十九日　時卒嘉靖四十
二年壽四旬有三
生子四長雲礽次雲從三雲鎮四雲振

尾長子第九世

椿字魁材生正德七年十一月初八日子時配長嶼李氏
生正德九年七月初七日申時
生子三長光洞次光潮三光熖

尾次子第九世

松字魁秀生正德十六年十一月初十日子時卒嘉靖三

十五年九月廿九日 時壽三旬有六 配月港九都李
諱道長胞妹生嘉靖元年六月廿九日酉時卒嘉靖四
十二年六月廿七日 時合葬
生子二長光漢次光溥
尾三子第九世
杞字魁性生嘉靖五年十月十五日 時卒嘉靖四十年五
月廿二日 時壽三旬有五配山門施氏生嘉靖三年
月 日 時卒
生子一光澄
尾四子第九世

柳字魁順生嘉靖十一年九月廿一日辰時卒嘉靖三十五
年三月廿二日　時配鍾林尾蔡氏生
生子一光齊
柏長子第十世
勇字國椎生正德十五年至嘉靖二十五年外殁配邱氏
生子一廷寵
柏次子第十世
二勇字國經生嘉靖二年至二十五年外殁配邱氏
生子一廷錫
梧長子第十世

烈字國威生
梧次子第十世
四字國焰生嘉靖二年十一月廿七日　時卒
配柯氏生嘉靖五年十一月廿八日
時卒嘉靖三十六年七月十二日　時葬本處磨厝
後坐西向東
生子二長廷鳳次廷鶴
稱傳子第十世
光氣
偶長子第十世

輝字國祥生嘉靖六年四月廿九日卯時卒失載配鍾林厝
蔡氏生嘉靖六年丁亥十月初三日丑時卒失載合葬
對面園坐北向南
生子一廷福

隅次子第十世

晃字國燦生

隅三子第十世

完七字國充生嘉靖二十一年二月初二日丑時卒
年十月初五日　時配蘇氏生失載卒
年九月初五日　時合葬對面園坐西向東

生子一廷志

隅四子第十世

完八字國盛鄉飲大賓生嘉靖二十四年乙巳三月十一日
子時卒萬曆四十六年戊午十月廿四日　時壽七
旬有四葬東坑坪坐辛向乙配嘉禾呂氏謚慈淑生嘉
靖三十一年壬子三月十八日午時卒天啟元年辛酉
十二月十八日　時壽七旬與　喬材祖婆合葬庵仔
山　喬材公墓埕中穴居在左第二壙坐辰向戌兼

生子一輪宰

榕長子第十一世

沛字溢海生嘉靖七年十一月廿五日丑時卒嘉靖四十二

年　月　日　時配柯氏

生子一　廷鑾

榕次子第十世

二沛　出嗣

榕三子第十世

三沛字　生嘉靖二十七年戊申十一月十一日未時

檀長子第十世

溢權

檀次子第十世

元字溢善生嘉靖十二年十一月二十日亥時配嘉禾廿一
都林氏
檀三子第十世
三元字溢進生嘉靖十七年三月十九日申時配坂尾林氏
生　年　月　日　時
生子一廷建
檀四子第十世
四元字　生嘉靖三十年辛亥十月十一日亥時
三嗣子第十世
二沛字溢正生嘉靖十五年十月初一日亥時配山北周氏

生嘉靖二十五年七月初三日亥時
生子

聯長子第十世

雲礽字道貫一字橘庭生嘉靖二十年辛丑三月廿一日子
時卒失載葬
配赤石黃氏生嘉靖二十年十月二十日子時
生子一廷略

聯次子第十世

雲從字道由生嘉靖二十二年十二月初三日卯時卒失載
配蔡氏生嘉靖二十六年丁未六月初三日辰時卒失

載

生子一 廷睦

聯三子第十世

雲鎮字道岳生嘉靖二十五年八月十二日卯時卒萬曆戊

申年十一月二十日午時配馬壠劉氏生嘉靖庚戌

年三月十一日子時卒萬曆壬子年四月十九日丑時

合葬本鄉對面園坐 向

生子二 長廷焜 次廷耀

聯四子第十世

雲振字道拔生嘉靖己酉年七月初四日辰時卒失載葬

椿長子第十世

光洞字道淵一字南江生嘉靖十七年九月廿一日丑時

卒

配排頭黃氏生嘉靖十五年正月廿七日辰時卒失紀

葬吳貫南山邊

生子三長見龍次延龍三奇龍

椿次子第十世

光潮字道信生嘉靖十九年十二月廿四日丑時配嘉禾

楊氏

椿三子第十世

光焴字道燦生嘉靖三十年十二月廿二日未時配長嶼李
氏
松長子第十世
光漢字　生嘉靖二廿六年十一月十九日申時配山兜
何氏生嘉靖三十年六月十六日　時
生子
松次子第十世
光溥字　生嘉靖三十年四月十六日　時配嘉禾李
氏
杞傳子第十世

光澄字　　生嘉靖二十六年十一月十三日配山仔陳氏

　柳傳子第十世

光齊字　　生嘉靖二十九年八月二十日午時配鍾林厝

　蔡氏

　勇傳子第十一世

廷寵字　　生嘉靖三十四年二月初二日子時

　二勇傳子第十一世

廷錫字　　生嘉靖二十二年六月初十日未時

　烈傳子第十一世

四長子第十一世

廷鳳字西鳴生嘉靖二十四年正月廿八日子時卒葬

娶俱失載　生子一維顯

四次子第十一世

廷鶴

光氣傳子第十一世

輝傳子第十二世

廷福字東海生嘉靖三十七年戊申十二月二十日巳時卒

失載。配林氏，生嘉靖三十二年癸丑十二月廿九日酉時，卒失載，與父合葬，對面園坐北向南。

生子五：長晃，次合，三述，四逸，五余，八

晃傳子第十一世

完七傳子第十一世

廷志字　生失載，卒萬曆四十七年己未十月初六日時，與父母合葬，對面園坐西向東。配蘇氏，生失載，卒

壬寅年六月廿三日時，附葬墓底裡。　景尊

祖婆墓手中坐艮向坤

生子一　熙欽

完八傳子第十一世

廷詔字輪宰一字懷觀生萬曆廿三年乙酉十月廿二日未時

卒順治十七年辛丑十一月廿三日戌時配嘉禾呂氏

生萬曆十九年辛卯七月初八日申時卒康熙三年甲

辰五月十七日未時合葬洪坑社土名下潘厝地中坐

丁向癸兼未丑并帶小園一坵在墓前受種一斗

生子二　長憲録　次惠薰

沛長子第十一世

廷鑾字　生嘉靖四十年辛酉二月廿二日丑時卒

年九月十八日　時配林氏生失載卒

年八月十八日　時葬失載

生子四長大態次二三三四六出嗣胞弟廷

沛次子第十二世

廷鷹　生娶卒葬失載

嗣子一六係胞兄廷鷟四子

三沛𦙍子第十一世

溢權傳子第十一世

元傳子第十一世

三元傳子第十一世

廷建字次山生隆慶二年戊辰四月二十日巳時卒葬失載

配　氏生卒葬所失載

生子四長舍頎次用三五四六

四元傳子第十一世

二沛傳子第十一世

雲礽傳子第十一世
廷昭字　生嘉靖乙丑年六月初六日戌時卒葬失識
配　氏生卒葬所失載
雲從傳子第十一世
廷睦字　生隆慶丁卯年六月廿一日子時卒葬失載
配　氏生卒葬所失載
雲鎮長子第十一世
廷焜字褭景生　丙子年三月初七日午時生
年二月初六日戌時配吳氏生　戊寅年正月廿七
日丑時卒　壬寅年六月十三日酉時合葬本鄉

對面園坐申向寅

生子二長調申次調勝

雲鎮次子第十一世

廷耀公字衷孚以孫英誥贈驍騎將軍生隆慶二年戊辰正月廿五日寅時卒　年正月廿六日寅時配林氏誥封一品夫人謚端肅生隆慶己巳年五月初一日子時卒　年八月十五日　時合葬本鄉東坑社坪坐　向

生子一得復

雲振傳子第十一世

光洞長子第十一世
見龍
光洞次子第十一世
廷龍
光洞三子第十一世
奇龍字耀台一字鳳廷生萬曆辛巳年三月廿二日辰時卒崇禎辛巳年六月廿五日丑時配林氏生失載卒天啟丙寅年十月十七日巳時葬鬼仔營後坟墓後排埔續配吳氏生萬曆甲申年八月初八日子時卒　癸卯年

七月初五日子時合葬後埭坐甲向庚
生子三長含策次次八三結

光潮傳子第十一世

光焰傳子第十一世

光漢傳子第十一世

光溥傳子第十一世

光澄傳子第十一世

光齊傳子第十一世

廷寵傳子第十二世

廷錫傳子第十二世

廷鳳傳子第十二世

維驥

廷鶴傳子第十二世

台

廷福長子第十二世

述

廷福次子第十二世

逆

廷福三子第十二世

余

廷福四子第十二世

廷福五子第十二世

八

生娶卒葬所失載

生子三長甲次雙三豆孫

廷志傳子第十二世

維蔭字惠欽生萬曆四十七年己未十二月十一日辰時卒

康熙二十二年癸亥八月初二日酉時葬本鄉橫廂裡

坐寅向申娶黄氏生崇禎三年庚午二月十五日未時

卒康熙五十年辛卯二月初八日午時葬徑林尾坐巳

向亥

生子一天錫

輪宰長子第十二世

維榮字惠録生天啓三年癸亥十一月初一日巳時卒康熙三十年辛未七月初四日未時葬在對面園下店園中坐癸向丁配新安邱氏謚肅慎生崇禎七年甲戌十一月十八日巳時卒康熙四十四年乙酉二月十八日未時葬新安墓乳巷下土名北行馬望高園中內向子午外壬丙辛亥辛巳分金

生子二長楨次樞

燭於幾先者謂之智當國家多事之秋海上干戈不息致有遷移大變室家相棄死亡枕藉而　吾父能於

未遷之前見沿海之勢將危知祖地必難以寧處預入泰邑拮据謀生舉家不受其難而保全無害雖邀天之幸亦是識見之高如易所謂明乎吉凶消長之理進退存亡之道非智者而能若是乎舉此一事亦可以見其經濟之大概至於一生公平正直素行無虧又非爲子者之所得自爲揚礱也

男楨謹識

維勞字惠薰生崇禎六年癸酉十二月十三日亥時卒康熙三十五年丙子五月廿三日　時外殁吕宋配張氏生

輪寀次子係十二世

順治二年丙戌九月初一日申時卒　　年
月　日　時葬上宅後門口田尾坐　向
生子一君章

廷鸞長子第十二世
大悠字扶我生失載卒順治癸卯年五月十七日子時葬徑
林尾坐東向西配蔡氏生失載卒　年八月
廿二日　時葬橫廂坐東向西續配陳氏生
年　月　日　時
生子一孟

廷鸞次子第十二世

二愆字維泮生天啟壬戌年九月十四日丑時卒順治戊子年三月廿一日酉時葬橫莆坐東向西配林氏生崇禎戊辰年三月十五日戌時卒康熙乙酉年十二月初三日未時葬本鄉山墘坐乾向巽兼　丙戌丙辰分金遺腹子成

林氏孀居遺腹生男撫養成立節亦難矣而子又中途徂喪繼以守孫難中更難矣是以亟揚之以勵世之甘於苦節者

光斗舊誌

廷鸞三子第十二世

三　生娶卒葬所失載　生子一瑞光

六　廷鸞四子第十二世　出嗣

六　廷鷹嗣子第十二世　生卒失載與配　氏合葬本社店後坐東北向西南
出居淮安府安東縣　生子二長漣次基

廷建長子第十二世
舍頏字　生失載卒　年六月廿九日　時配

鄭氏生卒失載合葬對面園坐西向東

生子二長和次平

廷建次子第十二世

生娶卒葬失載

用字

生子一汝

廷建三子第十二世

生失載卒　年正月初六日　時配曾氏

五字

生失載卒　年十二月廿六日　時合葬牛

埔山坐西向東

生子一楊

六

廷建四子第十二世

廷昭傳子第十二世

廷睦傳子第十二世

廷焜長子第十二世

維嵛字調用生萬曆二十八年正月廿二日申時卒順治戊子年八月十二日午時

配陳氏生萬曆戊申年十月初十日戌時卒康熙

丙寅年六月廿五日戌時葬同裡山坐乾向巽
生子四長大次桂三華四在
廷焜次子第十二世
維　字調勝生娶卒年月日時葬所失載
生子三長儀次巧三允
廷耀公傳子第十二世
維還字得復以子英誥贈驍騎將軍生萬曆三十五年丁未
十二月廿五日申時卒康熙三年甲辰四月初四日戌
時葬本鄉後宅坐甲向庚兼寅申壽五旬有八配東龍
坑林氏誥封一品夫人謚慈懿生萬曆己酉年二月十

二日酉時卒康熙乙卯年七月十七日酉時葬本鄉對

面園坪坐　向　　生子二長傳次茂

見龍傳子第十二世

廷龍傳子第十二世

奇龍長子第十二世

含策字　生失載卒康熙三年九月廿一日未時葬

配鄭氏生失載卒康熙

五年八月初八日巳時葬

生子五長隱次安三允四定五當

奇龍次子第十二世

次八諱仲生天啟五年乙丑九月十八日巳時卒康熙二十二年癸亥七月廿五日　時壽五旬有九娶呂宋配魏氏生崇禎八年乙亥五月初五日亥時卒康熙甲午年十月廿六日酉時葬本山鬼仔營坐乾向巽

生子二長松次蔭

奇龍三子第十二世

結諱信字洵直生崇禎二年己巳九月十六日卯時卒康熙

二十三年甲子二月廿九日辰時辭下店　祖墓左邊坐艮向坤配充隆蘇氏生順治十六年丙戌八月廿九日申時卒雍正十三年乙卯三月廿四日午時葬排頭赤泥山坐癸向丁兼子午丙子丙午分金

生子三長全次老三順

維驥傳子第十三世

台傳子第十三世

述傳子第十三世

逸傳子第十三世

余傳子第十三世

卬　八長子第十三世

八次子第十三世

雙　流寓省城

八三子第十三世

三孫　生娶卒葬所失載

生子一英

惠欽傳子第十三世

仕諱天錫生康熙四年乙巳正月十七日辰時卒康熙四十八年己丑八月廿三日　時葬橫厢裡坐寅向申縣侯埔丙寅丙申分金配邁尾李氏生康熙十二年癸丑正月十五日酉時卒乾隆十八年癸酉十月十三日巳時葬對面園坐戌向辰兼辛乙丙戌丙辰分金

生子二聯

惠録長子第十三世

楨小名斌字豫章別字東涯子乾隆二年　恩錫八品頂帶
壽官生順治九年癸巳十一月十八日辰時卒乾隆十
年三月廿五日未時壽九旬有三配浮宮李氏謚純靜
生順治十六年己亥正月十六日寅時卒雍正八年庚
戌正月廿一日卯時壽七旬有二合葬對面園
左父墳坐癸向丁兼丑未庚子庚午分金
　生子三長嘉次謙三衍
豫章兄余同志昆弟也為八達天知命恬淡寡營而且
胸羅經史又嘗於作文之暇肆志唫咏曾著有試草全
卷文集全卷詩集两卷詞集一卷百二金釵一卷當

時列位名公如浙江觀風院仕舳蔡先生粤西解元時
楩唐世翁與族之重燦進士弟天寵孝廉兄允登春
元姪以及姻親會友讀其詩文樂爲撰序今余即將諸
公所贈之序爲之録入私譜中庶可使吾兒之詩文與
譜書並垂後世同垂不朽焉耳

弟光斗識

豫章予同派叔祖也余　先君子夙稱其才學過人而
詩律尤精焉然懷才不遇每爲太息者久之今予以負
乘故獲覽其著作有百二金釵及有試草文集詩集詞
集數卷澄邑侯王諱作霖公賜進士鄧諱來祚公葉諱廷

推公將百二金敛録入縣誌予文徧閱其詞章以及當世之士大夫題贈固知春草池塘淵源有自亦可見文章之事寸心千古士君子佩服聖賢苟克留芳奕世志願足矣今　公著作傳留國乘亦可不負生平所學若夫得失時也遇合命也此固可付之不問云況乎文章爲命達之憎從古如斯爲之奈何

浦邑庠姪孫必魁誌

惠録次子第十三世

樞小名静字定章生康熙十一年壬子五月廿五日戌時卒乾隆四年己未八月廿八日辰時配永寧衛城角陳氏

生康熙十五年丙辰三月初一日未時卒乾隆三年戊
午三月十二日寅時合葬在隔林尾坐辛向乙兼戊
辰辛酉辛卯分金

生子三長智次信三服

惠薰傳子第十三世

天祥字君章生康熙三年甲辰四月十三日午時卒乾隆二
年丁巳四月十三日未時葬畓邾龍雅配馬嶺陳氏生
康熙九年庚戌五月初八日辰時卒乾隆元年丙辰八
月十八日酉時葬土宅後門口田中坐寅向申兼艮坤

生子三長度次艷三映

大愨傳子第十三世

孟字右鄰生順治壬辰年十二月初五日亥時卒雍正戊申年四月廿九日子時葬大墓坑口坐戌向辰兼巳亥配柯氏生康熙八年己酉二月廿五日未時卒乾隆三年戊午八月初八日　時壽七旬葬與夫同

生子四長永次祿三朝四琦

二愨傳子第十三世

成字汝燊生順治四年戊子八月十九日寅時卒康熙三十三年甲戌十一月初十日戌時配吳氏生順治辛丑年九月十七日丑時卒康熙乙亥年正月初一日亥時合

葬庵仔邊坐艮向坤兼

生子二長藍次梧

三儞子第十三世

瑞光

六長子第十三世

出居淮安府安東縣

達

六次子第十三世

基

出居淮安府安東縣

舍預長子第十三世

和宇

生失載卒　年七月十四日　時葬

仔邊坐東向西祖蔡氏生卒葬所失載

生子一 琛

佮頭次子第十三世

平字

生康熙十一年壬子五月十七日　時卒康熙辛

卯年九月十六日　時葬

配施氏生康熙己未年六月初二日

時卒康熙癸未年二月十一日未時葬庵仔邊坐丑

向未兼癸丁

生子三 長祖 次向 三裕

用傳子第十三世

汝字　生娶卒葬所失載
生子一意

楊字
五傳子第十三世
生順治丁酉年　月　日　時卒康熙庚午
年六月初四日　時葬庵仔邊坐東向西配陳氏生
年　月　日　時
續配葉氏生　年　月　日　時
生子二長蔭陳氏出次明葉氏出

大字
調川長子第十三世
生失載卒　年十二月廿四日戌時

調川次子第十三世

桂字苛清生崇禎三年庚午六月廿五日戌時卒康熙五十五年丙申七月十八日寅時壽八旬有七配余氏生崇禎辛巳年十一月十二日辰時卒康熙己亥年三月十二日午時壽八旬　生子一旺

調申三子第十三世

華字　生失載卒　年七月廿八酉時

調申四子第十三世

在

調勝長子第十三世

巧

調勝次子第十三世

儀字

生卒塟所失載

生子二長槃次宋

調勝三子第十三世

兌

得復公長子第十三世

儁公諱英字爾才號毅菴鎮守貴州僉轄烏蒙東川控制苗

夷漢土官兵帶晉畢節等處地方總兵官都督僉事加

贈驍騎將軍生崇禎五年壬申九月二十日亥時卒
康熙三十一年壬申十二月初三日戌時壽六旬有一
配長嶼李氏誥封一品夫人謚敦惠生崇禎十年丁丑
二月初十日戌時卒康熙四年乙巳十月廿三日寅時
葬本省長樂縣北門外坐癸向丁兼子午庚子庚午分
金續配方氏誥封一品夫人生崇禎四年辛未八月廿
六日酉時卒康熙四十七年戊子六月初九日辰時壽
七旬有八與夫合葬在本鄉宅仔坐東向西側室浙江
湖郡張氏生康熙七年戊申十一月十六日申時卒乾
隆甲戌年十一月十六日子時葬本鄉東坑坪坐　向

生子三長長李氏嫡出次陞方氏嫡出三便張氏庶出

公壯年常治兵習戰攻順治十八年奉

旨授誠加都督僉事授副將職銜駐劄浙江湖州康熙十三年靖南王耿貞忠謀反據福建閩浙動搖公隨總督院李保守衢州府領兵討平叛逆屢建奇功蕩平之後叙功咨部康熙十八年蒙　恩擢授北直宣府上西路張家口參將二十一年陞陝西興安州副將二十二年調轉貴州黔西州副將三十年二月奉

旨陞見四月初五日至暢春苑兵部代爲啟奏

上命侍衛傳諭獎
御前射箭舞刀一一稱
旨令小黄門賜宴兵部陪宴畢叩頭謝
恩而出十四日欽授貴州威寧總鎮遂於二十八日
陛辭赴任後因邊疆重鎮勞於王事而卒于官三十一年子
國璋奉
旨扶櫬歸葬本籍（弟豫章）賦詩以挽之
峻嶽巍峰一旦傾三軍垂淚盡傷情花殘玉樹香飄散
劍入龍泉劍不鳴鷄夢已知年屬酉鵬飛可痛日逢庚
長騎箕尾歸霄漢誰作邊疆萬里城

得復公次子第十三世

茂

舍策長子第十三世

懔字

生卒葬所失載配魏氏生萬曆己丑年五月廿五日巳時卒康熙己丑年十月廿七日寅時葬本山鬼仔嶺坐東向西

嗣子一興係胞弟安次子

舍策次子第十三世

癸諱而徵字伯通生崇禎十四年辛巳正月廿六日丑時卒康熙四十三年甲申八月十五日卯時壽六旬有四葬

鬼仔營坐東向西配長嶺李氏生順治元年正月廿五日酉時卒康熙己亥年七月廿四日辰時葬坑園坐子向午　生子三長盛次興出嗣抱兄隆三彩

舍策三子第十三世

允諱而衛字英毅生崇禎十六年癸未四月廿四日亥時卒康熙三十二年癸酉三月廿一日未時壽五旬娶呂宋郡埭頭林氏謚淑德生順治六年己丑八月初六日辰時卒康熙三十二年癸酉四月十三日寅時壽四有四旬葬曾邊園坐亥向巳

生子一傳

定
舍策四子第十三世

舍策五子第十三世

當
次八長子第十三世

松
諱永寧生順治十五年己亥正月初四日酉時卒康熙
己卯年七月十五日辰時葬
配柯氏生順治庚子年十一月十五日卯時卒
康熙壬申年十一月十二日寅時
生子一助一

次八次子第十三世

蔭字　生康熙十五年丙辰十二月廿二日戌時往呂宋

結長子第十三世

奎諱而祐字　生康熙十七年戊子九月初七日子時卒乾隆十年乙丑七月十三日戌時壽六旬有八葬本山鬼仔營坐乾向巽兼亥巳配葉氏生康熙三十三年甲戌十月十九日酉時卒康熙五十五年丙申三月初七日巳時葬本社對面園坐酉向卯續配陳氏生康熙三十三年甲戌九月初七日丑時卒乾隆五十年十一月初七日戌時壽九旬有二葬吳貫庙兜社後土樓裡

坐午向子兼丁癸庚午庚子分金
生子七　長艮 葉氏出　次雍　三標　四省
五倹　六豊　七薦

結次子第十三世
老諱而壽字　生康熙二十年辛酉十一月十五日寅時
卒雍正二年甲辰八月十二日辰時配郭氏生康熙
三十三年甲戌十月初三日酉時卒乾隆十九年甲戌
十月十六日寅時壽六旬有一合葬本社上宅厝地坐
癸向丁兼丑未　生子二　長嵩　次英

結三子第十三世

順諱而柏字元特生康熙二十三年甲子九月十二日未時卒

乾隆八年十月三十日寅時壽六旬有一葬本山鬼仔

營坐寅向申兼艮坤丙寅丙申分金配本社許氏生康

熙三十五年丙子十月十五日卯時卒乾隆十七年壬

申九月廿七日午時壽五旬有七葬對面園坐酉向卯

兼庚甲

生子三長綿次集三登

甲傳子第十四世

雙傳子第十四世

三傳子第十四世

因遷移變亂不知所之後聞從其母舅住新岱石家

天錫傳子第十四世

英

號諱熙字初日生康熙三十六年丁丑六月初四日巳時卒乾隆十二年丁卯六月十二日未時葬在吳貫下尾社前土樓山裡坐丁向癸兼午子丙午丙子分金配皇廷林氏生康熙四十二年癸未八月廿二日申時卒乾隆四十九年甲辰九月廿四日寅時葬對面園坐辛向乙

兼酉卯丁酉丁卯分金

生子三 長愷 次愼 三怡

豫章長子第十四世

嘉諱暉字謨伯生康熙二十年辛酉八月廿一日丑時卒乾隆七年壬戌八月廿二日申時壽六旬有二葬本處橫蓢後坐戌向辰兼辛乙丙戌丙辰分金配丙坑周氏謚勤慈生康熙二十四年乙丑八月十八日亥時卒乾隆三十四年己丑九月十五日寅時壽八旬有五葬東坑坪坐乾向巽兼戌辰丙戌丙辰分金

生子一培

豫章次子第十四世

謙諱晞字邛受生康熙二十七年戊辰十二月初四日辰時卒乾隆三十三年戊子二月初四日午時配青浦李氏生康熙三十一年壬申十一月十二日卯時卒乾隆三十九年甲午二月初八日巳時合葬在本處許埭頭內坐庚向甲兼酉卯外坐酉向卯兼庚甲用丁酉丁卯分金

生子一　植

積善累功　吾祖素志也遡自懷房遺下祭金不上二十两　吾祖躬爲經營生殖積至數千金置祀田數十石種使世世享德春秋匪懈者　吾祖之力也厥後嗣

建　樹德堂小宗費亦在其中此非承先啟後之人能
君是乎　至其事親孝與友信鄉閭宗族多能道之無
庸小子贅及

孫光遠誌

豫章三子第十四世

衍諱睤字叶五生康熙三十四年乙亥十二月初七日卯時卒
乾隆五年庚申八月廿九日辰時葬咬𠺕吧配嶺下葉
氏生康熙三十九年庚辰十一月初六日寅時卒乾隆
三十五年庚寅七月十九日巳時葬本處庵仔山坐亥
向巳兼辰戌辛卯辛酉分金

生子一房興

定章長子第十四世

智諱暽生康熙三十九年庚辰四月廿六日未時卒乾隆二十四年八月十七日子時葬臺灣配陳氏生康熙四十六年丁亥十一月十六日丑時卒乾隆十二年七月廿三日戌時葬徑林尾坐　向

生子二長宏次育

定章次子第十四世

信諱昕生康熙四十三年甲申正月初一日寅時卒乾隆己未年六月廿七日戌時葬

配黃氏生康熙四十九年庚寅十一月初五日
寅時卒乾隆二十九年十月初八日寅時葬徑林尾
生子一益

定章三子第十四世

服諱晰，生康熙五十一年壬辰正月初三日戌時卒乾隆五
十年乙巳十月十八日巳時配馬氏生康熙五十七年
戊戌七月廿三日巳時卒乾隆二十年乙亥十二月廿
七日丑時合葬徑林尾坐乙向辛兼卯酉丁卯丁酉分
金　生子二長陣次叟

君章長子第十四世

度諱畹字伯昭生康熙二十六年丁卯七月廿二日酉時卒
康熙五十五年二月廿六日子時葬咬𠺕吧望謬寺山
君章次子第十四世
艷諱昉字旭陽生康熙三十一年壬申二月廿九日未時卒
康熙己亥年四月廿五日未時葬横廂園仔坐　向
生子一鶱
君章三子第十四世
映諱晙字凤輝生康熙三十二年甲戌十一月初二日戌時
卒乾隆己巳年九月十一日巳時附葬後門口　母墳
左配鍾祢厝蔡氏生康熙癸未年十月初三日申時卒

乾隆壬申年八月廿五日未時附葬後門口　姑墳右

生子六長奪次深三灣四轄五灌六溉

孟長子第十四世

永　生康熙甲子年　月　日　時卒康熙甲申

年六月初八日　時

孟次子第十四世

祿諱　字伯玉生康熙二十六年丁卯六月十二日亥時

卒雍正四年丙午七月十六日　時葬暹羅內配葉氏

生康熙二十八年己巳十二月廿九日酉時卒乾隆三

十四年己丑十月十五日酉時壽八旬有一葬狗仔田

牛埔山坐酉向卯兼庚甲丁酉丁卯分金

生子二長士綽次興祖

孟三子第十四世

朝諱一珍字宜重生康熙三十六年丁丑十一月十三日子時卒乾隆丙子年十月廿三日酉時壽六旬葬狗仔田牛埔山堀上坐壬向丙兼亥巳丁亥丁巳分金配郜氏生康熙四十七年戊子正月初一日子時卒乾隆戊申年九月初一日丑時葬本山大墓坑　埔山坐乙向辛兼辰戌

生子四長助次嶔三尊四擱

孟四子第十四世

琦諱一瑋字席仲生康熙三十九年庚辰二月十六日子時卒乾隆三十四年己丑四月二十四日丑時葬後埭仔坐未向丑兼坤艮辛未辛丑分金配楊氏生康熙五十年辛卯九月初一日辰時卒乾隆三十二年丁亥五月廿六日午時葬後埭仔田墘坐坤向艮兼未丑分金

生子二長士俊次士錦

成長子第十四世

藍諱光世字耀遠生康熙二十五年丙寅十二月二十日亥時卒乾隆九年甲子十二月廿八日未時葬木社店後

坐甲向庚兼卯酉配黃氏生康熙二十七年戊辰七月
初十日亥時卒乾隆十四年己巳四月廿三日辰時葬
本處坪仔頂坐申向寅兼甲庚
生子七長賜次周三秦四國出嗣胞弟梧
五蒲六帶七預

戌次子第十四世

梧諱光伯生康熙庚子年七月初二日辰時卒康熙戊戌年
十月初十日寅時葬蔡嶺坑邊羊間下坐丑向未兼艮
坤配許氏生康熙壬申年十一月十六日辰時卒乾隆
四十一年丙申八月十四日亥時葬庵仔邊坐寅向

山兼卯酉丁卯丁酉分金
生子二長善次國係抱兄藍四子

來
和傳子第十四世
生康熙　年　月　日　時
生子二長思次詹

祖
平長子第十四世

向
平次子第十四世
生康熙壬申年正月十六日午時卒雍正丙午年
乙月十三日巳時葬牛埔裡坐丁向癸兼午子配林氏

生康熙乙亥年十一月廿二日　時卒乾隆十八年
十一月初二日酉時與夫合葬
生子一　贊
平三子第十四世
裕
諱光容字予輝生康熙甲戌年九月十一日　時卒乾隆
庚申年九月十六日辰時附葬蔡嶺社邊　父墳坐甲
向庚兼寅申配江氏生康熙四十四年甲申八月初九
日午時卒乾隆五十年乙巳十一月初三日午時葬庵
仔山艾邊坐艮向坤兼丑未丁丑丁未分金
生子四長補次勇三科四日

意

汝傳子第十四世

生康熙乙酉年　月　日　時

父子出居臺灣

楊長子第十四世

蔭字元祐生康熙癸丑年九月初十日　時卒乾隆壬戌年十月十一日酉時附葬牛埔　祖父墳坐酉向卯兼辛乙配翁氏生康熙十九年庚申七月初五日寅時卒乾隆二十五年庚辰七月十五日未時葬橫廂尾坐辛向乙兼戌辰辛酉辛卯分金

生子五長東次西三南四中五正

楊次子第十四世

明

大傳子第十四世

奇清傳子第十四世

旺諱艮祚生康熙庚申年正月初七日午時卒乾隆十六年辛未五月廿六日酉時葬本鄉對面園坐庚向甲兼酉卯配何氏生康熙二十年辛酉五月十四日寅時卒康熙三十八年己卯六月廿八日寅時葬本鄉過溪園裡坐西向東續配陳氏生康熙十八年己未十月廿七日

午時卒康熙四十九年庚寅八月初八日午時瘞本鄉過巷園裡坐艮向坤兼寅申再續配彭氏生康熙二十五年丙寅十二月初一日午時卒乾隆二十八年癸未十月廿三日丑時與夫合葬

生子四長程次鵬三挺四卿

華傳子第十四世

在傳子第十四世

巧傳子第十四世

樂

儀長子第十四世

出居臺灣

儀次子第十四世

宋

毅菴公長子第十四世

長公諱國器字君球號正菴少入國學蒙

恩授明威將軍生

順治九年癸巳八月廿一日丑時卒康熙三十年辛

未十二月廿九日寅時配陳氏生順治十四年戊戌

九月廿一日辰時卒康熙五十二年癸巳十月十二日

午時合葬本鄉下店坐子向午兼壬丙

生子三 長嘉 次祿 三寶

毅菴 公次子第十四世

陞諱國璋字贊侯號德菴太學生生康熙七年戊申八月十九日亥時卒雍正元年九月初十日巳時葬

配黃氏生康熙七年戊申十月十二日寅時卒乾隆六年六月初二日亥時葬

生子七 長仁 次義 三廉 四敬明 五長庚 六華 七罕

毅菴公三子第十四世

便諱國珍字君賢生康熙乙酉年正月廿六月辰時卒乾隆戊午年七月廿一日酉時

配葉氏生　年　月　日　時

生子一　世雄

茂傳子第十四世

隱嗣子第十四世

興諱俊岳字　生康熙二十三年甲子三月廿一日子時卒乾隆十六年辛未正月初三日戌時壽六旬有八歲

坑園裡坐子向午兼壬丙配邱氏生康熙三十一年壬
申十月十四日子時卒乾隆二十八年癸未六月十四
日丑時葬下店坐癸向丁兼子午丙子丙午分金
生子四長坤次回三達四戎

燮長子第十四世
生康熙十九年庚申六月十八日戌時卒
盛諱崇岳字
康熙五十三年甲午四月初七日戌時葬外域配鄭氏
生康熙二十年辛酉四月十三日酉時卒乾隆二十四
年己卯正月初二日未時壽七旬有七葬庵仔邊
生子三長位次鍾三田

安次子第十四世

興　出嗣

发三子第十四世

彩諱嵩岳字　生康熙二十五年丙寅八月初二日丑時卒雍正八年庚戌十月初一日巳時葬橫厝坐東向西配陳氏生康熙三十四年乙亥八月初七日卯時卒乾隆二十年乙亥十二月十二日申時壽六旬有一葬鬼仔營坐　向

生子一長孔[illegible]天

允傳子第十四世

傳諱國俊字　生康熙十一年壬子十一月二十日寅時卒乾隆十四年己巳十月二十日寅時壽七旬有八

配張氏生康熙十七年戊午六月廿六日亥時卒乾隆二十四年己卯十二月廿二日亥時合葬本處樓仔後坐甲向庚兼卯酉

生子六長管次仲三晏四輿五堯六六

定傳子第十四世

當傳子第十四世

松傳子第十四世

助諱　生康熙三十五年丙寅二月廿六日午時卒

年　月　日　時葬鬼仔營配　氏生

康熙丁卯年正月初一日寅時

生子三長隨次陣三進

蔭傳子第十四世

全長子第十四世

艮諱嶠岳字　生康熙五十二年癸巳九月廿五日未時

卒乾隆五十一年丙午七月初十日　時葬本處

沙裡園坐西向東配陳氏生康熙五十九年庚子十一月初八日酉時卒乾隆四十年乙未三月初九日未時葬上宅獅仔墓前坐丑向未兼艮坤

生子三長持次載三爵

全次子第廿四世

雍諱　生康熙五十八年己亥三月廿三日寅時卒乾隆二十一年丙子十月初四日酉時葬狗仔田山坐壬向丙兼亥巳配廈門洪氏生雍正三年乙巳十月十三日午時卒乾隆四十二年丁酉十月廿三日酉時葬狗仔田坐癸向丁兼丑未庚子庚午分金

生子二長藺次覬

仝三子第十四世

標諱　生康熙六十年辛丑乙月初三日寅時卒乾隆四十一年丙申六月初十日寅時葬狗仔田坐寅向申兼艮坤丙寅丙申分金配林氏生乾隆二年丁巳四月廿八日寅時卒乾隆三十八年癸巳二月廿三日寅時葬狗仔田坐壬向丙兼亥巳丁亥丁巳分金

生子四長罟次參三捷四伍

仝四子第十四世

省諱　生雍正五年丁未正月初十二日未時卒嘉慶九年

甲子正月廿一日巳時葬黃茂山又名蔡嶺山坐辛向
乙兼戌辰辛酉辛卯分金配水頭林氏生乾隆四年己
未正月初三日酉時卒嘉慶庚辰年七月廿四日未時
葬狗仔田坐壬向丙兼亥巳辛亥辛巳分金
生子六長杭次潘三蔡四燦
五臨六紂出嗣胞弟薦

儉諱
金五子謝十四世
生雍正七年己酉六月廿六日巳時卒乾隆五十
三年戊申五月初三日巳時葬本山狗仔田坐壬向
丙兼亥巳辛亥辛巳分金配黃氏生乾隆四年己未十

月初二日卯時卒道光庚寅年七月十二日巳時葬排頭山墩頭坐寅向申兼甲庚

生子三長啓次追三綠

豐諱

全六子第十四世

生雍正九年辛亥十二月初七日子時卒嘉慶辛未年十一月初二日卯時葬落水龜坐酉向卯兼庚甲丁酉丁卯分金配吳氏生乾隆十一年丙寅五月十五日未時卒乾隆三十八年癸巳三月初二日寅時葬徑林尾坐酉向卯兼庚甲丁酉丁卯分金續配吳氏生乾隆十二年丁卯四月廿三日亥時卒嘉慶十四年己巳

五月初十日巳時附葬前配吳氏墳左坐向分金同
嗣子一雪 係房兄卯三子
全七下第十四世
薦諱
生雍正十二年甲寅五月初六日子時卒
年五月初六日未時卒番邦配蔡氏生乾隆十
五年庚午十二月十四日戌時卒乾隆五十九年甲
寅五月十四日　時葬口埭頭落水龜　祖墓邊坐申
向寅兼庚用
嗣子一紂 係胞兄省六子
羌長子第十四世

嵩諱欽岳生康熙五十五年丙申四月廿八日申時卒嘉慶
十一年丙寅十月初三日丑時葬芦邊坐未向丑兼坤
艮辛未辛丑分金配林氏生雍正元年癸卯七月廿九
日未時卒乾隆三十四年己丑五月十三日未時葬樓
邊坐丁向癸兼午子丙午丙子分金
生子二長兑次沛
老次子第十四世
英諱
生康熙五十七年戊戌十二月初九日巳時卒乾
隆四十一年丙申十月廿一日寅時葬狗仔田坐壬向
丙兼亥巳丁亥丁巳分金配本社許氏生雍正十二年

甲寅正月十九日巳時

生子六長逸次典三誥四提五沉六努

順長子第十四世

綿諱盛岳生雍正三年乙巳五月初十日酉時卒乾隆三十九年甲午十一月初十日丑時葬本鄉坪仔頂坐酉向卯妻庚甲鄉黃氏生雍正四年丙午十一月廿三日丑時卒嘉慶壬戌年十月十一日子時葬狗仔田黃茂山頂坐戌向辰兼乾巽庚辰庚戌分金

生子三長妏次塗三簡

順次子第十四世

集諱合岳生雍正七年己酉十一月十九日酉時卒乾隆四十一年丙申九月十六日丑時壽四旬有八葬本鄉對面園坐酉向卯兼庚甲丁酉丁卯分金配黃氏生乾隆三年戊午三月廿五日午時卒嘉慶二十五年庚辰五月初二日卯時壽八旬有三葬對面園夫右坪坐酉向卯兼庚甲辛酉辛卯分金

生子四長慶次欽三窦四果

順三子第十四世

登諱高岳生雍正十一年癸丑六月十五日酉時卒乾隆四十一年丙申四月十九日申時葬本鄉坪仔頂坐酉向卯

兼庚申丁酉丁卯分金配鄭氏生乾隆八年癸亥八
月初一日申時卒道光十六年丙申五月初十日亥時
壽九旬有四葬在坪仔頂坐辛向乙兼戊辰分金
生子二長等祖次沙賀

英傳子第十五世

照長子第十五世

愷諱紹元字善長生雍正三年乙巳五月初四日巳時配鍾
林尾蔡氏生雍正八年庚戌七月廿一日酉時
生子四長勲次協三佐出嗣胞弟紹和四闌

照次子第十五世

慎諱紹謹字嶶五生雍正九年辛亥十二月十七日午時卒乾隆戊戌年十月十五日巳時葬對面園坐辛向乙兼酉卯配鍾林尾蔡氏生乾隆己未年正月廿五日子時卒嘉慶二年丁巳二月初六日戌時葬本處對面園坐酉向卯兼辛乙

生子二長光宰次通三

照三子第十五世

怡諱紹和生乾隆六年辛酉九月十四日酉時卒乾隆三十二年丁亥十二月二十日丑時葬徑林尾長條園上截

園頭坐乙向辛兼辰戌配吳貫吳氏生

嗣子一佐 係胞兄紹元三子

嘉傳子第十五世

培譚長齡字篤栽別字舜天生康熙五十二年癸巳四月初六日未時卒乾隆五十八年癸丑二月初十日申時壽八旬有一配衙裡周氏諡慈儉生康熙五十三年甲午三月初九日亥時卒乾隆四十年乙未五月廿五日午時壽六旬有二葬泰高山坐艮向坤兼寅申辛丑辛未分金嘉慶二年起遷與　公合葬在本處橫廂後坐辛向乙兼戌辰辛酉辛卯分金墓在　謨伯公墳右側室

晉江王氏生雍正七年己酉十月十四日戌時卒乾隆五十三年戊申八月廿一日午時葬東坑坪坐乾向巽兼亥巳兼戌庚辰分金

生子五長績次緝嫡出三紱四繳庶出五紘嫡出

恭祝

外祖父舜天八十榮壽

石塘佳氣接蓬萊八十榮欣晝錦開魏子敢言能相宅焉惟自愧列樗材烏衣巷裡家聲舊白傳山中福履該繞砌芝蘭香郁郁門前手植有三槐

受業郡庠生外孫蘇建勳拜撰

謙傳子第十五世

植諱延齡字槐徵生康熙五十九年庚子十月廿四日卯時
卒乾隆五十九年丁未三月十三日申時壽六旬有八
葬許地頭坐酉向卯兼庚甲配田邊張氏生雍正元
年癸卯七月十三日亥時卒乾隆七年壬戌三月廿
二日辰時葬東坑坪口丙坐乙向辛兼卯酉外坐　向
兼　續配帝廠　氏生失載
卒　年五月十五日　時葬東坑坪口坐
向　再續配前庵江氏生雍

正三年乙巳三月十五日　時卒乾隆二十一年丙子
九月十八日巳時葬本處許埭頭坐庚向甲兼酉卯庚
甲庚寅分金又再續配厦門王氏生雍正十一年癸丑
四月廿六日酉時卒道光四年甲申十二月十一日丑
時壽九旬有一葬嵩埭坐丑向未兼癸丁丁丑丁未
分金

生子六長耀江氏出次成三炎四巳
五如竹六如松以上俱王氏出

延齡兄秉性剛直而遇事侃然勤謹余素開其事親以
孝教子義方洵稱敦行人也而詩書一箭老而不倦其

所最嫺熟者尤在綱目一書爰作律詩以贈焉論定由
來待蓋棺淚　公文行若椒蘭彝倫不愧今曾閱覽藻
依然古陸潘飢溺有懷時不遇經綸雖富命堪嘆欣茲
後祿多庭秀姓氏行將達
浦邑庠生躬必魁誌

禁甕

衍傳子第十五世

房興諱山齡字遜京生雍正四年丙午正月初八日寅時卒
乾隆五十五年辛亥正月廿三日午時葬庵仔山艾
邊坐辰向戌兼巽乾庚辰庚戌分金配坂尾林氏生雍

正四年丙午正月廿一日巳時卒乾隆五十九年甲寅十二月初五日未時葬後壁樣仔脚

生子三長堅次琴三炳

逢

智長子第十五世

生雍正十年壬子九月廿五日巳時卒在舊港年月日時失載

育

智次子第十五世

生乾隆丁巳年正月廿六日寅時卒乾隆乙未年十月十五日未時葬塗山河仔後坐東向西

信爾子第十五世

崙諱朝傑生乾隆五年庚申三月十五日午時卒葬失載

配　氏生　生子二長天送次天福

服長子第十五世

陣諱朝俊生乾隆五年庚申六月初九日午時卒乾隆五十

四年己酉九月二十日寅時葬吉樵配鍾林尾蔡氏生

乾隆庚午年十月十六日申時　生子二長若水次南青

服次子第十五世

叟諱朝英生乾隆辛未年六月十八日亥時卒嘉慶八年癸

亥九月初十日寅時葬許埭頭　仔上坐辰向戌兼
巽乾庚辰庚戌分金配過田顏氏生乾隆二十一年丙
子九月廿五日未時卒道光二十年庚子七月初十
日酉時壽八旬有五葬在臺底山坐艮向坤兼寅申分
金辛丑辛未

生子五長博次翁三烈四興五衣

度傳子第十五世

繼祖

艷傳孫第十五世

鬱

映長子第十五世

奪諱悠齡，生雍正丙午年七月十七日未時，卒乾隆丁未年九月初六日卯時，葬本處後門口，坐甲向寅，兼庚甲庚申庚寅分金。配廈門石氏，生乾隆辛酉年七月廿三日巳時，卒嘉慶二十二年丁丑十月初六日寅時，壽七旬有七，葬在後門口。

生子四：長長、次用、三盧、四金辦。

映次子第十五世

深諱士造，生雍正庚戌年三月初四日寅時，卒在嘛呅呷。

映三子第十五世

灣　生雍正壬子年八月初二日子時卒在吉礁

映四子第十五世

轄諱士達生雍正乙卯年十一月初四日子時卒在吉礁

映五子第十五世

賢諱　生乾隆己未年十月十四日丑時卒嘉慶十年乙丑四月初五日子時葬在楨榔嶼

映六子第十五世

覽諱　生乾隆癸亥年十二月廿九日　時卒乾隆四十七年壬寅十月廿四日　時葬吉礁

永傳子第十五世

緈

祿長子第十五世

生康熙六十年辛丑二月十八日子時卒乾隆五十七年壬子二月初九日寅時葬許埭頭坐巽向乾兼巳亥庚辰庚戌分金配陳氏生雍正十二年甲寅九月十八日寅時卒嘉慶十一年丙寅十月二十日酉時葬牛埔裡坐申向寅兼坤艮丙申丙寅分金

生子六長著次論三志出嗣胞弟興祖四簡五立六碑

祿次子第十五世

興祖　生雍正四年丙午九月十六日午時卒乾隆二十八年癸未正月廿四日戌時葬呂宋
　　嗣子一　志係聰兄綽三子

助　朝長子第十五世
　生雍正七年己酉五月廿二日戌時卒乾隆四十十二年丁酉九月初三日卯時葬牛埔坐辛向乙兼酉卯丁酉丁卯分金配洪氏
　　生子一　孕

敬　朝次子第十五世
　生雍正十二年甲寅正月二十日子時卒乾隆二

十一年丙子十二月十六日未時葬嘛吠呷

生子一極

尊

朝三子第十五世

生乾隆六年辛酉正月初十日辰時卒乾隆三十五年庚寅七月廿一日未時葬東坑坪坐乾向巽兼戌辰

生子一宗啟

擱

朝四子第十五世

生乾隆十三年戊辰九月十八日丑時卒乾隆四十七年壬寅十一月廿七日巳時葬馬臣配胡氏

生子一天生

士俊　琦長子第十五世
生乾隆三年戊午九月十五日未時卒嘉慶元
年丙辰　月　日　時葬梹榔嶼

士錦　琦次子第十五世
生乾隆十二年丁卯六月廿三日未時卒嘉慶二
年丁巳　月　日　時葬梹榔嶼

鑑長子第十五世
賜譁　生康熙四十四年乙酉五月廿三日午時卒乾隆
三十三年戊子十一月初十日卯時葬沙裡園坐艮向
坤兼寅申配林氏生康熙四十八年己丑七月十三日

辰時卒乾隆四十一年丙申十月十七日亥時葬庵仔
北邊坐卯向酉兼甲庚丁卯丁酉分金
生子五長癸次賞三雅四柳五守

周諱
藍次子第十五世
生康熙四十九年庚寅七月初六日午時卒乾隆
十一年丙寅七月初八日戌時葬對面園沙裡坐坤向
艮兼申寅配楊氏生康熙五十三年甲午十一月十一
日卯時卒乾隆三十五年庚寅九月初四日戌時葬對
面園沙裡坐坤向艮兼申寅辛未辛丑分金
生子二長求次錫

鑑三子第十五世

泰諱　生康熙五十一年壬辰十二月廿六日亥時卒
乾隆二十六年辛巳正月十七日酉時葬吉蕉配黃氏
生康熙五十七年戊戌八月二十日辰時卒乾隆二十
三年戊寅六月十一日巳時葬牛埔山坑仔邊坐戌
向辰兼辛乙　生子一　潤

鑑四子第十五世

國　出嗣

鑑五子第十五世

蒲諱　生康熙五十九年庚子十二月廿一日亥時卒
乾隆九年甲子十二月廿四日午時葬沙裡坐坤向艮
兼甲寅　　嗣子一必係胞弟預次子
籃六子第十五世
帶諱　生雍正四年丙午八月十三日戌時卒乾隆三十六
年辛卯十月初十日酉時葬吉獺配邱氏生乾隆五年
庚申五月初五日未時卒乾隆二十八年癸未八月初
六日申時葬丞山石頭下坐東向西續配藍氏生年月
日時　　生子二長應元次應才
籃七子第十五世

預諱　生雍正七年己酉八月廿七日子時卒乾隆五十年乙巳正月十五日午時葬牛埔坐丁向癸兼午子丙午丙子分金配蘇氏生乾隆十年乙丑正月初一日子時卒道光壬辰年正月十三日酉時壽八旬有八葬店後

生子五長鞍次必出嗣胞兄蒲三眞四鄰五計

梧長子第十五世

善　生康熙四十六年丁亥三月十五日午時卒乾隆乙巳年八月廿八日巳時葬牛埔禮坐辛向乙兼戌辰配鍾氏生康熙五十三年甲午十月初二日寅時卒乾隆

四十九年甲辰三月二十日卯時葬橫厢觀坐甲向庚
兼寅申丙寅丙申分金
生子三長降次煥三點

國
梧嗣子第十五世
生康熙五十六年丁酉九月廿八日辰時卒乾隆三
十四年己丑十一月十三日卯時葬在本處橫厢坐
甲向庚兼寅申丙寅丙申分金配黃氏生康熙六十年
辛丑九月廿七日　時卒乾隆五十六年辛亥二月初
一日丑時葬庵仔下坐寅向申兼艮坤丙寅丙申分金
生子三長藝次王三剥

恩

來長子第十五世

來次子第十五世

詹

祖傳子第十五世

贊

向傳子第十五世

生康熙五十二年癸巳六月初二日午時卒乾隆五十年乙巳九月初三日丑時葬河崆坑上坐丑向未

配陳氏生雍正二年甲辰三月初六日亥時卒乾隆五

十七年壬子十二月十一日午時與夫合葬坐向同

生子二長皆次卜

補

裕長子第十五世

生雍正五年丁未十二月廿四日丑時卒乾隆二十

八年癸未十二月廿一日丑時葬牛埔裡坐丁向癸兼

未丑庚午庚子分金配邱氏生乾隆六年辛酉五月廿

二日　時

生子一君齊

裕次子第十五世

勇字由仁生雍正九年辛亥九月廿七日卯時卒乾隆五十

七年壬子四月初一日巳時葬吉礁配雍氏生乾隆十七年壬申五月二十日酉時卒乾隆五十七年壬子四月廿七日午時葬本社前杯信石邊坐巽向乾兼辰戌丙辰丙戌分金

生子二長安樂次畏可

科宗

裕三子第十五世

生乾隆三年戊午二月十六日巳時配張氏生乾隆十八年癸酉正月十五日子時

生子一牛

裕四子第十五世

日成　生乾隆五年庚申十二月廿七日未時卒乾隆五十四年己酉三月廿五日　時葬浮爐配蘇氏生乾隆二十年乙亥九月廿三日戌時卒嘉慶丙寅年十一月初十日巳時葬蔡領社邊坐甲向庚兼寅申丙寅丙申分金

生子一　登魁

意傳子第十五世

蔭長子第十五世

東肆　生康熙四十二年癸未九月十五日寅時卒乾

隆十九年甲戌六月初二日酉時葬臺灣經尾埔坐

向　兼　　配張氏生康熙四十五年

丙戌六月十六日巳時卒乾隆五十三年戊申三月廿

九日戌時葬橫廂崎坐甲向庚兼卯酉庚寅庚申分金

生子一　務

西

蔭次子第十五世

南

蔭三子第十五世

生康熙五十二年癸巳五月初一日子時卒乾隆壬

戌年十二月十七日寅時葬橫廂後坐西向東

中
蔭四子第十五世
生康熙五十六年丁酉七月初七日寅時卒乾隆十四年己巳十月十九日巳時葬橫廂後坐西北向東南

正
蔭五子第十五世
明傑子第十五世

旺長子第十五世
程使諱克成字于樂生康熙五十年辛卯十月初六日辰時卒乾隆五十一年丙午七月廿四日寅時配施氏生康

熙己亥年十一月二十日子時卒乾隆三十八年癸
巳四月初五日卯時合葬對面園坐庚向甲兼酉卯庚
申庚寅分金
生子六長拔次閣出嗣鵬弟挺
三湖四約五港六海
旺次子第十五世
鵬使諱克奮字　生康熙五十五年丙申三月廿七日辰
時卒乾隆五十五年庚戌十一月廿五日寅時配黃氏
生雍正丙午年十二月初六日辰時卒乾隆五十八年
癸丑六月三十日丑時合葬本鄉對面園坐酉向卯兼

庚甲

生子二長尋次唱出嗣胞弟卿

挺使諱克任生康熙五十八年己亥十一月廿二日寅時卒

旺三子第十五世

乾隆二年丁巳十月初七日子時葬本鄉對面園過巷

裡坐坤向艮兼申寅

嗣子一閣係胞兄程次子

旺四子第十五世

卿使諱克佐生康熙六十一年壬寅十二月初三日子時卒

乾隆十九年甲戌二月廿五日　時葬呂宋

嗣子一鳴係胞兄鵬次子

築傳子第十五世

質使　出居臺灣新港

宋傳子第十五世

長公長子第十五世

嘉諱世官字文臣太學生生康熙二十一年壬戌八月廿一日辰時卒乾隆甲子年八月初七日申時壽六旬有三葬漳浦西門外虎仔山後一片石下坐艮向坤有碑配同安栖棚霞店潘氏生康熙二十三年甲子四

月十七日辰時卒康熙六十一年壬寅十二月廿五日
未時葬本山東坑坪坐寅向申兼甲庚
生子二長儉次仂
長公次子諱十五世
祿諱世祿字夫勝太學生生康熙二十三年甲子十一月初
七日酉時卒乾隆　年七月十四日　時葬吧域三
寶壠配郭氏生康熙二十三年甲子十一月三十日巳
時卒乾隆
生子二長僑次倩
長公三子諱十五世

寶諱世爵字達先太學生生康熙二十四年乙丑十一月十四日丑時卒乾隆庚午年四月十四日未時配陳氏生康熙三十年辛巳十一月廿九日戌時卒乾隆三年戊午二月廿五日子時合葬本鄉東坑坪口坐巽向乾兼辰戌

生子二長偲次佇

陞公長子第十五世

仁諱世秩太學生生康熙二十五年丙寅三月初三日辰時

陞公次子第十五世

義諱世儀字純伯生康熙二十八年己巳九月初十日卯時
卒康熙五十四年十二月初八日子時葬
配許氏生康熙三十一年壬申
八月初八日　時卒
陞公三子第十五世
廉諱世俊字秀民生康熙三十八年己卯九月十三日午時
配許氏
陞公四子第十五世
啟明諱世傑字次豪生康熙四十一年壬午五月廿二日申
時殁咬𠺕吧配蔡氏

陞公五子第十五世

長其諱世倫字酉有生康熙四十三年甲申四月　日亥

時配許氏生康熙丁酉年九月初四日辰時

生子三長皇次水三繼

陞公六子第十五世

華諱世在生康熙四十五年丙戌十月廿二日亥時配陳

氏生雍正五年戊申五月初一日　時

陞公七子第十五世

罕諱世任生康熙四十八年己丑十二月廿六日丑時往吧

便衢子第十五世

世椎字

興長子第十五世

坤諱紹球生康熙五十二年癸巳九月廿四日子時卒乾
隆五十七年壬子十二月初四日午時葬本處鬼仔營
坐寅向申兼艮坤丙寅丙申分金配葉氏生雍正三年
乙巳十二月廿七日午時卒嘉慶七年癸亥五月初二
日午時葬鬼仔營坐辰向戌兼巽乾庚辰庚戌分金

生子八長陳次彥三權四學出嗣位
五固六白七細八勃

興次子第十五世

回諱紹賢生雍正元年癸卯八月十六日子時卒乾隆五十
九年甲寅四月初四日戌時葬鬼仔營北邊坐巽向乾
兼辰戌丙辰丙戌分金配廈門林氏生雍正十一年
癸丑正月初一日午時卒嘉慶十年乙丑五月廿四日
酉時葬鬼仔營坐巽向乾兼辰戌丙辰丙戌分金
生子五 長霜 次高出嗣田 三盾 四治出嗣胞弟戎五 出

興三子第十五世

達諱紹通生雍正四年丙午七月廿七日丑時卒外域年月
日時失載配樓山陳氏生乾隆二年丁巳十二月初一

日戌時卒乾隆丙戌年七月十八日午時葬鬼仔譽坐
丁向癸兼未丑
生子一霽

興四子第十五世
戎諱紹武生雍正十一年癸丑七月廿七日午時
嗣子一治係胞兄同四子

盛長子第十五世
位
生卒葬所失載
嗣子一學係坤四子

盛次子第十五世

鍾諱　生康熙四十二年癸未七月十五日亥時卒乾隆
六年辛酉九月十七日未時葬本社處邊坐寅向申
兼艮坤配葉氏
生子一　琛

盛三子第十五世
田　生康熙四十四年丙戌七月十三日戌時卒年月日
時失載
嗣子一　髙係功弟同次子

彩長子第十五世
孔　生康熙六十年辛丑二月十一日午時配　氏生

雍正二年甲辰正月十八日未時

生子一㰙

彩次子第十五世

天

傳長子第十五世

管諱紹璘生康熙三十六年丁丑八月初九日亥時配邱氏

生康熙三十八年己卯十月十一日丑時

生子一及

傳次子第十五世

仲諱

生康熙四十七年戊子六月廿六日午時卒乾隆

四十八年癸卯十月初九日未時葬曾邊　祖母墳左坐亥向巳兼乾巽丁亥丁巳分金配本社陳氏生康熙四十九年庚寅七月廿六日寅時卒乾隆六十年乙卯十月廿四日卯時葬庵仔山西邊坐卯向酉兼乙辛丁酉丁卯分金

生子五長虬龍次璂小時殤彩晏三江四晃五麟

晏諱

傳三子第十五世

生康熙四十九年庚寅七月初六日卯時卒雍正十二年九月廿二日　時

嗣子一葉係聰兄仲次子

傳四子第十五世

輿諱紹宗生康熙癸巳五十二年正月廿九日酉時卒乾隆二十二年癸酉七月初七日　時葬暹羅唎蔡氏生康熙六十一年壬寅十一月初七日午時卒嘉慶六年辛酉正月十三日寅時葬荔枝林坐乾向巽兼亥巳庚戌庚辰分金

生子四長軒次牙三塡四然

傳五子第十五世

堯諱紹唐生康熙五十六年丁酉正月廿一日卯時卒嘉慶

元年丙辰二月廿三日丑時葬艾邊坐艮向坤兼寅申
庚寅庚申分金配許氏生康熙五十九年庚子十月廿
一日辰時卒嘉慶十一年丙寅五月廿二日午時葬艾
邊坐卯向酉兼甲庚丁卯丁酉分金
生子三長帝次仁三恭

儁六子第十五世

六諱

生雍正元年癸卯二月廿九日未時卒乾隆三
十六年辛卯四月廿七日未時葬鬼仔營坐艮向坤
兼寅申辛丑辛未分金配趙氏生雍正四年丙午九月
廿六日亥時卒嘉慶二年丁巳四月初二日戌時葬鬼

仔營坐艮向坤兼丑未丁丑丁未分金

生子二長輝次狀

隨

勛長子第十五世

助次子第十五世

陣

助三子第十五世

進

艮長子第十五世

持使諱 生乾隆八年癸亥六月初三日巳時卒乾隆己

亥年三月廿六日巳時葬本鄉狗仔田坐壬向丙兼子午辛亥辛巳分金配戚氏生乾隆辛未年五月廿七日寅時卒嘉慶庚申年三月初三日午時合葬夫壙

生子一光遠

艮次子第十五世

藏使諱　生乾隆十九年甲戌十月十二日未時卒乾隆五十八年癸丑七月初十日子時葬

配林氏生乾隆三十三年戊子五月初十日未時卒乾隆五十八年癸丑六月二十日未時葬本處横廂坐東向西

生子一宋郊

民三子第十五世

爵使諱　生乾隆二十七年壬午九月廿四日辰時卒於乾

隆五十年乙巳五月初一日午時葬外域

雍長子第十五世

藺使諱　生乾隆十五年庚午九月廿二日亥時卒道

光辛卯年十一月十三日寅時葬狗仔田坐壬向丙兼

亥巳配溫氏生乾隆二十七年壬午十一月十七日未

時卒道光己亥年十二月十五日午時葬與夫同

生子四長羆次符三在出嗣堂弟畧四便出嗣胞弟觀

雍次子第十五世

覩使諱　生乾隆十九年甲戌四月三十日未時卒乾隆四十四年己亥三月二十日卯時葬酱那

嗣子一便係胞兄藹四子

罣使

標長子第十五世

生乾隆十九年甲戌十一月三十日午時卒嘉慶二年丁巳六月廿八日丑時葬吉礁配吳氏生乾隆二十七年壬午十一月十五日午時卒乾隆五十九年甲寅四月十二日　時葬狗仔田山坐亥向巳兼乾巽丁亥丁巳分金續配林氏生乾隆三十六年辛卯正月

廿九日酉時卒道光庚寅年閏四月廿八日午時壽六
旬葬本山對面園坐申向寅兼申庚庚申庚寅分金
生子三長嫣生出嗣胞弟參
次作係堂兄龜三子三嫣騰

標次子第十五世

參使
生乾隆二十六年辛巳六月廿二日酉時卒乾隆
四十四年己亥五月三十日巳時
嗣子一嫣生係胞兄畧長子

標三子第十五世

捷使諱
生乾隆二十九年甲申四月三十日寅時卒道

光戊子年十二月初二日巳時葬狗仔田坐庚向甲兼
申寅配埭頭林氏生乾隆辛卯年十月十七日卯時卒
乾隆五十六年辛亥九月初四日巳時葬狗仔田山坐
癸向丁兼子午丙子丙午分金續配魏氏生乾隆三十
四年己丑五月初十日卯時卒道光乙巳年十月初
六日子時葬

生子二長嫣夏次夏賞

標四子第十五世

伍使諱　生乾隆三十六年辛卯八月初七日丑時卒道
光丁酉年二月十八日午時葬番邦

省長子第十五世

杭使諱　生乾隆二十五年庚辰五月廿一日未時卒失

載

省次子第十五世

潘使諱　生乾隆二十七年壬午十一月初十日午時

卒道光壬寅年十二月廿八日酉時葬橫厝坐亥向巳

號乾巽丁亥丁巳分金配林氏生乾隆三十八年癸巳

五月初三日辰時卒道光丙午年九月十六日申時與

夫同

生子三長遇次鑑三文秀

省三子第十五世

蔡使諱　生乾隆三十年乙酉二月十一日巳時卒葬失

識

省四子第十五世

燦使諱　生乾隆二十三年戊午正月廿四日寅時卒

道光丁未年六月十一日戌時葬狗仔田坐亥向巳兼

乾巽丁亥丁巳分金

省五子第十五世

臨使諱　生乾隆四十一年丙申正月廿七日巳時卒葬

失載

省六子第十五世

紂　出嗣

儉長子第十五世

敵使諱　生乾隆二十七年壬午正月十四日酉時卒葬

失載

儉次子第十五世

追使諱　生乾隆三十七年壬辰十一月廿七日酉時卒

道光癸卯年十二月初一日丑時葬橫厢坐亥向巳兼

乾巽丁亥丁巳分金配蔡氏生乾隆丙午年七月初六

日巳時卒咸豐甲寅年十二月十七日巳時葬狗仔田

坐亥向巳兼壬丙辛亥辛巳分金
生子一爕
綠
儉三子第十五世
生乾隆四十六年辛丑七月十九日丑時卒道光丙
申年二月初八日子時葬梹榔嶼
生子二長保次財
壆嗣子第十五世
雪使諱
生乾隆三十六年辛卯正月十七日卯時卒道
光
年十二月廿七日
時葬畓邦配江氏生乾
隆三十九年甲午十一月二十四日午時卒道光己巳年

九月　日未時葬許埭頭坐艮向坤兼寅申丙寅
丙申分金
生子三長光坪次光深三光坑
薦嗣子第十五世
生乾隆四十五年庚子四月十二日巳時卒嘉慶七
年壬戌七月初一日子時葬嵛邦

紆
嵩長子第廿五世
兑使諱壎華字　生乾隆十年乙丑正月十二日午時卒
乾隆五十五年庚戌五月廿二日寅時葬盧坐午向子
兼丁癸寅午庚子分金配陳氏生乾隆十七年壬申十

月十八日未時卒嘉慶元年丙辰九月初三巳申時葬
芦坪尾坐午向子兼丁癸庚午庚子分金
生子四長光威次光班三罷蓳四世

嵩次子第十五世
沛使諱瓊芳生乾隆十三年戊辰五月十三日午時卒臺灣

英長子第十五世
逸使諱積善生乾隆十六年辛未正月二十日丑時卒嘉慶
辛未年五月廿六日丑時葬狗仔田黃坑山坐庚向甲
兼申寅丙申丙寅分金配陳氏生乾隆二十四年己卯
十一月十八日寅時卒乾隆戊申年六月廿八日辰時

葬狗仔田山坐酉向卯兼庚甲丁酉丁卯分金續配鍾氏生乾隆三十六年辛卯十一月十五日亥時卒道光己亥年八月初四日戌時葬

生子六長光送次光丙三光炯以上俱陳氏出四光斷出嗣五光碧六光羅以上俱鍾氏出出嗣胞弟勢使

英次子第十五世

典使諱　生乾隆十八年癸酉八月廿七日午時卒檳榔

冀配鄭氏生乾隆戊子年八月廿二日未時卒葬失載

生子一光里

英三子第十五世

誥使諱　生乾隆二十年乙亥九月廿二日巳時卒嘉隆

癸丑年正月十八日申時葬吉樵

嗣子一光斷係胞兄逸四子

英四子第十五世

提使諱生乾隆二十六年辛巳九月二十日巳時卒道光辛

卯年二月十八日午時葬

配李氏生乾隆三十四年己丑五月十一日午時

卒道光丙申年五月十四日午時葬

生子

莢五子第十五世

沉使諱積香生乾隆三十二年丁亥八月初六日戌時卒道光癸巳年二月十四日巳時葬芦坪頂坐向分金與妻同配蔡氏生乾隆四十三年戊戌十月初一日寅時卒咸豐癸丑年正月廿一日巳時葬在芦坪坐丁向癸兼子午丙午丙子分金

生子一光陽

莢六子第十五世

芳使生乾隆三十五年庚寅閏五月廿九日辰時卒嘉慶二十一年丙子六月初九日　時葬宋脚配許氏生

乾隆庚戌年十月廿三日卯時卒道光丙申年九月十
六日未時葬朱嶺頂坐壬向丙兼亥巳
嗣子二長光羅本生父逸次和尚

教使

綿長子第十五世
生乾隆二十二年丁丑八月初一日卯時外殁配
吳貫吳氏生乾隆三十三年戊子八月十九日辰時卒
道光癸卯年十一月初一日酉時葬狗仔田坐癸向丁
兼子午丙子丙午分金
嗣子一永利係胞弟塗次子

綿次子第十五世

塗使　生乾隆二十七年壬午十月初四日卯時卒嘉慶乙亥年十一月廿八日子時壽五旬有四葬鬼仔灣坐寅向申兼甲庚庚寅庚申分金配吾貫吳氏生乾隆三十九年甲午十二月廿三日巳時卒道光甲辰年六月廿四日寅時壽七旬有一葬狗仔田坐酉向卯兼乙辛辛卯辛酉分金

生子五長長水次永利出嗣胞兄嫂三長生四長文五長石

綿三子第十五世

簡使諱　生乾隆三十三年戊子十二月十六日寅時卒

卒道光癸卯年七月廿六日未時壽七旬有六葬在狗仔田山坐癸向丁兼子午丙子丙午分金配坂尾林氏生乾隆四十八年癸卯十二月十六日子時卒嘉慶二十五年庚辰十一月初七日丑時

續配王氏生乾隆乙酉年八月廿九日卯時卒道光甲午年二月十七日未時

再續配洪氏生乾隆己亥年三月十五日亥時卒道光庚子年十一月初八日未時

生子二長俊卿次屋生

集長子第十五世

虞使　生卒葬所失識

集次子第十五世

欽使　生乾隆三十二年丁亥十二月初十日辰時卒嘉

慶四年己未九月　日　時葬在宋脚

集三子第十五世

突使　生乾隆三十五年庚寅八月十三日午時卒道光

辛巳年六月十七日午時壽五旬有二葬落水龜坪脚

園坐乾向巽兼戌辰丙戌丙辰分金配李氏生乾隆四

十八年癸卯十二月初三日辰時

生子四長南生出嗣胞弟果次光田三烏井四光露

集四子第十五世

果使　生乾隆三十八年癸巳七月廿七日戌時卒嘉慶五年庚申七月十一日卯時葬廣東

嗣子一南生係脆見突長子

登長子第十五世

等祖　生乾隆三十二年丁亥六月廿二日巳時卒道光甲申年六月十四日戌時壽五旬有七葬坪仔頂同叔左邊坐辛向乙兼酉卯丁酉丁卯分金配厦門楊氏生乾隆四十一年丙申三月十三日午時卒道光丁亥年八月初八日未時壽五旬有二葬　坐辛向乙

乘卯酉丁酉丁卯分金　生子四長光松次日寅三三千四光藝

登次子第十五世

沙賀　生乾隆三十七年壬辰十一月初二日午時卒道光丁未年十二月二十四日戌時壽七旬有五葬落水龜坐甲向庚乘卯酉庚寅庚申分金配李氏生乾隆五十二年丙午十一月初十日卯時卒道光二十三年癸卯閏七月初十日寅時壽五旬有八葬許埭頭坐甲向庚兼卯酉庚寅庚申分金　生子八長光料次光要三光罕四光點

五光爪　六光摯　七光八　八伯連

愷長子第十六世

勲諱文成字志唐生乾隆十七年壬申五月廿五日午時

卒葬吉樵年月日時失記

次子第十六世

協諱文德字詠律生乾隆十九年甲戌八月十一日寅時

三子第十六世

佐　出嗣

四子第十六世

風諱文達生乾隆三十七年壬辰三月初五日酉時卒嘉慶

五年庚申十二月廿八日　時葬臺灣

慎長子第十六世

光寧諱　生乾隆三十四年己丑二月廿七日未時卒道光二年壬午十月初六日戌時壽五旬有四葬在橫廂坐寅向申配葉氏生乾隆五十一年丙午三月廿四日酉時卒咸豐十年庚申閏三月初五日寅時壽七旬有五與夫合葬在橫廂坐寅向申兼甲庚庚寅庚申分金

生子四長君子次騫三開四平出嗣堂兄燊

慎次子第十六世

通三諱　生乾隆三十六年辛卯十二月初三日子時卒年月日時失載葬在董裡配蔡氏生乾隆五十年乙巳十一月初四日寅時　生子一清中

怡嗣子第十六世

佐諱文輔生乾隆二十三年戊寅三月初四日卯時卒乾隆三十九年甲午正月廿九日午時葬徑林尾長僚園上截園頭坐乙向辛兼辰戌

培長子第十六世

續諱文爛字茂源生乾隆元年丙辰八月廿七日午時卒乾

隆六十年乙卯四月十五日申時葬本山墓底山邊坐壬向丙兼子午丁巳丁亥分金配水頭黄氏生乾隆二年丁巳九月廿九日午時卒乾隆五十四年己酉十一月十九日酉時葬恰高山坐辰向戌兼巽乾丙辰丙戌分金

嗣子二長八鳳係胞弟縄次子

次三狗係胞弟紘三子

培次子第十六世

緝諱文燦字仲熙生乾隆八年癸亥九月廿一日戌時卒乾隆五十七年壬子十二月二十日寅時葬梹榔嶼配官任陳氏生乾隆十六年辛未二月十一日寅時卒道光

丁酉年三月二十日未時葬庵仔前陳厝大墓前坐
壬向丙兼子午　生子二長八鸞次八鳳出嗣胞兄緒

培三子第十六世

紘諱文炳字汝朱生乾隆十六年辛未二月初五日戌時卒
乾隆四十六年辛丑十一月廿八日巳時葬吉礁勃
厲配衛裡周氏生乾隆十六年辛未十一月初五日戌時
卒乾隆四十年乙未十月初六日申時葬本社後壁園
坐亥向巳兼壬丙辛亥辛巳分金續配厦門詹氏生乾
隆二十一年丙子六月廿五日戌時卒道光丁酉年十

二月十七日寅時葬在東坑坪坐丁向癸兼未丑庚午

庚子分金

生子一魁塘

培四子第十六世

繳諱文爝字子蘭生乾隆十九年甲戌十一月廿一日丑時

卒嘉慶元年丙辰十一月十二日申時葬本處後門口

坐　向

配鍾山蔡氏生乾隆

三十三年戊子六月廿五日巳時卒道光癸卯年七月

廿一日未時壽七旬有六葬在樣仔脚

生子二長邁塘次跨塘

培五子第十六世

紘諱文帽字而疏生乾隆二十年乙亥正月廿二日午時卒
道光丙戌年十二月二十日巳時葬翁坑社邊祖墓左
平坐未向丑兼坤艮丁未丁丑分金配水頭翁氏生乾隆
二十八年癸未十一月初二日午時卒乾隆四十九年
甲辰二月十九日戌時葬庵仔後山坐甲向庚兼寅申
丙寅丙申分金續配漸厝洪氏生乾隆二十四年己卯
八月初十日巳時卒道光丁酉年正月廿三日辰與夫
合葬

生子三長㚇慶翁氏出次㚇祝洪氏出
三三狗由祝長旅兄續

植長子第十六世

耀諱文煜字光遠生乾隆十五年庚午二月初七日午時卒道光二年壬午十一月廿二日巳時壽七旬有三葬墓山頂坐艮向坤兼寅申辛丑辛未分金配大官後蘇氏生乾隆十七年壬申正月十九日巳時卒嘉慶十九年甲戌五月初四日酉時壽六旬有三葬坪仔頂杯信石坐巳向亥兼乾巽丙巳丁亥分金外兼丙壬辛亥辛巳分金續配院前顏氏生乾隆甲午年十一月十六日午時卒道光二十九年己酉十月十一日午時葬東坑坪坐寅向申兼申寅丙申丙寅分金

生子七長宗玉次宗領三宗武四宗義
五文華六方員以上俱蘇氏出
七賽顏氏出

植次子第十六世

成諱文焜字　生乾隆二十三年戊寅三月初二日卯時
卒乾隆五十三年戊申九月廿九日　時葬吉礁㘰鍾
山社蔡氏生乾隆二十四年己卯正月初三日申時卒
嘉慶二十年乙亥七月初一日戌時葬後門口坐丑向
未兼艮坤辛丑辛未分金
嗣子一清河係胞兄癸次子

植三子第十六世

炎諱文煌生乾隆二十四年己卯十二月廿一日寅時卒道光十六年丙申十一月初五日寅時壽七旬有八葬在厝地坐甲向庚兼寅申配顏氏生乾隆三十一年丙戌九月初八日巳時卒道光七年丁亥七月二十日未時壽六旬有二與夫合葬在厝地續配吳氏生乾隆三十二年丁亥八月　日　時卒道光十五年乙未八月初四日亥時壽六旬有九與夫合葬在厝地

生子四長清源次清河出嗣胞兄戚三清田四清諒

植四子第十六世

巳諱文煥字有章生乾隆三十一年丙戌十二月初三日寅時配溫氏生乾隆三十六年辛卯九月十九日卯時

生子一逢吉

植五子第十六世

如竹諱文苞字懷淇生乾隆三十五年庚寅十二月十二日寅時卒嘉慶辛酉六年四月十九日寅時葬廣東

植六子第十六世

如松諱文茂字筠甫生乾隆三十五年庚寅十二月十二日寅時卒年月日時失載葬在梹榔嶼配厦門黃氏生乾

隆四十九年甲辰九月初六日酉時卒年月日時失識
葬　　　　　　　　續配許厝社許氏生乾隆四
十三年戊戌四月十四日巳時卒道光十七年丁酉正
月二十日寅時壽六旬葬東坑坪坐酉向卯兼辛乙
生子三長登科次允漲三平允

房興長子第十六世

堅諱文熖字啟容生乾隆十六年辛未正月廿五日寅時卒
乾隆五十五年庚戌三月廿六日亥時葬咬嵧吧
嗣子一盤旋係胞弟炳長子

房興次子第十六世

琴諱文焯別名妹生乾隆二十三年戊寅十月廿二日申時
卒乾隆四十四年己亥八月十九日午時葬蘇祿
房興三子第十六世

炳諱文煊生乾隆三十六年辛巳九月十五日巳時卒道光
十一年辛卯十月十二日丑時壽七旬有一葬在深
港口坐丑向未兼癸丁配吳貫社林氏生乾隆三十三
年戊子七月二十日子時卒道光二十二年壬寅九月
初四日子時壽七旬有五葬在樣仔脚坐艮向坤兼丑
未丁丑丁未分金
生子一盤旋出嗣胞兄堅

逢傳子第十六世

育傳子第十六世

益長子第十六世

天送　生乾隆三十三年戊子七月廿二日卯時

益次子第十六世

天福

陣長子第十六世

若水諱文　生乾隆三十四年己丑六月初二日辰時卒道

光甲午年六月初三日午時葬艾平坐辰向戌兼乙辛
配施氏生乾隆五十二年丁未九月十一日未時卒道
光戊子年六月十二日戌時葬對面園坐庚向甲兼酉
卯　生子二長眼次捌

陣次子第十六世

南青　生乾隆五十二年丁未三月廿七日申時卒道光
丁酉年外殁配吳氏生嘉慶庚申年十二月初六日
卒道光庚戌年二月初一日寅時葬艾平坐辰向戌
兼乙辛　生子一果

叟長子第十六世

朱博　生乾隆四十二年丁酉三月初二日申時卒道光二十九年己酉五月十五日巳時壽七旬有三葬在墓底山頂坐艮向坤兼寅申丙寅丙申分金配王氏生乾隆四十六年辛丑四月廿八日寅時卒嘉慶十一年丙寅十二月十一日子時葬許埭頭坐乙向辛兼辰戌丙辰丙戌分金續配林氏生乾隆四十七年壬寅四月廿七日寅時卒道光二十二年壬寅九月卅二日戌時壽六旬有一葬在墓底山坐艮向坤兼寅申辛丑辛未分金

生子二長滋次爲

叟次子第十六世

朱翁

生乾隆四十四年己亥九月初六日卯時卒道光甲申年八月十九日未時葬許埭頭坐乙向申兼辰戌辛卯辛酉分金配陳氏生乾隆五十二年丁未七月初十日子時卒咸豐壬子年二月十九日午時葬許埭頭與夫同

生子六長川來出嗣朱衣次川壘三川振四川岍五川戒六川池出嗣朱衣

奧三子第十六世

朱烈

生乾隆四十七年壬寅二月十一日申時卒道光二十九年己酉六月初九日　時葬

配　氏　　生子三 長贊龍 次贊成 三贊孟

叟四子第十六世

朱興　生乾隆五十二年丁未七月十五日午時卒道光

二十九年己酉十二月初四日　時葬貓抵

生子一 永盛

叟五子第十六世

朱衣諱端明生乾隆五十八年癸丑四月廿一日酉時卒嘉

慶二十年乙亥八月廿二日子時葬許埭頭坐乙向

辛兼卯酉丁卯丁酉分金

嗣子二 長川來 本生父朱翁 次川戒 本生父朱翁

繼祖傳子第十六世

騫傳子第十六世

尊長子第十六世

長諱文煉字太一生乾隆二十七年壬午八月初七日未時

殀殁

尊次子第十六世

甲諱文炬　生乾隆三十一年丙戌二月初二日酉時殀

殁

盧曾　奪三子第十六世

生乾隆三十七年壬辰七月十七日戌時卒嘉慶二十五年庚辰四月初六日　時葬檳榔嶼配顏氏生乾隆五十二年戊申十二月初八日申時

生子一光獅

金辦　奪四子第十六世

生乾隆四十五年庚子二月二十四日丑時

深傳子第十六世

灣傳子第十六世

轄傳子第十六世

貫傳子第十六世

暨傳子第十六世

綽長子第十六世

著

生乾隆二十年乙亥五月廿三日辰時卒乾隆五十六年辛亥七月初六日　時葬在梹榔嶼

嗣子一曲直係胞弟論次子

論

綽次子第十六世

生乾隆三十三年戊寅十二月初三日酉時卒嘉慶五年庚申五月十六日午時葬狗仔田坐庚向甲號巾寅丙申丙寅分金配康氏生乾隆三十五年庚寅八月初四日寅時

生子二長光諒次曲直出嗣胞兄著

綽三子第十六世

出嗣

志

綽四子第十六世

簡字居敬生乾隆三十年乙酉四月廿三日寅時卒嘉慶元年二月初二日　時葬槟榔嶼

綽五子爲十六世

立

生乾隆三十四年己丑五月廿二日巳時

綽六子爲十六世

陣字金輪生乾隆三十八年癸巳九月廿三日戌時

興祖嗣子爲十六世

志

生乾隆二十五年庚辰十一月三十日戌時卒嘉慶六十年乙卯十二月初二日　時葬在槟榔嶼

助傳子爲十六世

孕

生乾隆三十年乙酉六月初四日寅時卒乾隆五十八年癸丑六月初四日葬梹榔嶼

敬傳子第十六世

極

尊傳子第十六世

宗啟

欄傳子第十六世

天坐

士俊傳子第十六世

士錦傳子第十六世

賜長子第十六世

葵諱

生雍正九年二月廿六日卯時卒乾隆四十五年庚子正月十五日　時葬吉礁配　氏

生子一光顯

賜次子第十六世

賞諱

生雍正十二年甲寅五月廿三日午時卒嘉慶二年丁巳五月三十日午時葬洵仔田坐西南向東北

配林氏生乾隆二十二年丁丑六月十六日卯時卒道

謝氏家乘　卷二十一　九十八

光庚寅年十一月十二日寅時葬在沙裡園坐坤向
艮兼寅申　生子二長鼓次佑

雅
賜三子第十六世
生辛失載葬吉礁

鄉
賜四子第十六世

守
賜五子第十六世
生乾隆十年乙丑十月廿二日卯時配王氏生乾隆
二十四年己卯八月初一日酉時
生子一果珍

周長子第十六世

求

生　年　月　日　時卒

年　月　日　時葬本山牛埔

配楊氏生

年八月十三日　時卒乾

隆四十二年丁酉十一月初三日丑時葬狗蛋山坐

向乙兼酉卯丁酉丁卯分金

生子二長詠次仙

周次子第十六世

錫

生乾隆乙年甲子九月初十日亥時卒乾隆五十

年乙巳　月　日　時外殁

潤
秦傳子第十六世
生乾隆十四年己巳十月十九日酉時

必
蒲嗣子第十六世
生乾隆三十六年辛卯七月十三日丑時卒嘉慶壬申年十月廿九日戌時壽四旬有二葬梹榔與配顏氏生乾隆四十七年壬寅二月初五日酉時卒嘉慶丙寅年九月廿四日辰時葬橫廂店後坐甲向庚兼寅申丙寅丙申分金
生子二 長修 次美

帶長子第十六世

應元

帶次子第十六世

應袁

預長子第十六世

彰

生乾隆三十二年丁亥四月廿六日子時卒[illegible]

巳年十二月初六日申時壽五旬有三葬橫廂店後

外祖右平坐甲向庚兼寅申丙寅丙申分金配葉氏生

乾隆四十六年辛丑十月廿五日寅時卒道光壬寅年

十月廿九日丑時壽六旬有二葬橫廂店後

生子一

必

預次子第十六世
出嗣

預三子第十六世
華乾隆四十二年丁酉二月初六日巳時外歿

郎

預四子弟十六世

卷二十一終

海上絲綢之路文獻集成

總主編　陳支平　陳春聲

民間譜牒編　27

主編　林　楓

國家出版基金項目
NATIONAL PUBLICATION FOUNDATION

海峽出版發行集團
THE STRAITS PUBLISHING & DISTRIBUTING GROUP
福建人民出版社

本册目次

〔福建厦門〕石塘謝氏家乘三十一卷（世紀卷一八至世紀卷一九）　〔清〕謝果廪
謝邦忠等纂修……一

〔福建廈門〕石塘謝氏家乘三十一卷（世紀卷一八至世紀卷一九）

〔清〕謝果稟　謝邦忠等纂修

任公第五房分派世系條紀卷十八

壹習傳子第十九世

夏以

篤生長子第十九世

生道光甲申年十一月初十日巳時卒咸豐甲寅年六月十二日　時葬吉𡊮

生子一　件

篤生次子第十九世

夏宗

生道光乙未年五月初二日卯時配寧坑林氏生道光癸卯年三月十六日巳時

生子

篤生三子第十九世

夏泉　生道光丙申年十月初五日卯時卒咸豐辛酉年
七月廿五日卯時葬樓山埭墘坐丑向未兼艮坤分金
正針

篤生四子第十九世

夏賞　生道光辛丑年三月廿三日子時

尊敬長子第十九世

水　生嘉慶甲子年七月廿九日卯時卒道光辛卯年
九月十九日酉時葬猫仔空山園仔上坐巳向亥兼丙

壬辛巳辛亥分金

鯨　尊敬次子第十九世

生嘉慶丙寅年七月十九日寅時卒道光庚子年七

月二十日巳時葬山腰坐東向西

懊　尊敬三子第十九世

生嘉慶戊辰年九月初九日寅時卒　　　年

月　日　葬雞籠寔吻

香　尊敬四子第十九世

生嘉慶癸酉年十一月三十日子時

尊敬五子第十九世

保

生嘉慶乙卯年十一月初一日酉時配林氏生道光
癸未年四月初九日酉時卒咸豐戊午年八月十三
日丑時葬後壠坐乙向辛兼辰戌辛酉辛卯分金續配
陳氏生道光乙酉年十月初八日寅時

生子二長清蓮次文葉

芳

尊敬六子第十九世

生道光壬午年十一月十一日酉時配黃氏生道光
壬辰年四月廿九日酉時卒咸豐庚申年閏三月十七
日巳時葬山仔邊坐坤向艮兼寅申辛未辛丑分金續
配劉氏生　丙申年正月二十日亥時

生子一皆得

媽蔭長子第十九世

文義

生道光甲申年二月十八日辰時配郭氏生道光乙丑年正月二十日午時卒道光乙巳年七月廿一日午時葬貓仔空山坐丙向壬兼巳亥丁巳丁亥分金續配陳氏生道光乙酉年八月十五日巳時卒道光庚戌年正月十六日戌時葬寧園山坐東向西再續配葉氏生道光乙酉年二月二十日未時

生子二長春泉次生意

媽蔭次子第十九世

文禮　生道光庚子年正月三十日巳時

添丁傳子第十九世

紅東

光傳長子第十九世

生道光丁酉年七月十四日巳時卒咸豐庚申年

八月廿九日未時葬埭墘配內坑周氏生道光己亥年

十一月十八日酉時

生子一錦章

元

光傳次子第十九世

出嗣

光摶三子第十九世

光稟　出嗣

蚌嗣子第十九世

元　生道光辛丑年六月廿四日巳時

乖長嗣子第十九世

光稟　生道光甲辰年七月初六日巳時

乖次嗣子第十九世

德性　生咸豐乙卯年六月廿七日辰時

烏淡傳子第十九世

烏掌長子第十九世

德靜　生道光庚戌年正月十八日寅時

烏掌次子第十九世

德性　出嗣

佛賜傳子第十九世

佛恩傳子第十九世

春友傳子第十九世

開春傳子第十九世

孟春傳子第十九世

而立長子第十九世

允泉

生道光己卯年六月初七日辰時卒咸豐癸丑年十月十六日申時

而立次子第十九世

允吉

生失卒咸豐癸丑年十月廿八日未時

而立三子第十九世

允江　早卒

東寧傳子第十九世住臺灣

永昌嗣子第十九世

丁財

生嘉慶乙亥年八月十八日巳時配潘氏生道光

乙酉年九月十九日午時

生子三長神智次長坭三神廣

允使傳子第十九世

火

早卒

榮陞傳子第十九世

益隆
有信長子第十九世
生道光壬辰年十一月十二日午時配蘇氏生
道光甲午年七月十八日辰時
生子二長樹林次樹和

益慶
有信次子第十九世
出嗣
巍山嗣孫第十九世

益慶
生道光丙午年正月十五日酉時
聰明傳子第十九世

海源傳子第十九世

強浦傳子第十九世

添樹　生道光戊申年七月廿三日巳時

池水傳子第十九世

秋　出嗣

甲寅長子第十九世

古結　生咸豐乙卯年二月十六日子時

甲寅次子第十九世

拱照　生咸豐戊午年十月初二日酉時
強深傳子第十九世

木是　生咸豐庚申年三月廿六日亥時
強安長子第十九世

溤泉　出嗣
強峻次子第十九世

泉　生咸豐辛酉年四月十一日辰時
清水長嗣子第十九世

秋香　生咸豐癸丑年八月十七日午時
清水次嗣子第十九世

湧泉　生咸豐戊午年五月十二日未時

知水傳子第十九世

振茂傳子第十九世

和尚傳子第十九世

老可傳子第十九世

進基傳子第十九世

有諒長子第十九世
大福　生道光戊戌年九月初一日未時配洪氏生道光
戊戌年二月廿三日寅時　生子
有諒次子第十九世
勤儉　生道光乙巳年正月初九日亥時配鄭氏生道
光庚戌年五月廿一日巳時　生子
有諒三子第十九世

德杏　早卒

大抱　有諒四子第十九世

生咸豐戊午年十月十五日巳時

仁傳子第十九世

城傳子第十九世

佳傳子第十九世

光審傳子第十九世

光柿傳子第十九世

英宗傳子第十九世

矜筆傳子第十九世

錦衣傳子第十九世

光馨

生咸豐丙辰年九月初八日子時

錦[illegible]傳子第十九世

天詩傳子第十九世

遜讓傳子第十九世

石頭傳子第十九世

天維傳子第十九世

天福傳子第十九世

葉宗傳子第十九世

滿約傳子第十九世

清萊傳子第十九世

清雨傳子第十九世

天相傳子第十九世

白雪傳子第十九世

八音傳子第十九世

茶胡傳子第十九世

壽山長子第十九世

保麟

生道光丁亥年四月廿二日辰時配長與李氏生

道光壬辰年八月初二日酉時

生子

壽山次子第十九世

青雲

　宅道光戊戌年八月十九日寅時

闡傳子第十九世

瓜生傳子第十九世

海源傳子第十九世

黃牛傳子第十九世

蘊傳子第十九世

綿芳傳子第十九世

連提傳子第十九世

綿樂傳子第十九世

朝便傳子第十九世

朝川傳子第十九世

朝等傳子第十九世

朝散傳子第十九世

朝細傳子第十九世

元甲傳子第十九世

金榜傳子第十九世

金樹傳子第十九世

應松傳子第十九世

應心傳子第十九世

應陶傳子第十九世

應粒傳子第十九世

坴
天送長子第二十世
生道光癸未年二月十九日戌時配楊氏生道光庚寅年十一月初八日卯時
生子一壹清

智
天送次子第二十世
生道光己丑年正月十二日戌時

欄
天送三子第二十世
生道光辛卯年十一月初八日戌時

天送四子第二十世

慈　生道光丙申年八月二十日酉時

天受猶子第二十世

大錢　生道光乙未年四月二十日辰時

子娘長子第二十世

正對　生道光壬辰年二月初四日戌時配坂尾社林氏

生道光甲辰年十月初六日未時

生子

子娘次子第十九世

正榮　生道光乙未年十一月初九日戌時卒咸豐七年丁

巳十月廿三日巳時葬在寔叻舊塚坐北向南

子娘三子第二十世
正盤 出嗣
子娘四子第二十世
啟舜字逢吉生道光乙巳年十一月初一日戌時
永長子第二十世
萊頭 生道光癸巳年八月十八日未時
永次子第二十世
烏賴 生道光辛丑年十一月廿六日寅時
超邑嗣子第二十世
板桂 生道光庚子年八月廿一日申時

超群儞子第二十世

鈿生長子第二十世

淑如字得怡生道光己丑年六月十三日未時配前庵社江

氏生道光辛卯年七月初七日未時

生子一兆邦

鈿生次子第二十世

克駝字和甫生道光癸巳年五月初十日卯時配新安邱氏

生道光乙未年二月十八日寅時

生子

鈿生三子第二十世
凌雲字得路生道光辛丑年十月初十日戌時配大埕社何
氏生道光癸卯年十一月十二日午時
生子。
鈿生四子第二十世
凌養字得敬生道光乙巳年五月十六日未時配溫厝社溫
氏生道光丙午年二月十三日戌時
生子
鈿生五子第二十世
凌品字得亭生道光庚戌年正月初八日卯時

鈿生六子第二十世

凌乾　生道光庚戌年四月十七日亥時卒咸豐辛酉年七月廿七日未時葬在虎綿石後

鈿生七子第二十世

凌翰字文苑生咸豐甲寅年四月廿八日戌時

和生傳子第二十世

三八住在六崑

滿生傳子第二十世

三八住在六崑

紀生長子第二十世

板桂　出嗣

紀生次子第二十世

占梅　生道光癸卯年正月初九日辰時

建寅長子第二十世

江淩　生道光壬寅年二月廿二日未時

建寅次子第二十世

江崚　生道光丁未年正月十一日未時

建寅三子第二十世

江水　生咸豐辛亥年六月廿八日未時

建寅四子第二十世

江魚　出嗣

仲突嗣子第二十世

江魚　生咸豐丙辰年九月初二日寅時

堅持傳子第二十世

巧言傳子第二十世

媽喜傳子第二十世

進作傳子第二十世

嫣旺傳子第二十世

苞竹傳子第二十世

江吾　生咸豐戊午年六月十一日寅時

巧笑傳子第二十世

江縱　生咸豐丙辰年十一月二十日未時

永安傳子第二十世

永利傳子第二十世

克發傳子第二十世

福傳子第二十世

光煥長子第二十世

大嬰　出嗣

光熾次子第二十世

豆頭　出嗣

光渺長子第二十世

筎鏓　生道光丁未年五月初九日午時

光渺次子第二十世

筎剪　出嗣

光萍長嗣子第二十世

大嬰　生道光丙午年十月十四日巳時

光萍次子第二十世

大義　生道光己丑年九月初九日未時

光星嗣子第二十世

豆頭　生咸豐戊午年三月廿六日未時

光峒嗣子第二十世

笳剪
　生咸豐壬子年六月十八日巳時

光料傳子第二十世

蒲檥傳子第二十世

紅哖傳子第二十世

紅柑嗣子第二十世

天音
　生咸豐庚申年二月廿一日午時

紅柿長子第二十世

天音　　出嗣

紅來長子第二十世

嫣興　生咸豐乙卯年正月初九日午時

水應長子第二十世

可若　生咸豐庚申年二月十一日未時

嫣錢長子第二十世

紫粒　生道光己酉年四月十六日申時

嫣錢次嗣子第二十世

光鐵　生咸豐癸丑年六月廿二日未時

嫣抛傳子第二十世

聯化　生道光丙午年八月初十日寅時

媽不傳子第二十世

光鐵　出嗣

爾傳子第二十世

伏傳子第二十世

正答傳子第二十世

頂旺　生道光辛丑年八月初十日巳時

蘇傳子第二十世

韮長子第二十世　出嗣

天平

正赳傳子第二十世

正達嗣子第二十世

天平　生咸豐己未年八月初四日戌時

正慈傳子第二十世

松傳子第二十世

倫傳子第二十世

正看傳子第二十世

正立傳子第二十世

旦

出嗣

正捷長子第二十一世

博

生道光辛丑年四月廿七日未時

正捷次子第二十一世

旦
生道光庚戌年八月初二日卯時
正直長子第二十世
生咸豐庚申年八月初十日未時
蒲
正鵠長子第二十世
生道光己酉年九月初一日午時
正着傳子第二十世
任
正骸傳子第二十世
正威長子第二十世

妙卿　生咸豐丙辰年七月二十日酉時

正威次子第二十世

榮皆　生咸豐辛酉年六月初七日亥時

正講傳子第二十世

正勤傳子第二十世

果

正習傳子第二十世

剡遠傳子第二十世

正尋傳子第二十世

南庸

正褭長子第二十世

生道光己酉年正月三十日寅時

南桶

正褭次子第二十世

生咸豐甲寅年十一月廿一日午時

正圖傳子第二十世

正岱傳子第二十世

正泰傳子第三十世

文卿傳子第三十世

文理傳子第三十世

如竹長子第二十世

敦從　生道光壬寅年九月初一日午時配溫厝社溫氏

生道光　年　月　日　時

生子

如竹次子第二十世

敏續　生道光己酉年九月初一日午時

如竹三子第二十世

敏兎　生咸豐癸丑年七月初三日未時

如竹四子第二十世

敏武　生咸豐丙辰年六月廿九日卯時

如荷傳子第二十世

如勤傳子第二十世

如白傳子第二十世

如磨傳子第二十世

如松傳子第二十世

　生咸豐辛酉年六月初八日辰時

丁文

如邑傳子第二十世

如義傳子第二十世

如信傳子第二十世

如石傳子第二十世

如磋長子第二十世

子蒲

生咸豐庚申年十一月初四日亥時

如椿傳子第二十世

如蒜傳子第二十世

如乾傳子第二十世

如旭傳子第二十世

清江傳子第二十世

如曲長子第二十世

感

生道光戊申年三月十二日子時

如曲次子第二十世

發

生咸豐甲寅年十一月十八日未時

如曲三子第二十世

衫

生咸豐己未年正月十二日卯時

如萊傳子第二十世

如清傳子第二十世

如沚傳子第二十世

如得傳子第二十世

知慈傳子第二十世

知祿傳子第二十世

馮郁傳子第二十世

清波傳子第二十世

知盛傳子第二十世

淸猝傳子第二十世

如龍傳子第二十世

西豹傳子第二十世

仙當傳子第二十世

如才傳子第二十世

正木長子第二十世

朝陽　生咸豐丁巳年三月廿四日寅時

正樞傳子第二十世

正源傳子第二十世

正玉傳子第二十世

正對傳子第二十世

正傳僑子第二十世

正廣傳子第二十世

正助傳子第二十世

正獺傳子第二十世

正牽傳子第二十世

正乞傳子第二十世

正佃傳子第二十世

可行傳子第二十世

純冷傳子第二十世

截傳子第二十世

正盈傳子第二十世

正輪傳子第二十世

天爵傳子第二十世

天秩傳子第二十世

天想傳子第二十世

正德傳子第二十世

正龍傳子第二十世

高明傳子第二十世

高屏傳子第二十世

道傳子第二十世

闓澤傳子第二十世

德暹傳子第二十世

正呂傳子第二十世

媽前傳子第二十世

嫣床傳子第二十世

嫣吕傳予第二十世

純古傳子第二十世

啓種傳子第二十世

妙梯傳子第二十世

雙寬傳子第二十世

高陞傳子第二十世

韞藏傳子第二十世

紫垣　生咸豐辛酉年四月廿二日巳時

韞盛傳子第二十世

起成傳子第二十世

金盤　生道光癸卯年二月初六日戌時

起陣傳子第二十世

起昌傳子第二十世

起趨傳子第二十世

起鳳傳子第二十世

才嗣子第二十世

排烈

生咸豐癸丑年六月廿三日巳時

問長子第二十世

排烈　出嗣

問次子第二十世

排芸

生咸豐丁巳年十月初七日申時

問三子第二十世

排坡

生咸豐庚申年九月初八日辰時

泉爾子第二十世

向傳子第二十世

極傳子第二十世

旺傳子第二十世

邦棟傳子第二十世

純緝傳子第二十世

純步傳子第二十世

陶潛傳子第二十世

夘過傳子第二十世

正桂傳子第二十世

正漏傳子第二十世

純赫傳子第二十世

純江傳子第二十世

純經傳子第二十世

拱照傳子第二十世

純字傳子第二十世

鄉黨傳子第二十世

鄉陳傳子第二十世

啟諧傳子第二十世

簡仲傳子第二十世

春橼傳子第二十世

春租傳子第二十世

及峙傳子第二十世

榜傳子第二十世

啟終傳子第二十世

啟首傳子第二十世

協力傳子第二十世

協應傳子第二十世

協魯傳子第二十世

燠嗣孫第二十世

長吟　生咸豐辛酉年二月十四日未時

啟諒嗣子第二十世

啓延傳子第二十世

啓就傳子第二十世

啟東傳子第二十世

啓瀏傳子第二十世

啟象傳子第二十世

啟秤傳子第二十世

啓怙傳子第二十世

長吟

啟達傳子第二十世
　出嗣

錦添傳子第二十世

正曹傳子詔二十世

硯

佛斤嗣子第二十世

生咸豐庚申年三月初十日巳時

天送長子第二十世

目　生咸豐戊午年四月十一日午時

天送次子第二十世

硯　出嗣

天賞傳子第二十世

可傳子第二十世

卒傳子第二十世

清吉傳子第二十世

果傳子第二十世

弼長子第二十世

添喜　生咸豐壬子年十一月初五日酉時

弼次子第二十世

添龍　生咸豐丙辰年十月廿七日未時

助傳子第二十世

艮明傳子第二十世

全信

良新傳子第二十世

良補傳子第二十世

懐傳子第二十世

沃傳子第二十世

奚傳子第二十世

金栽傳子第二十世

金蘭傳子第二十世

金仲傳子第二十世

昆傳子第二十世

壬傳子第二十世

百傳傳子第二十世

侚傳子第二十世

金戚傳子第二十世

良眼傳子第二十世

良諒傳子第二十世

良郄傳子第二十世

良鑫傳子第二十世

天養傳子諭二十世

光能長子第二十世

媽淡　生道光癸卯年十月初十日午時

蒲研傳子第二十世

光邦傳子予第三十世

烏磴傳子第二十世

烏硃傳子第二十世

籃傳子第二十世

塔傳子第二十世

枰傳子第二十世

更傳子第二十世

擒傳子第二十世

新英傳子第二十世

烏圓傳子第二十世

烏柱傳子第二十世

會傳子第二十世

沁傳子第二十世

約傳子第二十世

嫣搖傳子第二十世

韮傳子第二十世

盾傳子第二十世

適傳子第二十世

帆傳子第二十世

歲傳子第二十世

錯傳子第二十世

有福傳子第二十世

啟充長子第二十世

光舍　出嗣

啓充次子第二十世

泚　生道光癸卯年十一月初五日未時

啓充三子第二十世

嵩　出嗣
啓充四子第二十世
荔
生咸豐己未年十二月十九日子時
啟撐傳子第二十世
啓治傳子第二十世
嵩
啟瀨嗣子第二十世
生道光戊申年九月十七日丑時
芽傳子第二十世

謝氏家乘　卷一八

從傳子予第二十世

媽挑傳子第二十世

光舍　生道光壬寅年正月初一日寅時

樣傳子第二十世

軀傳子第二十世

先進傳子第二十世

瓜

生咸豐己未年八月初六日未時

光廳傳子第二十世

光墻傳子第二十世

光門傳子第二十世

六使傳子第二十世

嫣軒傳子第二十世

嬀宫傳子第二十世

皆得傳子第二十世

奇厚傳子第二十世

苛敎傳子第二十世

發強傳子第二十世

文略　出嗣
鈎隆傳子第二十世
胆水傳子第二十世
玉佛嗣子第二十世
文畧　生咸豐甲寅年十一月初五日子時
祝水傳子第二十世
金印傳子第二十世

昭逵傳子第二十世

晗賞傳子第二十世

昭眺傳子第二十世

起仁傳子第二十世

馮佔傳子第二十世

馮維傳子第二十世

文慶傳子第二十世

文捷傳子第二十世

文祿傳子第二十世

爪水傳子第二十世

爪智傳子子第二十世

爪乞傳子第二十世

陳使傳子第二十世

宰傳子第二十世

媽寡傳子第二十世

進傑傳子第二十世

進爻傳子第二十世

烏甜傳子第二十世

烏葉傳子第二十世

文章傳子第二十世

白兎傳子第二十世

淵泉傳子第二十世

流界傳子第二十世

養泉傳子第二十世

萍傳子第二十世

喬傳子第二十世

小君傳子第二十世

石春嗣子第二十世

乞傳子第二十世

德發　生咸豐辛酉年十一月廿七日亥時

仁福傳子第二十世

豆傳子第二十世

光棹傳子第二十世

總傳子第二十世

盆傳子第二十世

文肇傳子第二十世

清元傳子第二十世

瀛標傳子第二十世

清傑傳子第二十世

允傳子第二十世

世經傳子第二十世

文旦傳子第二十世

使傳子第二十世

磚傳子第二十世

碩長子第二十世

榮通

生咸豐庚申年五月十四日寅時

碩傳子第二十世

瓦傳子第二十世

池傳子第二十世

慶宇傳子第二十世

慶雪傳子第二十世

慶秀傳子第二十世

慶南傳子第二十世

慶天傳子第二十世

慶齊傳子第二十世

銀祥傳子第二十世

乾巽傳子第二十世

乾甲傳子第二十世

乾角傳子第二十世

明雁傳子第二十世

明盾傳子第二十世

明法傳子第二十世

嫣信傳子第二十世

子龍傳子第二十世

若

养華傳子第二十世

四癸傳子第二十世

生咸豐己未年十一月初三日午時

大宗傳子第二十世

仁美傳子第二十世

幸梓傳子第二十世

幸追傳子第二十世

雨傳子第二十世

幸遇傳子第二十世

幸然傳子第二十世

慷慨

生同治壬戌年三月十八日亥時

幸前傳子第二十世

幸約傳子第二十世

鉗儕子第二十世

嫣栽長子第二十世

拱照　生道光丁未年三月十三日寅時

嫣栽次子第二十世

克字　生咸豐辛酉年三月初四日未時

嫣檻傳子第二十世

嫣截長子第二十世

新郊　生咸豐庚申年八月初八日申時

榜傳子第二十世

松江傳子第二十世

秦閬傳子第二十世

以柄傳子第二十世

仙奇傳子第二十世

仙鄰傳子第二十世

忠勸傳子第二十世

上元傳子第二十世

庚辛偕子第二十世

光塔長子第二十世

登儀　生咸豐丙辰年十二月廿四日丑時

光塔次子第二十世

登庇　生咸豐己未年十一月初五日巳時

光遠傳子第二十世

光乞傳子第二十世

一品傳子第二十世

尚絅傳子第二十世

尚抱傳子第二十世

福秦傳子第二十世

福乾傳子第二十世

福來傳子第二十世

福明傳子第二十世

媽帶傳子謝二十世

光敵傳子第二十世

光唱傳子第二十世

元傳子第二十世

貳傳子第二十世

元　生嘉慶己卯年三月十四日寅時配王氏

生子一答恩

檀乞長子第二十世

朗　生道光戊子年十月初二日酉時卒咸豐丙辰年十

月廿二日未時葬梹榔嶼

生子一蓋章

去族份

檀乞次子第二十世
出嗣
徵長子第二十一世
生嘉慶己卯年二月十九日未時
徵次子第二十一世
生嘉慶庚辰年十二月初七日亥時配江氏生道光
己亥年五月廿三日辰時卒咸豐戊午年正月初三日
子時葬過橋頭坐申向寅兼坤艮丙申丙寅分金續配
温氏生道光丙申年三月十一日酉時
生子二長四烹次四偕

見

徵三子第二十世

生道光乙酉年十月十六日酉時卒道光壬寅年六

月初八日申時葬西佳墓

鎮

徵四子第二十世

生道光壬辰年十二月初四日亥時卒道光丙午年

十月初八日戌時

生子

添

徵五子第二十世

生道光乙未年四月初四日未時卒咸豐戊午年六

月十四日未時

盆

生子

諧生傳子第二十世

板桂傳子第二十世

生咸豐戊午年三月廿一日巳時

川位傳子第二十世

傳受傳子第二十世

朝春傳子第二十世

風雅傳子第二十世

任光傳子第二十世

慷慨傳子第二十世

福傳子第二十世

漢傳子第二十世

淵泉傳子第二十世

石傳子第二十世

泉傳子第二十世

循傳子第二十世

先

生道光丙戌年八月廿三日子時

蔡生傳子第二十世

塗傳子第二十世

斷　生道光丙申年三月廿一日卯時

光鐵傳子第二十世

蔭傳子第二十世

樟傳子第二十世

椗傳子第二十世

朝銓　針長子第二十世
生咸豐辛亥年七月　日　時

檜　光套長子第二十世
生嘉慶癸酉年六月初七日申時配徐氏生嘉慶
庚辰年十一月初十日巳時
生子三長嫣匪次嫣忠出嗣三嫣裛

海星傳子第二十世

接傳子第二十世

宗傳子第二十世

著傳子第二十世

清旗嗣子第二十世

嫣忠　生道光癸卯年十一月初七日子時

清傳子第二十世

順　生咸豐丙辰年十月初八日戌時

儘長子第二十世

送
生道光戊戌年五月二十日午時卒咸豐庚申年二月初七日巳時葬在坪頂坐東向西

仗
儒次子第二十世
生道光戊申年六月初一日巳時

嘉喜
果長子第二十世
生道光乙酉年十月初八日寅時卒咸豐甲寅年十一月初四日　時葬在崙邦

碩
果次子第二十世
生道光己亥年七月廿二日申時配陳氏生道光乙巳年七月十九日午時

廣財傳子第二十世

聰明　生道光丙午年八月十二日巳時

廣收傳子第二十世

金科長子第二十世

再喜　生道光甲申年正月廿四日申時卒道光丙午年六月十四日辰時葬在朱嶺坐南向北

金科次子第二十世

罧　生道光己丑年九月廿八日戌時配蔡氏生道光乙

未年正月十七日卯時

碟傳子第二十世

參傳子第二十世

笑傳子第二十世

媽沙傳子第二十世

媽笑傳子第二十世

媽武傳子第二十世

媽忠傳子第二十世

媽寶傳子第二十世

周傳子第二十世

蘇傳子第二十世

䡯傳子第二十世

登傳子第二十世

桂傳子第二十世

灶傳子第二十世

排傳子第二十世

長成
康長子第二十世
生道光辛卯年十一月廿七日丑時卒道光戊申年七月十六日申時葬在朱仔嶺坐西南
生子

漢
康次子第二十世
出嗣
房傳子第二十世
懷傳子第二十世

頂欽傳子第二十世

要
步長子第二十世
生道光戊戌年八月初五日寅時
步次子第二十世

過
生道光丙午年九月十九日巳時
勇傳子第二十世
懿傳子第二十世

鍾傳子第二十世

瓶傳子第二十世

孕傳子第二十世

賔傳子第二十世

寸傳子第二十世

磌傳子第二十世

忠傳子第二十世

帆傳子第二十世

柳傳子第二十世

媽實長子第二十世

如竹　生咸豐乙卯年八月廿三日辰時

其灣長子第二十世

如榮　生咸豐辛酉年二月廿七日戌時

文賢長子第二十世

双啟　生道光己酉年七月二十日巳時

文賢次子第二十世

双禧　生咸豐庚申年正月十八日辰時

文包獨子第二十世

文弟傳子第二十世

有國傳子第二十世

有仁傳子第二十世

有助傳子第二十世

有才傳子第二十世

再遇傳子第二十世

提傳子第二十世

醉傳子第二十世

栽傳子第二十世

坦傳子第二十世

磋傳子第二十世

烏鐘傳子第二十世

茯苓傳子第二十世

樞傳子第二十世

干傳子第二十世

生道光己酉年三月十八日丑時

媽報

井傳子第二十世

新祐長子第二十世

明德　生咸豐壬子年七月廿四日巳時

新祐次子第二十世

明元　生咸豐己未年六月十五日酉時

伯儀長子第二十世

聰明　生道光癸卯年十二月廿八日戌時

伯儀次子第二十世

聰周　生道光丙午年八月十八日寅時

伯儀三子第二十世

聰智 生咸豐甲寅年十月十三日未時

媽續 傳子第二十世

鵬直 生道光己未年十一月十三日酉時

棕紗長子第二十世

鵬明 生道光辛丑年三月廿三日寅時

棕紗次嗣子第二十世

椅心傳子第二十世

漢能長子第二十世

鶴明　出嗣

漢能次子第二十世

光燦　生道光癸卯年三月初四日巳時

漢能三子第二十世

明言　出嗣

棕青長嗣子第二十世

明言　生道光己酉年四月初三月寅時

棕青次子第二十世

明鎮　生咸豐癸丑年九月十二日卯時

媽惜傳子第二十世

媽愛傳子第二十世

萬壽傳子第二十世

光籌傳子第二十世

宗保　生道光乙未年三月十九日寅時

光明傳子第二十世

光看傳子第二十世

光正長子第二十世

書聲

光正次子第二十世

書榮

光桃傳子第二十世

光理傳子第二十世

柑寮傳子第二十世

佛致傳子第二十世

孺戍傳子第二十世

世翰傳子第二十世
生道光癸未年　月　日　時

九梅傳子第二十世

允吉
生道光乙未年三月初八日午時配林氏生道光

瑞彬
甲辰年六月十六日　時

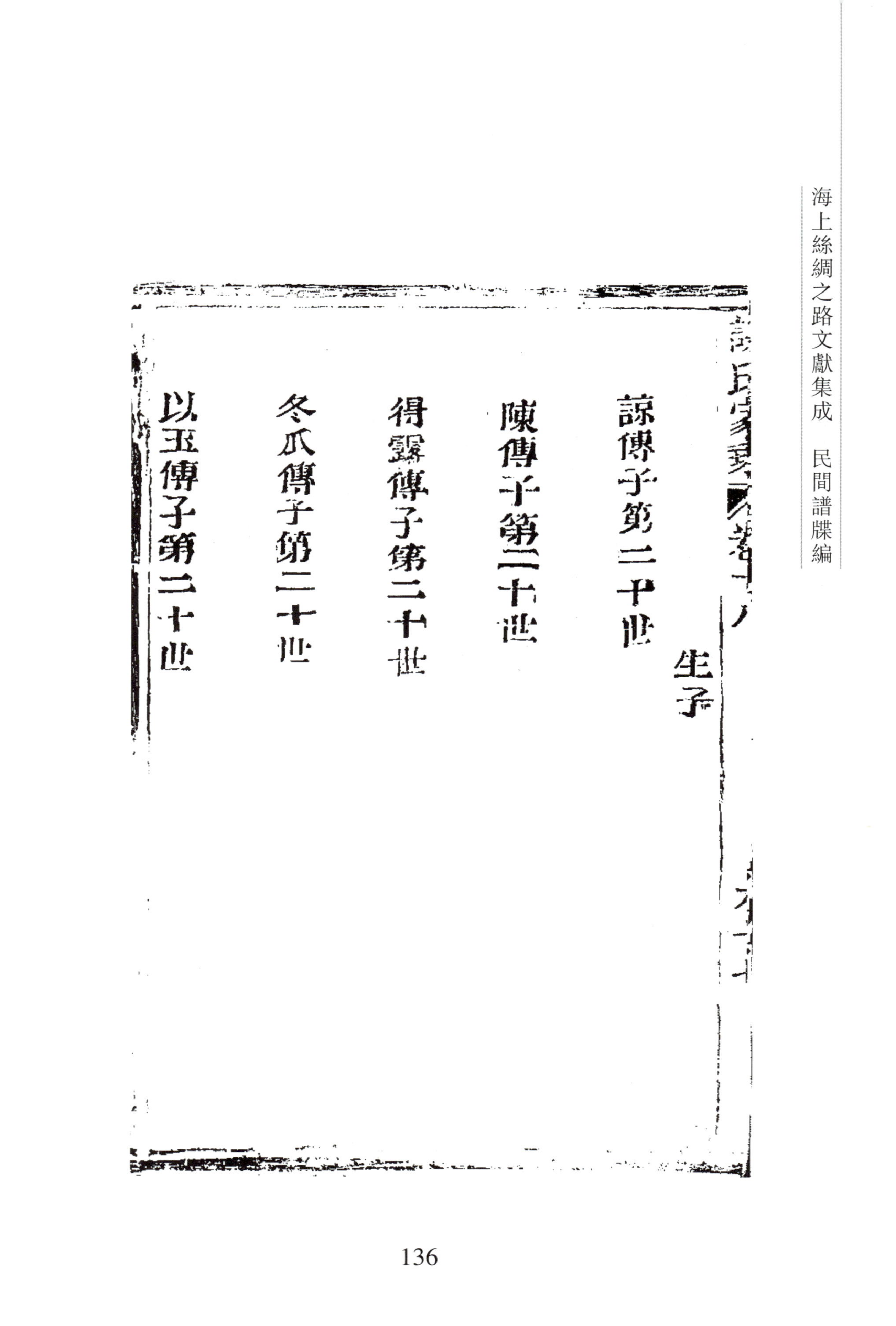

生子

諒傳子第二十世

陳傳子第二十世

得露傳子第二十世

冬瓜傳子第二十世

以珏傳子第二十世

明輪傳子第二十世

永吾傳子第二十世

高升傳子第二十世

員外傳子第二十世

清玉傳子第二十世

文魁　生咸豐辛亥年七月初七日寅時

清對傳子第二十世

清音長子第二十世

能通　生道光庚戌年二月十一日巳時

清音次子第二十世

能文　生咸豐己未年二月初六日午時

清存傳子第二十世

清黨傳子第二十世

清沙傳子第二十世

元實傳子第二十世

生咸豐辛酉年九月初三日申時

天壽

元燕傳子第二十世

金德傳子第二十世

金意傳子第二十世

元經傳子第二十世

佛記傳子第二十世

天賜　生咸豐己未年九月廿七日申時

佛象傳子第二十世

佛印傳子第二十世

佛姞傳子第二十世

佛傳傳子第二十世

源利傳子第二十世

柯傳子第二十世

泉傳子第二十世

後生傳子第二十世

慶憐傳子第二十世

慶同傳子第二十世

慶雲傳子第二十世

微竹傳子第二十世

微翰傳子第二十世

微楓傳子第二十世

微芬傳子第二十世

慶星傳子第二十世

光散傳子第二十世

光盾傳子第二十世

光吉傳子第二十世

光碗傳子第二十世

文章傳子第二十世

文進傳子第二十世

文稚傳子第二十世

昭群傳子第二十世

昭陣傳子第二十世

水求傳子第二十世

綱養傳子第二十世

昭思傳子第二十世

光斗傳子第二十世

光界傳子第二十世

光平傳子第二十世

和尚傳子第二十世

莱傳子第二十世

文凴傳子第二十世

文欽傳子第二十世

文選傳子第二十世

文烈傳子第二十世

文傳傳子第二十世

文傳傳子第二十世

文遠傳子第二十世

文秀傳子第二十世

文甲傳子第二十世

糖霜傳子第二十世

允順傳子第二十世

双福傳子第二十世

文棫傳子第二十世

文韭傳子第二十世

紅蟳傳子第二十世

吉生傳子第二十世

吉順傳子第二十世

泥傳子第二十世

卯傳子第二十世

岸傳子第二十世

沙傳子第二十世

財傳子第二十世

寡傳子第二十世

黠傳子第二十世

華傳子第二十世

樓永傳子第二十世

絨傳子第二十世

盛傳子第二十世

牴傳子第二十世

丹成傳子第二十世

聲傳子第二十世

溝

錫長子第二十世

生道光乙未年六月初十日巳時

錫次子第二十世

貞

生道光戊申年十一月廿四日戌時

錫三子第二十世

在

生咸豐壬子年二月廿六日巳時

錫四子第二十世

慶　生咸豐庚申年三月初七日巳時

照傳子第二十世

慈　生道光丁未年十二月廿四日午時

巧言傳子第二十世

嘉石　生咸豐庚申年七月廿六日卯時

寬傳子第二十世

再成　生咸豐戊午年正月廿三日巳時

東夏傳子第二十世

嫣蘇　生咸豐丙辰年九月廿九日未時

傳傳子第二十世

樣傳子第二十世

哮傳子第二十世

近傳子第二十世

闖傳子第二十世

元旦傳子第二十世

上元傳子第二十世

邊傳子第二十世

乞傳子第二十世

光信傳子第二十世

直傳子第二十世

永文
耄長子第二十世
生道光癸卯年十一月廿八日丑時

錫蘭
耄次子第二十世
生道光戊戌年四月初五時酉時

四傳子第二十世

歆傳子第二十世

礎傳子第二十世

掌傳子第二十世

富傳子第二十世

屋傳子第二十世

乳傳子第二十世

彥傳子第二十世

刋傳子第二十世

羅傳子第二十世

寅傳子第二十世

螺傳子第二十世

考傳子第二十世

梅傳子第二十世

鬃傳子第二十世

明傳子第二十世

恒義傳子第二十世

恒孝嗣子第二十世

丹青
光佐傳子第二十世
烏雁
生道光庚寅年七月三十日寅時配楊氏生道光
庚子年三月廿六日戌時
生子一青沃
光所傳子第二十世
江水長子第二十世
光長
生道光甲午年二月十八日未時
江水次子第二十世

光時

生道光丁酉年三月初七日戌時

夏賞傳子第二十世

夏烟傳子第二十世

夏侯傳子第二十世

夏盆傳子第二十世

夏刊傳子第二十世

自當　生咸豐戊午年正月十七日亥時
掌儒子第二十世

光造　生道光庚子年十月十三日寅時
廠黎長子第二十世

光條　生道光己酉年十二月初八丑時
廠黎次子第二十世

能霸儒子第二十世

文騫儒子第二十世

芟傳子第二十世

存忠傳子第二十世

岱傳子第二十世

賁傳子第二十世

彧傳子第二十世

存汚傳子第二十世

惡傳子第二十世

存黨傳子第二十世

嫣敬傳子第二十世

香

出嗣

嫣詰傳子第二十世

錦昌傳子第二十世

振聲傳子第二十世

碧衫傳子第二十世

生道光己亥年正月初九日卯時

文

法情傳子第二十世

法富傳子第二十世

允得長子第二十世

芊卯　生道光己亥年十月初七日巳時

允得次子第二十世

灦軒　生道光甲辰年九月廿九日子時

允應傳子第二十世

通光傳子第二十世

智傳子第二十世

孔雀傳子第二十世

允達傳子第二十世

允紂傳子第二十世

允美傳子第二十世

允端傳子第二十世

允收傳子第二十世

清順傳子第二十世

廣生傳子第二十世

述嗣孫第二十世

生道光癸巳年七月十六日酉時配楊氏生道光丁酉年十月初六日巳時

香

生子一　可建

櫹傳子第二十世

兆傳子第二十世

檨傳子第二十世

淹傳子第二十世

名傳子第二十世

麥傳子第二十世

腯傳子第二十世

頊長子第二十世

盤

生道光乙酉年十月初三日酉時

助長子第二十世

壹

生道光乙酉年十二月十四日巳時配黃氏[illegible]

光戊子年七月十五日酉時卒咸豐戊午年十二月

初三日丑時葬在埭墘續配陳氏生道光戊子年九月
十一日午時
生子一偉

保
登科長子第二十世
生道光壬午年九月廿六日戌時卒咸豐壬子年十
一月廿七日　時葬桄榔嶼

煥
登科次子第二十世
生道光甲申年八月廿二日寅時配古浪嶼黃氏生
道光戊戌年十月初二日午時
生子

坪
登陣長子第二十世
生道光甲午年五月初七日卯時卒咸豐己未年三月初六日卯時葬山頭園

正
登陣次子第二十世
生道光甲申年十月廿三日午時卒咸豐丁巳年七月初十日寅時葬在山頭與兄仝穴

坡
登陣三子第二十世
生咸豐辛亥年九月十九日巳時

嫣葵
登罷長子第二十世
生道光丁酉年七月初九日寅時卒咸豐己未

年十一月初四日　時外殁

登罴　次子第二十世

嬀堅

生咸豐甲寅年十月十一日亥時

登燦傳子第二十世

艷傳子第二十世

櫶

生道光癸巳年五月廿八日　時

礒傳子第二十世

永朝傳子第二十世

永順傳子第二十世

永受嗣子第二十世

傳意 生道光癸卯年閏七月十七日戌時

永得長子第二十世

傳意 出嗣

永得次子第二十世

傳書 出嗣

永安長子第二十世

大追　生道光庚戌年十二月初十日申時
永妥次子第二十世

大松　出嗣
永安三子第二十世

大逵　生咸豐己未年十二月初十日寅時
和生長嗣子第二十世

傳書　生道光丙午年六月初六日子時
和生次嗣子第二十世

大松　生咸豐甲寅年十一月十一日巳時
海傳子第二十世

錐傳子第二十世

登香傳子第二十世

登顔傳子第二十世

埕　生道光丁酉年二月十五日巳時配林氏生道光辛丑年三月初十日丑時

生子

光維長子第二十世

萍　生咸豐辛亥年十二月三十日戌時

光開長子第二十世

不　生咸豐丁巳年五月十四日辰時

媽芸傳子第二十世

光插　出嗣

媽羅傳子第二十世

媽超長嗣子第二十世

光插　生道光己酉年十月廿六日卯時

媽超次子第二十世

光斷　生咸豐辛亥年五月廿八日辰時
媽獺長子第二十世
光委　生道光庚戌年八月廿三日亥時
媽允傳子第二十世
光守　生咸豐辛亥年八月廿四日卯時
拱傳子第二十世
坑傳子第二十世
烏傳子第二十世

降傳子第二十世

綜

錦澤長子第二十世

生咸豐辛亥年九月二十日未時

錦澤次子第二十世

生咸豐丁巳年七月初八日巳時

磚

錦篠傳子第二十世

光唱傳子第二十世

光眞傳子第二十世

涌泉傳子第二十世

文選傳子第二十世

光新傳子第二十世

光國傳子第二十世

登耀傳子第二十世

登孟傳子第二十世

登碭傳子第二十世

登科傳子第二十世

皆俗傳子第二十世

月理傳子第二十世

正立傳子第二十世

正界傳子第二十世

正談傳子第二十世

夏以長子第二十世

件　生道光己酉年九月廿一日酉時

夏宗傳予第二十世

夏泉傳子第二十世

夏賞傳子第二十世

水傳予第二十世

鯨傳予第二十世

懊傳子第二十世

香傳子第二十世

保長子第二十世

清蓮　生咸豐壬子年九月初一日巳時

保次子第二十世

文葉　生咸豐丙辰年六月廿四日寅時

芳長子第二十世

皆得　生道光庚戌年六月十二日子時配陳氏生咸豐丙辰年三月廿二日酉時

生子

文義長子第二十世

春泉　生道光戊申年七月廿四日戌時

文義次子第二十世

生意　生咸豐丁巳年三月初四日申時

文禮傳子第二十世

紅棗傳子第二十世

錦章　生咸豐戊午年三月初二日酉時

元傳子第二十世

光稟傳子第二十世

德性傳子第二十世

德靜傳子第二十世

允泉傳子第二十世

允吉傳子第二十世

允江傳子第二十世

丁財傳子第二十世

神智

生道光癸卯年四月廿六日未時配蘇氏生道光癸卯年七月十八日寅時

生子

丁財次子第二十世

長庚　生咸豐乙卯年十一月初七日寅時
　丁財三子第二十世
神廣　生咸豐己未年十一日初九日寅時
　火傳子第二十世
樹林　生咸豐戊午年十月初五日亥時
　益隆長子第二十世
樹何　生咸豐庚申年十一月廿七日戌時
　益隆次子第二十世
　益歷傳子第二十世

添樹傳子第二十世

古結傳子第二十世

拱照傳子第二十世

木是傳子第二十世

傳子第二十世

秋香傳子第二十世

湧泉傳子第二十世

大福傳子第二十世

勤儉傳子第二十世

德杏傳子第二十一世

大抱傳子第二十世

允馨傳子第二十世

保麟傳子第二十世

青雲傳子第二十世

全傳子第廿一世

壹清　生咸豐辛酉年五月初四日亥時

智傳子第廿一世

欄傳子第廿一世

慈傳子第廿一世

大錢傳子第廿一世

正對傳子第廿一世

正營傳子第廿一世

啓舜傳子第廿一世

萊頭傳子第廿一世

烏賴傳子第廿一世

板桂傳子第廿一世

淑如傳子第廿一世

兆邦　生道光己酉年九月十九日寅時

克駝傳子第廿一世

淩雲傳子第廿一世

淩養傳子第廿一世

淩品傳子第廿一世

淩乾傳子第廿一世

淩翰傳子第廿一世

占梅傳子第廿一世

江淩傳下第廿一世

江峻傳子第廿一世

江水傳子第廿一世

江魚傳子第廿一世

江吾傳子第廿一世

江維傳子第廿一世

第𩍐傳子第廿一世

大嬰傳予第廿一世

大義傳予第廿一世

豆頭傳予第廿一世

笳剪傳予第廿一世

天音傳予第廿一世

娓興傳子第廿一世

可若傳子第廿一世

光粒傳子第廿一世

光鐵傳子第廿一世

聠化傳子第廿一世

頂旺傳子第廿一世

天平傳子第廿一世

博傳子第廿一世

旦傳子第廿一世

蒲傳子第廿一世

任傳子第廿一世

妙卿傳子第廿一世

榮皆傳子第廿一世

果傳子第廿一世

南庸傳子第廿一世

南楯傳子第廿一世

敏從傳子第廿一世

敏續傳子第廿一世

敏兎傳子第廿一世

敏武傳子第廿一世

丁文傳子第廿一世

丁蒲傳子第廿一世

感傳子第廿一世

發傳子第廿一世

衫傳子第廿一世

朝陽傳子第廿一世

紫垣傳子第廿一世

金盤傳子第廿一世

烈傳子第廿一世

緋芸傳子第廿一世

排披傳子第廿一世

長吟傳子第廿一世

硯傳子第廿一世

目傳子第廿一世

添喜傳子第廿一世

添龍傳子第廿一世

全信傳子第廿一世

嫣淑傳子第廿一世

泚傳子第廿一世

荔傳子第廿一世

嵩傳子第廿一世

光舍傳子第廿一世

瓜傳子第廿一世

文暑傳子第廿一世

德發傳子第廿一世

榮通傳子第廿一世

若傳子第廿一世

慷慨傳子第廿一世

拱照傳子第廿一世

克字傳子第廿一世

新鄭傳子第廿一世

發儀傳子第廿一世

登庇傳子第廿一世

元傳子第廿一世

文芳　存義六子十八世　生卒失載

荅恩　生道光乙巳年六月廿三日巳時

朗儒子第廿一世

蓋章　生咸豐壬子年十一月廿三日未時

族儒子第廿一世

四㬌

份長子第廿一世

生道光丙申年二月二十日午時

份次子第廿一世

四偕　生咸豐庚申年正月初九日巳時

見儒子第廿一世

鎮傳子第廿一世

添傳子第廿一世

益傳子第廿一世

先傳子第廿一世

斷傳子第廿一世

翶銓傳子第廿一世

嫣匡　檜長子第廿一世
生道光庚子年三月十一日亥時

嫣忠　檜次子第廿一世
出嗣

嫣夏　檜三子第廿一世
生道光戊申年九月十九日未時

嫣忠傳子第廿一世

順傳子第廿一世

送傳子第廿一世

杖傳子第廿一世

嘉喜傳子第廿一世

預傳子第廿一世

聰傳子第廿一世

再喜傳子第廿一世

槑傳子第廿一世

長成傳子第廿一世

要與子第廿一世

過傳子第廿一世

知竹傳子第廿一世

如榮傳子第廿一世

双啟傳子第廿一世

双禧傳子第廿一世

媽報傳子第廿一世

明德傳子第廿二世

明元傳子第廿一世

聰明傳子第廿一世

聰周傳子第廿六世

聰智傳子第廿一世

鵬直傳子第廿一世

鵬明傳子第廿一世

光燦傳子第廿一世

明言傳子第廿一世

明鎮傳子第廿一世

宗保傳子第廿一世

書聲傳子第廿一世

書榮傳子第廿一世

允吉傳子第廿一世

瑞彬傳子第廿一世

文魁傳子第廿一世

能通傳子第廿一世

能文傳子第廿一世

天壽傳子第廿一世

天賜傳子第廿一世

溝傳子第廿一世

員傳子第廿一世

右傳子第廿一世

慶傳子第廿一世

慈傳子第廿一世

嘉石傳子第廿一世

再成傳子第廿一世

媽蘇傳子第廿一世

永文傳子第廿一世

錦蘭傳子第廿一世

丹青傳子第廿一世

烏崔傳子第廿一世

青沃

生咸豐己未年十二月廿九日酉時

光長傳子第廿一世

光再傳子第廿一世

自當傳子第廿一世

光造傳子第廿一世

光條傳子第廿一世

文傳子第廿一世

芊卵傳子第廿一世

漏軒傳子第廿一世

香長子第廿一世

可建

生咸豐戊午年九月十二日未時

盤傳子第廿一世

壹長傳子第廿一世

梓

早卒

保傳子第廿一世

熥傳子第廿一世

埣傳子第廿一世

正傳子第廿一世

坡傳子第廿一世

嫣葵傳子第廿一世

嫣堅俤子第廿一世

樾傳子第廿一世

儔意俤子第廿一世

大追傳子第廿一世

大遼俤子弟廿一世

膺書傳子第廿一世

大松傳子第廿一世

大瑆傳子第廿一世

蒂傳子第廿一世

不傳子第廿一世

光搖傳子第廿一世

光斷傳子第廿一世

光委傳子第廿一世

光守傳子第廿一世

綵傳子第廿一世

碼傳子第廿一世
件傳子第廿一世
渦蓮傳子第廿一世
文葉傳子第廿一世
皆得傳子第廿一世

春泉傳子第廿一世

生意傳子第廿一世

錦章傳子第廿一世

神智傳子第廿一世

長庚傳子第廿一世

神廣傳子第廿一世

樹林傳子第廿一世

樹何傳子第廿一世

壹清傳子第廿二世

兆邦傳子第廿二世

答恩傳子第廿二世

盖章傳子第廿二世

四景傳子第廿二世

四偕傳子第廿二世

媽雁傳子迎廿二世

嬀夏傳子第廿二世

胥沃傳子第廿二世

可建傳子第廿二世

梓傳子第廿二世

謝氏肇基石塘世系總紀卷十九

肇世祖考東山公　妣宣徽孺人周氏生卒年月日時失載
合葬在畲坑內土名真武踏龜坐　向
衍派爲二長道明次道舉

東山公長子第二世

道明公號德齋　祖妣林氏生卒年月日時失載合葬
嵩嶼石獅庵下石路左邊坐　向
生子六長孝次友三睦四婣五任六恤

東山公次子第二世

道舉公號逸齋　祖妣王氏生卒失載合葬[illegible]山[illegible]右

龜下坐癸向丁每歲八月初四日係公祭日

生子四長榮次華三富四貴

道明公長子第三世

孝公字惟順　祖妣顏氏生卒葬所失載

生子一國和

道明公次子第三世

友公字惟恭　祖妣顏氏　公當元季抽軍本戶推公前去南京留守中衛着伍留一子添定在閩其後裔衍繁移居同安東林復遷中孚後埔頭

道明公三子第三世

睦公字惟和　祖妣鍾氏生卒葬所失載

生子一　添榮

道明公四子第三世

娟公字惟思　祖妣江氏生卒失載葬萸厝渡船頭

生子二　長添順　次添從

道明公五子第三世

任公字惟信　祖妣林氏生卒失載合葬東山邊坐乾向

巽兼戌辰明嘉靖辛丑年清明節重脩

生子三　長添富　次添貴　三添壽

道明公六子第三世

惟公字惟憫　祖妣周氏生卒失載合葬坑園坐艮向坤

合葬大胄八墓是也

生子一添賜

道舉公長子第三世

榮公字惟宗　祖妣邱氏生卒失載葬壠裡園中坐　向

缺

生子一原泰

道舉公次子第三世

華公字惟國　祖妣蔡氏當軍北京生卒失載

生子二長蘭宗次桂宗

道舉公三子第三世

㽞公字惟麗　祖妣顔氏生卒失載葬在畬坑樟仔脚馬寮邊左坐南向北

生子一　冀

道舉公四子第三世

貫公字惟顯　祖妣李氏生卒失載合葬畬坑道士石前

生子一　某

恤公第六房分派世系條紀卷十九

道明公六子第三世

恤公字惟憫　祖妣周氏生卒失載合葬在坑園坐艮向坤

俗稱大背人墓是也

生子一添賜

恤公傳子第四世

添賜字　祖妣林氏生卒失識合葬在徑林尾出水

龜墓名一眉水坐壬向丙

生子一言志

添賜公傳子第五世

言志公字雅文號簡坡國子監生生洪武戊午十二年三月二十日丑時卒景泰乙亥六年六月十三日　時壽七旬有九妣林氏生洪武丙辰九年十二月廿二日卯時卒天順庚辰四年四月廿三日　時壽八旬有六合葬在犂角頭坐未向丑

生子三長仁慈次義思三禮淵

陳平所舊譜中載　簡坡公富甲三都田業幾百餘石各揚外郡誠一時傑士也

遡郎我祖初年生逢昇平　聖世名列上國醫宮家貲豐裕而規模遠大以創垂爲己任遂闢東抗大築祠

守多置產業留一子以居守石塘餘皆東遷今東之上地田宅盡入吾家自明迄清歷三四百載至今尚存遺資數百兩逐年取息以供祭祀乃知陳乎所舊誌之言爲不誣也以後子孫振起衣冠相承遂成不祧之祖矣兹因重脩譜系立孫禎曙表其事以垂不朽歌曰大海流遠屏山邑蒼家磐鞏固土田茫茫念兹創建詒燕之功何以追報永祀享堂克昌厥後玉樹傳芳

言志公長子第六世

仁慈公字敏愛號崇橋國子監生生洪武戊寅三十一年四月廿二日未時卒天順壬午六年十二月初五日　時

壽六旬有五配周氏生洪武己卯三十二年六月二十日酉時卒正統癸亥八年十一月十五日　時壽四旬有五續配林氏生永樂丁酉十五年三月廿九日　時卒弘治庚戌三年十月初三日　時壽七旬有五合葬在坑園坐艮向坤今八房大墓是也

生子八　長乾龍　次坎龍　三艮龍　四震龍　五旺龍　以上五人俱周氏出　六添龍　七漸龍　八真龍　以上三人俱林氏出

言志公次子第六世

義惠字敏和號浩川　配洪坑李氏　生卒俱失載合葬坑

園墳在八房大墓上坐艮向坤
生子二 長廷亮 次廷恭
公生於六世之間知　始祖之奕葉繕脩族譜以傳於
後寔有功於宗族其配享　肇基祖側宜哉
言志公三子第六世
禮遜字敏泰號剛軒國子監生生永樂癸巳十一年十二月
初八日丑時卒正統乙丑十年三月十三日丑時壽三
旬有三附葬　父墳中甽沙坂　科進士官授
行人司陳諱　公胞妹生永樂丙申十四年九月廿
四日子時卒正統己巳十四年三月廿六日亥時壽三

旬有四葬三魁嶺下陳林上坐未向丑俗稱爲娘子墓

生子一爵

仁蘇長子謝七世

敬龍字思善生永樂庚子十七年三月廿七日辰時卒正德丁卯二年五月十五日壽八旬有九葬山仔內坐辰向戌配馬鑾王氏生永樂癸卯二十一年正月十三日未時卒成化庚寅六年十一月初六日壽四旬有八葬在山狗崆園前坐壬向丙　生子二長弘廣次堯仁

仁趙次子謝七世

坎龍字思忠　生永樂癸卯二十一年九月廿二日亥時卒

正德己巳四年十月三十日壽八旬有八葬林後山坐
亥向巳配顏氏生宣德戊申三年九月廿一日巳時卒
天順壬午六年十月初八日壽三旬有五葬坑園
祖墓西坐艮向坤續配白礁胡氏葬在坑園北方園內
生子二長鴻次鵠

仁慈三子第七世

艮龍字思政號毅菴生宣德丁未二年八月廿六日亥時
卒正德甲戌九年九月初二日壽八旬有八葬山狗
崆園內向河漸山配王氏生宣德丁未二年二月十
二日　時卒正德七年壬申七月初五日壽八旬有八

葬崙坑山仔內坐癸向丁續配林氏

生子四長弘國次宗燿三宗垣

以上王氏出四宗璉林氏出

仁慈四子第七世

震龍字思遠生宣德四年十一月初五日巳時卒弘治十八年十月初一日　時壽七旬有四葬荒內坐寅向申卽田邊翁氏與夫合葬荒園裡

生子二長仁次葉

仁慈次子第七世

旺龍字思茂號遁菴鄉飲大賓生宣德乙卯十年十二月十

四曰辰嵎卒正德十三年戊寅八月初一日壽八旬有
四配高浦朱百戶女生宣德乙卯十年十月初十日申
時卒正德元年丙寅十二月十八日　時壽七旬有二
合葬坑園祖墳東坐寅向申
生子二長惠次傑

信慈六子第七世

遜龍字思繁生娶卒葬俱失載
生子二長漢源次發源

仁慈七子第七世

漸龍字思僉生娶卒葬所失載

生子三長元次果三三果

仁慈八子第七世

真龍字思川生天順三年己卯正月廿五日戌時卒嘉靖丁酉十六年七月初七日壽七旬有九葬橋頭山埔仔内坐甲向庚配山坨下廊林氏生景泰癸酉四年十二月廿一日亥時卒正德辛未六年五月廿七日壽五旬有九葬龍門山坐卯向酉

生子二長洪次離

義惠長子第七世

廷亮字　生娶卒葬俱失載

生子四長舜源次叔源三愈源四殿源

義惠次子第七世

廷恭字　生娶卒葬俱失載

生子二長璠次琦

乾龍長子第八世

弘麟字　生卒失載配埭頭林氏生卒失載合葬山仔內

大灰墓是也　生子一泰

乾龍次子第八世

堯仁諱還生天順癸未七年五月十四日　時卒正德丁卯

二年九月十五日　時壽四旬葬山狗崆坐壬向丙配

山頭朱氏生天順壬午六年正月初二日　卒嘉靖
丙午二十五年二月十八日　壽八旬有五葬犂角
頭坐甲向庚

生子一　祥麟

坎龍長子第八世

鴻字敦文　生景泰丙子七年七月廿五日子時卒嘉靖
辛卯十年二月初六日　壽七旬有六配蔡嶺張氏
生景泰丙子七年十一月十八日酉時卒嘉靖癸巳十
二年二月二十日　壽七旬有八合葬榕樹後荔枝
林坐亥向巳兼壬丙

生子一填

坎能次子第八世

鴻字敦武生天順庚辰四年六月十五日　時卒嘉靖壬寅

二十一年十月十六日　時壽八旬有三葬橫廂下

坐卯向酉配林氏生天順甲申八年五月初二日卯時

卒嘉靖戊午七年八月初四日　時壽六旬有五葬橫

廂前坐乙向辛　生子一坪

艮能長子第八世

弘國　生卒葬所失誌

生子一体徹

宗燿　艮龍次子第八世
生卒葬所失載　生子一　体富

宗坦　艮龍三子第八世
生成化丁未二十三年六月十五日　時卒正德辛巳十六年八月廿六日　時壽三旬有五配蔡氏生弘治庚戌三年十月初八日　時卒弘治乙丑十八年十一月初三日　時壽合葬坑園北方坐卯向酉續配許氏生弘治六年癸丑正月初五日辰時卒嘉靖乙未十四年十月初十日　時壽四旬有三葬坑仔坐甲

向寅　　生子一天祐

艮龍四子第八世

生卒葬所失載

宗璉

震龍長子第八世

仁字敦德　生卒葬所失載

生子一鶱

震龍次子第八世

巢字敦晉生成化己丑五年十月十九日戌時卒正德壬

申七年五月初六日　時壽四旬有四葬坑園山坐甲

向庚配陳氏生成化癸巳九年九月初七日辰時卒嘉

靖丁酉十六年十月二十日　時壽六旬有五葬荒
岗山坐卯向酉
生子二長璋次復

旺龍長子第八世
惠字敦吉號訥軒國子監生生成化丁亥三年三月初三日
申時卒嘉靖己亥十八年十二月初五日　時壽七
旬有三配林氏生天順庚辰四年八月十九日子時
卒嘉靖己亥十八年十二月初七日　時壽八旬合葬
榕樹下後宅石墓坐艮向坤
生子六長璠次琰三燦四敬五瑞六璐

旺龍次子第八世
傑字敦彥生娶卒葬所失載
生子四長璉次友三三友四四友

添龍長子第八世
漢源生娶卒葬俱失載
生子二長世哲次天覺

添龍次子第八世
發源生卒葬所失載

漸龍長子第八世
元字舜仁生卒葬所失載

生子一鍜

漸龍次子第八世

果字舜孝生成化十四年戊戌二月初七日亥時卒嘉靖八年己丑九月十四日　時壽五旬有二葬馬寨邊坐甲向寅配馬氏生成化十六年庚子七月初五日子時卒嘉靖五年丙午七月初九日　時壽六旬有七葬畬坑田尾坐乾向巽

生子一暘

漸龍三子第八世

三果字敦敬生卒葬所失識

生子一天助

真龍長子第八世

洪字敦煖生成化十八年壬寅二月初八日未時卒嘉靖三十四年乙卯五月初九日　時壽七旬有四配王氏生弘治元年戊申十一月初七日戌時卒嘉靖三十五年丙辰六月廿三日　時壽六旬有九合葬橫廂上坐戌向辰

生子二長禎次祐

真龍次子第八世

離字敦朴生卒葬所失載

廷亮長子第八世

舜源字紹續生娶卒葬俱失載

生子二長伯弘次伯川

廷亮次子第八世

叔源字

生娶卒葬所失載

生子二長伯秀次伯周

廷亮三子第八世

愈源字

生娶卒葬所失載

生子三長伯大次伯林三伯珍

廷亮四子第八世

殿源字　生娶卒葬俱失載

生子二長期次荐

廷恭長子第八世

福字

生娶卒葬所失載

生子一伯旺　寓居永春縣

廷恭次子第八世

祐字

生娶卒葬俱失載

弘廣傳子第九世

泰字體胖生卒失載葬父墳左配姚氏生卒失載葬山兜

生子一璁孫

堯仁傳子第九世

祥麟字世禎生弘治甲寅七年三月初九日　時卒嘉靖
己亥十八年十一月初七日　時壽四旬有六與母合
葬犂角頭妣許氏生弘治己未十二年八月十一日亥
時　　生子一望高

鴻傳子第九世

塡字世任生娶卒葬失載　　生子五長照次煥三烜四燿五煬

鵲傳子第九世

坪字世瑩生弘治戊申元年五月十九日戌時卒嘉靖辛丑

二十年正月十九日　時壽五旬有四與父合葬橫麻
下配黃氏生弘治癸丑六年七月廿八日子時卒嘉靖
戊午三十七年五月廿三日　時壽六旬有六葬徑林
尾坐東向西
生子二長煌次焞
弘國傳子第九世
體徹生娶卒葬所失載
生子二長俊異次俊仲
宗耀傳子第九世
體富
生卒葬所失載

宗坦傳子第九世

天祐字世福生正德乙亥十年十二月十二日戌時卒

年　月　日　時配黄氏生正德己卯十

四年八月初五日亥時卒嘉靖丙寅四十五年五月十

三日　時壽四旬有六

生子二長應會次應第

宗璉傳子第九世

仔傳子第九世

騫字世還　出居同安南洋

生子一　立

棟長子第九世

璋字世寶　生卒葬所失識

棟次子第九世

復字世美生弘治乙丑十八年正月二十日辰時卒失載配翁氏生正德壬申七年九月十二日申時

生子一長熠側室楊氏生子一六三

愚長子第九世

璠字欽篤生成化丙午二十二年七月初六日巳時卒嘉靖戊午三十七年五月十四日　壽七旬配翁氏生

弘治辛亥四年八月廿五日未時卒嘉靖壬戌四十一年三月廿九日　時壽七旬有二

生子四長燧次熛三燗四焜

惠次子第九世

安字世重生弘治己酉二年十月初四日　時卒嘉靖癸卯二十二年　時壽五旬有五配蔡氏生卒失載合葬同安

生子二晚

惠三子第九世

燦字世澤生弘治辛亥四年十二月廿六日　時卒嘉靖乙丑四十四年正月初九日　時壽七旬有五配本社鄭

氏生弘治乙卯八年十月初五日　時卒嘉靖戊午三
十七年十二月廿九日　時壽六旬有四合葬橫廂下
坐庚向甲　生子三長燴次燏三焚
惠四子第九世
敬字世懷生弘治乙卯八年十二月初九日巳時配山兜楊
氏生弘治庚申十三年正月十一日午時　生子四長煥次治三燖四炕
惠五子第九世
瑺字世奇生弘治戊午十一年八月廿六日未時配邱氏生
弘治甲子十七年二月十一日　時卒嘉靖戊戌十七

年十一月廿六日　時壽三旬有五續配陳氏生正德

年十月二十日寅時卒葬失載

生子二長炫次齋

惠六子節九世

璐字世傳號居易生弘治辛酉十四年十一月十二日巳時

卒嘉靖癸亥四十二年五月初五日　時壽六旬有三

葬坑園　崇橋公墓下坐丑向未即鼓浪嶼黃氏宅

弘治乙丑十八年十一月廿三日亥時附葬　恤公

墓左諱謹暢卒嘉靖乙丑四十四年二月初七日辰時

生子三長烰次燭三煒

傑長子第九世
璉字世宗生卒葬所失載
傑次子第九世
生子一耀
友字世陌生卒葬所失載
傑三子第九世
三友字世　生卒葬所失載
傑四子第九世
四友字　生卒葬所失載
漢源長子第九世

世哲字　生卒葬所失載

漢源次子第九世

天貴字　生卒葬所失載

發源傳子第九世

元傳子第九世

鍜字世沐生卒葬所失載

生子一寔

果長子第九世

暘字世明生正德戊辰三年八月十五日戌時卒嘉靖戊申

二十七年九月初三日　時壽四旬有一　與母葬
在畬坑田尾配洪坑李氏生正德甲戌九年十二月廿
六日戌時
生子二長應烱次應熔
三果傳子第九世
天助字世德生卒葬所失載
生子一期
洪長子第九世
禎字世興生正德四年四月初四日寅時卒葬失載配李氏
生正德七年八月初九日戌時卒嘉靖四十年十二

月十七日　時壽五旬葬北山邊坐卯向酉

生子二長燧次山

洪次子第九世

祐字世隆生卒葬所失載

舜源長子第九世

伯弘字　生卒葬所失載

生子二長油次滓

舜源次子第九世

伯川字　生卒葬所失載

兄弟出居同安楊坑山仔

叔源長子第九世

伯秀字　生卒葬所失載

出居同安東灣洪前山仔

叔源次子第九世

伯周字　生卒葬所失載

愈源長子第九世

伯大字　生娶卒葬所失載

生子一章甫

愈源次子第九世

伯材字生卒葬所失載　出居山兜坑尾

生子四長仁甫次義甫三禮甫四智甫

僉源三子第九世

伯珍字　生卒葬所失載

出居貫口莿林內

福傳子第九世

伯旺字　生卒葬所失載

出居永春縣

祐傳子第九世

泰傳子第十世

瓊孫字珍玉生卒葬所失識

祥麟傳子第十一世

望西字珍遠生嘉靖元年九月十七日寅時配詹氏生嘉靖四年五月初九日丑時卒嘉靖四十八年五月十一日　時壽二旬有五附葬黎角頭　祖墳坐　向

續配李氏生嘉靖六年正月十六日子時

生子三長權詹氏出次柄三朴俱李氏出

塡長子第十二世

照字長光生正德十四年正月廿九日丑時卒嘉靖三十八年六月十二日　時壽四旬有一葬橫廂前坐甲向庚

配柯氏生嘉靖元年二月廿一日丑時卒葬失載

生子一　一泰

填次子第十世

燦字珍光生卒葬所失載

填三子第十世

烜字聯光生卒葬所失載

填四子第十世

燿字尚光生嘉靖五年九月初五日辰時卒葬失載配蔡氏

生嘉靖七年九月初二日辰時卒葬失載

生子二長一和次一睦

填　五下第十世

煬字愈光生卒葬所失載

坪長子第十世

煜字彌春生正德九年　月　日　時卒嘉靖二十七

五年　月　日　時外殁配林氏生卒葬所失載

生子二長應墀次二墀

坪次子第十世

焞字彌厚生娶卒葬所失載

徹長子第十世

俊異　生卒葬所失載

體徹次子第十世
俊仲
生卒葬所失載
體富傳子第十世
應會
天祐長子第十世
生嘉靖二十八年三月初九日戌時卒葬失載
生子一法
天祐次子第十世
應第
生卒葬所失載
鸞傳子第十世

立字彌靖生卒葬失載　出居同安南洋新宅等社

生子四長犀次鑑三三鑑四四鑑

璋傳子第十世

復長子第十世

熠字汝郁生卒葬所失載

復次子第十世

六三　生隆慶丁卯年十二月初四日辰時卒葬失載

璠長子第十世

炫字彌昭生正德十年四月廿九日　時卒嘉靖二十五年

孫致配　氏　生子二長垣次埊

璠次子第十世

熛字汝節生正德十二年六月初七日戌時配林氏生正德十六年九月初九日寅時卒嘉靖三十三年七月初五日　時續配薛氏生嘉靖癸未年八月廿六日戌時卒葬俱失識　生子一珪

璠三子第十世

熠字汝燭生嘉靖五年七月十九日　時卒嘉靖四十四年葬徑林尾配朱氏

生子一喬

璠四子第十世

焜字汝寬一字榕山生嘉靖十二年十月廿七日亥時卒葬失載配林氏生嘉靖二十年三月廿九日未時卒葬失載

安傅子第十世

晩

生卒葬所失載

燦長子第十世

爚字彌芳生嘉靖元年九月十一日時卒葬失載配林氏生嘉靖七年十月初四日時卒葬失載

生子一周郎

燦次子第十世

燏字彌績生嘉靖丙戌年五月十五日　時卒葬失載

燦三子第十世

焚字彌山生嘉靖十六年八月廿二寅時卒葬失載配鍾氏

生嘉靖二十四年三月　日　時卒葬失載

生子一應紹

敬長子第十世

燠

生卒葬所失載

敬次子第十世

治　生卒葬所失載
敬三子第十一世
焞　生卒葬所失載
敬四子第十一世
炕　生卒葬所失載
璟長子第十一世
炫字彌謙生嘉靖三年十二月十一日寅時卒葬失載配黃
氏生嘉靖九年十二月十九日申時卒嘉靖四十二年
十月初五日　時葬失載續配鄭氏生嘉靖十二年
月　日　時

生子三長應眉次應陽黄氏出三應丙鄭氏出

瑺次子第十世

齋字彌進生卒葬所失識

璐長子第十世

烰字汝烈一字清湖生嘉靖十年十二月初一日辰時卒萬曆四十五年九月初一日戌時配林氏生嘉靖十五年正月十五日申時卒萬曆四十六年三月十八日亥時合葬蘆坪頂坐　向

生子二長應辰次應尊

次子第十世

燭諱汝華字次湖鄉飲大賓生嘉靖十七年七月初二日亥
時卒天啓二年三月廿八日酉時配山北邱氏生嘉
靖二十四年五月十六日申時卒天啟元年三月初
一日申時合葬水頭社東本園中坐乾向巽
生子一應丁

三子第十世

煒字
生娶卒塟所失載
生子一振寰

瑰傳子第十九世

燿字
生卒葬所失載

友傳子第十世

移居嘉禾廿一都官路下

三友傳子第十世

四友傳子第十世

世哲傳子第十世

大貴傳子第十世

鍜儔子第十世

寔字　生卒葬所失載　寓居河浦

暘長子第十世

應烱字　生嘉靖廿九年三月初六日戌時娶李葬所失載　生子一振字

暘次子第十世

應烽字　生嘉靖三十二年九月十二日亥時卒葬失載

天助儔子第十世

期字　生卒葬所失載

禎長子第十世

燧字汝嘉生嘉靖十年十月初三日酉時卒葬失載配林氏生嘉靖十七年四月初九日戌時卒葬失載

禎次子第十世

山字　生嘉靖十五年二月十九日戌時卒葬失載配宋氏生嘉靖二十二年癸卯五月十六日午時卒葬失載　生子一應清

禎傳子第十世

伯弘長子第十世

油　生卒葬所失載

伯弘次子第十世

滓　生卒葬所失載

伯弘三子第十世

以上三人寓居同安

伯川傳子第十世

伯秀傳子第十世

伯周傳子第十世

伯大傳子第十世

章甫

寓居同安港園

伯材長子第十世

仁甫

生卒葬所失載

伯材次子第十世

飛甫

生卒葬所失載

伯材三子第十世

禮甫

生卒葬所失載

伯材四子第十世

智甫　生卒葬所失載

伯珍傳子第十世

伯旺傳子第十世

璦孫傳子第十一世

望高長子第十一世

權宇　生嘉靖二十八年三月廿八日寅時卒葬失載

生子一泒

望高次子第十一世

柄字　生嘉靖三十一年二月廿二日戌時卒葬失載

望高三子第十一世

朴字　生嘉靖三十七年二月十四日未時卒葬失載

照傳子第十一世

一泰字回玉生嘉靖二十七年十月十四日申時卒失識葬

東坑坪坐癸向丁配朱氏生嘉靖二十七年六月二十

日寅時卒失識葬樓後田上坐丑向未

生子一鍜

燦傳子第十一世

炟嗣子第十一世

燿長子第十一世

一和亭　生嘉靖三十三年九月初九日辰時卒葬失載

燿次子第十一世

一睦宇　生嘉靖三十八年十月廿九日寅時卒葬失載

煬傳子第十一世

煜長子第十一世

應墀

煜次子第十一世

三墀　兄弟二人俱出居同安

焞傳子第十一世

俊異傳子第十一世

俊仲傳子第十一世

應會傳子第十一世

一法字　生嘉靖庚午年三月十二日未時卒萬曆四十五年四月十三日辰時葬失載

生子一友治

應第傳予第十一世

立長子第十一世

犀字同成生娶卒葬所失載

生子二長哥次保

立次子第十一世

鑑字　生娶卒葬所失載

玄三子第十一世

三鑑字　生卒葬所失載

玄四子第十一世

四鑑字　生卒葬所失載

生子三長鐵大次鐵二三泰文　俱出居同安

燗傳子第十一世

六三傳子第十一世

炫長子第十一世

垣字　生娶卒葬所失載　生子一聯廷

型字
炫次子第十一世
生嘉靖乙巳年十月初八日丑時卒葬失載　生子一對廷

珪字
熛傳子第十一世
生嘉靖十一年二月初七日辰時卒葬失載配林氏生嘉靖二十八年五月十八日子時卒葬失載
出居泉州　生子一銓

爛傳子第十一世

喬字　生嘉靖二十七年十一月十八日申時卒葬失

焜傳子第十一世

晩傳子第十一世

煷傳子第十一世

周郎字　生嘉靖三十九年十二月廿九日辰時卒葬

失載

熮傳子第十一世

焚傳子第十一世

應紹字　生嘉靖乙丑四十四年八月二十日辰時卒
康熙丙申年正月十五日寅時配吳貫林氏生萬曆
壬午年四月十七日戌時卒順治壬辰年九月十三日
亥時合葬橫廂水路下坐壬向丙
生子三長標範次立亮三欽特

煥傳子第十一世

治傳子第十一世

熚傳子第十一世

炕傳子第十一世

烗長子第十一世

應賓字　生嘉靖己酉年七月十二日子時卒葬失載

烗次子第十一世

應陽字　生嘉靖乙卯年九月初八日卯時卒葬失載

烗三子第十一世

應丙字　生嘉靖丙寅年六月十一日丑時卒葬失載

齋傳子第十一世

烰長子第十一世

應振字　生嘉靖丙辰年十二月十四日亥時卒葬失載

烰次子第十一世

應酉字潤吾生嘉靖辛酉四十年正月廿六日辰時卒

年四月十五日申時葬失載配山北邱氏生失

載卒　年十二月十五日亥時葬失載

生子二長雍如次酉如

燭傳子第十一世

應丁諱世詰字陟衡同安學庠生生萬歷丁丑五年十一月廿二日子時卒順治己酉年九月初五日寅時壽六旬有九葬本社宮仔前園中坐路向巽兼亥巳配閔矣柯氏諡純慈生萬曆庚辰年十二月廿七日戌時卒順治壬寅年正月初一日寅時壽八旬有三葬本社蘆厝園中坐　向

生子三長惜次三三梓

公少穎悟百家諸子無不博洽生平着作甚富爲兵燹所滅不及傳世惜哉

楙魁光舊誌

煒傳子第十一世

振寰字　生娶卒葬所失識
生子一士冏
耀傳子第十一世
定傳子第十一世
應烱傳子第十一世
振宇字　生娶卒葬所失識
生子二長裒揆次裒純
應烽傳子第十一世

期傳子第十一世

燧傳子第十一世

山傳子第十一世

應清字　生嘉靖癸亥四十一年十二月廿七日午時卒

燊失載　生子一燠

權傳子第十二世

泒字　生娶卒葬所失載

生子一大孫

柄傳子第十二世

栐傳子第十二世

一泰傳子第十三世

鍜諱四字肖泉生萬曆庚寅年九月廿五日亥時卒康熙甲辰年四月初六日未時葬界內寧坑東山邊坐東向丑配邱氏生萬曆甲辰年二月十六日午時卒順治乙未年五月廿九日未時附葬　一泰公墓

生子一寬

一和傳子第十二世

一睦傳子第十二世

應墀傳子第十二世

二墀傳子第十二世

一法傳子第十二世

友治諱日煒字震升生萬曆四十四年七月十八日酉卒時

熙丁巳年四月初三日酉時葬蘆尾坐丑向未配林氏

生天啓二年十月初三日亥時卒康熙壬辰年九月十

三日巳時葬荔枝林坐亥向巳

生子二長楚次正

犀長子第十二世

苛字　生卒葬所失載

犀次子第十二世

保字　生卒失載　出居同安縣內今移外江

鑑傳子第十二世

三鑑傳子第十二世

四鑑長子第十三世

鐵大字　生娶卒葬所失識

四鑑次子第十三世

鐵三字　生失載卒　年十二月十七日　時

配　氏生失載卒　年七月廿二日　時合

葬院前埔坐西向東

生子二長苗大次苗二

一

四鑑三子第十三世

泰文字　生　甲子年三月十一日巳時卒　丁丑年十二月十九日卯時壽七旬有四配楊氏生己巳年十月初八日申時卒　乙亥年二月初三日未時合葬厝坂前坐卯向酉

生子五長大次次三三四四五五

垣傳子第十二世

聯廷　生卒葬所失載

型傳子第十二世

對廷　生卒葬所失載

生子一郁哉

銓

珪傳子第十二世
　生卒葬所失載

喬傳子第十二世

周郎傳子第十二世

應紹長子第十二世　住居建寧府

標範諱士檢生萬曆丁未年九月　日　時卒葬失載
配鍾氏生卒失載葬芒坑口西邊坐北向南
　生子一聘

應紹次子第十二世
立亮諱士熙生天啟元年三月初四日丑時卒康熙辛卯年十月廿九日丑時葬横廂頂坐乾向巽配濟城鄭氏生崇禎壬寅年六月廿八日寅時卒康熙甲寅年正月廿六日巳時葬府城北門外登高山坐艮向坤
生子三長一使次二使三茂丁
課晴問雨閑非不染優游杖履烟霞檢點
光斗舊讚

應紹三子第十二世
欽特諱士俊生崇禎乙丑年七月十七日寅時卒康熙丁

亥年十二月初二日酉時配馬壠劉氏生卒失載繼配
馬氏生崇禎戊寅年十一月廿一日辰時卒康熙癸巳
年十月十四日戌時俱葬牛路巷園中坐辛向乙
生子二長悉次懷
和以成性貞不絕俗言念君子溫其如玉
光斗舊讃

應賓傳子第十二世

應陽傳子第十二世

應丙傳子第十二世

應辰傳子第十二世

應酉長子第十二世

雍如諱士肅生卒暨配張氏俱失載葬　崇橋公墓北

生子一申

應酉次子第十二世

固如諱士睿配林氏生卒俱失載合葬　曉齋公塚左

生子一振

應丁長子第十二世
惜諱士哲字御之號崇隅生萬曆二十八年戊戌七月初一
日丑時卒崇禎癸未年九月初四日子時配沙岸生
周諱耀一公女生萬曆乙亥年三月二十日未時卒順
治八年四月廿三日寅時合葬本社宮仔前園中坐
向　　生子一　妹姐

應丁次子第十二世
三諱可恩字起岸郡庠生生萬曆二十八年庚子十月初三
日丑時卒康熙壬寅年八月十七日戌時壽六旬有三
配寧坑庠生陳諱廷謨公女生萬曆甲辰年六月

日　時卒康熙三年六月十三日子時葬本社宮仔
前園中坐巳向亥陳氏葬東埔交潽張以望山裡坐
向　　　　生子二長爽次緄

應丁三子第十二世

梓諱士翹字楚特一字崇秀生萬歷四十年壬子九月廿八
日丑時卒康熙二十四年乙丑四月廿三日酉時壽
七旬有四配鷺島操江軍門傅諱鎮公孫女謚柔懿生
萬歷四十一年癸丑正月廿六日亥時卒順治戊戌年
八月十八日寅時壽四旬有六合葬蘆尾坐子向午兼

壬丙續配白礁王氏生萬曆丙辰年正月十八日寅時
卒康熙戊寅年六月廿九日未時壽八旬有三葬娘媽
宮邊坐丑向未　　生子三長權次佩三浩
公素業儒文章詩賦爲時所稱讃曰樂天知命首胥
之陶豈無他士形役勞勞唯公踵起風琴雅歌徑松
籬菊教督兒曹視富貴如無物寄有事於牢騷
邑庠林魁光舊誌
振宸傳子第十二世
士問字　生卒娶俱失載葬橫廂前

生子一 外姐

振宇長子第十二世

裹揆宇　生娶卒葬俱失載

生子一 祝

振宇次子第十二世

裒純宇　生娶卒葬所失載

生子一 姐

應清傳子第十二世

懊宇　生娶卒葬所失載

泒傳子第十三世

大孫　生萬曆庚子年　月　日　時卒崇禎丙午

年十月初二日　時配林氏生萬曆己未年　月

日　時卒崇禎癸卯年九月十九日　時葬山

狗崆坐癸向丁兼丑未

生子二長諭次謫

鍛傳子第十三世

寬諱而沛字鑑漢生崇禎九年丙子三月廿六日寅時卒康

熙丙申年十一月廿三日午時配楊氏生崇禎十三年

己卯二月初十日辰時卒康熙癸巳年閏五月初一日

卯時合葬大墓坑東邊山上坐癸向丁

遇事而行勞怨正等任勞任怨寔本素性和平里黨先

正典型

生子二長衛次德

光斗舊誌

友治長子第十三世

楚諱而草字瑞其生順治乙未年正月初二日未時卒雍正

乙卯年九月初六日　時葬荔枝林坐壬向丙兼亥巳

丁亥丁巳分金配王氏生康熙乙巳年六月廿八日巳

時卒雍正乙巳年六月初八日戌時葬水頭社背仔兜

坐戌向辰兼乾巽

生子四長文次敏三猛四棟

洗去繁華崇尚質朴風入陶唐家道克擴
光斗舊誌

友治次子第十三世
正諱而容生順治戊戌年正月初十日寅時卒康熙三十八
年九月廿九日巳時葬失載配周氏
生子一騰

奇傳子第十三世

保傳子第十三世

鐵大傳子第十三世

鐵二長子第十三世

生娶卒葬所失載

苗大

鐵三次子第十三世

苗二

生失載卒康熙　年十一月廿一日　時葬

馬内塘坐北向南配宋氏生失載卒康熙　年十二

月廿五日　時葬新宅宮邊坐西向東

生子二長五五次五七

泰文長子第十三世

大
生卒葬所失載　生子一秋中

次
泰文次子第十三世
生卒葬所失載

三
泰文三子第十三世
生卒葬所失載　生子一登

四
泰文四子第十三世
生卒葬所失載　生子二長六次七

泰文五子第十三世

五諱瑞賢字進階生萬曆癸丑年三月十九日午時卒康熙乙亥年五月廿二日巳時壽八旬有三葬石船山坐子向午配蔡氏生萬曆丙寅年八月　日　時卒康熙癸卯年八月初五日　時葬宮邊坐坤向艮

生子三長寶次珠三貫

聯廷傳子第十三世

對廷傳子第十三世

郁哉　生卒葬所失載

銓傳子第十三世

標範傳子第十三世

住建寧府

聘

立亮長子第十三世

一使諱逢昌字又桓生順治庚寅年九月廿七日酉時卒康熙甲午年九月廿九日辰時配漳城陳氏生康熙甲辰年八月初十日卯時卒康熙辛酉年十月廿六日卯時附葬漳城北門外望高山塚裡姒墳右續配泉城衙口施氏生康熙甲辰年八月廿八日卯時卒雍正己酉年

九月三十日卯時合葬本社後狗牙田山園內坐巽向

乾兼辰戌　　生子三長纘次紳三強

立亮次子第十三世

二使諱逢森字又文生順治甲午年十一月初三日寅時

卒雍正乙巳年八月廿一日戌時葬橫厝前坐田向

娶郊西配山北翁氏生康熙庚戌年二月十一日

巳時卒雍正戊申年七月初九日亥時葬與夫同

生子五長堂次宗三強四準五香

立亮三第十三世

茂諱如松字百青生康熙癸丑年七月廿三日未時卒乾隆丙寅十一年五月二十日未時配排頭黃氏生康熙乙丑年十二月十三日巳時卒乾隆丙寅十一年十二月初七日酉時合葬蓀葉尾坐艮向坤兼丑未

生子四長翌德次次德三三德四尚德

欽特長子諱十三世

惠諱榮宗字耀祖生康熙戊申年五月十五日亥時卒乾隆戊辰十三年三月初九日亥時葬橫廂尾山坐丑向未兼癸丁丁丑丁未分金配李氏生康熙己未年三月二十日辰時卒乾隆己巳十四年十一月初一日寅時壽

七旬有一葬後宮仔後園斷裡貓仔亂坐未向丑兼坤

艮辛未辛丑分金

生子四長沖次石三旺四壯

欽特次子第十三世

懷諱榮邦生康熙戊午年十二月初七日亥時卒葬失載配

吳貫林氏生康熙己巳年三月二十日酉時卒葬失載

生子四長昭次穆三參四昂

雍如傳子第十三世

申諱嵩字靈伯生崇禎丁卯年　月　日　時卒康熙

十三年十一月初八日辰時配林氏生崇禎丙子年

月　日　時卒康熙[illegible]

時葬失載　　生子四長田次贊三璠四辟

四如傳子第十三世

振諱崇　生崇禎壬申年六月十四日辰時卒

年六月十四日丑時葬蘆尾

生子一啟

惜傳子第十三世

妣諱庾梅生崇禎丙子年三月初六日未時卒失載配北溪

頭黃氏生崇禎戊寅年　月　日　時卒康熙

丙午年十月初二日辰時合葬北溪頭山

生子一　顯

三長子第十三世

爽諱文僑生崇禎辛未年　月　日　時卒順治十四
年六月十六日巳時附葬父墳馹山北庠生邱諱夢青
公女生崇禎丙子年　月　日　時卒康熙六年三
月廿二日巳時葬蔴埔営詹智韓土堡邊

生子一　鞏

三次子第十三世

緄諱錫朋生崇禎乙亥年六月廿二日亥時卒康熙甲辰三
年十二月初七日辰時葬亩埔尖　向

配王氏
生子二長虎次梯

權　梓長子第十三世
生卒失載葬長樂山中

胤　梓次子第十三世
生卒失載葬水頭後排雷打石園中坐東向西

浩　梓三子第十三世
諱文維字爾章生順治七年辛卯十一月廿九日寅時卒
康熙三十三年甲戌閏五月初九日未時壽四旬有四
葬蘆尾園中坐卯向酉兼　配上窯社楊氏生順治

七年辛卯二月十六日午時卒雍正九年十一月十七日寅時葬本山横廂坪丙坐癸向丁亥丁巳外癸丁爺丑未

生子三長秀 次元 三陳

公秉正不阿凡鄉隣有急難者咸為之排解焉讚曰世道茫茫誰砥中流惟　公秉正不剛不柔義方垂訓林下優游何必綰金章施紫綬始儀型于千秋

邑庠林魁光舊誌

想兄之才遡兄之智選尋之來斬釘截鐵知雄守雌既明且哲歲時伏臘宴會群傑烹雞炮牛斗酒歡洽一堂

學烈舊誌

慷慨歷落風度翩翩綽有高人逸興今雖儀型徒在然

規謀遠振猷今人稱道弗置

立峰舊誌

追維　叔祖賦性剛方雅量含弘矜群不黨厚德愈崇

笑傲聽朝堂披襟挹清風灶堪誇亢厥宗芝蘭玉樹盈

堦前既似崔雙鳳又似元季方雍容雅品積厚流光

亦瑄舊誌

邑侯韓公旌林氏扁曰懿範可風楊氏嫂教子義方相夫

無違勤以敦本慈以示惠懿範之旌夫復何媿

光斗奮讚

外　祝　姐

士問傳子第十三世

生卒年月日時失載葬横廂前

裒葵傳子第十三世

生卒葬所失載

裒純傳子第十三世

生卒葬所失載

大孫長子第十四世

諱兆安字靖坤生崇禎辛未年十二月二十日戌時卒[illegible]

[illegible]

配柯氏生崇禎庚辰年四月廿九日亥時卒康熙戊辰

年六月十九日巳時葬光員山下園坐甲向庚

生子一合

大孫次子第十四世

生失載卒康熙辛丑年十二月十九日卯時葬鶴

詣

口石內坐　向

寬長子第十四世

衛諱光笑字西人生康熙甲寅年正月初十日寅時卒乾隆

壬戌七年九月　日未時葬榕樹邊山墘田下竿

亥向巳兼壬丙辛亥辛巳分金閩陳氏生康熙丁未年十月初一日寅時卒乾隆戊寅年十月廿一日午時葬庵仔山艾邊園上坐乙向辛兼辰戌辛卯辛酉分金　生子二長報次答

寬次子第十四世

德諱光澯字子欣生康熙辛酉二十年十二月十二日巳時卒乾隆辛未十六年正月三十日申時葬樓仔後山墘田上坐子向午兼壬丙丙子丙午分金配蔡氏生康熙丁卯二十六年十月十五日午時卒康熙壬寅六十一年十一月初三日巳時葬本山大墓坑口西邊坐丑向

未黎民坤續配蔡氏生康熙丙子三十五年十月十二
日辰時卒乾隆乙未四十年正月十八日酉時附葬夫
墳
前蔡氏生子四長郡次龍三連四章
後蔡氏生子三五起六六十七

楚長子第十四世

文諱光茂字及松生康熙壬戌年七月初六日亥時卒雍正
庚戌年十月初一日巳時葬本社庵後坐丑向未兼癸
丁配水頭顏氏生康熙甲子年八月廿三日酉時卒乾
隆庚寅年七月初一日卯時葬猫仔崆坐酉向卯兼辛
乙辛酉辛卯分金

生子二 長盼 次暄 出嗣胞叔敏

楚次子第十四世

敏諱光捷字克三生康熙甲子年九月初九日辰時卒康熙五十一年壬辰九月十七日巳時葬失載配水頭史氏生康熙庚午年五月廿四日未時卒葬失載

生子二 長顯 次暄 係胞兄文次子

楚三子第十四世

猶諱光略字示方生康熙甲戌年七月初三日寅時卒雍正庚戌年十月初一日巳時葬庵邊

配北頭林氏生康熙癸酉年九月十二日寅時卒乾隆

[illegible]月十二日[illegible]時妻林[illegible]不[illegible]

壯　生子三長瑤次瓏三名

楚國子第十四世

棟諱光亨字汝材生康熙壬午年十二月十七日寅時出

居臺灣

正傳子第十四世

騰諱畢生生康熙甲戌年八月廿二日巳時卒康熙辛丑年

十月十二日酉時葬荔枝林坐艮向坤配王氏

生子一珍

苗大傳子第十四世

五五

茵二長子第十四世

生失載卒　年十一月廿一日　時葬

佛祖山瀑配宋氏生失載卒　年二月廿五

日　時葬官湖裡坐西向東

生子一倖

五七

茵二次子第十四世

生卒失載葬大石頭內坐南向北配蔡氏

生子二長連次三

大信子第十四世

秋中　生娶卒葬所失載

次傳子第十四世

三傳子第十四世

登　生娶卒葬所失識

四長子第十四世

六　生娶卒葬所失載

四次子第十四世

七　生娶卒葬所失識

五長子第十四世

寳諱天定字耀珍生順治庚寅年十一月十九日寅時卒雍
正乙巳年九月廿七日子時葬本鄉象埔坐亥向巳兼
壬丙配何氏生順治壬辰年十一月十二日亥時卒雍
正甲寅年十二月初一日寅時與夫合葬
生子五長舉次棟三興四完五尾
五次子第十四世
琛諱天光生順治乙未年十月十七日巳時卒康熙壬申年
八月十三日申時葬行開後坐庚向甲兼
配丁氏生卒失載葬宮後
生子三長賛次白三惠

三十第十三世

貫諱天德生順治己亥年九月廿六日午時卒葬失載配

蔡氏生康熙甲辰年六月初十日　時卒葬失識

生子二長千次享

郁哉傳子第十四世

聘長子第十四世

佳居建寧府

聘次子第十四世

龍

佳居建寧府

常

又桓長子第十四世

縉諱國樑 生康熙戊寅三十六年九月廿六日卯時卒乾隆壬辰三十七年三月十三日卯時壽七旬有五葬冰社後山狗仔田頂芒坑口坐乾向巽兼戌辰分金丙戌丙辰 配上窑社楊氏生康熙丁亥三十三年九月初五日辰時卒乾隆乙卯年七月廿七日未時壽八旬有九葬在狗仔田山頂芒坑口坐壬向丙兼丁亥丁巳分金

生子三長縱次景三陟

又桓次子第十四世

紳諱國棟 生康熙辛巳三十九年八月廿六日卯時卒乾隆

壬辰三十七年十二月廿四日未時壽七旬有二葬芒
坑底尾坐辛向乙兼戌辰辛巳辛亥分金配樓山陳氏
生康熙壬辰五十一年正月初二日未時卒乾隆甲辰
四十九年十月十一日酉時壽七旬有三葬不社後山
獅仔田阿內蓮花池上坐酉向卯兼辛乙辛酉辛卯分
金

生子三長養次月三蘭

又桓三子第十四世

強諱國材生康熙甲申四十三年三月十二日卯時卒乾隆
辛丑四十六年四月十二日巳時壽七旬有八葬蘆宅

鄧氏家乘[illegible]房卷十九　[illegible]

內上坐亥向巳兼壬丙配本社許氏生康熙乙未五十
四年三月初二日亥時卒嘉慶癸亥年五月廿三日未
時葬芦宅內山坐亥向巳兼壬丙分金
生子二長意次桃

又文長子第十四世
堂諱國乩生康熙己巳年五月廿三日酉時卒雍正乙卯年
九月十二日寅時葬牛埔后

又文次子第十四世
宗諱國椿生康熙癸酉年九月二十日午時卒康熙乙未年
十一月三十日丑時葬狗仔田坐甲向庚兼卯酉

又文三子第十四世

强諱國端字亦榮生康熙戊寅年一月初九日寅時卒雍正庚戌年十一月初一日巳時葬狗仔田園內坐寅向申兼甲庚

又文四子第十四世

準諱國珪生康熙癸未年八月初六日戌時卒雍正辛亥年正月初五日酉時葬呂棠

又文五子第十四世

香諱國璧生康熙乙酉四十四年十二月二十日寅時卒乾隆庚寅三十五年十一月十九日午時壽六旬有六葬

塋葉石尾坐乾向巽兼亥巳庚戌庚辰分金配蔡氏生康熙庚午五十九年七月初八日丑時卒乾隆庚戌五十五年七月廿五日未時壽七旬有一葬橫厝尾脚坐戌向辰兼辛乙丙戌丙辰分金

生子三長佬次儼三斗

茂長子第十四世

巽諱國瑶字　生康熙庚寅四十九年八月廿二日辰時卒乾隆丁酉四十二年六月十五日未時壽六旬有八塋狗仔田隙口山坐壬向丙兼亥巳丁亥丁巳分金配李氏生雍正元年癸卯九月初五日戌時卒乾隆八年

癸亥二月十五日午時葬狗仔田土墘邊坐酉向卯
兼庚甲續配后井周氏生康熙壬午四十一年七月初
七日丑時卒乾隆乙巳五十年八月初十日未時葬后
宮仔園斷裡坐庚向甲兼酉卯庚申庚寅分金

生子一法

茂次子第十四世

次諱國雄生康熙丙申五十五年四月十七日午時卒乾隆
丁亥年十月廿四日申時葬狗仔田頂坐申向寅兼
丙申丙寅分金配林氏

生子一效

三諱

茂三子第十四世

生康熙辛丑六十年八月初八日午時卒乾隆丁未五十二年四月十一日卯時葬狗仔田窩內珠嶺腳坐寅向申兼甲庚分金

尚諱

茂四子第十四世

生雍正三年丙午二月十二日酉時卒嘉慶己未年四月廿六日未時葬在榛葉石後定坐亥向巳兼壬丙分金辛亥辛巳配排頭黃氏生乾隆二年丁巳二月廿七日卯時卒乾隆三十六年辛卯九月十四日丑時葬本社後園斷裡坐坤向艮兼申寅丙寅丙申分金

生子三長國[illegible]

憲長子第十四世

沖諱國瑋生康熙壬午四十一年十二月初一日辰時卒乾隆己未四年八月十五日未時葬南灣蝦尾礁上山窩

配李氏生康熙戊子四十七年四月初六日亥時卒乾隆元年丙辰八月廿三日戌時葬狗仔田窩內坐寅向申兼甲庚

生子一着

憲次子第十四世

石諱國珍生康熙乙酉四十四年閏四月初九日午時卒乾

隆丙申四十一年六月十五日申時葬在榛棠石居坐癸
向丁兼子午丙子丙午分金配鍾氏生康熙辛卯五十
年九月初七日辰時卒乾隆乙巳五十年七月廿六日
午時與夫合葬

生子四長待次侯三健四偏

惠三子第十四世

旺諱國琪生康熙丁亥四十六年十二月廿七日辰時卒乾
隆庚戌五十五年十月初一日申時壽八旬有五葬茲
支林田仔墘坐壬向丙兼子午丁亥丁巳分金酬洪坑
配李氏生康熙戊戌五十七年十二月初四日子時卒

葬失識　　生子二長山次乞

思四子第十四世

壯諱國瑾生康熙己丑四十八年十一月十九日辰時卒雍

正甲寅十二年四月廿二日　時葬外域新壠坐向分

金失載

懷長子第十四世

晧諱朝燦生康熙丁亥年四月初七日亥時卒乾隆己卯

年閏六月初四日巳時葬芒坑口坐亥向巽兼亥巳配

楊氏生雍正甲辰年正月十三日子時卒乾隆丙午年

五月三十日　時葬芒坑底坐亥向巽

生子三長前次和三尚

懷次子第十四世

穆諱　生康熙乙丑年正月廿四日卯時卒乾隆壬辰年十月初八日巳時葬狗仔田蓮池上坐辛向乙兼戌辰

懷三子第十四世

參諱　生康熙甲午年四月初三日戌時卒葬失載

懷四子第十四世

昂諱　生康熙丙申年九月初十日未時卒乾隆丙午年八月三十日巳時葬狗仔田窩內坐甲向庚兼寅申丙

寅[illegible]

時卒嘉慶壬申年三月初九日未時葬失載

生子二長愈次榜

申長子第十四世

田諱國珍字席奇生順治辛丑年　月　日　時卒康

熙丙寅年十一月十六日　時葬失載配歐氏生康熙

丙午年　月　日　時卒康熙戊辰年二月初十

日　時出居江西葬所墓攷

申次子第十四世

贊諱國瑛字廷玉生康熙戊申年五月十六日　時卒葬失載

配李氏生康熙癸丑年十一月初十日　時　葬失載

生子二長陣次壽　住居江西新榆縣

申三子第十四世

璠諱　生康熙辛亥年二月十五日　時　住居江西

申四子第十四世

晉諱　生康熙癸丑年五月十六日　時　住居江西

振傳子第十四世

啓諱　生康熙庚戌年二月初十日寅時卒葬失載

姝傳子第十四世

顯諱秉剛字質仁生順治庚子十二年八月初七日寅時卒

康熙己[illegible][illegible][illegible]年十月初九日酉時配不[illegible]謝氏生
康熙甲辰三年十二月廿九日未時卒雍正己酉七年
十一月初七日亥時合葬横廂前坐卯向酉兼甲庚
生子二長球次印

爽傳子第十四世

肇諱國璿字伯璣生順治丁酉十四年九月十九日丑時卒
康熙壬寅六十一年四月十四日未時葬牛埔山坐亥
向巳配蔡氏生康熙乙卯十四年三月初八日丑時卒
乾隆丁卯十二年八月廿九日午時葬半壁燈火崙坐
壬向丙兼亥巳

生子二長陣次從

緄長子第十四世

虎諱德昇字啟東生順治庚子十六年八月十五日戌時卒康熙甲午年十一月十八日未時葬呂宋闌許氏生康熙辛亥十年二月廿九日午時卒乾隆乙亥二十年七月初八日寅時葬樓仔後山坐壬向丙兼子午

生子四長孝次擎三光四道

緄次子第十四世

榜諱

生康熙癸丑年三月廿八日辰時卒番邦

浩長子第十四世

秀諱國寶字南白生康熙十六年丁巳十二月三十日酉時
卒乾隆辛酉六年十二月初[illegible]日申時壽六旬有六葬
蘆坪邊坐丑向未兼艮坤辛丑辛未分金配漳城北門
外馬嶺陳氏生康熙癸亥年二月廿三日酉時卒乾隆
庚申五年二月十六日酉時葬宮仔後芦坪邊坐艮向
坤兼丑未丁丑丁未分金
生子四長嶽次崙三嶽四鑾
南白姪　浩公長公郎也其弟幼純二人塤篪互唱能
凛先人訓專以扶危濟急爲念且秉性剛直雖豪強不
屈洵鐵中之錚錚也是以鄉人族屬咸嘖嘖共爲崇仰

安得不交談以為宗族交遊光寵豈阿所好乎

光斗舊誌

浩次子第十四世

元諱國璽字幼純生康熙乙丑二十四年七月十五日未時卒乾隆戊辰十三年二月十三日未時壽六旬有四葬東坑鄉坐癸向丁兼丑未配上窯楊氏生康熙丙寅二十五年正月十四日未時卒乾隆己丑卅四年五月廿四日未時壽六旬有六葬河孔崙坐丑向未兼艮坤

生子三長烈次熊三熙

浩三子第十四世

阮[illegible]生康熙甲戌年九月十八日時　住居江西

外傳子第十四世

祝傳子第十四世

姐傳子第十四世

論傳子第十五世

合諱

生康熙庚戌年八月十五日卯時卒雍正

年七月初九日酉時葬樓山象嶼前坐坤向艮兼未丑

配黃氏生康熙壬戌年十月十六日申時卒乾隆丁
亥年正月初八日酉時葬象嶼前坐未向丑兼丁癸
生子二長佛助次居萬

誦偉子第十五世

衛長子第十五世

報諱伯英生康熙丁亥年八月十五日亥時卒乾隆己卯年
閏六月十七日辰時葬大墓坑坐卯向酉兼乙辛配林
氏生康熙戊子年　月　日　時卒乾隆丁丑
二十二年十二月十六日　時葬山坡田下坐巳向亥

葬玉西　生子三長肯次厚　稻

衛次子第十五世

答諱伯恩生康熙己丑年十二月初五日寅時卒乾隆癸未年五月十二日子時葬臺灣崁仔脚配林氏生康熙丙申年十一月初八日亥時卒乾隆丙申年十一月十二日未時葬埭葉石尾山坐寅向申兼甲庚庚寅庚申分金　生子二長彪次訓

德長子第十五世

郡諱伯傑字憲夫生康熙己丑年二月初八日丑時卒乾隆壬午年二月初一日巳時葬大墓坑坐辰向戌兼乙辛丙

辰丙戌分金配馬氏生康熙辛丑六十年五月初二日
亥時卒乾隆乙巳五十年七月廿八日未時葬坑園斗
三裡坐亥向巳兼乾巽丁亥丁巳分金
生子二長晚次耍

德次子第十五世

龍諱伯盛字士雲生康熙壬辰年十二月廿七日申時卒乾
隆癸丑年八月廿五日丑時葬榛葉石尾松仔脚西邊
坐子向午兼癸丁配林氏生雍正乙卯年八月廿九日
申時卒嘉慶元年丙辰十二月十二日丑時葬大墓上
坐癸向丁兼子午丙子丙午分金

生子六[illegible]老[illegible]寬[illegible]看……官

五誕出嗣胞弟七太學

德三子第十五世

連諱伯捷生康熙丙申年十月三十日子時卒乾隆丙午年六月廿九日丑時葬大墓坑口坐甲向庚兼寅申

生子一自求

德四子第十五世

章諱伯耀生康熙庚子年十二月廿九日寅時卒乾隆乙未年七月初一日未時葬坑園斗三裡坐亥向巳兼乾巽丁亥丁巳分金

嗣子一發係五弟起三子

德五子第十五世

起諱伯超字希孟生雍正辛亥年十月初四日辰時卒乾隆戊申年五月初四日卯時葬後埭仔坐戌向辰兼乾巽配陳氏生乾隆己未四年七月十四日子時卒道光丙戌年二月廿四日戌時葬後壁園

生子四長弁次崇三敬出嗣章兄四篤

德六子第十五世

六諱伯榮字毅果生雍正辛亥年十月初四日辰時卒乾隆壬寅年八月十二日酉時葬吉礁配陳氏生乾隆壬辰七年四月十三日酉時卒乾隆乙巳年閏三月十四日

戌時葬大墓坑山坐申向庚兼寅申丙寅丙申分金

嗣子一春係二兒龍三子

德七子第十五世

屹諱伯華生乾隆六年辛酉三月廿九日寅時卒乾隆五十三年戊申八月十二日申時葬本社樓仔後坐壬向丙兼子午辛亥辛巳分金配林氏生乾隆癸亥八年六月二十日未時卒嘉慶己未年八月初二日寅時葬本處坑園裡坐子向午兼壬丙丙子丙午分金

嗣子一誕係二兒龍五子次念三礎

文長子第十五世

聆字成明生康熙丙申年三月廿三日未時卒乾隆辛卯年
九月初十日亥時附葬荔支林　祖墓右邊坐壬向丙
兼子午辛亥辛巳分金配高氏生雍正乙巳三年九月
初三日午時
　生子六長都次雄三感四領五雁出嗣堂叔暄六麗

暄
文次子第十五世
　出嗣

顯
敏長子第十五世
生康熙甲午年九月初七日午時　外出

明宇庶[illegible]生康熙庚子年四月二十一日[illegible]
八月初七日辰時配林氏生雍正丙午年二月十一日
卯時卒乾隆己巳年八月十二日巳時合葬山墘坐亥
向巳兼乾巽
嗣子一　龐係堂兄盼五子

瑶
猛長子第十五世
生康熙壬寅年四月二十日巳時卒雍正庚戌年十
月初一日巳時附葬父墳坐向仝

琓
猛次子第十五世
宇成器生雍正癸卯元年十月初七日午時卒乾隆己巳

十四年十一月十四日銀時葬柯背墓右邊坐丁向癸
兼未丑庚午庚子分金
生子一任

名

猛三子第十五世
生乾隆己未四年　月　日　時卒乾隆
年十一月三十日辰時葬吉礁
生子一鎮

棟傳子第十五世

膺傳子第十五世

珍　生康熙庚子年正月十八日未時往臺灣

五五長子第十五世

悻　生失載卒　年四月廿八日　時葬官湖山

塔仔下坐北向南配陳氏生康熙己亥年　月

日　時　生子一伯

連　五七長子第十五世

生失識卒　年十二月十七日　時葬新

宅宮邊坐西向東配陳氏生康熙丁巳年

生子二長衽次裕

五七次子第十五世

三　生康熙庚寅年　月　日　時配方氏生卒
失識葬塔仔山坐北向南續配林氏生
生子一乞
秋中傳子第十五世
癸傳子第十五世
六傳子第十五世
七傳子第十五世
寶長子第十五世
舉諱國英字克家生康熙壬子年閏五月初五日巳時卒雍

正甲寅年七月廿五日未時葬西坑內坐辛向乙卯
酉卯酉童氏生康熙丁巳年十二月十七日午時卒雍
正丁未年十一月十八日丑時葬國舊林坐東向西
生子二長祈駝次祈海
寶次子諱十五世
棟諱國茂字可樑生康熙己未年十月初八日酉時卒葬失
載配馬氏生康熙辛未年十月初八日戌時卒葬失載
生子三長武次啓三標
寶三子諱十五世
興諱國善字克義生康熙丁卯年五月廿四日酉時卒乾

謝氏家乘　卷十　六十九

隆辛未十六年三月廿三日酉時葬後湖坐西向東配
余氏生康熙辛未年六月廿八日辰時卒乾隆己丑年
十二月十七日子時葬尖山邊坐西向東
生子三長登次顯三服

寶四子第十五世

宗諱國尊字克信生康熙辛未年正月廿八日巳時卒乾隆
庚申年三月初八日丑時葬石船內第一分湖頂坐癸
向丁兼丑未配李氏生康熙乙亥年三月廿六日辰時
卒康熙己亥年七月廿二日未時葬庵墓　祖墓邊坐
艮向坤兼丑未續配洪氏生康熙甲申年正月初八日

亥時卒乾隆庚寅年二月初三日申時葬安嶺隔石狗
崙內坐子向午兼壬丙丙子丙午分金外癸丁兼子午
庚子庚午分金
生子一　波洪氏出

寶五子第十五世

尾諱國華字克章生康熙甲戌年四月十六日午時卒乾隆
丙寅年十一月初十日辰時葬本社庵仔尾坐辛向乙
兼戌辰配呂氏生康熙丁丑三十六年　月十八日
子時卒乾隆庚辰年正月十六日未時葬西坑內戶碇
外坐戌向辰兼辛乙庚戌庚辰分金

生子三長道次順三恩

贊　珠長子第十五世

生卒葬失載

白　珠次子第十五世

生卒葬所失載

思　珠三子第十五世

生卒葬所失載

生子二長財次達

千　貫長子第十五世

諱國才生康熙癸丑年二月初一日寅時卒葬失載祀考

氏生康熙丙寅年八月廿一日巳時　生子一龍

貴次子第十五世

亨諱國裕生康熙乙丑年十月十四日巳時卒

年　月　日　時葬

配陳氏生康熙癸酉年五月初五日未時卒

年　月　日　時　生子一勲

龍傳子第十五世

常傳子第十五世

縉長子第十五世

縱諱大模字伯純生雍正九年辛亥二月初二日卯時卒嘉慶乙亥年九月初七日亥時葬在椋葉石尾山頂坐乾向巽兼戌辰分金配石倉李氏生乾隆四年庚申九月十七日辰時卒嘉慶甲戌年六月十九日巳時與夫同穴坐向分金俱同

生子六長鑾次俊三談四才五哲六疇

縉次子第十五世

景諱大槽字　生雍正十一年癸丑七月初七日丑時卒
乾隆三十五年庚寅二月初八日辰時葬横廂頂坐子
向午兼癸丁配新安邱氏生乾隆十三年戊辰七月十
五日辰時卒嘉慶戊辰年七月廿三日寅時葬狗仔田
窩内坐東向西與朱墓同列
生子一曾

縉三子第十五世

陟諱大樸字允升生乾隆二年丁巳九月初三日卯時卒乾
隆乙卯年六月初六日未時葬君坪脚坐丙向壬兼午
子分金配英背楊氏生乾隆十六年壬申十月初十日

巳時卒乾隆四十九年甲辰十月初五日未時葬狗仔
田芒坑底內坐乾向巽兼亥巳續配廟兜吳氏生乾隆十
年乙丑二月初四日子時卒嘉慶丁卯年八月廿二日
未時葬芦坪脚坐巽向乾兼巳亥分金
生子二長豹次音

紳長子第十五世
養諱大業生乾隆三年戊午十月初三日午時卒乾隆三十
一年丙戌十一月十四日寅時葬本社後埭仔荔支林
園中坐壬向丙兼亥巳丁亥丁巳分金配過海寮頭楊
氏生乾隆十一年丙寅七月初二日午時卒道光戊子

年九月十七日巳時葬在荔支林園中坐壬向丙兼子
午分金
生子一海
紳次子第十五世
月諱大星生乾隆十四年己巳八月初十日巳時卒乾隆五
十六年辛亥四月十一日巳時葬嘛吠岬三寶山頂坐
向失配樓山陳氏生乾隆二十一年丙子三月廿
四日午時卒乾隆四十一年丙申九月廿八日子時葬
狗仔田芒坑底內坐乾向巽兼亥巳續配馬厝巷洪氏
生乾隆十一年丙寅七月十四日巳時卒道光丙戌年

正月二十日未時葬在大坑尾園裡坐　向分金矢

生子二長天出嗣胞弟蘭次禹

紳三子第十五世

蘭諱大芳生乾隆十八年癸酉正月初二日未時卒乾隆五十六年辛亥三月　日　時葬飛蠟山坐　向失

嗣子一天係胞兄月長子

強長子第十五世

意諱大德生乾隆二年丁巳三月初八日亥時卒乾隆二十二年丁丑三月廿三日巳時葬本社后厝宅內頂坐子向

午謝癸丁

生子二 長長 次題 係胞弟桃次子

強次子第十五世

桃諱大蓁生乾隆四年己未十一月廿六日戌時卒嘉慶壬申年六月廿一日卯時葬大坑尾芦宅內與父母同列坐乾向巽兼亥巳丁亥分金配溥頭林氏生乾隆十三年戊辰六月初二日巳時卒道光己亥年十一月十五日申時葬在許埭頭坐甲向庚兼卯酉外向坐甲向庚兼寅申分金辛卯辛酉

生子六 長秋 次題 出嗣胞兄意 三歐 四翁 五騰 六貫

堂傳子第十五世

宗傳子第十五世

强傳子第十五世

準傳子第十五世

香長子第十五世

佗諱大經生乾隆丙寅年三月初二日酉時

香次子第十五世

儀諱大繡生乾隆戊辰年十二月初七日巳時

香三子第十五世

斗諱大綸生乾隆壬申年三月初六日辰時卒嘉慶十三年戊辰五月十九日丑時葬在狗仔田窩內山坐東向西配邱氏生乾隆乙酉年五月廿五日午時卒道光丙午年六月初八日未時葬坑內山坐酉向卯兼庚甲丁酉丁卯分金續配林氏生乾隆丙子年八月廿三日丑

時卒嘉慶乙丑年閏六月十三日卯時葬狗仔田石龜

下坐庚向甲兼申寅分金

生子一　漣

翼傳子第十五世

法諱大道生乾隆己卯二十四年二月廿九日丑時卒乾隆

甲辰年閏三月廿六日午時葬龍虎坪邊坐丑向未兼癸

丁　配林氏生乾隆乙酉年十二月二十日酉時卒道光

壬寅年七月廿五日未時葬在宮仔後昔坪園與夫同

穴　生子二　長路　次吟

次傳子第十五世

妣

生乾隆戊寅二十三年正月十八日巳時卒道光壬午年九月十六日午時葬在過嶺葉厝蔡坑尾山坐巳向亥兼丙壬丁巳丁亥分金配林氏生乾隆辛卯年六月初六日　時卒道光乙未年十二月廿七日午時葬在過嶺後坑内山坐未向丑兼丑未分金

生子二長聰次平

三傳子第十五世

園

尚長子第十五世

生乾隆壬午年五月廿八日亥時卒嘉慶戊寅年五

月二十四日寅時葬在園斷裡外祖墓邊坐壬向丙兼子午辛亥辛巳分金配王氏生乾隆辛巳年二月初一日亥時卒道光乙酉年十一月十一日子時葬在不后定頂坐壬向丙兼辛巳辛亥分金

生子三長照次圓三調

福

尚次子錦十五世

生乾隆癸未年十一月十四日未時卒嘉慶丙寅年五月初二日丑時葬在阿內山坐北向南

生子一笑

尚三子第十五世

永　生乾隆乙酉年十二月十二日申時卒失識葬登

機盧

冲使子第十五世

着諱大喜生雍正庚戌年八月十五日酉時卒乾隆丙申年

十一月廿九日子時葬吉樵

嗣子一帳保堂伯待次子

石長子第十五世

待諱大成生乾隆丙辰年二月初六日寅時卒乾隆癸卯年

八月廿一日戌時葬飛蠟配顏氏生乾隆庚申年七月

廿九日巳時卒道光丙戌年七月十六日巳時葬猫仔

空坐坤向艮兼未丑丁未丁丑分金
生子三長顏次幰出嗣堂兄着三宗

石次子第十五世
侯諱大華生乾隆戊午年八月十二日未時卒乾隆癸丑年
二月廿五日子時葬牛路巷　祖墓邊坐辛向乙兼戌
辰辛酉辛卯分金配吳氏生乾隆戊辰年四月十四日
戌時卒乾隆乙巳年十一月初七日未時葬宮仔后園
斷裡坐坤向艮兼申寅辛未辛丑分金續配林氏生乾
隆丙子年九月廿五日酉時
生子四長課次求三脫四盛

石三子第十五世

健諱大　生乾隆辛酉年正月廿七日丑時

石四子第十五世

偏諱大　生乾隆癸亥八年正月初七日酉時卒乾隆己亥年八月十二日辰時葬飛蠟

旺長子第十五世

山諱大平生乾隆庚申五年八月二十日丑時卒嘉慶庚午年十二月廿二日巳時葬火燒麒麟山坐辛向乙兼酉卯辛酉辛卯分金配翁氏生乾隆戊辰十三年閏七月初七日未時卒乾隆壬辰三十七年五月十二日未

時葬荔支林田仔墘坐壬向丙兼亥巳續配黃氏生乾
隆丁卯年正月初一日卯時卒嘉慶乙亥年四月十三
日未時葬抱碧山頂坐丙向壬兼巳亥丁巳丁亥分
金
生子三長合翁氏出次佑三信

旺次子第十五世
乞諱大玠生乾隆戊辰十三年四月十二日亥時卒乾隆庚
子四十五年二月初十日午時葬荔支林田仔墘坐壬
向丙兼亥巳丁亥丁巳分金配許氏生乾隆
年　月　日　時

生子一董

壯儔子第十五世

前諱

昭長子第十五世

生乾隆癸卯年五月十三日辰時卒乾隆乙未年

十月　日　時葬吉礁

角諱

昭次子第十五世

生卒失載葬登機宜

和諱

穆嗣子第十五世

生乾隆丙寅年五月初一日亥時

配楊氏生乾隆丙子年
三月初五日巳時卒道光乙未年十一月廿七日丑時
葬水頭山黃坑內
生子一　丕

叅傳子第十五世

昂長子第十五世
愈諱　生乾隆壬申年九月初一日卯時

昂次子第十五世
樗諱　生乾隆丁丑年四月廿八日亥時

田傳子第十五世

陣

贊長子第十五世

出居江西新榆縣

贊次子第十五世

詩

出居江西新榆縣

璠傳子第十五世

爵傳子第十五世

啟傳子第十五世

顯長子第十五世

球諱倓　生康熙乙亥年正月初四日酉時

顯次子第十五世

印諱燧字純朴生康熙丁亥年十一月初二日辰時卒乾隆癸酉年七月廿四日未時葬坑內嶺山坐子向午兼壬丙丙子丙午分金配李氏生康熙甲午五十三年十一月廿五日午時卒乾隆甲寅年五月初六日丑時葬橫扇前坐酉向卯兼乙辛辛卯辛酉分金

生子四長紹祖次繼祖三鰲漏四放生

陣

肇長子第十五世

生康熙癸酉年五月廿八日卯時卒葬失載

從

肇次子第十五世

生康熙壬辰年二月初十日丑時卒乾隆丁卯年

月廿九日巳時葬河崆山坐[illegible][illegible]

配杜氏生康熙戊戌年八月初四日子時卒乾隆庚戌

年七月二十日亥時葬宮仔後坐庚向甲兼申寅丙

甲丙寅分金

生子二長笑次宰

虎長子第十五世

孝諱輝遠字純徵生康熙壬申年四月廿六日巳時卒雍正
甲寅年月日時失載葬三寶壠配鄭氏生康熙壬申
年十一月初十日亥時卒乾隆丙申年五月十二日戌
時葬半壁燈火坐西向東

生子一運

虎次子第十五世

攀諱雲生康熙乙亥年六月廿九日巳時卒乾隆己未年
二月十五日酉時葬後宮仔邊坐申向寅兼
配黃氏生康熙丙子年正月初十日酉時卒康熙庚子

年六月初六日午時葬後宮仔後園坐庚向甲兼
續配郭氏生康熙丙子年十月十八日午時卒乾隆癸
酉年四月十九日戌時葬後宮仔後內田寅兼庚甲外
兼坤艮
生子四長莅黄氏出次安三市四屠

虎三子第十五世

光諱燁霆字晦叔生康熙庚辰年十一月廿七日巳時卒乾
隆丁巳年二月初一日酉時葬荔支林坐　向　兼
配蔡氏生康熙辛巳年八月廿一日　時卒乾
隆丙申年八月廿一日酉時葬半壁燈火坐乾向巽兼

戊辰丙戌丙辰分金　　生子一品

虎四子第十五世

道諱輝統生康熙甲申年二月廿二日午時卒乾隆戊戌年二月初一日寅時葬大坑尾坐壬向丙兼亥巳辛亥辛巳分金配翁氏生康熙丁亥年二月十四日申時卒乾隆丁酉年正月初二日寅時葬盧宅內坐亥向巳兼壬丙丁亥丁巳分金　　生子一訂

秀長子第十五世

嶽諱慕葵字連山生康熙乙酉四十四年六月初二日酉時卒乾隆戊辰十三年十一月初十日辰時葬嘛吠呷三寶井山坐辛向乙兼酉卯配排頭黃氏生康熙戊子年八月初八日巳時卒乾隆戊寅年六月十二日卯時葬仙踏石邊坐酉向卯兼庚申丁酉丁卯分金

生子二長淵次瀚出嗣胞弟崙

秀次子第十五世

崙諱慕葵字在雍生康熙戊子四十七年四月初三日亥

時卒乾隆丙辰年六月廿三日巳時葬暹羅望武
嗣子一瀚 係胞兄嶽次子
秀三子第十五世
歲諱慕蓉字擬雲生康熙辛卯五十年六月二十日卯時
卒乾隆丙子年八月十一日巳時葬本社後芒坑內山
中坐辛向乙兼戌辰配排頭黃氏生康熙癸巳年十
一月初六日寅時卒乾隆乙丑年十二月廿五日寅時
葬廬邊坐艮向坤兼丑未丁丑丁未分金續配徐氏生
康熙己亥五十八年三月十四日子時卒乾隆戊辰
十三年二月初九日酉時與黃氏合葬

生子一池

秀四子第十五世

燮諱慕芹字亦泮生康熙乙未五十四年正月二十日戌時

歿外域年月日時失載配排頭黄氏生康熙戊戌年

月　日　時卒乾隆癸亥年三月十九日未時

葬廬坪下坐癸向丁兼丑未庚子庚午分金

生子

元長子第十五世

烈諱慕蘭字谷香生康熙乙未五十四年八月十二日丑時

卒乾隆己巳年八月廿九日寅時葬庵後園中坐壬向

丙戌子午配鍾山蔡氏生康熙乙未五十四年正月廿

二日酉時卒乾隆庚午年十一月初六日卯時葬庵後

園中坐壬向丙兼子午

生子二長魁次雜本生父熊

元次子第十五世

熊諱慕芝字實朱生康熙己亥五十八年二月初八日辰時

卒乾隆辛卯年十一月廿四日　時葬吉蕉配閂尾

陳氏生康熙庚子五十九年七月十七日未時

生子四長壘次苗三雜四物

元三子第十五世

熙諱慕菊字亦陶生康熙壬寅六十一年二月十六日巳時卒乾隆庚辰年十二月初十日辰時葬庵后園頭坐癸向丁兼丑未庚子庚午分金配排頭康氏生康熙壬寅六十一年十一月廿四日亥時生子二長輔次屏

陳傳子第十五世

合長子第十六世

佛助諱天竹生康熙己丑年八月初三日申時卒乾隆戊申年四月十四日午時葬番坑山坐坤向艮兼申寅辛丑

辛未分金配許氏生康熙辛丑年十二月廿二日巳時
卒乾隆戊申年三月廿六日未時與夫合葬
生子二長烼次鄴

合次子第十六世
居萬諱天富生康熙壬寅年八月廿七日亥時卒乾隆癸卯
年六月初六日申時葬樓山塔仔脚坐艮向坤兼寅申
配黄氏生康熙丙寅年三月初四日巳時
生子三長開宗次江水三戾天出嗣

報長子第十六世
肯諱道堂生乾隆庚午年九月十九日巳時卒乾隆乙巳年

三月初五日申時葬坑園裡坐壬向丙無子午配李氏生乾隆丙子年十月廿九日卯時卒道光戊子年十一月初八日寅時葬河東坑頂坐卯向酉兼甲庚

嗣子二長戾天係居萬三子次罕周

報次子第十六世

厚諱世博生乾隆壬戌年十一月初五日戌時卒嘉慶庚午年三月廿四日酉時葬大墓坑尾坐卯向酉兼乙辛卯辛酉分金配林氏生乾隆甲戌年九月初三日丑時卒嘉慶庚辰年七月廿九日　時

生子一逝

報三子第十六世

和諱世貴生乾隆

答長子第十六世

庇諱　生乾隆壬戌年十一月初十日辰時卒嘉慶辛
酉年十二月廿八日巳時葬後壁坐壬向丙兼子午
辛亥辛巳分金配祁氏生乾隆己巳年七月二十日
未時卒道光辛卯年九月初三日卯時葬河東坑尾
坐寅向申兼艮坤

生子二長貫次流

答次子第十六世

訓諱　生乾隆庚午年七月初三日酉時

郡長子第十六世

晚諱　生乾隆戊辰年十二月十四日亥時卒乾隆庚子
年五月十九日　時葬吉礁
生子二長嫣亭次光謀係胞弟耍次子

郡次子第十六世

耍諱　生乾隆壬申年十一月初八日午時卒道光丁亥
年七月二十日巳時葬橫廂頂入墓坑上東纔坐寅
向申兼甲庚配劉氏生乾隆癸未年十一月十九日辰
時卒嘉慶丁卯年九月十九日丑時葬內葉石尾坐

寅向山兼艮坤丙寅丙申分金續配鄭氏生乾隆癸巳
年七月初三日辰時卒道光庚子年五月廿一日寅
時葬東坑頂坐乙向辛辛酉辛卯分金
生子四長忖次光謀出嗣胞兄晚三泉四典

龍長子第十六世
老諱世奉生乾隆乙亥年十一月初二日丑時卒乾隆戊寅
年八月十六日丑時葬後埭仔園裡坐戌向辰兼乾巽
配詹氏
生子一抱

龍次子第十六世

冀諱　生乾隆壬午年閏五月初八日酉時

龍三子第十六世

春　出嗣

龍四子第十六世

富諱　生乾隆戊子年三月初三日申時卒道光癸卯年七月廿六日申時葬破墓坑山坐子向午兼癸丁庚子庚午分金配楊氏生乾隆辛丑年十一月十四日辰時卒道光辛丑年二月十八日酉時葬破墓山內坐癸向丁兼子午丙子丙午分金

生子四長雨次呆三律四聖

龍五子第十六世

誕　出嗣

龍六子第十六世

學

連傳子第十六世

自求

章嗣子第十六世

敬　生乾隆庚寅年二月廿二日午時卒乾隆壬子年閏

四月十六日午時葬大墓坑下坐東向西

起長子第十六世

弁　生乾隆壬午年七月十三日子時卒葬失載

崇　起次子第十六世　生乾隆丁亥年二月初三日丑時卒葬外域

敬　起三子第十六世　出嗣

篤　起四子第十六世　生乾隆丁酉年九月廿九日子時卒道光甲辰年七月十八日未時葬後壁園坐辰向戌兼乾巽丙戌丙辰分金配林氏生乾隆庚戌年九月廿八日午時　生子五長哖次育三藝四芬五道

六嗣子第十六世

穃字占梅生乾隆乙酉年九月初一日巳時卒道光癸未年
十二月廿六日辰時葬
配周氏生乾隆癸巳年三月二十日巳時卒道
光庚子年五月十一日巳時
生子三長振盛次振昌三振仍

七嗣子第十六世

誕諱應壽生乾隆庚寅年七月初六日戌時卒嘉慶癸亥年
六月二十日　時外殁配林氏生乾隆庚寅年三月初
七日丑時卒乾隆癸丑年三月十六日未時葬坑園坐

子向午兼壬丙庚子庚午分金續配黃氏生乾隆辛
卯年八月廿三日巳時卒道光丁未年九月十一日卯
時葬本社樓仔後山墩坐亥向巳兼乾巽丁亥丁巳分
金
生子二長池水次藕水

念
七次子第十六世
生乾隆庚子年五月廿四日寅時外殁

[石憂]
七三子第十六世
生乾隆癸卯年二月十七日酉時卒道光乙巳年
九月廿五日戌時葬坑園坐丑向未兼癸丁丁丑丁

未分金配林氏生乾隆乙巳年七月十五日午時卒道光癸未年六月廿四日巳時葬坑園坐子向午兼壬丙丙子丙午分金續配林氏生乾隆辛亥年十月初二日卯時卒道光壬辰年十一月十一日卯時葬許埭頭園坐園向大井再續配蔡氏生乾隆乙卯年七月十六日巳時卒咸豐辛酉年四月十四日酉時葬許埭頭園頭坐未向丑兼癸丁丁未丁丑分金

生子四長斐然次沛然三海參四西笑

盼長子第十六世

都

生乾隆乙丑十年十一月初六日卯時卒乾隆甲辰四

十九年七月廿九日酉時葬吉樵

生子一聆

聆次子第十六世

雄

生乾隆丁卯十二年九月二十日亥時卒嘉慶丙寅年十一月十一日酉時葬荔支林坐壬向丙兼亥巳丁亥丁巳分金配洪氏生乾隆庚寅三十五年十一月初三日卯時卒乾隆五十八年癸丑九月廿八日巳時葬廬宅內坐子向午兼癸丁庚子庚午分金續配邱氏生乾隆丁亥年六月十四日酉時卒道光丙午年十月十三日申時葬路宅內坐艮向坤兼丑未辛丑辛未分

感

金　生子三長光魏次等三萍

盼三子第十六世

生乾隆庚午年五月廿三日酉時卒葬失藏

嗣子一代係胞弟領次子

領

盼四子第十六世

生乾隆庚辰年十一月十五日丑時卒道光甲申年四

月十六日未時葬猫仔空坐未向丑兼坤艮辛未辛丑

分金配曾氏生乾隆戊子年　月　日　時卒

咸豐癸丑年三月廿一日亥時葬庵仔後坐東向西

生子六長嶽次斐三企四蓬五嚶六代[illegible]

盻五子第十六世

龍　出嗣

盻六子第十六世

麗水字清澤生乾隆己丑年八月十七日午時卒道光甲辰年七月十五日午時葬荔支林坐壬向丙兼子午辛巳亥分金配許氏生乾隆己亥年八月初二日卯時　生子一沃

顯傳子第十六世

造　生乾隆丁巳年二月十一日子時卒葬失載

龐

暟嗣子第十六世

生乾隆壬午年十月初五日未時卒葬失載

瑶傳子第十六世

任

琬傳子第十六世

生乾隆丁卯年八月廿七日午時卒道光辛卯年正月廿五日酉時葬公山墘妻墳邊配林氏生乾隆戊辰年七月初一日未時卒道光乙酉年三月十六日丑時葬公山墘坐巽向乾兼亥巳丁亥丁巳分金

生子四長伯出嗣堂兄鍕次儀三心正四格

鎮
名傳子第十六世
嗣子一伯係堂兄任長子

伯
珍傳子第十六世

悻傳子第十六世
生子二長帖次買

廷
違長子第十六世

裕

進次子第十六世

三傳子第十六世

乞

生康熙己未年四月廿九日寅時卒乾隆癸未年三

月初九日巳時葬

配葉氏生雍正乙巳年二月廿八日卯時

生子一本

鰲長子第十六世

祈駝字國裕生康熙己丑年十月廿二日酉時卒乾隆癸

酉年十一月廿五日丑時葬大宮後坐坤向艮兼申

寅配蘇氏生失載卒　　年正月初八日與夫合
葬續配新店王氏生康熙己丑年五月廿一日未時卒
乾隆丙午年正月十五日卯時葬石狗山破窑仔尾
坐庚向甲兼酉卯
生子二長尚蘇氏出次質王氏出

舉次子第十六世

祈海字　生康熙壬辰年五月初七日寅時卒乾隆辛丑
年閏五月初二日午時配呂氏生康熙癸巳年七月初
四日午時卒乾隆壬辰年十一月十八日未時合葬
石狗山仙宫湖頂坐壬向丙兼亥巳

生子二長水次兑

武字

棟長子第十六世

生康熙戊戌年十一月廿六日午時卒乾隆癸未年十二月十八日寅時

配王氏生卒失載葬黄金崙

生子一欽

啟字

棟次子第十六世

生雍正戊申年四月廿四日亥時卒乾隆丙子年十月初四日申時葬后宫坐西向東

棟三子第十六世

標字 住蘆澚

興長子第十六世

疊字

生康熙乙未年九月初八日亥時卒乾隆丙申

年八月十七日未時葬尖山邊

配張氏生康熙壬寅年十二月十六日酉時卒

乾隆甲辰年五月初五日卯時葬尖山邊

生子五 長恭 次寬 三裕 四提 出嗣胞弟眼 五益

顯字

興次子第十六世

生康熙壬寅年九月十二日未時卒乾隆丙戌年

正月初十日辰時葬前厝田頂坐東向西配　氏

生子二長袠次永

興三子爵十六世

眼字　生雍正甲辰年十一月初五日午時卒乾隆庚

寅年六月初七日　時葬抹內坐北向南配陳氏生乾

隆丁巳年二月十二日戌時

嗣子一提係胞兄四子

完傅子第十六世

波字　生雍正丁未年五月初十日卯時卒乾隆四十

五年庚子四月十七日辰時葬

配潘氏生雍正戊申年八月廿九日酉時

生子三長舍次登三渺

尾長子第十六世

道字

生康熙庚子年五月廿六日酉時配郭氏生雍

正丁未年十月廿二日申時

生子六長彥次晉三貺四昔五川六阮

尾次子第十六世

順字

尾三子第十六世

恩字

贊傳子第十六世

白　傳子第十六世

財字　應　長子第十六世

惠　次子第十六世

達字　千　傳子第十六世

龍字　生康熙丁酉年正月初一日子時

享　傳子第十六世

勲字　生康熙壬辰年六月廿九日午時卒乾隆甲戌年
六月廿九日　時葬外域配陳氏生康熙甲午年四
月廿八日亥時卒乾隆辛亥年六月初七日午時葬
石狗山應髻山脚坐北向南
生子一　傳
縱長子諱十六世
鑾字鴻瑛一字和雝生乾隆辛巳年二月初四日巳時卒道
光丙辰年十月廿八日丑時葬在坑内石頭脚田裡坐
癸向丁兼子午分金配本社許氏生乾隆戊子年十二
月十一日酉時卒嘉慶丁丑年八月廿四日午時葬在

坑內石頭脚田裡坐癸向丁兼子午辛亥辛巳分金續

配邱氏生乾隆己丑年十月十九日午時卒道光丙辰

年十月廿二日酉時葬在大[illegible]尾園裡坐北向南

生子七長聰明出嗣次公倫三錦淑

四萬興五光卿六仁與七鄒生

縱次子第十六世

俊諱鴻傑字彩馳生乾隆乙酉年八月十七日午時卒乾隆

戊申年三月十五日巳時葬發機官坡頂坐　向

嗣子一聰明係胞兄鑾長子

縱三子第十六世

談諱鴻歡字叶周生乾隆丁亥年閏七月十九日巳時卒嘉
慶庚午年正月十五日巳時葬在坑內石頭脚田裡坐
癸向丁兼子午辛亥辛巳分金配李氏生乾隆辛丑年
七月廿八日亥時卒道光丙午年七月廿一日辰時
葬在横廂尾坑內園裡坐甲向庚兼寅申分金丙寅丙
申　生子三長旦次瓜陞三耳順

繼四子第十六世

才諱鴻育字楚有生乾隆乙未年九月初七日未時卒嘉慶
丁巳年六月十六日辰時葬在後宮前牛路巷園中穴
居鄭家灰墓左坐辛向乙兼酉卯分金丁酉丁卯

縱五子第廿六世

哲諱鴻明生乾隆戊戌年二月十二日丑時卒嘉慶乙巳年十一月初八日戌時葬橫瀨尾頂坐西向東

縱六子第十六世

疇諱鴻演字錫九生乾隆癸卯年七月二十四日未時卒嘉慶癸亥年八月廿六日巳時葬在后宮仔前牛路巷園裡與兄才同穴坐戌向辰兼辛乙分金丙戌丙辰

景傳子第十六世

晉諱鴻彥生乾隆己丑年十二月廿三日申時卒嘉慶丙

子年五月十三日　時葬在阿內山坐東向西配吳
氏生乾隆巳亥年十一月初八日子時
生子五長明次雲三微四四五偕

陟長子第十六世
豹諱鴻寶生乾隆癸未年七月十二日申時卒葬失載

陟次子第十六世
音諱鴻燗生乾隆辛丑年十月廿八日子時
配楊氏生乾隆癸丑年七月廿
六日申時卒嘉慶己卯年閏四月初三日未時葬在
榛葉石尾牛埔口坐亥向巳兼壬丙分金辛亥辛巳

生子一伯夷

養傳子第十六世

海諱鴻恩字朝宗生乾隆丙戌年二月初一日子時卒嘉慶乙丑年八月初七日子時葬在荔林坐亥向巳兼壬丙辛亥辛巳分金配鶯江陳氏生乾隆癸巳年十一月初九日寅時卒道光乙未年八月十九日未時葬在荔支林坐亥向巳兼壬丙分金

生子三長淮漢次洙泗三泮出嗣

月長子第十六世

天　出嗣

馮

月次子第十六世

生乾隆癸卯年正月初七日酉時卒道光甲辰年六月初十日戌時葬在大坑尾園中坐酉向卯兼辛乙配蔡氏生乾隆壬子年十二月二十日未時卒道光戊申年十一月十六日酉時葬在大坑尾園中坐乙向辛兼辰戌分金

生子三長田次苜三前

蘭嗣子第十六世

生乾隆甲午年六月初五日申時卒嘉慶乙丑年七月廿六日未時葬在大坑尾園中坐西北向東南

天

生子三長泉次泮次生次海

卷十九終

国家出版基金项目
NATIONAL PUBLICATION FOUNDATION

海上絲綢之路文獻集成

總主编　陳支平　陳春聲

民間譜牒編 31

主編　林　楓

海峽出版發行集團
THE STRAITS PUBLISHING & DISTRIBUTING GROUP
福建人民出版社

本册目次

〔福建厦門〕石塘謝氏家乘三十一卷（世系圖卷一至世系圖卷二）〔清〕謝果廪　謝邦忠等纂修……一

〔福建厦門〕石塘謝氏家乘三十一卷（世系圖卷一至世系圖卷二）

〔清〕謝果廩　謝邦忠等纂修

謝氏肇基石塘世系總圖

一世

始祖東山公

二世

道明公

三世

任公

睦公

孝公

友公

婣公

恤公

謝氏鉅溪遷[illegible]世系圖卷一

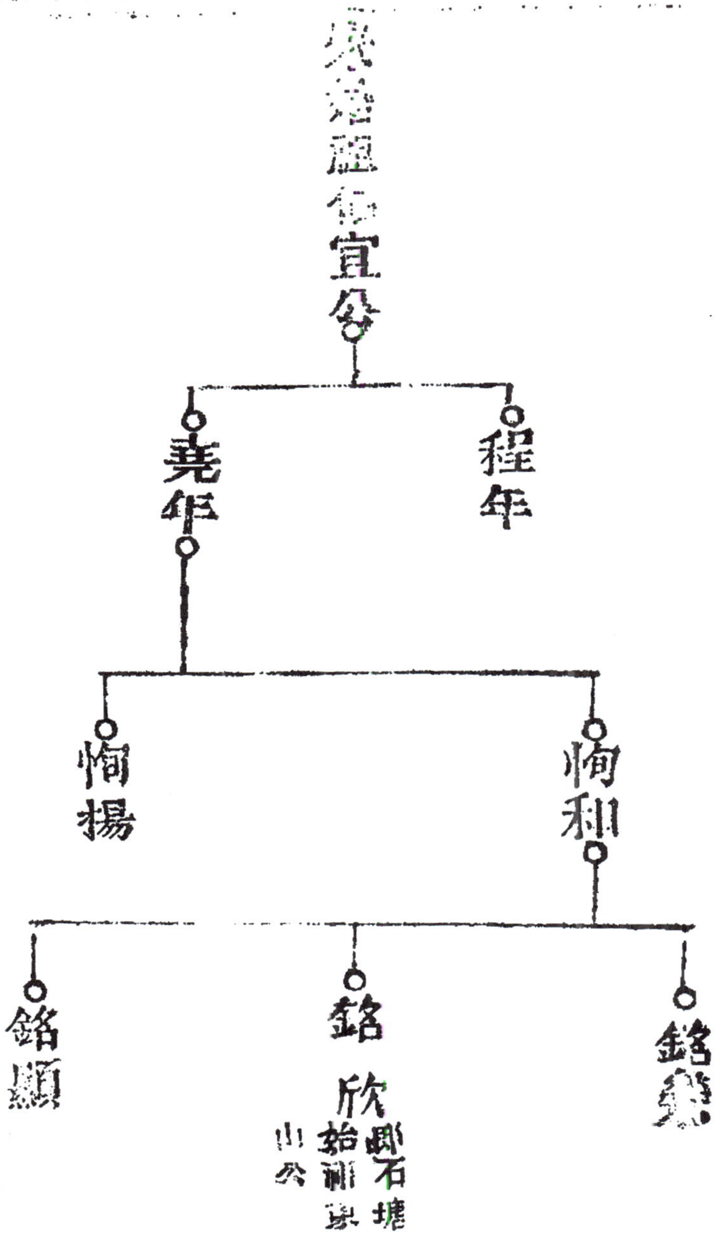

謝氏家乘[illegible]卷一

一

道舉公

富公　榮公　華公　貴公

孝公第一房分派世系之圖

三世　孝公

四世　國和

五世　雅德

六世　秋福　夏祉

七世　賜　續　略　尾（夏祉子）　史公　饒公（秋福子）

七世

八世

顯

九世

仁　富

十世

傑祉　洪　滄　梅

十一世

公　再興　思崇　勝□　嗣伴　本生父祥　田　擊

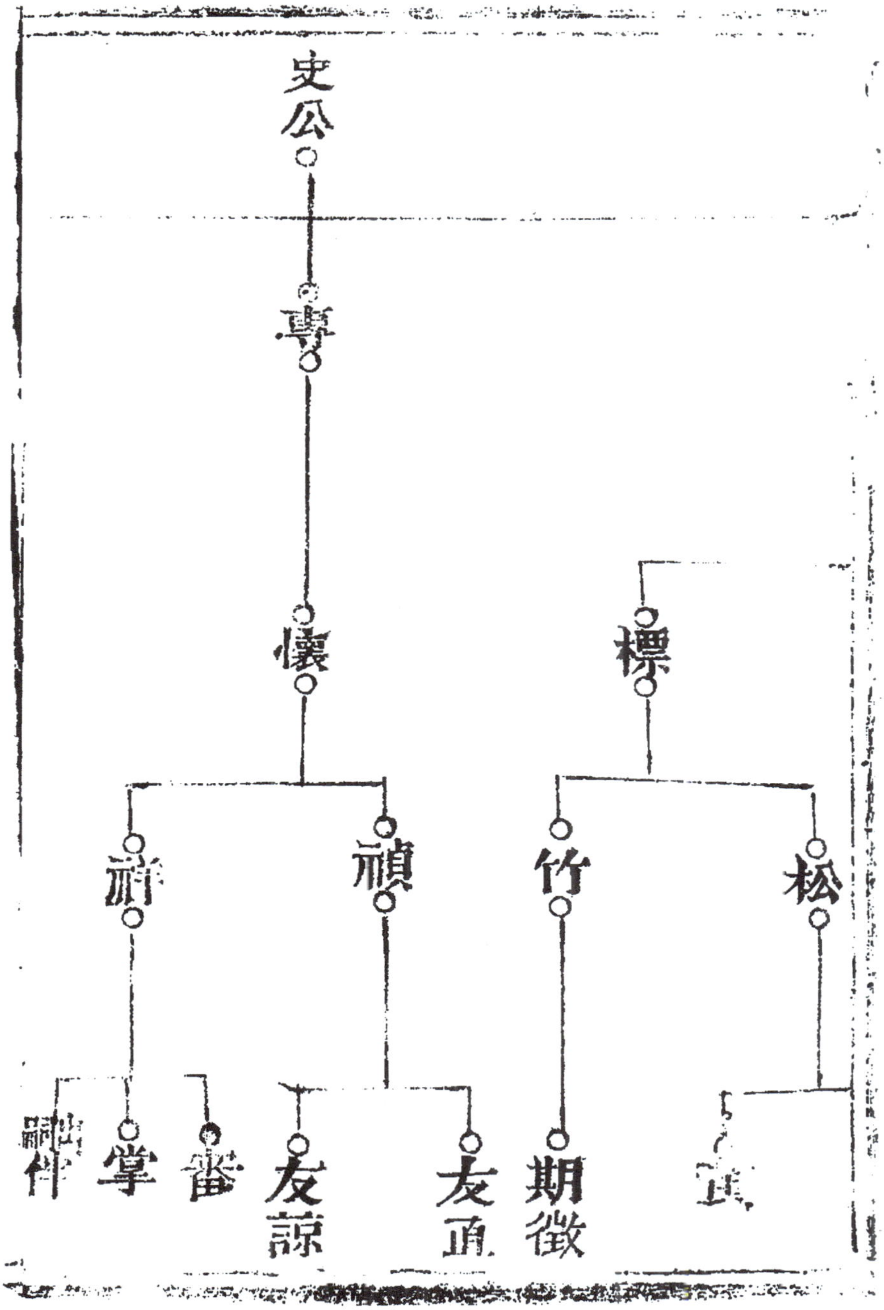
史公
懷
標
禎
竹
松
掌
友諒
友直
期徵

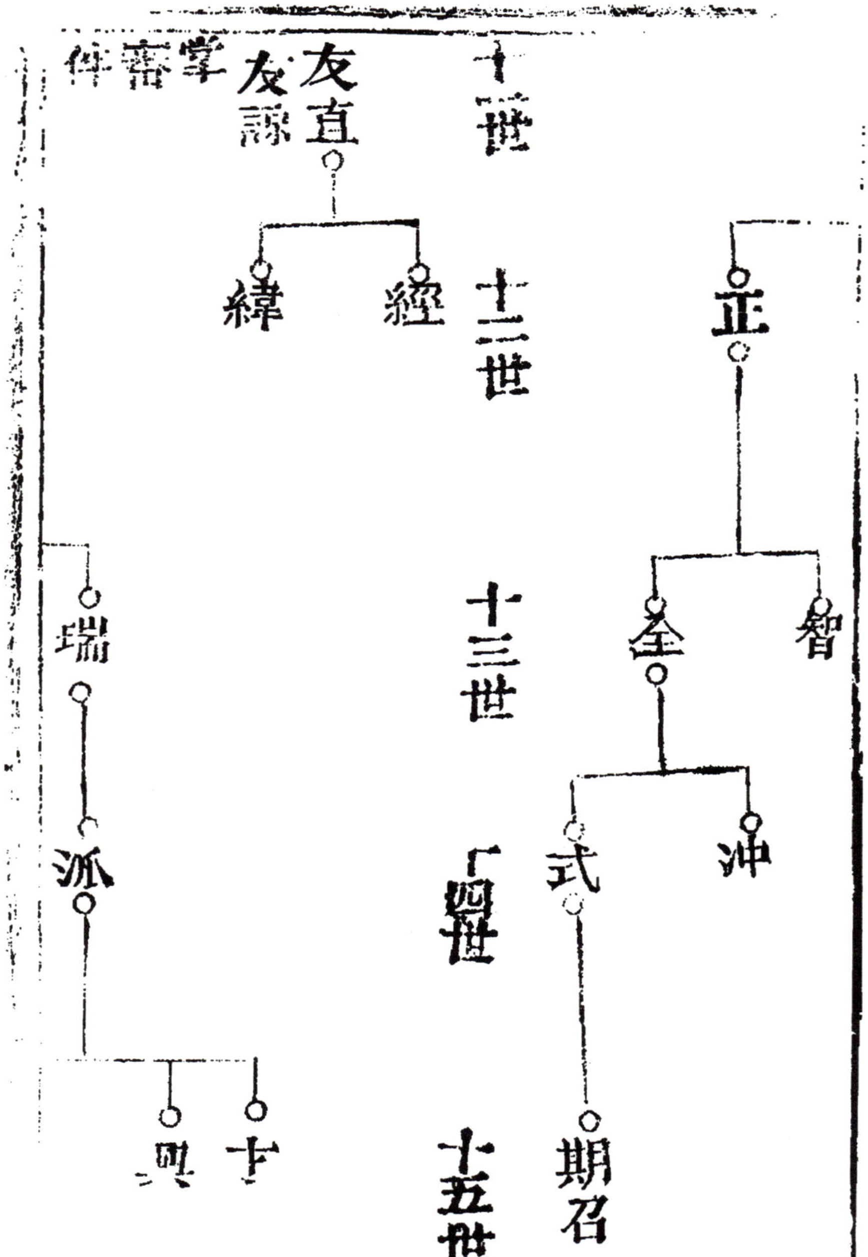
十二世
十三世
十五世
友直
友諒
經
緯
智
瑞
派
沖
式
期召

十五世
甲　摯　寅　期徵　期台　興　郎　才

十六世
趨　國標

十七世
祥　正盛

十八世
文燦

十九世
郎　成　染

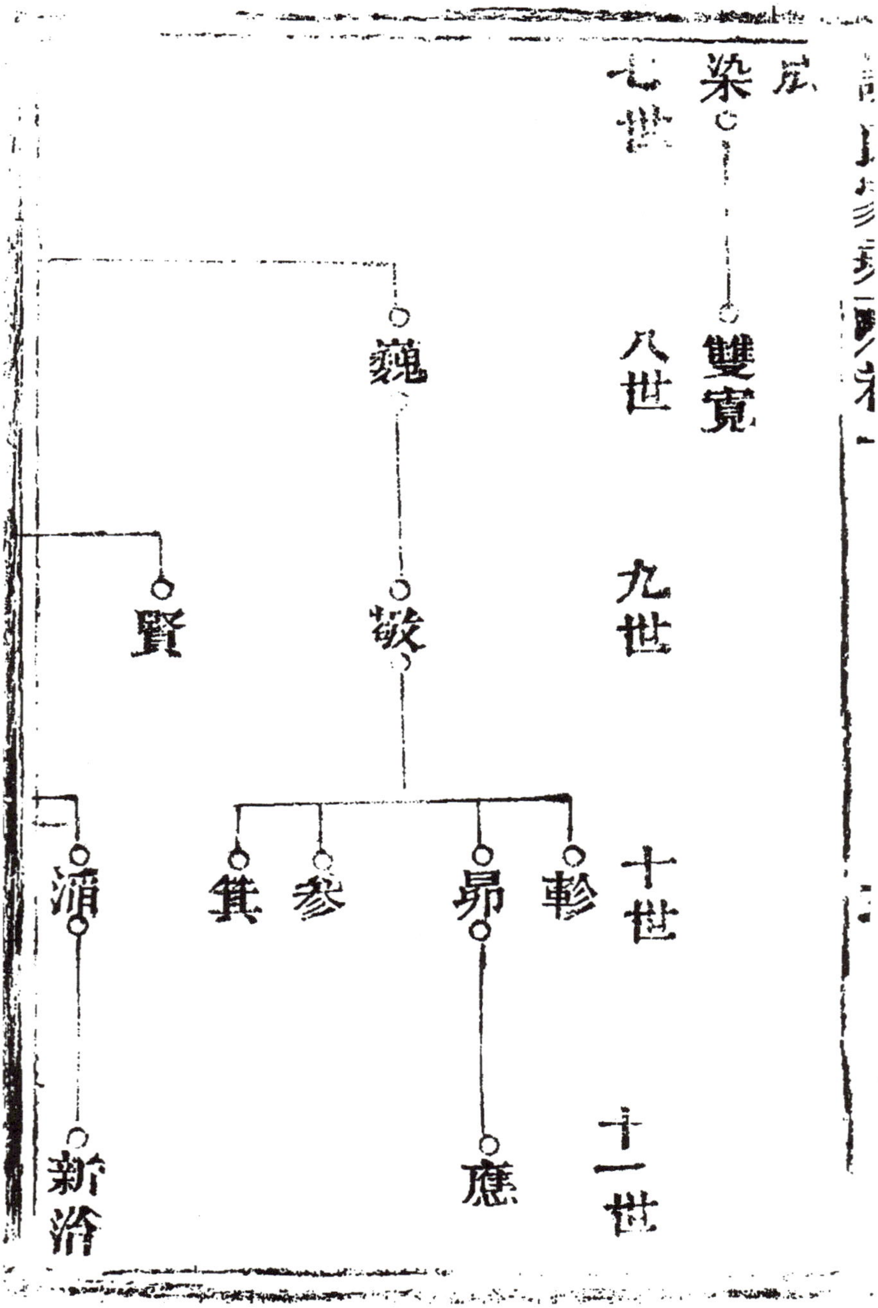
七世
染
八世
雙寬
巍
九世
敬
賢
十世
軫
昂
參
箕
湄
十一世
應
新涂

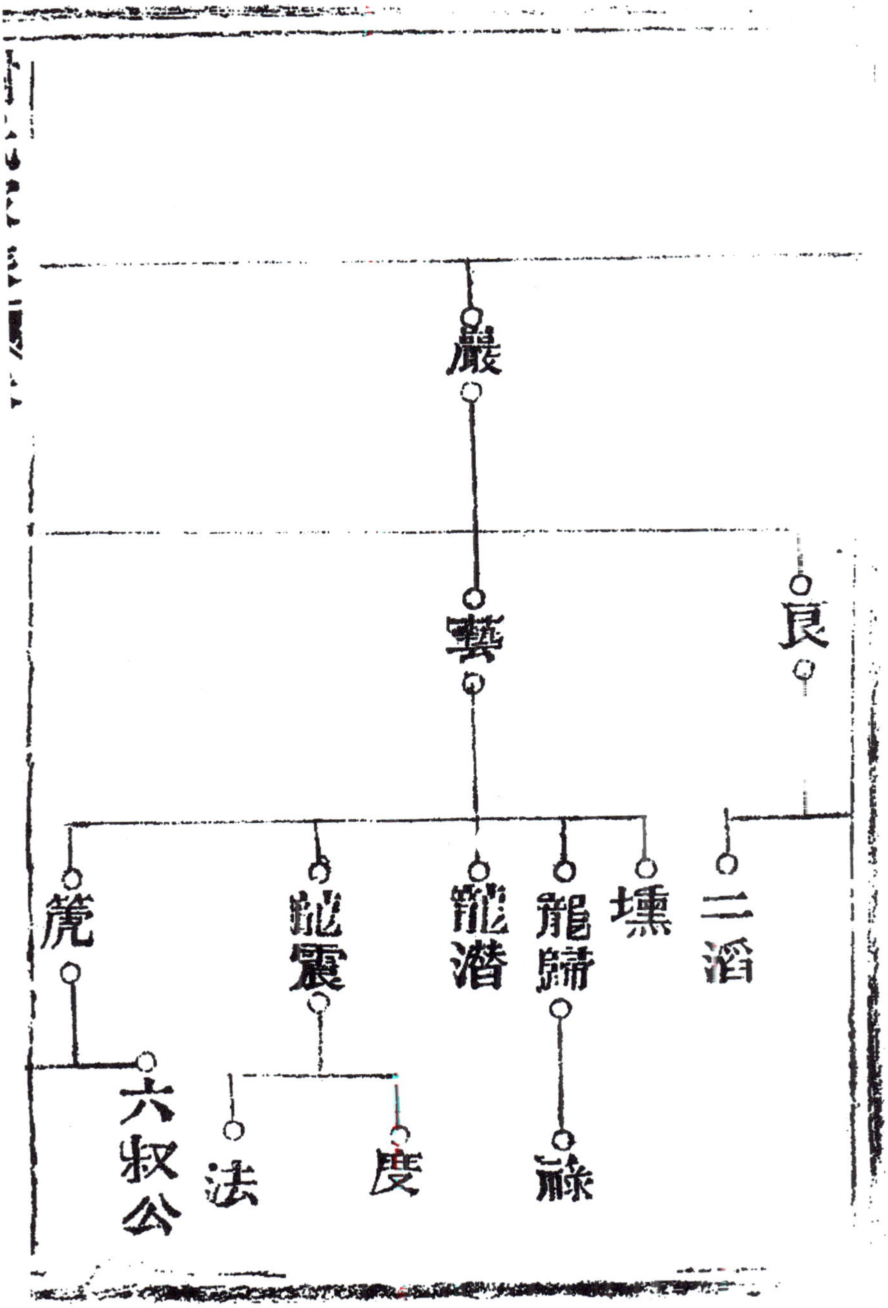
嚴
藝
良
麂
龍震
龍潛
龍歸
壎
二滔
六叔公
法
度
祿

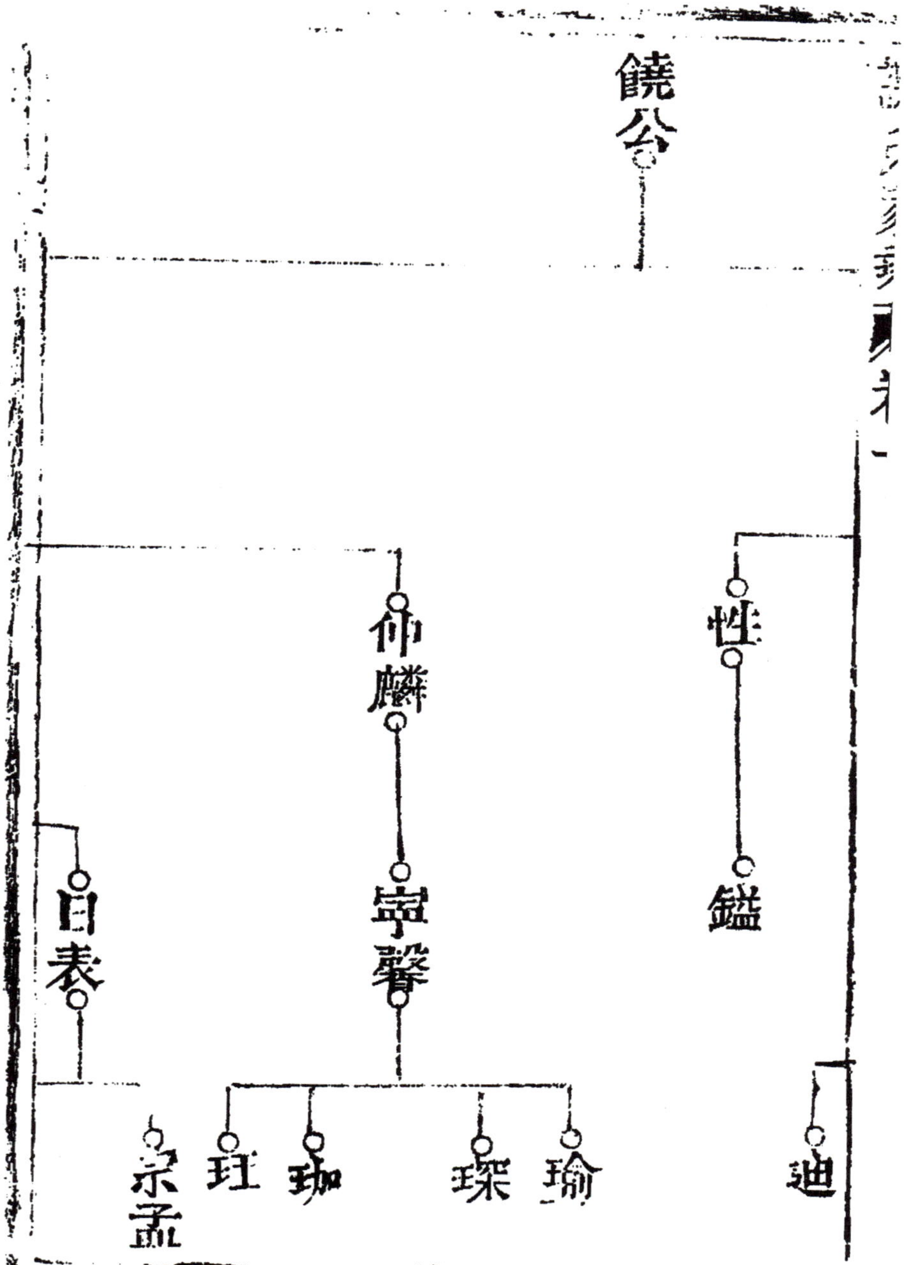
饒公
仲麟
性
鎰
日表
寧馨
迪
宗孟
珏
珈
琛
瑜

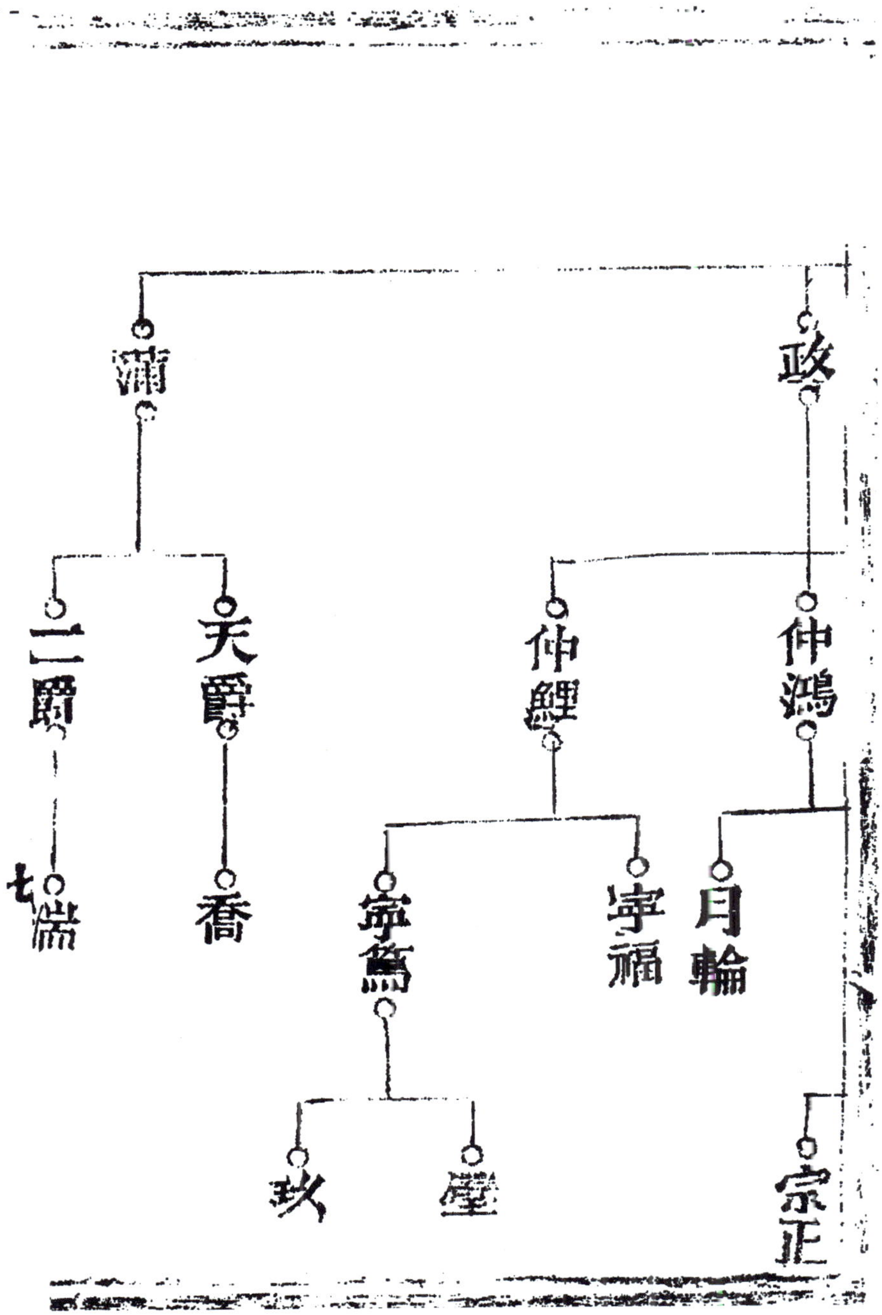
政
浦
仲鴻
仲經
天爵
二爵
月輪
守福
守篤
香
七
端
宗正
璧
玖

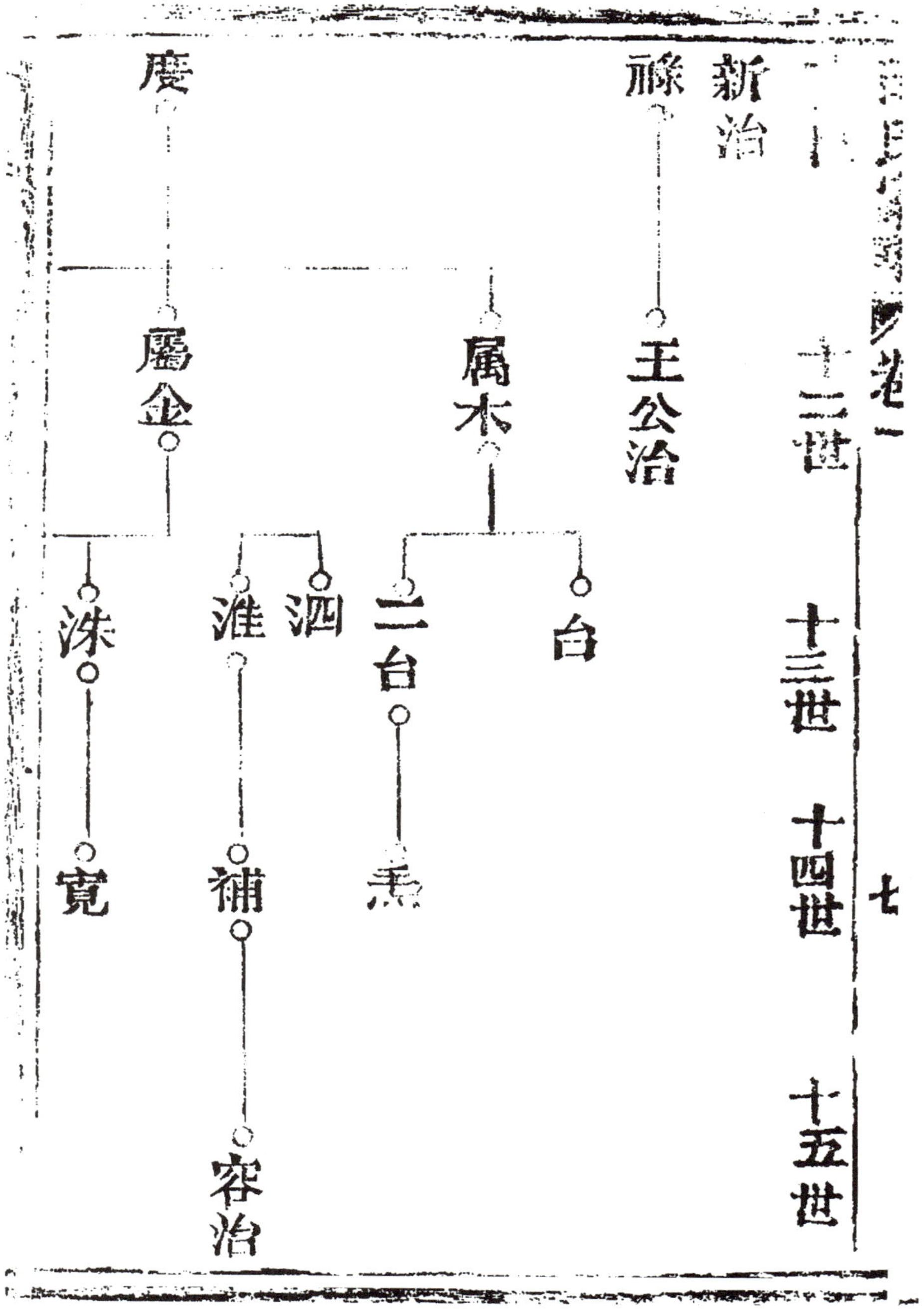

十二世
十三世
十四世
十五世
七
新治
祿
王公治
慶
屬木
屬金
台
二台
泗
淮
洙
補
寬
容治

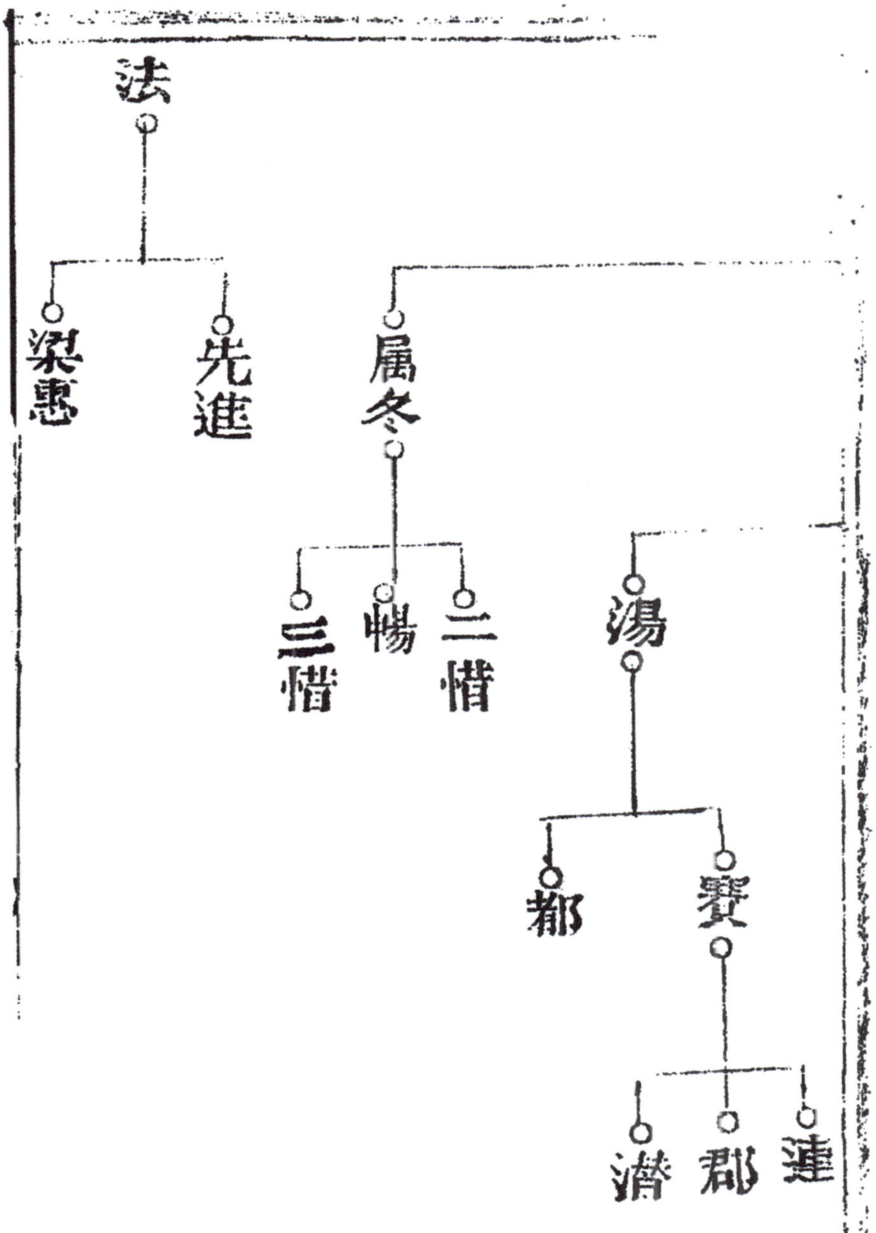
法
粱惠
先進
屬冬
三惜
暢
二惜
湯
都
寳
潛
郡
達

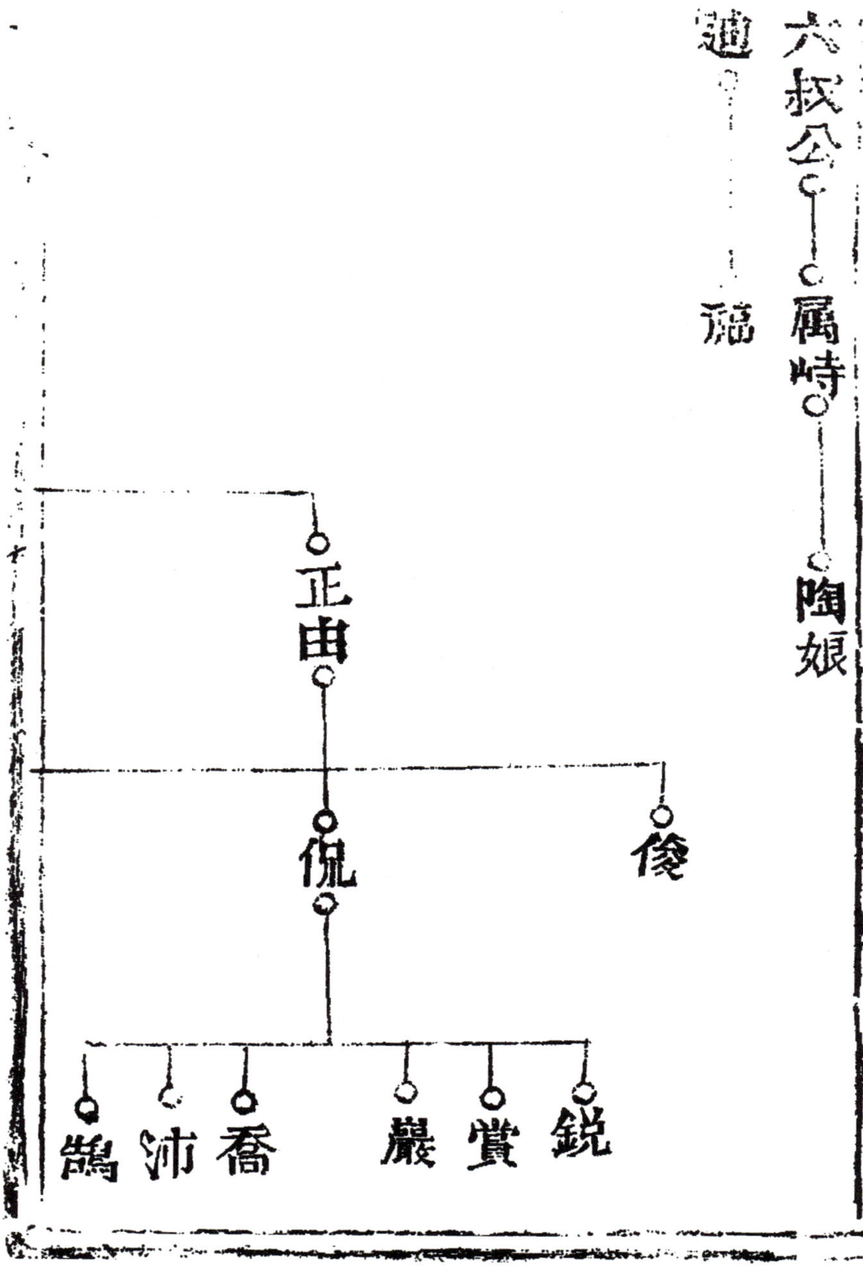
六叔公
屬峙
陶娘
適
福
正由
侃
侈
銳
賞
巖
喬
沛
鵠

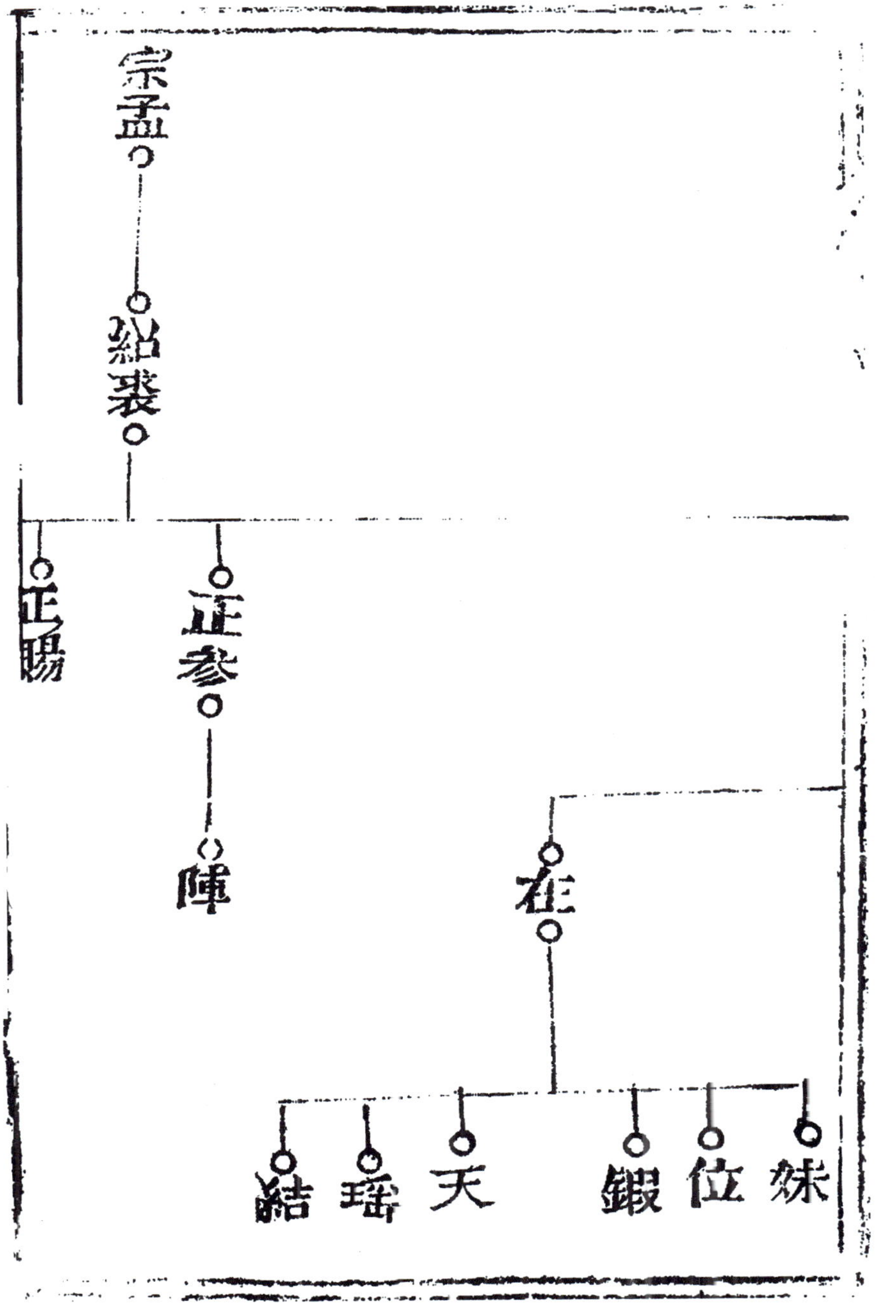
宗孟
紹裘
正暘
正參
陣
在
結
瑶
天
鍜
位
妹

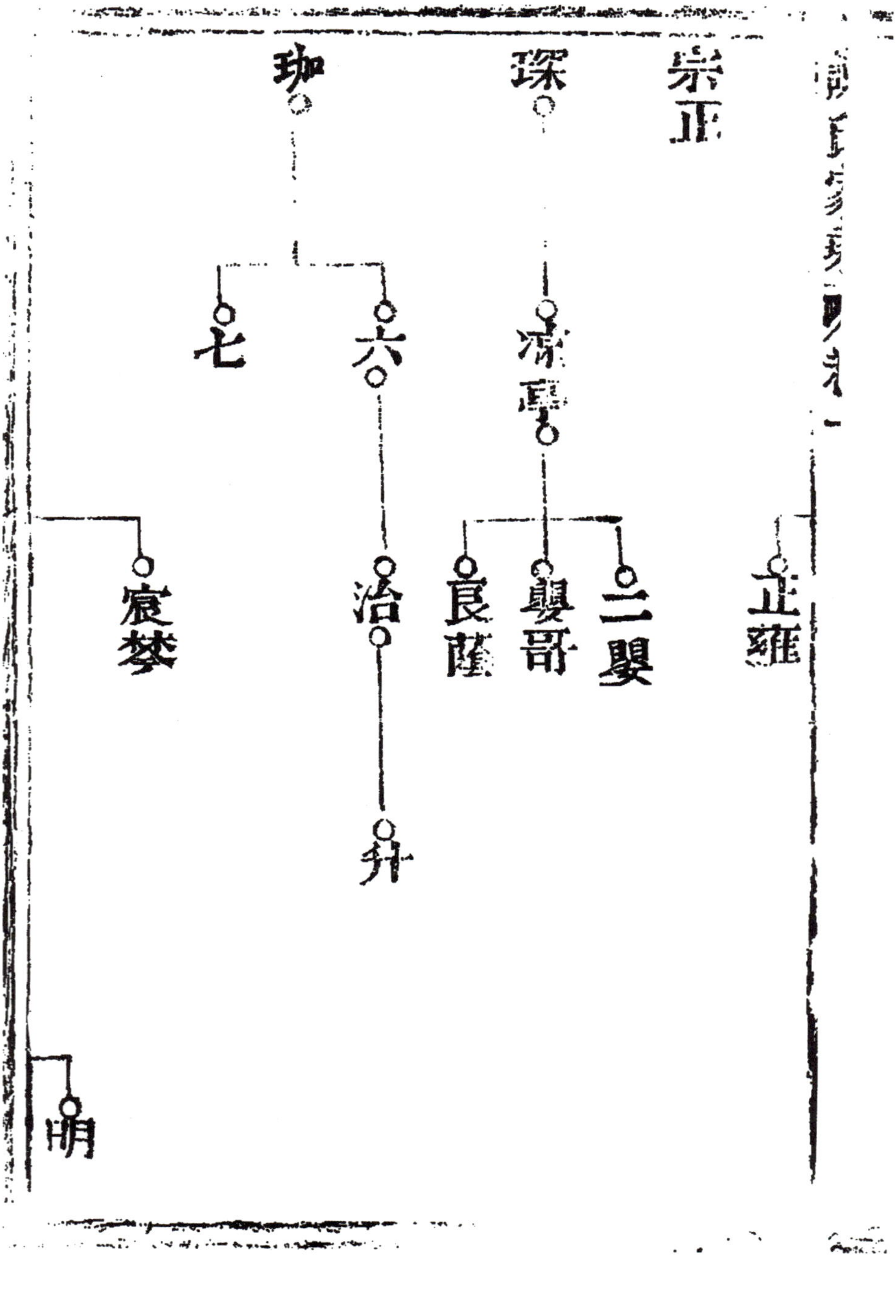
謝氏家乘 圖系 一
宗正
正維
琛
濟學
二嬰
嬰哥
良蔭
珈
六
七
洽
升
宸棼
明

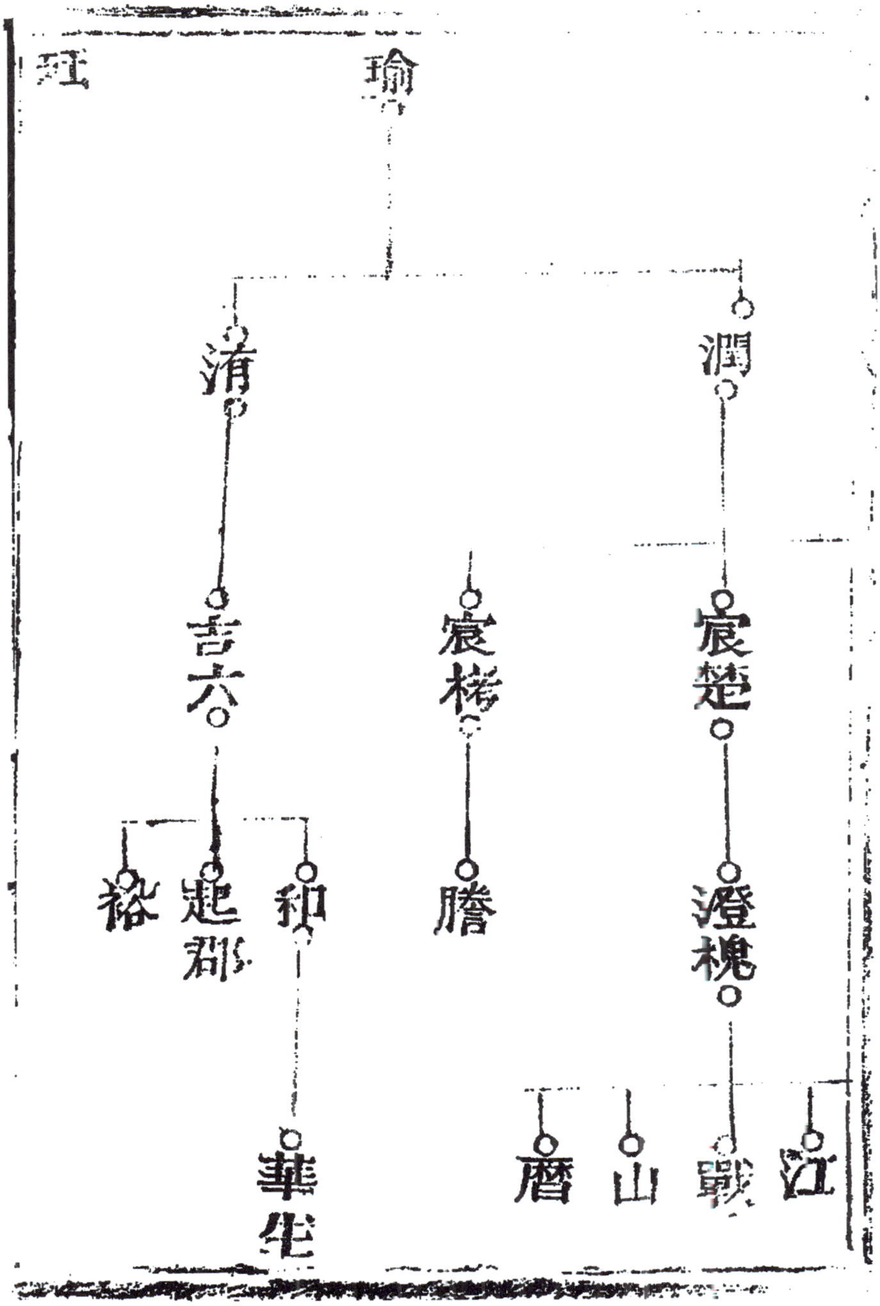
珏
瑜
清
潤
吉六
宸樣
宸楚
裕
起郡
和
膽
澄槐
華生
曆
山
戰
江

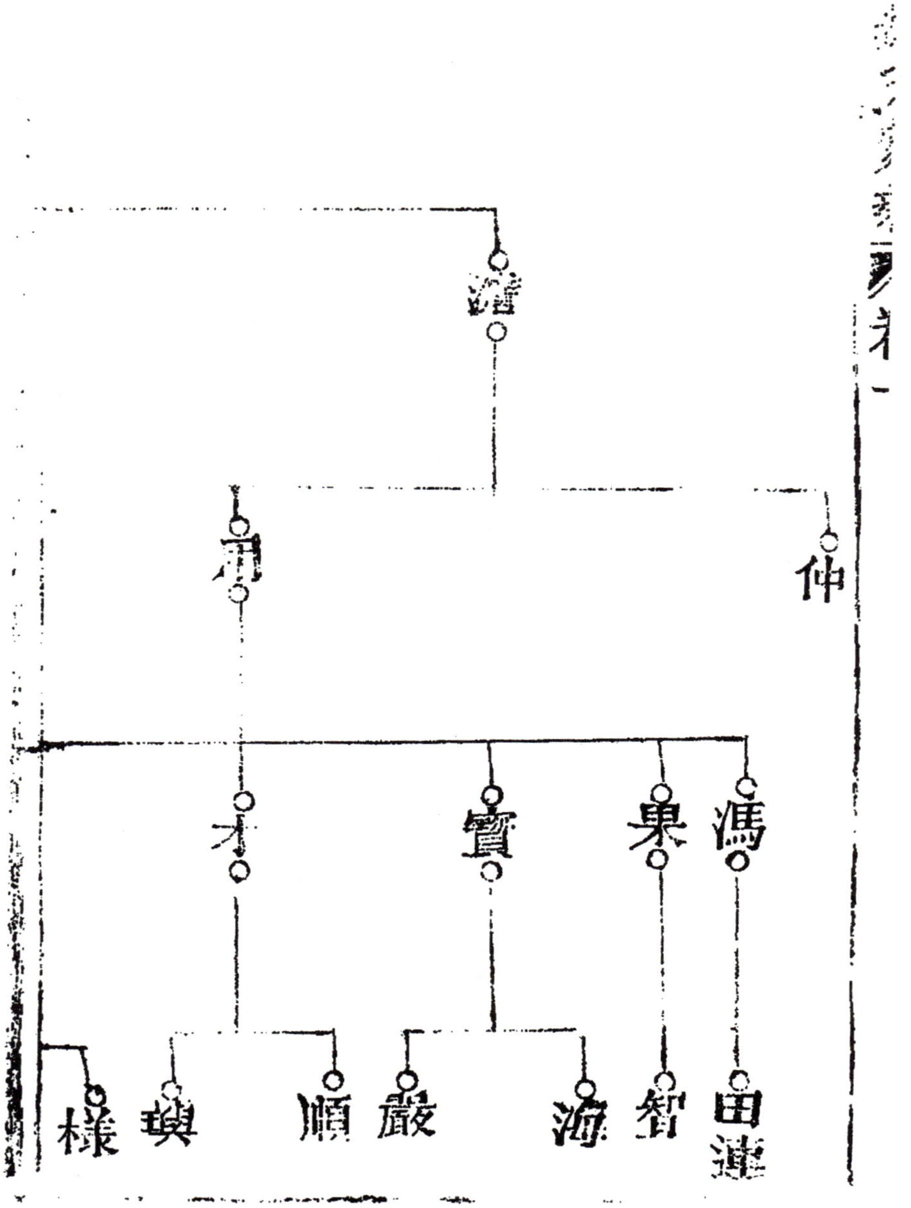
仲
寶
馮
順
嚴
海
智
田
連
様

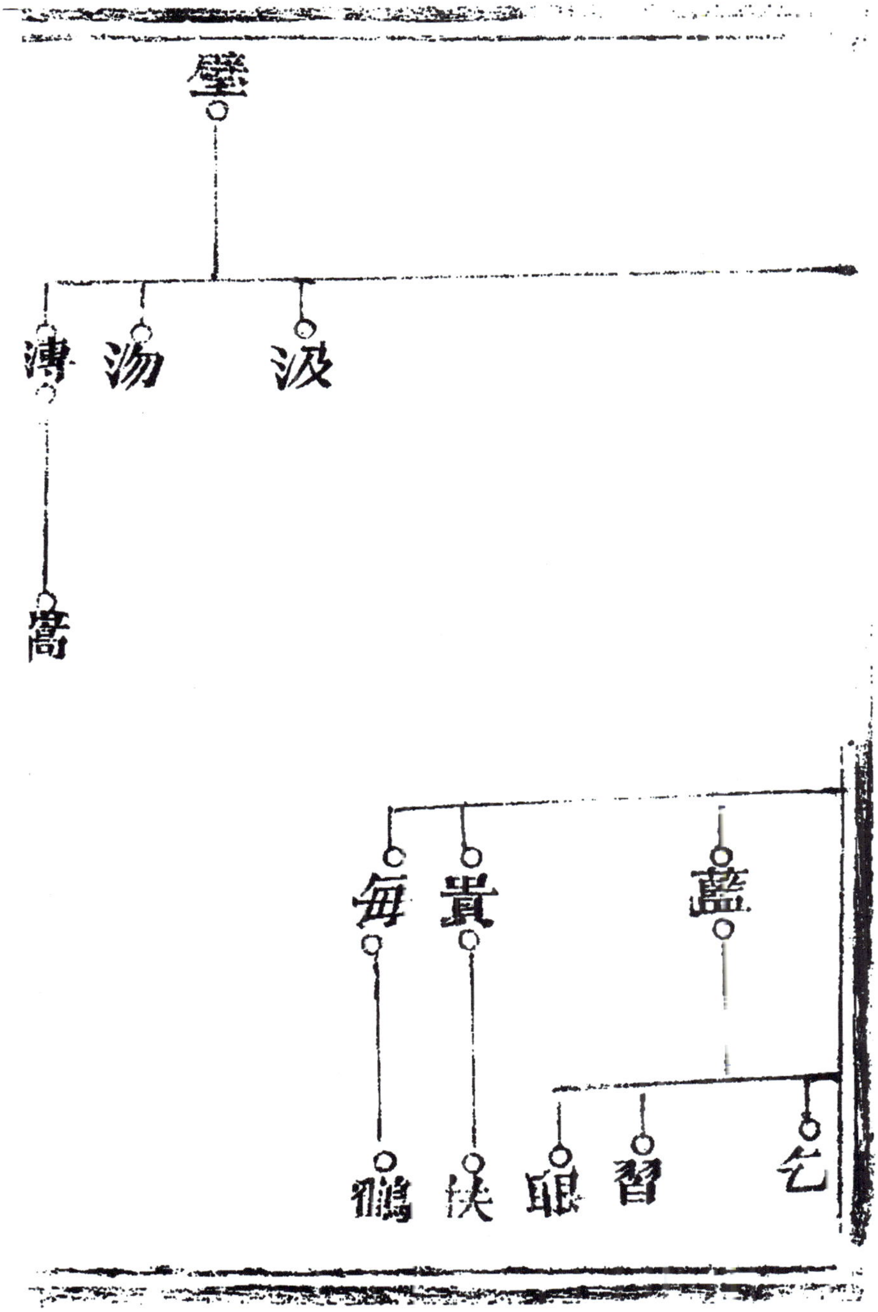

璧
溥
汤
汲
髙
嚞
每
貫
乞
習
眼
鶴
快

十五世　十六世　十七世　十八世　十九世

國澔

應魁 — 榮春 — 大英 — 文、武
文 — 猛
武 — 富

容治 — 杼、外、儒
杼 — 嗣治、抱
抱 — 烏角
外 — 三合

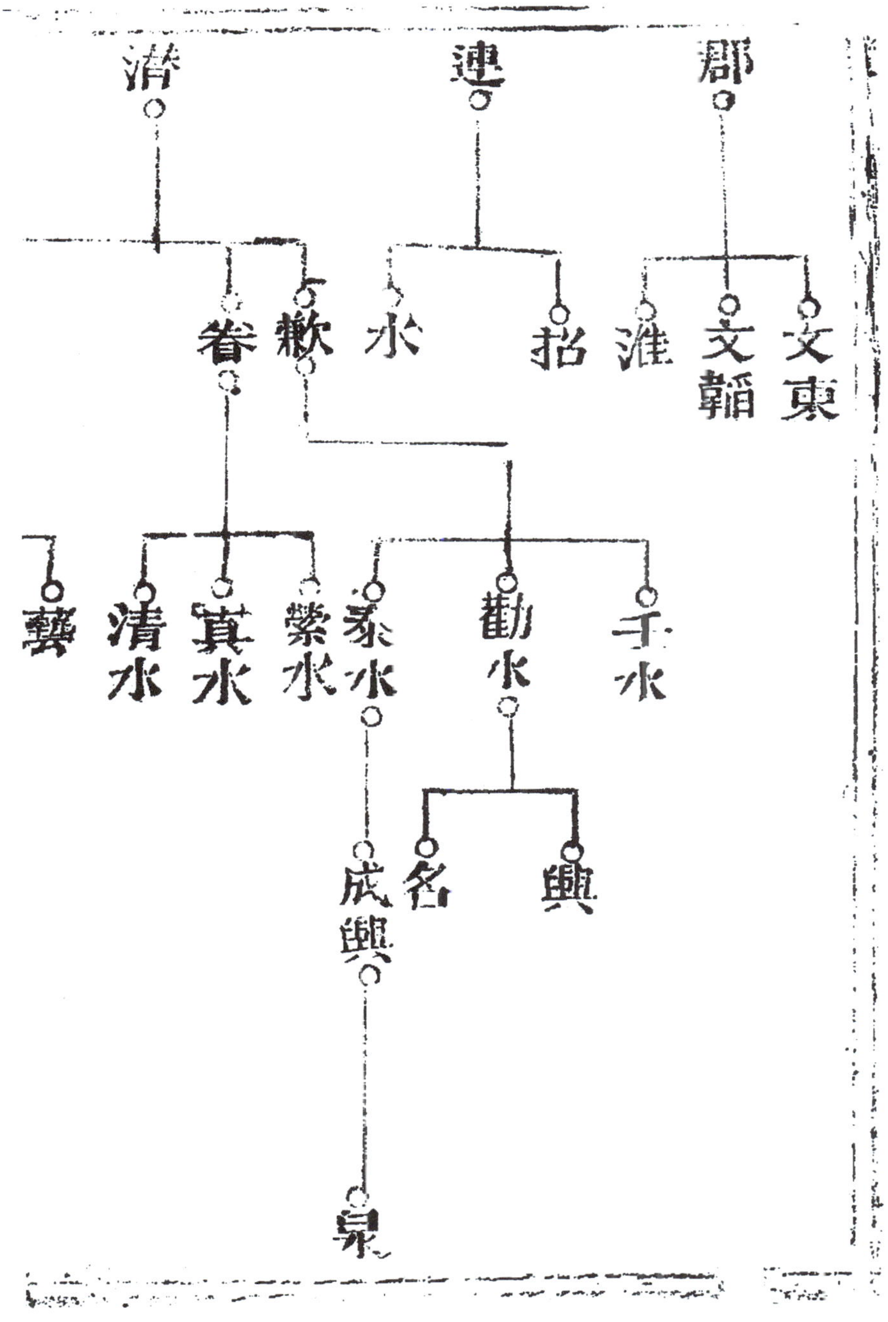
潛
連
郡
水
招
淮
文韜
文東
清水
真水
紫水
勸水
壬水
名
興
成興
泉

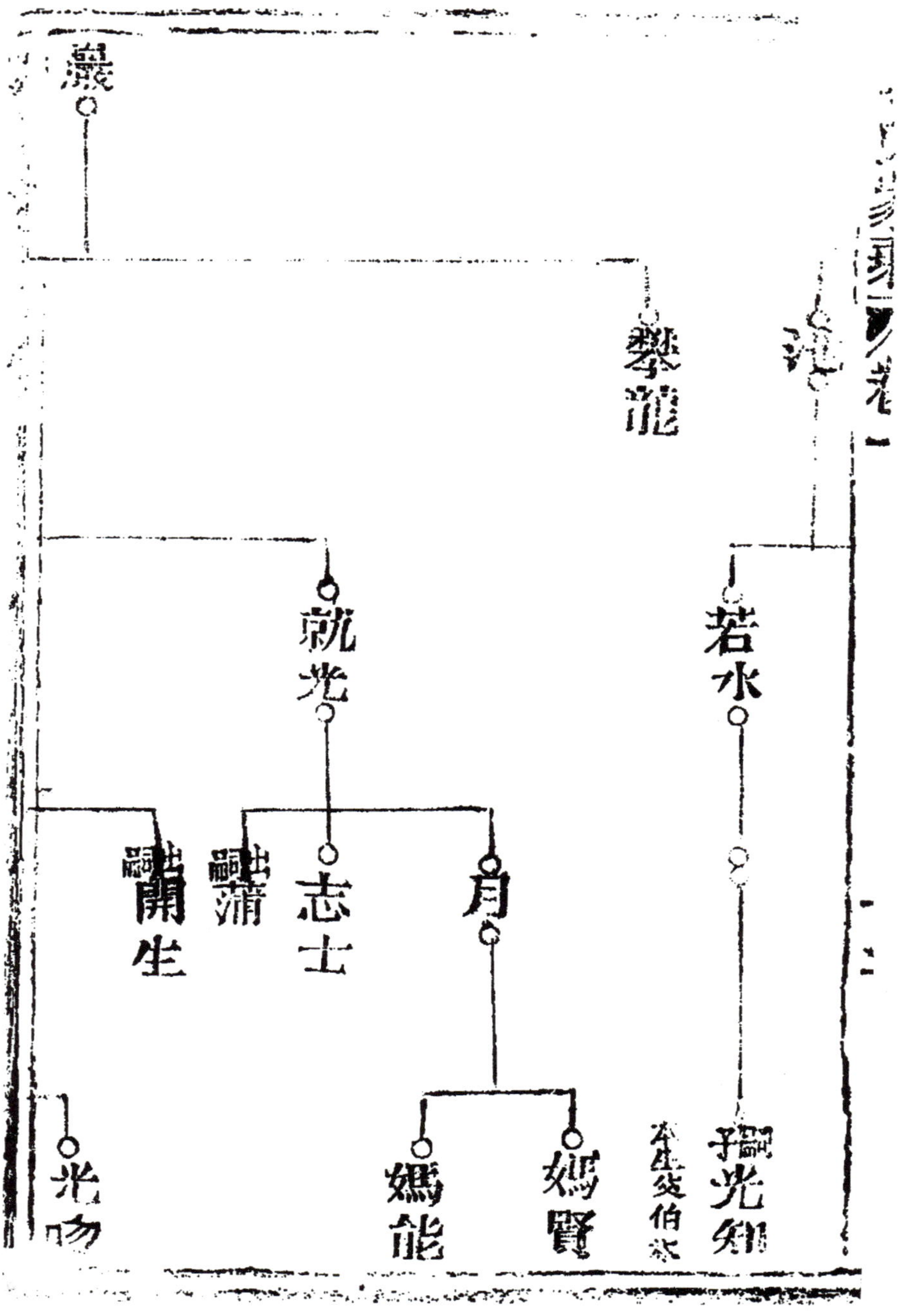
灝
攀龍
若水
就光
出嗣 開生
出嗣 清
志士
月
嫣能
嫣賢
嗣子 光知
光吻

嗣子松公 本生父鵲

尚光

怡顏

扶持

遇生

便光

躘

嗣生 本生父尚

冀掃

眞龍

嗣湔 本生父就

光興

力

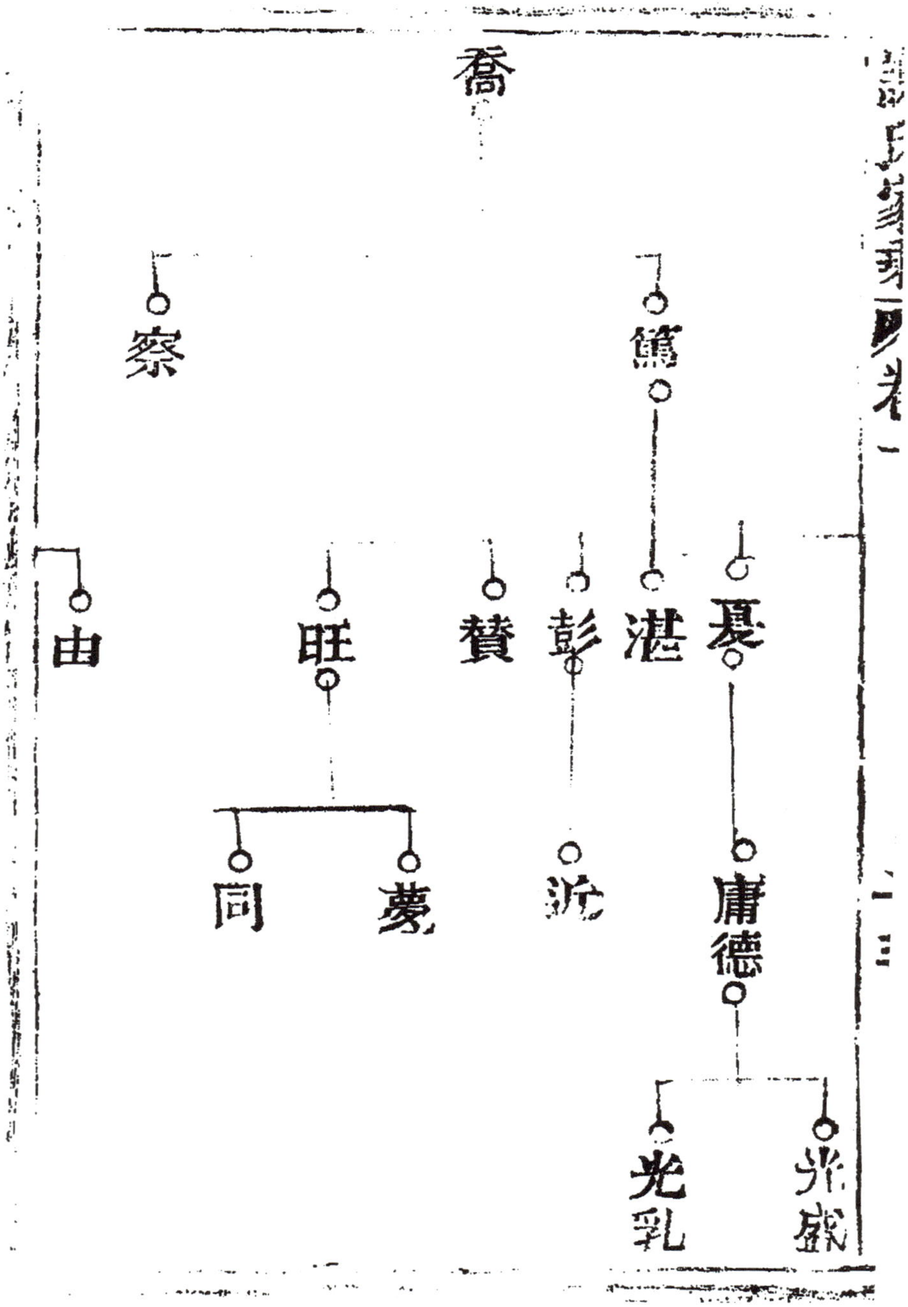

卷一
二三
喬
察
篤
晏
湛
彭
贊
旺
由
庸德
沂
夢
同
光乳

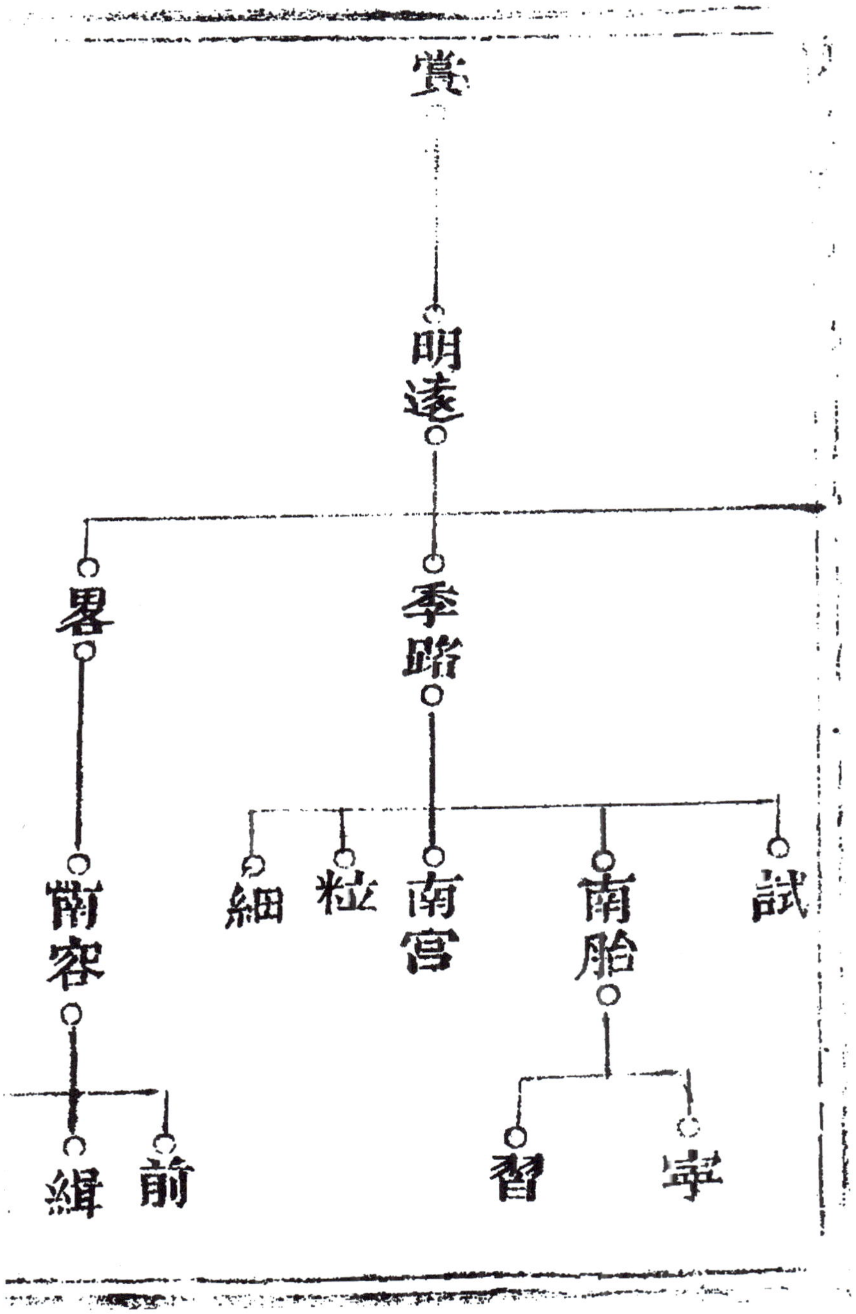
賞
明遠
畧
季路
南容
細
粒
南宮
南胎
試
緝
前
習
孚

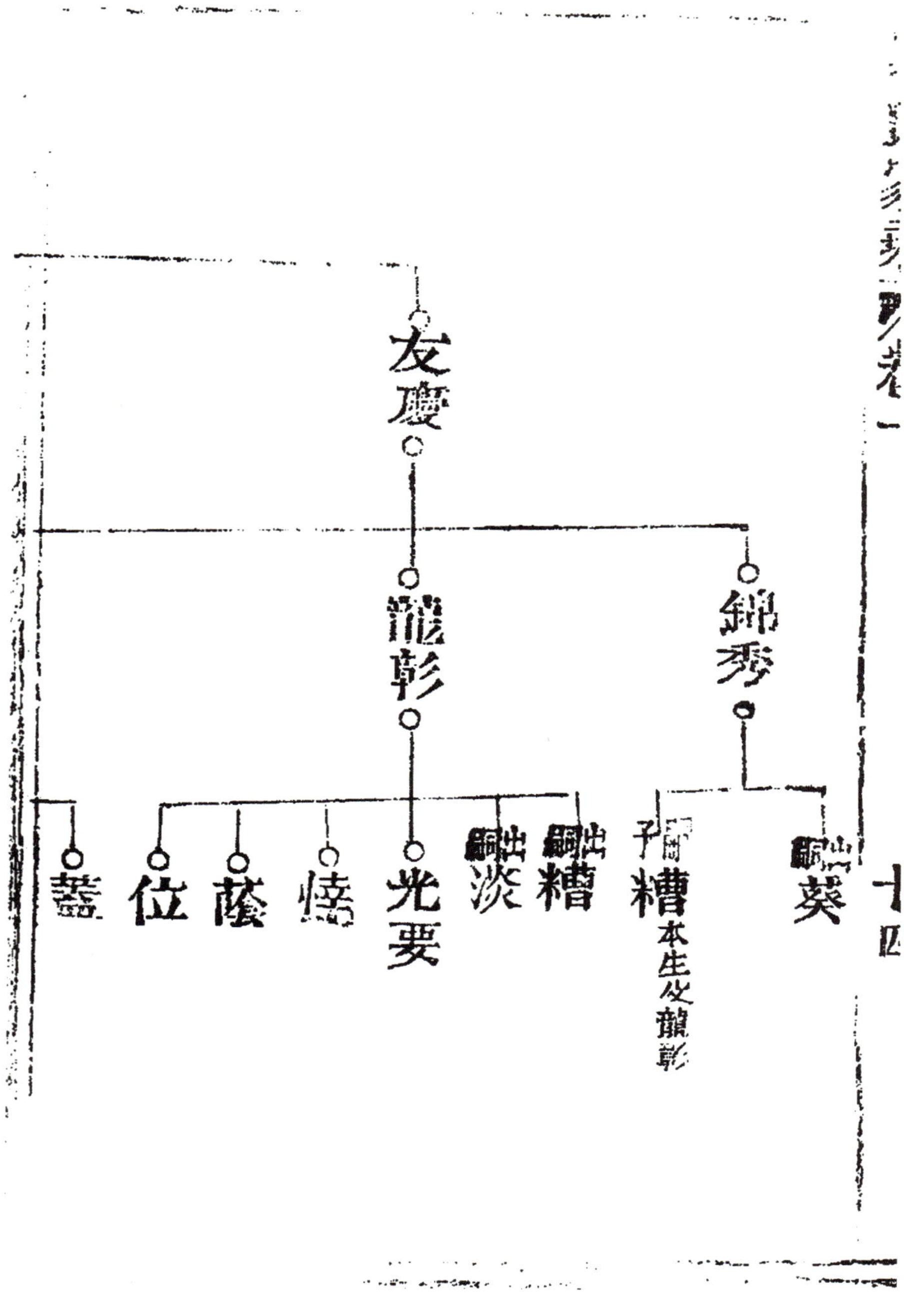
友慶
錦秀
彰
出嗣
葵
嗣子
糟
本生父龍彰
出嗣
糟
出嗣
淡
光要
位

文質

出嗣 株

斗

得三

極

利

出嗣 傑

出嗣 養

出嗣 謀

出嗣 鮮

出嗣 濤淵

嗣 癸 本生父錦秀

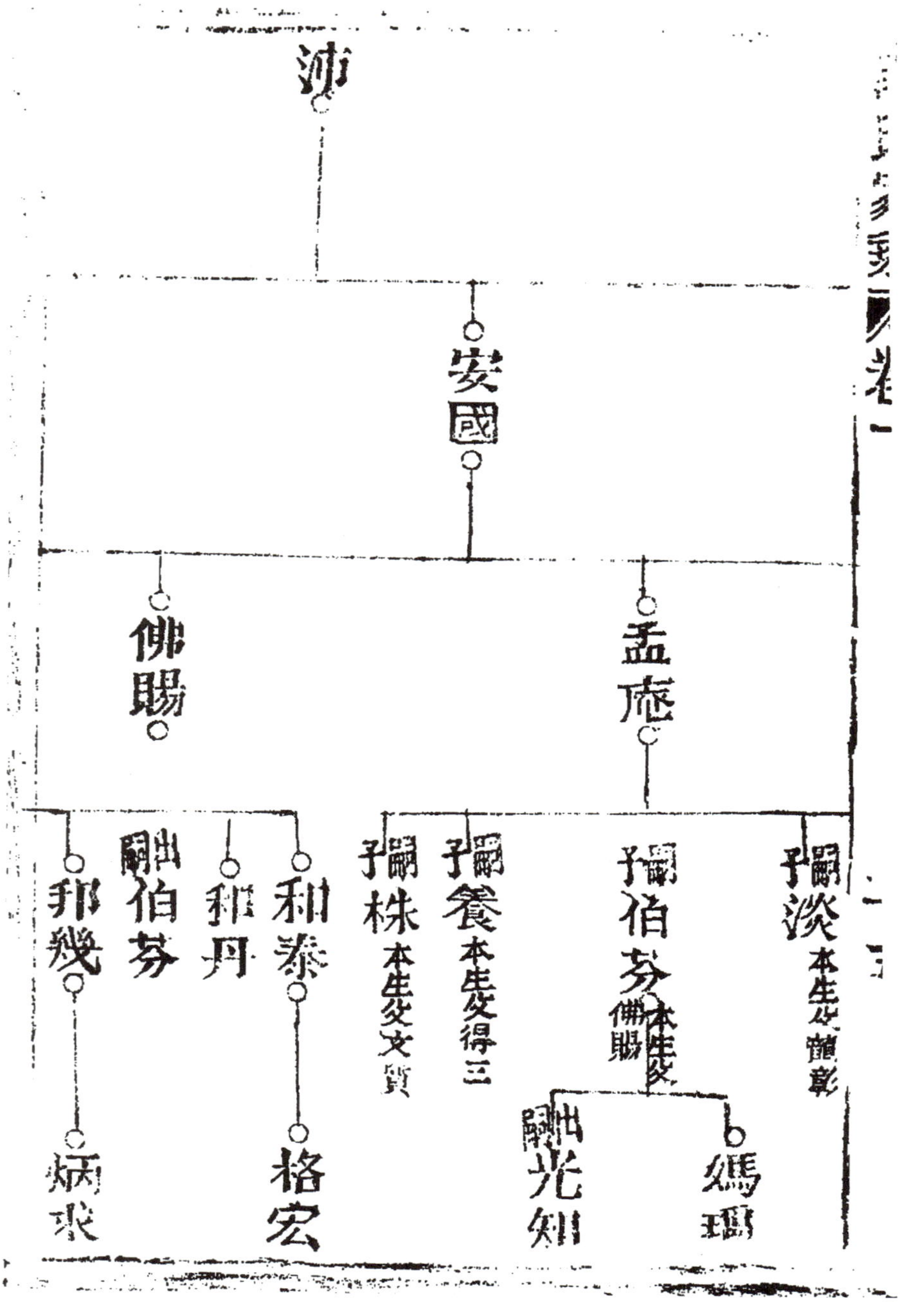
沛
安國
佛賜
孟應
邦幾
出嗣伯芬
邦丹
和泰
嗣子株 本生父文質
嗣子養 本生父得三
嗣子伯芬 本生父佛賜
嗣子淡 本生父龍彰
炳求
格宏
出嗣光炯
嫣瑶

定宇

忠信

繼志

越西

和貴

和祿

潤

嗣子傑 本生父得三

妙

愿

嗣出曉

勇

嗣出開

嗣子標 本生父曉

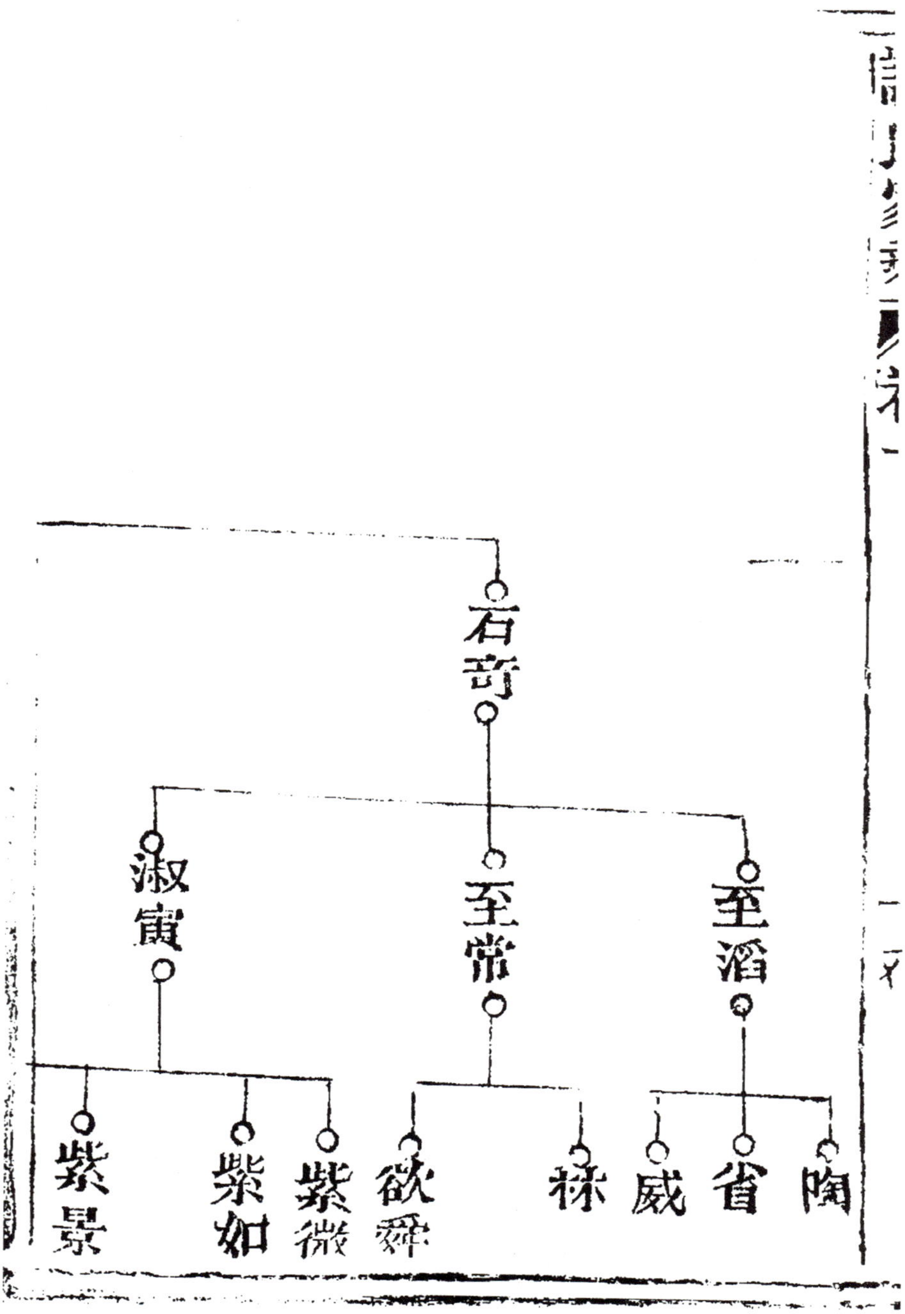
石奇
淑寅
至常
至滔
紫景
紫如
紫微
欲舜
禄
威
省
陶

銳

子嗣定宇　本生父沛

冉溪

光實

和會

委

至可

清南

逢昌

嗣出紫經

廣寧

子嗣公文　本生父思仁

燮公文

更

鴻

里仁

嗣出 子松

公轉

公雅

公寬

怡樣

造端

錦

狗王

昌

嗣子重 本生父光卿

嗣子冬 本生父光卿

嗣出 重

盾

漢東

公卿　公愷　公讙

鼕　盅　鵜　屋　麥

正源

許氏家譜卷一

鍛
強瑞
信
羨
公合
晉
公華
順治
順壹
順腦
義全
順治
光盼

- 天
  - 嗣子 璧軒 本生父位
    - 略固
    - 公白
      - 嗣子 壹 本生父公華
        - 德
        - 習
    - 出繼 公道
- 位
  - 出繼 璧軒
  - 騰飛
  - 江然
    - 嗣子 公道 本生父璧軒
      - 懋
- 瑶
  - 嗣子 強瑞 本生父鍜
    - 莪
      - 烏爵

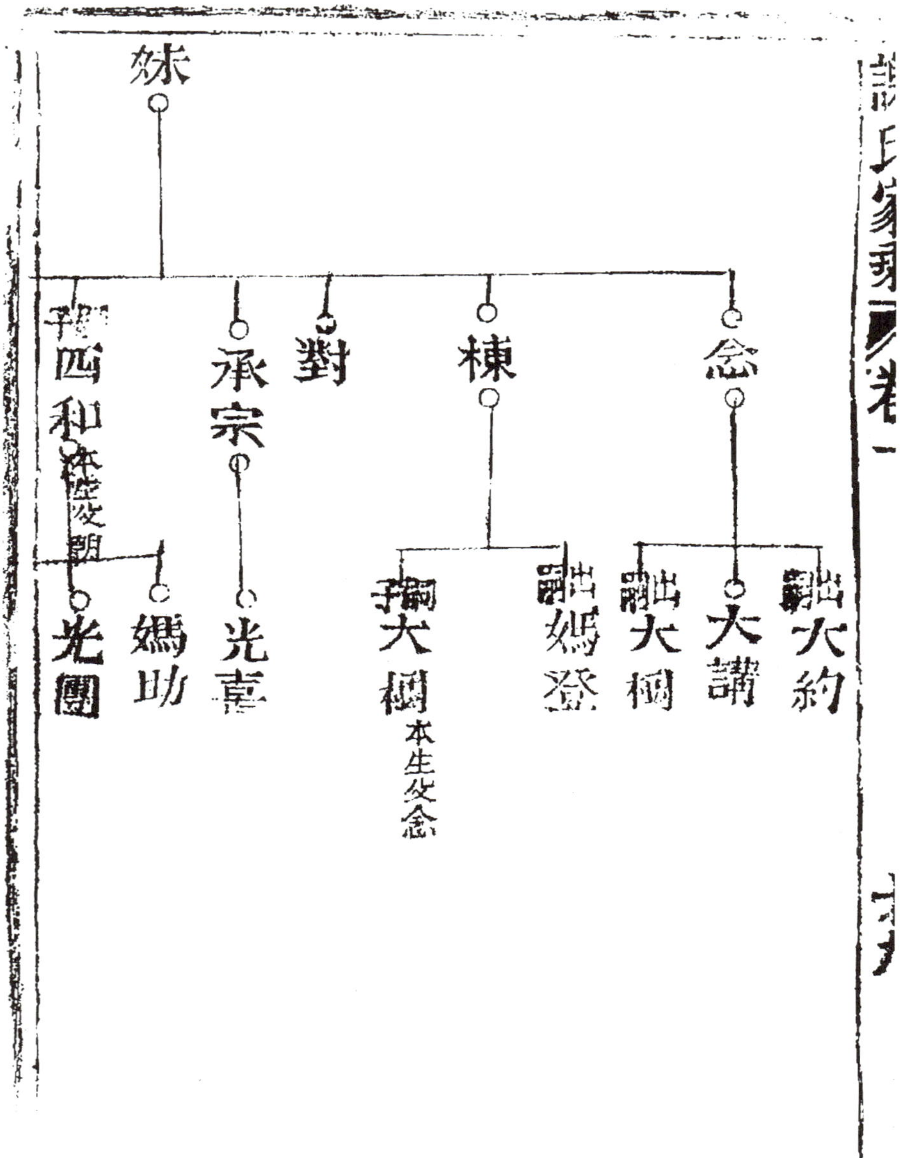
姝
承宗
對
棟
念
嗣子 四和 本生父朗
光團
嫣助
光熹
嗣子 大樹 本生父念
出嗣 嫣登
出嗣 大樹
大講
出嗣 大約

雙

水

嗣嫣登 本生父棟

嫣鐵

嗣大約 本生父僉

隱

厚

五湖

添壽

起

催

裕

彝

結

西海

光沉

戰

宗禧

嵩

江

御

山

繼盛

明

水生

壽

添珠

狀

沙

讓

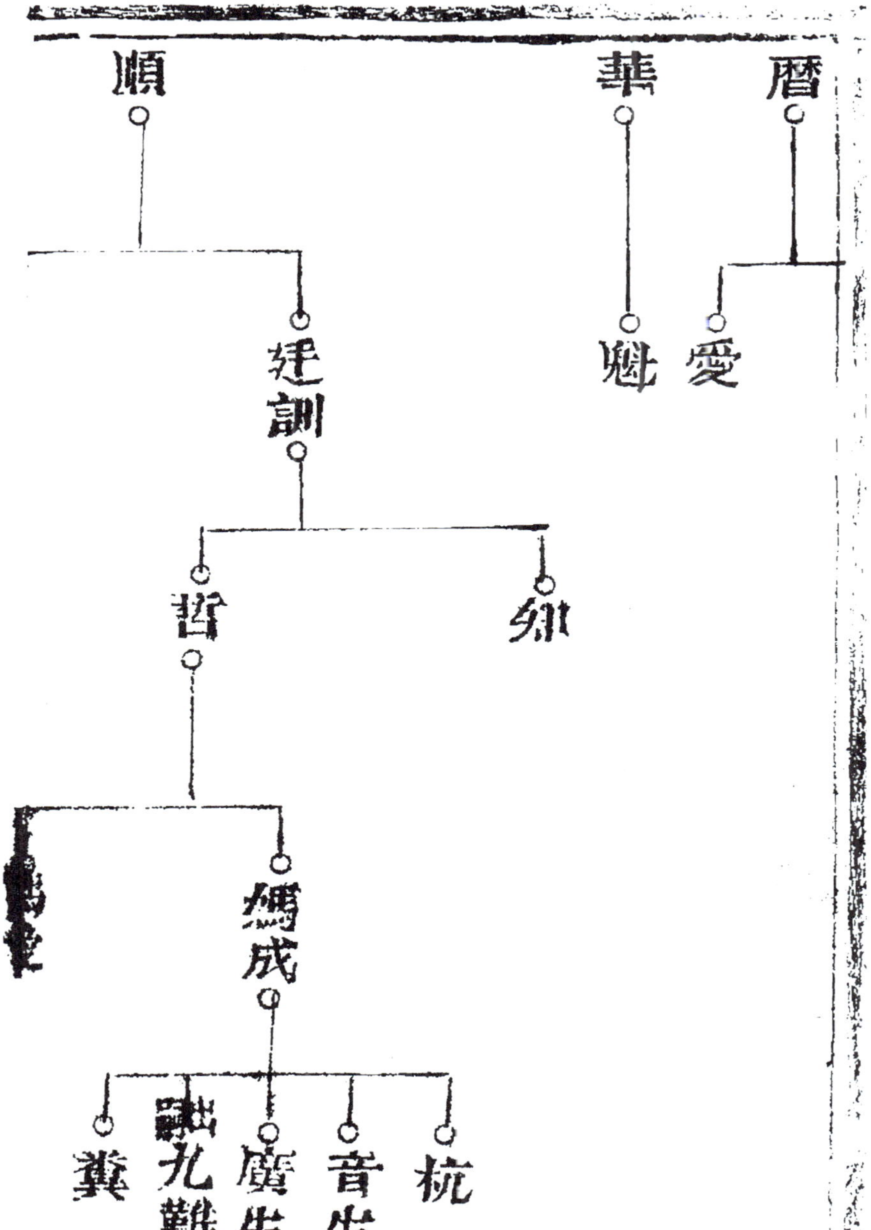
曆
華
順
愛
魁
廷訓
哲
繩成
杭
音生
廣生
融
九難
龔

興
　出嗣 廷詔
　嗣子 廷詔（本生父順）
　　綿盛
　　　簡昌
　　　　嫣

海

嚴
　承宗
　　提
　　水
　　興
　　琛
　　　出嗣 璋
　　　琗
　　　爐

乞 習 樣 眼 智 扶

眼

督

本

嗣子華 本生父琛

田連

來

意

佛助

鵰

嗣子廣富 本生父朝

猛

富 — 倫 — 頗、春

十九世

廿世

廿一世

廿二世

廿三世

光卿（系）

光吻

扶持

媽賢

媽能

龔掃
真諂
光盛
光乳
寧
習
緝
前
服
嫣瓔

炳求

潤

格宏

妙

鳳標

祿。　　　　。嫣建

欲舜

省。　　　　航

陶

威

紫如
紫景
紫微
紫經
委
狗王
正源
正記
光聆
昭固

德

習

夆

讓

廣生

音生

杭

冀

焉園

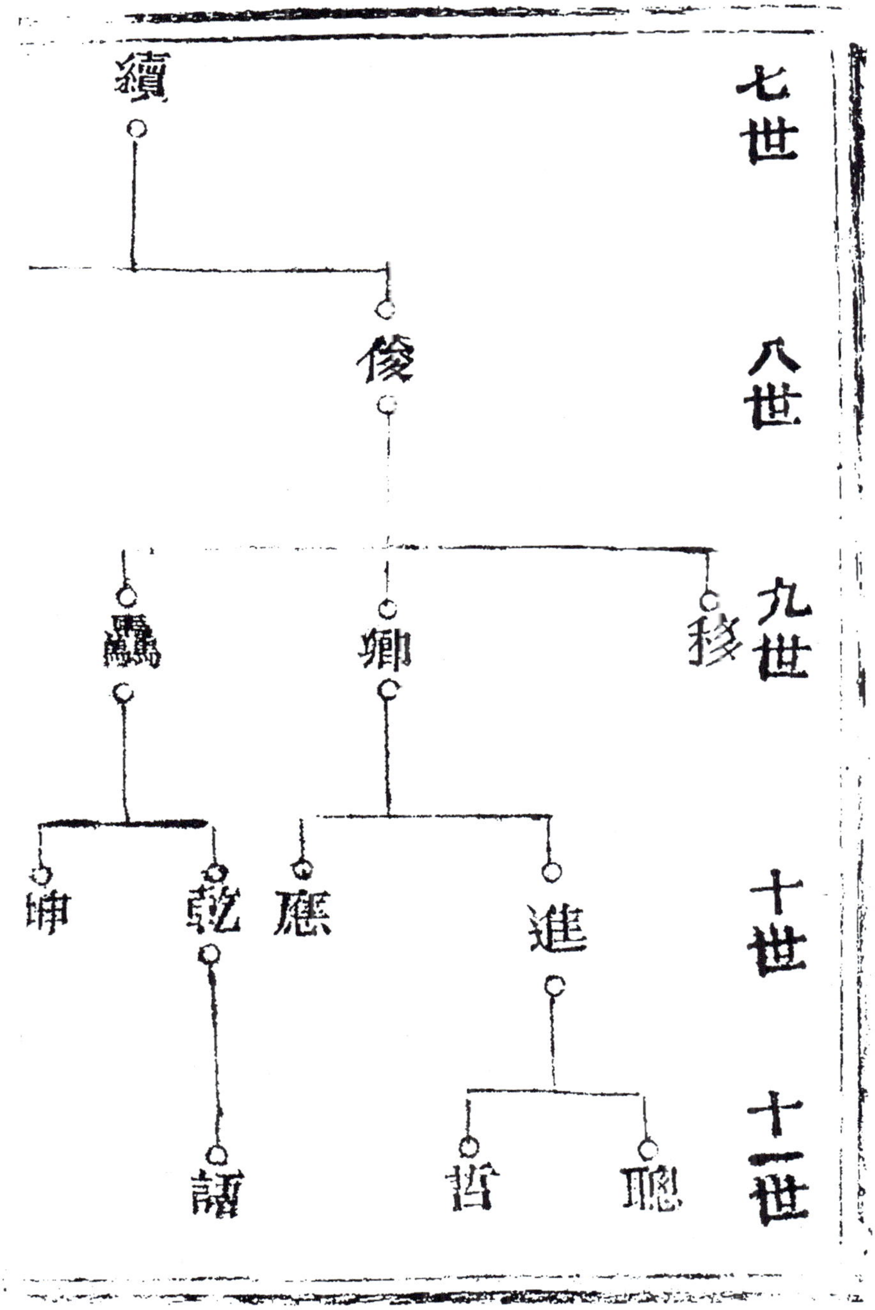
七世
續
八世
俊
九世
移
卿
鸝
十世
進
應
乾
坤
十一世
聰
哲

[illegible]卷一

十一世　聰　重

十二世　二龍　相

十三世　三愛　愛　[illegible]　居灌城南門外柑林村

十四世　澄汶　許　邑庠生復移居浦邑楊村

十五世　成　慶

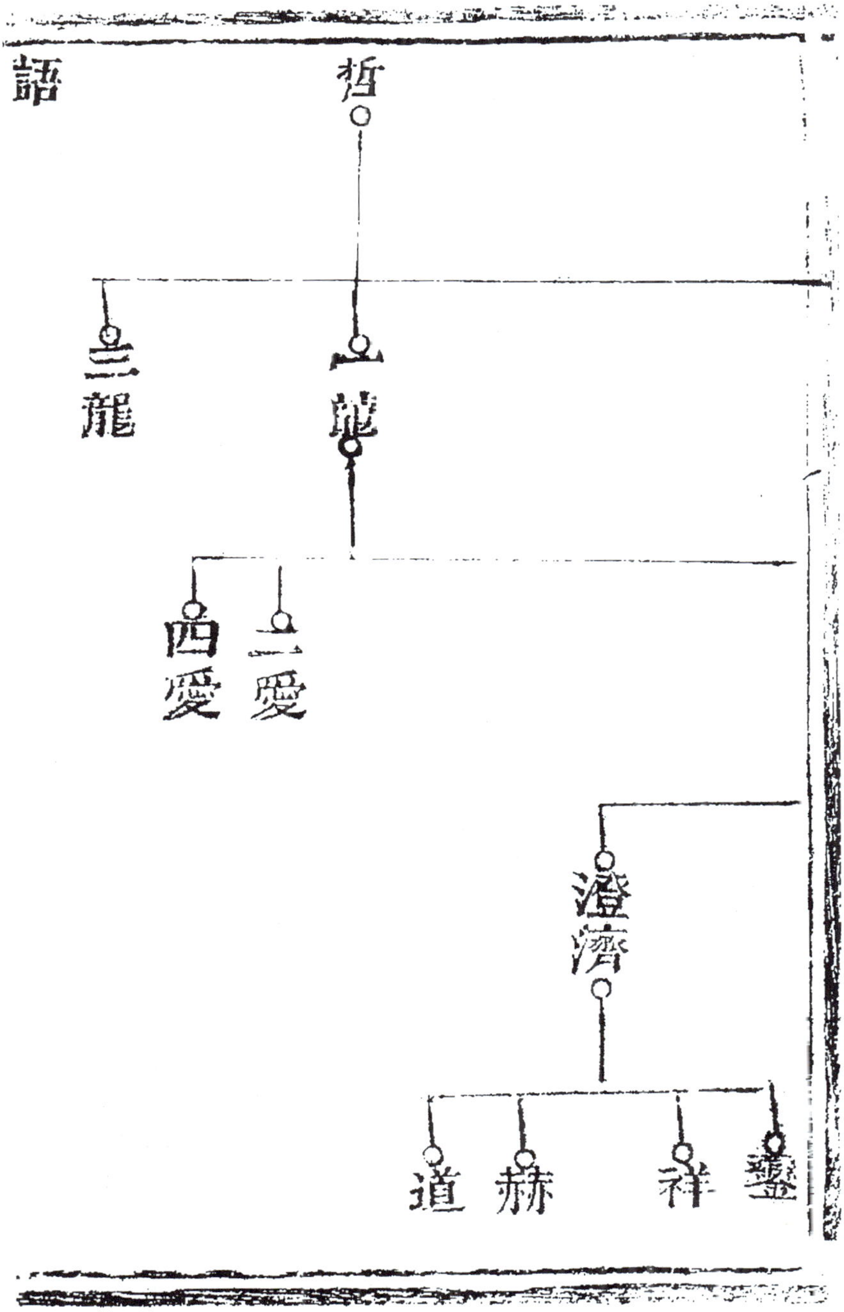
語
哲
三龍
山龍
四愛
三愛
澄濟
道
赫
祥
鏊

奇 邑庠生

臨 以孫天祿例 增文林郎

胤 以子天祿例 增文林郎

應權

必提 乾隆辛卯舉人 本生父天祿

馬麟

顯

天祿公 乾隆丙子 經元壬 成進士

必魁 邑庠生

必提 [illegible]

接恩

蘭生 庠生

利

十五世　慶

十六世　長　新

十七世　聘　爾飄　周

十八世　祈　光彩　祖仰

十九世　本　景福　位　光餋　光石　光榮　光圈　光華

偉烈

豹　博　真　獅

[illegible]聖　崇　鑭聖（本生父博）　光貨

復旦

登棒　登淵　登錐

淑夜

江琛　江㨗　江随　江霞　江六

淼

亮
- 秉翰
  - 光回
  - 光贊
- 登綏
  - 繼江琛 本生父登淵

命
- 東波
  - 玉振
  - 銀
    - 尾
- 嗣出 汝翼
- 繼出 春

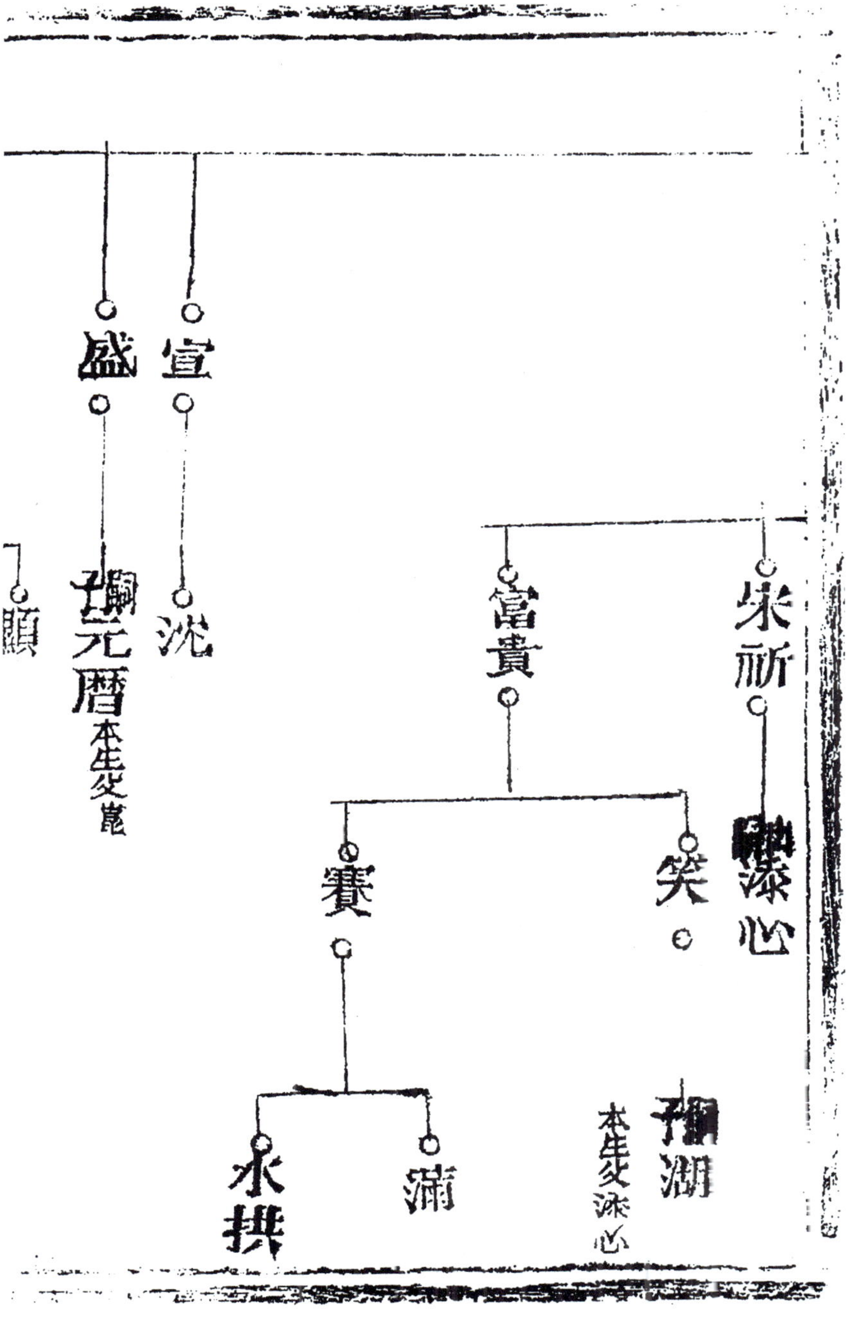

榮沂
嗣漆心
富貴
笑
嗣湖
本生父漆心
賽
瀾
永拱
宣
洸
盛
嗣子元曆
本生父崑
頤

□氏家乘　卷一

成

興
　縱

岂
　元曆（嗣出）
　炳雲
　魯

佐
　荐（嗣子，本生父命）
　　光帶
　　光潭
　　光愠

瀏（嗣出）
灣

祥

叟

嗣子汝翼（本生父命）

嗣子添心（本生父宗祠）

乞　濺　音

赫

禮　詩　諮（無出）

登山

文水

勤水

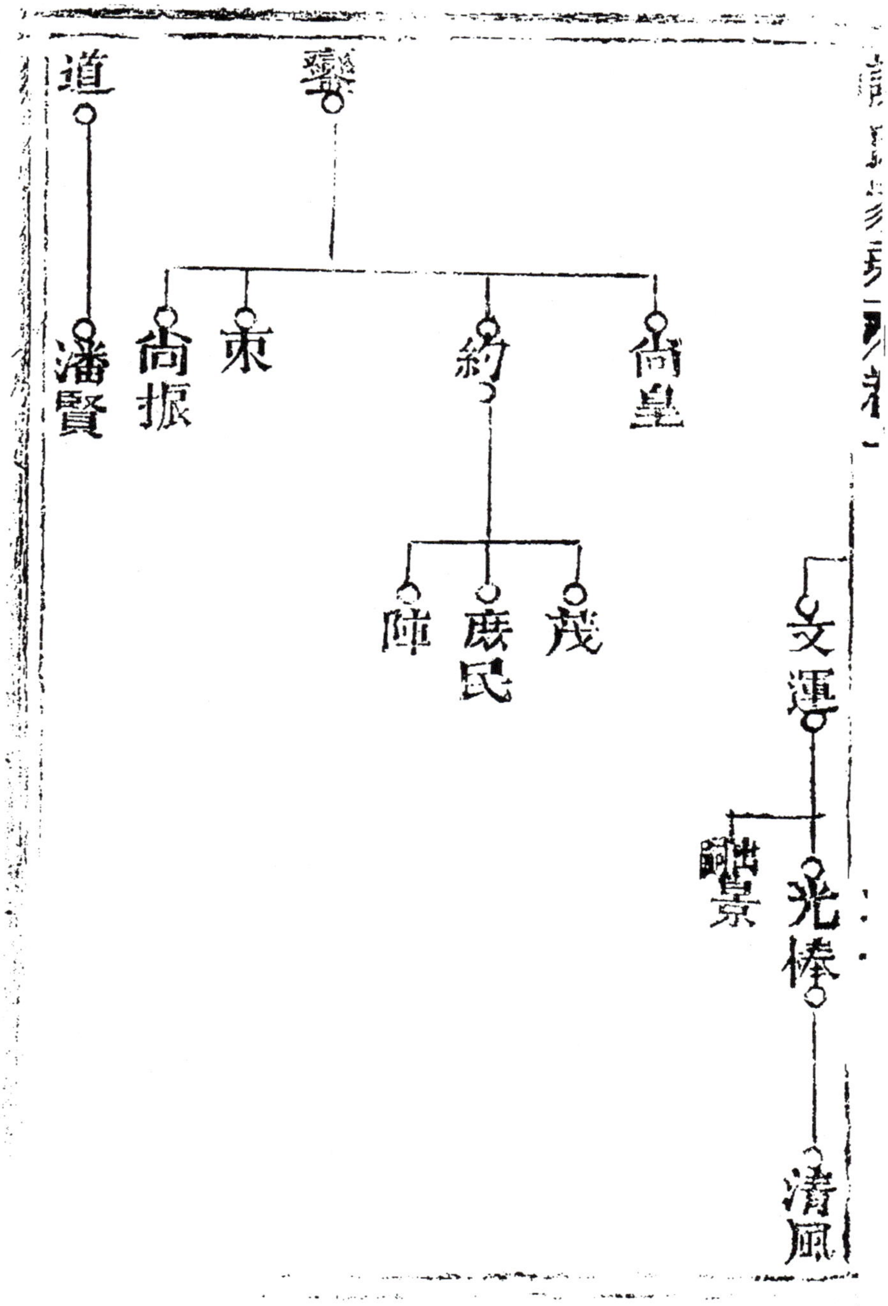
道
潘賢
尚振
束
約
尚皇
陣
庶民
茂
文運
光捧
清風

必魁 邑庠生
- 南岳
- 紹德
- 紹庭
- 淼

顯

必捷 乾隆辛卯舉人
- 兆亨

利

十九世

融飛

廿世

廿一世

廿二世

廿三世

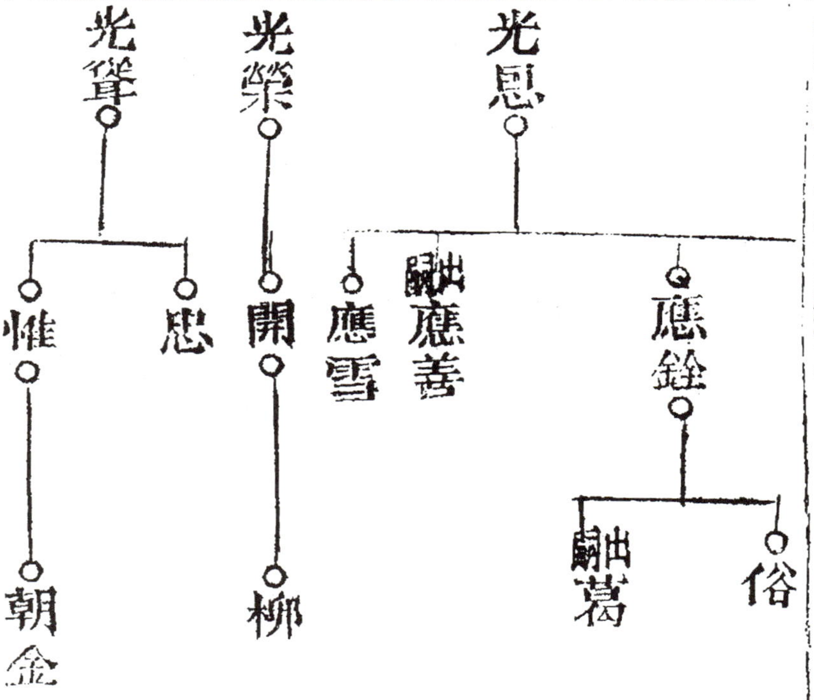
光恩
應銓
俗
出嗣 葛
出嗣 應善
應雪
光榮
開
柳
光聳
忠
惟
朝金

光石 — 嗣子應善（本生父光恩）
應善 — 出繼啟明；啟品

光磚 — 嗣子秃（本生父光恩）
秃 — 嗣子萬（本生父銓）；嗣子啟明（本生父善）

光礦 — 嗣子天賜（本生父貨）

光貨 — 出繼天賜；天機

景福

出嗣嫣榜

出嗣嫣放

嫣學

嫣比

本

嗣子嫣榜 本生父景福

位

嗣子嫣放 本生父景福

聖

祟

江随

江捷 — 嫣會

江霞 — 嗣韭萊 本生父江琛

江六

淼

八 — 添梓

淑夜

江琛 — 出嗣韭萊

尾

湖

湳

許氏家乘　卷一

水拱乞灝澚音清風

七世

八世

九世　環　菽

十世　祿　錫

十一世　可

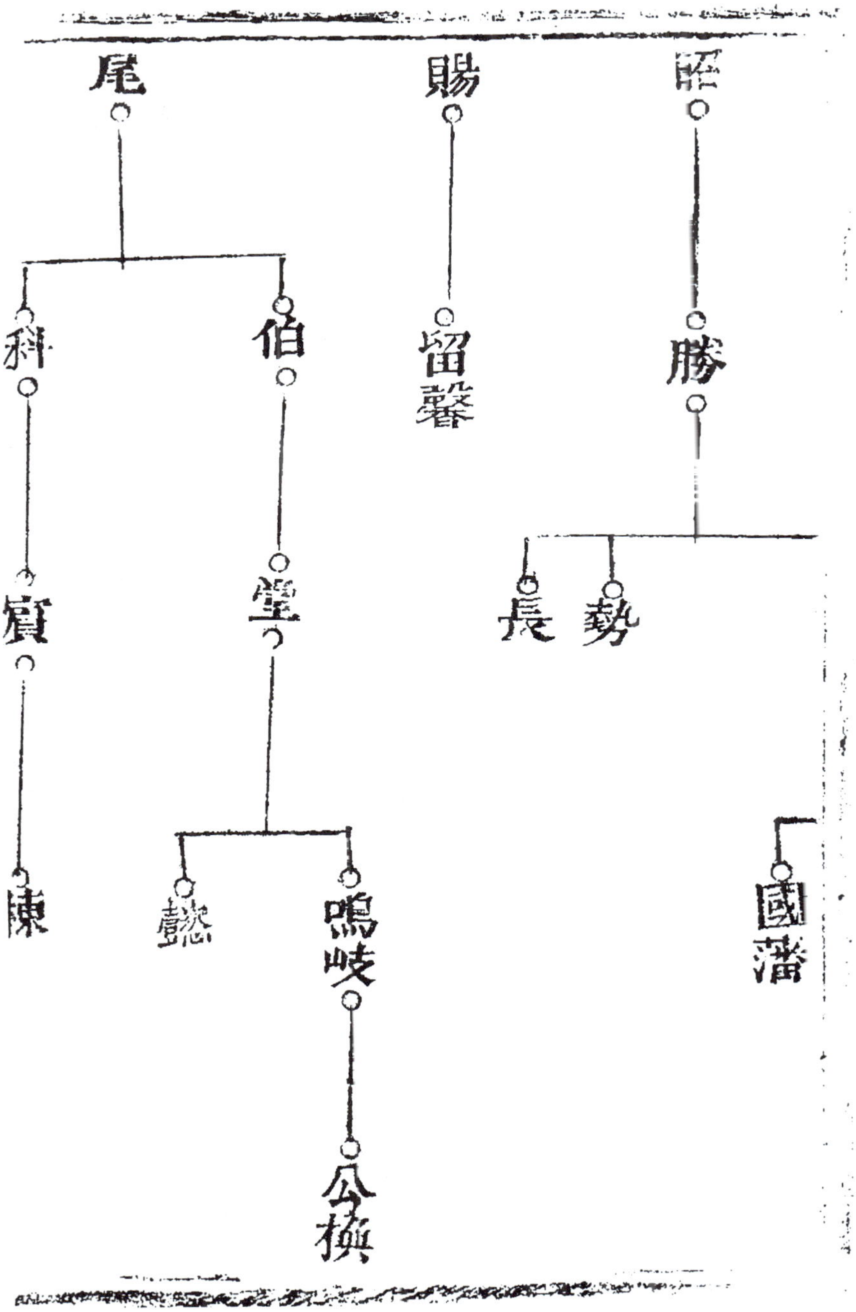
尾
賜
昭
科
伯
留馨
勝
賓
堂
長
勢
陳
懿
鳴岐
公換
國藩

七世　歷崇

再興

八世

元

九世

犀　皎　國　爵

十世

天寵　天順　天從

十一世

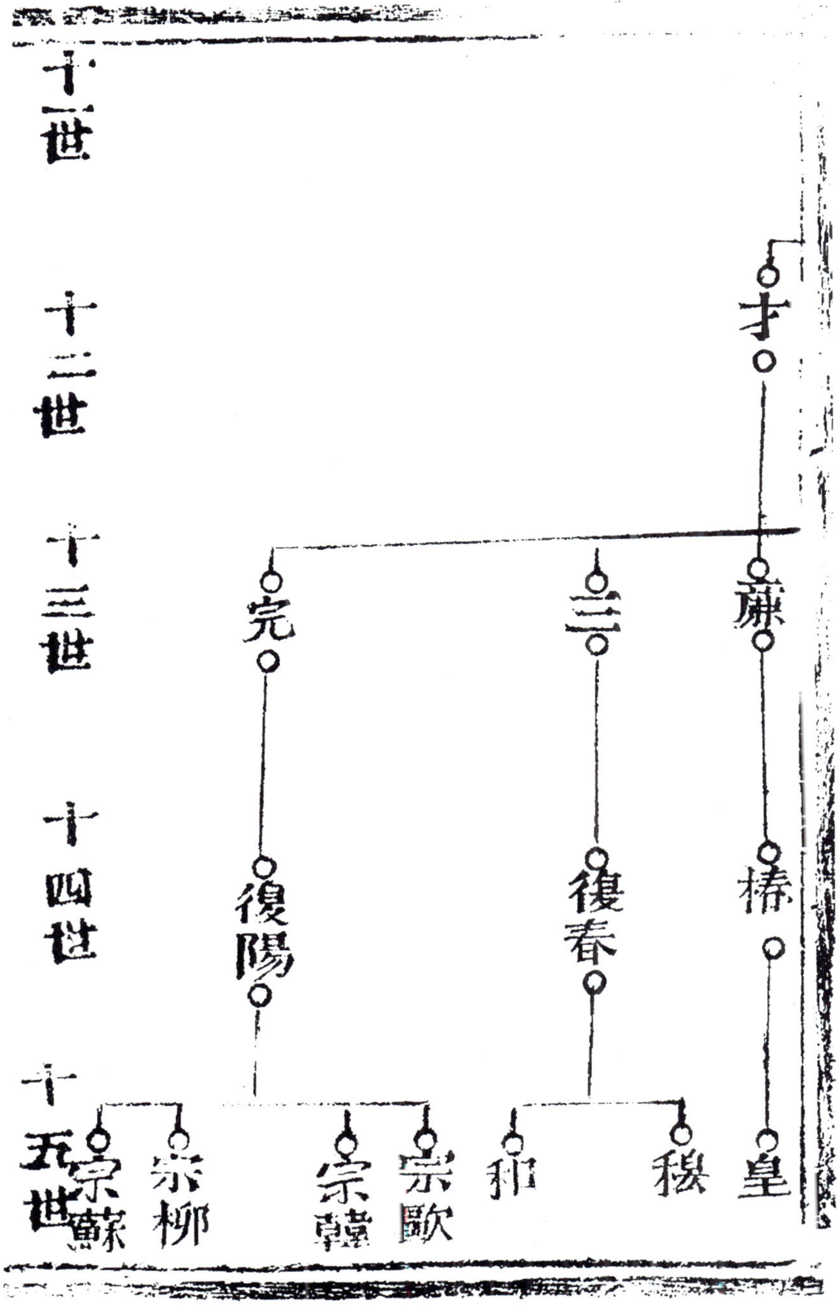
十一世
十二世
十三世
十四世
十五世
才
廉
三
完
椿
復春
復陽
皇
穆
和
宗歐
宗韓
宗柳
宗蘇

可
公換

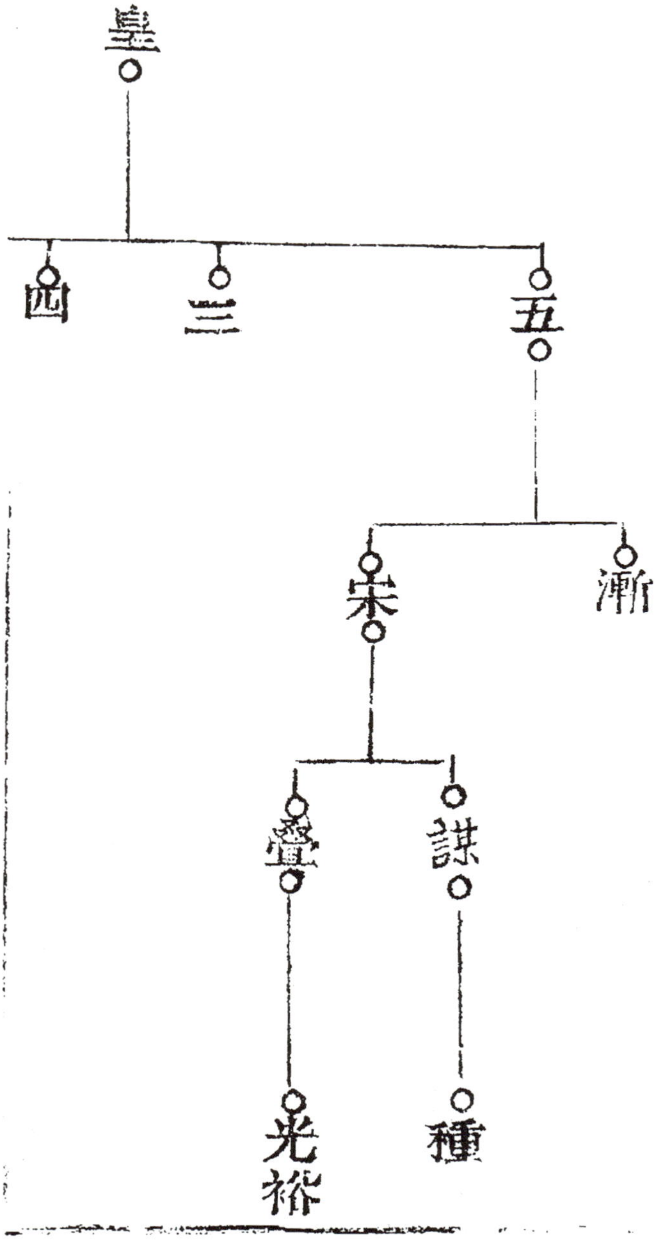

許氏家譜　卷一　五十五

結

穆

維紹

胤昌

利

維先

豫治

維贊

宗韓

聖壽

愷

正瑞

捷

倦

鳳

宗柳

聖妙

宗歌

聖亨

宗蘇

聖全

種

光裕

窮

十九世　鳳

二十世　華元

廿一世　高山

廿二世　灶　明　兎

廿三世　水雲（明子）

水雲

七世　勝興

八世　喬松　喬頂

九世　乾按（喬松子）

十世

十一世

謝氏肇基澄邑世系圖

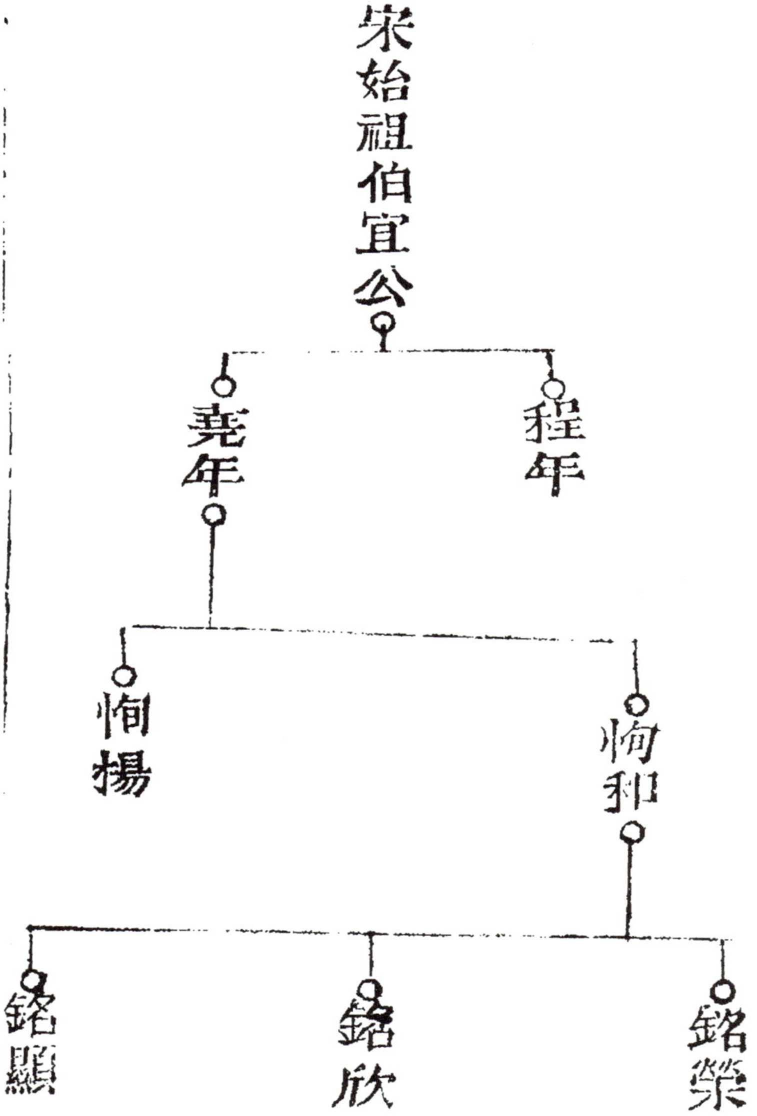

謝氏肇基石塘世系總圖

始祖東山公

道明公

任公　睦公　孝公　友公　婣公　恤公

[illegible][illegible]家譜　卷一

道舉公

富公　榮公　華公　貴公

友公第二房分派世系圖

- 三世：友公
- 四世：添定
- 五世：成德
- 六世：胡高、胡大
- 七世：
  - 胡高：安靜、安和、安琦、安傳
  - 胡大：安續

七世　安利

八世　元嗣

九世　國章　國清

十世　欽舜　欽宗　欽文

十一世　世儁　世富　世逸　世旺　世脩　世貴

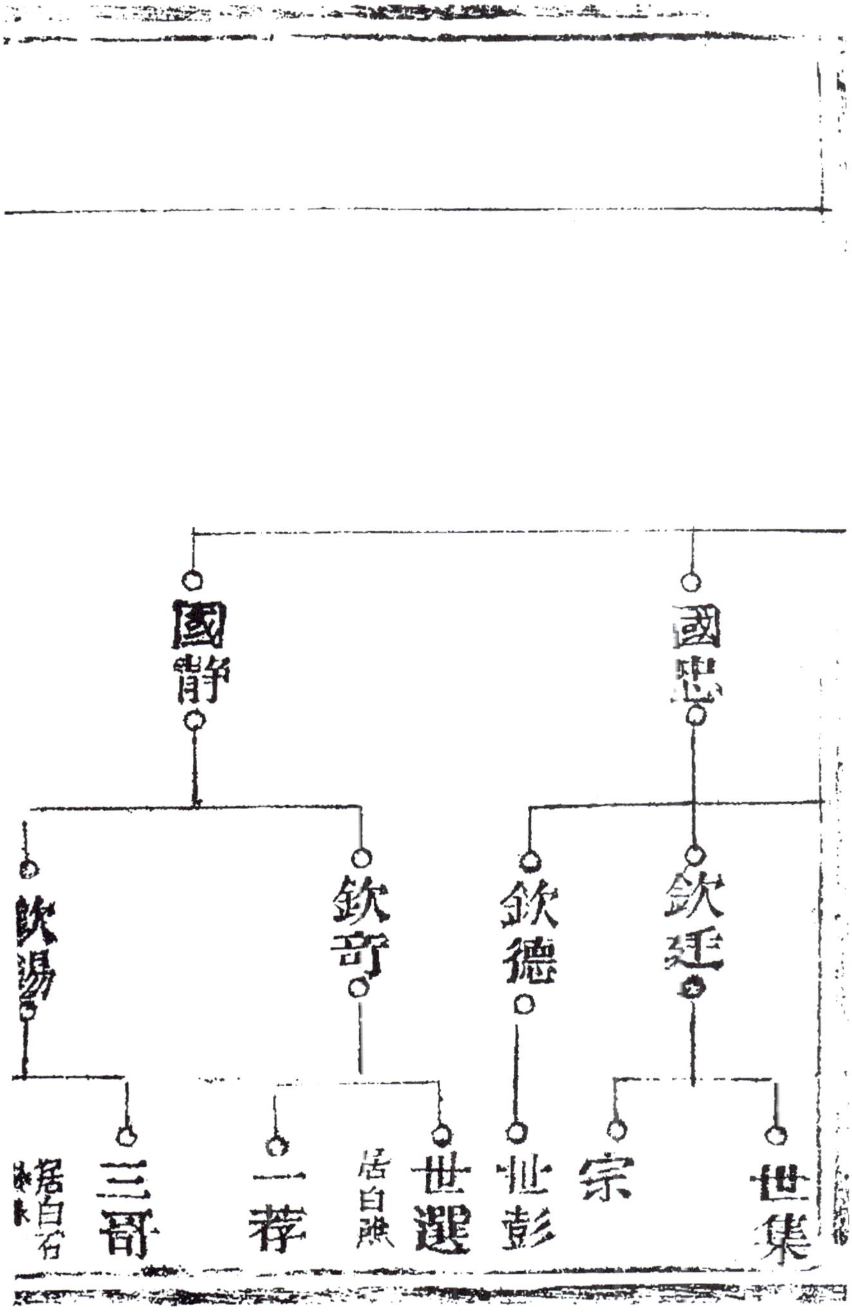
國忠
國靜
欽廷
欽德
欽奇
欽湯
世集
宗
世彭
世選
居白礁
一荐
三哥
居白石

炎琦

四

國謨

欽弘

世和

一忠

世祥

欽晟

世禎仒　以曾孫吉諧贈榮祿大夫

世慜

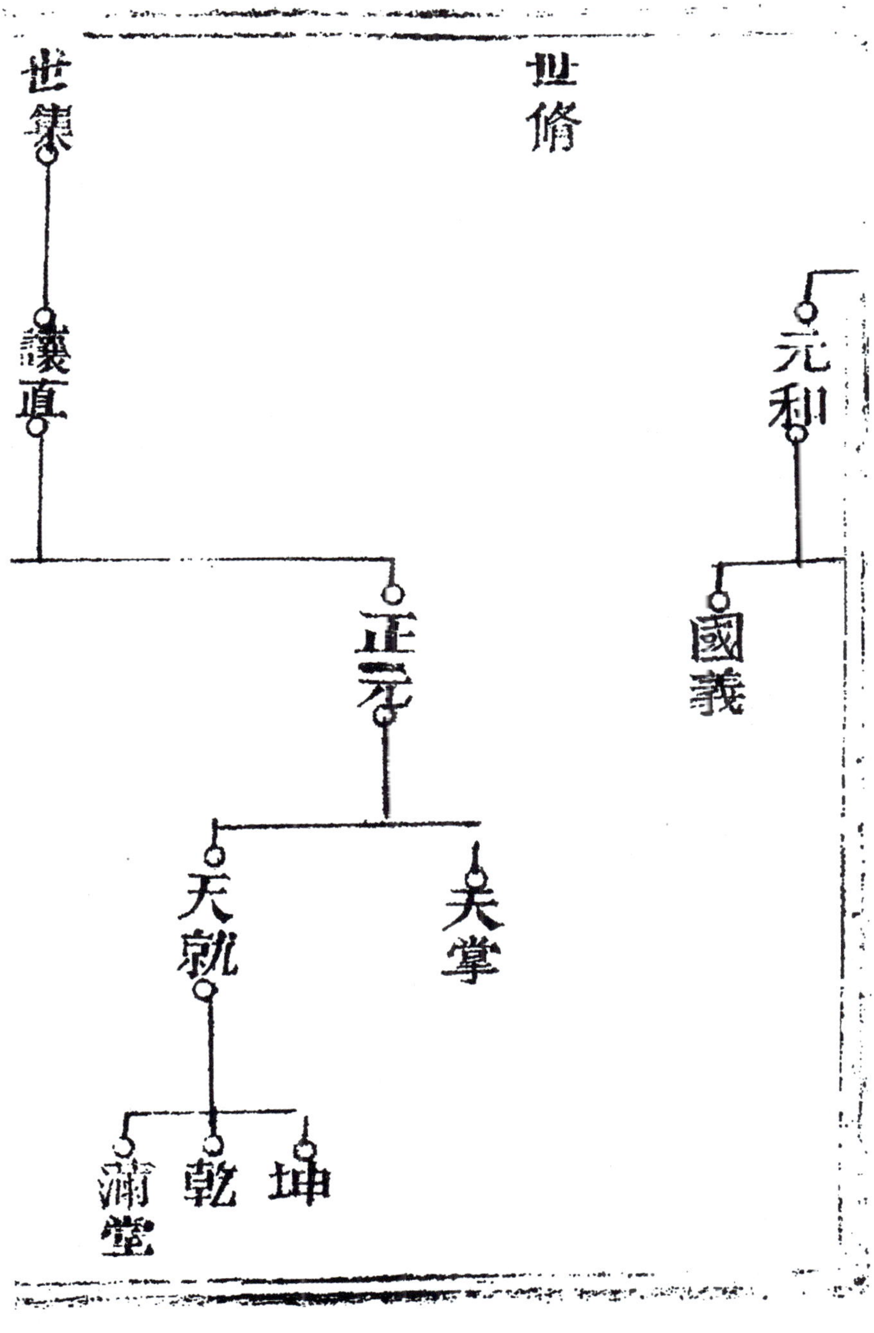
世偹
世隸
讓直
正孝
天就
天掌
渝堂
乾
坤
元利
國義

[illegible]家[illegible]卷一

正朗

天性

天龍

禛

賜

祿

宗

世賣

讓信

讓明

世彭

讓齊

喜

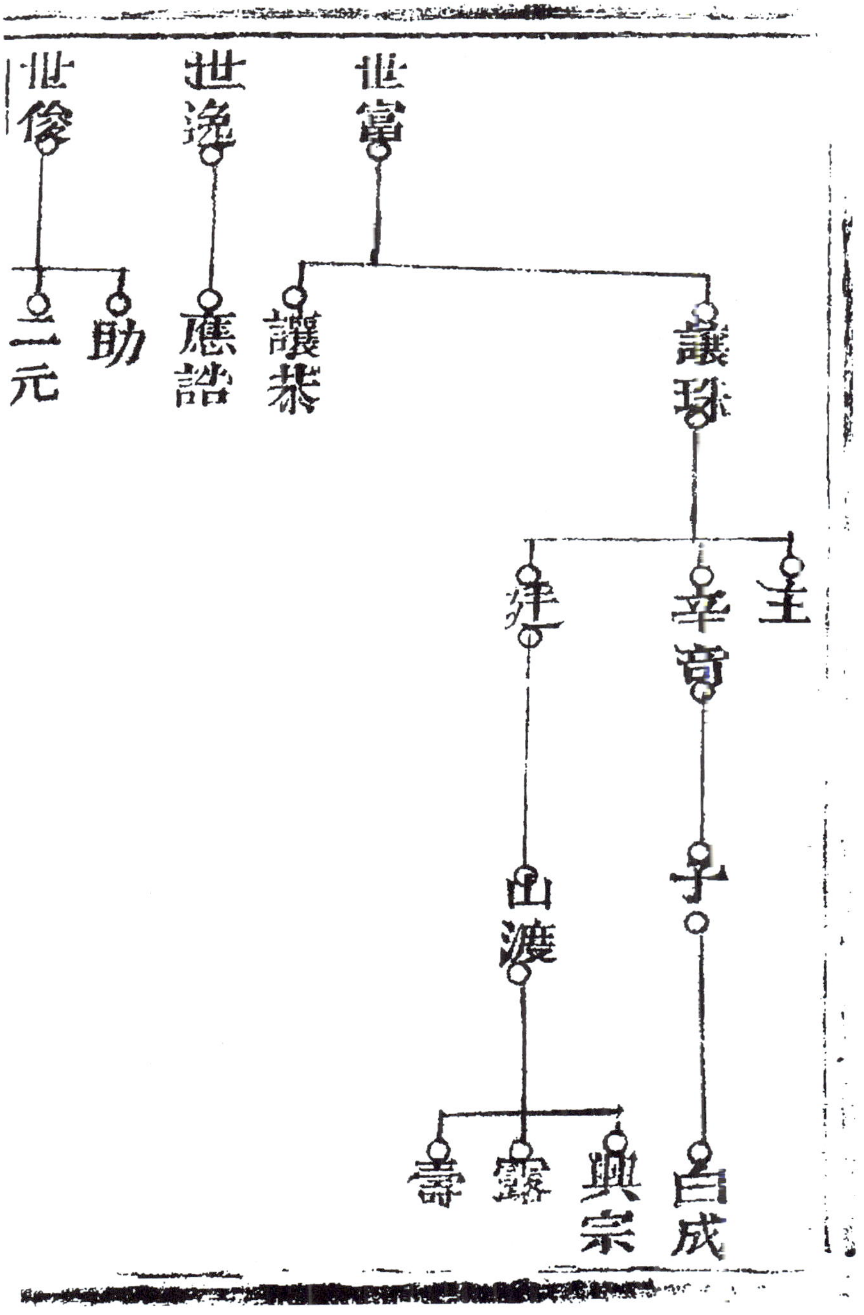
世像
世逸
世富
三元
助
應諧
讓恭
讓球
主
子
山渡
自成
壽
露
興宗

世旺 — 尊 — 蔭 — 轉 — 勤

　尾

世選

一荐

三哥

四

一忠

世和 — 成、讓進、愛

世祥

育

尾

議章公　以子吉詒贈榮祿大夫

吉　授維陽右都督

懿

周　太斈生

瞰　斈生

繼芳

繼華

繼茂

世禎公以孫諱吉贈榮祿大夫

讓朝

長

天艮

讓珠

讓恩

興

二興

揔兵授榮祿大夫

田 太學生

繼業

繼菖

明 太學生

嗣繼業 本生父田

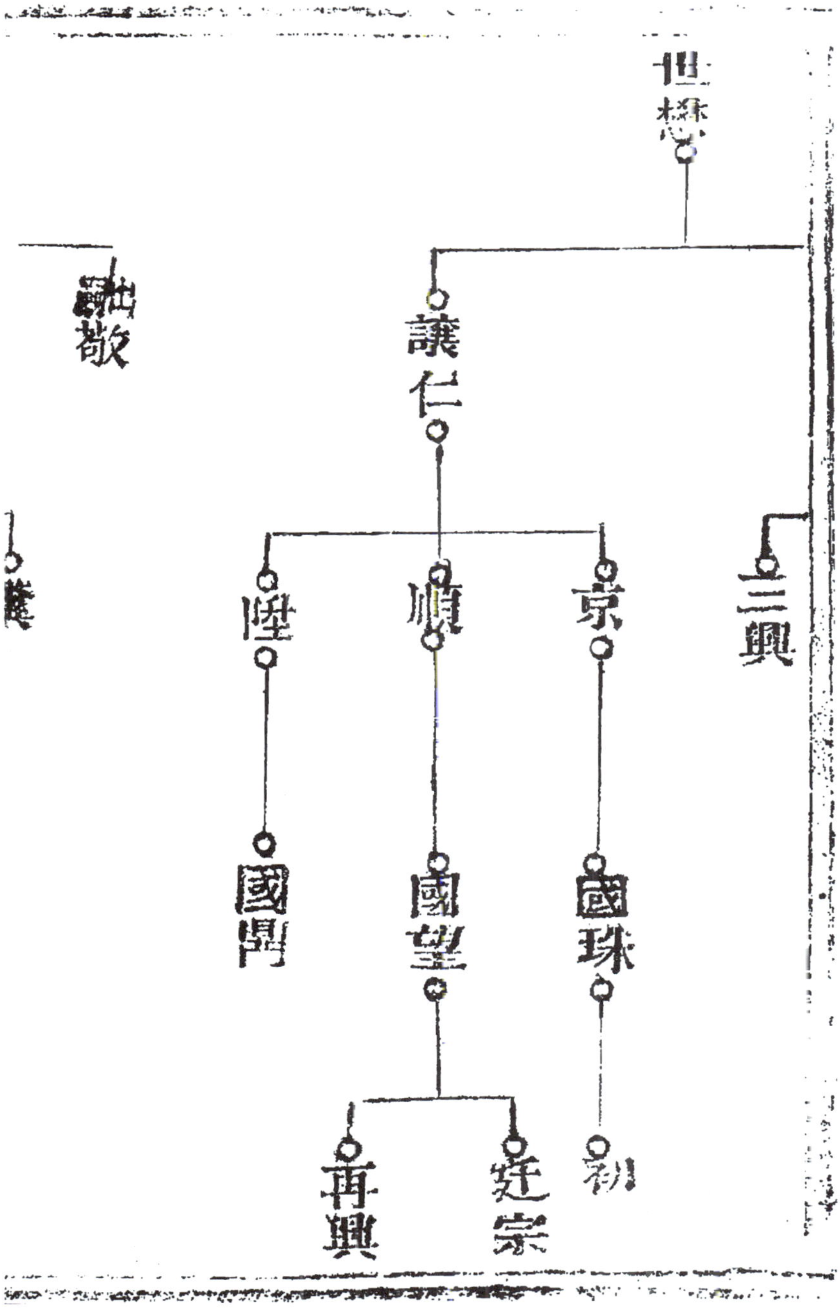
讓仁
三興
陞
順
京
國閏
國望
國珠
再興
廷宗

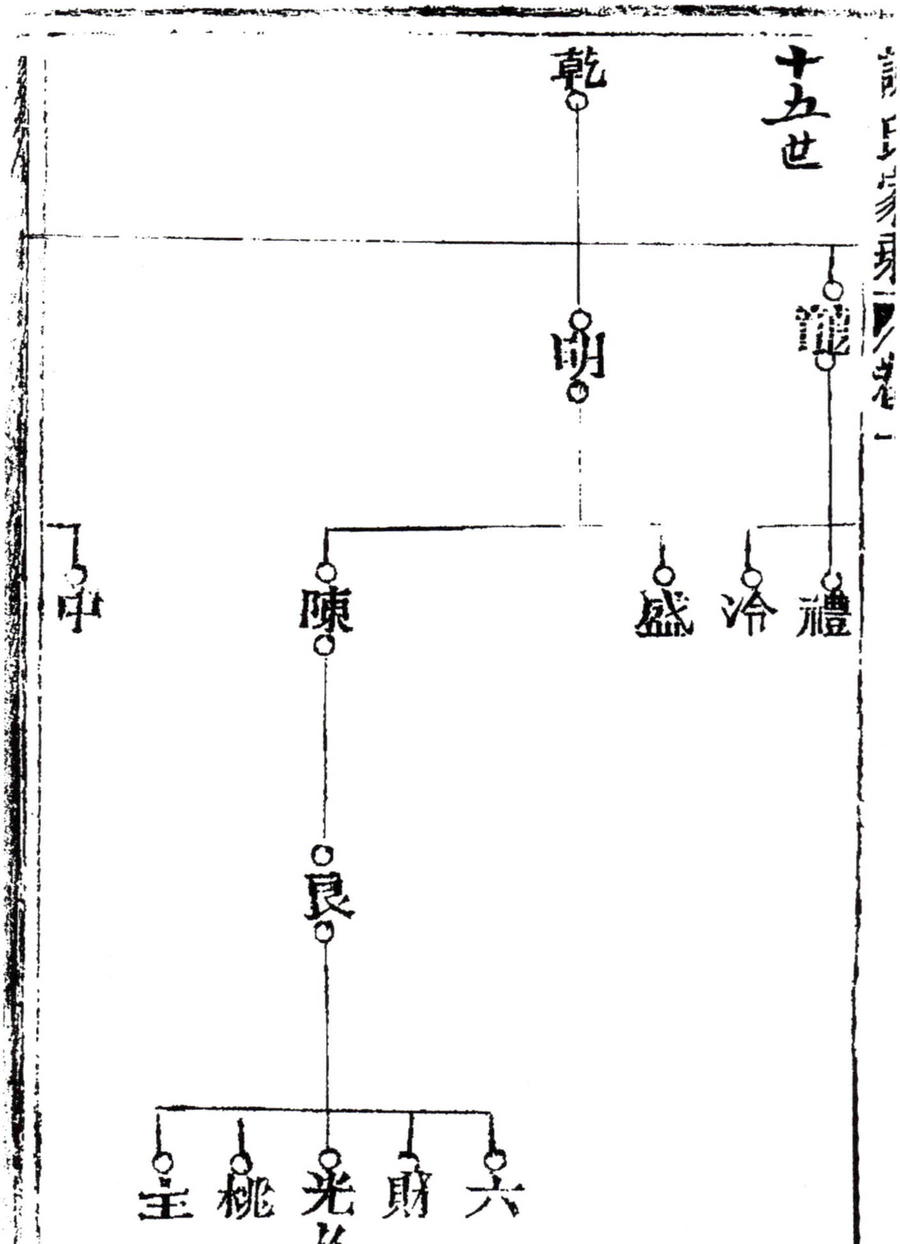
謝氏家乘　卷一
十五世
乾
明
禮
陳
盛
泠
禮
中
良
圭
桃
光
化
財
六

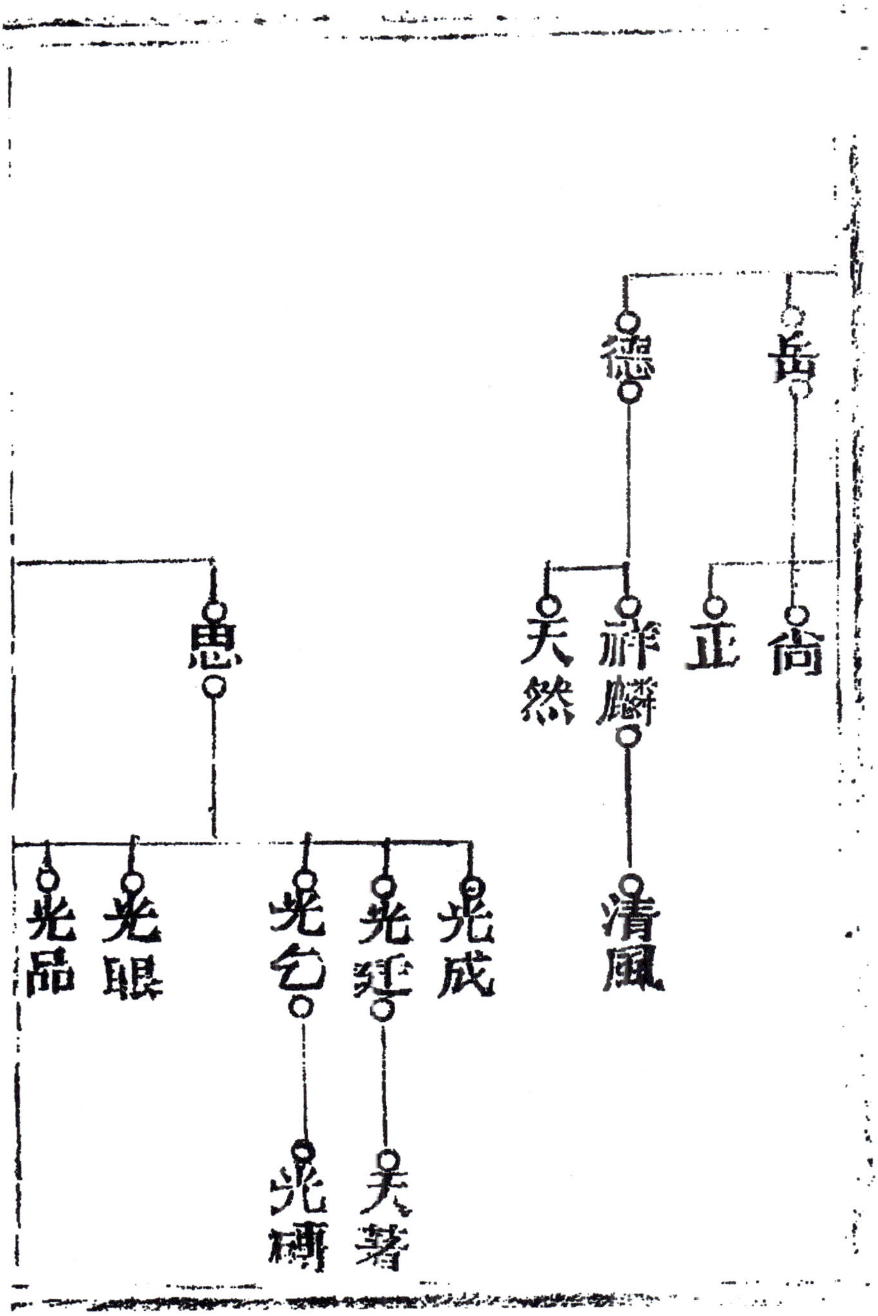
岳
尚
正
德
祥麟
天然
清風
思
光成
光廷
光包
光眼
光品
天著
光樽

譜[illegible]參房卷一

坤

國綏
本生父乾

志

光吉

光受　光亮　光管　光毅　光遠　貪

篆　提　官　獵　三坪

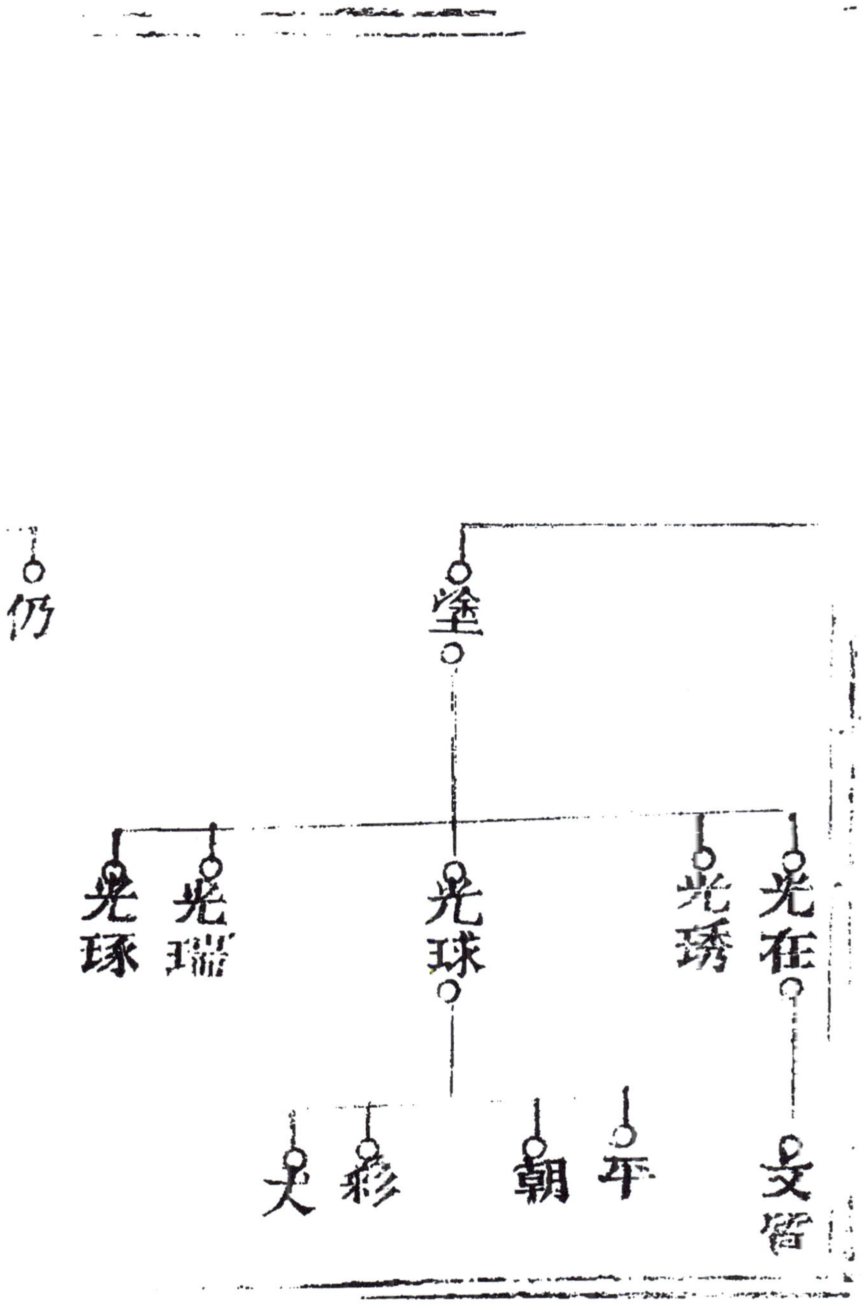
仍
塗
光在
光琇
光球
光瑞
光琢
文留
平
朝
彩
大

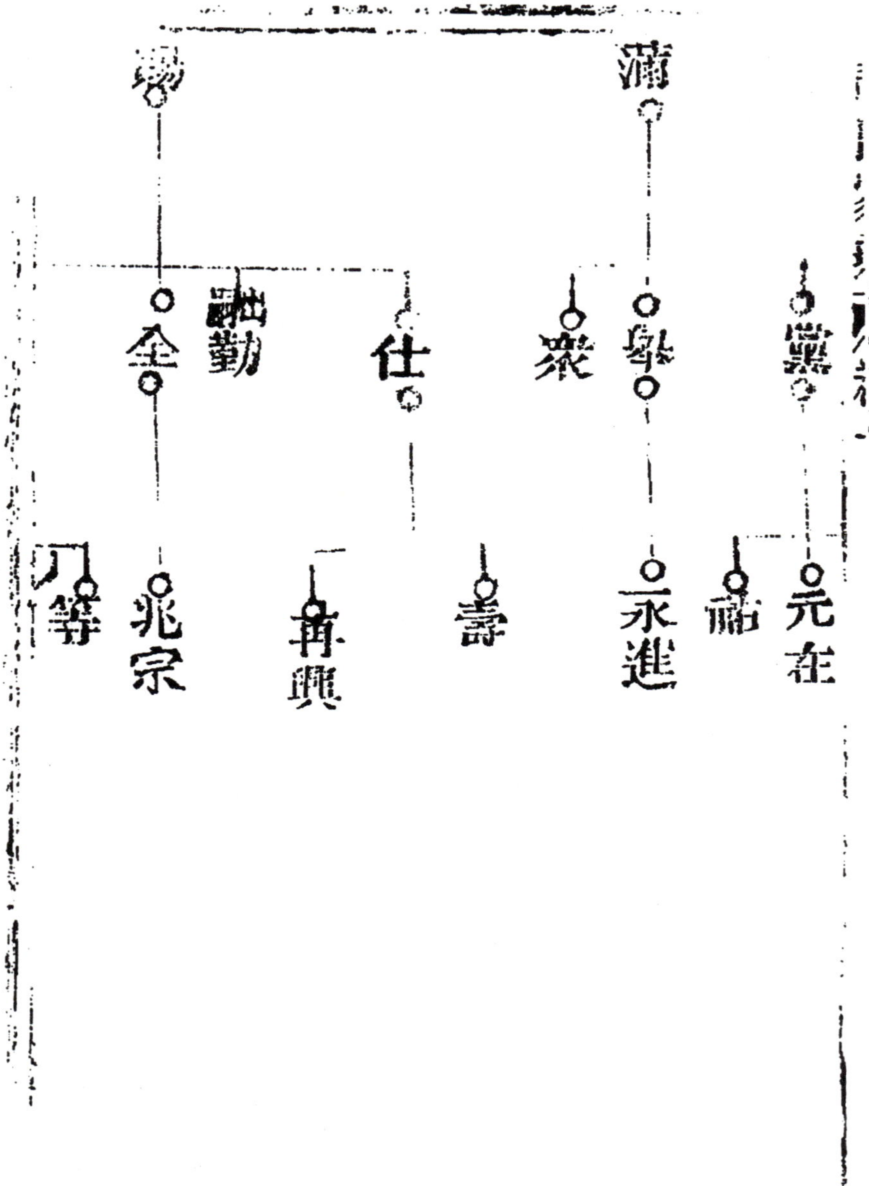
學
仕
勤
全
元在
福
永進
壽
再興
兆宗
等

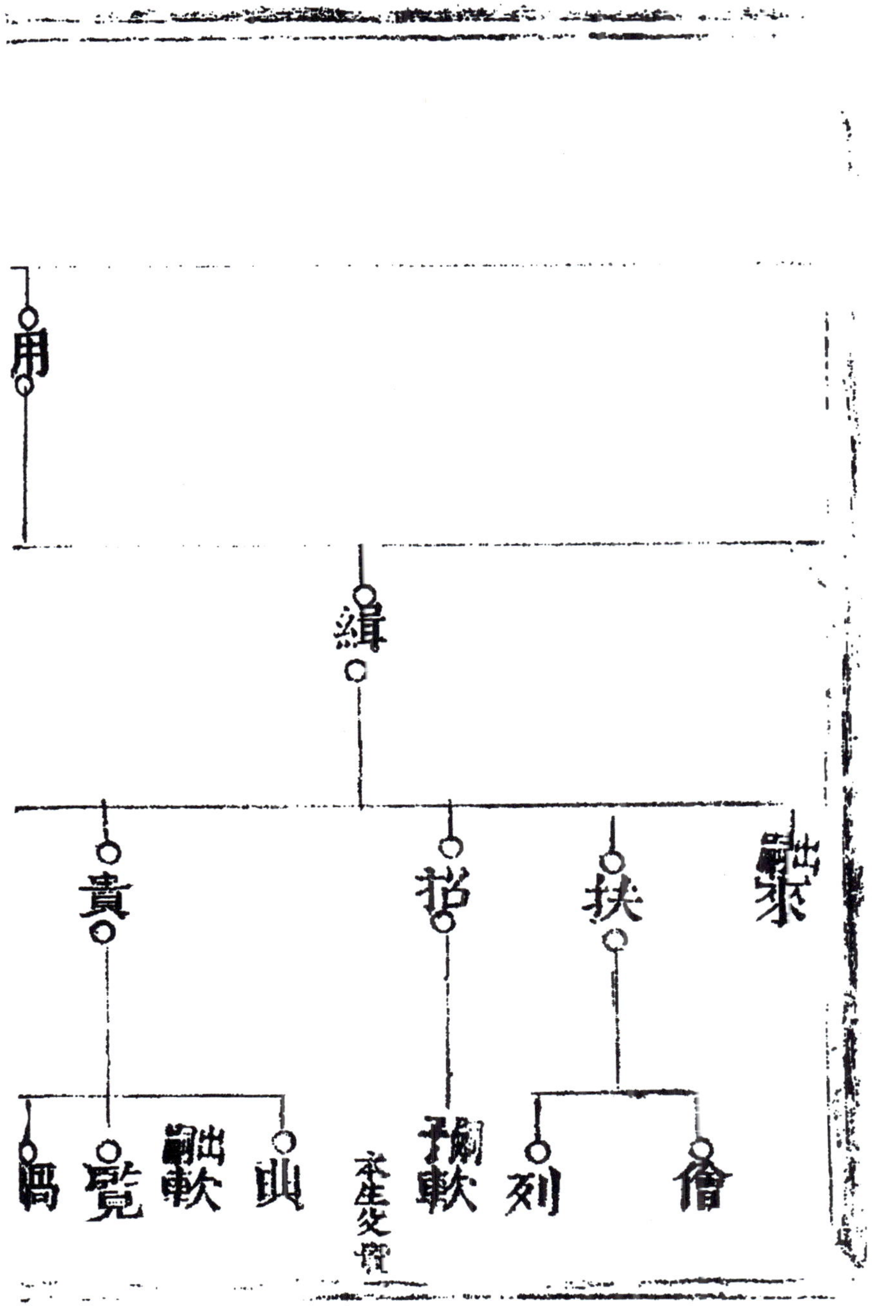
用
緝
扶
覺
列

鳳

熙　祿　綍　甫　晉

起　羅

融琢　融帶　劍　真

瑂琢

本生父貴

禄
世燦
應
世榮
和
亦
白成
霽
光意
珩
興宗
壽
雍正
擁來本生父紹
擁帶本生父起
天財
勤
次
傳

[illegible]瑞

繼芳

繼萱

繼茂　君祿

繼華

繼業　壯發

初

廷宗

再興

十九世　二十世　廿一世　廿二世　廿三世

光允

桃

財

主

六 —— 量

猛

捷

等

曰

三坪

光碩
天著
朝 — 瀾嫣毅 本生父炎
彩
平
犬 — 融出繼毅
文質
軟 — 番轅、田

光覽 — 佳魚

熇

典 — 對

光儕

烈 — 寶宗

劍 — 天送

真 — 天生

琢

天財

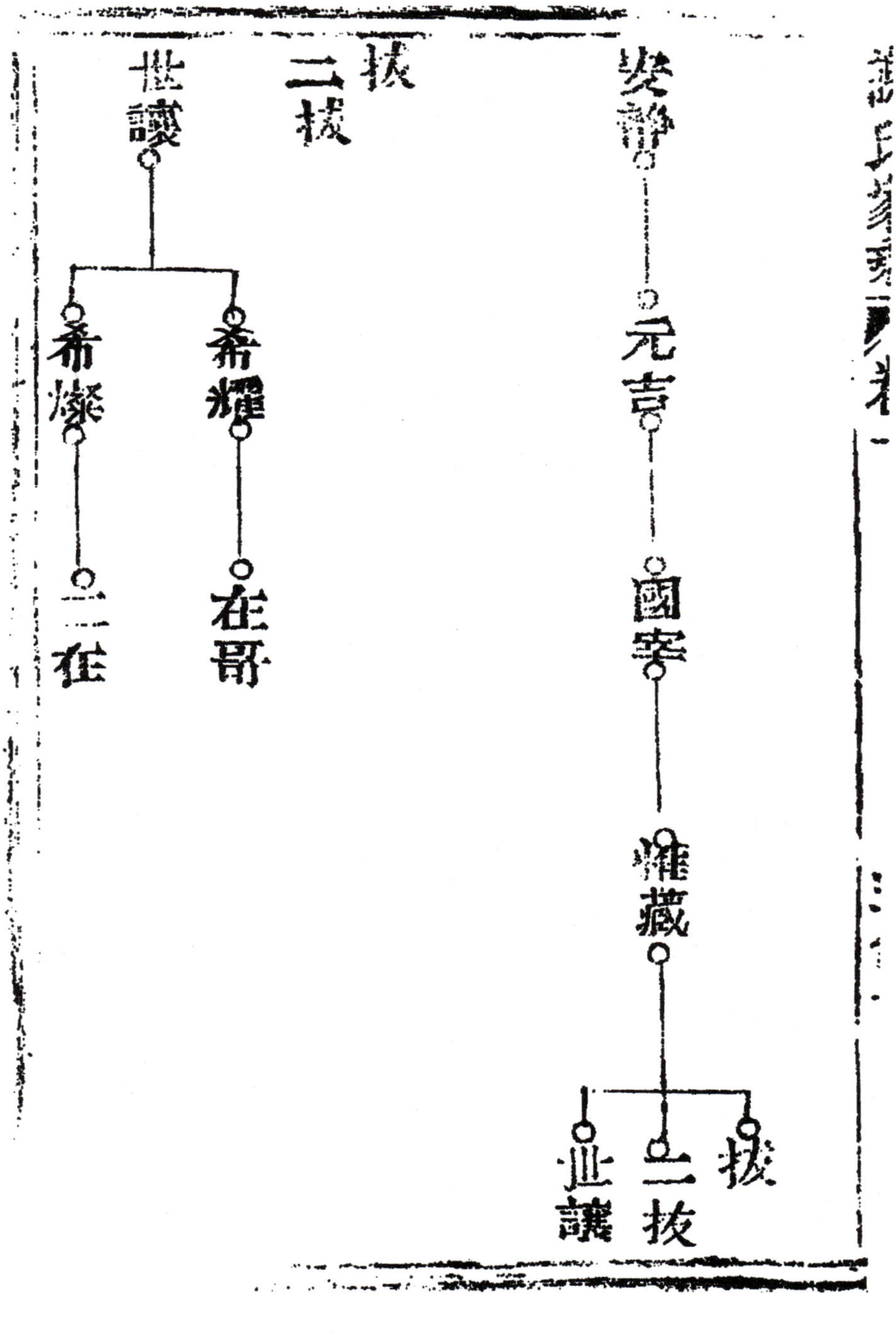
燮靜
元吉
國客
維藏
拔
二拔
世讓
拔
二拔
世讓
希耀
希燦
在哥
二在

七世

八世　元祥

九世　國英　國明　國烈

十世　子濟　子寬

十一世　世道　世樂　世就　世[illegible]

[illegible]家譜　卷一　五十二

國仰

- 欽允
  - 世華
- 欽賢
  - 世照
  - 世慶
  - 世山
- 欽榮
  - 世盛
- 欽義
  - 世正
  - 世善
  - 世合

炎傳

元美

國遠

欽進

世埔

三祥

國全

欽老　有二子長出居天津衢次出居在石碼

欽仁

世聚

欽德

士道

讓秉

世樂

世就　此派出居坂尾明

世慶

世恩

讓平

孫哥

良

世山

傳

華

世盛

讓親

伴

育

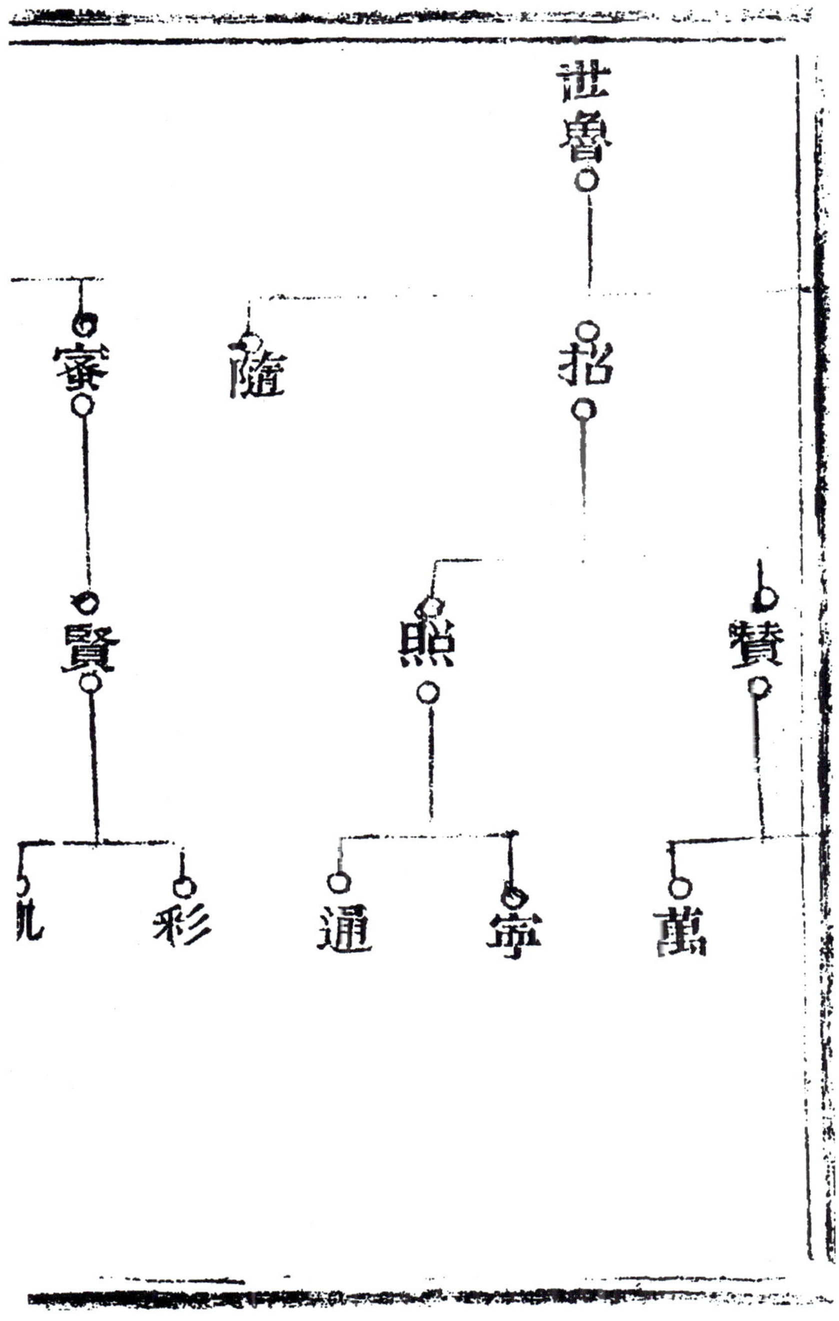
世魯
招
隨
賓
贊
照
賢
萬
亭
通
彩

推 — 宗

世華 — 頴 — 吉

世華 — 定

世善 — 六

世政 — 七

世合

世坤 — 讓樂

三祥

世聚 — 讓思 — 晥

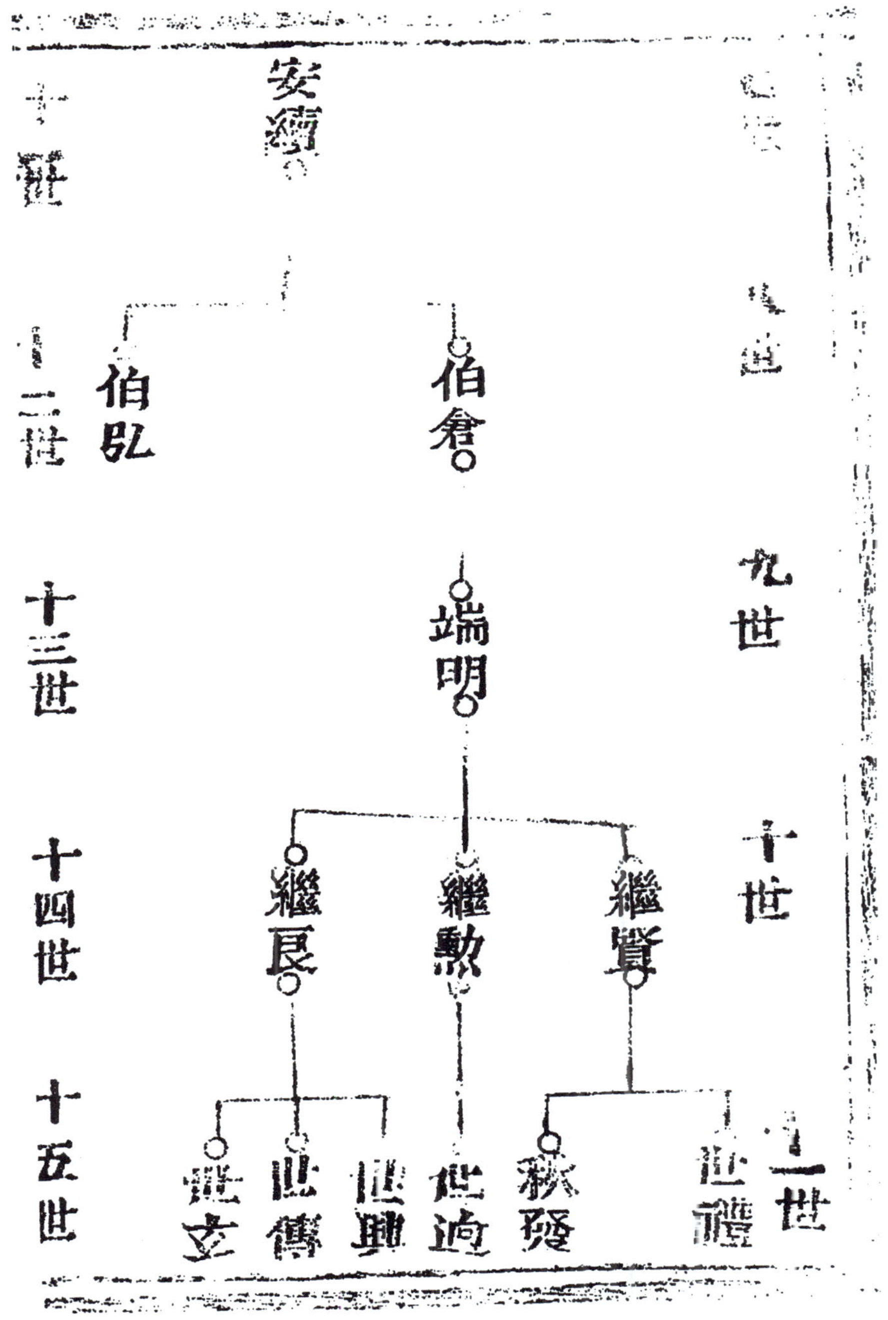
九世
十世
十二世
十三世
十四世
十五世
安續
伯弘
伯倉
端明
繼良
繼勳
繼賢
世玄
世傳
世興
世適
世禮

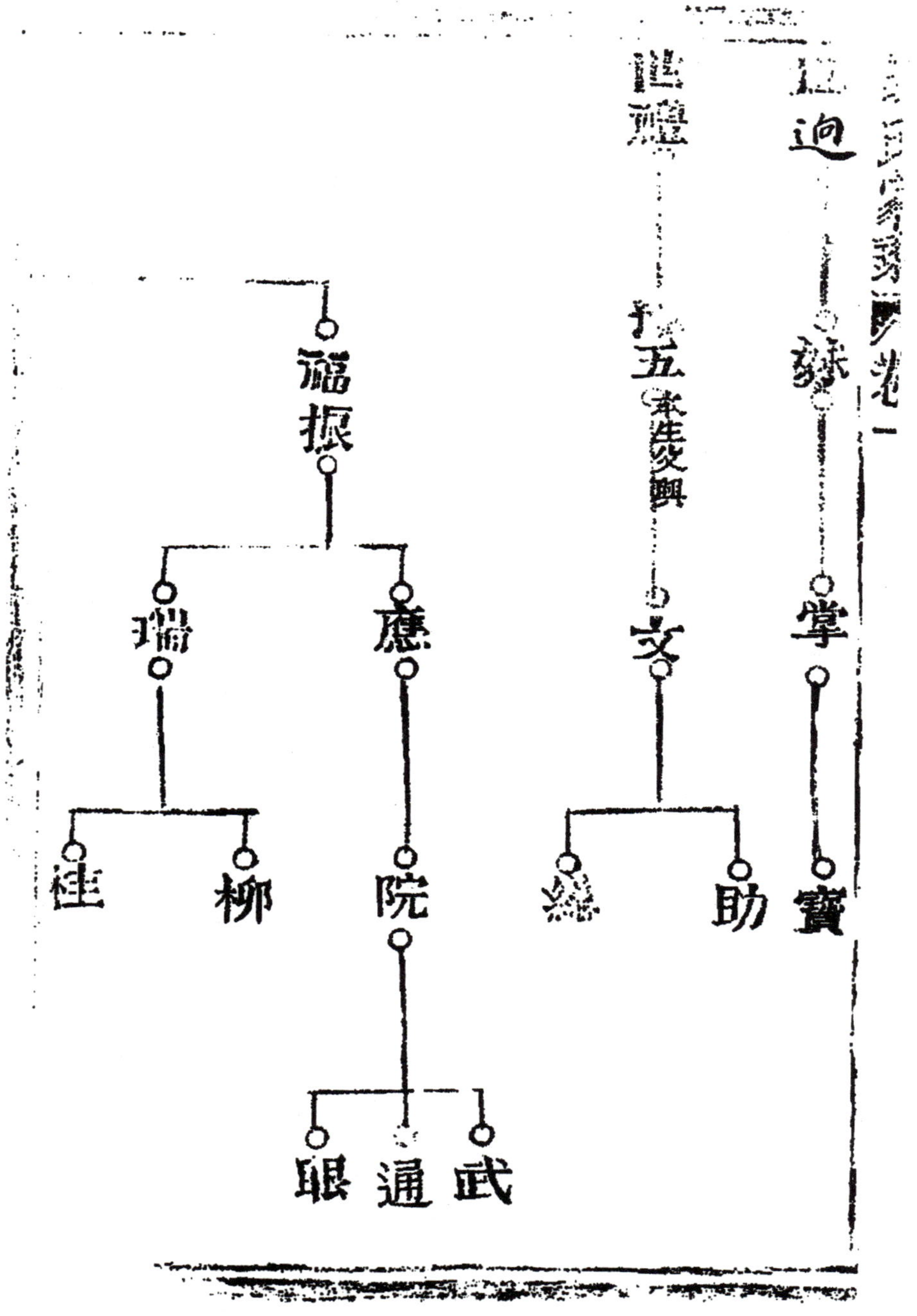
卷一
迵
掌
寶
五
文
助
福振
瑞
應
桂
柳
院
通
武

秋發

福華

光宗

顯華　顯盛

讓　權　朱　長　聰　管

卷一

顯德

祚

世傑

讓洪

世興

十五世

世賢

十四世

十六世

十七世

十八世

十九世

遷武

眼　長　聽　先　晉　讓　權　寬　禰

讓
｜
訓

謝氏肇基澄邑世系圖

宋始祖伯宜公

程年　堯年

恂和　恂揚

銘榮　銘欣　銘顯

謝氏肇基石塘世系總圖

一世

始祖東山公

二世

道明公

三世

任公　睦公　孝公　友公　婣公　恤公

卷之一

五十

道舉公

富公　榮公　華公　貴公

睦公第三房分派世系圖

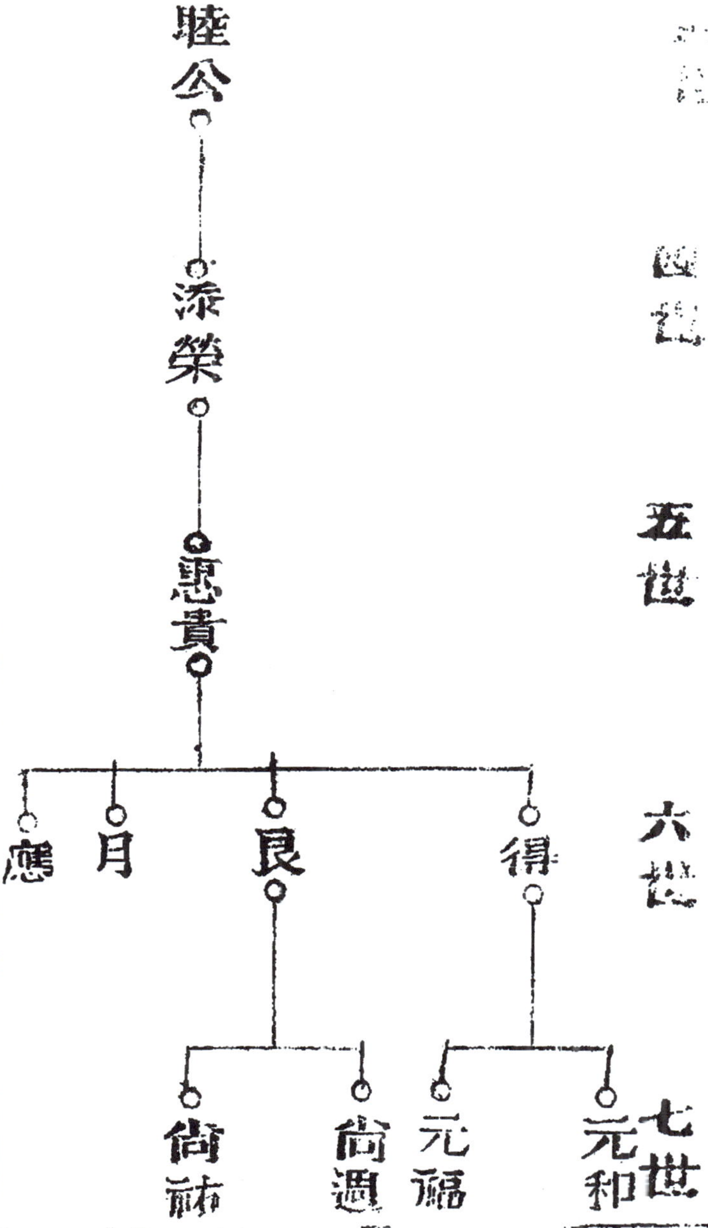

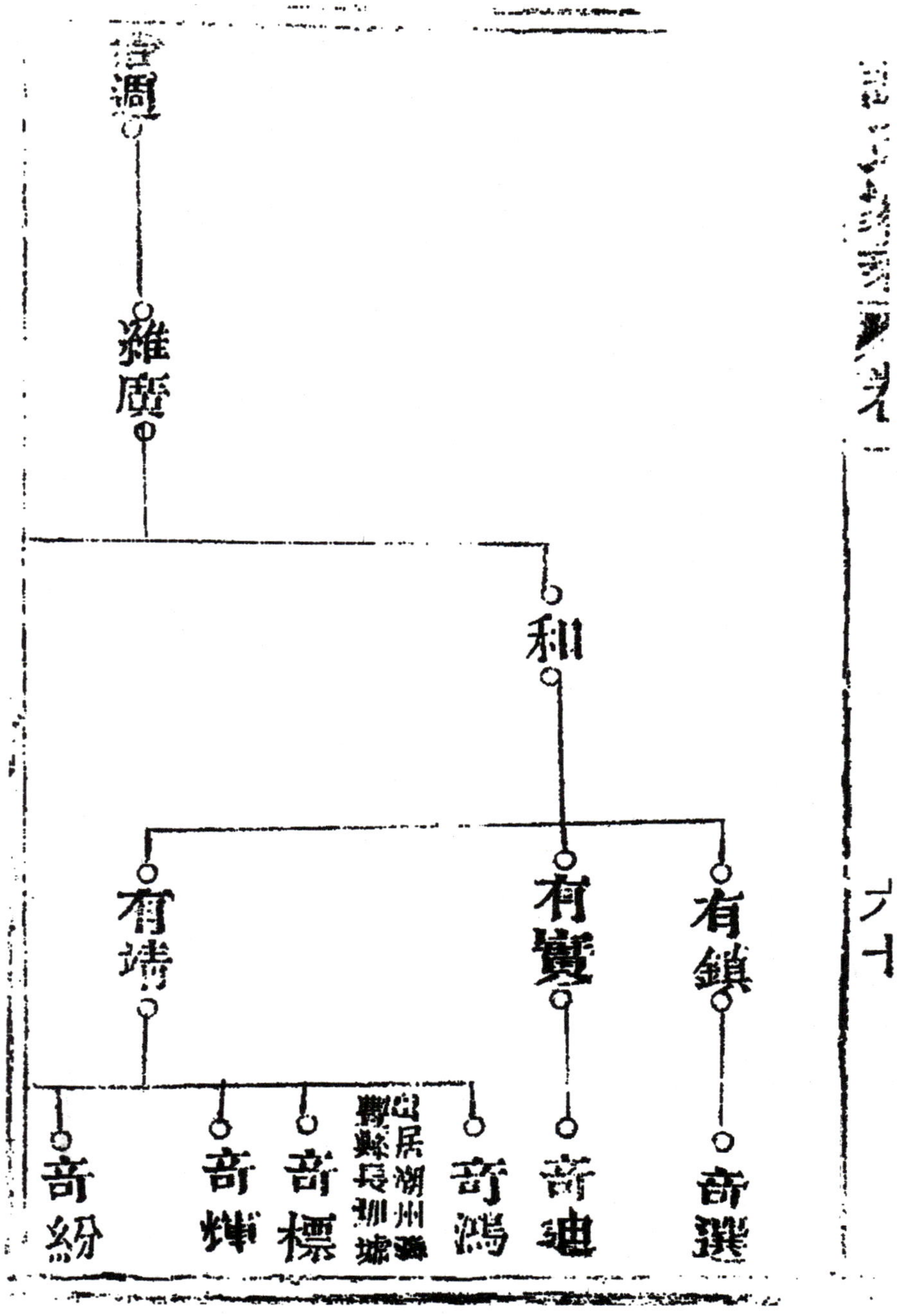
潤
維賡
和
有靖
有寶
有鎮
奇紛
奇爗
奇標
出居潮州饒平縣長圳墟
奇鴻
奇迪
奇選
六十

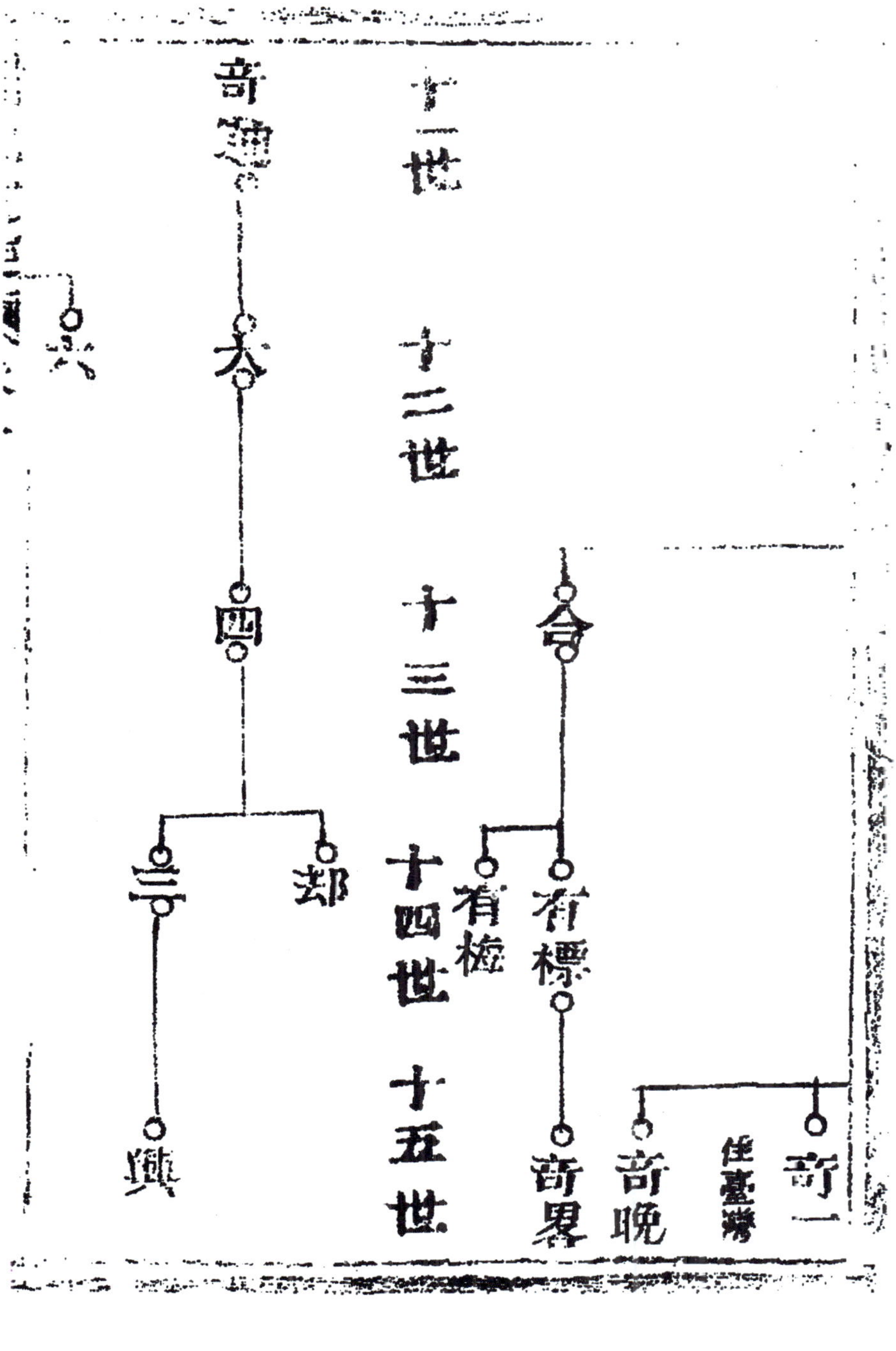
十一世
十二世
十三世
十四世
十五世
有標
奇晚
住臺灣

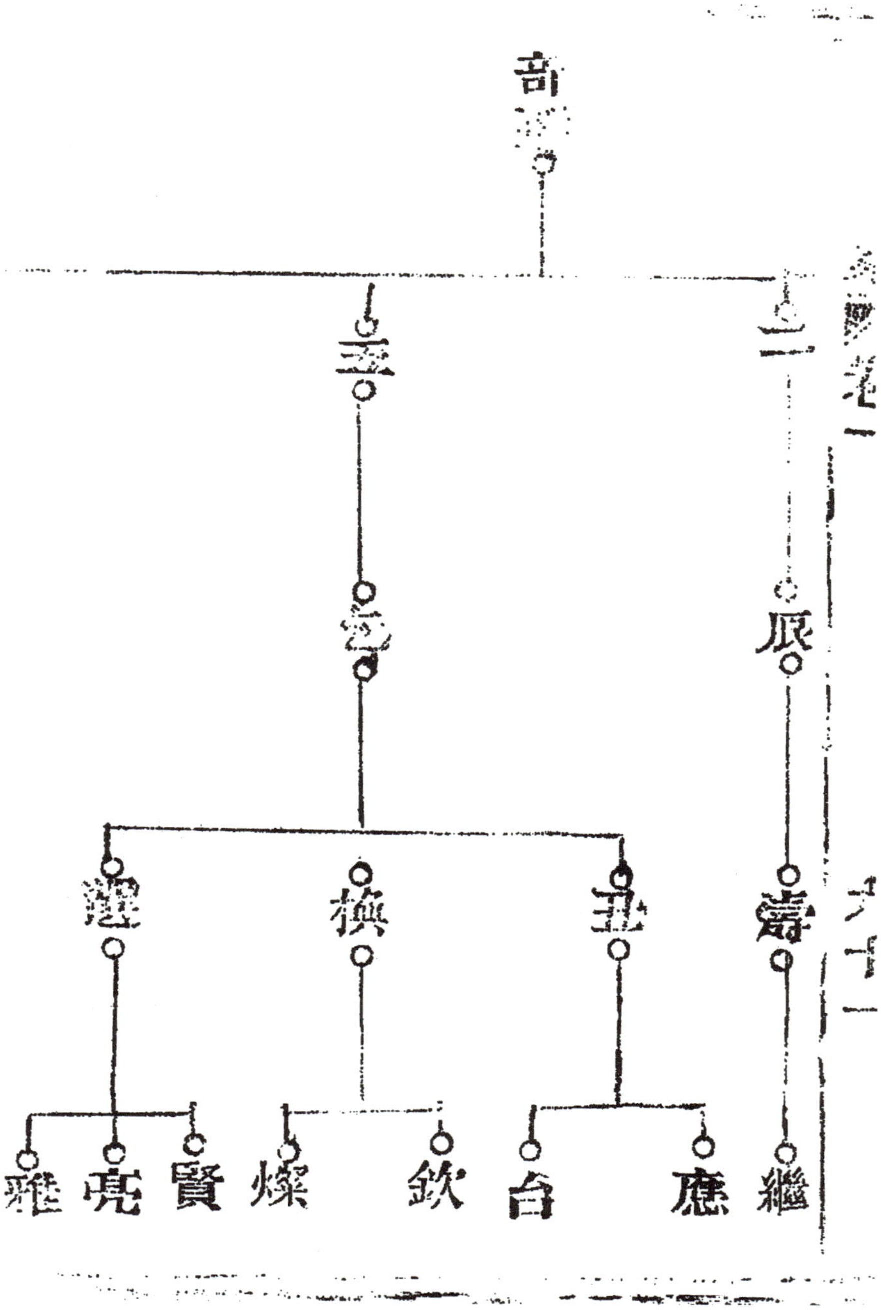
三
二
換
壽
亮
賢
燦
欽
台
應
繼

謝氏家乘　卷一

- 二貫
  - 祖
  - 伯
    - 沛
    - 鳳
    - 鸞
  - 仲
    - 節
    - 時
    - 四
    - 八

卷一　六十二

尾

貴

仁　忠　聖

宗　孝　春　貫　秋　志　隆　虎

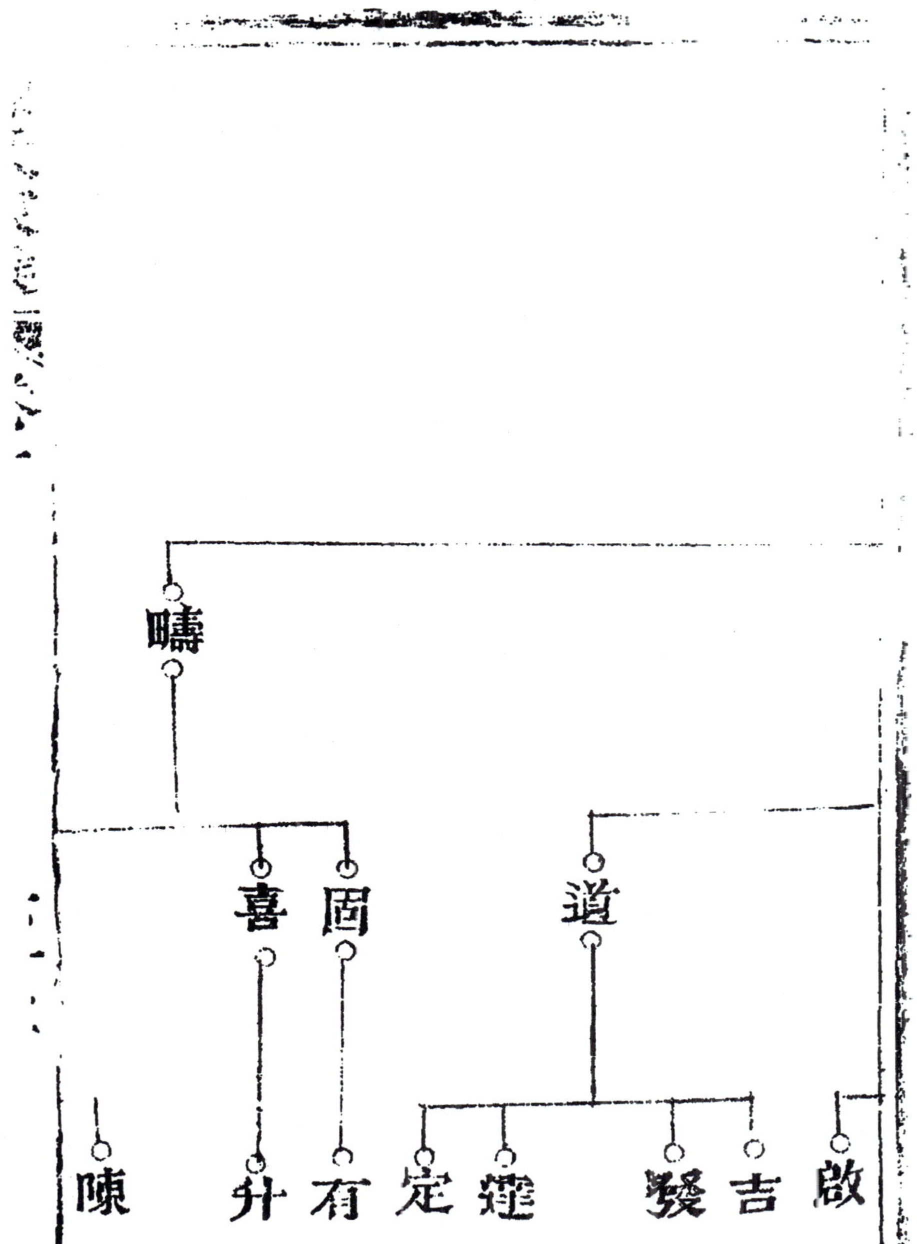
嚋
喜
固
道
陳
升
有
定
吉
啟

朝
程

倣
揆　抱

甫
文　叜　開　武　位

奇輝

天錫

興　暢

燮　傳　燾

總　老　天生　遷　夏　廣　主

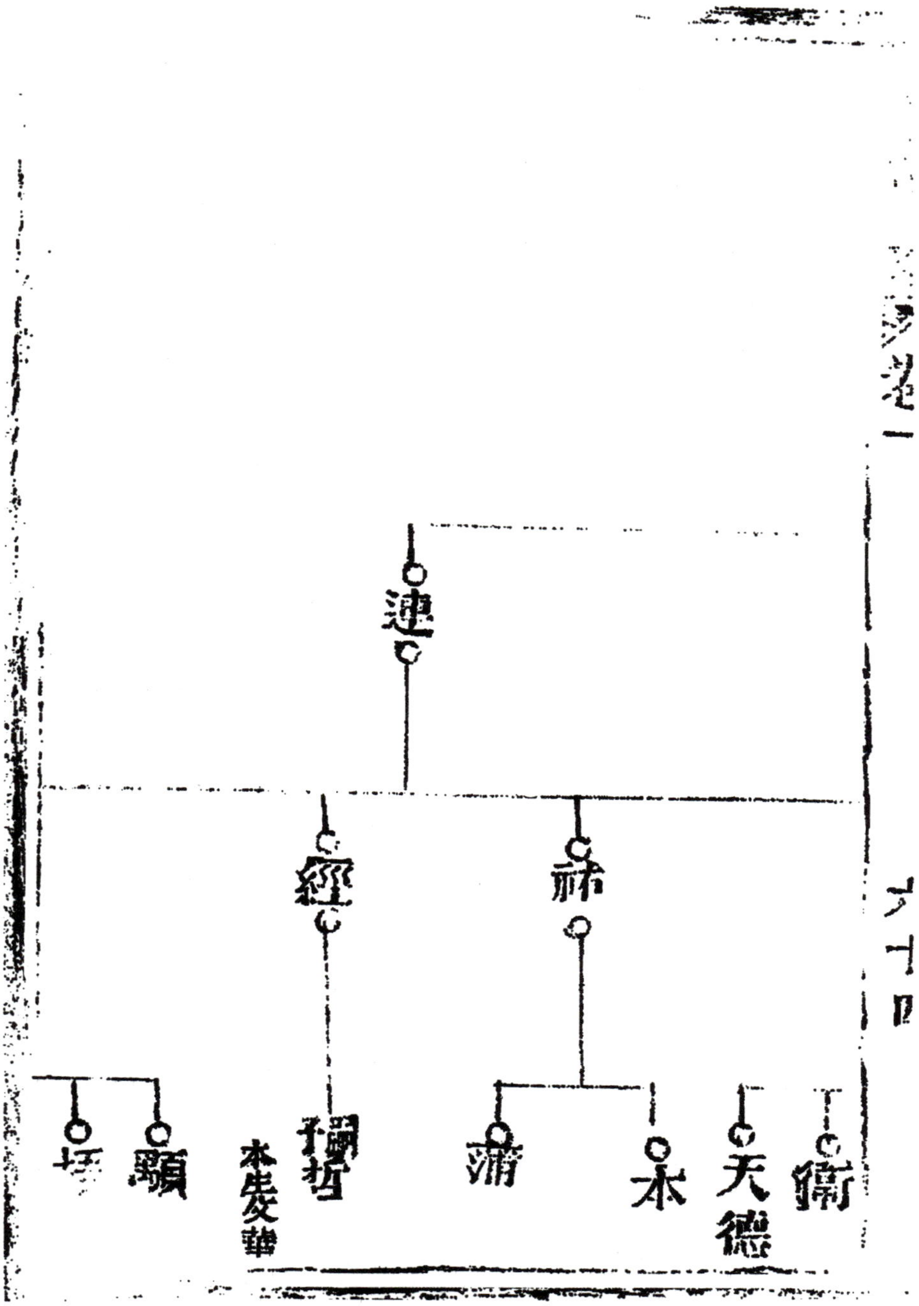

連
經
祚
瓓哲
本生父韓
顯
淸
本
天德
衛

謝氏世系圖卷之一

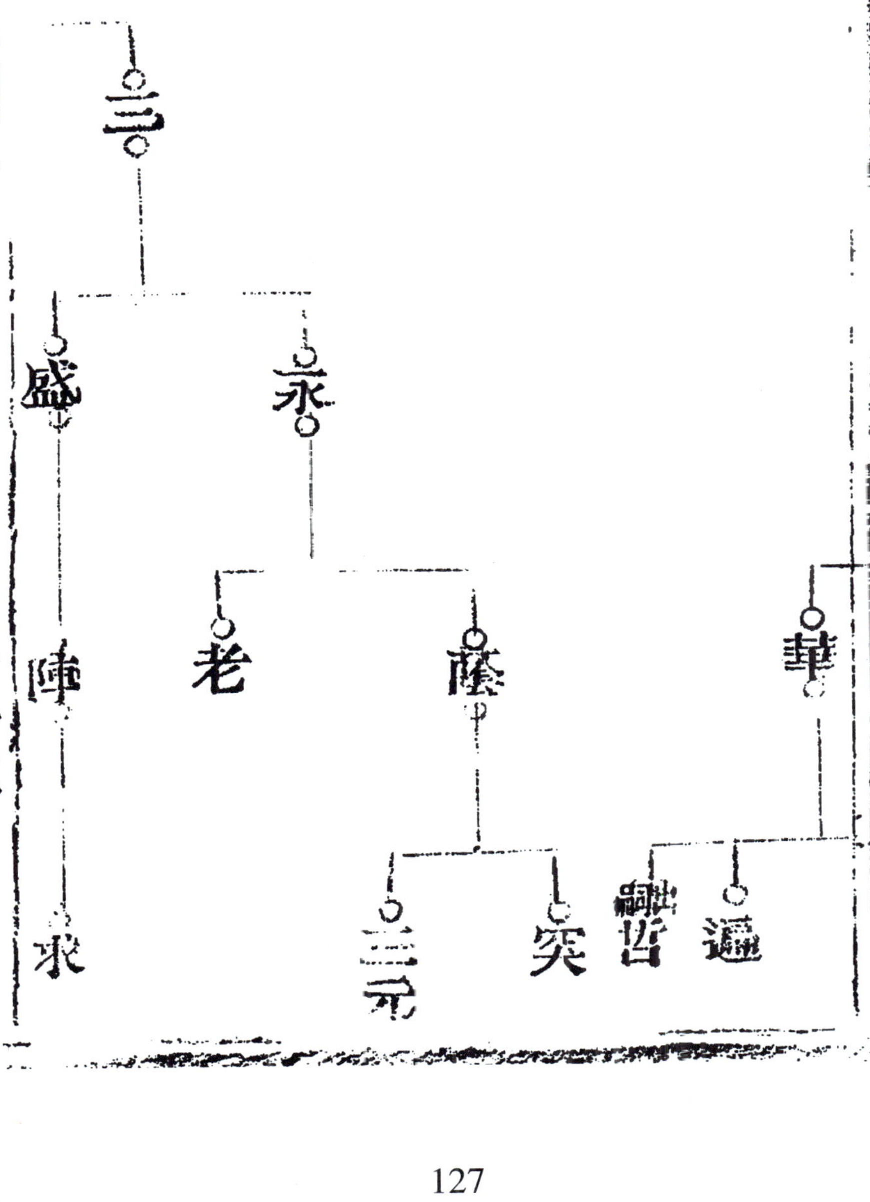

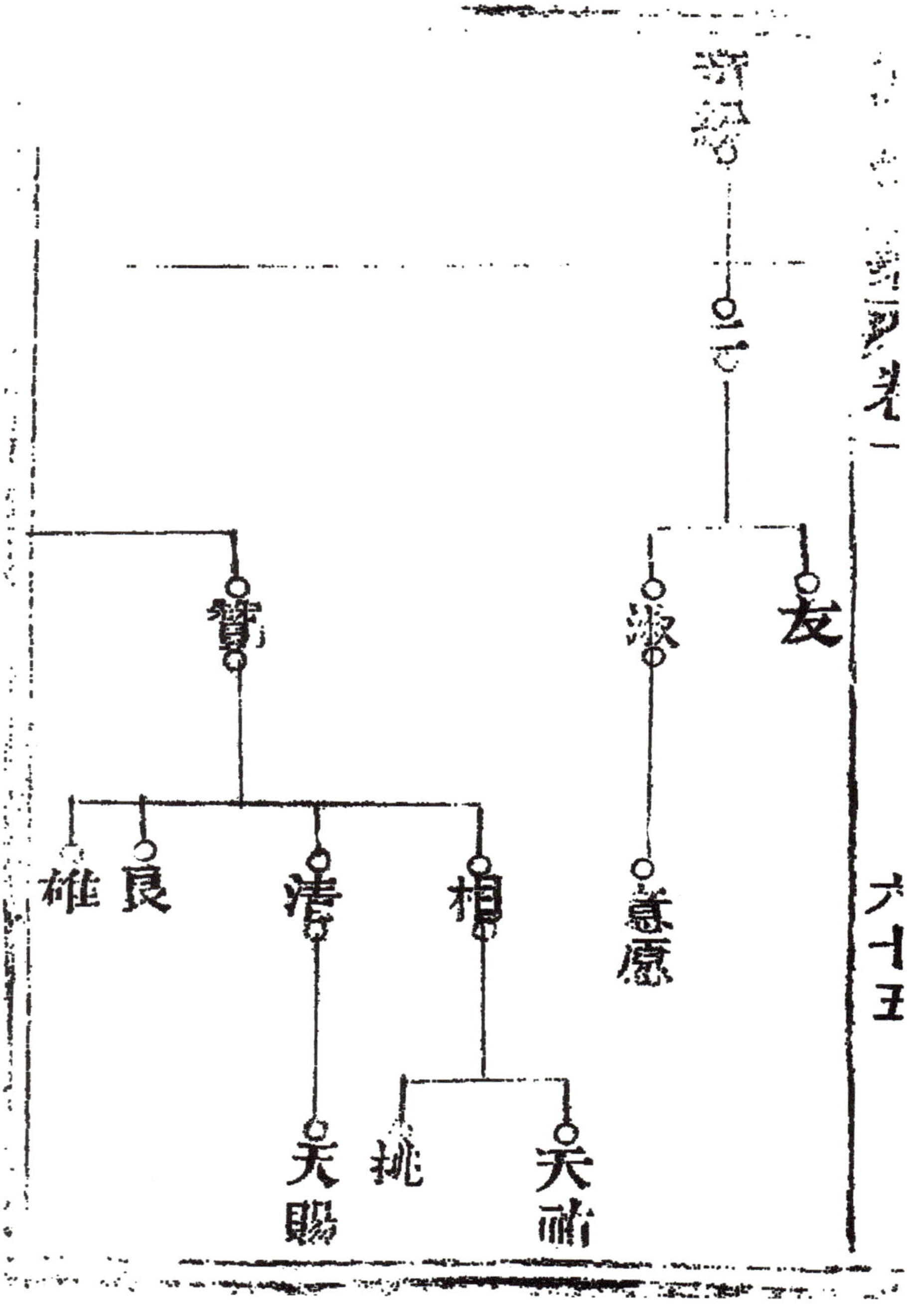
卷一
六十五
友
淑
贊
雄
良
清
相
天賜
天祐

喬標
喬一
喬鴻
喬晚

大

福

佳　報　光

祭　士　院　齊

郎

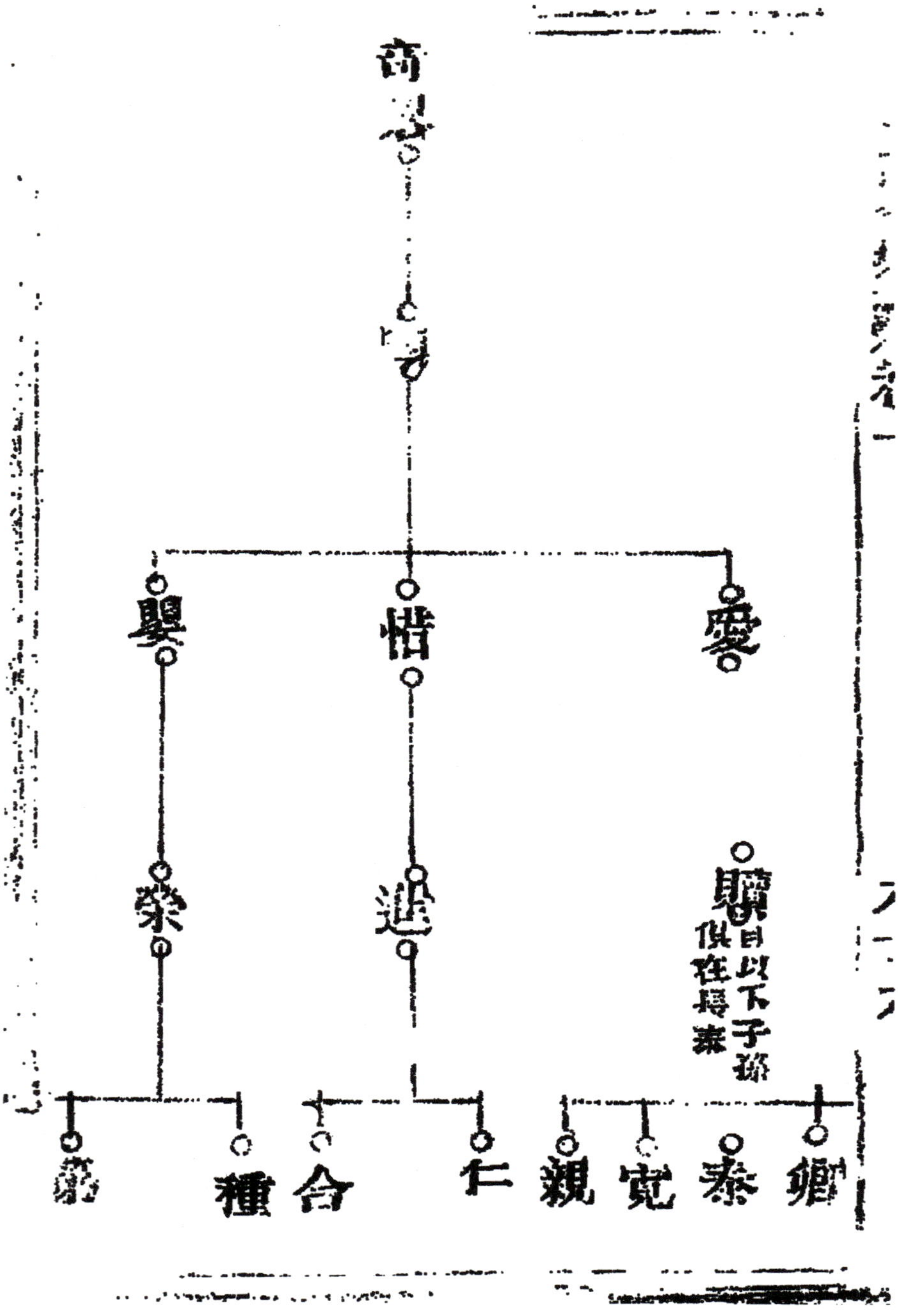
嬰
惜
愛
榮
進
日以下子孫
俱在母家
種
合
仁
親
寬
泰
卿

十五世

興　欽

焰　尊　達　豫　求　睦　漢

海　山　佛送　馬意

嗣子媽粒本生父紳綸

謝氏家乘　卷一　六十七

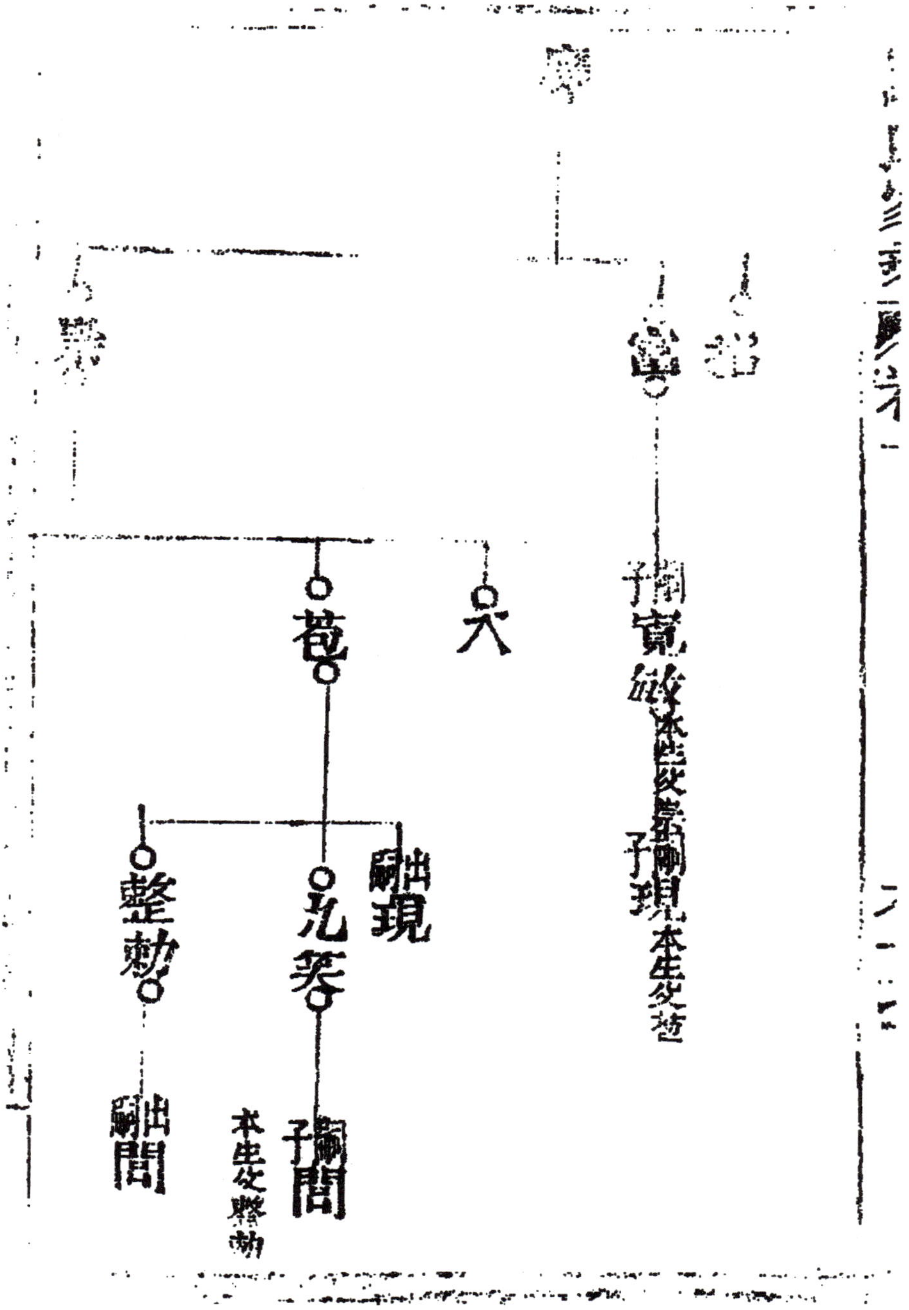
嗣子寬敏
本生父崇
嗣子現
本生父哲
只
蒼
出嗣現
整勅
出嗣間
嗣子間
本生父整勅

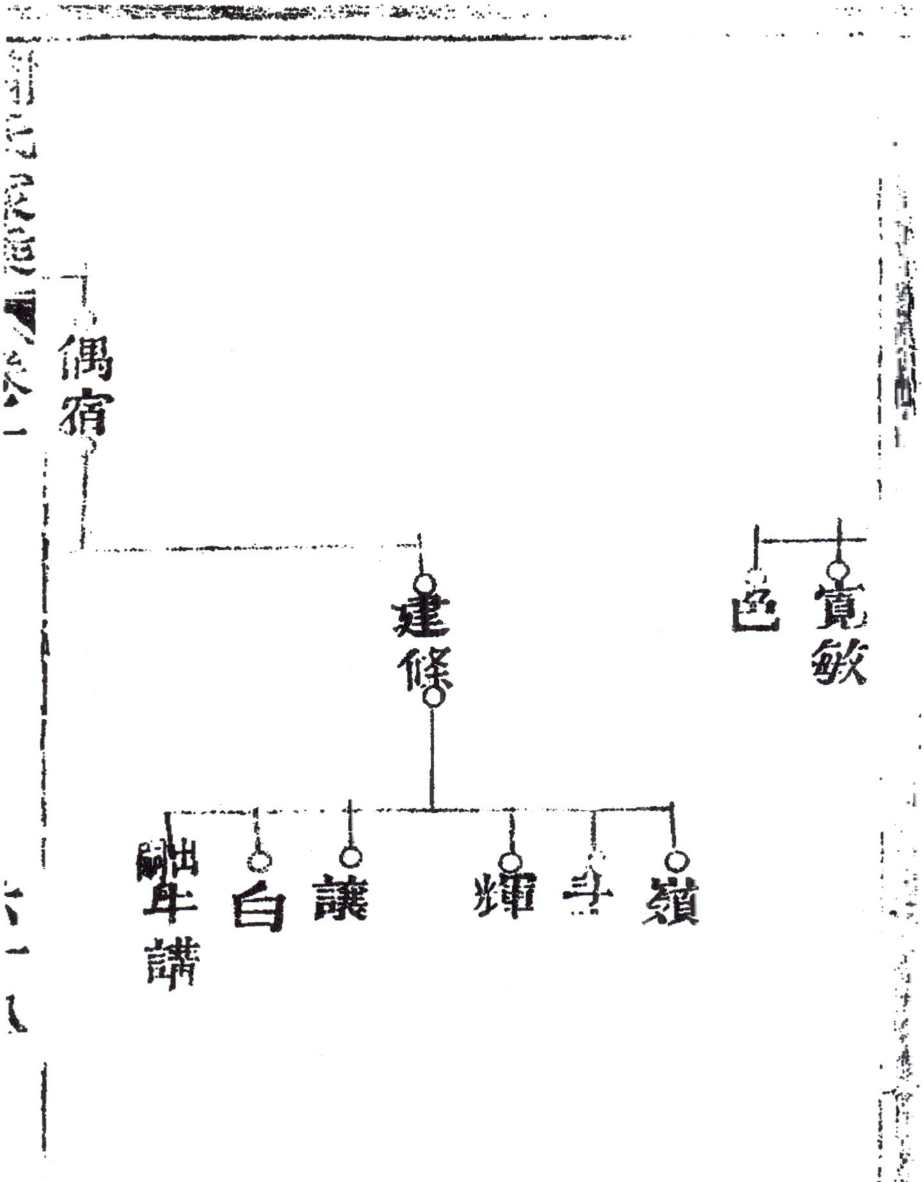
偶宿
建條
寬敏
邑
白
讓
輝

波

心正

緒

讚

嗣牛講 本生父建條

掌

利貞

源遠

若水

元亨

傑

看

定

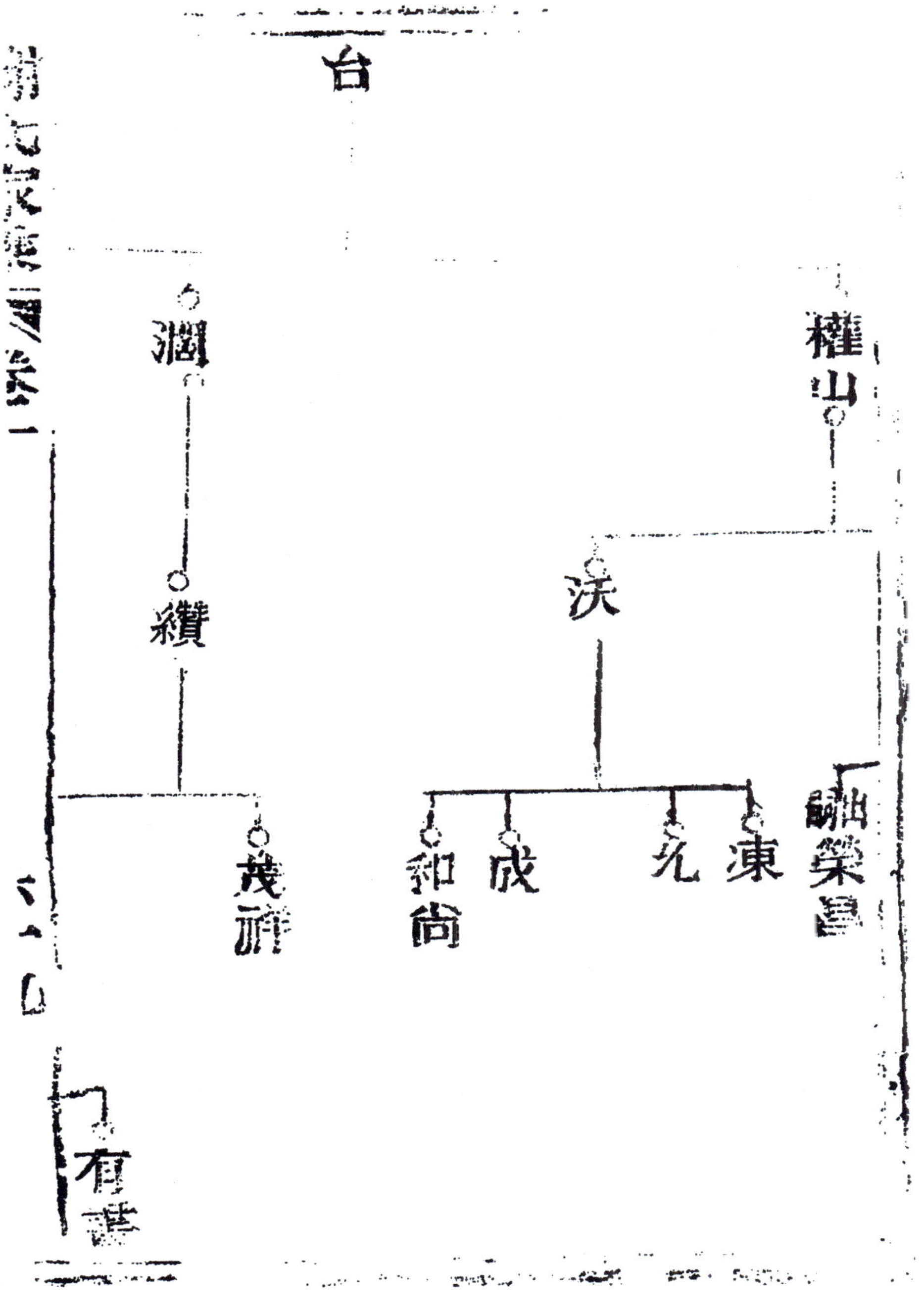
台
淵
纘
權山
沃
和尚
成
允
東

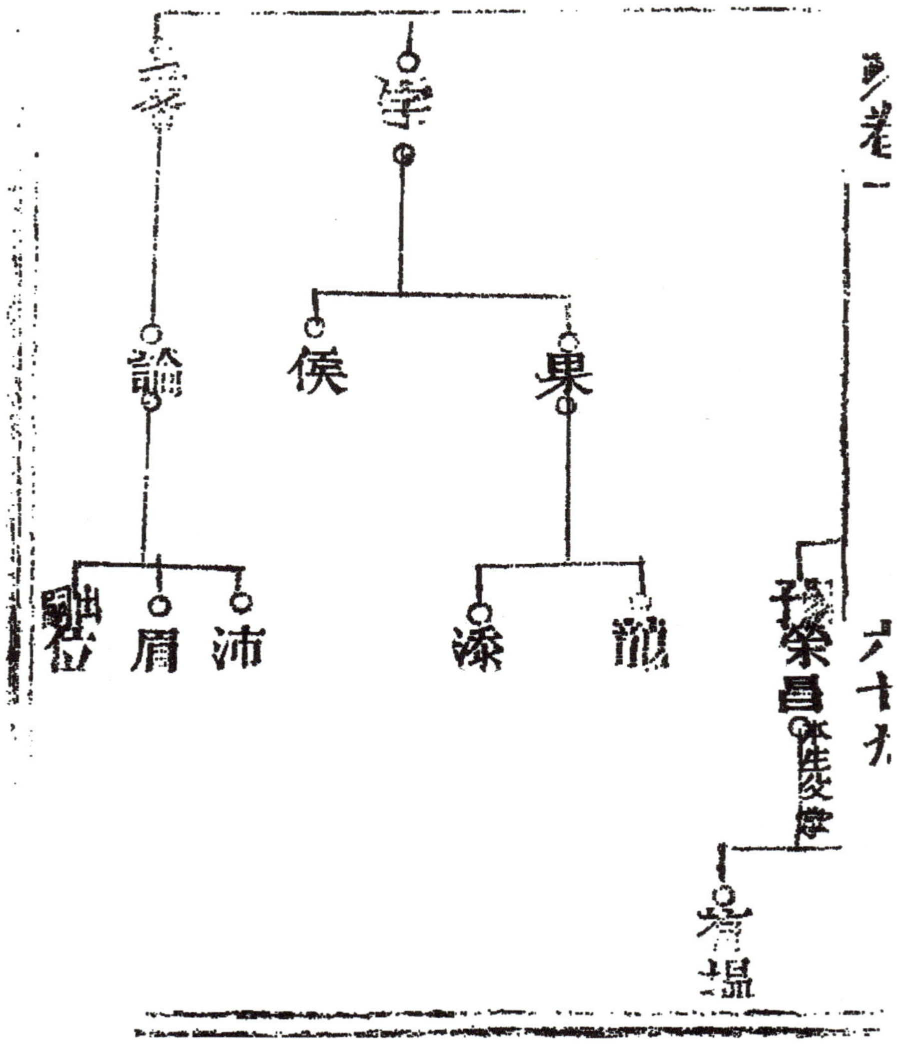
卷一
侯
果
眉
沛
添

- 亮
  - 頂
  - 孫（本生父賢）
    - 嗣孫 達來（本生父雄）
    - 嗣孫 榮顯（本生父經綸）
    - 考
  - 壯
    - 茂林
    - 馨宛
    - 出嗣 榮顯
    - 出嗣 鏊勅

蔡氏家乘　卷一

賢

諧

出嗣 祭

出嗣 送來

經綸

出嗣 粒積

馬交

馬和

馬喬

佐

慷慨

好慷

雅　賛

參　庶　勇　專　加

天成　彌水（本生父勇）　景　澤　融水　天餐

彌事親（本生父澤）　融事親　元順　蒲

榮秋　遂　齊志發

謹

梓　就　弁

三

汝漢

嗣光達 本生父汝進

宗

輝

汝淮
嗣光達

純膺
和氣
和同
和連

江水
茶
霜
嗣嫣到
貳

安

光由　璐球　文瑞　萬

彌焉到（本生父江沐）　融芋　融誆

光房

倚　坑　地　柏

清

賢

億

裕

添丁

梓細

添蘭

自生

點

水

光渤

璟

本生父沂冰

孝

璡

此偏

定　鬱鬱四時八節升

魁泳生娶頃 —— 甜

光成

茂珍泳生娶光莪 —— 貞與

萼

光富

陳程有

抱

揆

心意

必　國　某　將　禎祥

郎

殿

洪

細

悠久

高明

開文孫王位贊

等

叟　遷　本

趹　所　著　宜　蒲　高　長

堯舜　温彔　盛　寬諒

國　盛

罕

繼能便　本生父西

西

慮

出繼能便

耳標

鈁

梗

佛賜

沓咯

尚願

姣紿

容

諒

哲

繼子 慶（本生父梧）

慶 → 魁　寡　周　再　獺

周 → 繼子 尊（本生父動）

科 → 婆 → 位

切

鎮 → 繼子 坛（本生父提）

坛 → 明珠　屋　清淵

卷一

總

肯

海　如　錐

唱

提　立　得

潭　愛　環　開

武

良　馮

二十七

龍
嗣子良 本生父總
瑤
恭
強

衛
嗣子馮 本生父總
嗣子錐 本生父旨
任
月
正
出
宰
鳥定

天[illegible]

玉

[illegible]雲英

泰

川

容

寮

鶴

公案

朝陽

逃

背追

有萊

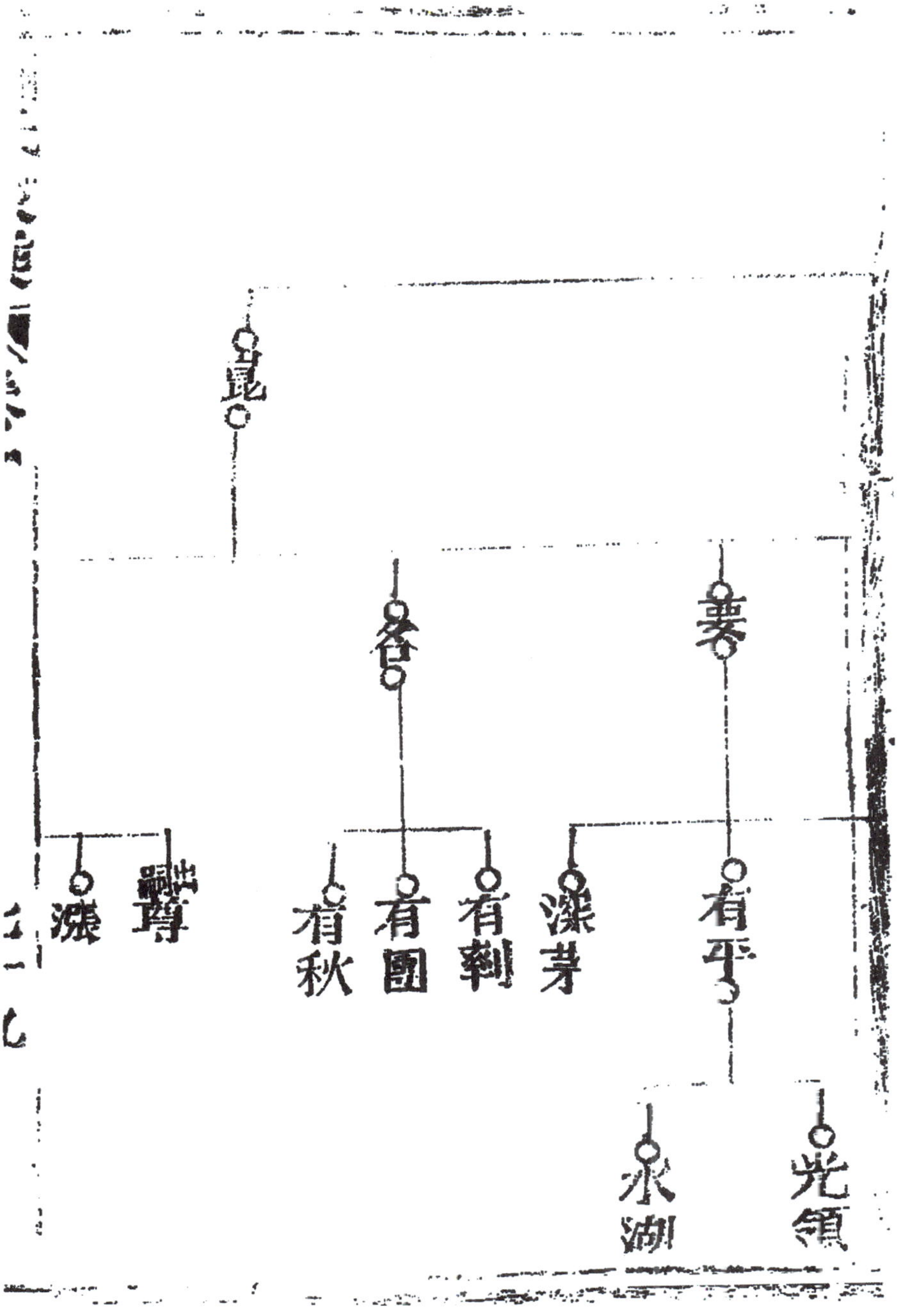

昆
沓
善
滌
出
尊
有秋
有團
有剩
澡芽
有平
永湖
光領

卷一

十七

動

癸然

敍

雲蒸

番

深泉

榜

彖

瑶

慶

扶

遍　顒　奚　三元　求

南　田　助　調　才　主

沃賜

天祐

挑

金英　北　南　海　照　和

齊

士

察

仁　　琉

興祖

華

正

件

孝

養

佛印

粮

鶴浦

九粮

壇

學

清

合

發　招

全　意　脩　壹　良　侍　深

泰　鄉

應　裕　倍

約　寧　聘　武　等　稟　沛

香　周

卷一

八十二

寬

熊　勳　鐺

把　位　行　尙　袞　誥明　傑　昌

極

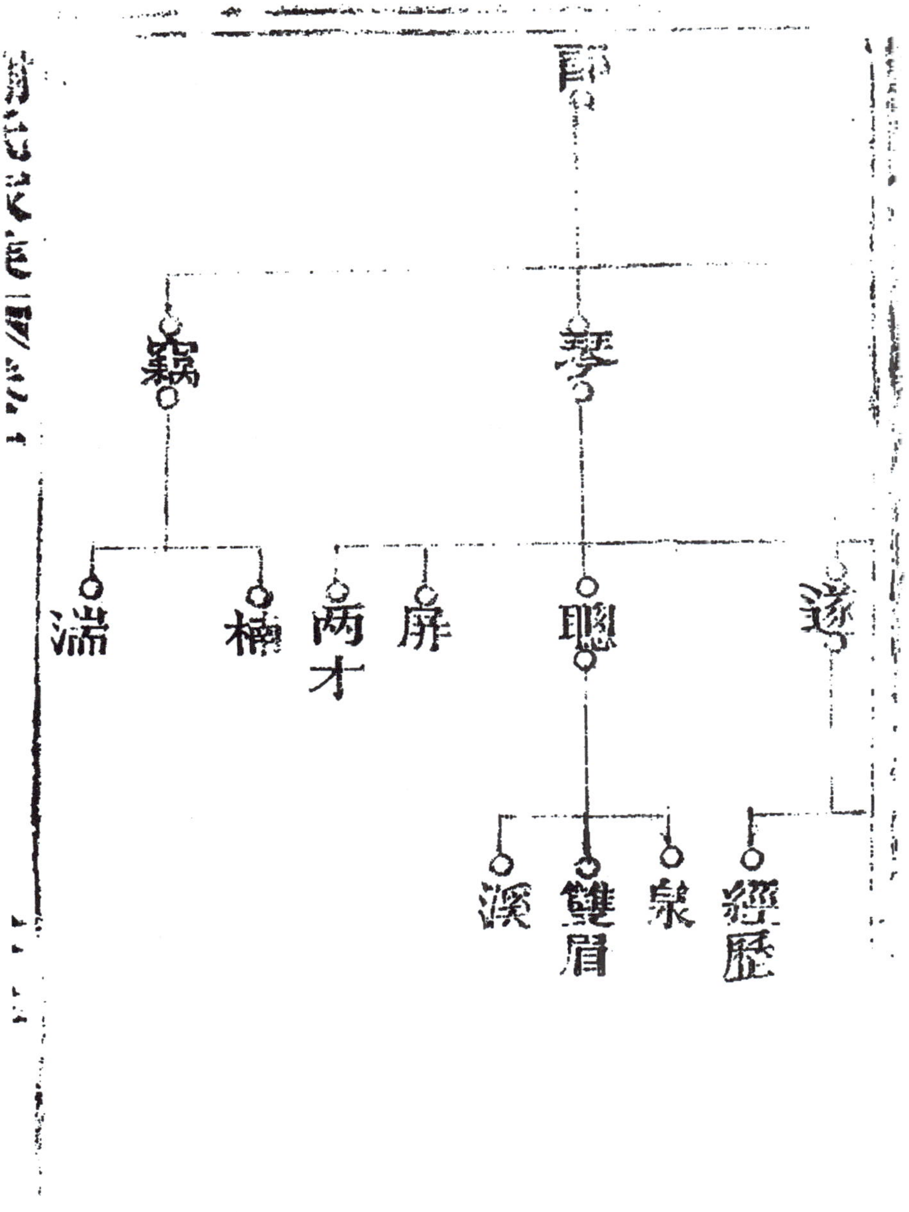
孝
湍
楠
两才
屏
聰
遂
溪
雙眉
泉
經歷

種
- 天府

銷
- 機
  - 眼

間

看
- 省喜
- 鷹翼

粱
- 含麟

足書
有塭
有房
光偏
北紹
狡
容
諒
武

永發

康
明球
清淵
崒
烏定
光繽
水淵

七世

八世

九世
彔

十世
有協 遷南京
有慶

十一世
從平

尚爾
維泰
濫
有層
台

十一世
十二世
十三世
十四世
十五世

順
有量出祖江西

和

從平
長
潤
尊
順

孟宗

媽爾

立
成

十五世

十六世

十七世

十八世

十九世

合

陳

厚

標

命

富

兄弟俱住泉州南門內

貴

五

神助

義

順
朝宗
淸

嫻祯
得意

神助

孟宗

戴
顯

八世
九世
十世
十一世

元和
良璞

明

十一世

十二世

十三世

十四世

十五世

高 — 崑玉 — 子

應奎 — 愛 — 乞

子

子 — 宗登

應治 — 蔭

應屑 — 傳 — 喜　招　連　中

十六世　十七世　十八　十九世

乞　丁　遷

習　詩　品　袍　博　果

壹

元福

八世　達

九世　璣

十世　魁玉

十一世　異

十二世　璡　必臻

十三世　彬　四

十四世　賞（往姜叛）　七　戌

十五世　詩　助　求

十七世

十八世

十九世

尋　助

寮　來　隆　光

錢　會　碧　日　第

見第二八以下俱在美洲

- 求
  - 民
  - 光
  - 和
  - 侍
    - 惓
    - 列
    - 璞

謝氏肇基澄邑世系圖

宋始祖伯宜公

堯年　程年

（堯年子）惆揚　惆和

（惆和子）銘顯　銘欣　銘榮

卷一

謝氏肇基石塘世系總圖

始祖東山公

二世

道明公

三世

任公　睦公　孝公　友公　娟公　恤公

道舉公

富公

榮公

華公

貴公

淵公第四房分派世系圖

四世　五世　六世　七世

- 淵公
  - 添順
    - 宗思
      - 茂忠
        - 覺
      - 傑忠
    - 宗派
      - 普忠
        - 成蔭
    - 宗澤
      - 傑叔
        - 成享
        - 成元

譜卷一

十一

傑弘

成椿

成昌

成讓

七世

八世

九世

十世

十一世

添從

于定

成啓

遠

富

子彬 出居嶺口內林

眞

倡

三龍

新龍 出居六五店

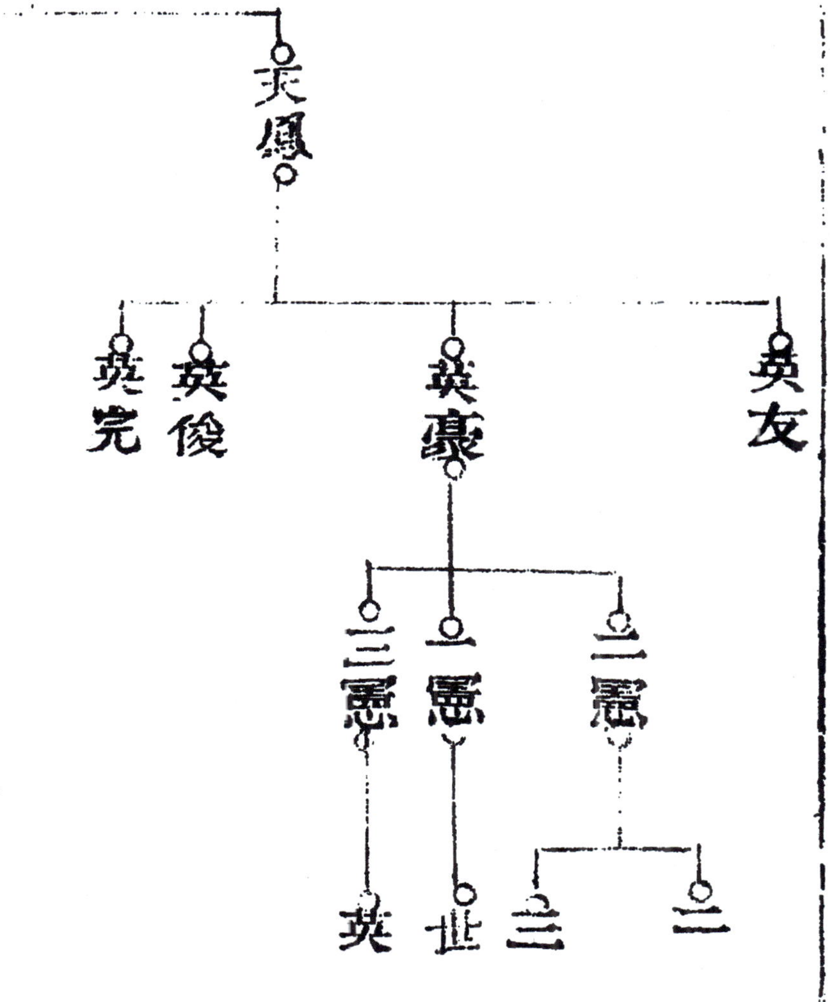
英愿
英完
英俊
英豪
英友
三憲
一憲
二憲
英
世
三
二

成椿
成元
成昌
成亨

天應

憐春
和
成

扶春

三

順治
冬
藹

二冬

謝氏家乘 卷一

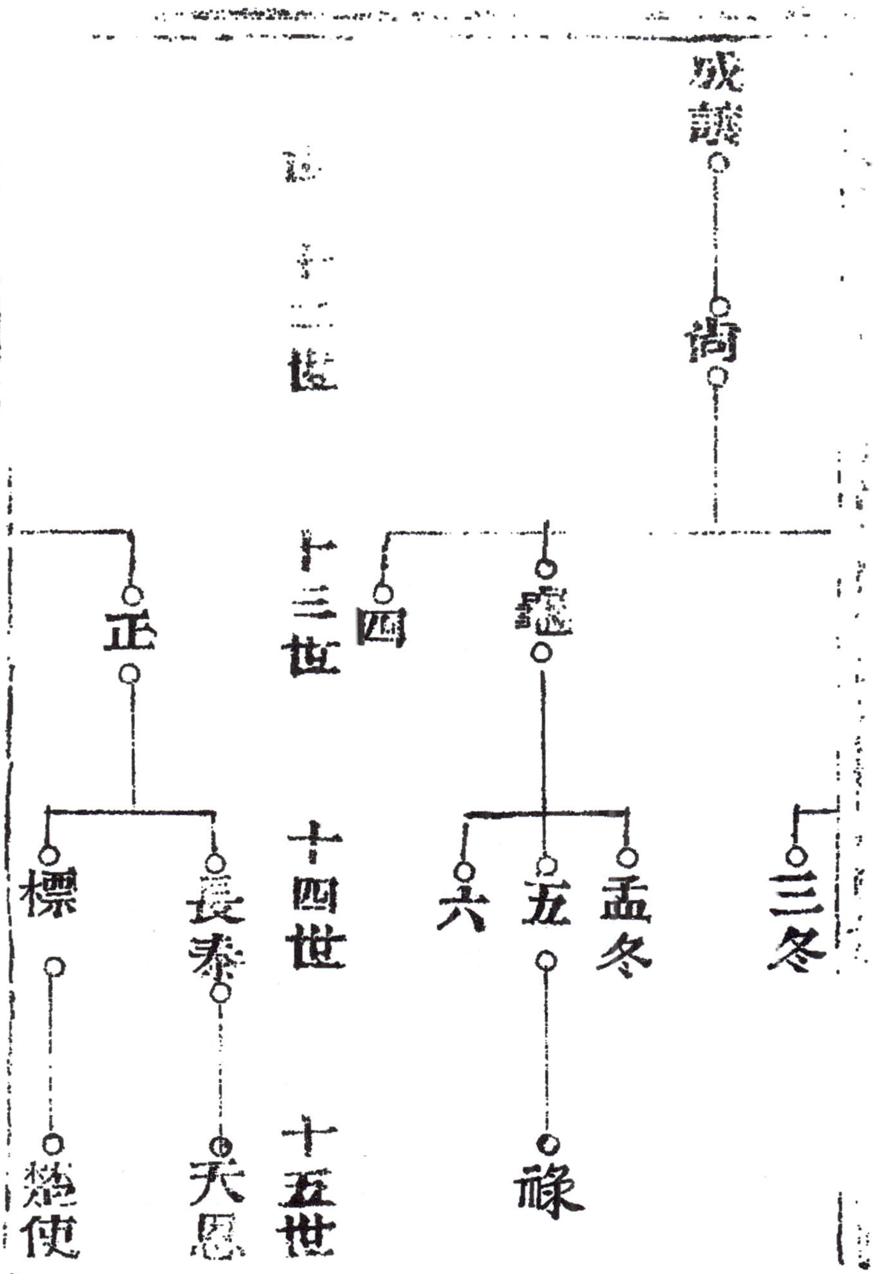

九十三

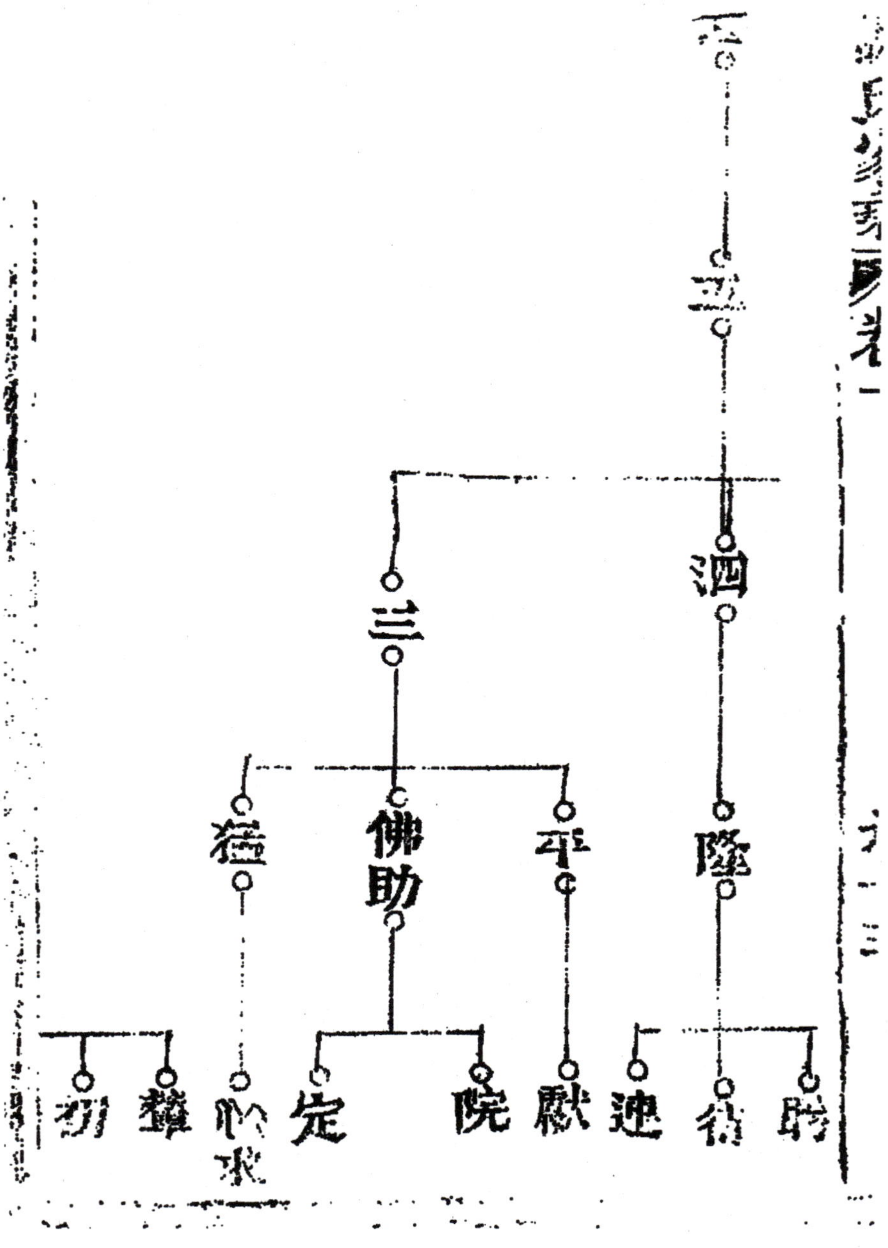
泗
三
隆
平
佛助
獻
定
院
連
初

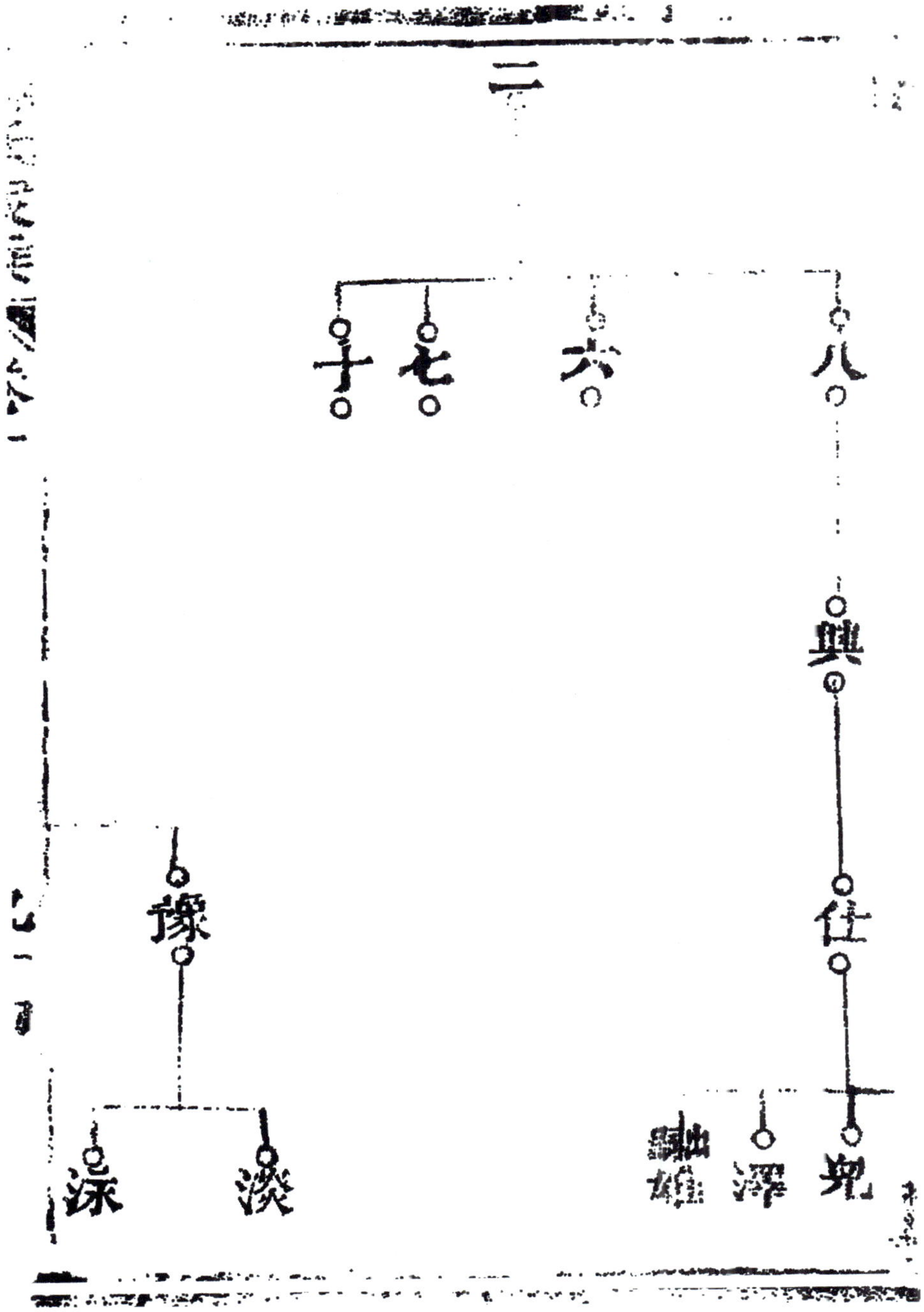
三
十
七
六
八
興
任
豫
淡
澤

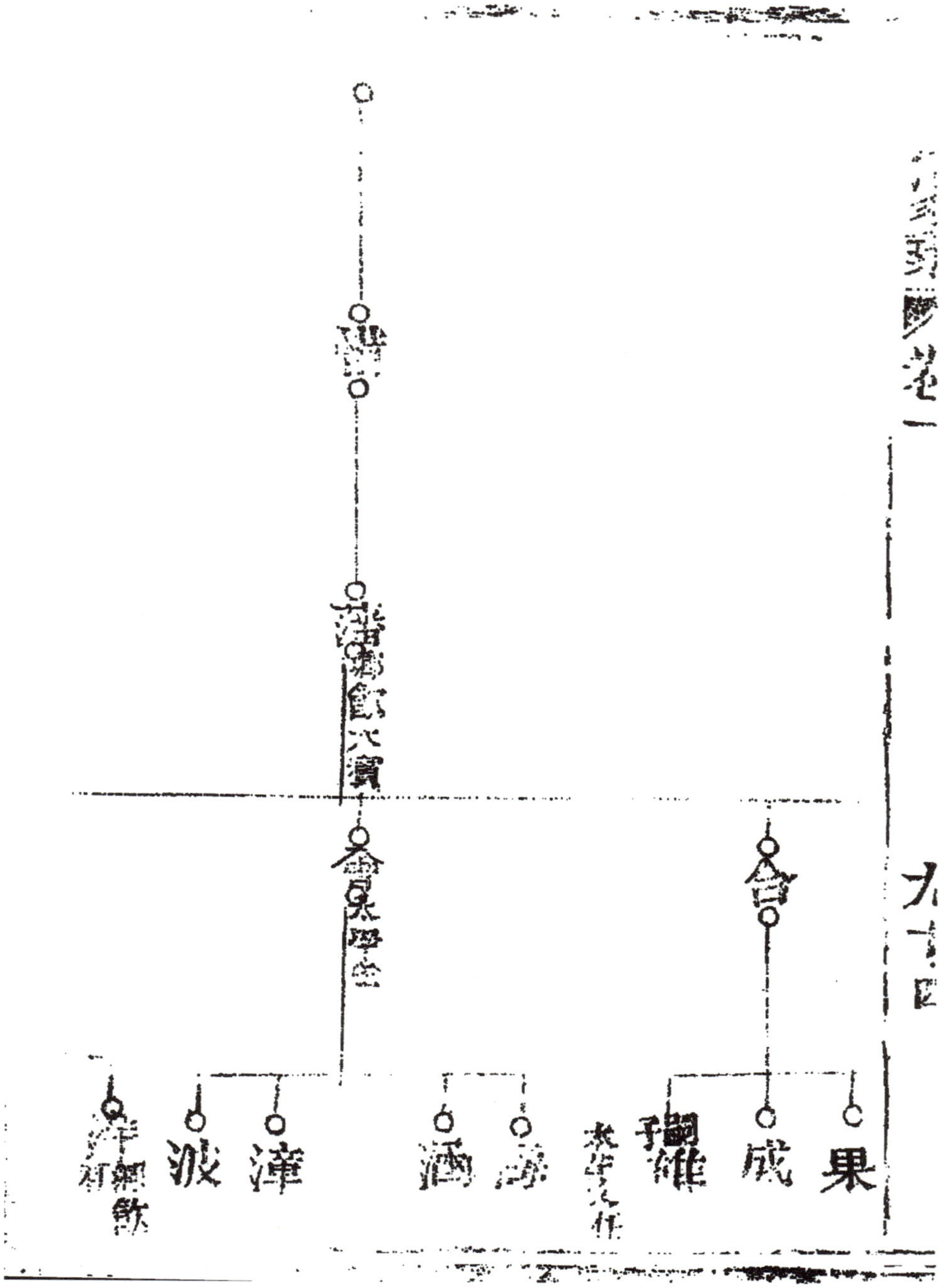
合
果
成
酒
達
波

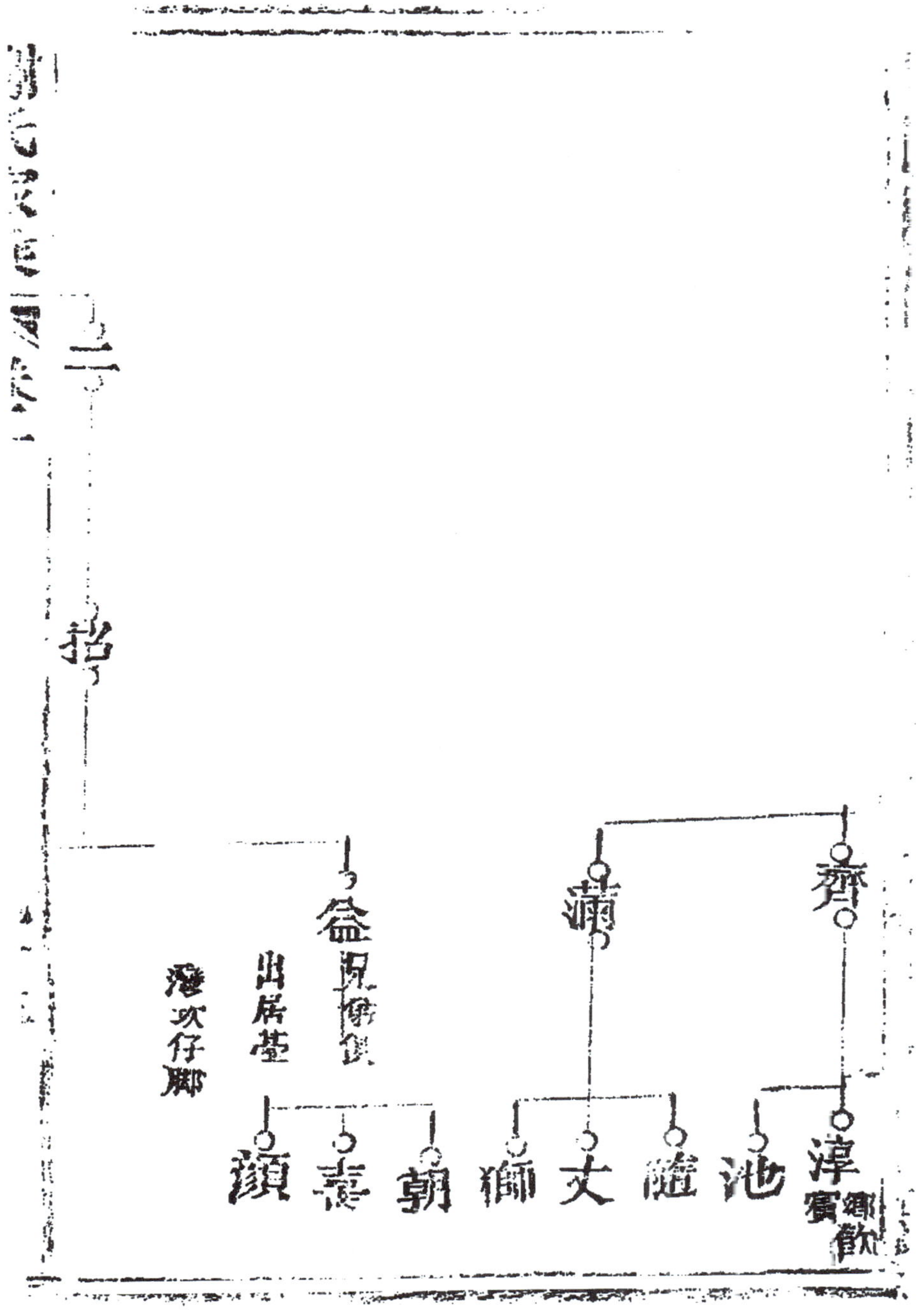
二
齊
淳
鄉飲賓
池
文
朝
遷坎仔脚

濟 → 顯　陣　淨　侍

略 → 宗　旺　壇

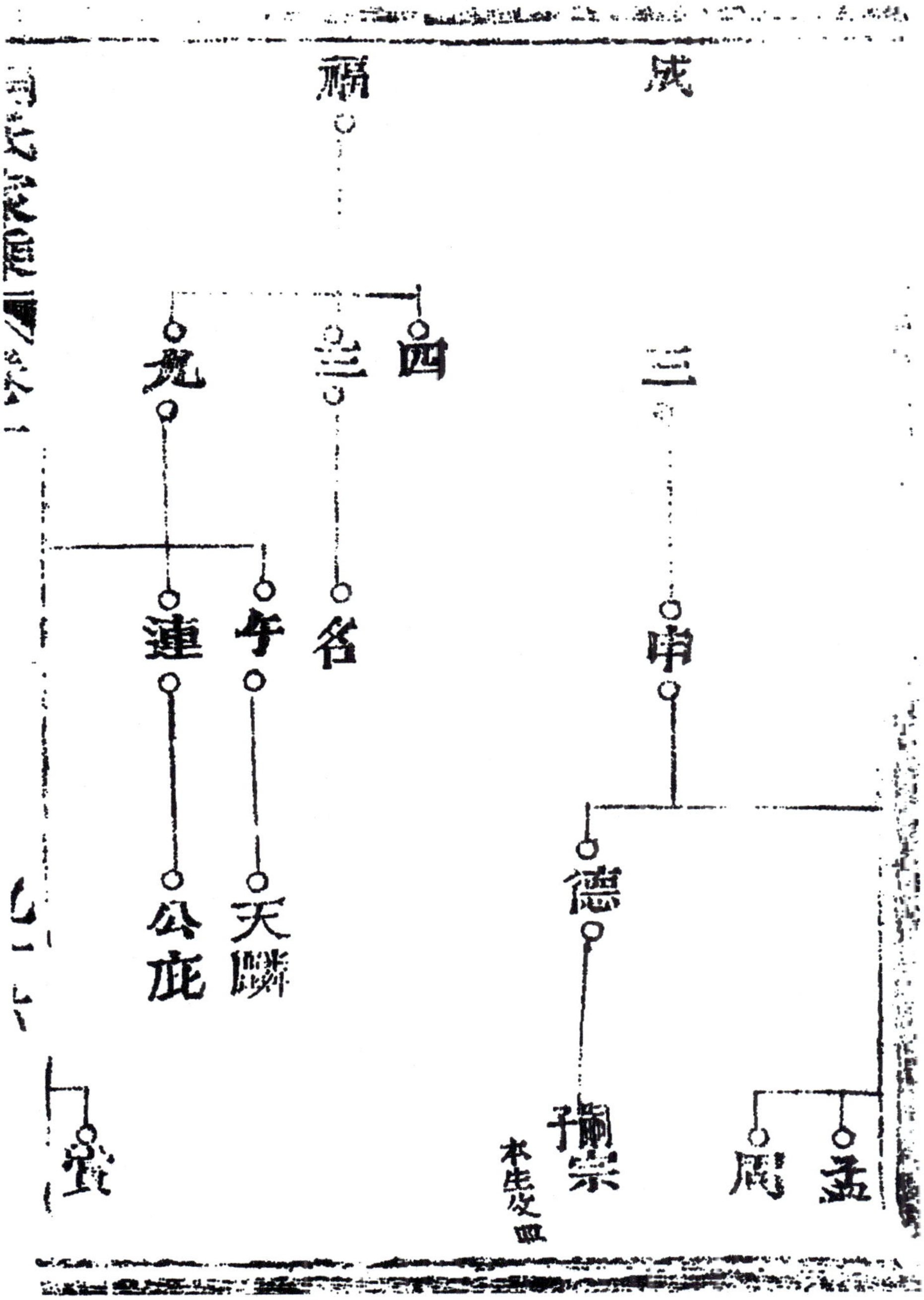
成
稱
四
允
三
申
名
午
連
天麟
公庇
德
嗣宗
本生父四
周
孟

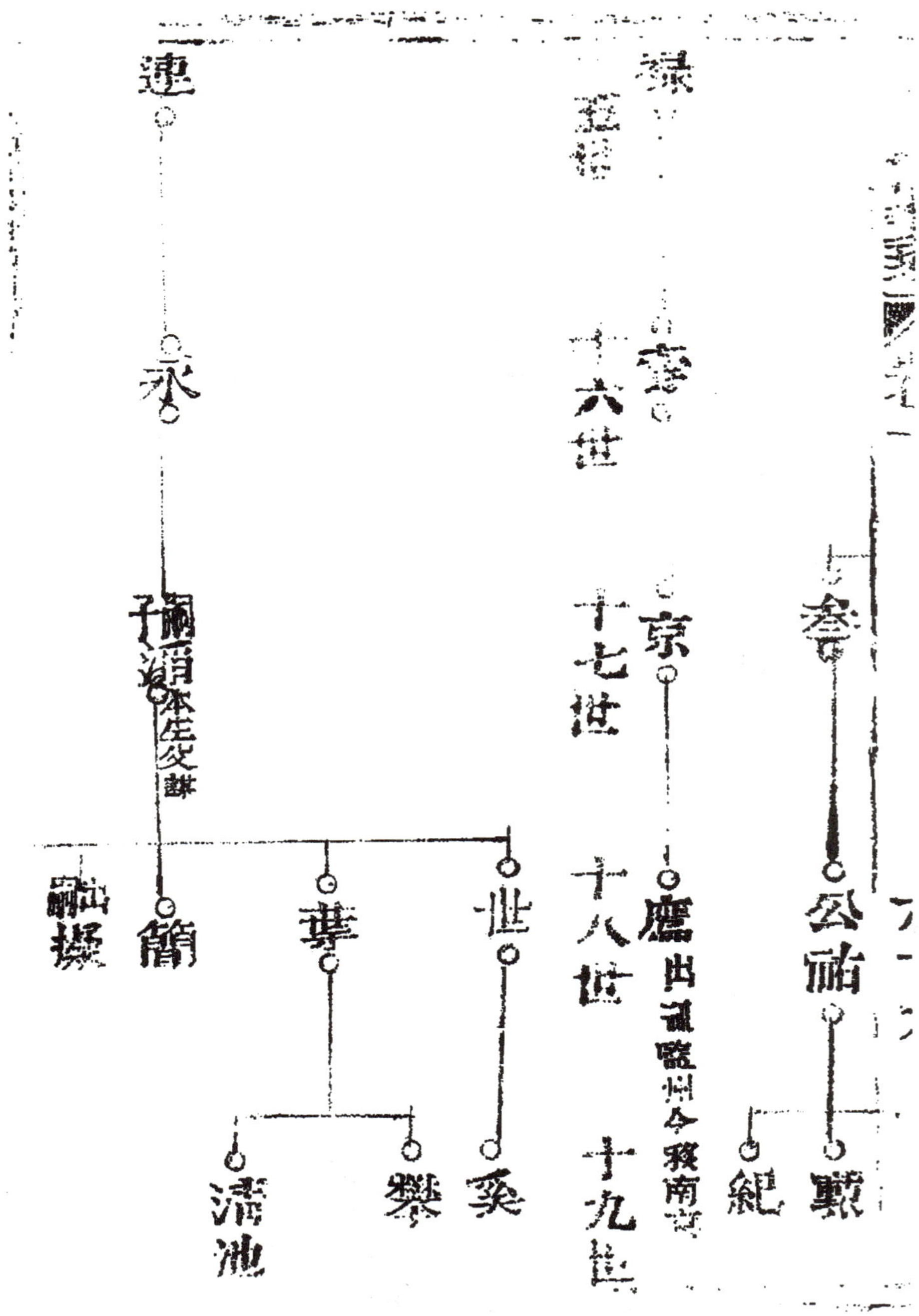
十六世
十七世
十八世
十九世
參
京
應
世
簡
紀

汀

清漘

玉

嗣子消根

本生[illegible]

舉

詁

嗣清根

清枝

求

艷

嗣子擬 本生慶滔

奕

友

訓

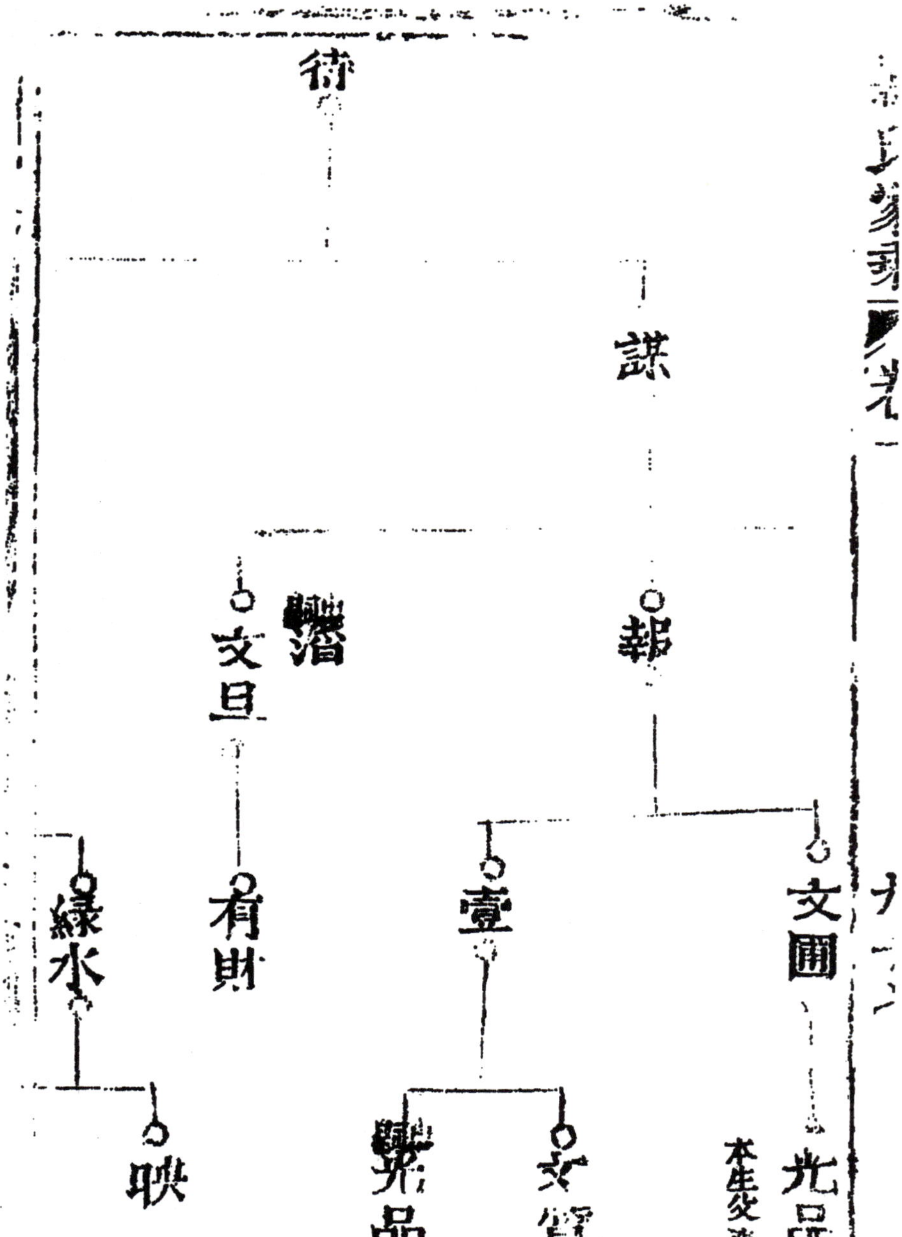

徛
謀
文旦
報
有財
壹
文圃
綠水
光品
本生父杏

畛

天恩

爲政

忍

姣仁

斗

田萍

榮

九荃

烏

盆

櫝 嗣子 本生父榤

鹿角 出嗣

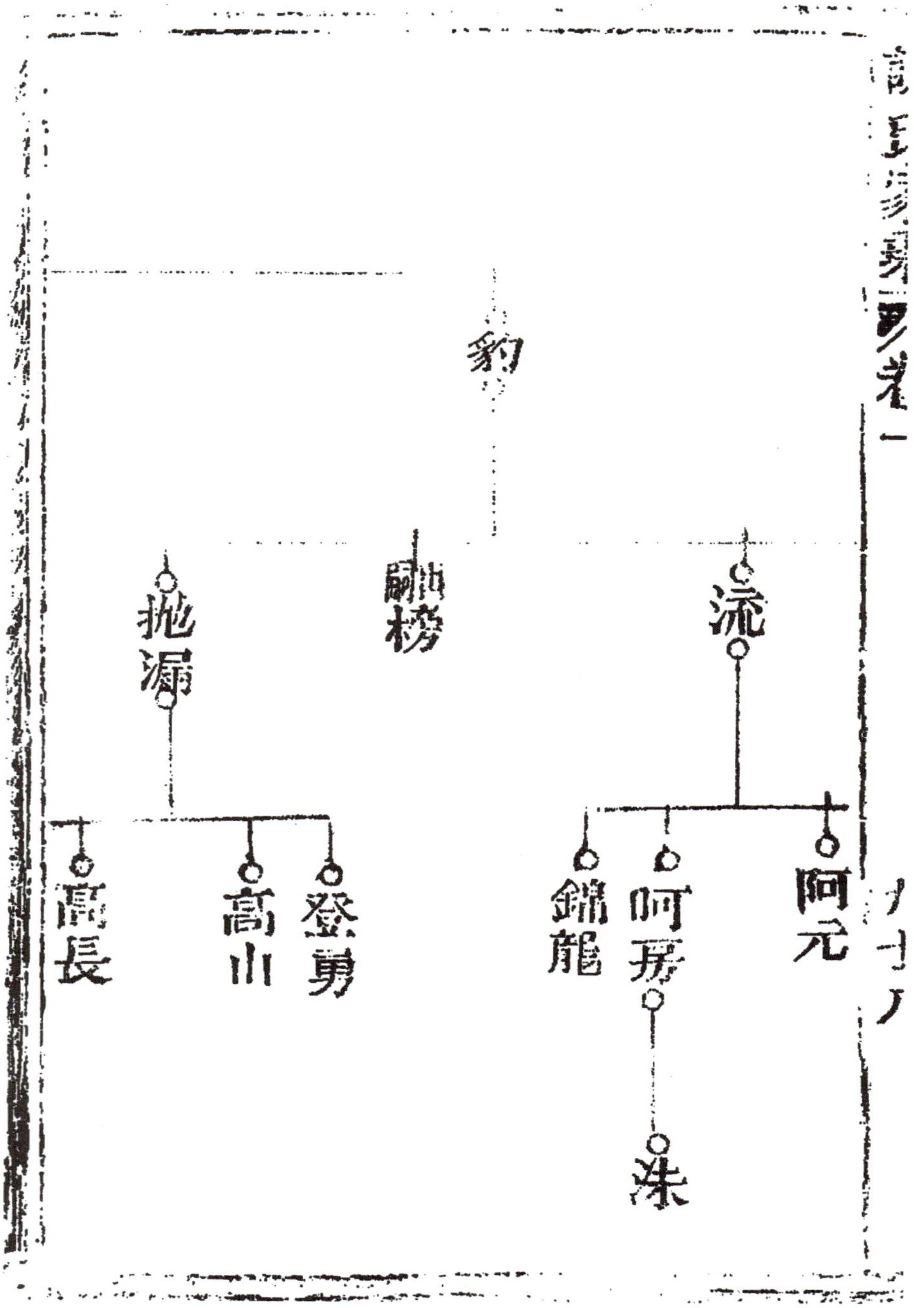
豹
融榜
流
拋漏
阿元
呵爭
錦龍
洙
登勇
高山
高長

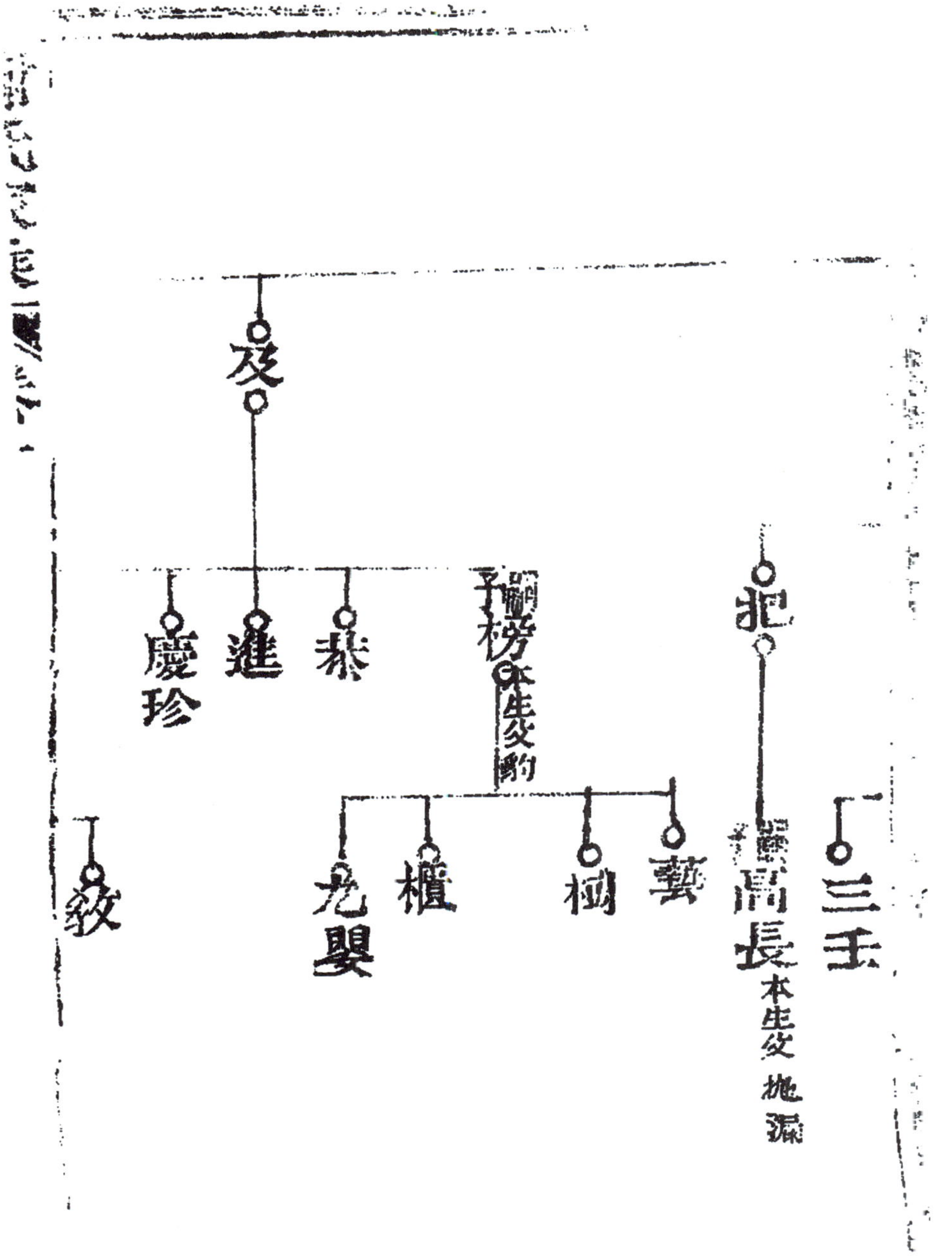
慶珍
進
泰
嗣子
榜
本生父
櫃
樹
藝
嗣子
高長
本生父
三玉

幸過（本生父鄭）
樣

藹
監

翀
理
章

得
奐
源

光香
光□
光鄒
光煉

道使

潮

乔

饒

北寔

北狗

高碖

祥

秋

嗣子鹿角本生父流

珍

初學

群

嗣子樣本生孝遇

院

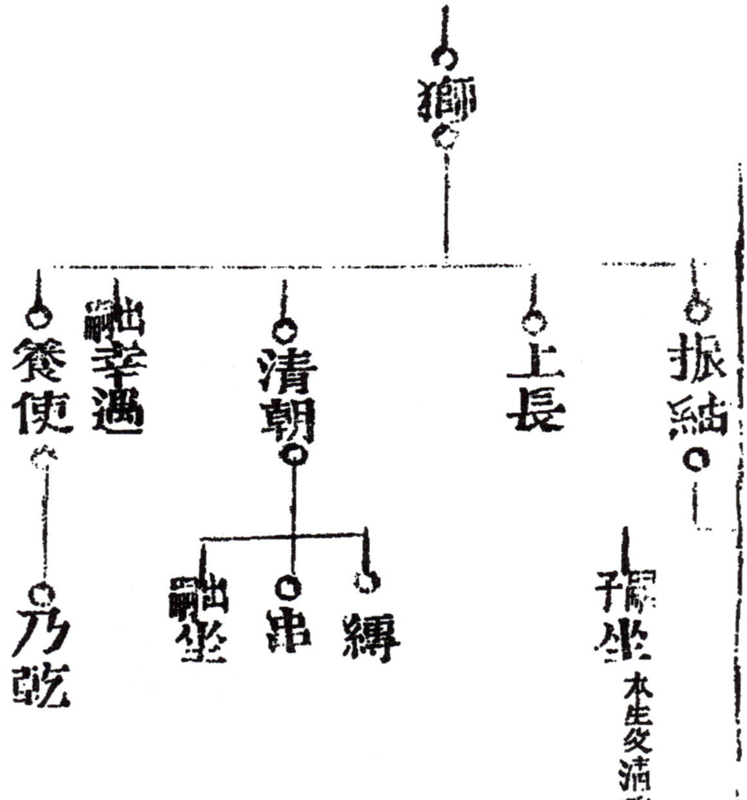

一下

定
獻　公求　烈
公烈

澤
寥
允
良其
光盻
貌
友

肇

冰（出嗣）

崇祿

金賞

能尚

崇森

啟珍

啟瑞

啟泉

取遠（出嗣）

智遠

十一

傑

嗣子 炳恩 本生父仙

崇盛

崇姝

道達

仁遠 邑庠生

禾遠

戎遠

嗣子 取遠 本生父崇盛

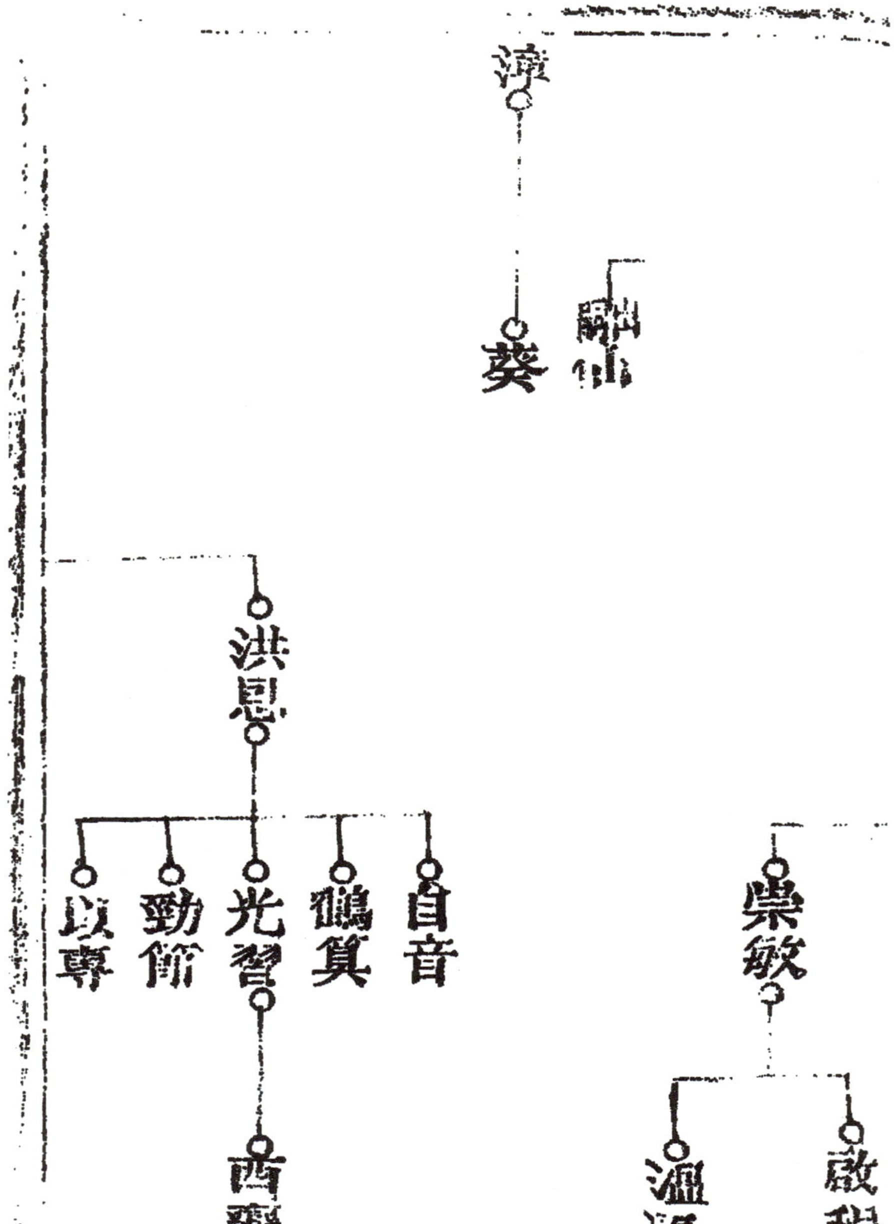
葵
洪恩
自音
鶴貞
光習
勁節
以尊
西鑾
崇敏
啟程
溫厚

海

仙　本生父涵

炳恩

清恩

哲恩

八士

勵士

波

瑞水　本生父涵

淯恩　本生父仙

猷琛

文明

益堅

渭北

湍流

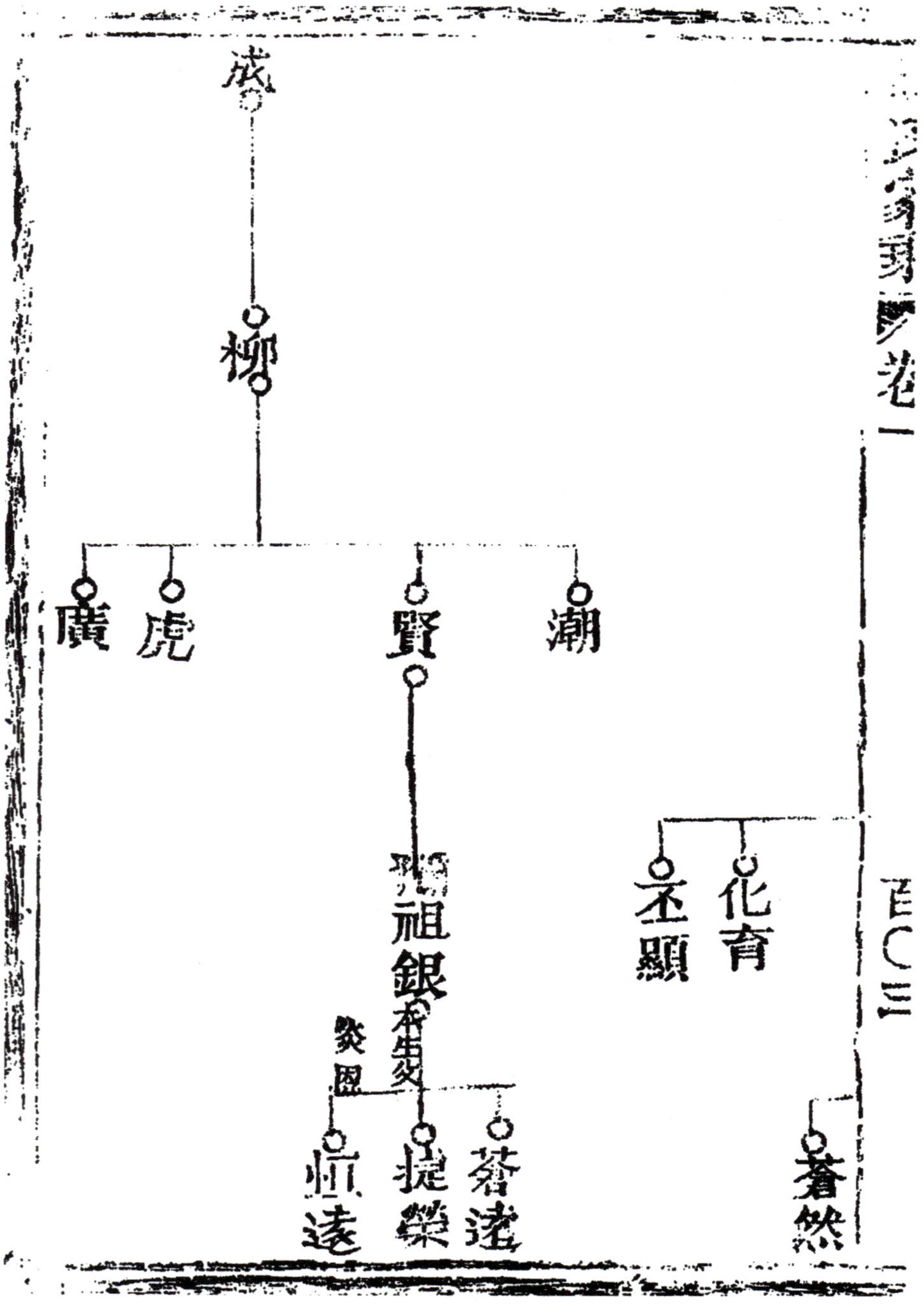
卷一
百〇三
成
標
廣
虎
賢
潮
祖銀
本生父
恒遠
化育
丕顯
蒼然

果

物
君恩
箎能
嗣子鶴算（本生父洪恩）
順天
長明

江

漢

溪

綠

雄

絹

嘉

卷一

出嗣 達

培恩

泗川

嗣子 祖命 本生父承恩

言俊

言旋

言旭

言准

祖填

澳濡

嗣子 長霧 本生父祖禧

出嗣 長霧

長源

炎恩

祖喜
祖欽（出嗣）
祖銀（出嗣）
乾芳

長麟（出嗣）
長存
望得（嗣子，本生父倘考）
望甫（嗣子，本生父祖欽）

長房二房老二

百〇五

慶

滋學

濤恩

榮芳

禮祖欽

祖陞

祖標

望得

望常

望見

望甫

長麟

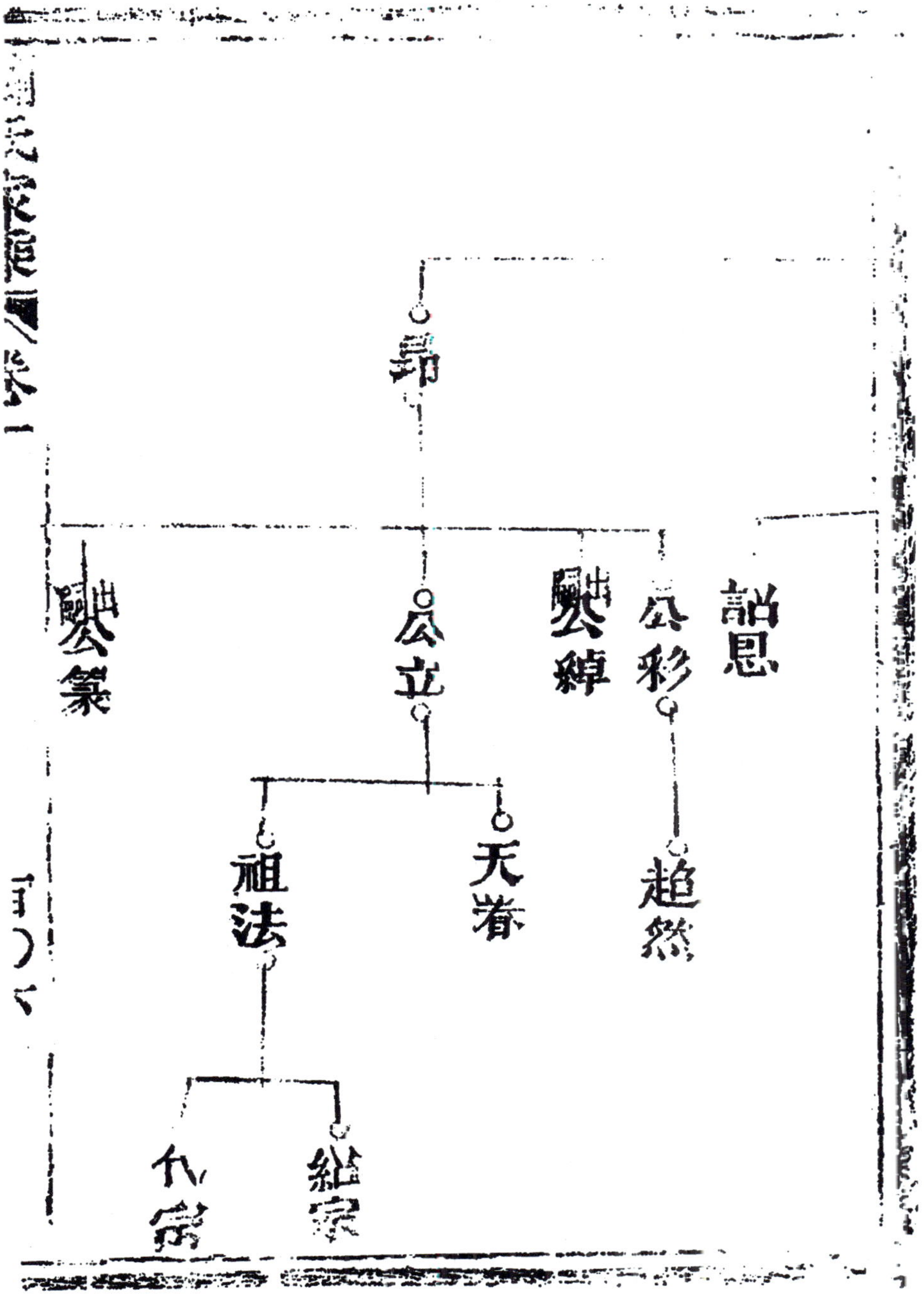

鼎
詒恩
公彩
公綽
公立
公纂
趨然
天眷
祖法
紹宗

漢彭卷一　百〇六

淓　泮

瑞　領　阏　畏

尚帬

出嗣燧垣

入嗣燧垣 本生父畏

入嗣公纂 本生父昂

出嗣泗川 還繼本生祖二房

出嗣培恩 還繼本生祖二房

祖烈

入嗣光便 本生父祖譽

出嗣光便

淡
繼子 達 本生父淳
承恩
祖馨
馬耳
祖命
天從
出嗣 濬川
五全

泳
政
繼子 濬川 本生父達

丈
送來
繼子 公綽 本生父昂

隨

彭氏家乘譜卷一　百〇廿

獅　喜　朝　顏　陣　群　顯　侍

壇

胤

學

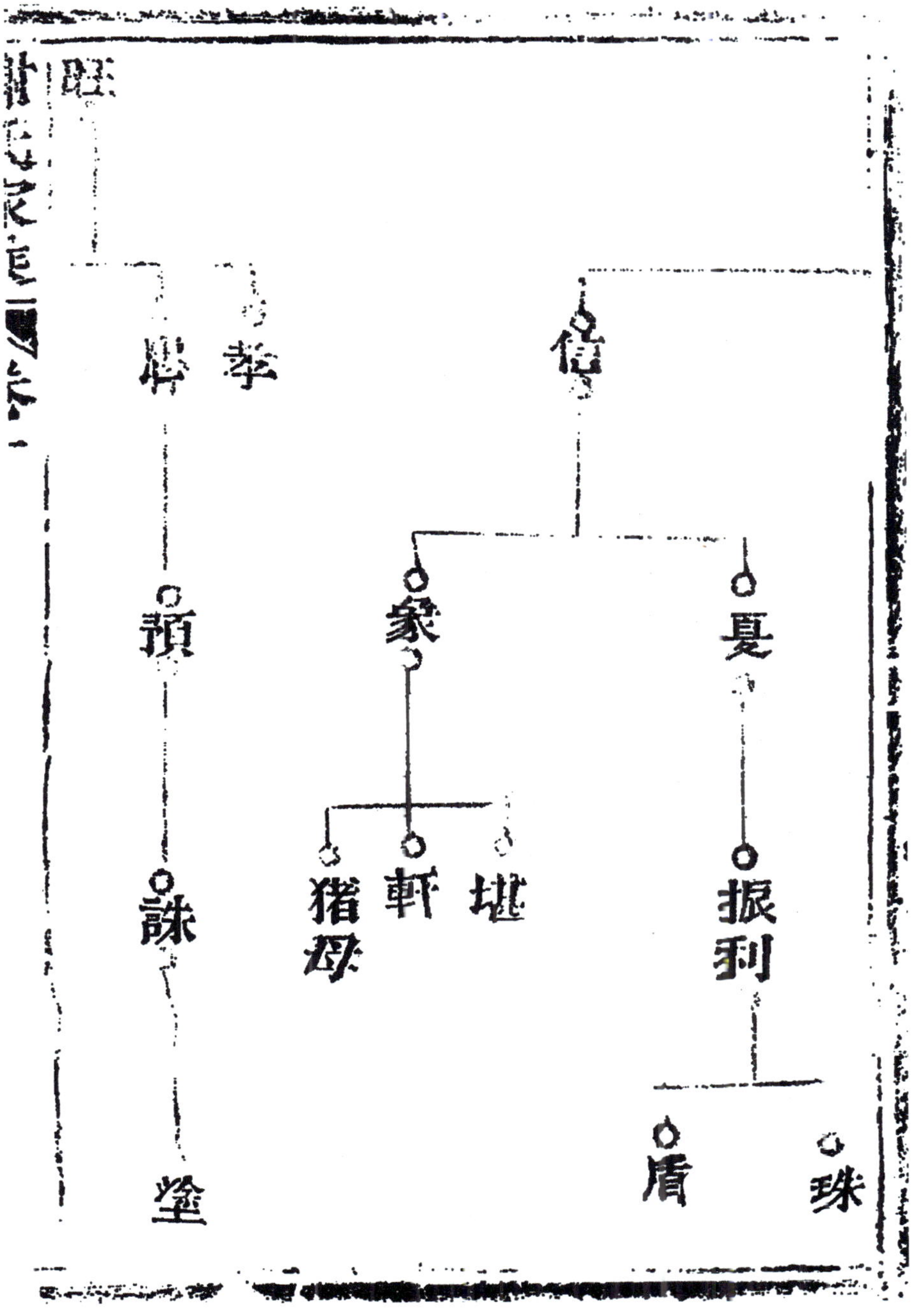
旺
孝
預
塗
信
象
夏
猪母
軒
堆
振利
珠

卷一

百〇八

璩　節　禮　琥　孟

鑑 還繼本宗通長派第四房

周

就

九

出繼
鑑

咎

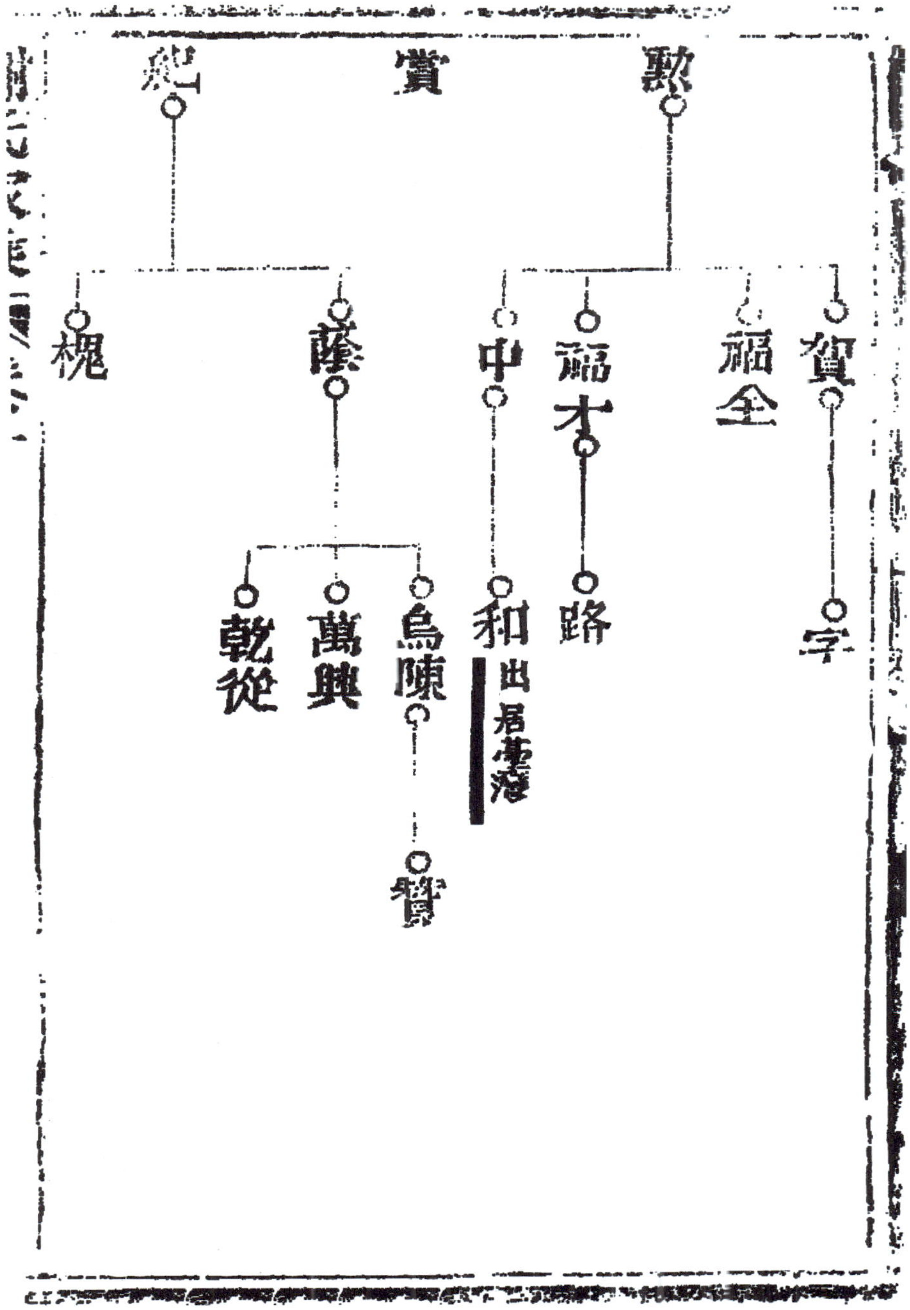
勳
賞
紀
賀
福全
福才
中
藤
槐
字
路
和
出居臺灣
烏陳
萬興
乾從
贊

十一十　廿二世　廿三世

光晶　松

文質

友

英

訓

清枝

清根

映

斗

猴

攀

嬀成

清池

溪

清溥

光宗

光早

光香

光練

追遠 — 厥師

仁遠 — 厥脩、厥昭

智遠 — 厥政

忝遠

戎遠

啟端 — 厥愛

啓珍

啟泉
取達
衍達
余貫
啟程
溢覃
時臺
清流
蕃然
文明

提欽

蒼遠

恒遂

順六

望賞 — 文通

望得

望甫

望見

長祥

長源

長孫
毀務
漢儒
紐泉
氏宗
馬耳
傾光
珠
居
金口
完

謝氏肇基澄邑世系圖卷二

家始祖伯宜公

程年

恂利　恂揚

銘榮　銘顯

[illegible]卷二

謝氏肇基石塘世系總圖

一世

始祖東山公

二世

道明公

三世

任公　睦公　莘公　友公　嫺公　恤公

道舉公

富

榮公

華公

貴公

任公第五房分派世系圖

衍三

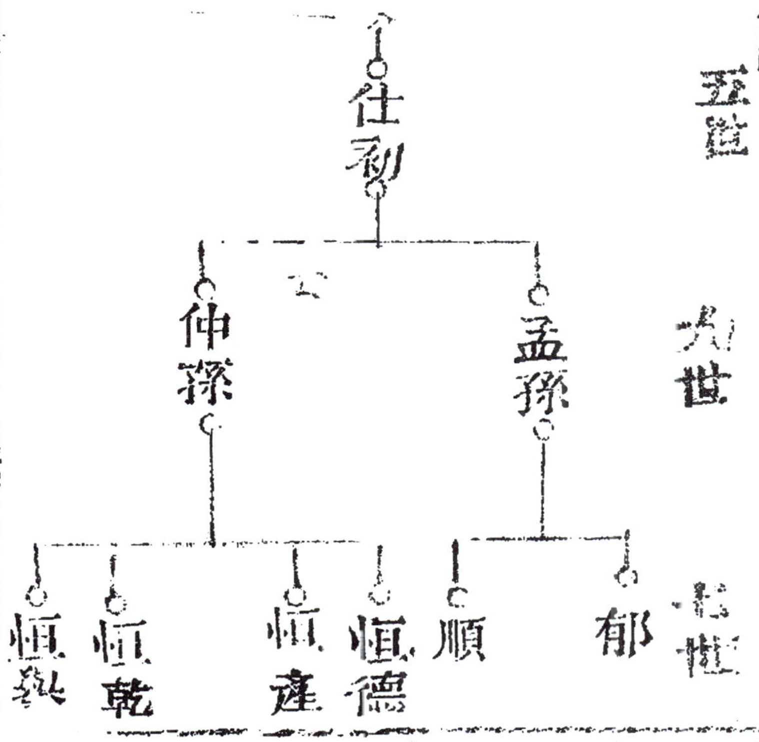

濚寶

盛元

惠孫　順孫　義孫

要表　龜齡　胤淵　胤剛　胤助　遂沚

橈利

史孫

敏孫

遜偉

志覺

志肅

琢

璇

璣

傑

文

[illegible]卷二　四

[illegible]

添富

松初　檜初 北京隆慶右衛祠五　梓初

諭孫　聮孫　義端

儼宗　岳宗　尚乙　尚彭

文宗

瑞裼　　八世　　添壽

白　　九世　　爵初

陽震　陽回　　十世　　新孫　孝孫

十一世　　添成　添盛　添厚

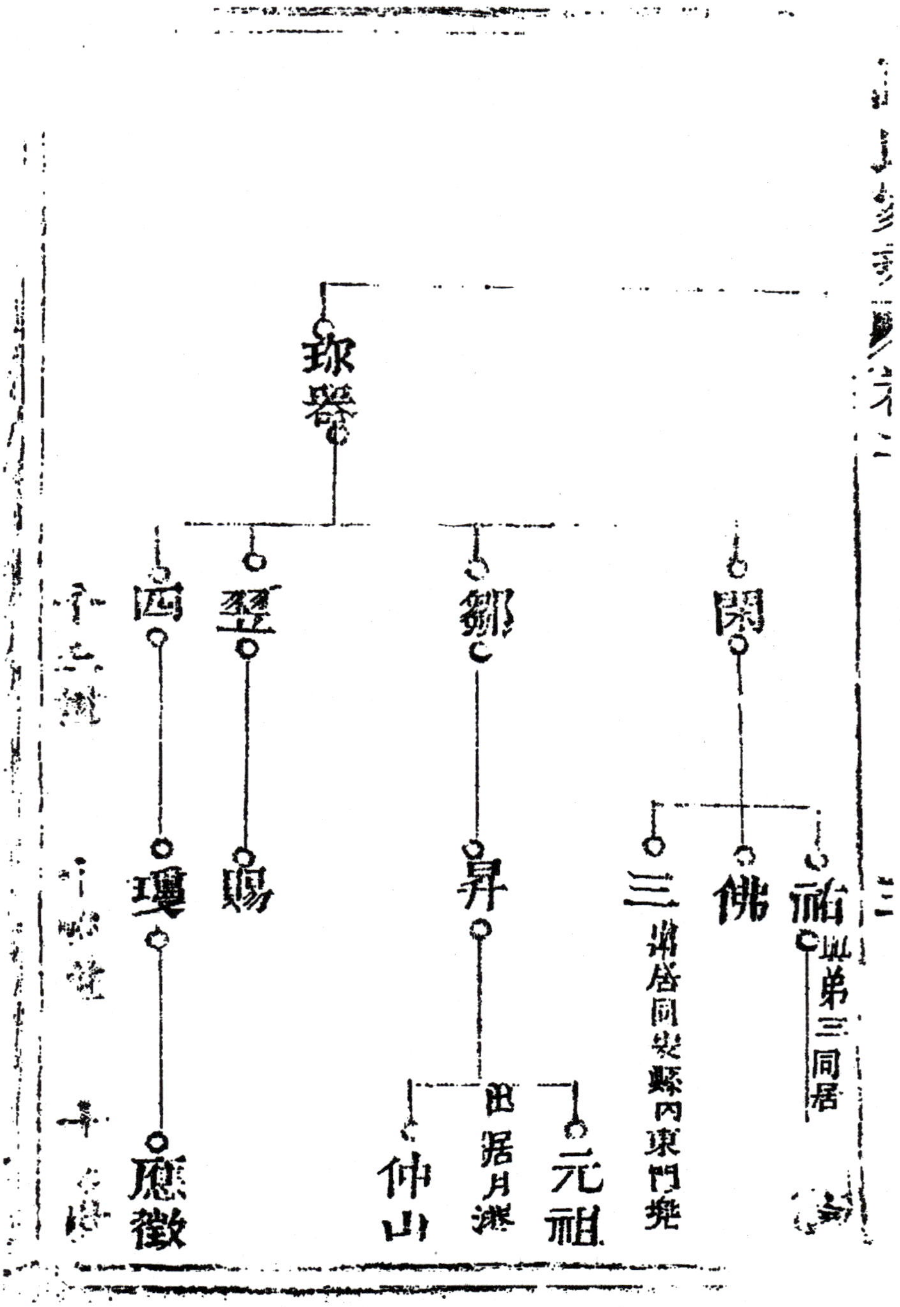
琭器
閑
鄒
翌
函
三
居同安縣内東門兜
佛
祐
弟三同居
昇
賜
璽
元祖
居月湖
仲山
應徵

謝氏家乘圖/卷二

元祖出居月港

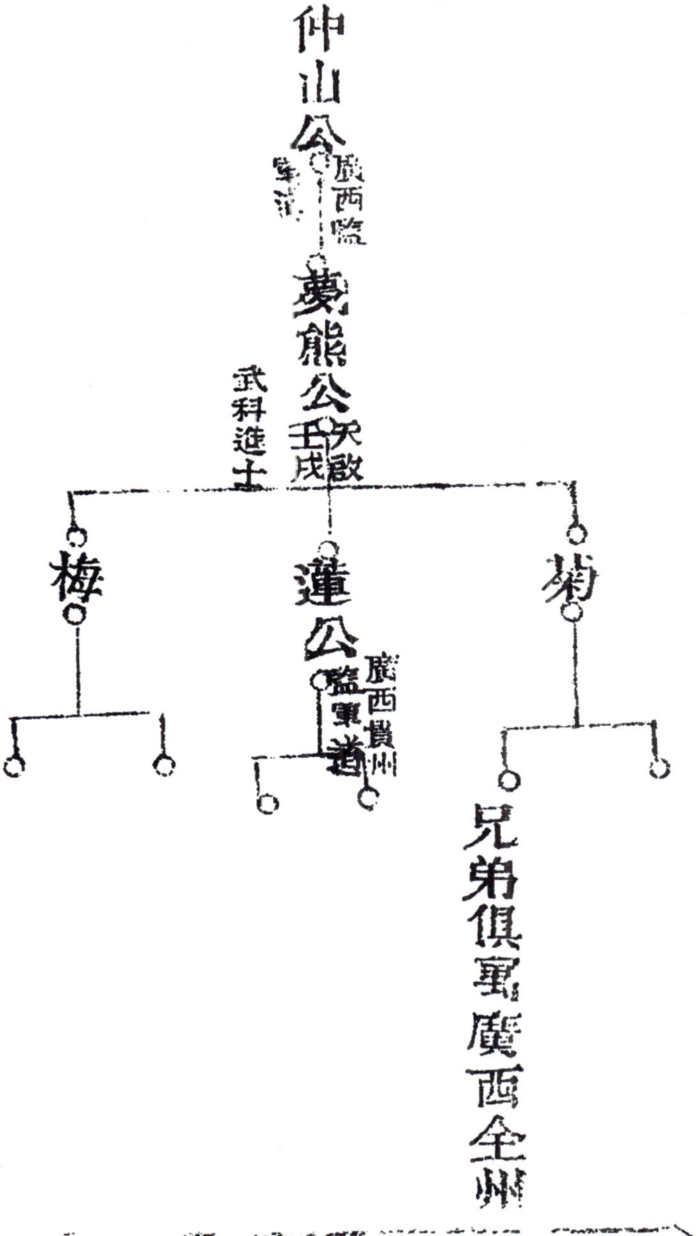

六

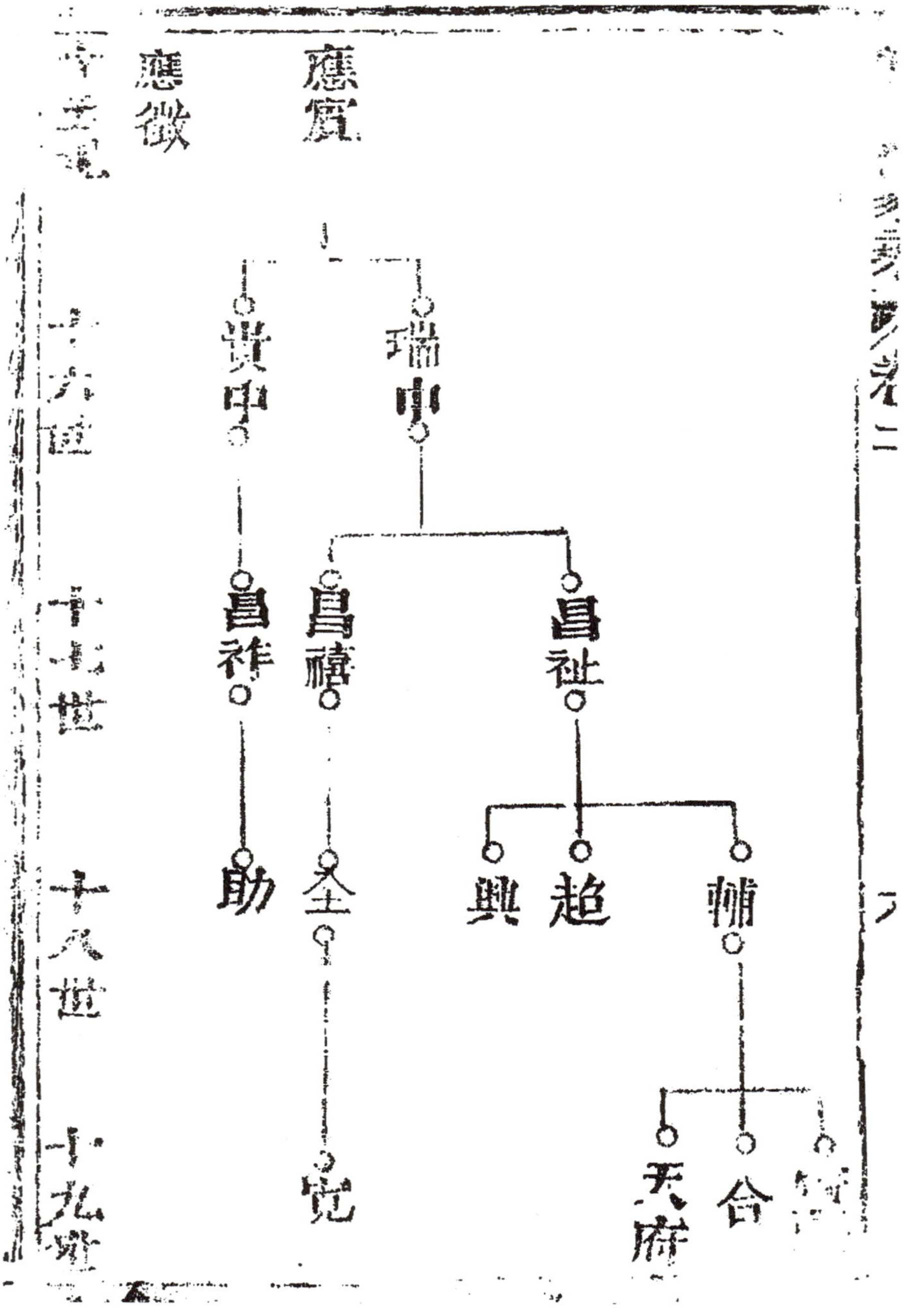
應微
應賓
十六世
貫中
瑞中
十七世
昌祚
昌禧
昌祉
十八世
助
全
興
超
輔
十九世
覚
天府
合

合 傳門

寶隆 燦 鐵

天府 發

寬

九世

里

十世

爾表 爾岳 爾湖

十一世

- 儼宗
  - 啟
    - 驪
      - 爾岠
      - 爾陵
    - 魁
      - 爾岵
        - 讀
- 爾需
  - 苗
  - 葉
- 爾孝

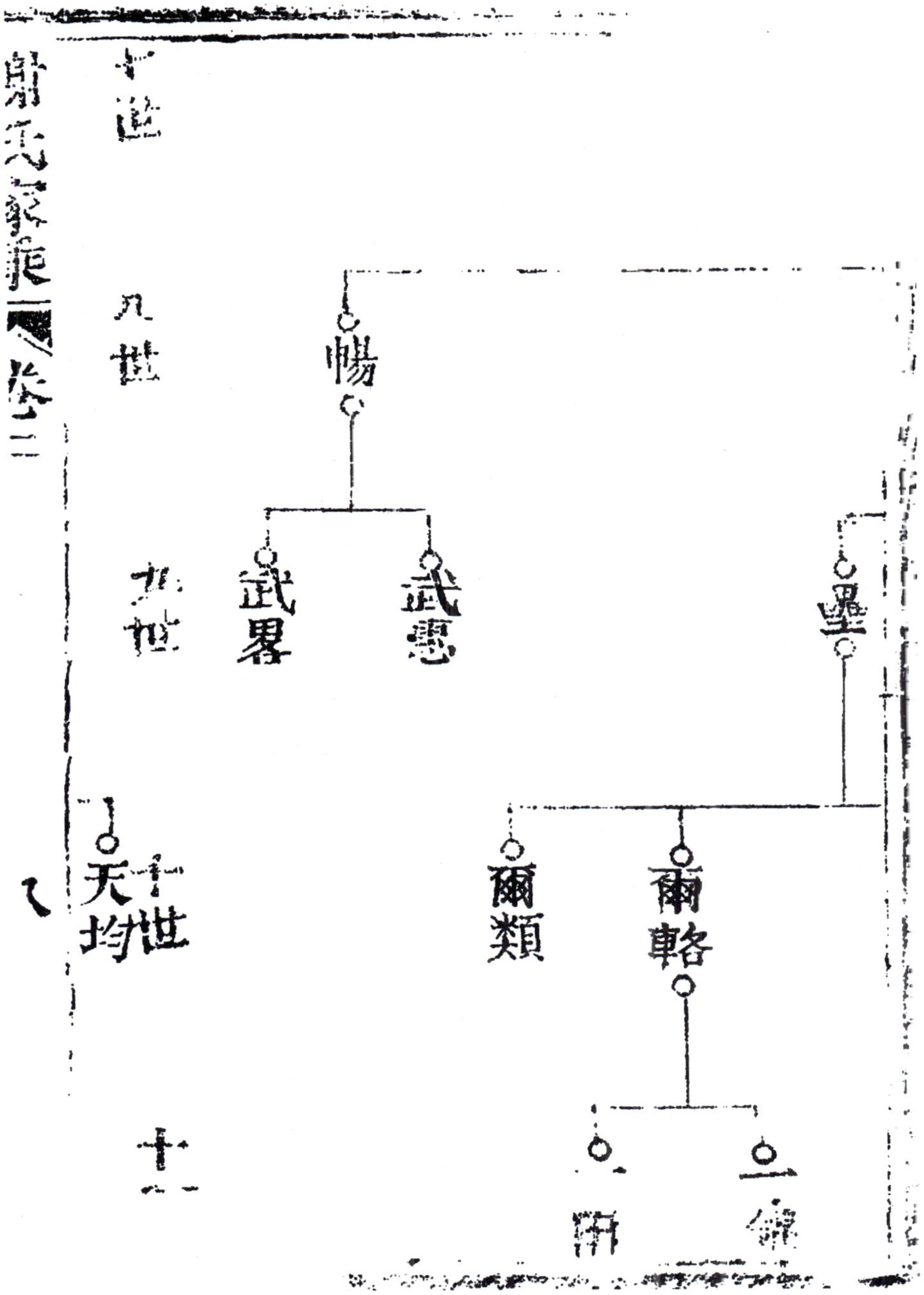
謝氏家乘　卷二
暢
武累
武憩
塈
爾類
爾輅
天均

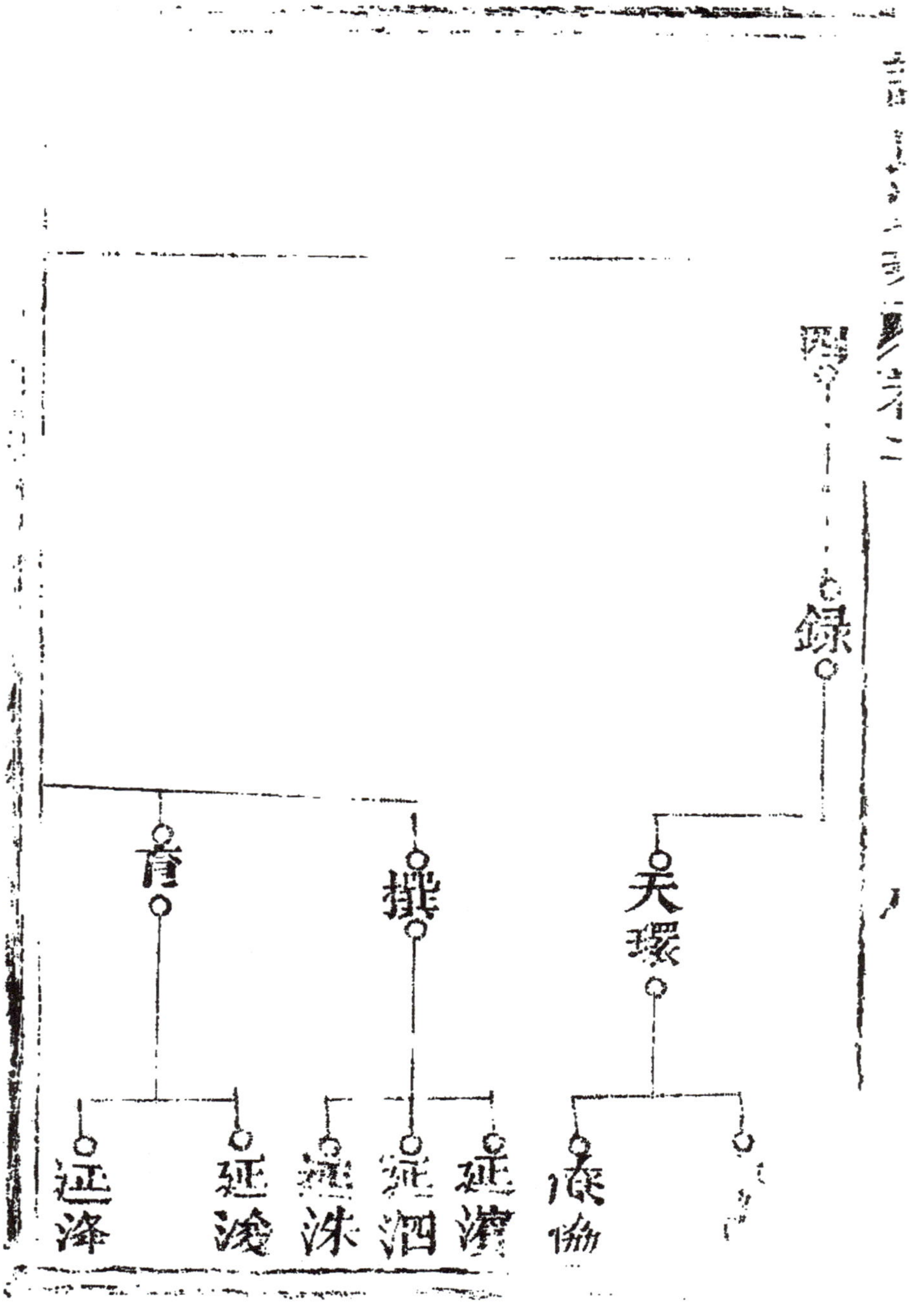
錄
天環
延淩
延洙
延泗
延濟

淵

首

延瀾

延洪

延瀋

延漸

憲

延沚

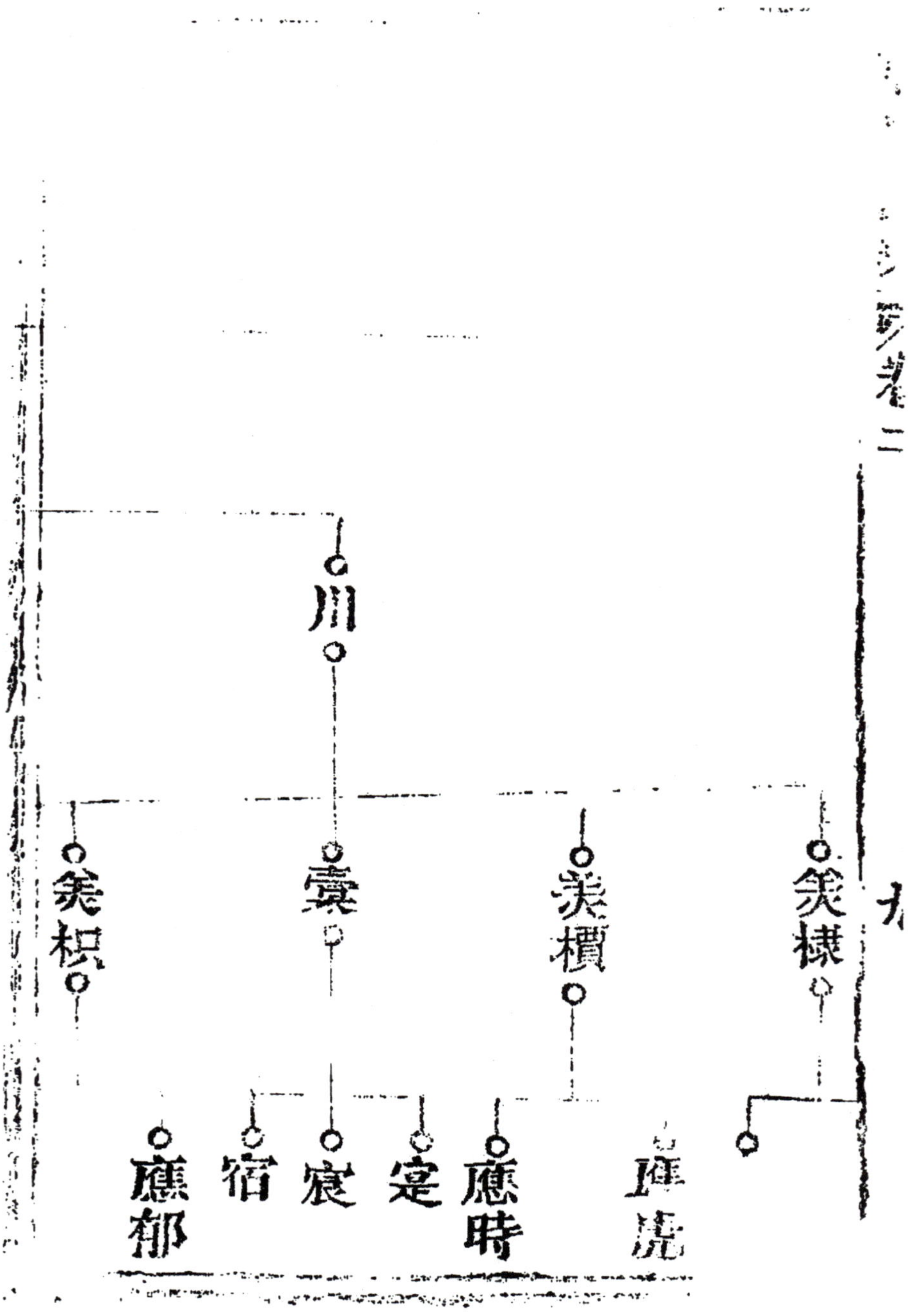
卷二
川
美棣
美櫃
羹
美枳
應時
定
寢
宿
應郁

崇

樸

應園

二卿 邑庠生

日毅

日壯 邑庠生

日堅

日弘

日[illegible]

家譜卷之二

澤

鄉

三鄉

卿

周南

只強

日敏

協熊

協麗

一性

一代

一滕

謝氏家譜　卷二

浪

召南　衛　信

叶凰　協麟　協鵬　聖國　安國　愛國　場　坦

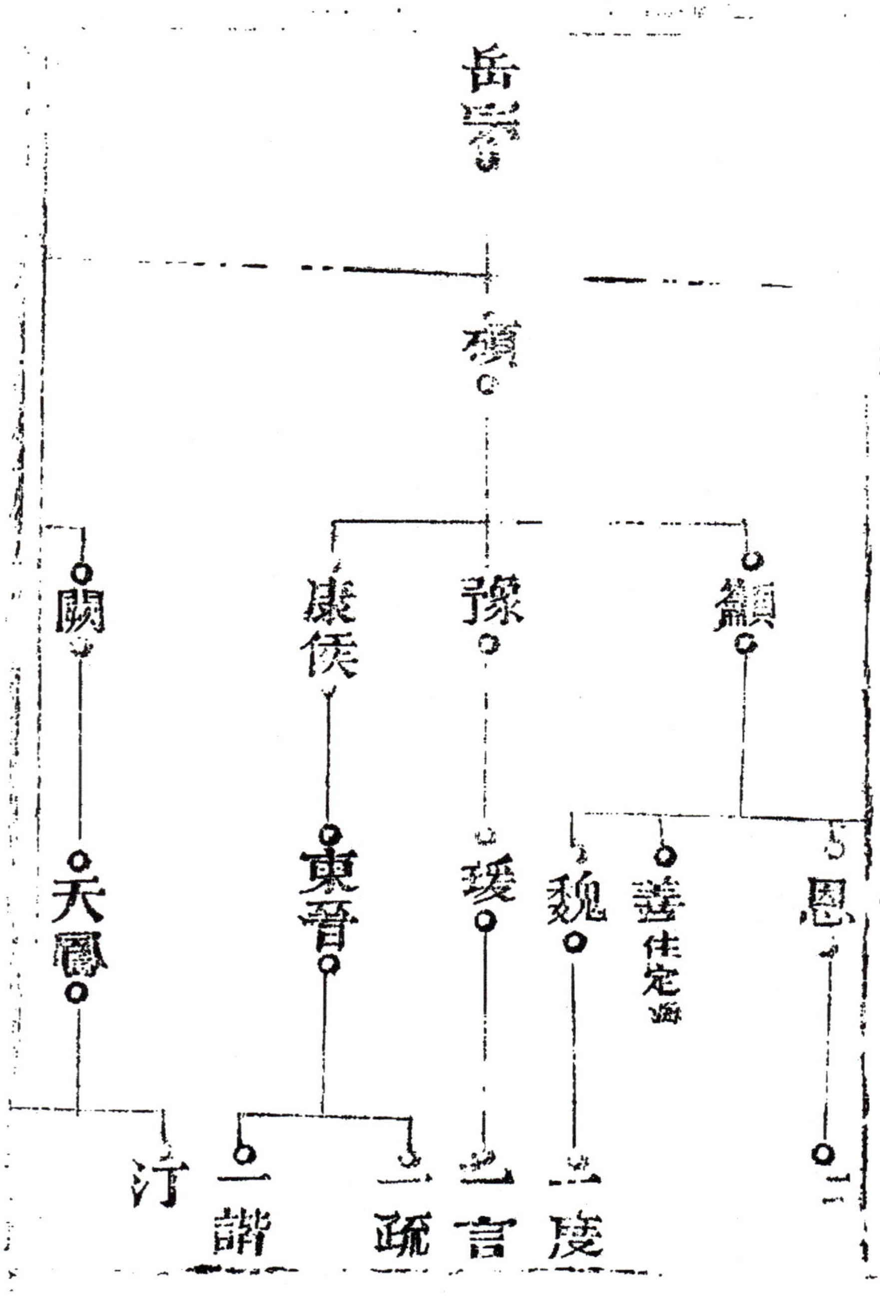

卷二

十一

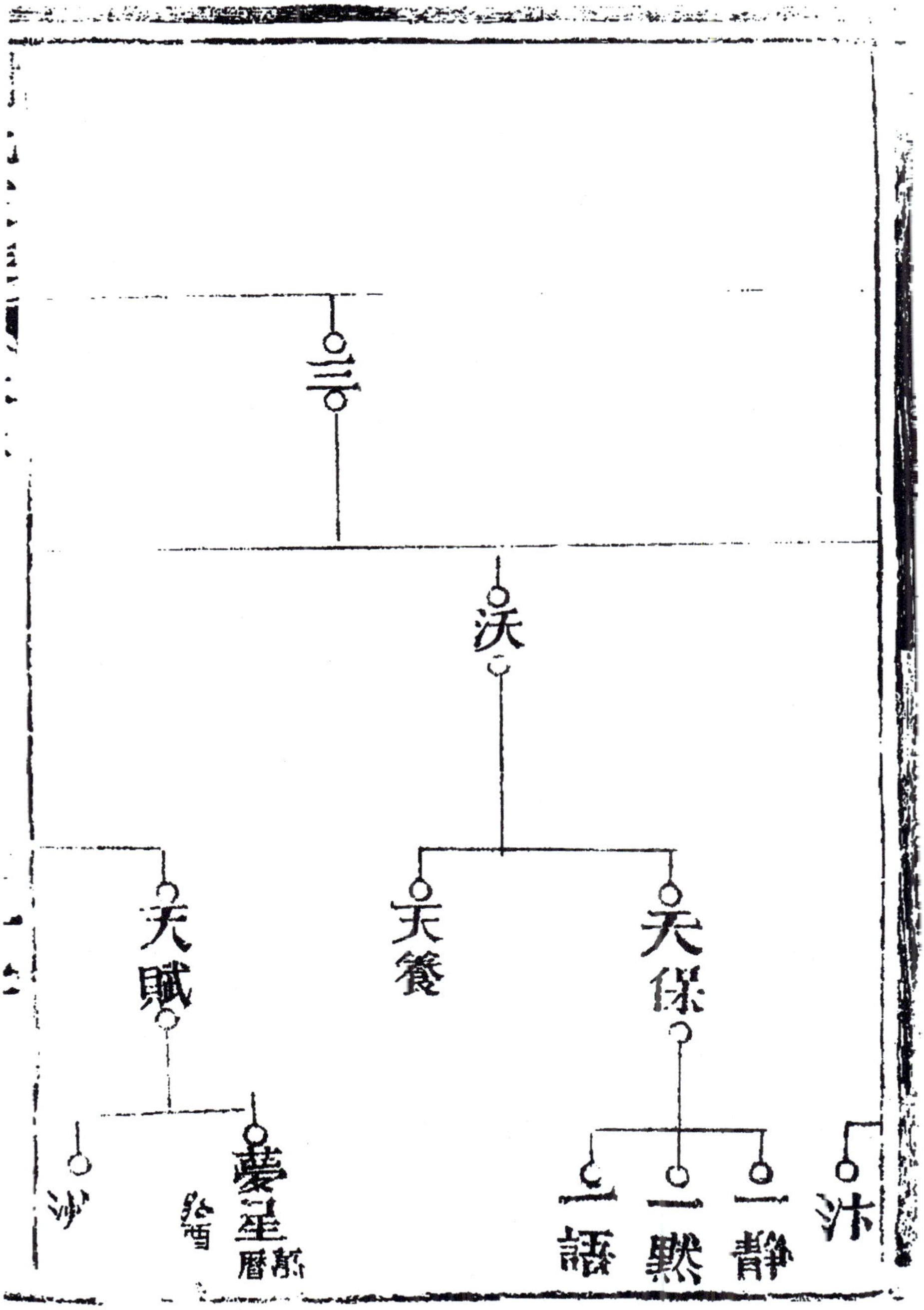

言
沃
天賦
天養
天保
沙
夢星
一語
一默
一靜
沐

國
橈

天賀
荐
趋
秦 鄉飲賓

涉
泳
二愷
自椅
自橦
自楷

十一世 十二世 十三世 十四世 十五世

紀

鍾茗　鄒氏生

楚　鄧氏生

自梓

自楷

諧

讀

虢

苗

錦

謝氏家譜　卷二

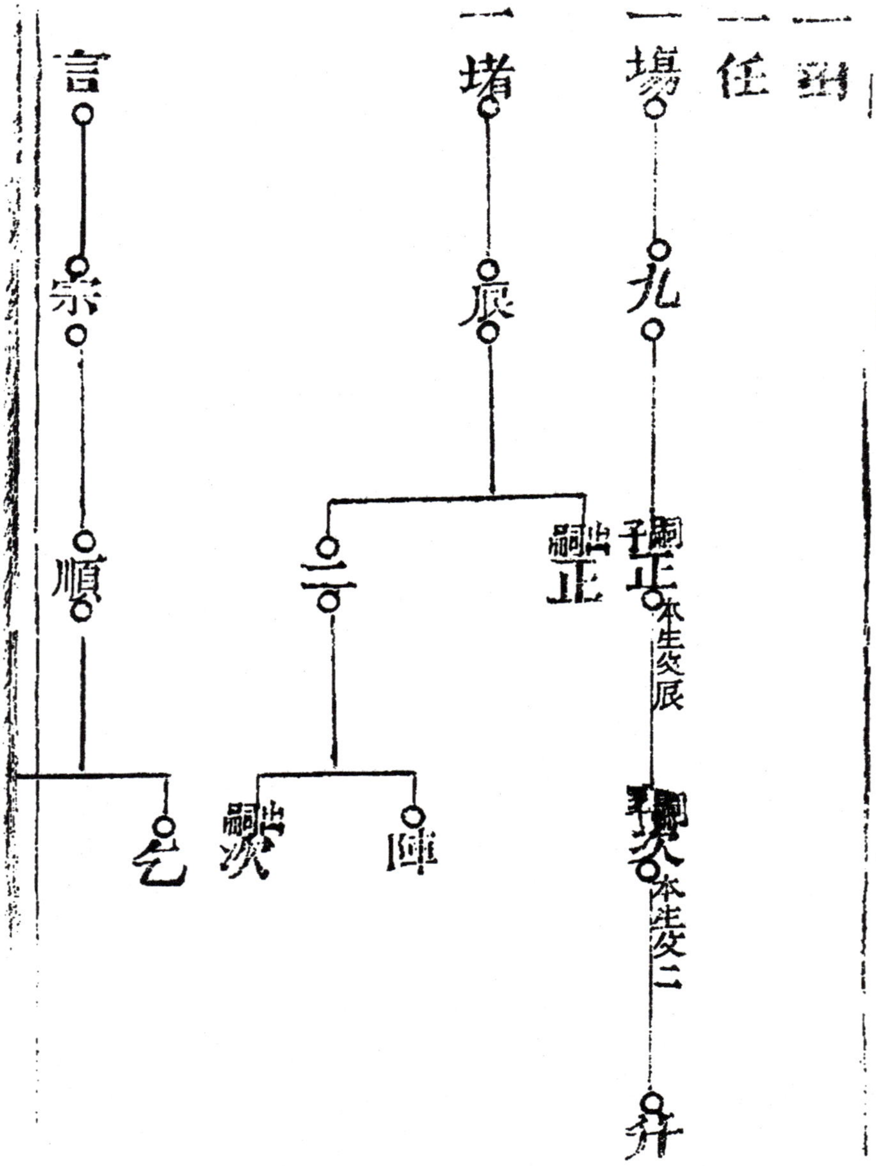

一度　一疏　一諧

宸

履中　納中

寔

道中

玉墀

伴

孔

元中

宿
繼中

玉增
清
允

玉壎
玉圻

應虎
應時
思中
應郁
應圍

儒隆
允孝
允忠

儒奇
允廉

曰親
華中
榮中

曰幸

曰就
富中

曰強

曰壯
建中邑庠生

虛中

曰堅　用中

誠中

曰毅

曰弘

曰敏　夢彩公　萬曆辛卯武科舉人　戊子

延浚　景瞻

景明

錫祖　宗翰　喜　忠

延洚
宗英
崇
錫瑢
宗彬
宗彥
延洪
景祉
諭中
景堯
喜良
吉慶
吉履

景應

吉甲

吉良

吉章　仕顯　時虎　時龍　時旺　時邁

吉謨　仕傳　時行　時瑾　時懋

經澹

景諭

吉彩　吉丙　吉香　吉譪

仕俊　仕祿　重　汝璋

騎魁　時庸　時携　時立　時中

吉元

吉芬

景從

吉會

仕傑

敬　富　待　祿　貴　嚴

景遜

迎湘

景建　景言

吉馥　吉瑞　吉招

權麟　靜 生惠州府西門外

南　詩　山　春　豸　觀

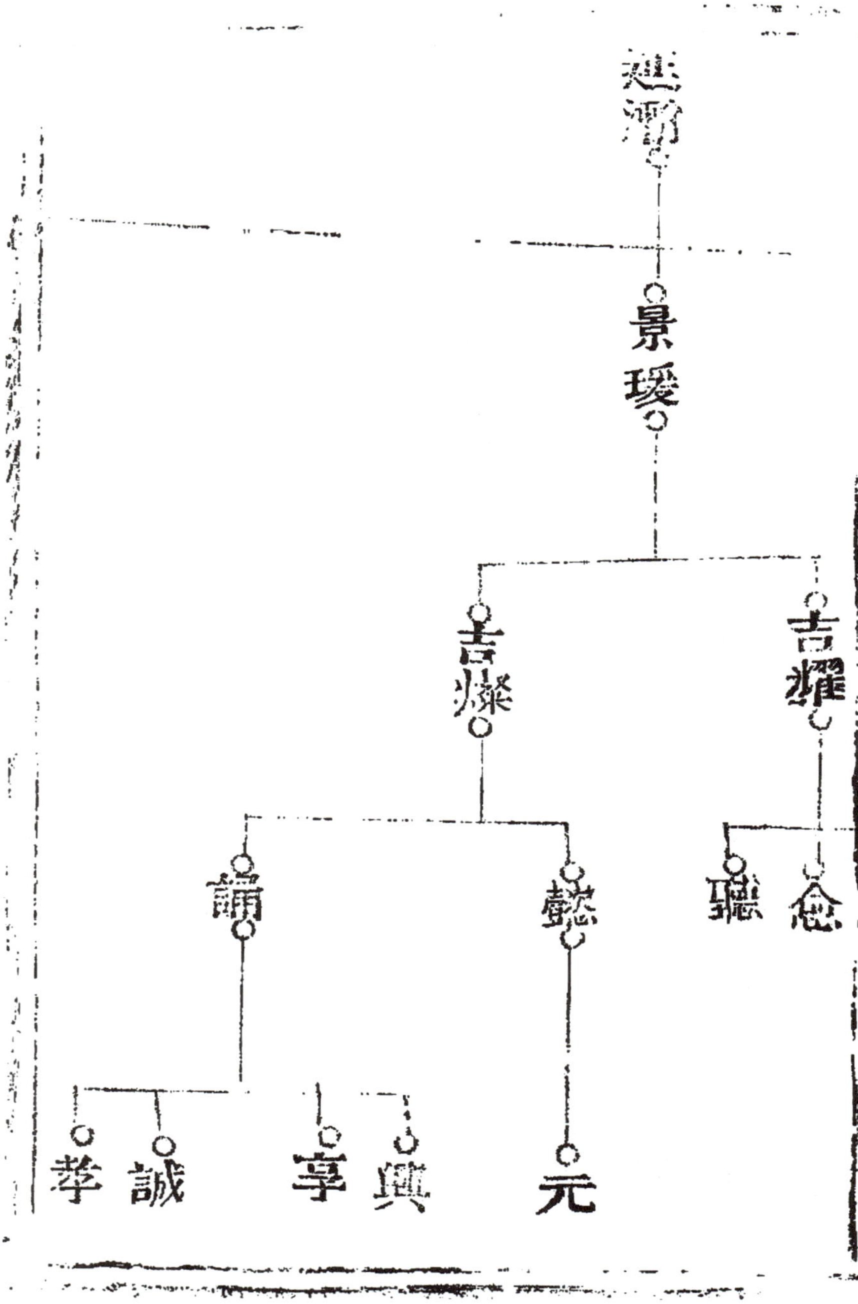

卷之二

十七

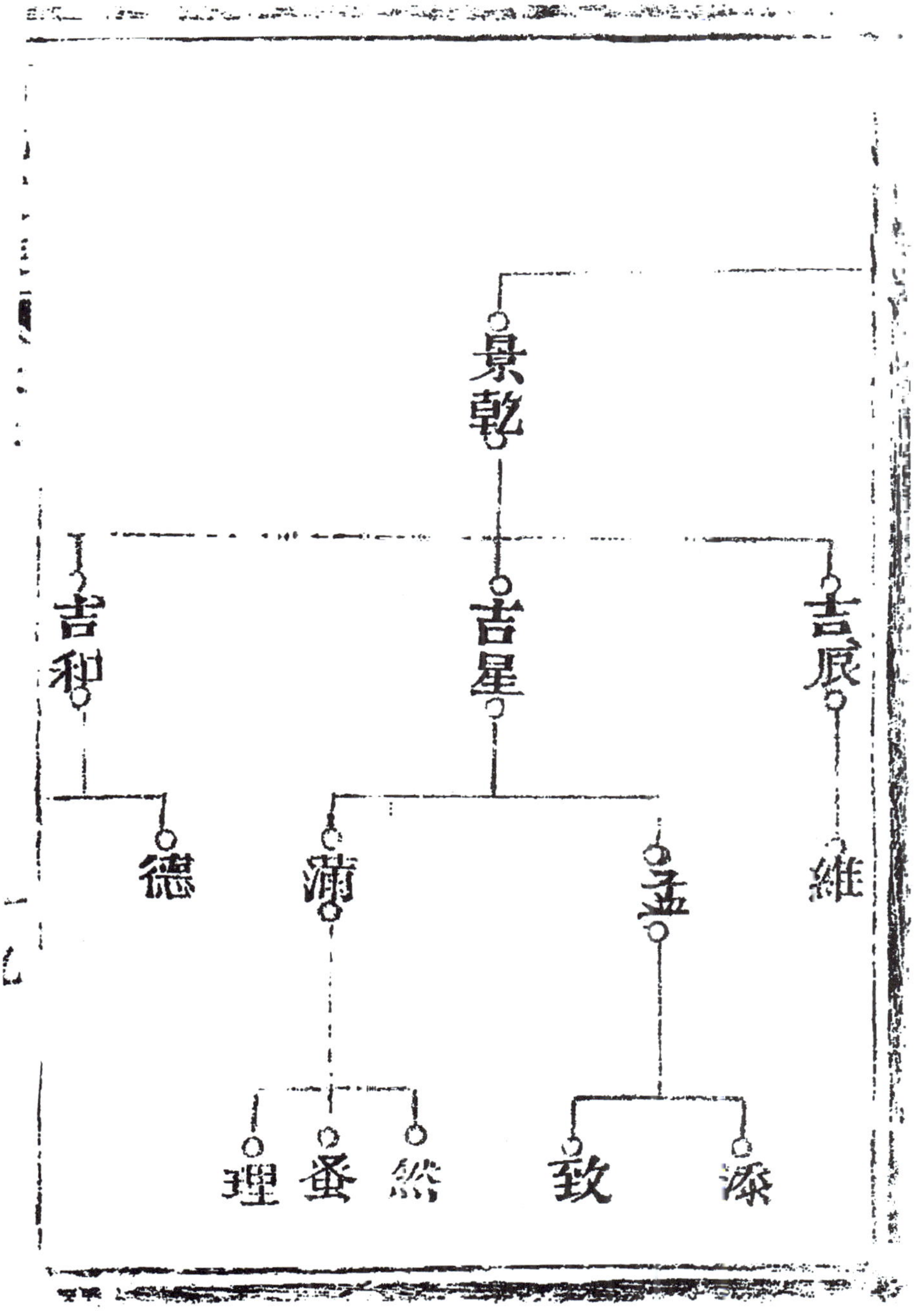

景乾
吉辰
吉星
吉和
維
孟
浦
德
添
致
綌
蚤
理

士模

燵　燴　燵　煩

萬　昆　振 徙處州府瑞昌縣　佐

周　萌 生顯 州府南門外　酒

煌 — 参
兑 — 瑄

延泗 — 士格

延濱 — 士標 — 燗 — 陳 — 瑯
　　　　　　　　　妹

延洙

延派

延淪

應鍾 — 汝榮

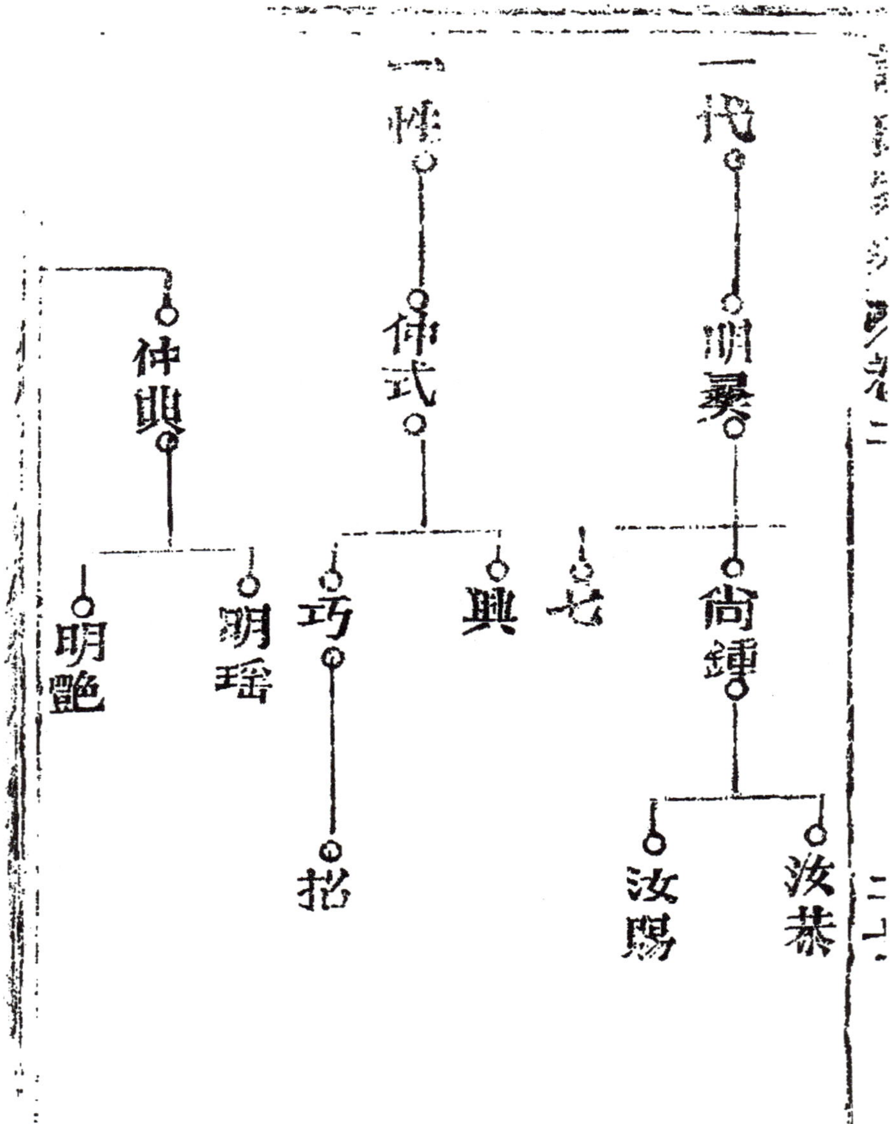
一代
明晏
尚鍾
汝恭
汝賜
七
一桂
仲式
興
巧
招
仲興
明瑤
明艷

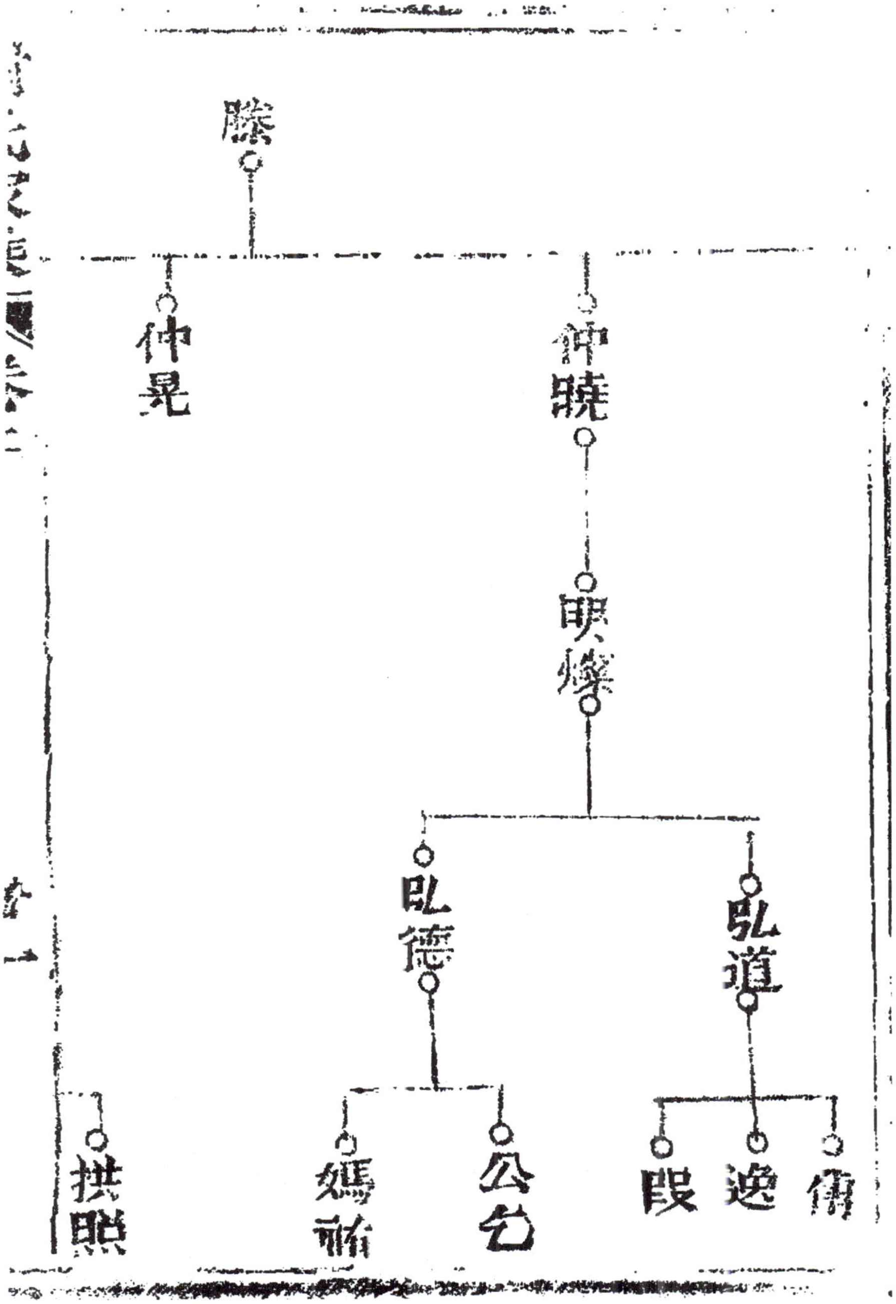
仲晃
仲曉
弘德
弘道
拱照

卷之二

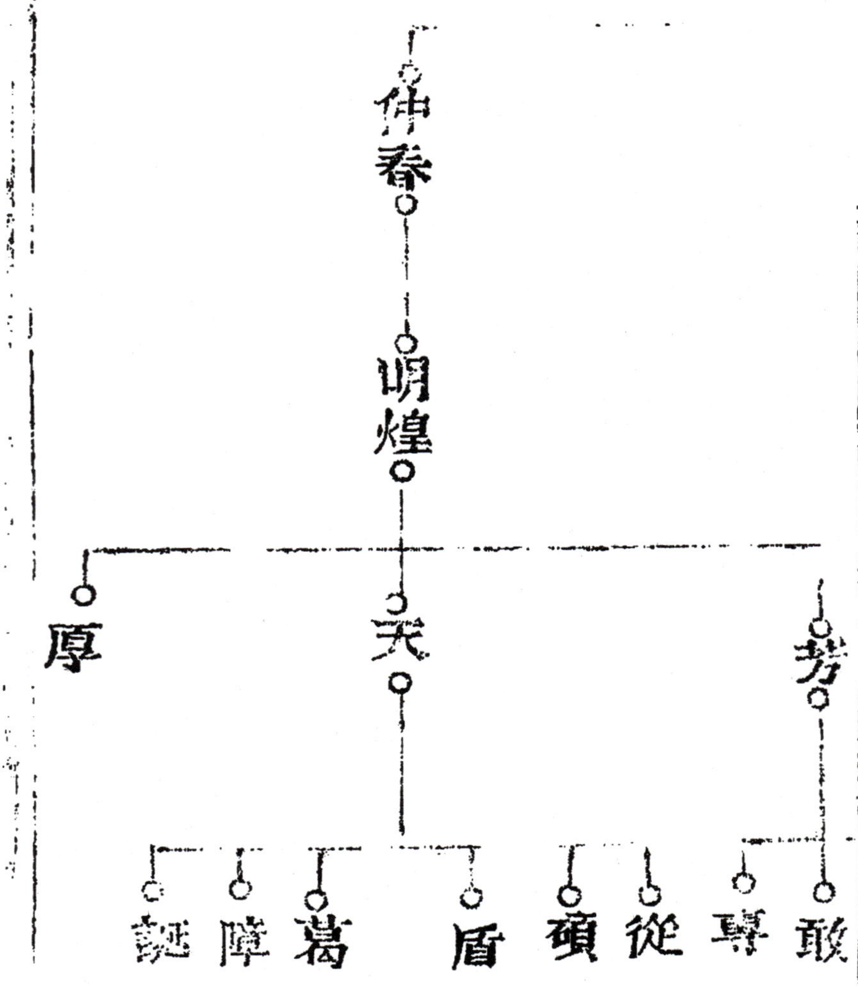

十一

協麟

艮

璦　璋　珏　玉　珪　璜

汶

艮　佈

賁

墬　璗　珵

毓滋　毓熾　毓熿

果　翰　王　統　耀　沛　歆　降　保

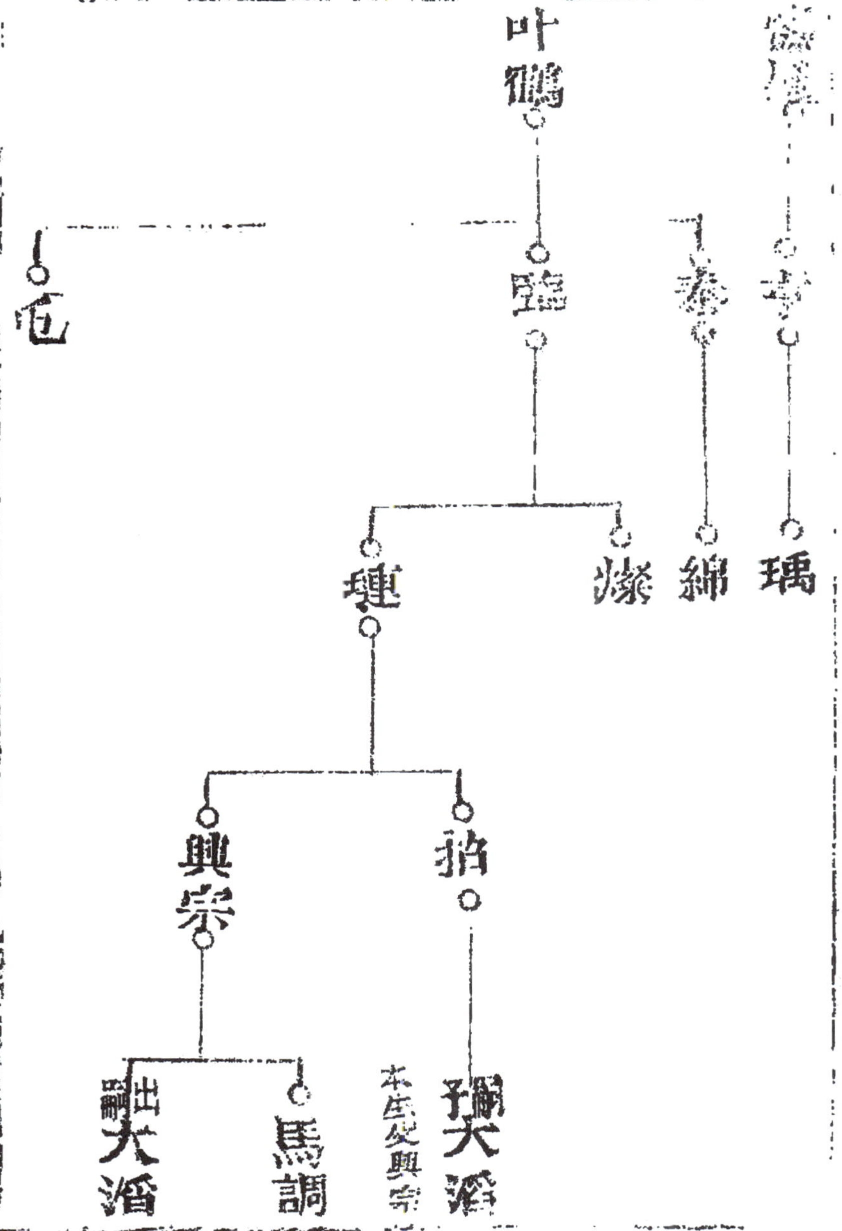

十三

卷二

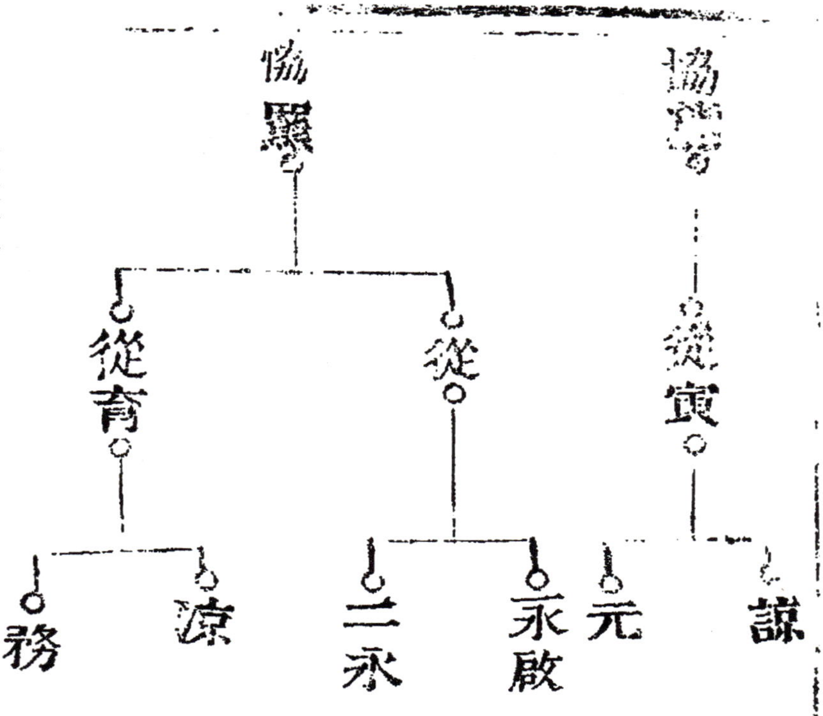

十三

燮國

五

一　二　四

意　百齡　贊

允　廉　仁和　得利　富　長

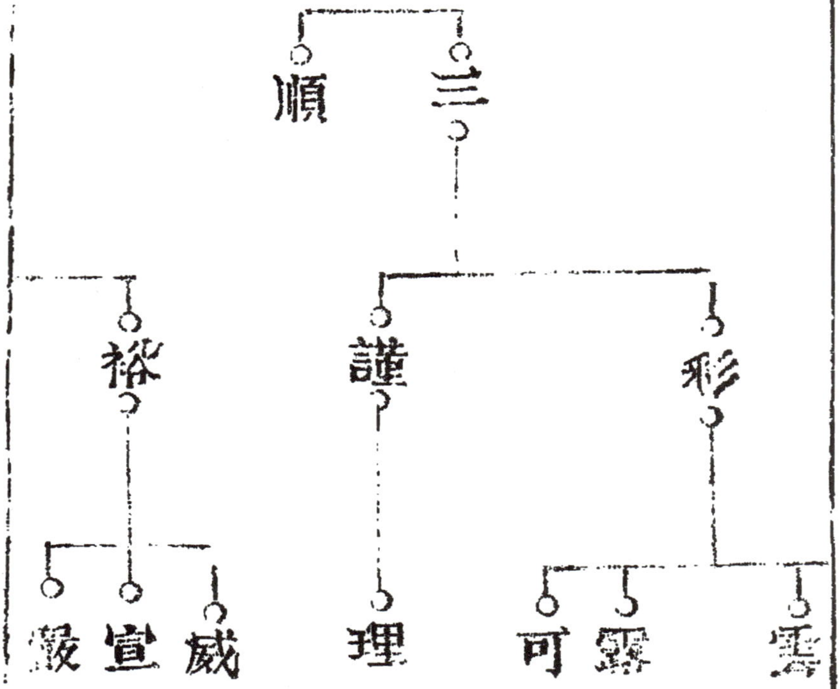
順
三
裕
謹
彩
綏
宣
威
理
可
露
壽

愛國

愛國
八
正
會　典

會：泰　齊　魏　變

典：讓　恭　儉　信

一默

應稚

界

台

元　在　晚

一靜

一語

夢星公諱[illegible]　癸酉武科舉人

慶忠　牧忠

三

惟

沐　沙　泳

通

呂

吉
念
　
西
　
琴　潜　棋

融
愛

宗
艮

嗣
孫
愛
本生父吉念
　
賢

京
　
騰

一愷
傑嘉
傑協

宗哲
宗琳

鵬
興
遜
迎

乞
㚬
佳臺灣

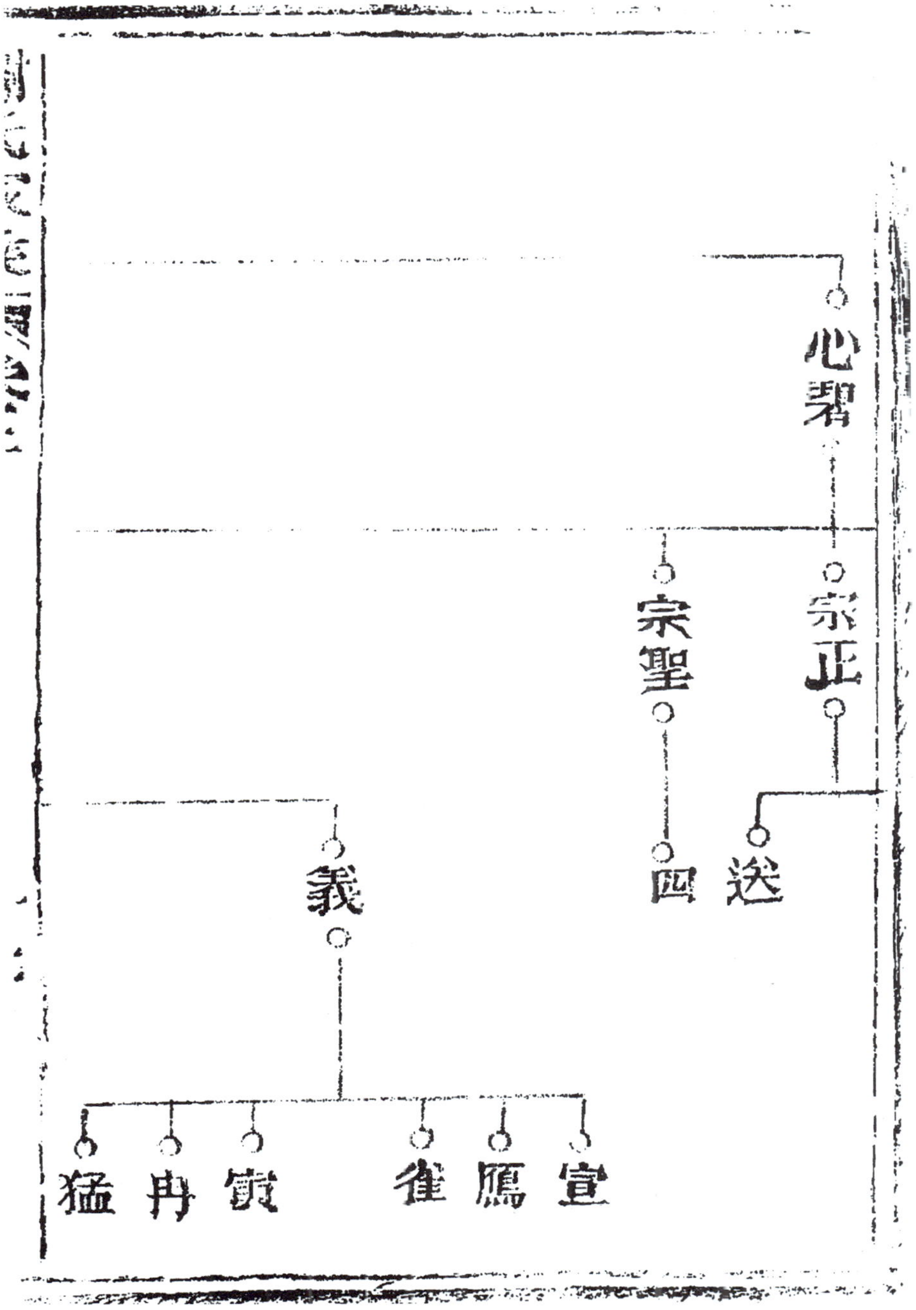
心碧
宗正
宗聖
送
四
義
宣
鴈
雀
賤
冉
猛

- 日極
  - 心亮
    - 宗嚴
      - 两
- 宗趁
  - 悳
    - 蘭
    - 概
  - 仲
  - 泰
    - 程
    - 揆
    - 寵

日榜
日椹

必寅
宗寶
興
宗賢
宗衡
宗順
宗尚
宗興

紀祥
外
盛

日椿

紀瑞

禘

傑　兄弟四人俱出居江西建昌府新城縣

茂

俊

耀

紀瓚

宗瑜 被擄

宗利 被擄

宗元

僉 住浙江嘉興王店鎮

六　魁　勝　元　文　五　七

宗標

高　博　斌

陳　成　崇齊　租　本　着　笑

日楷

敏

享

明

珩

出嗣 求

興盛

賓

永

興隨

入嗣 求

本生父敏

宗雅　宗德

貞　元　賜　暢

漣　質　全　草

元造

光

宙　造　東

恩波　恩錫　五常

天愛　永生

闡　佰

胆

元華

滔

漢寧

嗣子福順 本生父寮

寮

仍春

出嗣福順

舉

造

協都

忠

鴻烙

如然

廣

江

明

清

嗣出 崑

康泰

嗣出 藹

天河

卷二

三十三

傑

渭

約

徹

朝宗

蒼

仰岳

文獻

天祿

重悦

趙群

子登山本生父陽

- 暘日（出嗣）
- 時懋 名澤
  - 宣
    - 儀
  - 排
    - 遺宗
      - 瑞椿
        - 建寅（承繼）［illegible］名謙
      - 瑞鵬
        - 潮生
        - 鈿生
        - 和生
        - 紀生
        - 建寅（出嗣）

瑞謙

仲笑

潔

嗣子華英 本生父傑

偕生

沛源

嗣子文獻 本生父傑

瑞海

進作

瑞草

嗣子嫣喜 本生父盡忠

盡忠

出嗣嫣喜

集

紹寺（出嗣）　郭姐　玉麟　八士　莘英

蔗（本生父端載）

光果　光兩　光枰

媽旺

卷二

三十三

石尚

高鍾

紹才 本生父集

賜日 本生父肇

登山

瑞氣

瑞鼠

苞棧

巧奘 本生父登山

永裝

永利

琦僮

端章

庚　嗣出

商　嗣出

綿

白　嗣

芊

光豹

光諒　子嗣　本生[illegible]

聞　嗣　本生父商

文質

管治

用力

瀧

□□家譜卷之二　三十六

傳撈 名提

國佐

嗣子 商 本生父端章

光彪

嗣出 開

追

永守

齊榮

自信

嗣孫 君選 本生父端章

玉根

玉橫

庇

哲

時立 名伴

錦　達

時中

時邁

嗣 進 本生父時

出嗣 欵 還繼本生祧次源

湖

嗣 君陳 本生父欵

光[illegible]　光燦　光[illegible]　光[illegible]　[illegible]

時行 名[illegible]

[illegible] 進

[illegible] 子敎

[illegible] 君[illegible]

容

祖

義傳

光[illegible]　潚欉　紅羙　紅柑　紅哞　紅柿　水歴

君迎

嫣拋

嫣錢

嫣不

晴龍（名廣）

廉

秋月（嗣子）（本生父苴）

請

甲

志

晴虎

晴旺

來

秋蘭（出嗣）

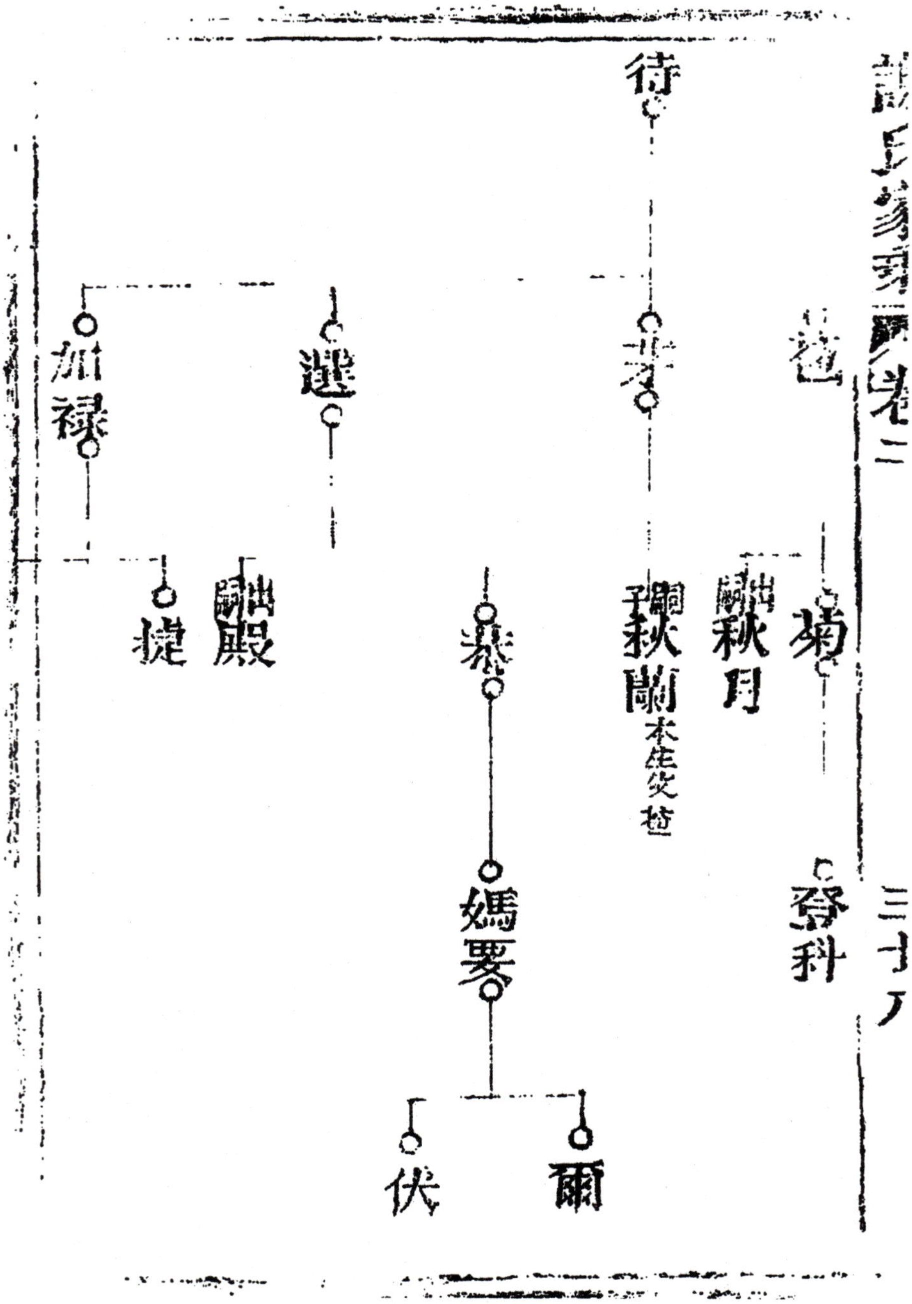
卷二
三十八
待
登科
秋月
加祿
媽
伏
爾
本生父

謝氏家乘卷二

三十九

殿 本生父選

益湛

光秦

光化

光造

光合

正助

正獺

正傳

正元

正對

正乞

正玉

正本

光運
- 正樞
- 正玉（嗣子）　本生父光合
- 正對（[illegible]）　本生父光造

光聖
- 正廣

光齊
- 正牽
- 正紀（嗣子）　本生父[illegible]

- [illegible]
  - 必疊
  - 華國
  - 錦奪
    - 正壽
  - 天備
    - 正袞
    - 正圖
  - 必魁
    - 正岱
  - 必愿
    - 文卿
    - 正泰

繼欣

文理

酋豹

清粹

嗣出 如旭

嗣出 如慈

清波

如盛

嗣出 清江

如[illegible]

紹亨

如冬

嗣如旭　本生父欣

如森

出嗣如上

如瑩

嗣如江　本生父欣

如信

如邑

金

紹科　紹薰　紹澗

紹松　紹毛　紹湖出嗣　紹養　紹石　紹尚出嗣　紹荷　紹稀　紹勤

紹賡

出嗣 如萊

如白

紹禮

出嗣 如得

如磋

如麟

嗣子 如禄

本生父鷟

嗣子 如得

本生父禎

嗣子 如清

紹孝

本生父秎

如由 嗣子

本生父勳

如莱 嗣子

本生父謙

如上 嗣子

本生父亨

如慈 嗣子

本生父欣

馮旭 嗣子

儼然

紹鵝

如才

出嗣如祿

出嗣滉旭

本生父鷲

啟鋭

出嗣純冷

藏

果能

正佃

光嬰

可行

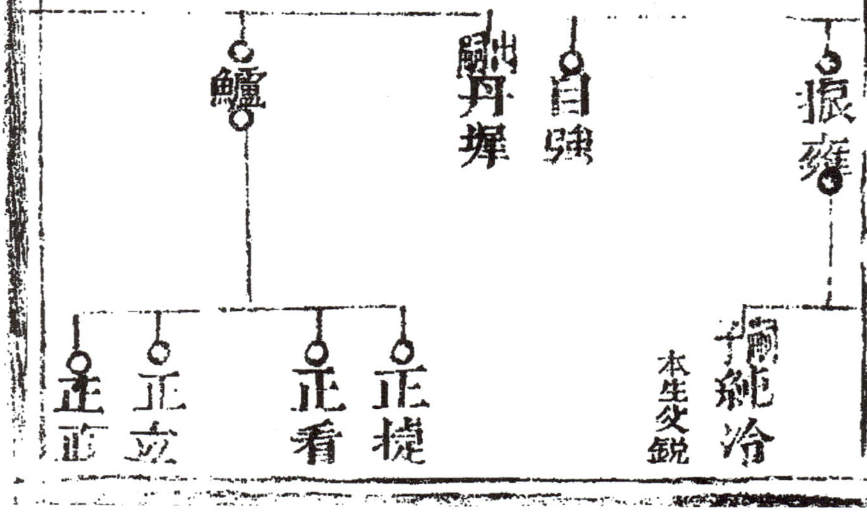

四一三

遷

著　辨

正着　正鶴　正骸　正威　正講

子丹墀（嗣）承庄父

正倫（出嗣）　正窓　正蘇（出嗣）

應行

出嗣正久

正松

嗣子正韭 本生父汪

嗣子正答 本生父汪

嗣子正酥 本生父墀

嗣子正以 本生父墀

謝氏家乘　卷之二

- 祐
  - 嵩
    - 琛璉
      - 丹專
        - 嗣子正脩（本生父墀）
      - 淫
        - 出嗣正韭
        - 出嗣正答
        - 正達
    - 嗣子文福（本生父育）
      - 西
      - 肇基
        - 正勤
        - 正習
      - 光宏
        - 納緒

四十五

[illegible]

文福

光琫

光兆

光馨

光銀

光衍

嫣床

嫣前

嫣晶

正德

三行

葛羌

正龐

天秩

正倫

[illegible]

天爵

天想

光寵

光平

子繼正益　本生父挺

光挺

出嗣正益

光習

光六

光衡

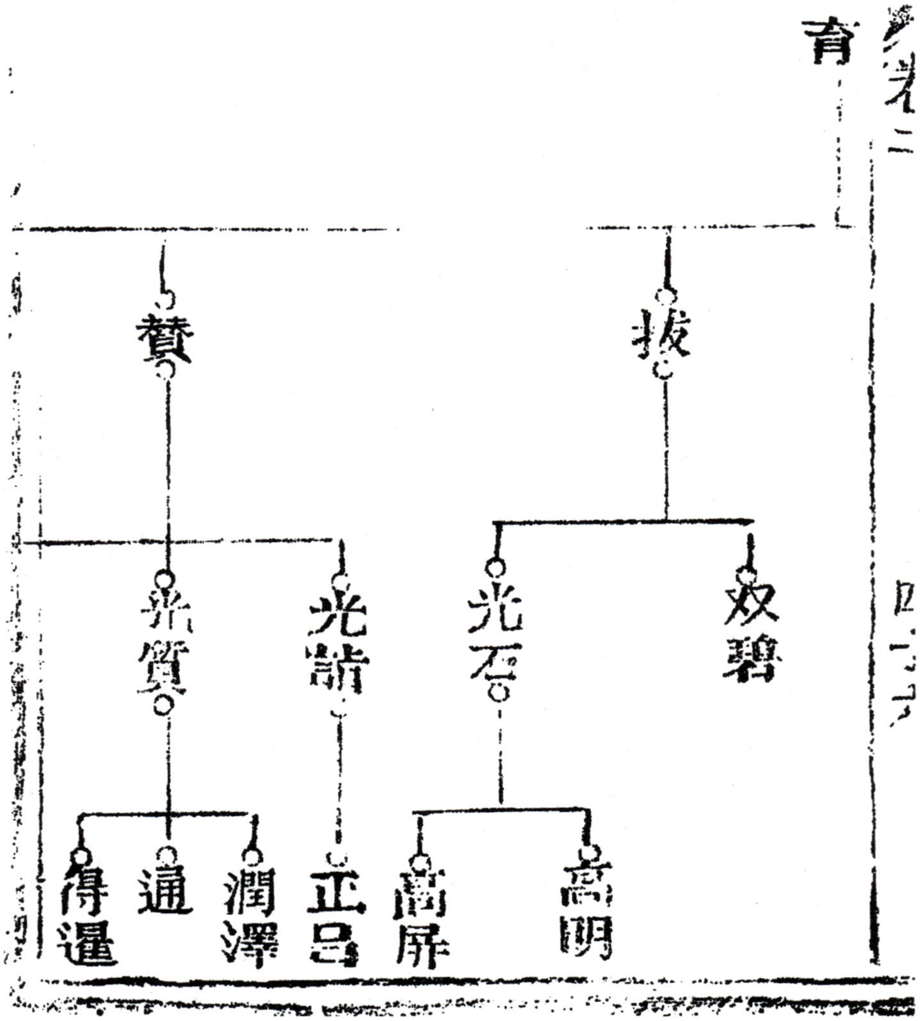
育
拔
贊
双碧
光吾
光請
光賢
高明
高屏
正呂
潤澤
通
得暹

封疆

- 嗣子光斷（本生父昆時）
  - 繩古
  - 嗣子啟種（本生父光訓）
- 光訓
  - 双寬
  - 出嗣啟種
  - 高陞

光輝

- 妙梯

光註

燻應

- 榜

岳

樂　子[illegible]

媽虎　象　媽態　錦田　媽驪　焱

友賜　啟諧　鄉寨　鄉陳　簡仲　春迎

熙　　宜

媽獅　　彪　　出繼 興　　嗣子 興 本生父熙　　繼善　　松

春楙　　嗣子 春祖 本生父媽獅　　啟終　　啟首

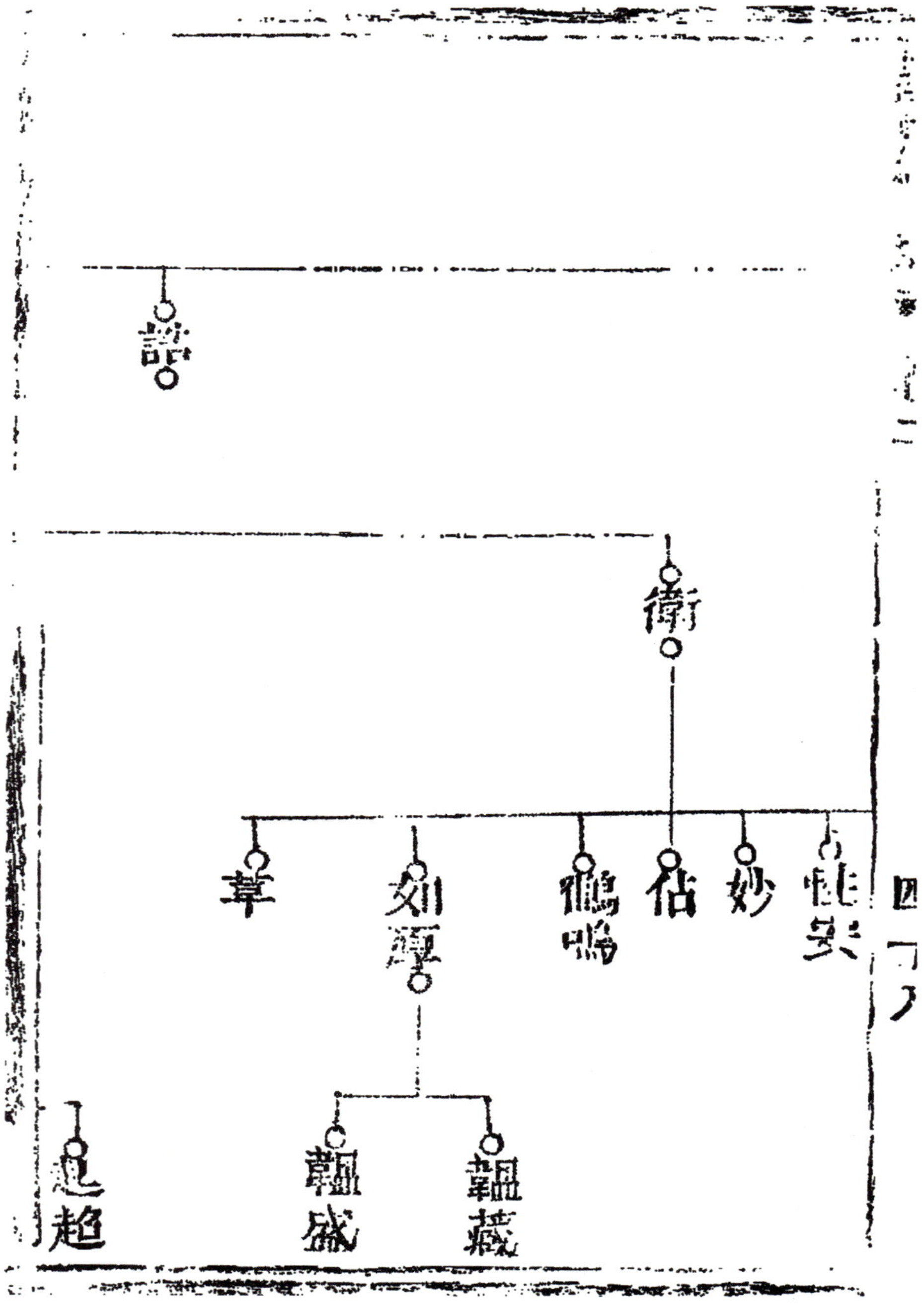
諮
衛
章
鶴鳴
佑
妙
進超

謝氏家乘圖　卷二

惠

怡慶　啟標

起師　起成　起昌　起鳳

旺　尚　閒　才

泉

極

邦棟

正封

正漏

陶潛

知過

大成

大川

溪源

大橋

大適　出嗣

大艷　嗣子　本生父大猷

經過　嗣子　本生父大川

正桂　嗣子　本生父大成

純緝

純步

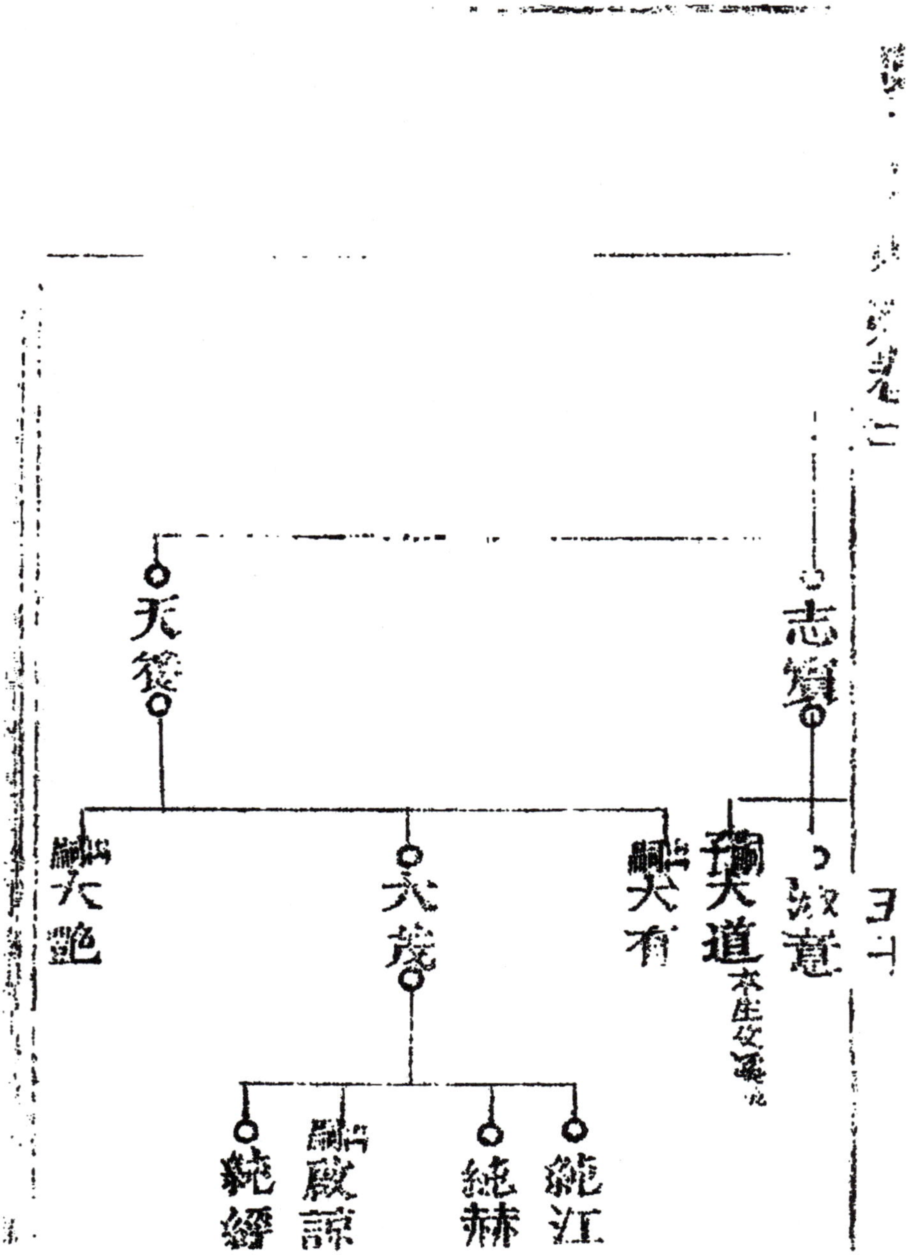
致意
大道
大有
大茂
大艷
紹江
紹赫
啟諒
紹繹

大情
- 拱聯
- 純裕

致中
- 貽瓊
- 貽夏
- 撫貽謀　承生父得三
  - 錦添
- 貽佐
- 貽在
- 貽使

厥祥

喬翼

昆

號[illegible] 喬木

喬堆

懇錢

嗣子 嫣念 本生父方策

嗣子 嫣深 本生父初孚

嗣子 光煥 本生父吉徵

嗣子 喬木 本生父厥祥

嗣子貽是 本生父致中

嗣子溥寅 本生父朝受

纘承

出繼紹深

蔆

初學

佳音

嗣子協力 本生父開

嗣子恊應

出繼協應

[illegible]

三二二

開先

嗣協力

協魯

嫣戩

嫣純

出嗣湧興

清隆 監生

啟乖

啟象

啟恬

嗣子啟延

承生父

傳受 孿生

嗣子 大有 本生父天發 孿生

叨陪

嗣出 啓湖

嗣子 啓諒 本生父大茂

啓琥

啓東

嗣出 啓湖 本生父大有

譜　卷二

三十三

子擲 溥淵 本生父得三

溥泮

節用

敬

出嗣 光燦

微 學生

方策 職舉乙 卯科恩 貢生

嫣唱

子擲 鮮先 本生父得三

出嗣 嫣念

嫣沙

貴

高堂　　君侯

段龍　亨漏　瓜生　雨水　出繼知飲

守氣　守卜　守其　出繼曾賢　曾椎

[illegible]　傳仟

[illegible]卷二　五十四

敬
- 崇
  - 知飲（嗣，本生父君候）
    - 曾賢（嗣，本生父雨村）
      - 天賞
      - 元[illegible]

嚴
- 懷寧
  - 申伯
    - 允固
    - 仁伏（嗣）
- 江河
- 耀任

孫　春　觀　元

長

詩元

嗣仁仗　本生么申佾

蜂

黨

遂

春

潭

棟

遠

貴

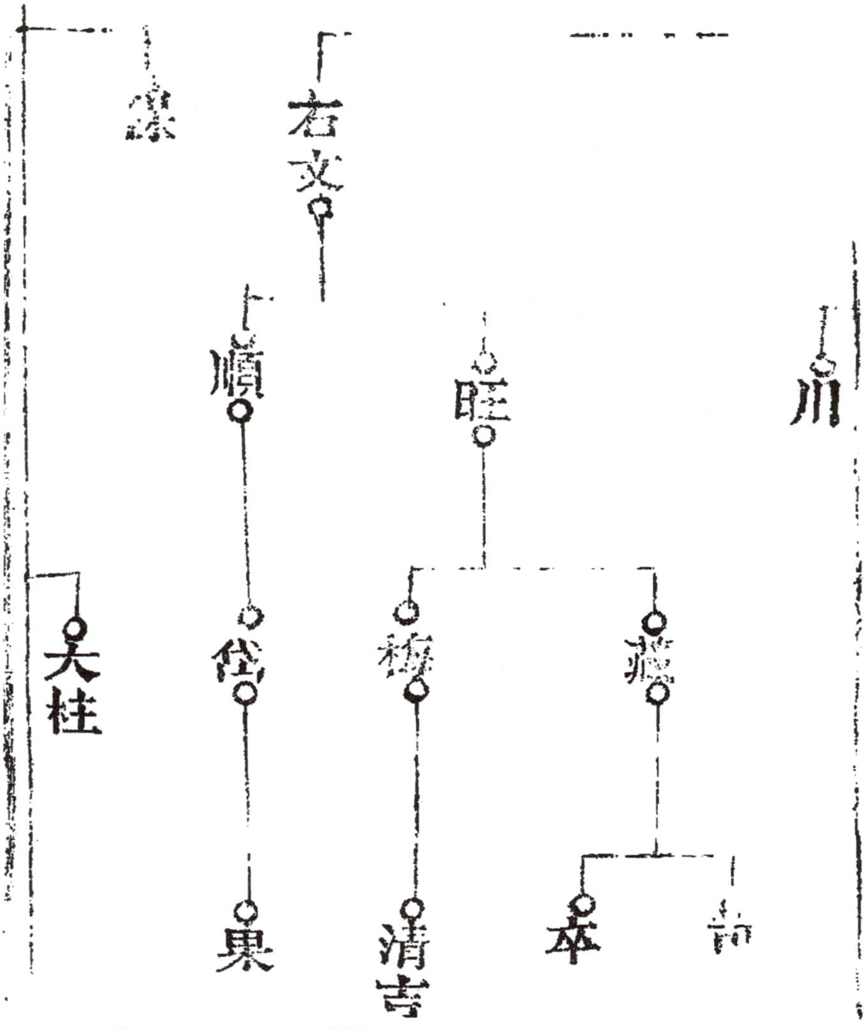
君文
順
川
大柱
岱
泉
清吉
本

- 誠
  - 元
    - 鍾（嗣子，本生父求）
      - 大棣
        - 郎
        - 助
      - 大槐
        - 良新
        - 良朋
        - 良穡
      - 光民（出繼）
  - 香（出繼）

卷二　五十六

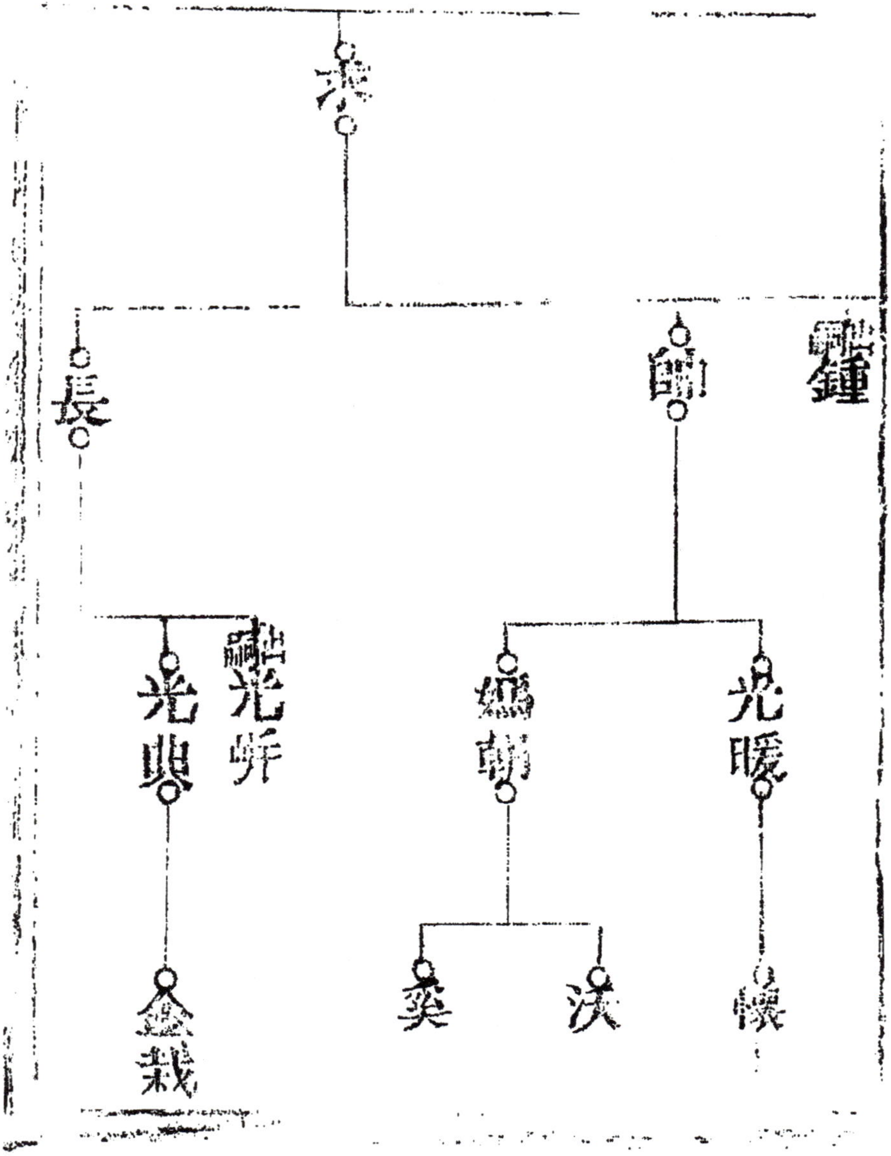

光問
出嗣金咸
金蘭
出嗣金仲

光順
嗣子金仲
本生父問

光艷
嗣子得
本生父尚

路
光尚
百傳
昆

[illegible]卷二　三十一

吉

光絢

繼子光岸 本生父長

繼子光民 本生父鍾

圭

細侑

繼孫金威 本生父開

良郡

良眼

良諒

良拿

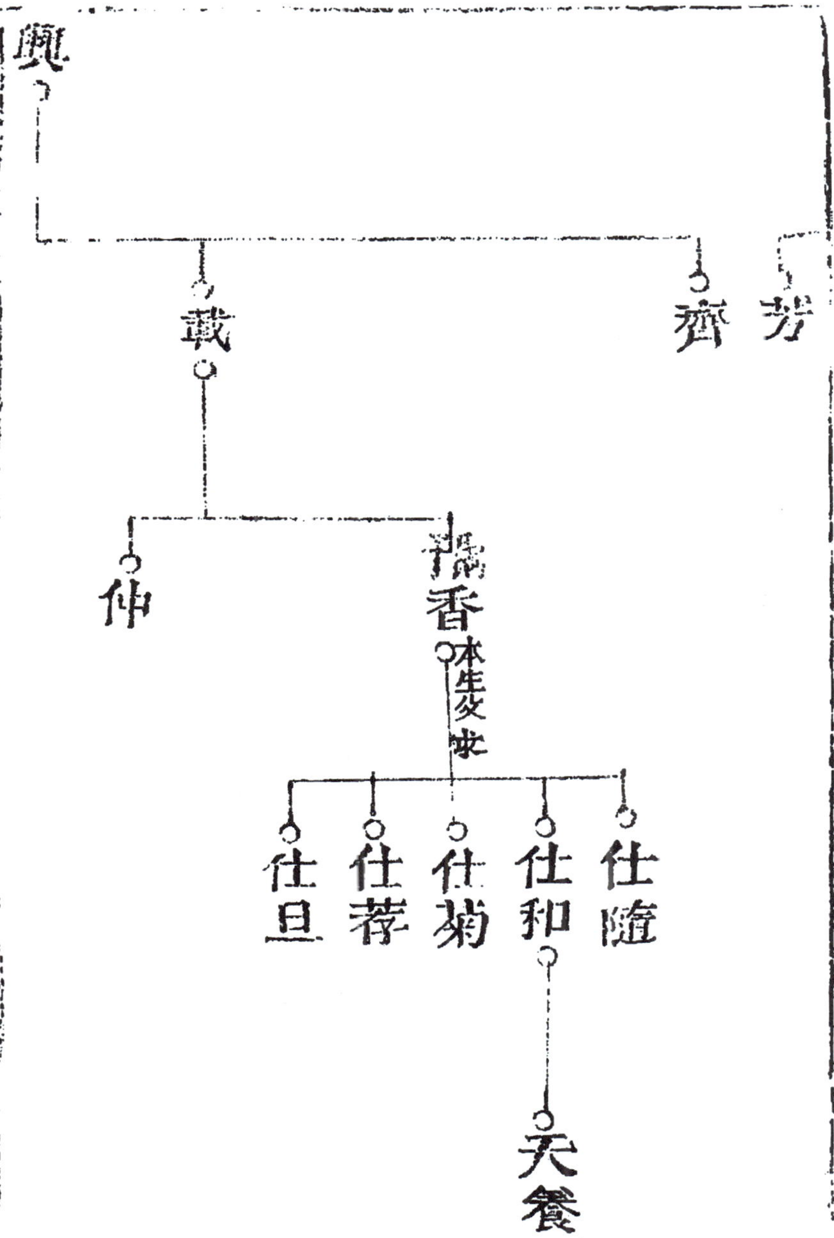
興
載
齊
芳
仲
擕香
本生父安
仕旦
仕薦
仕菊
仕和
仕隨
天養

鐵　陳

漏

作　嫣故　嫣長

橋

椗　晚仲　應

家艮　送

- 孝
  - 半
    - 子使
    - 爵（出嗣）
    - 攀
      - 大力
  - 智
    - 嗣子縣（本生父半）
  - 向
    - 家喜
    - 家緣
  - 維
    - 嵛賞
- 嫣利
  - 玉

天源

天泉

伏

萬成

壹

嗣子轉　本生父[illegible]

福

嗣子濟　本生父水

允茂

諒

舜

岱

林旋

癸

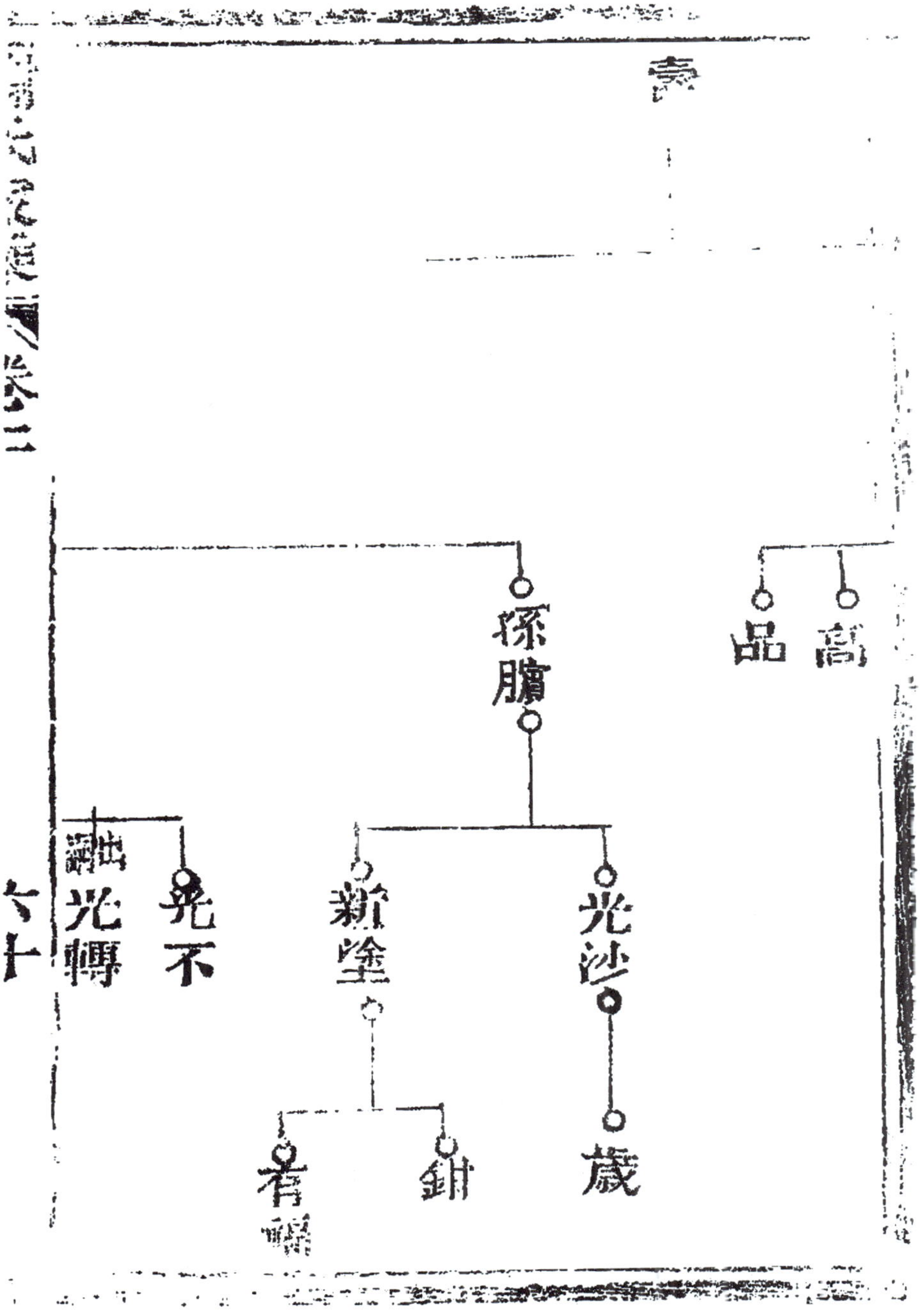
高
品
孫膺
光沙
薪塗
歲
鉗
耆
光不
光轉

爪姐

光納　光參　嫣猜　光財　光掃

約　出嗣韮　會　出嗣揺　沁　嗣子揺　本生父參　攜子韮

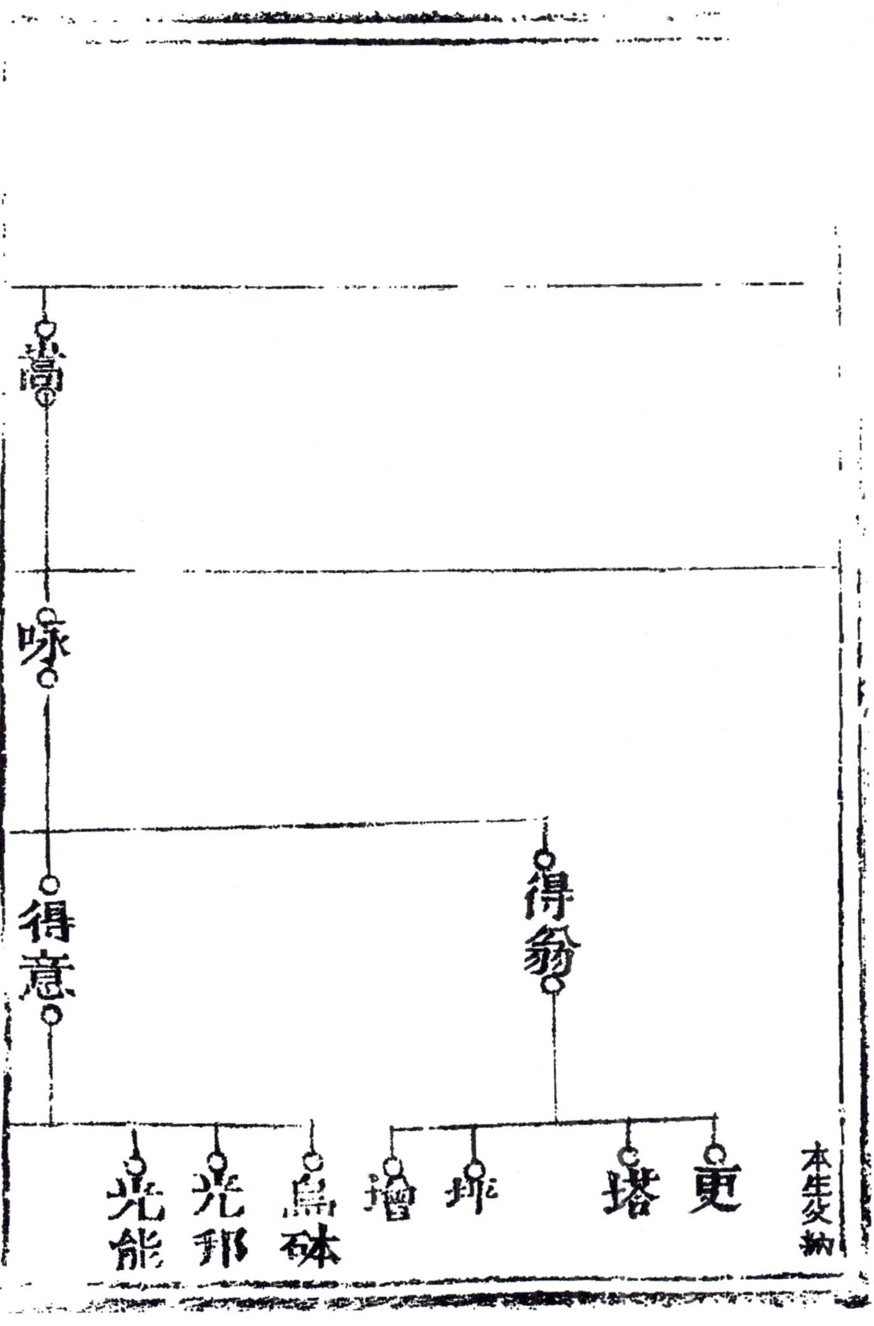
嵩
喙
得意
得翁
光能
光邦
烏砞
擂
排
堵
更
本生父納

孫仰

光石

嗣子眉

本生父探

光礴

嗣子道

本生父棎

得閱

烏桂

新英

烏閩

藍

烏硿

滿于

帝

濺　勸　夜　脩　耀　買

光棎

出嗣道　出嗣盾　帆

武經

淺

出嗣光芸　光僭　光協

啟獺　啟撐　啓充　啟治　出嗣樣　芽　[illegible]

謝氏家乘圖卷之二

南

科仲

聰明

有讓

有當（嗣子，本生父簡裕）

班菊

丕顯

光盌

布

光芸（嗣子，本生父 [illegible]）

嫣挑

樣（嗣子，本生父 [illegible]）

六十三

白雪

陳使

朝聘

光氷

宰

光圖

清冷

郡

落霜

起仁

馮估

憑維

足水

胆水

中正

水泉　安溪

文提　昭眺　昭達　昭貫　金印　壬佛　鈞龍　發強

寬裕

青桃

大振　淑汝　落雹

光驪　先進　光墻　皆得　嫣軒　嫣宮　文祿　文慶

盛德

孝平

光蓉

爪幻

爪永

爪智

個

奇較

奇厚

六使

光門

有當

朝蕻

光管　光沛　光或　光廟

嫣寡

開懷

發銓 本生父永

温

双合　文宿　傳壽

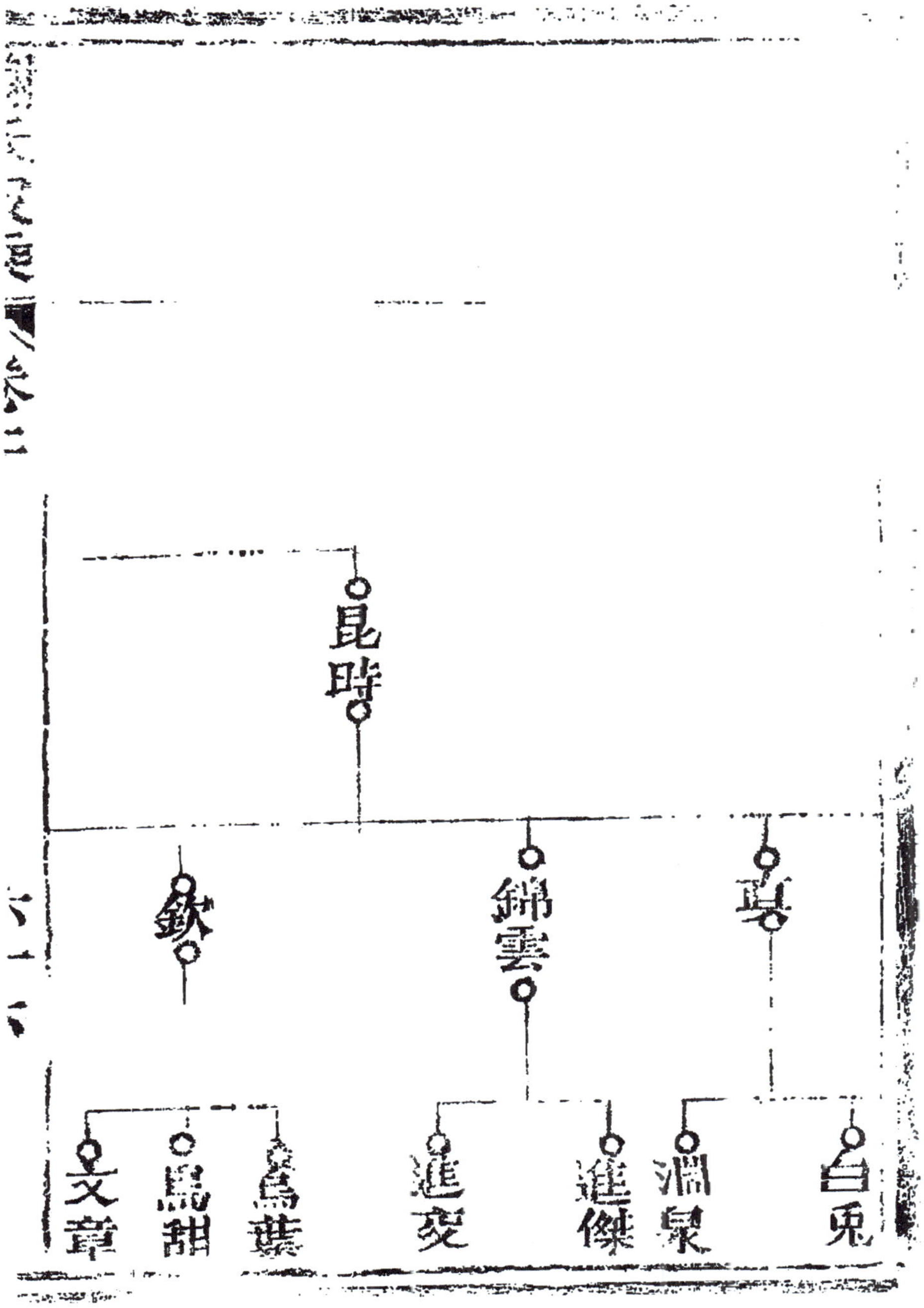
昆時
欽
錦雲
文章
點甜
烏棊
進燮
進傑
淵泉
白兎

頭　卷二

六十六

融光斷

龍

昧玲

晃禮

萬成

任馨

□界

鑫泉

永

融登銓

登耀

登海

登漢

恩作

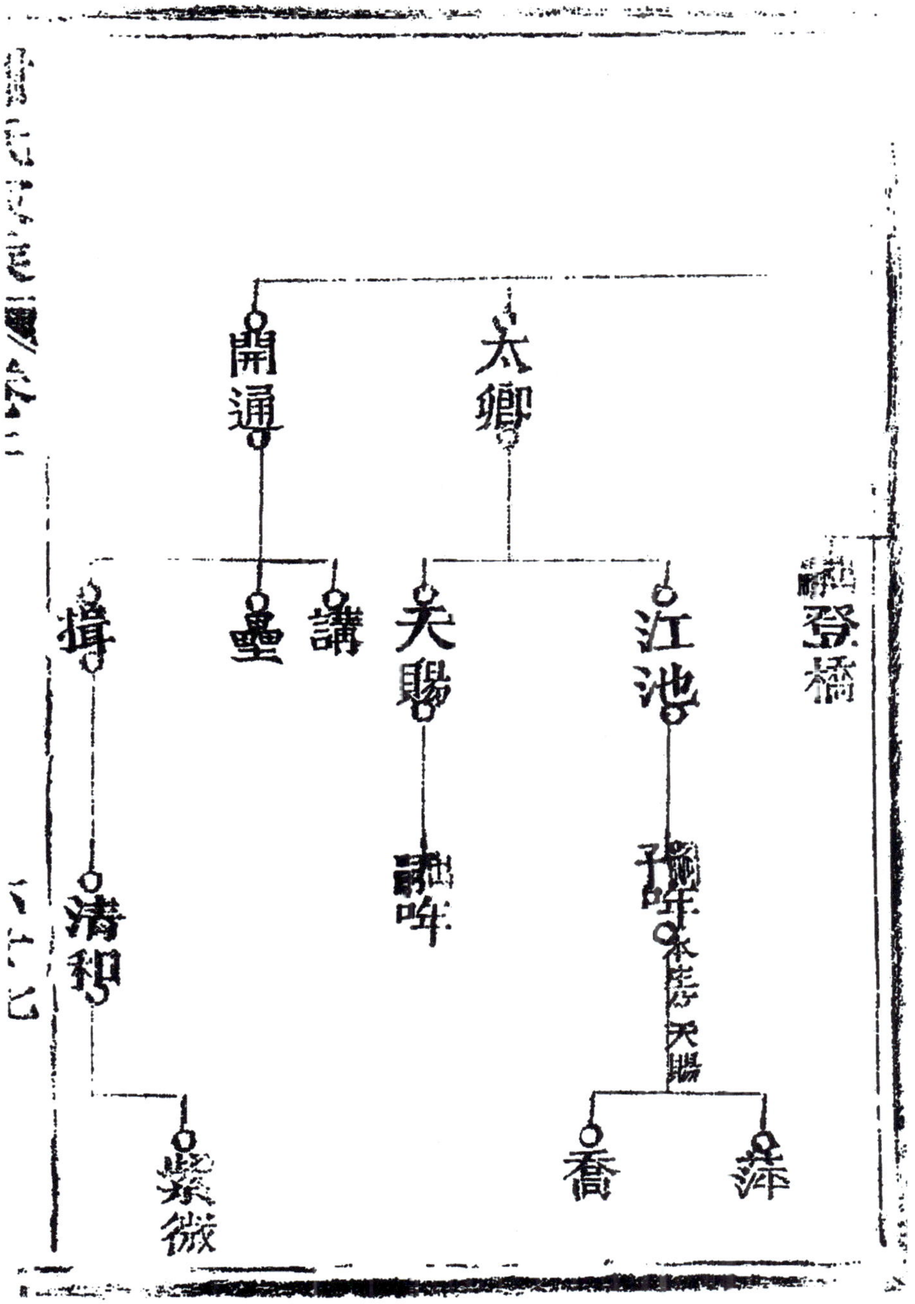
登橋
太卿
開通
江池
天賜
講
清和
喬

添

答　固　字　蘇

喜

俊碁　宰郎

韓　潘

繼子光秋 本生父丙諭

出嗣光耍

紫荆

求

撫子盤 本生父騰蛟

光汗

光份

光名

光華

光鄰

出嗣小君

出嗣右春

撫子小君 本生父光份

撫子右春 本生父光份

洽

淵　天泉　貞　國

市　永　愠

孚

繼子祝賀本生父酐

豐　乞

然
嗣子 飛龍 本生父理

仁福

軒

悅

祝來
益

祝韜
嗣子 豆 本生父祝賀
嗣子 棹 本生父祝定

出嗣 祝賀

出嗣 棹

卷二　六十九

出嗣韭

典

光綵

出嗣

爲术

光弄

文旦

出嗣啟晤

祝定

擔

祝佐

䴵

文肇

- 朝陽
  - 登
    - 繼子 嚴晤 本生父澳
  - 出繼 請
  - 榮
    - 繼子 光鐵 本生父同
      - 出繼 世經
  - 同
    - 烏井
      - 繼子 世經 本生父光鐵
    - 出繼 光鐵
    - 光碩
      - 繼子 允 本生父光彩

卷二

啓友

飛龍

墾

騰蛟

姿　論　着

堪

光鏈
光秋（出繼）
光忍
光丙（出繼）

嫣益

清標　清源

彩愿

嗣子請　本生父陽

嗣子宇　本生父詮

勇

出嗣盤

光榜

銀

登婆

登山

登清

嗣子光要　本生父盤

清傑

周　甬　洒　耶　維　逆

長珠

子闡 韭 本生父陽

彖

有信

招

顯

子闡 光來 本生父註

謝氏家乘卷二　二十二

團

錠（嗣出）

註

聽

光來（嗣出）

光海

繼祖

春帶（嗣）（本生父錠）

新泉

秋水

嗣使（本生父）

中
五倫
出嗣
春帶
陵
錠　癸生必園
潘諒
純愛
偉
溪凉
光乞
元亨
港河
全

出嗣 江水

媽丙
繼子 江水 本生父光乞

質
媽生
吹
繼子 國財 本生父青雲

青雲
永顏
出嗣 國財
冷
出嗣 彩鑾

冷
繼子 萬成 本生父[illegible]用

出嗣 萬成

卷二　十三

碧

此

石

奇

嗣出　羽山

嗣出　葉

尊法

克用

萬壽

阮

嗣出 帆

頑

孫嗣 輝 本生父肩

障

從

孫嗣 沙 本生父葛

誕

敢

宗成

拴

拱照

諒

孫嗣 羽山 本生父比

水

孫嗣 彩鸞 本生父青雲

羨石

高

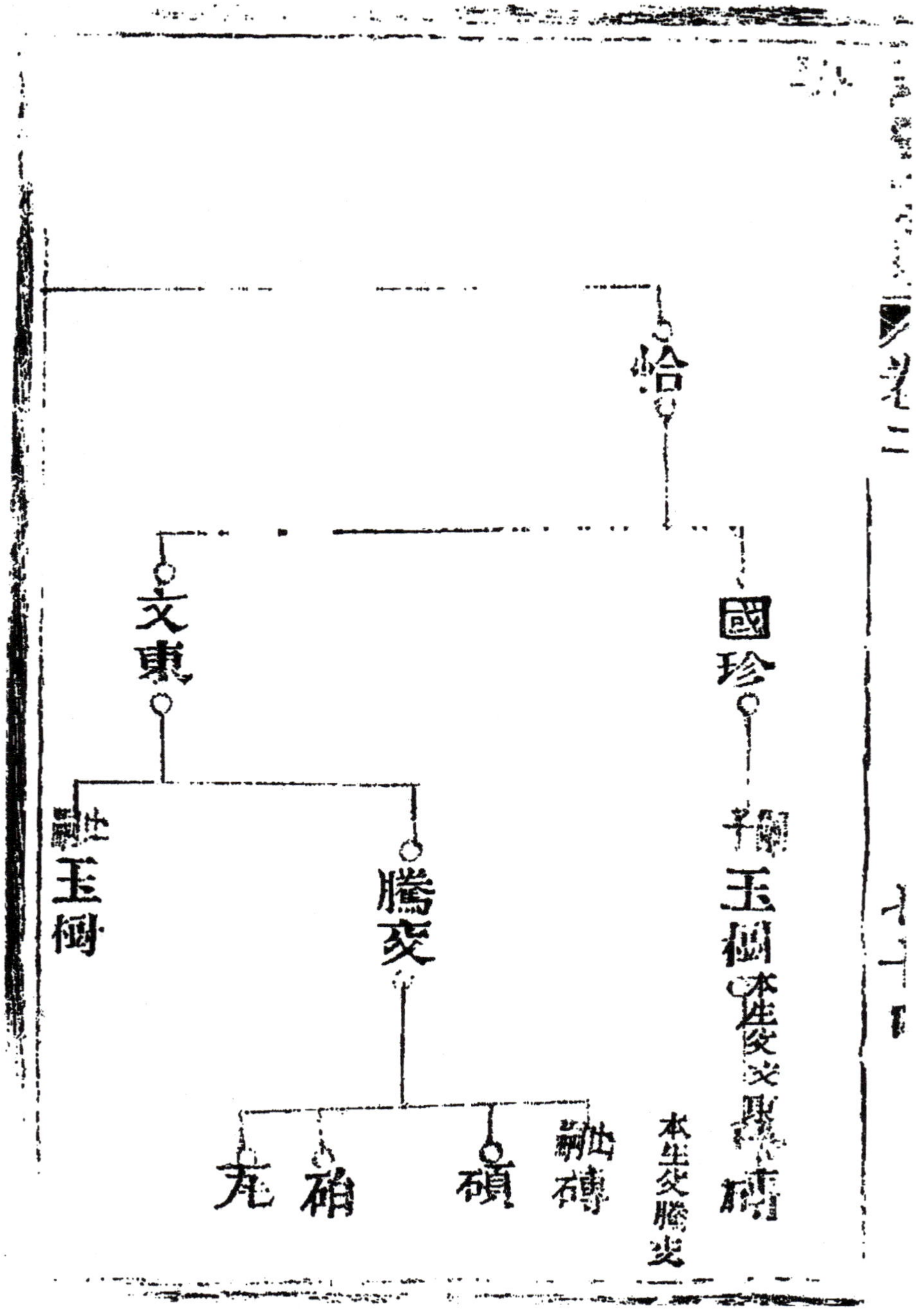
卷二
恰
文東
國珍
出嗣
玉樹
騰蛟
繼子
玉樹本生父文聚
出嗣
磚
本生父騰蛟
碩
硝
甕

沛　健　位正

瀻　樹

庭　貴

繼出 有餘

繼出 魁堂

繼出 学

鄒

歆　統　隊　保　果　昆　倫

奘

沚

奘

聖賢

子 嗣 治 本生父仟

子 嗣 葵 本生父耀

帝
王
大韜

嫣調
　廣川
　昆
　睦鄰
　　嗣子 帆 本生父阮
　　　蟳
　出嗣 四和
　出嗣 廣富

雲
　北
　南
　　有志

- 武
- 霧
  - 佛蔭
  - 嗣子 喬士 本生父得利
- 允
  - 武松
    - 天賜
- 可
  - 神祐
- 理
  - 盛
- 長 出居上杭縣
  - 鳴岐
  - 高攀

富出居上愚縣

仁和

獻奇

獻章

得利

思通

嗣出 喬士

廉

天奇

齊

天下

一義

池

魏

求

長　評

寶榮

安樂　安成　安祥　安祈　安留

嗣子慶天（本生父安留）

慶齋　出嗣慶天

通喜

元寶
賜吉
寶珍

出繼安林
安福
安壽
安清
安深
安泰
繼子安林（本生父譜系）
安瓊

慶雪
慶秀
慶宇
慶南

秦

得遂

魁山

寶興

安佳

變

彿賜

萱

次

葉（嗣子；本生父比）

乖

銀祥

逵

榮祿

俟

恩

威　嚴　恭　儉　讓　信　在

威
- 樣

在
- 初
- 壘

元　晚　潛

- 琴
  - 敦
    - 徽
    - 玉
      - 韋治
    - 聖
      - 子新
    - 驕
      - 光愛
    - 雪
  - 厚
  - 明珠

棋
純　洽
光罕　光西　光淑　光爽
望

賢
連　蔭

騰

乞

睍

概
- 山

蘭
- 春
- 梅

雀
- 光贊
- 光寧
- 自得

寅
- 鞭
  - 大道

鳩
- 光棍
- 有慶
- 光荐
- 光賞

冉

誼

猶
- 獻
- 娥
- 碧

揆

元勝文症

寵
- 俊賢
- 淮水

稚
- [illegible]
- 出繼臨

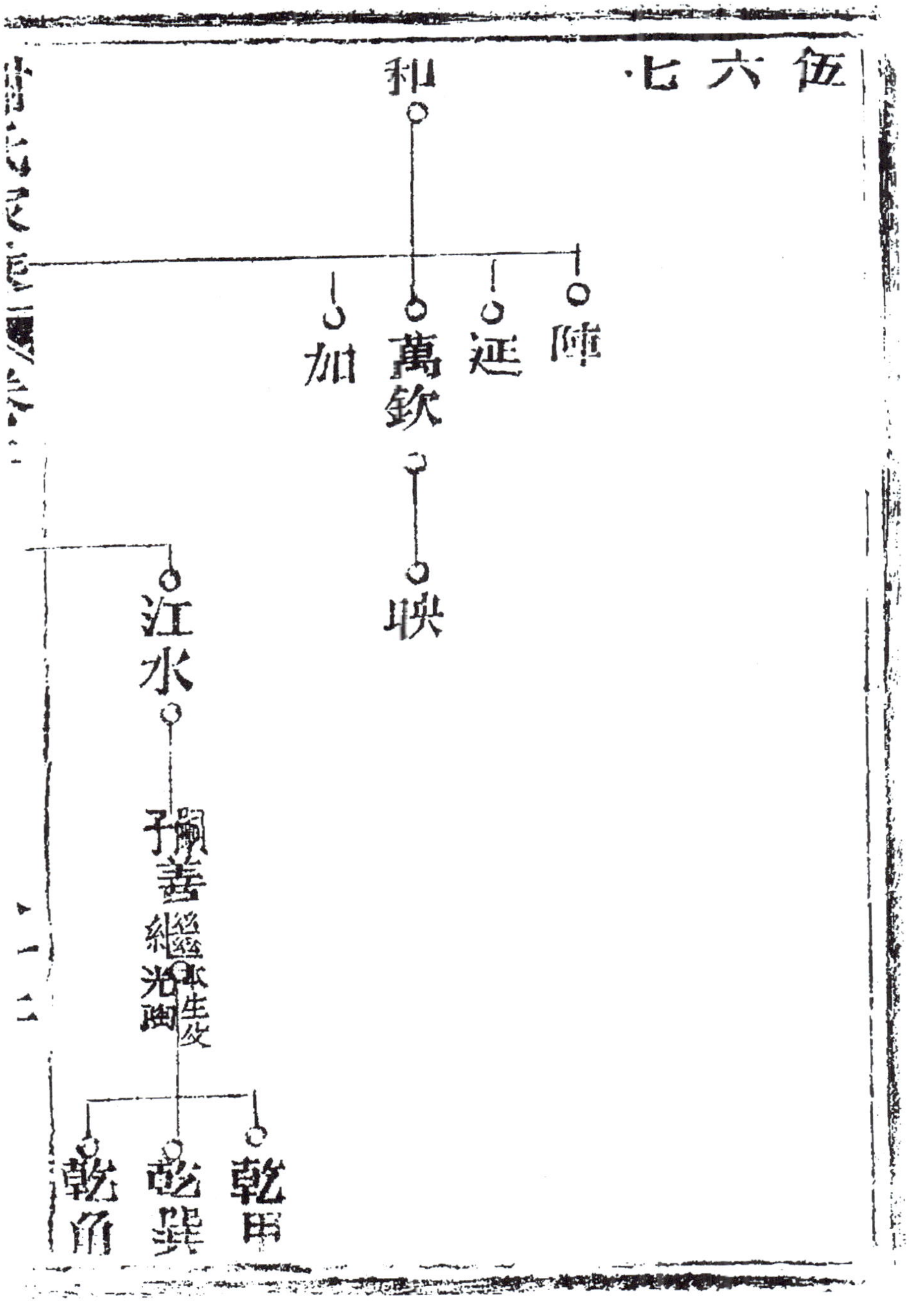
伍
六
七
和
陣
延
萬欽
加
映
江水
嗣善
乾甲
乾巽

謝氏家乘　卷二　八十二

閣

鳳花

本

天玉

天固

嗣子臨 本生父程

出繼昂

卯戎

申許

秋中

[illegible]

珩

吾宗

救

裒

出嗣 渭北

渭親

珠

開龍

格

讀書

愚

出嗣 煩

著

嗣子熾 本生父珩

嗣子昂 本生父笑

文理

天香

天海

香□

真

嗣子渭北 本生父衷

成

宗琪

嗣融碩俊

嗣善繼

永

寶
- 意
  - 光陶
    - 嗣子 善登 本生父心在
    - 善述
  - 心在
    - 出嗣 福澤
    - 出嗣 善登
    - 福慶
    - 出嗣 福賞

賜
- 光

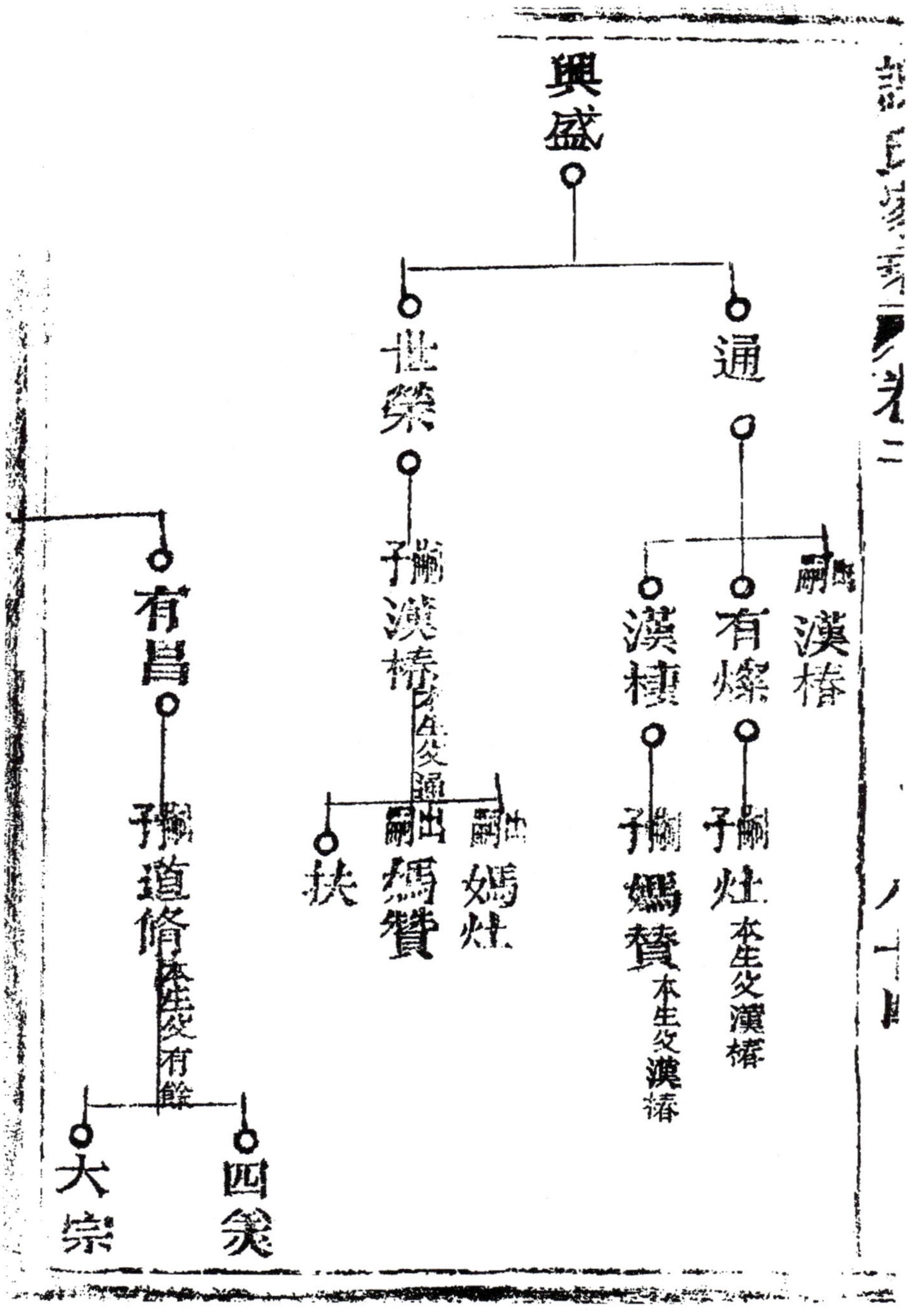
興盛
世榮
通
有昌
嗣子漢椿
本生父通
嗣出漢椿
有燦
漢楨
嗣子道脩
本生父有餘
扶
嗣出嫣贊
嗣出嫣灶
嗣子灶
本生父漢椿
嗣子嫣贊
本生父漢椿
大宗
四癸

陳

興隨

嗣子 碩俊 本生父賢德

嗣子 有餘 本生父庇

有才

六

嗣出 道脩

一鄉

文蘭

明盾

明匯

明法

子龍

嫣信

春華

翰

錦麟　挺元　耦水　允棟　啓恩　七使

挺元：萬福　萬力

耦水：獨萬成　字生長介竹

長仁　蔭

允棟：耀　鑽成　萬勝

求

頂芳

士

嗣子閩 本生父賢

奕

嗣閩

濕

嗣子升殿 本生父漸

榜

松江

佛水

嗣子嫣栽 本生父連嬰

嗣子嫣件

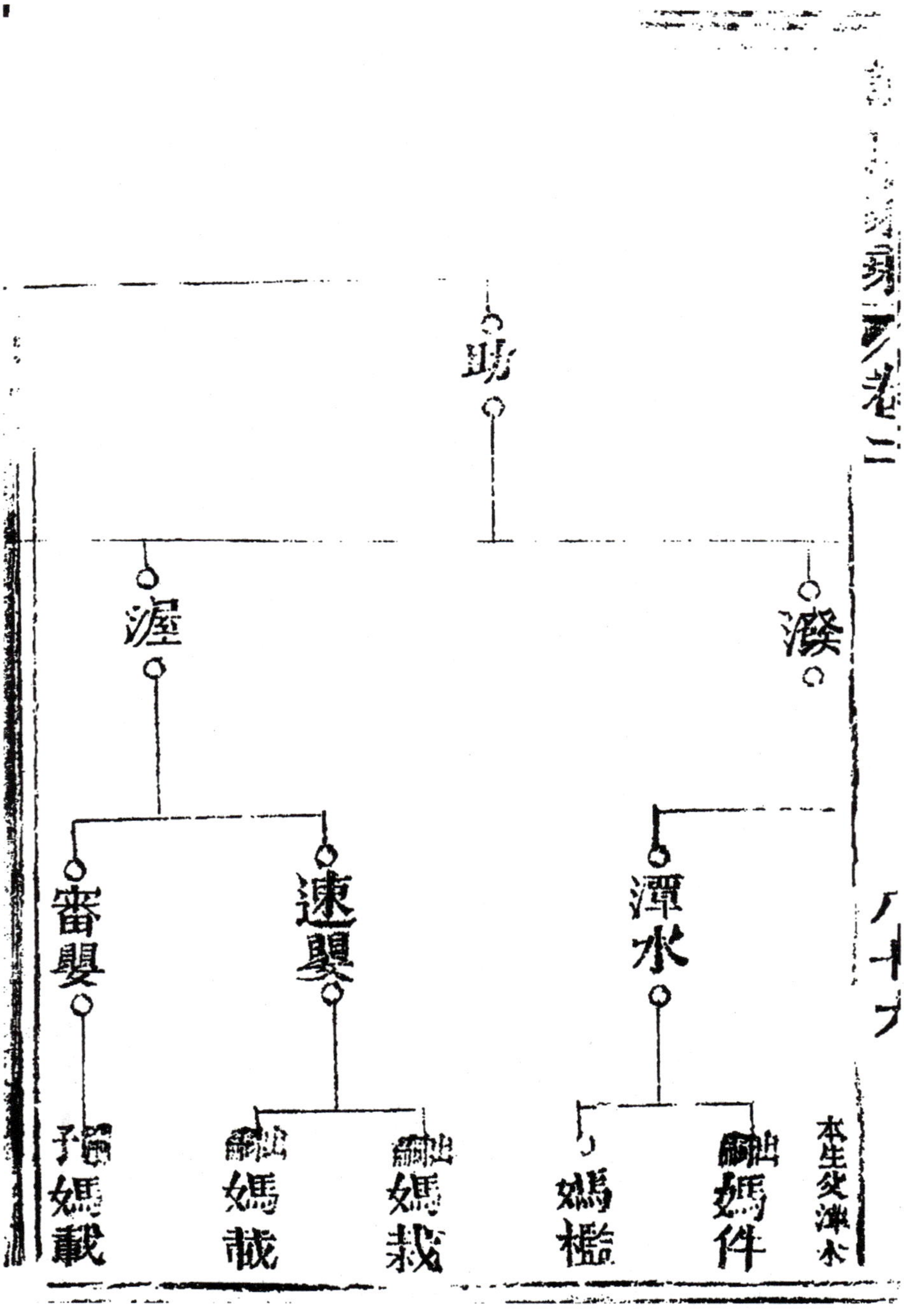
渥
潫
速嬰
潭水
嫣載
嫣蕆
嫣裁
嫣檻
嫣件
本生父潭水

漸　浥

升財　升殿　升株　永瑞　一卿　一永　永佐

泰闔　以柄　鉗　鑾奈　韡梓

本生父速舉

全

泰山

濟

壽湧　出嗣銳智　滋

幸追

出嗣雨　本生父銳然

入嗣銳智　本生父濟

幸約　幸然　幸遇　幸前　出嗣幸雨

嫣強

潮

出嗣 汪

嗣子 汪 本生父泰山

嗣子 一卿 本生父有滄

夏

深汶

深種

添林

出嗣 添柳

仙奇

仙鄰

嗣子 光乞

嗣子 福利 本生父添本

咸陽

張

添樹

上元

忠勘

庚華

添柳　孫[illegible]　本生父子晏

廩

添樣

光塔

光遠

添木

福利　[illegible]出

質
- 越國
- 得祿
- 偉郎

細
- 欲脩
- 欲正

振發
- 福來
- 福泰

草

三槐

青蕘

嗣出 振畨

福乾

福明

勃贊

青可

繼子 振畨 本生父清夢

上品

繼子 振現 本生父清同

尚綱

尚抱

振根

三喜
青回
出繼振現
振英

千紅
嗣子清談（本生父千寬）
倉斷
嗣子光齡（本生父倉京）
倉兒
出繼光敵
光唱

清時
倉琴
根節
鵝帶

十九世　二十世　廿一世　廿二世　廿三世

迢 — 寬 — 蘊談

達 — 郯

天逖 — 欄

全 — 一清

智

慈

天受 — 大錢

子娘
- 正盤
- 正對
- 正榮
- 啟舜

永生
- 菉頭
- 烏頼

趍邑
- 抜桂（本生父紀生）

趍群

鈿堃

嗣子江水 □生文建齊

淩品

淩雲

淑如

兆邦

則師

克躭

淩養

淩弦

凌翰

和生
三八在六崑

浦偕
三八在六崑

紀生
趾扳柱
占梅

建寅

江水　江淩　江峻　江魚　江魚本生父建寅

伴突　堅持　巧言　嫣喜　進作

嫣旺

苞符 — 江吾

巧笑 — 江維

永安

永利

克發

福

光煥 — 大嬰（出繼）、豆頭（出繼）

光渺
- 茄鍛
- 茄剪

光蒔
- 嗣子大嬰 本生父光煥
- 大義

光聲
- 嗣子豆頭 本生父光煥

光坷
- 嗣子茄剪 本生父光渺

光料

濔欉

- 紅咋
- 紅柑
  - 嗣子天音 本生父紅柿
- 紅柿
  - 出繼天音
- 紅㷄
  - 媽訊
- 水麽
  - 可碏
- 媽錢
  - 建章
  - 光粒
  - 繼光鐵 本生父媽宋
  - 建碕

烱照——駢桂

烱不——毓光鐵

礁

伏

正答——頂旺

蘇

韭——[illegible]天平

正久

正逵——[illegible]天平 本生父韭

正窓

松

脩

正看

正立 — 旦

博

正提 — 旦 本生父立

正直 — 蒲

正鶴 — 任

正着

正駭　妙卿

正威　榮皆

正講

正勤　果

正習

如遠

正尋

南容

正裒
南楯

正圃
正岱
正泰
文卿
文理

維許
敏兎
敏從

鋮纘

敏武

如荷

如勤

如白

如毛

如松

子文

如色

如義

如信

如石

如碏

丁蒲

如棣

如蕬

如乾

如旭

清江

如曲

燧　戚　衫

如求

如清

如上

如得

如慈

如祿

如旭

如波

如盛

如齊

如龍
西豹
仙冬
如才
正本
朝陽
正樞
正源
正玉
正對
正傳

正闢

正助

正獺

正牽

正乞

正佃

可行

純冷

截

正谿

正輪
天爵
天秩
天想
正德
正龍
高明
高屏
通
潤澤

得邁

正昌

媽前

嫣庥

媽月

純古

敬種

妙梯

双寬

高壁

韞濊 — 紫垣

韞盛

起成 — 嗣子 金盤 本生父天受

起陣

起昌

起超

起鳳

才 — 排烈 本生父問

問 — 出嗣 排烈

[illegible] 排芸

排被

泉

向

極

旺

邦棟

純緝

純歩

陶潛

烱過

玨桂
玨源
紹赫
純江
純經
拱照
純裕
鄉甍
鄉陳
啟諧

[illegible]

春機

春種

及時

樓

啓終

啓首

協力

協應

協會

啓諒
啟延
啟就
啟東
啓淵
啓象
啟春
啟恬
啟達

嗣子長吟本生父啟達

嗣出長吟

銅添

正曹

佛斤 —— [illegible]硯 本生父天送

天送 —— 目；[illegible]硯

天賞

可

卒

清吉

- 果
- 卿
  - 添喜
  - 添龍
- 助
- 良明
  - 全信
- 良新
- 良補
- 懷
- 沃

奚

金裁

金蘭

金仲

昆

壬

百傳

佝

金咸

艮眼

艮諒

艮郡

艮拿

天養

光能
　└ 嫣淑

蒲研

光邦

鳥碇

烏砵

鹽

塔
坪
更
增
新英
烏閩
烏柱
會
沁
約

媽揺
韮
盾
道
帆
蕆
鉗
有福

嗣出
葛

嗣出
光舍

啟充
　洮
　荔

啟撐

啟治

啟瀨
　嗣子萬　本生父啟充

芽

從

嫣挑
　嗣子光含　本生父啟充

樣

䃂

先進○——○爪

光廳

光墻

光門

六使

嫣軒

嫣宮

皆得

奇厚

啇毅

發强——出融文署

鈞隆

胆水

壬傑——繼融文署　本生父發强

祝水

金印

昭達

昭賢

昭眺

迟仁
馮佑
馮維
文慶
交撓
文祿
爪水
爪智
爪乞
陳使

謝氏家乘 卷二

辛
嫣寡
進傑
進亥
鳥甜
烏葉
文章
白兎
淵泉
文宿

双合
傳壽
流界
養泉
萍
喬
紫微
紫荆
小君
右春

元○——○德發

仁福

亘

棹

揔

益

文筆

清源

清標

清傑

九世

經使

磚

碩○——○榮通

硝

兀

池

慶宇

慶雪

慶秀

慶南

慶天

慶齊

銀祥

乾巽

乾甲

乾角

明雁

明盾

明法

嫣信

子龍

春華

四美○——○君

大宗

仁美

辛梓

辛追

靈余

幸雨

幸遇

幸然
- 懷慨

幸前

幸約

幸鈃

媽栽
- 拱照
- 克

媽件

媽檻

媽戩—新鄭

榜

松江

秦闖

以柄

仙奇

仙鄰

忠勸

上元

庚辛

光塔

登儀

登庇

光遠

光乞

一品

尚綱

尚抱

福泰

福乾

福來
福榮
嫣帶
光敵
光唱

卷二終

国家出版基金项目
NATIONAL PUBLICATION FOUNDATION

海上絲綢之路文獻集成

總主編　陳支平　陳春聲

民間譜牒編 30

主編　林楓

海峽出版發行集團
THE STRAITS PUBLISHING & DISTRIBUTING GROUP
福建人民出版社

本册目次

〔福建厦門〕石塘謝氏家乘三十一卷（世紀卷二四至世紀卷二六）　〔清〕謝旲虞
謝邦忠等纂修……………………………………………………一

〔福建厦門〕石塘謝氏家乘三十一卷

（世紀卷二四至世紀卷二六）

〔清〕謝果稟　謝邦忠等纂修

道舉公次房分派世系條紀卷二十四

裔紹次子第十三世

大鎣　生崇禎七年甲戌六月十二日亥時卒康熙三十五年丙子二月初四日亥時葬樓山後頭園堀坐丙向壬兼亥巳配傅氏生順治七年七月初二日酉時卒康熙六十年辛丑十月十三日巳時葬許坑坐庚向甲兼申寅

生子二長瑞　朝

裔紹三子第十三世

大結字孕玉生順治壬辰年九月廿九日巳時卒雍正丙

午年九月初八日卯時葬三魁嶺坐寅向申兼艮坤配
盧氏生康熙六年丁未二月初一日寅時卒康熙五
十四年乙未四月廿四日卒　葬溪南鴻山坐坤向
艮兼未丑　　　　生子二長鰲次成

希述儕子第十三世

希提儕子第十三世

希純儕子第十三世

希聯傳子第十三世

天胤諱起奇生崇禎辛未年七月初四日未時卒康熙乙亥年四月廿一日卯時葬楓山尾坐乾向巽兼亥巳配林氏生崇禎丙子年十一月初七日巳時卒康熙丙寅年閏四月十三日酉時附葬夫墳坐向仝

生子二長世哲次世芳

希繼傳子第十三世

佳長子第十三世

適諱天成字子蓮生康熙己巳年四月初六日子時卒康熙

戊戌年十月十八日午時葬畬坑上園中坐申向寅兼
坤艮配蔡氏生康熙甲戌年九月二十日亥時卒康熙
甲午年六月初八日辰時葬只山邊園內坐乾向巽兼
戊辰　　生子二長雀次躍

佳次子第十三世

創諱天眷字子業生康熙甲戌年七月廿七日子時卒乾
隆乙未年十一月廿二日巳時葬在湖尾後坐甲向庚
兼寅申配邱氏生康熙己卯年七月十三日午時卒乾
隆丁未年八月初七日辰時葬畬坑樟仔腳坐丁向癸
兼未丑

生子四長琲次愈三丞四登記

佳三子第十三世

志諱天保字子明生康熙丁丑年十一月初六日卯時卒

葬外域配吳氏生康熙己丑年八月十一日酉時卒

乾隆戊午年九月初七日午時葬內壠仔大墓下坐乾

向巽兼亥巳

生子一成祖

利長子第十三世

廸諱天安生康熙癸未年七月廿二日卯時卒乾隆三十

四年七月初九日　時葬臺灣坎仔腳謝厝寮配邱氏

生康熙甲申年十二月十四日午時卒雍正庚戌年六月廿七日酉時葬湖尾大埏園坐南向北續配林氏生康熙癸未年四月十六日酉時卒乾隆辛丑年閏五月十九日寅時葬湖尾火燒山仔坐東南向西北

生子一元

利次子第十三世

友諱

生康熙戊子年二月初十日申時卒雍正壬子年二月廿七日酉時葬壠仔內湖尾與母同穴

利三子第十三世

豫諱

生雍正四年丙午年四月初三日巳時卒葬失載配

林氏生雍正己酉年七月初二日辰時

　春長子爵十三世

顒字子璋生康熙壬辰年五月初五日卯時卒乾隆丁酉

年十一月初一日　時葬湖尾坪裡坐甲向庚兼厦

門曾氏生康熙　年　月　日　時卒乾隆

丙子年六月十六日　時葬湖尾坪裡坐甲向庚兼寅

申　生子一喜

　春次子爵十三世

昂諱　生康熙壬寅年　月　日　時卒葬失載

　国傳子爵十三世

外孫子第十三世

宗長子第十三世

賜字子千生康熙丁卯年六月十五日辰時卒雍正戊申年二月十五日巳時葬畬抗樟仔脚祖墓前長寮園中右邊

配康氏生康熙丁丑年七月初六日酉時

宗次子第十三世

圃字子貞生康熙辛未年八月初五日申時卒雍正甲辰年

八月初七日　時葬失識
生子一桃

仁傳子第十三世
潘郎字　生康熙己巳年六月初十日酉時卒乾隆己巳
年正月十六日辰時葬在呂宋配林氏生康熙庚午
年四月廿一日辰時卒乾隆三十六年　月
日　時葬失識
生子三長高明次嵩三選

智長子第十三世
祖字　生康熙丁巳年八月初五日丑時卒乾隆乙未年

七月初七日巳時葬湖尾木武鎮墓下左邊坐壬向丙兼子午配黃氏生康熙甲子年十二月十九日戌時卒乾隆辛巳年九月廿二日辰時葬湖後木武鎮下坐壬向丙兼　辛亥辛巳分金

生子二長老次寵

隆字

智次子第十三世

生康熙壬戌年八月廿九日辰時卒乾隆戊辰年閏七月廿六日子時葬湖尾山裡坐　向

配楊氏生康熙戊辰年十一月十九日午時卒乾隆辛未年六月初一日酉時葬湖尾坐亥

向巳叔孫撰

生子二長聖次恬

堂字

智三子第十三世

生康熙丙寅年八月十三日巳時卒乾隆戊辰

年閏七月初四日辰時葬湖後坐　向

配柯氏生康熙乙酉年正月二十日　時卒葬

失載

生子三長昇次适三敦

品字

智四子第十三世

生康熙戊辰年九月二十日申時卒乾隆丁巳

年六月廿七日卯時葬吧城配尤氏生康熙乙亥年九

月初一日丑時卒乾隆庚午年七月初三日未時葬

内壠坪裡坐　向

生子三晟乞欠歎三及

鍄傳子第十三世

鐥傳子第十三世

錄傳子第十三世

鈾傳子第十三世

攀儁子第十三世

茂長子第十三世

桓諱天德生康熙甲戌年五月初四日亥時卒乾隆乙亥年十二月廿一日未時葬畲坑寨仔鄉坐北向南配龔氏生康熙甲戌年十二月二十日午時卒葬失載

生子四長什次聳三印出嗣胞弟格四珠璣

茂次子第十三世

戴字

生康熙丁丑年四月初四日亥時卒乾隆巳未年

七月初二日酉時葬畬坑淺鞋拖坐丁向癸兼午子配
周氏生康熙　年　月　日　時卒葬失載
壽七旬有四　　生子四長涇次培三起四少

茂三下第十三世

榮諱天錫生康熙辛巳年八月十四日亥時卒乾隆丁酉
年三月廿二日寅時葬印斗石後坐坤向艮兼申寅辛
未辛丑分金配陳氏生康熙己丑年十一月廿四日酉
時卒乾隆丁未年十月初一日午時葬東山邊坐西
向東　　生子一昂

茂四子第十三世

格諱　生康熙丙戌年四月初一日　時卒乾隆丙辰年

八月廿四日丑時葬丞坑淺鞋拖坐丁向癸兼未丑

嗣子一印係胞兄桓記子

茂五子第十三世

申

壽長子第十三世

陣　生康熙乙丑年　月　日　時卒康熙丁巳

年十月初九日　時葬在吧

壽次子第十三世

齊　生康熙壬寅年十二月廿四日　時外歿
壽三子第十三世
白　生康熙乙未年十一月十九日　時卒葬失載配
吳氏生卒葬所失載
生子一談
壽四子第十三世
巖　生康熙甲寅年九月廿四日　時歿臺灣謝厝寮
壽五子第十三世
顏　生雍正四年正月初二日　時卒乾隆十九年八月
十六日　時外歿

壽六子第十三世

振賢

月長子第十三世

天培字　生康熙三十七年三月廿五日子時卒康熙五十九年二月初三日未時葬畬坑山仔內田上園墘坐申向寅兼庚甲配許氏生卒葬所失載

月次子第十三世

章諱天熾生康熙丁亥年五月廿九日巳時卒乾隆癸卯年十二月廿九日未時葬岸埔裡坐酉向卯兼庚甲丁酉丁卯分金配余氏生康熙戊子年二月初十日酉時

卒乾隆癸卯年十一月十八日未時葬山仔內大芹埔
坐酉向卯兼庚甲丁酉丁卯分金
生子四長現次從三庭訓四覲

月三子第十三世

變
諱天尉生康熙庚寅年正月廿四日丑時卒乾隆癸亥年
四月初三日巳時葬大寮前虎頭山坐巽向乾兼巳亥
配陳氏生康熙辛卯年九月初二日　時卒乾隆庚寅
年四月廿三日未時葬象鼻上坐辛向乙兼戌辰
生子一江

月四子第十三世

填諱天瑞生康熙甲午年三月初七日戌時卒乾隆壬寅年十二月十六日未時葬芹埔裡坐庚向甲兼酉卯庚申庚寅分金配許氏生康熙戊戌年三月初五日卯時卒乾隆癸丑年十月廿五日未時葬芹埔坐卯向酉兼甲庚丁卯丁酉分金

生子女長諳次鄉三裹四拱碧五水漪

月五子第十三世

琳字天球生康熙戊戌年九月廿五日酉時卒乾隆己酉年十月初一日未時葬東山邊坐西北向東南配蔡氏生康熙庚子年十二月十六日酉時卒乾隆戊申年正月

廿五日酉時葬東山邊園後岓坐辛向乙兼酉卯
生子三長錦次秋湖三平海

欲楨傳子第十三世

啟宇

元長子第十三世
生康熙丙申年八月廿七日子時卒乾隆己亥年
十二月十四日酉時葬象鼻上坐辛向乙兼酉卯丁酉
丁卯分金配林氏生康熙己亥年九月初三日寅時卒
乾隆庚子年二月初三日戌時葬湖尾坐甲向庚兼卯
酉庚寅庚申分金

生子三長領次佳河出嗣胞叔東三泗溪

元次子第十三世

東字　生康熙己亥年　月　日　時卒雍正壬子年　月　日　時葬失誌

嗣子一佳河係胞兄啟次子

元三子第十三世

奨字　生雍正丙午年六月初四日寅時卒乾隆癸酉年六月廿八日　時遭回淹歿大星洋

元四子第十三世

來諱　生雍正戊申年十一月廿八日巳時卒乾隆己酉

年十一月廿一日　時葬畬坑蜈蚣形坐南向北

元五子第十三世

生雍正甲寅年四月初六日未時

晏

大孫傳子第十四世

開後傳子第十四世

開範傳子第十四世

寧傳子第十四世

開田傳子第十四世

元哥傳子第十四世

惜傳子第十四世

興傳子第十四世

棟傳子第十四世

丁娘傳子第十四世

進娘嗣子第十四世

文英字光嫺生康熙辛巳年　月　日　時卒失載壽

七旬有一葬失載配陳氏生康熙　年　月

日　時卒葬失載

生子三長天賜次天成三天吉

漢娘長子第十四世

石字光熀生康熙甲子年八月十六日寅時卒乾隆己丑年

四月初七日酉時葬塢尾崎頂坪園裡坐酉向東配
翁氏生康熙乙亥年四月十七日酉時卒乾隆乙丑
年五月初三日未時葬湖崎上坐　向　兼
生子四長升次雙喜三亮四定

漢娘次子第十四位

琰字光耀生康熙丁亥年四月初五日丑時卒康熙壬寅年
九月廿四日丑時葬火燒山仔坐庚向甲兼申寅配黄
氏生康熙己卯年正月二十日酉時卒雍正丁未年二
月初四日酉時葬馬鬃頭壠滿尾坐乾向巽
生子一　三樂

漢綏三子第十四世

殿字光燦生康熙庚午年五月初八日　時卒乾隆己卯年十二月初三日丑時葬臺灣坎仔腳謝厝寮配蔡氏生康熙丁丑年五月初十日寅時卒乾隆丙子年七月廿六日巳時葬壠裡坐艮向坤

生子三長脫次臣三淡

漢娘四子第十四世

寀字光爝生康熙癸酉年二月廿八日寅時卒乾隆癸酉年四月十七日卯時葬畬坑口田上坐酉向東配周氏生康熙壬午年三月十七日未時卒乾隆癸巳年三月

廿一日巳時葬湖尾火燒山仔邊坐壬向丙兼子午辛亥辛巳分金

生子三長中次猛三管

潢娘五子第十四世

允字光煨生康熙丙子年四月初十日午時卒乾隆戊戌年正月十八日午時葬湖尾火燒山仔鄉坐艮向坤兼丑未丁丑丁未分金配張氏生康熙乙酉年三月初三日辰時卒乾隆丙午年三月廿四日巳時葬奄石脚坐子向午兼壬丙丙子丙午分金

生子三長吳生次越國三韓老

漢娘六子第十四世
城字光端生康熙己卯年二月初九日卯時卒乾隆庚午年
五月十一日辰時葬木武鎮坐西向東配江氏生康熙
癸巳年七月十一日寅時卒乾隆丁未年十二月十
五日午時葬湖尾山脚坐辛向乙兼酉卯丁酉丁卯分
金　　生子二長賜竭次應心
漢娘七子第十四世
文英字光燦　　出嗣
大祖傳子第十四世
慶

二祖傳子第十四世

自哥傳子第十四世

天寵公長子第十四世

雲郎諱光堂字肯生歲貢生生康熙甲寅年九月廿三日未時卒康熙丁亥年七月初九日酉時配海澄公黃諱芳泰公次女生康熙辛亥年六月廿一日亥時卒康熙乙亥年七月初五日巳時合葬漳城南門外二十一都蔡沙河坐巽向乾兼巳亥

生子三長平次永三春

天寵公次子第十四世

霓郎諱光基

天寵公三子第十四世

霖郎諱光達

天寵公四子第十四世

霆郎諱光璧

天寵公五子第十四世

需郎諱光型

天宋長子第十四世

鞠諱光圻
天宗次子第十四世
掛諱光陛
天宗三子第十四世
生子二長厚次忠
有諱光
三祖傳子第十四世
慕傳子第十四世

定傳子第十四世

靜傳子第十四世

慮傳子第十四世

安傳子第十四世

勇長子第十四世

講字光國生雍正乙巳年三月初三日酉時卒乾隆庚戌

年二月廿五日巳時卒殁配王氏生卒葬所失載

生子一以能

勇次子第十四世

深字光邦生雍正戊申年七月十一日酉時卒乾隆戊申

年五月廿九日午時葬絫仔鄉坐北向南配陳氏生

乾隆戊午年六月廿六日未時卒乾隆戊申年四月十

九日　時葬湖尾崎下坐西北向東南

生子一棒

旭長子第十四世

郡字光輝生康熙癸未年十月初六日辰時卒乾隆庚申年

九月廿二日寅時葬壠裡坐丙向壬配蘇氏生卒葬所
失載　生子三長波次祥三齋係胞弟偕三子

旭次子第十四世
偕字光義生康熙丁亥年十月十四日未時卒乾隆癸巳年
八月廿九日申時葬湖尾坐丁向癸兼未丑庚午庚子
分金配林氏生康熙丙戌年十月廿一日寅時卒嘉慶
丙辰年正月初八日酉時葬夫墳邊
生子六長端次胆三齋出繼胞兄郡
四進五來六曰

旭三子第十四世

孝字光政生康熙乙未年十月初十日子時卒乾隆辛丑年四月十五日午時葬塢尾祖墳右邊坐巳向亥兼丙壬丁巳丁亥分金配黃氏生雍正己酉年十一月廿三日卯時卒乾隆辛未年八月廿六日巳時葬湖尾借公墳左邊第二穴坐巳向亥續配吳氏生雍正丙午年五月廿六日丑時卒乾隆甲寅年十月十六日酉時葬烏尾園後坐辰向戌兼巽乾庚辰庚戌分金

生子二長仁次厚

旭四子第十四世

燦字光明生康熙戊戌年十一月十九日戌時卒乾隆甲辰年

十一月廿三日丑時葬湖尾崎頂坐東向西配蔡氏生
雍正甲寅年四月十二日丑時卒道光壬午年八月廿
五日丑時與夫合葬
　生子二長審次騰水
聚僩子第十四世
在長子第十四世
澤字
　生康熙庚辰年九月初七日巳時卒乾隆丙戌年
七月廿二日午時葬埭頭黎角頭壠山園邊配廖氏生
康熙甲申年十一月初一日丑時卒乾隆庚子年十二

月廿五日巳時與夫合葬
生子二長千次教
在次子第十四世
楚字光珍生康熙乙酉年十月初三日亥時卒乾隆丁巳年
三月十九日未時葬臺灣坎仔脚崗厝寮
生子一天庇
在三子第十四世
強
保傳子第十四世
詳字
生雍正丙午年十一月十七日子時卒乾隆

年　月　日　時葬臺灣西螺配王氏生於隆癸
亥年四月初三日卯時
生子一　子龍

順傳子諦十四世

朝佐長子第十四世

陣
朝佐次子第十四世

長
朝偉長子第十四世

縂容

朝偉次子第十四世

朝傑傳子第十四世

愛傳子第十四世

治傳子第十四世

叨傳子第十四世

求諱光澄生康熙己酉年五月廿三日丑時卒雍正丁未年
三月廿九日　時葬大觀後山臍內落山蛇坐乾向
巽兼亥巳配柯氏生康熙丙辰年七月廿一日丑時卒
乾隆丙寅年十一月廿二日戌時葬畲坑山甕石上坐
亥向巳
生子三長佛次孔三岳
次傳子第十四世
要長子第十四世
寬諱光瀛字洲士生康熙丙午年五月廿四日子時卒乾隆

癸亥年四月十九日卯時葬東坑狗仔田上坐巽向
乾兼巳亥庚辰庚戌分金配郭氏生康熙癸丑年十
一月十八日亥時卒乾隆癸酉年七月十二日午時
葬翁坑甕石下園坐癸向丁兼丑未
生子四長經次界三正四振

光瀛公幼不讀書然觀其自脩譜系又未嘗不知學
者也余又聞其善談河洛精工日理當時士大夫家宗
焉殆所云理由元悟非耶至其爲人獨存古風時 海
澄邑侯汪贈匾稱爲 聖世純良信不誣也
姪士杓誌

要次子第十四世
弘諱光洙字宣士生康熙壬子年九月初三日辰時卒乾隆
壬申年八月廿九日未時葬內坑石戶碇內坐寅向申
兼甲庚配蘇氏生康熙乙卯年八月初六日酉時卒乾
隆丙子年八月廿三日申時與夫合葬
生子四長岱次國三掌四旺

要三子第十四世
簡諱光泗字英士生康熙戊午年十月廿四日亥時卒乾隆
丙寅年正月初八日巳時葬畓坑山大樹尾坐乾向巽
兼戌辰配黃氏生康熙乙丑年八月廿七日戌時卒乾

隆庚午年七月十二日午時葬番坑山鳥鼠石後坐丙
向壬
生子四長馬次上三錦四衣
要四子第十四世
黙諱光濟字俊士生康熙乙丑年十月廿七日亥時卒乾
隆壬午年十一月十一日寅時附葬　母墳左配陳
氏生康熙己巳年十月廿四日寅時卒乾隆乙酉年十
二月初六日卯時與夫附葬　母墳坐向仝側室阿娥
青生康熙癸未年　月　三　時卒葬失載
生子六長豫次日三永言

四孝思 五慈泉 六應祥

祚傳子第十四世

佑傳子第十四世

贊 諱光溪生康熙癸酉年三月廿二日寅時卒乾隆甲午年七月廿二日寅時葬畲坑奎石上坐午向子兼丁癸

配永春赤泥崎陳氏生康熙庚寅年正月二十日酉時卒乾隆癸未年三月初一日　時葬畲坑奎石上坐民向坤兼

生子二 長吉 次寧

招治傳子第十四世

藩郎傳子第十四世

繼祖長子第十四世

庇諱長源生雍正辛亥年十一月初四日子時卒乾隆辛亥年正月十五日卯時葬樓山埭園前岓坐南向北配趙氏生乾隆壬戌年二月廿七日未時卒葬失載續配李氏生雍正乙卯年八月廿五日寅時卒乾隆甲寅年二月廿三日寅時葬上坑嶺脚坐癸向丁兼丑未庚午

庚午分金

生子三長戩出嗣胞弟台次添水

二人趙氏出三漏

紹祖次子第十四世

台諱堤貴生雍正甲寅年十二月初二日戌時卒乾隆癸未

年四月廿三日　時葬汶萊

嗣子一戩保胞兄庇長子

紹祖三子第十四世

賀諱長順生乾隆戊午年十二月廿七日丑時卒嘉慶二十二

年五月廿四日戌時葬山狗崆路邊坐北向南配林

氏生乾隆癸酉年正月十四日申時卒乾隆壬辰年九月十三日申時葬山狗崆坐癸向丁兼子午續配陳氏生乾隆癸巳年四月十六日亥時卒嘉慶庚午年正月廿七日巳時葬失載

生子三長光順林氏出出繼胞弟泰次朝陽三佳

紹祖四子第十四世

準諱長法生乾隆辛酉年六月廿四日寅時卒葬失載配蔡氏生乾隆甲戌年五月初六日午時卒道光乙酉年四月十九日巳時葬甕石山頂坐北向南

紹祖五子第十四世

綦諱長亨生乾隆乙丑年十月廿四日酉時卒嘉慶壬戌年

四月廿八日　時葬吉礁配史氏生乾隆壬午年十二

月初九日卯時　卒嘉慶十九年閏二月十七日申

時葬畲坑寨仔鄉坐癸向丁兼子午丙子丙午分金

嗣子一光順係胞兄賀長子

啟運傳子第十四世

啟太傳子第十四世

朝旌傳子第十四世

朝慶傳子第十四世

恩字應端生順治乙未年七月初七日辰時卒康熙癸未年十月初六日寅時葬漳城北門外南坑對門園坐戌向辰兼乾巽配蘇氏生　年二月十六日寅時卒　年正月初七日辰時葬蘇浮山社王公廟前坐癸向丁兼子午　生子三長春次龍三鳳

啟章傳子第十四世

祈宣字　生卒葬所失載

　　生子一位

　啟華傳子第十四世

蓮成

　啟千長子第十四世

祈福諱茂　生順治戊子年八月廿六日寅時卒康熙乙酉
年八月初十日未時葬感化里大嶺山娘嫣宮上坐子
向午兼癸丁配林氏生順治壬辰年十一月十一日子
時卒康熙戊午年五月廿六日巳時葬花眉山桐子湖
中崙坐乙向辛兼卯酉續配林氏生順治癸巳年正月

初一日子時卒雍正乙卯年五月廿七日丑時葬感
化里花層山桐子湖崙坐艮向坤兼寅申
生子四長士朗次聯登三賜郎四士龍

啟千次子第十四世
祈壽諱壬

啟千三子第十四世
祈祿諱補　生康熙元年壬寅十月十七日申時卒雍正乙
巳年七月初五日卯時葬中崙大叠山坐坤向艮兼申
寅配吳氏生康熙庚戌年二月初六日未時卒康熙壬
辰年五月廿八日未時葬梵天中崙坐寅向甲兼申寅

繼配紀氏生康熙己未年九月十二日巳時卒雍正丙戌年十一月初二日丑時葬失載

生子三長冬晚次成物吳氏出三士鶴紀氏出

啓傳傳子第十四世

啓何傳子第十四世

啓仕傳子第十四世

啓付傳子第十四世

啓聰傳子第十四世

正志傳子第十四世

正貞傳子第十四世

光達諱明生康熙丙午年十一月廿五日午時卒康熙乙卯年四月廿五日卯時葬壠口山仔内坐丙向壬配楊氏生康熙辛未年正月初三日寅時卒乾隆壬戌年十月初五日未時葬蘇坑坐酉向卯兼庚甲

正貞次子第十四世　生子一太

光元

正貞三子第十四世

光裕諱會生康熙辛酉年十一月初一日亥時卒康熙丙申

年八月　日　時葬呂宋配柯氏生康熙癸酉年十

月初五日未時卒乾隆丙戌年十二月初二日寅時葬

畓坑坐丙向壬

正貞四子第十四世　生子一文王

光祐

正攀傳子第十四世

諒傳子第十四世

録傳子第十四世

弁字光國生康熙辛未年十月十五日午時卒乾隆癸未年四月初五日酉時葬東山邊園裡坐戌向辰兼乙辛丙戌丙辰分金配鍾氏生康熙甲申年十一月初八日子時卒乾隆庚午年七月十五日午時與夫合葬

生子六長爽次秋三瑞麟四五度五德良六于光

天奇傳子第十四世

旋傳子第十四世

祖傳子第十四世

允聰偃子第十四世

挺字儀羽生娶卒葬所失載

生子一柯使

光聰次子第十四世

楊

光明傳子第十四世

光璿長子第十四世

國元字後一生康熙癸亥年二月初五日寅時卒康熙丙戌年十一月十六日巳時葬建陽縣水南羊廚山裡

配　氏生卒葬所失載

生子二長慶次駿

光璿次子第十四世

國亨字叅泰
允璿三子第十四世

國利字子和
允璿四子第十四世

國貞字爲幹
允璿五子第十四世

國選字君升
志儁子第十四世

迎儁子第十四世

合長子第十四世

冀諱光韜字仲章生康熙甲戌年十一月初一日未時卒雍正戊申年二月初四日未時葬呂宋宿務配呂氏以孫白汪倡建石塘小宗述德堂考妣俱配饗

嗣子一恩（係胞弟禹次子）

合次子第十四世

武諱光略生康熙丁丑年七月廿一日寅時卒雍正壬子年十一月十二日酉時葬施宮裡坐子向午兼癸丁配溫氏生卒葬所失載

生子二（長）友（次）齊

份三子第十四世

堯諱光宗字岱山生康熙壬午年九月十八日辰時卒乾隆甲子年正月廿九日巳時葬施宮裡坐子向午兼癸丁配許氏生康熙丁亥年十月十四日寅時卒雍正辛亥年十一月廿七日辰時葬鬼庵山坐丑向未兼癸丁續配黃氏生康熙丁酉年五月廿三日巳時卒乾隆庚戌年九月初一日戌時葬烏甜腳本家園中坐癸向丁兼丑未丙子丙午分金

咸豐八年

旌表入節孝祠額曰彤管流清

生子二長應次高

合四子第十四世

舜諱光華字灼其生康熙戊子年十一月廿一日卯時卒

雍正辛亥年十二月初四日辰時葬後墓　祖墳邊

坐酉向卯兼辛乙

嗣子一炳光係胞弟禹所子

合五子第十四世

禹諱光都字爾雅號純樸鄉飲大賓生康熙甲午年十一月

二十日亥時卒嘉慶戊午年十一月初一日亥時葬本

社水仙宮邊山仔後坐酉向卯兼辛乙配李氏生康熙

壬寅年正月初三日寅時卒乾隆戊寅年二月初八日子時葬前山自己園頭坐癸向丁兼丑未庚子庚午分金嘉慶十二年游偕枚先生遷葬于原穴上離原穴一丈餘地挨過長數尺坐向照舊續配與厝李氏生雍正辛亥年四月初一日酉時卒嘉慶庚午年九月廿八日辰時與純樸公合葬坐向同考妣三位俱配饗石塘小宗述德堂

生子六　長揚　次悲出嗣胞兄萁　三賀俱前李氏出

四棟樑　五炳光出嗣四胞兄舜

六江水俱後李氏出

箕疇稱壽春秋紀元壽者福之徵元者善之長觀太上感應之篇考繫辭餘慶之旨固知未有不積善而能獲福者也然百善之積悉本一心之仁余叔光都固仁人也何仁乎爾仁其素履也一門雍睦四世同居是其仁之施於家庭也恤孤憐貧洽鄉比族是其仁之及里黨也嘗於乾隆五十二年是歲瘟疫人多死亡余叔悉貲棺殮之骸又其仁之及於幽冥也此皆公陰德之積宜其獲享遐年之福孔子曰仁者壽信夫

文圖漏南極屏山接遠天有客歌崧嶽稱公即葛仙冥靈春五百度朔歲三千何似翁眉壽莊椿廼比年

鄉閭推齒德　彤陛重膠庠玉杖　皇仁浹金波　帝
德長齊眉欣比翼繞膝祝連觴一曲南飛鶴清音徹緲
茫　鄉評原不愧內行信能敦至孝根天性因心友弟
昆石渠時自滌姜被夜常溫古道誰堪踐惟公可與論
佳兒多可譽小阮亦堪珍道從喬梓得心況棘梅均
況是龍孫着無慚燕翼入芝蘭今濟濟共羨老靈椿
姪士杓謹誌
道光初年孫禎祥求光澤縣龔翰林文炳作傳親書手
卷漳州李鳳岡咸賦五言古一篇京口葉晴帆文舟賦四
言詩六章跋後

郡妹長子第十四世

棟諱光聰生康熙甲寅年九月十八日巳時卒乾隆巳巳年五月廿三日子時葬湖尾垢坪園裡坐乙向辛兼辰戊配張氏生康熙庚寅年　月　日　時卒乾隆庚子年十一月初五日未時壽八旬有五葬湖尾附祖墳穴

生子六長帝次卿三蔡四造五先六奇

郡妹次子第十四世

定諱　生康熙戊子年四月廿一日寅時卒葬失載配林氏生康熙丁丑年五月十七日辰時卒雍正辛亥年九

月初九日巳時葬湖尾山仔坐乙向辛兼辰戌
生子三長柯次巽三賓
天鉉長子第十四世
茂諱　生康熙辛亥年三月初七日子時卒乾隆壬申年
六月十三日亥時附葬東山邊祖墳右坐辛向乙配周
氏生康熙癸酉年四月十七日巳時卒乾隆甲子年
十一月廿六日寅時與夫合葬
生子四長宅次仲突三仲忽四顏回
天鉉次子第十四世　寓居漳城
添字次施生康熙　年　月　日　時卒失載配柯

氏生康熙辛酉年九月廿九日辰時卒雍正己酉年
六月廿七日未時夫婦合葬漳城南門外龍虎度[illegible]
內坐丑向未兼艮坤
生子五長狀次括三亞四夜五燁

天驥傳子第十四世

城傳子第十四世

助傳子孫十四世

立

祐傳子第十四世

天珠長子第十四世

標諱光廷生康熙戊午年七月初四日辰時卒康熙丁亥年十二月廿二日卯時葬山狗嶺

配盧氏生康熙辛酉年十月初十日子時卒乾隆壬申年六月十五日亥時葬畬坑馬寨邊坐酉向卯兼庚用

生子二長全次吟

天珠次子第十四世

諧諱光輔生康熙丁卯年十二月初六日亥時卒乾隆丁巳

年八月十八日申時葬呂宋配翁氏生康熙庚寅年
五月初七日亥時卒乾隆癸卯年十二月廿三日辰時
葬山狗空松仔脚坐艮向坤兼寅申
生子四長藝次張三安聳四山

大蔭長子第十四世

大蔭次子第十四世

巧

朝諱光輝生康熙丙寅年五月十五日亥時卒康熙丁酉年
四月廿八日午時葬湖後坐乾向巽兼亥巳配張氏生
康熙三十三年三月初六日酉時卒乾隆二十三年五

月廿九日未時葬大墓屈口坐寅向申兼艮坤

生子二長享次苞

天結長子第十四世

鰲字龍岩生康熙庚午年十月十五日辰時卒雍正乙卯年十一月初六日巳時葬山狗空坐壬向丙兼癸丁配毛氏生康熙甲戌年十月初四日卯時卒乾隆壬辰年九月十九日卯時葬山狗空　坐東向西

生子三長比次佛賜三燕山

天結次子第十四世

盛

生康熙戊寅年八月廿一日巳時卒康熙丁亥年九

月十四日亥時葬山狗空坐北向南

天胤長子第十四世

世哲諱　生康熙丙午年正月十五日未時卒康熙甲申年九月初五日午時葬失載配林氏生康熙丁未年十一月廿七日子時卒乾隆壬戌年二月十八日未時葬東坑尾坐壬向丙兼子午辛亥辛巳分金

生子四長拔次先三豊四訔

天胤次子第十四世

世芳諱承恩字蘭如號靖學歲貢生娶卒葬龍

生子一褒

雀諱

通長子第十四世

生康熙辛卯年九月廿六日酉時卒雍正　年

月　日　時葬內壠仔大墓前右邊

躍諱

通次子第十四世

生康熙癸巳年九月十八日未時卒葬失載

排諱

創長子第十四世

生雍正癸卯年三月十八日巳時卒乾隆壬寅年

九月二十日子時葬內壠山腳坐丁向癸配邱氏生乾

隆庚申年十月廿二日寅時卒葬失載

生子一光和

創次子第十四世

愈譚　生雍正己酉年二月初五日巳時卒嘉慶元年
丙辰十一月初二日子時葬內壠仔坐癸向丁兼丑未
丁丑丁未分金配蕭氏生乾隆丁巳年十一月十四日
寅時卒乾隆甲辰年六月初八日午時葬馬鬃頭坐癸
向丁兼丑未丁丑丁未分金續配曾氏生乾隆庚申年
九月初三日卯時卒嘉慶丙辰年十一月初二日午時
葬內壠坐癸向丁

生子一光妙

創三子第十四世

丞諱　生雍正壬子年二月　日寅時卒乾隆
年七月廿三日　時外殁
創四子第十四世
登記　生乾隆壬戌年四月廿二日寅時卒道光庚寅年
十二月廿六日未時葬內壠仔坐巳向亥兼乾巽配江
氏生乾隆　年五月十五日寅時卒乾隆
年十二月廿二日卯時葬內壠仔山脚坐亥向巳兼乾
巽續配杜氏生乾隆壬戌年十月初十日寅時卒道光
壬辰年八月二十日未時地夫合葬
生子一賢圖

志傳子第十四世

成祖

迎傳子第十四世

生乾隆甲子年十月十二日申時卒葬失載

元

友傳子第十四世

豫傳子第十四世

顯傳子第十四世

喜

生乾隆丙寅年三月十一日亥時卒葬失載配黃氏

生乾隆甲戌年閏四月十七日辰時卒乾隆戊戌年八
月十四日寅時葬湖尾坪坐申向寅兼
昂傳子第十四世
賜傳子第十四世
固傳子第十四世
恭諱光謙生卒葬所失識配蘇氏生康熙己亥年八月初九
日未時卒乾隆甲辰年十二月廿二日酉時葬畬坑樟
仔腳坐西南向東北

生子一贊祖

潘郎長子第十四世

嵩明諱仲漢生康熙壬辰年十月廿七日丑時

潘郎次子第十四世

嵩諱仲江生康熙　年十一月十八日丑時卒

年　月　日　時葬失載配張氏生康熙

年十月十一日　時卒葬失載

生子二長流次吉

潘郎三子第十四世

選諱仲海生雍正庚戌年三月十三日辰時卒葬失載配

曾氏生乾隆乙丑年十月十九日寅時卒葬失載

生子二長永興次永順

祖長子第十四世

光諱瑞公生康熙癸未年五月初三日丑時卒乾隆甲子年

六月廿七日巳時葬外海中配陳氏生康熙丙戌年八

月十九日戌時卒乾隆壬寅年二月初六日酉時葬山

頭坐辛向乙兼酉卯丁酉丁卯分金

生子一任

祖次子第十四世

寵

生康熙丙戌年正月十二日午時卒乾隆丁酉年五

月十九日未時葬湖尾坐壬向丙兼子午配林氏生康
熙辛卯年九月初四日寅時卒乾隆丙午年五月初
八日酉時葬後頭園裡坐酉向卯兼
生子二長兩次探

聖
隆長子第十四世
生康熙壬戌年八月廿九日辰時卒乾隆戊申年
九月十一日戌時葬湖後水堀上坐西向東配周氏生
康熙壬寅年九月初十日未時卒乾隆壬子年十月廿
八日卯時葬湖後水堀上坐酉向東
生子三長郝次菊三佛恩

恬

陞次子第十四世

生康熙戊戌年六月廿三日亥時卒乾隆己巳年十

一月三十日未時葬臺灣謝厝寮

配林氏生卒葬所失載

生子一水

昇

堂長子第十四世

生康熙壬寅年七月初一日寅時卒葬所失載外殁

适

堂次子第十四世

生康熙庚戌年十二月十三日寅時卒乾隆丙戌年

月　日　時葬失載

堂三子第十四世

敦

生雍正癸丑年十月十四日酉時

品長子第十四世

乞諱

生康熙戊子年九月廿七日　時卒乾隆辛巳年

三月十五日　時外歿配洪氏生雍正甲辰年八月

初六日午時卒乾隆癸卯年九月十九日丑時葬犁

角頭坐癸向丁

生子二長守次求出嗣胞弟歆

品次子第十四世

歆

生雍正戊申年八月初四日巳時卒乾隆丙子年

月　日　時葬呂宋配陳氏生雍正甲寅年八月初
六日酉時卒乾隆辛未年六月十八日午時葬海墘後
頭坐　向
嗣子二長求係胞兄乞次子次景成係胞弟及長子

品三子第十四世
及諱
生乾隆丙辰年二月十三日戌時卒葬失載
配吳氏
生子一景成出嗣胞兄

桓長子第十四世
什諱
生康熙癸卯年七月廿七日丑時卒葬吉猉配王

氏生雍正二年甲辰十月廿二日酉時卒葬失載
生子五長安樂次文通三武王四淵五媽乾

聳譚
桓次子第十四世
生雍正丁未年八月十三日亥時卒葬吉礁配陳
氏生雍正甲寅年八月十九日巳時卒葬失載
生子二長聞一次奉成出嗣堂兄淫

印
桓三子第十四世
出嗣

珠璣
桓四子第十四世
生雍正甲寅年八月十四日午時往吉礁

戴長子第十四世

涇諱　生雍正己巳年二月初五日亥時卒乾隆戊午年

十二月廿八日丑時葬港口

嗣子一奉成係堂兄鑵次子

戴次子第十四世

培諱　生雍正己酉年六月初十日辰時卒乾隆庚午年

月　日　時失載葬倉坑龍舟石下坐西北

向東南

戴三子第十四世

起諱　生雍正甲寅年九月十八日寅時卒乾隆戊申年

七月十七日子時葬畬坑松仔脚坐北向南

配洪氏

生子一顯

戴四子第十四世

生雍正己巳年五月廿一日戌時外歿

少諱

榮儕子第十四世

生乾隆甲子年九月初一日巳時卒葬失識

昂

格嗣子第十四世

生雍正庚戌年九月十三日亥時卒乾隆乙巳年

明諱

八月十一日辰時葬畬坑坐排向艮兼申寅辛丑辛未

分金配李氏生乾隆己未年三月十三日巳時卒乾隆
壬子年九月十六日午時葬畬坑淺鞋拖坐西向東
生子二長義士次聰賢

申傳子第十四世

陣傳子第十四世

齊傳子第十四世

白傳子第十四世

淡

葳傳子第十四世

顏傳子第十四世

振賢傳子第十四世

天培傳子第十四世

章長子第十四世

現

生雍正己酉年八月十四日卯時卒葬失載配李氏生乾隆己未年七月十三日酉時卒嘉慶二十四年閏四月廿六日酉時

生子二長水山次連宗

從

章次子第十四世

生雍正庚戌年十一月廿七日亥時卒乾隆丙午年十月初八日申時葬崎山鄉坐申向寅兼庚甲庚申庚寅分金配高氏生乾隆戊午年十一月廿六日寅時卒嘉慶癸亥年正月廿二日寅時葬淵尾崎頂坐戌向辰兼辛乙丙戌丙辰分金

生子四長玉山次宿旦三立老四朝夕

庭訓

章三子第十四世

生乾隆壬戌年十一月初八日申時配陳氏生乾隆丁卯年正月十六日　時卒乾隆甲辰年閏三月初九日辰時葬內埁坐庚向甲兼申寅丙申丙寅分金

生子一閔

觀

章四子第十四世

生乾隆丙寅甲年二月廿八日午時卒葬失載

江

變儁子第十四世

生乾隆甲寅年八月十二日寅時卒葬失載

填長子第十四世

諸諱　生乾隆丁巳年九月廿六日子時卒嘉慶丁丑年

三月廿五日寅時葬田仔底坐子向午兼癸丁配林氏

生乾隆壬戌年十月十二日丑時卒道光乙酉年七月

十九日巳時葬畬坑大办上坐壬向丙

生子一享羅（山嗣胞弟邦）

填次子第十四世

邦　生乾隆癸亥年四月初六日酉時卒乾隆甲午年

月　日　時葬吉礁

嗣子一享維（係胞兄諸長子）

塡三子第十四世

褒　生乾隆乙丑年六月二十日寅時卒葬失載

配黄氏

生子一大有

塡四子第十四世

拱碧　生乾隆癸酉年四月十六日巳時卒葬失載

塡五子第十四世

水澌　生乾隆戊寅年六月初四日申時卒葬失載

琳長子第十四世

錦　生乾隆甲子年十一月初八日午時卒葬失載配何

氏生乾隆乙酉年五月廿二日午時卒葬失識

琳次子第十四世

秋湖　生乾隆丁丑年九月十四日巳時卒乾隆己酉年

七月初七日未時葬臺灣

生子一　闓盛

琳三子第十四世

平海　生乾隆乙酉年四月廿卅日午時卒乾隆戊申年二

月初六日巳時葬東山邊坐庚向甲兼子午

啟長子第十四世

[illegible]字宗衍　生乾隆己巳年六月初一日巳時卒嘉慶二十二年

丙子六月廿三日亥時葬湖尾
配葉氏生乾隆庚辰年十二月初三日辰時卒嘉慶
癸亥年七月十五日戌時葬臺灣
生子二長石只次石佛

佳河
啟次子第十四世
出嗣

啟三子第十四世

泗濱
生卒葬所失識

東嗣子第十四世

佳河
生乾隆丙子年六月廿一日巳時卒葬失識

紫偃子第十四世

來偃子第十四世

夏偃子第十四世

文英長子第十五世

天賜　生乾隆　年　月　日　時卒葬失載

文英次子第十五世

天成　生乾隆　年　月　日　時卒葬失載

文英三子第十五世

天吉　生乾隆　年　月　日　時卒葬失載

兄弟三人俱住臺灣北路西螺街

石長子第十五世

升諱　生康熙戊子年十月廿八日巳時卒乾隆丙午年閏七月初四日子時葬湖崎上坐西向東配蘇氏生康熙戊戌年十一月初七日午時卒乾隆庚子年七月初六日午時葬湖崎上坐酉向卯兼戌辰丙戌丙辰分金　生子二長養次士儉係堂侄吳次子

石次子第十五世

雙喜諱　生康熙丙戌年十二月二十日　時卒葬臺灣
北路西螺　配高氏
生子二長茂盛次秀郎

石三子第十五世

亮諱　生雍正乙巳年四月廿三日未時卒葬失載
住臺灣北路西螺街
生子二長九次連宗

石四子第十五世

建諱　生雍正癸丑年正月十八日亥時卒乾隆壬寅年
三月十一日酉時葬湖崎上坐西向東配林氏生乾隆

戊辰年十一月十四日午時卒嘉慶壬戌年九月廿九
日寅時葬壠坪坐坤向艮兼申寅辛未辛丑分金
生子二長萬山次登科係堂兄昊三子

煥傳子第十五世

三樂
生康熙己亥年六月十五日未時卒乾隆
年五月廿五日午時葬往港口身過
嗣子一程溪係堂弟猛之子

殿長子第十五世

脱諱
生康熙　年　月　日　時卒葬失載

殿次子第十五世

[illegible]諱　生卒葬所失載
殿三子第十五世
淡諱　生卒葬所失載
容長子第十五世
中諱　生雍正戊申年六月十七日子時卒葬失載
住臺灣西螺
容次子第十五世
猛諱　生雍正癸丑年九月廿七日丑時卒嘉慶丁巳
年八月廿七日丑時葬番坑田上父墳右邊配林氏生
乾隆己巳年九月廿三日戊時卒嘉慶癸亥年二月十

一日寅時葬塢尾後坐寅向申兼甲庚
生子二長程溪出嗣堂兄三樂次騰舜
容三子第十五世
營諱　生乾隆辛酉年正月十五日辰時　往吉樵
允長子第十五世
吳生諱　生乾隆己未年四月廿四日亥時卒乾隆乙
卯年二月初四日巳時葬壠尾山坐乾向巽兼亥巳
配張氏生乾隆丙寅年正月廿五日子時卒嘉慶己卯
年九月初十日酉時葬坪頂坐東南向西北
生子五長得水次川德三士俊出嗣堂兄升

四登科（出嗣堂兄運沂）自當

越國諱

九次子第十五世

生乾隆癸亥年十月初八日子時卒道光壬午年八月初一日未時葬山狗崆金交椅坐寅向申兼甲庚配楊氏生乾隆乙亥年八月廿一日寅時卒嘉慶甲寅年五月初十日戌時葬湖尾火燒山仔脚坐丑向未兼艮坤辛丑辛未分金

生子三長鞍次朝龍三得老

韓老諱

九三子第十五世

生乾隆己巳年九月初五日辰時卒乾隆甲寅

年九月十六日巳時葬失載

配李氏　生子一光愛

城長子第十五世

賜竭　生雍正乙巳年八月初二日午時卒乾隆丁亥年

三月初十日酉時葬吉礁

城次子第十五世

應心諱　生乾隆己巳年七月廿六日酉時卒嘉慶丙寅

年五月十三日未時葬火燒山仔坐北向南配江氏生

乾隆庚辰年六月廿三日未時卒嘉慶戊午年十月

十三日未時葬蓁崎尾坐未向丑辛未辛丑分金續配

黃氏生乾隆丁卯年　月　日　時卒道光丙

戌年正月廿五日卯時葬火燒山仔坐北向南

生子二長言語次冉有

慶偕子第十五世

光堂長子第十五世

平字錫爵

光堂次子第十五世

永字錫崎

光堂三子第十五世

馨字錫壽

光基傳子第十五世

光達傳子第十五世

光璧傳子第十五世

光型傳子第十五世

光圻傳子第十五世

光陞長子第十五世

厚

光陞次子第十五世

忠諱如柳字殿三龍溪學庠生

育傳子第十五世

講傳子第十五世

以能諱

生乾隆丁卯年八月十五日酉時

深傳子第十五世

棒諱　生乾隆戊子年七月廿四日巳時卒葬失誌

郡長子第十五世

汲　生乾隆丙辰年正月初十日寅時卒乾隆十八年十

二月廿七日卯時葬臺灣坎仔脚

生子一再

郡次子第十五世

洋

郡三嗣子第十五世

璐諱　生乾隆丁卯年四月十六日子時卒乾隆辛亥年

五月初五日巳時葬臺灣北路坎仔脚頂厝寮邊與[illegible]
墳毗連配周氏生乾隆甲戌年七月廿四日亥時
生子一　斌住臺灣

端郎
偕長子第十五世
生乾隆戊午年正月初十日子時卒葬臺灣配
皇亭林氏生乾隆乙丑年十一月二十日午時卒乾隆
乙巳年十月廿九日未時葬湖尾坐東向西
生子二　長待　次行住臺灣

則諱
偕次子第十五世
生乾隆乙丑年正月初四日卯時卒乾隆丙午年

七月十六日午時葬臺灣北路坎仔腳顏厝寮坐東南向西北配吳貫林氏生乾隆己巳年十一月十五日午時卒葬失載　生子一光六生臺灣

偕三子第十五世

齊諱　出嗣

偕四子第十五世

進諱　生乾隆乙亥年六月十四日寅時卒葬臺灣配楊氏生乾隆戊子年三月廿八日卯時卒葬失載　生子二長耀次耀生臺灣

偕五子第十五世

娶諱　生乾隆己卯年三月廿一日丑時卒葬臺灣酉嘍

氏生乾隆乙酉年五月初八日辰時卒葬失誌

生子一憶枝住臺灣

偕八子第十五世

月諱　生乾隆乙酉年七月廿九日未時卒葬臺灣

孝長子第十五世

仁諱以義生乾隆丙子年二月廿八日巳時卒道光己丑年

三月十一日午時配黃氏生乾隆己卯年六月廿六日

巳時卒嘉慶丙子年六月初三日辰時合葬東山選坐

亥向巳兼乾巽

生子六：長續　次延　三廣　四浮　五肇　六協

孝次子第十五世

厚諱重文例贈脩職郎生乾隆戊寅年九月初七日卯時卒
道光丙午年十月十三日酉時與長男合葬吳貫大廟
前石船下坐巳向亥兼巽乾有石牌內有誌銘配嚴氏
生乾隆甲申年三月二十日申時卒乾隆戊申年六月
廿四日丑時葬湖尾十一世祖墳左邊近壠溝坐巽向
乾兼辰戌兼辰庚戌分金續配楊氏生乾隆乙酉年五
月二十日巳時卒道光乙巳年十一月廿六日卯時葬
畲坑加口田中坐子向午兼癸丁有石牌

生子三長有餘盧氏出次有定三有益楊氏出

燦長子第十五世

審諱　生乾隆乙亥年三月廿七日丑時卒嘉慶辛酉年九月初十日巳時配許氏生乾隆丙子年九月廿七日寅時卒嘉慶乙丑年十一月初七日卯時合葬寨仔脚坐乾向巽兼戌辰

生子二長仲次敏係胞弟騰水三子

燦次子第十五世

騰水諱　生乾隆丙戌年十月初二日辰時卒道光庚戌年八月廿四日　時葬檳榔嶼配蔡氏生乾隆丁亥年

八月初八日子時卒道光辛丑年十一月廿二日寅
時葬樂仔脚審公墳左坐亥向巳兼乾巽
生子六長力次箺三鈠出嗣胞兄審
四哲出嗣光和次秋早卒六尾

澤長子爵十五世
千諱　生雍正丙午年十一月初七日午時卒失載葬
臺灣坎仔脚謝厝寮
配黄氏
生子一齊光

澤次子第十五世

毅諱　生乾隆戊午年正月初十日子時卒失葬臺灣

坎仔腳謝厝葬

楚傳子第十五世

強傳子第十五世

詳傳子第十五世

子龍諱　生乾隆　年　月　日　時卒葬失

陣傳子第十五世

長傳子第十五世

綿傳子第十五世

容傳子第十五世

求長子第十五世

佛諱　生康熙己卯年十一月十五日巳時卒乾隆戊午年十月十七日亥時葬失載配林氏生康熙庚寅年八月十三日卯時卒乾隆丁巳年四月十四日戌時

葬失識

求次子第十五世

孔字亦昭生康熙辛巳年十一月廿六日辰時卒乾隆辛未年十一月初十日戌時葬鳥鼠石邊坐亥向巳兼壬丙

配林氏生康熙乙未年十一月二十日巳時卒乾隆己亥年十月初八日丑時葬與夫仝穴

生子二長緝次恰

求三子第十五世

岳

生娶卒葬所失識

寬長子第十五世

經諱鼎輝字元強生康熙癸酉年八月十九日午時卒乾
隆丙寅年六月廿六日　時葬龍門亭右邊木園內配
溫氏生康熙丙子年四月初一日午時卒乾隆丁巳年
十月廿一日辰時葬吳貫形仙人抱壁後坐甲向庚兼
寅申
生子三長柑次尖聳三唱生

寬次子第十五世
界諱巽育字元德生康熙庚辰年九月初四日丑時卒失載
葬吧城配溫氏生康熙癸未年十月廿六日　時卒乾
隆己巳年七月初二日亥時葬樓山大埭過橋坐西南

向東北

生子三長君息次文仲三學生

寬三子第十五世

正諱巽萬字元禮生康熙丙戌年正月廿一日亥時卒乾隆

丙寅年三月三十日卯時葬番坑小埔田外龍舟石後

坐辛向乙兼戌辰配江氏生康熙乙酉年三月初九日

亥時卒乾隆戊申年九月初十日酉時葬東埔河仔

上坐東北向西南

生子四長樜次料三補四傍

寬四子第十五世

振諱巽物字元義生康熙己丑年四月初一日子時卒乾隆
丙戌年五月初十日亥時葬畬坑山鳥鼠石下坐乾向
巽兼戌辰配周氏生康熙乙酉年　月　日
時卒葬失載
生子三長魁次麗三拱

弘長子第十五世

岱諱巽中字元卿生康熙己卯年　月　日　時卒
失載壽七旬有三葬失載配曾氏生康熙四十五年十
月十八日子時卒乾隆丁丑年正月廿九日　時葬山
頭湖坐酉向卯兼庚甲

生子四長翁次孺三趙四祖亭

弘次子第十五世

國諱巽才字孝臣生康熙甲申年十月初四日申時卒乾隆乙酉年九月十二日　時葬北路坎仔腳謝厝蔡配康氏生康熙壬午年十二月三十日子時卒乾隆丙辰年八月三十日　時葬湖尾坐壬向丙

生子二長二山次三寅係旺三子

弘三子第十五世

掌諱巽志字孝侯生康熙乙酉年五月初五日辰時卒葬在臺灣坎仔腳謝厝蔡坐西南向東北配黃氏生康熙丙

辰年四月初三日巳時卒乾隆丁巳年閏九月廿五日
辰時葬報恩院石舟內坐癸向丁兼未丑

乩四子第十五世

旺諱巽盛字孝伯生康熙丙戌年六月廿一日卯時卒乾隆
年正月廿三日　時葬東山邊廣哲公墓下園後
岸坐西向東配盧氏生康熙丙申年十月十五日午時
卒乾隆　年六月廿四日　時葬東埔路上田上
坐乙向辛兼卯酉

生子五長淵泉次杞連三寅出嗣國
四長壽五五倫

簡長子第十五世
瑪諱巽駒字昂若生康熙乙酉年十二月初四日亥時卒雍
正　年十一月初八日巳時葬牛哖樹坐亥向巳兼壬
丙配蔡氏　　生子一慶

簡次子第十五世
上諱巽驥字昂順生康熙己丑年三月廿九日酉時卒雍正
辛亥年九月十一日巳時葬東埔井路上坐坤向艮
配吳氏生康熙庚子年十一月廿一日午時卒乾隆壬
寅年十一月十八日　時葬東埔

生子一　熊

錦諱巽高字昂悳生康熙癸巳年九月廿八日寅時卒葬吧
　　城
　　簡三子第十五世
衣諱巽　字昂利生康熙丁酉年十月初六日亥時卒葬
　　失載
　　簡四子第十五世
䝤諱巽芬字慶善生康熙乙酉年十月十六日寅時卒歌隆
　　庚申年二月初八日申時葬畲坑小埔田窩裡坐艮向
　　黙長子第十五世

妣歐氏生康熙丙戌年七月廿七日辰時卒乾隆
壬寅年八月十九日戌時葬畬坑獅公石下溝墘園前
峼坐西南向東北
生子三長頂勲次暹三淵其
勲次子第十五世
四諱巽芳生康熙庚子年正月初五日子時卒葬臺灣坎仔
腳謝厝蓁壠山上
勲三子第十五世
永言諱巽掄字錫侯生雍正元年癸卯十一月初六日申時
卒乾隆丙寅年二月十九日巳時葬犁角頭西埭岸頂

壠山坐北向南配蕭氏生雍正元年癸卯正月廿六日
酉時卒葬失載
生子一文謨

默四子第十五世

孝思諱巽擢字勝宗生雍正六年戊申五月十二日戌時卒
嘉慶元年丙辰十一月廿二日辰時葬東埔福塢邊園
中坐巽向乾兼辰戌配江氏生雍正戊申年七月初六
日未時卒乾隆己酉年十二月廿九日申時葬東埔東
陵公祖墓邊左坐乾向巽兼辰戌續配傅氏生乾隆丁
酉年六月十九日辰時

生子五長江藤次江培三江冬四江盼俱江氏出五美景傅氏出

默五子第十五世

慈衆諱巽提生雍正巳酉年十一月初六日巳時卒乾隆癸卯年七月二十日時葬上海洋中配林氏生雍正戊申年八月初四日辰時卒葬失載

生子二長賜海次賜前

默六子第十五世

應祥諱巽拔生雍正癸丑年十一月廿八日巳時卒葬失載

配王氏生乾隆庚午年七月十一日午時卒葬失載

生子四長存次川三擇四舜
住臺灣坎仔脚謝厝寮

贊長子第十五世
吉諱
生雍正丙午年正月十二日酉時卒葬失識配
陳氏生雍正癸卯年七月十八日卯時卒乾隆己丑
年十月初六日未時附葬　姑墳坐向同
生子二長粗郎次天水

贊次子第十五世
寧諱
早殁

庇長子第十五世

戴　出嗣

庇次子第十五世

添水諱　生乾隆戊子年　月　日　時卒葬失載

庇三子第十五世

漏諱　生乾隆　年　月　日　時卒葬失載

台嗣子第十五世

識諱　生乾隆　年　月　日　時卒葬失載

賀長子第十五世

光順　出嗣

賀次子第十五世

朝陽諱　生乾隆丙戌年二月初三日巳時卒嘉慶戊辰年六月十四日　時外殁配陳氏生乾隆丙申年十二月十二日戌時卒道光乙未年八月十六日巳時葬墾石紅柿溝裡坐子向午兼癸丁

生子三長光正次綵出嗣三有山

佳諱

賀三子第十五世

生乾隆丙午年七月廿一日巳時卒嘉慶丙子年十二月十七日申時葬禽坑田仔底田內坐西北向東

南配趙氏生乾隆壬子年十二月廿一日寅時

生子一會通

準傳子第十五世

秦嗣子第十五世

光順　生乾隆　年　月　日　時卒葬失識

嗣子一綠（係朝陽次子）

愿長子第十五世

春字子昌生康熙癸亥年十二月十八日巳時卒乾隆二年正月初五日辰時葬漳城北門外小坑頭馬厝林坐甲向庚兼寅申配陳氏生康熙癸亥年十月十一日寅時卒乾隆戊寅年十二月廿八日酉時葬南門外王二刲

池厝山坐辛向乙

生子二　長聰明　次前光

愿次子第十五世

龍字子祥生康熙丙子年十月廿七日未時卒乾隆戊寅年七月十一日辰時附葬北門外東坑社後坐戌向辰兼乾巽配蔡氏生康熙巳卯年九月初六日酉時卒乾隆丁亥年五月十一日寅時葬漳城北門南坑庵後坐子向午兼壬丙續配連氏生康熙癸未年七月初六日子時卒乾隆乙未年閏十月廿一日午時

生子四　長旻　次伯訓　蔡氏出　三湛　四英良　連氏出

愿三子第十五世

愿字舜青生康熙壬午年七月十七日酉時卒乾隆甲午年九月初二日巳時葬失載配陳氏生康熙甲申年十二月初九日辰時卒乾隆己亥年正月初二日巳時

生子五長恩球次佑三聯四廣信五廣恩

祈宣傳子第十五世

位諱

生娶卒葬所失載

生子三長朝次鎮三頂

連戚傳子第十五世

祈福長子第十五世

士朗諱快　生康熙己酉年十一月初二日寅時卒康熙甲申年六月廿八日酉時滝殁配陳氏生康熙壬子年五月十七日亥時卒康熙辛卯年十二月初九日酉時葬營後姑嫂潭頂上崙坐亥向巳兼壬丙

生子三長登蔭次登興三登富

祈福次子第十五世

聯登諱　生康熙壬子年八月廿一日巳時卒康熙戊戌年十二月初八日辰時葬梵天中崙坐坤向艮兼申寅配楊氏生康熙戊午年六月初九日卯時卒乾隆癸亥

年六月廿七日巳時葬洪坑嶺

生子五長起次能出繼三房無傳三錦四望五顯

祈福三子第十五世

賜郎

祈福四子第十五世

士龍

祈壽傳子第十五世

祈祿長子第十五世

士麟諱冬晚字思謙生康熙甲申年十二月十二日寅時卒

乾隆乙亥年十月二十日辰時葬金門雞攏山宋長者地裡坐艮向坤兼丁丑配李氏生康熙癸未年五月十三日亥時卒乾隆己巳年十二月十一日子時與夫合葬續配朱氏生康熙癸未年二月廿八日卯時

生子一旋

祈禄次子第十五世

士鳳諱成物字思讓生康熙己丑年八月初七日丑時卒乾隆辛巳年二月初六日巳時葬金門大媽宮前坐　向

配蔡氏生雍正乙巳年四月廿一日亥時

生子四長貴次桃三李四書

祈祿三子第十五世

士鶴

兄弟三人由同安小西門外楊坂社

移居金門後浦街

先達長子第十五世

太字先用生康熙癸酉年正月初九日亥時卒乾隆丁丑

年正月初二日午時葬畬坑田仔底坐西向東配陳氏

生康熙癸巳年十一月十九日巳時卒乾隆戊戌年四

月十九日卯時葬畬坑樟仔腳坐西向東

生子三長灝次苗三開宗

光元傳子第十五世

光裕傳子第十五世

文王字　生康熙　年　月　日　時往吉礁

光祐傳子第十五世

弁長子第十五世

琛字大崑生雍正癸卯年三月廿八日戌時卒乾隆癸丑年

三月初五日丑時葬東山邊坐亥向巳兼乾巽丁亥丁

巳分金配吳氏生雍正戊申年五月初六日辰時卒乾
隆五十六年辛亥十月十三日亥時葬東山溪尾亥向
巳兼乾巽丁亥丁巳分金
生子三長歛次厭出嗣胞弟秋三芳

弁次子第十五世

秋字大風生雍正丁未年七月二十日亥時卒乾隆庚午年
四月初四日寅時葬吧城
嗣子一厭係胞兄蔡歛之子

弁三子第十五世

瑞璘字大月生雍正癸丑年四月十九日　時卒葬外殁

配王氏生乾隆甲子年五月廿一日亥時卒嘉慶癸未年七月廿九日卯時葬畲坑田仔底山上坐西南向東北

生子二長漢龍次炳出嗣炳房僐良

弁四子第十五世

度字天日生乾隆丁巳年十二月十八日丑時卒葬失載

弁五子第十五世

德良字大雲生乾隆庚申年九月廿六日丑時卒嘉慶戊午年五月十三日酉時葬東山邊坐亥向巳兼乾巽配王氏生乾隆庚午年十月初十日未時卒乾隆三十年

十月初一日酉時葬環山邊坐西向東

嗣子一炳係胞兄瑞麟次子

弁六子第十五世

于光字大振生乾隆癸亥年十月初三日寅時卒嘉慶己卯
年十二月十八日午時葬山狗崆坐癸向丁兼丑未配
蔡氏生乾隆癸酉年五月廿七日申時卒道光甲申年
十月初八日丑時葬松仔腳坐北向南

生子三長權次飄水三玉鶯

挺傳子第十五世

伺使

楊傳子第十五世

國元長子第十五世

慶諱廷棟

國元次子第十五世

發諱廷材

國亨傳子第十五世

廷佳

國利長子第十五世

廷樑

佳建陽

廷柱
國利次子第十五世
佳建陽

國貞傳子第十五世
佳建陽

廷松
國選傳子第十五世
佳建陽

冀嗣子第十五世

惪諱甘澤字義卿生乾隆丙寅年十月初十日亥時卒乾隆癸丑年五月初四日酉時葬院前社東宮廟邊御史橋西邊土名西山磜楓仔林坐乾向巽兼亥巳庚戌庚辰分金穴內有誌銘配院前社顏氏生乾隆丙寅年四月廿九日酉時卒嘉慶庚午年七月初七日巳時葬澳頭社後蛤仔山穴坐癸向丁兼子午丙子丙午分金

生子六長左尙次白汪三長溪出嗣胞兄揚四至義五赤章六西泰

武長子第十五世

汝諱

生康熙己丑年四月二十日未時卒乾隆乙巳年

十二月初十日戌時葬後牌坪坐庚向甲兼酉卯庚申
庚寅分金外用申寅兼庚甲配傅氏生康熙辛丑年六
月十三日未時卒嘉慶辛酉年十一月廿四日寅時
與夫合葬

生子三長純次啟三德

武次子第十五世

齊諱世傑生雍正甲寅年二月初十日巳時卒嘉慶丙辰年
八月初二日卯時葬長嶺社土名下經關帝廟坐乙向
辛兼辰戌辛卯辛酉分金配蔡氏生乾隆丙寅年九月
廿五日未時卒嘉慶甲子年正月廿六日午時葬牛前

坑坐庚向甲兼卯酉分金

生子四長裕次煥三正元四天池

堯長子鄰十五世

應諱世恩生乾隆戊午年四月初二日亥時卒乾隆庚子年

正月二十日寅時葬牛前坑本山上石燭下坐辛向乙

兼酉卯丁酉丁卯分金配京口葉氏生乾隆丙寅年三

月初五日酉時卒道光癸未年九月初四日戌時葬郎

背社後龐邊坐巳向亥兼巽乾丁巳丁亥分金

生子二長光表次心樊

堯次子諒十五世

禹諱世明生乾隆乙丑年五月廿七日未時卒嘉慶戊寅年十月初六日戌時葬狗仔田過山坐午向子兼丙壬分金配江氏生乾隆戊辰年七月廿二日辰時卒嘉慶己未年六月廿七日午時葬茂林裡坐艮向坤兼寅申辛丑辛未分金

生子二長頂坑次清灝

舜嗣子第十五世

炳光諱世用生乾隆壬午年九月十三日辰時卒乾隆甲辰年二月初十日巳時葬本社墓林本園中坐壬向丙兼子午辛亥辛巳分金配李氏生乾隆辛巳年八月初十

日　時卒乾隆己酉年十一月初八日酉時與夫合葬

咸豐八年

旌表入節孝祠額曰彤管流清

生子二長玉麟次慶圖

禹長子第十五世

揚諱世天㐲乾隆壬戌年九月初四日午時卒乾隆丁酉

年十二月十八日辰時葬本社後墓坐庚向甲兼酉卯

庚申庚寅分金配林氏生乾隆丙寅年三月初六日酉

時卒嘉慶庚申年三月廿三日戌時葬樓山石龜下

本祖園内坐癸向丁兼子午丙子丙午分金

咸豐八年

旌表入節孝祠額曰彤管流清

生子二長長溪係胞弟燾三子次問一

禹次子第十五世

惠

出嗣

禹三子第十五世

賀諱世恭字敬脩生乾隆己巳年七月十四日午時卒嘉慶

辛酉年十二月初九日亥時葬鐵錫後鍾隋山麓坐

亥向巳丙兼乾巽外兼壬丙辛亥辛巳分金碑後有誌

銘配上瑤楊氏生乾隆甲戌年八月初十日辰時卒嘉

慶庚辰年七月廿二日未時葬蔡嶺山之陰坐巽向乾
兼辰戌丙辰丙戌分金碑從有誌銘以長子首議捐金
募建小宗述德堂考妣俱入廟配饗側室許氏生乾隆
乙酉年十一月十二日午時卒道光乙未年八月廿一
日未時葬排頭山坐壬向丙兼子午分金辛亥辛巳
生子五長禎祥次濟游庶出
三朝曦庶出四垂階嫡出五川林庶出

禹四子第十五世

棟樑諱世　生乾隆庚辰年四月初三日巳時卒乾隆丙戌
年十二月廿六日未時葬鬼庵山脚坐　向

嗣子一敏使係朋弟江水四子

禹五子第十五世

出嗣

炳光

禹六子第十五世

江水諱拱海字洪濱生乾隆乙酉年九月十七日戌時卒嘉慶庚辰年七月初九日酉時葬排頭山土名美女梳粧後坐乾向巽兼亥巳分金庚戌庚辰配江氏生乾隆丙戌年正月廿九日亥時卒乾隆甲寅年十月二十日亥時葬本社前山丙坐戌向辰兼辛乙外兼乾巽庚戌庚辰分金續配江氏生乾隆丙申年二月廿五日卯時

卒道光壬寅年八月二十日巳時葬朱嶺坐丁向癸兼午子分金丙午丙子側室黃氏生乾隆己亥年正月十三日午時卒道光丙午年五月初二日申時葬朱嶺坐戌向辰兼巽乾分金庚辰庚戌

生子五長榮昌次勁郎俱元配江氏出三栞使四皷使俱續配江氏出出嗣胞兄棟梁五園使黃氏出

棟長子第十五世

帝諱世欽生康熙戊子年閏三月廿五日未時卒乾隆庚申年七月二十日　時葬失載

配黃氏

生子二長賴次箒

棟次子第十五世

卿諱　生康熙庚寅年七月廿七日丑時卒乾隆丙辰

年六月廿九日辰時葬臺灣

棟三子第十五世

蔡諱　生康熙乙未年九月廿八日卯時卒乾隆己亥

年八月廿一日未時葬番坑田仔底坐西向東配卓氏

生康熙戊戌年八月十八日寅時卒乾隆戊申年九月

十九日辰時葬壠口坐西向東

生子

棟四子第十五世

造諱　生康熙庚子年十一月十四日寅時卒葬失載配

趙氏生雍正十三年九月十三日寅時卒葬失載

生子二長徹次姐

棟五子第十五世

先諱　生雍正甲辰年六月廿八日寅時卒乾隆壬申

年正月十六日未時葬呂宋八連仙塔林

棟六子第十五世

奇諱　生雍正庚戌年四月初七日寅時卒乾隆乙巳年

月　日　時葬在吉礁加央配張氏生乾隆戊

年年正月十二日戌時卒葬失載配饗小宗內
生子一馬武

柯諱
定長子第十五世
生康熙　年　月　時卒葬臺灣配李氏
生雍正　年　月　日　時卒葬失載
生子一漢龍

巽諱
定次子第十五世

寅諱
定三子第十五世

茂長子第十五世

宅諱　生康熙辛卯年八月十一日未時卒乾隆己亥年十二月初三日巳時葬壠口坐辛向乙兼戌辰庚戌庚辰分金配吳氏生康熙庚辰年十月二十日丑時卒乾隆癸卯年十一月廿三日亥時與夫合葬

生子二長德音次德陽

茂次子第十五世

仲奕諱　生康熙丙戌年六月初二日戌時卒乾隆癸巳年二月初六日丑時葬東山邊坐乾向巽兼戌辰配楊氏生康熙戊戌年五月十五日卯時卒乾隆丙午年六

月廿四日丑時葬東山邊坐乾向巽
生子六長陽午次冬詳三養出嗣胞
弟頗回四閣五七使六山水
茂三子第十五世
仲忽諱　生康熙己丑年五月初九日寅時卒乾隆戊
辰年正月廿四日酉時葬在吧
配江氏
生子一六龍
茂四子第十五世
顏回諱　生康熙壬辰年八月初四日　時卒葬吧城

嗣子一 養係胞兄仲奚三子

狀 添長子第十五世

括 添次子第十五世

亞諱 添三子第十五世

生康熙己卯年正月三十日巳時卒乾隆二年七月十九日午時葬吧城西塚中路坐亥向巳配陳氏生康熙丁亥年八月初八日酉時卒雍正壬子年七月廿一日申時附葬 同塚墳右

生子一傳授

夜　添四子第十五世

添五子第十五世

爔　立傳子第十五世

標長子第十五世

全諱　生康熙甲戌年十二月初十日酉時卒乾隆辛酉年四月初一日巳時葬咬𠺕吧塚山

標次子第十五世

吟諱　生康熙壬午年十一月十四日寅時卒乾隆壬午年六月初八日寅時葬亭仔頭園坐卯向酉兼乙辛配翁氏生康熙四十八年十一月十八日亥時卒乾隆五年六月初四日申時葬山狗崆坐　向續配陳氏生康熙戊子年四月初八日卯時卒乾隆庚子年十一月廿一日未時葬山狗空坐艮向坤兼寅申外艮坤兼丑未丁丑丁未分金

生子一　發

韶長子第十五世

藝字世倫生康熙乙丑年閏六月廿八日寅時卒乾隆丁卯
年四月廿六日　時葬咬𠺕吧配陳氏生雍正壬寅
年二月初六日卯時卒乾隆甲午年四月廿八日未
時葬失誌
生子一坎水

詡次子第十五世
張字世昌生雍正癸卯年九月初二日巳時卒乾隆庚午年
二月初三日子時葬吧城
配黃氏
生子二長富次貴

詔三子第十五世
姿聳字世顯生雍正辛亥年五月初八日亥時外出無回
詔四子第十五世
山字世榮生雍正癸丑年正月三十日亥時外出無回
朝長子第十五世
享字　生康熙辛卯年九月初五日午時卒乾隆甲子年
八月初二日酉時葬失載
配陳氏
生子三長延次高三抵
朝次子第十五世

苞宗　生康熙　年　月　日　時往呂宋

鷟長子第十五世

比艮　生康熙　年　月　日　時外出

鷟次子第十五世

佛賜　生雍正　年　月　日　時卒葬臺灣

鷟三子第十五世

綵山　生乾隆　年　月　日　時卒葬臺灣

坎仔腳謝厝寮　生子

盛儞子第十五世

世哲長子第十五世
拔
世哲次子第十五世
先
世哲三子第十五世
婁
世哲四子第十五世
善
諱純德生康熙辛巳年十二月廿九日酉時卒乾隆丁酉年十一月廿五日午時葬石門内長坑崙坐壬向丙兼

子午兼亥辛巳分金配徐氏生康熙庚寅年三月廿
三日寅時卒乾隆己酉年六月十九日未時與夫合葬
生子一光獅
世芳傳子第十五世

褒
排傳子第十五世

光和
生乾隆辛巳年三月廿七日午時卒失載葬坪仔
頂坐西向東配邱氏生乾隆癸巳年七月十三日寅時
卒乾隆庚戌年十一月初八日戌時葬內壠山脚坐乾
向巽兼亥巳丁亥丁巳分金

嗣子一 哲 係騰水三子

光妙

僉儕子第十五世

生乾隆辛巳年八月十五日午時卒嘉慶己卯年八月初八日丑時葬番邦配李氏生乾隆壬辰年七月廿一日寅時卒失載葬坪仔頂坐西向東

生子一 良水

賢闘

登記儕子第十五世

生乾隆戊戌年七月廿三日未時卒乾隆乙未年三月三十日　時葬内壠仔坐乾向巽兼亥巳丁亥丁巳分金

成祖傳子第十五世
嗣子一 贊 係仁五子

元傳子第十五世

喜傳子第十五世

棐傳子第十五世

贊祖

高明傳子第十五世

嵩長子第十五世

流諱　生雍正己丑年十二月初三日戌時卒葬失載配

陳氏生乾隆癸卯年六月二十日未時

生子

嵩次子第十五世

吉諱　生乾隆己巳年九月初九日巳時卒葬失載

選長子第十五世

永興　生乾隆　年九月初一日亥時卒葬失載

選次子第十五世

永順　生乾隆　年四月十五日午時卒葬失載

任諱　老榭子第十五世

生雍正甲寅年六月初六日丑時卒嘉慶己卯年
正月初六日酉時與妻合葬隴陳氏生乾隆乙丑年八
月十八日辰時卒嘉慶甲子年五月十五日酉時葬湖
後墓武鎮下坐亥向巳兼壬丙辛亥辛巳分金
生子三長新助次鶴三堯出嗣菊

丙諱　寵長子第十五世

生乾隆辛酉年七月初五日午時卒嘉慶己未年十二
月廿四日未時與後頭園裡坐酉向卯兼辛卯辛酉分

金配王氏生乾隆乙亥年九月二十日亥時卒嘉慶十九年十二月廿九日戌時葬後頭夫墳邊
生子一壘生

寵次子第十五世

探諱
生乾隆癸亥年十二月初十日子時卒葬失載

聖長子第十五世

郯諱
生乾隆　年　月　日　時卒葬失載

聖次子第十五世

菊諱
生乾隆己巳年七月初八日寅時卒乾隆丁酉年四月初一日子時葬犂角頭

嗣子一堯係任三子

聖三子第十六世

佛恩諱生乾隆甲戌年六月廿一日亥時卒乾隆壬辰年七
月廿六日戌時葬犁角頭坐甲向庚

恬傳子第十五世

昇傳子第十五世

示

适傳子第十五世

敦傳子第十五世

守諱　乞長子第十五世
生乾隆戊辰年十二月十三日巳時卒葬失載

求　乞次子第十五世
出嗣

求諱　欸長嗣子第十五世
生乾隆癸酉年七月初一日午時卒葬失載

景成諱　欸次嗣子第十五世
生乾隆丁酉年正月十七日子時卒嘉慶庚

申年五月十三日巳時葬在山頭坐西向東

及傳孫第十五世

景成　出嗣

什長子第十五世

癸樂諱　生乾隆戊辰年十月初九日丑時卒葬失載

什次子第十五世

文通諱　生乾隆辛未年九月十九日卯時卒葬失載

什三子第十五世

武玉諱　生乾隆甲戌年四月十一日卯時卒葬失載

什四子第十五世

湖諱　生乾隆己卯年七月二十日未時卒葬失誌

什五子第十五世

爲蔭諱　生乾隆辛巳年十月初三日未時卒葬失載

鐟長子第十五世

瀾一諱　生乾隆壬申年九月廿四日辰時卒葬失載

鐟次子第十五世

奉成　出嗣

琢璣傳平第十五世

涇嗣子第十五世

恭成諱　生乾隆乙酉年七月初一日巳時
培傳子第十五世

趨倜子第十五世

願諱　生乾隆　年　月　日　時
少僎子第十五世

昂傳子第十五世

印長子第十五世

義士諱　生乾隆癸未年三月十二日巳時卒葬失載

生子一寬桼

印次子第十五世

聰賓諱　生乾隆丙戌年六月廿九日巳時卒葬失載

嗣子一浮係仁四子

談傳子第十五世

現長子第十五世

水卯諱　生乾隆庚辰年六月廿七日酉時卒乾隆庚

寅年十一月十五日寅時

現次子第十五世

迎宗諱　生乾隆庚寅年九月廿六日子時卒葬失載

從長子第十五世

玉山諱　生乾隆丁亥年四月廿四日丑時

從次子第十五世

宿旦諱　生乾隆己丑年七月十八日寅時卒道光甲午

年四月廿一日寅時配柯氏生乾隆庚辰年十二月初

九日　時卒道光甲午年正月初九日酉時合葬塌尾

坐東向西

生子一　晢再

從三下第十五世

立老諱　生乾隆辛卯年十月初九日辰時

從四子鎬十五世

朝夕諱朴直生乾隆甲午年十二月十八日午時卒嘉慶十三年戊辰十一月十五日申時葬湖尾崎頂坐丑向未乘艮坤丁丑丁未分金

庭訓長子第十五世

閱諱　生乾隆戊戌年　月　日　時

覲傳子第十五世

江僩子第十五世

諸長子第十五世

享縱　出嗣

邦嗣子第十五世

享羅諱　生乾隆戊戌年四月廿七日卯時卒道光庚子年三月廿三日未時葬田仔底坐子向午兼癸丁配林氏生乾隆壬子年五月初八日午時

生子四長萬盛次萬芳三萬隆四萬恭

裹長子第十五世

大有諱　生乾隆　年　月　日　時

拱碧傳子第十五世

水滸傳子第十五世

錦傳子第十五世

秋湖長子第十五世

國盛諱　生乾隆壬　年九月廿五日酉時

平海傳子第十五世

石只　領長子第十五世

生嘉慶丙辰年五月初十日未時　往臺灣

石佛　領次子第十五世

生嘉慶戊午年十二月廿九日卯時　往臺灣

泗溪傳子第十五世

佳河傳子第十五世

天賜傳子第十六世

天成傳子第十六世

天吉傳子第十六世

升長子第十六世

養諱　生乾隆甲子年十月初一日巳時

升次子第十六世

士俊諱　生乾隆丁酉年十月十六日亥時

雙喜長子第十六世

武盛　生乾隆　年　月　日　時

雙喜次子第十六世

秀郎　生乾隆　年　月　日　時

兄弟二人住西螺街

亮長子第十六世

允諱　生乾隆　年　月　日　時

亮次子第十六世

運宗諱　生乾隆　年　月　日　時

兄弟二人住西螺街

寔長子第十六世

萬山　生乾隆　年　月　日　時卒葬失載

生子二長夢陞次夢雲任臺灣

定次子第十六世

發科　生乾隆己酉年九月廿二日午時卒道光甲午年

二月初六日巳時葬鳩後壠尾坐西向東配徐氏生嘉

慶丁巳年十月廿一日戌時

生子二長天送欠金蓮出嗣堂弟被

三樂嗣子第十六世

程溪諱　生乾隆　年　月　日　時

脫傳子第十六世

臣傅子第十六世

淡傅子第十六世

中傅子第十六世

猛長子第十六世

程溪

出嗣

猛次子第十六世

騰舜諱　生乾隆壬辰年九月十一日丑時卒葬沓邨

營傳子第十六世

覺生長子第十六世

得水　生乾隆乙酉年三月廿九日丑時卒乾隆乙巳

年九月十五日戌時葬東山邊園坐西向東

覺生次子第十六世

逢春諱川德生乾隆丁亥年九月初三日丑時卒嘉慶己卯

年三月廿二日午時葬龍壠口園後坐西向東

配　氏

吳生三子第十六世

士俊　出嗣

吳生四子第十六世

登科　出嗣

吳生五子第十六世

首當諱　生乾隆辛丑年正月廿三日卯時歿番邦

越國長子第十六世

穀諱　生乾隆丁酉年九月廿八日寅時卒道光乙巳年九月十五日　時葬鴉尾山坐丑向未兼癸丁分金丁丑丁未配馬氏生乾隆己酉年六月廿一日酉時卒

嘉慶丙辰年十月初十日酉時爇火燒山仔坐北向南

生子二長斐次金蓮係堂兄登科次子

越國次子第十六世

朝龍諱　生乾隆辛丑年九月廿九日戌時卒道光辛亥

年六月十三日申時卒葬楨榔嶼配蔡氏生嘉慶丁巳

年十一月十七日申時卒道光辛巳年六月廿三日戌時

葬火燒山仔坐北向南續配陳氏生乾隆乙巳年七月

廿九日卯時卒道光己酉年八月初九日巳時葬內壠

仔山坐未向丑　生子一媽財

　　國三子第十六世

得老諱朴直生乾隆甲辰年十月十九日戌時卒嘉慶庚午

年九月初一日子時葬內壠仔坐乾向巽兼亥巳丁亥丁

巳分金

　韓老長子第十六世

光愛諱　生乾隆壬子年八月十六日寅時卒番邦

　賜埸傳子第十六世

　應心長子第十六世

言語諱　生乾隆壬寅年十一月初五日巳時卒葬番邦

應心次子第十六世

冉有諱　生乾隆甲寅年二月廿五日寅時卒葬番邦

平傳子第十六世

永傳子第十六世

膺傳子第十六世

厚傳子第十六世

思傳子第十六世

以能傳子第十六世

棒傳子第十六世

波傳子第十六世

洚傳子第十六世

齋傳子第十六世

斌諱 生乾隆 年 月 日 時

出居臺灣

端郎長子第十六世

待諱 生乾隆丙戌年九月初十日辰時

出居臺灣

端郎次子第十六世

行諱 生乾隆 年 月 日 時

出居臺灣

胆傳下第十六世

光六諱　生乾隆　年　月　日　時

出居臺灣

進長子第十六世

輝諱　生乾隆　年　月　日　時

出居臺灣

進次子第十六世

耀諱　生乾隆　年　月　日　時

出居臺灣

豕長子第十六世

[illegible]枝諱　生乾隆　年　月　日　時

曰側子第十六世　出居臺灣

續諱

仁長子第十六世

生乾隆戊戌年三月廿一日子時卒嘉慶庚申年

十月十九日寅時葬湖尾坐巽向乾兼

嗣子一箸君（係胞弟延長子）

仁次子第十六世

延諱

生乾隆辛丑年八月初七日未時卒道光辛丑年

七月十五日卯時葬塢尾續公墳右坐向分金同兩墳

氏生乾隆辛亥年九月初六日未時卒道光辛卯年十
二月初三日　時葬烏犀孝公墳右坐乾向巽
生子二長等君出嗣次昧出嗣

仁三子第十六世
賢諱
生乾隆癸卯年十二月廿七日申時卒道光
癸十月廿二日　時殯檳榔嶼
嗣子一昧係胞兄廷次子

仁四子第十六世
浮諱
出嗣

仁五子第十六世

肇諱　出嗣圖賢

仁六子第十六世

協　生嘉慶丁巳年五月廿四日午時歿槙榔嶼

厚長子第十六世

有餘諱得慶生乾隆乙巳年十月十七日未時卒道光戊申年七月十二日申時與父合葬吾貫社大廟前山石船下配林氏生乾隆己酉年八月初六日巳時卒道光丙午年五月十二日寅時葬畲坑寨仔腳學順公墳後園山坐子向午兼癸丁續配林氏生乾隆辛亥年四月十六日戌時卒道光丙午年十一月十二日亥時與長婦邱

氏合葬東山邊牛哖㭊田內坐亥向巳兼乾巽分金丁
亥丁巳

生子八長雲匡次雲宇出嗣二房有定
三三祿四四經五五檜出嗣二房有定
六六頒七七葉出嗣三房有孫八八檥

厚次子第十六世

有定諱得成生乾隆癸丑年九月十八日巳時卒嘉慶丁丑
年四月廿二日寅時葬檳榔嶼磅仔配李氏生乾隆癸
丑年十一月十三日亥時卒嘉慶庚辰年九月廿四日
未時

嗣子二長雲字次五檜俱係胞兄有餘之子

厚三子第十六世

有益諱得謙生嘉慶丁巳年千月初七日戌時卒道光丙午

年十月十九日戌時葬馬内坑社前田上

配林氏生嘉

慶癸亥年四月十六日巳時

生子三長七葉係胞兄有餘七子次六伍三大[illegible]

番長子第十六世

三仲

生乾隆丁酉年二月十九日寅時卒葬檳榔嶼

番次子第十六世

出居臺灣

敘樂子第十六世

子龍僐子第十六世

佛僩子第十六世

孔長子第十六世

緝字繼明生乾隆戊午年十月廿四日戌時卒嘉慶戊寅年

二月廿一日酉時配張氏生乾隆己巳年九月廿六日

戌時卒道光己丑年三月廿五日未時合葬內坑埕田

內坐辛向乙兼戌辰

生子四 長博 次波出嗣胞弟怡

三得順出嗣族弟台文 四如山

孔次子 第十六世

怡字繼元生乾隆辛酉年九月十四日申時卒

年九月十四日　時葬浜椰嶺配周氏生乾隆甲戌年

八月初五日亥時卒乾隆壬寅年二月廿七日酉時亥

樓山排墩坐南向北

嗣子一 波係胞兄繼承

掄傳子第十六世

經長子第十六世

相字瓏江號[illegible]雍正甲辰年　月　日　時卒葬呂宋

嗣子一西南係堂弟馨次子

經次子第十六世

尖聲字　生雍正辛亥年二月初二日酉時

經三子第十六世

愷生

卷二十四終

道舉公次房分派世系條紀卷二十五

系長子第十六世

君恩字　生雍正四年五月廿七日申時卒葬吧城

界次子第十六世

文仲字　生雍正甲寅年正月十五日子時卒乾隆癸酉

年六月廿八日　時葬

界三子第十六世

學諒　生乾隆丁巳年七月初二日子時卒葬廣東配鄭

氏生乾隆戊午年十月二十日申時卒乾隆丙午年孔

月初六日酉時葬狗仔田坐東南向西北

生子三 長丙水 次西南 出繼堂兄楠三 璵三

正長子第十六世

梽諱

生雍正戊甲年九月初七日寅時卒乾隆辛卯年七月　日　時往上海淹歿配坂尾林氏生乾隆丙辰年九月十九日子時卒乾隆庚　年三月十九日丑時葬畲坑田仔底田上坐亥向巳兼乾巽丁亥丁巳分金

生子三 長栢松 次馮元 三龍澤

正次子第十六世

料諱

生雍正辛亥年六月廿三日巳時卒乾隆甲戌年六月十八日巳時葬畲坑山大樹尾坐辛向乙兼戌辰

生子一 伯達

正三子第十六世

蒲諱

生雍正甲寅年六月初八日辰時卒乾隆丙申年正月三十日午時配曾氏生乾隆乙丑年十月廿八日戌時卒乾隆己酉年十月初八日酉時合葬東埔河仔上坐東向西

生子三 長益美 次益宗 三文學

正四子第十六世

傍諱

生乾隆辛酉年六月十一日寅時卒乾隆乙酉年閏二月廿二日戌時葬東山邊 德欽公祖墳邊坐戌

[illegible]辰兼卒乙

振長子第十六世

生雍正乙卯年三月初九日戌時

[illegible]諱

錄次子第十六世

麗諱

生乾隆三年十二月廿一日寅時卒乾隆甲申年

十一月十七日　時葬臺灣坎仔脚

振三子第十六世

拱諱

生乾隆九年十一月廿三日子時外歿

德長子第十六世

[illegible]諱

生雍正丙午年三月十六日酉時卒葬港口配楊

氏生雍正六年十一月初四日寅時卒乾隆乙丑年
八月初六日丑時葬山頭湖坐酉向卯兼庚甲
生子一　彌琳

孺諱　岱次子第十六世
生雍正辛亥年十二月初八日亥時外殁

趙諱　岱三子第十六世
生乾隆二年丁巳三月十一日亥時外殁

祖壹諱　岱四子第十六世
生乾隆七年五月初一日子時外殁

國長子第十六世

二山詩　生雍正　年　月　日時

卒葬臺灣北西螺

國次子第十六世

三實　生乾隆十四年十月廿三日寅時

掌傳子第十六世

旺長子第十六世

淵泉　生乾隆丙辰年二月初八日卯時卒乾隆十七年

二月十四日未時葬　德欽公祖墳邊

旺次子第十六世

杞連　生乾隆四年己未十二月初八日巳時

住臺灣中港

旺三子第十六世

三貢　出嗣

旺四子第十六世

長壽　生乾隆甲戌年閏四月初四日巳時

旺五子第十六世

五倫　生乾隆己卯年二月十三日巳時卒葬臺灣中港

馬傳子第十六世

慶

上傳子第十六世

熊諱　生雍正丁未年十二月廿九日酉時卒乾隆

年　月　日　時葬失載配李氏生乾隆

乙丑年十一月初二日巳時葬東山邊祖墳大邊墓手

尾坐酉向東　　生子一晚

錦傳子第十六世

衣傳子第十六世

豫長子第十六世

願勲字乾功生雍正乙巳年七月初十日申時卒乾隆

年　月　日　時葬失載配黄氏生雍正壬子

年正月初四日子時

生子二長壬水次繼盛出嗣胞弟淵具

豫次子第十六世

進諱乾助生雍正癸丑年六月初二日未時卒葬失載配林

氏生乾隆壬戌年七月十四日申時卒乾隆壬寅年八

月廿四日戌時葬埭頭後壁西埭岸頭坐西向東續配

林氏生乾隆甲子年四月十一日戌時卒葬失載

上二三長瑚璉次浩然三隆

豫三子第十六世

淵其字　生乾隆丙辰年六月初四日巳時卒乾隆辛未年

四月十三日酉時葬東埔路上田上　東陵公祖墳邊

坐乙向辛兼辰戌

生子二長若水次繼盛係胞兄頂勳孝

日傳子第十六世

永言傳子第十六世

文謨字　生乾隆辛未年八月初一日午時卒乾隆

年　月　日　時葬畬坑溝底園裡

孝思長子第十六世

江廕字乾勉生乾隆己卯年九月初二日午時卒嘉慶二十年八月十六日申時葬東埔田上祖墳左平坐巽向乾號辰戌配王氏生乾隆壬午年七月初三日寅時卒道光癸巳年二月十三日寅時葬田仔底山上坐　向

生子一尊長

孝思次子第十六世

江培字乾忠生乾隆丙戌年十二月廿二日丑時卒乾隆丙申年二月十六日辰時葬黎角頭塚山頂坐北向南

孝思三子第十六世
江冬字乾信生乾隆辛卯年五月初四日子時
孝思四子第十六世
江聆字　生乾隆甲午年九月初十日寅時
孝思五子第十六世
羨景字　生乾隆辛亥年二月十九日辰時
懿衆長子第十六世
賜海諱　生乾隆癸未年十一月廿四日午時卒嘉慶己
卯年六月廿九日亥時葬失載
懿衆次子第十六世

賜前諱　生乾隆丁亥年二月十四日寅時
應祥長子第十六世
存　生乾隆壬辰年十一月初七日未時配陳氏生乾隆
辛卯年　月　巳時
應祥次子第十六世
川　生乾隆丁酉年八月廿四日子時
應祥三子第十六世
擇　生乾隆庚子年十一月初八日亥時
應祥四子第十六世
舜　生乾隆甲辰年十月十九日戌時

生子二長　次

愿長子第十六世

恩求字玉璐生雍正辛亥年八月十二日亥時卒乾隆丁未年四月廿九日酉時葬咬𠺕吧配林氏生雍正癸丑年七月初六日　時

生子三長澤清次茂山三志誠出嗣胞弟聯

屬次子第十六世

佑字玉　生雍正甲寅年正月初四日巳時卒乾隆乙丑年七月初三日未時葬漳州東門外廿七都山石梯配黃氏生雍正甲寅年九月初九日酉時卒道光乙酉年十

綠

載傳子第十六世

光順傳子第十六世
生嘉慶己未年九月廿六日寅時卒道光丙申年
六月廿四日巳時塟冢仔脚坐癸向丁兼子午丙午
丙午分金配林氏生嘉慶甲戌年六月廿七日卯時
生子二長武仲出嗣胞兄光正次王

朝陽長子第十六世

光正
生嘉慶丁巳年十一月廿八日　時卒

年十一月初六日　時葬背邦

嗣子二長武仲係胞弟孫長子次乾係胞弟有山之子

朝陽次子第十六世

由嗣

綏

朝陽三子第十六世

偉山

生嘉慶辛酉年十二月十五日戌時卒道光乙巳年八月初六日巳時葬發仔脚坐壬向丙兼子午陳氏生嘉慶　年二月二十日寅時卒道光丙午年四月十一日　時葬翁坑甕石坐子向午兼癸丁

生子一乾出嗣胞兄岑正

佳傳子第十六世

生嘉慶丙子年二月初二日巳時

通

春長子第十六世

聰明字貞諒生康熙乙酉年七月初二日亥時卒乾隆庚辰年十二月十四日寅時葬南門外五里亭祈保社口坐乾向巽配許氏生康熙乙酉年六月廿一日巳時卒乾隆十八年十月初四日未時葬北門外南坑對面山坐巳向亥　生子二長啟賢次開泰

春次子第十六世

崗字玉樹生康熙六十年七月十八日辰時卒乾隆壬午年

七月十六日申時葬南門外蓮花社口

配蘇氏生康熙　年六月廿二日

亥時卒乾隆癸未年九月十四日未時葬北門外郎止

亭下

生子三長寔次江河三海

龍長子第十六世

夏諱玉珍字禹章生康熙壬寅六十一年　月　日時

卒乾隆乙丑年五月十六日巳時葬東門外廿六都六

保湖內流斗潭坐午向子兼癸丁配許氏生康熙乙巳

年八月廿九日卯時

謝氏家乘世紀卷二十五

一月初八日戌時葬東門外廿七都李楊保瑞香亭外
土名田中央山考妣俱配饗石塘小宗述德堂
　生子一　溥瑞

鳳三子第十六世
聯字　生乾隆丁巳年二月十七日辰時卒乾隆乙酉年
十二月初七日　時葬東門外山狗梟鄭水觀墳前
　嗣子一　志誠保胞兄恩求三子

鳳四子第十六世
廣信字玉玢生乾隆己未年十月初七日辰時卒乾隆壬子
年十月廿七日未時葬南坑對面山金交椅配陳氏生

乾隆己卯年十月初一日子時卒乾隆己酉年九月十
九日辰時葬金交椅坐酉向卯
生子一　寶仕
凰五子第十六世
廣惠字玉玻生乾隆甲子年十月初六日戌時卒乾隆庚辰
年十月十七日午時葬嘛吠呷
位長子第十六世
朝
位次子第十六世
鑽

佑三子第十六世

頂

士朗長子第十六世

發燦字

生康熙丁丑年三月廿一日　時往三沙配楊

氏生卒葬所失載惟十月初十日忌祭

生子一春提

士朗次子第十六世

發興字

生康熙己卯年八月初四日卯時卒雍正辛亥

年五月十四日未時葬梵天中崙坐乾向巽

嗣子一春開係胞弟昌次子

士朗三子　第十六世

登高字　生康熙壬午年十二月初七日戌時卒乾隆丁丑年二月初六日辰時葬感化里嶺亭保花暦山坐癸向丁兼子午配黃氏生康熙癸巳年九月十一日辰時卒乾隆甲戌年八月初五日巳時葬後隔覆鼎金山加冬瀾內坐辰向戌兼

生子六　長春炎　次春開出嗣二房胞兄登輿　三春三　四春貫　五春子　六春爵

聯登長子第十六世

起字　生康熙丙子年二月十九日丑時卒乾隆丁巳年

三月廿六日卯時葬梵天中嶺坐未向丑兼丁癸配張
氏生康熙壬午年三月廿三日巳時卒乾隆壬辰年七
月廿四日寅時葬營後塚蛇仔崙坐乙向辛兼辰戌
　　生子一　春敬

聯登次子第十六世
能
　出嗣二房無傳

聯登三子第十六世
錦字成仁生康熙壬午年九月初五日丑時卒乾隆甲午年
十二月初二日未時葬雞雞山墓亭崙小路尾東山邊

坐辛向乙兼　辛酉辛卯分金配朱氏生康熙己丑

年八月初五日辰時卒乾隆丁亥年十一月廿七日卯

時葬同禾里歐厝保後壁山打鐵墓崙馬侯塘坐壬向

丙兼亥巳

生子三長春恕次春茗三春意

聯登四子第十六世

望

聯登五子第十六世

顯

賜郎傳子第十六世

士龍傳子第十六世

士麟傳子第十六世

旋字　生雍正辛亥年十二月初四日寅時配陳氏生乾隆己未年正月初七日卯時

生子二長元景次元吉

士鳳長子第十六世

賢字攀龍生乾隆丁卯年十月廿七日酉時

配莊氏

士鳳次子第十六世

桃字攀鳳生乾隆庚午年十二月二十日辰時

士鳳三子第十六世

李字攀鶴生乾隆癸酉年九月初十日辰時

士鳳四子第十六世

書字攀雀生乾隆己卯年十二月十四日未時

士鶴傳子第十六世

太長子第十六世

淋諱

生雍正壬子年三月十二日申時卒乾隆癸未年

六月初十日巳時葬畬坑樟仔脚園內坐西向東

生子二長成祖次進龍

太次子第十六世

苗諱　生乾隆丙辰年十一月初十日戌時卒乾隆戊申年正月三十日巳時葬畬坑樟脚坐西北向東南配陳氏生乾隆乙亥年十月二十日寅時卒嘉慶十九年六月十九日午時葬畬坑田仔底溝上坐酉向卯兼辛乙

生子二長純江次桃出嗣胞弟開宗

太三子第十六世

開宗諱　生乾隆乙酉年六月初二日巳時卒乾隆巳

丑年八月　日　時葬吉礁

嗣子一　桃 係胞兄苗次子

文王傳子第十六世

歎諱

蔡長子第十六世

生乾隆甲戌年六月廿二日寅時

厭

蔡次子第十六世

出嗣

塝諱

蔡三子第十六世

生乾隆庚寅年十二月十七日卯時

秋嗣子第十六世
厭諱　生乾隆丁丑年八月初六日寅時卒嘉慶丙子年
十月廿七日　時葬東山邊山脚坐西向東配張氏生
乾隆丁亥年六月初五日未時卒道光甲辰年二月十
六日子時葬畬坑松仔腳坐癸向丁兼丑未
生子四長敬次令三榜四況

瑞麟長子第十六世
淇龍諱　生乾隆丙戌年十二月十八日卯時外殁配陳氏
生乾隆戊戌年五月十一日巳時
生子一光欽

瑞麟次子第十六世

炳　出嗣

慶傳子第十六世

德良嗣子第十六世

炳諱　生乾隆庚寅年六月十六日子時

子光長子第十六世

權諱世宏生乾隆戊戌年八月初四日寅時卒嘉慶壬申年

八月初四日申時在南灣身亡

配蔡氏生乾隆己亥年十一月廿四日子時卒道光乙

巳年八月十九日酉時葬東山邊山仔頭坐西向東

生子三長清寶次清香三根係胞弟玉鶯長子

子光次子第十六世

麗水諱世澤生乾隆己酉年九月初八日卯時卒道光三十年五月初九日寅時葬塢尾崎頂坐西向東配林氏生乾隆癸丑年十一月十九日巳時卒嘉慶庚辰年七月十七日寅時葬獅公石續配溫氏生嘉慶壬戌年八月二十日申時　生子三長茂次長三氷係弟第三子

子光三子第十六世

玉鶯諱世俊生乾隆癸丑年九月十八日子時卒道光甲申

年二月初七日戌時葬火燒山脚坐南向北配蔡氏生

嘉慶癸亥年九月廿七日亥時卒道光戊戌年七月十

三日申時葬排頭山邊

生子二長根山嗣胞兄權次出

樹使傳子第十六世

慶傳子第十六世

駿傳子第十六世

廷桂傳子第十六世

廷樑傳子第十六世

廷桂傳子第十六世

廷松傳子第十六世

憲長子第十六世

石銜諱元龍生乾隆己丑年十一月初三日辰時卒乾隆乙

卯年三月初九日未時葬東坑祠厝埔信石巡坐巳向
亥兼巽乾丁巳丁亥分金配周氏生乾隆戊子年九月
初十日申時卒乾隆乙卯年九月十五日卯時葬夫墳
左巡坐向分金同

生子三長尊賢次騰濤胞弟白汪次子
三六諒係胞弟亦章三子

惠次子第十六世

白汪諱元灝字若干例貢生生乾隆壬辰年六月十三日未
時卒道光甲申年三月初三日巳時葬蔡嶺社後契
[illegible]石下坐乾向巽兼亥巳分金庚戌庚辰配院前顏氏

生乾隆癸巳年十二月廿五日酉時卒乾隆癸丑年八月二十日戌時葬大屏山後吳貫大圳邊土名荒上山坐申向寅兼庚甲庚申庚寅分金續配林氏生乾隆辛卯年三月初八日丑時卒道光己丑年十月十九日申時葬本社口東陷山腳坐戌向辰兼乾巽庚戌庚辰分金

生子三長騰雲顏氏出

次騰濤林氏出出嗣三霞

從伯母林氏善事姑姑病痿性卞急臥床褥數載起坐需人伯母扶持之抑搔之雖妯娌多人身常獨任之姑弗命之出不敢出終姑之身無倦色又善撫前人子步

撫[illegible]亦孺子慕竭力事之勉學入泮以慰毋子毋所生

子發濬[illegible]武庠生毋慈子孝知者咸嘖嘖稱焉

從姪鴻猷謹識

惠三子第十六世

長溪　出嗣

惠四子第十六世

至善諱元道生乾隆戊戌年正月初八日巳時卒嘉慶壬戌年八月初一日丑時葬大屏山前石仔坑尾本祖山土名狗仔田灣仔頂坐卯向酉兼甲庚丁卯丁酉分金配李氏生乾隆庚子年正月初七日申時

嗣子一及竹係胞弟西泰長子

惠五子第十六世

亦章諱元栽字讓文國學生生乾隆庚子年七月十七日申時卒道光丁酉年三月初八日辰時葬本社後膌坪山坐辛向乙兼酉卯分金丁酉丁卯配許氏生乾隆甲辰年玄月十九日申時卒嘉慶癸酉年五月十四日酉時葬本社後膌坪坐坤向艮兼申寅分金丁未丁丑續配李氏生乾隆壬子年十二月十七日酉時卒道光庚戌年正月十八日未時附葬夫墳邊坐向分金同

生子四長六謀次六活

三 六諒出嗣 胞兄左侖四 六根

惡六子第十六世

酉泰諱元交字季亨國學生生乾隆乙巳年六月十五日未時卒道光戊戌年十二月廿九日午時葬本社施宮坐丑向未兼艮坤分金辛丑辛未配顏氏生乾隆乙巳年四月廿二日寅時卒嘉慶辛未年二月廿八日午時葬本社大坑尾山坐甲向庚兼卯酉分金丁卯丁酉續配楊氏生乾隆癸丑年五月廿七日寅時卒道光庚子年三月十一日酉時葬狗仔田山坐寅向申兼艮坤分金丙寅丙申側室許氏生嘉慶丁卯年十月十四日巳時

生子五長及衍頼氏出出繼胞兄至善次及懷三及三四及試五及財俱許氏出

友長子第十六世

純諱　生乾隆壬戌年五月廿九日酉時卒乾隆丁丑年十二月初七日亥時葬鬼庵山

嗣子一光杭係胞弟德壽子

友次子第十六世

誠諱　生乾隆戊辰年　月　日　時卒乾隆壬辰年三月十四日　時外歿

嗣子一光探係胞弟德[illegible]子

友三子第十六世

德諱　生乾隆己卯年九月十四日未時卒道光甲申年九月初三日寅時葬本社後厝坪坐丑向未兼艮坤分金辛丑辛未配林氏生乾隆壬午年四月初七日巳時

生子四　長光杭出嗣胞兄純　次光探出嗣胞兄敢　三光漏　四光返

齊長子第十六世

裕諱元寬生乾隆辛巳年十一月廿六日亥時卒乾隆乙卯年九月初七日子時葬本社大旗山腳土名前坑內坐

子向午兼壬丙丙子丙午分金配黃氏生乾隆癸未年
七月十九日酉時卒道光庚寅年十一月廿七日子時
葬牛壁燈火脚挺石邊坐坤向艮兼申寅分金辛未辛
丑
咸豐八年
旌表入節孝祠額曰彤管流清
生子二長相近次八佾係胞弟正元孥

齊次子第十六世
煥諱元章生乾隆甲申年七月十六日午時卒嘉慶丙辰年
四月十四日未時葬排頭嶺坐寅向申兼艮坤分金

配林氏生乾隆甲申年八月初九日巳時卒嘉慶庚申
年九月初七日申時葬生前抗坐癸向丁兼午子丙午
丙子分金

生子一光沅改名評

齊三子第十六世

正元諱元提生乾隆丁亥年七月初二日卯時卒道光丁亥
年十二月初八日戌時葬本社祖山王公陌尾坐癸向
丁兼丑未庚子庚午分金配林氏生乾隆庚寅年八月
初二日寅時卒道光庚戌年八月十三日未時葬大
岐山下前抗内坐癸向丁兼子午丙子丙午分金

生子五 長果珍 次八份 出嗣胞兄弼 三果廩 四萊香 出嗣胞弟天池 五果賴

齊四子第十六世

天澠諱元液字玉波生乾隆甲午年十二月廿六日戌時卒道光丙午年正月廿五日辰時葬廣東澳門福建義山福髓壙坐艮向坤兼丑未丁丑丁未分金配楊氏生乾隆乙未年三月廿三日巳時卒嘉慶庚申年九月廿六日子時葬牛前坑坐庚向甲兼卯酉分金續配盧氏生乾隆甲寅年九月廿三日寅時卒咸豐戊午年十二月初八日辰時葬墓林頂鬼南山坐癸向丁兼子午

丙子丙午分金偏室吕氏生嘉慶丙辰年八月初五日
辰時卒道光戊申年十二月初二日巳時葬廣東澳門
福建義山福蘭埔坐艮向坤兼丑未丁丑丁未分金
生子三長葉香孫胞兄正元四子次賜復三五潤

應長子第十六世
治表諱元裏生乾隆丙申年八月初四日酉時卒道光甲辰
年七月廿九日巳時葬朱嶺坐辰向戌兼乙辛庚辰庚
戌分金配李氏生乾隆戊戌年正月初十日巳時卒咸
豐壬子年六月廿四日酉時葬朱嶺坐乙向辛兼辰戌
辛卯辛酉分金

生子二長以石次以芸

應次子第十六世

心安諱元慶字靜夫國學生生乾隆己亥年五月廿三日
酉時卒咸豐壬子年十一月廿六日子時葬廣東北門
外白漏坑有墓碑
配張氏生乾隆辛丑年八月廿七日子時卒道光庚子
年五月十六日辰時葬排頭嶺風隙坐壬向丙兼亥
巳丁兼丁巳分金側室施氏生

生子四長發育次發地三發林四發立

高長子第十六世

頂坑諱元泉字漢洲生乾隆壬辰年十月二十日卯時卒乾隆甲寅年十月初六日丑時葬狗仔田坐庚向甲兼酉卯分金庚申庚寅配黃氏生乾隆壬辰年八月十三日辰時卒道光甲辰年十一月廿九日未時葬排頭嶺風隙坐癸向丁兼子午丙子丙午分金

生子三長面會次子金山嗣清濕三滄耳

高次子第十六世

清濕諱元纓生乾隆庚子年九月十五日辰時卒乾隆甲寅年九月初九日酉時葬墓林鬼磨山自己園內坐亥向

巳兼壬丙辛亥辛巳分金

嗣子一子益（係胞兄頂抗次子）

炳長子第十六世

玉麟諱元趾字錫周生乾隆庚子年三月十八日子時卒道光壬寅年十二月初十日辰時葬朱嶺坐午向子兼丙壬丙午丙子分金配李氏生乾隆庚子年六月初五日酉時卒道光丙午年正月初一日卯時葬朱嶺坐丁向癸兼未丑庚午庚子分金

生子六（長）燦興（次）斗（三）助（四）拱（出嗣剛第慶圖）（五）燦田（六）媽山

[illegible]嗣次子第十六世

[illegible]諱元永生乾隆丙午年十月初一日子時卒嘉慶[illegible]

年六月初四日辰時遷葬排頭鄉坐丑向未兼艮坤[illegible]

丑未分金配林氏生乾隆己酉年五月廿一日未時

生子二長宣好次宣拱係胞兄玉獻四子

揚嗣子第十六世

長溪諱元達生乾隆甲午年九月廿七日未時卒乾隆癸丑

年四月十五日午時葬王公陷尾本山上坐子向午兼

癸丁配蔡氏生乾隆癸巳年五月廿二日寅時

生子二長登基次登景係附一次子

揚次子第十六世

閒一諱元知國學生生乾隆甲辰年四月初二日酉時卒道光甲申年七月初三日申時葬排頭嶺虎南山坐庚向甲兼酉卯分金庚申庚寅配李氏生乾隆乙巳年九月十一日亥時卒道光乙巳年十二月初三日未時葬朱嶺坐巳向亥兼丙壬辛巳辛亥分金

生子四長艮坤次登景出嗣長溪三登榜四登泮

賀長子第十六世

禎祥諱元瑞字猛符別號容齋例貢生生乾隆丁酉年十二月十一日寅時卒道光壬辰年二月廿九日辰時葬

廟兜社後抱璧山下坐丁向癸兼午子丙午丙子分金外兼丑未庚午庚子分金配京口葉氏生乾隆己亥年九月廿五日卯時卒道光壬寅年十二月十一日子時葬後墓坐申向寅兼庚甲分金丙申丙寅側室林氏生嘉慶丙辰年四月十五日辰時卒道光辛卯年四月初九日巳時

生子二長喬桐次振聲

容齋公著有梅亭詩草廣東番禺張南山先生維屏選入國朝詩人徵略二編復邵龍溪李鳳岡前輩威所譔墓誌銘同邑呂西村先生世宜所題行樂圖節錄作小傳

容齋公以養親撫弟不克專於學旣而業賈至粵爲楊姓舅氏所信任舅氏亡表弟幼學容齋公以一身肩之數十年如一日無私積亦無吝心越一歲則歸省有弟妹六人教之養之婚嫁盡禮又倡建小宗祠修家譜延師課學不惜重費平生最慕范文正公設義田一事而有志未逮惟於親屬之窮者畢力賙恤自奉薄而待人厚處事和而教子嚴在粵日冬未嘗寄情聲色暇時則手一卷或吟詩作字又好與文人之有品者游至老不衰卒年五十有六遺命不作佛事卒之日鄉人及閩粵者皆流涕嗟悼云

男鴻猷謹鈔

賀次子第十六世

濟洔諱元中生乾隆庚戌年二月廿三日未時卒道光壬辰年三月十二日戌時葬廣東漳州義山下景泰石界邊坐辰向戌兼巽乾丙辰丙戌分金配邱氏生乾隆辛亥年六月十四日寅時卒道光己丑年正月廿八日亥時葬排頭社煙墩山坐未向丑兼丁癸續配林氏生嘉慶壬戌年五月廿六日寅時

生子三長宣化次宣和三宣豫

賀三子第十六世

朝曦諱元采一名光別生乾隆壬子年正月初一日丑時卒
道光甲午年四月初四日辰時
配林氏生乾隆甲寅年七月廿
二日午時卒咸豐戊午年六月十八日寅時與夫合
葬
生子五長克壯次克相三素定
出嗣胞弟垂增四克勤五克敘

賀四子第十六世

垂增諱元凱字晉涵生乾隆壬子年正月十五日巳時卒嘉
慶庚辰年八月廿四日亥時葬大屏山腳土名獅仔
田上坐乾向巽兼亥巳配江氏生乾隆乙卯年三月十

五日戌時

咸豐八年

旌表入節孝祠額曰彤管流清

生子二長素位次素定係嗣兄訓儀三子

賀五子第十六世

川林諱元美生嘉慶己未年十一月十一日戌時卒道光壬

寅年十月初七日辰時葬埭仔頭本山石灼邊坐子

向午兼壬丙丙子丙午分金配林氏生嘉慶庚申年

六月廿五日辰時

生子四長文質次存仁三存義四禮智

棟樑嗣子第十六世

敏使諱元功生嘉慶壬戌年八月初二日戌時卒道光壬午年閏三月十九日寅時葬狗仔田山坐艮向坤兼寅申分金辛丑辛未

嗣子一　九如係胞兄某李

江水長子第十六世

榮昌諱生乾隆癸丑年五月十七日亥時卒嘉慶丙辰年七月初一日　時葬鬼庵山

江水次子第十六世

勁郎諱元直生乾隆辛亥年二月十九日辰時卒嘉慶壬申

年四月十七日卯時葬狗仔田坐甲向庚兼寅申分
金庚寅庚申配江氏生乾隆乙卯年三月十九日巳時
卒嘉慶癸酉年十二月初二日午時葬狗仔田夫墳下
　嗣子一奪魁係胞弟某長子

江水三子第十六世
基促諱元斯生嘉慶庚申年二月十四日巳時卒道光壬寅
年九月初十日亥時葬朱嶺
　配李氏生嘉慶壬戌年二月十七日子時卒道光
戊子年八月初十日巳時葬王公巷頂坐亥向巳兼乾
巽續配林氏生嘉慶丙寅年八月十四日寅時

生子五長奔魁出嗣胞兄勁郎次九如出嗣胞弟敏使
三九道四建衡五九五出嗣胞弟園使

江水四子第十六世

敏使　出嗣

江水五子第十六世

園使諱元錢生嘉慶壬戌年十一月廿六日戌時配京口
葉氏生嘉慶丁卯年九月十六日巳時卒道光戊子
年十月十七日丑時葬埭仔頭本山坐子向午兼癸
丁庚子庚午分金

生子二長恒隆次九五係胞兄某五子

帝長子第十六世

類諱　生乾隆丙辰年九月十二日午時

帝次子第十六世

等諱　生乾隆庚申年十月廿七日丑時

卿傳子第十六世

蔡傳子第十六世

造長子第十六世

徹諱　生乾隆乙亥年十二月廿六日酉時

道次子第十六世

穎諱 生乾隆戊子年十二月初三日巳時

先傳子第十六世

奇長子第十六世

生卒葬所失載仕柸榔數

生子一 繼祖

奇次子第十六世

馬武 生卒葬柸榔數 嗣十一義 保胞[illegible]仙水三字

何傳子第十六世

[illegible]諱　乾隆　年　月　日　時

異傳子第十六世

寅傳子第十六世

宅長子第十六世

德音諱　生雍正甲辰年八月廿八日午時卒葬失載配

配薛氏生雍正甲寅年九月初九日　卒葬失載

生子一叔夏

宅次子第十六世

德陽諱　生乾隆癸亥年十月二十日戌時

仲奕長子第十六世

陽午諱　生乾隆乙丑年五月初五日卯時卒乾隆戊申年六月初六日　時葬吉猴配吳氏生乾隆癸未年三月二十日未時卒乾隆戊申年十月初六日　時葬葬東山邊坐酉向卯兼庚甲丁酉丁卯分金

嗣子一　石光係胞弟冬註長子

仲奕次子第十六世

冬註諱　生乾隆丁卯年十一月初八日丑時卒

配陳氏生乾隆庚辰年八月廿九日巳時卒道光戊子年九月初九日辰時葬東山邀坐乾向巽兼戌辰

生子二長石光出嗣胞兄陽午次邱生

仲癸三子第十六世

養　出嗣

仲癸四子第十六世

圖諱　生乾隆乙亥年二月十九日亥時卒乾隆

年　月　日　時葬番邦

生子一南山

仲癸七子第十六世

北使諱　生乾隆丁丑年十一月十九日午時

仙求諱　仲笑六子第十六世　生乾隆辛巳年五月十九日午時卒道光壬午年十月初一日申時葬湖後補墳左平坐乙向辛兼卯酉丁卯丁酉分金配黃氏生乾隆乙酉年九月十一日卯時卒嘉慶丁卯年三月初一日巳時葬山狗嶺榕樹下坐寅向申兼艮坤丙寅丙申分金續配馬氏生乾隆乙未年正月初十日寅時卒嘉慶己卯年八月十七日申時葬山狗室坐壬向丙兼子午

生子三　長建　黃氏出　次來

仲忽長子第十六世

六龍諱　生乾隆乙丑年六月初六日亥時

顯泗嗣子第十六世

養諱　生乾隆壬申年六月十九日未時卒嘉慶辛酉年

五月廿二日酉時葬烏尾坐卯向酉兼乙辛辛卯辛酉

分金配陳氏

生子一雀

狀傳子第十六世

括傳子第十六世

亞傳子第十六世

傳授

夜傳子第十六世

燁傳子第十六世

全傳子第十六世

吟傳子第十六世

發諱　生乾隆丁巳年九月十九日寅時卒乾隆壬辰年

八月初一日申時葬山狗空松仔上

藝傳子第十六世

塽水諱　生乾隆丙寅年三月十七日寅時

張長子第十六世

富

張次子第十六世

貴

燮聳傳子第十六世

山傳子第十六世

宗長子第十六世

延諱

亭次子第十六世

住臺灣

商

享三子第十六世

住臺灣

抵

苞傳子第十六世

[illegible]傳子第十六世

佛賜傳子第十六世

燕山傳子第十六世

狀傳子第十六世

先傳子第十六世

婁傳子第十六世

善傳子第十六世

光稱諱　生卒葬所失載

配許氏生卒葬所失載

生子三長崇宇次孟達三太極

褒傳子第十六世

光和傳子第十六世

匹

生嘉慶甲子年六月廿五日巳時卒道光甲申年六

月十四日卯時葬坪仔頂坐西南向東北

光妙傳子第十六世

良水　生嘉慶辛酉年五月廿三日未時卒葬梹榔嶺

賢圖嗣子第十六世

章　生乾隆　月十三日酉時卒葬梹榔嶺

配李氏

生子一　親

贊祖傳子第十六世

流傳子第十六世

吉傳子第十六世

永興傳子第十六世

永順傳子第十六世

任長子第十六世

新助諱　生乾隆丁亥年十月十二日巳時卒道光辛卯年十一月初一日巳時葬湖尾坐甲向庚兼卯酉配李

氏生乾隆戊申年七月十七日子時　生子四長光永次班三琚四苞

任次子第十六世

鶴山諱　生乾隆庚寅年六月初七日巳時卒道光丙申年十二月十五日辰時葬後頭坐西向東配張氏生乾隆丙申年九月二十日未時卒嘉慶丁丑年四月初七日未時葬後頭坐西向東　生子二長光道次發科出嗣治老

任三子第十六世

堯　出嗣

丙傳子第十六世

豐生諱　生乾隆丙申年正月初二日卯時卒道光甲辰年六月廿一日戌時葬後頭坐西向東

探傳子第十六世

郯傳子第十六世

菊嗣子第十六世

堯諱　生乾隆癸巳年十月十七日巳時卒葬梹榔嶼

偉恩傳之第十六世

水傳子第十六世

守傳子第十六世

求傳子第十六世

景成傳子第十六世

燮樂傳子第十六世

文潙傳子第十六世

武王傳子第十六世

湖傳子第十六世

嫣菘傳子第十六世

閫一傳子第十六世

奉成傳子第十六世

頤傳子第十六世

錢士傳子第十六世

寬家

生乾隆乙巳年六月十三日酉時卒葬梳櫛墩

聰賞傳子第十六世

浮

生乾隆戊申年十一月廿四日辰時卒道光丙午年

十月十五日巳時葬淺黎拖坐西向東配史氏生嘉慶

甲子年三月初八日戌時卒道光己亥年三月初七

日巳時葬浅塹拋坐西向東

生子一霞

水山傳子第十六世

連宗傳子第十六世

玉山傳子第十六世

甯旦傳子第十六世

甘村　生卒失載　葬楨榔嶺　生子

立松傳子第十六世

朝夕傳子第十六世

閔傳子第十六世

享羅長子第十六世

顯盛　生嘉慶戊辰年閏五月二十日寅時

享維次子第十六世

韻方　生道光　年　月　日　時

配周氏生道光　年　月　日　時

生子一　香

享羅三子第十六世

韻隘

享羅四子第十六世

萬恭

大有傳子第十六世

[illegible][illegible]傳子第十六世

石只傳子第十六世

石佛傳子第十六世

發傳子第十七世

士俊傳子第十七世

四十一

石塘謝氏家乘　世紀卷二五

茂盛傳子第十七世

秀郎傳子第十七世

九傳子第十七世

達宗傳子第十七世

蘭山傳子第十七世

登科長子第十七世

天送

生道光辛巳年正月初五日子時配邱氏生道光

辛卯年十一月初九日子時

生子

登科次子第十七世

出嗣

金蓮

程溪傳子第十七世

騰舜傳子第十七世

逢春傳子第十七世

自當傳子第十七世

榮

榖長子第十七世

生嘉慶庚辰年十月初三日午時卒道光癸巳年

正月廿五日亥時葬甕窑裡坐北向南

榖次嗣子第十七世

金蓮

生道光辛卯年十一月初九日子時配顏氏生道

光辛丑年八月廿二日子時

生子一　新蛙

朝龍傳子第十七世

嫣財

生道光癸未年七月廿四日卯時配杜氏生道光丙午年正月初三日申時

生子

得老傳子第十七世

光愛傳子第十七世

言語傳子第十七世

冉有傳子第十七世

斌傳子第十七世

待傳子第十七世

衍鐘子第十七世

光大傑子第十七世

輝傳子第十七世

耀傳子第十七世

檍枝傳子第十七世

纘祠子第十七世

箏君

生嘉慶甲戌年六月廿四日辰時殁梹榔嶼

生子

延長子第十七世

等君　出嗣

延次子第十七世

昧　出嗣

廣嗣子第十七世

昧　生道光　年　月　日　時

有餘長子第十七世

雁諱雲鴻字凌漢一字賔南邑庠生生嘉慶丙寅年四月十

三日戌時配邱氏生嘉慶丁卯年九月廿四日卯時

卒道光丁未年三月廿八日酉時與繼姑合葬東山邊

生咩田內坐亥向巳兼乾巽續配林氏生道光辛巳年
四月十四日寅時
生子四長啟明次啓潽三啟澄四啟承出嗣胞弟六韻俱邱氏出

有餘次子第十七世

雲字　出嗣

有餘三子第十七世

三祿

生嘉慶辛未年七月十三日戌時配林氏生道光
辛巳年四月廿七日子時
生子二長啟讓次啟甲

有餘四子第十七世

四經諱秉琛字綸卿一字根甫布政司理問生嘉慶甲戌年三月十一日戌時卒咸豐庚申年五月廿三日亥時葬田邊社外白匏林右邊獅仔墓山園內坐坤向艮兼申寅辛未辛丑分金配林氏生嘉慶戊寅年六月廿七日戌時側室陳氏生道光丙戌年十一月二十日午時

生子四長啟昌次啟佑早卒三啟蘇俱林氏出四啟銂庶出

有餘五子第十七世

五檜字中栢　出嗣

有餘公子第十七世

六韻諱習詩生嘉慶乙卯年十一月初六日酉時卒道光甲辰年十月十七日申時葬東山澤廷穆公墳左坐壬向丙兼子午辛亥辛巳分金配溫氏生道光甲申年十一月十五日午時卒道光庚戌年四月十八日酉時葬壠口園內坐西向東

嗣子二長啓熙係雲字三子次啓承係胞兄雲雁四子

有餘七子第十七世

七葉字時茂　出嗣

有餘八子第十七世

八檝　生道光辛卯年三月十七日午時卒道光乙巳年九月廿八日子時葬東山邊六韻左坐壬向丙兼亥巳　生子一啟茅

有定長嗣子第十七世

雲字　生嘉慶戊辰年十二月十三日寅時卒咸豐庚申年三月三十日戌時葬梹榔嶼配劉氏生嘉慶甲戌年二月十六日巳時

生子三長啟疇次啟圖三啟燃出嗣胞弟六韻

有定次嗣子第十七世

五檜字中柏生嘉慶丁丑年七月廿三日午時卒同治元年

壬戌二月初一日辰時葬吧東配顏氏生道光辛巳年
十一月十七日巳時
生子二長啟機次啟鍼
有益長嗣子第十七世
七葉字時茂生道光壬午年二月廿三日寅時卒咸豐丁巳
年七月廿四日寅時葬廣東省城茂蔭崗配蔡氏生道
光丙戌年十一月十一日卯時卒道光己酉年三月初
三日未時葬東山邊坐亥向巳兼乾巽
生子一啟迪
有益次子第十七世

大俉　生道光甲申年十月廿七日戌時配林氏生道光乙酉年八月廿四日未時
　　生子一啟默

大然　有益三子第十七世
　　生道光辛丑年六月十四日午時

宣流　光力嗣子第十七世
　　生道光戊戌年正月廿四日寅時

光等長子第十七世

宣流　出嗣
光等次子第十七世

川哞　生道光甲辰年六月廿四日戌時
光等三子第十七世

冰
出嗣
光尾傳子第十七世

緝長子第十七世

博字如金生乾隆戊子年七月廿四日未時卒道光乙巳年
十一月廿三日酉時葬內坑埕父母墳右邊坐戌向辰兼
辛乙配廈門鄭氏生乾隆丁未年八月初九日巳時卒
嘉慶十四年己巳五月廿八日　時葬番坑鼠石脚坐

向敘　繼配蔡氏生乾隆辛
丑年八月廿九日午時卒咸豐癸丑年十月十五日未
時葬埭墘坐巽向乾兼巳亥庚寅庚申分金
生子二長瓜瓞次光斷蔡氏出

緝次子第十七世
波郎　出嗣

緝三子第十七世
得順　出嗣

緝四子第十七世
如山字仰止生乾隆庚戌年十一月十六日卯時卒嘉慶己

卯年十一月十六日　時招魂葬廟坪社外仙人抱壁
山後坐甲向庚兼寅申丙寅丙申分金配余氏生乾隆
壬子年五月十二日亥時
咸豐八年
旌表入節孝祠額曰彤管流清
生子二長熾次天樞
怡嗣公第十七世
波郎
生乾隆乙未年正月廿七日寅時卒道光壬辰年
十月初十日申時葬大屏山頂坐壬向丙兼亥巳配
吳氏生乾隆丙午年十二月初四日卯時

生子四長恩恭次恩榮三步蟾四天送

柑傳子第十七世

西南

生乾隆辛卯年十一月廿二日辰時

出居廣西懷遠縣

尖聳傳子第十七世

唱生傳子第十七世

君恩傳子第十七世

文升傳子第十七世

學長子第十七世

丙水

生乾隆癸未年四月十七日午時配蘇氏生乾隆庚寅年十一月初二日酉時

生子一新在任臺灣

學次子第十七世

西南

出嗣

學三子第十七世

碧

生乾隆己丑年九月廿二日巳時

櫕長子第十七世

栢松　生乾隆乙酉年二月十五日辰時卒乾隆丁未年六月初五日寅時葬丁加宜

嗣子一樂係伯達長子

櫕次子第十七世

馮元　生

櫕三子第十七世

龍澤　生

料長子第十七世

伯達　生乾隆戊辰年正月初六日未時卒乾隆甲寅年

十一月初九日戌時葬東坑後狗仔田祖墳下坐巽向乾
併辰戌丙辰丙戌分金配李氏生乾隆乙亥年九月初
七日午時卒道光甲申年十月十四日午時葬大屏山
生子二長樂出嗣栢松次信

蒲長子第十七世

益美　生乾隆乙酉年正月廿二日寅時卒乾隆戊戌年
八月廿四日申時
嗣子一懇係胞弟益宗長子

蒲次子第十七世

益宗　生乾隆辛卯年十一月初十日寅時卒道光壬辰

年六月初三日午時葬大屏山坐子向午兼癸丁配林
氏生乾隆丙申年十月十四日酉時卒嘉慶十年乙卯
三月初一日未時葬東埔河仔上坐乙向辛兼辰戌辛
卯辛酉分金

生子四長恕出嗣益美次志三華四藩

蒲三子第十七世

生乾隆丙申年六月十五日午時卒葬梹榔藪

文學

生子一桴

傍傳子第十七世

璁傳子第十七世

璗傳子第十七世

拱傳子第十七世

翁傳子第十七世

碩林　生乾隆　年　月　日時

孺傳子第十七世

趙傳子第十七世

祖喜傳子第十七世

二山傳子第十七世

三寶傳子第十七世

溫素傳子第十七世

杞遜傳子第十七世

長壽傳子第十七世

五倫傳子第十七世

履傑子第十七世

熊長子第十七世

頂勲長子第十七世

汪永　生乾隆壬申年五月初四日午時配洪氏生乾隆癸巳年十一月初五日卯時　生子

頂勲次子第十七世

繼盛　出嗣

暹長子第十七世

瓚璉　生乾隆戊戌年十二月十三日寅時

暹次子第十七世

浩然　生乾隆己亥年八月廿五日午時

臨 湛三子第十七世
生於　年　月　日　時

繼盛 淵其長嗣子第十七世
生乾隆癸未年十月十七日戌時

若水 淵其次子第十七世
生乾隆戊子年八月廿一日未時卒乾隆乙巳年
十月廿六日申時葬坎任鄉謝厝寮坐西向東

文謨偶子第十七世

江蕃長子第十七世

尊長諱乾初生乾隆庚子年五月十四日酉時卒道光乙巳年十二月初一日午時葬廟兜後坐亥向巳兼壬丙辛亥辛巳分金配大觀後蘇氏生乾隆辛亥年四月廿六日未時卒道光辛巳年八月初一日戌時葬田仔底山上坐　向　續配施氏生乾隆甲戌年二月初六日寅時卒道光丙午年十月初一日未時葬福場坐酉向卯兼　丁丑丁未分金

生子四長明件次步秋三明智四明障俱蘇氏出

江培傳子第十七世

江冬傳子第十七世

江聆傳子第十七世

羨景傳子第十七世

賜海傳子第十七世

賜前傳子第十七世

存傳子第十七世

川傳子第十七世

擇傳子第十七世

舜傳子第十七世

粗郎傳子第十七世

天水傳子第十七世

緜傳子第十七世

王

生道光癸未年十二月十四日戌時

光正傳子第十七世

武仲

生道光庚寅年七月廿二日申時配林氏生道光

己亥年四月十一日酉時

生子一　光選

山傳子第十七世

矻

生道光甲午年十二月初六日亥時配溫氏生道光

壬寅年九月廿二日丑時　生子

啟賢

聰明長子第十七世

生乾隆辛酉年十月初四日辰時卒乾隆己丑年四月初九日巳時葬鷺門太平岩前坐　向

嗣子一文福係胞弟開泰長子

開泰

聰明次子第十七世

生乾隆己巳年十一月十六日寅時配　氏生於

隆　年　月　日　時

生子二長文福出嗣胞兄啟賢　次文彬

[illegible]長子第十七世

逵　生　年　月　日　時

前次子第十七世

[illegible]江　生　年　月　日　時

前三子第十七世

源　生乾隆戊戌年六月十八日　時

夏長子第十七世

岩　生　年　月　日　時

夏次子第十七世

[illegible]　生　年　月　日　時

伯訓長子第十七世

東橋　生　年　月　日　時

伯訓次子第十七世

紫竹　生　年　月　日　時

濾傳子第十七世

英聚長子第十七世

英艮次子第十七世

恩求長子第十七世

澤清字寶泉生乾隆乙亥年六月初九日寅時卒嘉慶辛未年十二月初二日亥時葬失識配蔡氏生乾隆甲申年十二月二十日戌時卒嘉慶甲子年八月十五日亥時葬北門外採花墓山坐甲向庚兼寅申丙寅丙申分金續配陳氏生乾隆乙亥年四月十一日子時卒道光辛卯年正月廿九日寅時葬北門外南坑祖墓內

生子二長登科次及第

恩求次子第十七世

茂山生乾隆壬午年正月廿八日巳時外歿

思求三子第十七世

志誠　出嗣

佑傅子第十七世

湧瑞字碧山生乾隆辛巳年十一月初三日子時卒道光壬子年十一月初二日辰時葬北門外路頭社土名磜坑亭坐巽向乾兼戌辰丙戌丙辰分金配林氏生乾隆庚寅年五月十二日午時卒道光甲申年八月十五日午時與夫合葬共向分金全側室邱氏生乾隆乙巳年四月廿九日未時

生子三　長賜榮　次賜洪　三育水　邱氏出

聯綱子第十七世

志誠　生乾隆戊子年二月廿八日巳時卒葬番邦

尉信傳子第十七世

寶綱字　生乾隆庚子年五月初四日　時卒番邦配

林氏生乾隆戊申年四月初五日辰時卒嘉慶壬申年

十二月十四日未時葬地門外南坑對面白樵山尾田墘

向　向　兼

廣惠傳子第十七世

朝勝子第十七世

鎮彌子第十七世

頂傳子第十七世

登蔭傳子第十七世

香提　生　年　月　日　時

登興嗣子第十七世

春開字含英生乾隆乙未年正月十二日寅時配洪氏生乾隆甲申年正月初七日午時

生子一庭輝

登高長子第十七世

春炎　生雍正乙卯年二月二十日巳時卒乾隆巳丑年

四月十六日巳時葬營後塚冀箕湖頂坐亥向巳兼壬

丙配馬氏生乾隆庚申年十二月廿三日申時

生子一庭玉

登高次子第十七世

春闢　出嗣

登高三子第十七世

春三　生乾隆辛酉年十一月廿八日辰時配蔡氏生乾

隆癸酉年二月廿七日　時

生子四長庭樹次庭圭三庭水四庭鈴

春貴

登高四子第十七世

生乾隆甲子年二月十二日巳時配黃氏生乾隆

壬申年六月初八日亥時

生子二長庭承次庭蘭

春子

登高五子第十七世

生乾隆乙丑年十月初四日子時配鄭氏生乾

隆乙丑年十一月初一日酉時

生子一庭環

春蹈
登高六子第十七世
生乾隆庚午年七月廿四日酉時往彰化縣吞霄
望高樓邊

春敬
起傳子第十七世
生雍正乙巳年八月初八日巳時卒乾隆己丑年
六月初四日午時葬營後塚糞箕湖坐壬向丙配馮氏
生雍正甲寅年十二月初六日未時
生子二長庭瓚次庭佛

春怨
錦長子第十七世
生雍正辛亥年十二月廿二日亥時卒乾隆庚辰年

六月初七日巳時葬營塜旗杆崙坐坤向艮兼申寅

陳氏　生子一　庭再

存茗

錫次子第十七世

生雍正甲寅年三月十八日亥時卒乾隆壬寅年十月十一日未時葬營後塜旗杆崙配邵氏生乾隆丙寅年六月初五日亥時卒乾隆壬寅年四月初十日酉時葬營後塜旗杆崙坐甲向庚兼寅申

生子一　庭祥

錫三子第十七世

生乾隆丁卯年五月初六日卯時卒乾隆
年　月　日　時葬營後塚配林氏生乾隆
年　月　日　時
生子一　庭月

盤傳子第十七世

顯傳子第十七世

旋長子第十七世

元景　生乾隆癸未年十二月廿九日酉時

旋次子第十七世

元吉　生乾隆二十年九月廿四日未時

貴傳子第十七世

桃傳子第十七世

李傳子第十七世

書傳子第十七世

滿長子第十七世

成祖　生　年　月　日　時

滿次子第十七世

進龍　生　年　月　日　時

苗長子第十七世

繼江　生乾隆丁酉年三月廿四日酉時卒葬檳榔嶼

生子一天景

苗次子第十七世

梲　出嗣

開[illegible]嗣子第十七世

桃

生乾隆辛丑年三月廿三日午時卒道光乙巳年十
月初七日申時葬田仔麻坐辛向乙兼戌辰配吳氏生
乾隆四十七年壬寅二月十七日戌時卒嘉慶丙寅年
二月廿一日子時葬畬抗樟仔脚坐西向東續配寧抗
林氏生乾隆甲辰年正月十八日未時卒道光丙午年
十一月廿七日丑時葬樟仔脚坐庚向甲兼酉卯分金
庚申庚寅　　生子一媽淑

歡傳子第十七世

芳傳子第十七世

敬

厥長子第十七世
生乾隆壬子年十月二十日亥時卒嘉慶丁卯年七
月初一日丑時葬東山邊
生子

合

厥次子第十七世
生乾隆丙辰年六月廿一日巳時配蔡氏生嘉慶戊
寅年四月初八日巳時
生子三長伏次探出嗣胞弟况三苙

厥三子第十七世

榜
生嘉慶壬戌年十二月廿七日寅時卒葬莆邦

況
厭四子第十七世
生嘉慶丁卯年十月廿一日午時卒道光己丑年
七月十九日未時葬東山邊坐西向東
配　子一探偽脆嗚命孝

光欽
漢龍傳子第十七世
生嘉慶庚申年正月廿五日卯時

炳傳子第十七世

權長子第十七世

[illegible]家乘　卷二十五　七一三

[illegible]　生嘉慶庚申年七月初九日戌時卒嘉慶庚辰年

九月十六日未時

嗣子一帶

[illegible]　繼從子第十七世　生嘉慶癸亥年十一月廿九日卯時

樞三子第十七世

[illegible]　生　年　月　日　時

[illegible]公長子第十七世

[illegible]　生嘉慶　年　月　日　時卒失載葬在[illegible]

東　生子一順得

長

麗水次子第十七世
生嘉慶乙亥年八月二十日申時配何氏生道光戊
子年十月十二日夘時
生子二長順意次順廣

冰

麗水三嗣子第十七世
生道光庚戌年五月十一日未時

山

玉鶯傳子第十七世
生道光辛卯年七月初二日未時配楊氏生道光
已亥年九月廿九日戌時卒咸豐已未年七月初八日
申時葬余坑迺亦坑仔墘園後坐北向南

左尙長子第十七世

尊賢諱兆信生乾隆癸丑年正月十二日卯時

左尙次嗣子第十七世

騰濤一名騰洲諱發瀛字聯[illegible]武庠生生嘉慶丙辰年十二
月廿三日戌時卒道光甲辰年五月廿三日丑時葬本
社鯉魚嘴坐午向子兼丁癸庚午庚子分金配顏氏生
嘉慶戊午年正月廿二日丑時卒嘉慶乙亥年八月十
九日未時葬
續配周氏生嘉慶庚申年十一月初四日丑時

生子三長樹椿次樹姚三樹榕

左衡三嗣子第十七世

六諱

生道光壬午年三月十二日辰時卒咸豐癸丑年

五月初二日　時葬番邦金山配楊氏生道光庚寅

年五月廿八日未時

生子三長光棖次萬恩三萬壹

白汪長子第十七世

騰雲諱步梯字　行邑庠生生乾隆辛亥年三月初一日

亥時卒道光己丑年九月廿六日申時葬本社坪前

山坐癸向丁兼丑未丙子丙午分金芸窓攻苦郡縣

試屢拔前茅學業繼以孝聞配邱氏生乾隆乙卯年六
月初五日未時
生子四長傳經次傳書三傳爽四傳學

自汪次子第十七世

騰濤　出嗣

自汪三子第十七世

騰鰲　生嘉慶乙亥年十一月廿五日卯時配鄭氏生嘉
慶戊寅年七月初二日巳時
生子二長國楨次國衢

至善嗣子第十七世

及竹諱兆進生嘉慶戊辰年八月廿三日午時配林氏生嘉
慶己巳年二月初十日午時別配廣東張氏生嘉慶己
卯年十月十九日申時
生子二 長占梅 次占蘇

亦章長子第十七世

六謀 生嘉慶丙子年八月廿五日酉時卒咸豐丁巳年
正月初四日 時葬沓邦配林氏生嘉慶丙子年八
月十九日卯時卒道光丁酉年八月十二日寅時葬本
[illegible]後[illegible]酉向卯兼辛乙辛酉辛卯分金
生子一 萬選

六活　亦章次子第十七世

生嘉慶己卯年十月十九日戌時卒咸豐乙卯年十一月廿七日巳時葬本社後關坪坐亥向巳兼壬丙丁亥辛巳分金配葉氏生道光癸未年七月初九日

南遊

生子二長萬全次萬勞

六諒　亦章三子第十七世

出嗣

六根　亦章四子第十七世

生道光甲申年十月初五日午時配邱氏生道光

己丑年六月廿六日午時
生子十萬養
西泰長子第十七世
及竹　出嗣
西泰次子第十七世
及懷諱兆興生道光乙酉年九月廿一日午時
西泰三子第十七世
及三諱兆綱生道光丁亥年十月十七日申時配江氏生道
光辛卯年四月十五日辰時
生子

明泰四子第十七世
及試諱兆省生道光庚寅年二月廿二日丑時

西泰五子第十七世
及財諱兆源生道光戊戌年九月初五日卯時卒道光乙巳
年正月十五日子時葬王公陌坐寅向申兼艮坤丙寅
丙申分金

純嗣子第十七世
光杭　生乾隆甲辰年六月十一日酉時

啟嗣子第十七世
光探　生乾隆丁未年十一月初六日亥時

德長子第十七世

光杭　出嗣

德次子第十七世

光探　出嗣

德三子第十七世

光漏

生乾隆甲寅年十一月初三巳午時

德四子第十七世

光返

生嘉慶庚申年九月廿六日巳時卒道光甲申年五月初二日酉時葬本社後墓

嗣子一　粵成（係堂兄乘次子）

裕長子第十七世

相近諱兆仁生乾隆乙巳年八月廿四日午時

生子一文成

裕次嗣子第十七世

八佾諱兆列字廷奏國學生以長男邦忠納粟晉封奉政大夫生嘉慶丙辰年八月十一日寅時卒咸豐甲寅年二月廿三日巳時葬廣東配黃氏晉封宜人生嘉慶丙辰年正月初二日酉時卒嘉慶庚辰年九月廿九日酉時葬大岐山下前坑内坐癸向丁兼子午丙子丙午分金繼配王氏晉封宜人生嘉慶己未年十二月初三日辰

時

生子四長邦忠黄氏出次邦哲
三邦繼出嗣果珍四邦智出嗣果頼俱王氏出

燦長子第十七世

光沈改名玭諱兆鈺生乾隆戊申年十二月初一日卯時卒
道光壬寅年二月十一日辰時葬牛前坑坐庚向甲兼
卯酉辛卯辛酉分金配吳氏生乾隆己酉年七月十五
日巳時卒道光庚寅年二月廿八日未時葬石坑仔
頂坐癸向丁兼丑未丁丑丁未分金
生子五長集成次粵成出嗣返
三奕成四日成五邃成

正長子第十七世

果珍諱兆璧以嗣子由徽納粟誥封奉政大夫生乾隆壬子年十二月初四日卯時卒葬楨榔嶼

嗣子二長邦繼係胞弟八份三子次由徽係胞弟果廩長子

正次子第十七世

出嗣

八份

正三子第十七世

果廩諱兆倉以長男納粟誥封奉政大夫生嘉慶己未年九月初一日申時配林氏晉封宜人生嘉慶癸亥年六月十七日午時卒咸豐庚申年十月廿二日巳時葬田澤

社後壠山坐丙向壬兼午子辛巳辛亥分金

生子二長由徵出嗣胞兄果珍次由盛

正四子第十七世

萊香　出嗣

正五子第十七世

果頫諱兆功國學生以納粟誥封奉政大夫生嘉慶壬申年三月十五日午時配顏氏晉封宜人生嘉慶己卯年十月廿八日寅時

生子四長邦彥次邦智係胞兄八佾四子三邦衡四邦敎

天池長子第十七世

永香諱兆馨生嘉慶癸亥年二月十四日亥時卒道光丙午年七月初三日巳時葬牛前坑坐庚向甲兼卯酉丙寅丙申分金配蔡氏生嘉慶己丑年六月廿四日未時卒咸豐丙辰年六月廿七日午時葬牛前坑坐庚向甲兼卯酉丙寅丙申分金

生子二長嵩廖次嵩翥

天池次子第十七世

賜復諱兆來生嘉慶丁卯年十二月廿八日丑時卒葬吧東兔仔巒義山配張氏生嘉慶甲戌年正月廿一日辰時

時　生子二長傳臚出繼胞弟五湖次傳唱

天池三子第十七世

五湖諱兆平生嘉慶癸酉年十二月廿五日亥時卒道光癸

巳年七月廿七日戌時葬吧東鬼仔壟

嗣子一傳臚係胞兄賜復長子

光表長子第十七世

以右　生嘉慶壬戌年十一月廿九日戌時卒咸豐辛酉

年四月廿八日　時葬

配周氏生嘉慶辛未年十一月初四日午時

生子

光表次子第十七世
以共　生嘉慶庚午年四月廿七日未時
生子

心安儕子第十七世
發育諱鴻齡國學生生嘉慶癸亥年四月廿二日午時卒道
光乙巳年三月初二日未時葬山後社坐丁向癸兼未
丑辛丑辛未分金配蘇氏生嘉慶甲子年五月初八日
戌時
生子二長初善次鹿甯

心安次子第十七世

發地　生嘉慶戊寅年十一月十八日酉時卒道光癸
卯年　月　日　時葬在安南本港配許氏生嘉
慶戊寅年八月廿二日酉時
生子一 鋪元

心安三子第十七世
發林　生卒葬所失載

心安四子第十七世
發立　生嘉慶己卯年四月十八日巳時卒咸豐丁巳年
三月初一日子時葬

頂坑長子第十七世

□□□□□國學生生乾隆己酉年九月十三日子時卒道
光丁亥年五月初七日申時葬山後社山坪山
配蘇氏生嘉慶辛酉年五月初二日
卯時
咸豐八年
旌表入節孝祠額曰彤管流清
生子四長本然次本紹三本炎四本恒
頂坑次子第十七世
子益　出嗣
頂坑三子第十七世

滄耳　生嘉慶乙丑年二月初二日辰時卒咸豐己未年十二月十四日申時葬梹榔嶼配林氏生嘉慶己巳年六月十三日巳時卒道光甲辰年九月十九日戌時葬禾仔嶺坐巽向乾兼巳亥丙戌丙辰分金側室林氏生嘉慶丙寅年三月十三日寅時

生子三 長深強嫡出 次深淵嫡出 三深陶庶出

頂坑四子第十七世

麥　生嘉慶戊寅年六月十六日　時配林氏生

年　月　日　時

長子

清滋傳子第十七世

子僉諱兆謙生乾隆癸丑年五月初六日戌時卒嘉慶丁丑

年二月十七日寅時葬朱仔嶺坐巽向乾兼巳亥

生子一永南

玉麟長子第十七世

燦興　生嘉慶己巳年十一月廿六日寅時

玉麟次子第十七世

斗　生嘉慶壬申年十二月初四日巳時

玉麟三子第十七世

助　生嘉慶丙子年五月十八日未時

玉麟四子第十七世

拱　出嗣

玉麟五子第十七世

燦田　生嘉慶庚辰年十一月十七日子時配魏氏生

道光甲辰年七月十六日申時

生子

玉麟六子第十七世

嫣山　生道光甲申年七月廿九日戌時卒道光乙巳年

四月初十日卯時葬朱仔嶺坐丁向癸兼未丑庚午庚

子分金

宣好
慶園長子第十七世
生嘉慶戊辰年五月十七日卯時配楊氏生嘉慶
丙子年十月初二日巳時
生子二長媽約次光綱

宣拱
慶園次嗣子第十七世
生嘉慶戊寅年十二月初三日申時

登基
長溪長子第十七世
生乾隆乙酉年七月十二日酉時卒道光丁未年
九月廿五日未時葬朱仔嶺坐巳向亥兼丙壬辛巳辛
亥分金配顏氏生嘉慶甲子年八月廿一日酉時

生子一 敎晚

長溪次嗣子第十七世

登景諱兆慶生嘉慶丙寅年正月十五日戌時卒道光乙巳年七月初五日子時葬朱仔嶺坐丙向壬兼午子丁巳丁亥分金配江氏生嘉慶戊辰年正月初五日戌時

側室葉氏生

生子一 搏泉葉氏出

問一長子第十七世

民坤諱兆謙生嘉慶辛酉年三月十三日寅時卒道光丙戌年三月廿五日戌時葬半壁燈火石山坐庚向甲兼酉

卯配蕭氏生嘉慶癸亥年九月十一日巳時卒道光
乙巳年八月廿三日巳時附葬夫墳右邊
　生子二長開第次用弟
開一次子第十七世
登景　出嗣
問一三子第十七世
登榜諱兆虎生嘉慶壬申年十一月初一辰時卒道光甲辰
年八月十六日戌時葬朱仔嶺坐乙向辛兼辰戌辛卯
辛酉分金配顏生嘉慶壬申年十一月初五日巳時
　生子二長媽不次媽推

問一四子第十七世

發泮諱兆宫生嘉慶庚辰年九月廿一日巳時配陳氏生

道光戊子年十二月廿六日戌時

生子二長晉卿次晉侖

禎祥長子第十八世

喬桐諱鴻業字啟華國學生生嘉慶丁巳年八月初七日戌

時卒道光甲辰年八月初二日申時寄葬施宫坐丑向

未兼艮坤辛丑辛未分金配蕭氏生嘉慶戊午年十一

月廿八日巳時側室　氏

生子三長敦倫次敦行三敦詩

鎮祥次子第十七世

振聲諱鴻猷字駿夫廩生生嘉慶戊辰年正月二十日戌時配

漳州李氏生嘉慶己巳年四月初五日寅時

側室　氏

生子三長深培次深垣三深詰

宣化

濟澥長子第十七世

生嘉慶癸酉年九月十七日寅時卒道光乙未年

九月廿九日卯時葬漳浦轄龜鎮山

生子一如切

濟澥次子第十七世

宣和　生嘉慶辛巳年四月十六日戌時

濟潞三子第十七世

宣豫　生嘉慶辛丑年三月廿三日申時配林氏生道光

庚戌年二月十九日子時

生子

朝曦長子第十七世

克壯　生嘉慶丙子年六月十二日午時配許氏生嘉

慶丙子年十一月十五日子時

生子三長文椎次文追三文運

朝曦次子第十七世

克湘　生嘉慶戊寅年正月十八日子時卒咸豐壬子年二月十二日酉時葬夾蘇祿配邱氏生道光辛巳年四月廿八日午時

生子二長文獻次文波

朝曦三子第十七世

燉定　出嗣

朝曦四子第十七世

克勤　生道光乙酉年六月廿三日戌時

朝曦五子第十七世

克欽　生道光癸巳年正月十六日子時配鄭氏生道光

乙未年十月初五日酉時

垂堦長子第十七世

素位　生嘉慶己卯年十二月廿六日未時配顏氏生

道光辛巳年十二月初二日亥時

生子二長天救次文藝

垂堦嗣次子第十七世

歟定　生道光辛巳年正月十三日卯時卒道光

年　月　日　時

生子一文貌

川林長子第十七世

文質　生嘉慶己卯年七月廿六日巳時卒道光辛巳年
八月十二日巳葬朱嶺
川林次子第十七世

存仁　生道光癸未年三月三十日卯時卒道光辛丑年
十二月初九日巳時葬朱仔嶺坐午向子兼丙壬丙午
丙子分金
生子二長文拔次文華
川林三子第十七世

存義　生道光己丑年六月廿七日子時配林氏生道光
辛丑年九月廿五日丑時

生子二長文壇次文種

禮智

川桃四子第十七世

生道光甲午年九月廿五日申時

九狃

緘使傳子第十七世

生道光甲申年十月初十日卯時卒咸豐甲寅年

八月十九日午時葬寔叻

生子

榮昌傳子第十七世

勁郎傳子第十七世

登魁　生道光壬午年十一月廿八日未時卒道光庚戌年二月廿七日卯時葬梹榔嶼配黃氏生道光甲申年六月十三日午時

生子

某使長子第十七世

九道　生道光癸巳年十一月初一日子時

某使次子第十七世

建寅　生道光乙未年十二月十八日寅時

圀使長子第十七世

恒隆　生道光辛卯年十月十四日辰時

園使次子第十七世

九五

生道光辛丑年四月初七日酉時

賴傳子第十七世

等傳子第十七世

徹傳子第十七世

妞傳子第十七世

許傳子第十七世

繼祖　生嘉慶　年　月　日　時

生子五長財能次財吉三財源四財分五財貌

馬武長子第十七世

天從　生　年　月　日　時

生子一聰傑

馬武次子第十七世

有義　生卒失載葬檳榔嶼

漢龍傳子第十七世

德音傳子第十七世

叔夏　生　年　月　日　時

德陽傳子第十七世

陽午嗣子第十七世

石光　生乾隆戊申年七月十一日酉時外殁

冬註長子第十七世

石光　出嗣

冬註次子第十七世

邱　生　年　月　日　時配　氏

生子一光定

圓傳子第十七世

南山　生　年　月　日　時

七使傳子第十七世

仙水傳子第十七世

光忠　生乾隆庚戌年十月十三日卯時卒道光乙未年

九月二十日　時葬湖尾坐卯向酉兼乙辛辛卯辛酉

分金配顏氏生嘉慶　年　月　日　時卒

道光乙巳年六月十二日巳時葬

生子四長發財次應財出嗣有來三請財四光禩出嗣東坑

有來
仙水次子第十七世
生嘉慶壬申年八月廿八日寅時卒道光戊子年九月廿二日戌時葬
嗣子一應財

有義
仙水三子第十七世
出嗣

六龍傳子第十七世

儀

籛傳子第十七世

生卒失載葬梹榔嶼

淵授傳子第十七世

綬傳子第十七世

坎水傳子第十七世

富傳子第十七世

賁傳子第十七世

延傳子第十七世

高傳子第十七世

抵傳子第十七世

光稱長子第十七世

崇寧　生　年　月　日　時

光稱次子第十七世

孟達　生　年　月　日　時

光稱三子第十七世

太極　生　年　月　日　時

輦傳子第十七世

親　生　年　月　日　時卒失能葬內壠仔坐西向東

新助長子第十七世

戒　生嘉慶丁卯年七月十二日申時卒咸豐己未年十月廿五日巳時葬吾貫社外海墘灣角坐南向北配林

氏生失載卒　年二月初十日夘時葬埭墘
坐北向南
生子一　湖

新助次子第十七世
玹　生嘉慶戊辰年六月廿五日戌時

新助三子第十七世
琨　生道光癸未年七月十一日丑時卒咸豐丙辰年七
月廿六日申時葬埭墘坐西北向東南

新助四子第十七世
苞　生道光丙戌年八月初三日巳時配楊氏生道光巳

亥年五月十一日寅時

生子一畧

光道

鶴山傳子第十七世

生嘉慶丁卯年九月初三日戌時卒葬檳榔嶼

壘生傳子第十七世

霞

浮傳子第十七世

生嘉慶丙申年六月十八日辰時卒葬檳榔嶼

堯傳子第十七世

寬棠傳子第十七世

皆再傳子第十七世

萬盛傳子第十七世

藺方傳子第十七世

香生　年　月　日　時

藺隆傳子第十七世

萬榮傳子第十七世

天送傳子第十八世

裝傳子第十八世

金進傳子第十八世

新蛙

生同治壬戌年八月廿九日寅時

媽財傳子第十八世

等君傳子彭十八世

昧傳子謝十八世

雲雁長子第十八世

啟明字企東生道光辛卯年十二月十一日卯時卒咸豐辛

酉年十二月十六日亥時葬番邦配康氏生

年　月　日　時

雲雁次子第十八世

啟潘字价甫生道光甲午年九月初四日辰時卒道光乙巳

年十月廿八日午時葬東山邊長坵園頭坐東向西

雲厓三子第十八世

啟澄字湑甫生道光丁酉年七月初八日戌時卒咸豐庚申

年十二月　日　時葬番邦

生子一可繼

雲厓四子第十八世

啟承

出嗣

三祿長子第十八世

啟讓

生道光辛丑年十一月廿二日巳時

三祿次子第十八世

啟甲　生道光丙午年八月十二日巳時

四經長子第十八世

啟昌字熾亭生道光庚子年十二月廿四日辰時配陳氏生

道光甲辰年七月十三日申時

生子一應成

四經次子第十八世

啟佑　生卒失葬瀾嘴口

四經三子第十八世

啟蘇字來其生道光丁未年十一月十一日寅時

四經四子第十八世

啟釧　生咸豐丙辰年五月廿七日卯時

六韻長嗣子第十八世

啟照　生道光辛丑年十二月初九日亥時

六韻次嗣子第十八世

啟承字克敬生道光癸卯年六月初一日午時配許氏生

道光癸卯年十二月初一日未時

生子

八樣傳子第十八世

啟芽　生道光己亥年十月初一日巳時卒咸豐丁巳年

四月二十日　時葬廣東省澳門

雲字長子第十八世
啟疇　生道光丁酉年七月初六日申時

雲字次子第十八世
啟圖　生道光己亥年七月初三日未時

雲字三子第十八世
啟熙　出嗣

五檜長子第十八世
啓機　生道光辛丑年七月十八日　時

五檜次子第十八世
啓鍼　生　年　月　日　時

乇韡傳子第十八世

啓迪　生道光丁未年十二月初三日午時

大伾傳子第十八世

敔默　生咸豐己未年十二月廿七日戌時

大然傳子第十八世

宣流傳子第十八世

川哖傳子第十八世

博長子第十八世

瓜瓞　生嘉慶癸亥年五月初四日巳時卒道光乙巳年十二月廿七日申時葬咬嘮吧引入配蕭氏生嘉慶癸亥年七月廿九日寅時卒道光乙巳年十月廿五日戌時葬埭墘坐巽向乾兼巳亥庚寅庚申分金

生子二長晉南次晉帖出嗣胞弟光斷

博次子第十八世

光斷字爾機生嘉慶甲戌年九月廿三日巳時卒道光丁酉年正月十七日戌時葬附東埔主尊公左邊坐午向子兼丙壬

嗣子一胥帖 係胞兄[illegible]俊次子

如山長子第十八世

煁織字炳昌生嘉慶辛未年九月廿五日寅時配鄭氏生嘉慶甲戌年十月初十日戌時卒咸豐戊午年六月十四日辰時葬大墓尾坐東向西側室李氏生嘉慶巳卯年六月十五日丑時

生子五 長維鏞 次維新 庶出 三維騰 嫡出 四維琰 五維祺 嫡出

如山次子第十八世

天樞字拱辰生嘉慶丁丑年二月初六日卯時配邱氏生嘉

慶丁丑年四月初三日　時卒道光甲辰年九月十二日酉時葬廟兜社後仙人抱璧坐甲向庚兼寅申丙寅丙申分金附翁墳邊側室邱氏生道光乙酉年二月初十日午時卒咸豐戊午年七月初一日午時葬大墓邑右邊坐東向西續配周氏生道光丙戌年十月十六日子時

生子三長維壇次維[illegible]三維城俱邱氏出

波郎長子第十八世

恩添字添賀生嘉慶辛酉年五月十八日未時卒道光己丑年　月　日　時葬在吧城配溫氏生嘉慶癸

戌年八月二十日亥時　生子一　起璋

波郎次子第十八世

恩榮字添顯生嘉慶甲子年七月廿[illegible]日酉時卒道光丙申

年正月初九日　時葬外殺

波郎三子第十八世

步蟾字添宮生嘉慶癸酉年九月十三日戌時卒道光乙未

年十一月初一日戌時葬埭頭坪大埭墘坐乾向巽兼

亥巳

波郎四子第十八世

天送　生道光乙酉年八月初二日巳時配林氏生道
光丁亥年九月十三日酉時
生子一九良
西南傳子第十八世
两水傳子第十八世
新在　生乾隆　年　月　日時
鬻傳子第十八世
桮松傳子第十八世

樂

生乾隆丙午年二月廿九日戌時

馮元傳子第十八世

龍澤傳子第十八世

樂

伯達長子第十八世

出嗣

伯達次子第十八世

信

生乾隆甲寅年七月初六日未時歿殯柳與

生子一茂

怨　悠　志　華

益美嗣子第十八世
生乾隆壬子年閏四月十四日巳時外殁
益宗長子第十八世
出嗣
益宗次子第十八世
生乾隆甲寅年九月初二日酉時
益宗三子第十八世
生嘉慶己未年八月二十日酉時配林氏生嘉慶
甲戌年七月十六日丑時卒道光丁未年六月三十日
申時葬東埔大庵邊出仔墘坐南向北續配周氏生嘉

謝氏家乘　卷二十五

慶癸未年五月廿五日亥時

生子一　允使 林氏出

萬

益宗四子第十八世

生嘉慶辛酉年十二月初七日戌時卒道光庚戌年

正月十五日午時葬湖尾坐卯向酉兼乙辛辛卯辛酉

分金

文學傳子第十八世

光杼

生失載卒葬檳榔嶼

碩林傳子第十八世

晼傳子第十八世

壬水傳子第十八世

瑚璉傳子第十八世

浩然傳子第十八世

隆傳子第十八世

瀛盛傳子第十八世

君水傳子第十八世

尊長長子第十八世

明泮

生嘉慶丁未年正月初七日卯時卒道光

年　月　日　時葬番邦

尊長次子第十八世

明秋

生嘉慶壬申年二月廿七日戌時配瀛氏生嘉慶

丁丑年五月初二日巳時

生子二長大瀟次大豆

明智

尊長三子第十八世

生嘉慶乙亥年十月廿八日未時配劉氏生嘉慶

己卯年九月十八日巳時

生子　長方慶次芹裘三方試四方龍

明障

尊長四子第十八世

生嘉慶庚辰年七月廿六　戌時配徐氏生道光

丁亥年十一月十七日辰時

生子　長嫣員

王傳子第十八世

光選
武仲傳子第十八世
生咸豐壬子年七月廿三日巳時
旋傳子第十八世

文福
啟賢嗣子第十八世
生乾隆戊申年七月初三日未時
開泰長子第十八世

文福
出嗣
開泰次子第十八世

文彬　生乾隆癸丑年　月　日　時

寔傳子第十八世

江河傳子第十八世

海傳子第十八世

岩傳子第十八世

標傳子第十八世

東橋傳子第十八世

紫竹傳子第十八世

澤清長子第十八世

登科　生乾隆戊申年三月初一日子時卒葬外殁配許氏生乾隆丁巳年八月廿六日寅時

生子二長光裕次乾治

澤清次子第十八世

及第　生乾隆庚戌年十一月初五日巳時外歿

茂山傳子第十八世

湧瑞長子第十八世

賜榮　一名登淵諱奪魁生嘉慶丙辰年二月十七日巳時卒道光己酉年三月初九日亥時葬北門外嶺頭社蔡坑亭坐　向

配康氏生嘉慶戊午年正月十一日寅時

生子一長泉

湧瑞次子第十八世

賜洪字承溫生嘉慶癸亥年正月初六日巳時卒道光甲申
年三月二十日巳時葬東門外廿七都烏石社登土名
長尾社

孫興宗

瑞三子第十八世

育水
生嘉慶己卯年十月廿九日申時卒道光乙巳
年三月十一日　時葬安南配黃氏生嘉慶庚辰年四
月廿三日亥時卒道光己亥年十月初八日午時葬北
門外南坑社土名癸丁山

生子

志誠傳子第十八世

寶梱傳子第十八世

春提傳子第十八世

春開傳子第十八世

庭輝
　生乾隆癸卯年五月十四日午時

春炎傳子第十八世

庭王
　生乾隆癸未年八月廿九日巳時配盧氏生乾隆

庚寅年閏五月十二日酉時

生子一　耀琴

春三長子第十八世

庭樹　生乾隆辛卯年五月初三日戌時

春三次子第十八世

庭圭　生乾隆癸卯年八月廿七日丑時

春三三子第十八世

庭水　生乾隆丙午年十月十七日卯時

春三四子第十八世

庭銓　生乾隆庚戌年十一月十一日亥時

庭承

春貴長子第十八世

生乾隆癸卯年五月廿一日丑時

庭蘭

春貴次子第十八世

生乾隆丁未年十一月初七日戌時

祥子傳子第十八世

庭環

生乾隆辛丑年　月　日　時

春爵傳子第十八世

庭瓚

春敬長子第十八世

生乾隆丙子年九月廿四日未時配黃氏生乾隆

壬辰年八月十四日辰時　生子二長耀泉次耀寶

庭佛　□□次子第十八世　生乾隆乙酉年四月初十日寅時

庭再　春□傳子第十八世　生乾隆壬午年　月　日　時

庭祥　春萫傳子第十八世　生　年　月　日　時

道舉公次房分派世系條紀　第二十六

春意傳子第十八世

庭月　生乾隆甲午年　月　日　時

元景傳子第十八世

元吉傳子第十八世

成祖傳子第十八世

進龍傳子第十八世

謝氏家譜　卷二十六

純江傳子第十八世

葉　生道光壬午年作三月日酉時卒咸豐壬二年

一月初十日卒　葬峇鞋袍坐庚向甲兼酉卯

庚申庚寅分金

桃傳子鏘十八世

馮淑　生咸豐年戊午年六月十二日酉時配溫氏生道光

甲申年十月初一日丑時　生子一[illegible]育

敬傳子第十八世

仗

命長子第十八世

生道光乙未年十月廿五日戌時

命次子第十八世

探

出嗣

命三子第十八世

生道光甲辰年十二月廿九日酉時

𣏾

棲傳子第十八世

況嗣子第十八世

生道光辛丑年五月初□日巳時

光欽傳子第十八世

清寶傳子第十八世

生道光壬辰年九月初□日巳時配馬氏生道光

年　月　日　時

生子一羙

清香傳子第十八世

根傳子第十八世

茂傳子第十八世

順得　生道光戊申年八月十四日未時

長長子第十八世

順慈　生道光已酉年十一月初三日午時

長次子第十八世

順瀆　生咸豐壬子年十二月初六日辰時

氷傳子第十八世

湛傳子第十八世

尊賢傳子第十八世

騰海長子第十八世

梱椿諱錫祺字子永邑庠生生道光乙巳年三月廿六日子時配林氏生道光癸未年十一月廿一日辰時卒咸豐乙卯年正月十二日巳時葬本社許坂園坐亥向巳兼乾巽分金丁亥丁巳續配黃氏生道光丙申年二月初五日未時

生子一瀛

樹桄

騰濤次子第十八世

生道光乙酉年十一月十八日卯時卒道光丁未年十二月十五日未時葬廣東北門外白漏坑有墓碑

生子二長乃疆次乃慶係胞弟樹榕長子

樹榕

騰濤三子第十八世

生道光辛卯年四月初四日午時配許氏生道光辛卯年三月廿一日午時

生子 長乃慶出嗣胞兄樹桄

光棖

六諒長子第十八世

生道光癸卯年九月廿五日申時

六諒次子第十八世

萬忠

生道光庚戌年正月廿二日巳時卒同治壬戌年

正月初一日午時葬後厝坪坐丁向癸兼午子分金庚

午庚子

六諒三子第十八世

萬議

生咸豐甲寅年三月十九日寅時卒同治壬戌年

正月初一日午時葬霞楊山

騰雲長子第十八世

傳經

生嘉慶甲戌年八月初七日午時卒咸豐戊午年

九月十三日辰時娶定功祉黃氏生嘉慶丁丑年正月

十四日子時　生子二長君沃次君嶽

騰雲次子第十八世

傳書　生嘉慶己卯年十一月十三日午時卒咸豐辛酉

年七月　日　時葬桭椰嶺配林氏生嘉慶丁丑年

四月初一日酉時卒咸豐丁巳年七月十九日巳時葬

本社後墓山

續配楊氏生道光戊戌年五月初四日巳時

生子一恰煌

騰雲三子第十八世

傳璇　生道光癸未年十一月初六日午時

騰雲四子第十八世

傳學　生道光丁亥年五月廿九日子時

騰霞長子第十八世

國梢　生道光丙申年八月初八日戌時

騰霞次子第十八世

國衢　生道光戊戌年十二月初十日申時

及竹長子第十八世

占梅　生道光辛卯年四月廿四日寅時配湯氏生道光

辛丑年九月初　日酉時

生子

及竹次子第十八世

古蘇

生道光壬寅年十月初七日子時

六謀傳子第十八世

蘭選

生道光丙午年二月十二日午時

六活長子第十八世

萬全

生道光庚戌年乙月十五日午時卒咸豐戊午年十月初八日戌時葬後厝坪坐子向午兼壬丙分金丙子丙午

六活次子第十八世

臨芳　生道光己酉年十一月初七日申時
六根傳子第十八世
萬餐　生咸豐丁巳年二月十七日未時
及懷傳子第十八世
及三傳子第十八世
及試傳子第十八世
及財傳子第十八世

光杭傳子第十八世

光操傳子第十八世

光瀚傳子第十八世

光返嗣子第十八世

粤成諱錫阜生嘉慶丙子年十一月十八日申時

相近傳子第十八世

[illegible]鉉享生道光乙酉年　月　日　時

八佾長子第十八世

邦懋諱錫敬納粟誥授奉政大夫生嘉慶戊寅年十二月二十日子時配李氏晉封宜人生嘉慶己卯年七月十八日寅時偏室翁氏生道光壬寅年九月廿六日丑時

生子三長文鑑次文科三文銓

八佾次子第十八世

邦哲諱錫賢生道光壬午年八月廿一日未時配何氏生道光壬午年九月初三日卯時

生子三長文贊次文涵出嗣胞弟邦森三文恬

以上兄弟二人俱寓居廣東省城

邦纓　八佾三子第十八世

出嗣

八佾四子第十八世

邦智諱錫藩

出嗣

乘長子第十八世

集成諱錫玉生嘉慶戊辰年十二月三十日丑時卒道光

年　月　日　時葬蓿郛

乘次第十八世

粵成

出嗣

乖三子第十八世

突成諱錫艮生嘉戊寅年十二月廿八日戌時配沈氏生道光甲午年十一月廿九日子時

生子一晏

乖四子第十八世

日成諱錫新生道光辛巳年八月廿六日亥時卒道光辛丑年六月十五日卯時葬朱嶺坐巽向乾兼巳亥庚辰庚戌分金

乖五子第十八世

遜成諱錫疆生道光己丑年七月十三日未時卒咸豐

年　月　日　時

果珍長嗣子第十八世

邦繼諱錫爵生道光丁亥年十二月十一日午時卒咸豐戊午年四月廿二日子時葬廣東配楊氏生道光戊子年九月廿一日卯時

嗣子一文滔公龐兄邦哲李

現寓居廣東省城

果珍次嗣子第十八世

邦徽諱錫誠以納粟誥授奉致大夫生道光己丑年七月十六日卯時配周氏晉封宜人生道光己丑年八月廿一

日午時偏室莊氏生道光庚子年正月十四日酉時

生子二 長媽材 次媽運

果康長子第十八世 承嗣勉兒秉珍

由微諱錫誠以納粟誥授奉政大夫生道光己丑年七月十

六日卯時配郭氏晉封宜人生道光己丑年八月廿一

日午時偏室莊氏生道光庚子年正月十四日酉時

生子四 長媽岱 次媽力

三媽標 四媽壽 出嗣胞弟錫感

果應次子第十八世

由盛諱錫全生道光丙申年四月十四日午時卒咸豐丁己

年五月十三日丑時葬後墓坐乾向巽兼戌辰分金丙
戌丙辰配顏氏生道光戊戌年十月初八日未時
生子三長媽彪次媽文三媽鸞侄胞兄曲徵之子

果頼長子第十八世
邦彥諱錫群生道光乙未年四月廿八日午時配楊氏生道
光戊戌年十月廿五日巳時
生子一湯誥

果頼次嗣子第十八世
邦智諱錫藩生道光丁酉年十二月廿二日酉時配楊氏生
道光戊戌年十月十五日申時

生子一　湯銘

果賴三子第十八世

邦衡諱錫輿生道光壬寅年五月十四日午時配邱氏生道光癸卯年十一月初五日午時卒咸豐辛酉年十二月初五日丑時葬王公庵頂坐丑向未兼丁癸分金丁丑丁未

生子一　湯盤

果賴四子第十八世

敘諱錫巖生道光己酉年十二月十一日寅時

萊香長子第十八世

嵩慶諱錫祝生道光癸巳年三月十六日午時配陳氏生道

光己亥年二月十九日酉時

冢香次子第十八世

嵩潔

賜復長子第十八世

傳臚　出嗣

賜復次子第十八世

傳唱諱錫籌生道光癸巳年十二月初六日辰時配林氏生

道光丁酉年七月初四日子時

生子一百旦

五湖嗣子第十八世

傍臚諱錫翰國學生生道光丁亥年十二月廿一日辰時配
邱氏生道光癸巳年十二月廿二日巳時別配楊氏生
道光癸巳年九月廿七日戌時
生子五長百諸次百協三百達四百鏗五百度

以石傳子第十八世

以共傳子第十八世

發育傳子第十八世

初臺
生嘉慶癸未年十一月十四日酉時卒道光乙卯

年三月廿八日巳時葬板栁邊

發育次子第十八世

鹿寶　生道光癸巳年五月十五日卯時配邱氏生道光癸卯年二月初三日巳時卒咸豐戊午年八月十六日酉時葬朱嶺坐辰向戌兼巽乾分金庚戌庚辰續配林氏生道光戊申年八月十三日巳時

生子

發地傳子第十八世

鋪瓦　生道光壬寅年七月十七日酉時配張氏生道光甲辰年八月廿三日未時

[illegible]八世

發立偶子第十八世

面會長子第十八世

本然　生嘉慶己卯年十二月初六日酉時卒道光壬寅年十月十五日巳時葬朱仔嶺坐丙向壬兼巳亥分金丁巳丁亥配王氏生嘉慶庚辰年八月初二日未時卒道光辛丑年八月廿九日卯時葬朱仔嶺坐壬向丙兼

午子分金丁亥丁巳

面會次子第十八世

本紹　生道光壬午年三月十五日酉時配蘇氏生道光

癸未年十一月廿四日未時

生子二長協力次協興

面會三子第十八世

本炎　生道光甲申年七月初九日未時卒咸豐丁巳年

十月十五日寅時葬宅尾園坐癸向丁兼子午分金庚

子庚午配許氏生道光甲午年二月十八日午時

生子一協利

面會四子第十八世

本恒 改名本自生道光乙酉年十月初八日 時卒咸豐己未年正月初五日 葬板欄嶼

滄耳長子第十八世

深強 生道光丁亥年十月廿二日巳時

滄耳次子第十八世

深淵 生道光庚子年正月廿十日寅時

滄耳三子第十八世

深陶 生道光庚子年六月初七日寅時

麥傳子第十八世

予淦　備子第十八世

永南　生道光庚辰年正月初四日未時

燦興　傳子第十八世

斗　傳子第十八世

助　傳子第十八世

燦田　傳子第十八世

嫣山傳子第十八世

嫣約
宣好長子第十八世
生道光乙未年正月廿六日子時卒道光甲辰年
七月十七日巳時葬朱仔嶺坐丙向壬兼巳亥分金
丁巳丁亥

光綱
宣好次子第十八世
生道光辛丑年三月初七日卯時

宣拱傳子第十八世

登基傳子第十八世

乾晚　生道光丁酉年正月十二日辰時

登景傳子第十八世

博泉　生道光丁酉年十二月廿九日酉時卒咸豐丁巳年閏五月十六日卯時葬朱仔嶺　生子

登艮長子第十八世

開銷　生道光甲申年三月初三日戌時配林氏生道光庚寅年三月廿七日未時　生子三長逢源次燮源三廣源

登[illegible]次子第十八世
甲第　生道光乙酉年十月十六日寅時配林氏生道光
戊戌年六月十三日卯時
生子一　洪得

登榜長子第十八世
媽不　生道光丙午年二月初七日午時

登榜次子第十八世
媽推　生咸豐乙卯年十一月廿五日未時

登泮長子第十八世
晉廟　生道光甲辰年正月十一日申時

登泮次子第十八世

晉益

生道光丁巳年二月廿一日巳時

敦倫諱錫紀生道光辛巳年八月十六日酉時卒咸豐己未

喬桐長子第十八世

年六月初三日酉時葬番邦配林氏生道光壬午年十

一月十五日卯時卒咸豐丁巳年十月十四日亥時葬

朱嶺坐丙向壬兼巳亥分金丁巳丁亥

生子一光換

喬桐次子第十八世

敦行諱錫品生道光己丑年八月十一日午時配何氏生道

光癸巳年九月廿二日寅時

生子一光介

喬桐三子第十八世

敦詩諱錫言生道光丁未年十月十四日巳時

振聲長子第十八世

深培諱錫材生道光壬辰年四月十五日子時配葉氏生道光

癸巳年六月初六日寅時

生子一志恍

振聲次子第十八世

深垣諱錫墉生道光丙午年二月十二日酉時

振聲三子第十八世

深諱錫醇生咸豐辛亥年二月十三日午時

宣化傳子第十八世

妸切

宣和傳子第十八世　生咸豐辛亥年三月初五日未時

宜豫傳子第十八世

克壯長子第十八世

文雄　生道光丙申年六月十六日丑時

克壯次子第十八世

文追　生道光己亥年二月十五日巳時

克壯三子第十八世

文運　生道光戊申年三月廿二日戌時

克相長子第十八世

文獻　生道光壬寅年六月廿二日未時

克相次子第十八世

文波　生咸豐辛亥年十一月十一日申時

克勤傳子第十八世

克叙傳子第十八世

素位長子第十八世

天赦　生道光辛丑年十月十二日申時

素位次子第十八世

文藝　生咸豐辛亥年十二月初八日未時

數定傳子第十八世

文貌　生道光壬寅年七月二十日未時

文質傳子第十八世

存仁長子第十八世
文拔 生道光丙午年十月初四日申時

存仁次子第十八世
文挙 生道光庚戌年十月廿九日未時

存義長子第十八世
文壇 生咸豐壬子年三月初十四午時

存義次子第十八世
文種 生咸豐庚申年十月初十日戌時

禮智傳子第十八世

九如傳子第十八世

耷魁傳子第十八世

九道傳子第十八世

建寅傳子第十八世

恒隆傳子第十八世

九五傳子第十八世

繼祖傳子第十八世

財能　生　年　月　日　時

繼祖次子第十八世

財吉　生　年　月　日　時

繼祖三子第十八世

財源　生　年　月　日　時

繼祖四子第十八世

財分　生　年　月　日　時

繼祖五子第十八世

財貌　生　年　月　日　時

天從傳子第十八世

聰傑　生　年　月　日　時

有幾傳子第十八世

叔旻傳子第十八世

石光傳子第十八世

卯生傳仔第十八世

光定　生道光　年　月　日　時

南山傳子第十八世

光串長子第十八世

發財　生嘉慶庚辰年六月廿四日寅時卒道光癸卯年

七月廿八日卯時葬

光串次子第十八世

應財　生道光元年　月　日　時卒道光丁未

年十一月初三日亥時葬

請財　光串三子第十八世
生道光　年　月　日　時

禣　光串四子第十八世
出嗣

有來嗣子第十八世

應財　崔儕子第十八世
生　年　月　日　時

崇寧儕子第十八世

孟達傳子第十八世

太極傳子第十八世

親傳子第十八世

永傳子第十八世

一湖

生咸豐庚申年十月初八日酉時

班傳子第十八世

琨傳子第十八世

苞傳子第十八世

生咸豐庚申年十月廿九日午時

晷

香傳子第十八世

新蛙傳子第十九世

啟明傳子第十九世

啟潘傳子第十九世

啟澄傳子第十九世

可繼

生咸豐癸丑年七月十九日子時

啟讓傳子第十九世

啟甲傳子第十九世

啟昌傳子第十九世

應成

生同治元年壬戌年五月三十日申時

啟佑傳子第十九世

啟蘇傳子第十九世

啓鍬傳子第十九世

啓熙傳子第十九世

啟承傳子第十九世

啓芽傳子第十九世

啓疇傳子第十九世
啓圖傳子第十九世
啟機傳子第十九世
啓鍼傳子第十九世
啟迪傳子第十九世

啟默傳子第十九世

瓜瓞長子第十九世

奇南

生道光丁亥年十月廿六日卯時卒咸豐丙辰年
四月廿八日戌時葬在馬內抗埕坐辛向乙兼戌辰分
金辛酉辛卯配蔡氏生道光辛卯年九月廿八日午時

生子一嗣

瓜瓞次子第十九世

晉貼

出嗣

光斷嗣子第十九世

[illegible]貽
湛熾長子第十九世
生道光庚寅年四月初十日　時外歿

維鏞
湛熾次子第十九世
生道光乙未年六月廿五日辰時

維新
湛熾三子第十九世
生道光壬寅年二月十四日申時

維騰
湛熾四子第十九世
生道光甲辰年二月三十日寅時

維琰
湛熾五子第十九世
生道光乙巳年四月初六日申時

維祺　生道光庚戌年二月十二日巾時
天樞長子第十九世

維壇　生道光乙巳年四月十四日子時
天樞次子第十九世

維萍　生道光庚戌年七月初六日寅時
天樞三子第十九世

維城　生咸豐壬子年七月十一日丑時
恩淋嗣子第十九世

起璋　生道光辛卯年正月二十日申時卒咸豐庚申年
八月初一日　時葬與鄉數厝乾

恩榮傳子第十九世

步蟾傳子第十九世

天送傳子第十九世

九良　生道光丁未年六月廿八日寅時

新在傳子第十九世

樂傳子第十九世

茂

信傳子第十九世

生卒失載葬梧柳與

生子

總傳子第十九世

志傳子第十九世

華傳子第十九世

九使

生道光丙午年七月十九日酉時

萬傳子第十九世

光杼傳子第十九世

明泮傳子第十九世

明秋長子第十九世

大浦

生道光戊申年二月十六日巳時

明秋次子第十九世

大豆

生咸豐丙辰年三月十八日午時

明智長子第十九世

方慶　生道光戊申年十月初九日巳時
明智次子第十九世

芹萊　生咸豐辛亥年十二月初六日寅時卒咸豐九年
己未二月廿一日午時葬甕石山腳
明智三子第十九世

方武　生咸豐戊午年五月十五日巳時
明智四子第十九世

方龍　生咸豐十一年辛酉四月廿六日未時
明障長子第十九世

嫣員　生道光戊申年十一月十五日巳時

文福傳子第十九世

文彬傳子第十九世

登科長子第十九世

光裕　生嘉慶丙子年三月十九日巳時卒咸豐丙辰年

十月廿四日　時光澤縣爲義民

登科次子第十九世

乾治　生道光甲申年九月廿八日亥時卒咸豐戊午年

十月十四日戌時葬失識配楊氏生道光丁酉年五

月十八日卯時

次弟傳子爵十九世

賜榮傳子第十九世　即登淵

長泉

生道光丁亥年五月廿三日丑時配李氏生諸

光丙申年八月十二日巳時

生子一成宗

育水傳子第十九世

庭輝傳子第十九世

燿琴

庭圭傳子第十九世

生乾隆辛亥年九月十六日未時

庭桐傳子第十九世

庭圭傳子第十九世

庭水傳子第十九世

庭銓傳子第十九世

庭承　傳子第十九世

庭蘭　傳子第十九世

庭環　傳子第十九世

庭瓚　長子第十九世

耀泉　生乾隆庚戌年正月初六日未時

庭瓚　次子第十九世

粦貨　生乾隆庚戌年正月初六日未時

庭佛傳子第十九世

庭聊傳子第十九世

庭祥傳子第十九世

庭月傳子第十九世

天祿傳子第十九世

嫣叔傳子第十九世

發奮　生咸豐己未年二月廿四日戌時

伏傳子第十九世

立傳子第十九世

探傳子第十九世

帶傳子第十九世

癸

生咸豐戊午年八月廿七日申時

順得傳子第十九世

順意傳子第十九世

順慶傳子第十九世

溫

樹椿傳子第十九世

生咸豐庚申年十二月廿八日寅時

樹姚長子第十九世

乃驪　　繼道光戊申年正月初九日午時

樹烑次嗣子第十九世

乃慶　　生咸豐丙辰年六月十五日午時

樹榕傳子第十九世

乃慶　　出嗣

光棖傳子第十九世

萬恩傳子第十九世

萬壹傳子第十九世

傳經長子第十九世

桂汱　生道光辛丑年四月廿六日巳時

傳經次子第十九世

桂獄　生　年　月　日　時

傳書傳子第十九世

怡惶　生道光辛丑年四月廿一日未時

傳英傳子第十九世

傳學傳子第十九世

國楫傳子第十九世

國衢傳子第十九世

占梅傳子第十九世

占蘇傳子第十九世

萬璒傳子第十九世

藹芳傳子第十九世

藹養傳子第十九世

粵成傳子第十九世

文成傳子第十九世

邦忠長子第十九世

文鑑諱洪藻生道光壬寅年正月十八日寅時配　氏生
道光　年　月　日　時
邦忠次子第十九世

文科諱洪燃生道光乙巳年十一月十九日巳時
邦忠三子第十九世

文銓諱洪選生咸豐戊午年十一月十四日未時
邦哲長子第十九世

文贊諱洪襄生道光甲辰年九月初八日丑時
邦哲次子第十九世

文酒　出嗣

敏郎三子第十九世

文恬諱洪靖生咸豐庚申年十一月十二日辰時

集成傳子第十九世

寀成傳子第十九世

晏

生咸豐五年五月十五日申時

日成傳子第十九世

邊成傳子第十九世

邦繼長嗣子第十九世

文滔諱洪濤生道光己酉年十二月廿二日巳時

由徽承長嗣子第十九世

嫣材諱洪緯生道光己酉年八月十五日申時

由徽承次嗣子第十九世

馬逼諱洪達生咸豐丙辰年八月廿四日巳時

由徽甥子第十九世

馬岱諱洪華生道光戊申年十月初六巳卯時

由徽傳子第十九世

馬力諱洪勇生咸豐甲寅年六月初三日午時

出微傳子第十九世

馬標　諱洪錦　生咸豐乙卯年六月初七日辰時

出微傳子第十九世

馬騫　出嗣

出盛長子第十九世

馬彪　諱洪耀　生咸豐甲寅年二月初七日　時

出盛次子第十九世

馬文　諱洪淄　生咸豐乙卯年八月初三日巳時

出盛嗣子第十九世

馬騫　生咸豐辛酉年十月初二日子時

邦彥傳子第十九世

湯誥諱洪訓生咸豐辛酉年十二月十五日酉時

邦智傳子第十九世

湯銘諱洪箴生咸豐己未年二月十八日亥時

邦衡傳子第十九世

湯盤諱洪新生咸豐庚申年五月十一日巳時

邦毅傳子第十九世

嵩慶傳子第十九世

謝氏家乘卷二十六　三十五

商碧傳子第十九世

聘唱傳子第十九世

百旦
生咸豐丁巳年九月廿九日午時

百諧
傳臚長子第十九世
生咸豐辛亥年九月十一日辰時

百協
傳臚次子第十九世
生咸豐乙卯年八月初一日酉時

百達
傳臚三子第十九世
生咸豐丙辰年五月二十日寅時

傳臚四子第十九世

百鏗　生咸豐丁巳年六月十三日辰時

傳臚五子第十九世

百淬　生同治元年三月廿一日酉時

初喜傳子第十九世

鹿賓傳子第十九世

鋪苑傳子第十九世

本然傳子第十九世

本紹長子第十九世

協力　生道光甲辰年十一月十一日巳時

本紹次子第十九世

協興　生道光丙午年三月廿二日寅時

本炎傳子第十九世

協利　生道光丙午年正月初九日寅時

本自傳子第十九世

深強傳子第十九世

深淵傳子第十九世

深陶傳子第十九世

永南傳子第十九世

媽約傳子第十九世

光綱傳子第十九世

敦晚傳子第十九世

博泉傳子第十九世

開第長子第十九世

逢源

生道光丙午年正月十八日午時

開第次子第十九世

耀源

生道光己酉年九月十六日未時

開第三子第十八世

慶濂

生咸豐辛酉年四月十二日丑時

用第長子第十九世

洪傳

生咸豐庚申年四月廿九日亥時

嫣不傳子第十九世

嫣推傳子第十九世

晉卿傳子第十九世

謝氏家乘　卷二十六　三十八

子紹傳子第十九世

光頲
敦倫傳子第十九世
生咸豐壬子年九月十八日申時

光介
敦行長子第十九世
生咸豐己未年四月初八日未時

敦詩傳子第十九世

志恍
[illegible]培長子第十九世
生咸豐乙卯年十月廿五日巳時

深垣傳子第十九世

深諸傳子第十九世

如切傳子第十九世

文稚傳子第十九世

文追傳子第十九世

文運傳子第十九世

文獻傳子第十九世

文波傳子第十九世

天救傳子第十九世

文藝傳子第十九世

文貎傳子第十九世

文拔傳子第十九世

文華傳子第十九世

文壇傳子第十九世

文種傳子第十九世

財能傳子第十九世

財吉傳子第十九世

財源傳子第十九世

財分傳子第十九世

聰傑傳子第十九世

光定傳子第十九世

發財傳子第十九世

應財傳子第十九世

請財傳子第十九世

一瀏傳子第十九世

一槑傳子第十九世

可繼傳子第二十世

應成傳子第二十世

奇南傳子第二十世

生咸豐癸丑年四月廿七日未時

晉貼傳子第二十世

維鏞傳子第二十世

維新傳子第二十世

維騰傳子第二十世

維琰傳子第二十世

維祺傳子第二十世

維墱傳子第二十世

維萍傳子第二十世

維城傳子第二十世

起璋傳子第二十世

九艮傳子第二十世

茂傳子第二十世

九使傳子第二十世

大蒲傳子第二十世

大豆傳子第二十世

方慶傳子第二十世

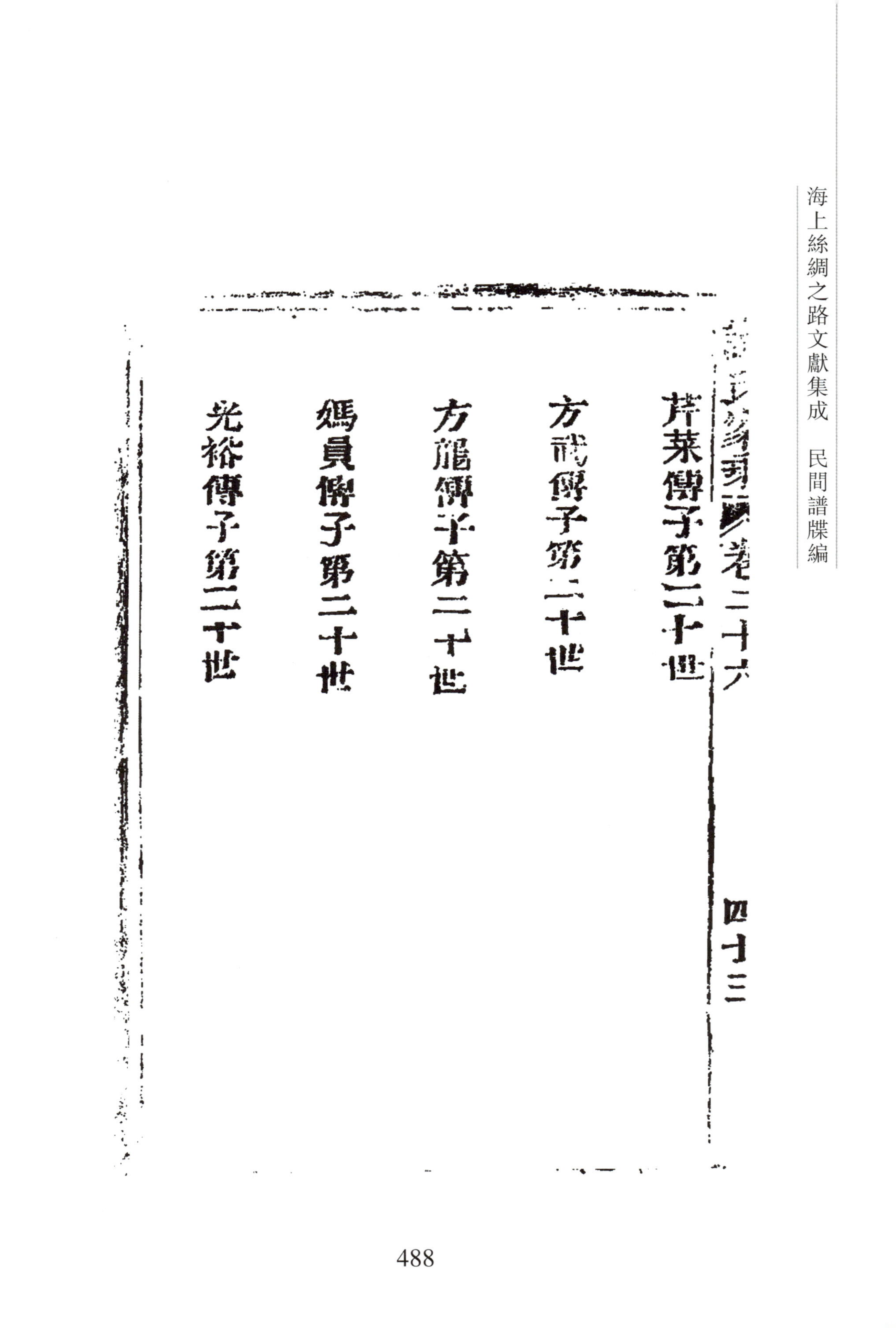

芹菜傳子第二十世

方祇傳子第二十世

方龍傳子第二十世

嫣員傳子第二十世

光裕傳子第二十世

乾治傳子第二十世
長泉傳子第二十一世
成宗　生咸豐丁巳年五月初九日未時
賜洪傳子第二十世
興宗　生咸豐戊午年十月十八日辰時
耀琴傳子第二十世
耀泉傳子第二十世

耀宣傳子第二十世

發育傳子第二十世

美傳子第二十世

温傳子第二十世

乃疆傳子第二十世

乃慶傳子第二十世

君沃傳子第二十世

恰惶傳子第二十世

文鑑傳子第二十世

文科傳子第二十世

[illegible]譜[illegible]卷二十六

文[illegible]傳子第二十世

文恬傳子第二十世

文湄傳子第二十世

晏傳子第二十世

馬材傳子第二十世

四十五

馬通傳子第二十世

馬岱傳子第二十世

馬力傳子第二十世

馬標傳子第二十世

馬彪傳子第二十世

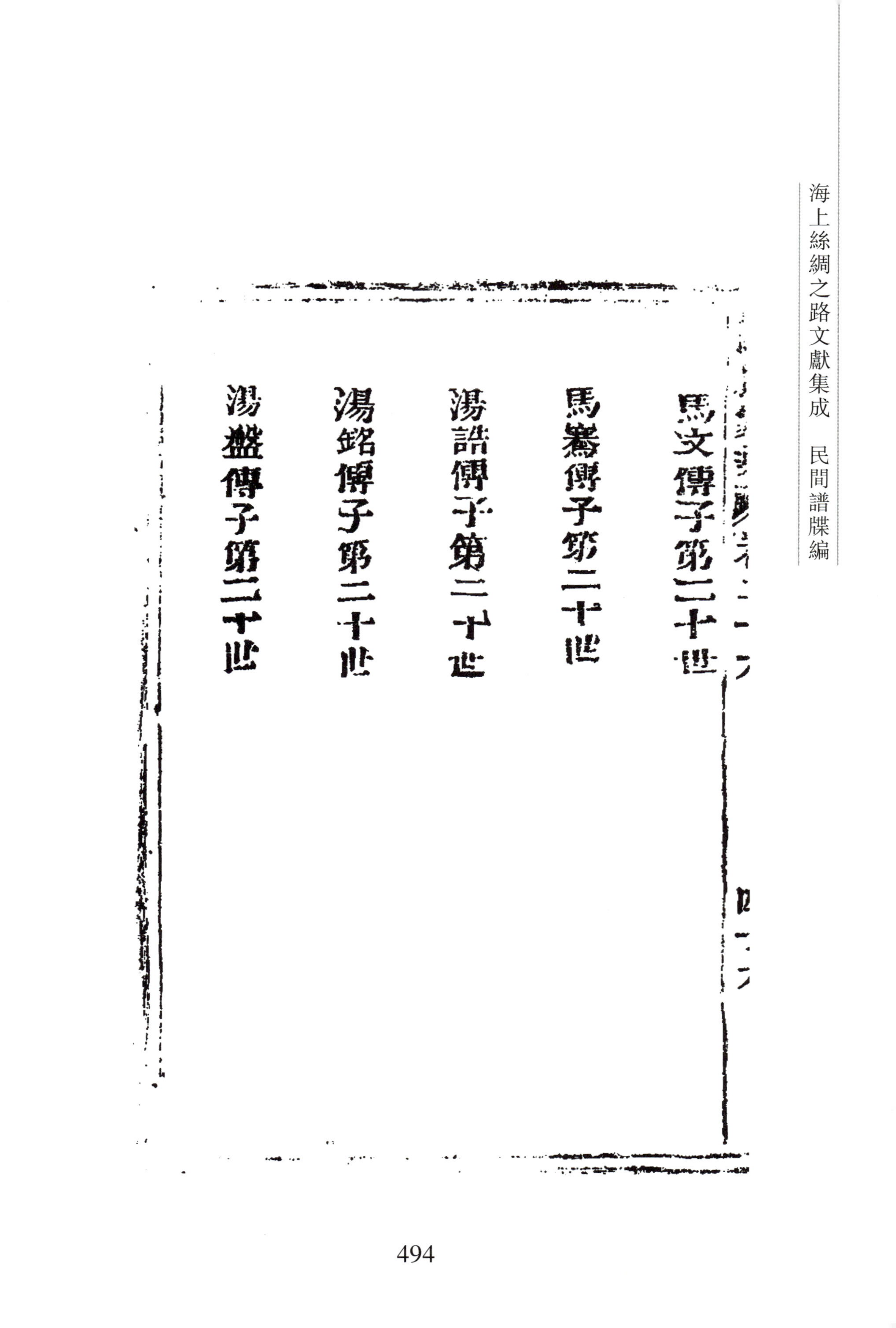

馬文傳子第二十世

馬騫傳子第二十世

湯詰傳子第二十世

湯銘傳子第二十世

湯盤傳子第二十世

百旦傳子第二十世

百諸傳子第二十世

百協傳子第二十世

百達傳子第二十世

百鏗傳子第二十世

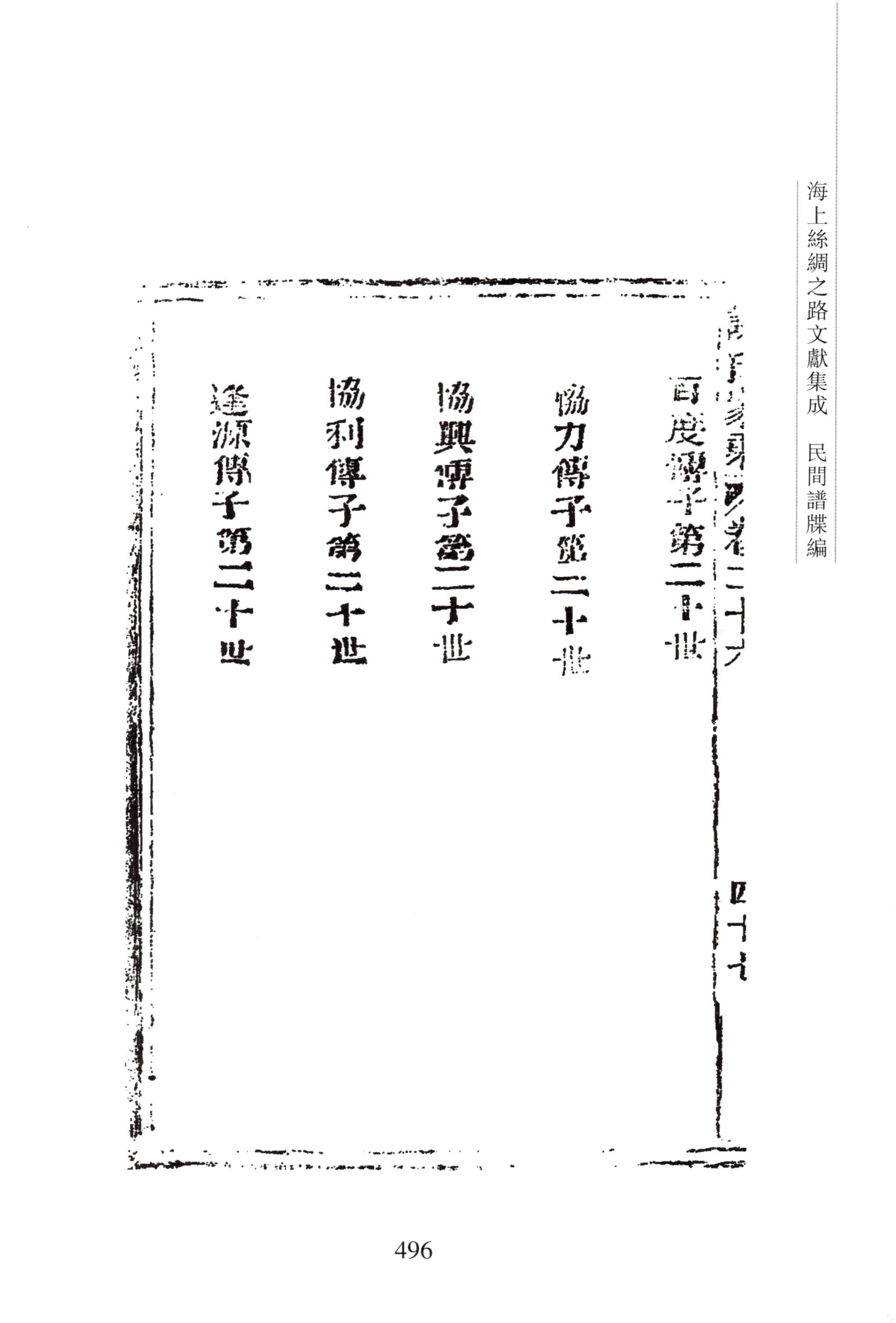

西慶傳子第二十世

協力傳子第二十世

協興傳子第二十世

協利傳子第二十世

逢源傳子第二十世

耀源傳子第二十世

啟源傳子第二十世

洪得傳子第二十世

光頊傳子第二十世

光介傳子第二十世

志恍傳子第二十世

卿傳子第廿一世

成宗傳子第廿一世

興宗傳子第廿一世

東山公總派下補遺

孝公派下

旺長子第十八世

夢
配林氏生道光乙巳年六月十六日卯時

雅嗣子第十八世

重
配李氏生道光乙巳年二月初九日寅時

伯芬長子第十九世

瓊
配林氏生道光癸卯年六月廿三日亥時

志涌次子第十九世

陶
卒咸豐辛酉年正月十六日未時葬安南

琴次子第十九世

正訛　生咸豐辛酉年十二月初二日巳時

順治次子第十九世

昭固　生咸豐辛酉年六月初二日未時

睦公派下

看次子第二十世

嫣欲　生同治壬戌年四月廿一日未時

傑次子第二十世

永發　生咸豐辛酉年六月十八日酉時

任公派下

永立長嗣子第十六世

光勝　配黃氏卒咸豐辛酉年十二月初一日巳時葬在

山頭坐　向

育六子第十七世

封疆　葬馬凶坑山石獲碇前坐癸向丁兼子午丙子丙

午分金

求四子第十七世

露　卒同治元年壬戌七月廿二日卯時葬松仔濂坐

申向寅兼庚甲庚申庚寅分金

寬裕次子第十七世

中正　側室　氏生乾隆辛亥年　月　日　時

卒咸豐丁巳年八月廿四日戌時葬勤祖坐

生子二長霜次雹

珠珍次子第十七世

昆禮　續配陳氏遷葬寮仔腳坐未向丑兼坤艮辛未辛

丑分金

開通三子第十七世

棏　配馬氏生嘉慶戊辰年八月初六日　時

生子一清和

興長子第十七世

馬力諱其勇生乾隆癸亥年十一月廿四日　時卒葬失配

徐氏生乾隆庚午年三月廿一日巳時卒葬失

生子一光喜

果珍三子第十六世

光盻配邱氏生道光甲申年七月三十日寅時

生子五長德美次德和三德順四德利五德發

登記長子第十七世

應時卒道光丁未年三月廿四日卯時葬在宋腳杉橋

山坐西向東　生子二次嫣種

碧梁三子第十七世

西沛字仕然卒同治壬戌年七月廿七日巳時葬在坑園山

仔頂坐　向

馥三子第十七世

馮贊　生道光戊戌年十月初九日卯時

露長子第十八世

尚　再續配溫氏卒咸豐辛酉年十二月初四日未時葬

石頭仔坐甲向寅兼庚申庚寅分金

昆禮次子第十八世

華　配王氏生道光乙未年十一月廿三日辰時

楫傳子第十八世

清和　生道光戊戌年六月初六日巳時

生子二長紫薇次紫荆

仰三子第十八世

樑　配邱氏卒同治元年壬戌八月十三日巳時葬

在禁山仔坐申向寅兼坤艮庚申庚寅分金

馬力傳子第十八世

光喜　生乾隆辛丑年十月廿六日酉時卒道光己酉

年九月三十日子時配　氏生乾隆甲辰年正月初

十日辰時卒道光乙巳年十月廿四日未時葬排墩大

麒麟坐乾向巽兼亥巳丁亥丁巳分金
　生子一　君子

沛然
稻次子第十八世
　生嘉慶己卯年十二月十六日卯時配劉氏生道
光己亥年三月十三日酉時
　生子二 長金帶 次九使出嗣銓

德美
光盼長子第十八世
　生道光甲午年十月十七日酉時卒咸豐丁巳年五
月初一日亥時葬波池滑坐酉向東

光盼次子第十八世

德和　生道光己酉年二月廿二日巳時
光盼三子第十八世
德順　生咸豐癸丑年八月廿二日亥時
光盼四子第十八世
德利　生咸豐乙卯年三月十五日卯時
光盼五子第十八世
德發　生咸豐庚申年八月初八日酉時
孔章四子第十八世
尙文　配林氏生道光壬寅年十一月初八日巳時
生子一維哲

應時次子第十八世

嫣種　配吳氏生道光戊子年十二月初二日卯時

生子四長文成次文哲三煥彩四輝煌

講五子第十八世

勝篪　配張氏卒咸豐辛酉年六月初八日亥時葬西邊

橋頭坐亥向巳兼乾巽丁亥丁巳分金

菊次子第十八世

員洽　配何氏生道光辛丑年　月　日　時

生子二長紅毛次紅廊

君迎長子第十八世

媽錢　配陳氏生道光丁亥年十一月十四日戌時
生子三長建璋次建琦

文宿　鎾長子第十九世
生咸豐甲寅年二月二十日辰時

双合　鎾次子第十九世
生咸豐甲寅年二月二十日辰時

俤授　鎾三子第十九世
生咸豐丙辰年六月初七日辰時

紫薇　清和長子第十九世
生咸豐戊午年九月三十日戌時

滸利次子第十九世

紫荊　生咸豐辛酉年七月廿二日寅時

光基偏子第十九世

君子

銓嗣子第十九世

九使　生咸豐己未年七月初二日卯時

沛長子第十九世

金帶　生咸豐壬子年五月十三日卯時

沛次子第十九世

九使　出嗣

倘文傳下第十九世

維哲
媽種長子第十九世
生咸豐己未年四月初八日辰時

文成
生道光丙午年正月十七日午時配吳氏生道光
丙午年九月十八日未時

媽種次子第十九世

光哲
生咸豐乙卯年五月初七日卯時

媽種三子第十九世

煥彩
生咸豐丁巳年五月初六日未時

媽種四子第十九世

輝燦　生咸豐辛酉年十二月初七日未時

媽川傅子第十九世

文章　生咸豐辛酉年五月十二日午時

員治長子第十九世

紅毛　生咸豐丁巳年十一月初二日寅時

員治次子第十九世

紅廊　生咸豐辛酉年五月初三日子時

鈿生長子第二十世

淑如　卒咸豐辛酉年十一月十二日巳時葬檳榔嶼

生子次則師

鈿生七嗣子第二十世
江水　生咸豐辛亥年六月十八日未時 係建府三子
嫣錢次子第二十世
建璋　生咸豐辛亥年四月廿二日寅時
媽錢三子第二十世
建琦　生咸豐壬子年十一月十三日寅時
文宿儕子第二十世
双合儕子第二十世

[illegible]傳子第二十世

紫薇傳子第二十世

紫荊傳子第二十世

君子傳子第二十世

九使傳子第二十世

金帶傳子第二十世

維哲傳子第二十世

文成傳子第二十世

光哲傳子第二十世

煥彩傳子第二十世

輝煌傳子第二十世

文章傳子第二十世

紅毛傳子第二十世

紅廊傳子第二十世

卿三子第二十世

有慶　生同治壬戌年三月十八日申時

淑如次子第廿一世

則師　生咸豐辛酉年六月廿九日午時

江水傳子第廿一世

建璋傳子第廿一世

建琦傳子第廿一世

有慶傳子第廿一世

則師衡子第廿二世

潯湧三子第十九世此條在卷十七十九伕

靈奈

生同治壬戌年正月十一日戌時

恤公派下　仁懋公

標傳子第十一世

璉　卒萬曆戊寅年十月初九日寅時壽七旬有七葬

配林氏卒萬曆丙午

年三月初七日　時壽五旬有八葬

寓居泉州

生子一銓

時傳子第十二世

銓　字孫賢生崇禎丙子年三月初九日酉時卒康熙壬午年

六月初二日亥時葬在南安三都石峰嶺頂下土名鰲

居鄉茲內山頂孫坐酉向巽兼巳亥辰戌庚辰分金配
曾氏生崇禎乙亥年八月十四日卯時卒康熙戊子年
十一月十二日辰時葬
生子二長必獻次仕晉
欽長子第十三世
必獻字純厚生順治丁酉年十一月十一日未時卒康熙壬
辰年六月十五日酉時葬泉州晉江東岳從土名武厝
園左畔河東界址石邊坐
配陳氏生順治庚子年五月初八日　時卒康熙乙未
年八月廿八日　時

嗣子一芳美本生父仕晉

銓次子第十三世

仕晉字純德生康熙己酉年二月廿一日子時卒康熙丙戌

年五月廿五日寅時葬

配　氏生卒葬所失紀

生子三長裕美次芳美出嗣胞兄必獻三申美

必獻嗣子第十四世

芳美

仕晉長子第十四世

裕美字星芳生康熙丁丑年四月廿八日寅時卒乾隆丙戌

年五月廿四日戌時葬同安梵天山土名中崙坑內大
平仔邊坐庚向甲兼卯酉配郭氏生康熙辛卯年四月
廿一日申時卒乾隆戊申年七月廿六日丑時葬梵天
中崙尾頂上漳平邊頂坐坤向艮兼申寅
遷居同安縣
生子一天送
仕晉次子第十四世
出嗣
仕晉三子第十四世
紫笑
申笑字星輝生康熙壬午年八月十五日　時卒乾隆丁卯

年九月廿八日　時　外出

裕美傳子第十五世

天送字石麟號篤齋生乾隆戊辰年七月初九日辰時篤齋

恩授脩職郎武略騎尉卒道光辛卯年十一月十一日

時葬

配沈氏生乾隆乙酉年正月初五日申時卒咸豐丁巳

年正月初七日　時葬

生子六長吉祥次双喜三三十

四四美五五瑞六光抱

天送長子第十六世

宜祧諱雲與字衍諱號鏡亭國子監生乾隆癸卯年十一月
初七日辰時生　年　月　日
時卒繼室劉潘氏生
生子五長祖興次祖珍三祖傳出嗣潘洲四祖儋俱何氏出五祖餘繼室出

天送次子第十六世
雙喜諱實蓮字希悅號省亭國子監加六品軍功　生乾隆
乙酉年十月十八日午時卒咸豐壬子年五月十九日
時渡臺遭風配楊氏生嘉慶己未年十月十九日
未時

生子六長祖應次思怡三祖恩出嗣五瑞
四祖意出嗣光抱五祖念六祖懋

天送三子第十六世

三才諱雲進字希哲號午亭國學生生乾隆乙卯年八月十一日申時卒道光壬寅年十二月初四日酉時葬

配程氏生嘉慶丙辰年四月初三日卯時卒道光壬午年四月廿四日巳時葬同安梵天頭崙青洋員石前左邊

繼室周氏生嘉慶壬戌年正月十八日丑時卒道光戊申年二月初六日辰時

生子二 長 祖棡 程氏出 次 祖機 周氏出

天送四子第十六世

四老 諱聯魁字希成號寶亭陸提右營署中軍賞戴藍翎生嘉慶己未年五月廿三日亥時卒咸豐丁巳年七月二十日巳時葬

配李氏生嘉慶戊辰年正月廿五日丑時側室錢氏生道光癸未年三月十四日未時卒道光庚戌年九月十一日酉時葬同安東山巖頂上

生子六 長 祖選 次 祖運 三 祖達 四 祖迎 五 祖逑 出嗣五瑞俱李出 六 祖遜 錢氏出

天送五子第十六世

五瑞　生嘉慶甲子年正月三十日辰時卒嘉慶戊申年

六月廿八日午時葬

嗣子二長祖恩本生父双喜次祖遠本生父丙笑

天送六子第十六世

光抱諱雲環生嘉慶庚午年十一月初十日戌時卒道光壬

午年六月廿四日未時葬

嗣子二長祖意本生父双喜次祖傳本生父吉祥

吉祥長子第十七世

祖興諱澤隆生嘉慶乙亥年十月初一日未時卒道光癸巳

年九月廿五日酉時葬同彩焚天山東關帝從主奉頭

主心坐

娶□氏生嘉慶乙亥年三月廿四日亥時

生子二長泰義次泰山

吉祥次子第十七世

祖珍諱澤輝字遜耀六品職衔生嘉慶戊辰年四月初九日辰

時配邵氏生嘉慶戊寅年十二月廿三日亥時

生子五長汀蒼次汀恒三汀盛四汀監五汀孟

吉祥三子第十七世

祖衡　出嗣

吉祥四子第十七世

祖脩諱澤清生道光丙戌年八月十五日　時卒道光丙午

年十月廿五日　時葬

配劉氏生道光庚寅年十一月初三日寅時

生子一泰堅

祖餘

吉祥五子第十七世

生道光癸卯年十月十四日未時

祖應諱澤中字占平號潤川邑庠生生嘉慶乙亥年六月廿

双喜長子第十七世

四日未時配林氏生嘉慶丙子年三月十七日酉時

咸豐己未年九月十七日巳時葬
繼室葉氏生道光乙酉年五月初六日
酉時　生子四長錫瑜出嗣祖愿次錫玟三錫珩四錫璋

双喜次子第十七世
思怡諱朝勲字尔襄號永棠漳鎮把總生嘉慶丙午年六月
十九日　時卒咸豐乙卯年十月二十日酉時葬
配王氏生嘉慶丁丑年十二月廿三日酉時
生子二長錫瓚出嗣祖愿次錫玢

双喜三子第十七世
祖愿　出嗣

双喜四子第十七世

祖意　出嗣

双喜五子第十七世

祖念諱澤學字蓉生號秋塘生道光戊子年九月廿六日辰時配程氏生道光己丑年正月初八日酉時

生子二長錫璐出嗣祖熙次錫璠

双喜六子第十七世

祖懋諱澤端字肅宣又字梅士生道光壬辰年十一月十二日戌時配莊氏生道光辛卯年九月廿七日申時卒咸豐丙辰年三月十四日戌時繼室陳氏生道光癸卯年

十二月初八日寅時

三才長子第十七世

祖樞字澤亭生道光甲申年七月廿七日午時配陳氏生道

光癸未年九月廿八日寅時

生子一進來

三才次子第十七世

祖機諱澤真生道光丁亥年二月十七日丑時配林氏生道

光丙戌年十一月十七日寅時

生子一玉淵

四美長子第十七世

祖選諱澤全生道光壬午年十一月初六日未時卒道光癸卯年閏七月初六日巳時葬

配王氏　生子一自省

四美次子第十七世

祖運

生道光丙戌年三月十九日巳時卒咸豐壬子年五月十九日　時隨叔往臺遭風配陳氏

生子一自勝

四美三子第十七世

祖蓮

生道光壬辰年四月二十日巳時外出

四美四子第十七世

祖迎　生道光乙未年三月十九日辰時配陳氏生道光
乙巳年三月廿四日巳時
四癸五子第十七世

祖逕　生道光甲辰三月初七日巳時卒咸豐丁巳年七
月十八日亥時葬
四癸六子第十七世

祖達　出嗣
五瑞長嗣子第十七世

祖愿　諱澤恭生嘉慶己卯年九月初一日卯時卒道光乙未
年十月初二日寅時

嗣子三長錫瑜本生父祖應次錫瓚本生父熙怡三錫璐本生父詞念

五瑞次嗣子第十七世

祖遠　生道光乙巳年五月十三日申時

光抱長嗣子第十七世

祖意諱澤揚生道光壬午年閏三月十五日寅時卒咸豐壬子

年五月十九日　時隨父度臺遭風

配施氏生道光甲申年七月十五日丑時

生子二長錫珽次錫璠

光抱次嗣子第十七世

祖傳諱澤宗字尔授生道光癸未年二月廿二日戌時六歲

河職配陳氏生道光乙酉年九月廿九日寅時

生子四長泰極次泰騂三泰崙四泰濂

祖興長子第十八世

泰羲　生道光壬辰年八月初二日　時卒咸豐壬子年

六月廿四日　時

祖興次子第十八世

泰山　生道光戊戌年四月初十日辰時配王氏生道光

丁酉年八月十五日午時

祖珍長子第十八世

汀畬　生道光庚子年四月初四日未時配劉氏生道光

庚子年七月廿三日寅時

汀忸 祖珍次子第十八世
生道光丙午年十二月十一日辰時

汀盛 祖珍三子第十八世
生道光庚戌年六月廿一日戌時

汀監 祖珍四子第十八世
生咸豐乙卯年十一月十四日未時

汀孟 祖珍五子第十八世
生咸豐戊午年十一月二十日申時

祖脩長子第十八世

汸堅　生道光戊申年六月廿六日戌時

祖餘傳子第十八世

祖應長子第十八世

錫瑜　出嗣

祖應次子第十八世

錫玟　生道光丁酉年二月初七日丑時

祖應三子第十八世

錫珩　生道光丁未年九月廿四日戌時

祖應四子第十八世

錫瑋　生咸豐甲寅年閏七月初二日申時

思恰長子第十八世

錫瓚　出嗣

思恰次子第十八世

錫玢　生咸豐癸丑年二月初十日酉時

祖念長子第十八世

錫璐　出嗣

祖念次子第十八世

錫璠　生□豐丁巳年五月廿八日午時

祖懋傳子第十八世

祖樞長子第十八世

進來

祖機傳子第十八世

玉淵

生咸豐壬子年九月初一日卯時

祖避傳子第十八世

自省

生道光壬午年六月十三日巳時

祖運傳子第十八世

自勝

生道光壬午年二月廿五日　時

祖逵傳子第十八世

祖迎傳子第十八世

祖遜傳子第十八世

祖恩長嗣子第十八世

錫瑜

生道光甲午年十二月十二日寅時配陳氏[illegible][illegible]

丙申年九月初九日戌時

生子一　宜傑

祖恩次嗣子第十八世

錫□
祖愿三嗣子第十八世
生道光戊戌年二月十三日辰時

錫璐
祖逵傳子第十八世
生咸豐辛亥年三月初一日戌時

錫珽
祖意長子第十八世
生道光甲辰年十月初四日酉時

錫璠
祖意次子第十八世
生咸豐壬子年十月初五日酉時

祖傳長子第十八世

泰極　生道光癸卯年五月初三日卯時配鍾氏生道光癸卯年三月十二日亥時

祖傳次子第十八世

泰蒔　生道光戊申年十月廿八日亥時

祖傳三子第十八世

泰崙　生咸豐辛亥年十一月廿五日卯時

祖傳四子第十八世

泰漳　生咸豐丁巳年五月初四日酉時

泰峩傳子第十九世

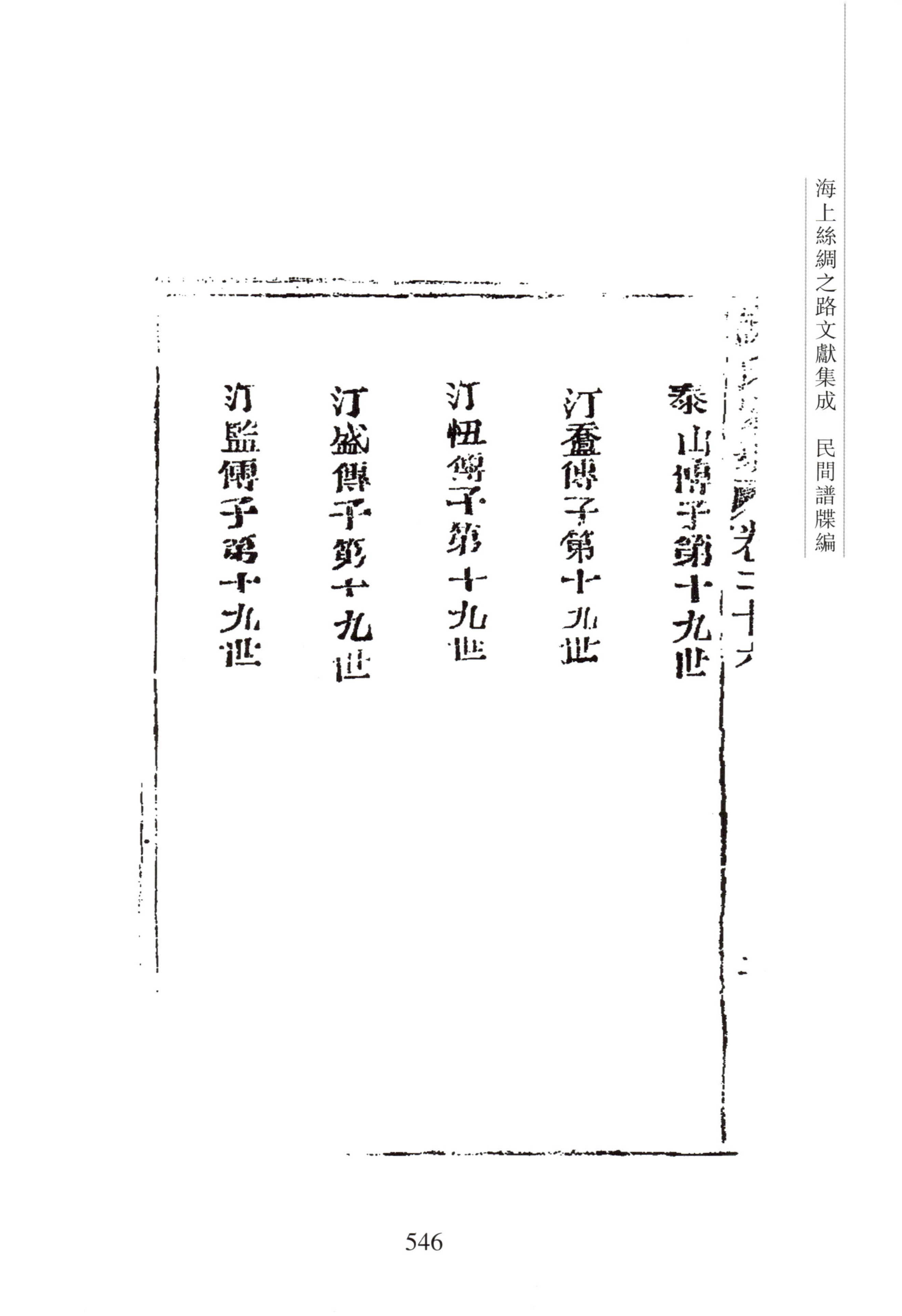

泰山傳子第十九世

汀叠傳子第十九世

汀忸傳子第十九世

汀盛傳子第十九世

汀監傳子第十九世

汀盂傳子第十九世

泰堅傳子第十九世

錫玟傳子第十九世

錫珩傳子第十九世

錫瑋傳子第十九世

錫玢傳子第十九世

錫瑨傳子第十九世

進來傳子第十九世

玉淵傳子第十九世

自省傳子第十九世

自勝傳子第十九世

錫瑜傳子第十九世

宣傑

生咸豐戊午年九月廿六日午時

錫瓚傳子第十九世

錫璐傳子第十九世

錫瑶傳子第十九世

錫瑺傳子第十九世

泰極傳子第十九世

泰蔣傳子第十九世

泰崙傳子第十九世

泰漳傳子第十九世

宣傑傳子第二十世

大道　英長子第十七世

卒道光壬寅年十月十五日未時葬山頂尾坐亥向巳兼壬丙辛亥辛巳分金配楊氏生乾隆己亥年十一月廿一日寅時卒道光壬寅年十月二十四酉時與夫合葬

生子五長敏次爰三友四蘭五純

敏諱　道長子第十八世

生嘉慶辛酉年十月十八日午時卒道光庚子年

十二月　日　時葬丹老

生子二長送次真係胞弟練良之子

追次子第十八世

爰諱

生嘉慶戊辰年閏五月十六日子時卒道光庚寅

年三月十九日午時葬水頭山坐東向西

生子一清港

追三子第十八世

友諱

生嘉慶己亥年九月十八日酉時卒道光乙巳年

十月廿四日巳時葬水頭山坐丑向未兼艮坤辛丑辛

未分金配楊氏生嘉慶丙子年三月初八日卯時

生子一奕

蘭諱

追四子詡下八世

生嘉慶丙子年十一月初六日寅時配蔡氏生道光甲申年九月廿四日亥時卒道光已亥年九月初八日寅時葬鐘山

續配厦門陳氏生道光已酉年十二月初六日未時

生子二長可次仰

純艮

追五子第十八世

生道光壬午年二月初二日寅時配林氏生道光癸巳年正月廿二日午時

生子一真（出嗣胞兄敏）

敏長子第十九世

泫

敏次嗣子第十九世

真諱

生咸豐戊午年六月廿五日巳時

港諱

爰儒子第十九世

生道光乙未年八月初三日午時卒道光己酉年

五月初十日子時葬宮后塚山坐東向西

奕諱

友長子第十九世

生道光辛丑年十一月初一日巳時配楊氏生道

光緒癸卯年十二月　日　時

蘭提子第廿九世

可諱　生道光丁未年六月廿六日戌時

蘭次子第十九世

傳諱　生咸豐庚申年十一月初九日酉時

純傳子第十九世

真

真傳子第二十世

港傳子第二十世

燮標子第二十世

可傳子第二十世

仰傳子第二十世

孝公派下

歟
濬三子第十六世
生乾隆甲申年二月十六日寅時卒嘉慶壬申年七月初二日亥時葬外域
配薛氏生乾隆辛卯年十二月十三日卯時卒道光丁亥年七月三十日子時葬林尾山坪坐西向東
生子三長勷水次壬水三泰水

真水
眷長子第十七世
卒道光丁亥年四月十一日戌時葬林尾山後石頭
眷次子第十七世

縈水　配施氏生道光辛巳年　月　日　時
眷三子第十七世
清水　卒　年七月廿三日　時葬猎[illegible]
歎長子第十七世
掛水　生卒失載葬龍門亭山　配江氏
生子二長䏊次名
歎次子第十七世
壬水　生卒失載葬猎邦
歎三子第十七世
泰水　生嘉慶丁巳年十一月二十日戌時配葉氏生嘉

慶戊寅年七月初七日辰時卒道光癸巳年四月初三日丑時葬陳宮嶼坐寅向申兼艮坤丙寅丙申分金

生子一成興

興名

勸水長子第十八世

勸水次子第十八世

壬水傳子第十八世

泰水傳子第十八世

成興　生道光甲午年十二月廿八日戌時配張氏生道
光丁酉年正月十三日巳時　生子一泉

興傳子第十九世

名傳子第十九世

成興傳子第十九世

泉　生咸豐乙卯年十一月初九日巳時

泉傳子第二十世

任公派下

文淑三子第十六世

瑪清　生同治壬戌年閏八月初四日未時葬在嶺厝東

坐申向寅兼坤艮

湛次子第十七世

秋水　生同治壬戌年八月二十日未時葬在嶺厝東坐

申向寅兼庚甲

道欒公派下

六諒三子第十八世

蕭木

興微五子第廿八世

嫣延

熒魁長子第廿八世

前孳

萬木傳子第廿九世

嫣延傳子第廿九世

葥芽傳子第廿九世

任公派下

成次子第十七世

勝

配黃氏坐申向寅兼庚甲

光報三子第十九世

募堯

生同治壬戌年閏八月初八日申時

光雪次子第十九世

啓訓

生咸豐丙辰年九月廿三日卯時

光雪三子第十九世

啓呈

生咸豐己未年六月初一日未時

淶林次嗣子第十九世本生父淶木

福利　生咸豐丙辰年九月十六日未時

睦公派下　安然傳子第十九世

隱甫　生同治壬戌年十月十七日丑時

嫺公派下　河海三子第十九世

天補　生同治壬戌年正月初十日卯時

任公派下　恩波四子第十九世

永　卒同治壬戌年十月初七日戌時葬溪滸頂坐乙向

辛癸卯酉

紹禎次子第十九世

得　配何氏生道光乙酉年三月廿八日丑時

份三子第十九世

金[illegible]　生咸豐乙卯年九月二十日午時

鳳萊長子第二十世

英煌　生同治壬戌年十月初三日寅時

金長子第廿一世

斗　生道光丁未年六月十八日未時

道柴公派下

永傳子第十八世

天扶　生道光辛卯年十一月十四日寅時

天扶傳子第十九世

福　生同治壬戌年八月廿六日午時

世德堂重脩族譜脩支銀項総列于左

十七代孫水頭東廩捐銀貳百肆拾大員

十七代孫水頭興頂捐銀貳百大員

十七代孫下厝頂經捐銀貳百大員

十八代孫前溝大有捐銀貳百大員

十八代孫水頭邦忠捐銀壹百大員

十八代孫後溝尾崇淼捐銀壹百大員

十七代孫水頭登泮捐銀陸拾大員

十七代孫頭坑漢章捐銀陸拾大員

十八代孫東坑允貼捐銀陸拾大員

十八代孫東坑媽助捐銀伍拾大員
十八代孫西山媽種捐銀肆拾大員
十八代孫水頭傑臚捐銀肆拾大員
十八代孫水頭存義捐銀貳拾大員
十八代孫水頭沛然捐銀貳拾大員
十八代孫水頭敦行捐銀貳拾大員
十八代孫溝口安祥捐銀貳拾大員
十八代孫溝口安祈捐銀貳拾大員
十八代孫溝口安留捐銀貳拾大員
十八代孫溝口安淋捐銀貳拾大員

十八代孫東坑文薦捐銀貳拾大員
十八代孫蘭濮絲科捐銀壹拾陸大員
十八代孫河尾同生捐銀壹拾陸大員
十八代孫河厝恰治捐銀壹拾伍大員
十七代孫西山江淮捐銀壹拾貳大員
十八代孫東坑允佛捐銀壹拾貳大員
十九代孫三房川貫捐銀壹拾貳大員
二十代孫三房光份捐銀壹拾貳大員
十八代孫三房飛周捐銀捌大員
十九代孫前溝細生捐銀陸大員

廿一代孫蒲濂翊竹捐銀陸大員

廿一代孫河尾亞實捐銀陸大員

十九代孫河尾嫣允捐銀伍大員貳角

　　東坑爐捐銀肆大員

十七代孫東坑乞捐銀肆大員

十八代孫汫口鵬蛟捐銀肆大員

十九代孫前濂光錫捐銀肆大員

十八代孫後濂振宗捐銀肆大員

十八代孫東坑光霜捐銀叁大員

十九代孫水頭往來捐銀貳大員伍角

十七代孫河尾媽錯捐銀貳大員
十八代孫河尾[illegible][illegible]捐銀貳大員
十八代孫河尾錯厚捐銀貳大員
十八代孫西山烈[illegible]捐銀貳大員
十八代孫西山添存捐銀貳大員
十八代孫後溝白木捐銀貳大員
十九代孫河尾永得捐銀貳大員
十九代孫河尾錯澤捐銀貳大員
代孫前溝紅炎捐銀貳大員
二十代孫後溝江應捐銀貳大員

二十八孫□溝標桂捐銀貳大員
二十八孫□溝江寧捐銀貳大員
水頭□老捐銀壹大員伍角
廿九代孫□拔琴捐銀壹大員叁角
十七代孫東坑伽門捐銀壹大員
十七代孫□溪天賜捐銀壹大員
廿八代孫前溝大道捐銀壹大員
十八代孫西山振德捐銀壹大員
十九代孫求□怡煌捐銀壹大員
以上合共條來銀壹千陸百捌拾壹大員伍角計實平

[illegible]重銀壹十貳百乙拾两○除錢捌分正

開修族譜印刷工資共銀四百九十五大員平三百五十六兩四錢正

開紙墨印族譜十二部共銀八十四大員平六十兩○四錢八正

開修族譜什費并貼謝譜共銀三百三十六員平二百三十九两六錢正

開接葬墳山墳田共銀二百九十六大員平二百一十三两錢二分計得種二石二斗永爲海澄伯宜祖祀業

隨本族祖祠輪流办理此照

[illegible]懷祥本族舊祖祠共銀一百七十一大員平一百[illegible]
二兩一錢二分

以上共開出銀一千三百七十六大員平九百九十八兩
七錢二分

梅柳嶺藏一部　寶明藏一部　廣省藏一部

水頭振聲藏一部　下厝熏雁藏一部　前濟清官藏一部

後湯媽爺藏一部　河尾吟藏一部　西山瑞池藏一部

舊厝前志滿藏一部　磊園崇盛藏一部　東坑克藏一部

卷二十六終

国家出版基金项目
NATIONAL PUBLICATION FOUNDATION

海上絲綢之路文獻集成

總主編　陳支平　陳春聲

民間譜牒編 32

主編　林楓

海峽出版發行集團
THE STRAITS PUBLISHING & DISTRIBUTING GROUP
福建人民出版社

本册目次

〔福建厦門〕石塘謝氏家乘三十一卷（世系圖卷三至世系圖卷五）　〔清〕謝果㰃　謝邦忠等纂修……一

〔福建厦門〕石塘謝氏家乘三十一卷
（世系圖卷三至世系圖卷五）

〔清〕謝果稟　謝邦忠等纂修

任公第五房分派世系圖卷三

世

世

乞世

璇

閏

高湊

龍韜

豹福

侍敎

侍御

侍[illegible]

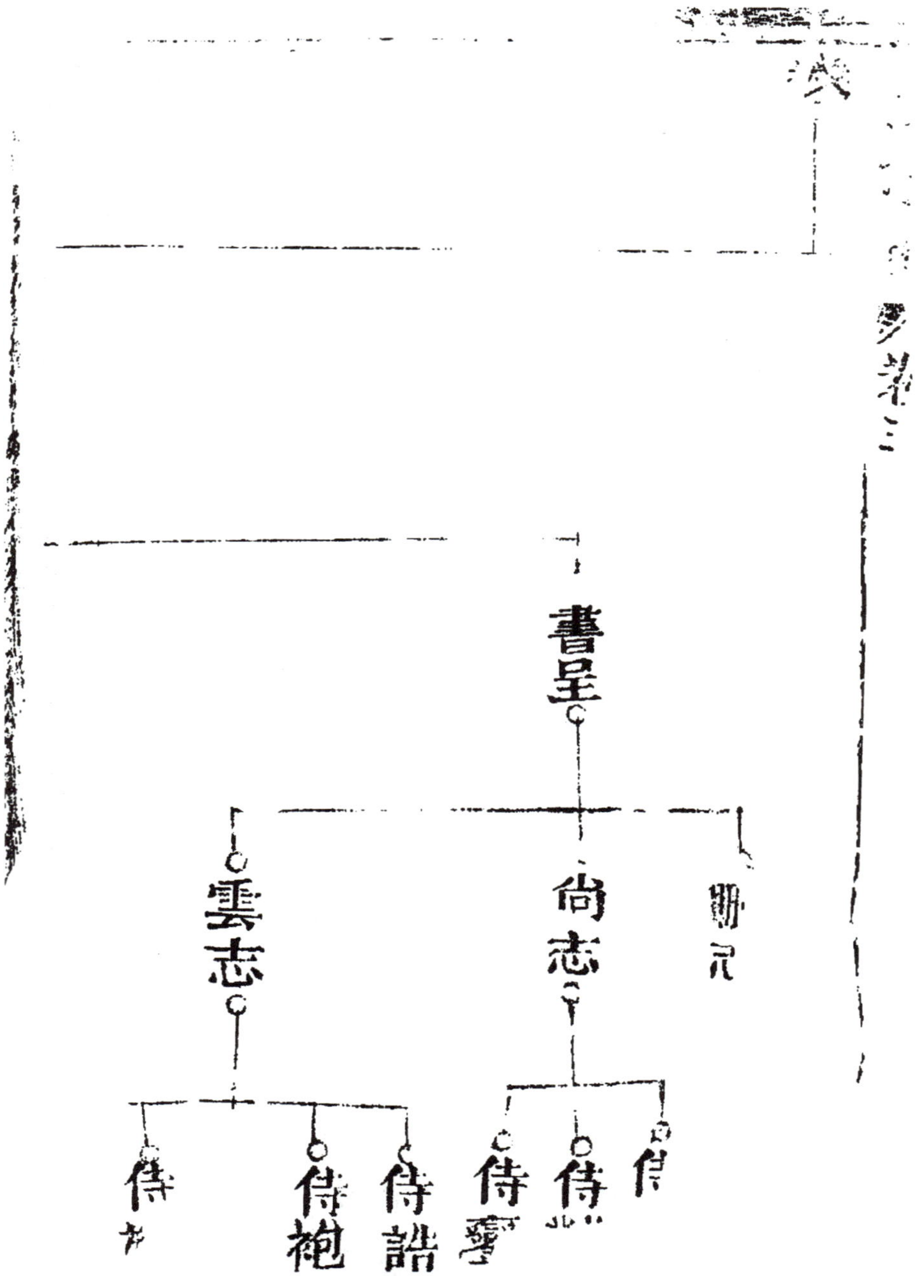
書呈
尚志
雲志
侍袍

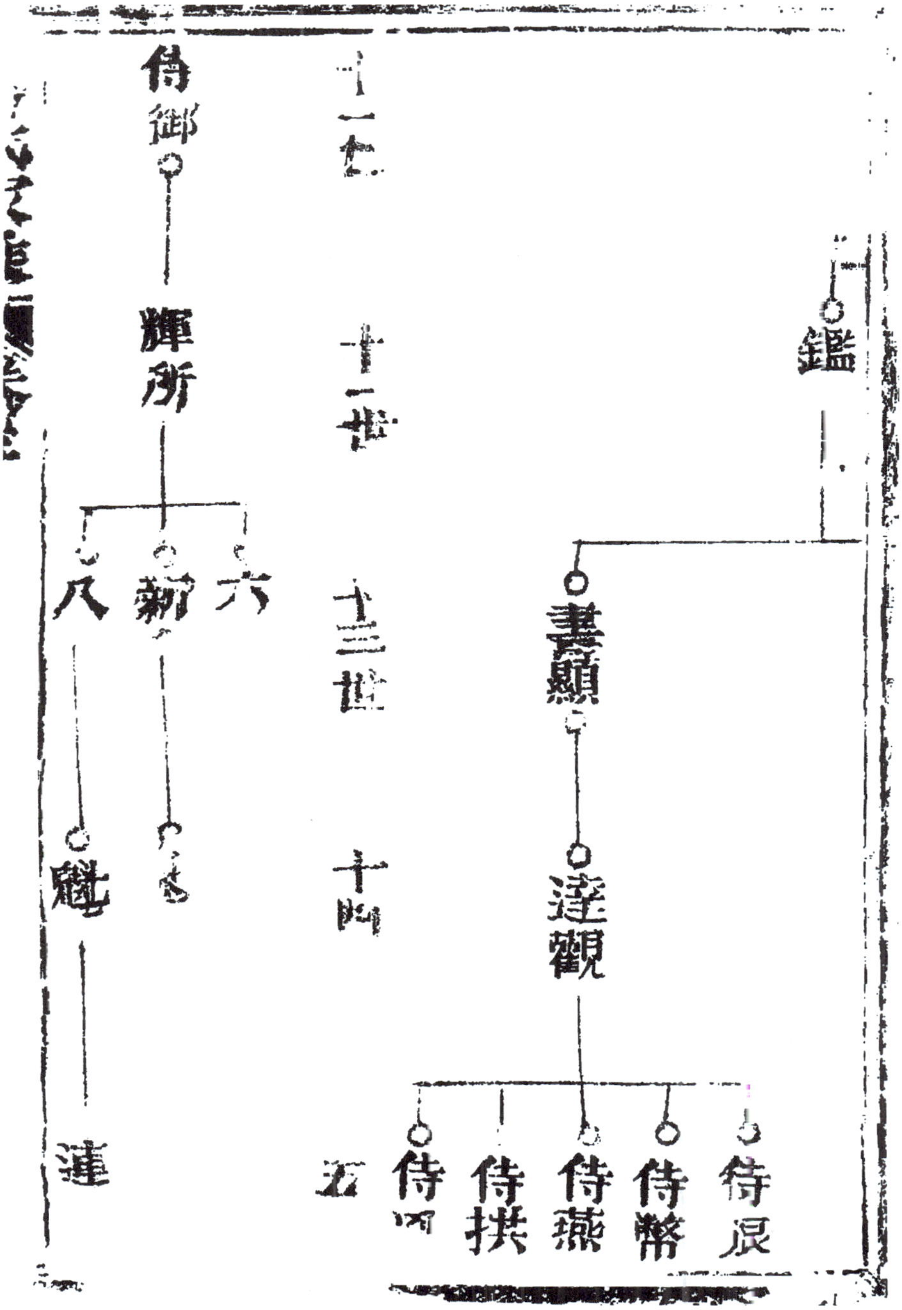

侍御
輝所
八
六
十一世
十二世
十三世
十四
鑑
書顯
達觀
侍拱
侍燕
侍幣

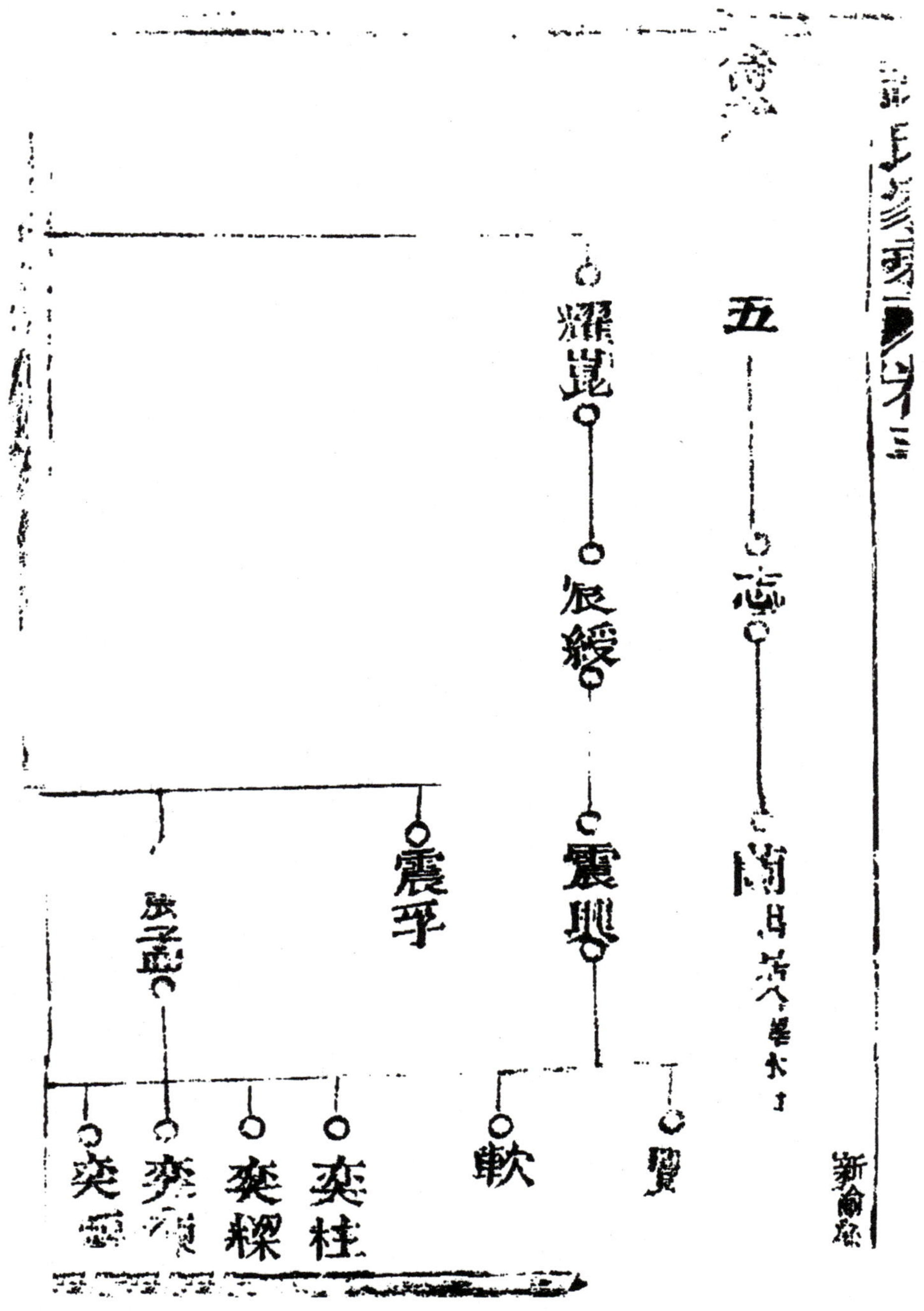
五
震聰
震平
歆
奕樑
奕柱

侍教

三台

宸爵

震程

震蕊

應魁

潮州饒平學庠生

應捷

應瓣

應甲

應相

奕檁

明崑

願

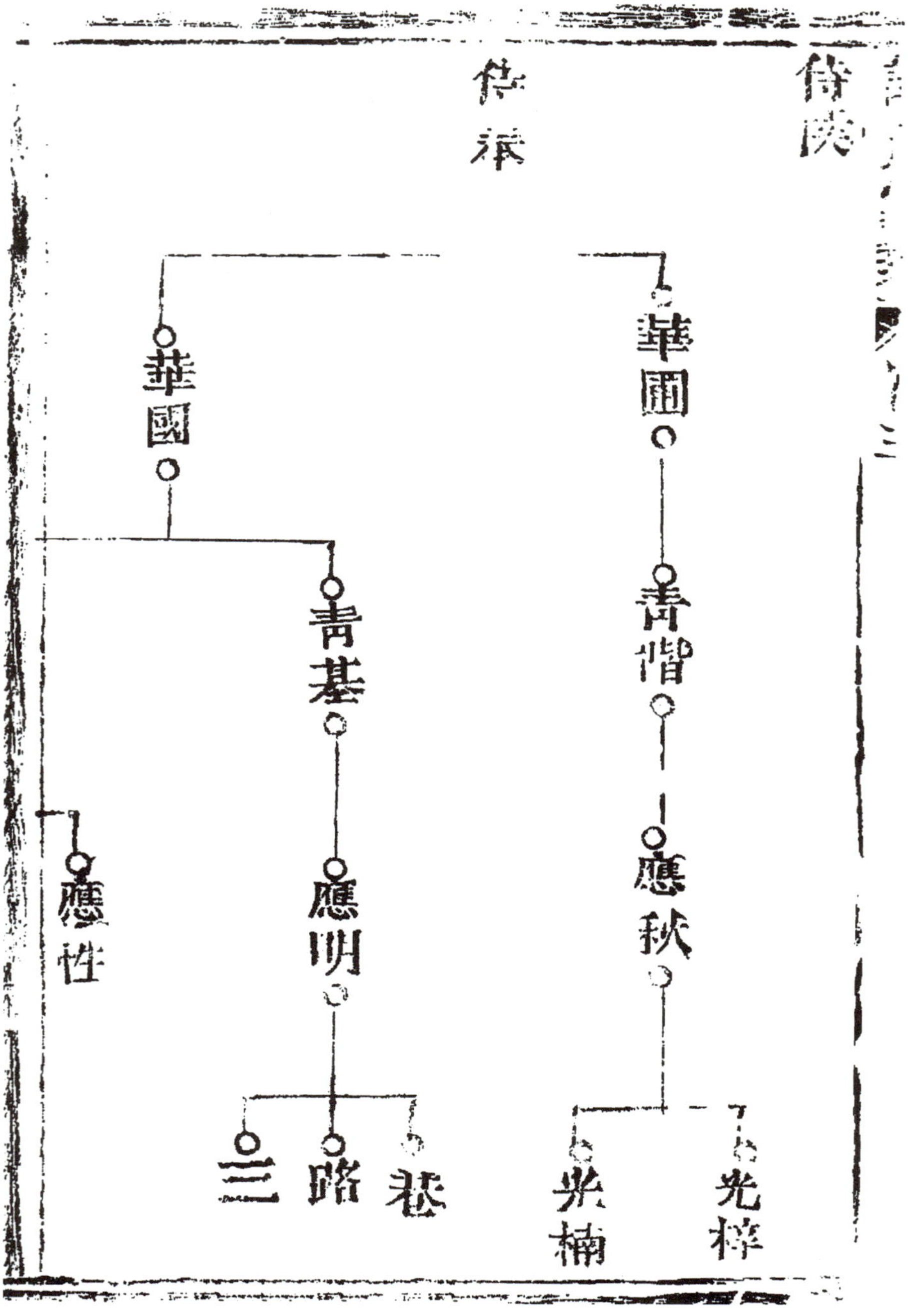
華圃
華國
青基
應明
應秋
應性
三
路
光楠
光梓

侍黼

侍黻

嗣　嗣

嗣亭

汝德

正

青鰲

騰龍　應沖

幺　燾　郄

照　須

瑞賓彔

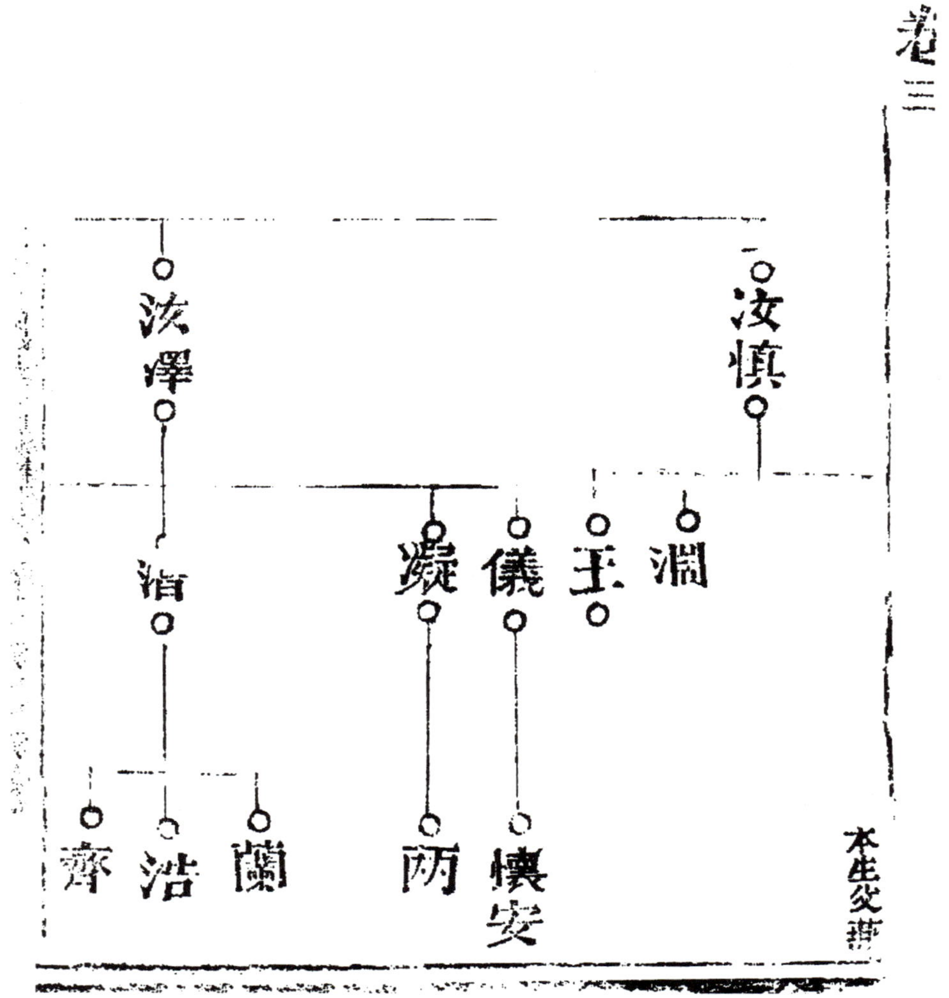
卷三
汝慎
汝澤
淵
玉
儀
凝
洦
懷安
丙
蘭
浩
齊
本生父

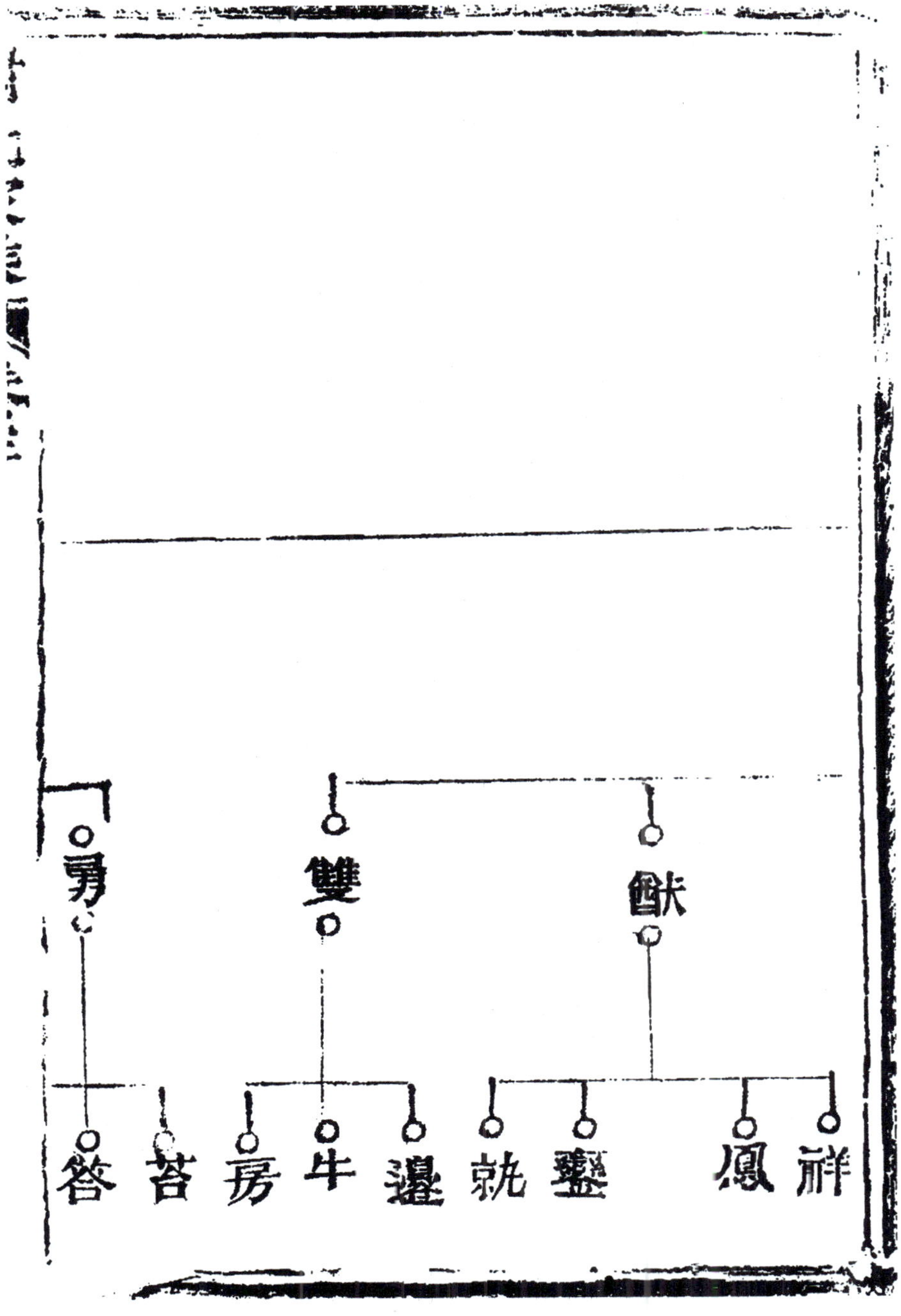
猷
雙
勇
祥
鳳
鑾
就
邊
牛
房
苔
答

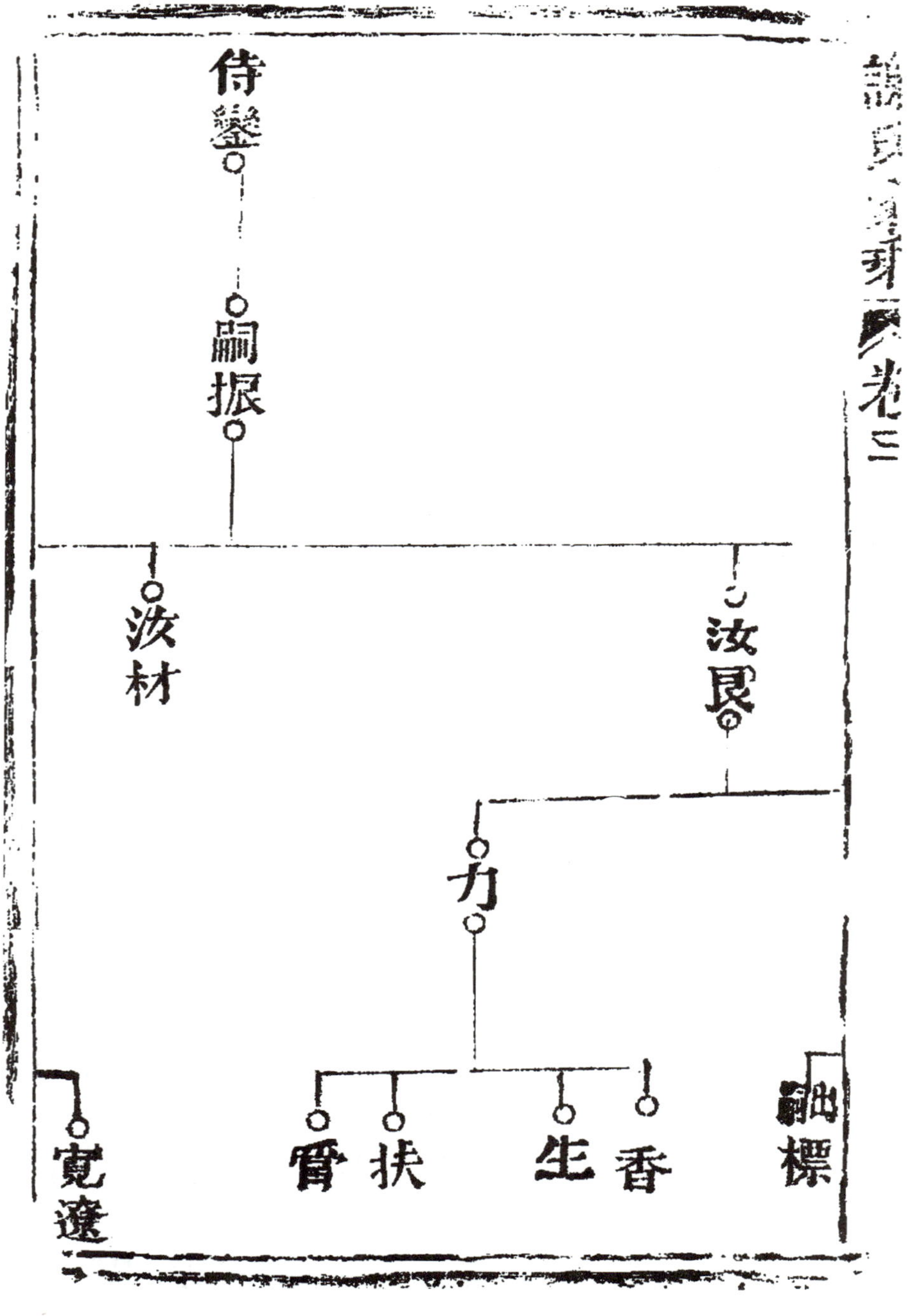

侍鑾
嗣振
汝材
汝艮
力
胥
扶
生
香
融標
寬遼

汝元

燕　黨　國

寬諒　寬棨（出嗣）　當權　自得　有信　有道　有應　有維　有若

侍袍

嗣芳 歷代武進士

汝耀

然

嗣子標 本生然子

侍旒

嗣蕙

嗣子汝堅 本生父嗣茂

邦彥

國樑 住吧城

侍詰

嗣茂

汝隨

邦佐

誇

汝隆

邦碁

祂

嗣子邦 本生父汝隨

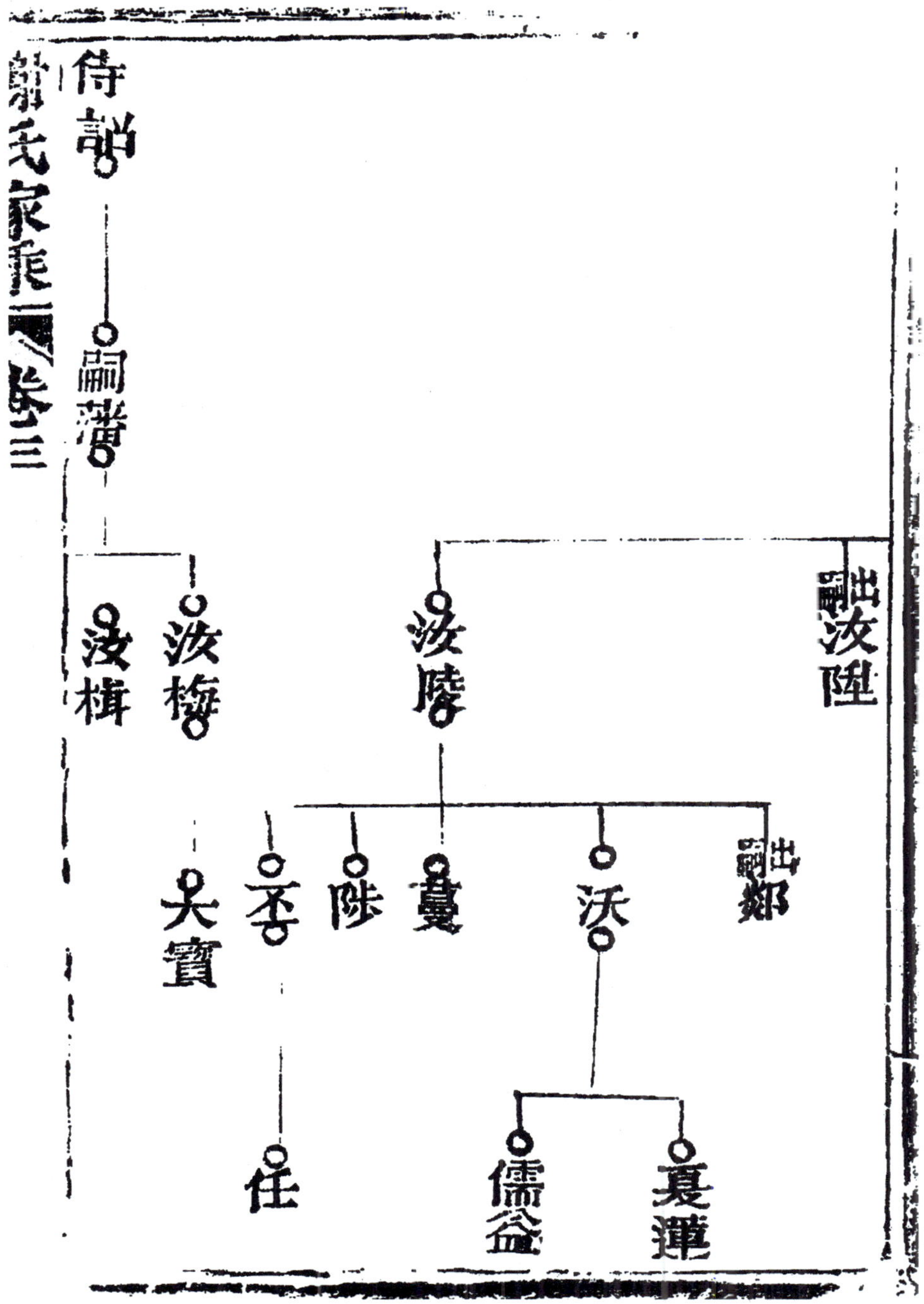
謝氏家乘卷三
侍詔
嗣潛
汝梅
汝楫
汝陵
出嗣汝陞
大寶
季
陟
蔓
出嗣鄉
任
儒益
夏蓮

汝柏

侍辰
- 純
- 開
  - 天相

侍纖
- 嗣泰
  - 墳
  - 汝鳳
    - 營

侍幣

侍拱

奕

十五世　侍鳳

十六世　唐　定　瓊　普

十七世　大鐘　譏　開

十八世　腴吳　甜桃　崑山

十九世　貳　檀乞　嗣元　本生父

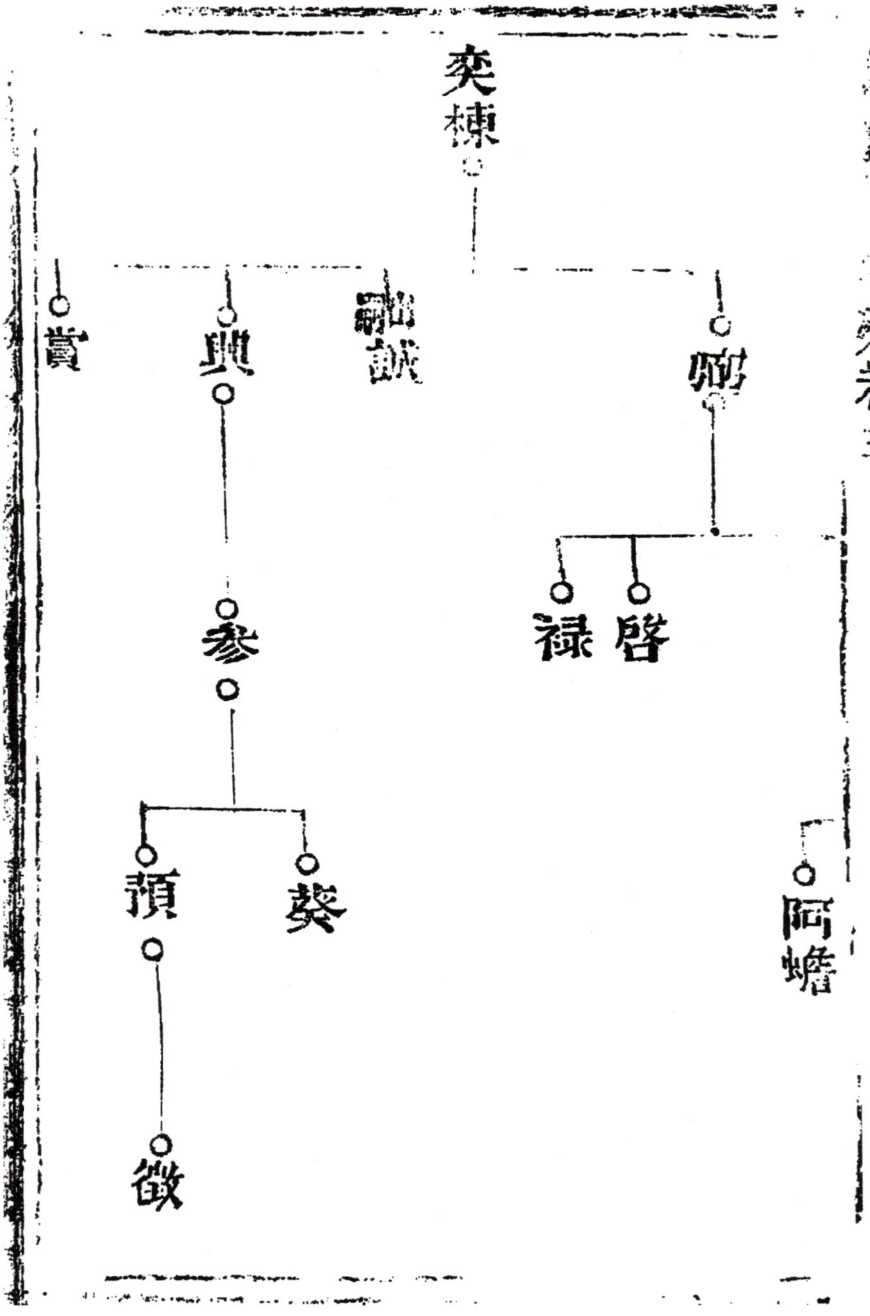
奕棟
賞
典
融誠
卿
参
禄
啓
預
葵
阿嬉
徵
卷三

奕探

- 位
  - 嗣子蝶本生父騰
  - 花吟
- 騰
  - 揚
    - 四鄰
      - 諧
  - 福
    - 同八
    - 大有
    - 中水
  - 蝶（出嗣）
- 淄（出嗣）
  - 諭
    - 天助
  - 首
    - 瀛山

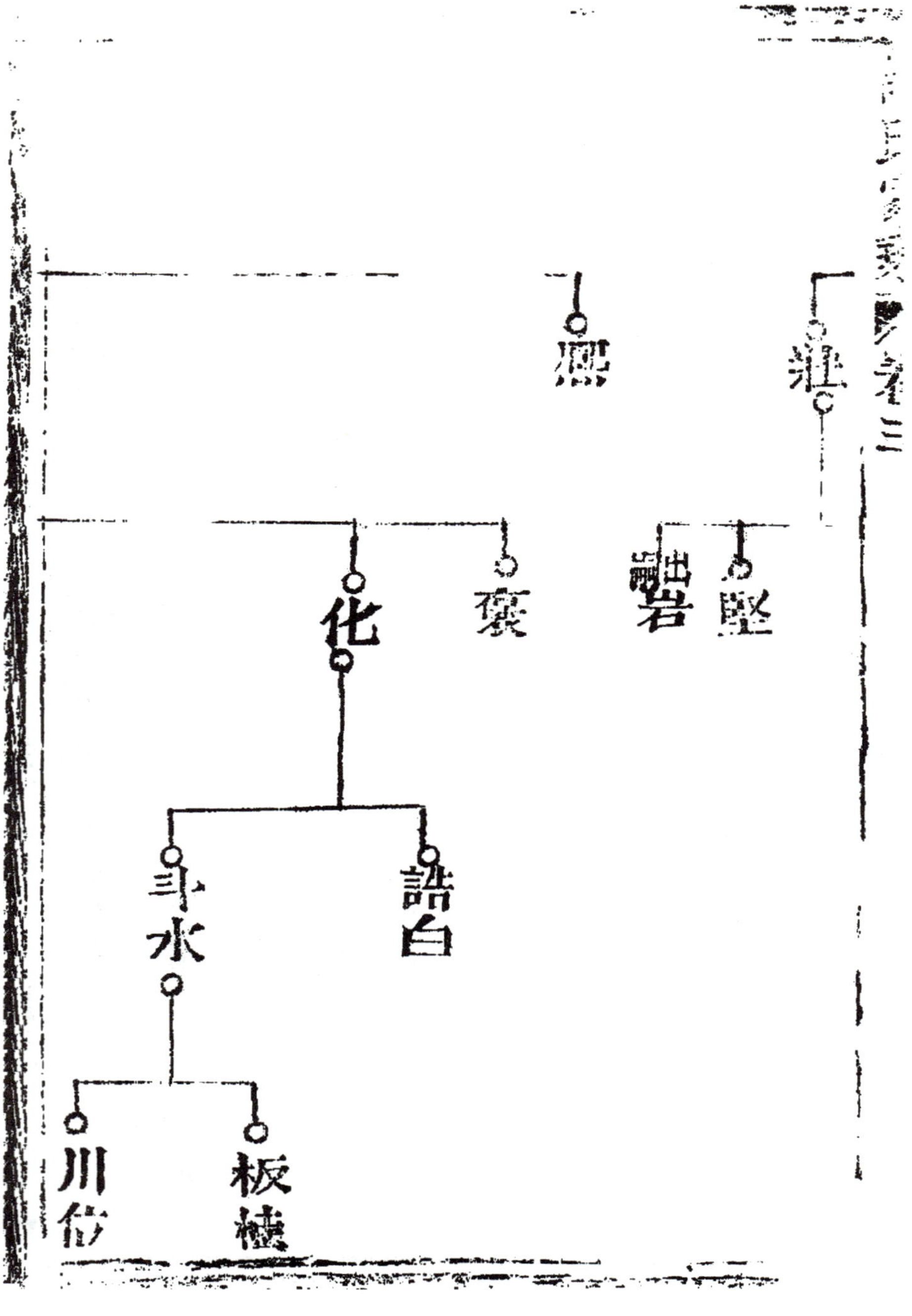

卷三
堅
岩
褒
化
諧白
永
川
板

燮樞

出嗣 儆

篆

宗
絨
漳
綽
藕
炎
出嗣 快
能

謝氏家乘　卷三

鯉

煥

嗣子 快 本生父紊

双發

嗣 涌 本生父奕楙

步

寶

聖恩

傳受

出嗣 觀澤

觀濤

照
觀波
朝春
長興（出繼）

奕柱
繼徵（本生父奕樞）
世環
瓚

奕標
繼誠（本生父奕棟）
光藝（邑庠生）
少堪
任光
少懷
慷烷（出繼）

謝氏族譜 卷三

應捷

應聯

儼　高　享　忠

勇　肇

水萬

鳳雛

繩懷 惯

本宗交出懷

應甲
傳
堅

應魁
校
専
灝

應相

賢
伯奮

軟
長茂
嗣子岩本生父壯
嗣子觀澤本生父照

梓

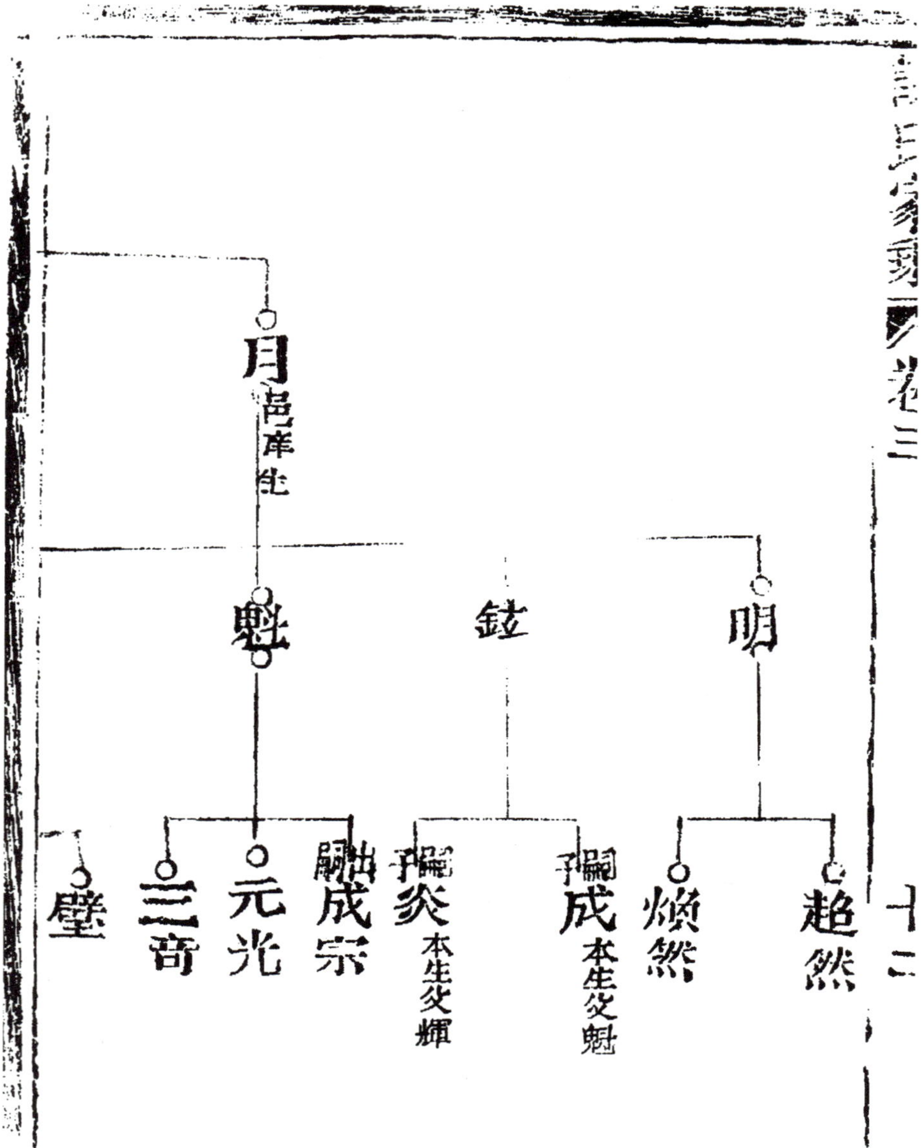
家譜
卷三
十二
月
邑庠生
魁
鉉
明
璧
三奇
元光
出嗣
成宗
嗣子
焱
本生父輝
嗣子
成
本生父魁
燦然
超然

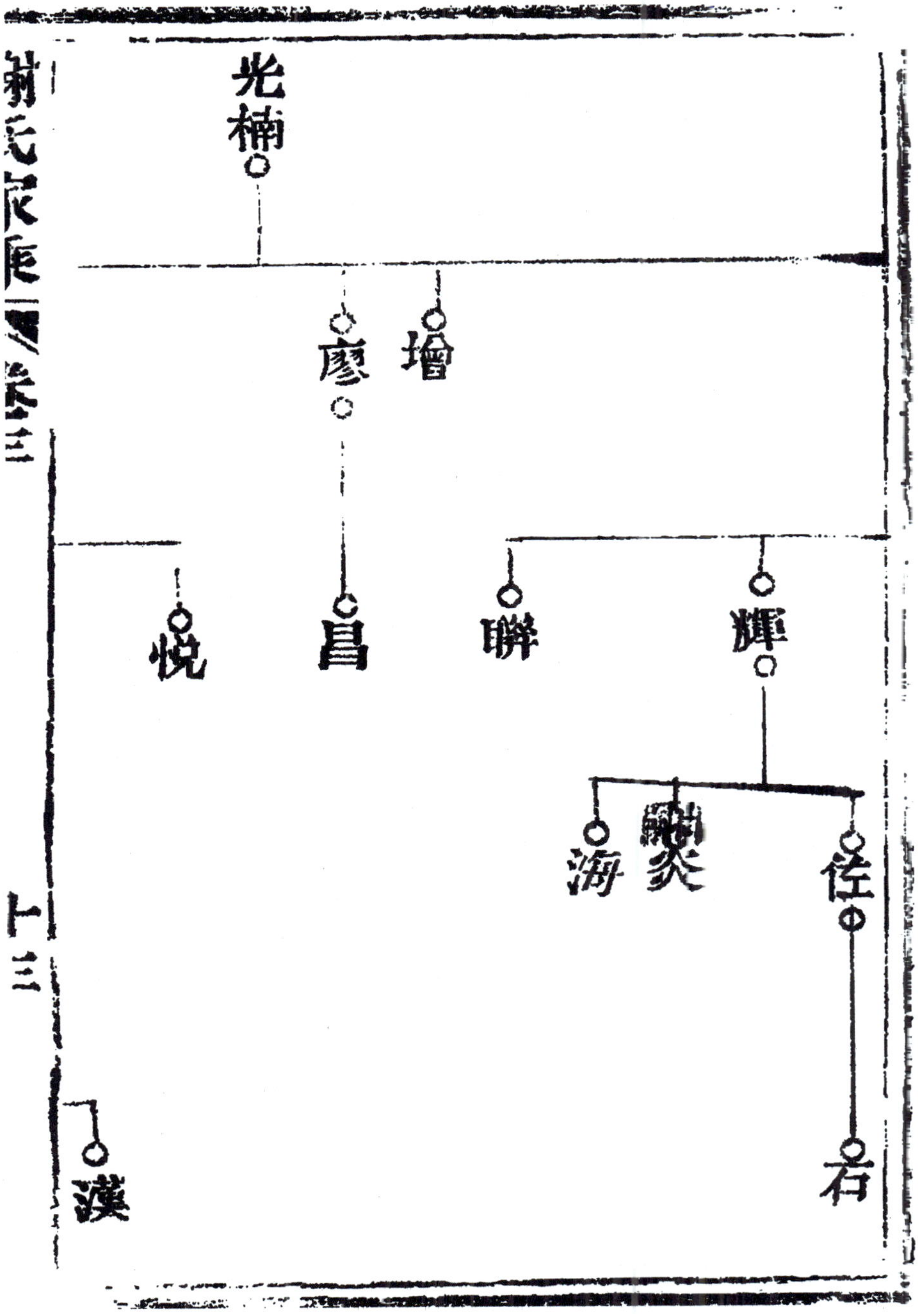
謝氏家乘圖卷三
十三
光楠
增
廖
輝
聯
昌
悅
佺
海
右
漢

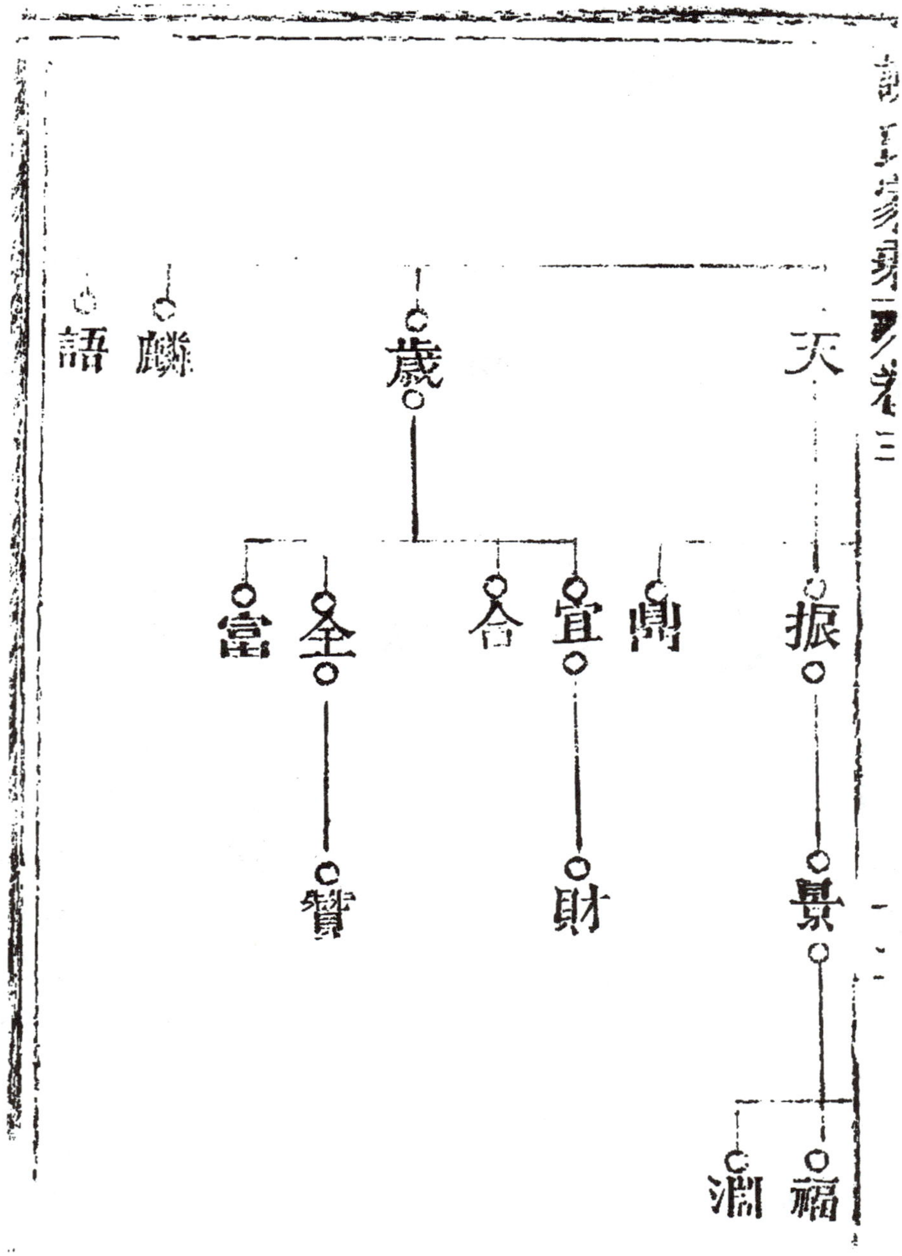
天
振
景
福
淵
歲
宜
財
合
贊
富
麟
語

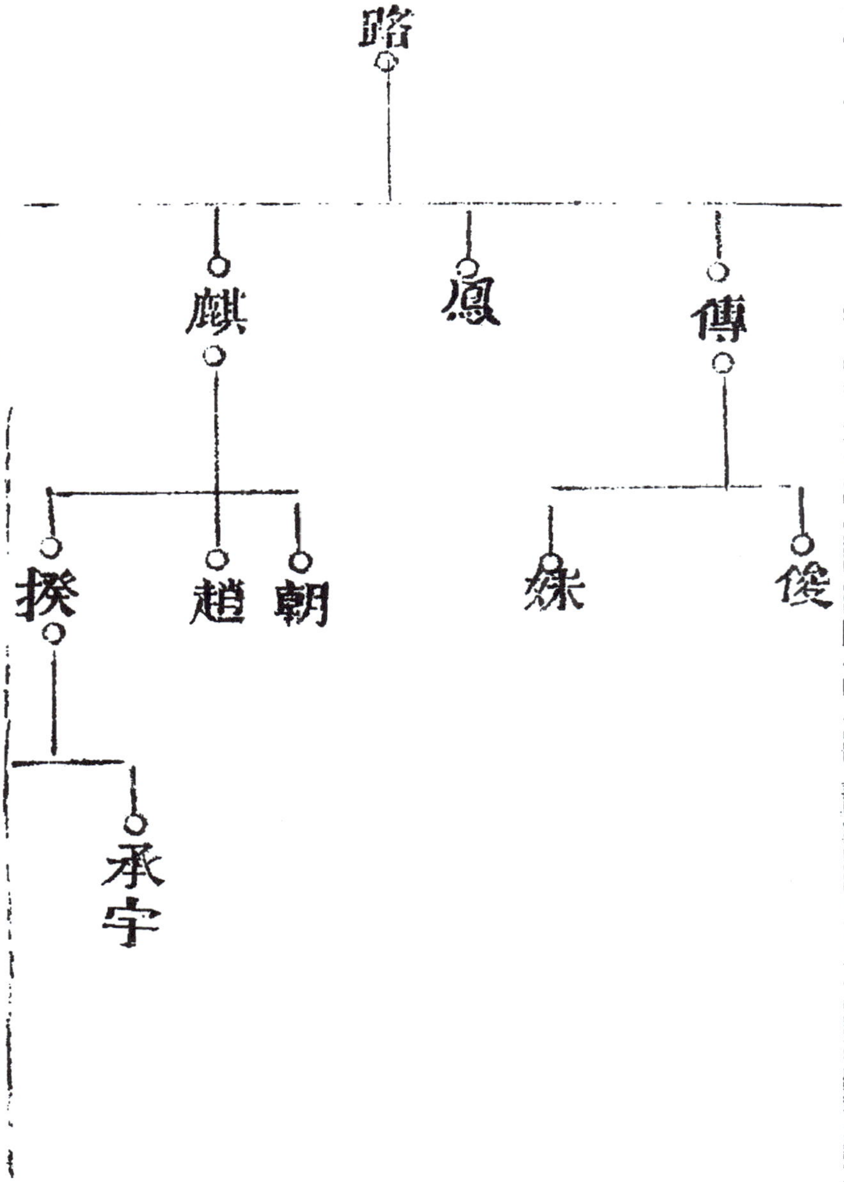
路
麒
惪
傳
揆
趙
朝
侏
俊
承宇

- 廷英
  - 翥鶴
    - 承宗
    - 承定
  - 翥鴻
    - 承龍
    - 承憲
    - 出嗣承宗
    - 承宣
  - 出嗣翥鶚

承富

郄　答　菩　生　扶　香

延進　延佛

翥鷳

承寅

晉　浩　蘭　齋　　两

媽凉

两 —— 典、桃

治 —— 發科、登對

鳳
出嗣套

鸞
嗣子套 本生父鳳

祥

就

懷安

牛
[illegible] 貿
振
六生
允收
允宙

允主

邊
嗣子貫　本生父件
爽

房

權

自得

寬諒
簡添
世民

嗣子春木　本生父邊
龍生

冬菊

出嗣春木

寬遂
秋水
出嗣夏至
霜降
榮得
嫣贊
錦士
圍微
寬景
補
白雪
白發
文成
文達
神應

道　維　信　君　標　抱　誇

信 —— 嗣子夏至 本生父寬遷

誇 —— 意

子卿 —— 有惟　有諒

十九世

夏遺　儒益　任

元　貳　樫乞

二十世

永利　子琴

元　朗　謝去

二十一世

正行　繼興

答恩　盖章

鎮

份

四熹

四偕

微

族

見

添

諧

板楼

盆

川位

傳受
朝春
風雅
任光
慷慨
福
漢
淵泉
石

諸葛氏家乘　卷三　二十

七世　璘

八世　鋼

九世　天昌　天祥　天章

十世　五錫　仰　鑽

十一世　應宿　應房　應奎　應參　應軫

十一世　應奎　應參　應房

十二世　錬　維宗　維岳　維泰　維紀

十三世　蔭　宗和　宗稔

十四世　招　海

十五世

謝氏世系圖　卷三

[illegible]珍

汝盈

汝卿

出嗣 佛

定

雄

良

出嗣 威

猛

武

持

轄

軒

謝氏世系圖卷之三

維續

汝輔

汝礪

著

道

廣

嗣子佛　本生父汝礪

嗣子威　本生父寀

光興

建

南

允

挺

家譜卷三　下二

十五　十六世　十七世　十八世　十九世

應欽 — 維經 — 立

楷 — 揚元
　　 明德

軒

持 — 伯達
　　 江河 — 南

威猛武光明報建挺

興

東棣

聖宗

八世 許元

九世 大發

十世 清遷 出居同安

十一世 囘龍 囘春 嬰哥 [illegible]

十二世 師鉅 師敎 邑庠生 師 師言 師道 師詢

謝氏世系圖卷三

肇謙

商元

師德　師哲　宗卿

榮

應望

兼樂　大

猛

顯

帝

亨

十四

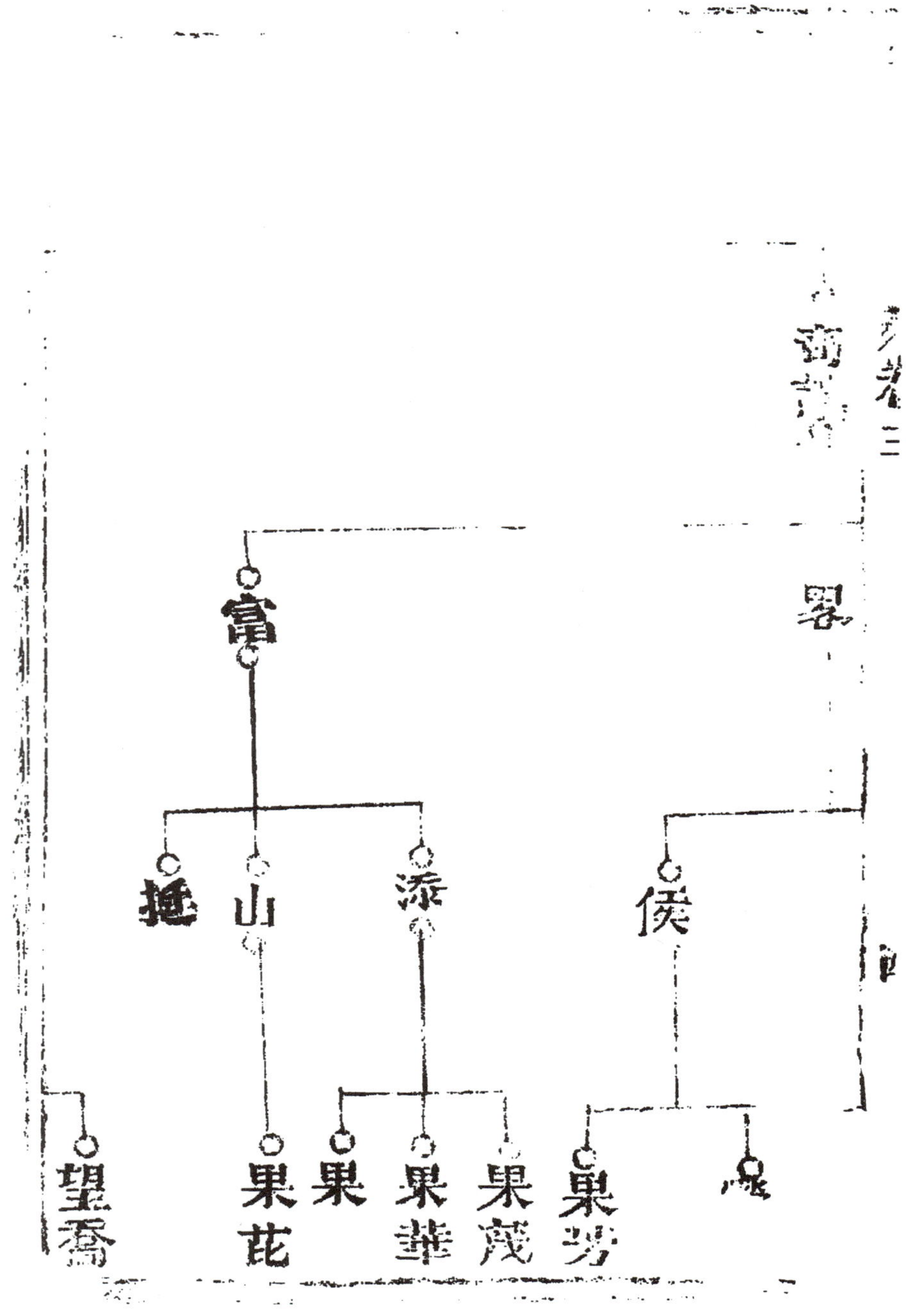
富
山
添
侯
望喬
果
果華
果茂

謝氏家乘卷三

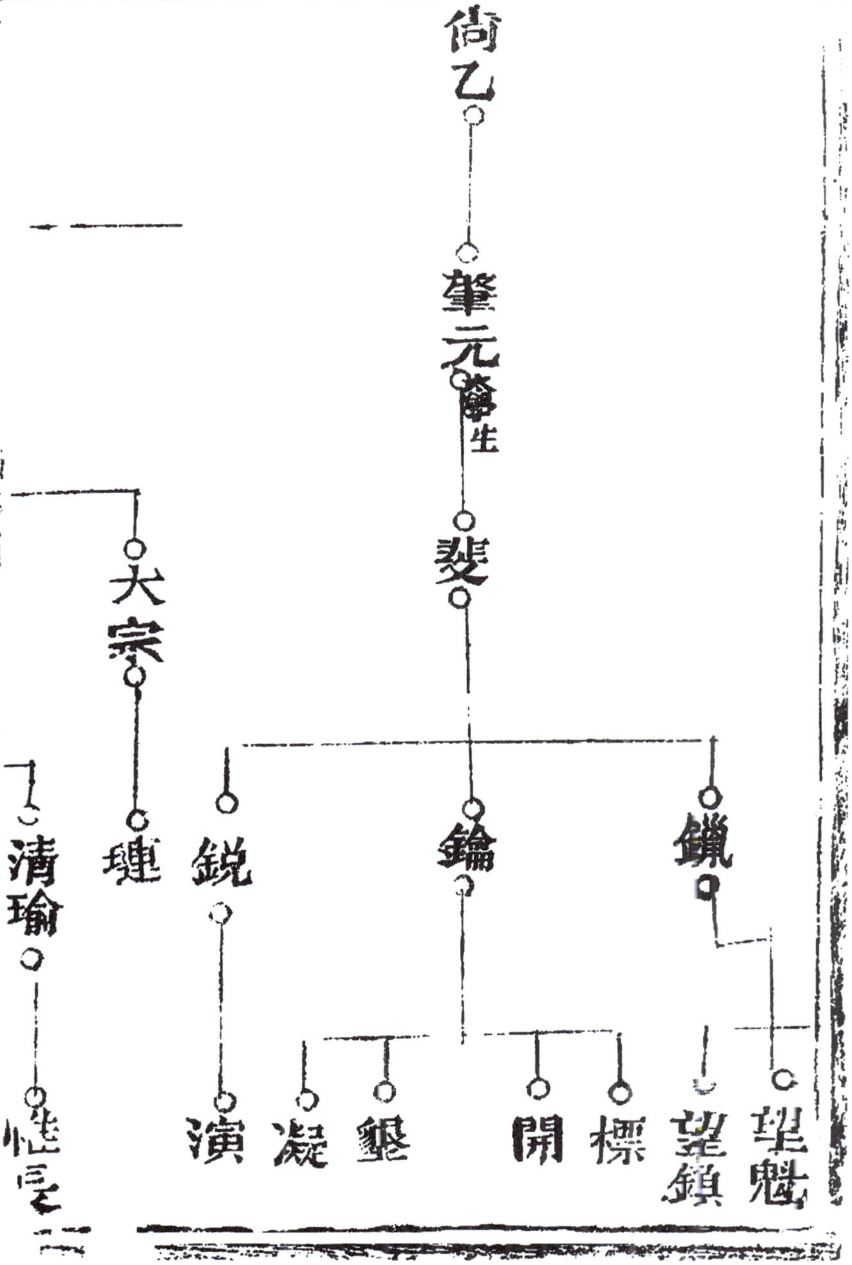

奇榮
- 大謀
  - 清璡
- 大俏

奇蒲
- 成

奇爵
- 進財

開
- 守謙
- 守威
- 守嚴

宸訓

喜

元瑛

元璋

德禔

德祉

德裕

德禛

德福

德祐

德禎

[illegible]錄 卷三

守俊

宸僎　宸謨　宸祚

元璣　元璵　元斗

德祥　[illegible]　德袖　德術　德祚　德禮

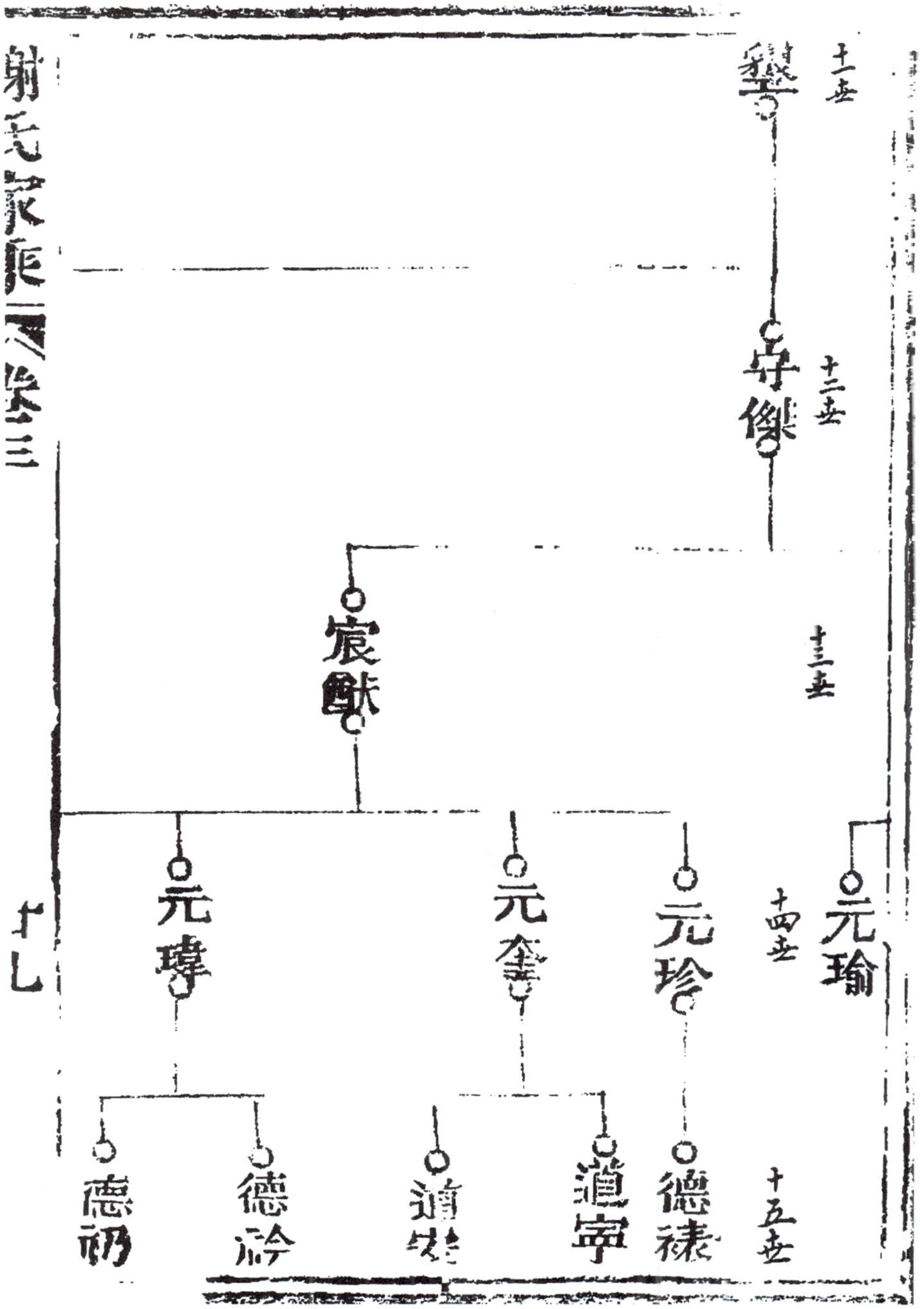
謝氏家乘圖卷三
十七
十一世
鑾
十二世
守傑
十三世
宸猷
十四世
元瑜
元珍
元奎
元璋
十五世
德祿
道寧
德諗
德礽

元珉

守嬰

宸銘

換

守寀

士鵬

超享

德祧

韜

超次

標

守阜

士顯

士榮

士章

士心
超崇
超璧
超淑
啟亨
德諒
啓泰
台州黄岩鎮郡□府
啓哲

士乡

士忠
超睿
翔啟宛

守宇

士攀

超聰　嗣子　本生父超明

超明

啟裔　嗣出　本生父𢒰明

啟宸

啟宗

啟宷　嗣出

啟宛　嗣出

啓恭　嗣子　本生父禧

此四名是乃十一世

凝　望魁　望喬　望鎮

士信

超華

嗣子啓宗　本生父超明

嗣福

守棟

諭

十一世　十二世　十三世　十四世　十五世

演——守世——聖住臺灣

啓

果奚——三叔公——妹——發——達

鶯

果滂

東銘

果茈

果華

果茂

惟長

- 師詢
  - 偕萱
    - 文寵
  - 偕香
    - 文震
      - 成
        - 全
- 師道
  - 偕藩
- 師德
  - 偕矩
  - 偕榮
    - 佛勇
      - 竑
      - 旺
      - 潔

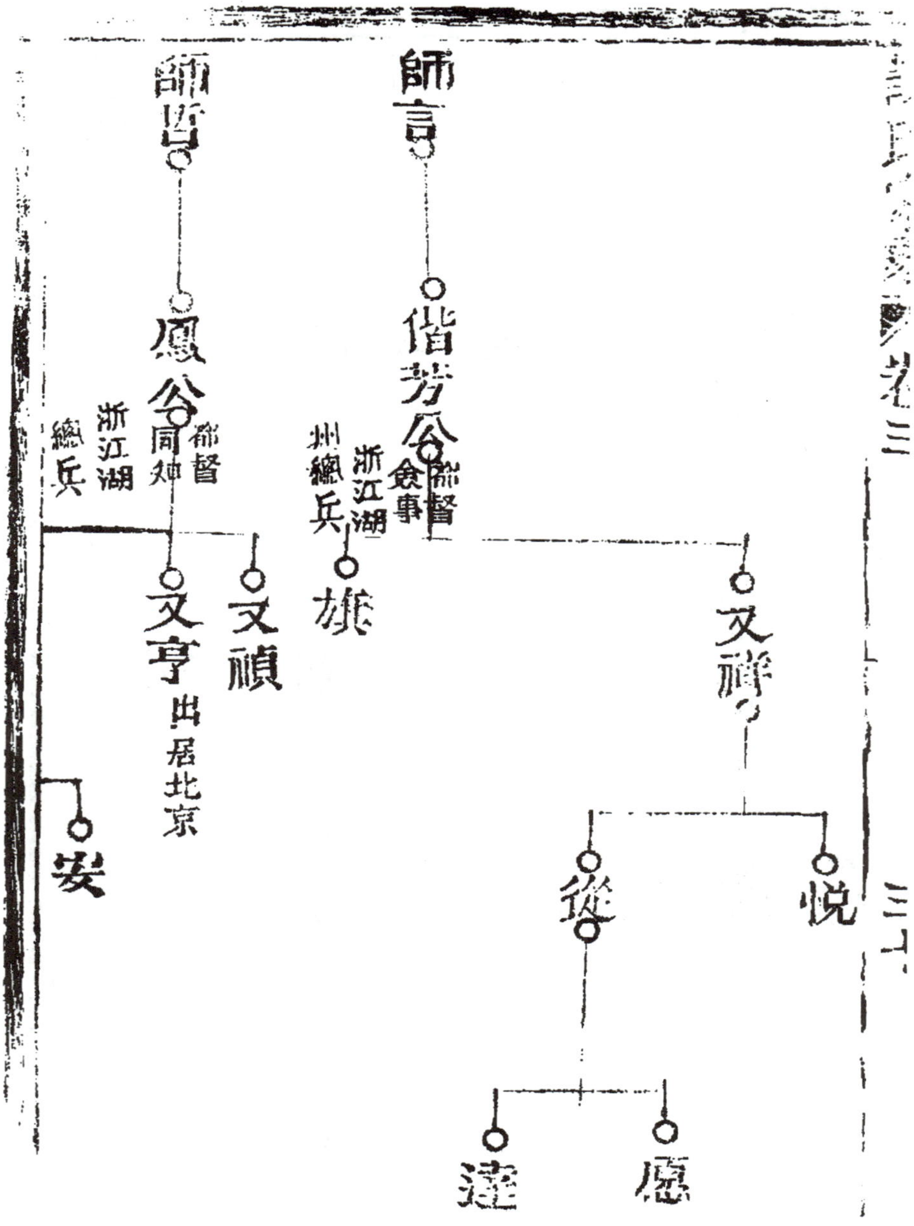
師哲
鳳谷
都督同知
浙江湖總兵
文亨
出居北京
文禎
安
師言
偕芳谷
都督僉事
浙江湖州總兵
雄
文禪
燧
悅
達
愿

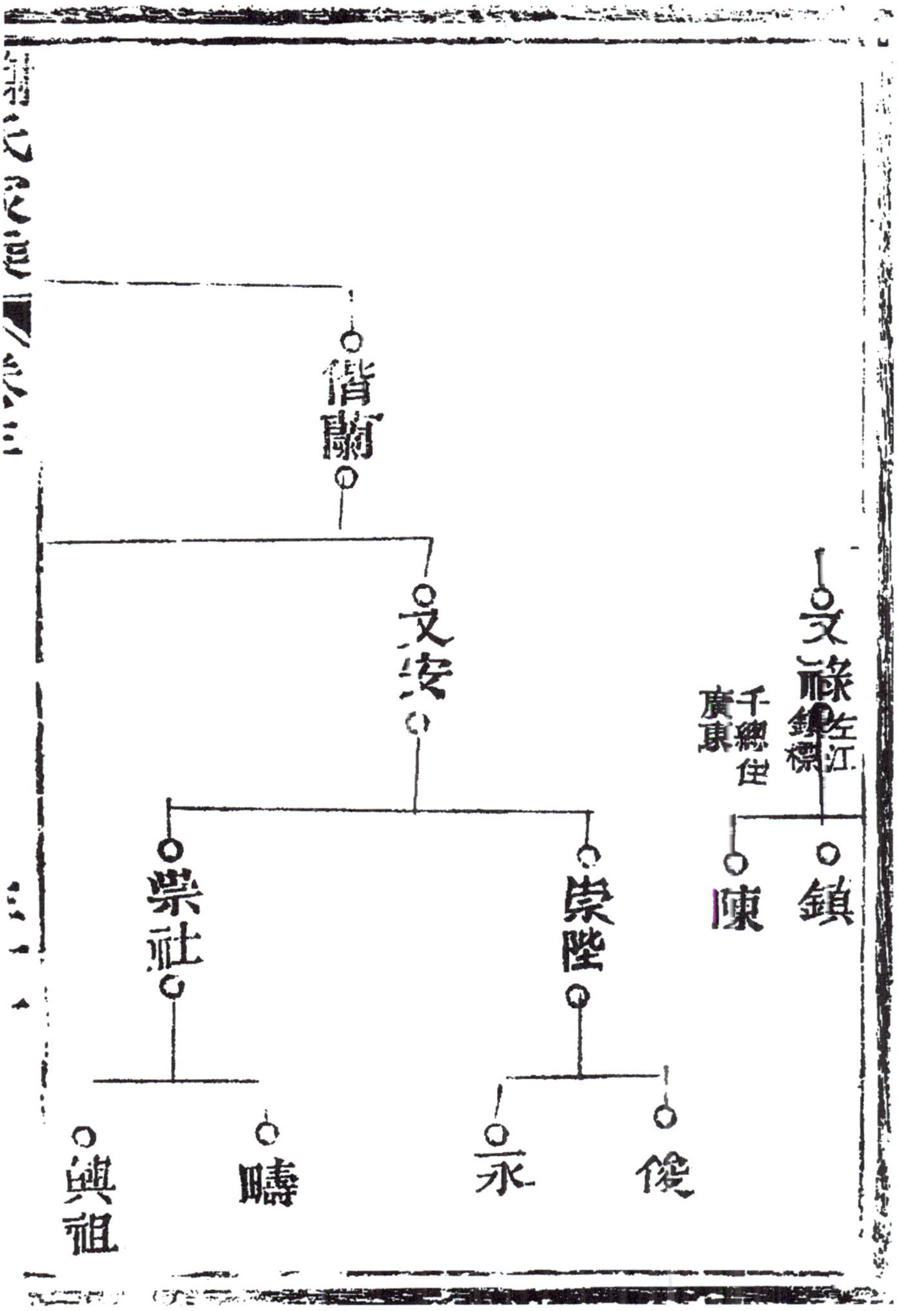
偕
文洝
崇社
崇陛
與祖
疇
永
俊
文祿
江左鎮標千總住廣東
鎮
陳

師汝 學庠全

文泰

偕芝

文彩

嗣子崇基 本生父士信

傳

纘光

文立

崇坡

正

量

喬

禹

崇璽　崇垣

贊　圭　参　陳　廣　麟　雷　絕龍　光

文爵公 新會游擊 廣海州參將

崇墉

東 生斈

耀

崇攦

祝

嵩

佛

鵬

輝

元

蚪 出嗣

嗣子魁　本生父崇墀

崇墀

晤　威　卬　臨　克

師範

師孛

偕虁

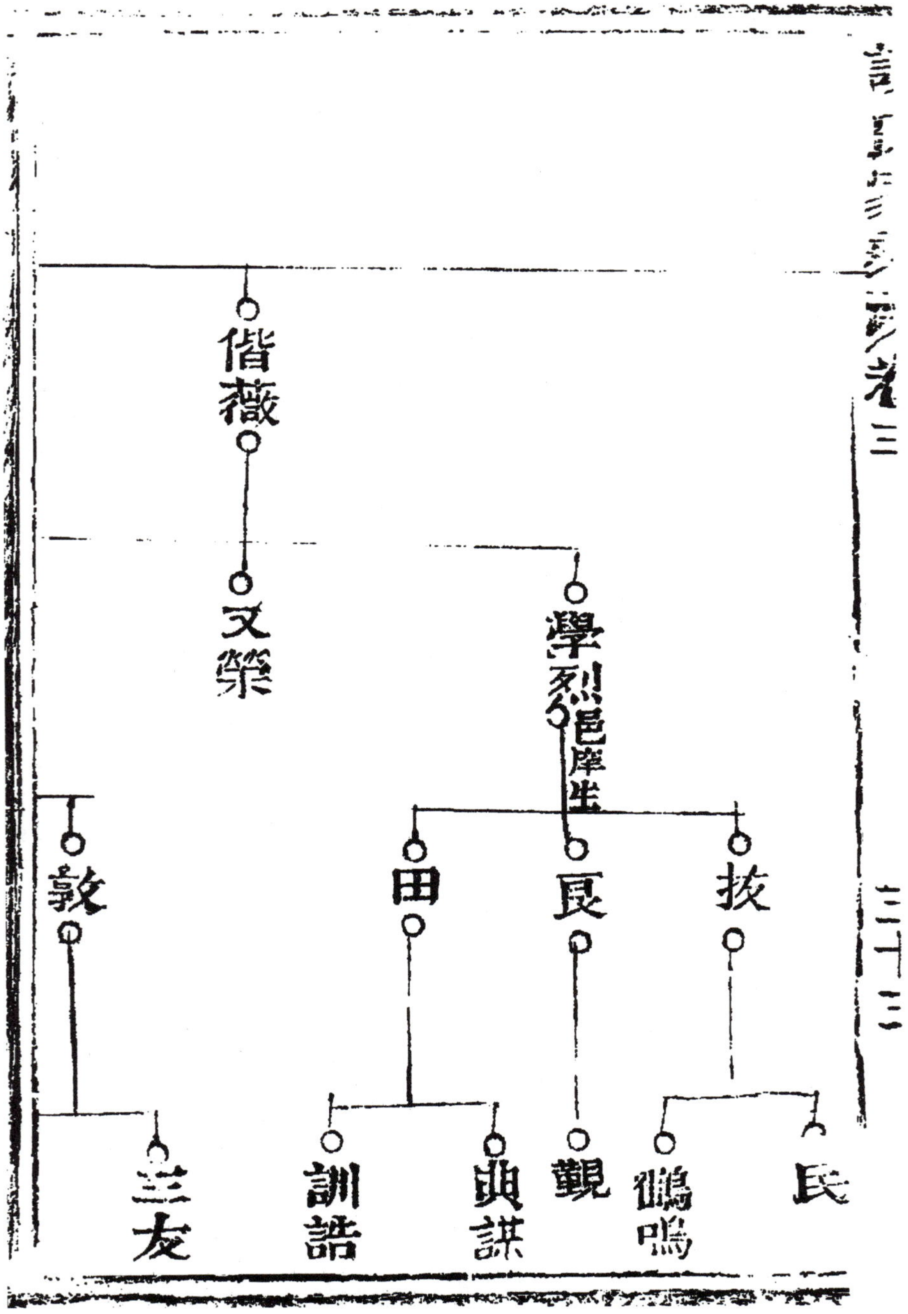
卷三
三十三
偕薇
文榮
學烈 邑庠生
敦
田
良
抜
三友
訓語
貞謀
觀
鶴鳴
民

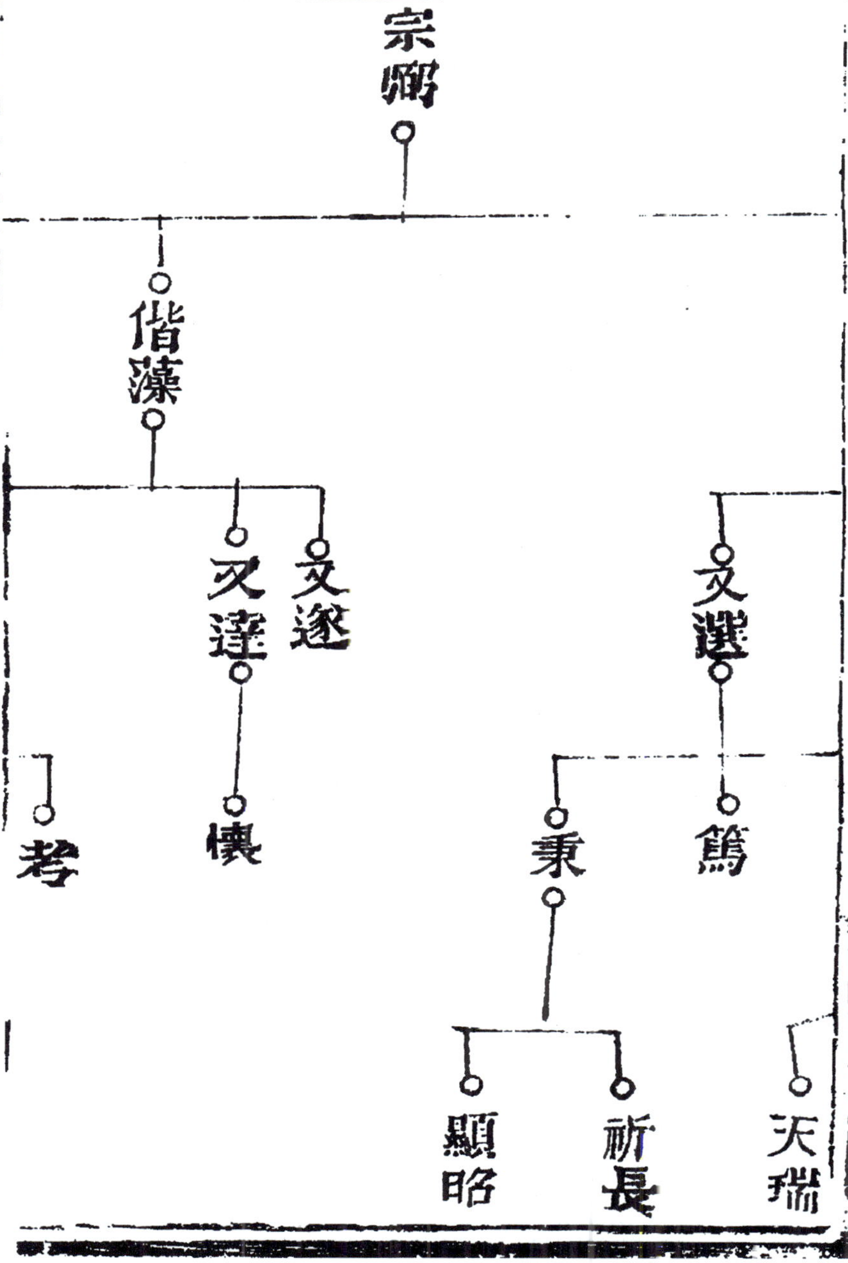
宗鄉
偕藻
文達
文遂
懷
考
文選
雋
秉
顯昭
祈長
天瑞

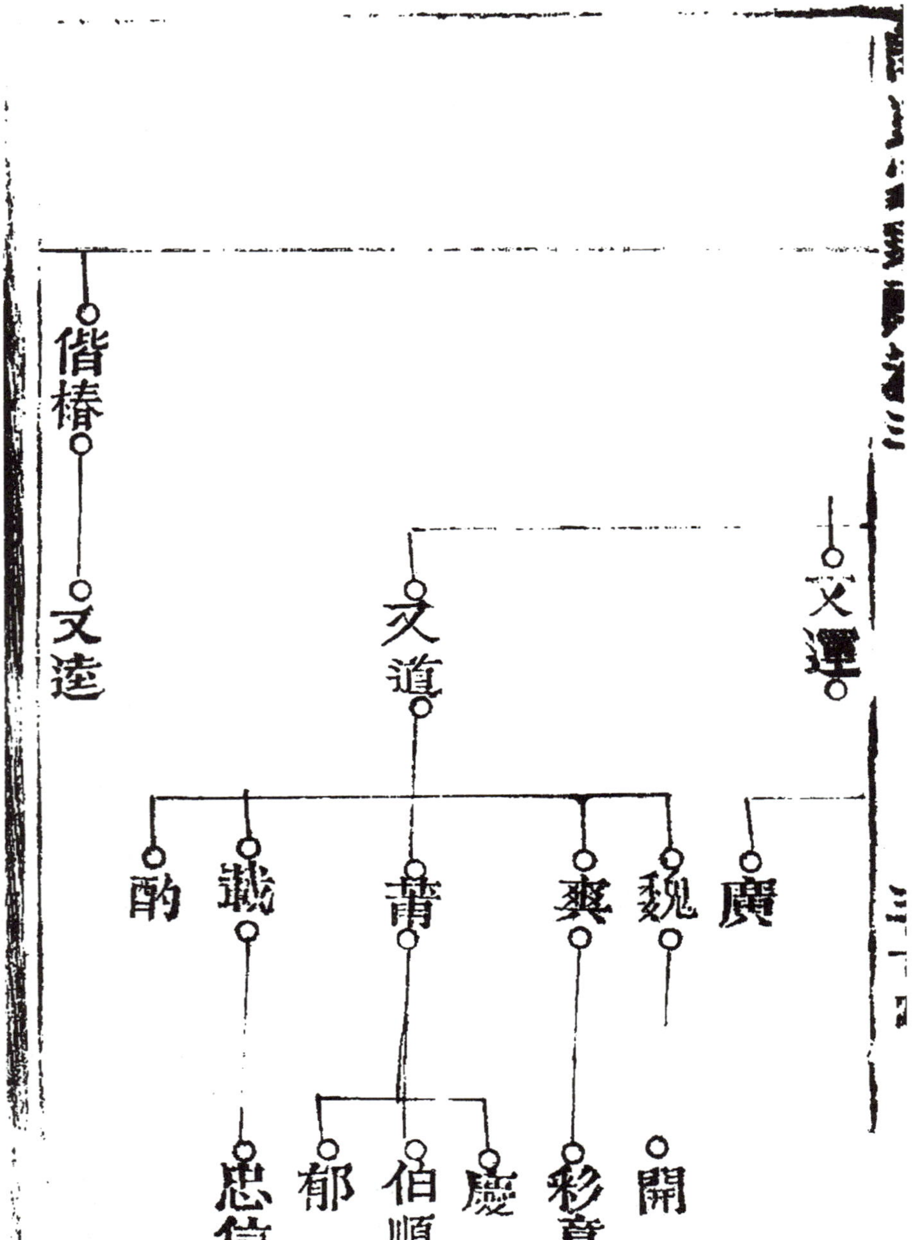
偕椿
文逵
文道
文運
酌
巇
菁
爽
魏
廣
忠信
郁
伯順
慶
彩章
開

六　十五世　十六世　十七世　十八世　十九世

衷榮 — 英姐

道寧

道安

德祿 — 仁澤 — 祖 — 發山、發衍

發山 — 嗣子 泉 本生父發衍

發衍 — 出嗣 泉

許氏家乘　卷三

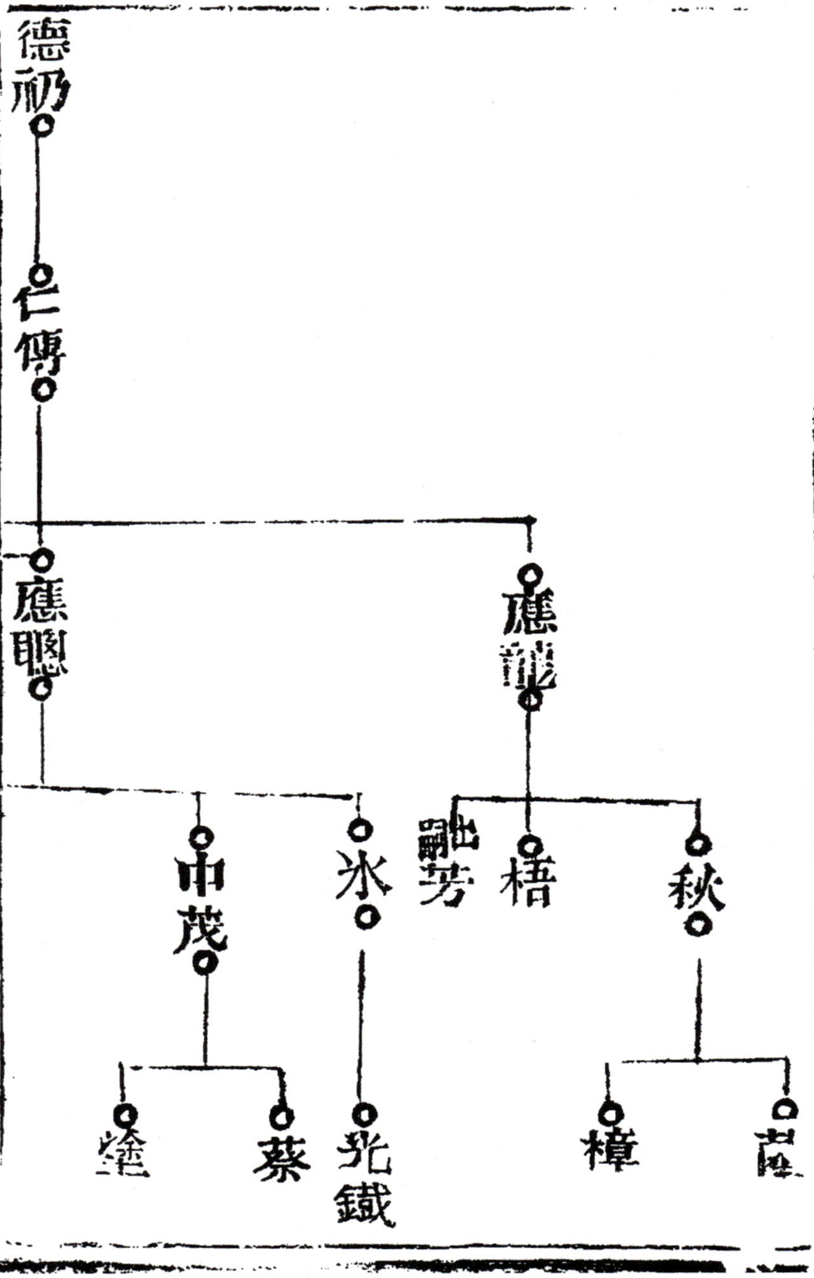

三十五

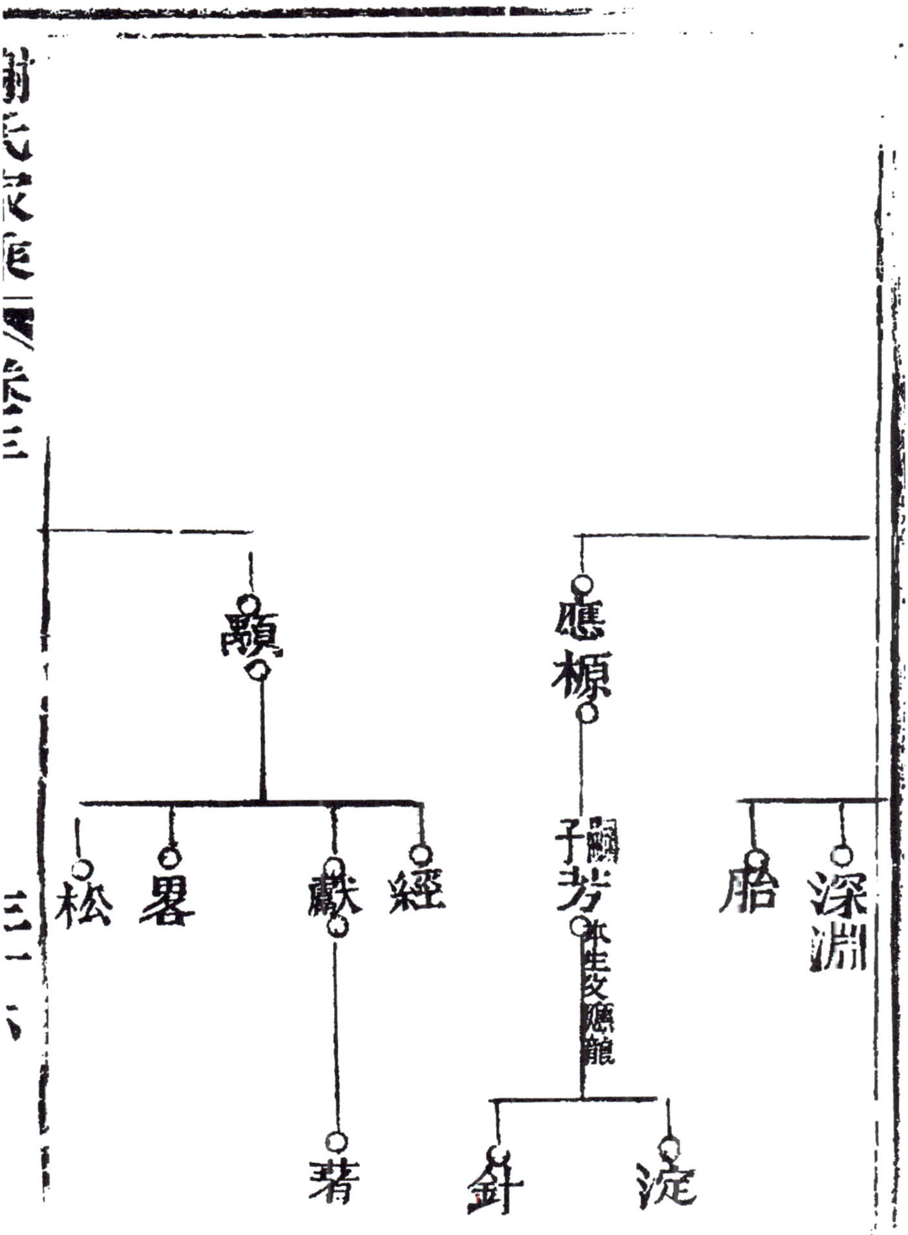

顒
松
晷
獻
經
菁
應榞
子芳
本生父應龍
針
淀
舟台
深淵

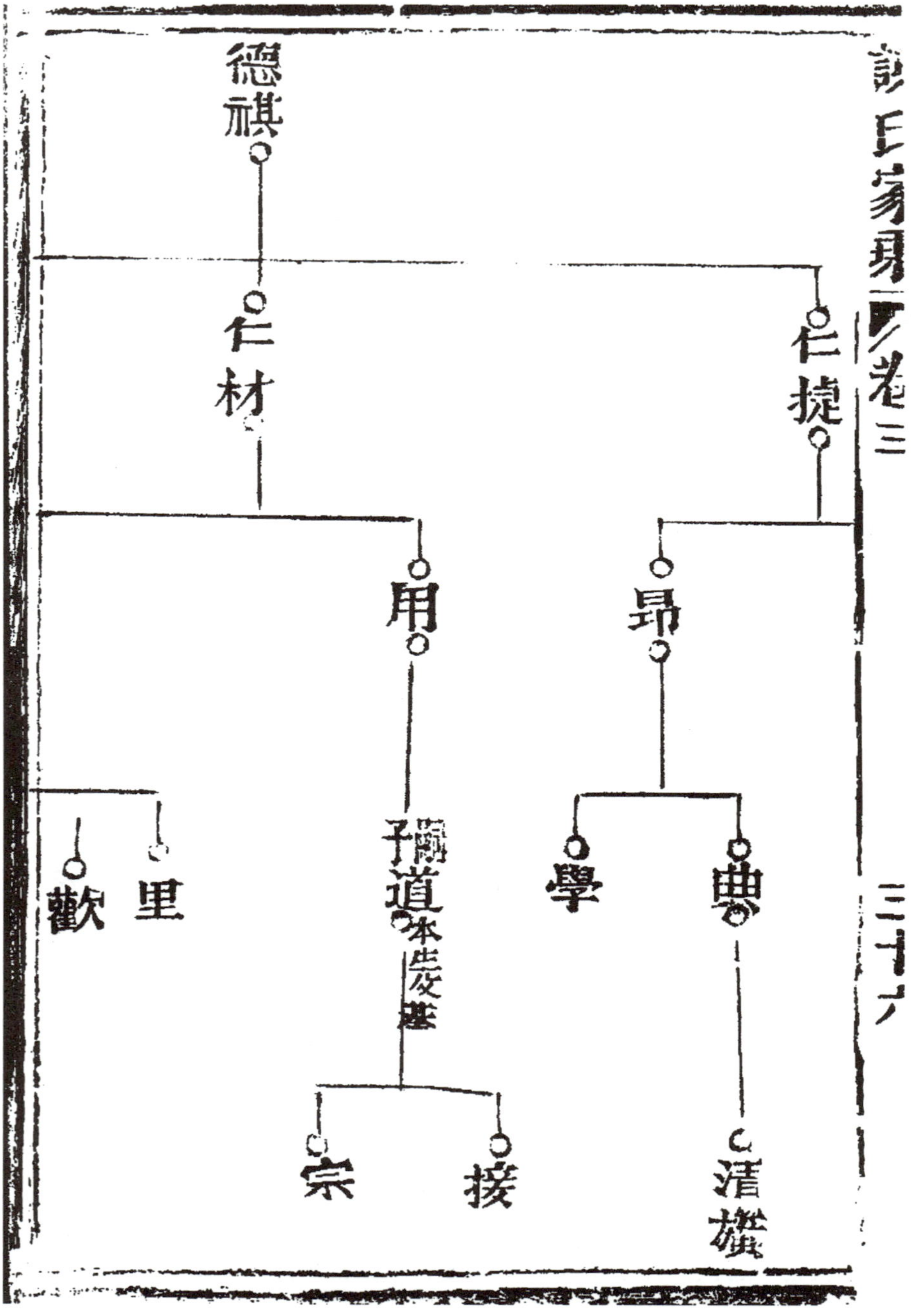
彭氏家譜卷三
三十六
德祺
仁材
仁捷
用
昂
嗣子道
本生父[illegible]
學
典
里
歡
宗
接
清旗

仁明

基

笅

光奎

逌 出嗣

闇

海星

瑞

拔

紹

吉 嗣子 本生父耀

葵 嗣子 本生父逑

耀

吉 出嗣

德袖

遠

石

融（出）奕

斗

淯

喬

參

贊

淵

登科

廣脩

果

廣財

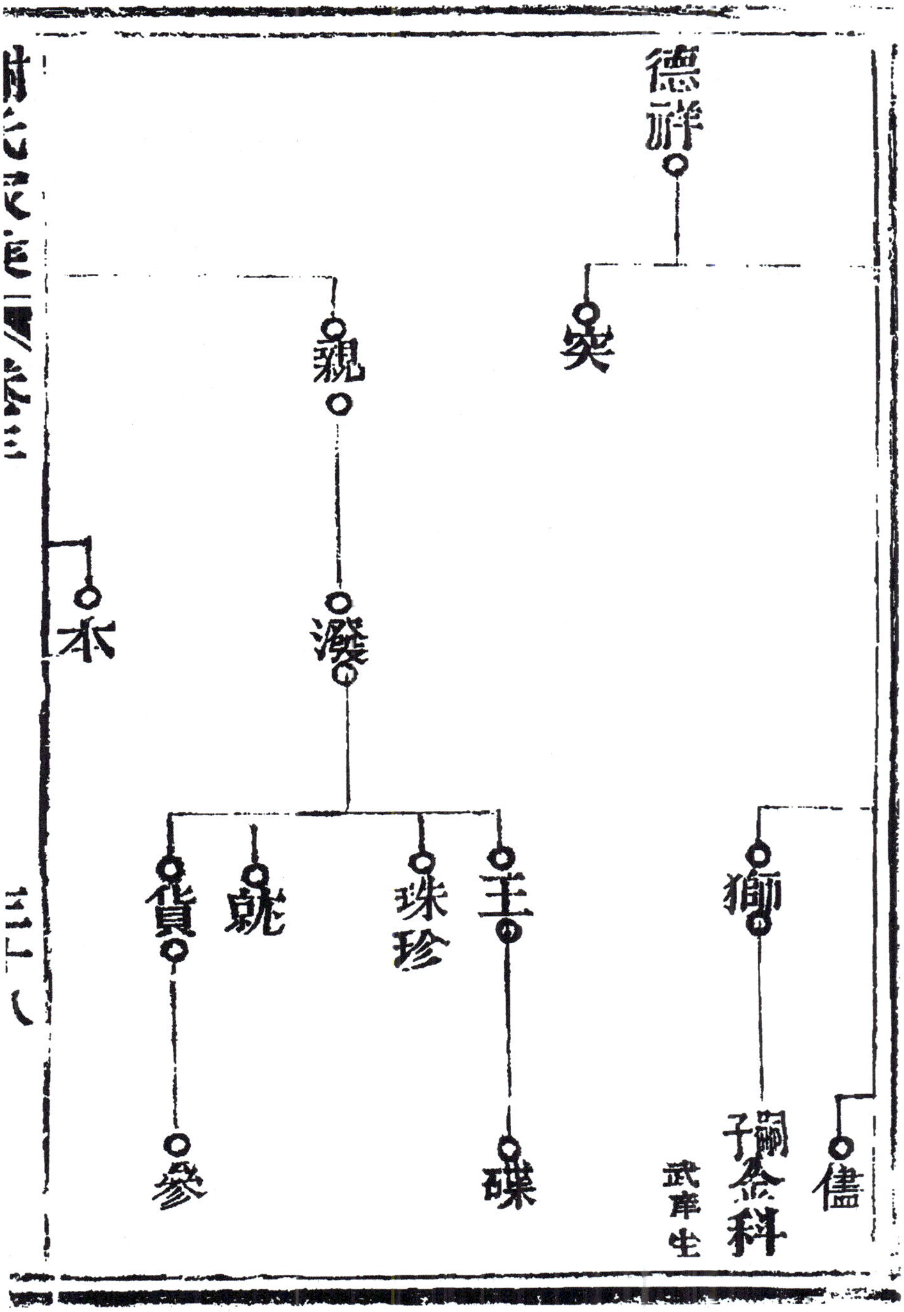
德祥
奐
親
瀠
本
貨
珠珍
主
參
獅
嗣子
僉科
武庠生
儘

德祐

養
- 出嗣 立
- 春
  - 陳
  - 出嗣 混

任
- 瓜來

賜
- 嗣子 立 本生父養
- 嗣子 混 本生父春

德禎

德祚
- 魏
- 韓
  - 前

秦

詩　對

嗣子由天本生父對　生　出丑天　牡

嗣子笑本生父牡　嗣子媽武本生父牡　媽鋏　媽沙　出嗣笑　出嗣媽武　出嗣媽寶

復旦

嗣子媽實　本生父壯

媽忠

德禮　妙

祖

強

嗣子第　本生父固

周

固

嗣出第

元

蘇

森

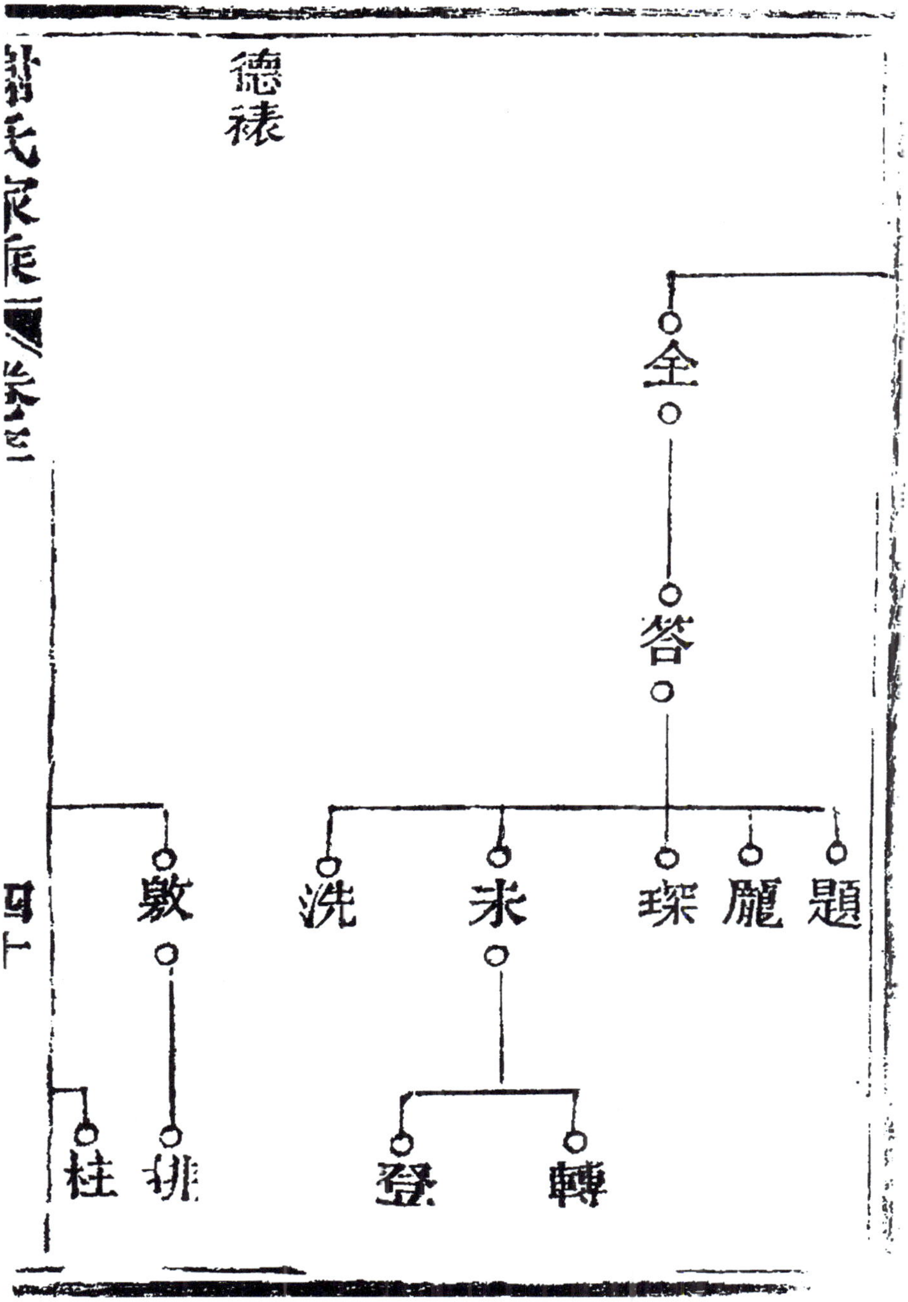
謝氏家乘圖卷三
德褒
全
答
題
龍
琛
來
洗
數
登
轉
排
柱

德裕

仁標

錦

嗣子 徵 本生父聖

懷

聖

正

出繼 徵

照

房

嗣子 康 本生父照

灶

出繼 康

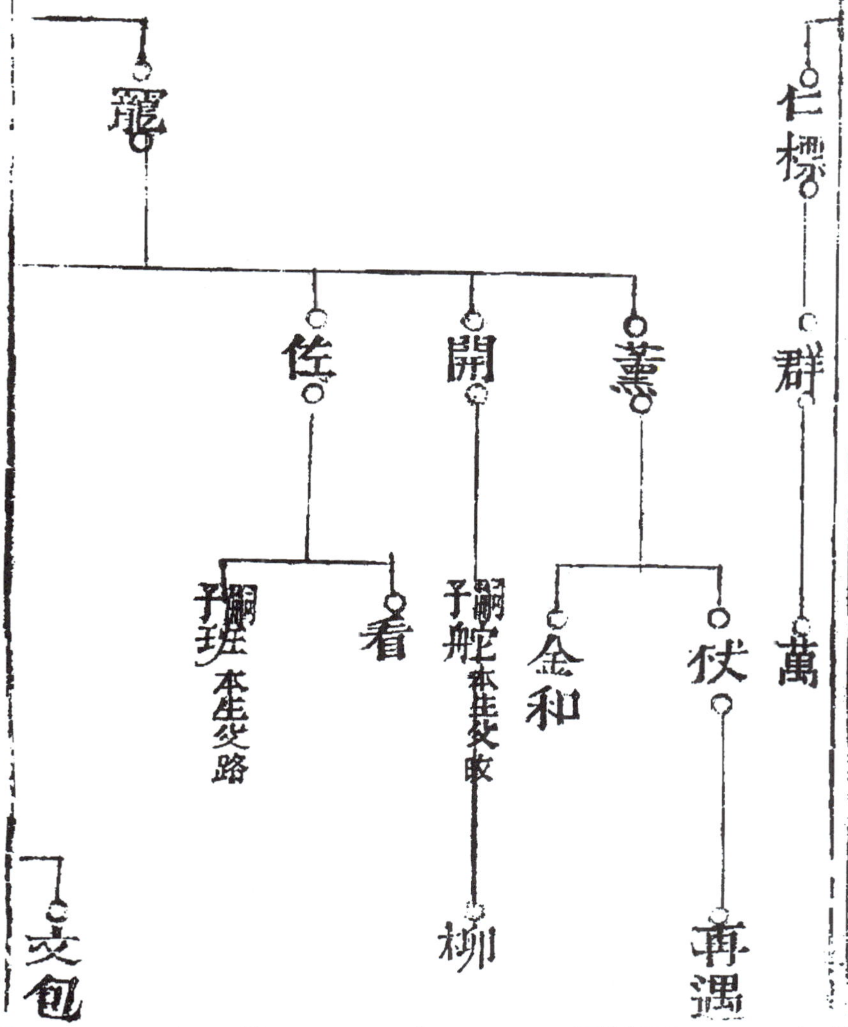
仁標
群
萬
寵
薰
伏
再遇
金和
開
嗣子舵 本生父敢
柳
佐
看
嗣子班 本生父路
文包

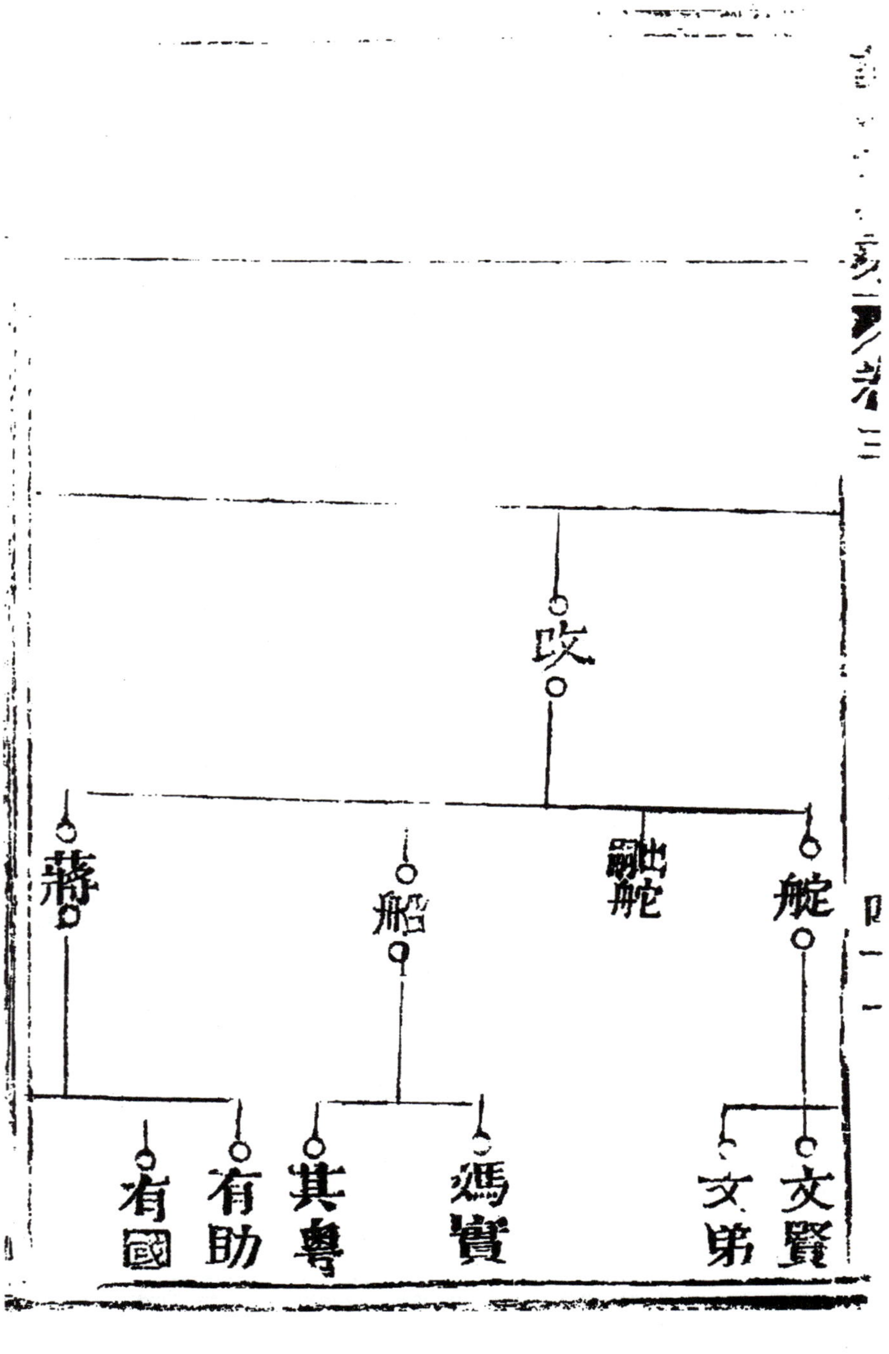
吹
艚
船
融舵
艇
有國
有助
其粵
馮賓
文弟
文賢

殿

路

玉　嗣瑝　三綱

提

爽

懷

爵

劍

頂欽　步

有仁　有才

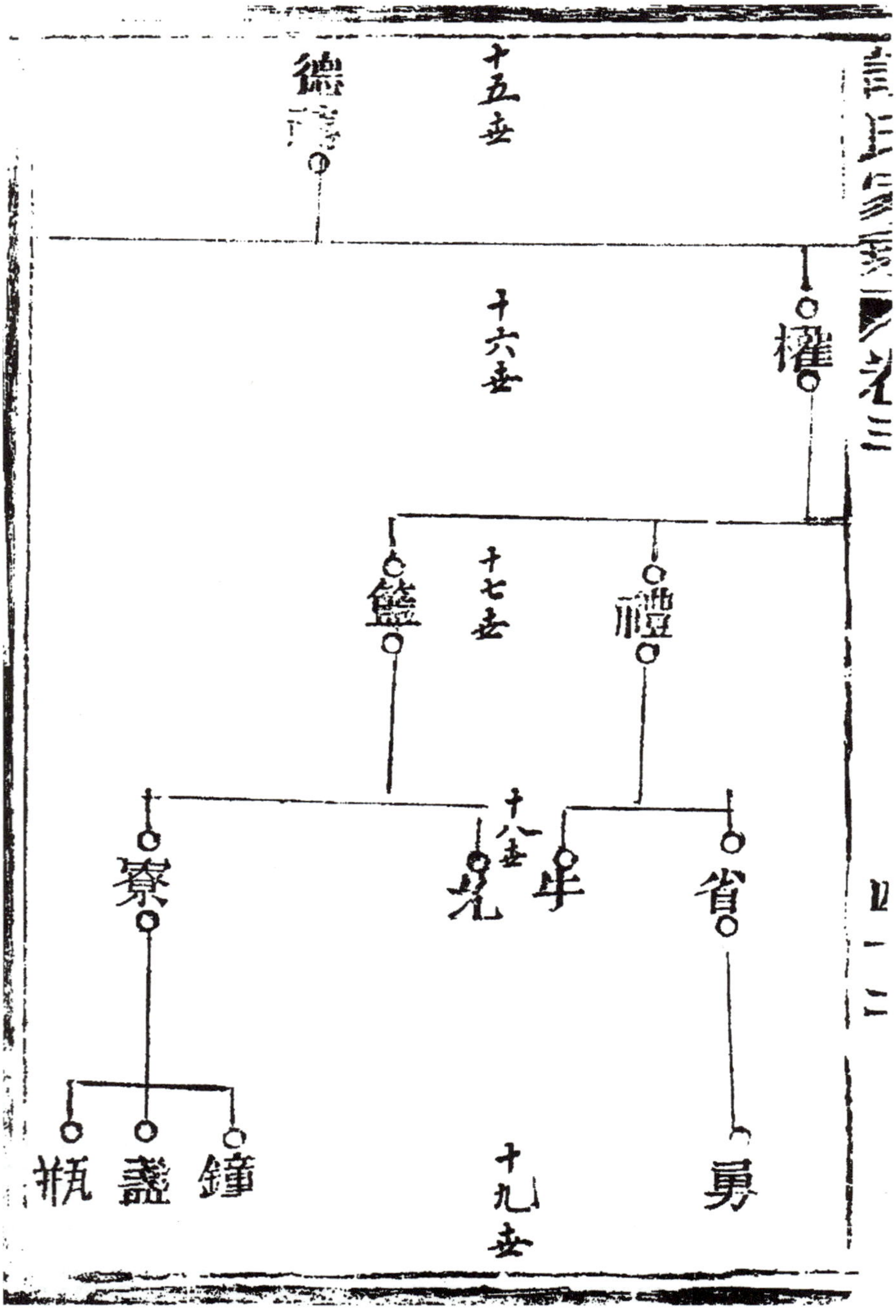
十五世
德
十六世
權
十七世
禮
十八世
省
十九世
鐘
勇

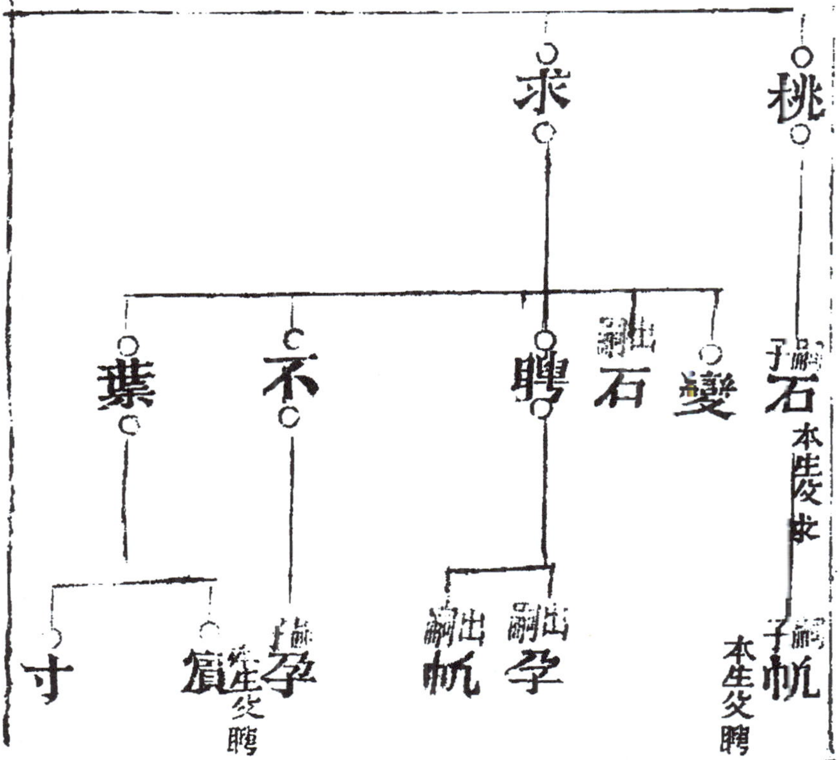

桃
求
石 嗣子 本生父求
變
石 出嗣
聘
不
葉
杭 嗣子 本生父聘
孚 出嗣
杭 出嗣
孚 嗣子 本生父聘
債
寸

龍上家譜　卷三　四十三

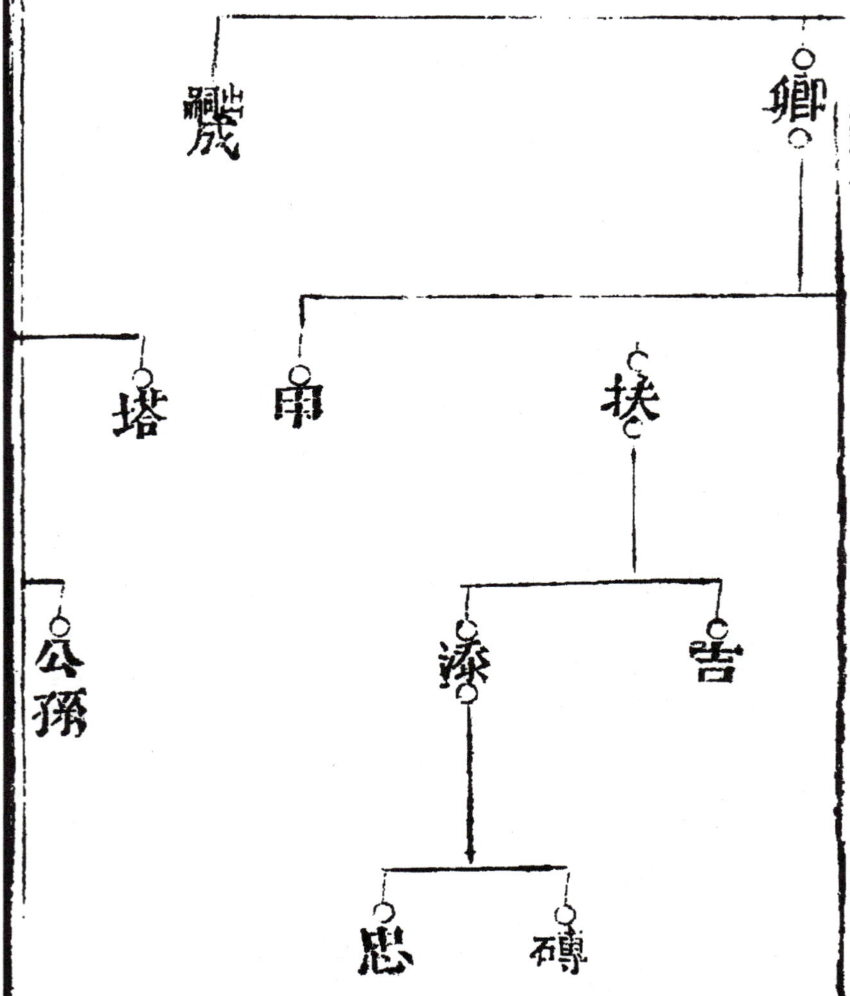

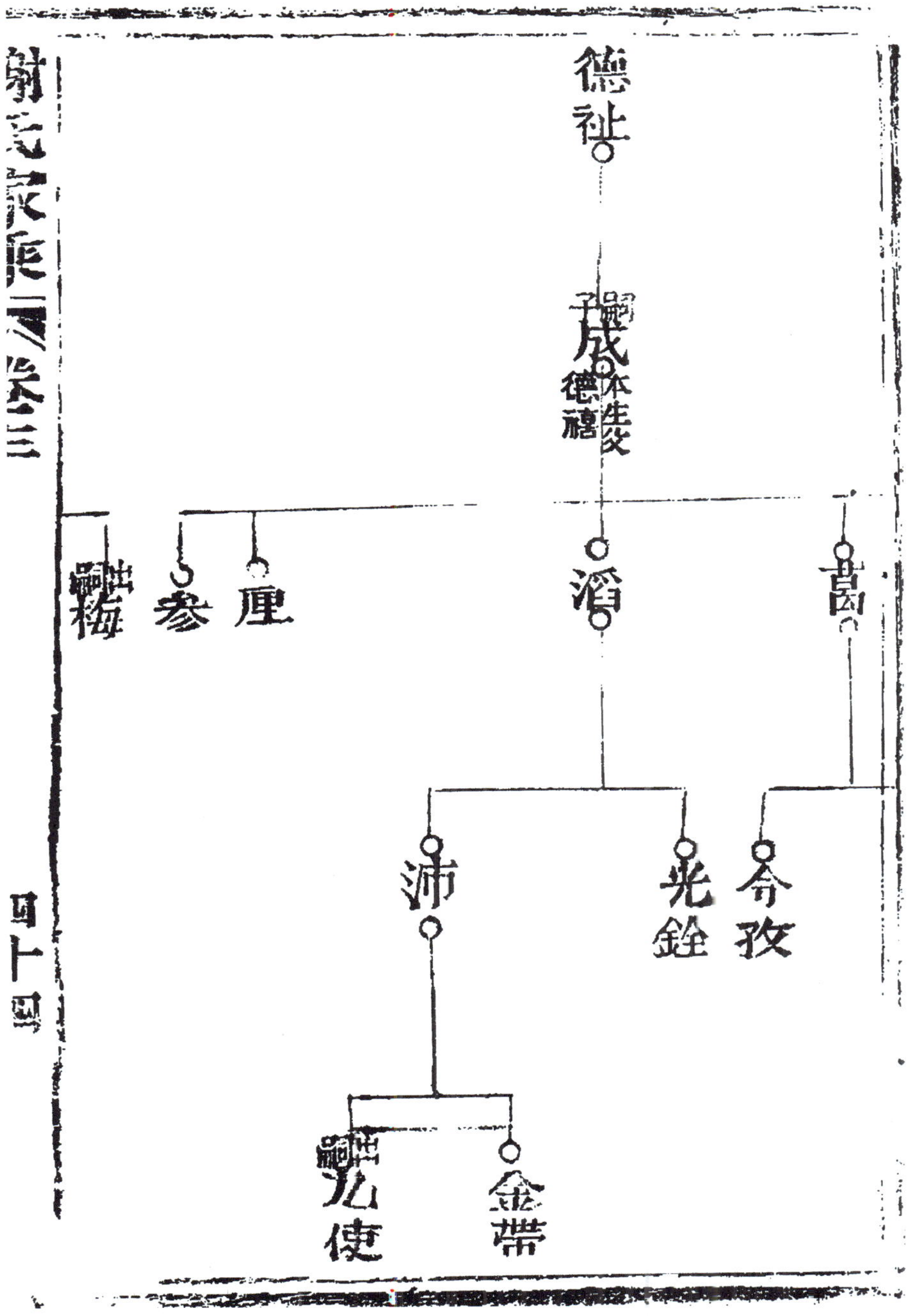
謝氏家乘三　卷三
德祉
嗣子
成段
本生德禧
滔
嵩
梅 出繼
参
厘
沛
光銓
令孜
弘使 出繼
金帶
四十四

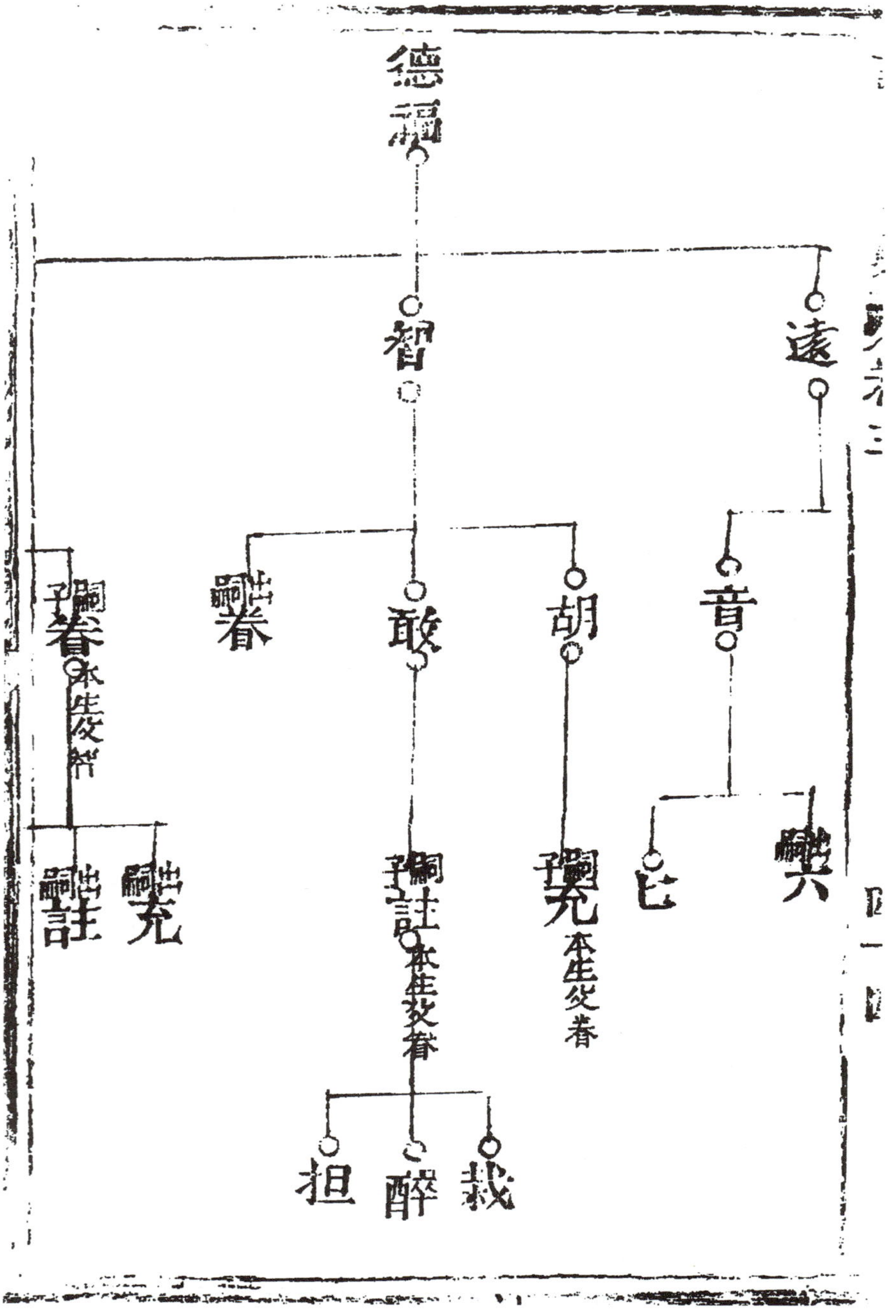
德福
智
遠
出嗣春
敢
胡
音
嗣子春
本生父智
出嗣註
出嗣充
嗣子註
本生父春
嗣子充
本生父春
巳
出嗣六
担
醉
裁

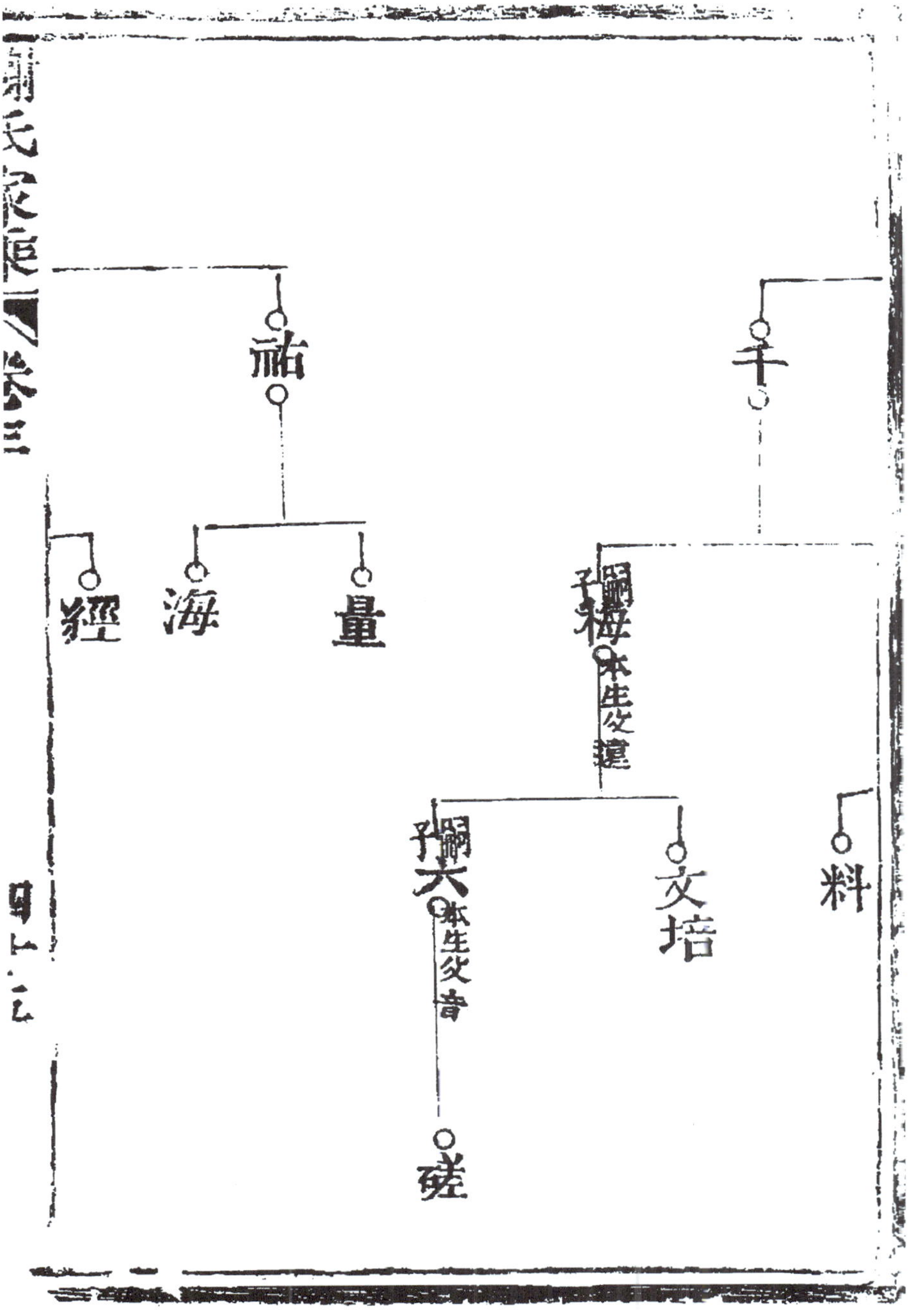
千
祐
經
海
量
嗣子梅
本生父逮
料
嗣子六
本生父音
文培
磋

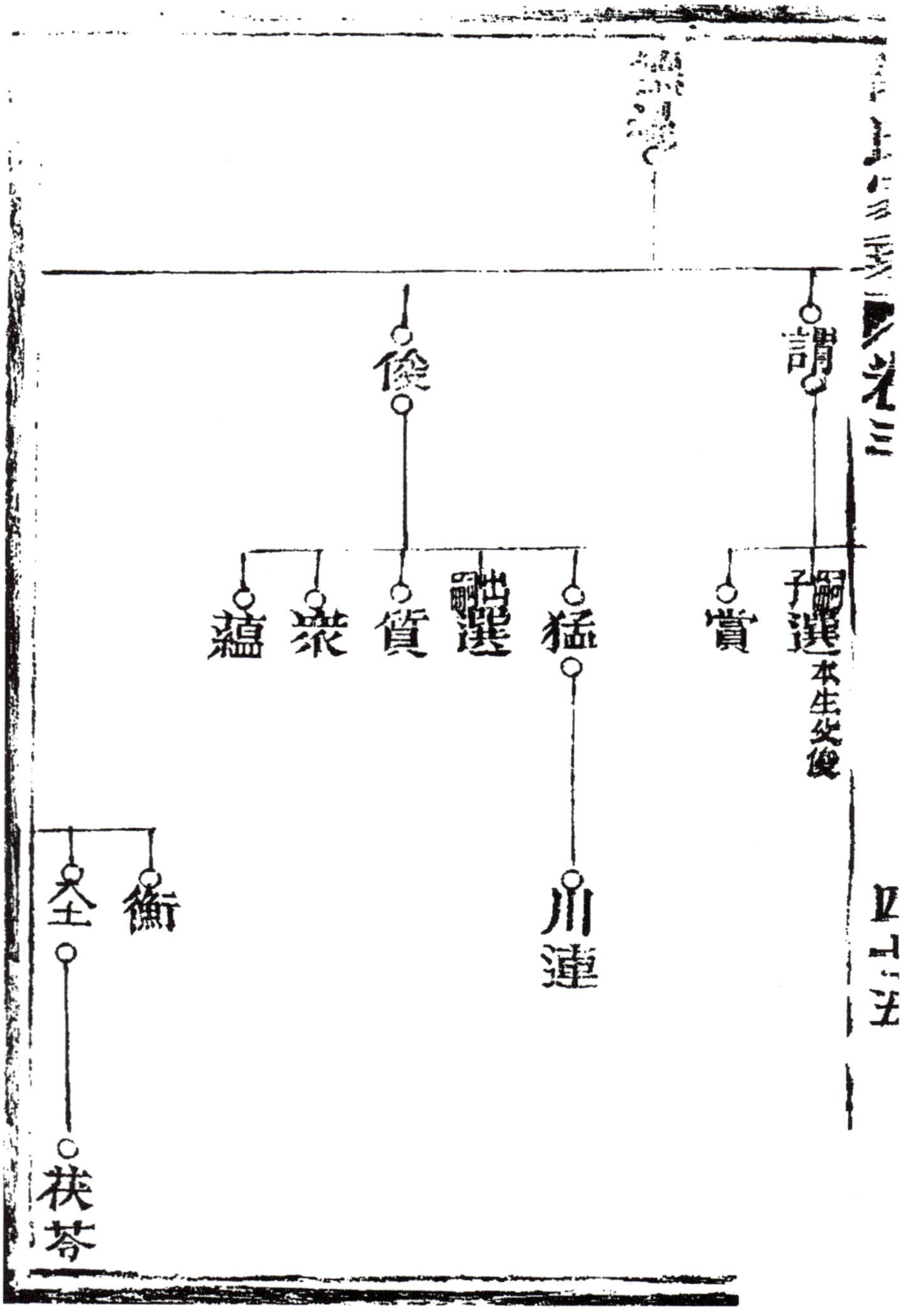
卷三
謂
俊
嗣子選
本生父俊
賞
出嗣選
猛
質
崇
蘊
川達
衢
全
茯苓

雙輝

九　　讀　　談

相　道　儀　恒　出嗣盤　董　嗣子盤（本生父讀）　嗣子付（本生父談）

烏鍾　　井　　樞　　巳

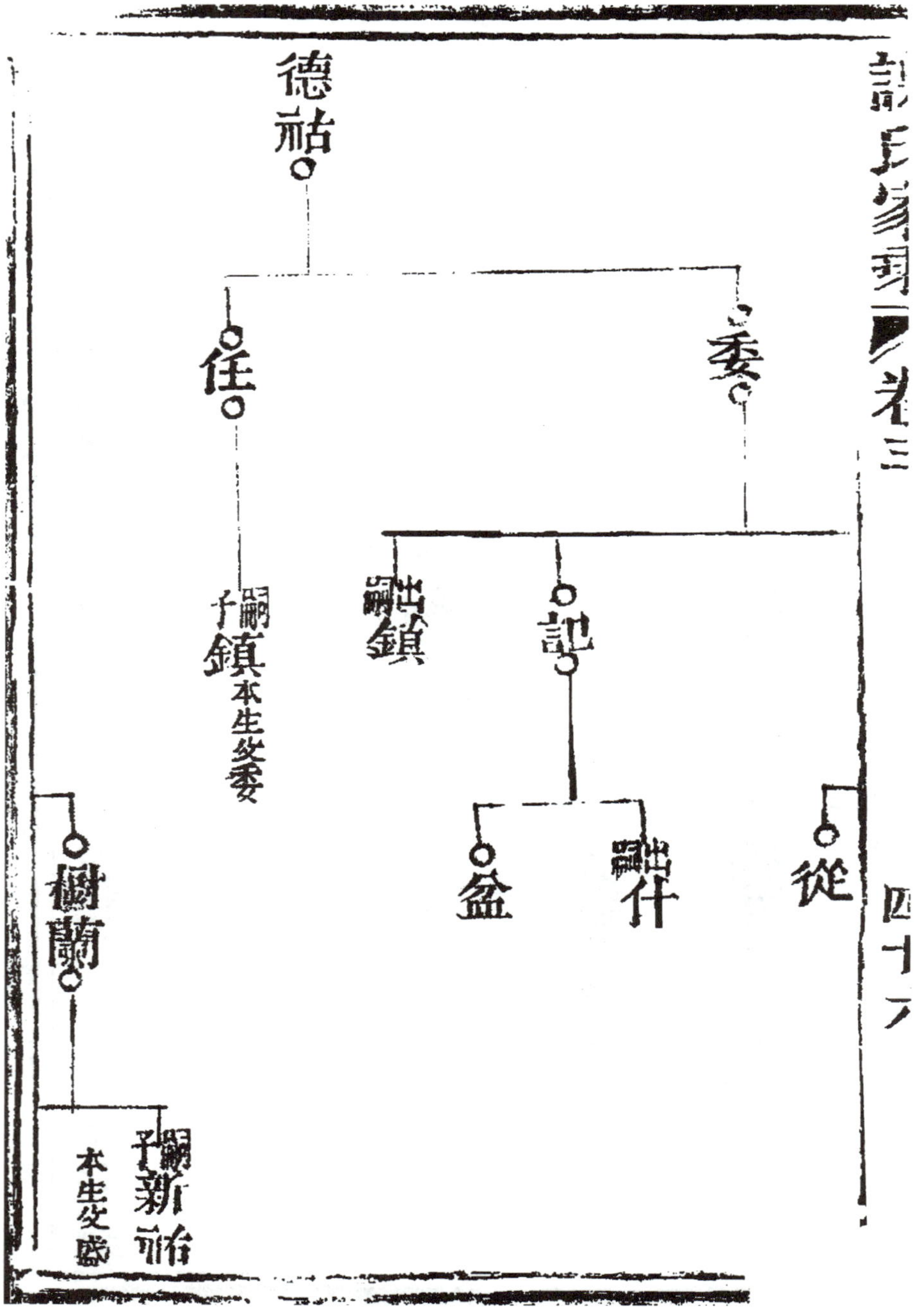
德祐
佺
委
嗣子鎮 本生父委
出嗣鎮
記
益
出嗣什
從
樹蘭
嗣子新裕
本生父盛
卷三
四十八

十五世　十六世　十七世　十八世　十九世

- 德諒（十五世）
  - 嗣子 海（本生父啟東）
    - 聯水（十七世）
      - 官蘭（十八世）
      - 百儀（十九世）
    - 聯提
      - 振文
- 應洲
  - 光紹
  - 光琛
  - 光榮
    - 兒
    - 來

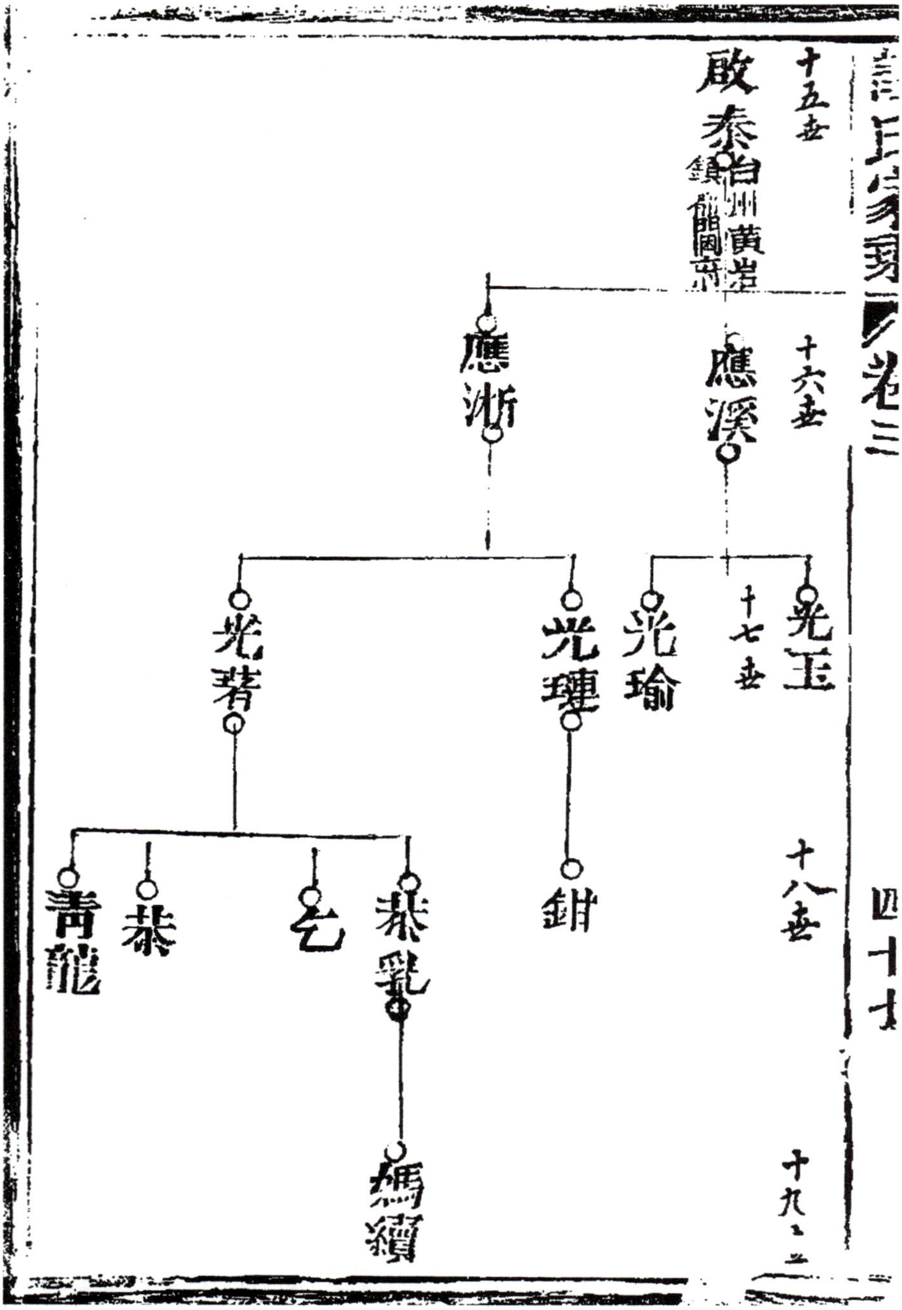

十五世
啟泰
台州黃岩
十六世
應溪
應浙
十七世
光玉
光瑜
光璉
光著
十八世
鉗
恭
乞
青龍
十九世
媽纘

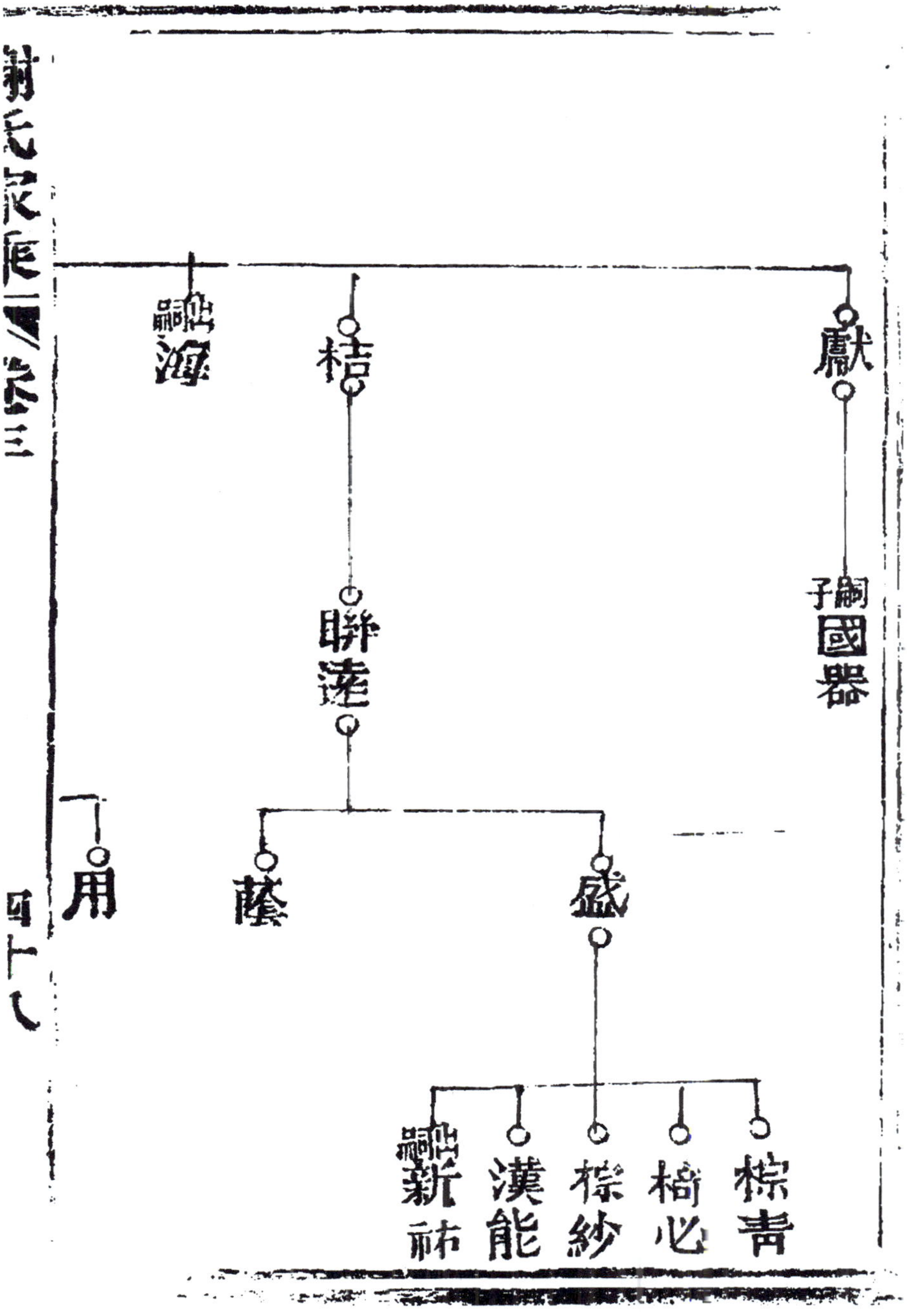
謝氏家乘/卷三
四十七
嗣出
海
桔
獻
聯逵
嗣子
國器
用
蓁
盛
嗣出
新祐
漢能
棕紗
椅心
椋青

高氏家譜　卷三

啟[illegible]

湖
聯魁
勇
興
然

瀕
嗣子
國長

泮
嗣子
聯甲
本生父卿
芳衛
芳德
芳卿

聯彩
等騫

四十八

下寨

灔
福　觀　祿
觀——眷

旺虎
恩　嗣子　本生父旺龍
焕　嗣子　本生父蔡
綬
衍
贊——宗禮

啟哲

莊龍

恩（出嗣）　慶　立

柱　煥（出嗣）

世長　世輕　世劇

萬青　嫣愛　嫣惜

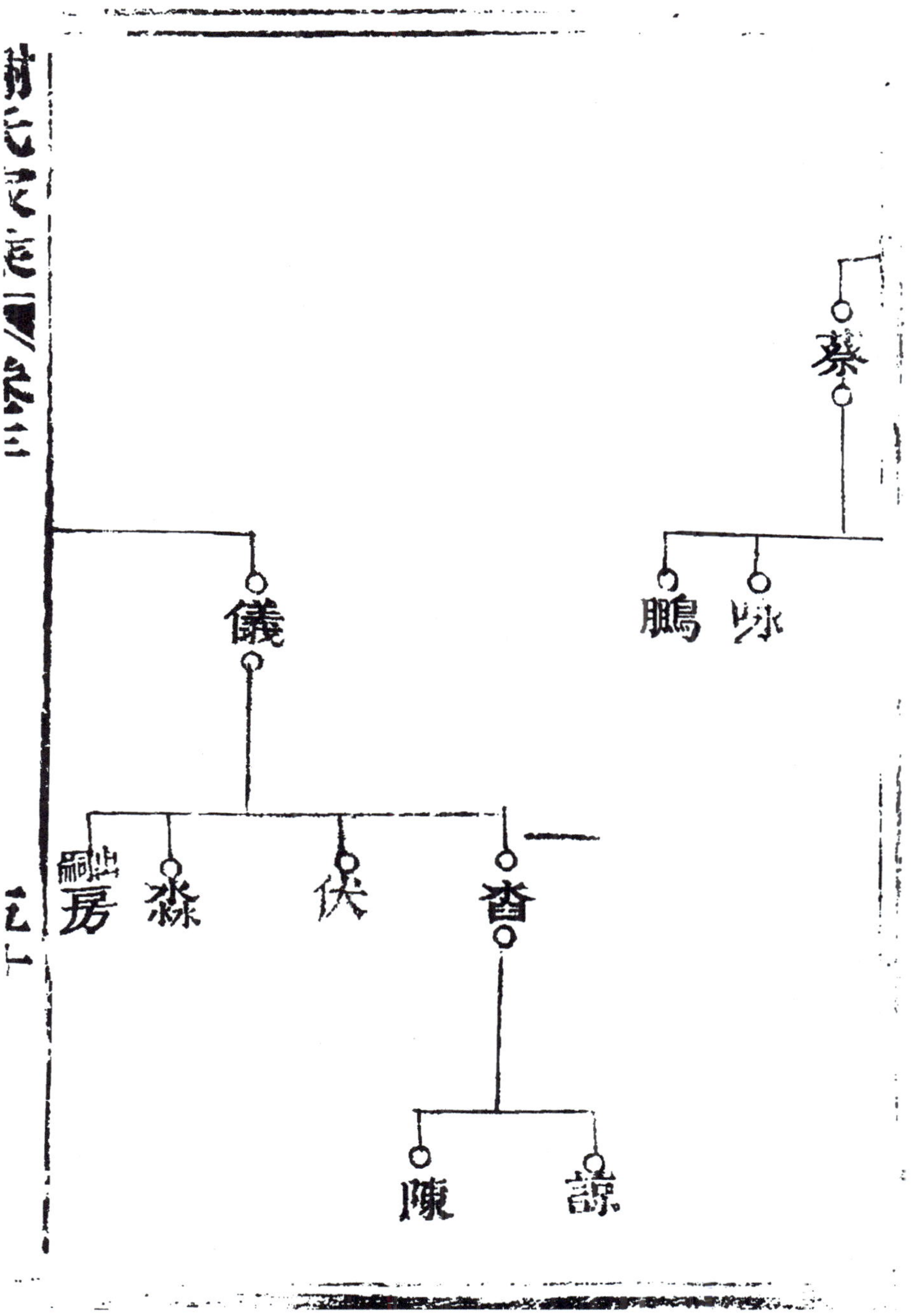
謝氏家乘卷三
綦
鵬
咏
儀
出嗣
房
淼
伕
沓
陳
諒

在

逞　暎　定

通國

迺翰　儒成　九梅

嗣子房（本生父儀）

得露

仲謨　懷安　朝陽　嗣子福來（本生父異）　開登

相

舉

瑪寧　添隆　天庇

甘寮　光桃　光看　光等　光明　光正　光李

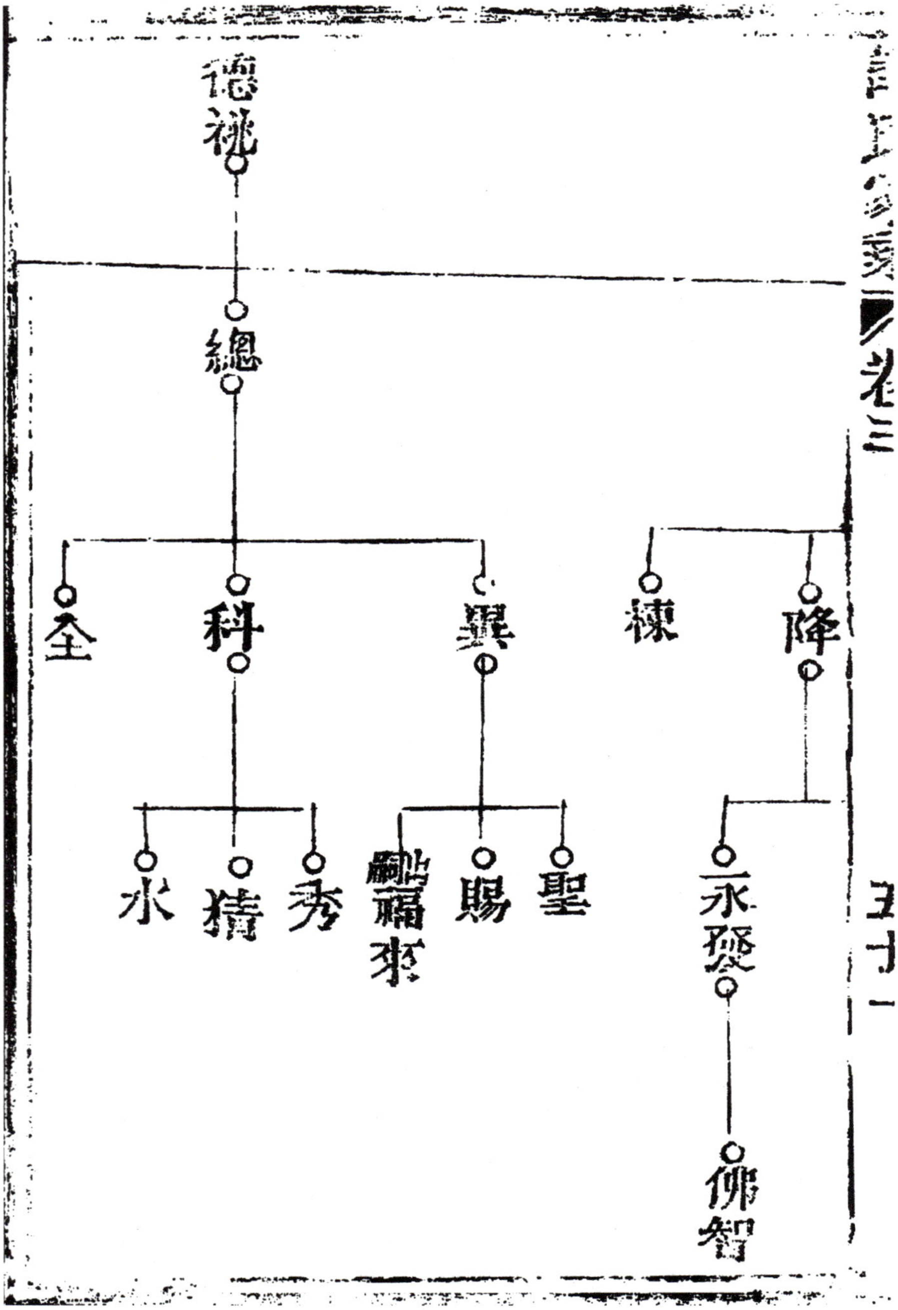
總
全
科
棟
降
水
秀
賜
聖
福來
永發
佛智
卷三
五十一

發　列　喜　愷　熊

前　孝　齋

啟齋　寬　神助

雙翥

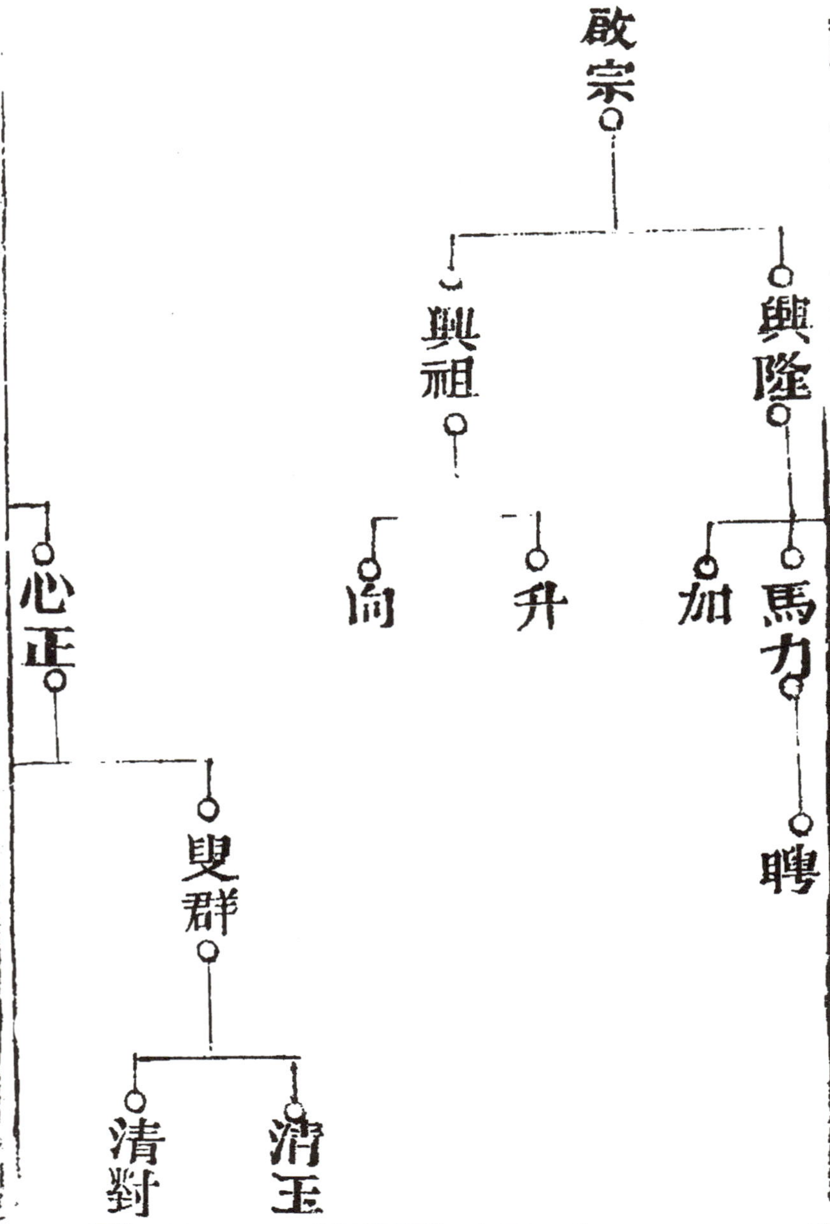
啟宗
興隆
興祖
馬力
加
升
尚
聘
心正
叟群
清對
清玉

端

祚

嗣子 薰 本生父畧

出嗣 誠

出嗣 澤

銀水

清妙　清存　清音　清黨

[illegible]卷三

署

薰（出嗣）

保旺

國貞

萬順（嗣子）（本生父昆）

汀

志

潘（出嗣）

亭

蘭

艷（嗣子）（本生父成）

冬瓜（嗣子）

五十三

啓宸

寶

本生父夏

昆

補

嗣子仁澤 本生父萬順

出嗣萬順

衽

嗣子仁潘 本生父萬順

歸來

永吾

高升

本笑

明輪

爽

嗣子誠 本生父祥

木本

以道

有道

出嗣小艷

無憂

員外

出嗣冬瓜

錫

敬宛

逮

光轍

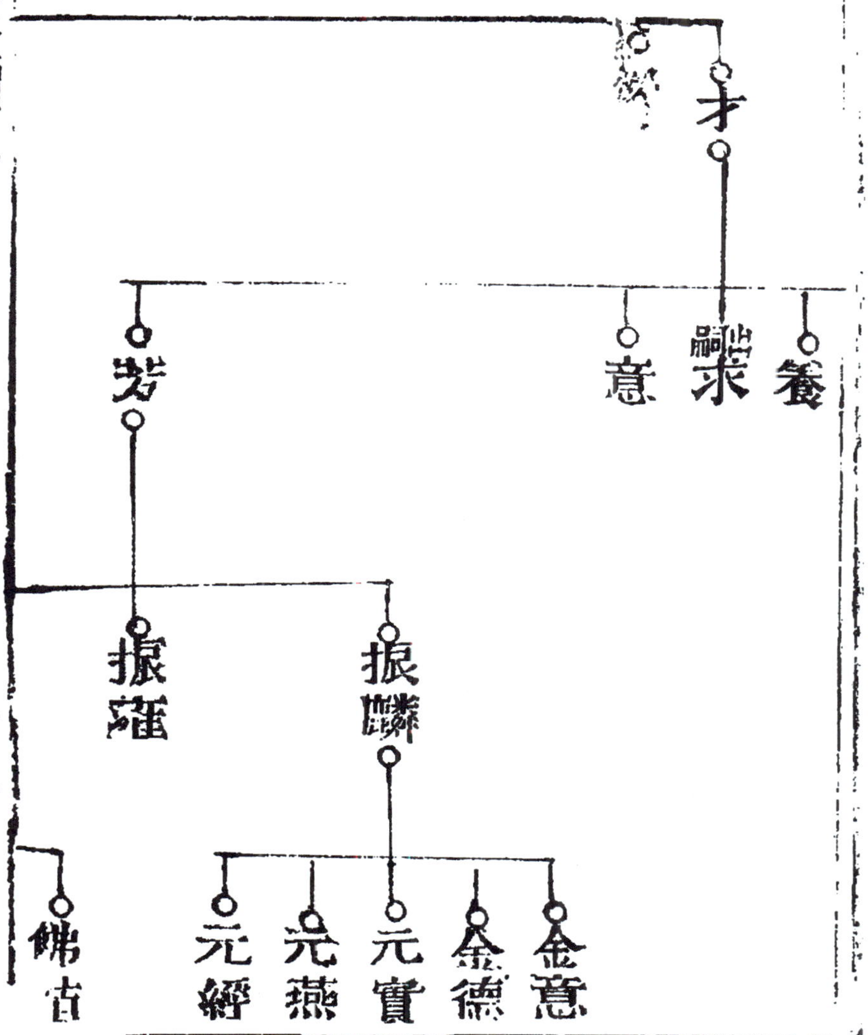
才
意
求
養
若
振疆
振麟
佛古
元纓
元燕
元寶
金德
金意

振香

佛家

佛記

佛印

佛傳

啟寔

壯

嗣子 求 本生父才

轉

源利

連

全

永

先覺

嗣子 清來 本生父知

出嗣 清來

十五世
愿

十六世
殿揚　[illegible]　梟珍

十七世
先知　先致　龐　仰

十八世
清羡　清晃　壹　光諒

十九世
樹　泉　徵[illegible]

孔章
- 光不
- 光論
- 尚文
  - 維哲

光眄
- 德利
- 德和
- 德美
- 德順
- 德發

振德

念賢

騰彪　景興　協興

振潘　嫣看　振泰　振偏　振樂

扶

光懷　光耀　繼瑞

正若

出嗣光燦
光威
佳祥
光勳

達
浦
嗣子光燦 本生父扶
潤
嗣子楫瑞 本生父扶
康
天生
容
位
文瑞
文隆
文章
田

俊

永老
嗣子棒　本生父興祖

疇
雙文
派宗

興祖
嗣棒
乞
祀
茅

註
嗣體

傳

衍　吟　廷

後

嗣子禮 本生父註

彔

出嗣啓

山

出嗣典旗

典兵

新巖

嗣子典雄 本生父彔

胥

光武

艷宗

𦬊

峰

吉

嗣子 啓 本生父延

光忠 — 垃齊

光宙 — 慶星

光應 — 嗣子 慶雲 本生父光周

嗣子 微竹 本生父光通

光輕 — 慶憐

出嗣 慶雲

德

孟侯　四祈

光周　光遜　六賽

[illegible]同

徵栶　徵竹（嗣出）　徵翰　徵芬　徵圃

允
- 鳳隨
  - 雍熙

雲
- 盛
  - 君深
  - 君水

参
- 瑪壽（嗣子，本生父賓）
  - 雙柑
  - 雙桃

- 瑪看
- 瑪蔭

贊
- 出嗣 瑪壽
- 瑪紫

鵬
- 湄
- 俊
- 出嗣 鑠
- 朝

輝
- 嗣子 傑 永生及鵬
  - 天生

注

謝氏家乘圖卷三

佛

神助

營

禹帝

結象

元

定國

應蓁

寶種

煥彩

文成

光哲

六十一

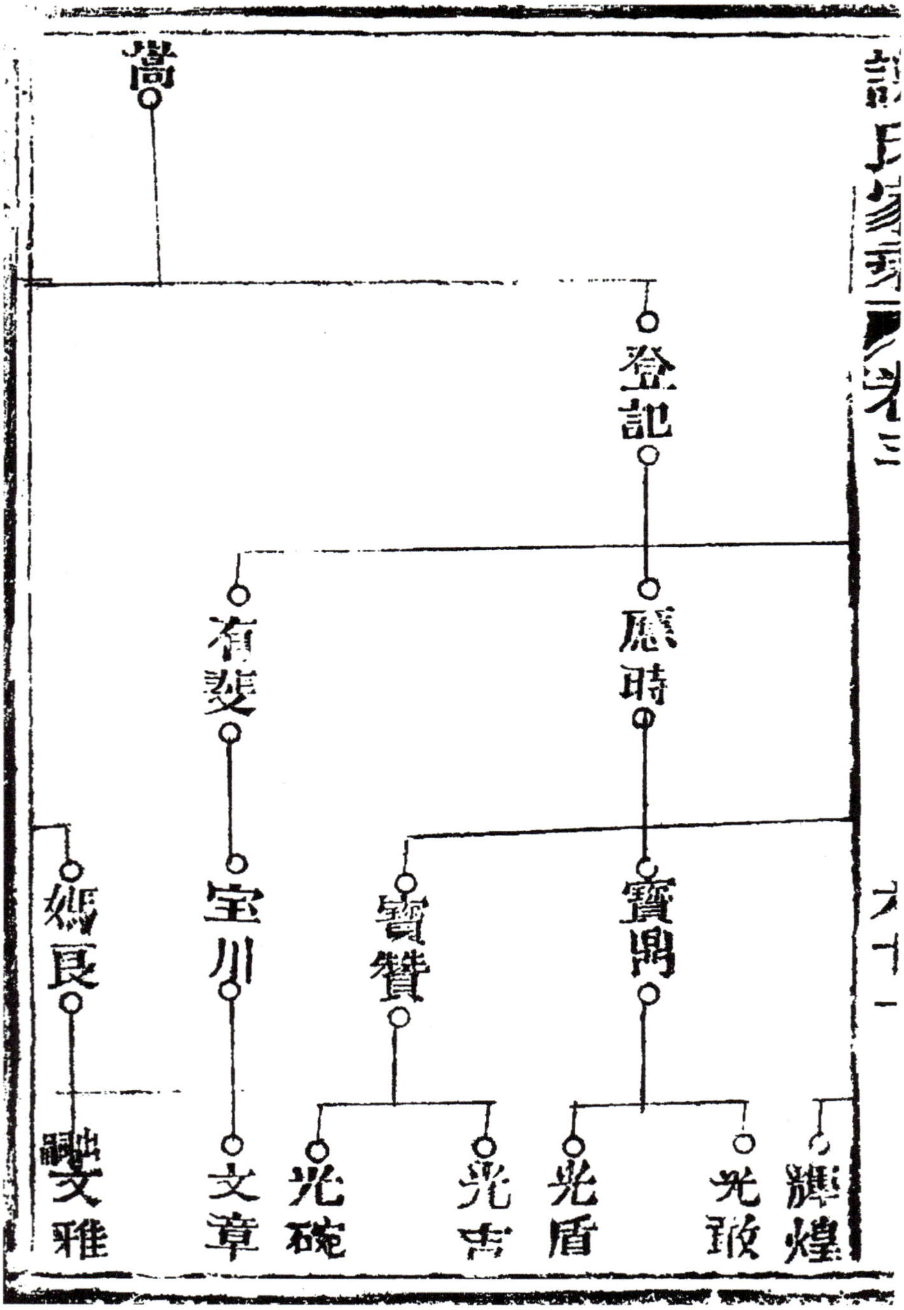
登記
應時
有斐
寶贊
宝川
文章
文雅
光碗
光盾

光肯

有膹

媽尔

文進

嗣子文雅　本生父媽艮

媽氣

碧署

讓水

光約

西沛

媽吝

光圓

秦漢

祝

碧韜

仁悅　仁生　剛毅　發強　忠敬

嗣佳會　秦錦　添存　添客　添全　予嗣貽擇本生父仁鑾　添意

昭思　永求　昭群　昭陣

添要
綢養

佳會　嗣子　本生父仁悅

仁鑾
尊苟
添能
貽擇　出嗣
貽勢

仁美
紹別
紹蘭
紹憐

碧利

雨霧　尚亦

永盛　廣平　訓志

賜麟　賜奇　賜保

麟

君

嗣子華 本生父雷

賡
嗣子美（本生父雷）
懷玉

雷
騰
光回
美（出嗣）
輝（出嗣）

陳
起
榮
嗜（出嗣）
軻（出嗣）

文彬（出嗣）

- 東
  - 熙
    - 文旦
    - 文川
      - 英許
      - 英偉
    - 文禮
      - 振許
      - 振簽
    - 文勅
  - 講
    - 嗣子 文彬 本生父照
      - 振發
  - 泰
    - 嗣子 文雅 本生父嘗

耀 — 嗣子 軻（本生父東）— 景昌

魁 — 嗣子 喈（本生父東）— 出嗣 文雅；文察；文洽

喬 — 賨 — 權前

宇

亮 — 縱；翰

光

政
嗣子光璉 本生父琳

純龍
汪山
天送

邱
嗣子軒 本生父琳
嗣子馬成 本生父璉
仙機

瓊
海
仕
文欣

光界

鄭
伯

子衡
廉 本生父詹

仕志
仕偉
嗣出 篤成

珠恩
珠然
光章
和僑

文鶱
光平
光斗

光井

萊

琳

嗣出 聘

嗣出 魯

嗣出 光璉

柄

嗣子 牛 本生父遇

有恭

文識

九如

文韮

令

新州

嫣愛

麗水

嗣子 徥意 本生父八和

- 慶水
  - 淑夏
  - 淑交
    - 糖霜
  - 季隨
    - 允順
    - 双福
- 人和
  - 得意
  - 得勝
- 瑞池
  - 文選

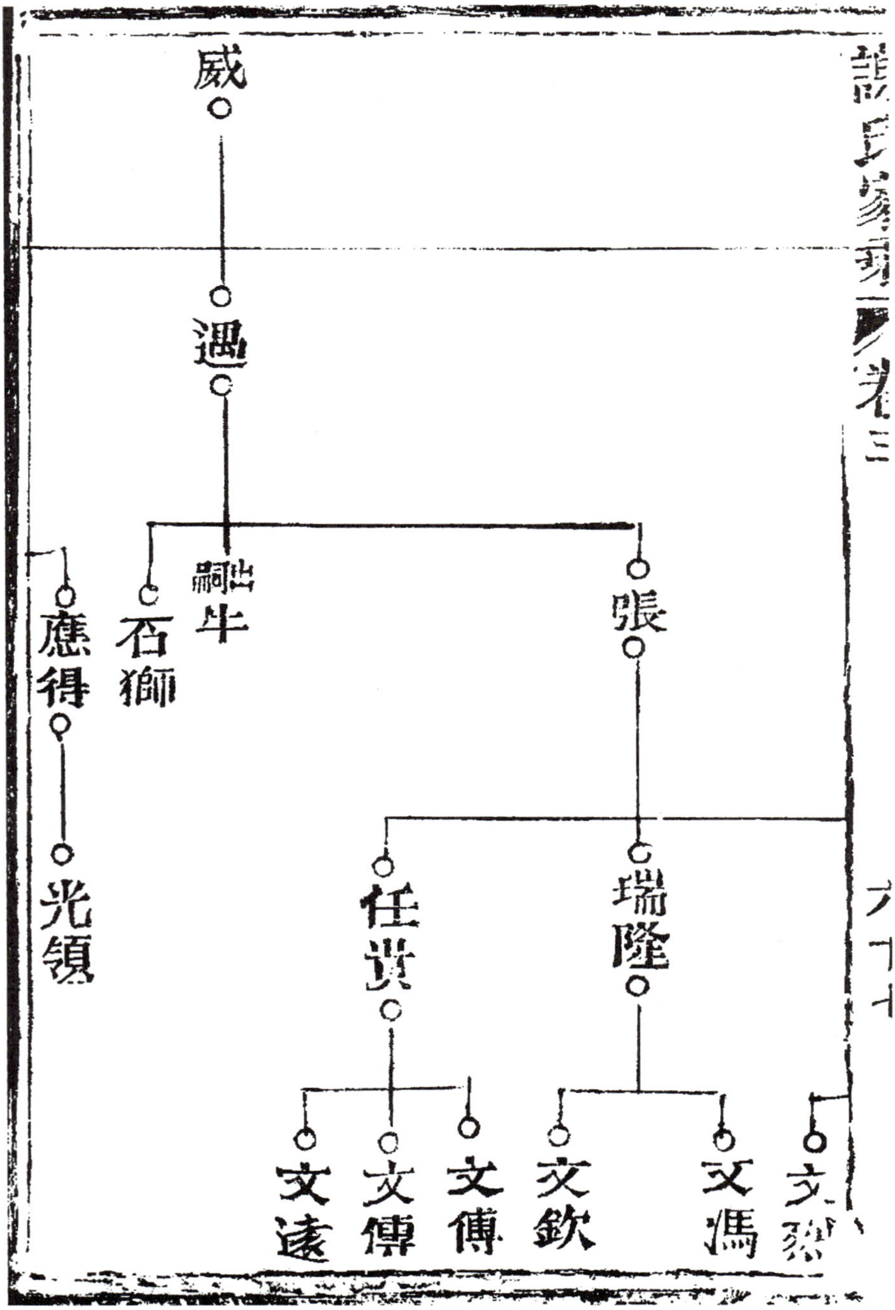
威
遇
嗣出
牛
石獅
張
應得
光領
瑞隆
任貴
文遠
文傳
文傅
文欽
文馮

謀
孚
榮
文秀
文甲

有光
左

印
光保
玉騰
光儀
光秋
漏

充
琴
譜
澔
有用
紅蟳

菁

○

○

○

○

嗣子有茂 本生父蒲

出嗣有茂

晤

嗣子魯 本生父踧

出嗣蔴

念

○

○

道光

嗣子語 本生父充

近

成祖

嗣子光燁 本生父詷語

民　嗣子光暹本生父訓誥

鶴鳴

典謨　淵泉　帝眷

訓誥　光杲　嗣光燁　嗣光暹

三友　高陞

送山
- 光貌
- 光助

天瑞

祈長

顯昭
- 振茂
- 振祿

伯順

慶

郁
彩
忠信
開
十九世　二十世　廿一世　廿二世　廿三世
泉
循○—○先
蔡生
塗○—○斷
光鐵

蔭

樟

淀

針

朝銓

光套

檜

出嗣
嫣忠

嫣鴈

嫣夏

海星

接

宗

著

- 清旗
  - 嗣子爲忠 本生父檜
- 清
  - 順
- 儘
  - 送
  - 伏
- 果
  - 加喜
  - 預
- 賡財
  - 聰明

廣收

金科

珩喜

槑

碟

堪參

笑

嫣沙

嫣美

嫣武

嫣忠
嫣寶
周
蘇
轉
登
柱
灶
排

長城

康
　漢（出嗣）

房

懐

頂欽

步
　要
　過

勇

盞

鐘
瓶
孕
賓
寸
礴
忠
帆
柳
嫣
實。
如竹

其澳—如榮

文賢—双啟
　　—双禧

文包

文第

有國

有仁

有助

有才

再遇
提
金帶
醉
栽
担
磋
烏鐘
茯苓
樞

干
- 媽投

井

新祉
- 明德
- 明元

百儀
- 聰周
- 聰明
- 聰智

嫣續
- 鵰直

椋紗
孫鶴明 本生父漢能

椅必

漢能
光燦
鶴明
明言

椋青
孫明言 本生父漢能
明鎮

焉惜

嫣愛

萬青

光箺 — 宗寶

光明

光看

光正 — 書聲、書榮

光挑

光李

甘窭
佛智
孺成
世翰—允吉
允梅—瑞彬
諒
陳
得露
冬瓜
以玉

明輪

永吾

高升

員外

清玉

文魁

清對

清音

能通

能文

清存

清黨
清妙
元實——天壽
元燕
金德
金意
元經
佛記——天賜
佛象
佛印

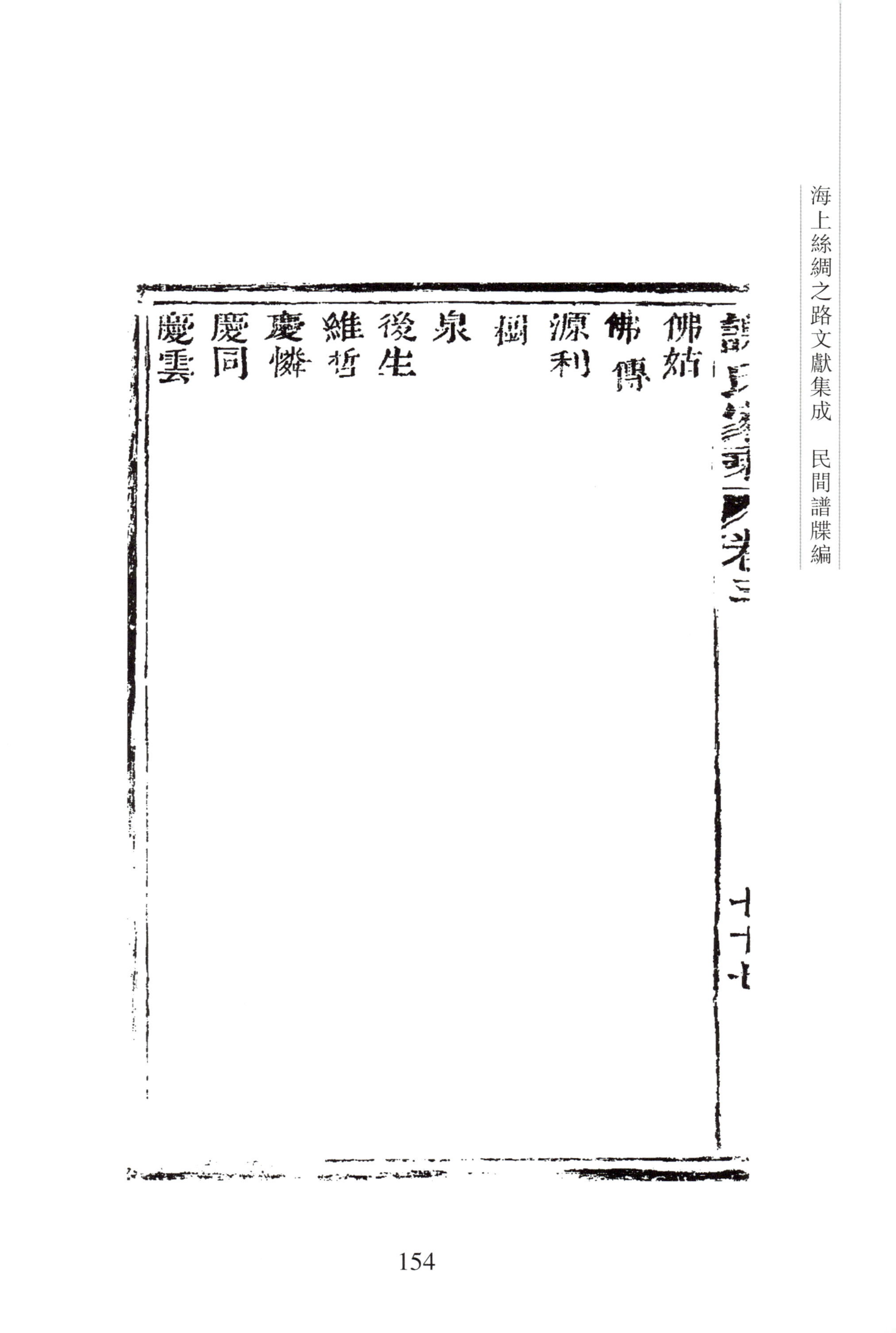

佛姑

佛　傳

源利

樹

泉

後生

維哲

慶憐

慶同

慶雲

徽竹
徽翰
徽椚
徽芬
慶星
光敢
光盾
文成
光哲
燦彩

輝煌

光吉

光碗

文章

文進

文雅

昭群

昭陣

水求

綱養

昭思
光斗
光界
光平
和尚
萊
文凭
文欽
文選
文烈

文傳

文傳

文逵

文秀

文田

糖霜

允順

双福

文誠

文韭

紅蟳

- 七世：尚達
- 八世：宗文（尚達子）
- 九世：賢、萬綸（宗文子）
- 十世：敦傑、敦齊、敦魯、敦楚、敦晉（萬綸子）
- 十一世：魁植、魁玉（敦傑子）；純淑（敦魯子）；純樸（敦楚子）；純强（敦晉子）

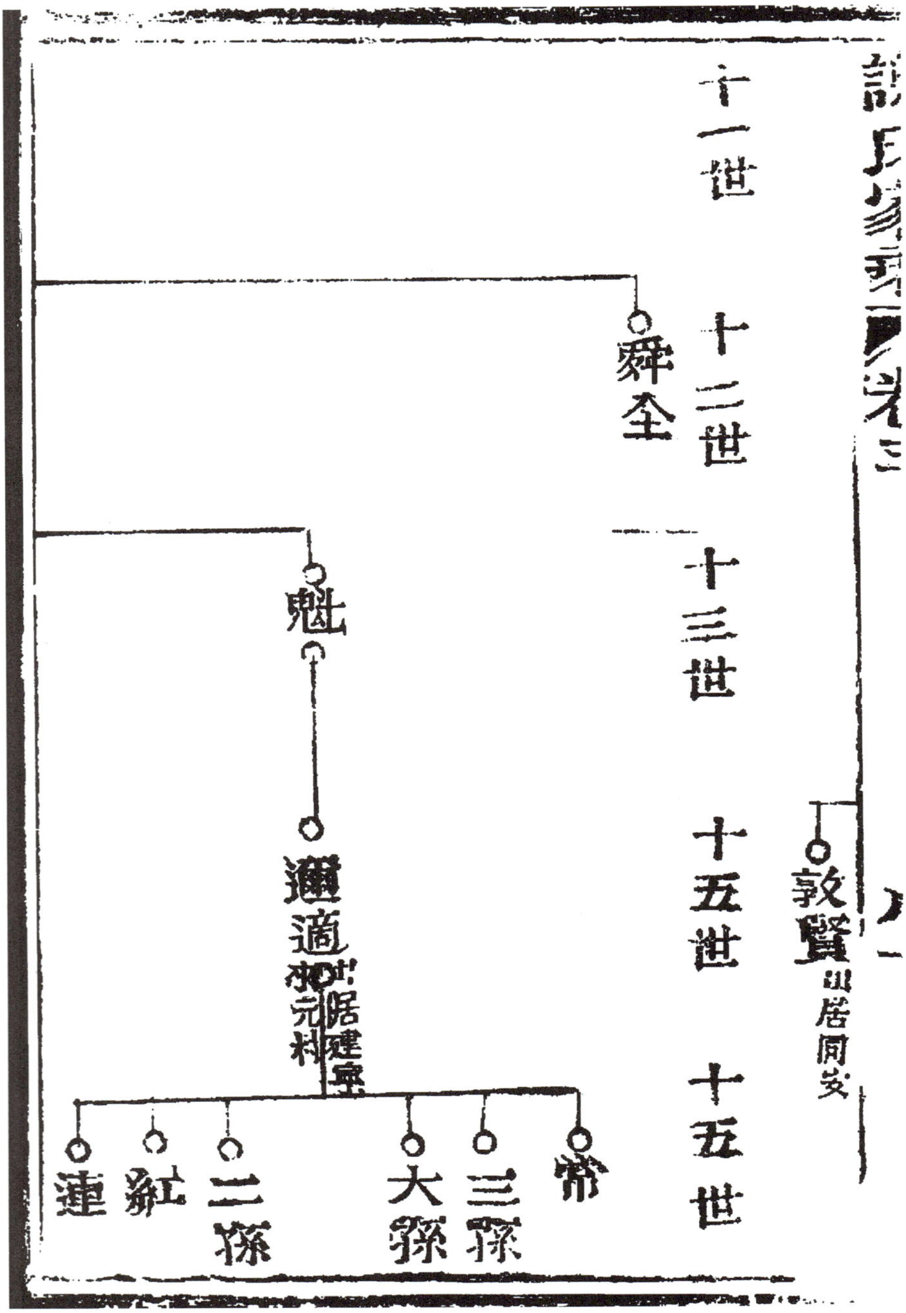

許氏家乘卷之三

十一世

十二世

舜全

十三世

魁

十五世

邇適　出居建寧永元村

十五世

敦賢　出居同安

十五世

常　三孫　大孫　二孫　紅　連

純潄
- 舜良
  - 春
- 舜善

純樸
- 舜仁
  - 尾
    - 鐢
      - 添
      - 外
- 舜美
  - 哲
    - 暢
      - 疇
  - 淑
- 舜禧
  - 二
    - 祿（出居漳城北門外茶園尚坑社）
      - 爵

純強

舜英

維新　維五

倘　采　周

立　洵

日明

朝祥　朝禎　朝誥

魁植

- 一楠
  - 日燦
    - 朝謙
    - 朝讓
  - 日和
    - 祐
    - 喜
    - 暢
    - 春
    - 朝珍
      - 興

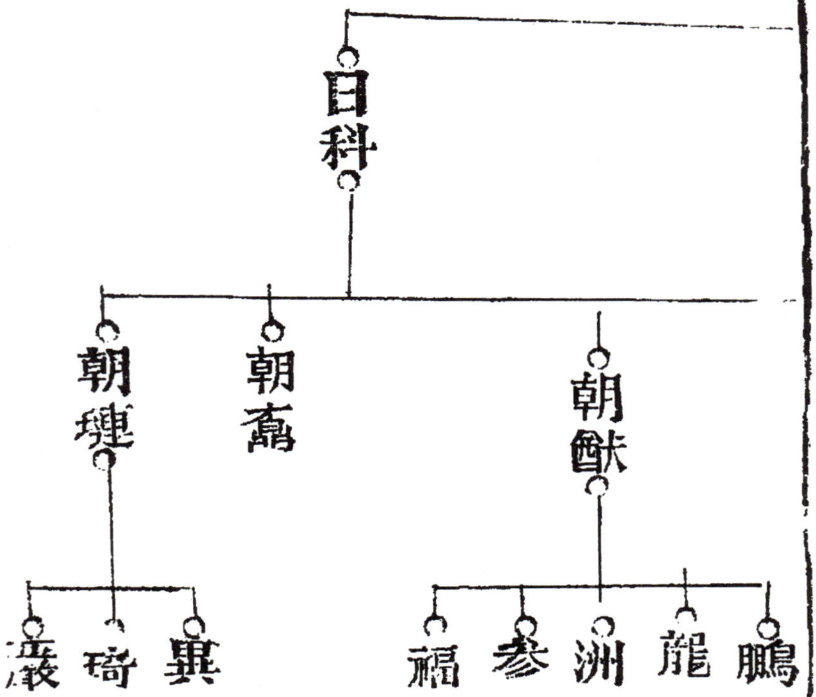
日科
朝璉
朝鬲
朝猷
羲
琦
巽
福
参
洲
龍
鵬

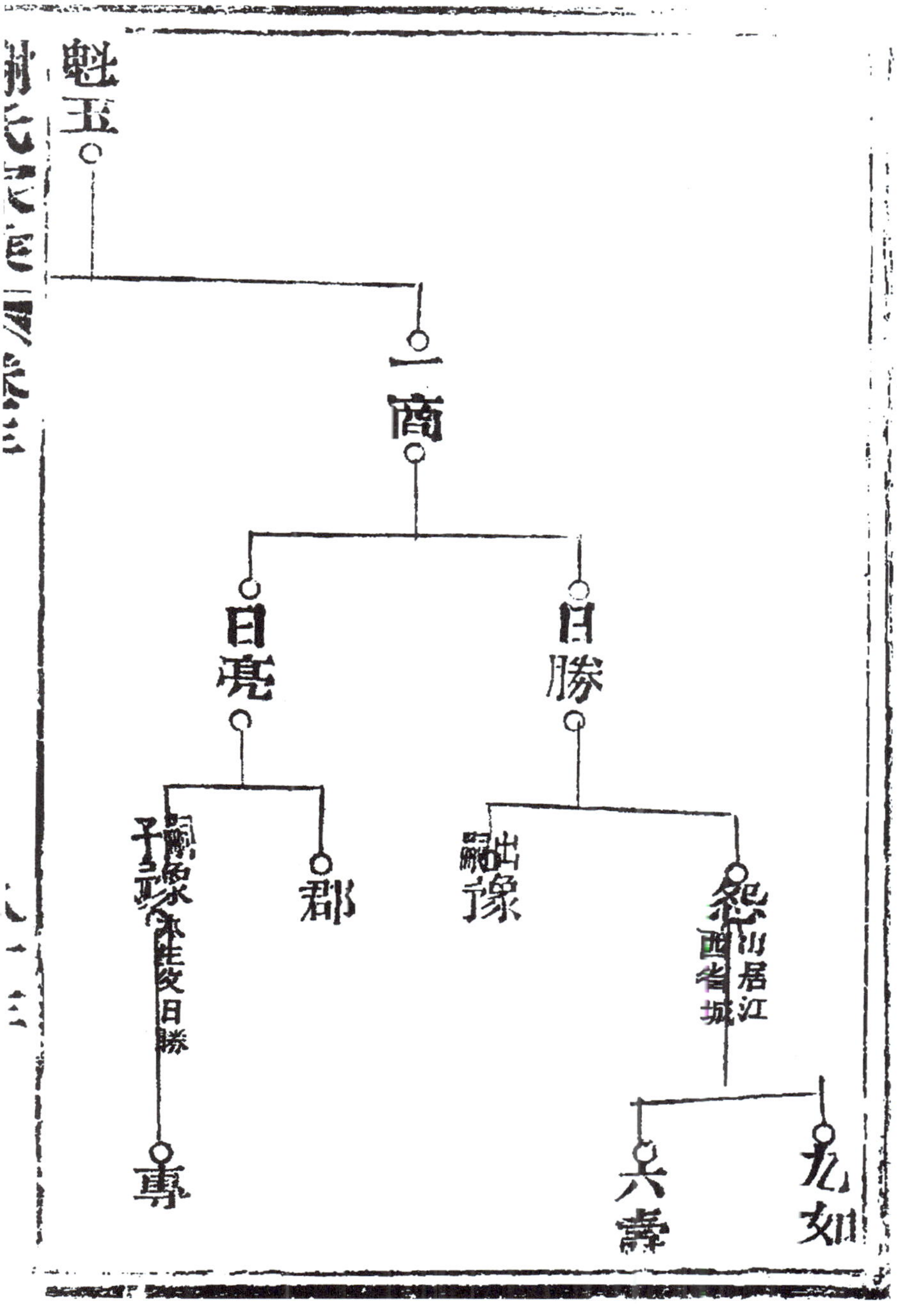
魁五
一商
日亮
日勝
郡
豫
六壽
九如

十五世　大孫　二孫　三孫　紅　常

十六世　一岳

十七世　白旭　日晁

十八世

十九世

名虎
文雅
善 住臺灣新莊

疇

頗裕

儒豹

鰲選

遊泗

志泮

初登

及池

染柳

斗聰

隨倿

- 曉升
  - 拾得
    - 孟春
- 士彪
  - 景行
- 家駒
  - 天與
    - 媽外
    - 媽現
      - 古生
      - 古順
    - 媽意
    - 媽田
    - 媽寬

外　添　爵　立　洵　蔭　忠　洲　龍

爵 — 子和

立 — 煇 — 文韜 — 貴露

賢

加
子欣（嗣）本生父仁
子廠生（嗣）本生父[illegible]
沙
蛋
巷
岓
岻（出嗣）
寡

讓
文郁
文宗
俱住臺灣

欣（出嗣）

謝氏家乘　卷三

鵬
仁
慶
出嗣 發
羨祥
永瑞
騫
出嗣 墼

福
顏
嗣子 燮 本生父仁
出嗣 敞生
萃生

八十七

參

- 璿
  - 嗣子墊　本生父永瑞
- 闡
  - 嗣子光排　本生父河
    - 竹葉
    - 竹欉
    - 竹心
      - 華
      - 點
      - 樓永
    - 出嗣竹拔
    - 竹爲
- 與
  - 光惠
    - 嗣竹友　本生父光排

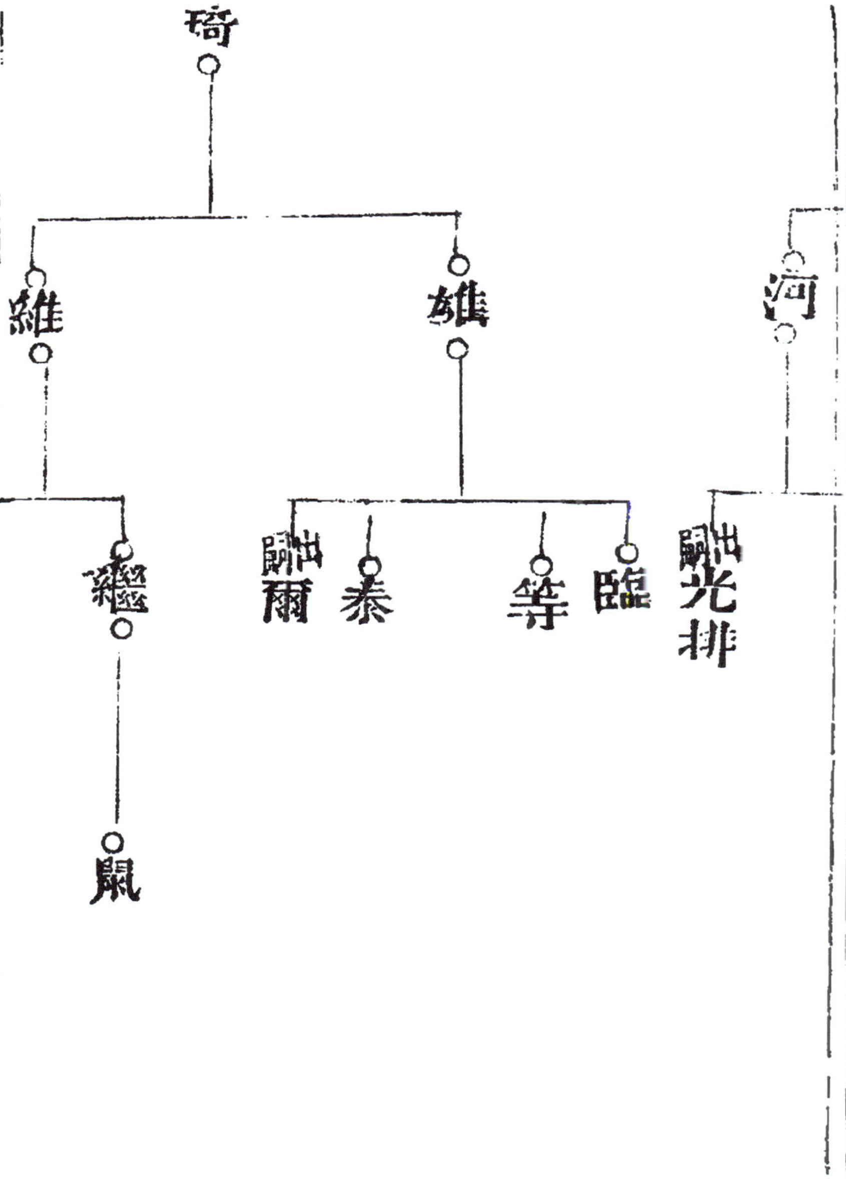
琦
維
雄
河
繼
鼠
出嗣
爾
泰
箏
臨
出嗣
光排

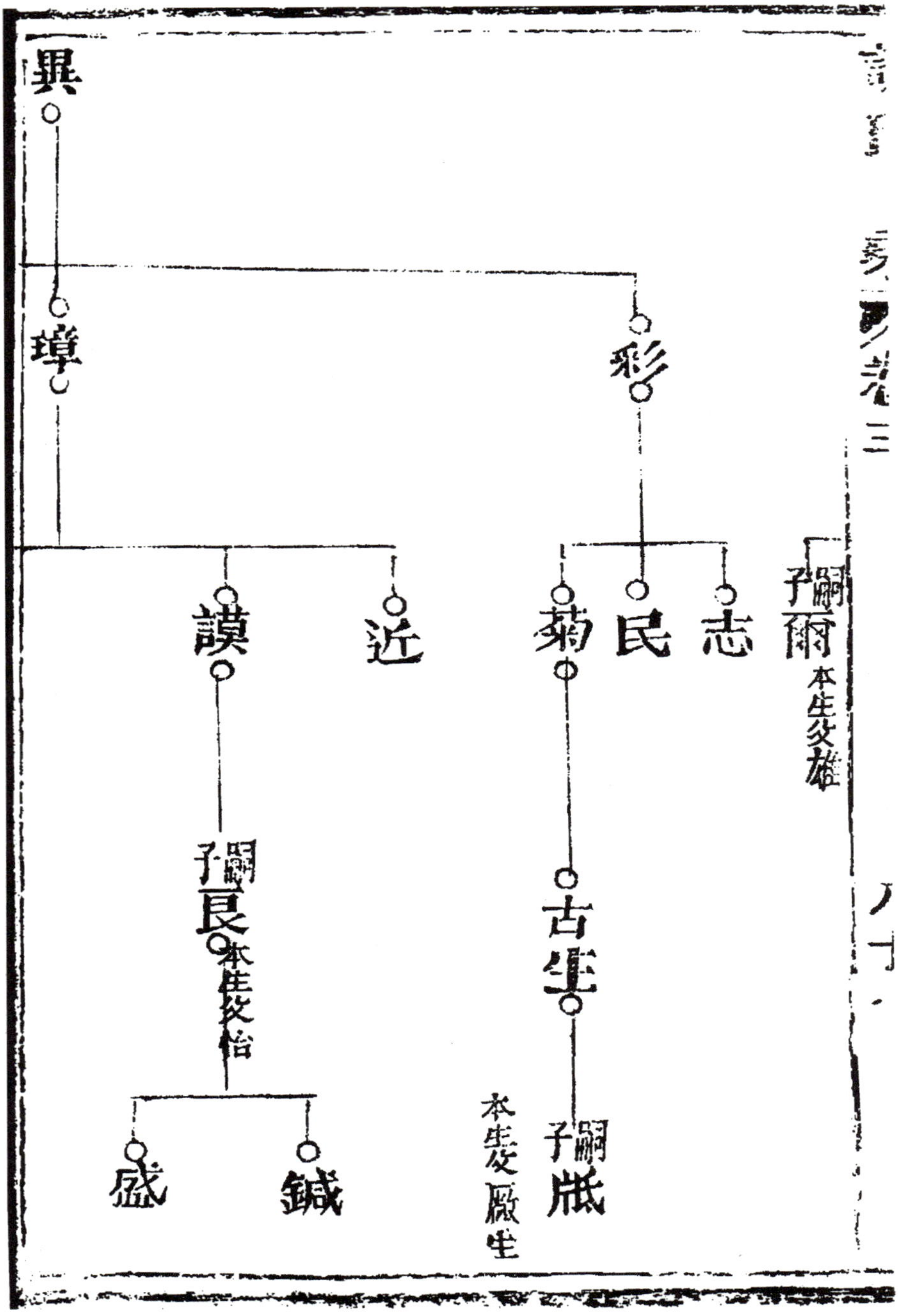
巽
璋
彩
謨
近
菊
民
志
嗣子爾 本生父雄
嗣子艮 本生父怡
古生
嗣子牴 本生父厥生
盛
鍼

十五世

十六世　熊

十七世　怡　倫　卞　訪　提　白

十八世　紳　融艮　光淺　光裔　讓水

十九世

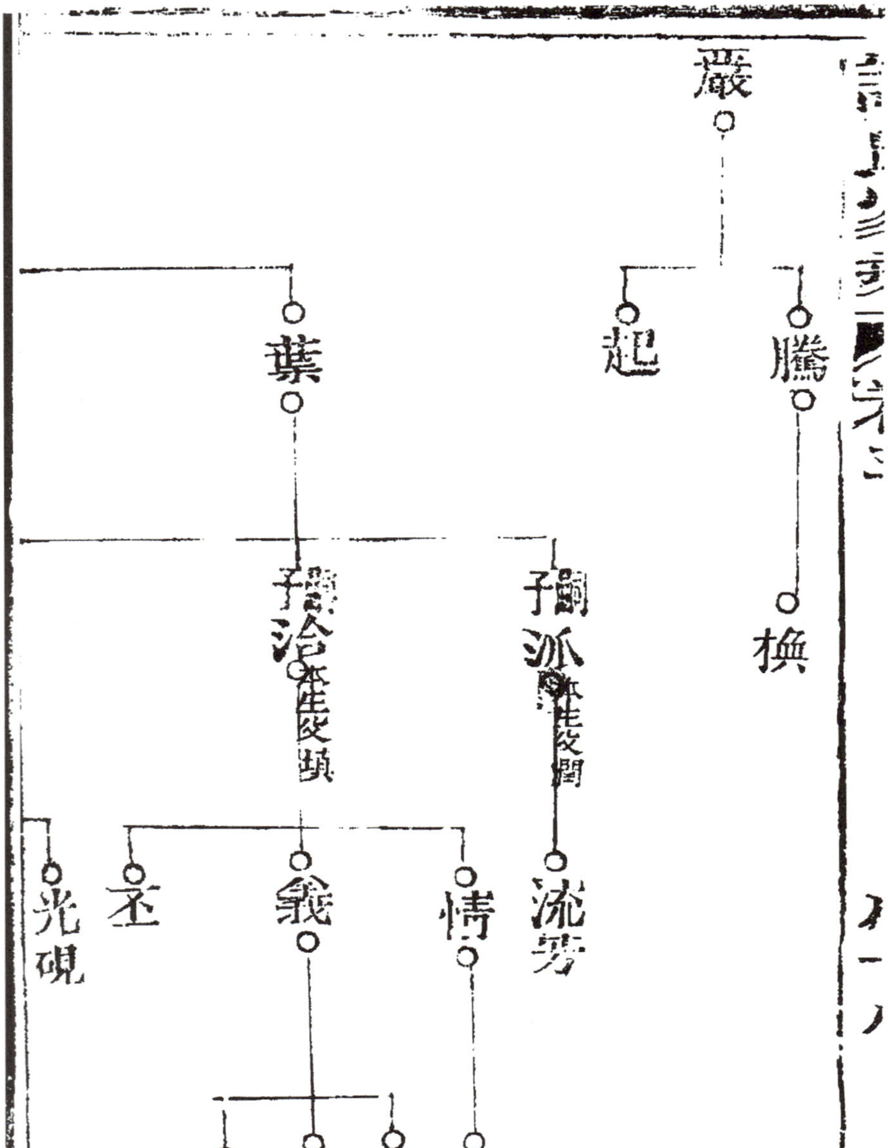
巖
騰
起
葉
換
嗣子 派 本生父閏
嗣子 洽 本生父頊
流芳
情
義
丕
光硯
乳
宮
掌
屋

十五世
九如
六壽

十六世

十七世
嗣念（本生父咸）

十八世
光宿
趋
君
光筆
光茗

十九世
羅
刋
賓
房
梅
螺

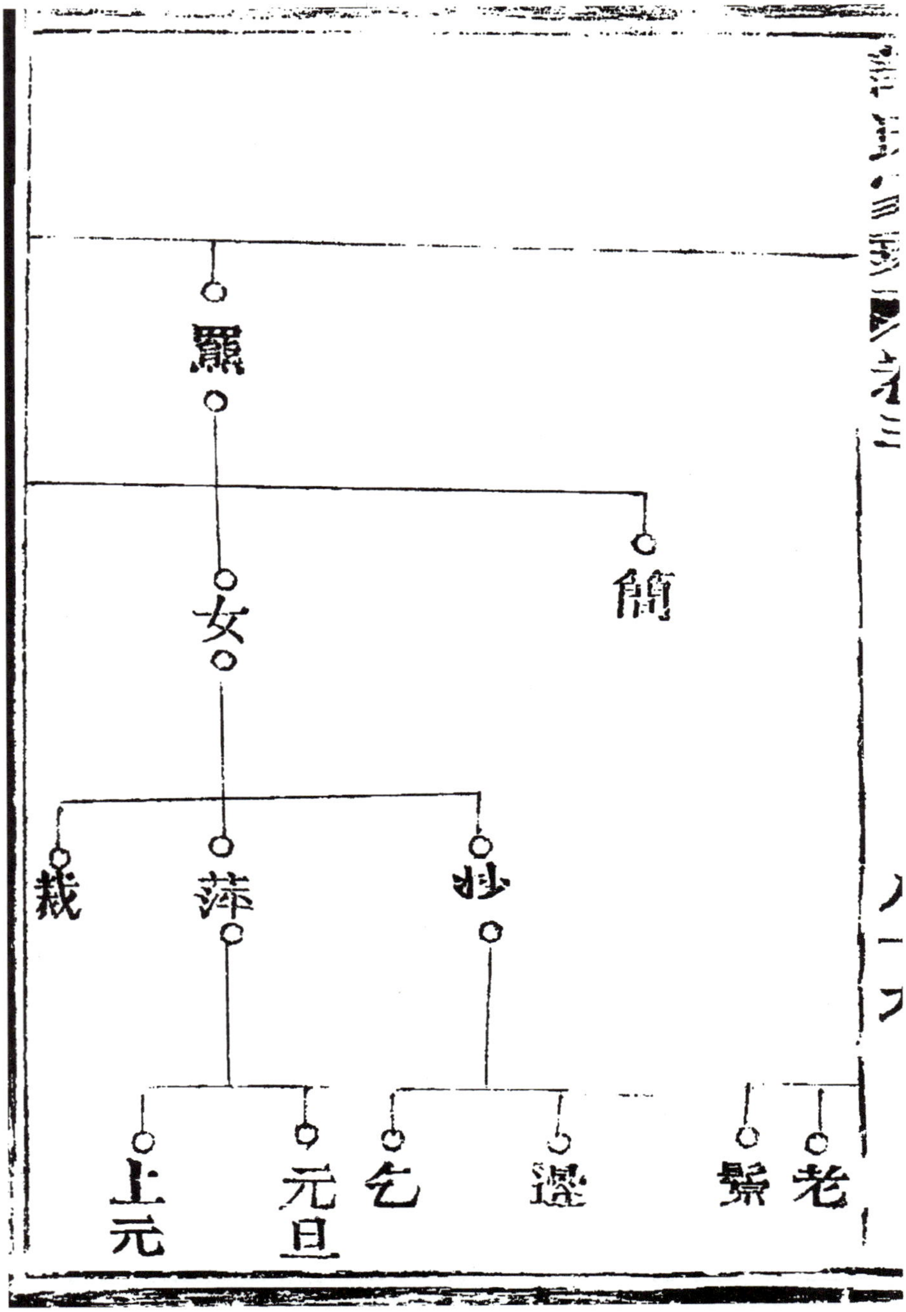
羆
僩
女
栽
萍
妙
上元
元旦
乞
遲
鬃
老

十五世

十六世

十七世

昶

十八世

涯　甬　治

十九世

近　出嗣巧言　陶

東亘　寛　傳

嗣子照　本生父亨

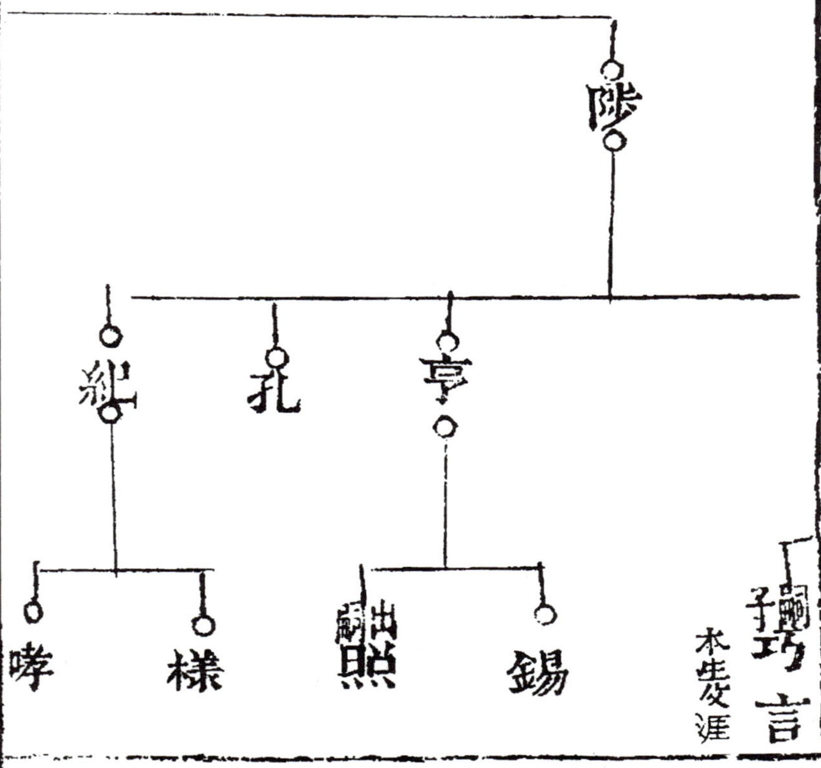
陟
紹
孔
亨
哮
樣
出嗣 照
錫
嗣子 巧言
本生父涯

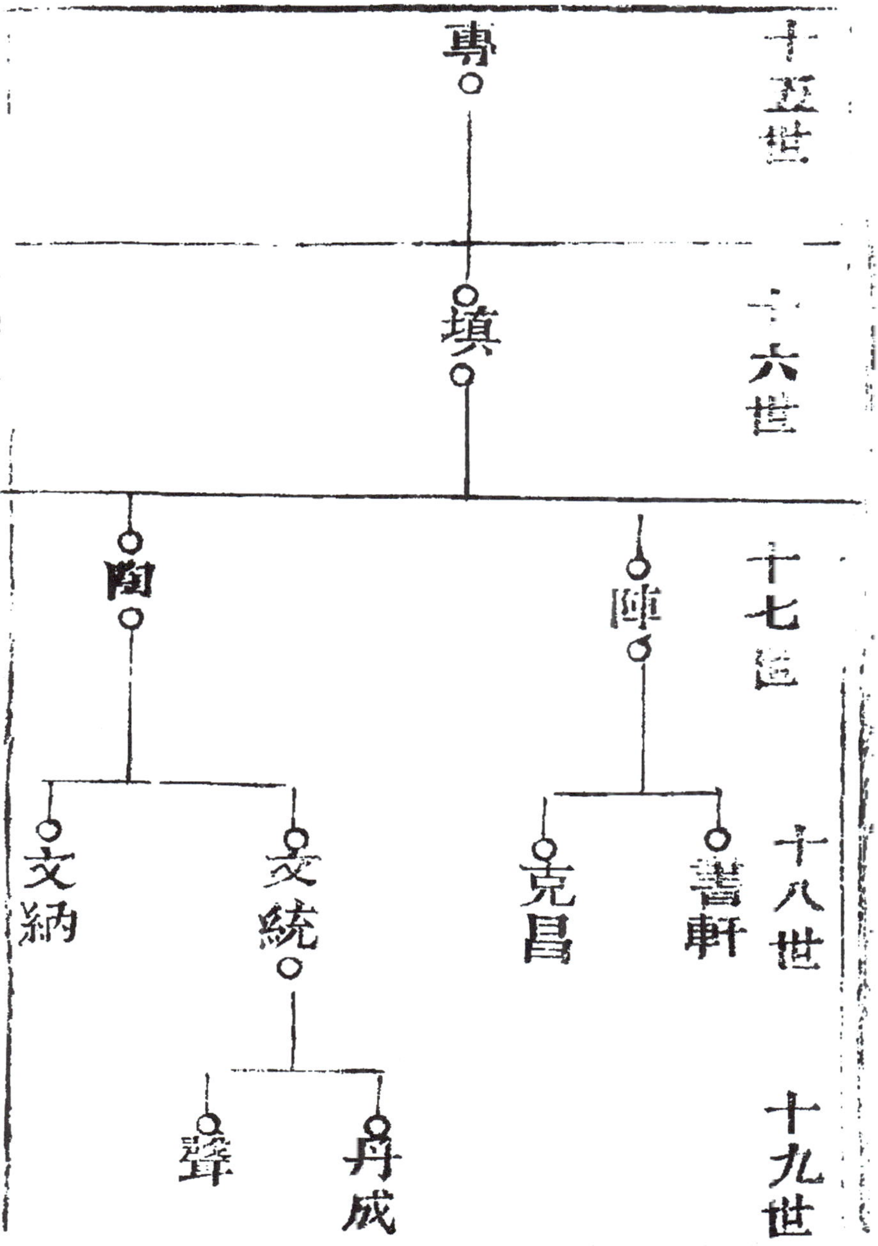

十五世
十六世
十七世
十八世
十九世
專
塡
陶
陞
文納
文統
克昌
書軒
聲
丹成

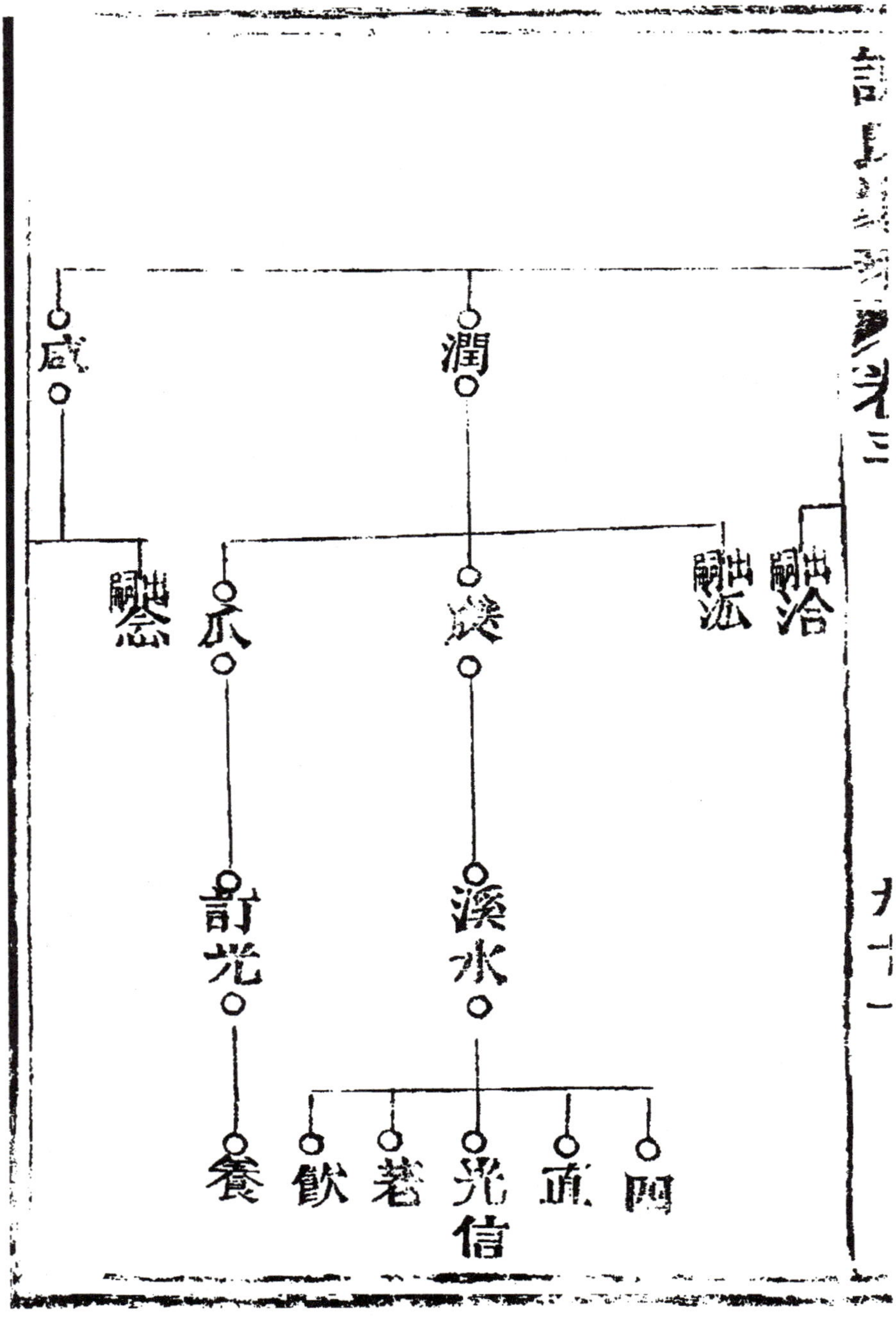
咸
潤
出嗣
亦
出嗣
泫
出嗣
洽
討光
溪水
養
飲
光信
直

十九世　二十世　廿一世　廿二世　廿三世

光忍 — 華 — 明

古生

古順

巷

蛋

忻

沙

財

寡

點

華

樓
永

絨

盛

牴

丹
成

聲

右

溝

廿世　廿一世　廿二世　廿三世

錫
　貞
　慶
照　慈
巧言　嘉石
寬　丹成
東夏　爲蘇
傳
樣
哮

近

陶

元旦

上元

邊

乞

光信

直

耆

永文

十九世

二十世

廿一世

廿二世

廿三世

錦蘭

四
飲
養
掌

富　屋　乳　彦

十九世　二十世　廿一世　廿二世　廿三世

刊

羅

寅

螺

老　梅　纂　朋

七世　郁

八世　弘運

九世　徹

十世　進宗

十一世

以下河尾角的

順

恒產

高理　燭理　復理

恒乾

楝

險　寬

獲

五　旺　蓋

- 遷
  - 春
    - 臧
    - 愚
    - 武
- 恒傳
  - 甫旋
    - 天標
      - 五
      - 涇
      - 渭
      - 洪
      - 乜
- 轉
- 振宗

十一世　十二世　十三世　十四世　十五世

舉 — 雄 — 恪 — 續 — 標宗

雄 — 遷

振宗 — 繼盛 — 信 — 天送

信 — 天碩 — 前宗

天碩 — 永

繼盛 — 逵 — 成祖

敬　傳宗

標宗

十五世　十六世　十七世　十八世　十九世

前定

求

七世　八世　九世　十世　十一世

胤剛

晃夏

見貞

河　暉升

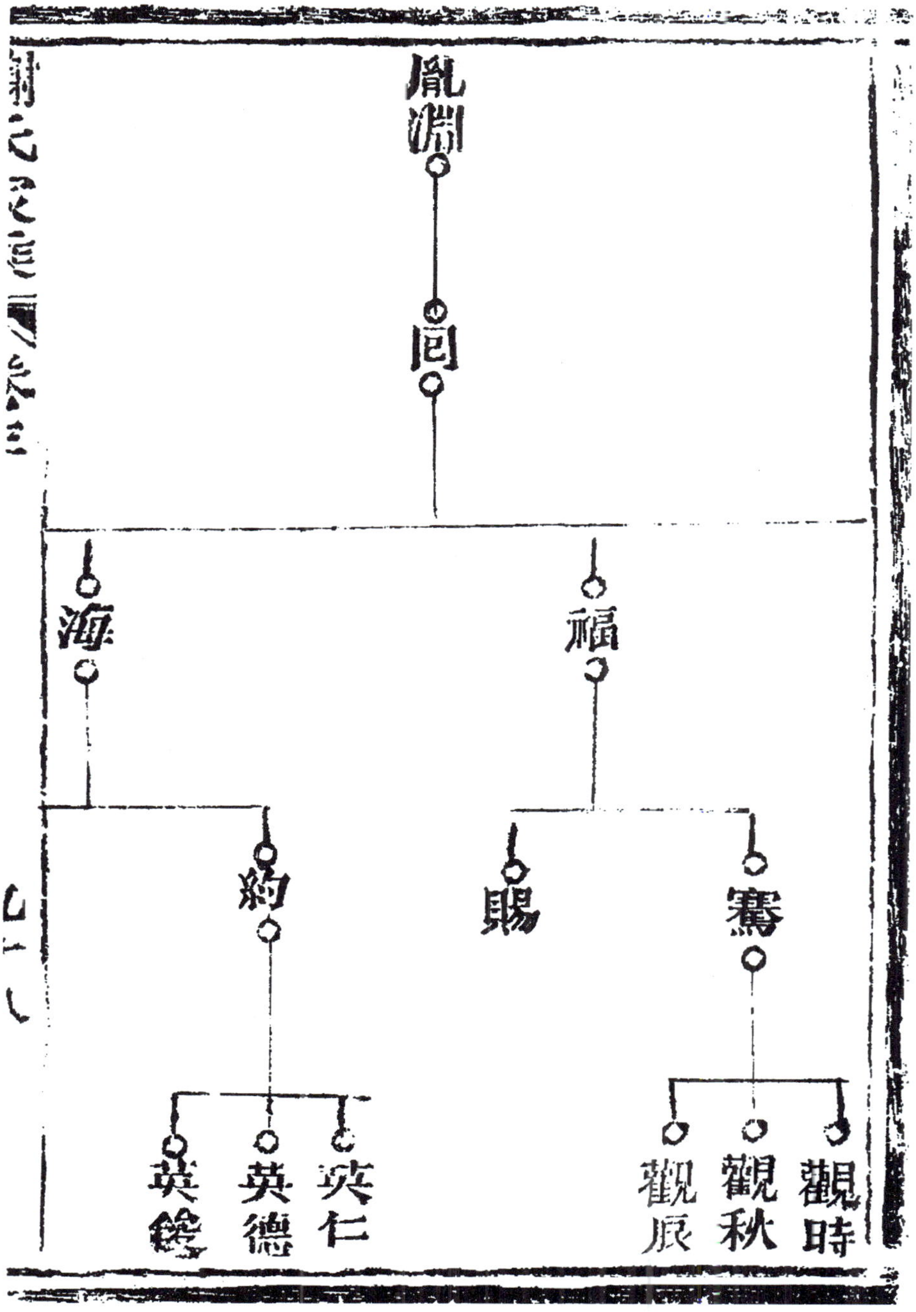
胤淵
海
福
約
賜
寫
英
英德
英仁
觀辰
觀秋
觀時

十一世　十二世　十三世　十四世　十五世

淛　東魯

糾

亂昉

觀秋

寵璧

弘緒

光祥　唐僎

光瀾　躍

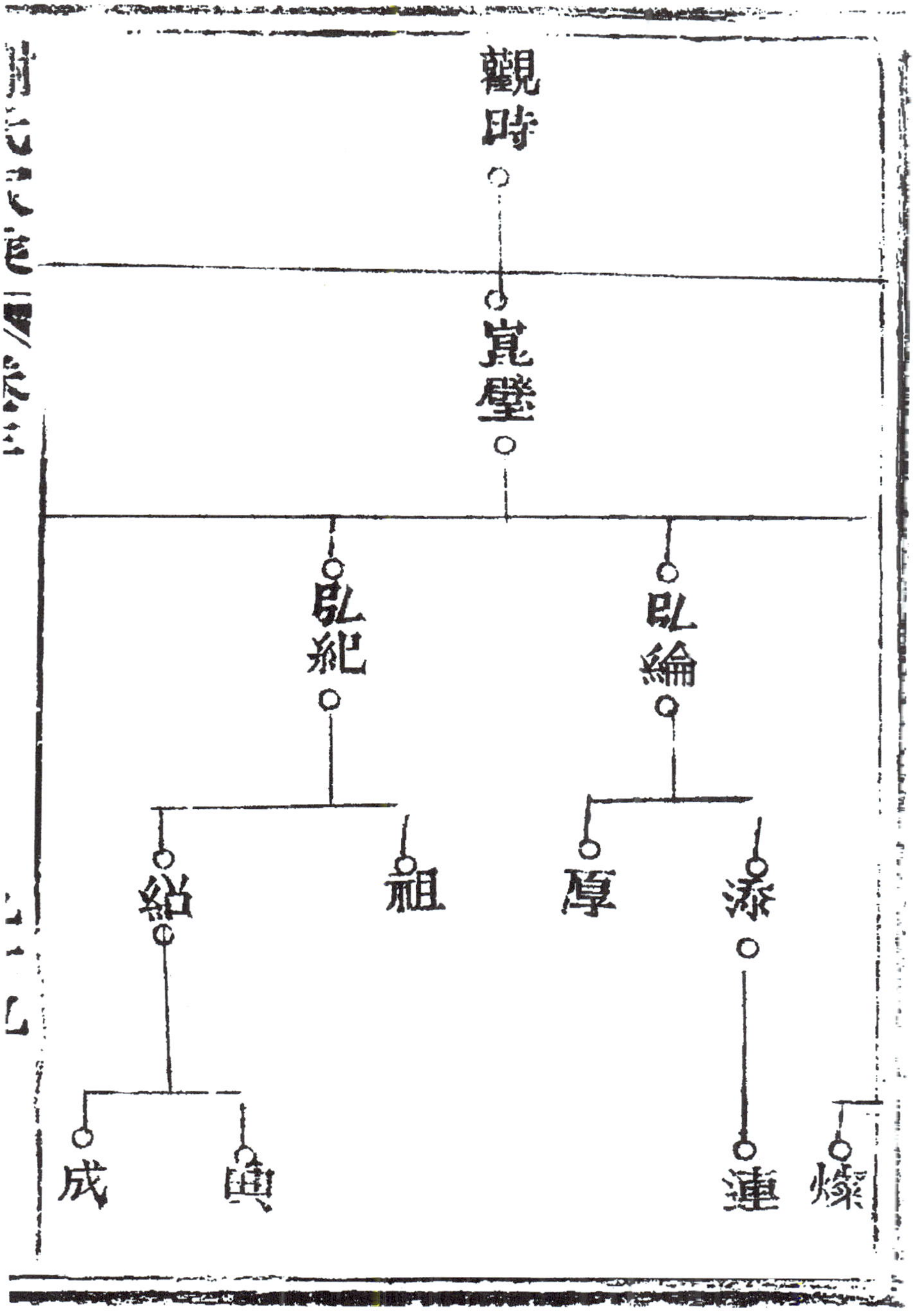
觀時
寬璧
弘紀
弘綸
紹
祖
厚
添
成
與
連
燦

君璧

弘綱 — 永

觀辰

英德

英仁

英俊

十五世　十六世　十七世　十八世　十九世

進

貞 — 天助

成

七世：唐侯　躍　燦

八世：唐侯子：應期　郡　昇　桔
躍子：尊賢　顯宗

九世：郡子：碧元
顯宗子：楊垂

十世

十一世

謝氏家乘　卷三　一百

遂述

遂傳

彭

坦

肅

彥

春

楠

樞

桂

柱

希舜

希孔

希稷

錫昌

禱

十一世

十二世：旦；士崑

十三世：新法；新民

十四世：希顔；希魯；𦨂；闡賢

十五世：昱；景；昂；嗣都（出）

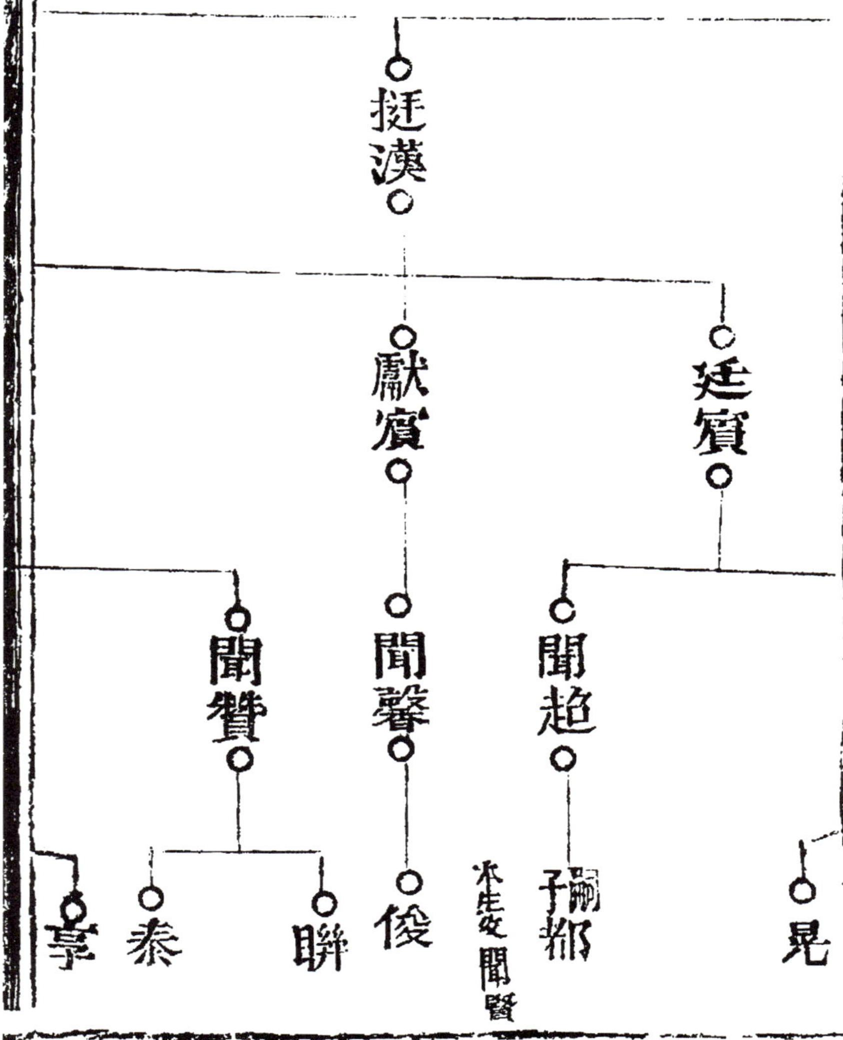
挺漢
廷賓
獻賓
聞超
聞馨
聞贊
晁
嗣子都
承生女聞賢
俊
聯
泰
亭

十一世
禱

十二世
挺自

十三世
光賓　用賓　誠賓

十四世
開宗　珍　補　獎

十五世
角　亮　蒲　章

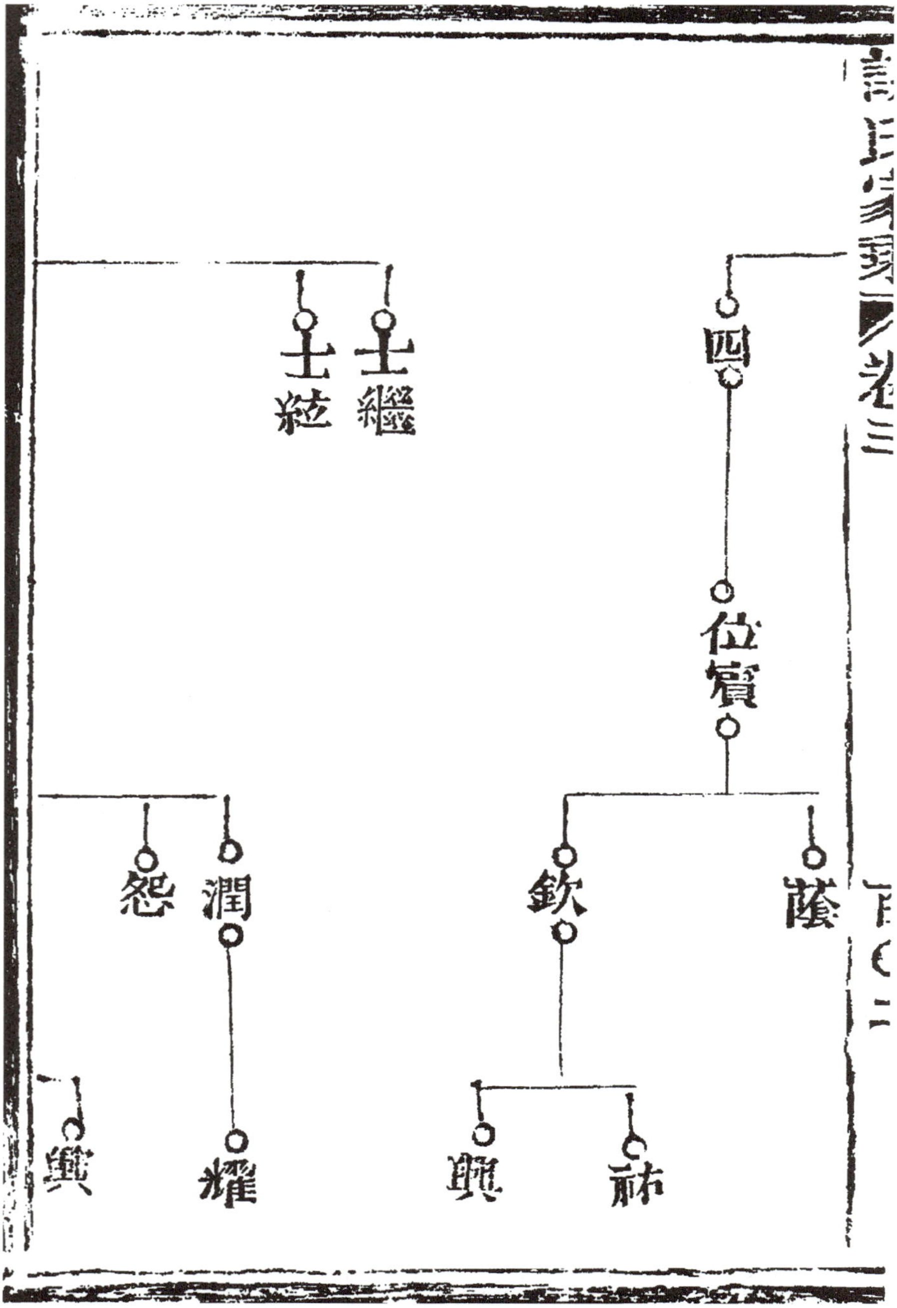
四
位賓
蔭
欽
士繼
士紘
潤
耀

十一世　錫昌

十二世　士統

十三世　廷欽

十四世　昭　答　陣

十五世　莊　旺　顯　庇　保　贊　吉

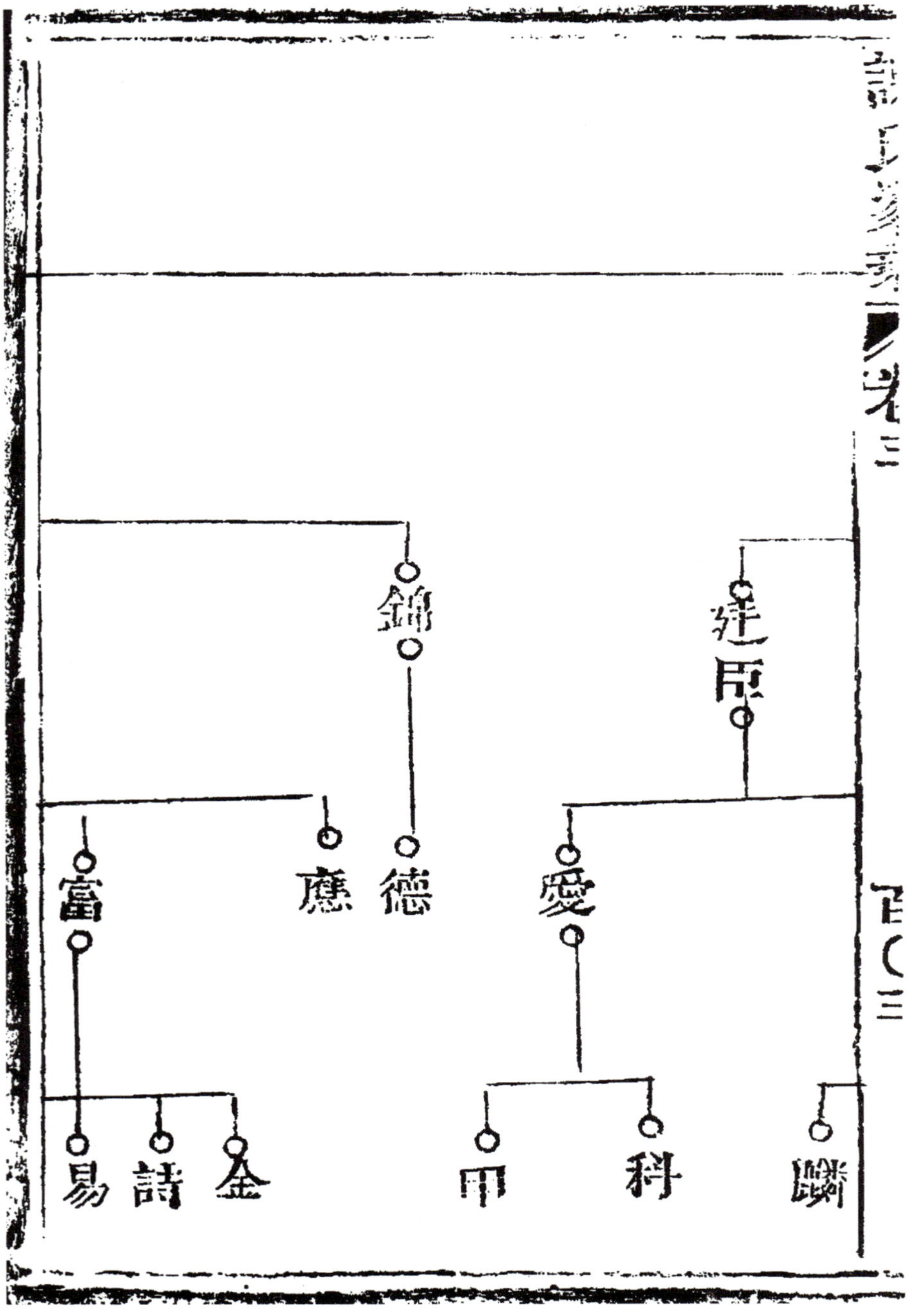
錫
廷辰
富
應
德
愛
易
詩
金
甲
科
麟

十一世

十二世

十三世
天恩

十四世
縣
鎮

十五世
箒
波
珠
習
九
侃

卷三

士綱

聰

仲

佰
京考詞賦
取錄廣東
其名縣巡檢

宰
壹
聯
謨
越
鸞
和
西

養

叔　蔭

諧　鳳疊　鳳詔　鳳岐　鳳宋　鳳邑　成　劍號

河尾

十五世　倹　昂

十六世　榮

十七世　聖　陳　嗣子蒲（本生攵全）

十八世　愁　呑　炳

十九世　两　立

行

英

出嗣 耆 還繼本生祖第四房

牙

嚴

適

傑

允收

允米

允蓮

允宙

禧

祥

春

進好

郁

光瑞

出繼　孔梓

出繼　孔曆

通老

智

孔雀

十五世

十六世

十七世　親　旺　尚

十八世　裕（親子）　象（旺子）　總（尚子）　帶（尚子）　陳（尚子）出嗣 郎光諱

十九世　存汚（總子）出嗣 承繼子帶　存涛（帶子）出嗣　蛟（帶子）　存忠（帶子）出嗣　存冀（帶子）出嗣

- 昆
  - 嗣子 量（本生父請）
    - 艾
    - 文鸞
    - 嗣子 仔忠（本生父帶）
  - 嗣子 某（本生父廷）
    - 岱
    - 寔
  - 鶴
    - 嗣子 江水（本生父吉）
    - 出嗣 江水

全

講

吉　元芳　[illegible]

光佑　光所　即是敬

恒義　恒孝

晨鎰　晨炯

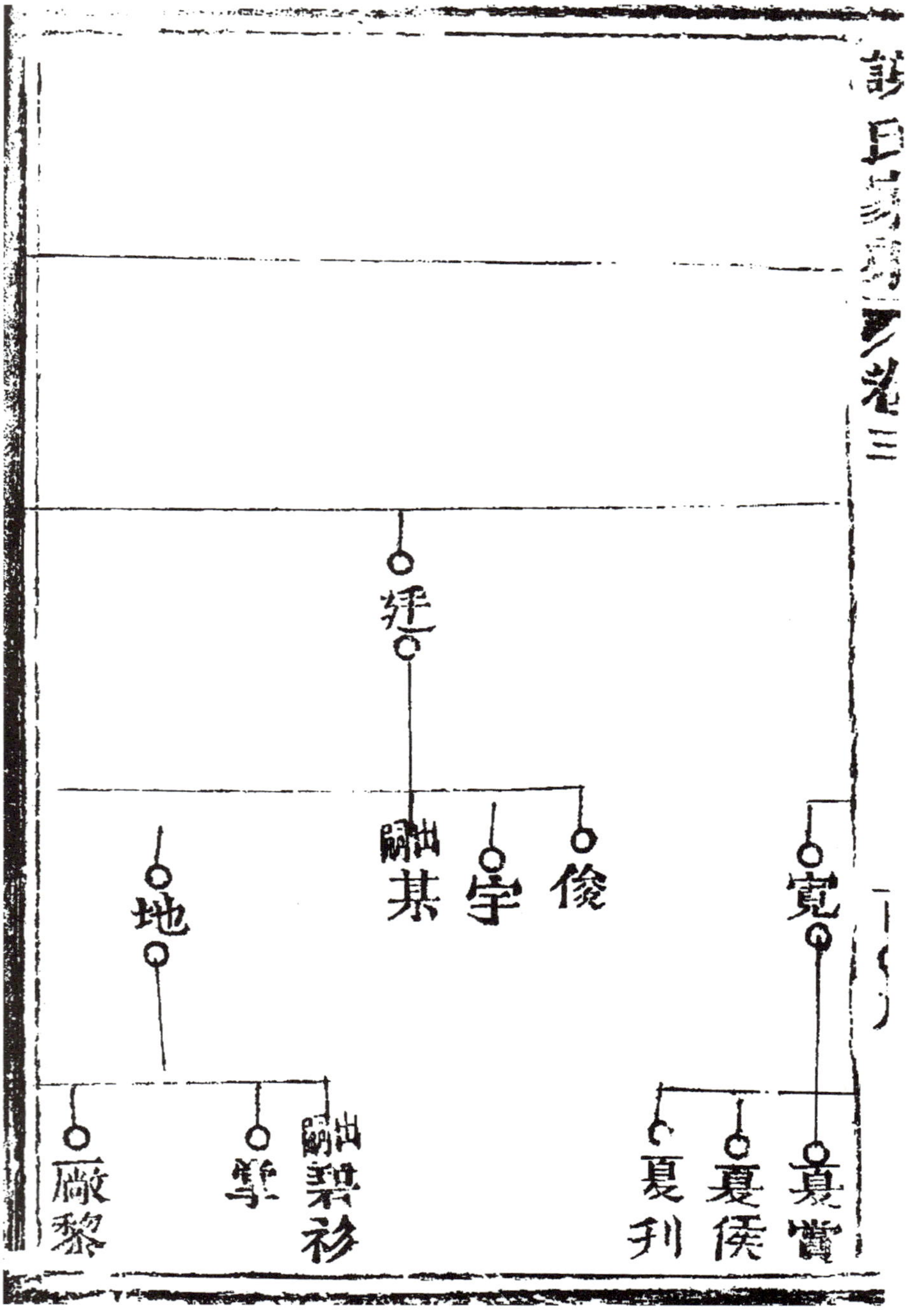
埕
出嗣
其
宇
俊
寬
地
廠黎
出嗣
棃移
真賞
夏侯
夏利

十五世

景

十六世

十七世

出嗣 潸

使

臏

十八世

盧

眷

居中

沙

十九世

能霸

惡

子 [illegible] 存黨

亦生癸帶

法情

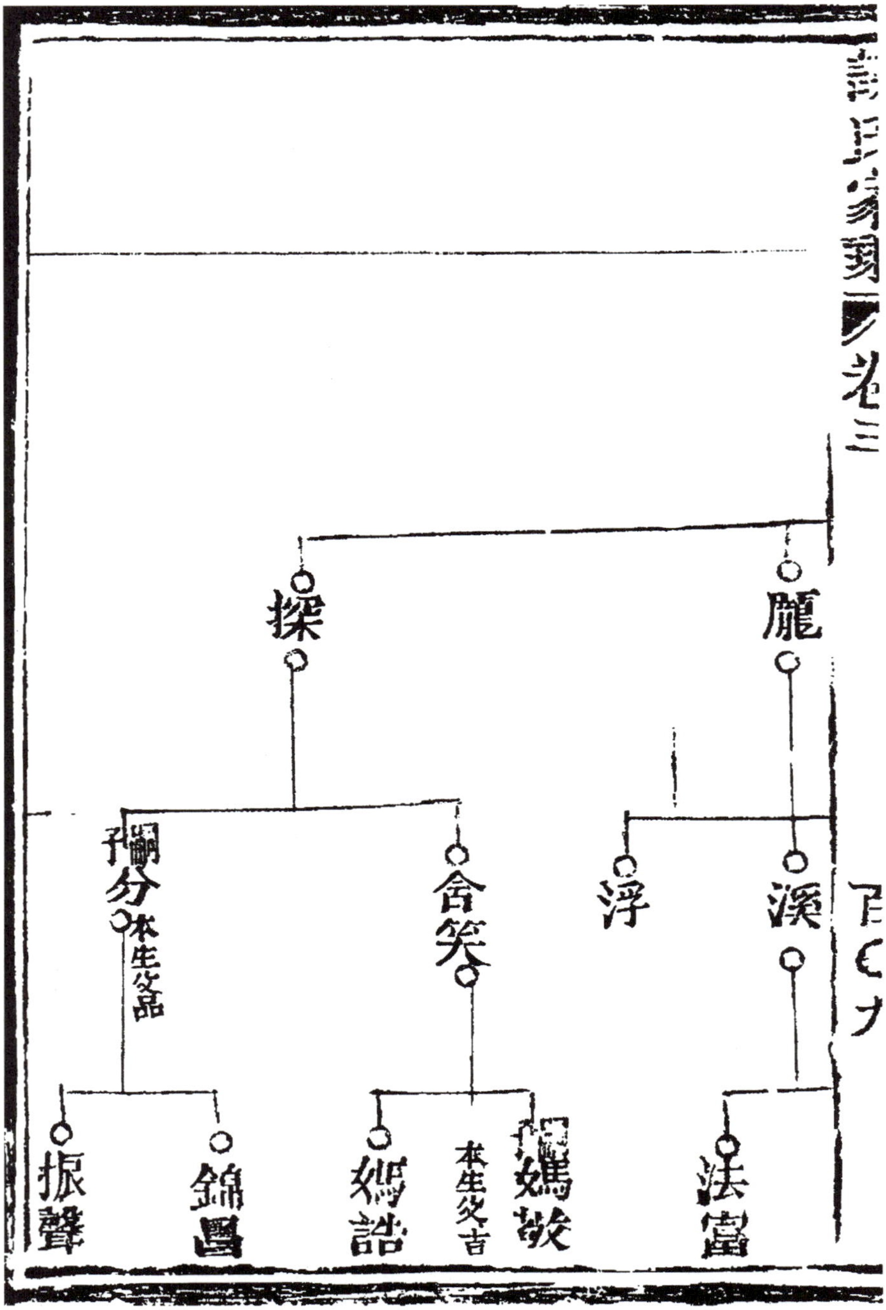
許氏家譜 卷三
操
龐
子
嗣
分
本生父品
含笑
浮
溪
振聲
錦昌
嫣諧
本生父吉
嫣敬
法富

十五世

十六世
道

十七世
齊　品

十八世
齊子：翰　甜　月
品子：分（出嗣）　水　絲（出嗣）

十九世
甜子：習衫（出嗣子，本生父甜）
水子：允得　允應（出嗣）

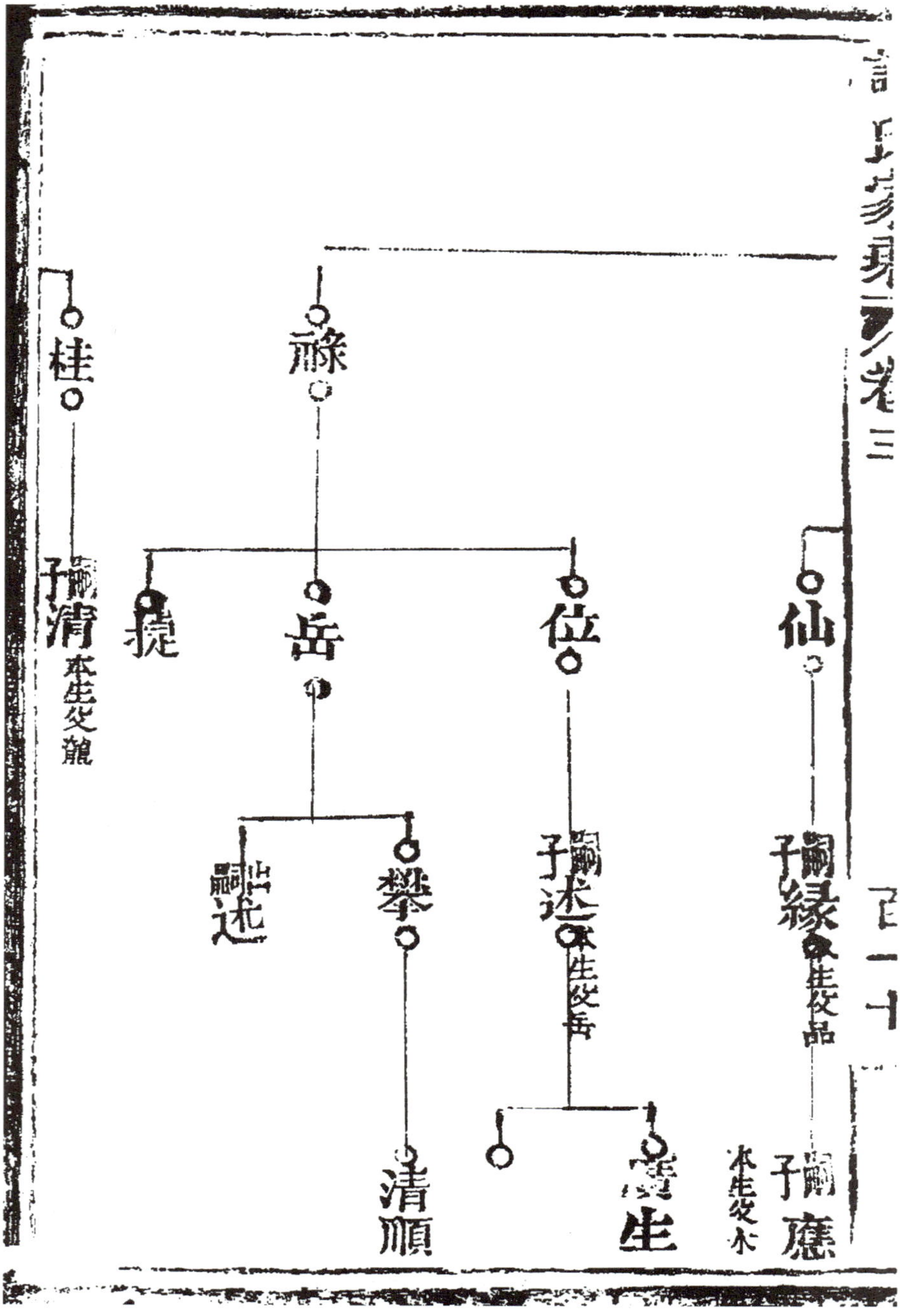
許氏家乘卷三
百一十
仙
嗣子緣 本生父品
嗣子應 本生父木
祿
位
嗣子述 本生父岳
慶生
岳
攀
清順
出嗣述
提
桂
嗣子清 本生父龍

十五世　昱

十六世　龍　盛　虎　孚　法

十七世　出繼清　賢俀　路　虞　嗣子料理　光典

十八世　本生父關　嗣子遠祖　楚興

十九世　本生父記　嗣子巖　本生父仕忠

謝氏家乘卷三

才登　南貞

仕獅　仕忠

寮　名　樣　兆　㨾（出嗣）　淹　腯

十五世　晷

十六世　閑

十七世　光耀　通文　媽記　田王　出嗣料理

十八世　出嗣水萍　華珍　嘉禾　出嗣達祖　三及

十九世

家譜卷三

聰
允玉
嗣孫水萍 本生父南貞

宗
坡
嗣孫逢巽 本生父途
嫣嚳
嗣孫嫣嶐
嫣允

序
進

尖
屆水
嗣孫嫣芸 本生父承水
嗣孫嫣確 本生父逢
嫣趙

謝氏家乘圖之卷三

十五世

十六世

十七世

同　塗

十八世

承水　逢巽（出嗣）　儀

十九世

嫣芸（出嗣）　永安　永受　永朝

百十三

顯

箭　出嗣合　啓

嗣養子本出父合　登燦　艷

登麗　登科　登陣

永生　永得　永順

十五世　十六世　十七世　十八世　十九世

郷

國

振　䕫　超

嗣子就 本生父超　娘　善　出繼就　彩

涵　錐　䪨　助

乾山 — 宇茂

明德
- 志
- 輝 — 繼子 長興（本生父照）

添 — 繼子 合（本生父顯）
- 光開
- 登言
- 發香
- 光羅
- 出繼 權

簡

十五世：角

十六世：報、漢（出嗣）

十七世：填（報嗣子，本生父寺）

十八世：金可、金聲、金屋、得露（填子）；主來、同生（漢子）

十九世：光唱、光箕（同生子）

泰

水　江淮（出繼）　馬良

財生　樣生

清泉　文選　光新　光國　烏　拱

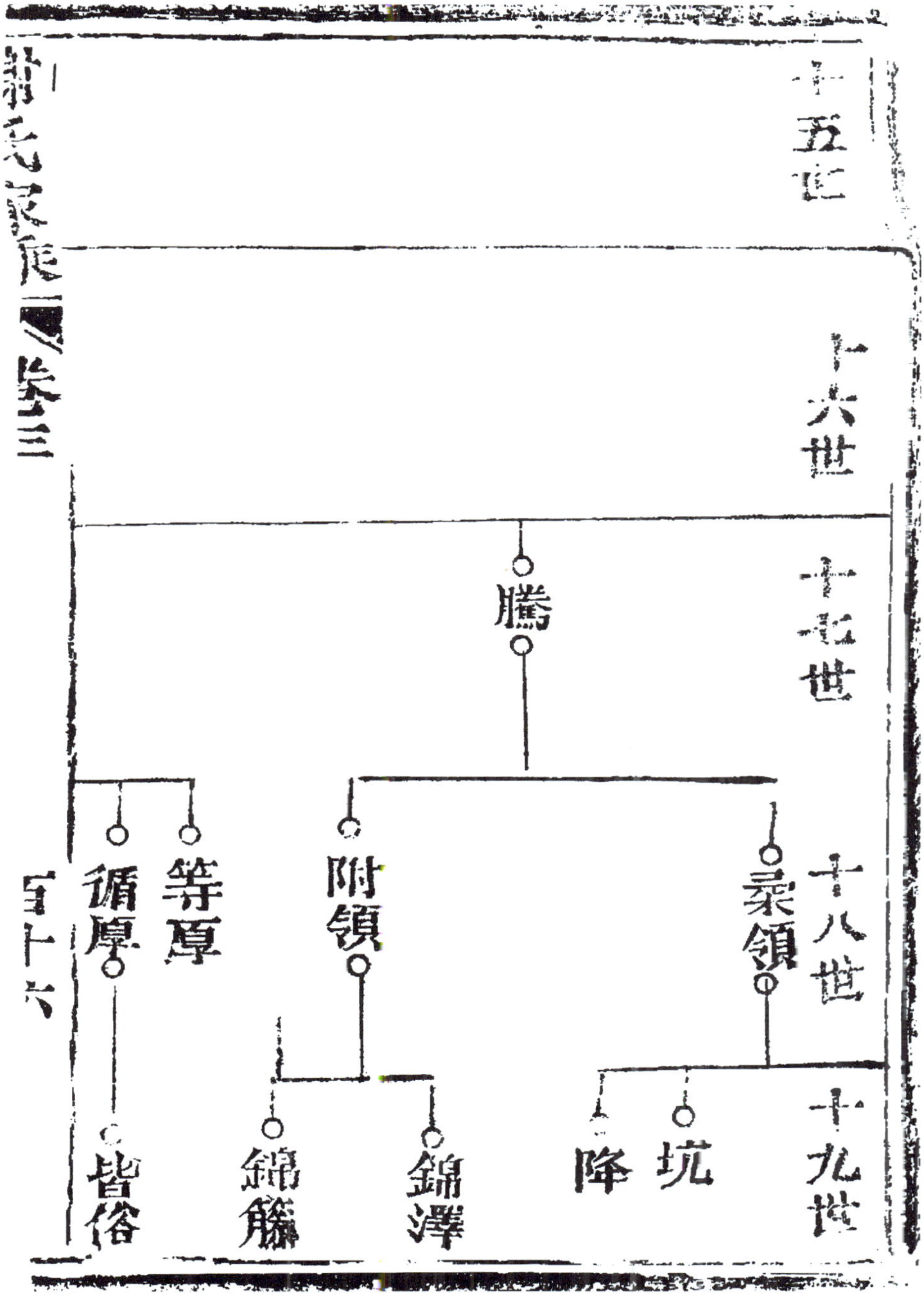
謝氏家乘　卷三
十五世
十六世
十七世
騰
十八世
彔領
附領
等厚
循厚
十九世
坑
降
錦澤
錦籐
皆俗
百十六

享

盤

真

吟石　應魁　怡亭　两亭

登碭　登耀　登孟　登科

十五世

十六世

十七世

菊

十八世

光鉗　嬰　佛　光聘　員治

十九世

正界　正立　淡　月理　紅毛　紅廊

持
- 瑱（出嗣）

亮

滿

聯
- 嗣子漢（本生父章）
- 嗣子江淮（本生父膺）

泰
- 嗣子榜（本生父章）
  - 寅
    - 振榮
    - 占魁
    - 振盛
  - 癸
    - 允棟
  - 閏

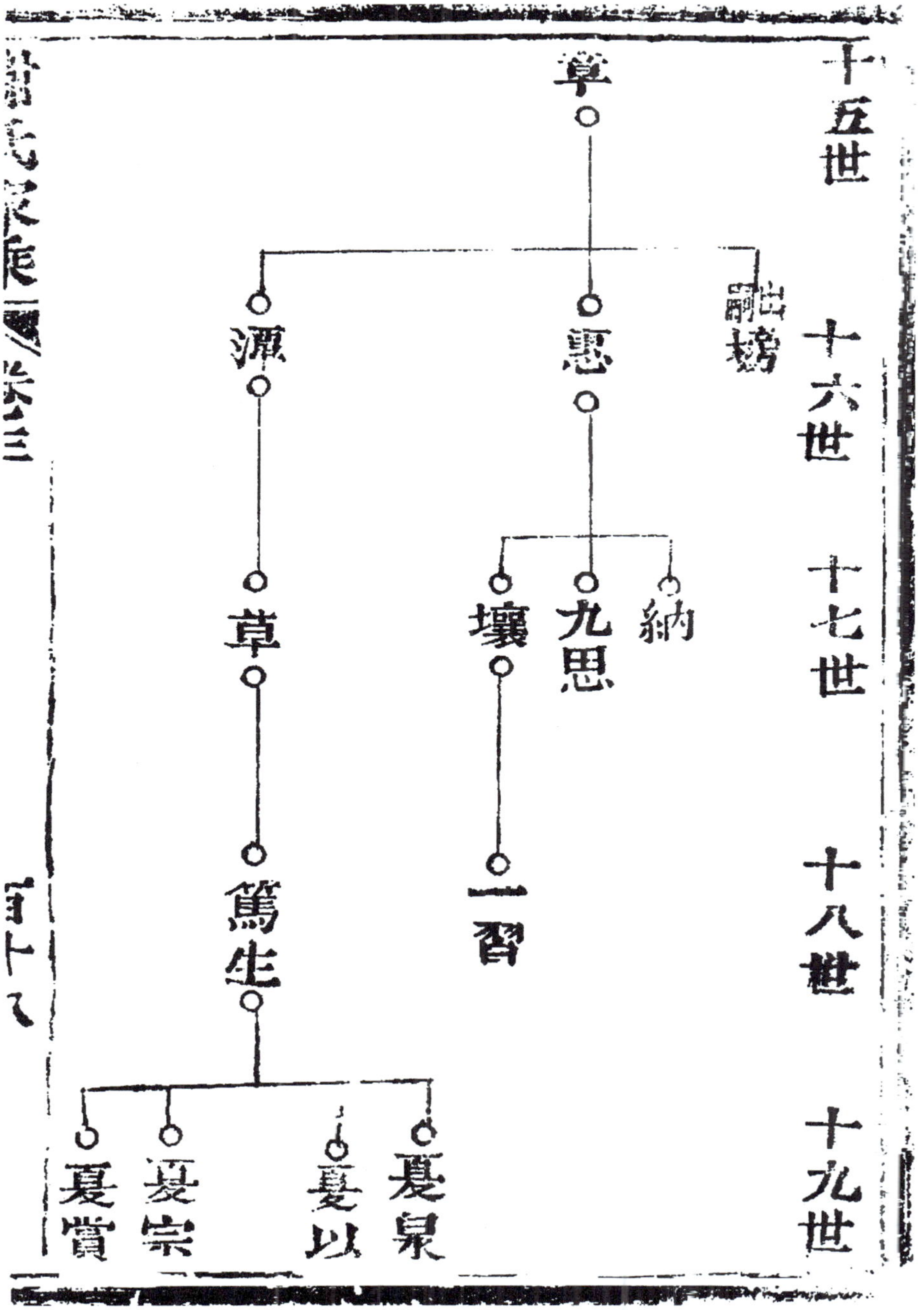
謝氏家乘　圖　卷三
百卜乙
十五世
十六世
十七世
十八世
十九世
章
出嗣 榜
慝
源
納
九思
壞
草
一習
篤生
夏泉
夏以
夏宗
夏賞

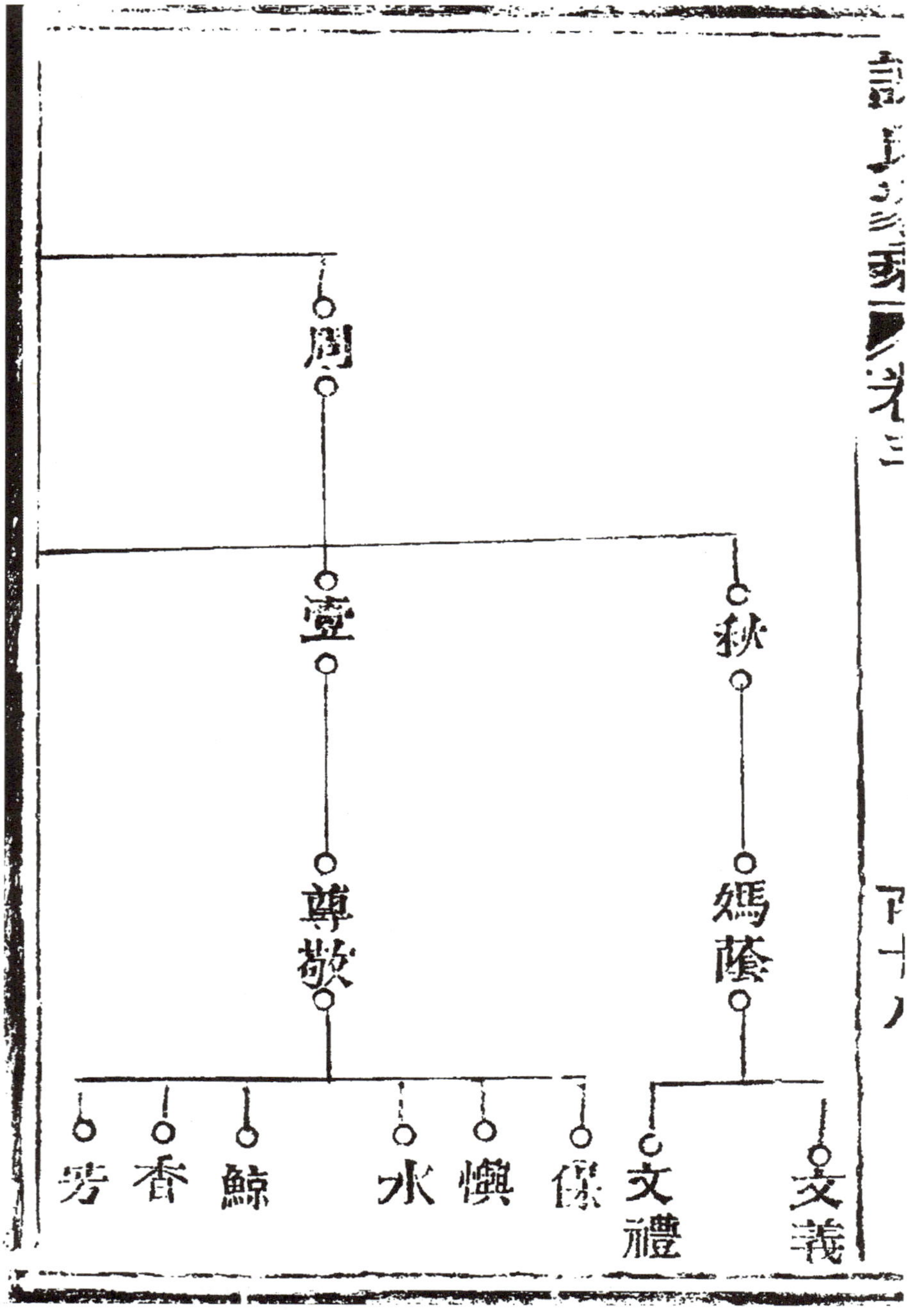
周
壹
尊敬
秋
嫣蔭
芳
香
鯨
水
懊
傑
文禮
文義

十五世
興

十六世
萬

十七世
光富
海
應

十八世
添丁
烏淡
蚌

十九世
嗣元
本生父樽
出嗣元

卷三

祐

賜

尚

光樽

紅東

出嗣光稟

琏

嗣子光稟

本生父樽

嗣子德性

本生父烏掌

烏掌

德情

出嗣德性

出嗣煥章

十五世：莊

十六世：福　壽　九（建部鎮右營中軍府）　團

十七世：文瑞　裕彩（福子）　嗣子煥章（本生父福）　朝山（九子）　惠州（團子）　峰山　

十八世：春友（文瑞子）　開春（裕彩子）　佛賜　佛恩（煥章子）　九傳

十九世：火（九傳子）

寬

景山 — 榮陞

嵩山 — 東寧

峪山 — 而容 — 允吉、允泉、允江

岱山 — 永昌 — 獨丁財（本生父）

燕山 — 有信 — 益隆

十五世：興

十六世：恭、任、吉（興之子）

十七世：天澤、天與（恭之子）；臨淵（任之子）；魏山；天紅、天生

十八世：孟春（天澤之子）

十九世：（出繼）僉慶；（嗣子）僉夔　本生父有信

旺
- 德盛
  - 天助
    - 聰明
  - 天來
  - 天忠
- 松茂

耀
- 明珠
- 明球

田
- 嗣子 強家（本生父貴）
  - 出嗣 湧

十五世

十六世

劍峰

十七世

出嗣祥

碧

貴

十八世

嗣子强清（本生父貴）

嗣子海元（本生父祥）

嗣子池水（本生父五）

出嗣秋

甲寅

出嗣强清

十九世

泉

添財

古結

拱賜

[illegible]譜卷之三

百十二

庇

鍾

浩　㷔

振茂

伍

知水　出嗣池水　清水　強深　出嗣強發

子出嗣溥（本生父強發）　秋香　木是

十五世　十六世　十七世　十八世　十九世

濯纓
　出嗣 栢

顯
　崑玉
　　仁詠
　　　嗣子 和尚 本生父栢
　　嗣子 栢 本生父纓
　　　出嗣 和尚

保
　晋
　　嗣子 衎 本生父峯
　　　建基
　　　出嗣 海元
　　　辛酉

謝氏家乘卷三

丁卜三

有諒○
- ○德奇
- ○大福
- ○勤儉
- ○大抱

吉

贊

麟○
- ○懷

科○
- ○貴源
- ○水源○
  - ○孝義

十五世　甲　易　詩　書

十六世　宗進（甲子）
衛（出繼）　遇　深　粲（易子）
積（詩子）
嗣子衛（本生父易）（書子）

十七世

十八世

十九世

金
- 月
- 亮

波
- 要
- 畨

球
- 港
- 海（嗣出）
- 春
- 溪

出嗣 泉

習
嗣子 海 本生父殊

五
朝順
抄
光鑑

宰
三
嗣子 泉 本生父殊
媽葵

九
出嗣 紹
廣

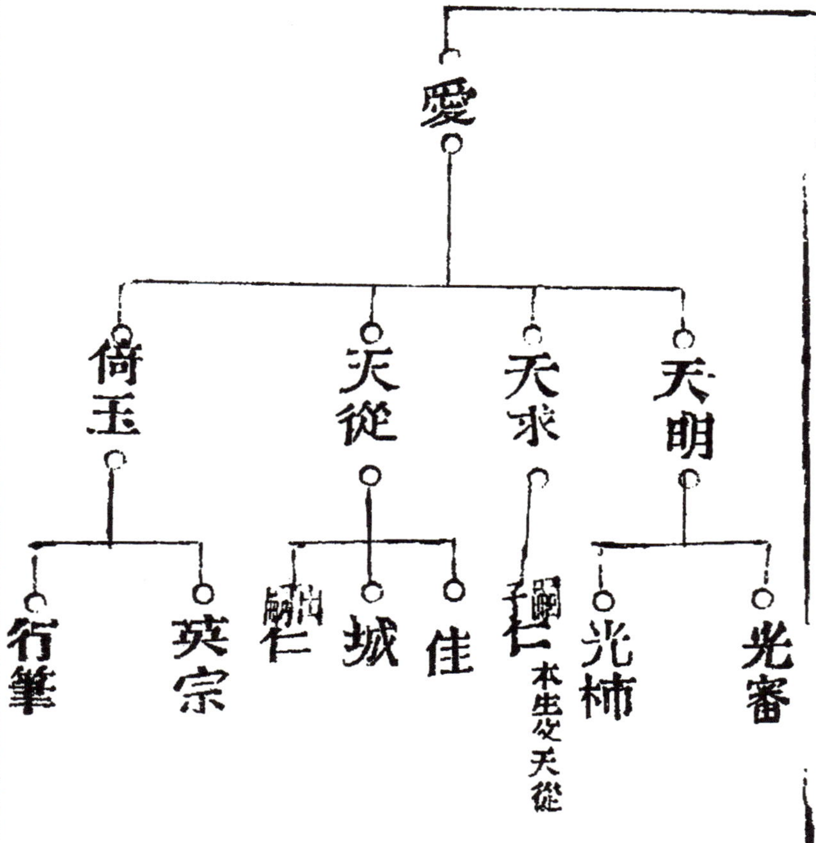
愛
天明
天求
天從
倚玉
光審
光柿
嗣子仁
本生父天從
佳
城
出嗣仁
英宗
衍筆

十五世　十六世　十七世　十八世　十九世

壹○——紹 本生父九 子嗣

幾○——喜○——光送○
幾○——及 出嗣
幾○——麟
幾○——元
幾○——俞

光所 出嗣
○遜讓

珍

光馬
石頭

光駿
錦禩
錦杏
名馨
天註

光黎
天維（本生父讀書）
天福

光鋪
葉宗

永

十五世　十六世　十七世　十八世　十九世

越

東

忠漢

清萊

清約

清雨

天相

和

應拔

光所（子嗣）

本生從珍

白雪

福壽

聯
- 郎（嗣子，本生父羡）

羨
- 郎（出嗣）
- 華

泰巖

應趋

羡

石

光敏

八音

十五世 十六世 十七世 十八世 十九世

信 — 讀書 — 大維（嗣）
　 — 樹豆
　 — 角
孝

西
諧 — 及（嗣子，本生父幾）
志

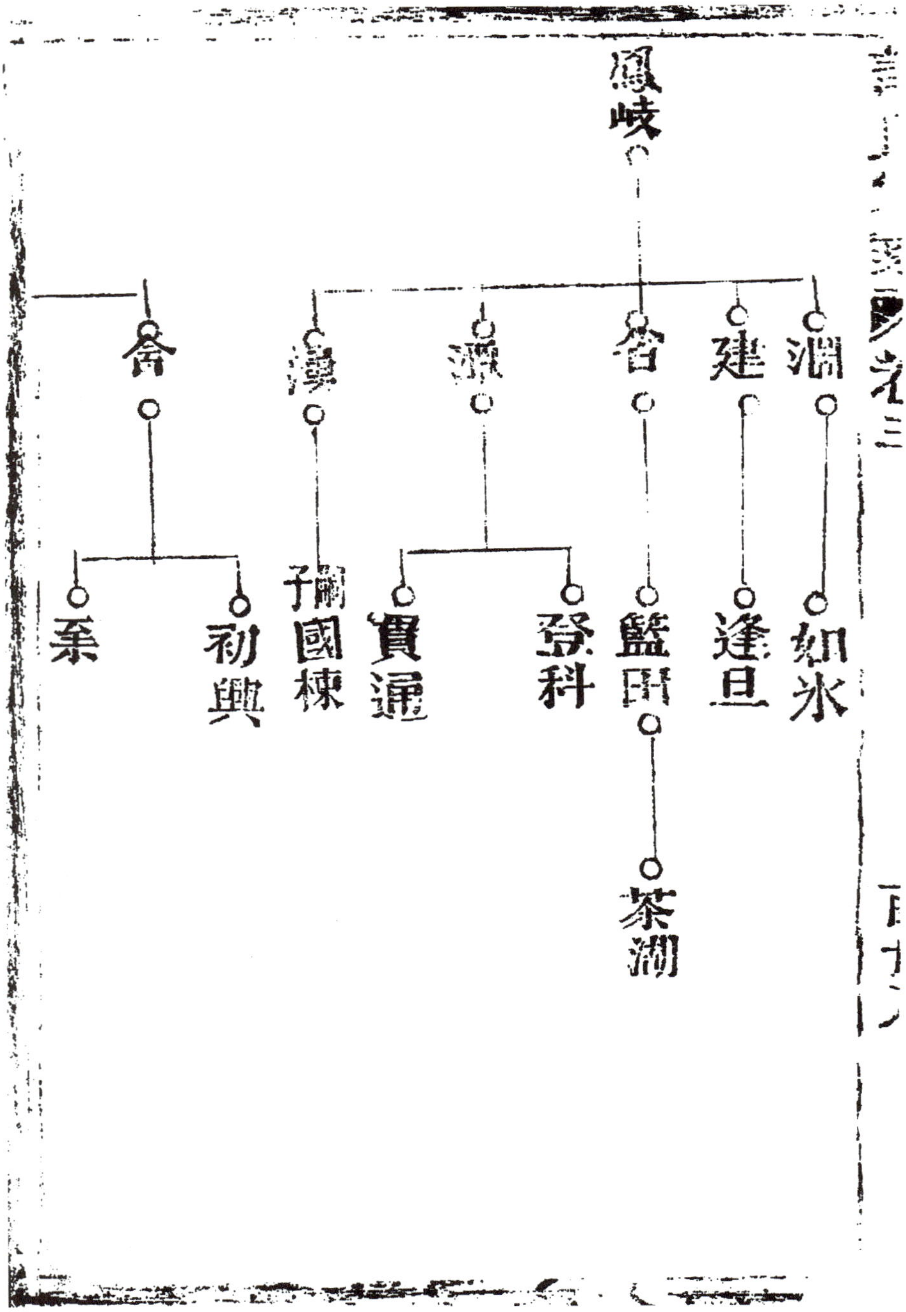
鳳岐
淵
建
晉
灝
漢
斎
如冰
逢旦
鑑田
茶湖
登科
寶通
國棟
子瀾
初興
寀

鳳詔
- 琛
- 嶸
- 標

鳳采
- 講
- 龍
  - 鑄
    - 壽山
      - 寶麟
      - 清雲

鯨

智

竭力

潤

瓜

發

元僉

霜雪

回霽

海元

黄牛

十五世　十六世　十七世　十八世　十九世

鳳疊
　寀
　靜

鳳邑
　賔

劍號
　琳

清冷
　蘊

元琶

西竹

御賜
　綿虎
　綿芳

株
情怡　同章

綿樂

丙
灑　濮　民

嫣順
朝細

長經
朝川　朝便　朝等

五世

立　成

十六世

裕　光勝（嗣）　光勝（嗣子，本生父成）

十七世

有戟　嫣鐵　嫣鉗　三茂　孟起（嗣）

十八世

朝散

十九世

十九世　二十世　廿一世　廿二世　廿三世

- 光帝 — 嗣子孟起（本生父勝）
- 恒義
- 恒孝 — 嗣子丹青
- 光佐 — 鳥鴈 — 清沃
- 光所
- 江水 — 光長、光再
- 是賞

十九世　二十世　廿一世　廿二世　廿三世

夏烟
夏侯
夏益
夏利 — 自當
掌
厰黎 — 光造、光條
能霸

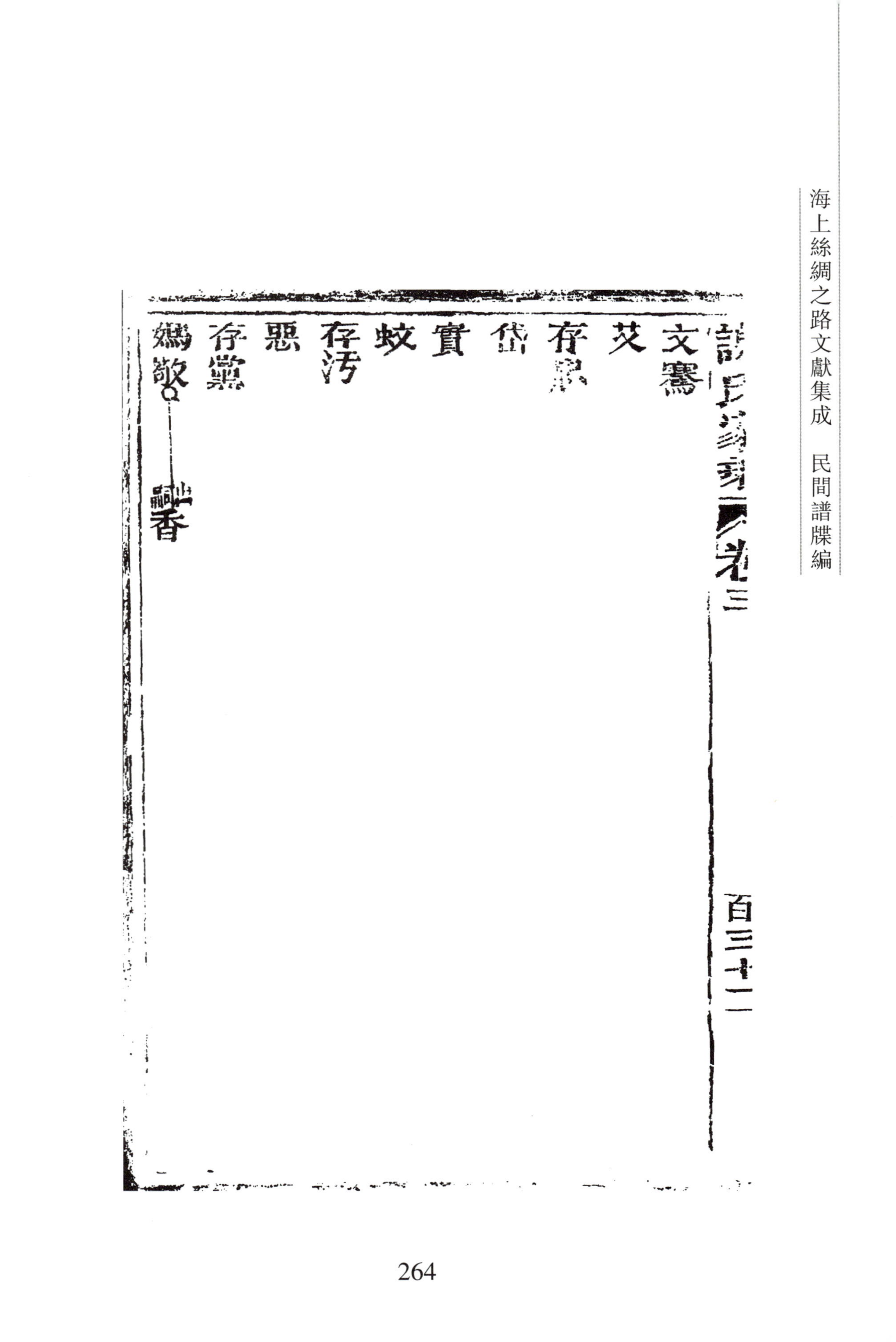

文騫
艾
存[illegible]
岱
實
蚊
存汚
惡
存黨
嬀敬
[illegible]香

十九世	二十世	廿一世	廿二世	廿三世
嫣誥				
錦昌				
振聲				
碧衫	文			
法情				
法富				
允得	芊蛋			
	瀚軒			

允應
通老
智
孔暨
孔雀
允達
允紂
允米
允瑞
允收

十九世　二十世　廿一世　廿二世　廿三世

清順
廣
○
○
子
嗣
香
本生父嫣敬
○
司
見

爔兆樣淹名麥

腯

預—盤

助—壹—梓

登科—保、熾

登陣—正、坪、坡

一　焉葵

十九世　二十世　廿一世　廿二世　廿三世

登麗 — 嫣堅

登燦

艷 — 搕

礒

永朝

永順

永零 — 嗣子傳意 本生父得

出嗣傳意

永得

出嗣 儒書

永馨

出嗣 大松

大追

大遼

和生

嗣子 傳書 本生父得

嗣子 大松 本生父安

海

錐

十九世　二十世　廿一世　廿二世　廿三世

登香

登顏　　埕

光羅　　萍

光閛　　不

媽芸　　繼光搖

媽雍

媽趍　　嗣子光搖　本生父媽芸
　　　　光斷

媽瀨 — 光委

媽光 — 光守

拱

坑

烏

降

錦澤 — 鬃、傳

錦膝

十九世　二十世　廿一世　廿二世　廿三世

光唱
光羨
清泉
文選
光新
光國
登耀
登孟
登碭

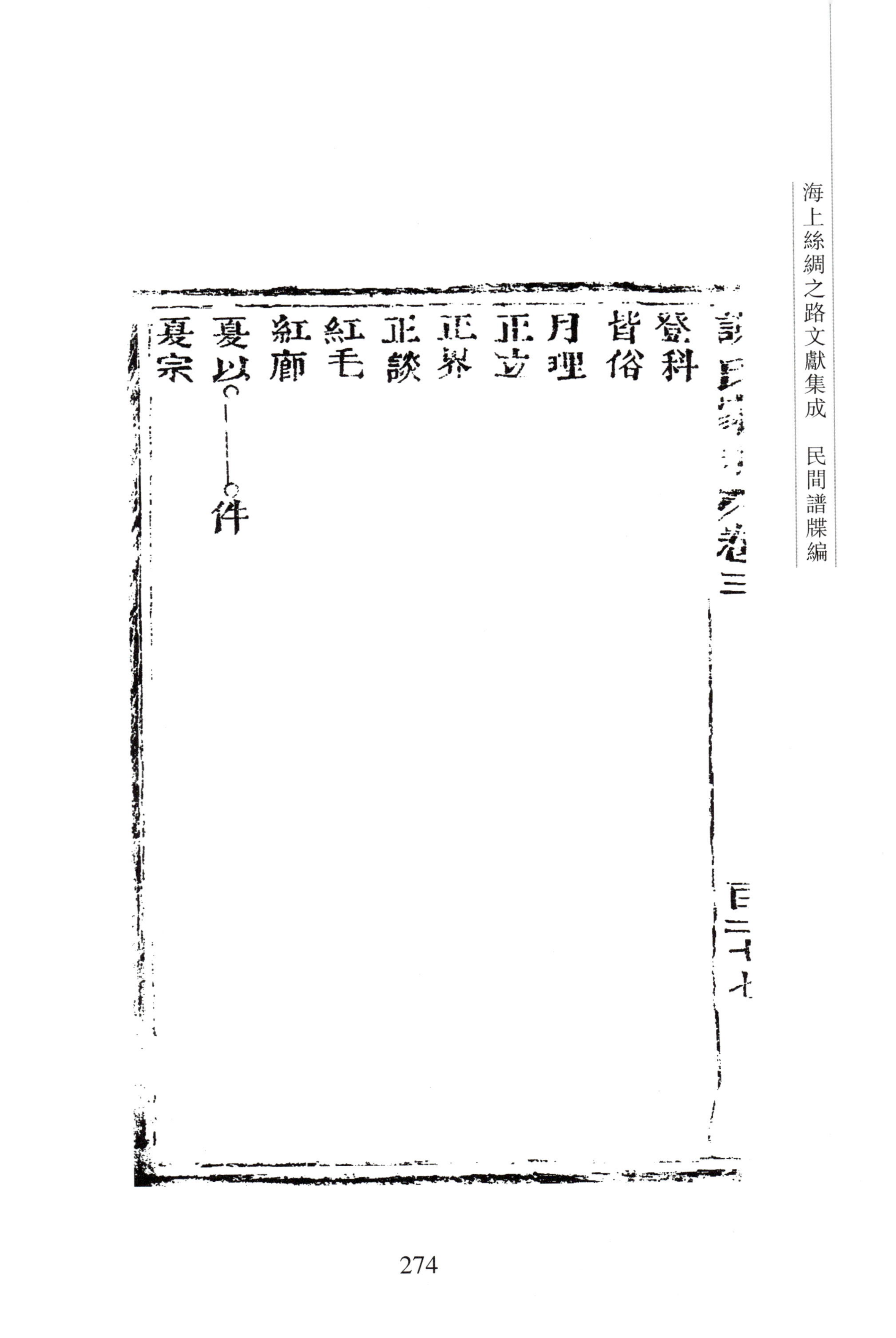

登科

皆俗

月理

正立

正界

正談

紅毛

紅廊

夏以○——○件

夏宗

十九世　二十世　廿一世　廿二世　廿三世

是泉

是賞

水

鯨

懊

香

保

清蓮

文葉

- 芳
  - 皆得
- 文義
  - 春泉
  - 成意
- 文禮
- 紅東
  - 錦章
- 元
- 光稟
- 德性
- 德靜

十九世　二十世　廿一世　廿二世　廿三世

允泉

允吉

允江

丁財
- 長庚
- 神智
- 神廣

火生

益隆
- 梱林

樹何

益慶
添樹
古結
拱照
木是
泉
秋香
湧
大福

十九世　二十世　廿一世　廿二世　廿三世

勤儉

德杏

大抱

允馨

保麟

青雲

七世　八世　九世　十世　十一世

夏表

昆　有期

七世　志肅　志寬

龜齡

八世　定　昶

九世　新　陟　實　贊　坤

十世　六一　承考

十一世

添盛

周德　周達　周正　周誠　周權

欽　艮德　搖宙

六八　三　殿　壹　四

添厚

周亨

盤貴　盤祿　盤孝

養　強　三　四

五　六　八

七世
八世　周轉
九世　盤鑄　盤蓮
十世
十一世

添成

十一世
十二世　顯圓
十三世　建德
十四世　秉國　秉翰
十五世　俊

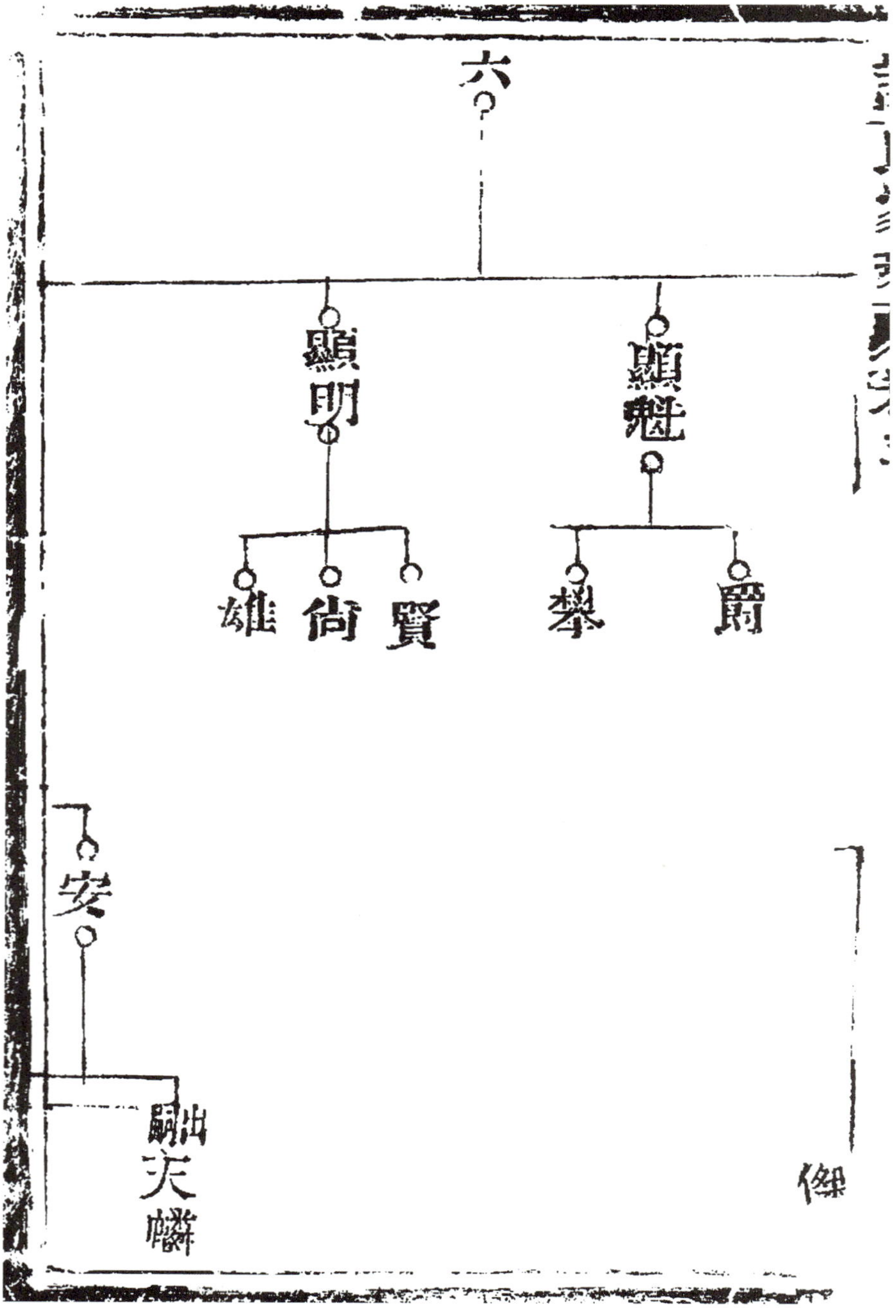
六
顯明
顯魁
雄
尙
賢
擧
爵
安
嗣出天麟
傑

英
雄
傑
天麟
光灝
定
求
用
永宗
添元

[illegible]卷三

傒

十五世　康山

十六世　興宗　顯吉

十七世　建樑　廷棟

十八世　嗣子順 本生從仕明　嗣子勸 本生從仕明

十九世　文淑　濟元　永宗　永　居

十五世

十六世

十七世

十八世

十九世

晴　恩

光柳

應心　應粒

[illegible]卷三

文淑

湛　清

秋水　圮隨　光然

金椆　金榜

應松　應陶

百五十四

謝氏肇基澄邑世系圖卷四

宋始祖伯宜公

程年

堯年

可日

恂揚

銘榮

銘欣

東山公

銘顯

謝氏肇基石塘世系總圖

一世　始祖東山公

二世　道明公

三世　任公　睦公　孝公　友公　婣公　恤公

道舉公

富八

榮公

華公

貴公

恤公第六房分派世系圖卷四

三世 四世 五世 六世 七世

恤公
　添賜
　　言志（夭嗣）
　　　仁慈（夭嗣）
　　　　乾龍
　　　　良龍
　　　　旺龍
　　　　漸龍
　　義兒
　　　廷彬
　　　廷瓘

[illegible]家譜　卷四　三

禮灝　太學生

爵　太學生

坊龍

震龍

漆龍

直龍

七世　乾龍

八世　叱賢　堯仁

九世　泰　祥麟

十世　遷孫　望高　燿　燦

十一世　柄　權　朴　一和　一睦

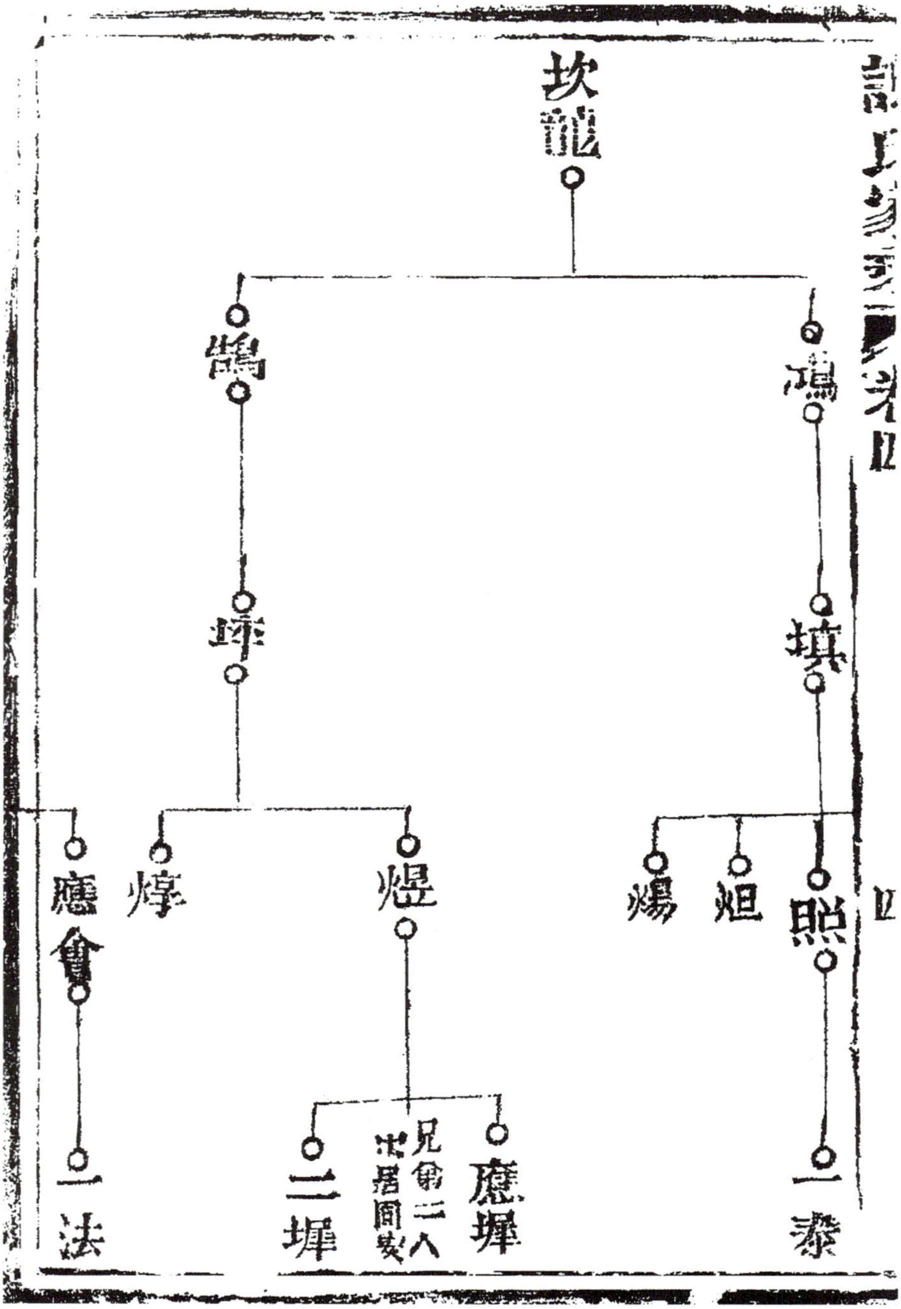
坎龍
鵠
鴻
埰
填
應會
焞
煜
煬
烜
照
一法
三墀
見第二八
出居同安
應墀
一泰

七世　八世　九世　十世　十一世

- 艮龍
  - 宗坦
    - 天祄
      - 應第
  - 乩國
    - 體徹
      - 俊異
      - 俊仲
  - 宗瓘
    - 體富
  - 宗璭

三鑑

謝氏家乘　卷四

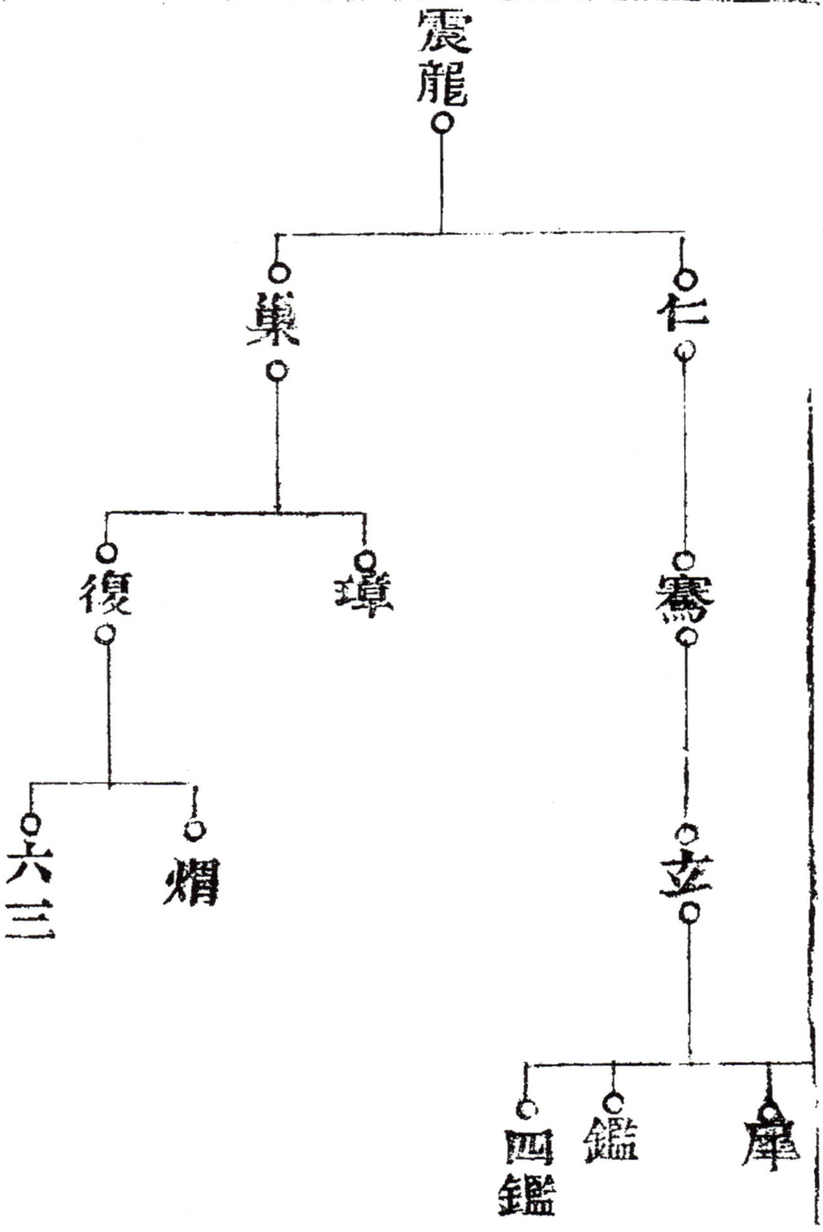

五

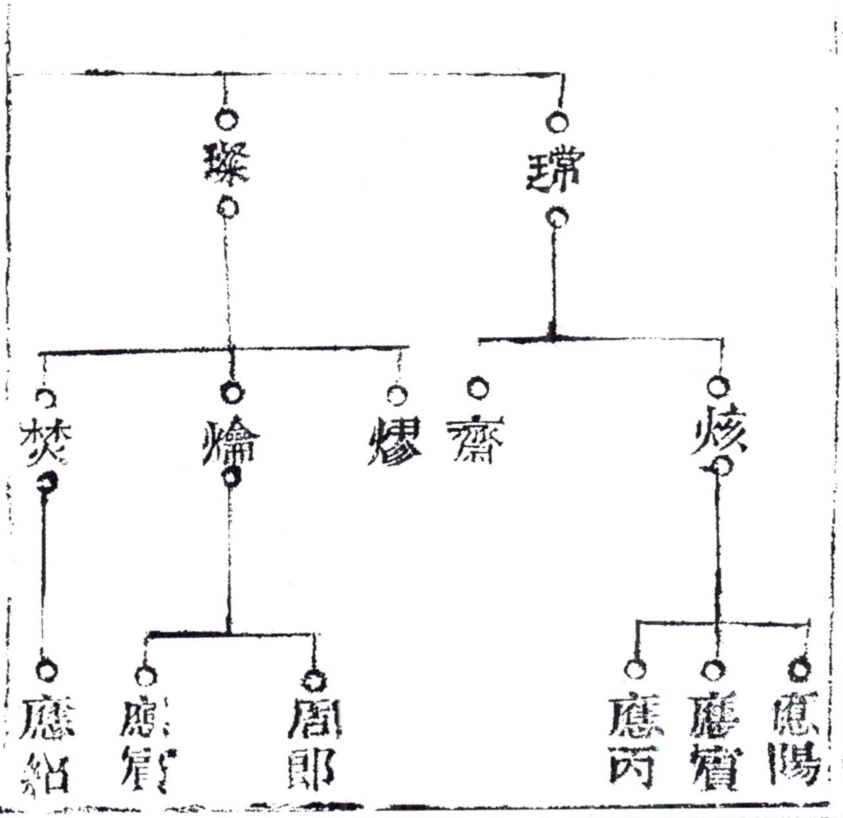

璨
瑺
焚
爚
熮
齌
烗
應紹
應偕
周郎
應丙
應檳
應陽

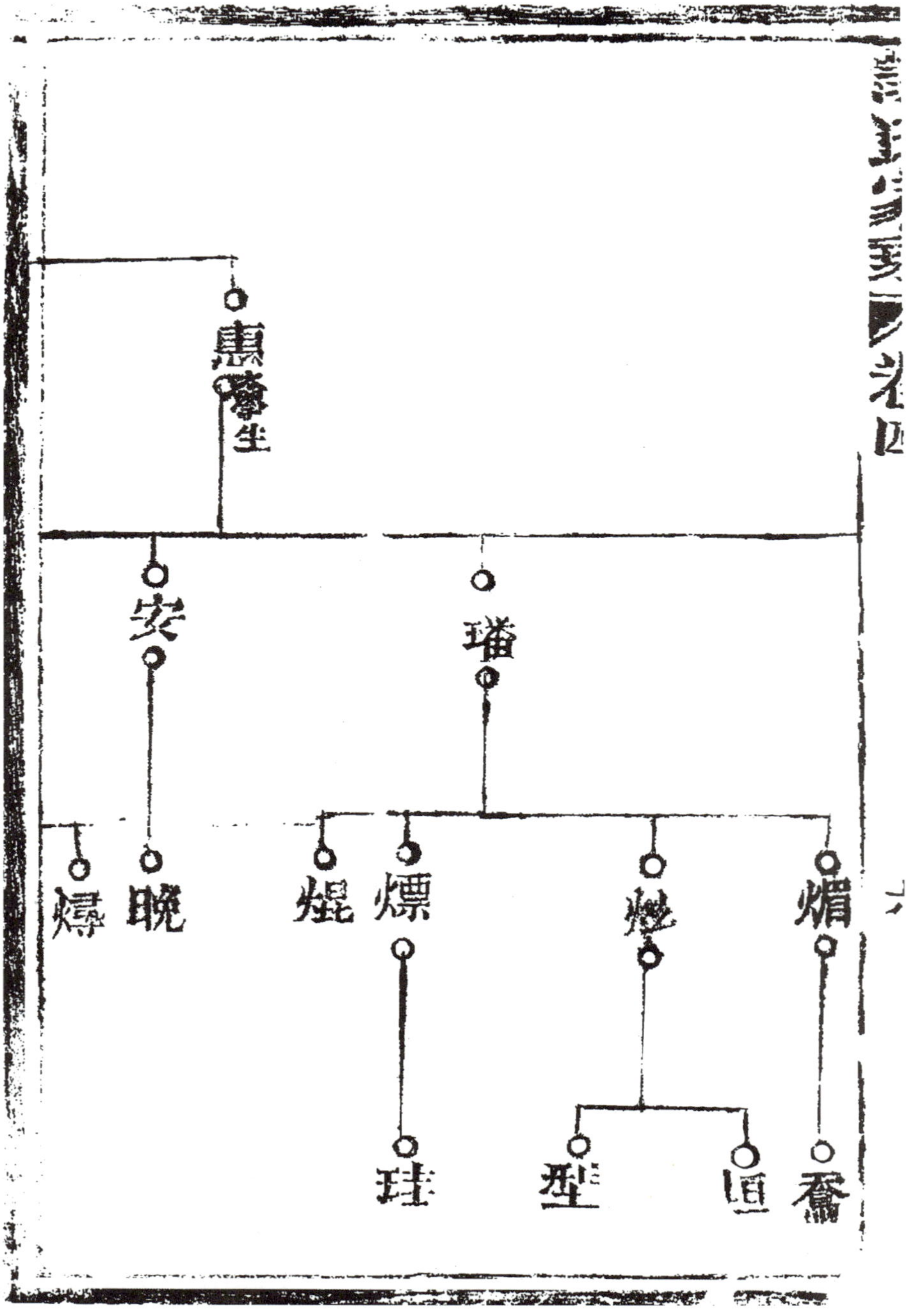
安
璠
晚
焜
熛
珪

謝氏世系圖卷四

七世

八世

九世
璥
璐

十世
煥
治
烒
燭 鄉飲大賓
烰
煒

十一世
陟衢
同邑庠生
廳屃
潤吾
振寰

十一

- 旺龍 鄉飲耆賓
  - 傑
    - 三友
    - 璉
      - 燿 移居嘉禾二十一都官路下
    - 友
    - 四友
- 添龍
  - 漢源
    - 世哲
    - 天貴
  - 發源

七世　八世　九世　十世　十一世

- 漸龍（七世）
  - 杲（八世）
    - 暘（九世）
      - 烱（十世）
        - 振宇（十一世）
      - 烽（十世）
  - 元（八世）
    - 鍛（九世）
      - 湜（十世）[illegible]居河浦
  - 三杲（八世）
    - 天助（九世）
      - 期（十世）
- 洪（八世）
  - 禎（九世）
    - 燧（十世）
    - 山（十世）
      - 應清（十一世）
  - 祐（九世）

謝氏世系圖卷四

曾氏家譜　卷四　　八

十一世　十二世　十三世　十四世　十五世

眞龍
離

權
泒
大孫
論
合
誦

柄

朴

衛
報

一泰
鍛
寬
德　答

德：六　漳　隆　鄢　璉　起　七

一和

一睦

應墀

二墀

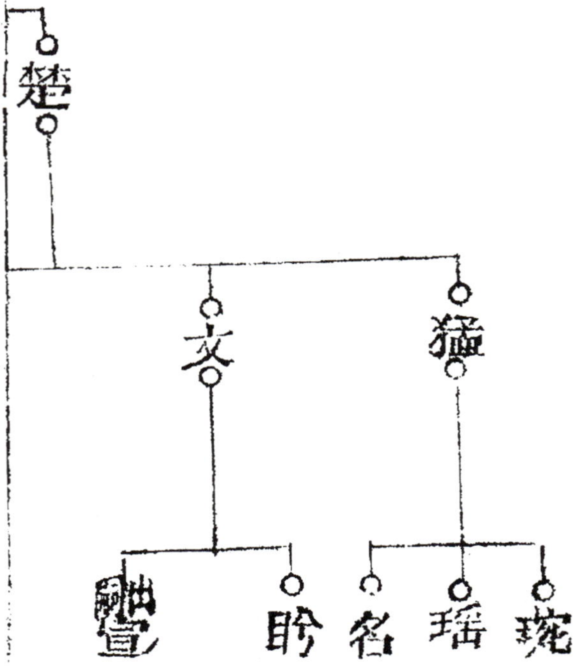

十一世　十二世　十三世　十四世　十五世

十四世：敔　十五世：顕、豐（本生父文）

十四世：棟

十一世：一法
十二世：友治
十三世：正
十四世：騰
十五世：珍（住臺灣）

犀
許
保

鑑

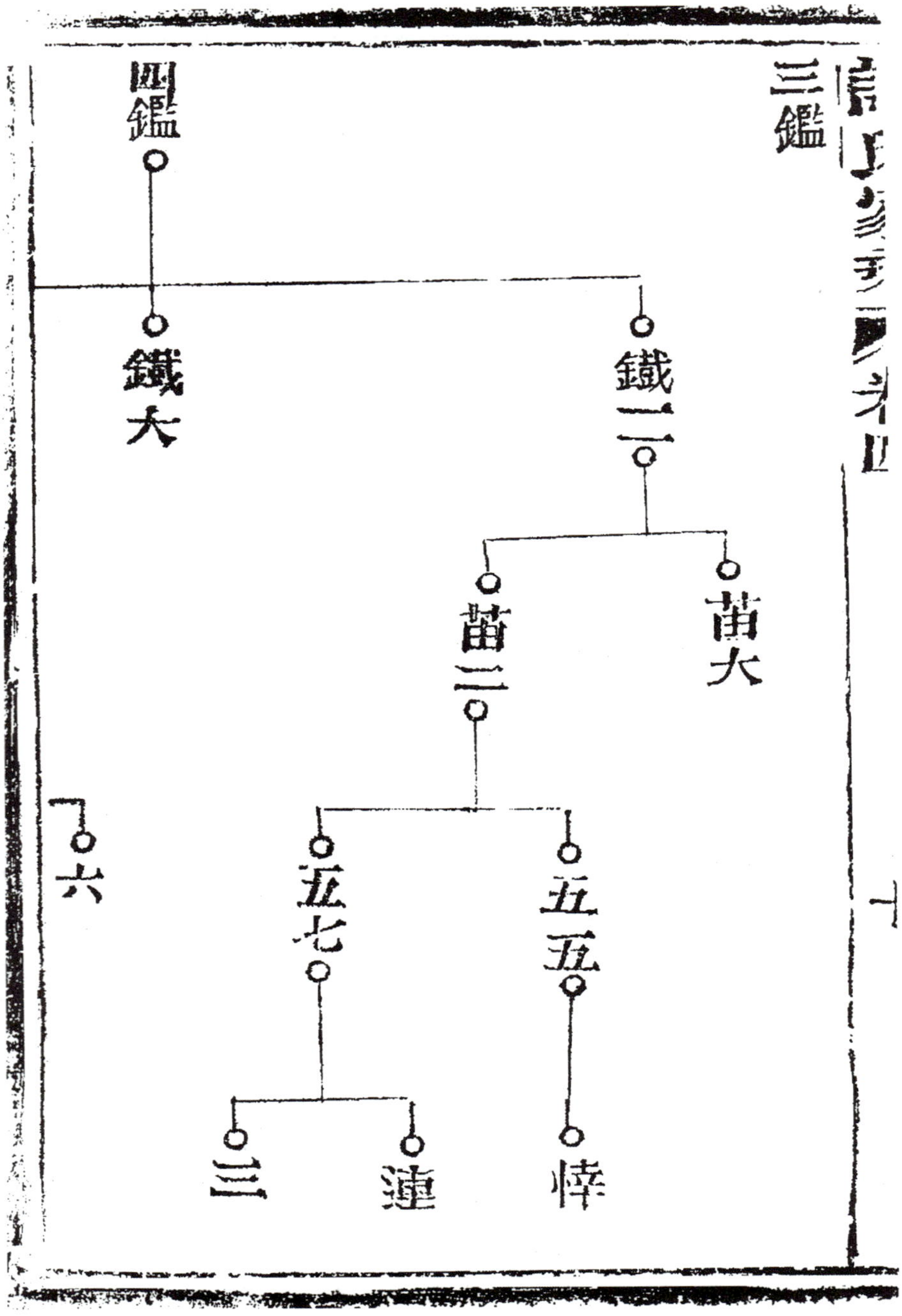
三鑑
四鑑
鐵二
鐵大
苗大
苗二
五五
五七
悻
漣
三
六

謝氏家乘圖卷四

十一世

十二世

泰亥

十三世

四　次　大　三

十四世

七　秋申　登　珠

十五世

吕　贊　聰　完

十一

五

寶

棟　舉　興　尾

貴

千　享

珪

銓

必猷

繼子芳美 本生父任晉

出繼芳奐

十一世　十二世　十三世　十四世　十五世

- 垣
  - 聯廷
- 型
  - 對廷
    - 郁哉
- 喬
- 周郎
- 仕晉
  - 裕美
    - 天送
  - 申美
- 又文
  - 準
  - 宗
    - 公餐
  - 堂
  - 强

立亮

文桓

香　紳　縉

儼　佗　斗　月　養　蘭　景　縱　陟　意

十一世

十二世

十三世　百青

十四世　尙　次　棄　三　疆

十五世　永　圖　福　效　法　梯

（百青——尙、次、棄、三；尙——永、圖、福；次——效；棄——法；疆——梯）

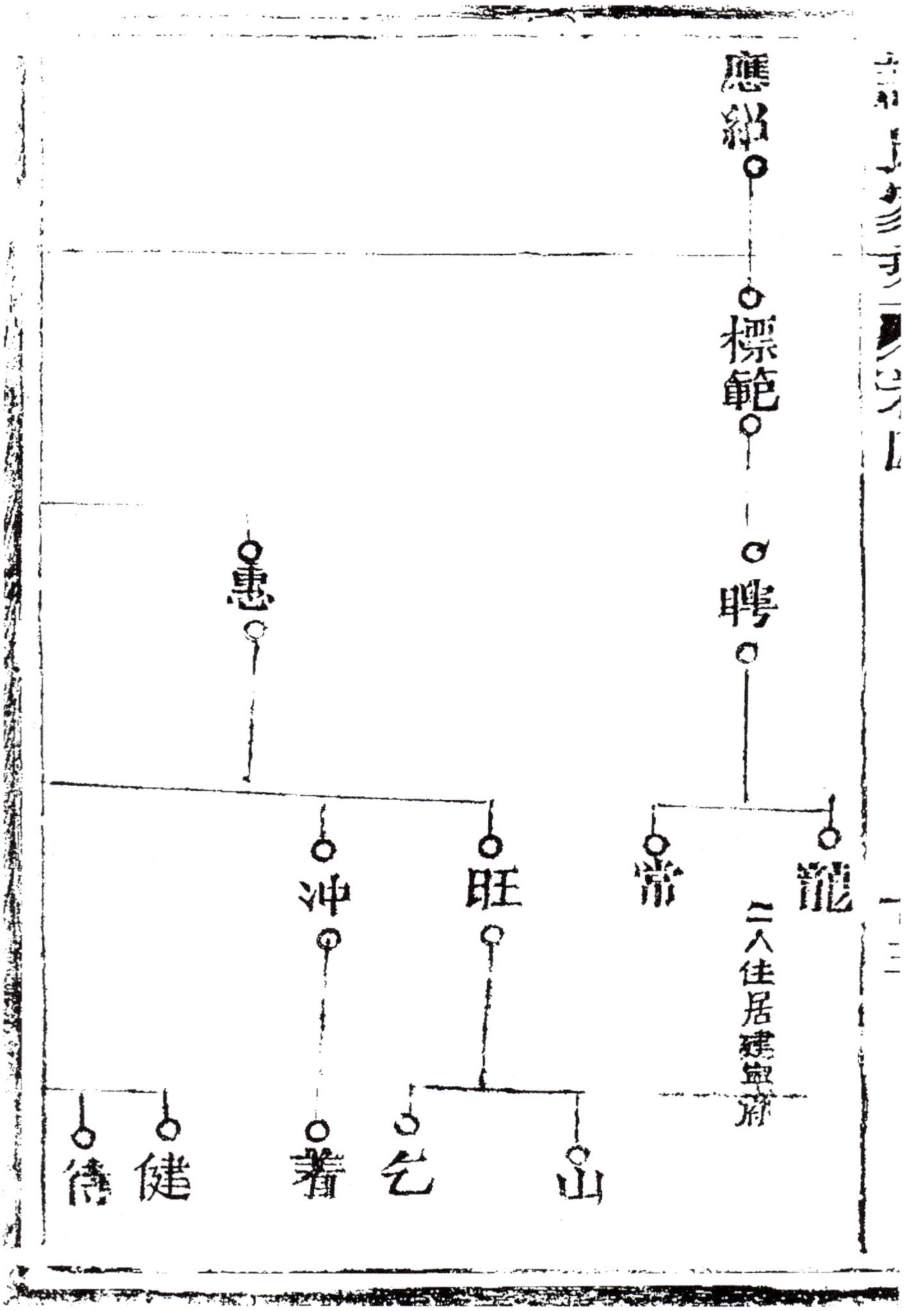
應紹
標範
聘
龍
二人住居建寧府
常
惠
旺
沖
山
乞
着
健
僑

十一世

十二世　欽特

十三世

十四世　杏　莊　參　昭

十五世　侯　偏　甬　前　融和

懷

穆

郎

嗣子和

本生父昭

愈

榜

應賓

應陽

應丙

應辰

十一世　十二世　十三世　十四世　十五世

- 潤吾（十一世）
  - 羅如（十二世）
    - 申（十三世）
      - 璠（十四世）
      - 留（十四世）
      - 贊（十四世）
        - 陣（十五世）
        - 長壽（十五世）
        - 兄弟俱出居江西新榆縣
      - 爵（十四世）
  - 四如（十二世）
    - 振（十三世）
      - 啓（十四世）

十五

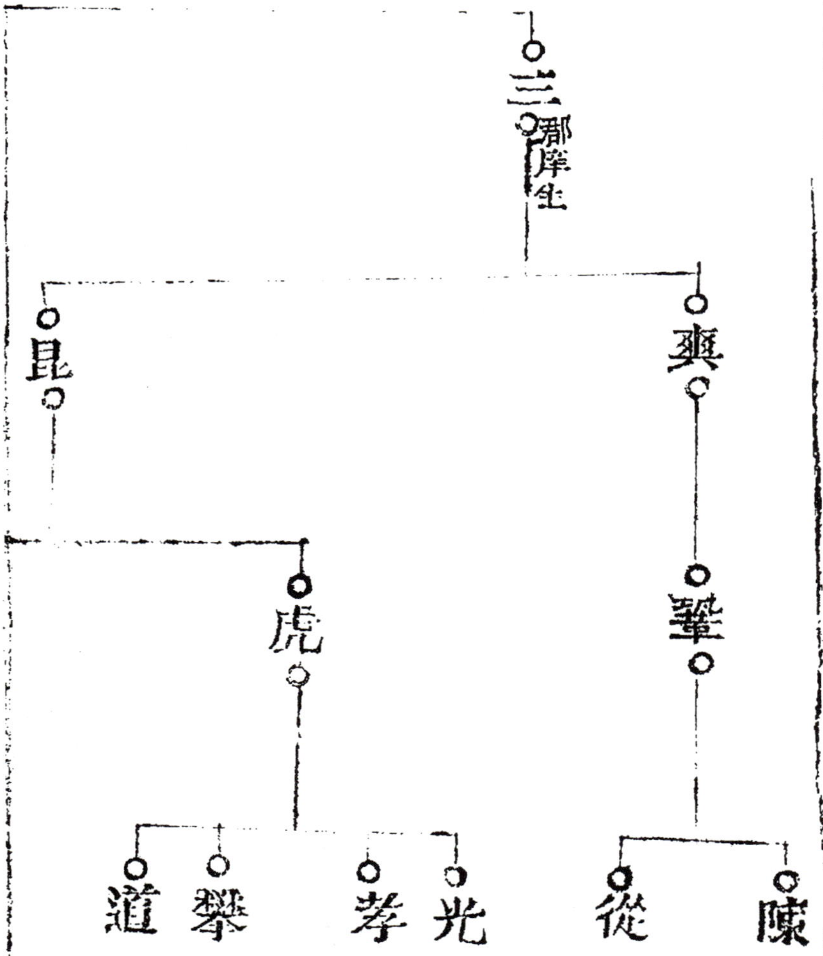
三
郡庠生
奭
昆
華
虎
道
攀
孝
光
從
陳

十一世　十二世　十三世　十四世　十五世

- 陟衡（同邑庠生）
  - 惜
    - 殊
      - 顯
        - 印
        - 球
      - 榜
  - 梓
    - 權
    - 胤
      - 亮
        - 熙
        - 烈
        - 熊

浩

秀　陳（徙居江西）

歲　嶽　崙　崟

振寰　振宇

士冏　裒葵　衷純

外　祝　姐

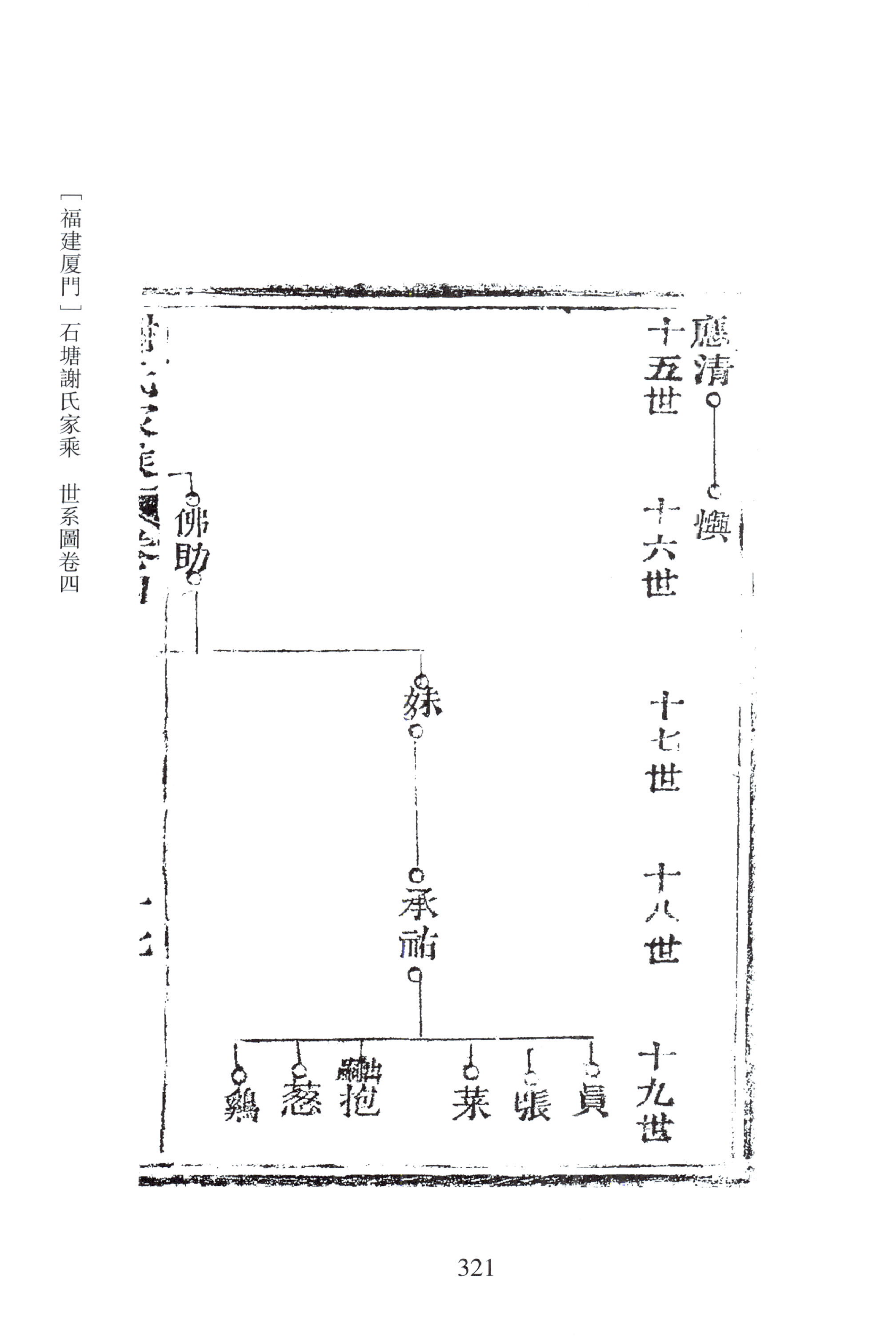

十五世　應清

十六世　煥

佛助

十七世　妹

十八世　承祐

十九世　員　帳　萊　出繼　抱　慈　鷄

郭

吉

晏

嗣祀

本生父承詠

扶

傳祖

合

居萬

江水

開宗

麗天

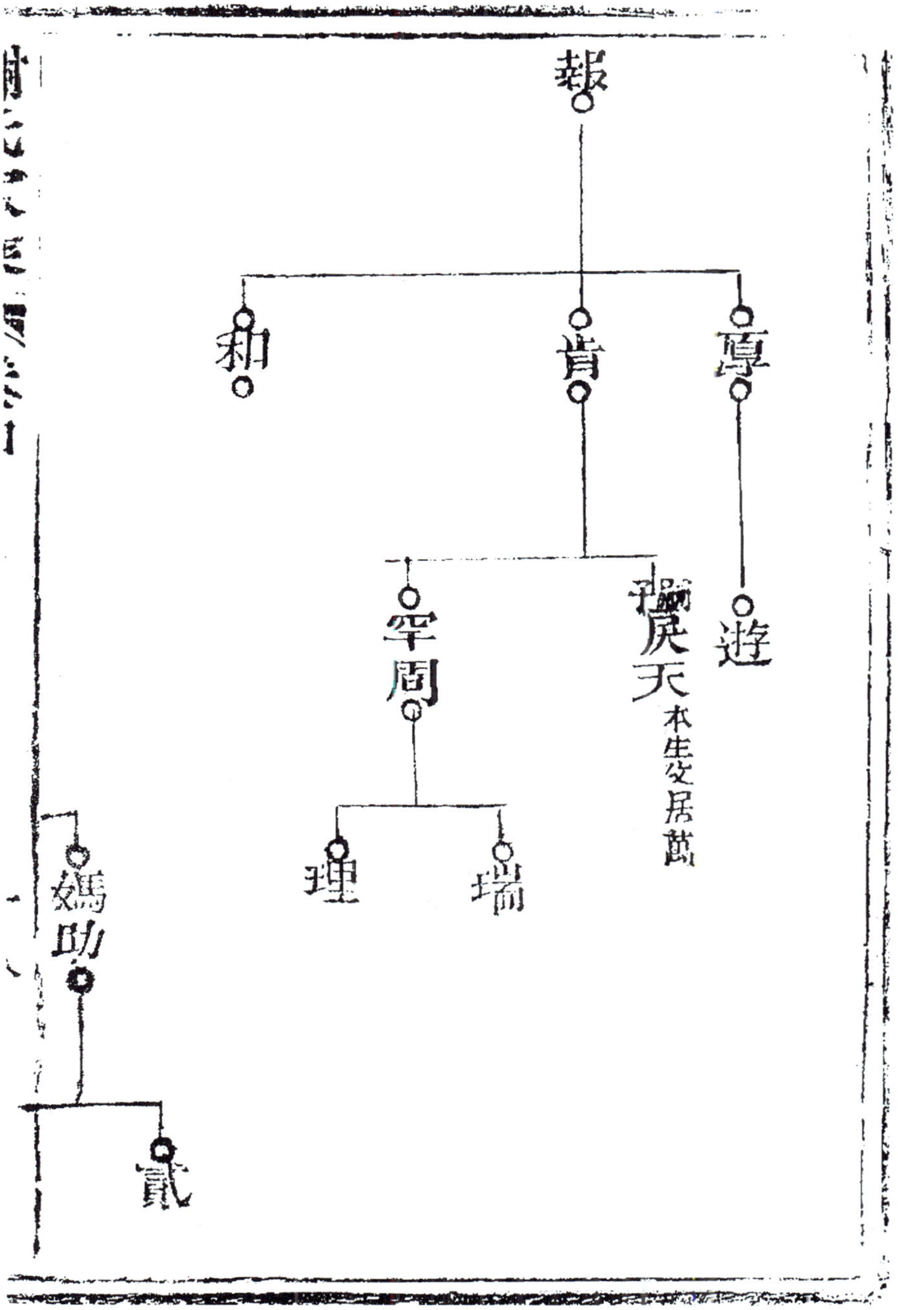
報
和
肯
亭
遊
子嗣
戾天
本生父居萬
容周
理
瑞
媽助
貳

謝氏家譜　天卷四

十八

答

訓　庇

洮　貴

嫣老　嫣鉗

叁　出繼孫乙　榮　孫濂

嗣孫乙　本生父嫣鉗

出繼潤

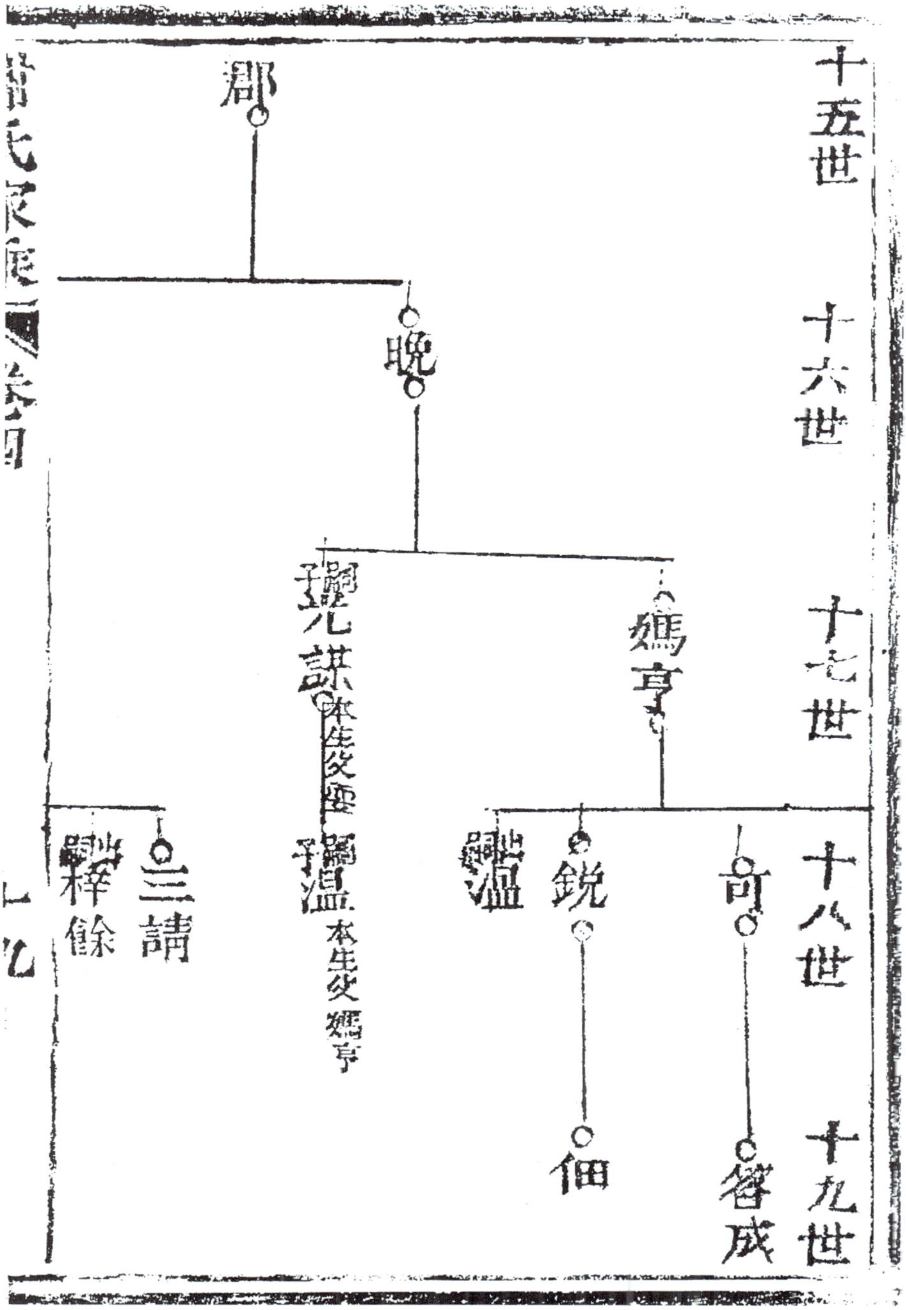
十五世
十六世
十七世
十八世
十九世
郡
晚
嗣子光謀 本生父雲
嫣亨
嗣子溫 本生父嫣亨
出繼溫
銳
奇
佃
三請
出繼梓餘

卷四

零

深泉　付　光謀（嗣出）　典

邑定　文曲　照明

潤（嗣子，本生父亨）　梓餘（嗣子，本生父泉）

竭力　端

文湜（嗣出）

十六

十五世　十六世　十七世　十八世　十九世

當
　律
　　友
　甬
　　金針
　　筆
　潤呆
　　穡秋
　潤聖
　　[illegible]糞掃
黨

龍

老　春　誕　學

抱

文馮 本生父律

喜 本生父滙水

荊 本生父振盛

冀掃 本生父聖

進

自求

十五世

享

嗣子 敬 本生父起

十六世

起

崇

弁

出嗣 敬

篤

十七世

芬

育

哖

藝

十八世

十九世

六
嗣子 霖 本生父靚

振盛　振昌　道

出繼 荆　甫　出繼 相　媽安

嗣子 掛 本生父振仍　嗣子 相 本生父振盛

敢　種　斗　瑶

十五世

念

十六世

十七世

振仍

漉水

十八世

光杰

本

出嗣 掛

光客

出嗣 天喜

十九世

先

宣

知

七

嗣子誕（本生父龍）

藕水

天牛

天錫

天生

餐

海參

斐然

清波

沛然

四美

十五世　盼

十六世　朧（出繼）　感　都　雄

十七世　代（嗣子　本生父頌）　埕　等　魏　萍

十八世　兆吉（嗣子　本生父萍）　兆吉（出繼）　光串

十九世

謝氏家乘　圖卷四

十三

光監

出嗣　彔

懹

企

嗣子　墺　水生父

敬

斐

蓤

嗣子　彔　水生父萍

出嗣　代

領

麗

沃

十五世　十六世　十七世　十八世　十九世

- 顗
  - 造
- 宣
  - 嗣子 龐（本生父昤）
- 瑶
- 琥
  - 任
    - 心
    - 出嗣 伯
    - 儀
    - 格
- 銛
  - 鎮
    - 嗣子 伯（本生父任）

珍 住臺灣

㥒

伯

帖　賣

阜　朝

進

任　裕

三

乞

采

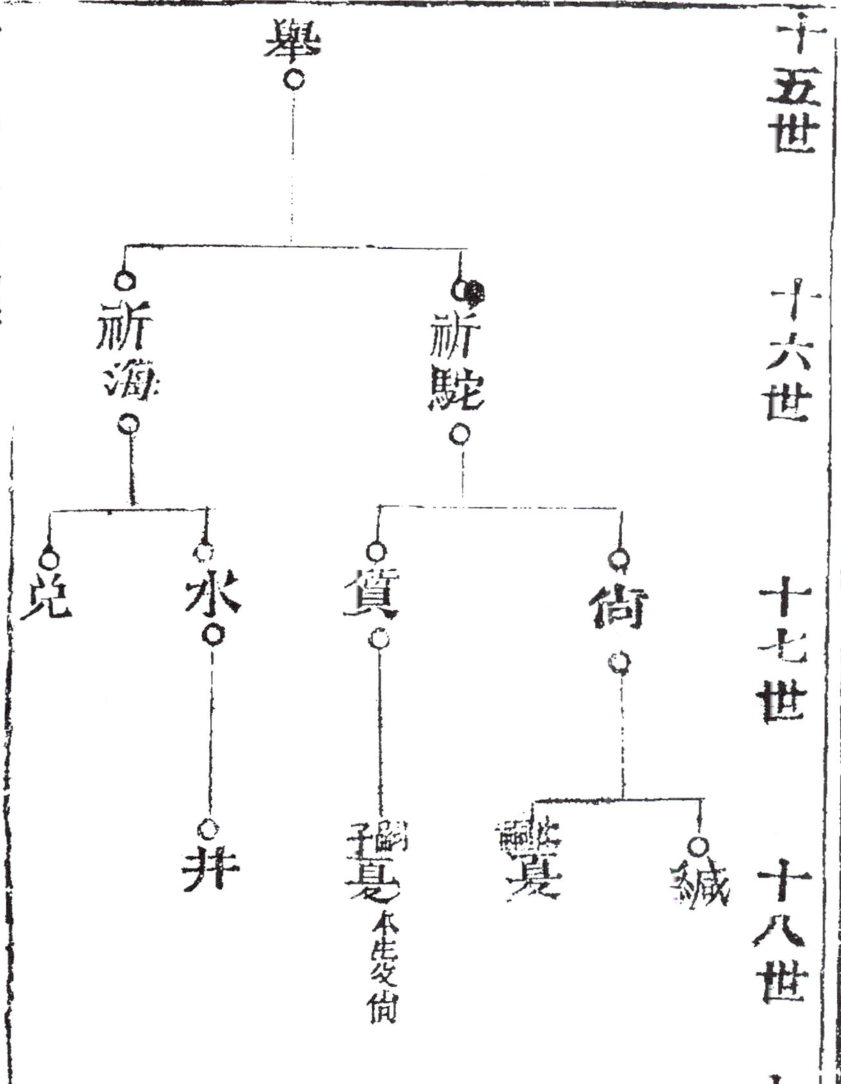

謝氏家乘圖卷四

十五

楝

啓　武　標住臺灣

武

欽住臺灣

顯

素　永　提　寬

寬

燦　哲　尋

十五世
興

十六世
登

十七世
恭　裕

十八世
恭：出繼文昌　天鶴　青元　文字
裕：繼文昌（本生父恭）
連鳳

十九世
連鳳：德時　德基　德委

[illegible]卷四

七[illegible]

睨

提（嗣子，本生父萱）

益

楸朝

德柳

德成

登

春喜

歆水

燦

瑞麟

瑞香

盖明

十五世
完

十六世
波

十七世
含

十八世
壤　雙

十九世
元降　光鏓　馮光　聞來　光炳　暖雀　弁水

康
- 道
  - 彥
    - 起 — 來發
    - 坎 — 合光
    - 永 — 分來
  - 照
  - 川 — 得
- 順

渺 — 致成

騰 — 嗣子文簡（本生父白）

贊白

十五世
- 恩

十六世
- 晉
- 昔
- 阮

十七世
- 晉 → 雲
- 昔 → 礐
- 阮 → 爽

十八世
- 雲 → 士琳（嗣子）
- 白 → 文簡（出嗣）、士琳（出嗣）、光士
- 礐 → 爻切

十九世
- 士琳（嗣子；本生父白）
- 文簡（出嗣）
- 士琳（出嗣）
- 光士
- 爻切

惠

財

連

千

龍

享

勲

傳

魁

賀

遠

嗣子祖應　本生父喜

嗣子錫瓚　本生父思怡

嗣子錫瑜　本生父祖應

宣傑

嗣子錫璐　本生父祖念

謝氏家乘圖卷十

五瑞
- 祖達（嗣子）本生父四美

三才
- 祖樞
  - 進來
- 祖機
  - 玉淵

吉祥
- 祖餘
- 祖傳（出嗣）
- 祖興
  - 泰義

十七

天送

祖珍
- 汀監
- 汀忸
- 汀蠢
- 汀盛
- 汀丞
- 泰堅

祖偹

祖念
- 錫璘（嗣出）
- 錫璿

泰山

士大

双喜

懋怡　祖應　出嗣祖愿

錫瓚

錫璋　錫玟　出嗣錫瑜　錫珩

四美

嗣出 祖意

祖懋

嗣出 祖遠

祖達

祖選

祖運

祖迎

祖遜

錫玢

自省

自勝

錫琎

十五世　十六世　十七世　十八世　十九世

光抱
- 繼子 祖意（本生父 [illegible]）
  - 錫璠
- 繼子 祖傳（本生父吉祥）
  - 泰崙
  - 泰極
  - 泰蔣
  - 泰漳

哲

瓜陂

許氏家譜卷四

談

旦　潭

耳順　壽

舉　涯

萬

再填

再傳

伯步

克適

嫣栽

嫣所

十五世

十六世

鑾

十七世

聰明（出嗣）

公倫

十八世

伯隨

伯攸

奉

十九世

端選

光聘

榮嬌

榮矣

縱

修　才　疇

嗣子聰明 本生父鑾

淑　卿　鄉

光寮　素念

光緞　光璘

四

波　求

十五世：陟　景

十六世：豹（陟子）　曾（景子）

十七世：雲　明　薇　偕（曾子）

十八世：扶　理（雲子）　嫣智（明子）　潛　簡（薇子）

十九世

音
伯夷

養
宗海
洙泗
濊
淮漢
竹
酒楠
酒䜛
酒錢
味
泮

月
天鳳

十五世：蘭　意

十六世：禹水　嗣子天鳳（本生父月）　長

十七世：昔　田　前　泉　嗣子泮（本生父海）　葉

十八世：添福　庭衍　六鵝　墊

十九世

嗣子
題
本生父桃

騰

概
對
學
粗
鍪

達
惜
頭圓
裕
六

十五世
桃

十六世
歐　秋　題（嗣出）

十七世
偕　長　成

十八世
有益　黃俊　得水

十九世

佗　儼

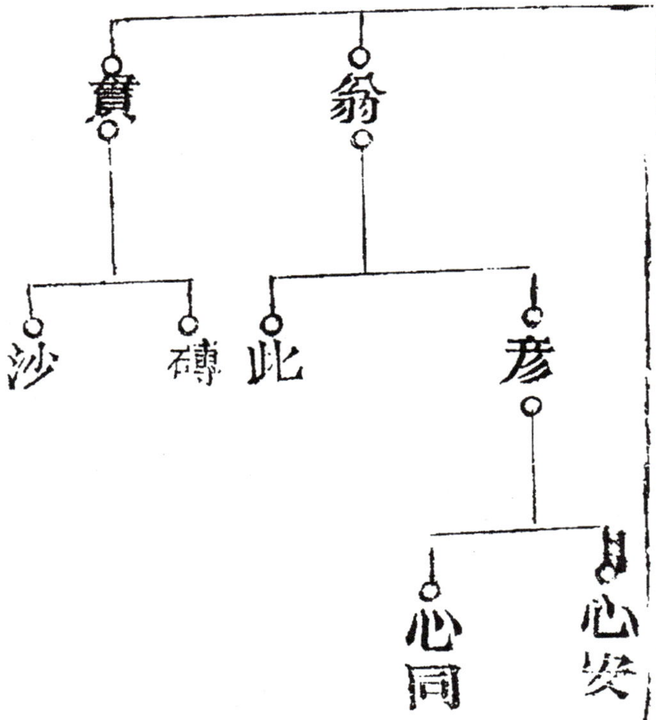

十五世	十六世	十七世	十八世	十九世
斗	運			
湰	蹐			
	吟	深泉	弓直	
			弓聘	
棼	聰			
	信			

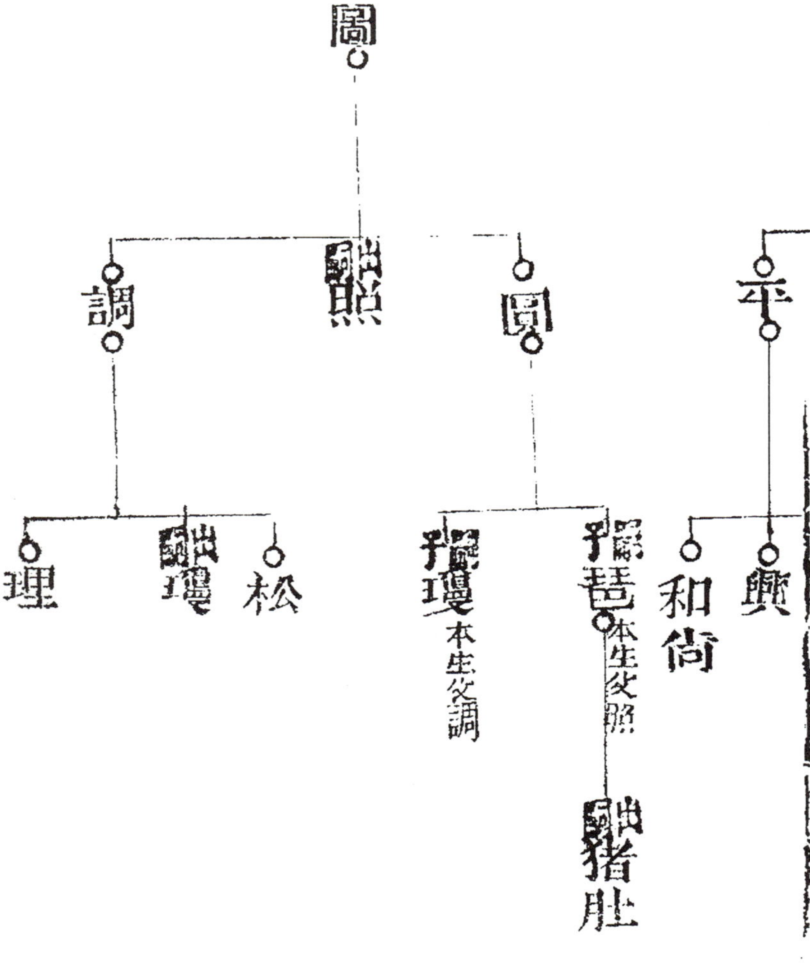

圖
調
出照
圓
平
理
出瓊
松
繼瓊
本生父調
繼琶
本生父照
和尚
興
出豬肚

十五世　十六世　十七世　十八世　十九世

福 — 笑 — 回

汞 — 嗣子 照（本生父圖） — 崇、出嗣 琶、嬀姑
崇 — 嗣子 猪肚（本生父琶）

着 — 嗣子 帳（本生父侍） — 問、管、郡
管 — 得
郡 — 刋

翃帳

就

嗣子納 本生父烇

意

萊

尚和

清愷

閆讓

閆宜

清斷

標

楚

十五世 待
十六世 纇
十七世 拴
十八世 𢁉
十九世 添泰 裊 蓬 冀 因 啓 火 花

龍昌家乘卷四

宗

親

擇

應

邑

化

木

志

納

三十八

果

通

件

本寒時

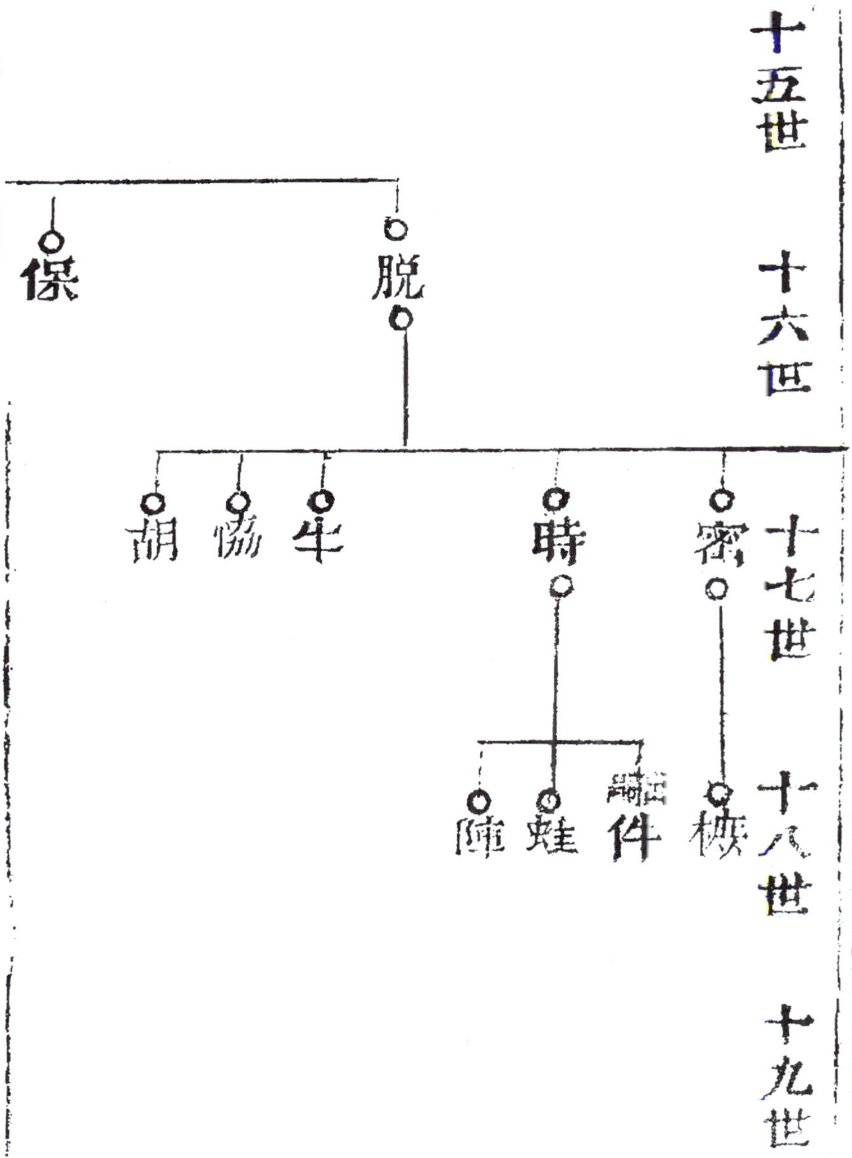
十五世
十六世
十七世
十八世
十九世
保
脫
密
時
生
協
胡
楝
件
蛙
陣

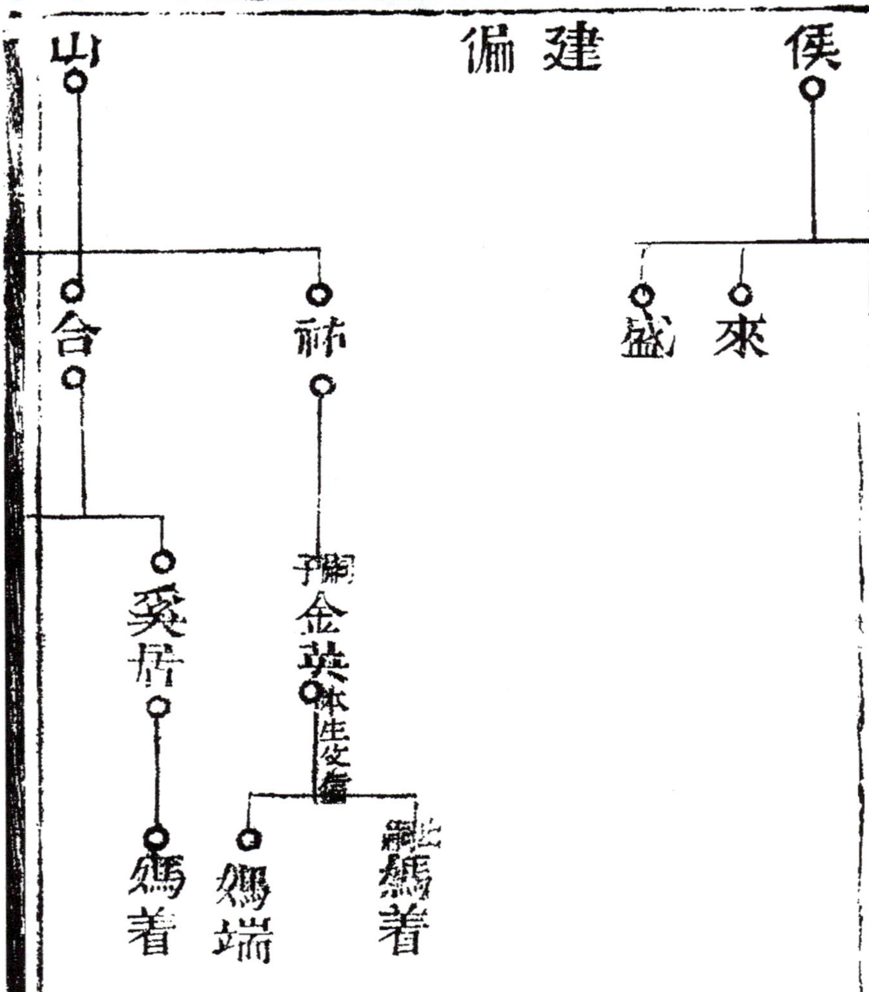

侯
來
盛
建
偏
山
祚
合
嗣子
金英
本生父偏
奚居
出繼
嫣着
嫣端
嫣着

十五世　十六世　十七世　十八世　十九世

乞 — 董

前

前

信 — 奚取 — 福順

信 — 以文

信 — 和 — 有成

信 — 出嗣 金英

信 — 蘭馨 — 嗣子 嫣着 本生父金英

利　僉　榜　陣　壽　球

利—否

否—琶、丼、办

琶—繼子讚本生攸丼

丼—出嗣讚

贅漏

民

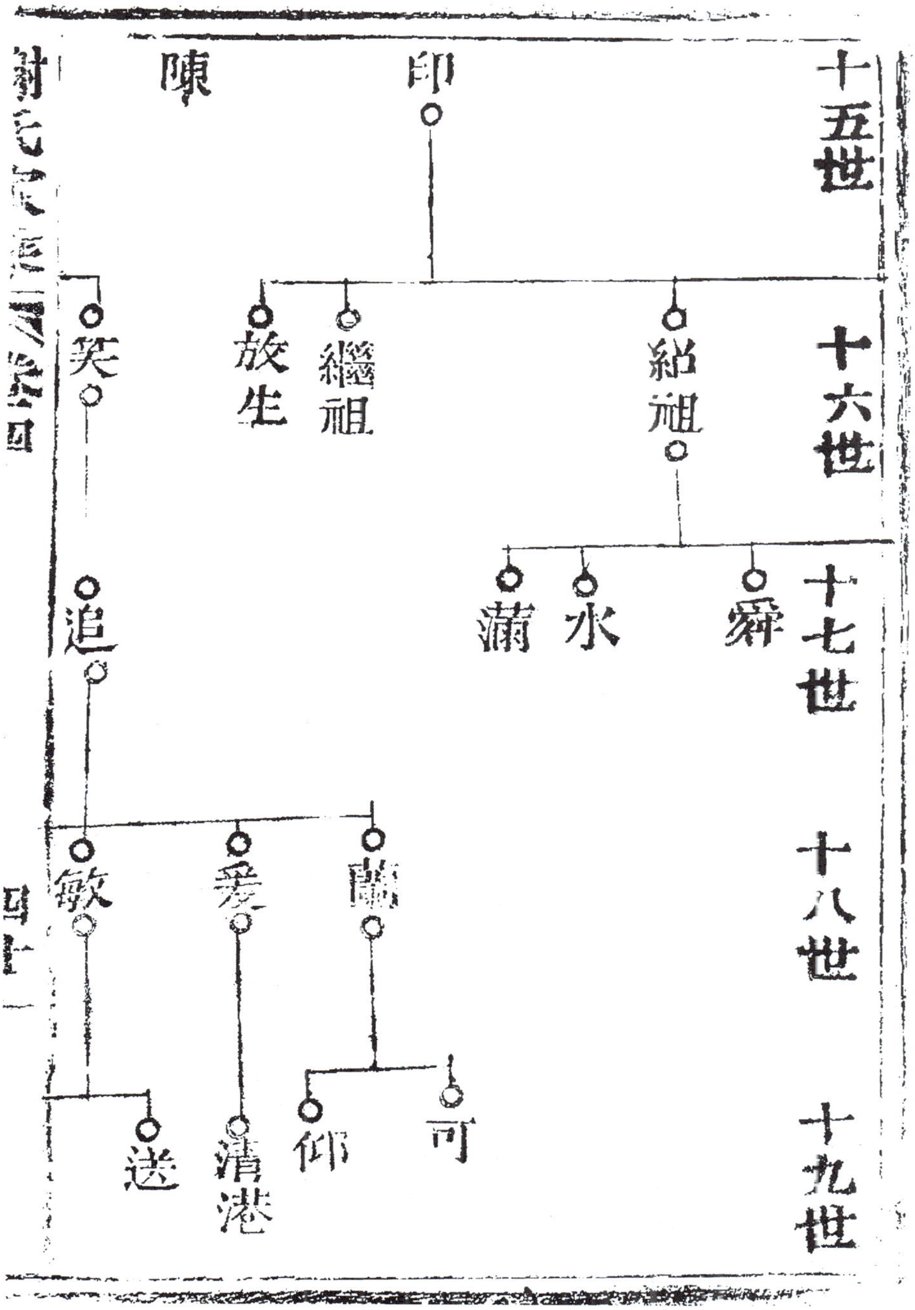
十五世
十六世
十七世
十八世
十九世
印
暕
紹祖
繼祖
放生
笑
舜
水
瀟
追
蘭
愛
敏
可
卿
清港
送
謝氏家乘卷四
四十一

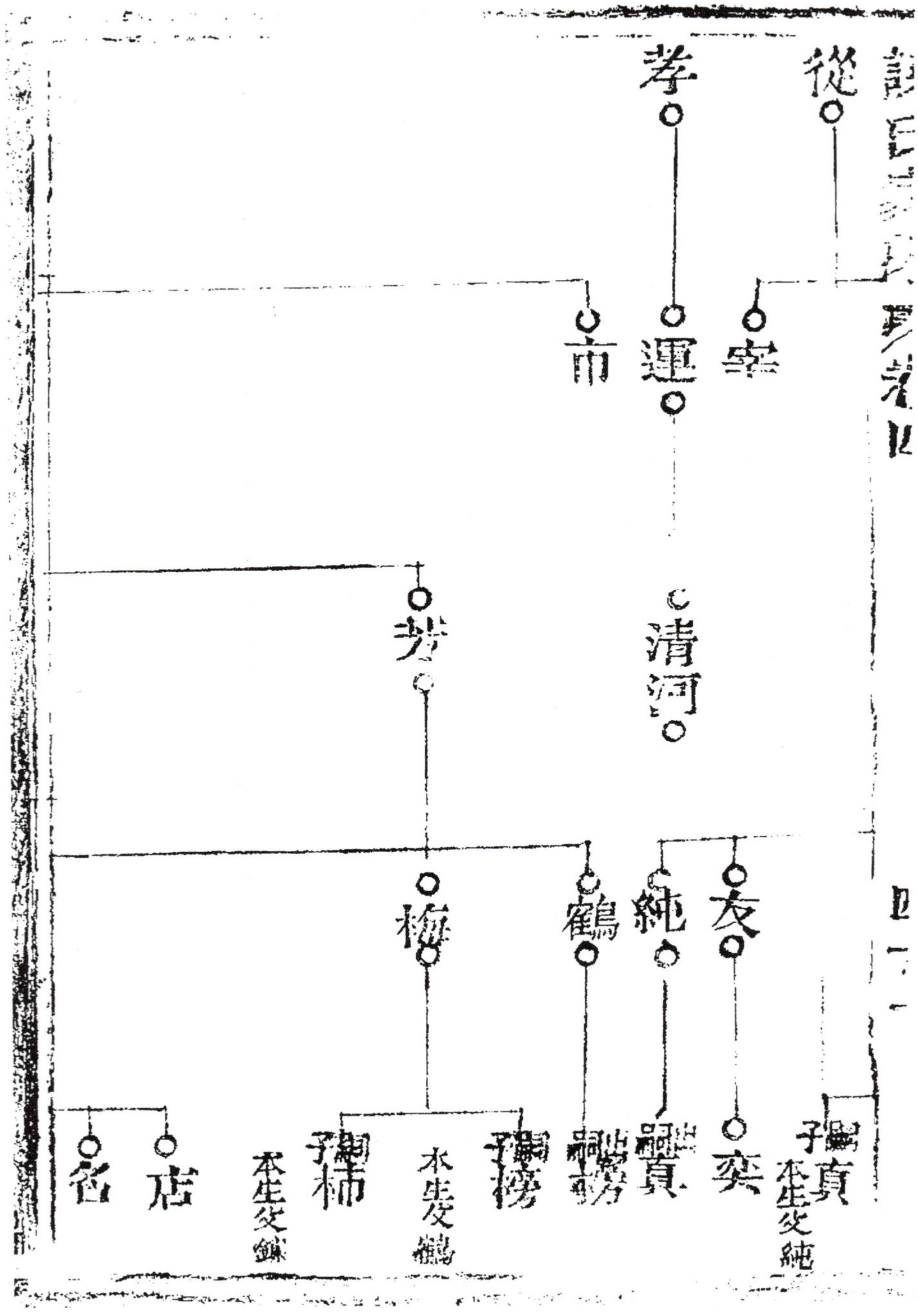
從
孝
運
市
清河
鶴
純
奕
店

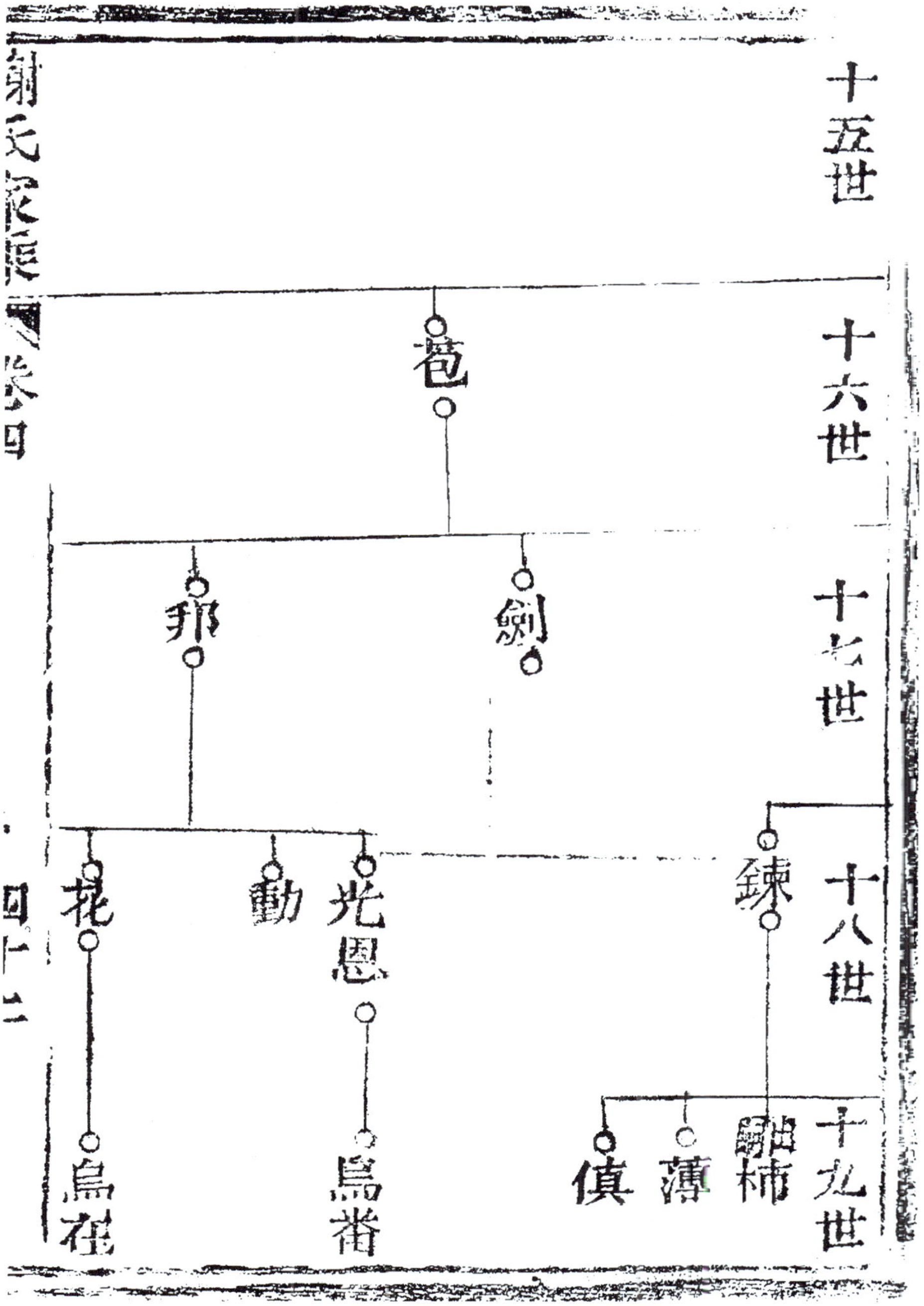
謝氏家乘圖卷四
四十二
十五世
十六世
十七世
十八世
十九世
巷
邦
劍
桄
動
光恩
鍊
烏碓
烏番
偵
溥
駎柿

好 — 光抱

芸 — 亂

擎 — 炎、屘

光 — 品 — 慶、麒君

道 — 訂祖 — 文錄

圈

十五世　十六世　十七世　十八世　十九世

- 嶽
  - 淵
    - 開
    - 祥
      - 意曉
    - 壬
    - 寅
  - 瀚（出繼）
- 崙
  - 瀚（入繼　本生父嶽）
- 嵗
  - 池
- 崣

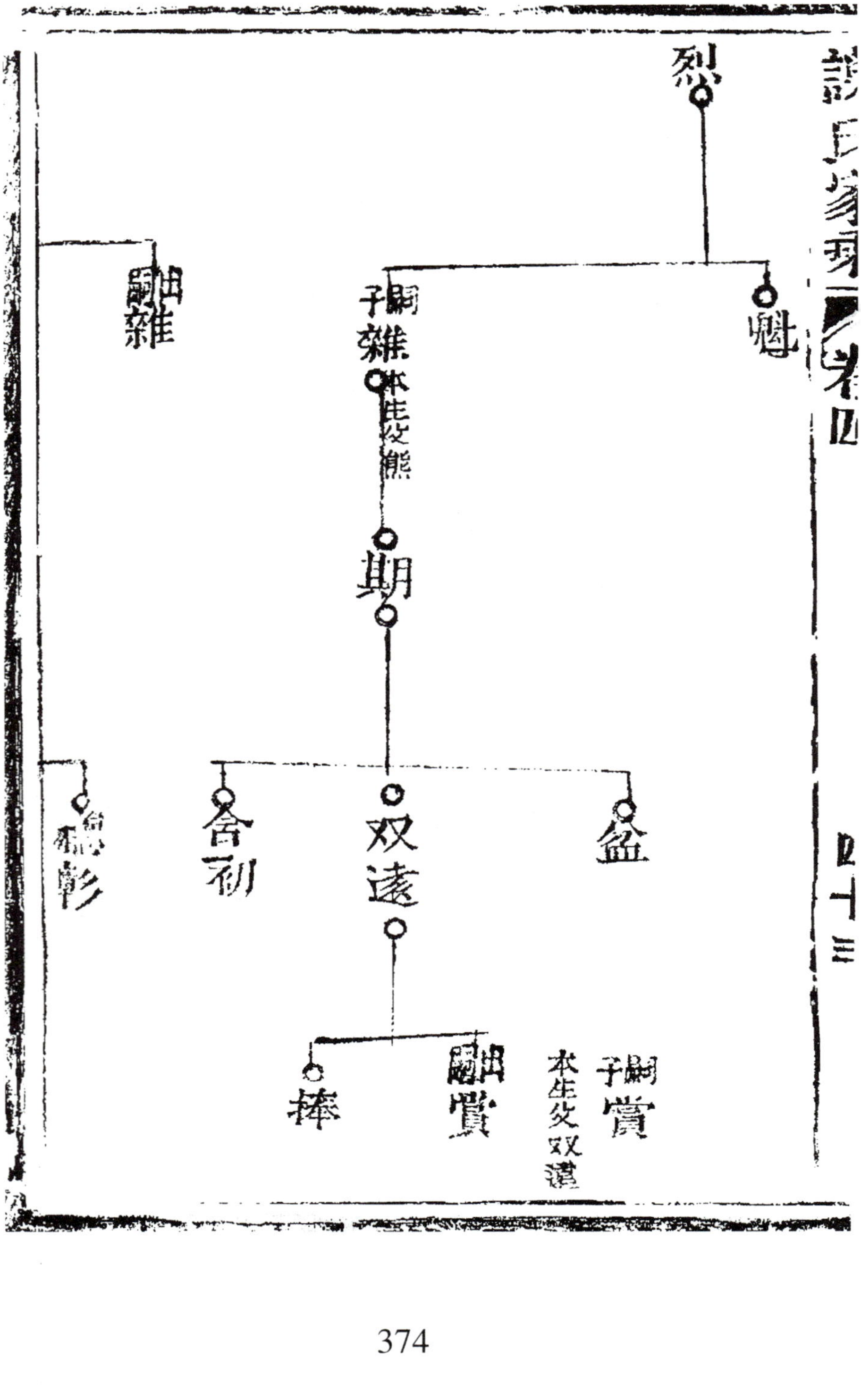
謝氏家乘 卷四
四十三
烈
魁
嗣子
雜
本生父熊
期
出嗣
雜
彰
舍初
双遠
益
捧
出嗣
賞
嗣子
賞
本生父双遠

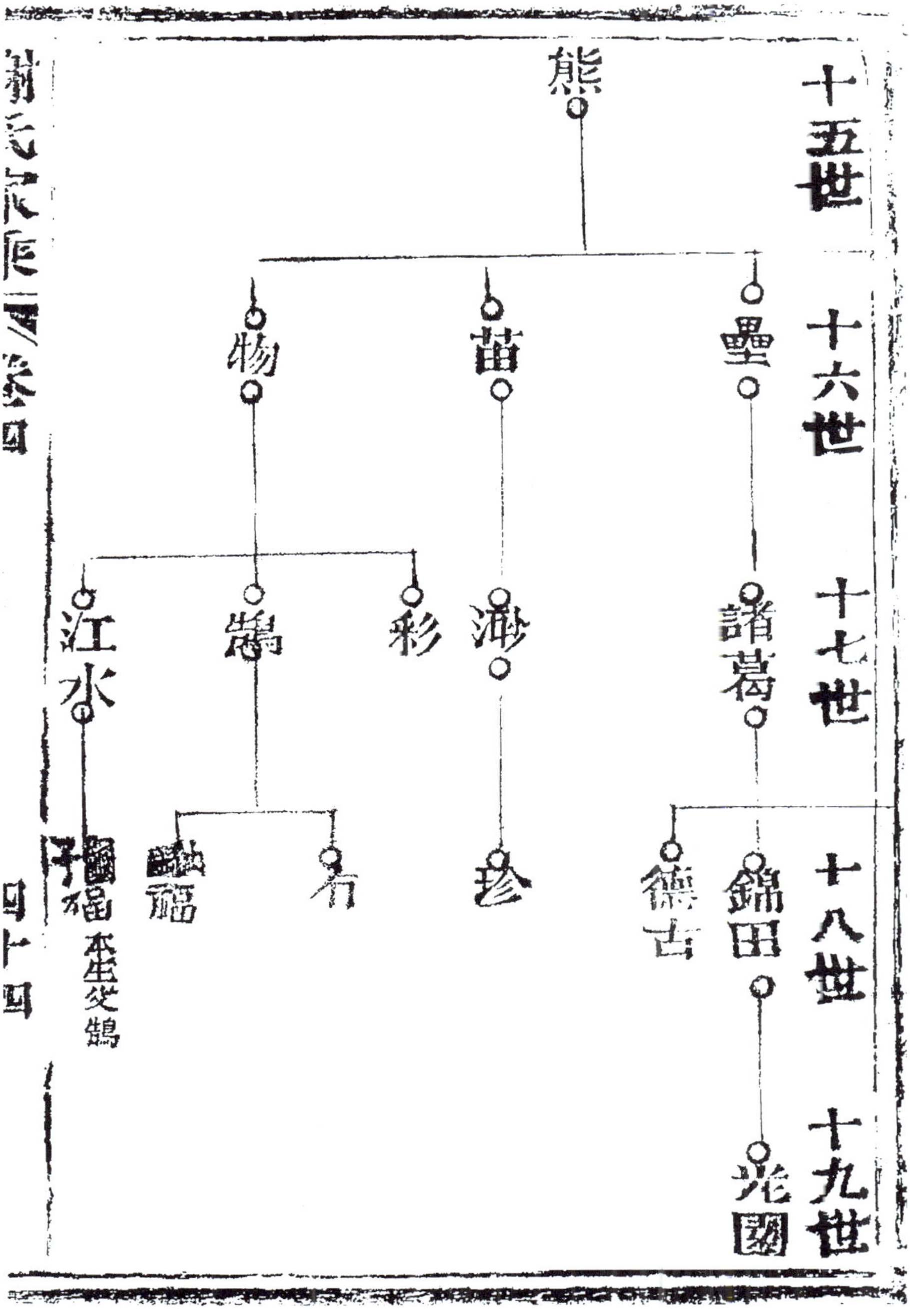
十五世
熊
十六世
壘
苗
物
十七世
諸葛
渺
彩
鵠
江水
十八世
錦田
珍
福
本生父鵠
十九世
光國

十九世　二十世　廿一世　廿二世　廿三世

熙 —— 晡 —— 君（嗣子承叔慶品） —— 順
熙 —— 昇

蒸 —— 光宮
蒸 —— 光竭

張蔡 —— 光援

圓

十九世　二十世　廿一世　廿二世　廿三世

鷄

抱
　嗣德
　嗣鐵樹

○○○
　嗣子德　本生父抱

○○○
　嗣子鐵樹　本生父抱

榮
　文滉
　汗

涼
貳
叁
孫乙
答成
佃
端
竭力
種
斗

十九世	二十世	廿一世	廿二世	廿三世
敢				
宣				
先				
知				
瑤				
德荃				
德吓				
德委				

德柳
光幾
馮光
元隆
聞來
盖明
光炳
瑞香
瑞麟
暖雀

十九世	二十世	廿一世	廿二世	廿三世
弁水				
飲水				
合光				
分來				
來發				
士琳				
文簡				
光士				

嫣所

嫣選

嫣栽

光聘

榮燾

榮美

光綴

光砵

酒盞

酒楠

十九世　二十世　廿一世　廿二世　廿三世

酒錢
標
楚
消斷
清秦
啓
因
火

花

達

果

裹

通

鼎讓

閏宜

清愷

烏在

烏嵛

十九世　光抱

二十世

廿一世

廿二世

廿三世

榜柿名薄店偵棒貰

七世　光國

八世　愈源

九世　伯材　伯大　伯珍出居同安荊林內

十世　禮甫　仁甫　錢甫　智甫　章甫出居港園　油出居同安

十一世

廷亮

淑源

伯周

伯秀 出居東澳洪前山仔

舜源

伯川

伯弘

湋

殿源

期

廷恭

福

伯旺 出居永春州

祐

七世

八世

九世

十世

十一世

雲鎮

廷焜

廷耀

以孫英詔增榮祿大夫

景維

魁胤

雲礽

廷晒

雲從

廷睦

雲振

四

榕

繼二沛

沛

廷鑾

景耀

三沛

櫰

三元

廷建

權溢

元

四元

三

三沛（嗣子）本生父梭

勇

廷寵

七世

爵　太學生

八世

景富

九世

栢

良材

高材

十世

二勇

光氣

國威

國[illegible]

十一世

廷錫

廷鳳

景尊
- 出嗣 鄧
- 喬材（太學生）
  - 國充 — 廷忠
  - 國祥 — 廷福
  - 國燦
  - 國盛（鄉飲大賓） — 廷詔
- 廷鶴

景賢
- 嗣子 鄧（本生父景尊，出居澄浦銅山後林）

杞 — 光澄

七世

八世 景熙

九世 椿　松

十世 光潮　光洞　光焰（椿子）；光漢（松子）

十一世 廷龍　見龍　奇龍（光洞子）

- 景熙
  - 椿
    - 光潮
    - 光洞
      - 廷龍
      - 見龍
      - 奇龍
    - 光焰
  - 松
    - 光漢

十一世　十二世　十三世　十四世　十五世

柳 — 光齊

廷寵

廷錫

廷鳳 — 維顯

廷鶴

廷福 — 衾　述　台　逸

十一世　十二世　十三世　十四世　十五世

八
雙　甲　三
英　因遷移變亂不知所之後聞從母舅住新垵石家

廷志
維蔭
天錫
照
慎　愷　恬

豫章
卯受　謨伯
植　培

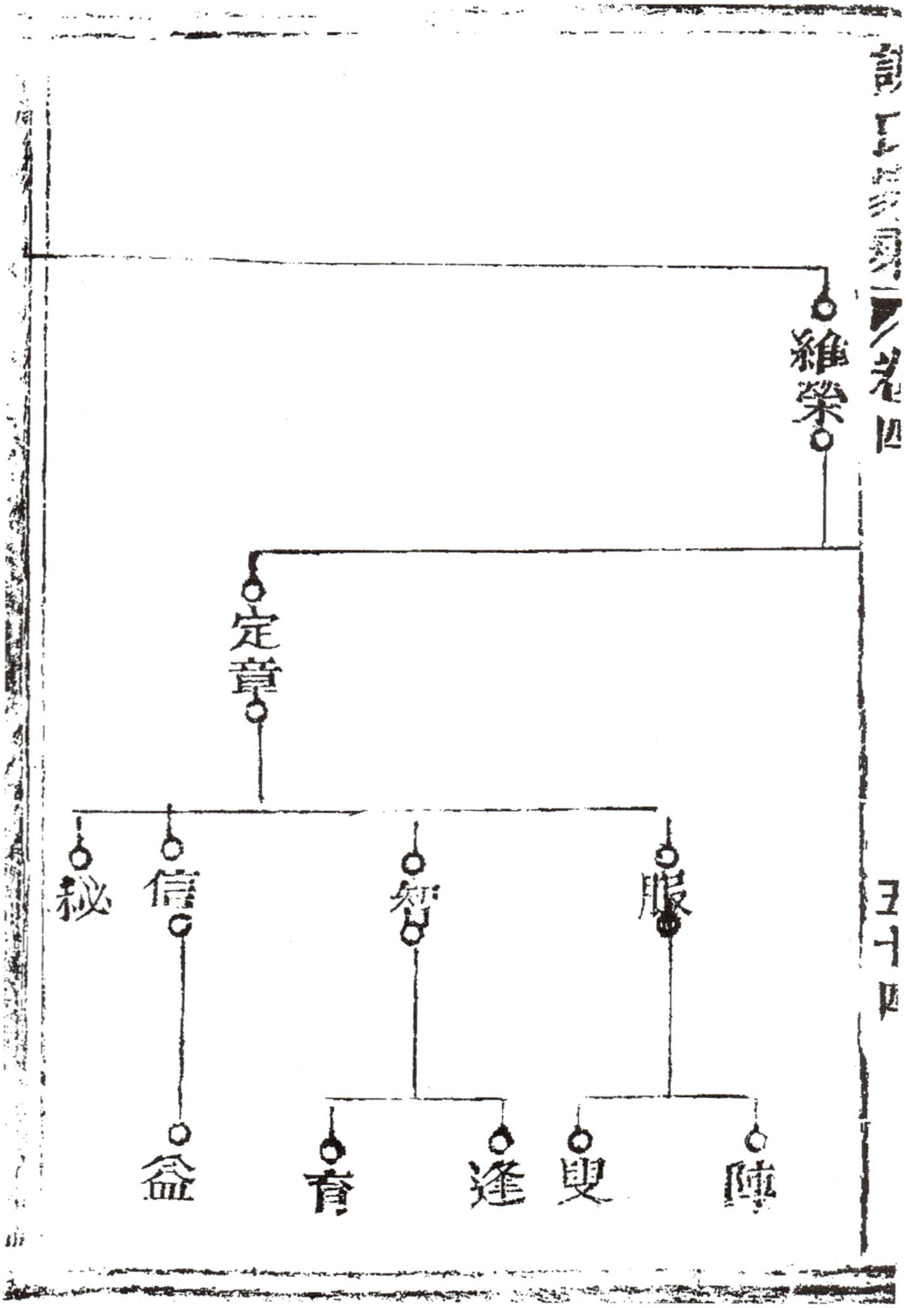

卷四
維榮
定章
秘
信
智
服
益
育
逢
叟
陣

十一世
廷詔

十二世
維芳

十三世
君章

十四世
艷　度　暎

十五世
鶱　繼祖　貫　灣　奪　深　[illegible]

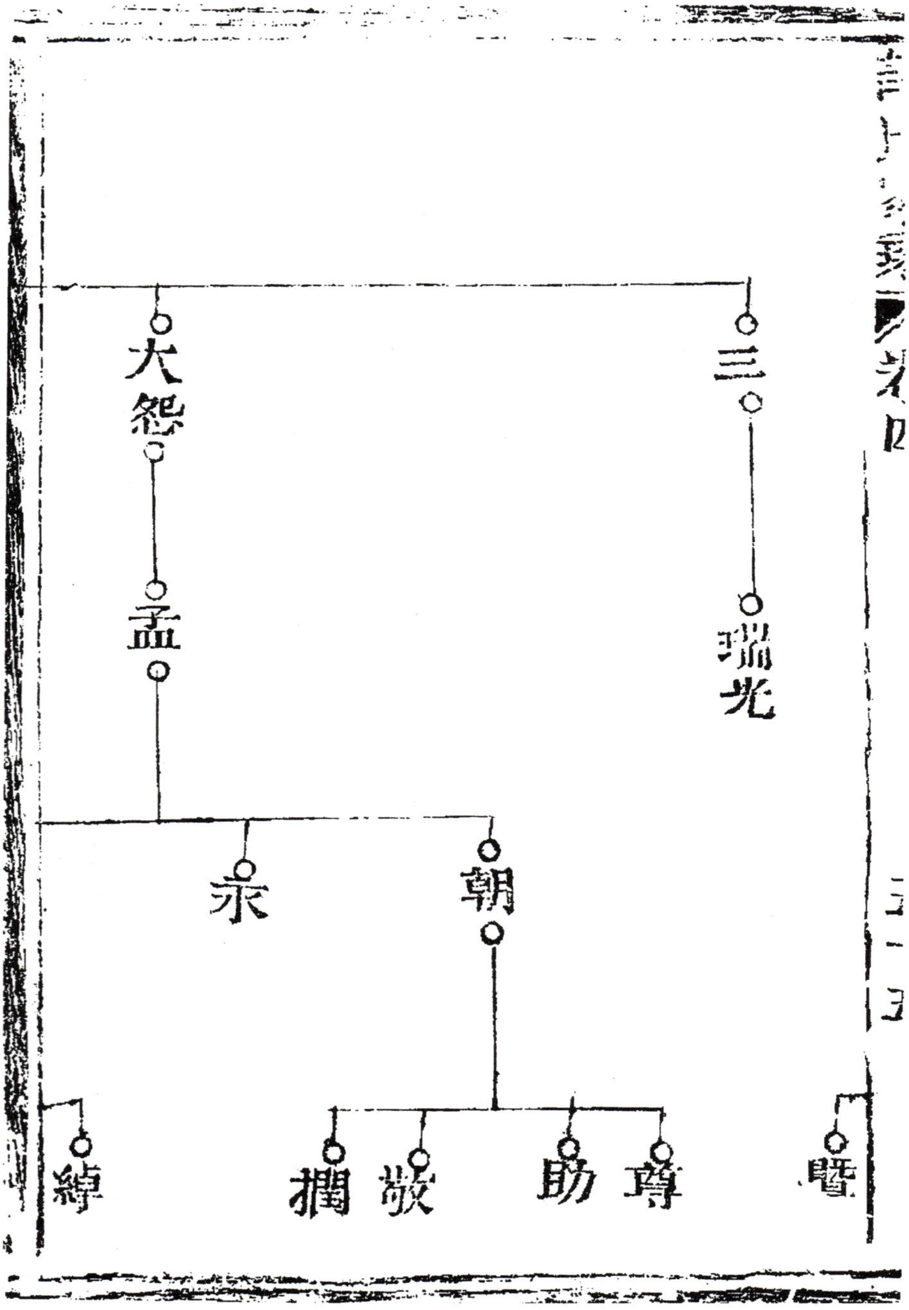
大怨
三
孟
瑞光
汞
朝
綍
擱
敬
助
尊
曁

十一世：廷鸞

十二世

十三世

十四世：禄　琦

十五世：興祖　士俊　士錦　帶　嗣出 國

嗣出六

二怨

虓

鎰　梧

賜　泰　浦　禎

譜　嗣子國 本生父鎰

十一世

廷膺

十二世

嗣子 八（本生父廷膺）

十三世

連　基

兄弟二人出居泳安府安東縣

十四世

蔭

十五世

中　西　東　南　正

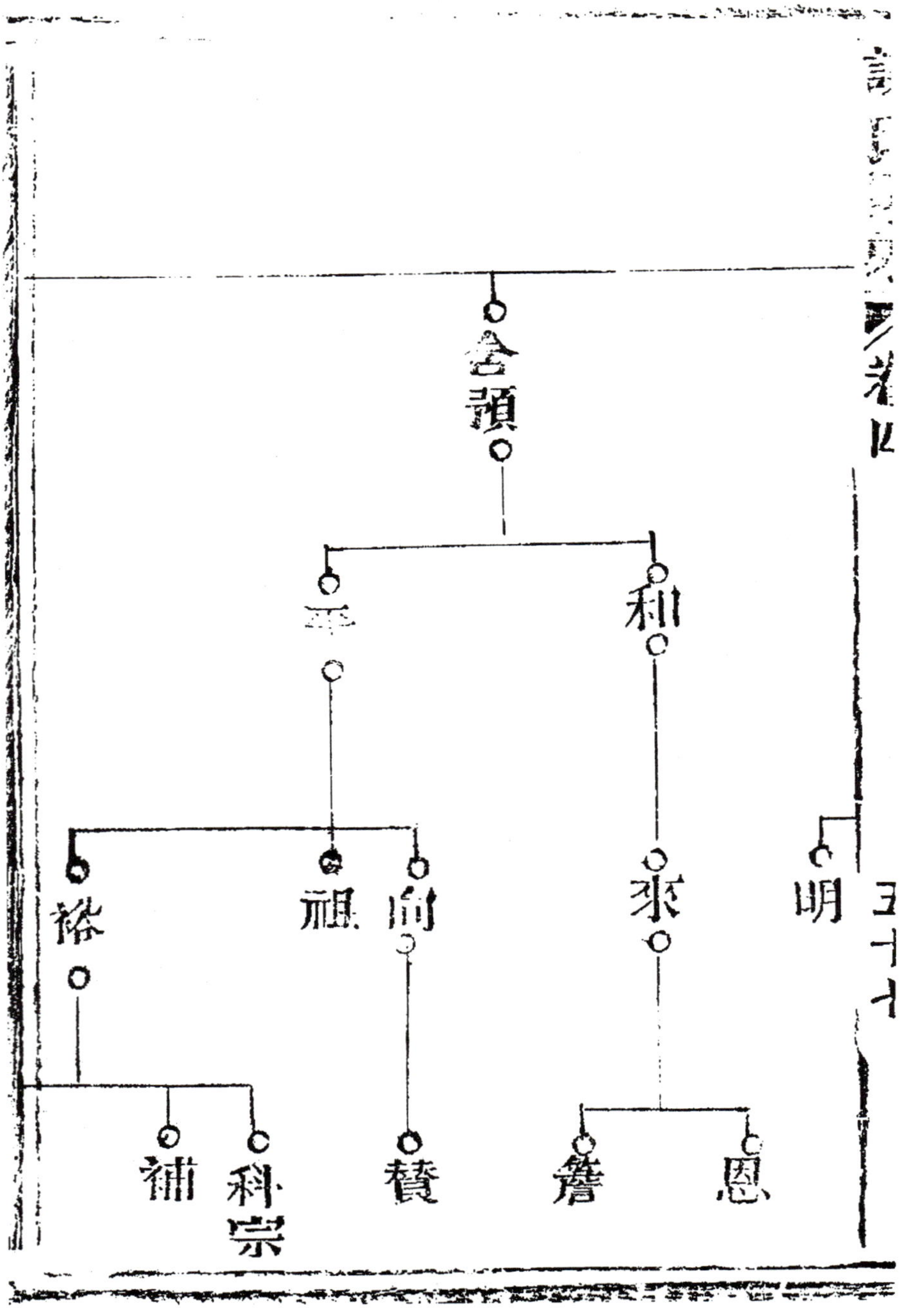
利
明
祖
向
補
科宗
詹
恩

十一世　廷建　廷昭　廷睦

十二世　用　六

十三世　洨　華

十四世　意　父子住臺灣

十五世　勇　日成

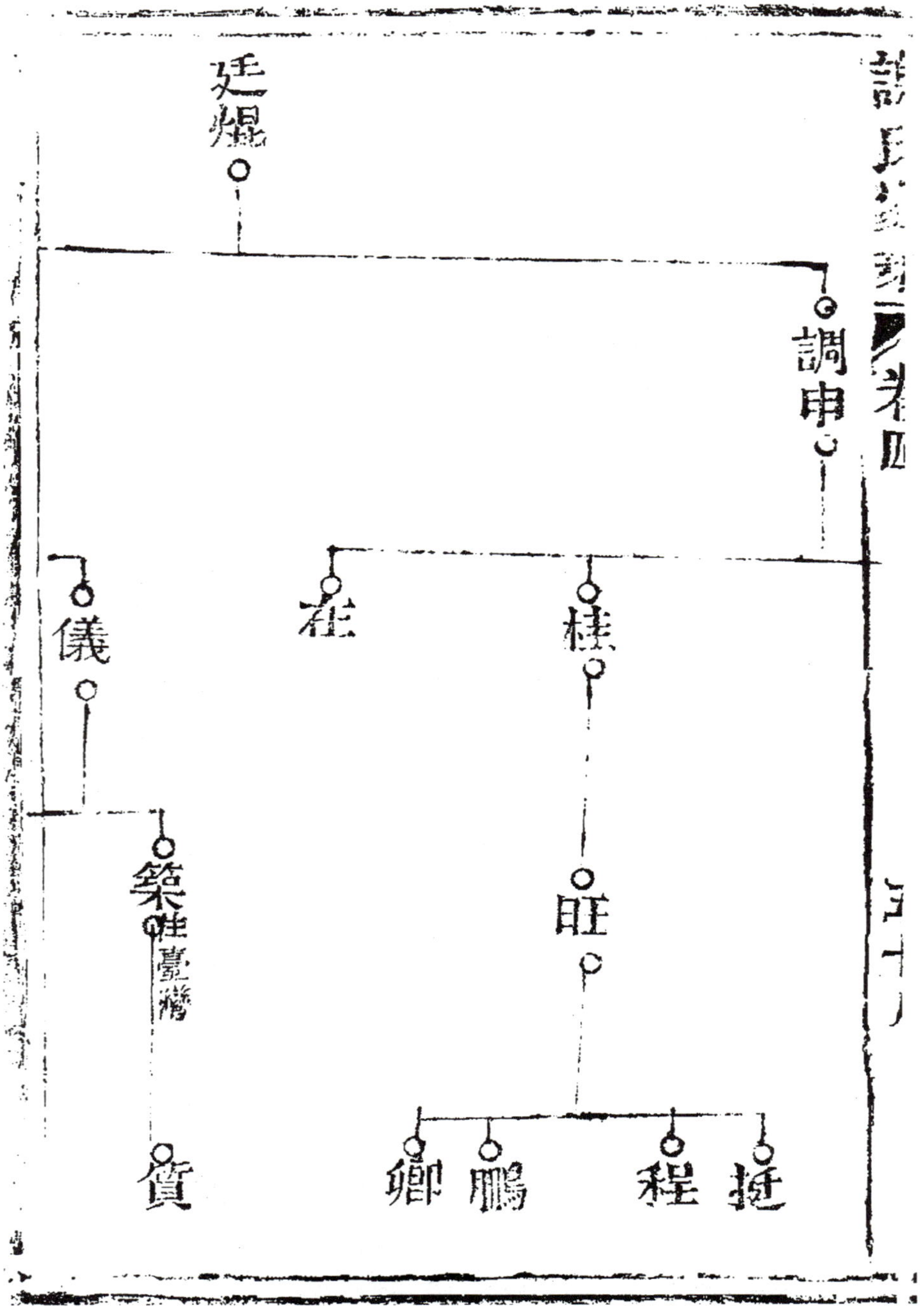
廷熀
調申
在
標
儀
築
往臺灣
旺
質
卿
鵬
程
挺

十一世

十二世
調勝

十三世
巧　兌

十四世
宗
堅寧 五

十五世
華　啓明　義　仁 太陽住

廷耀 以孫英增 榮祿大夫

得俊 以子英增 榮祿大夫

英公 威遠鎮總兵 授榮祿大夫

長公 明威將軍

長庚

平

祿 太學生

加 太學生

寶 太學生

見龍

茂

便

世雄

十一世　廷龍

十二世　次八

十三世　松　蔭　定

十四世　助　出嗣 興

十五世　陣　隨　進

奇龍

含策

隱　　癸

嗣子興（本生父安）　　盛　彩

位　由　孔　夫　達　緄　回　戎

十一世

十二世

十三世　允　當

十四世　傳

十五世　堯　舉　管　仲　晏　六　兑

老

英　嵩

芳　提　典　逸　詰　沉　沛

十一世

十二世

十三世

十四世　量　省

十五世　雪　臨　蔡　杭　潘　燦　紂（出嗣）　繭

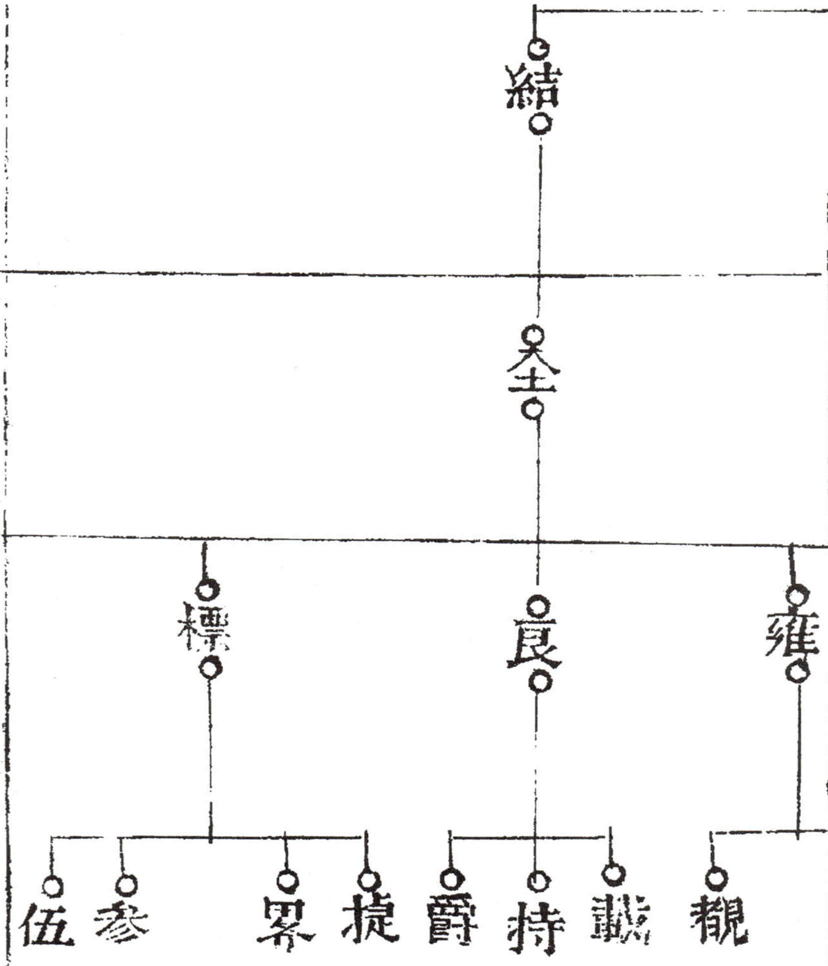
結
奎
標
良
雍
伍
參
累
提
爵
持
讞
覲

十一世

十二世

十三世

十四世　儉　荐　集

十五世
- 儉：追　啓　緣
- 荐：紂（本生父當）
- 集：突　虞　欽

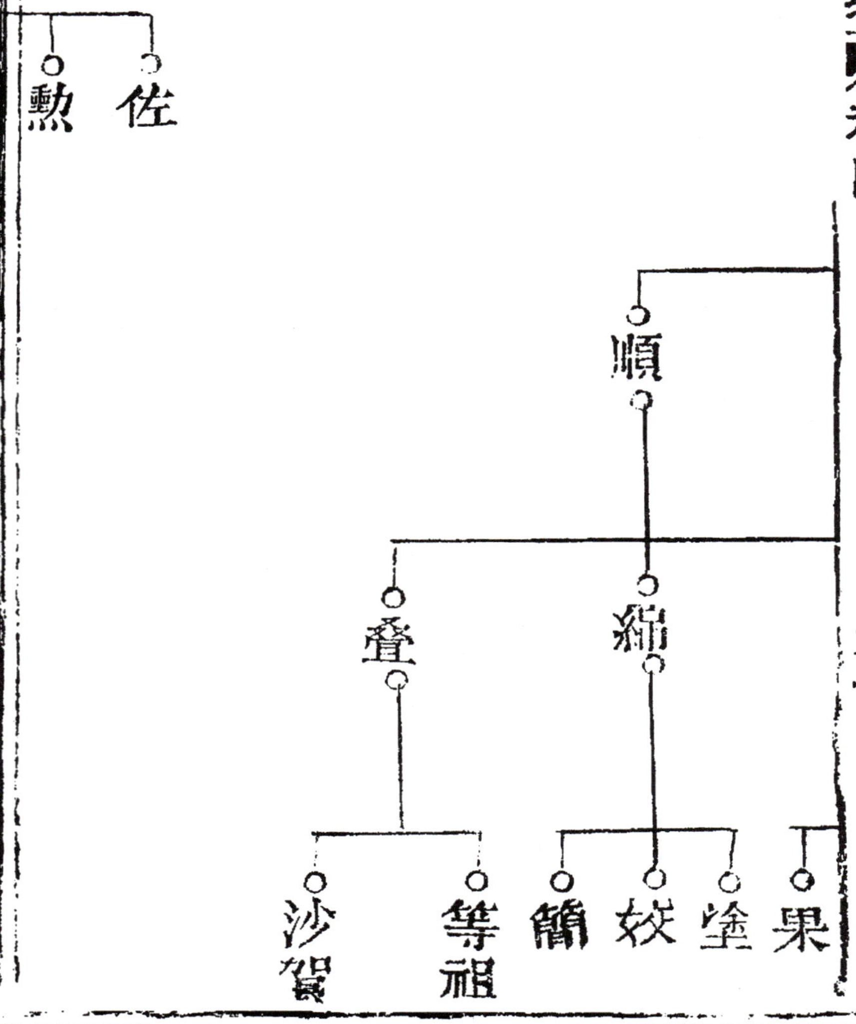
勲
佐
順
綿
疊
沙賀
等祖
簡
姣
塗
杲

愷

恊　風

開生　君子

開生
- 嗣子碧　本生父君子

君子
- 排
- 典（出嗣）
- 甲
- 碧

慎
- 光寧
  - 子騫
    - 嗣子六 本生父君子
  - 嗣子平
- 通三
  - 清中

怡
- 嗣子仕 本生父愷

繳
- 邁塘
  - 嫣求
- 跨塘
  - 桂

十五世　培

十六世　緝　續　紱

十七世
大鸞（緝子）
嗣大鳳（緝子）
嗣子大凰 本生父緝（續子）
嗣子三狗 本生父紱（續子）
魁塘（紱子）

十八世
光懷（大鸞子）
光第（大鸞子）
俊傑

十九世
鏞生（光懷子）
錦帆（光第子）

- 紘
  - 壽祝
    - 香水
    - 俊两
  - 壽慶
    - 光甚
    - 光商
    - 光柱
  - 豐三猘
- 如竹
- 炎
  - 淸諒
  - 淸河
  - 淸源

十五世

十六世

十七世　清田　子平（嗣子，本生父光錚）　方員　宗義　宗領

十八世　文璺　淵枝　日新　月極　素位（嗣子，本生父宗玉）

十九世　銓　有美（和尚）　有美（四）　有諧（一）　有壹（三）　有珍（長）　有東（六）　龍

植

耀

宗玉

魁

素位（出嗣）

陲

苛生

憐兒

世經（出嗣子）

本生父顯安

文置（嗣子）

本生父德本

世遅

世經（出嗣）

十五世

十六世
成

十七世
宗武
文華
賽
嗣子湉河 本生父焱

十八世
願安
徽水
偕得
有明
蓍俊

十九世
世傳
世斗
世邑
繼出 受置
初合
大合
賢

育　逢　房

巳 — 逢吉

如松 — 登科

琴

堅 — 盤旋（嗣子）（本生父炳） — 登勇、登梯

炳 — 盤旋（出嗣）

天送

益

天福

傳

若水

眼

捌

南青

光果

興

永盛

啓章

出嗣

川旂

[illegible]卷四

- 翁
  - 川振
  - 川來
  - 川壘
    - 大灶
  - 川岓
    - 天賜
    - 燉
    - 苗
  - 川池

- 長滋
  - 天註

六十八

十五世　畧

十六世　博　烈

十七世　光爲（博子）　贊成　贊龍（烈子）

十八世　登訓　慥　尾（光爲子）

十九世　嗣子繇吞　本生父尾（慥子）

出繼繇吞　大吞（尾子）

嗣子大灶　本生父川壘（贊龍子）

謝氏家乘卷四　六十九

衣

贊元

嗣子川來本生父翁

嗣子川戒本生父翁

繼祖

騫

黎

盧

光獅

長

甲

深滬轄貫歷

十五世

十六世

金辨

立

懇

着

十七世

十八世

搢曲直 本生父論

十九世

綽
- 諭
  - 光諒
  - 繼直
- 脩
- 碑

興祖
- 志（嗣子，本生父綽）

助
- 孚

敬
- 極

尊
- 宗啓

十五世　十六世　十七世　十八世　十九世

擱　天生

士俊

士錦

柳

賞　鼓　祐（嗣）本生父璉
　　　　京（嗣）本生父仁
　　佑

賜 — 葵、雅、守
葵 — 光顯
守 — 果珍

周 — 錫、求
求 — 詠、侑

秦 — 潤

極

十五世　十六世　十七世　十八世　十九世

蒲
繼子 必 本姓顏
脩
泰
出繼 種
昌
美

帶
應元
應才
都
出繼 必

出繼 京

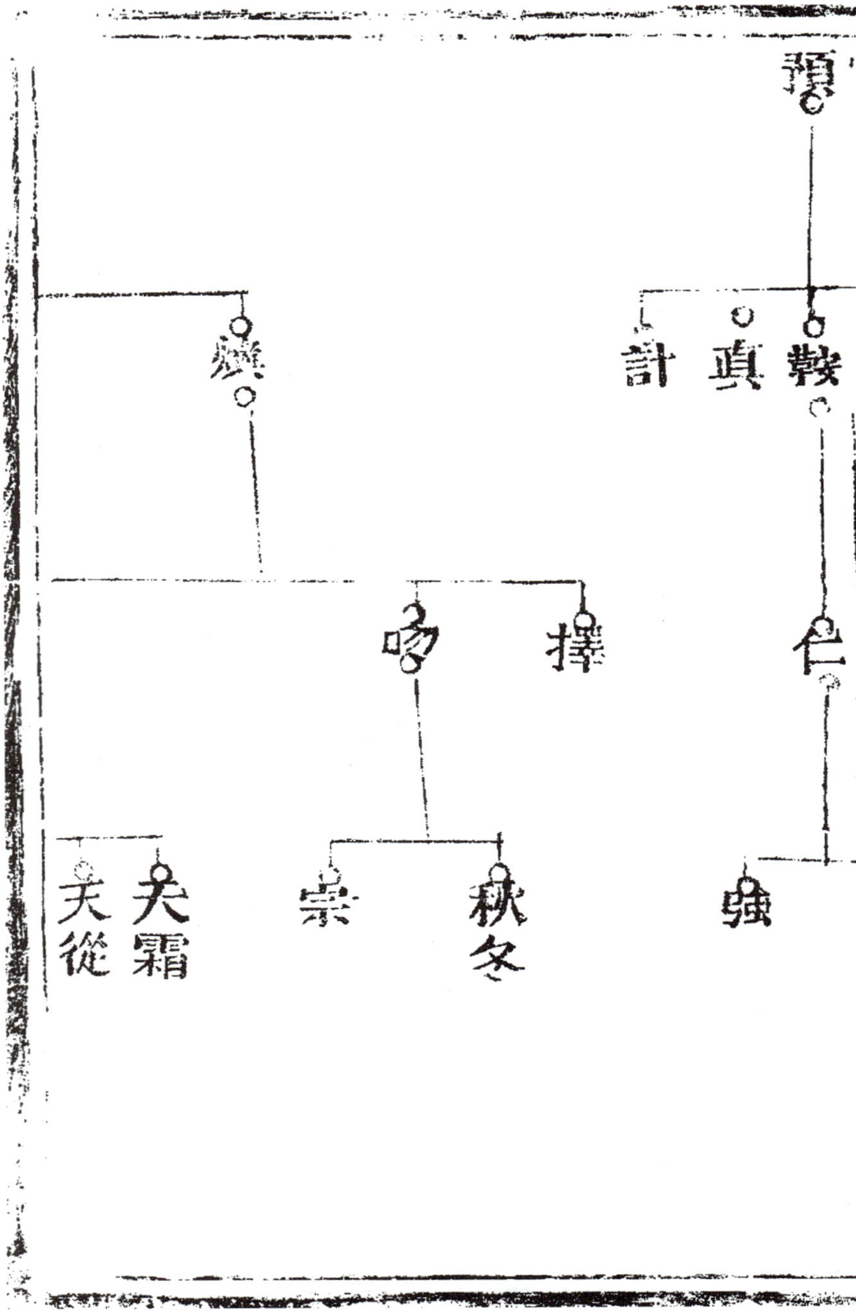

二十二

十五世　善　國　恩

十六世　降　點　王　藝　北

十七世　璉　叢

十八世　嗣天祐　天送

十九世

謝氏家乘卷四　二十三

詹

贊
皆
卜
徑

補
君齊

勇
宴樂
應茂
畏可

科宗
坐

梱

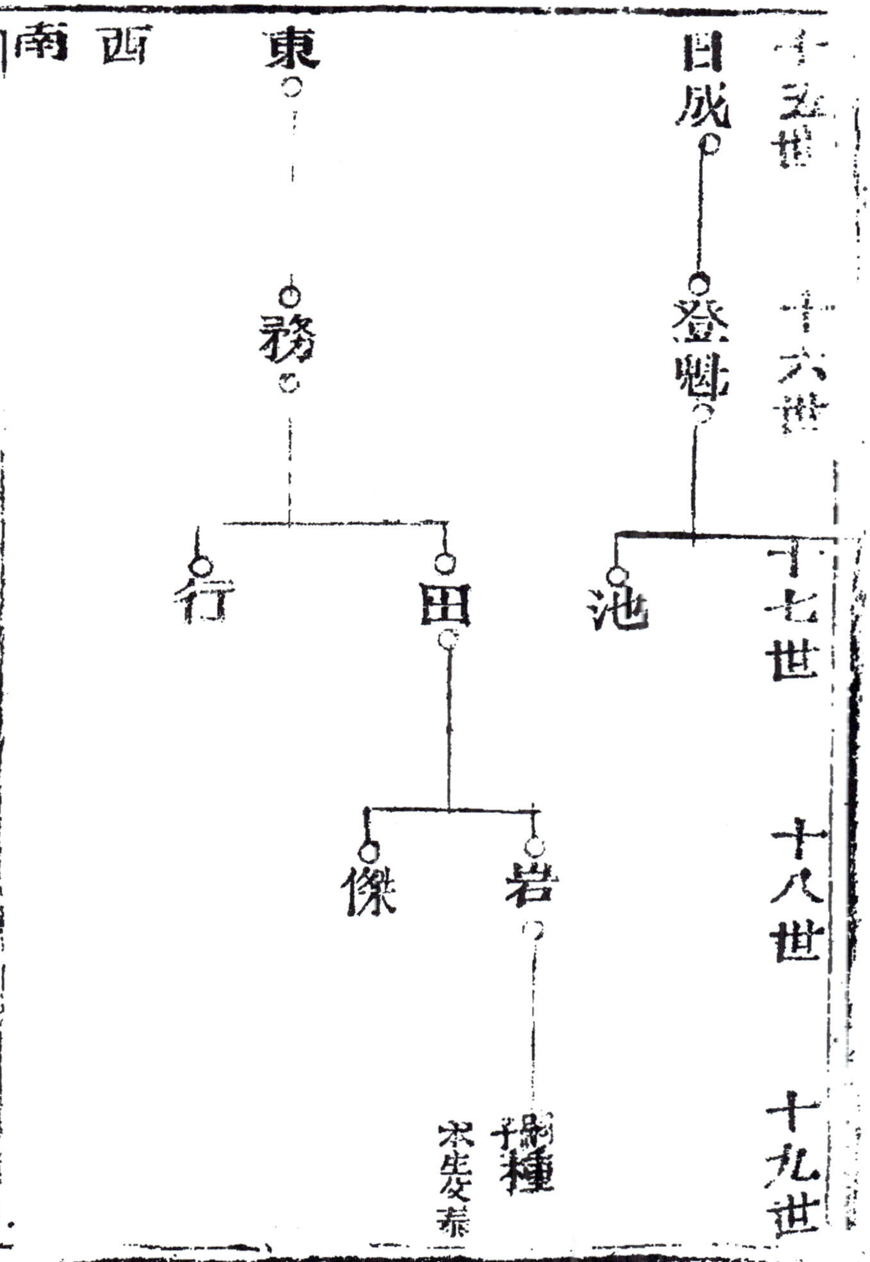

十五世
日成
十六世
登魁
十七世
池
十八世
十九世
東
務
田
行
岩
傑
嗣子種
本生父泰
西
南

港

公溪

有用　有才

文荐　文準　文源　文達　文愛

十五世

十六世　溯　拔

十七世　酒淵　嗣出公受　孝　祖寬

十八世　此扁

十九世　文習　文印　子文蒂　本屯受有用

程

闇（出繼）

約

公溪（出繼）

金（出繼）

公歆

公圑

允敢

允餐

允井

允郄

十五世　十六世　十七世　十八世　十九世

鵬
- 唱
- 尋
  - 秋蘭
  - 虎豹

海
- 琴受 本生父湖

公順

廷
- 閣 本生父程
  - 言
  - 永和

永美

漢鉦

鵠 允建 允協 墳 報

文發 碩 文理 文欒 文進

七十六

十五世

十六世

十七世

春濤

十八世

光讓
光潭
光添
光忠
光傳

十九世

振初
大墨
振祖
仕志
光惜

卿

孫唱（子口）　本生父鵬

慶軼

允榮　允棟　允帖　允正

有益

紅蟳（嗣子）　本生父允帖

紅蟳

虎獅

振生

振美

十六世

十七世

光稅

十八世

允聘

允祥

允順

允山

允贊

十九世

得龍

得成

永興

永惠

永承

大溢

大溢

應綢　廣

乞吉　乞全　乞石　乞佛　慶晉　乞祿　乞福

本生父欲山

紫雲　賞　清江　存照　天性　天厚

十五世
賀使
加

十六世
俊
仂

十七世
嗣子石麟 本生父仂
逢時

十八世
慶聰
允源
兆端
碧沙

十九世
天送

祿
○ 僑
○ 倩
　○ 奕
　○

寶
○ 倡
○ 佇

仁 大辛生

十五世　十六世　十七世　十八世　十九世

義
廉
啓明
長庚——永、皇、維
韓
罕
世雄

家乘　卷四　八十

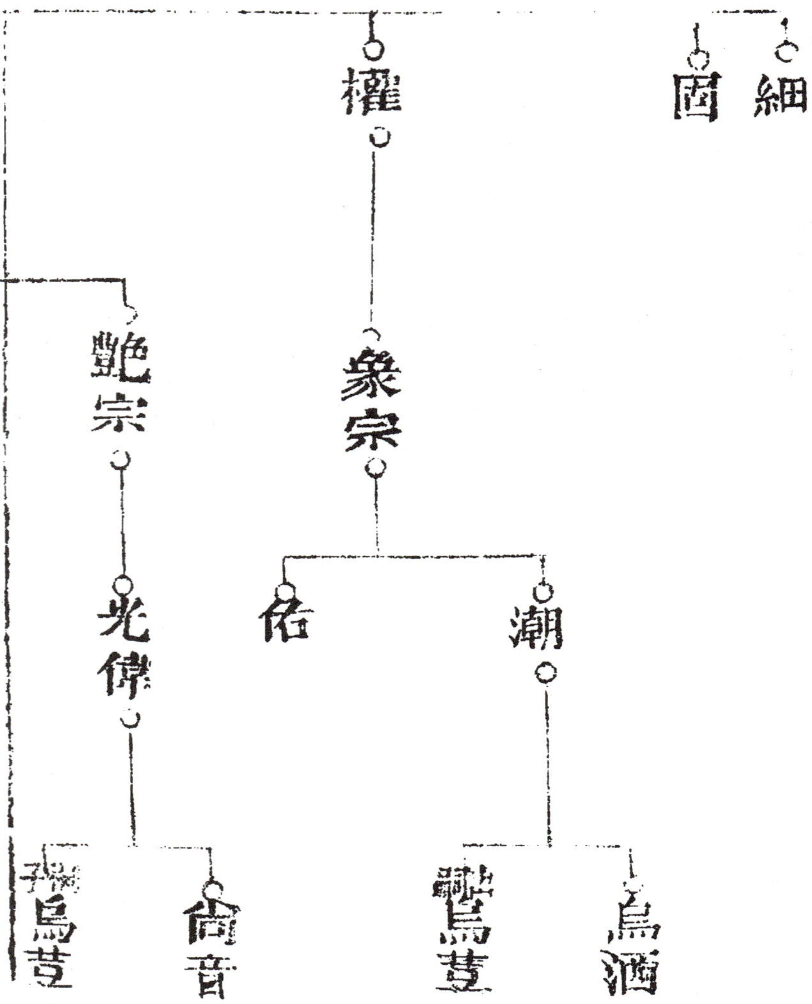

十五世　緄

十六世　陳　彦　出嗣學　白

十七世　花宗（陳子）　強宗 入嗣 本生父軒　寬裕（白子）

十八世　孺仲 入嗣 本生父寬志（花宗子）　拱照（寬裕子）　淑敖　月

十九世

回

勃　治（出繼）　高（出繼）　霜

寬意　孟宗

宿夜　曾仲（出繼）

光卿　光泉

十五世　十六世　十七世　十八世　十九世

盾 — 光幨 — 蟶
　　　 度徵
出

達 — 露
戎 — 治（嗣二子，本生父回）
位 — 學（嗣子，本生父組）
鍾 — 琛
田 — 高（嗣子，本生父回）

孔
權

天

晉
癸
子嗣 轉 本生父麟
儔
子嗣 直 本生父光凜

晃
嗣子 棠

義

超群
榮
咩
逢

十五世　十六世　十七世　十八世　十九世

- 仲
  - 虬龍
    - 川
      - 得利
    - 膻
      - 興
        - 溧
        - 鷄血
        - 双滾
        - 清山
  - 江
    - 融
      - 源
        - 寡
- 金鎮

泉

嬰使

光凜

諧

言

嗣貴

麟

嗣傅

歎

晏

嗣子璸　本生父仲

仰

儀水

填

十五世	十六世	十七世	十八世	十九世
舉	軒	強宗		
		光謚		
		請		
	守			
	然			
堯	仁			
	帝	清水		
		淡水		

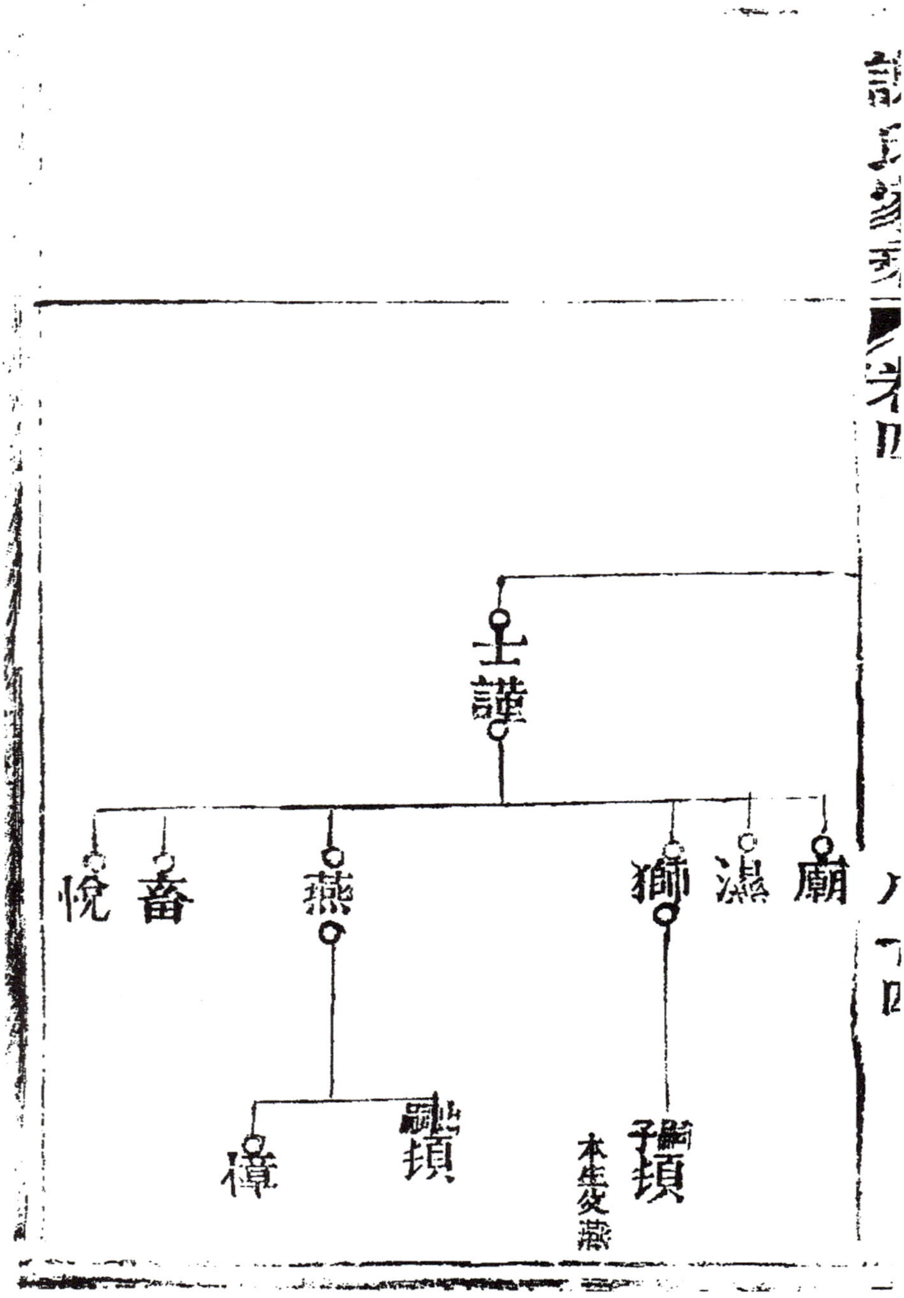
士謹
悅
畜
燕
獅
濕
廟
偉
本生父燕

十五世　六

十六世　㳟　煇　狀

十七世　光哲　姜

十八世

十九世

隨　陣　進

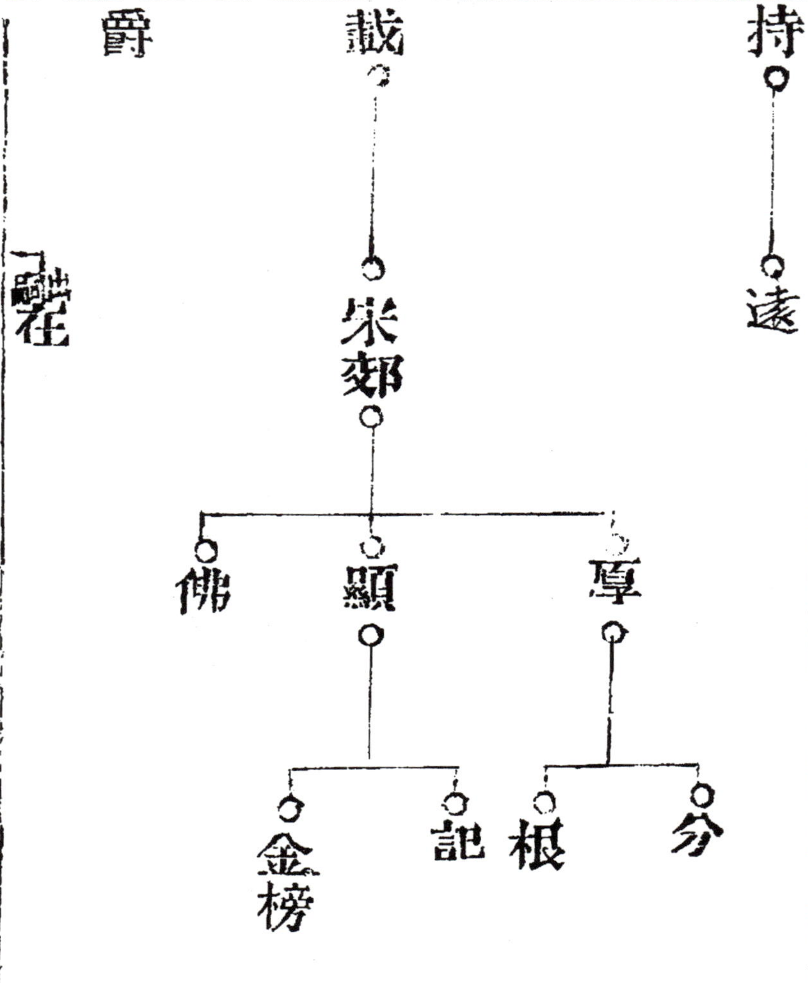
持
遠
截
宋郯
厚
顯
佛
分
根
記
金榜
爵
灌

十五世　十六世　十七世　十八世　十九世

鬮
寵

符
光樣

觀
嗣便

翼
嗣便 本生父鬮

嗣在 本生父鬮
嗣子親迎 本生父嫣生

署
嗣嫣生

嫣騰
光榕
德音

參
嫣生（本生父晏）
親迎

嫣晏
伯适

捷
夏賞
光胤

伍

杭

潘
藍
春來
遇
祚
文秀

十五世　十六世　十七世　十八世　十九世

蔡
燦
臨
啓
追 — 愛
緣 — 保、財 — 振金
光深

雩
光坪
正新
光坑
彩英
墨莊
光威

兊
光班
光四

沛
光碧
光知

十五世　十六世　十七世　十八世　十九世

逸
- 光遂
- 光两
- 光斷（出繼）
- 光維（出繼）

典
- 光里

詰
- 嗣子光斷（本生父逸）

提

深
- 光陽

若

號光羅 本生父逸

和尚

佛葵

光印

佛續

綠

嗣瑑利 本生父[illegible]

出繼雲鳳

塗

長文

出繼水利

長水

長生

十五世　十六世　十七世　十八世　十九世

簡　慶　欽

長石
俊卿
崖

嗣子雲鳳　本生父永利
出繼新榜
新錦
熟使
嗣子新榜　本生父卿

現

奓

烏井　南生　光田　露

把　邕

脃 本生父露

巳 本生父烏井

胞

添存

十五世　十六世　十七世　十八世　十九世

果
子嗣南生 本生父長
富

等祖
三千
光松
長滾
子嗣蟳 本生父光藝
自賓
光藝
嗣出蟳
成章

行

沚賀
- 光八
- 光爪
- 光罕
  - 嗣子曰長　本生父光要
  - 嗣子曰國　本生父光攀
- 光料
  - 紫雲
- 光要
  - 出嗣曰長
  - 閘

十五世

十九世
錦生
錦帆

十六世
光點
光攀
百蓮
二十世

十七世
偏
日芋
出繼
日國
出繼
虎豹
嗣子
虎豹　本生父光攀
廿一世

十八世
廿二世

十九世
廿三世

龍[illegible]卷四

龍

世經

世斗

世逞

世邑

文置

初合

大合

有諧

有善

有珍

有章

有定　丁天祥　天穆

九[illegible]

十九世　二十世　廿一世　廿二世　廿三世

賢

整

繇吞

大吞

海浼

種

文薦
- 嫣逐
- 嫣領（出嗣）

文遠
文愛
文源
文晉○——[illegible]領本生父文薦
文準
文印
紅蟳
虎獅
有益
振生

十九世　二十世　廿一世　廿二世　廿三世

振羡
永恩
永承
永興
得成
八溢
得隱
仕志
光惜

大墨

振初

振祖

紫雲

清江

賞

存煦

文舉

文理

文進

十九世　二十世　廿一世　廿二世　廿三世

文發
禎
天厚
天送
天性
尚音
烏酒
烏荳
哖

榮

逢

嫣 血

苾 [illegible]

溧

淸 出

寡 嗣子 墻

頊 嗣子 擴 本生父寡 祖文泉

偉

卷四終

謝氏肇基澄邑世系圖卷五

宋始祖伯宜公

程年

堯年

恂和 六

恂揚

銘癸

銘欣

銘顯

謝氏肇基石塘世系總圖

一世

始祖東山公

二世

道明公

六

三世

任公

睦公

孝公

友公

婣公

恤公

道舉公

榮

華公

貴公

道舉公次房分派世系全圖卷五

三世　榮分

四世　原泰

五世　應亨　敦亨

六世　民（出居郭坂）　憲觀　憲盛　呆　季長

七世　廣祿　廣揚　廣誠　廣瑞　貞

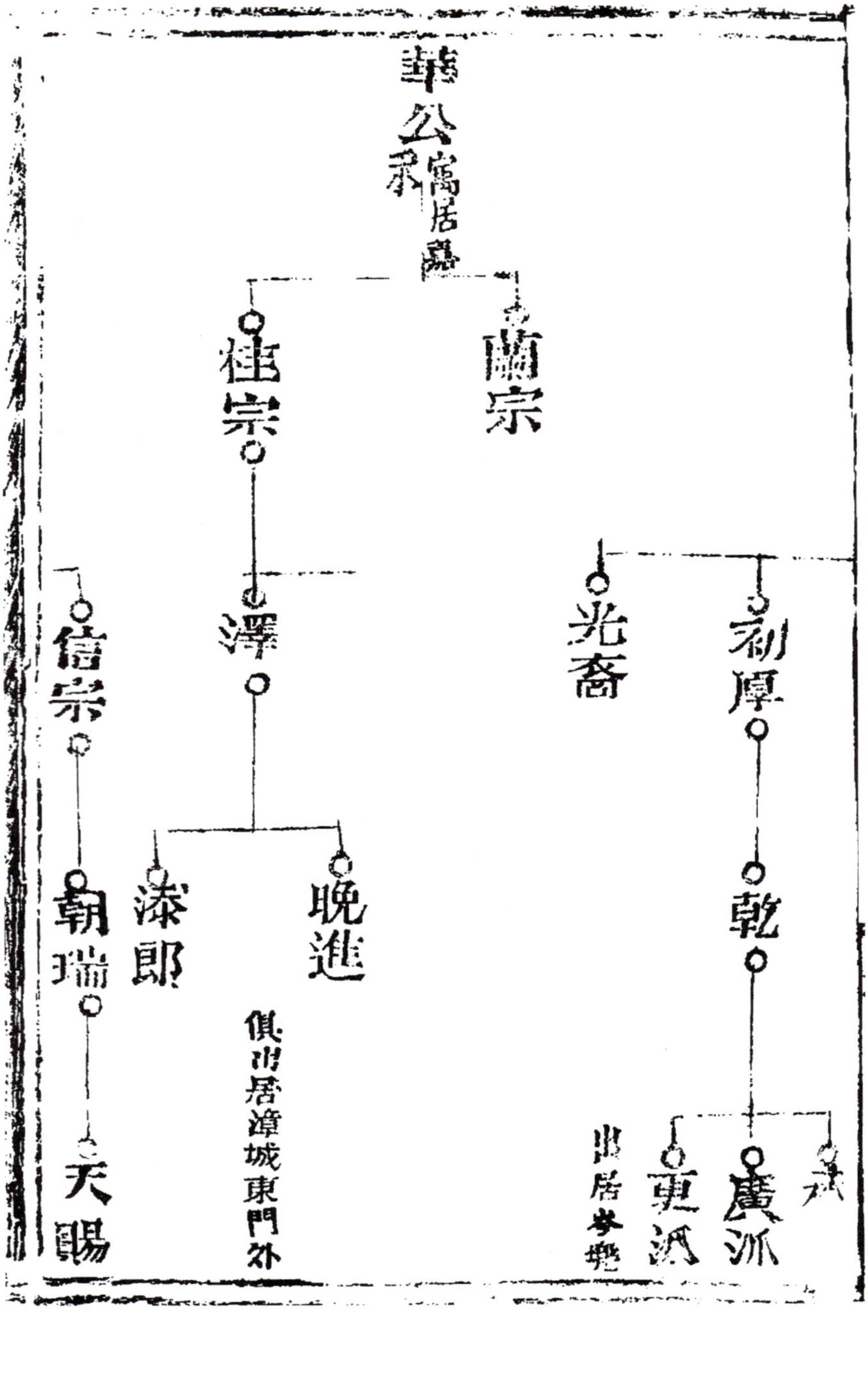
韓公
采
寓居島
蘭宗
桂宗
澤
晚進
漆郎
俱出居漳城東門外
信宗
朝瑞
天賜
初厚
乾
廣派
東派
出居斗垵
光裔

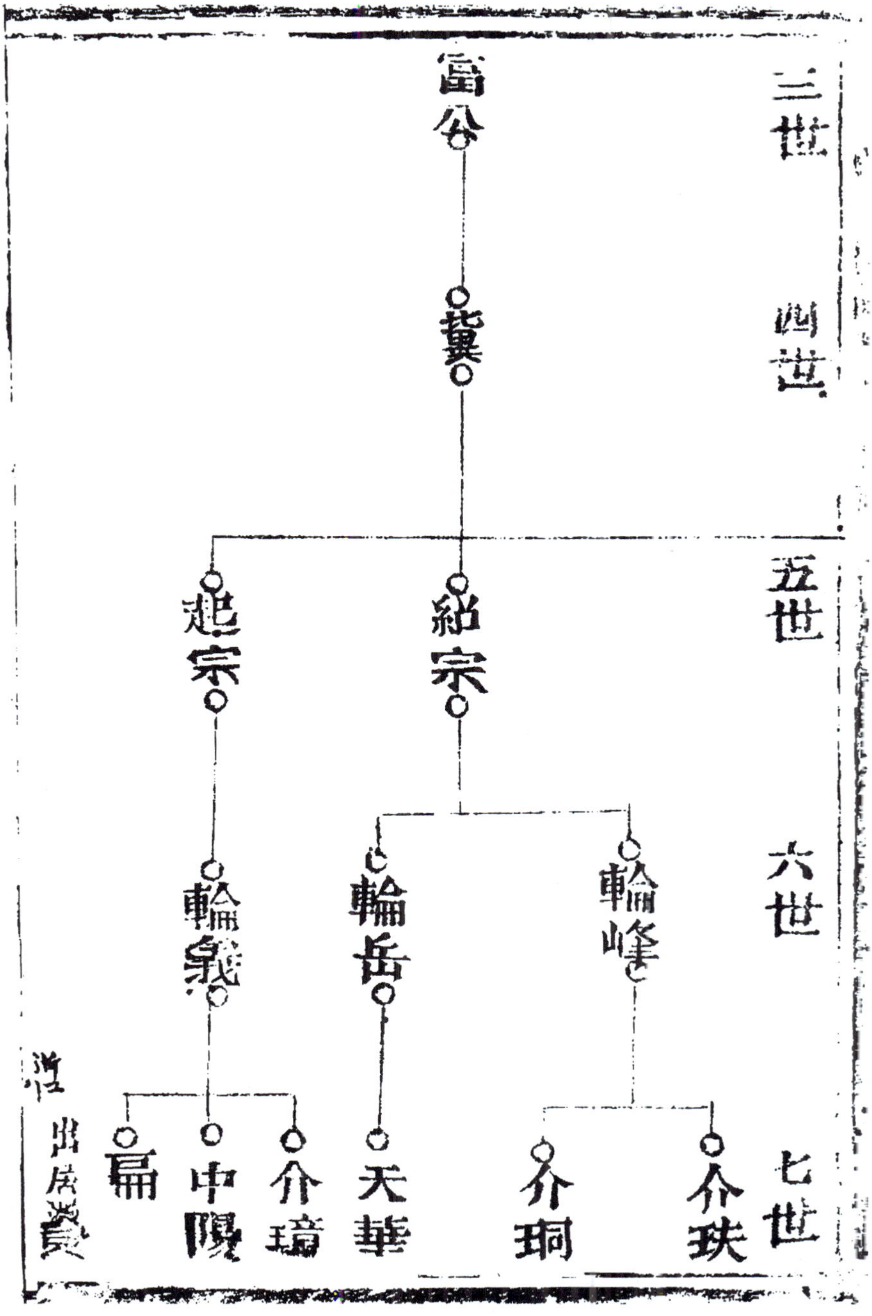
三世
富公
四世
龔
五世
紹宗
起宗
六世
輪峰
輪岳
輪毅
七世
介玦
介珦
天華
介瑄
中陽
扁
徙
出居

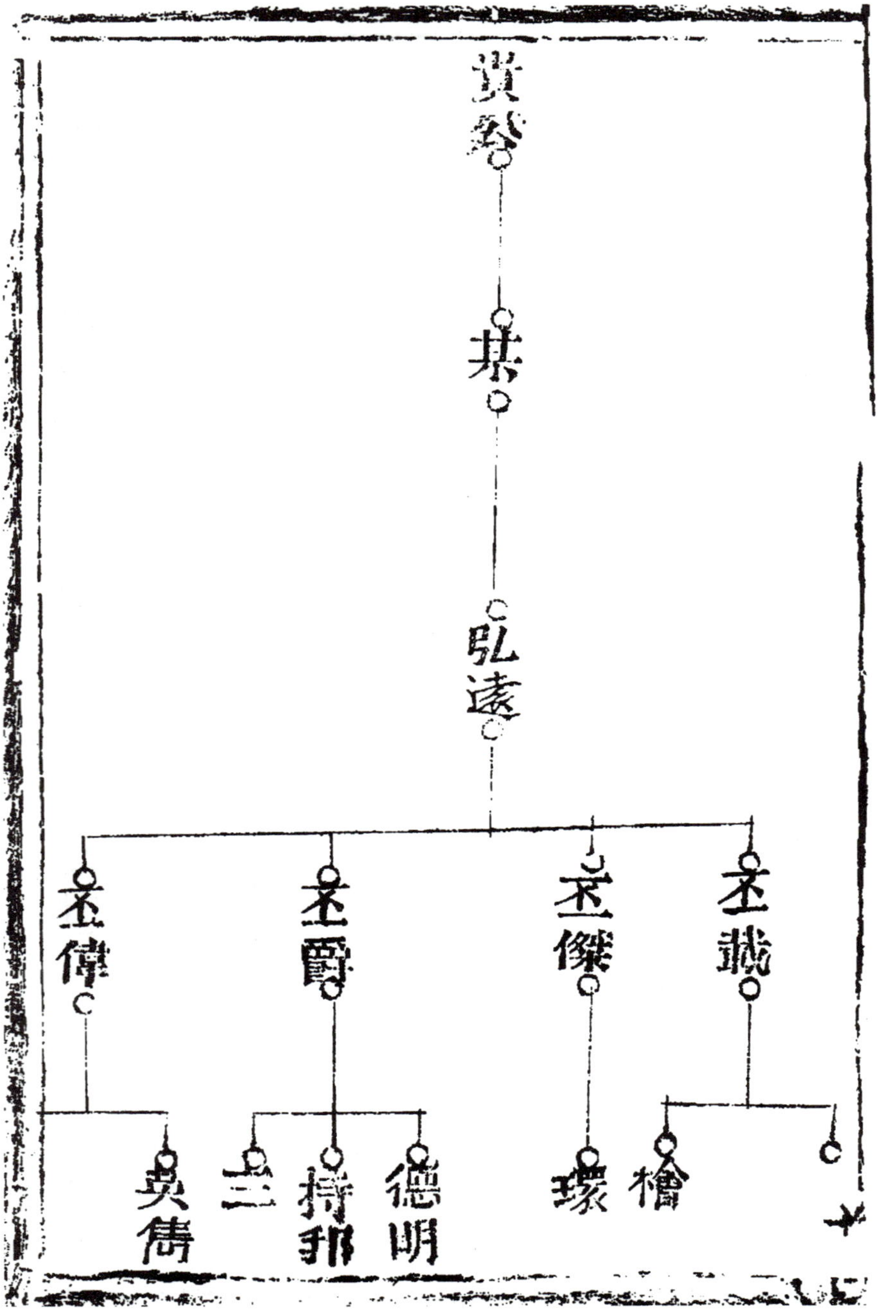
貲發
其
弘遠
孟偉
孟爵
孟傑
孟識
奕儔
三
持邦
德明
環
檜

七世　廣讓

八世　武英　武脩出居漳州城東門外

九世　欲正

十世　福星　氣星　吉星　錄

十一世　招財　旋長　學樂　學德　學良

維偕

姿 [illegible]把總

廼

學[illegible]　學禮　學元　學淵　學周　五　學純　學貴　學魯

七世

八世　高晃

九世　惟達

十世　綿　緬

十一世　四　六　學智　小居漳州北門外　學信　學義　學慶　學長

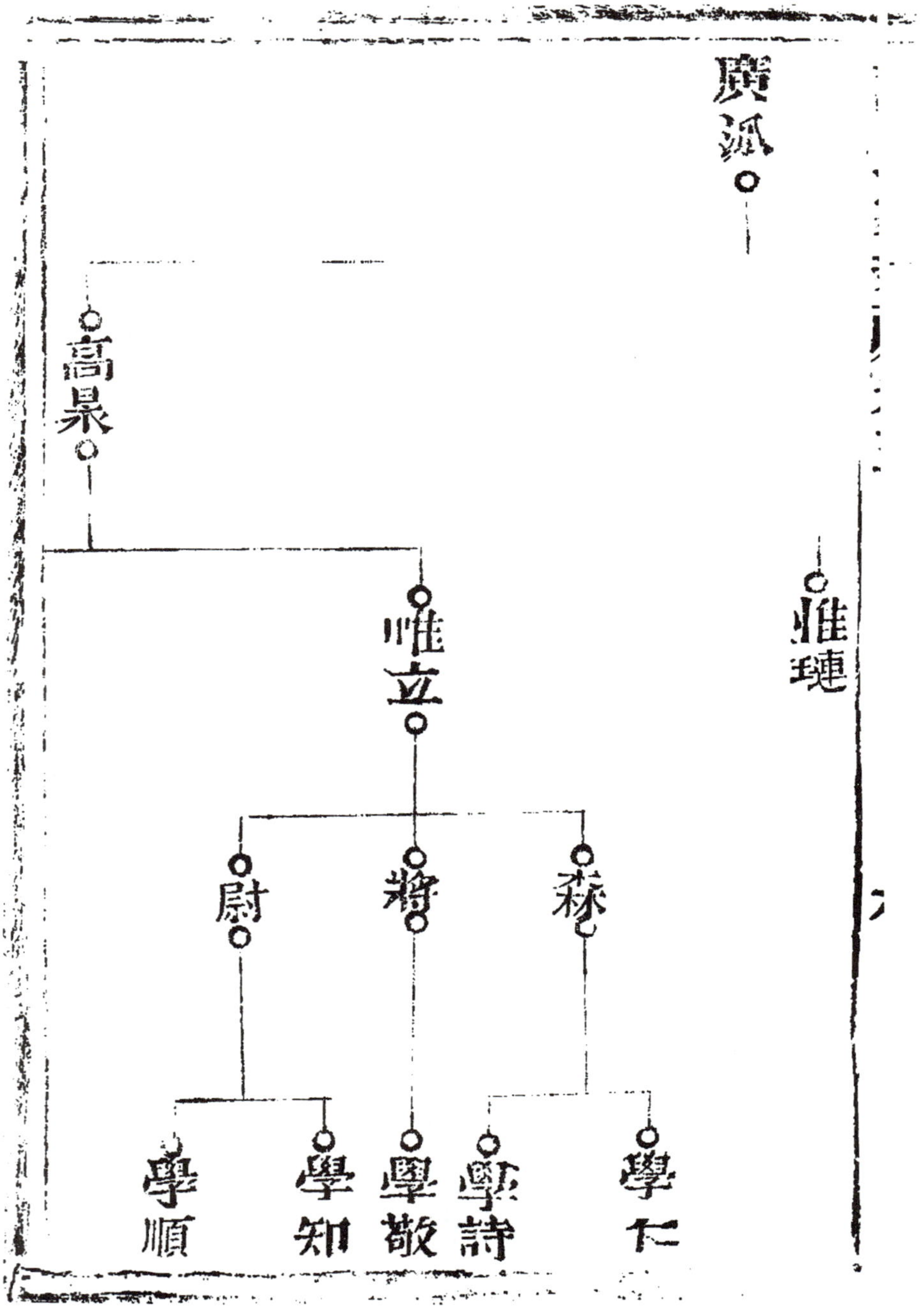
賡派
惟璉
惟立
尉
學順
學知
學敬
學詩
學仁

七世　承源

八世　萬翰

九世　惟品　惟祥　惟齒

十世　琯　璠　一從　一貫　嘉八

十一世　學賢　學敏　學優　學顏　學資

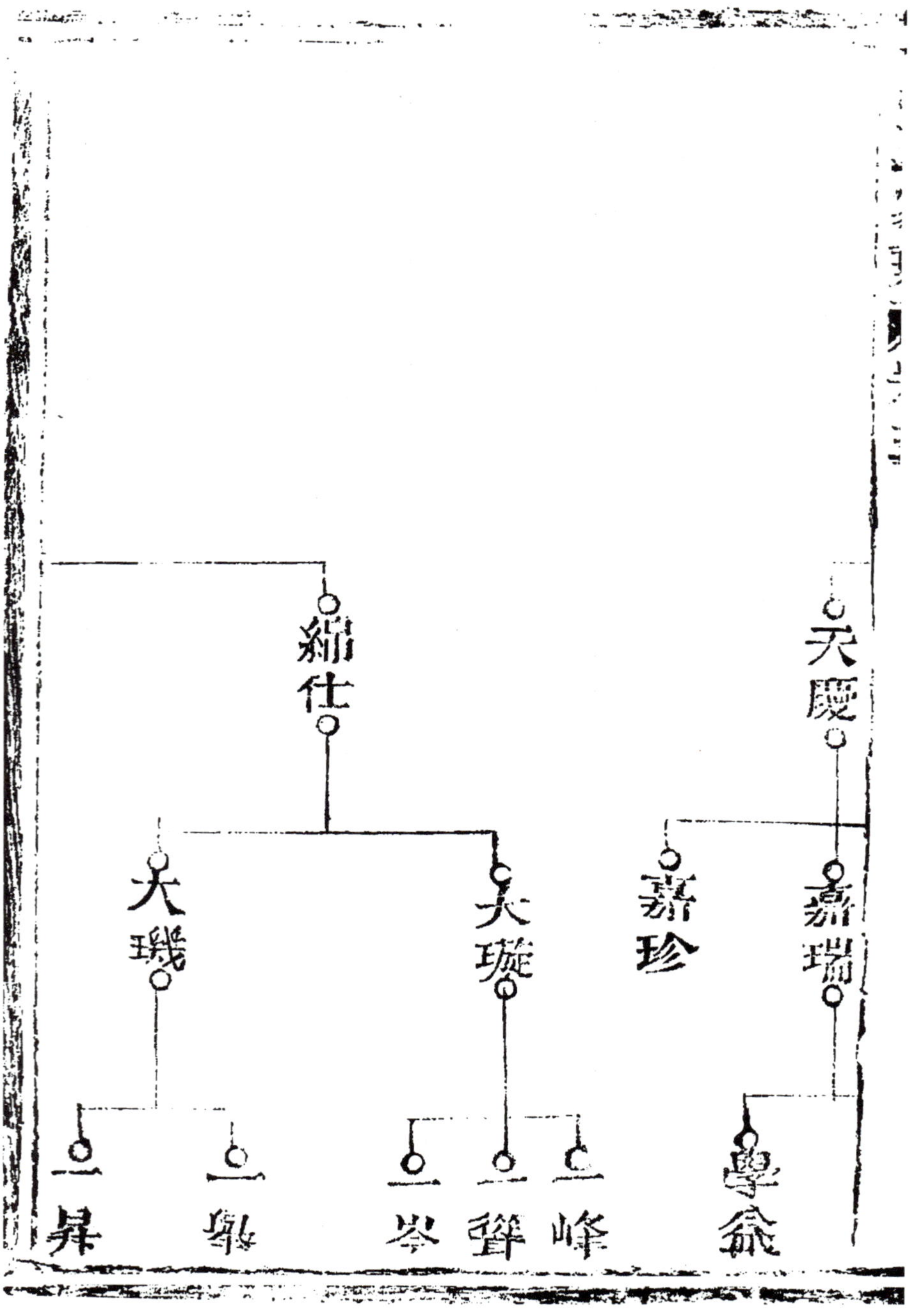
天慶
嘉瑞
學兪
嘉珍
綿仕
大璇
一峰
一聳
一岑
大璣
一嶼
一昇

七世　廣哲

八世　廷勳　廷寳 出居漳州城

九世　二　薦旋

十世　新祐　新福

十一世　立陽　立泰　立儀

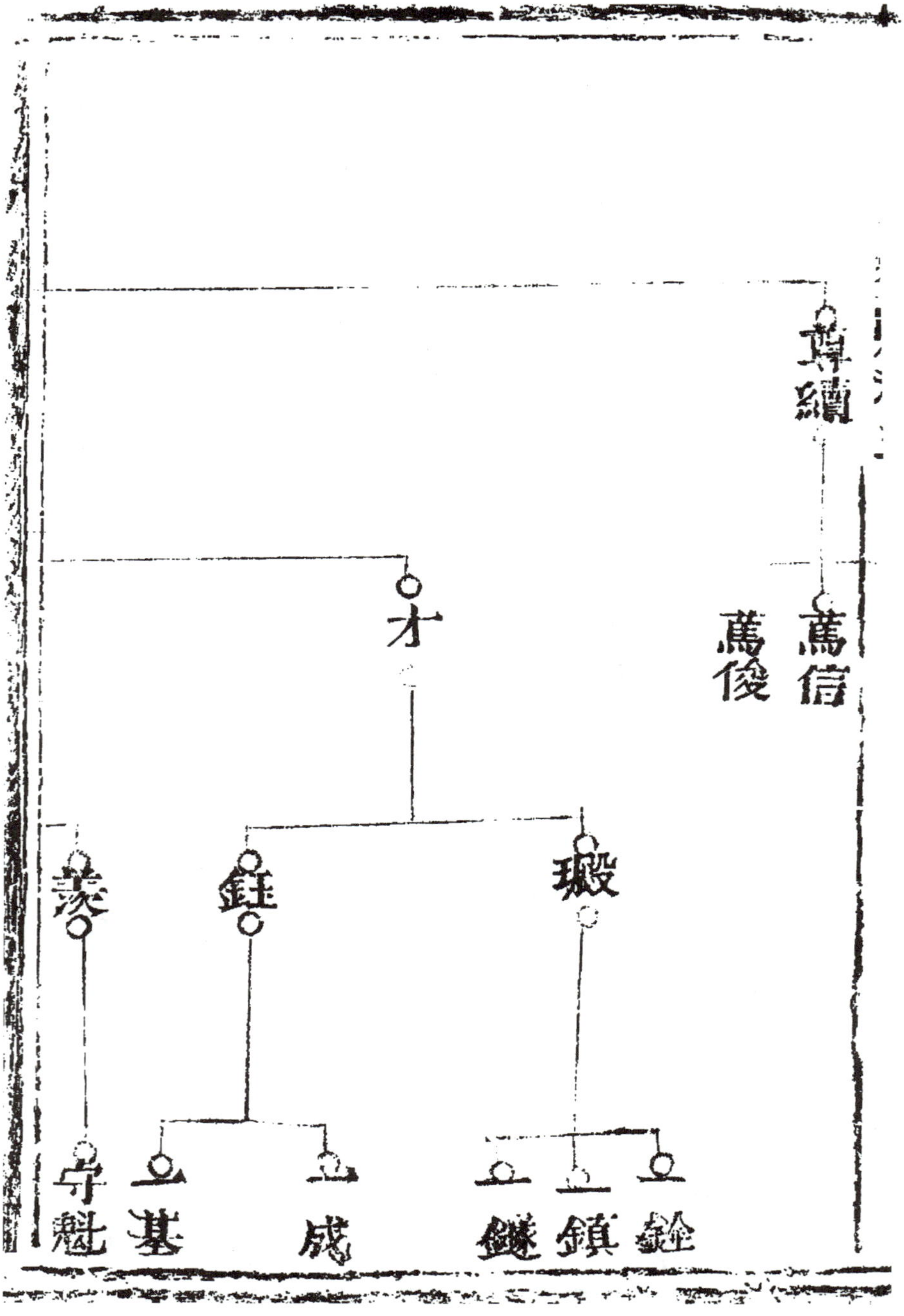
尊續
萬信
萬俊
才
鋌
瑖
守魁
基
成
鏠
鎮
銓

世

賢祿

八世

尊和　尊太

九世

論　薦侑　英治

十世

選　定　立　栢　檜

十一世

瑚　球　璘　琭　承芳　英珍　承寶　英瑶

尊慎
子和

佛進
佛寶
佛生
出居高浦

梅
興族
興裔

承羨
上遷
上著

七世　慶誠

八世　朝艮（出居程溪）　朝文

九世　佛祐　伯富　伯榮

十世　碩

十一世　公裕　公承

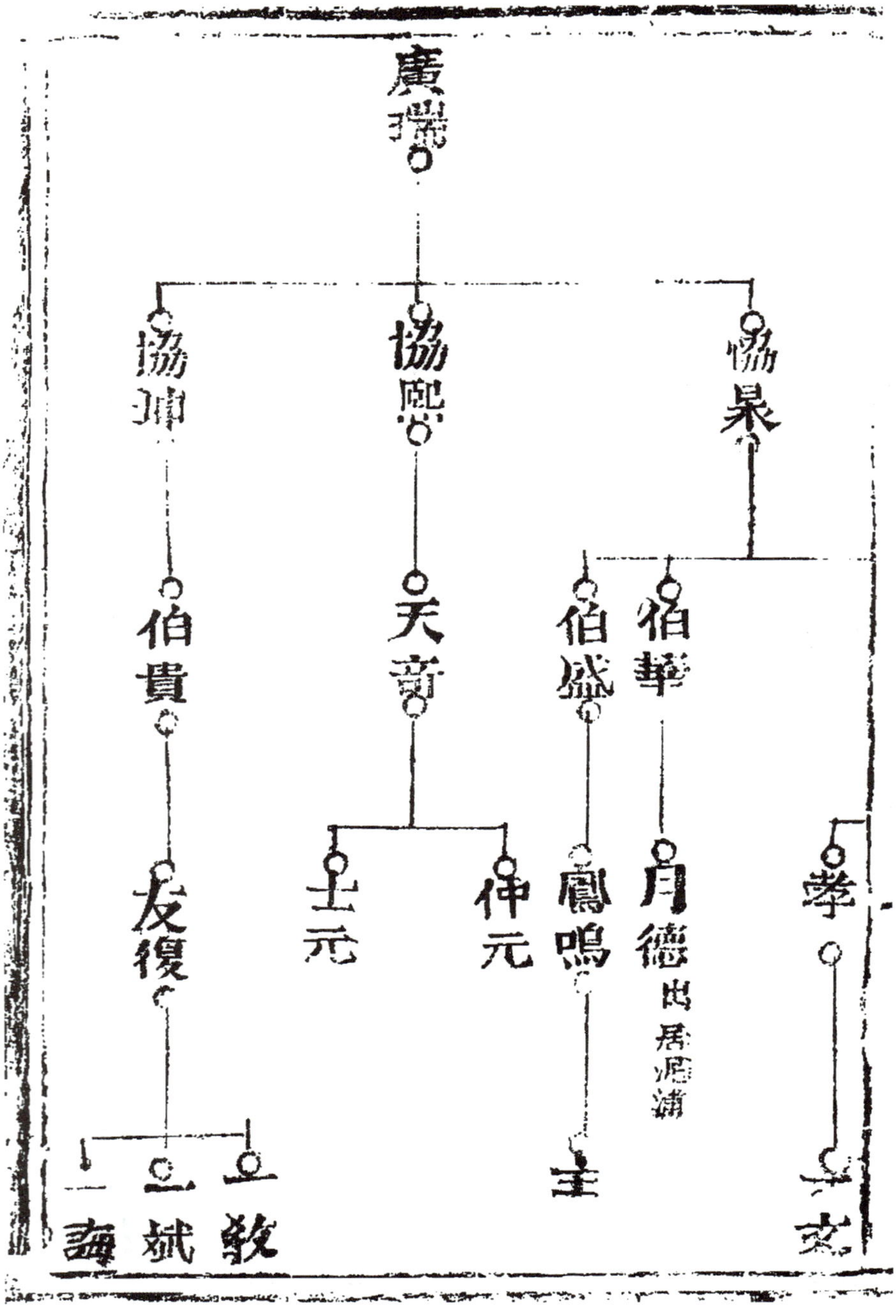
協熙
協杲
伯貴
天竒
伯盛
伯華
友復
士元
仲元
鳳鳴
月德
出居泥浦
孝

七世　介玞　介珦

八世　朴　榕　模　杉

九世　克期　乙鸞

十世　暎

十一世　斯朋　斯瞱

重陽

天賜

天華

克承

一爆

佐

曉

曦

晧

斯輝

斯陶

斯融

七世　介璋　扁　環　持　德明　三

八世　鏗

九世　佛娘

十世　清保

十一世　寬　帆（出居長泰白渚內[illegible]頭）　瑞陞

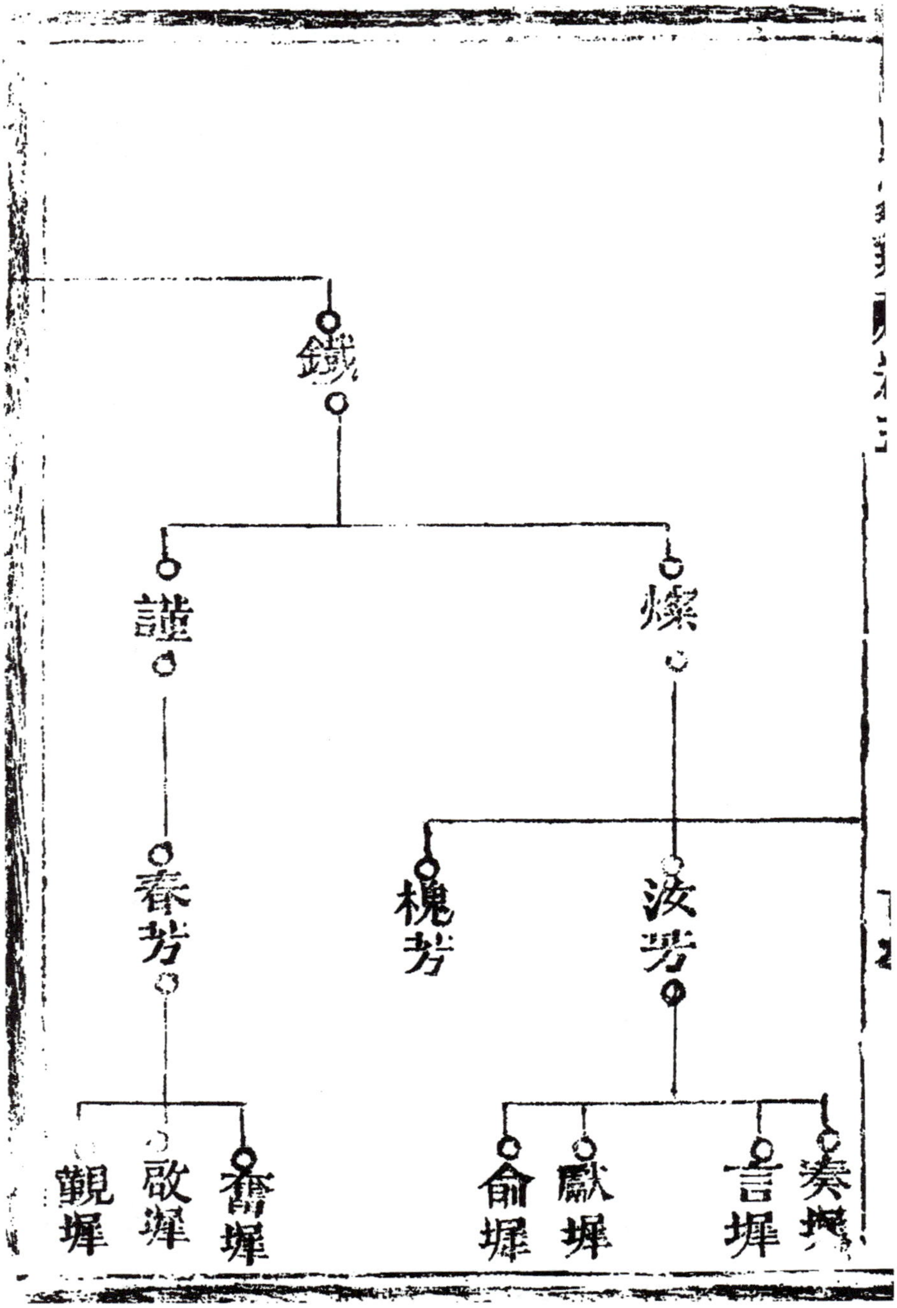
鐵
謹
燦
春芳
槐芳
汝芳
覲墀
啟墀
齊墀
俞墀
獻墀
言墀
奏墀

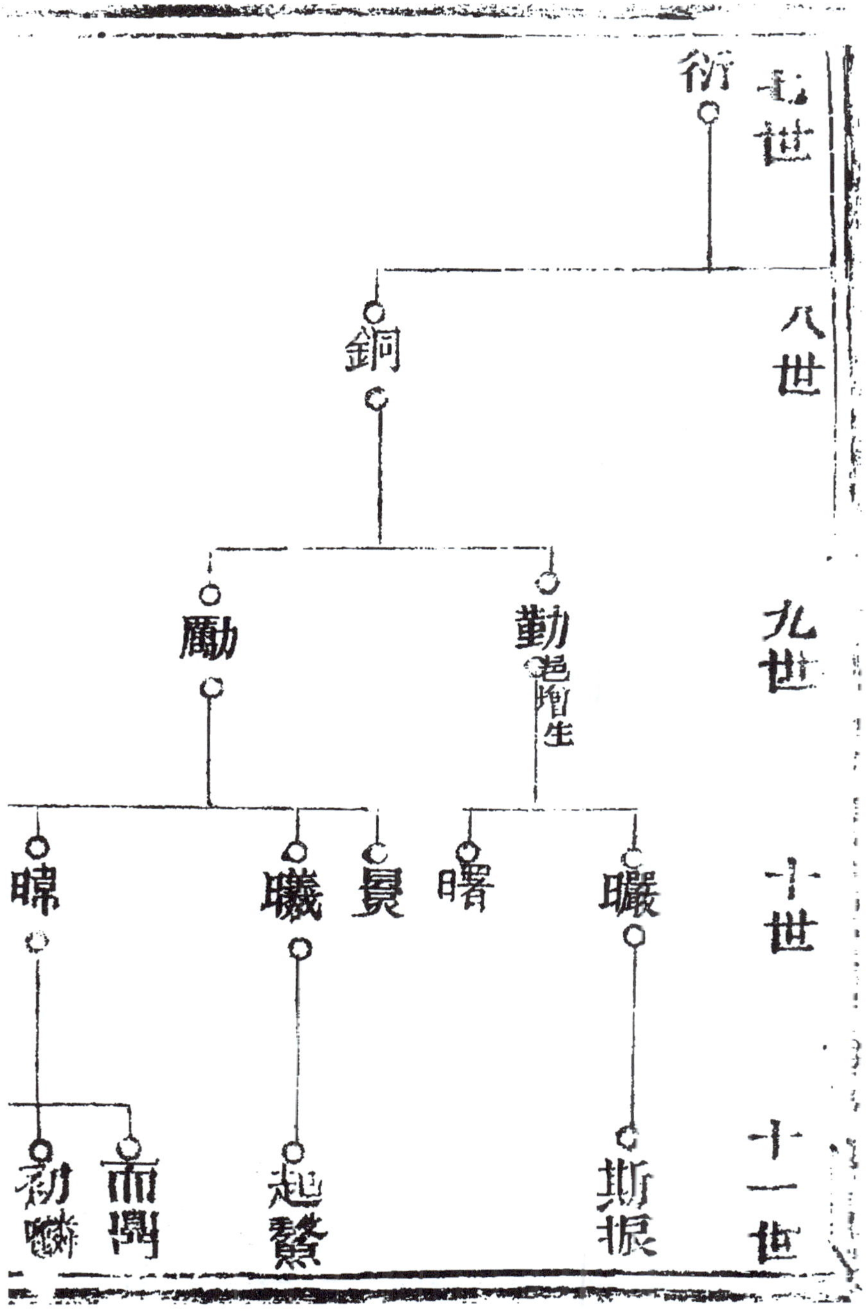
七世
衍
八世
銅
九世
勵
勤
邑增生
十世
暤
曦
昃
曙
曮
十一世
初嶙
而閎
起鰲
斯振

檜
英儁

天恩
甫德

彝
而戇
前泮
從駒
景任

日榮
良
盛

七世
招寶

八世
天蔭

九世
甫仁
甫遵

十世
日顯
日明 寓居鎮江
日新
日休 寓居蘇州
日澄

十一世
祥 兄弟山居福州省城陳衙巷

十世起

天與

甫智

絣

鳴鸞

大孫

旋長

鳴麟

綠瀞

興

晉

棟

開範

十一世　學義　學讓

十二世　榮泰　榮暢　榮秀　榮華

十三世　開後　帝　開甲　元哥

十四世

十五世

榮甫 — 丁良

學信 — 榮聯

榮聯 — 進良 — 文英（本生父瓊，住臺灣北路西螺街）

文英 — 天成、天賜、天吉

榮聯 — 城 — 賜傑、應心

榮聯 — 容 — 猛、中、營

十一世

十二世

十三世　漢長

十四世　爽　右　殿

十五世　三樂　亮　升　雙喜　寔　臣　脱　淡

學聖

學元

學禮

榮新

大祖

慶

榮絣

二祖

榮罷

自哥

亿

越献

吳

韓

幽文英

十一世

學淵 以孫天寵誥授文林郎

十二世

榮寰 邑庠生以

十三世

賚良公 諱天寵 康熙己酉科舉人 授廣西平樂永淳二縣事 陞横州知州

十四世

霆郎

霓郎 武科庠生

雲郎 附貢生

霖郎

需郎 出居漳州城東門外

十五世

永

平

春

長子天寵

誥授文林郎

賓長

捎　鞠　育

厚　忠　邑庠生

學鑠　學周　學德　學樂　學孟

學周—榮壽—三祖

學孟—榮快

十一世　十二世　十三世　十四世　十五世

學貫

學魯

學純
- 榮祿
  - 慕
- 榮亮

四

五

六

學敬

學仁
學詩

榮選
榮友

勇

融安
定
静
慮
俱因遷移被擄北京

講
深

以能
捧

十一世

學知

十二世

榮參　榮標　榮錫

十三世

瑚安　本生父榮友

在

十四世

楚　澤　強

十五世

千　毅

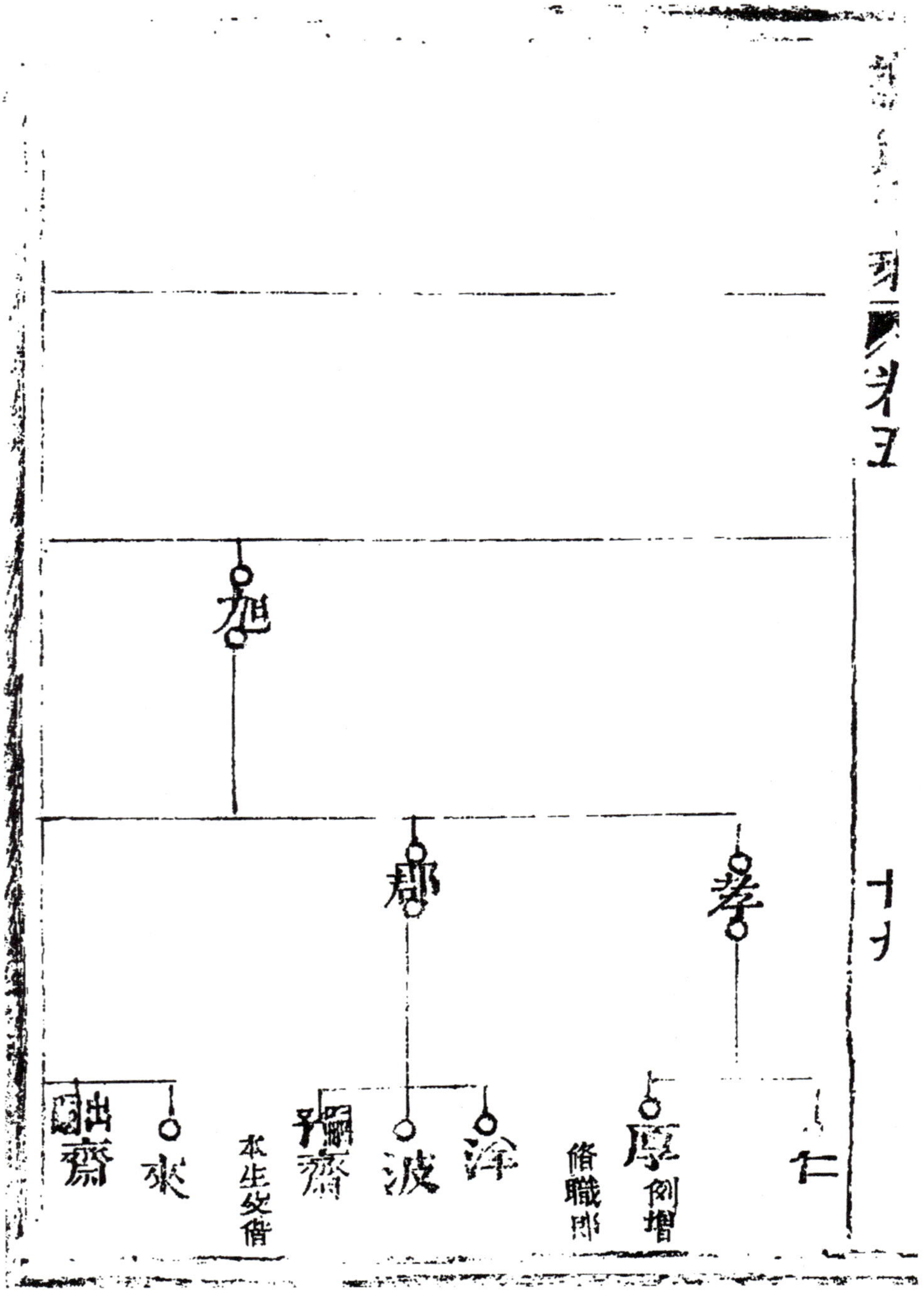
旭
郁
孝
融齋
來
本生父僧
彌齋
波
淨
厚
例增
脩職郎
仁

十一世　學顧

十二世　榮貢

十三世　聚

十四世　僖　燦

十五世　端　胆　進　曰　審　騰水

若玉

保

詳

子龍

榮初

榮巽

榊

學行

學優

學發

次

服

乘

八

順

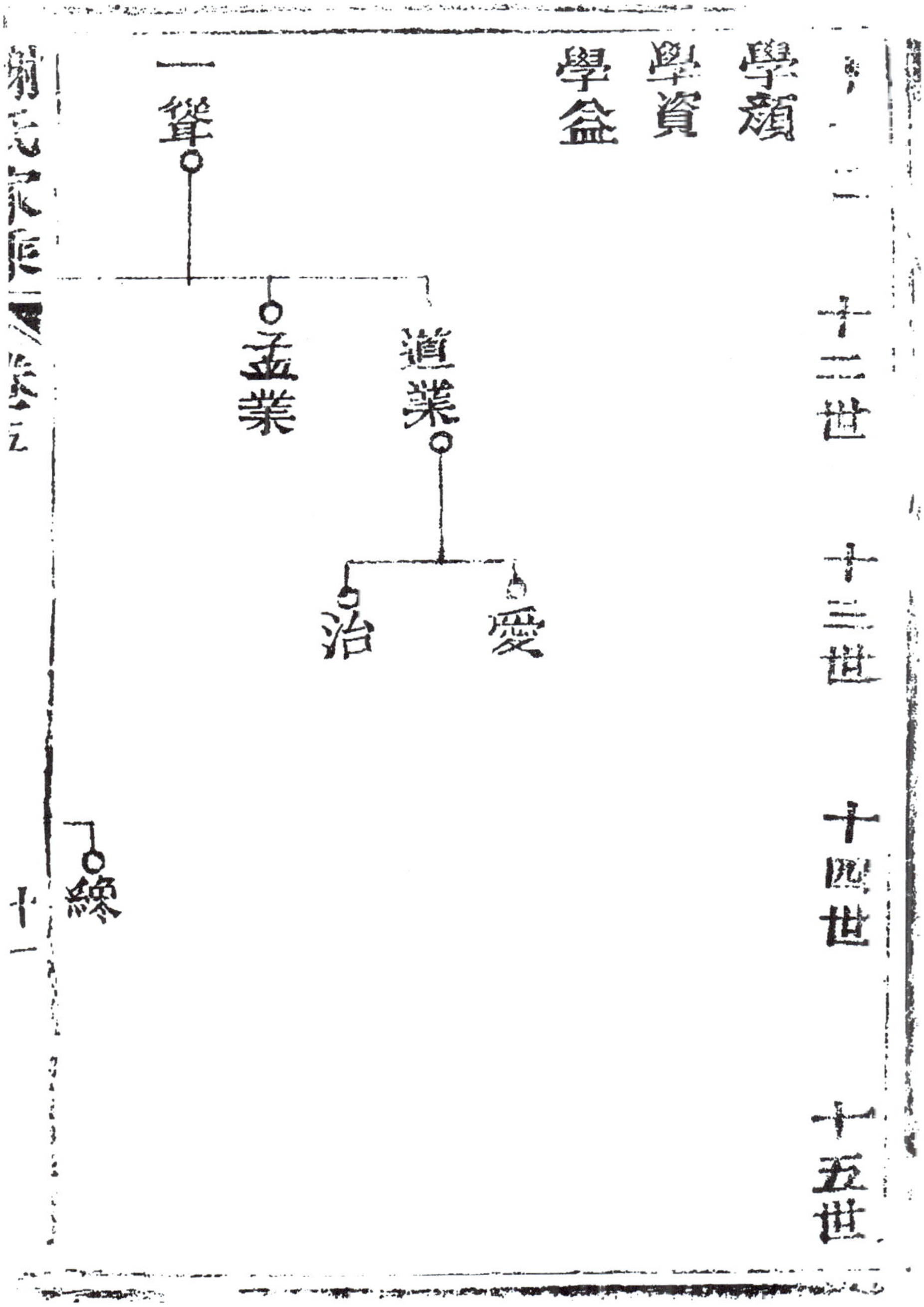
十一世
十二世
十三世
十四世
十五世
學顏
學資
學益
一聳
孟業
道業
治
愛
緜
謝氏家乘卷五
十一

從業
朝偉
容
朝佐
陞
長
朝傑
贊業
一峰
華業
敬業
在

十一

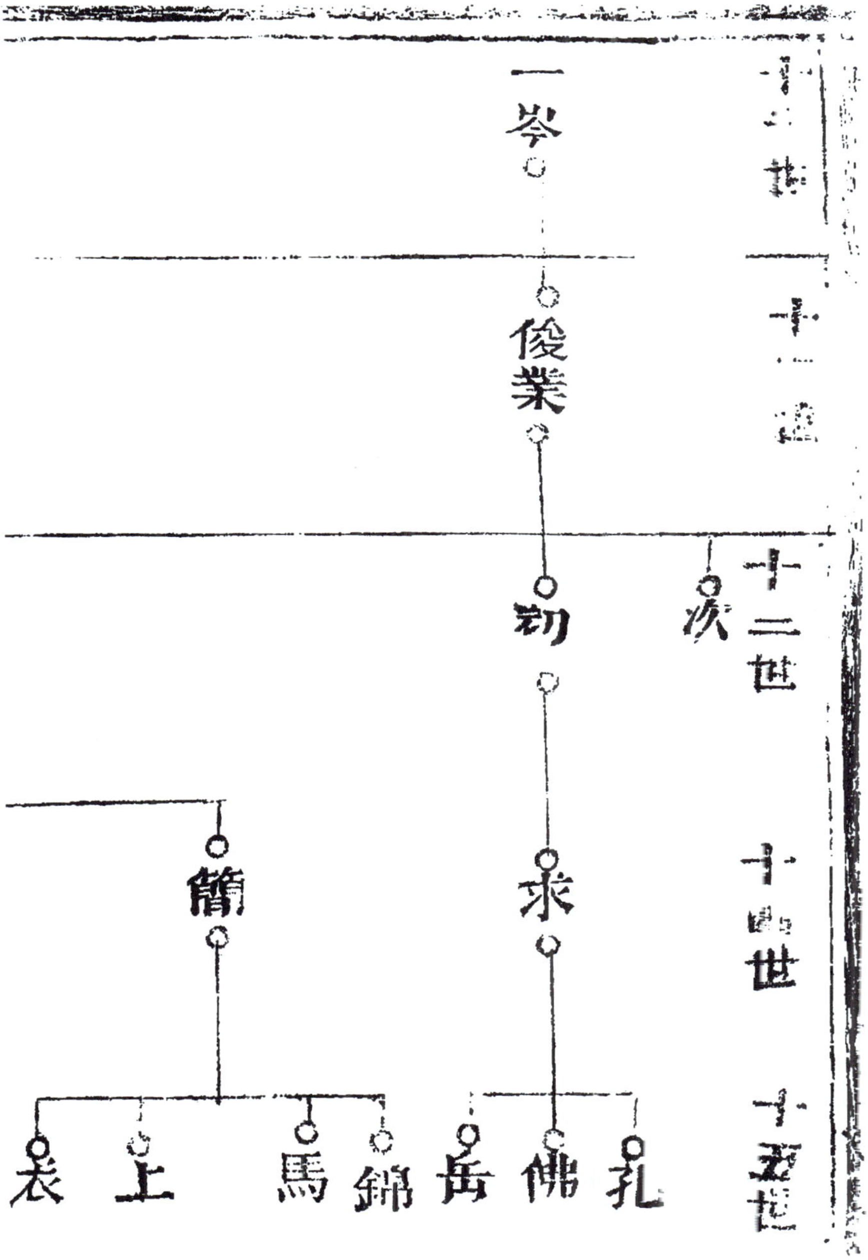
一岑
俊業
初
次
求
簡
孔
佛
岳
錦
馬
上
表

要

叺　　寬

國　岱　掌　振　界　經　正

十一世

十二世

十三世

十四世

黙

十五世

旺

慈衆

永言

豫

日

孝思

應祥

吉

一[illegible]　一昇　承[illegible]　珍

魏業　師業　[illegible]業　曠業

招治

佑

贊

享

十一世
瑶

十二世
昂業
晶業

十三世
潘郎
紹祖

十四世
庇
台
準

十五世
漏
戩（出繼）
添水
戩（嗣子）　本生父庇

賀　秦

朝陽　光順（出繼）　佳　光順（嗣子，本生父賀）

承爕

榮祖

敬運　敬太

一瑚

繼業

朝旌　龍

十一世

守巒

十二世

應綦　應穫

十三世

啟章　啓韡（應綦子）

啓付　啓何　啓傳　啟仕（應穫子）

朝慶

十四世

祈宜（啟章子）

蓮成（啓韡子）

恩（朝慶子）

十五世

位（祈宜子）

春　鳳（恩子）

啟千
祈壽
祈福
士朗
賜郎
祈祿
士鳳
士麟
士鵬
聯發
士讓
應祥
啟聰

十一世：璘　球　琜　鎮

十二世：統業（琜子）　仲淵　孟淵（鎮子）

十三世：正貞　正志　正攀（孟淵子）

十四世：光裕　光達　光元　光祐（正貞子）

十五世：文王（光裕子）　太（光達子）

孝淵

諒

一銓

隆業

繼業

一鐩

承業

録

希

德良

瑞麟

蔡

秋

五度

十一世　十二世　十三世　十四世　十五世

一基 —— 祖

承芳 —— 遵業

一遷

一著

一春 —— 昌胤、昌祚

昌祚 —— 旋、天琦、祖

（十五世）于光

十七

[illegible]琴

志

允明

允聰

挺 — 柯

楊

允璘

國貞（住建陽）

國亨 — 廷桂

國元 — 慶、駿

十一世

十二世

昌沛

十三世

迪 出居建陽縣

十四世

國利 住建陽

國選 住建陽

舜

十五世

廷樑

廷柱

廷松

嗣子炳 本生父禹

茂

一陽

昌演

合

武　冀　堯

齊（武子）

[illegible]惠（冀子）本生父禹

應　高（堯子）

炳 出嗣　賀　陽

十一世
一叢公祐

十二世
昌渤

十三世
禹

十四世
融惠

十五世
棟
江水
俯忽
僊

希豪

天鉉

溹　茂

熢　亞　狀　括　夜

回　作突

十一世

十二世

十三世

天驥

十四世

立

十五世

希哲

郄

棟

先　蔡　帝　卿　造　奇

公承
- 希惜
- 希正
  - 助
  - 城
  - 禘

一文
- 希澄

主
- 推

定
- 舅
- 柯
- 寅

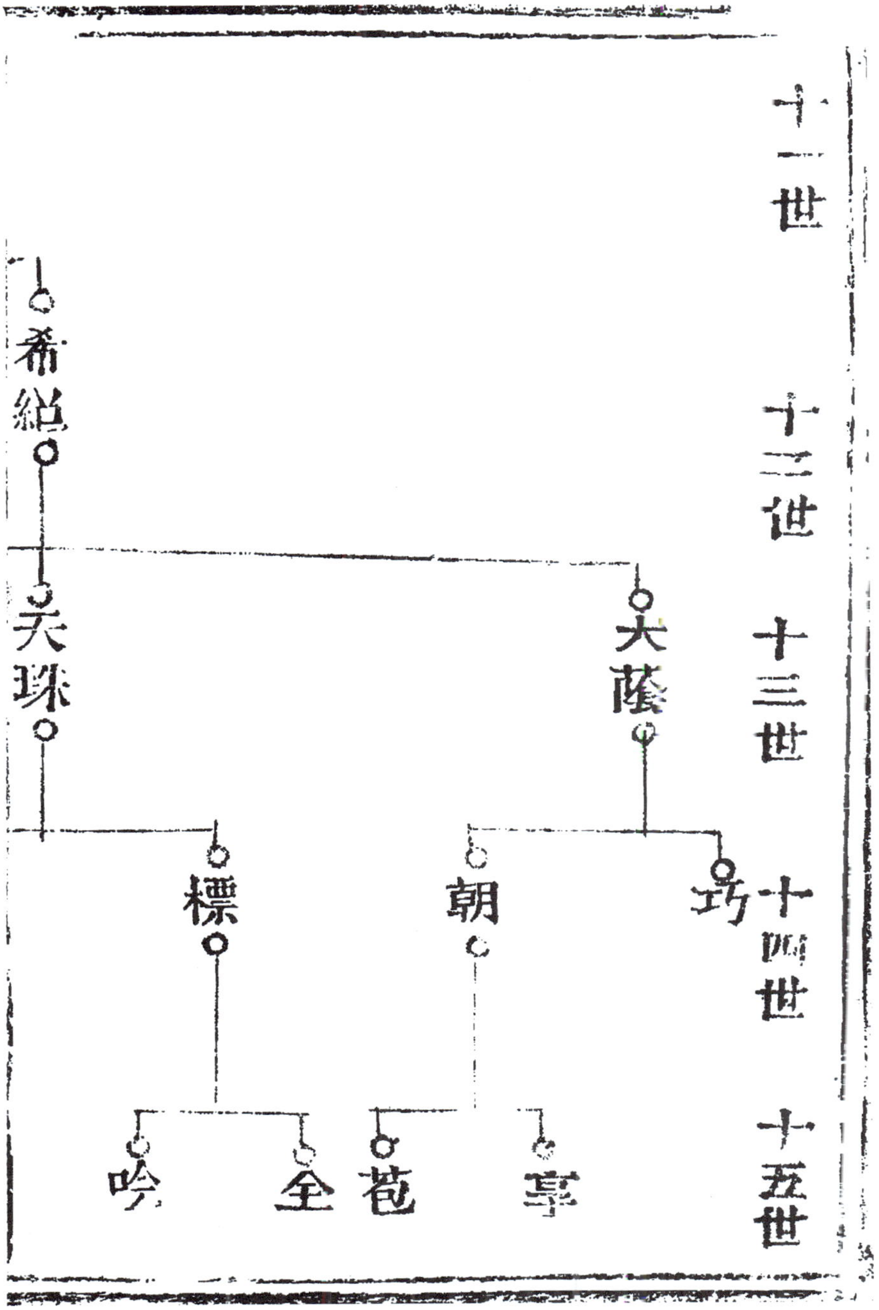
十一世
十二世
十三世
十四世
十五世
天珠
大蔭
標
朝
巧
吟
全
苞
享

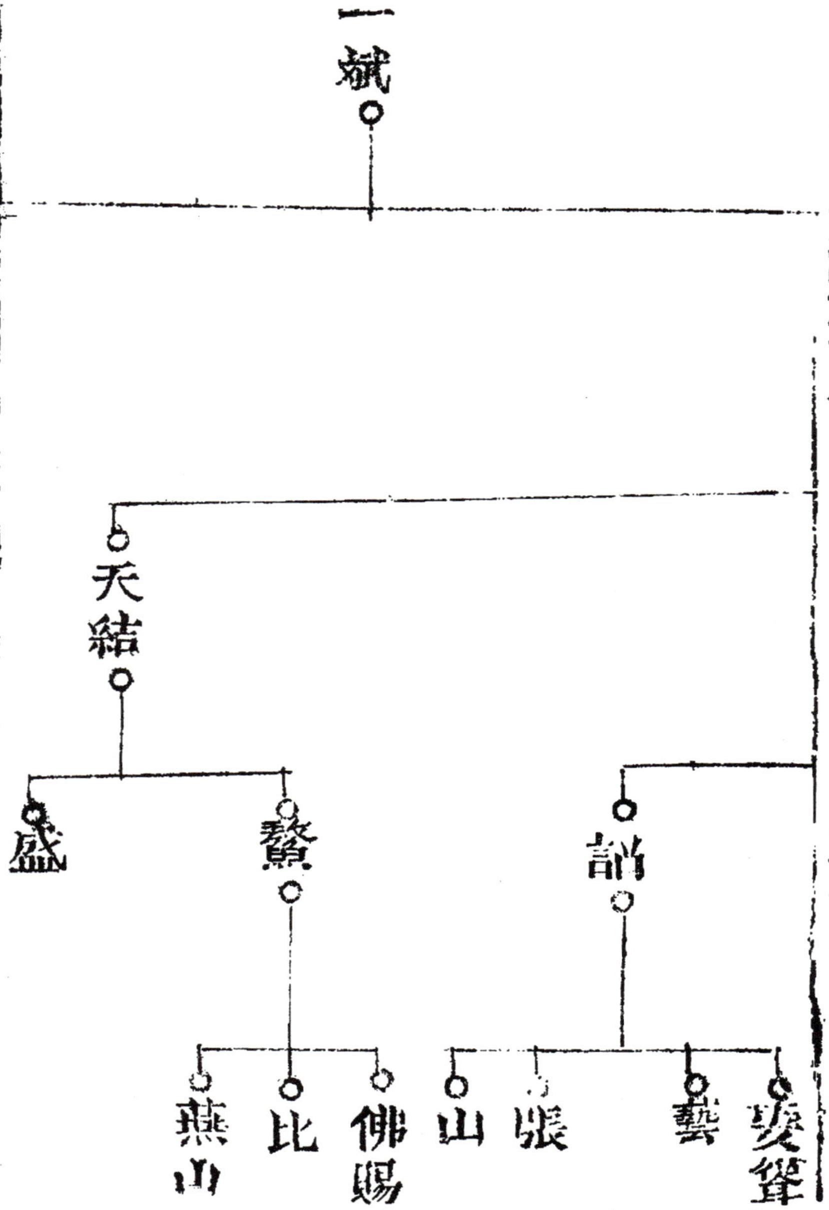

三十一

十一世　一敎

十二世　希述　希捷　希聯

十三世　天胤　居靖轄馬坪芳里石門內

十四世　世哲　世芳　諱承恩公衙褒　增生歲貢生

十五世　婁　拔　先　善

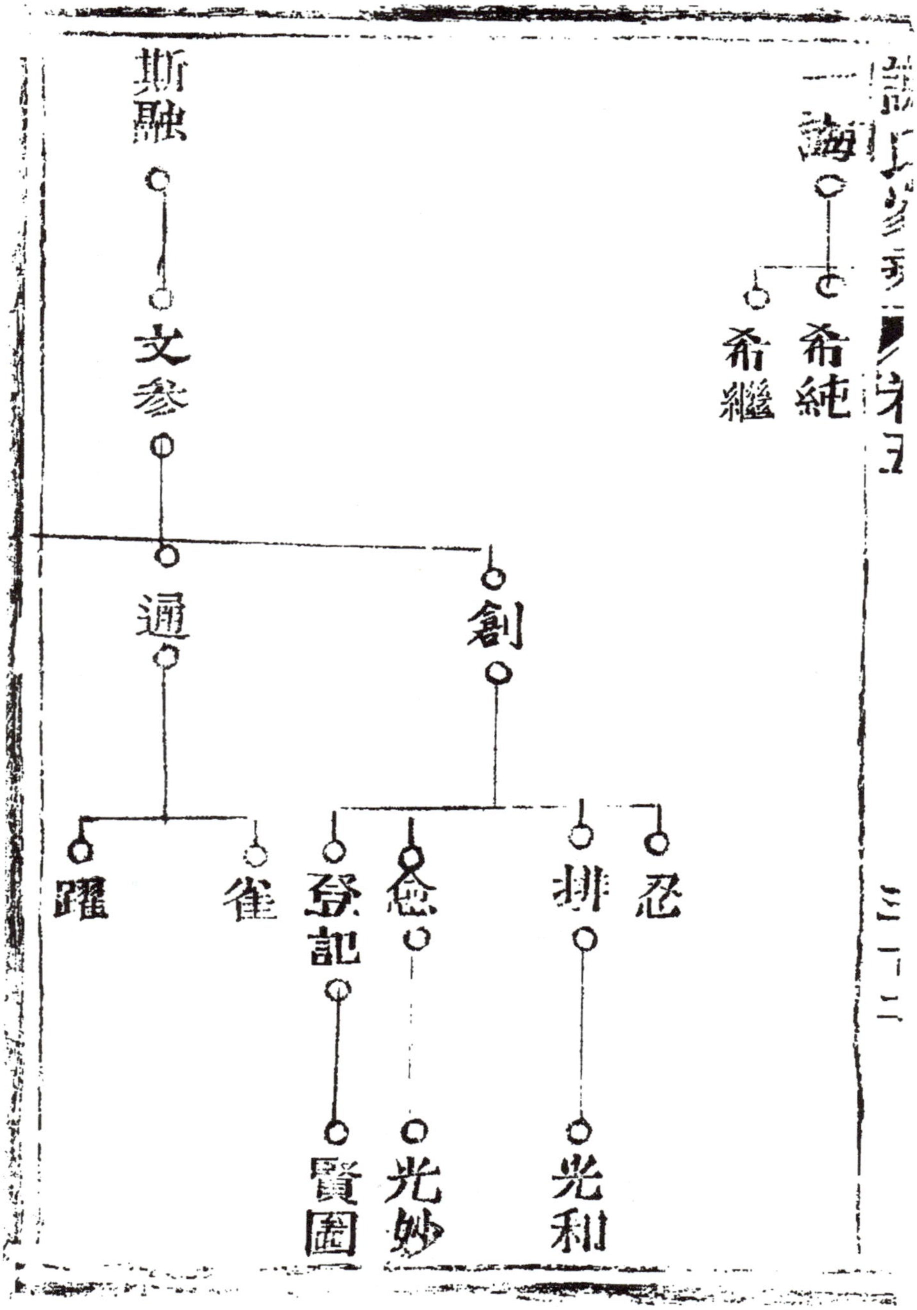
一論
希純
希繼
斯融
文參
通
創
躍
雀
登記
念
排
忍
賢園
光妙
光和
三十二

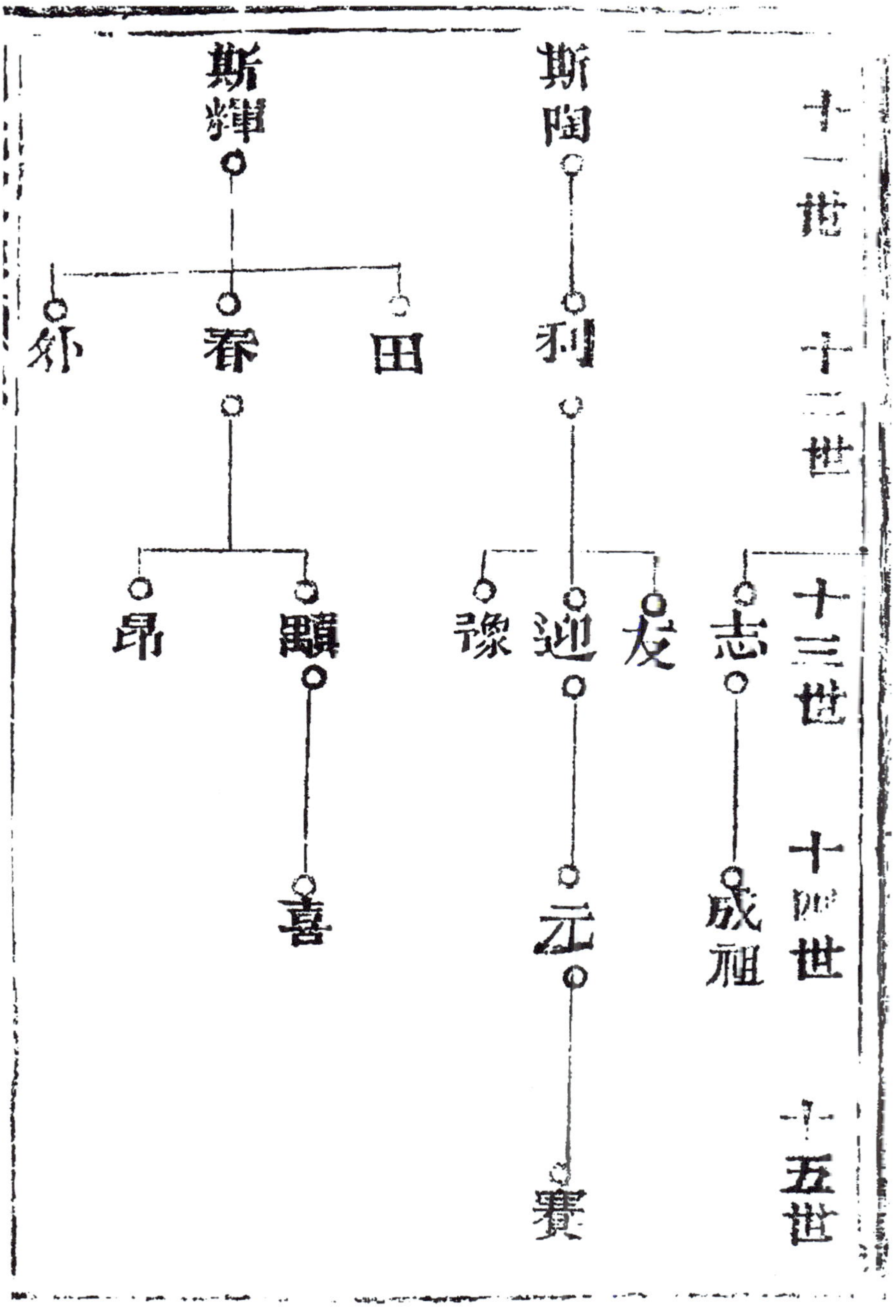
十一世
十二世
十三世
十四世
十五世
斯陶
利
志
友
迎
豫
成祖
元
賓
斯輝
田
春
邠
顯
昂
喜

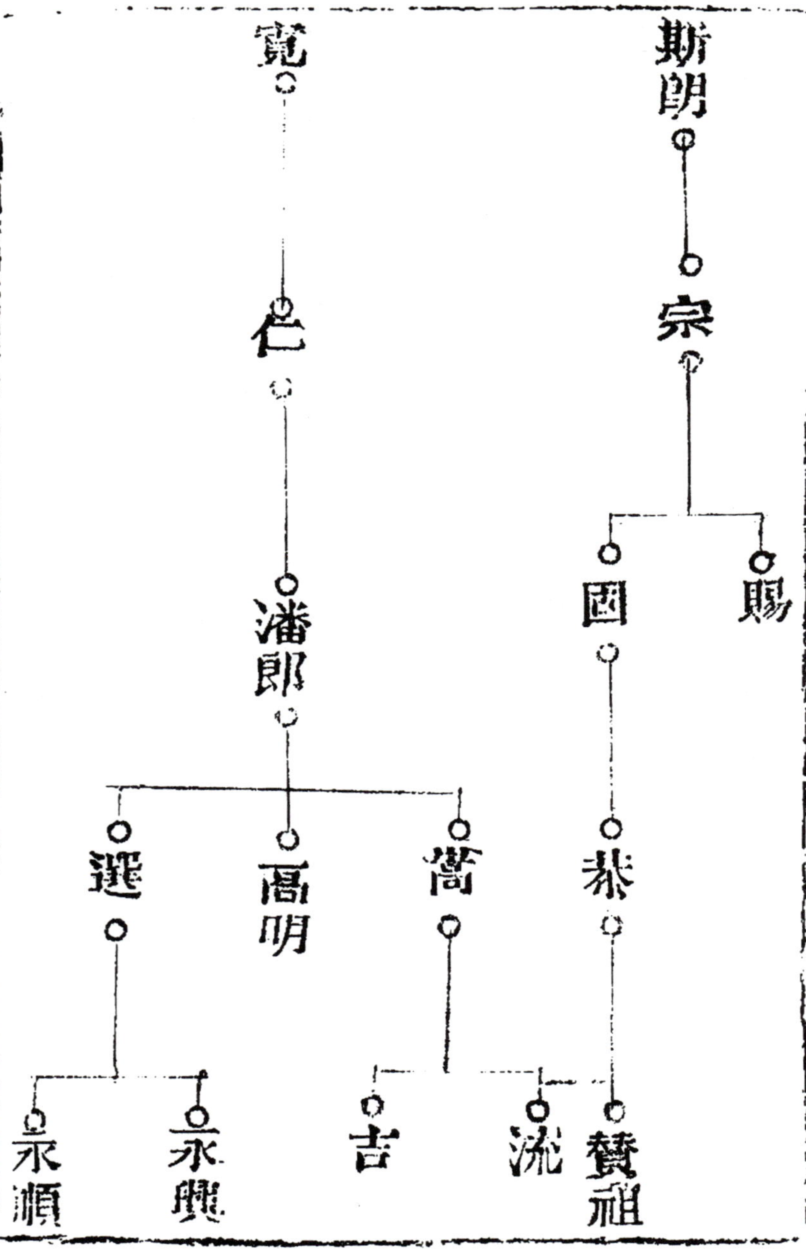

三十三

十一世　瑞陞

十二世　智

十三世　堂　祖

十四世　适　昇　敦　老　寵

十五世　任　両　操

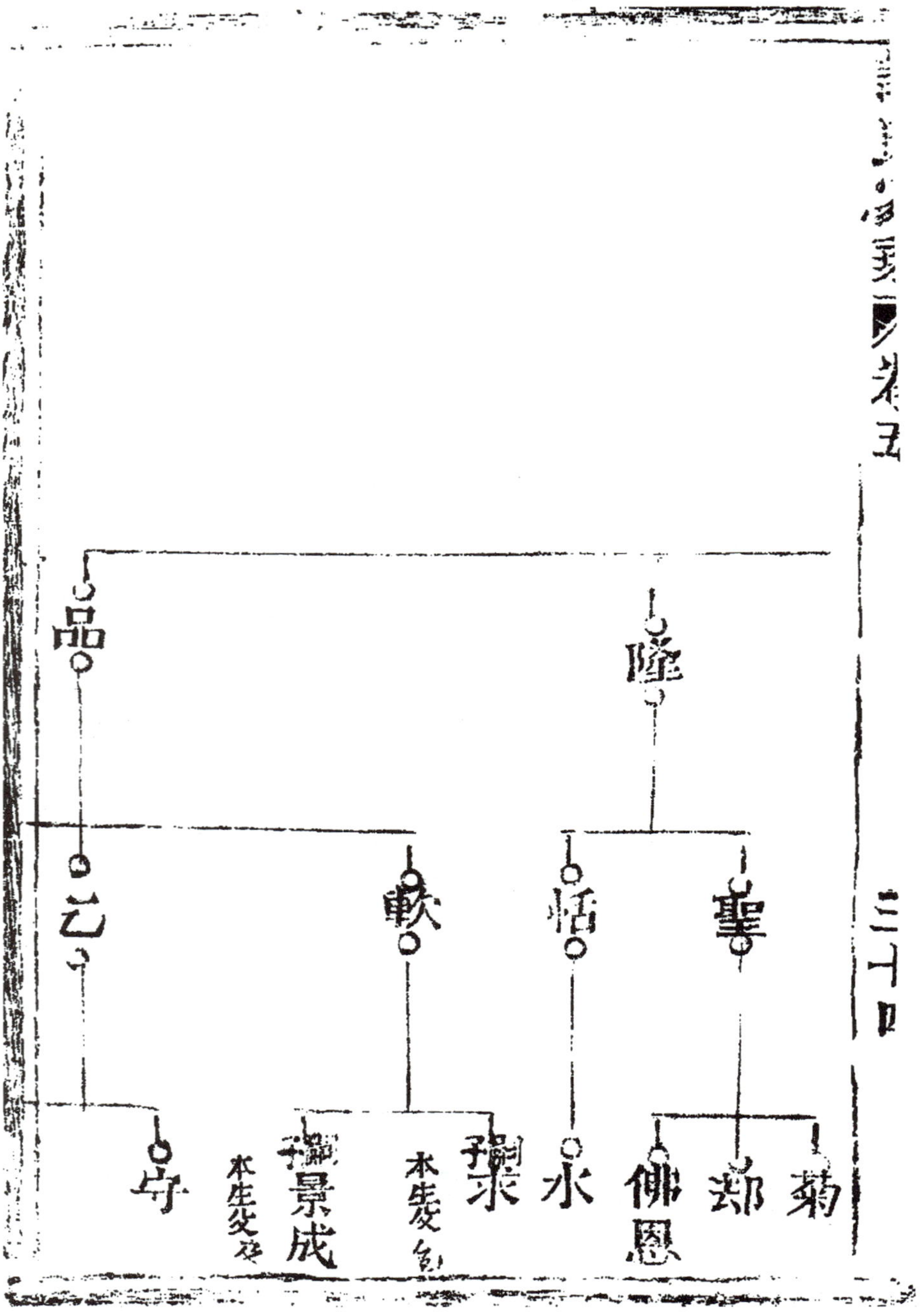
品
隆
乙
軫
恬
守
嗣子景成
本生父
嗣子求
水
佛恩
菊

十一世　十二世　十三世　十四世　十五世

言墀 — 錝

獻墀

奏墀 — 鐠、鉥

俞墀 — 鈾

啓墀 — 攀

奮墀

及 — 出繼景成

出繼求

覲墀
斯振
起鰲
初麟
而閩
而[illegible]

- 格
  - 印（繼子，本生父桓）
    - 義士
    - 聰貫
- 廸
  - 願

十一世

十二世

十三世
戴

十四世
璠　培　少　[illegible]印　仕

十五世
奉成　[illegible]
湖　文通　燮樂　武王

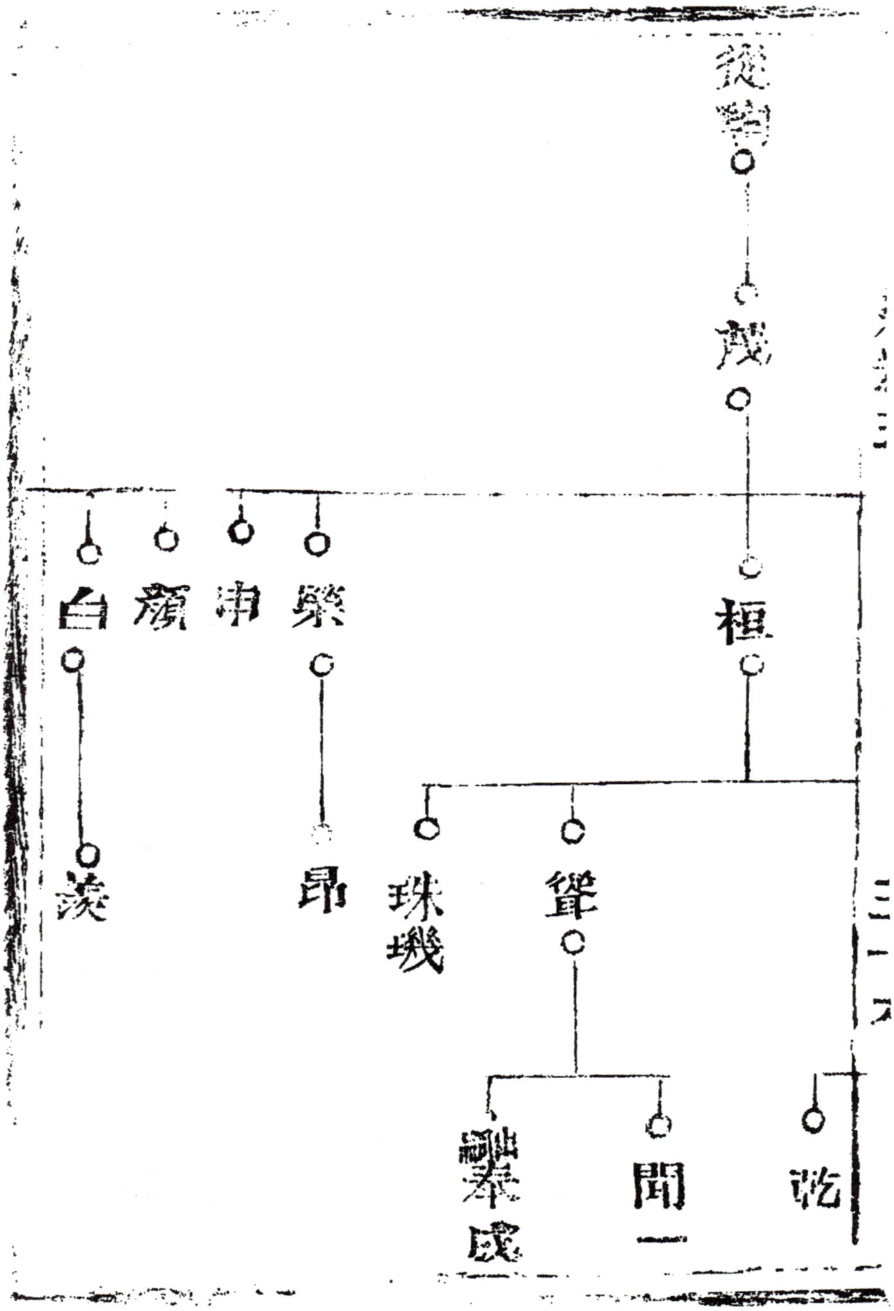
從
茂
桓
珠璣
聳
乾
聞一
繼成
榮
顏
白
淡
昂

十一世　十二世　十三世　十四世　十五世

- 十一世：而泮
  - 十二世：壽
    - 十三世：陣
    - 十三世：齊
    - 十三世：崴
    - 十三世：振賢
- 十二世：禎
  - 十四世：拱碧
  - 十四世：邦
    - 十五世：嗣子羅　本生父譜

塡　章

謂　褒　永滸　庭訓　現

掌羅　大有　閔　永仙　遜宗　立　玉山

十一世：景任

十二世：月

十三世：天培　燮　琳

十四世：從　覯　江　秋湖　錦　平海

十五世：宿旦　朝夕　開盛

- 景任
  - 月
    - 天培
    - 燮
      - 江
    - 琳
      - 秋湖
        - 開盛
      - 錦
      - 平海
- 從
  - 宿旦
  - 朝夕
- 覯

卷五

三十八

○

來　東　啟　築　夏

東——嗣子佳河　本生父啟

啟——出嗣佳河　領　泗溪

領——石兵　石佛

十五起
房派

天賜

天成

天吉

君
- 養
- 繼孫士俊 本生父亮

雙喜
- 茂盛
- 秀郎

九

雪

遵宗

藍山

以上六人俱住臺灣西路北螺街

達

嗣子登科 本生父吳

金遵

天送

三樂

嗣子程溪 本生父猛

脫

十五世　臣　淡　中　猛　管

十六世
猛：程溪（○）、騰舜
管：登科（繼出）、逢春（○）

十七世

十八世

十九世

吳
- 得水
- 融 士俊
- 自當

越國
- 朝龍
  - 嫣財
- 戲
  - 柴
  - 攔金蓮（本生父登科）
    - 新蛙
- 得

韓
- 光愛

賜傑

十五世　十六世　十七世　十八世　十九世

應心
言語
冉有

平
永
膺
享
忠 邑庠生
以能

榛

波

洋

齋

斌

待

端郎

行

胆

光六

進

輝

十五世　十六世　十七世　十八世　十九世

耀

來 — 憶枝

日

自㵾起至日止以上六人俱住臺灣坎仔脚謝厝寮

仁 — 彰（出嗣） / 廣 — 昧（嗣子）本生父延 / 續 — 導君（嗣子）本生父延 / 延 — 第君（出嗣）

浮

悏

昧

有定

五檜　本生父有餘

啟機

啟鉞

雲宇　本生父有餘

啟圍

啟疇

啓熙

十五世

十六世

十七世
嗣出 七葉
嗣出 五檜
三祿
雲厓 邑庠生

十八世
啓讓（三祿子）
啟甲（三祿子）
啓澄（雲厓子）
啟明（雲厓子）
啟潘（雲厓子）

十九世
可繼（啓澄子）

學

有餘

嗣雲字

四經 布政司理問

六韻

嗣啓承

啓蘇

啓昌

應成

啟佑

啓銂

啓熙 本生父雲字

十五世　十六世　十七世　十八世　十九世

有益
八儀 — 啟茅
大伾 — 啟默
嗣子匕葉 本生父有餘 — 啟迪
大然
嗣子啟承 本生父雲雁

審
仲
嗣子敏 本生父騰永

秋

騰水
出嗣 敏
光力
嗣子 宣流 本生父光等
光等
宣咩
出繼 宣流
出嗣 冰
出嗣 哲
屆
千
齊
教 住臺灣坎仔脚謝厝寮
子能

十五世　佛

十六世　緝

十七世　嗣子得順　博　嗣子波

十八世　瓜陵　光斷

十九世　奇南　嗣子晉貼　嗣子晉貼　本生父瓜陵

卷五

孔

紉山

天樞

維萍 維壇 維城

心熾

維琁 維新 維鏞 維騰 維祺

四十五

十五世　十六世　十七世　十八世　十九世

- 怡
  - 嗣子波　本生父緝
    - 步蟾
    - 恩恭
      - 起章
    - 恩榮
    - 天送
      - 九良

- 經
  - 尖聳
  - 柑
    - 璫南　本生父學
  - 唱
  - 文仲

- 界
  - 君恩
  - 學
    - 西南（無嗣）
    - 兩水
      - 新在
    - 璧三
- 蒲
  - 益宗
    - 華
      - 九使
    - 怨（出嗣）
    - 志
    - 萬
  - 益美
    - 懋（嗣子）本生父益宗

十五世　止

十六世　櫨　料　傍

十七世　文學　馮元　栢松　巃澤（櫨子）　伯達（料子）

十八世　光抒（文學子）　嗣子樂 本生父伯達（栢松子）　出繼樂　信（伯達子）

十九世　茂（信子）

振
- 鼂
- 魁
- 拱

岱
- 趙
- 翁
  - 碩梂
- 孺
- 祖喜

國
- 二山

十五世 十六世 十七世 十八世 十九世

掌
嗣孫 三寅 本生父旺

旺
長壽
杞連
溫柔
出繼 三寅
五倫

馬
慶

上
熊
晚

錦衣

豫

暹
- 浩然
- 瑚璉
- 陞

頂勳
- 壬水
- 出嗣繼盛

淵生
- 嗣子繼盛　本生父頂勳

十五世　日　永言

十六世　文謨　江盼　江培

十七世　若水

十八世　明智

十九世　方武　方慶　梼萊

孝[illegible]

江蔭　江東　美景　賜海

頭長

明伴　明秋　明障

方龍　大浦　大萓　嫣圓

十五世
慈衆
應祥
吉

十六世
賜前
擇
存
川
舜
粗郎

十七世

十八世

十九世

天水

寧

添水

瀚

戩

光順
嗣孫子繇　本生父朝陽

出嗣武仲

王

朝陽

出嗣繇

光正

嗣孫子武仲　本生孫繇

光選

十五世　十六世　十七世　十八世　十九世

有山 — 乾

佳 — 通

春 — 聰明

聰明 — 啟賢、開泰

啟賢 — 文福（嗣子，本生父開泰）

開泰 — 文福（出繼）、文彬

沚河

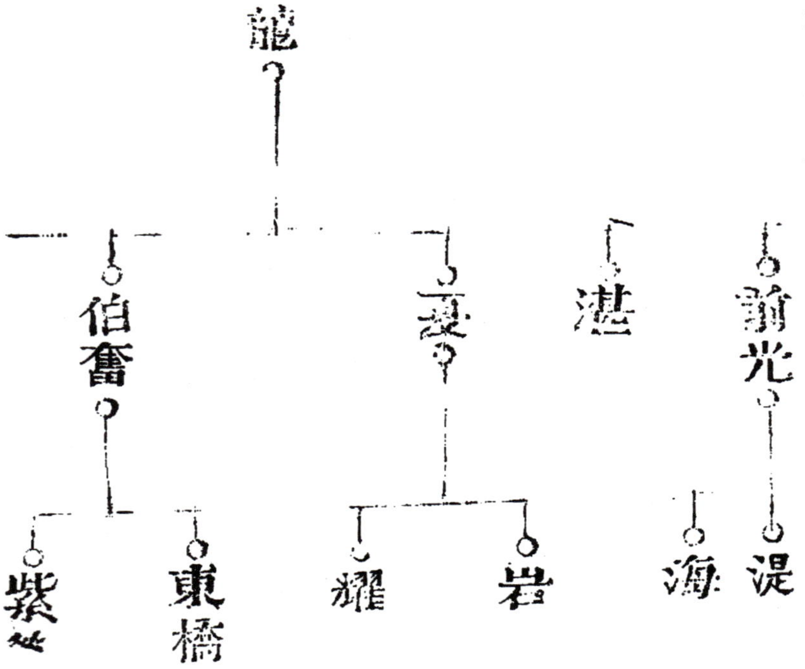
龍
伯奮
湛
湜
海
岩
耀
東橋

十五世

十六世　英良　廣信　佑

十七世　寶樹　漢瑞　茂山

十八世　賜洪　賜樂　育水　登科

十九世　長泉　光裕　乾治

鳳

恩求

澤清

友弼

出繼 諒誠

聯

嗣子 志誠 本生父熙球

廣惠

位

鎮

朝

頂

士郎

登興

嗣子 春開 本生父登高

庭輝

登蔭

春提

十五世

十六世
登高

十七世
春子
春三
祥炎
祥開（嗣出）

十八世
庭環
庭水
庭椆
庭珪
庭銓
庭玉
庭承

十九世
耀琴

春貴
春爵
庭蘭

聯登
望
繼能
起
春敬
庭瓚
庭佛
耀泉
耀甫

十五世　　十六世　　十七世　　十八世　　十九世

賜郎 ── 士龍

士麟 ── 旋 ── 元景、元吉

錦 ── 春茗 ── 庭祥

春恕 ── 庭雨

春意 ── 庭月

自坯輝起至庭月止此一派俱出居同安縣

西門楊厥社

顯

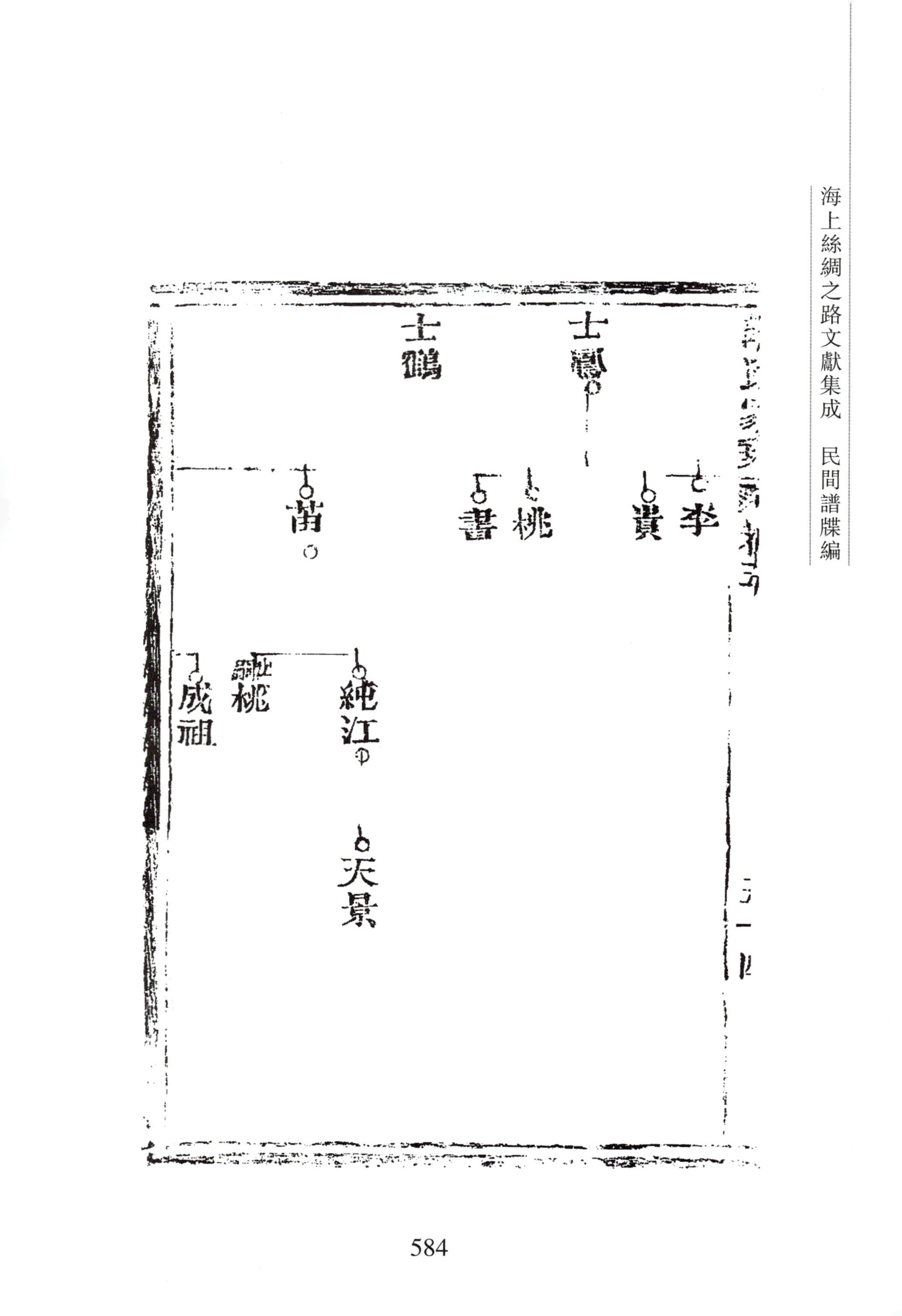

士鳳

七李

貴

桃

書

士鵠

苗

純江

天景

嗣桃

成祖

十五世
太
文玉
綦

十六世
漏
開宗
出繼 厭
歘
𨑨

十七世
進龍
嗣子 桃 本生父茁
榜
敬

十八世
嫣淑

十九世
𡼏育

鐵

嗣子 獻 本生父縈

- 令
  - 出嗣 操
  - 嗣子 稷 本生父謐
  - 立
- 況
  - 嗣子 操 本生父令

瑞麟

- 漢 [illegible]
  - 光欽
- 出嗣 炳

慶

德良

- 嗣子 炳 本生父瑞麟

卷五

五十五

十五世　十六世　十七世　十八世　十九世

- 于光（十五世）
  - 覲水（十六世）
    - 長（十七世）
      - 順意（十八世）
      - 順磨（十八世）
    - 茂（十七世）
      - 順得（十八世）
    - 水　嗣子　本生父光斧（十七世）
  - 權（十六世）
    - 清香（十七世）
    - 清寶（十七世）
      - 帶（十八世）
        - 錢（十九世）
    - 根（十七世）
  - 玉鶯（十六世）
    - 出（十七世）

珂

瓏

驗

廷佳

廷梁

廷桂

廷松 自祠起至廷松止一派俱住建陽

亦章 國學生

六謀

[illegible]六諒

萬選

十五世

十六世
長溪

十七世
六活
六根

十八世
萬全
萬芳
萬養
樹桃

十九世
乃疆
乃慶
本生父樹棣

騰濤 本生父 白注 武科庠生

樹椿 邑庠生

樹榕

溫

乃慶 出繼

尊賢

萬恩

六諒 本生父 亦章

光棖

萬構

萬木

憲

騰濤 出繼

傳英

君沃

十五世

十六世

白汪 例貢生

十七世

騰雲 邑庠生

騰霞

十八世

傳經

傳書

傳學

國楨

國衢

占梅

十九世

君嶽

怡煌

至諧

嗣子及竹 本生父西泰

占蘇

西泰 國學生

及試

及懷

嗣出及竹

及三

及才

敵

嗣子光探 本生父德

友

純

嗣子光杭 本生父德

光漏

十五世

十六世

德

正元

十七世

光杭（嗣出）

光探（嗣出）

光逕

萊香（嗣出）

八佾（嗣出）

杲珍

十八世

粵成（嗣子）本生父乘

邦繼（嗣子）本生父八佾

寓居廣東省城

十九世

文涵（嗣子）本生父邦哲

嫣阿

許[illegible]卷五

五廿九

曲微 承生父果廪

納粟諳授奉政大夫

媽鑷

媽鶱

媽力

果廪 以長男

納粟授奉政大夫

曲微

媽𡣷

媽標

媽𡢻

曲㿻

媽文

媽㡯

十五世

十六世

裕

十七世

兆仁

果頼 國庠生納

累奉政大夫

十八世

邦衡

邦彦

嗣子 邦智 邑庠生 本生父八佾

邦敎

文成

十九世

嗣孫 爲壽 本生父曲徽

湞盤

湯誥

湯銘

[illegible]氏家乘　卷五

六十

齊

嗣子 八佾 本生父正元 現寓居廣東省城

嗣出 邦繼

邦忠 納粟誥授奉政大夫

邦哲

嗣出 邦智 邑庠生

文科

文鑑

文銓

嗣出 文滔

文贊

文恬

十五世

十六世
- 燒

十七世
- 光沈（燒子）
- 賜復

十八世
- 日成
- 宎成
- 集成（光沈子）
- 粵成（嗣）
- 邊成
- 傳臚（嗣）（賜復子）
- 傳唱（賜復子）
- 嵩慶

十九世
- 晏（宎成子）
- 百日（傳唱子）

天池
嗣子 茉香（本生父 五元）
嵩碧

五湖
嗣子 傳臚（本生父 賜復）
百鏗
百協
百諧
嗣子 百逢（本生父 衛寅）
百度

光表
以石

十五世　應

十六世　心安（國學生）

十七世　以共　發林　發育　發地　發立

十八世　初喜　鹿賓　鋪尾

十九世

滄耳　面會

深淵　深強　深陶　本炎　本然　本紹　本恒

協料　協力　協興

十五世
高

十六世
頂坑
潸濕
巨麟

十七世
融子益
麥
瓓子益（本生父頂坑）
燦田
助
燦興

十八世
永南

十九世

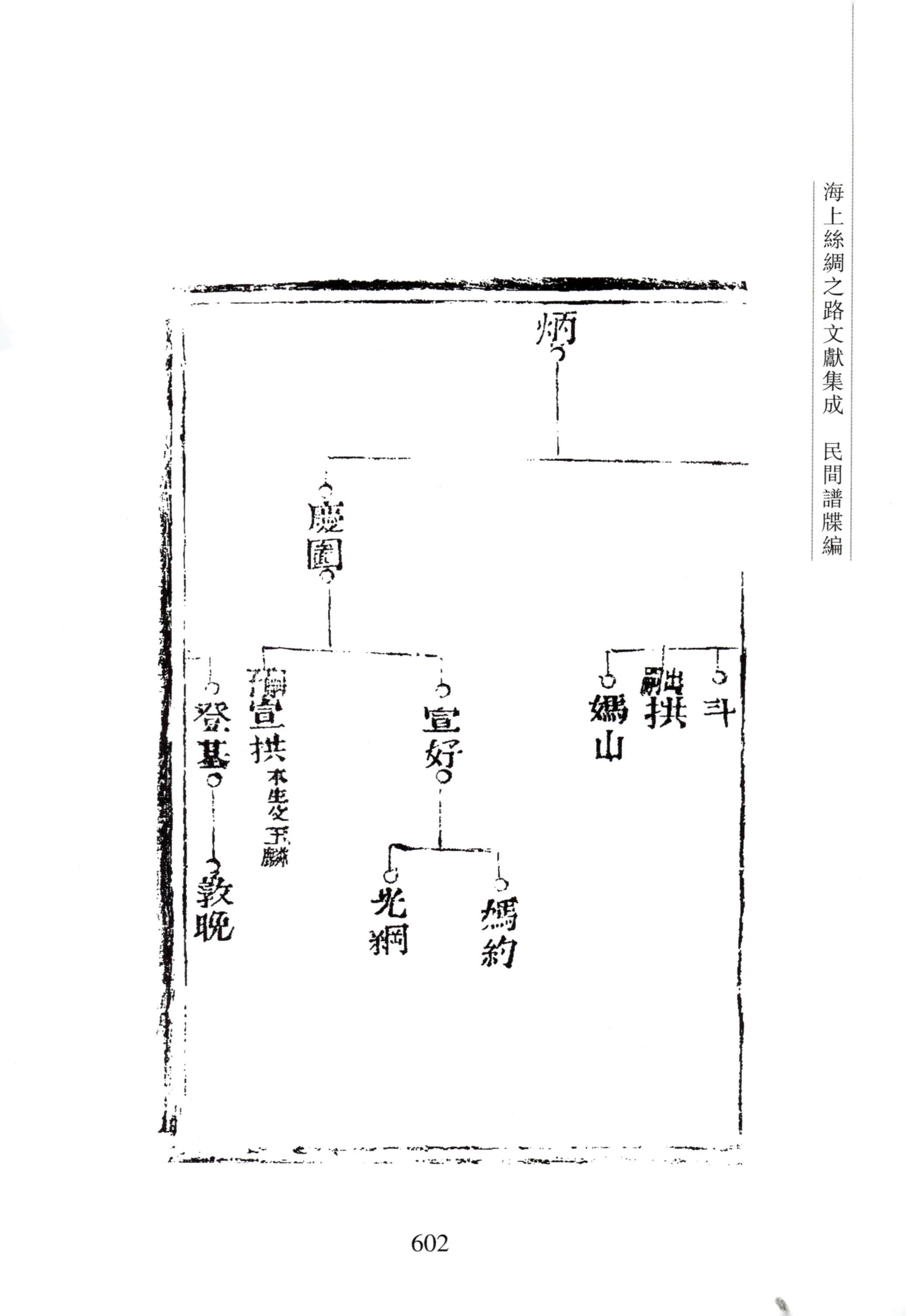

炳
- 斗
- 融拱
  - 嫣山
- 應園
  - 宣好
    - 嫣約
    - 光綱
  - 宣拱 本生父玉麟
  - 登基
    - 敦晚

十五世　揚

十六世　嗣孫長溪（本生父恩）

十七世　嗣孫登景（本生父附一）　登榜

十八世　博泉　媽不　媽推　開第

十九世　耀源　逢源　廣源

問一 國學生

艮坤　融登景　登泮　存義

甲第　晉卿　晉益　文壇　文種

洪得

十五世

十六世
- 川林

十七世
- 文質
- 存仁
- 禮智
- 克勤
- 彚定

十八世
- 文拔
- 文華
- 文追

十九世

朝曦
克壯
文雄
文運
克相
文猷
文波
克叙

賀
禎祥 劉[illegible]生
喬桐 劉[illegible]生
敦行
光令
敦倫
光頊
敦詩

十五世

十六世

濟澥

十七世

振聲 慶生

宣和

宣化

宣豫

素位

十八世

深垣

深培

深詣

如切

天敉

文藝

十九世

志恍

- 垂堦
  - 景定
    - 文貌
- 棟
  - 欽使
    - 九如
  - 欽使
- 沂水
  - 勤郎
    - 彝魁
      - 前芽
  - 榮昌
  - 英使
    - 允道
    - 建寅
  - 恒隆

十五世

帘　卿　蔡　道

十六世

國使　頓　等　徹

十七世

九五

十八世

十九世

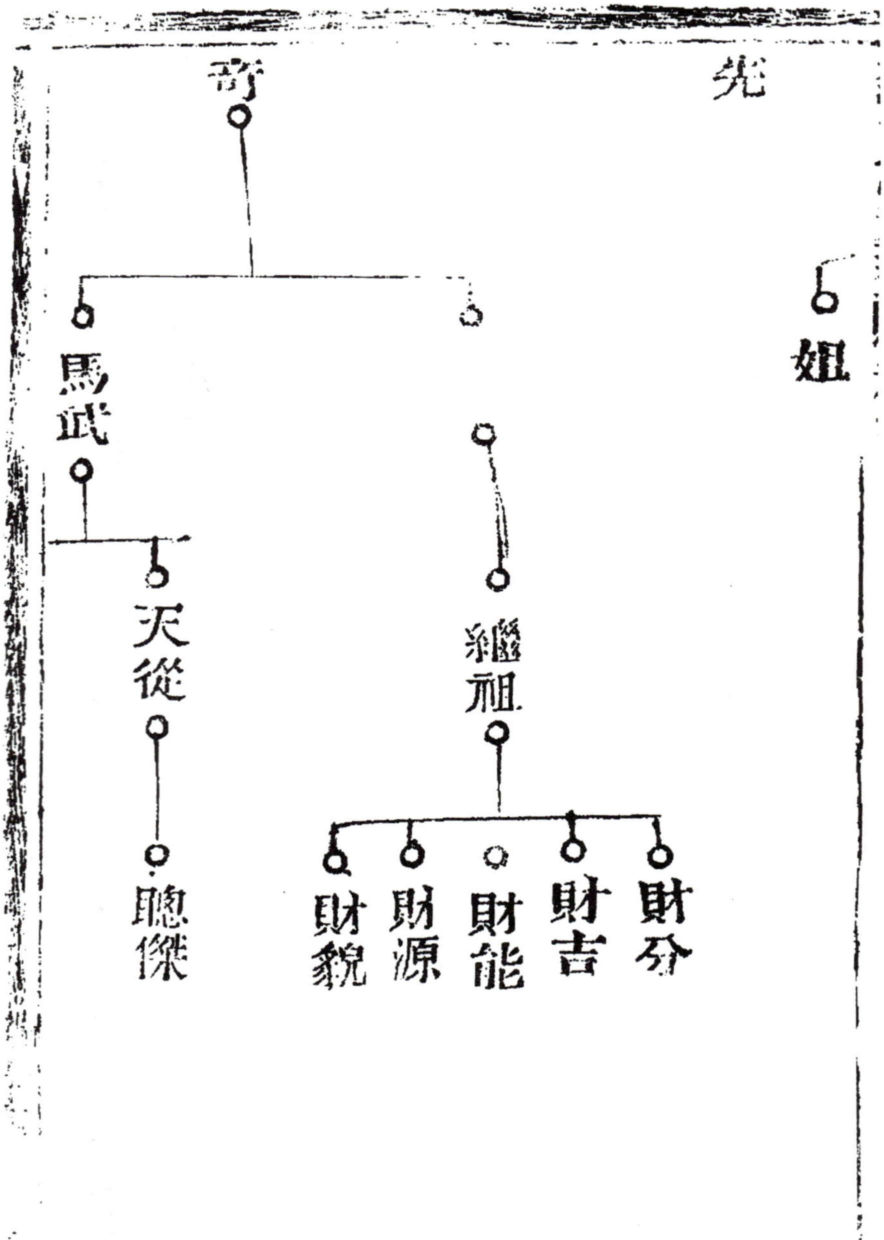
先
許
姐
馬武
天從
聰傑
繼祖
財貌
財源
財能
財吉
財分

十五世　十六世　十七世　十八世　十九世

柯
　漢龍出居邨後
　　有義本生父山水

興

寅

宅
　德音
　　叔夏
　德陽
　七使
　嗣出養

奕

端午

冬註

圖

山水

子嗣石光 本生父冬註

出嗣石光

邱生

南山

有來

光串

光定

子嗣應財 本生父南山

請財

發財

十五世　十六世　十七世　十八世　十九世

忽 — 六龍 — 有義（出嗣）— 應財（出嗣）、禮（出嗣）

顏回 — 養（嗣子，本生父突）— 雀

狀

括

亞 — 傳受

夜

燧
全
吟　發
藝　玖水
張　富　貴
癸
山　髙 住臺灣

十五世 享
十六世 延
十六世 抵（住臺灣）
十七世
十八世
十九世

芑
比
佛賜
燕山
拔
光

其

善 — 光稱

孟達　崇寧 出居漳浦　太極

褒

光和 — 孫嗣 哲 承生父騰水

光妙 — 良水

賢園 — 孫嗣 藝 承生父仁 — 親

贊祖 — 蘇公

流

十五世　十六世　十七世　十八世　十九世

吉

永興

永順

十〇鵰

任〇

〇神助

〇眼

〇永〇

〇湖

〇班

〇苞〇

〇署

出繼堯

陃
壘
探
郯
菊
嗣子嘉（本生父任）
光道
佛恩
水
守
求
景成
安樂

十五世　十六世　十七世　十八世　十九世

文通

武王

湖

乾

聞一

奉成

願

義士——寬彔

聰賢——穪淨（本生父仁）——霞

水仙

運宗

玉山

宿旦

立

朝夕

閏

享羅

晳再

萬隆

萬盛

大有

閏盛

可繼

應成

許南

維鏞

維新

萬方

萬恭

鄉

香

維騰

維玲

維祺

維瓊

維沛

維城

起章

九良

茂

允使

十九世　二十世　廿一世　廿二世　廿三世

大蒲
大造
方廳
芹菜
方武
方龍
儒園
兆裕
汶治

長泉　成宗

○興宗

耀琴

耀[illegible]

耀貫

發育

秀

溫

乃謹

乃慶

十九世　二十世　廿一世　廿二世　廿三世

君沃
怡惶
文鑑
文科
文贊
文恬
文湑
晏
嫣林

媽還

媽代

媽力

媽標

媽延

媽彪

媽文

媽騫

湯誥

湯銘

十九世　二十世　廿一世　廿二世　廿三世

湯盤

百旦

百諧

百協

百達

百鏗

百度

協力

協興

協和
逢源
耀源
廣源
洪得
光頂
光令
志忱

卷五終

圖書在版編目（CIP）數據

海上絲綢之路文獻集成．民間譜牒編．第四輯 /
林楓主編．-- 福州：福建人民出版社，2024.7.
ISBN 978-7-211-09479-0

Ⅰ. K203

中國國家版本館CIP數據核字第2024WS9450號

海上絲綢之路文獻集成・民間譜牒編（第四輯）

主　　編　林　楓
責任編輯　莫清洋
美術編輯　白　玫
出版發行　福建人民出版社
電　　話　0591-87533169（發行部）
電子郵箱　fjpph7221@126.com
地　　址　福建省福州市東水路 76 號
經　　銷　福建新華發行（集團）有限責任公司
印刷裝訂　上海中華印刷有限公司
地　　址　上海市青浦區匯金路 889 號
電　　話　021-69213456
開　　本　787 毫米 ×1092 毫米　1/16
印　　張　368.25
版　　次　2024 年 7 月第 1 版第 1 次印刷
書　　號　ISBN 978-7-211-09479-0
定　　價　4800.00 元（共 12 册）